小金井良精日記

大正篇

1913－1926

クレス出版

小金井良精と妻喜美子（昭和10年撮影）

まえがき

本書は、小金井良精（よしきよ）（一八五八〜一九四四）の六十年間に及ぶ日記（一八八三〜一九四二）を明治篇二巻、大正篇、昭和篇の全四巻として刊行するものである。

小金井は、安政五年越後国古志郡長岡（現新潟県長岡市）の今朝白で生れ、東大医学部の前身に入学、ドイツに留学して帰国後に解剖学の草創期を築き、アイヌの人骨研究などの人類学、考古学にも大変熱心であった。一般社団法人日本解剖学会会頭を数期務めている。

家族を簡単に紹介すると、初めの妻小松八千代が結婚後一年弱で病死、二年後に森鷗外の妹喜美子（一八七〇〜一九五六、随筆家・歌人）と再婚する。長男良一（一八九〇生）は海軍々医少将、昭和大学教授、妻素子は哲学者桑木厳翼の娘。次男三二（一八九九生）は生化学者、癌研究所勤務の後、昭和大学教授、元日本癌学会会長。長女田鶴（一八九三生）の夫は、東京大学医学部の生化学教授柿内三郎、現在公益社団法人日本生化学会にその名を冠した賞がある。次女精（一八九六生）の夫は星製薬社長、衆議院議員（戦後は参議院議員）の星一、その長男が作家星新一である。

星新一は小金井の日記を素材として、『祖父・小金井良精の記』（一九七四年二月、河出書房新社刊）を上梓し、その冒頭に次のように書いていた、

小学生のころ、こんなことがあった。学校で各人に紙がくばられ、家族のなかでだれが最も好きかを記入せよというのだった。私はそれに〈おじいさん〉と書いた。祖父のことである。

父や母と書かずに、祖父と書いたことにより、特別な尊敬する人物であることが窺える。

この日記の大部分は小金井のその日の行動や訪問者、郵便の授受などを簡潔に記録したもので、主観的な記述は少なく、子どもや孫の様子についても「面白し」などの一言で終わることが多い。しかし、その淡々とした記述が累積されることによって、小金井の人となり、研究者として一貫した姿勢が明らかとなるとともに、特異稀な家族（ファミリー）の歴史（ヒストリー）の輪郭がしだいに浮かび上がってくる。そして、その背後には東京大学や日本全国の医学界や解剖学、人類学等の学会、学士院の実態、さらには御前講演の場面など、断片的ではあるが、近代史の史料としてユニークで見逃せない証言が散見される。また、小金井の几帳面な性格を反映した旅行時の出費の記述や年賀に訪れた人数と年賀の封書やはがきの明細などは、社会史の史料としても興味深いものがあろう。本日記が小金井の伝記資料にとどまらず、幅広い分野の近代史の史料として活用されることを願うゆえんである。

なお、小金井良精の日記は、縦一二〇～一六〇ミリ、横八〇～一〇〇ミリほどの手帳にペンで記されている。基本的に縦書きだが、昭和十六、十七年は横書きである。通常年一冊だが、海外渡航がある時などは二、三冊の場合もある。また、手帳は年末に銀座伊東屋で購入していることが時々日記に記されている。星新一氏の前掲書によって明治十三年からの日記が存在したことが確認できるが、十三年から十五年のものは現在所在不明で、残念ながら翻刻することができなかった。

また、本来なら「明治篇」から刊行するのが穏当であるが、この時期に小金井は長期間の留学に加え、二度海外へ渡航しており、時には日記本文をドイツ語で書くなど、その間は欧文が頻出する。しかも、欧文の量が多いばかりではなく、不鮮明な箇所やメモ風に綴りを省略した箇所も少なからずあり、判読・翻訳には多くの時間を要し、現在も作業を継続している。そのため、まず「大正篇」、「昭和篇」の刊行を先行させたことをご了承いただきたい。

本書を読んでいただくにあたり、小金井良精のことをご存じない方のために、参考のため以下に略年譜（年齢は数え年）を掲げる。

一八五八（安政5年）十二月十四日（新暦の一月十五日）越後国長岡今朝白町に生る。
一八七〇（明治3年）十三歳、大学南校に入学。在学一年半。
一八七二（同　5年）十五歳、九月第一大学区医学校入学。
一八八〇（同　13年）二十三歳、五月東京大学医学部雇医員。七月医学全科卒業医学士となる。十月解剖学及び組織学修業のため満三ヵ年ドイツ国に留学。Reichert, Rabl, Waldeyer 先生等に就き、特に Waldeyer 先生からはベルリン大学において助教を命ぜられる。
一八八五（同　18年）二十八歳、六月二十日帰朝、九月十一日から Disse の後をうけて系統解剖学の講義を開始。
一八八六（同　19年）二十九歳、三月医科大学教授。
一八八八（同　21年）三十一歳、五月森林太郎妹喜美子を娶る。六月医学博士の学位を受く。
一八九三（同　26年）三十六歳、九月補医科大学長。解剖学第二講座を担任。
一八九六（同　29年）三十九歳、九月依願免医科大学長。
一九〇〇（同　33年）四十三歳、フランス巴里における万国医学会開設につき委員として参列を命ぜられ六月二日出発。独、英、米をめぐって翌三十四年三月十一日帰朝。
一九〇四（同　37年）四十七歳、四月解剖学第一講座分担。
一九〇六（同　39年）四十九歳、七月解剖学第一講座担任。
一九一〇（同　43年）五十三歳、三月ベルリン大学百年祭に招待あり、七月六日出発、式典参列に先立ち英、仏歴訪。巴里では万国博覧会開会式に列席、名誉会頭に推さる。百年祭では東京大学を代表して祝辞を呈す。十二月二十九日帰朝。

一九二〇（大正9年）　六十三歳、十一月学術研究会議会員。
一九二一（同　10年）　六十四歳、十二月にこの時初めて設けられた定年制の申合せに従い依願免本官。
一九二二（同　11年）　六十五歳、二月名誉教授となり、医学部講師嘱託となる。
一九二四（同　13年）　六十七歳、十月に講師嘱託を解かる。
一九二七（昭和2年）　七十歳、六月二十日「本邦先住民族の研究」について御前講演。
一九三六（同　11年）　七十九歳、四月二日東京人類学会・日本民族学会第一回聯合大会第二日に「日本民族中の南方要素の問題について」を講演。これが先生最後の学術講演となる。
一九四四（同　19年）　八十七歳、十月十六日午後六時半薨去。高輪泉岳寺に葬る。

（『日本医事新報』一八〇六号　昭和三十三年十二月六日「小金井良精先生を偲ぶ」より）

本書の翻刻にあたり、東京大学史史料室（現東京大学文書館）で日記原本を撮影したマイクロフィルムを底本として使用させていただいた。また、ご遺族の岡本洋子様、志水禮子様、星協一様、岸敬二様には、出版を快くご了解いただいた。ここに心より御礼申し上げる。

なお、日記中のくずし字、変体かな、英語等については北村孝一氏、ドイツ語については藤村美織氏にそれぞれご協力いただいた。欧文や読み難い文字も多く出版の見通しがなかなか立たなかったが、以上の方々のお力添えで公刊する運びとなったことを記して、あらためて感謝したい。

平成二十七年十二月

株式会社クレス出版編集部

凡　例

一、『小金井良精日記〈大正篇〉』は、小金井良精の大正二年（一九一三）から大正十五年（一九二六）までの日記を全文翻刻し、収録する。

一、本日記の原本は岡本洋子様（小金井良一氏令孫）が所蔵している。翻刻は、原本を撮影したマイクロフィルム（東京大学史史料室所〔現東京大学文書館〕蔵）を底本とした。

一、原本は、基本的に漢字（旧）とカタカナで記されている（一部外来語などはひらがな）が、漢字は現行通用の字体（新）とし、カタカナはひらがなにして（外来語などはカタカナ）翻刻した。

一、原本には句読点があるが、句点はごくわずかなので、適宜読み易いように句点の代わりに一字空きとした。また、一日の末尾に一部読点があるが、すべて削除し、統一した。原本の改行は、いちじるしく長文になる場合を除き、一字空きで続けた。ただし、改行して「社会の動き」などを記述している場合は原文どおりとした。

一、原本の誤字や脱字などは、適宜訂正し（「除々」→「徐々」、「吊詞」→「弔詞」など）、疑問が残るものは「ママ」とした。また、同一の語の表記が異なる場合は、一般的なものに統一した場合（「ころ」は「比」と「頃」を混用しているが、後者に統一）がある。

一、人名などの固有名詞の誤りは、可能なかぎり確認し、訂正した。ただし、孫の星親一（本名）を「新（一）」とするなど、近親者の人名表記は、資料的な意義を考慮し、「ママ」を付して原本どおりとした。

一、欧文の箇所は、文献、論文、演説（演舌）などは原文のままとし、人名や地名などは、原則として近代の慣用に従い、カタカナで表記した。小金井によるカナ表記（発音よりも綴りを重視する傾向がある）もある程度考慮したが、一部表記が異なる場合がある。また、その他の語や短文は、翻訳するかカタカナで表記（必要に応じ〔＊〕内に翻訳を付す）し、いずれも細ゴチック体で示した。

目　次

小金井良精日記

大正篇

一九一三～一九二六

大正二年　2573
1913　良精満五十四歳

一月一日　　水　晴

八時過きて起く、大学不参、終日家に在りたり、年賀葉書等数枚に過ぎす、これも大抵諒闇云々と書きあり　年始に来る人もなし　只二名名刺を置きたるものありしのみ、静閑なること此上なし、茶の間にて雑誌など見て十時寝に就く

一月二日　　木　晴

十時教室に到る、上坂氏脳神経核に関する著述を調ぶ　五時家に帰る　N・G・マンロー、E・ユンケル二氏へ年賀名刺を発送す　長谷川弘一郎氏病気伊豆伊東に療養中のよしに付見舞葉書を書く、大阪鬼頭氏へ旧臘なら漬贈与の礼、並に沖山氏（柿内四郎氏舅）へ年始返礼を認む　精子小田原より葉書を遣す

一月三日　　金　晴

九時半教室に到る、五時半帰宅、事なし

一月四日　　土　晴

九時半教室に到る、在ブリユスセル長岡夫妻より手紙来る　十二月十六日附にして此方より出したるものと行違ひたりなり　四時家に帰る髪を断る、柿内大人来り昼食を饗したりと

一月五日　　日　晴　寒酷し

九時半教室に到る、四時過教室を出て千駄木へ寄る　皆在宅　厳依托学生となりたる礼を述ぶ　六時家に帰る　留守中本堂氏来訪せりと

一月六日　　月　晴

午前永井久一郎氏葬式に神田青年会館に到る　十一時教室に到る、四時過出て橋本へ寄る夫婦共在宅　六時過ぎて家に帰る

一月七日　　火　晴

十時半過教室に到る　フォン・ベルツより手紙来る　先般書物送りたるときの手紙の返事なり、同氏健康宜しからず　アノイリスマ（＊動脈瘤）等を悩む云々

一月八日　　水　晴

静脈講義を始む、出席者甚少なし約三分の一、家より電話に接し弁当を食し直に帰宅、陸、精は今千駄木へ行き

たりと暫時して帰り来る、早きに過るも食事を共にす四時頃陸氏は柿内へ寄るとて去る　精は四時半頃俥にて帰り去る、其他来客ありて混雑す、亦午前には森氏来訪のよし　引き続き終日来客ありたり、晩は書室に入らす茶の間にて雑談せり

一月九日　　木　晴曇

事なし、桜井恒次郎氏令嬢死去に付悔状を認む

一月十日　　金　晴曇

桜井氏へ悔状に香奠弐円を添へて送る　陸軍三等医英健也氏体育のことに教室へ来る

一月十一日　　土　晴

柿内老夫婦は熱海へ向け出発せられたるよし　田鶴手紙にて報す　一時教室を出て青山斎場に到る　原龍太氏葬式なり　三時半家に帰る、五時良、三を連て出、銀座天金にて食す、文子出京　島峰母堂見えたりと

一月十二日　　日　晴

昼食直に出て先つ大島へ行く、恰も大将小田原より帰京の時刻のよし、暫く待つ御遺物を見なとす、其内帰宅せらる会ひて挨拶し去る、本堂へ寄る在宅、次に柿内へ寄る三郎夫婦留守、四郎氏夫婦ありて暫く話しこれより新に開通せし市ヶ谷電車を用ひ飯田橋にて乗り替への際石黒忠悳氏訪ふ在宅、四十分計話して去る六時半家に帰る留守中安田恭吾氏来れりと　今朝京都鈴木文玄関まで来る

一月十三日　　月　晴

解剖実習に付講義す学生稍満数、山越良三教室へ来る注文せし脳模型四組出来す　Ｈ・フィルヒョウ、コプシュ二氏より年始来る　六時家に帰れば中鶴来り居る、暫時して去る

一月十四日　　火　晴

上坂論文審査要旨一応書き終る　文子佐倉へ帰る

一月十五日　　水　晴

今日より実習室に出る、帰途千駄木へ寄り要旨草稿の通覧を頼む、きみ子柿内へ行きたり

一月十六日　　木　晴

昨年十一月より中絶したる貝塚人骨の仕事漸く今日より再取りかかる、午後医化学教室に隈川氏を訪ひ三郎留学の件に付長談

一月十七日　　金　雨

春三氏妻女入院のことに付教室へ来る　上坂論文審査書

林氏より返戻、清書す　山崎春雄氏近日熊本へ赴任するに付解剖家十一名集り山上御殿にて会食す、九時半家に帰る

一月十八日　土　晴曇

学士院へ審査書発送す、昨日山崎氏へ此頃山越に送らしめたる脳模型及耳小骨の模型を餞別として教室より贈る　熊本吉永氏へ稍々最後のつもりにて書籍代催促の手紙を出す

一月十九日　日　曇晴

昨夜雪降今朝霽れる、午前大島子来訪、新年になりて始めてなり、又午後は千駄木二児遊びに来る、終日家にありて消時

一月二十日　月　晴

春三氏妻女の件に付婦人科に磐瀬氏を尋ね且其模様を電話にて春氏に通す　H・フィルヒョウ、プレトリウス両氏年始葉書（返事）到来　午後隈川氏教室へ来り三郎留学談あり、青山学長に意見を述べたり浜尾前総長も列席したり云々　二時間に亘る、三時教室を出て鈴木孝氏を訪ふ小谷野氏と落合ふ、久闊に打ち過ぎたりしが種々雑談、夕食し六時半去る

一月二十一日　火　晴

春三氏昨日の件に付一寸教室へ来る

一月二十二日　水　雨

朝出勤の際電車を永く待ちたるも乗ることを得ず不得已徒歩す　雨盛に降り且つ風を加へ甚困る

一月二十三日　木　晴

三二寒冒、学校休む　G・フリッツチ教授、ル・ドゥブル教授（トゥール）より年賀返事来る、フリッツチ氏のは間違ならん面白し　精子電話にて昨日老夫婦小田原へ赴かる云々知らせたり

一月二十四日　金　晴

出勤の際白山上にて電車過て人を轢き遂に死に至らしめ多人数雑沓せり死者は小児の様なりき　弁当を食し直に帰宅、吉祥寺に到る隣家堀氏大人の葬式なり、二時半家に帰る

一月二十五日　土　曇

助手山崎春雄氏愈明後日出発、熊本へ赴任するに付告別す　磐瀬氏教室へ来り患者の模様を話しくれたり且入院のことを頼む、其趣を春三氏に報す　少し寒冒、咳嗽に困む、三時家に帰り吸入を試む

一月二十六日　　日　晴寒風

午後一時出て本所柳原町日本救療院に到る　此度新築落成に付披露の小会なり、院内を通覧し三時辞し去る　家に帰れば柿内若夫婦来り居る、青山氏より猪肉の贈りものあり　之を煮て共に食す、七時去る、今日なつを大島へ使にやりたり

一月二十七日　　月　晴

昼頃赳来る、林町に誤解を弁したり、絵の催促、雑談、ピアノ如何など云へり、午後教授会、隈川氏より三郎留学の件発議あり　青山氏精神病、小児科に付き意見あり次回に延期することとす、学位は平山金蔵、長尾美知二氏通過す、長尾氏は一票にて可否となるところにて自分の可にて可決したる訳となりたり　吉永氏返事葉書にて来る甚要領を得ず且つ格別のことにはなく平然としたる言ひ分甚不快に感す

一月二十八日　　火　晴

講義を終へ出て本堂家へ大人死去に付悔に行く夫婦とも在宅、十二時半教室に帰る、小松春三氏来りて去りたる後磐瀬氏より病室空きたる旨通知あり電話にて小松氏へ報す、精子より電話にて三二寒冒如何など問合あり、鈴木忠行氏来りて救療院のため集金のことに付相談あり彼是混雑す　吉永氏へ最後の手紙を出す

一月二十九日　　水　晴雨

新潟長谷部言人本官教授に任命なりたるに付祝賀の手紙を出す

一月三十日　　木　晴

ワルダイエル、ローゼンハイム、Ｐ・バルテルス（ケーニヒスベルク）より年賀の葉書到来、又レーレン（ニュルンベルク）より国へ帰りて後始めて長文の手紙来る　先年谷中にて掘出した屍蠟屍結局教室へ寄附を願出今日持参す春三氏妻女今日入院済みたりとて挨拶に来る

一月三十一日　　金　晴

京都林喜作氏へ紀要原稿請求により送り返へす

二月一日　　土　晴

京都笠原光興氏死去に付悔状を出す、春三氏来りて手術済みたるを報す　今日きみ子昨日精子よりの電話により大島へ行く　月の未来のこと云々又田鶴来れりと　喜美子留守中午前旧書斎に盗人入りて自分及きみの常服を持ち去れり

二月二日　　　日　晴

後頭神経痛にて気分悪し、午後原信哉氏、次に福岡榊保三郎氏出京来訪、晩小松春三氏外舅竹内氏を伴ひ来訪、文子佐倉より出京

二月三日　　　月　晴

神経痛軽快す

二月四日　　　火　晴

在鳥取秋山英麿氏出京、教室へ来訪、明治三十一年以来にて面会したるなりと　弁当を使ひて婦人科に春三氏妻女を見舞ふ　ベルツ氏より予め通知ありたる書籍二種到達す　福岡桜井恒氏へ脳模型、聴骨模形(ママ)及匣路模型小包にて発送す又手紙を出す　吉永氏より返事来り百円為替券送り来れり　精子盗難見舞とし午後来り一時間半計居て帰りたりと

二月五日　　　水　晴

午後四時より医学会例会に出席、終て常議員会出席　本年度総会の件なり、九時家に帰る、文子佐倉へ帰る

二月六日　　　木　曇雨

救療院へ寄附金弐円増し都合七円とす　フォン・ベルツ教授へ手紙及書物二冊贈与の礼手紙を出す　吉永氏へ受取の返事を出す

二月七日　　　金　晴

布施氏新潟より出京家へ尋ね来り土地製硯箱を贈らる

二月八日　　　土　晴

布施氏午後教室へ来り再留学談あり

二月九日　　　日　晴

十時半教室に到る、小松妻女を見舞ひて到来のカステラを贈る、六時家に帰る　三二大島へ行く

二月十日　　　月　晴

午後教授会あり、留学生の件、柿内、栗山、橋田、杉田四名の提出あり　此内より二名を投票することとす其結果第一候補者柿内、第二橋田と決定す、学位の件竹村正、岡島敬治両氏共通過、四時散す、直に帰宅、入浴夕食後出て柿内へ行く　大人、三郎共に留守其帰るを待ちて一応模様を話し、十時家に帰る

二月十一日　　　火　曇寒し

昨日夜議院附近其他市内大騒擾、第三回停会、桂内閣愈辞職と決したるよし

朝布施氏来る、今日新潟へ帰任すと、十一時半教室に到る　五時出て上野精養軒に到る医科大学卒業宴会なり、

四年生長尾優の開会辞（東京医科衰頽、就職難、京都侵略の語あり）、学生総代祝辞、卒業生佐藤彰謝辞（此二者朗読）、来賓吉本清太郎氏演舌、三浦謹氏演舌、終りに卒業馬場直氏答辞、是より食卓に付く、青山学長演舌長尾の話に対し騒声あり甚其意を得たり次に卒業生藤井真の快なる演舌あり、桜井事務取扱の挨拶あり、九時半家に帰る

二月十二日　水　晴

新潟長谷部氏家に不幸ありて出京したりとて尋ね来る、長談、山川章太郎氏仙台へ赴任に付告別に来る　午後四時出て上野学士院出席、上坂氏授賞審査委員として報告す、家に帰れば既に十時に近し

二月十三日　木　曇晴

帰途千駄木へ寄り妻君数日来病気のよしに付見舞ふ

二月十四日　金　晴

事なし

二月十五日　土　曇晴

電話にて精子に様子を尋ぬ別状なし

二月十六日　日　晴

十一時教室に到る、午後春三氏教室へ来り妻女今日退院すと、六時過家に帰る

二月十七日　月　晴

事なし

二月十八日　火　晴

伝染研究所の草間滋氏帰朝せりとて挨拶に来る

二月十九日　水　晴

昨夜雨降る今朝霽れる

二月二十日　木　晴

昨夜一時頃より今朝六時頃まで神猿楽町大火、教室に出て佐藤三吉氏類焼のことを知る、講義を終へて十一時出て同家を見舞ふ焼失場にて面会す、是より安田恭吾氏を見舞ふ同家は直向側まで焼けたれども辛して免る、一寸家に帰り贈品のことを相談し一時教室に帰る　佐藤へ料理拾人前、安田へ蜜柑弍箱見舞として贈る

二月二十一日　金　曇

昨日山本（権兵衛）、政友会聯立内閣漸く成立し親任式ありたり其成立の困難なりしだけそれだけ今後も困難なるべし

逗子小林魁郎氏方にて長女出産の由に付賀書を出す　小衣服地を小包にて送る

二月二十二日　　土　曇晴（昨夜雨）
午後二時上野学士院に到る授賞に関する特別委員会なり委員十一名の内九名出席、協議の結果、上坂恩賜賞、五島清太郎（理科）及近藤基樹（工科）は学士院賞と決す、四時家に帰る、晩食、出て大島家へ行く長談、九時過出れば雨降り居る

二月二十三日　　日　晴曇
昨夜大に雨降る、十時染井斎場に到る磐瀬雄一氏厳父の葬式なり、十時半家に帰りて其後在宿

二月二十四日　　月　曇晴
午後教授会、生沼曹六学位の件可決、三時散会す　精子正午前に来り種々買物などし三時過ぎて去れりと、月のこと此頃来りたりと先安心す

二月二十五日　　火　曇
午後より少しく雪降り始め寒さ強し、六時過家に帰る、田鶴昼少し前に来り四時頃帰り去れりと、三郎留学留守のこと心配し居たりと

二月二十六日　　水　雪晴
雪今朝に至り二寸余積りて止む

二月二十七日　　木　晴
レーレン（ニュルンベルク）より石器時代に関する絵葉書二十余枚送り来る、坪井氏に送る分は人類学へ行きて渡す　同時に新井氏発掘の弥生式土器を寄附す　Ｈ・フィルヒョウ、ファン・デル・シュトリヒト（ゲント）、カール・フィルスト（ルンド）著述寄贈に対し礼の絵葉書を出す

二月二十八日　　金　晴
仙台加藤豊治郎氏官費留学に付告別に来る

三月一日　　土　晴　紀念日
休業なるも式なし、九時半教室に到る、午後三時頃精子より電話あり　明日写真を撮る云々、四時家に帰る、良、三を連れて浅草にて食し、六区を一週（ママ）して帰途につく博品館に入る　文子出京泊る

三月二日　　日　晴
午後一時独散歩に出る亀戸、木下川、向島、言問より川蒸汽にて千住大橋に到り是より電車にて六時家に帰る

三月三日　　月　晴
梅花尚早し、横田四郎氏来り晩食す
良一昨夜、友人豊住を尋ねたるに日本及日本人に精のこと記載ありたるを聞込みたり　佐藤三吉氏教室へ来る火

災を見舞ひたる挨拶なり　瀬川昌世氏洋行暇乞に来る
三時電話にて精子に尋ねたらば昨日写真を撮りたりと、
今日は節句に付云々延気（ママ）なり、只天運のみ

三月四日　　火　晴

在伯島峰氏より手紙来る専門を極めるに付種々苦心し自分との対談のことなど長文なり

三月五日　　水　晴

朝弘田氏教室へ来り　在独真鍋氏より送りたりと云ひてケーゼ〔＊チーズ〕の贈品あり　安田恭吾氏来り一患者（肺病）官費入院云々　きみ一寸来る岡田清三郎氏チフス、入院を見舞ふの件なり即ち三時頃見舞ひて直に家に帰る
歯痛む。文子佐倉へ帰る

三月六日　　木　晴

歯痛のため欠勤、厳来り夕食す林町との関係に付心配し借屋のことなど話したり　晩千葉田口家息男出生に付祝書を認む又小品を送り出す

三月七日　　金　晴曇

出勤、佐々木隆興氏京大教授となり近日赴任に付来訪

三月八日　　土　晴

晩法科学生中山福蔵氏来る在ボルネオ元島策太郎氏の甥にして学術材料の件に付談あり

三月九日　　日　晴

午前島峰家を薬研堀に訪ふ　教室に来れば既に十二時を過ぐ

三月十日　　月　晴

午後教授会出席、学位の件雨宮量七郎、山崎正薫、薬学某、千葉真一の四氏皆通過　晩九時半頃千駄木より使来り只今本堂より電話にて明朝きみ子来宅を乞ふ云々　これ何れ重大件ならんと思ひきみ直に千駄木へ行く、森氏今日大島を訪ひたるに大将不在、夫人に面会、陸氏不在、母堂病、精子頭痛云々様子穏かならず十一時近くきみ帰る、種々想像、第一日本および日本人、兄からの書き直した二度目の手紙、その他？（＊ドイツ語で表記）精子が泣き居るならんなど悲想　眠りを得ず但し三、四、五時を聴かざりき

三月十一日　　火　晴

六時前林町辺に出火あり醒む、きみ子早朝出行く、自分は八時頃出て教室に到る　只今本堂家にてきみ子より電話、絶望、精子を連れ帰る云々時に九時十五分組織授業を始む、終へて軍省に森氏を訪ひ其事を知らせ家に帰る

時に十二時前なり　きみ、精既に帰り居る不取敢様子を尋ぬ、理由の要は赳のこと前以て言はざりしこと、既に関係の余程深かかりしこと、而ん秤にかけたること、最終の訪問の年に齟齬あり如此虚言を吐くこと常の如し、大人は明日九州へ出発のよし付ては今日中に先方へ言ふ必要あり、依りて電話にて森氏来宅を乞ふ、一時頃同氏来る、兎に角石黒氏に頼むこととし去る、是より茶の間にて細談、嘆！　晩九時頃森氏来る石黒氏承諾（前既に電報ありたり）少時して去る後書斎又は茶の間談、十一時半寝室に入る

三月十二日　　水　曇

終夜全く不眠、きみ子六時頃出て千駄木へ行く　自分も出勤がけに寄る彼の件表明すべきケ条相談、十一時頃きみ教室へ来る　細談正午となり去る、午後四時学士院例会出席、授賞に関する特別委員会の報告ありて二部にては其通り決したり総会及会食は省きて去る千駄木へ寄る森氏留守、七時帰宅、きみ子電話に由り陸省へ行きたりと長坐、其中に森氏長谷将へ行きたり其他大夜長にも中鶴氏を以て談せりなど同氏大動、晩九時過きみ千駄木へ行く先より石黒へ返事ありたり云々　十一時半寝室に入る、稍々眠る

三月十三日　　木　晴

今日も十一時頃きみ子教室へ来る、森氏大動揺する方可然、同氏に面談早くすべし云々去る、電話にて時刻の打合せをなし一時半陸省に到る少しく待ちて森氏帰る、同氏再長谷将に面会、矢島氏昨日小田原へ行き宍道弘一氏と面談、同夫人明日上京云々三時家に帰る田鶴来り居る四時頃本堂氏使者として来る正式離婚を申込み婚書の返交換を求む、順序として森氏との間に交換すべき旨を以て別る、二階書斎にてきみ精と鼎坐、日暮る、日在へ行きたしなど云へり、晩千駄木母堂来り、日在行と決す、八時半きみ子母堂と千駄木へ行く尋で森氏帰宅、本堂氏とのこと、荷物受取り及置場のこと其他悲談、十一時帰宅、文子出京す　小林文郎氏一寸尋ね来る　東京勤務となれり

三月十四日　　金　晴

春候となれり但し我心の中は寒風吹き荒む　精今朝千駄木母堂と日在へ出発す　きみ子午後教室へ寄る今陸省より帰りたりと、長谷将に面会、昨夜先方へ行きたる報あり、時に赳来る其話の要点は火曜（月曜十日の誤？）湯

川なる者来り密談を乞へり要点、風説に赳怒つて止めたり又良きところありて破りたり、何も言はざりし只怒つて居ぬと言へり（婆と先き話したるよし）きみ再室に入る、四時去る自分も尋で帰宅、晩九時頃森氏来る、書状返換は矢島氏代理す、荷物は荒木家へ預ける、賀古氏大同情云々、十一時半寝室に入る

三月十五日　土　晴

眠不穏（二時間位）大学前電車開通　きみ子昨日陸省へ行き長谷将第二面談の模様を森氏より聞きて（赳紳士的、破談口実双方不一致）教室へ寄る　甚興奮し居たるところ今朝も尚止まず甚心元なき故十時―十一時実習室へ出て直に帰宅、共に出て一時千駄木に到る、皆不在、森氏其内帰り来る、細君は荒木家に在り今日荷物引取り尽力せらる、三人にて悲談尽きず、賀古氏を呼ぶ、五時頃来る、談して七時半過ぐ

三月十六日　日　晴曇

昨夜は両人共稍眠る今夜幾分か心地よし。荒木家へ引き取りたる荷物調べのためきみ子千駄木へ行く　併し調べに行かざる方然らんとて細君ふみ子を誘ひに寄る、十時過ぎて二人出行かる　荷物は昨夜八時頃荒木家へ到着せりと　尋できみ帰宅す、自分は朝柳町に田村全宣氏訪ふ不在なるも打合せをして帰る、衣服類だけは千駄木へ持ち来りたるよしに付きみふみと三時頃出て行く之を見てきみ子再興奮、中止して、階下に下り牡丹餅を食しなどし七時家に帰る、茶の間にて愁語、アクセル〔＊肩〕のこと非常に悩む　十二時前室に入る

三月十七日　月　細雨、曇

昨夜二時田村氏帰宅せりとの電話あり　喜美子これより不眠、苦悶、四時頃衣服を着て千駄木へ行くと言ひ出せり　これより自分も眠らず強て止めたり、七時きみ出て田村へ行く、自分は出勤、系統解剖講義を閉つ　ロームベンセファロン〔＊菱脳〕（第四脳室を除きて）終る　喜美又々憂鬱、講義を終へて十二時半帰宅、田村氏に面談の模様よし、紙上に出でざる様尽力すと、午後二時半頃きみふみと千駄木へ行きて荷物を調べ、先方の品物を選り別けて使を頼み送り遣る　森氏帰り来る暫時悲談る、六時過家に帰る　於菟明日在へ行くよし言ひ来る

三月十八日　火　晴曇

電話により弁当を食して家に帰る格別のことにはなきも午前田村氏来り紙上のことに付談あり二三紙は既に書か

んとしてあり云々　田鶴来り決着の話しを聞きて悲哭、厳明晩長岡へ出発すとて来る、きみ子へ今日より臭素加里を与ふ

三月十九日　　水　雨

昨夜霄より細雨降り、陰鬱、午後四時前帰宅、田村氏午前に来り種々模様を報す、十五人に反物切手を贈るべきか云々　夕刻雨止む共に千駄木へ行く、紙に関する模様を話す又返却品は先方にて受けずされば別に処分方あり追々決行すべし云々

三月二十日　　木　曇晴

授業を閉つ、岡清氏を病院に見舞ふ漸々快方、岩藤二郎氏軍艦に乗り組むとて告別に教室へ来る　午後四時医学会出席、七時帰宅

三月二十一日　　金　雨風　祭日

不穏不快なる天気、終日家に在り、午前小松茂治氏来る此度東京へ移転せり過日は沼津にて火災に罹りたり云々、同時に田村氏来り別室にあり、紙の方十五名へ拾円切手を贈りたり云々此方面は制止したりと（即ち一五〇円なり）外に饗応一回已むを得ざるべし云々時に又森氏来り二階に居る、二〇〇円だけ借ることとす、都の小説談あり、晩食後きみ子大雨中千駄木へ行く、十一時となるも帰り来らず婢に自働電話にて尋ぬ　恰も帰り来りて青山の寿々園方まで行きたりと小説は別に意とするに足らざるが如し

三月二十二日　　土　曇

十時出勤、♀アイノ長骨を測り始めたるも甚進まず六時帰宅、晩きみ子田村へ行きて切手代一五〇円、外に宴会費四〇渡す

三月二十三日　　日　曇

午前牛込に小松茂治氏を訪ひ火災を見舞ふ、是より石黒、長谷川両家へ礼として名刺を置き　十一時半教室に到る、五時家に帰髪を断る　文子佐倉へ帰る

三月二十四日　　月　曇

札幌農科助教授田中義麿氏研学のため我教室を訪問す差向き日々見学の筈、六時帰宅、事なし　午後池向の寺に出火あり一寺全焼

三月二十五日　　火　細雨

石川学士、学生兄弟教室へ来る石川学士シンガポオルへ赴任すと故フォン・レクリングハウゼン教授（ストラスブルク）、ランネロング教授（パリ）紀念像のために各弐円

つつ出金す　六時半帰宅　晩きみ子千駄木へ行きたり、苦痛更に減することなし　良一、三二（試験今日済む）日在へ行きたり

三月二十六日　水　晴

九時半教室に到る、六時半帰宅、千駄木母堂日在より帰らる　中鶴氏結婚のため上京、明日式を挙ぐと

三月二十七日　木　晴

きみ子歯根のため左頬腫張す、十時半教室へ来り歯科へ連れ行きて石原氏の診察を受く、六時半帰宅　田鶴来りたりと、又緒方細君来り該件陸大の方より聞き込みたりと

三月二十八日　金　晴

福岡桜井氏出京、長骨計測大に進む　三二級第（ママ）のよし教官より私信あり、好子長男を中学へ入れるとて郷里より出京連れ来る

昨日第三十議会閉院式挙げらる

三月二十九日　土　晴

昨日所沢附近にて飛行機墜落、中尉二名即死す　田鶴千駄木へファウスト劇切符もらいに行き帰りに寄りたりと

三月三十日　日　晴

朝朝日紙記者なりとて来る　驚きて面会すれば歴史画帳を買ひ取り呉れ云々、終日教室にあり　♀長骨計測済む、六時半帰宅、北蘭田中へ行きがけに林町へ寄らる、これ今年始めてなり、該件のことは遂に言はれざりしと

三月三十一日　月　晴

此頃別に出来事なきも只沈鬱に暮らすのみ、又眠甚安からず、五時半帰宅、千駄木母堂あり、晩きみ子千駄木へ行く、森氏熱心過度に付又々心配す

四月一日　火　晴

歯痛を悩し午前歯科へ行く又下義歯小破の修理を頼む　午刻大阪水尾源太郎来訪、網膜の順応に付談あり　時に赳来る要談中なるを以て断る、六時帰宅、晩十時長岡椰野家族着の筈に付俥二人俥二台を上野停車場へ迎へにやる

四月二日　水　晴曇

朝岡田家へ行き佐伯夏子に贈品を持参す、帰り掛けに不運事を漏す、不快の感甚だし故に一応家に帰る　車中にて厳、陸奥子に会す、保子来りて既に帰り去りたる後なり、十一時教室に到る、歯科へ行く義歯修理成る　六時

家に帰る、北蘭は椰野方へ行かる、借宅へ移り国元より荷物到り大混雑のよし、晩保子等来り入浴す十一時頃帰り去る

四月三日　木　曇

午前柿内へ行く、不運談、四郎氏流涕同情、十一時半教室に来る、六時半帰宅、晩小林鶴蔵氏来る　小千谷中学縮小のため休職となりたるよし

四月四日　金　晴

市内桜花開く、九時教室に到る　♀長骨補測全く終る全十四日を要したり　呉健氏独乙より帰朝教室へ来る、六時過帰家、小林叔母来り泊す久し振りなり、晩共に千駄木へ行く当分休養、四五年の後大に配慮を乞ふ等のこと言ふ恰も賀古氏来る　一寸面談して帰る

四月五日　土　晴

第二十六回東京医学会総会を我教室に開く、午前午後共出席、四時半閉会、宴会欠席、六時帰宅　晩医事通信社員二名来り自分の履歴を話す

四月六日　日　晴風

昨日Ｈ・フィルヒョウ氏母堂訃音到る　教室不参、婢二人花見に出し遣る、今年始めて庭に出て掃除す草を刈る、午後四時半三二日在より帰る

四月七日　月　晴風

教室不参、庭はき、焚火をなす

四月八日　火　雨

出勤、三二学校始まる、午後突然越後栃堀村島角七尋ね来る　胃病に付医の推選を乞ふ　北村精造氏へ紹介状を認む、六時帰宅、晩きみ千駄木へ行く母堂不在、日在の方始末に困る、良一と交代すべき人なし

四月九日　水　雨

再寒くなる、みぞれ降る、昨日Ｈ・フィルヒョウへ母堂死去に付悔状を出す　六時家に帰る、千駄木母堂今日来りての話に同方にても種々都合悪き様子故自分明朝日在え行きて一先つ連れ帰ることに決す

四月十日　木　晴

昨夜眠甚悪し、八時半出発、九、三〇分両国発車、車中少し寒し、随分込み合たれど独りにて淋し、午後一時半三門（日在）着、精、爺を連れて停車場へ来り居る、別荘に到りて持ち行きたる例のパンを食し是より三人にて出る、大原え行く、先小浜八幡岬に登る、山を度々上下し町へ行き饅頭など買ひて日暮に荘に帰る、甚空腹、晩

食、入浴、疲労、八時過寝に就く
　四月十一日　金　晴
昨夜眠案外よし、七時起、八時三人出る、川を渡り砂上を歩す珍しき好天、先月今日を思ひ出して堪へ難し大東岬に登る　野花を採りなどして下り田畑を通りて長者町に到る、饅頭を買ひ途中にて少しく食し一時頃荘に帰る、昼食、支渡、松林中に松露を探りなどし、停車場に向ふ、三時二八三門発車、三等を用ひたれど余り込まず、七時半前両国着、精は人車、良一と電車にて八時少し過家に帰着、十一時寝に就く
　四月十二日　土　晴風
教室へ行く、午後は医学会事務所に到り雑誌を見る　大学競漕会なり　午後より風強く漕者困難なるべし　六時半帰宅、三二向島より帰り居る　競漕は法の勝、医は第三着なりしと
　四月十三日　日　晴
昨夜少し雨降る、教室に到り午前は医学会事務所へ行き雑誌を見る、一通り終る、午後三時帰宅、三二を連れて梛野上京以来始て林町の仮寓を訪ふ　晩きみ、せいを連れて千駄木へ行く　山口善六氏死去を知る、一応此方より赴破の真因を述べんことを試みては如何、本堂到底だめ　捨主はよろしかるべしなど林氏唱へたり
　四月十四日　月　晴
仕事気に添はず、三時過教室を出て橋本へ寄る、細君に会ひて不運件を通し四時半帰宅、保子等入浴に来る
　四月十五日　火　細雨
組織実習を始む、杉寛二郎氏洋行のところ帰朝、教室へ来る　六時家に帰る、田鶴来りて頻りに元への運動を唱へたりと
　四月十六日　水　曇
兎角睡悪し、脳講義を始む早朝出勤　青山学長を医院に訪ひ井上通夫氏一二〇〇に増俸及助教授となすことを要求す、岡田清三郎氏を病室に見舞ふ、最早回復期となる、十一時きみ来る左上顎腫張を歯科石原氏に相談す　シスト〔＊嚢胞〕と診す、弁当を食し、共に一時半帰宅、庭に出て掃除をなす、八時寝に就く
　四月十七日　木　曇
午後二時小石川伝通院に清水彦五郎氏の葬式に到り中途去て麻布一本松賢宗寺とか云ふ寺に山口善六氏の葬式に列す墓所まで行き悔を述べて去る　時に四時過なり是よ

り決意農商務省に到り橋本圭氏に会ひて大件に付話す彼方様子更に不明、但し虚言及嫌疑二ヶ条に付説明し去る時に六時、これ不利有損に終るか之れを最後とし打ち切る、良一の方も止む

四月十八日　金　雨晴

昨日在ボルネオ元島策太郎より土人骨発送せし通知書到る　費額壱千参百八拾円のよし其過大なるに驚く又シンガポオル領事岩谷譲吉氏より右荷物発送せし旨の書面来る　午後四時頃良一教室へ来る昨日橋本に話したる中手術のことを言はざりしを心配してなり、独の方静にして睡好からんと思ひ、一旦床に入りて後、寝具を書斎へ運びて眠る

四月十九日　土　晴

午前吐鳳堂へ行き二三書を閲す、正午頃より始めて顕微鏡仕事を実習室にて行ふ、四時終へて直に帰宅、庭の草を取る

四月二十日　日　曇

午前文書目録を清書す、午後庭に出たり、晩坪井正氏ペイテルスブルグにて開催聯合学士院会へ参列として出発せらるるを新橋に送る

四月二十一日　月　晴

昨夜少し雨ふる、今朝止む、ブラジル公使畑良太郎氏送別会に出否甚迷ひたるが欠席の返事を出す　きみ子頬腫のため十一時来り歯科連れ行く石原氏不在空しく去る、午後教授会、件後始めてなり、磐瀬氏を教授にすることを青山学長より相談あり、文部省より医術開業試験明年九月廃止の後は医師試験を大学にて引き受けしことの要求を松浦専門局長臨席して説明す、永楽病院（幾分の費用附し）を取りて引き受くることとす、四時過散会

四月二十二日　火　曇少雨

精二三日来憤悶、側にて堪へ難し、午後実習中林氏より電話あり　三時前陸省に到る、橋本圭氏に会ひて先日自分が言ひ漏したること及其他話したりと、四時過家に帰る

四月二十三日　水　雨風

レーレン（ニュルンベルク）へ一月出の手紙二通の返書をミハエル・ライヘル（チユリヒ）へ著述寄贈の礼札を出す、又吉永氏へ竇計測法に付問合せの返事を出す、きみ来り歯科へ連れ行き石原氏に乞ひて嚢腫を切開す　晩精、きみ子と千駄木へ行き雑物を少し持ち来る

四月二十四日　　木　晴
永年使ひたる婢なつ暇を取る　近日嫁するためなり
四月二十五日　金　晴
岡山上坂氏へ脳切片標本寄贈の礼、千葉長尾氏へ学位遅延に付問合せの返事を出す　四時家に帰りて庭に出る、晩三を連れて神保町へ行きて書簡用紙を買ふ
四月二十六日　土　曇
昨日在伯島峰氏より手紙来る、氏始めて俸給を受取り欣喜の余り其紀念なりとて二十麻貨幣一個寄贈し来る　六時帰宅
四月二十七日　日　曇雨
午後は庭に出たり、晩きみ、せい千駄木へ行きたり
四月二十八日　月　雨
昨夜十二時門を打つものありて醒む、本富老婆死去の訃なり　是より不眠　昼中事なし
四月二十九日　火　雨
午前隈川氏を教室に訪ひ三郎留学の件に付模様如何を尋ぬ、例の行政整理に際会し甚面白からず　元島策太郎より送れるボルネオ人骨到着す　橋本圭氏より電話にて返事あり、此方陳情には一切耳をかさざるよし、断絶、時に二時を打つ。四時実習を終へ五時帰宅　晩保子来り兄と関係に付一通り話し聞かしたり　十一時近くなる又きみ、せい千駄木へ行きて橋本の返事を通す
四月三十日　水　晴曇
昨夜三時間眠る、午前伊丹氏来り　行旅病人火葬の件今以て許可なきよし、シンガポオル在勤副領事岩谷譲吉氏へ元島発送ボルネオ人骨到着の礼状を出す。四時半家に帰り庭に出る
五月一日　木　雨
六時帰宅、事なし
五月二日　金　晴
事なし
五月三日　土　曇雨
緒方氏教室へ来り、件に付悔辞などあり　五時半帰宅、時に雷雨、柿内大人来りて食事中なり又田鶴は午前より来り居る、二人雨中帰り去る
五月四日　日　晴
午後二時伝通院に福島甲子三氏夫人の葬式に到る　三時帰りて庭に出る、晩精を連れて動坂へ散歩す

五月五日　　月　晴

午後教授会、独乙教授等に授勲の問題ありてやかましく終にまとまらず　病理にて京都卒業者を助手とするの件提出、他に志望者なきの故を以て可決、四時より医学会出席鶴合氏白熱灯（ガソリンを以て）の説明等あり、六時半帰宅、庭師半平今日より檜を刈り込む

五月六日　　火　曇

朝弘田氏を見舞ふ数週来病気のよし昨日聞き込みたるに由る又入沢氏昨日帰朝に付訪問す　九時半教室に来る、午後養育院小林正金氏来る　行旅火葬の件愈々許可になりたるに付本年限り火葬費大学にて負担されたし云々交渉あり、調査の上確答すべきを答ふ

五月七日　　水　晴

午前病理に山極氏を訪ひ行旅火葬費分担のこと談す、追て協定することとす　次に事務鈴木に中央より支出せんことを談す、午後田代教授の依頼にてシンガポオルに於て死亡せし某の骨を一見す　四時帰りて庭に出る

五月八日　　木　晴

京都林喜作氏今回の論文紀要掲載謝絶の手紙を出す　五時家に帰りて一寸庭に出る、骨鑑査せしことに付岩下幸司と云ふ人金属製シガレット入れ等を持参し謝したりと

五月九日　　金　曇

午前山極氏と対談、火葬費分担は教室費に比例することとす、午後養育院へ行き火葬費不足額本年度限り引受けべきことを返答し種々談話の決果（ママ）実行上色々不都合ありて決行までには尚ほ打合せを要すべし六時半帰宅　きみ今日始めて小堀、伊藤両家を訪ふ、小堀女児大病のよしに付見舞旁々なり、同家にて彼の大島家の欠点に付談あり癩云々

五月十日　　土　晴雨

五月十一日　　日　晴

昨夜雨、又午後雷雨雹、後霽れる　晩文子出京す春期大掃除日なり、書斎等自からす、午後は庭に出る、三二遠足に行きて留守、曽て島峰氏が贈れるワルダイエル先生と先生の仕事室にて共写せる引き延ばし写真の額縁を良一に買はしめて嵌め込みたり甚立派なり

五月十二日　　月　晴

千駄木母堂昨夜晩胃痙起りたりよしにてきみ行きて泊る山極氏教室へ来る養育院訪問の模様を話す　学士院出席、二部授賞者三名総会に於て投票全数可、これにて上

坂氏に恩賜賞授与確定す、九時半帰宅

五月十三日　火　雨

金杉英五郎氏夫人葬式授業のため参列し難きを以て出勤かけに本宅へ名刺を出し教室に到る　上坂氏へ授賞内報手紙を出す

五月十四日　水　晴

きみ来る歯科へ連れ行く　在伯島峰氏再度の長文の手紙に対し漸く返事を出す又ディーク教授絵葉書の返札を出す　佐々木秀一氏洋行に付告別に帰る（ママ）　五時半家に帰り一寸庭へ出る

五月十五日　木　曇

終日組織実習、五時半帰る、文子佐倉へ帰る、晩精雨中婢を連れて千駄木へ行きたり

五月十六日　金　雨

終日雨、事なし、六時家に帰る

五月十七日　土　晴

六時帰りて晩食後精を連れて神明より田端へ廻り動坂を上りて帰る、久し振り（三四年？）にて其辺人家増し様子の変りたる深く感したり

五月十八日　日　晴

午後は庭にありたり、晩柿内若夫婦一寸来る

五月十九日　月　晴曇

山川一郎次村田宮吉両氏洋行暇乞に来る　午刻食事中赳来り森氏に依頼せし絵のこと百円増す云々、土肥氏紹介名刺を乞ふ云々、午後教授会あり、独乙教授に勲章を贈るの件前回より引きつづき今日十八名計申立ることとす、此問題は大使より三名指名し来りたるより起りたるなり、学位の件は愛知医専石森氏（生理）否決、川村麟也可決、晩精を連れて千駄木へ行き赳絵のことに付百円渡し且つ面談すべき旨を通ずることとす

五月二十日　火　雨

山川一郎、渡辺隣二両氏洋行暇乞に来る、赳へ昨日の件に付葉書を出す、六時帰宅

五月二十一日　水　曇

五時過帰宅、庭に出る、緒方、岡田夫人の来訪ありしと

五月二十二日　木　晴

五時半帰宅、晩食後精を連れて上野公園内を廻りて九時半帰る

五月二十三日　金　晴

事なし、三二横須賀へ遠足す

五月二十四日　　土　晴

朝鮮木浦橋本豊太郎氏より妻女病気、福岡今淵氏へ紹介状等を認む、ストウィフボ（ワルシャワ）よりアイノ論文処望し来りたるも余りなきを以て断り葉書を出す　晩精を連れて神明より根津神社を廻りて帰る

五月二十五日　　日　晴

長尾美知氏博士になりて挨拶に来る、午後は庭掃除をなす

五月二十六日　　月　晴曇

印刷会社を呼びて林喜作氏論文仮中止を命す　午後四時出て坪井正氏留守宅を訪ふ　露都に於て重患に罹りたるに付見舞なり是より伊丹繁氏厳父死去に付悔に水道町へ行き家に帰る

五月二十七日　　火　雨

午後より大雨

五月二十八日　　木　晴

佐々木豊七氏教室へ来り次男難病黴毒にかかり困難しおるに付官費入院を頼む云々、土肥氏を訪ひて頼みたるに早速承諾、直に佐々木氏へ書面を出す　今早朝出勤途上松村瞭氏より坪井正五郎氏露都に於て遂に死去のことを聞く、午前中に同氏宅へ悔みに行く、大学諸氏もありたり、氏は学説に就ては反対なりしも永年の交誼且つ明治二十一年夏共に北海道に研究旅行をなしたることあり特に感慨深し　時事新報記者知覧健彦氏来りて坪井氏に関することを尋ぬ、知りおることを話す　晩食後精を連れて染井の方へ散歩す

五月二十九日　　木　晴

今朝下義歯を損し、歯科へ行きて直しを頼む、岩田一氏来る紀要文に図版を増すことを話す　今朝の時事新報に昨日話したること掲載す、大満足す

五月三十日　　金　雨

長谷川弘一郎氏昨冬来転地療養、全快、教室へ寄る当分永楽病院へ出勤するよし、三時半出る時に岩田一氏論文図版を増し持ち来る且露人頭骨一個寄贈せらる、これより銀座小川へ行きて紀念帳のために撮影す

五月三十一日　　土　晴

岩田氏論文原稿を印刷に渡す、丹波氏より電話甲乙の話あり　中浜東一郎氏珍しく教室へ来る　岡山菅校長愈辞職に付自ら其後任を望む云々　晩精を連れて巣鴨へ散歩す

六月一日　　日　晴

午後庭掃除、岡山上坂氏へ校長の件に付問合せ手紙を出す

六月二日　　月　晴

昨夜雨降る、緒方氏に中浜氏の近況を尋ぬ、島峰正氏徹氏の学位申請書の件に付来る、午後幻灯試験にて消時

六月三日　　火　曇雨

小林魁氏教室へ寄る、義歯出来す　上坂氏より返事来るきみ柿内、岡田へ行きたり、岡田にて世間評悪し云々

六月四日　　水　曇雨

延髄標本を幻灯に影す、文部省へ行きて福原次官に中浜氏のことに付談す　既に候補ある趣に付進入せず、序に松浦専門局長に留学生のことを尋ぬ、従来殆ど一〇〇計のよし、整理削減の程度不明、本年度内に二〇名位出し得るか云々　島峰帰朝旅費のことなど話す。中浜氏へ手紙を出す、五時家に帰りて庭に出る

六月五日　　木　曇雨

午刻岡田夫人教室へ来りて規雄氏試験受けずと言ひ出し甚困る云々の談あり、後五時より山上御殿にて人類学会員数氏会合、故坪井氏に関する相談に預かる　八時帰宅、岡田夫人在り尚ほ先刻のことに付談あり

六月六日　　金　雨

規雄氏今日大沢氏試験のイラステニイにて如何共仕方なし　帰途岡田家へ行き其旨を通す不計晩食し八時過帰宅

六月七日　　土　雨

終日降雨、困る

今朝鬼頭氏母堂死去の報に接す、直に麻布山本町に悔に行く、香奠（弐円）を供ふ、午後は授業のため葬式に欠礼を謝す、十時半教室に来る　島峰正氏来徹氏学位申請に付相談あり論文到着せしを以て愈々差出す運びとなれり、六時家に帰る、魁郎氏来り居る晩食して去る

六月八日　　日　晴

午後は庭に出てたり、晩精を連れて散歩、田端より巣鴨まで山の手電車を用ふ

六月九日　　月　晴

教授会あり、林喜作氏論文紀要に掲載取消しのことを話す、補習全科設立に付埼玉県医師会より建議の件に付相談あり、助手副手満期其延期に付主任の申立通り論文作製中と云ふことにて通過す　鈴木清蔵（学士）学位可決

六月十日　　火　晴

四時帰宅、更衣、植物園に到る浜尾前総長、桜井事務取扱、山川新総長送迎会なり、八時半帰宅、岡山医専騒擾に付上坂氏より度々通報あり

六月十一日　　水　晴曇雨

フォン・レクリングハウゼン（教授）エールング〔＊記念〕委員として集金終結に付其発送方に付案を草す

六月十二日　　木　曇

午前七時半より法三十二番にて組織筆答試験をなす　出席一〇七名、問題神経終末球　5．知覚神経の種類、構造及び分布　晩文子出京泊る

六月十三日　　金　曇晴

事なし、五時過帰りて庭に出る、留守中佐々木豊七氏息官費入院出来たる礼なりとて卵折を持ち来れり

六月十四日　　土　曇雨

事なし

六月十五日　　日　雨晴

午後霽れる、庭に出る、晩岡田清三郎氏病気全快挨拶に来る、晩精を連れて千駄木林町辺散歩

六月十六日　　月　曇雨

文科星野恒氏在職二十五年祝賀のために弐円出金す　午後教授会、山川新総長臨席、高等学校卒業生過剰に付拾名丈定員外に入ることとす、これがため他より転科は許さぬ但薬学士一名入ることとなる、尾中守三学位可決

六月十七日　　火　曇

午刻赳来り卒業試験済みたり　絵の贈品持ち来る又弁明を試みたるも止めたり

六月十八日　　水　晴

脳講義閉つ但しデモンストラチオン一部残る　松浦専門局長へ布施氏よりの旅費渡し急ぐ云々手紙又木浦橋本豊氏へ久保氏へ依頼し置きたる旨の手紙及久保氏へ依頼の手紙を出す　四時前帰宅、田鶴午前より来り居る、庭に出る

六月十九日　　木　曇

二十一日岡田和氏招かれたれど断り手紙を出す清三郎氏全快祝ならん、人類学石田収蔵氏来りて坂井氏葬式の節弔詞云々

六月二十日　　金　晴

精千駄木母堂と早朝日在へ出発す　午前十時よりデモンストラチオンを始め幻灯其他、一時半終る、時に岡田和

氏来り明日来れ云々強て謝す　精のことに付好意の談あり此方よりも一通次第を話す六時過帰宅、荒木家より荷物半千駄木へ移す　文子奔走きみも千駄木へ行きて整理す

六月二十一日　土　曇

穂積陳重氏大患佐藤外科入院を見舞ひ名刺を置く、人類学教室へ行き坪井氏遺骨到着期日を尋ぬ　顕微鏡実習を閉つ、丁度三十回行ひたり　六時家に帰る、晩三二を連れて槇町へ散歩す

六月二十二日　日　雨曇

在宿、晩食後千駄木へ行く　荷物世話の礼なり　林氏不在

六月二十三日　月　晴

午前在宿、答案調べを始む、午後大学へ行く教授会なり、優等生選定佐藤彰、額田晋、今村荒男三名とす、旅費分配の件、臨時費請求の件、学位に到りて辞し去る三時半帰宅

六月二十四日　火　曇雨

午前在宿、午後一時五〇新橋に故坪井氏遺骨の到着を迎ふ

六月二十五日　水　雨晴

答案調べ、午後島峰正氏来る徹氏尚本年伯の件に付てなり

六月二十六日　木　晴

午前坪井家へ行き香奠（三円）を供へ明日試験のため葬式に列するを得ざること謝す　午刻田鶴来り五時頃去る島峰氏第二の手紙（尚ほ一ケ年留学の件）並にディーク教授と連名のはがき来る

六月二十七日　金　雨曇

午前後共試験（顕微鏡）、欠席者多し

六月二十八日　土　曇風

午前後試験　三二横浜より鎌倉まで夜行のため夕刻出かける

六月二十九日　日　晴

午前後試験、留守中内藤久寛氏来訪　島峰留学延期異議なし云々

六月三十日　月　晴

午前後試験、五時家に帰り庭に出る

七月一日　火　晴

午前後試験、これにて終る総員一〇五名、欠席者甚多し、
六時家に帰る、晩柿内四郎氏来訪

七月二日　水　雨曇

評点調べ終りて事務室へ出す、歯科へ行きて義歯修理出来たるを受取る　布施現氏出京教室へ来る、又新井氏来る、高橋順氏上坂受賞祝賀会のことに付打合せに来る
五時家に帰り断髪

七月三日　木　曇

午後布施氏教室へ来る　晩岡山上坂氏授賞の件に付上京来宅十時半去る

七月四日　金　雨

上坂氏教室へ来り終日脳標本に付談す共に弁当を食す
晩きみ子千駄木へ行く、今日万朝紙本堂夫人のこと出たりとて其切りぬきを持ち帰る

七月五日　土　雨曇

十時より学士院に於て村岡良弼、上坂熊勝、後藤清太郎、近藤基樹の四氏へ授賞挙行、これに出席　自分は上坂氏授賞の理由を説明す、十一時半終る、後午餐、それより総会、幹事改選、桜井錠二氏当選承諾、二時散会、帰宅、
五時過再出て富士見軒に到る石川県人と共に上坂氏のために祝賀会を催されたるなり　自分上坂氏功績を述ぶ、会するもの百名計、九時家に帰る

七月六日　日　半晴

終日在宿、上坂氏玄関まで暇乞に来る、又万朝記者某来る、不快の故を以て断る、彼の件にてはなきか

七月七日　月　晴

昨日　威仁親王殿下舞子にて薨去、星野教授へ大婚賀表の件に付返事を出す、大沢、隈川二教授を教室に訪へり、
精子千駄木と日在より帰る　晩柿内へ行きたるも皆留守

七月八日　火　曇晴

終日紀要校、ライヘル（チユリヒ）へ自支那人及アイノ著述所望問合せの返事、熊本吉永氏へウウド合金に付問合せの返事を出す

七月九日　水　曇

午後田口碩臣氏教室へ来る時に電話ありて在省のよしに付文部省へ行き松浦専門に島峰尚ほ一ヶ年留学延期の件に付詳細陳述す、全官費は六ヶ敷半額と云ふことにて問題にせし云々、四時半家に帰る、晩其模様を不取敢認め報ぜんとす、未終

七月十日　木　曇

卒業証書授与式、九時半大学に赴く、伏見宮博恭王殿下御沙汰に依り臨御、ひかりごけ、ラヂユム等の展覧あり十一時半帰宅、冷気にて幸なりき　午後庭に出る、晩保子来り国元透より地代（一ヶ月二十円）の分送金せず云々台湾婦人雑誌記者（尾前正行）きみ子宛不法の葉書を遣したり又去六日二六紙記者来りたるも自分面会せざりきうるさきこと多し　在伯島峰氏へ昨晩来認めたる手紙を出す　潤三郎氏志づ子同伴出京のところ今日尋ね来る

七月十一日　金　雨

一年間寄贈論文を調ぶ

外人論文　五九種

邦人論文（欧文）　七四種

医化学へ行きて隈川氏に本年度留学生文省の模様聞きたる丈け話す　六時過帰宅

七月十二日　土　晴

今明日は自室大掃除に付教室不参、午後出て原信哉氏を市ヶ谷原町に訪ふ夫婦共留守、中元贈品を置きて去る、文郎氏を若松町に尋ね、氏東京在勤となりて始めてなり、文郎氏未帰、是より牛込小松老母堂を見舞ひて六時半帰宅、晩精を連れて千駄木へ行く潤氏夫婦等在宅、文子出京

七月十三日　日　晴

在宅、熱くなる、夕刻庭に出る、春三氏来り樺太へ探検旅行をなすと　晩精を連れて田端へ散歩す

七月十四日　月　晴

教室にあり、穂積陳重氏を病室に見舞

七月十五日　火　晴

標本の整理をなす、五時帰宅、晩三二試験済みたるに付出て夏帽子を買ひ銀座へ散歩す

七月十六日　水　晴

標本整理、小松春三氏一寸来る樺太庁医院萱場平八、大泊分院長船山道篤、真岡分院長菊地正三の三氏アイノ人骨の件に付依頼状を托す

七月十七日　木　曇晴

昨夜雨降る、威仁親王殿下御葬式、三二早朝奉送として出かける、標本整理人骨だけ終る、四肢骨研究四月以来中止のところ漸く取りかかる

七月十八日　金　曇

田鶴朝より来る　午後鈴木孝氏教室へ来る　夕刻三郎氏も来る晩食し九時過両人帰り去る

七月十九日　　土　曇晴

熊本山崎春雄氏出京教室へ来る、日本人頭骨参個各箱詰めとし人類学教室へ遣るこれは先般南米アルゲンチン国ブエノスアイレス博物館より寄贈頭骨三個に対し答礼品なり　三二試験成績分る、晩精を連れて千駄木林町へ散歩

七月二十日　　日　曇晴

在宿、三二独り日在へ行く、潤三郎氏今晩出発京都へ帰るとて告別に来る、原信哉氏挨拶に来る　庭の掃除をなす

七月二十一日　　月　曇

去明治二十八年死亡高野端示氏骨格据へ方漸く覆箱出来し標本室の角に据へたり又これに氏の写真を添ふ　精子今朝千駄木母堂と日在へ行く

七月二十二日　　火　曇

マンフ博士（ベルリン）、レーレン（ニユルンベルク）へ絵葉書を出す

七月二十三日　　水　曇

事務室にて火葬日付取り繕ふ件に付相談す　布施現氏来り来月初旬にチユリヒへ向け出発すと　俸給を受取る、済生会先日限りにて終結、満二ヶ年間三百四拾円程出す、始めて全額（ネット〔＊手取り〕280,50 yen）受取る

七月二十四日　　木　少雨曇

久保氏朝鮮人論文校了、一昨年冬以来少なからざる時を費したり

七月二十五日　　金　曇晴

文省松浦局長電話にて都合問合せたるところ別に行かず電話にて弁したり島峰氏留学延期は許可と内定し、八、九二ヶ月は全官費、十月より来年九月まで官費半額にて延期とす云々、直に其趣島峰氏へ手紙を出す、又内藤久寛氏島峰留守宅へ報す又石原氏を歯科に訪ひて其事を話す

七月二十六日　　土　曇晴昨夜雨

きみ教室へ来る歯科へ連れ行く石原氏あらず尾田氏に診察を乞ふ、未だ嚢傷癒へず　開業医長田足穂氏緒方氏紹介にて来る上坂氏論文全部貸渡す

七月二十七日　　日　晴

教室にあり、熱さ堪へ難し、ベルツ教授来信、健康悪し云々

七月二十八日　　月　晴

病理教室へ行き八月一日より行旅病人解剖実施のこと及姓名不詳者撮影のことを長与氏に話す

七月二十九日　火　晴

長谷部言人氏新潟より出京、是より北海道へ旅行すと

七月三十日　水　晴

御一週（ママ）年祭式に十一時三十分大学に赴く、五分間にて式終る、直に帰宅在宿、午後庭に出て草を取る　晩雨降り冷しくなりて心地よし　良一は二三日箱根へ旅行すとて出かける

七月三十一日　木　雨曇

千葉より田口氏出京、又岡山より八木田氏出京、教室にて落合ふ

八月一日　金　曇

島峰氏の件電話にて松浦氏へ尋ねたるも未発表せずと
昨今甚冷気、二十四五度

八月二日　土　晴

朝弘田氏次男暑中見舞なりとて来る、此度医科に入りたるなり、葉巻煙草の贈品あり、昨夕に残り二本となり当分断煙と覚悟せしところ奇なる哉

八月三日　日　晴

教室にありたり、昨今両日共標本整頓に費す　四時半帰りて庭に出る

八月四日　月　快晴

終日標本整理、小児骨格六拾余を目録に記載す　四時半帰りて庭に出る、田鶴来れりと

八月五日　火　晴

再熱くなる、昨夜内玄関に盗人入りて靴のみ悉持去る、靴屋を召ひて購ひて出勤す　文子幸子を連れて出京す

八月六日　水　晴

八月七日　木　晴

金沢高安右人氏教室へ来り石川喜直氏支那北京医学堂へ赴したるに付後任者談などあり　夕刻ふみ子帰り去れり

八月八日　金　晴

午前福岡榊保氏教室へ尋ね来り　よし子婚約せしに付ては順氏預りの婚費に付如何すべきやの相談あり　午後になりて電話にて順氏の都合を聞き合せおるところへ家より電話にてきみ熱発云々　直に帰宅せよと依りて医院に到り青柳登一氏に来診を乞ひて二時半頃家に帰る　青柳氏四時半頃来診、先つひまし油二〇、〇を服せしむ、夜

十時半タンニン酸灌腸をなす総て無功、十一時半就眠

八月九日　土　晴

朝再灌腸す尚ほ無功但し体温三六、九気分宜し　十時半教室に到る、昼食後医院に到り青柳氏に容体を通し、榊順氏に電話に問合せ直に出向す時に熱焼くが如し、婚費預りを戻すこと望なし、八重子と代子継子のことなど話しあり、三時過ぎて加藤邸に到り保三郎氏面談、弘之老人にも面会す、是より保氏同道岡田家に到る九月四日挙式披露宴会のことに付面倒なり　両家のことに関しては これにて打止めとしたし六時過家に帰る、良一帰京、晩田代亮介氏来る学生小林南に関し尋ねあり

八月十日　日　晴

四時半家に帰り庭に出る、三二独日在より帰る、晩三二を連れて槇町まで散歩、今日より蚊張を釣りて下に眠る

八月十一日　月　晴

フラウ・ゾフィー・ビッチェル（旧姓カブル・リュックハルト）より手紙来る珍しく感す、良人はピアニストなり日本に適当なる地位なきや云々　五時三二教室に来り赤門前にて各靴を買ふ、晩岡田夫人来訪、きみ子病気見舞のよし

八月十二日　火　晴

函館病院医長鈴木清蔵氏博士になりたりとて挨拶に来る　五時家に帰り庭に出る

八月十三日　水　曇夕立

朝出勤せんとするところへ田鶴来る蒸熱強し遂に家にあり　田代亮介氏次に安田恭吾氏来る、三時頃より雷鳴る田鶴急ぎ帰り去る、四時頃より降り始め夕刻止む少し凌き克くなれり

八月十四日　木　曇

再蒸熱、標本整頓全終る、晩三二を連れ槇町にて眉染紅を買ふ

八月十五日　金　晴

茶の間火鉢の繕ひなどし遂に教室不参、午後庭に出る　五時頃精子千駄木母堂と日在より帰る、曽て夏休過ぎて秋ともならばと予定したる期日も早過ぎんとす　今後如何になりゆくか

八月十六日　土　晴

五時家に帰り髪を切る、晩千駄木母堂、於菟来る　満月を眺む熱さ強し　在伯島峰氏より八月二日附手紙来る十五日目なり　斯く早きは始めてなり

八月十七日　日　晴

教室にあり

八月十八日　　月　曇雨

教室不参、三二を連れて品川台場へ水泳に行かんと思ひたれど雨降り出したれば止む、四時頃より本降りとなり甚心地よし　夕千駄木母堂来り晩食精連れ帰らる

八月十九日　　火　晴

教室不参昼食直に三二を連れ出かける　芝橋より小汽船にて第一台場に渡る、珍らし、海水に入る、水不潔、底泥にて不快、六時過家に帰る、夜冷し、月朗なり

八月二十日　　水　晴

弘田氏息親愛氏来る此度医科へ進入したるに付保証人として印を捺す、十時教室に到る

八月二十一日　　木　晴曇

午前文省に到り松浦専門局長に面会島峰の件は既に二週間程前に通達したり云々　黒沢参事官にも面会し彼の地実況を聞く、次に田所普通局長に面会して小林鶴蔵氏位置のことを相談す　十二時過教室に帰り昼食後隈川氏を教室に訪ひ松浦氏より聞きたる精神病科呉の代として杉田を緊急留学せしむることを大学より申立ありたることを知らす

八月二十二日　　金　雨

終日降り続きて甚冷し

八月二十三日　　土　晴

フォン・ルーシャン教授より八月四日付にてニュルンベルクに於ける独乙人類学会大会にて自分をコレスポンド・ミトグリート〔＊通信会員〕に推薦したる旨の通知到達す

昨日来認めたるディーク教授宛返書を出す、フォン・ベルツ教授への返書を認む、明朝投すべし

八月二十四日　　日　雨晴

教室にありたり、フォン・ルーシャン教授へ昨日の葉書に対し返礼を出す

八月二十五日　　月　曇雨

晩鈴木孝氏来る、榊岡田両家の関係令子結婚に付ての件なり十時去る

八月二十六日　　火　雨

悪天、午後一時頃鈴木氏より昨夜帰途榊順氏方へ寄り懇々宥めたるに此度の吉事に付ては何も言はず又為さずと云へりと但し披露招待状に岡田の名を除きたし云々電話にて承知す　四時過岡家に到る右の旨を伝ふ、夫婦共気勢盛んにして一切耳に入らず、一種不快の感を以て去

る

八月二十七日　水　洪雨大風

昨夜半より大雨、風又強し、夕刻止む、良、三と白山辺まで様子を見に行く、格別の被害なし、教室へ行かず鈴木孝氏葉書にて昨日の無功なるしことを報す

八月二十八日　木　快晴

六時過家に帰る

八月二十九日　金　快晴

五時家に帰り庭の掃除をなす

八月三十日　土　快晴

昨夜小林鶴蔵氏履歴書来りたれば今日田所普通局長へ送る、五時帰宅西夫人来り居る此度大阪へ転住すと、尋で岡田夫人来る、自分は庭に出る

八月三十一日　日　晴曇

在宅、天長節なるも祝日にあらざれば何事もなし　庭の掃除をなす　昨日きみ柿内へ行く、若夫婦は日在へ行き留守なり、田鶴妊娠とか

九月一日　月　豪雨

三二学校始まる、良一試験始まる先病理なりとす　事務室へ行きたらば只今着電、ベルツ氏三十一日死去のよし、哀悼の至なり、自分返書は最早達せざりき、屍二十体計堆積し腐敗し甚困る、出棺を迫る　ドイツ人類協会が正式にコレスポンド・ミトグリートに推薦をしたる通知を受領す

九月二日　火　豪雨

晩報知新聞記者来る　故ベルツ博士のことを話す

九月三日　水　霽れる

午後四時家に帰り髪を剪し庭に出る

九月四日　木　晴

午後四時過家に帰り更衣五時前出富士見に到る　榊よし子と佐藤彰氏と結婚披露なり　数員六十六人計、時に大夕立したれども帰る頃は止む九時家に帰る、田鶴一寸来りたるよし

九月五日　金　快晴

長谷部言人氏北海道旅行より帰り教室へ来る　旅談あり時に島田吉三郎氏来る氏留学に関する体格検査を昨日受けしところ二三月静養の後再検査すべしとのことにて甚心配す又医専書記も来る　兎に角一ヶ月計房州保養すべしなど談合す皆共に弁当を食す　晩精を連れて動坂辺へ

散歩

九月六日　　土　晴

午後四時家に帰り庭に出る、三二は友人と池の端明治紀念博覧会へ行きたり

九月七日　　日　曇

午前柿内若夫婦来り昼食す田鶴慶事に付相談あり　兎に角産婆に診察せしむることとす二時頃去る　午後は庭に出る

九月八日　　月　雨

昨日日比谷公園支那第二革命に外交不振のため国民大会を催したりと三万の群衆喧騒を極めたり　晩小松春三氏来る樺太旅行より二三日前帰京せりと

九月九日　　火　曇晴

晩小林鶴蔵氏出京、来る教員位置、精子不運など談あり精千駄木へ行きて泊る

九月十日　　水　晴

森田斉次氏帰朝、教室へ来る、鈴木文太郎氏出京、同じく来る

九月十一日　　木　雨

授業は学科表上来十五日より始むべし、晒上りたる骨格を調ぶ、片山国嘉氏教室へ来り、留学生の件教授会の決議と違ひ精神病の杉田云々の談、歯科の談などあり六時半帰宅　田鶴今日来り　おゑいの診察を受けたり

九月十二日　　金　雨

九月十三日　　土　雨曇

午後四時半帰る、橋本四児遊びに来る、晩食後柿内へ行く　三郎、大人、四郎諸氏順次帰り来り遂に長くなりて十時半帰宅

九月十四日　　日　曇雨

終日在宅、きみ子柿内へ帯の祝に招かれて行く

九月十五日　　月　曇

総論解剖学講義を始む　ホーフラル・Ｂ・ハーゲン氏の紹介を持ハンス・ラゾール博士（青年）氏尋ね来る、学を終へて東洋旅行を思ひ立ちたりと、教室を一覧したる後先小児科に到り病室を廻り次に佐藤外科を見て別を告ぐ時に十二時過ぎなり　午後教授会あり、故ベルツ氏追悼会の件、留学生の件は決議に依り第一柿内のところ既に精神病杉田此度任命になりたるは総長に一任し山川氏専行にして其理由は青山学長知らず云々、教授会は別に追窮（ママ）する気色なくして止む、青山氏の専横著しと云ふべ

し、学位の件は佐々木達（くもぢ）氏否決　五時過帰宅、千駄木三児及鶴蔵氏児遊びに来る、晩鶴蔵氏来り位地のこと文省等へ行きて篤く頼みたり云々　皆既月蝕あり曇りしも幸して見へたり

九月十六日　火　曇

隈川氏来りて三郎の件に付只今山川総長面談せし其模様を話す、増田二郎氏独乙より帰朝来る　学位申請に付相談あり、其他来訪者あり且つ紀要校正のため終日す

九月十七日　水　晴

ユンケル氏清水氏論文校正を依頼す、奉天久保氏手紙を出す同時毛髪編原稿一応返す、金沢高安氏へ揮毫云々の断り状を出す　四時半帰りて庭に出る、晩食後精を連れて千駄木林町へ散歩す

九月十八日　木　晴

前九時より組織追試験をなす出席ただ五名のみ　小松春三氏教室へ来る　薬学朝比奈氏へ紹介す

九月十九日　金　晴

午後四時半帰りて庭に出

九月二十日　土　晴

午前八時より組織実地追試験をなす出席六名　晩食後三二を連れて京橋へ冬帽子（三円七五）買に行く

九月二十一日　日　曇雨

終日家にありたり、昨今日祭礼にて近傍賑ふ

九月二十二日　月　雨

秋期大掃除日なり、五時教室を出て弘田家を訪ふ　氏の次女大阪にて死去のよしに付悔のためなり夫妻とも留守に付息に会ひて去る

九月二十三日　火　快晴

四時半帰りて庭に出る

九月二十四日　水　快晴　祭日

午前田口碩臣氏来りて愈弓町邸を売却したり、解剖担当の杉本の処分に付相談あり、正午三二を連れて千住へ釣りに行きたり　文子出京泊る

九月二十五日　木　快晴

歯科へ行きて石原氏に正科となすの件提出のことを勧む

九月二十六日　金　曇雨

安田恭吾氏来り稔氏帰朝せるに付ては森氏へ紹介を頼む云々

九月二十七日　土　雨

原口初太郎氏帰朝の旨手紙到る直に返事を出す

九月二十八日　日　晴

午後良、三を連れて三年振り程にて道灌山へ散歩す

九月二十九日　月　晴

エドワルド・アルベルト・シェーファー教授（エヂンバラ、クウェインズ・アナトミーおよびエッセンシャルズ・オブ・ヒストロジーの編者）ワルダイエル先生の名刺を持ちて来訪、教室内を案内す、夫人も同行せられたるも馬車上に待ちて居たり　又ワルダイエル先生よりガスタイン出手紙来る　Hals: topographische enleitung〔＊文献〕のことあり　午後教授会、講習会設置すること、三好常三郎学位の件否決、晩柿内へ行きて留学順序転到（ママ）の件　隈川氏尽力のことなど話す　良一をして家族皆種痘せしむ

九月三十日　火　晴

屍運搬定夫のこと養育院医員大沢梅吉氏来るなど雑用多し、五時前帰りて一寸庭に出る　晩精を連れて動坂辺へ散歩す、文子佐へ帰る

十月一日　水　晴

解剖実習を始先つ学生に体部を分配す　晩安田稔氏帰朝来訪

十月二日　木　曇

午後三時過出て養育院に到り小林正金氏面会、人夫賃仕（ママ）払のこと話合ふ　なかなかうるさし六時過帰宅

十月三日　金　雨

終日大に雨降る

十月四日　土　晴

昨日の講演に付て調べをなし消日す

十月五日　日　曇

午前服師来る背広服一具注文す（二十七円）　午後一時大学山上御殿に到る　故坪井氏のために人類学会にて追悼会を催す、当日司会者たることを依頼されて之を諾す、二時過開会、良精先つ開会の辞を述ぶ次に順次白井光太郎、三宅米吉、山崎直方、佐藤伝蔵の諸氏何れも故人生存中のことに付講演す、終りに良精斯学範囲、分類に関することを述べ将来進行の方針を希望し追悼の辞とし五時閉つ、これより会食、七時半帰宅

十月六日　月　曇

ワルダイエル先生へガスタインよりの手紙に対し返書を認め晩九時半函に投す　今日先生の第七十七回誕生日なるを以て今日中に出したるなり　良一は佐藤外科試験な

りとて朝より晩九時まで出て居たり

十月七日　　火　曇雨

チレニウス教授（ドイツ人類学会事務局長）へ去八月大会に於て良精が通信会員に選挙されたる礼状を出す

十月八日　　水　雨

終日悪天、レーマン-ニチェ夫妻（ブエノスアイレス）へ夫人より論文寄贈の礼と共結婚祝賀の手紙を出す、在奉天久保武氏愛女児病死し悲観の手紙に付悔状並に香奠三円を贈る

十月九日　　木　快晴

H・フィルヒョウ氏へ Fuss d. Chinesin〔＊文献〕寄贈の礼状に久し振りて家族のことを書きて出す、晩精を連れて田端へ散歩す、巣鴨まで山手電車に乗りて帰る

十月十日　　金　曇

柿内老夫婦近日渋谷へ移転のよしに付其前一回饗応すべしと思ひ招きたれど断り来れり

十月十一日　　土　曇

医学会事務所にて雑誌を見る、午食、帰宅、更衣、二時半植物園に到る、学長青山氏在職二十五年祝賀会なり、終りて大塚より電車にて同氏邸に到り学生等と尚ほ祝し七時帰宅

十月十二日　　日　晴

午後臼杵才化氏来る台湾を止めて東京に住す云々、庭に出て草を採る、千駄木三児遊びに来る、晩精を連れて散歩日暮里諏訪神社より道灌山に到り田端より電車又電車、九時過家に帰る、往年は屢々散歩したるところ数年を経て十三夜の月光にて文を見、其全く変りて人家多く出来、往年の影殆どなし、彼も是も変りたり、嗚呼思はさりき但し一昨年の今日を思ひ出さざりしは寄（ママ）なり

十月十三日　　月　晴曇

講義を終へ直医学会事務所に到り雑誌を見る、午後教授会評議員改選片山氏再選さる、学位は久留春三（済生学会出身）臼杵才化通過、二時半散す、再び事務所に到りて雑誌を見る　三二豆相地方へ修学旅行として早朝出行く

十月十四日　　火　曇

家に帰ればたけおよりピヤノのことに付手紙来り居る破損等のなき旨葉書を出す、千駄木母堂来り精を連れ行かる　日在へ行くべきを話し出す

十月十五日　　水　雨

昨晩より降り始め終日大雨、十時講義を終へて上野公園文展へ行く今日始まり先つ招待者の観覧に供さる、最適当なる日に付雨を犯かして行きたり　一時半教室に帰れば時事新報記者待ち居て面会す、偉人の脳重量に付尋ねられ之を枚挙す　桂公昨日解剖に付せられたるかためなり、二時半弁当を使ふ、六時家に帰る、夜に入りても頻りに雨降る、朝霽れるを期して日在行きの同意をなす
鉄門倶楽部は明朝箱根へ出発す

十月十六日　木　晴曇

九時半両国発、車中退屈す、一時半日在着、爺来る開けて入る携たる弁当を食し天気怪しけれど長者町へ行きて釣、絵葉書を買ふ帰途雨降り出す、晩は小説をよむ　婆も来り談話す

十月十七日　金　雨晴曇

午前雨、少し止みたれば松林中に茸を採る、午前霽れる大原小浜へ行く、八幡岬へ登る、波荒し、町へ廻る千駄木と柿内へ葉書を出す　新聞を買ひ帰途に就く、田道に水ありて廻り道をとる日暮れて荘に帰る　晩爺婆と話す

十月十八日　土　晴曇

昨夜眠悪し、夜中時に驟雨の音す、朝は止む、朝食を終へて松林中に初茸を採る、午後は婆を案内として山へ行く得物少なし、大に疲る

十月十九日　日　晴

漸く天気定まる、長者町へ行きて市を見る珍らし、饅頭を買て帰る附近にて茸を探す、午後一時半日在発、四時半両国着、晩保子等入浴に来る　四日間全く学を離れたること珍し

十月二十日　月　快晴

地質教室に到り神保小虎氏より鍛冶橋改架工事の際発掘せる人頭骨二個受取る又市役所工学博日下部弁二郎氏本件に付礼状を出す　晩彼のピヤノ附近の加賀見家へ預ける其間精を連れて千駄木へ行きたり林氏在宅

十月二十一日　火　曇

佐藤外科へ行きて浜田玄達氏入院のよしに付見舞はとし（ママ）佐藤氏に会ひて様子を尋ねたるに昨夜退院のよし病症は胃癌なりと気の毒のことなり、夕刻帰途に浜田氏を見舞ひたり

十月二十二日　水　曇

ブレージケ（ベルリン）え手紙（絵葉書封入）を出す
五時より山上御殿にて人類学会に付相談会あり　会長談

などありたれど固辞す、九時頃帰宅

十月二十三日　木　晴

新井春氏教室へ来る

十月二十四日　金　晴

軍医学校秋山錬造氏え使を遣り予て約束の朝鮮人骨格を受取る　帰途原田貞吉氏を訪ふ

十月二十五日　土　曇晴

昨日荷造りせる頭骨二個伯林ディーク教授贈り小包出す　四時教室を出て安田家を訪ふ稔氏帰朝後始めてなり　両氏共不在、帰宅

十月二十六日　日　晴

午後きみ子を同道、中渋谷に柿内老夫婦を訪ふ　此頃新築落成移転になりたるに付其祝意を以てなり　五時帰宅、昨日出来の背広服を着す

十月二十七日　月　曇

午前今泉勲氏（獣医学博士今泉六郎氏息）来る　人類学教室にありて研究中なりと　午後教授会、故ベルツ氏遺志に関り大学へ一万円寄附になりたり、学位の件増山正信、藤田秀太郎、住田正雄三氏皆通過、四時散会、青山学長に井上通夫氏増俸になりたき旨再ひ述べたり

十月二十八日　火　曇

此頃中調製したる文書目録長谷川舘一氏え送る

十月二十九日　水　曇

昨夜雨、今朝霽る、晩精を連れて千駄木え行く　文子出京泊る

十月三十日　木　晴

井上哲次郎氏二十五年祝賀のため参円出金す　故下山氏銅像建設費え五円出す

十月三十一日　金　晴　祝日

大正始めての天長節祝日とて市中大に賑ふ、昼中は庭に出て掃除をなす、良一は明日産、婦人科の試験ありとて書にあり、晩精を連れて春日町まで散歩す

十一月一日　土　晴

今日より例年の通り各論解剖学講義を始む内臓論を以てす　十一時終へて山上御殿に於ける古文書展覧会を一見す、弁当を食し直に帰宅、二時植物園に到る佐藤三吉氏二十五年祝賀会なり、同僚総代とし祝辞を演ぶ　氏の人望人格に付て述べたり日暮となりて散じ電車にて猿楽町の邸に到る、火災後新築中にて庭を片付けて卓を置きた

る光景総て甚好し　深厚なる意を以て祝し得たるは甚満足なり　七時頃帰宅、良一は産科試験済みて佐藤祝賀会へ出席せり

十一月二日　日　晴

好天気、在宿、午後喜み子文子に頼まれて白木屋へ行きたり　晩精を連て根津より上野に到る広小路にて精花電車を見て満足す

十一月三日　月　晴

明治天皇御降誕日に付休　午刻柿内若夫婦来り共に昼食し是より三郎氏と滝の川え散歩す紅葉尚早し、王子電車にて庚申塚まで来りて市内電車に乗る曙町にて別れて下れば田鶴丁度帰るところに逢ふ、隈川氏より佐藤祝賀会にて聞きたる三郎氏留学のこと本年度内か来年度始ならんと云ふ　松浦局長談を話したり

十一月四日　火　晴

事なし

十一月五日　水　晴

故坪井氏追悼会演舌筆記訂正の上石田氏へ送る　大阪丹羽元亮氏教室へ来訪

十一月六日　木　晴

井上氏等と解剖材料分配法に付相談、又伊丹氏来り養育院屍のことに付熟談消日す、文子佐倉え帰る　晩精を連れて一寸散歩す

十一月七日　金　雨

浜尾氏教室え来り人類学会に付懇談あり、会長となか（ママ）然らずは評議員長として会を維持せんことに尽力せよ云々固辞す一時に近く去られたり　食事中新潟長谷部氏来り校内の情態不満足、屍分与のことなど話し三時半去れり引き続きての応対、一日を費す

十一月八日　土　晴　医科選手敗北

運動会に付休業、教室不参、午後三時頃出て千駄木えあんぬ子を送り届けて上野精養軒に到る　安田稔氏帰朝に付作品展覧会を兼ね披露宴会に列す　作品六四点、来賓一一〇名計、八時帰宅

十一月九日　日　曇

教室え行きたり

十一月十日　月　晴

教授会なし　三宅末吉氏在職二十五年祝賀え壱円封入し三二に茗渓会まで届けしむ

十一月十一日　火　晴

島薗氏帰朝教室へ来る、久保氏朝鮮人論文別刷弐部受取りたるに付直に満州へ送る　観菊会ありしも不参

十一月十二日　水　晴

事なし

十一月十三日　木　晴

解剖体祭祀に付午後天王寺え行く四時帰りて一寸庭に出る、晩精を連れて追分まで散歩す

十一月十四日　金　曇風雨

芳賀石雄氏大人病気去七月帰朝せるよし教室尋ね来る又再留学するよし

十一月十五日　土　曇

在巴里山内氏えシンパンゼ頭骨問合せの書面に対し所望の旨返書を出す　葉巻煙草尽く当分煙を断つ

十一月十六日　日　晴

好天気、午後は庭に出て落葉を掃く　岐阜上田実家より例年の通り柿を贈り来る

十一月十七日　月　曇雨

午前に小谷野氏夫人死去に付悔みえ行く　西小川町の住宅を尋ねたるも不明、数ヶ月前に移転のよし依りて本石町の医院へ行き名刺を置きて去る　午後教授会、大学々年始を四月となすこと評議会にて決定のよし、又商科大学を置くこと同断又高等学校を二ヶ年とし医科の部のみは三ヶ年とするの案出でたりとか甚面倒なる問題にして遽かに可否を言ひ難し　弘田氏二十五年祝賀を発議して委員を極めたり　南大曹氏学位の件通過　ワルダイエル先生より十月六日に差出した手紙に対し挨拶来る　田鶴婚嫁祝辞あり

十一月十八日　火　雨晴

事なし

十一月十九日　水　晴

小児科え行きて弘田氏祝賀会に付戸川篤次氏と打合せをなす

十一月二十日　木　雨

鈴木書記来談、先頃よりの屍運搬方の件教室に人夫一人置きこれに手当を附して取り行ふことに決す来月より実行すべし、衛生教室助手竹内松次郎氏来り　授検（ママ）生江守弥二郎、豊田某（太郎）青山内科試験に於て助手よりプロトコル〔＊実験計画書〕を借りて用ひたること発覚したり　江守は同郷人にて何とかたのむ云々。増田二郎氏教室え来りて学位論文暫時借用したきよしに付貸渡す

晩佐藤四郎氏帰朝来宅、インクスタンドの土産などあり暫時にして去る

十一月二十一日　金　雨

朝下義歯を損じ歯科え行きて修理を頼む、石原氏に其後模様を聞き大に奮起すべきを促す

十一月二十二日　土　曇雨

昨夜暴風雨、椎野鋚太郎氏帰朝教室へ来る　ディーク教授より〔＊欧文二語不明〕顎模形（ママ）携へ来り受取る　歯科え行きたるも義歯未だ出来ず、二時前上野精養軒に到る片山国嘉氏在職二十五年祝賀会なり五時半頃、電車、片山家え寄りて祝し七時半帰宅　今日きみ子も留守中赳の名刺を持ちてピアノ受取りの者来り加賀美家え廻して渡したりと、晩赳え安心の旨葉書を出す　精写真黒田画家よりよこせ云々林氏より談ありたるも謝絶し置きたるに付林氏悪感のよしきみより聞く、林氏三四日来不快欠勤

十一月二十三日　日　晴　祭日

在宅、午後は庭に出て落葉を掃く、晩精を連れて千駄木え林氏の病気を見舞ひたり大腸カタルなり赤痢の疑はなかるべし

十一月二十四日　月　晴

午後臨時教授会あり授験生豊田、江守二名試験場に於て犯則処分の件、六ヶ月停学と決す但し評議会にて如何に決するや　良一今日より入沢内科試験

十一月二十五日　火　晴

大成丸医長三輪謙氏帰朝、昨日留守中来訪に付今日挨拶葉書を出す　ディーク教授え歯牙模型礼状を、島峰氏病気見舞状を出す

十一月二十六日　水　晴曇

事なし、晩柿内え行きて三郎氏に分娩時に於ける種々相談をなす克く考え置くこととして去る

十一月二十七日　木　晴

午刻歯科へ行きて下義歯控えのものを合す　午後五時豊国に解剖家集る森田、椎野二氏帰朝に付てなり　賓客の外会するもの大沢、新井、井上、池田、工藤、二村、高橋、長谷川（弘一郎）、山越、自分なり、九時半散す

十一月二十八日　金　曇

事なし、良一内科試験済む之れにて試験大半終れり

十一月二十九日　土　曇

弘田氏祝賀会に付丹波、小峰、小児科え談し廻る

十一月三十日　日　曇

寒し、終日在宅、古答案と共に昨年此頃の書類等焼払ふ
晩独一高前まて散歩したり

十二月一日　月　少雨曇

今日より教室に人夫一人置き出棺等のことを一切教室に於て取扱ふことゝとす。芳賀石雄氏再洋行すとて告別に来る　石田収蔵氏来りて再人類学会評議員たらんことを勧めらる但し謝絶す

十二月二日　火　晴

事なし

十二月三日　水　雨晴

下義歯新調出来、旧新共工合宜し　赳帰郷するとて教室え来る四時去る　五時半より人類学会評議員会に山上御殿に出席、八名集る、評議長に適任者を不得依て当分幹事三名を置き会を処理することゝとす　石田、松村、杉浦三氏に托す八時前帰宅、丁度榊順氏来る、岡田家に対する不満談あり、晩食を終れば十時となる　文子出京

十二月四日　木　晴曇

新潟長谷部氏夫人死去報到る、悔状を認む香奠弐円と共に明日出すべし　老婆方集会ありたり

十二月五日　金　晴

事なし

十二月六日　土　晴

午後三時頃家より電話にて田鶴来り居る三郎氏同道帰宅せよ云々、是より医化学え行き、三郎氏実験中にて独り電車にて帰宅、田鶴より産に関する種々の様子を聞く老夫婦の意中全不明、七時頃三郎氏来る共に晩食す、九時二人去る、田鶴は産前最終の意ならん

十二月七日　日　晴

午前大成丸医長三輪謙氏四ッ谷左門町に訪ふ十二時半帰宅、きみ子は中学懇話会に行く、北蘭、保子、文子は職業学校音楽会え行く、晩は父上忌日前夜に付保子等斎食す　精を連れ田端まで行き電車にて巣鴨より帰る

十二月八日　月　晴

午後教授会、杉村七太郎布施現之助二氏学位の件通過布施のは自分報告す全会一致（在席者二十一名）三時散会、伊丹繁氏来り養育院諸員年末手当のことに付相談あり　正午前に三郎氏教室え来り昨日渋谷え行きて談合、田鶴里え預ける方宜し云々　老夫婦別府温泉え一月には避寒す云々　五時半多賀良亭え行く弘田氏祝賀会委員会

して相談、九時半帰宅

十二月九日　火　晴

桜井恒氏福岡より出京解剖材料不足に付て件なり　昨日寄贈の Merkel: Anatomie d. Menschen〔＊文献〕を開き見るにクリブラ・クラニイ〔＊頭蓋縫合〕記載あり快感、晩精を連れて千駄木え往復す

十二月十日　水　曇少雨

講義を終へ久々にて図書え行き少し雑誌を見る

十二月十一日　木　晴

事なし　晩精と槇町まで散歩

十二月十二日　金　雨

次の諸氏え年賀絵葉書を出す　ワルダイエル、H・フィルヒョウ、コプシュ、ブレージケ、ハイン、フローゼ、バルテルス、フォン・ルーシャン、ローゼンハイム、G・フリッチ、プレトリウス、ル・ドゥブル、アインホルン　熊本吉永氏え蝴蝶骨壷に付問合の返事を出す　良一最終試験として小児科済む、如何なる未来が彼に与へらるる歟

十二月十三日　土　晴

午後六時半帰宅、良一友人四名招きて手製洋食を馳走す丁度中鶴氏大主計に昇進し呉え転勤するに付尋ね来り会食す

十二月十四日　日　晴

午前橋本節氏久々にて来る次に文郎氏来る　文氏昼食し去る直にきみ子と出かける時に二時、渋谷柿内家を訪ふ老夫人のみ在宿、老夫婦に胴着など贈る　五時少し過家に帰る

十二月十五日　月　晴曇

午後教授会、難波要、井上通夫（可決）高田耕安（否決）三氏学位の件、生理の橋田愈留学を命ぜらるるよし

十二月十六日　火　雪

終日雪降り止まず寒し

十二月十七日　水　雪曇晴

今朝雪尚ほ止まず、五寸計積る、午後霽れる　組織講義最終日なり骨化少し残りたるも明日系統の方にて終結すべし

十二月十八日　木　晴

事なし

十二月十九日　金　晴

吉永氏えバルデレーベン解剖学第二十四号を発送す　晩保子来り書斎にて談話、林町との調訂（ママ）到底望なし　北蘭

を憎むことの甚しきこと、小林家一族悪口、親々たらず(ママ)れば子々たらずと孔子の教を守るなど放言せらる云々、良一が単独行きて見るは如何、但し勧めは出来ず云々十時過去る、きみ子と茶の間にて十二時過まで話す、三二は明日限り試験終るとて勉強し居る、一時を聞きて眠る

十二月二十日　土　晴

系統解剖講義を閉つ　喉頭クノルペル・ウント・バンデル〔＊軟骨と靭帯〕まで終る　五時帰宅、三二試験済みたり、良一と出かけ帝劇へ行きたりと　十一時過ぎて帰る

十二月二十一日　日　晴

今朝時事新報学者町曙町楠二家のこと出、精のこと一寸記載せり　昼中在宿、理髪、晩三二を連れて散歩、須田町より新橋に至り電車にて帰る

十二月二十二日　月　半晴

朝七時半頃柿内より電話にてきみ子に直来たれ云々、何れ異状なるべきも詳なること不明、兎に角八時頃出行きたり自分は九時半教室に到る、其前柿内よりきみの医を頼む云々電話ありたるを知る、直に磐瀬氏を宅に訪ひて頼む　あひにく同氏風邪のよし併し承諾し呉れたり、よりて直に加賀町に到る時に十時少し過なり、産婆えい女はあり其他準備整ふ暫くして磐瀬氏来る、渋谷老夫人も見ゆ、十一時八分分娩す、男児なり、発育悪しきにあらざるも三週計の早産なり、二階にて三人瓦斯ストオブ前にて談話、自分は一時過去る、近藤薬店にて田鶴の服薬を買ひて教室に到る　二時に近し、電話にて千駄木え知らせ、直に家に帰る時に二時過なり千駄木母堂あり北蘭初曽歓ぶ　良一は今日試験成績発表になるとて朝より出行きて不在、精子に薬及雑品を持たせ柿内え遣る、夕刻良一帰り来り遂に成績未明らずと、晩尚ほ寝具を柿内えやる、於菟来り夕刻になりて成績出でたりと良一は元のまま（七番）なりとか入沢の点（八二）意外に悪しとは甚気の毒に感ず何となれば入沢の試験は良一得意なりしなればなり、保子入浴に来る、下婢なほは今日嫁するに付家より父連れて出行きたり、さてさて多事なる日なり

十一時寝室に入る、寒気緩む

十二月二十三日　火　晴

九時半教室に到る、呉健、佐藤四郎氏等教室来る又午後三郎氏立寄り、出産のことを大沢氏え報したりと　四時教室を出本郷万木にて秤を見る　これ児の体重を測るためなり之より柿内え行く尋て三郎氏も帰り来る　産婦更

に異状なし、併し児の乳汁を飲まざること甚気遣はし種々工風するも功なし　晩食す、八時半出て再本郷に到り万木にて秤及乳吸出器を買ひて近藤薬局にてセカコルニン剤を製せしめ九時半家に帰る　三二保証人明日呼出しあり、良一評点自身見に行きて入沢点（九〇）は於菟の思違ひなりき、第七席にて平均点九〇、六三にて第六席の時国とは〇、〇九の差なり、差当り何処に身を置くかに付相談、先一年間医化学に行くは得策なり　一年後の内科予約は損なかるべしと言聞かせたり多分これに随ふならん　十一時寝室に入る　北蘭は午後柿内え行かれたり、良一三二は午前に行きたり

十二月二十四日　水　晴

俸給受取る、四時教室を出て柿内に到る、児飲乳未能はず今朝三郎氏電話にて豊田氏を招きたりと　別に異状なしとのこと、渋谷より老人来らる、三郎氏も帰宅晩食、九時頃去る、午前十一時よりそれまでは茶匕程飲みたり但し匕にて流し込む、吸ふ運動未だし

十二月二十五日　木　晴

良一昨夜遅く帰りたれば今朝に至りて愈入沢内科に約束し医化学え行くことに決せりと　十時過教室に到る、歯科医降幡積、門石長秋二氏来り来年四月大会に当教室を歯科会会場としたし云々　午後四時出て柿内え行く、児吸乳未たし、浴を見、三二と交々六時去りて家に帰る

十二月二十六日　金　晴

十時教室に到る、三郎氏教室え来りて吸乳甚不充分且つ吐す、弘田氏相談如何云々、直に電話にて弘田氏都合を尋ぬ、留守、午後一時頃、再ひ電話、氏直に行きて診すべし云々、自分出向ふ、氏既に在り詳診別段異状なし、今後は主として戸川氏に托することとすべし、保子来る三二同道す、慌（ママ）飲屋を早速試む、五時頃出て家に帰る、少しく寒冒、八時頃寝に入る

十二月二十七日　土　晴

十時過教室に到る、高野周省氏三浦内科にて死去のよし、舎弟の例に依り骨格保存出願の筈　田代亮介氏来りなどうるさし　四時出て柿内え行く、児飲乳未だ甚不充分、産婆は児の浴を控えたりと　田鶴も傷等思はしからず、自分は寒冒の気味、併し明日は七夜祝のよし、六時出て家に帰る　八時寝室に入る

十二月二十八日　日　晴

教室大掃除に付不参、良一は小屏風の絵を書く　天候温

和にて大に心地よし、北蘭は一時過柿内え赴かる　自分は四時出かける、宴既に始まる、千駄木母堂、家母、伊藤未亡人、自分夫婦、畠山産婆とす、児は吸乳稍可なり、臍帯脱落す、家母は先に人車にて帰る、自分は千駄木母堂と電車にて帰宅、入浴、良、三は散歩に出て十一時帰る　児命名幼名仁三郎、本名賢信（よしのぶ）

十二月二十九日　月　晴

喜美子一週間振りにて帰宅、年末雑事に付精子と談合す、千駄木母堂来り昼食す、三時半頃喜美子去る　畠山産婆えの謝礼は出産当日までのとし拾円とす　其後のものは別なり、晩精、三を連れて槇町え雑品を買ひに行く、良一は弘田え礼に行き他を廻りて十時帰宅す　榊順氏え橋本より遣せし砂糖一樽を市内配送にて発送又手紙を出す

十二月三十日　火　晴

磐瀬氏え礼に行く三越切手（拾五円）を贈る、十時教室に到る、京都岡崎敬治氏出京、昨晩再弘田氏来診、児吸乳様子宜し但田鶴傷病強し云々喜美より手紙にて知る、尋で弘田氏教室え来り精しく様子を聞く、又氏二十五年祝賀に付氏の意中を聞く、紀念品の談あり　四時教室を出て柿内に向ふ、児飲乳通常となる、温を保つため室に金巾にて幕を廻らすなかなか大仕事なり三郎氏帰り来りて入浴す其中幕出来上る　工合よし九時半過出て家に帰る、良一も帰り来り茶の間にて雑談十一時過寝に就く

十二月三十一日　水　晴

十時教室に到る、岡田清三郎氏紀要論文に付来る　三時半出て家に向ふ　喜美子来り居る、児別条なしと、四時過帰り去る、入浴晩食、精子等が製せししめなど食す、横浜ヤアコブ腸詰商店よりユンケル氏名刺を入れて腸詰一封計送り来る、千駄木母堂来る、八時半頃良、三と出かける銀座通りに到り歳末の夜景を見る、新橋京橋間を往復す、博品、発明二館に入る、寒強し雑品、菓子など買ひ、帰途につく、電車にて大通り小川町を通り、神保町乗り替え場にて蕎麦店に入りこれより白山にて下り槇町にてしめ飾を買ひ（四〇銭）一時家に帰る尚ほ精子は仁三郎え虎の絵葉書を出す、これ仁三郎が初の受信なりべしなど笑ふ　一時半寝室に入る

大正三年　2574
1914　良精満五十五年

一月一日　　　木　晴

温和なる天気、九時起く、三二は学校え行き十時過帰る昼前三二を連れて椰野まで行きたり、午後二時半出て柿内え行く、児右手腫れたること昨日気付き今日戸川氏来診の節愈増大、直に手術を要する趣に付戸川氏医化学教室に到りて三郎氏と相談、佐藤外科福島尚純氏に乞ふて直に来りて切開す膿汁一〇瓦計出るなど大騒ぎをなし福島氏今帰り去りて児に乳を飲ませたるところなりと時に三時なり　意外のことのあるものと思ふ、六時頃三郎氏帰り来る、児四時間計静かに眠り醒めて乳を飲みたり、八時半去て家に帰る、来訪者は朝厳来り、午後留守中小松春三氏玄関まで来りたるのみ、十時寝室に入る

一月二日　　　金　晴

八時前起く、昨夕七時頃及夜半二時頃と二回近火ありたり、十時過教室え到る、戸川氏教室え来り今日診察のところ悪兆更になし云々　篤く謝意を述ぶ　午後三時教室を出て牛込小松両家え年賀次に原町原信哉え年賀に廻りて柿内え寄る　丁度渋谷より大人来り居る、児別条なし、晩食、九時帰宅、今日は橋本小供三人を招きて遊ばせたりと、来客は森林氏小松文郎氏

一月三日　　　土　晴

十時過教室に到る　出掛くるところえ横田四郎氏来る一寸挨拶す、午刻佐藤外科に福島氏尋ねたるも会はさりき、四時半教室を出て、柿内え行きたり、児今日繃帯を換ふ別条なし、克く眠り居る、体重三〇匁増したりと（最終は五三〇匁なりき）渋谷老夫人及四郎氏夫婦来る暫時にして去られたり　尋で自分も六時半去る

一月四日　　　日　晴

十時過教室に到る、六時家に帰る、入浴、医科年始会なるも欠席、喜美子昼中帰宅せりと、北蘭は千駄木え招かれて行かる

一月五日　　　月　晴

十時過教室に到る、三時半出て橋本え年賀に寄りこれより柿内え行く、福島氏今日来診、傷状思はしからす、明日再切開を要すべし且当分毎日来るべしと云へりと、晩

食、三郎氏帰り居たるも仏語の稽古直に行く、八時頃帰りて尋で寝室に入る　風気少し悪し　精、三は茶の間にて遊び居る　十時頃良一も帰りたる模様にて三人にて十一時過まで起き居たる様子なり

一月六日　火　晴

午前三浦鴻平氏来りて母堂入院のことに付依頼あり　珍しきことなり、教室不参、午後二時頃三二を連れて出て柿内え行く序に八幡え登りて見たり、暫して福島来診、封口を開く、傷処格別悪しき状なけれと長びくべし云々困りたることなり、晩食し七時家に帰る、千駄木母堂来る、精を連れて母堂を伴ひ槇町まで買物に行く、十時室に入る、三児十一時半まて遊び居たりと　温暖なる天気なり

一月七日　水　晴曇

十時過教室に到る、昨夜少しく雨降りたるも霽れたり午刻佐藤外科に到り丁度佐藤、福島両氏ありて仁三坊の話あり、三浦鴻平氏母堂入院のことを頼み、教室え戻りて入院許可書封入直に手紙を出す　一時半出て伝通院に小池正直氏の葬義に列す三時教室に戻る　五時半教室を出て家に帰る　此休暇も先つ仕事の出来少なかりき

一月八日　木　晴

九時前出勤、記載解剖喉頭の続きを始む、今日組織の日なるも学課表間に合はさりしため間違ひたるなり　出席学生半数に満たず　三二も今日より学校始まる、昨夜年賀の件調べたるに左の如し

はがき	二五七
封筒入	九一
名刺	一一一

四時過出て柿内え行く丁度福島氏来診繃帯を換ふ　模様宜し、晩食、三郎氏帰り来る、九時家に帰る

一月九日　金　晴

学生出席昨日の通り半数に満たず、弘田氏教室え来りて紀念品に付意中を漏らす　六時半帰る　喜美子来り夕方まで居たりと

一月十日　土　晴

石原喜久太郎氏帰朝、午後遅く教室に来る　数刻談話、島峰氏真病症のこと、山内氏コサック女子と結婚のこと六時半去る、北蘭、良、三は橋本えかるた会に招かれて行く

一月十一日　日　晴

午後二時出て柿内え行く珍しく三郎氏在宅、大沢岳夫人祝物を持ちて来訪、児の顔を見る体重六〇〇匁となる、福島氏来診、傷所同辺なり、田鶴は早産室明けなるも未だ床に臥す、母子共経過緩慢なり　六時家に帰る、文子出京せしも速（ママ）日佐倉え帰る　下婢なほ嫁するため暇をとる

一月十二日　月　晴

出席学生稍全数、解剖実習に付説明す　六時帰宅、喜美子来りて未たあり、小坂部妻女保子晩食

一月十三日　火　晴

鈴木忠行氏等と教室費不足、人件費（火葬、養育院人夫補助等のため）欠乏のことに付種々相談す、丹波氏に面会、弘田氏祝賀紀念に付氏の希望に付相談せり　四時過出て柿内え行く、児今日臍に膿疱を生し切開せりと　さてさて故障多きこととなり、九時家に帰る

一月十四日　水　晴曇風

講義始めに欠席せしもののために別に一時間半講す　午後暴風となり少し雨を混す、一昨日来鹿児島桜島尋で霧島山の噴火あり世間大に騒ぐ又過日は駿河湾に汽艦の火災報ありて百余名溺死す天災多き年なり、五時半家に帰る、喜美子今戻りたるところなり　一先引上げて精を代りにやる　八時半頃出行く

一月十五日　木　晴

午後大分県人某氏来り舎弟病死せられたるに付ては遺志に依り解剖し骨格保存の件に付相談あり之を承諾す　午後四時出て柿内え行く、福島氏来診の後にて第三回の切開を行はれたり、膿の方好しとのこと、六時過出て家に帰る

一月十六日　金　晴

解剖実習昨日分配し今日より出場す、今回より帳簿を廃しカードを用ふることとす、昨日の骨格保存願の件取り消さる　二六新報社員二名来り来大正博覧会に衛生部を設くるに付標本を借用したし云々を請ふ　晩喜美子柿内え行き精に代る精子帰りて児の傷所模様宜し云々

一月十七日　土　晴

出勤がけに千駄木林町に彫刻家山崎朝雲を訪ひ弘田祝賀紀念品を依頼し且つ来二十日来会を約束す、小児科え行きて其事を通す、島峰正氏来り徹氏病症に付心配云々談あり依て病気に付て心配なき旨を答ふ、六時半家に帰る

一月十八日　日　曇雨

三二柔道寒稽古のため早く起き再眠る、良一昨夜内科懇親会とて帰らず、十時半帰り於菟来り誘ひて両国角力見物に行く、午後一時半出て柿内え行く、福島氏来診、瘍宜しき方、三郎氏は渋谷え行き七時頃帰り来り、勝手の間にも幕を張る必要生じこれを取り付けなどし十時前去る時に雨止みて幸なりき

一月十九日　月　晴

午後教授会、西野忠次郎氏学位の件通過、総長より諮詢なりとて大学及其予科改正案に付議す甚杜撰なる案にして疑点少からず　山川総長の出席を乞ひて質問す、来月曜日に議することとし四時半散会　喜美一先柿内を引き上げて戻る　これにて後は済しや否や

一月二十日　火　晴曇少雨

十二時過約束の通り山崎朝雲氏来り丹波、戸川氏等も来り　犬児彫刻置物価額七百円として依頼す、六時過電車にて帰宅　在桑港黒沢格太郎氏年賀絵葉書を出す

一月二十一日　水　曇晴

午後四時教室を出て柿内え行く　喜美子引き払ひて後如何と思ひてなり、児別条なし暫時にして去る　晩食後精子柿内え遣る、明日は諸方え贈答のため其他下婢暇を取る等のため二三日助けくれとの頼みによる

一月二十二日　木　晴

事なし

一月二十三日　金　晴

事なし

一月二十四日　土　晴曇

風邪にて心地悪し　午後一時半頃出て柿内え寄る　三郎氏も寒冒にて引き籠り居る　鶴、精にチヨコレエトを遣りて直に去る　帰りて臥す

一月二十五日　日　晴

昨日雨降る今朝霽れる、終日家にあり

一月二十六日　月　晴

午後教授会、去月曜日大学令及其予科等に関する案に付議す　青山学長病気欠席片山評議員代理す、五時散会　ワルダイエル、H･フィルヒョウ、ブレージケ、バルテルス、プレトリウスの諸氏より年賀札又は状来る　喜美渋谷より加賀町え廻る、三郎氏まだ欠勤、児別条なし但し体重減せりと、入浴直に床に入る

一月二十七日　火　晴

事なし　橋本にて女子出生したりと

一月二十八日　　水　晴

喜美橋本え慶に行きて次に柿内え廻る、三郎氏明日より出勤すべし、産婆えい女え分娩後の謝儀として弐拾円持参す　天谷千松氏のために参円出す　振替貯金を以てす

一月二十九日　　木　晴

四時教室を出て柿内え行く　丁度福島来診、瘍大に癒ゆ今後は自家にて湿布繃帯を施すのみにて宜し云々　産婆も断りこれにて先常態となれり　異常なきを祈る　六時半家に帰る

一月三十日　　金　晴

喜美児浴のため柿内え行きたり

一月三十一日　　土　晴

此頃はジーメンス・シュッケルト会社と海軍との間の賄賂行使問題に付世間騒し、風邪の気味にて心地悪し二時過出て家に帰る

二月一日　　日　晴

良、三昨日スケイチングに行き、良は今早朝帰宅せり気分宜し　午後喜美と共に柿内え行きたり　児別条なし折しも四郎氏一寸来る、児浴を見る、体重六百五〇匁あり、弘田家え寄る夫婦共不在

二月二日　　月　晴

弘田氏教室え来る　彫刻物のこと金子氏と座談を乞ふ旨述ぶ

二月三日　　火　晴

喜美三越え行きて橋本え贈る祝品を購ひて柿内え寄りたり

二月四日　　水　晴

事なし、六時半帰宅、入浴、寒冒の気味さつぱりせず、床に入る

二月五日　　木　晴

永年の医院書記針生利貞氏此度辞職に付紀念品を贈るため弐円出金す

二月六日　　金　曇

来十一日卒業宴会なるも之を断り会費弐円五拾銭出す

二月七日　　土　晴

四時過教室を出て柿内え行く仁坊別条なし、文子出京

五時半教室を出て橋本え寄る妻女出産悦及節斎氏一月以来臥床見舞なり　七時半帰宅

二月八日　　日　曇雪

十一時半教室に到る、寒し、少し雪降る少時にして止む
午後より雪降る五時半出て家に帰る　文子佐倉え帰る
　二月九日　　月　雪晴
今朝に至り雪尚ほ頻りに降る五六寸積る、午後は霽れる
午後教授会、前回決議せし事項は山川総長に於て聞くに
及ばすとのことにて只二ヶ条計言たるのみなりと甚其意
を得ざる訳なり又大学校令案予め思付になりおり之れに
付て当然議せずして返付すべしなど云ひたるも一応議し
たり但し要領を得ずして止む　大体単科公私立大学を認
むる案なり　其主議に於ては不都合なしと思ふ
　二月十日　　火　晴
事なし　井上通夫氏新潟医専の依頼に依り同地え出張す
　二月十一日　　水　晴　祭日
午後柿内え行きたり　三郎氏寒冒引き籠り居る、児追々
生長す今日体重七九〇匁あり、手の瘍全く治せり　晩千
駄木母堂久子同道来る、久子殿より種々倫敦噺あり
　二月十二日　　木　晴
十二時過教室を出て青山斎場に到る　高橋秀松氏葬式な
り　名刺を置きて去り谷中斎場に到る　木下正中氏大人
の葬式なり三時過教室に帰る　丁度三時間費したり　田
鶴歯医え行くに付留守番のため柿内え行きたり
　二月十三日　　金　晴
事なし
　二月十四日　　土　晴
東北凶作、桜島噴火のため五円金を出す（官吏一般は勅
任官俸千分の五と云ふ律にて自分は拾七円出すべきとこ
ろ大学にては随意と云ふことにしたり）喜美柿内え行き
たり
　二月十五日　　日　晴　温暖
午後柿内え行きたり、三郎氏は福島、戸川え礼に行きた
りと　児異なし体重日々増加す、昨日八一〇匁ありたり
と
　二月十六日　　月　曇晴
事なし
　二月十七日　　火　晴
帰途橋本え寄る　妻君産後悪しとのことに付見舞ひたる
なり　晩食後千駄木え行く是又細君病気のよしに付見舞
なり
　二月十八日　　水　晴
午後二時吉祥寺に付到る（ママ）、工科中野初子氏葬式なり、家

に帰る、福島、戸川両氏え手紙と共にビイル一打つつ贈る　柿内より謝義（ママ）済みたるより此方よりも礼の心してなり

二月十九日　木　少雪雨

早朝五時前吉祥寺脇に出火あり　同寺前まで見に行きたり　朝より雪降り始む暫して止む

二月二十日　金　曇少雨

医学会例会出席呉健氏等ツベルヒフェル・イネルバチオン〔＊横隔膜神経支配〕に付演舌あり終て評議員会あり（総会の件に付）九時帰宅　喜美子柿内え行きたり　仁坊九〇〇匁となれりと

二月二十一日　土　曇

久し振りにて諸橋勇八郎氏来る　官費患者入院の件なり　午後四時出て柿内え行く別条なし　三二昨日習志野え発火演習に行き今日帰る

二月二十二日　日　雨

昨日認めたるパウル・バルテルス（ケーニヒスベルク、プロイセン州）死去悔状を出す　十一時教室に到る　五時半家に帰る　夕より雪降り始む

二月二十三日　月　雪

朝尚ほ頻り雪降る三寸積る、午後教授会、紀要の活字を改むることに決す、田中民夫学位否決

二月二十四日　火　晴

昨日諸橋勇氏来り愈官費患者入院を頼まれ午刻皮膚科え行きて三戸雄輔氏に面談す目下満員のよしに付其趣を諸橋氏書送る　四時半教室を出て青木堂にてチヨコ菓を買ひ柿内え行く　児今日体重九六〇匁ありたりと多きに過ぐるが如し

二月二十五日　水　曇

戸川篤治氏台湾え赴任に付一寸来る又熊谷直樹氏（眼科）洋行告別に来る

二月二十六日　木　雨曇

三戸氏教室え来り　官費患者入院の件三四日中には出来べし云々直に諸橋氏え葉書を出す　和田英作氏に電話を以て弘田氏肖像を依頼す　ヒムラー実習用顕微鏡拾受取り検査す　夕刻隈川柿内両氏図書棚設置に相談に来る　晩三浦鴻平氏来訪母堂退院後宜しからず云々

二月二十七日　金　晴

外科え行きて福島氏に三浦母堂の病症を尋ね帰りて三浦氏え手紙を出す

二月二十八日　　土　晴

事なし

三月一日　　日　晴

紀念日には列せす　十時過教室に到る、三時半出て柿内え行く、暫して三郎氏帰り来る、六時帰宅

三月二日　　月　曇雨

事なし　喜美柿内え行きたり　児一貫目となりたるが如し

三月三日　　火　晴

昨夜雷雨あり　事なし

三月四日　　水　晴

岡山島薗順次郎氏出京、教室え来る、皮膚科病床明きたるよしに付諸橋氏え其趣を通知す　一刻遅れて同氏来る、四時出て柿内え行く　児吸入などす但し格別のことはなからん

三月五日　　木　晴

諸橋氏患者を入院せしめたりとて教室に寄る　晩精子柿内より一先帰る

三月六日　　金　晴

事なし　喜美柿内行きたり

三月七日　　土　暴風雨

昨夕より風強く今朝に到り益強し　元医科書記市川寛繁氏死去に付今朝出がけに悔に寄る

松田正久司法死し、奥田義人文部司法に転し衆院議会大岡育造文相となる

午後霽れる夕方風弱くなる

三月八日　　日　晴

春の好天気なり、午前は茶の間半押入に棚を釣りなどす　午刻諸橋勇八郎氏来る　食事時刻なるも捨て置く　午後三時過出て柿内え行く児益々成長す　晩食後精を連れて弓町袋物材料店に行く　本郷通りを歩きたり

三月九日　　月　雨

午後教授会、北里、浜田、佐々木三氏名誉教授推薦の件、北、浜通過、佐々否、これは年数不足（内規十五年）のためなり、学位の件藤井寿松可決、松永茂助（自分報告）否決、故ベルツ教師追悼会に五円出金す

三月十日　　火　曇

故市川氏香奠弐円出す、福岡久保猪之吉氏出京来室、去一月帰朝後始めてなり、千葉真一氏聾唖屍解剖の件に付

来談

三月十一日　　水　曇

文科教授村川堅固氏来室史学会に於て木乃を一日間借用したし云々別に異議なきも運搬に困る旨を述べて現物を示したり、諸橋勇氏来り官費患者入院中治療費に付疑をいだきて談あり　朝講義中及其後左胸側に強き刺痛（ザイテンシュテーヘン）を感したり、晩は早く臥す　きみ子渋谷（老夫婦一昨日旅行より帰京せらる）加賀町及橋本節え行く

三月十二日　　木　雨

二六衛生博に貸すべき標本運搬す

三月十三日　　金　晴

妊娠十ヶ月の屍来る其処置に付考案、先つフォルマリンを注入し置くことにす　文子出京

三月十四日　　土　雨

事なし

三月十五日　　日　半晴

十時半教室に到る、最近新任なる長谷場衆院議長今朝頓死す、三時半出て柿内え行く三郎氏在宅、児異状なし六時半帰宅、在伯林島峰氏より長文信第一は四五日前第二今日到達す

三月十六日　　月　晴

事なし、文子佐倉え帰る

三月十七日　　火　晴

組織講義を閉つ、伊丹氏来り養育院伝染病屍に付注意あり

三月十八日　　水　雨

事なし、彼岸に付牡丹餅を製し精之を持ちて柿内え行きたり

三月十九日　　木　晴

病理教室え行きて山極氏に将来伝染病屍に付取扱方打合せをなす即ち其趣を書して廻付することとす　法科学生中山福蔵氏ボルネオより帰りたりとて猩々頭骨を持ちて来る

三月二十日　　金　晴

係統（ママ）解剖皮膚を終りて閉つ、中山福蔵氏猩々頭骨総て六個持ち来る三拾三円にて買入ること約す　精柿内より帰り来る　上野大正博覧会開場

三月二十一日　　土　曇晴　祭日

九時半教室に到る、午後四時去て柿内え寄る

三月二十二日　　日　半晴

午後独出て板橋より徒歩、志村に到りて憩ふ、茅野を見て赤羽より電車にて帰る、留守中文郎氏来れりと　昨食後精を連れて千駄木へ行き、二階より博覧会の点灯を見る

三月二十三日　　月　曇雨

青山学長来室ベルツ教師の論文数種を貸す、島峰のことを話したり、宮原虎氏来りて歯科職員の石原氏に対する不平談あり　きみ柿内え行きたり

三月二十四日　　火　雨

昨日議会三日間停会となる同時に山本内閣総辞職と決したりと、九時半教室に到る

三月二十五日　　水　雨曇

事なし、三二試験すみたり、晩厳来る

三月二十六日　　木　雨

事なし　今朝家にて良一皆の写真を撮る

三月二十七日　　金　曇

養育院事務員香西権五郎来り　来年度よりは一屍に付弐拾五銭つつ補助を乞ふ云々、医化学に柿内氏訪ひ仏語相談

三月二十八日　　土　晴

午前大沢謙二氏教室え来り次の第五回日本医学会会頭に推薦したるにより承諾を乞ふ云々　数十年来世間と絶縁且宿痾の故を以て固辞す昼となる、病理教室え行き山極氏に養育院請求来年度より一体に付弐拾五銭つつ補助の件応諾、按分にて分担のこと談す事務室え寄り其事を通じ教室に帰る　午食中弘田氏来り会頭の件談話中大沢岳氏入り来り、デイニッツ引き延ばし写真出来云々、次に青木薫氏（ストラスブルグ在学）昨年帰朝尋ね来るところえ岡田和氏来りこれ又会頭勧誘、良一度々来りたれど隙を得ざりしところ漸く入りて明日柿内児撮影の打合せをなす　そこえ諸橋氏来り官費患者に付ての礼なり　四時半となる、一日を教室に空しく費せり、出て医化学え明日写真のことを通するため寄りたるも三郎氏不在、家に帰る

三月二十九日　　日　晴

午前三を連れてこまい竹を買ふ、良一は三二学校より呼出に付出向、三愈落第と確定此事一年延びて重ならさりきのみ、二児のため前途悲観、闇、午食後直に良一と柿内え行く　児の起るを待ちて撮影六枚、四時過帰宅　晩

精を連れて一寸近辺を散歩す

三月三十日　月　雨

写真を現像す桑山に頼む、皆不出来二枚は稍用ふべきか、井上通夫氏新潟より帰る長谷部言人氏出京共に昼食、新潟を辞するの決心を発表したり云々長談、仕事出来ず空日　帰途大雨にて困る

三月三十一日　火　晴

九時半出勤、桑山に写真やき方を頼む、椎野氏奉天より出京、午後二時故ベルツ教師追悼会に列席鈴木文氏出京晩きみ子写真を柿内え持行く　三二を連れて本郷え行き三の時計直しを頼む

四月一日　水　晴

きみ泊りて早朝帰る、千駄木の三児遊びに来る　敷波氏仙台より出京来宅、十一時教室に到る、藤野厳九郎氏出京来る　第四回日本医学会開会（上野音楽学校にて）

四月二日　木　曇雨

八時半教室に到る、解剖学会を催す、出席者大沢、井上、二村、国友、原、佐藤四郎、椎野、松井、新井、藤野、上坂、森田、工藤、高橋、池田、敷波、長谷部、田口、小金井十九名、十時過開会、演題十二あり　午後一時故チッセ教師追悼会を催す、終て演舌に移る　良精プラチクネーミエ・ウント・プラチペローニエ〔＊扁平脛骨と扁平腓骨〕を述ぶ　六時閉会、是より淡路町たから亭に懇親会に赴く、十六名、九時散す、雨降り出す在独同学者七氏え連名絵葉書を出す

四月三日　金　曇

構内花殆んど満開、教室にて今明日歯科学会を開く騒々し、山上の器械陳列を見る、午後は神経学会出席、上坂氏演舌視神経繊維に就て聞く　精今朝千駄木母堂と日在え行く

四月四日　土　雪

朝より雪降り始め終日止まず、寒強し、九時半教室に到る、今日も歯科学会ありてやかまし、上坂氏、尋で新井氏来る

四月五日　日　霽れる

十時過教室に到る　K・トルト二世（ウィーン）、フリッチ（ミュンヘン）、フュルブリンゲル（ハイデルベルグ）、シエーファー（エヂンバラ）え著述寄贈の絵葉書を出す、又奉天久保氏紙巻煙草の礼を出す　四時教室を出て柿内

え行く　雨降り出て困る傘を借りて七時頃帰宅

四月六日　　月　晴

午前家に在りて庭に出る千駄木二児来る、午後二時上野精養軒河本教授在職二十五祝賀会出席、始めて大正博の外影を見る、七時帰宅　林町に雄次郎の児を置くこと満三年、遂に此度親元え返したりと

四月七日　　火　雨

新潟杉村七太郎来室、医専の不備談あり、又大阪片桐元氏来訪

四月八日　　水　霽れ大雷雨

九時半教室に到る、妊屍ホルマリンに漬け置きたるところ固定せしを以て前腹壁を切離す　在マルブルグ故ヂッセ未亡人え追悼会挙行せしことを知らせんため大沢氏立案し鈴木文氏え送る、二時谷中天王寺に片山荘次氏葬式に列す氏目下流行の発疹チフスに罹りたり　四時家に帰る、終日天気不穏　昨日清浦大命を辞す、是より内閣組織益困難　三二学校始まる

四月九日　　木　晴

最近雑誌類をまとめて製本師に渡す、午後沼津　皇太后宮御危篤の急報あり（実は本日午前二時頃（？）崩御あらせられたり）、三時半教室を出て柿内え寄り尋で甲野棐氏を訪ふ令嬢婚約調ひたるよしに付祝品（三越五円切手）を贈る、六時過帰宅、晩食直に俥にて宮城及青山御所え伺ひ九時半帰宅、夜中にて伺候者一人もなし極て閑静、十四日の月明なるも強風寒し、入浴十二時室に入る

四月十日　　金　晴

医化学え一寸寄り工科建築の展覧会を見る　今明両日休業皇太后陛下御危篤のため

四月十一日　　土　晴

昨夜還啓、今午前二時十分崩御の旨発表、明十二日より三日間廃朝、隅田川競漕は停止、十時教室に到る　午後四時帰宅、支渡宮城え　天機伺に参候　精子日在より帰る

四月十二日　　日　晴

午前午後共庭に出　良、三花壇を造る　庭師来りこれを助く

四月十三日　　月　曇少雨

哀悼の意を表するため休業、十時教室に到る、午後医学会事務所に到り雑誌を見る

四月十四日　　火　雨風霽

昨日大隈伯に内閣大命降る
組織実習を始む、午後は医学会事務所にて雑誌を見る

四月十五日　水　晴
系統解剖講義を始む（視器）、早朝出勤　午前医学会事務所に雑誌調、終る　小児科え寄る　弘田氏祝賀延期の件、午後弘田氏教室え来る　四時過教室を出て柿内え行く

四月十六日　木　晴　雷雨
午後は実習室にて顕微鏡実習に取りかかる　時に雷雨来る　精子柿内え行きたり

四月十七日　金　晴
荒木老人病気重態の趣に付朝出勤がけに虎の門明舟町に見舞ふ邸内様子混雑に見受けたるが既に昨夜二時逝去よし　十一時前教室に到る
昨日大隈内閣親任式

四月十八日　土　晴
三郎教室に来り　仁坊種痘の相談あり、是より小児科え行き佐藤氏に依頼す、午後実習中入沢来り　新潟医専布施仙台え転任其他の談あり　精子帰る

四月十九日　日　晴
午前荒木家え悔え行く、午後庭に出て松の新芽をつみなどす

四月二十日　月　曇
午後教授会欠席、荒木家の葬儀に青山斎場に到る時に二時、終て墓地に到り埋葬式に到り帰途につく　柿内え寄る、児種痘不感なるやもしれず　三郎氏帰り来る　六時去て家に帰る

四月二十一日　火　晴
アドルフ・レージケ博士（ベルリン）より来書、来八月フォン・ルーシャン教授第六十回誕辰に付祝賀論文集 Anth. f. Anthrop. 一号とし発刊の企あるに付自分えも寄稿を依頼す云々又ディーク教授より先般贈りたる頭骨二個礼状来る　きみ子北蘭同道柿内え行きたり

四月二十二日　水　晴
中食帰宅、好天なるを以て精子を連れて二時出、赤羽より歩き橋を渡り鉄道橋下にて休み茶を飲み、堤を経て浮間に到る　別の茅野をさがし、桜草を採る、他に人影なし甚閑静なり　六時野を去り赤羽より電車にて八時帰宅出掛ける際二十紙紛失せしことを気付く

四月二十三日　木　晴

ことなし

四月二十四日　金　晴

午刻田鶴仁坊を携て来る　種痘受検のためなり　小児科え連れ行く全感証を得たり　青木薫氏教室来訪　精千駄木え行たり　多分博夜間開場え行きたるならん　晩きみに今後は謝絶せんことを話す

四月二十五日　土　雨

事なし、精は千駄木と有楽座え行きたりと、きみ子三二を連れて柿えやる五月飾物を買に行きたり

四月二十六日　日　晴

午後出て岡田家え出産祝に行く（切手五円贈る）是より柿内え寄る　三郎氏在宅、精は丁度来りたるところ　飛行機三台朝飛翔せるが内一台墜落、重松中尉即死す

四月二十七日　月　晴曇

文書目録スリップ七九枚長谷川舘一氏え送る

四月二十八日　火　雨

精柿より帰る、文子出京、新婢を連れ来る、疑はしき婢に暇を当るに付其代人なり

四月二十九日　水　晴

ワルダイエル先生えヂッセ氏追悼会のことなど書きて手紙を出す

四月三十日　木　晴

在巴里山内保氏えシンバンゼ一体其他寄贈の礼状及在チユリヒ布施氏え東北え転任異議なきことなど返事を出す　又晩在伯島峰氏え二回の長信並に伊太利旅行中各地より寄せる絵葉書に対する返事を認む

五月一日　金　晴曇風

事なし　婢なみ去る

五月二日　土　風曇雨

菊池大麓氏還暦、横山又次郎氏在職二十五年祝賀のため甲五円乙弐円出金す　四時半出て柿内え行く、七時帰宅、雨降り出す

五月三日　日　雨

終日家にあり

五月四日　月　晴

午後教授会、エンチクロペヂ・デル・レヒツビッセンシャフト〔＊法学概論〕を随意科とし設くるや　これ医学士会の建議に基く、設くと云ふ方多数

五月五日　火　晴

朝出がけにフロオレンツ氏在職二十五年祝賀のため弐円郵便振替貯金を以て出す、帰りがけに千駄木林町に山崎朝雲氏を訪ひ弘田氏紀念品の原型を見る　仁坊初節句祝に北蘭きみ子柿内え招かれて行く

五月六日　水　晴

午前新潟長谷部氏来室、屍を東京より獲るの方法に付談あり、入沢氏来りて新潟解剖後任者に付相談あり、後池田助手の意向を探る、四時帰宅庭に出て草をとる

五月七日　木　曇晴

小児科栗山氏来弘田祝延期広告案に付談あり又同氏に五円渡す　午後四時半出て柿内え行く児別状なし

五月八日　金　晴

午前三井銀行に到り解剖学会え寄附せし金千六八〇、九五定期預けなす（証書番号以号 4598 番）

五月九日　土　晩曇

谷口吉太郎氏独乙より帰り来訪、時に新潟池原氏来り布施氏後任者に付談あり　精子柿内え行く

五月十日　日　半晴

終日庭掃除、喜美子北蘭を伴ふて渋谷柿内え行く、新築祝に招かれたるなり

五月十一日　月　曇雨

事なし、きみ柿え行き荷物依頼し大人の承諾を得たり

五月十二日　火　曇晴

事なし

五月十三日　水　晴曇

三三峰山え遠足、三時頃起く、四時半出て柿え寄る、晩精子帰る

五月十四日　木　雨曇

きみ荒木家え行きて荷物預りの礼を述べ且つ引取ることを話す

五月十五日　金　雨

事なし　池田氏より解剖を専門とすべし云々返答あり

五月十六日　土　雨

事なし　晩三を連れて雑嚢を買ひて行きたり

五月十七日　日　雨

終日悪天、在宿

五月十八日　月　晴

午後教授会、国家医学講習会規則改正の件、旧のままなしおくこととす但し採用試験は廃す　学年始期改正の件四月入学と決す、高等学校より進入するもの定員を超

過するときは文部省に於て選抜試験を行ふこととす　其他学位の件井上誠夫、杉寛一郎可決　仁坊写真出来三郎氏より送り来る

五月十九日　火　晴

事なし

五月二十日　水　風雨曇

来二十四日御大葬に付拝礼、奉送葬　御断書を出す　午後四時出て柿内え行きたり、荷物（長持二個）荒木家より昨日運ひ来りたりと

五月二十一日　木　雨晴

佐野五十策氏来訪　診察のことを頼まる

五月二十二日　金　晴

和田英作氏来る　弘田氏肖像打合せをなす、弘田氏を尋ねて其ことを話す、佐藤氏に佐野五十氏診察のことを頼む又同氏え其趣を書き送る　午後は井上氏不平長談あり

五月二十三日　土　曇風

事なし　不斗ベルモット一瓶を買ひて飲み始めたり

五月二十四日　日　曇雨

御大葬に付今日より三日間諸学校休業（廃朝、音信停止）庭にありたり、晩食後八時少しく前良、三を連れて出かける、新橋に到りて大通りを歩く時に雨降り出す、須田町まで来り、往来の人少し、各店皆閉つ故に路闇し、須田町さすが多人数なり、電車も混雑せず、十時家に帰る暫時して寝に就く

五月二十五日　月　快晴

終日在宅、庭にありたり、午後安田恭吾氏来訪　文子孝子を連れて出京、晩はきみ案内して両人を上野え連れ行きたり売店のみはありたりと

五月二十六日　火　晴

午前三二を連れて教室に到り写真機を持ち帰る　午後数枚撮影す、文子北蘭等は博覧会え行く

五月二十七日　水　晴

平日の通り業に付く、佐野五十氏佐藤氏の診察を受けたりとて挨拶に寄る、四時半出て柿内え行く児異状なし

五月二十八日　木　晴

五月二十九日　金　曇

良一写真源板（ママ）現像したればこれを焼きて遅くなり十時半教室に到る、上義歯破損したれば歯科え行きて修理を頼む

五月三十日　土　雨

昨日海軍収賄事松本中将、沢崎大佐、鈴木中監に対する判決あり、精柿内え行く

五月三十一日　日　晴

在宿庭に出、又写真を復写したりなどす

六月一日　月　曇

先般発疹チフスにて殉せられたる片山荘次、東義彦、八木沢源造三学士のために追悼会催さる、朝七時前例の通り出勤せるも学生来らず　講義消滅す　学生は追悼会に付休業と誤解したるものならん　午後一時半追悼会（法科三十二番教場）に列席す、三時教室に戻る

六月二日　火　雨

精柿内より帰る

六月三日　水　曇風

六月四日　木　曇

四時半教室を出て柿内え行きたり

六月五日　金　雨曇晴

写真復写の実習をなす、午後四時より医学会出席　高橋信夫氏去精□示説あり（ママ）　七時帰宅

六月六日　土　晴

朝薬研堀に島峰氏留守宅を見舞ひ母堂に浴衣地一反贈る十時教室に到る

六月七日　日　晴

本年に入りて始めて渋谷に柿内家を訪ふ、遂に昼食し大人と共に加賀町に到る　これより三郎及大人は上野え行くに付共に出て水道橋にて別れ二時過家に帰る、是より庭に出

六月八日　月　晴

午後教授会出席、学年始を四月とすること実行出来得べしと決す、学科試験法改正に付種談あり更めて委員七名を定む　長谷部氏論文報告す、通過、其ことを同氏申送る

六月九日　火　雨晴

在巴里山内氏より来翰（過日猿頭寄贈礼状に対する返書）当分帰朝せず云々

六月十日　水　晴

組織実習に関し幻灯を以て説明すること利益ならんとの説あり　明日試むべく其予習をなしたり、三時半出て帰り写真四枚の復写をなす

六月十一日　木　晴

実習標本幻灯説明なす　帰途橋本に寄り北蘭もありたり

六月十二日　　金　晴雨

朝七時半より法科三十二番教場に於て組織筆答試験をなす　問題ロッテ・ブルトツェーレン〔＊赤血球〕　出席者一三四名、未曽有の多数なり　歯科え行き上義歯修理出来たるを受取る　ワルダイエル先生より四月二十九日出したる手紙の返事来る

六月十三日　　土　晴

石原久氏出勤がけに教室寄る　去教授会の模様を話す、幻灯、四時半出て加賀町え行く、精来り又三二も来り居たり、三と共に帰る

六月十四日　　日　晴

昨夜大雷雨、朝になりて漸々霽れる、写真数枚焼きたり又庭え出る

六月十五日　　月　晴

午後四時過教室を出て安田え寄り　新画室を見六時過帰る

六月十六日　　火　曇

実習に関する幻灯

六月十七日　　水　雨

耳を終りこれにて解剖学講義を閉つ　書籍製本出来、図書室の整頓をなす

六月十八日　　木　雨曇

組織実習最終の幻灯説明をなす

六月十九日　　金　晴

三郎氏昨日留学命せらるべきに付体格検査を行ふ旨通知ありたるよし　其悦ひのため医化学え行き隈川氏に挨拶す、石原喜久氏教室え来り　島峰氏え手紙を出すに付歯科関する話などす又今日島峰氏倫敦万国会議出張の件に付松浦専門局長に面談せんと電話にて尋ねたるも間違ひ且つ差支の趣に付止む、四時出て柿内え行きたり

六月二十日　　土　曇雨

顕微鏡実習を閉づ　二十九回行ひたり

六月二十一日　　日　曇少雨

庭え出たるも天気悪し、答案調べを始めたるも捗取らず

六月二十二日　　月　曇少雨

十時過出勤、文部松浦氏又差支、午後教授会、優等生選定、歯科を講義時間を設け試験するの件石原氏列席可決、旅費分配の件は井上氏のために百円得たり　四時終り家に帰る

六月二十三日　　火　晴

在宿、答案調、夕刻一寸庭に出る　昨日第三十三議会（本年第二臨時議会）開院式挙行せらる、海軍補充費のためなり　松浦専門局長え急に電話にて問合せたるも差支新潟池原氏え池田助手のことに付手紙を出す

六月二十四日　　水　晴

九時出勤、松浦氏の都合を問ふ又々差支、答案を調べなどし四時帰宅

六月二十五日　　木　晴

顕微鏡実習試験を始、午後は案外早く十一時に済みたるにより直に出て文省に到り松浦氏に面談、島峰氏倫敦学会に派遣のこと、米国旅費のこと、一ヶ月留学延期せねば事務上不都合なること等談合済み十二時半教室に帰る試験は午前後共欠席多し二十九名中十七名だけ出席四時前終る　晩島峰氏え手紙を出す

六月二十六日　　金　曇

在宿答案調べ、午後は柿内え行きて二時間計り児と遊びたり　帰りて庭に出る　新潟池原氏より返事来り　西氏転任のことは兎に角、長谷部氏の代としても池田氏を勧誘し呉れ云々返事来る

六月二十七日　　土　雨晴

終日試験、出席者二十五名

六月二十八日　　日　雨曇

終日試験、二十二名出席、四時終る、喜美子渋谷及加賀町え行く、文子出京

六月二十九日　　月　曇晴

蒸熱、午前後共試験、出席者二十三名、俄に熱し　四時出て岡田和え行く、清三郎氏明後日出発洋行に付告別、但し不在、餞別（鰹節切手三円）贈る、柿内え寄る　三郎氏帰り来る、留学中方針に付談あり長くなりて八時半帰宅

六月三十日　　火　晴

熱強し試験困る、出席者二十二名、六時帰宅、精柿内え行く

七月一日　　水　晴

試験終る　出席十九名時に三時半、即ち組織実習受験一七八名中出席者一二八名、欠席者五〇名なり、四時半帰宿、答案調べ

七月二日　　木　晴

家にありて試験成績調製、午後に到て終る、四時半人車にて上野精養軒に到る　フロレンツ教師在職二十五年を兼ね此度帰国に付送別会なり　九時半帰宅

七月三日　金　晴

八時半出勤試験成績を出す、自室大掃除に付去て医化学教室え行く　三郎氏一昨日留学命ぜられたるに付て尋ねたれど両氏共未出勤せず　是より加賀町え行き十二時家に帰る、精は晩帰る

七月四日　土　晴　三三度　酷熱

引き続き苦熱、富坂にて小松宮妃殿下の葬列に逢ふ教室まで徒歩す、医化学え寄り三郎氏留学選師のことなど話す　六時半帰宅

七月五日　日　晴曇

九時半出勤、島峰氏最終の手紙及ディーク教授え謝状を出す、七時帰宅

七月六日　月　曇風

午後教授会、特待生選定、学位の件田中（医少監）、古城憲治通過　四時より医学会出席、長与氏へモジデローシス、マーゲンゲシュビュール〔＊血鉄症、胃潰瘍〕の演舌、池田孝男氏妊娠子宮破裂のデモンストラチオンあり、六時半帰る、厳試験成績分りたれば良一これを知らせに行く、平均点89.06にて席次十六番と教えたり

七月七日　火　半晴

昨夜少しく雨降りて気温少し下る　午後五時生理講堂に於てゴルトシュミット氏講演Vererbung u. Bestimmung des Geschlechtsを聞く一時間にて終る　晩増井岩三郎氏出京来訪、十数年振りなり

七月八日　水　曇　冷

昨夜少し雨降る、精早朝柿内え行く大掃除のよし　四時帰宅、庭に出る

七月九日　木　曇

フリードレンデルえ百麻為替を書留を以て出す　熊本山崎春雄氏出京教室え来る　又フリードレンデルえ教室より三書新注文及雑誌欠号注文書を出す、五時帰宅、一寸庭に出る

七月十日　金　曇

卒業式なり、九時過大学に到る　新成法科大講堂に於て行はる　東伏見宮殿下台臨、終て展覧品を見る　武蔵古地図、片桐且元槍、桜島爆発説明書なり　十二時帰宅、尋で良一も卒業証書を携て帰る　蒸熱甚し、午後柿内大

人来る、庭に出る　晩食後加賀町え行く三郎氏在り　精は丁度帰り去るところ、洋行談に時を移し十一時となりて去れり

七月十一日　土　雨

六時前家に帰る

七月十二日　日　曇

昼食直に出て加賀町に到る、三郎氏ありて洋行準備に付種々談話す六時帰宅、晩精を連れて槇町え行き草市を見る

七月十三日　月　曇晴

千葉田口氏来室　午前九時より学科等に関し委員会を開く青山、入沢、木下、片山、近藤、林、小金井委員集る第一回なり、大体に付談あり　十二時過散す

七月十四日　火　曇晴

G・シュバルベ教授え八月一日第七〇回誕生日に付祝賀状を又レージケ博士えフォン・ルーシャン教授第六〇回誕辰祝賀論文集に論文を寄すべきこと承諾の返事を出す三時帰宅、再出て牛込小松両家内藤家（不在）原町原家、文郎氏（不在）え中元見舞に廻り加賀町え寄りて八時帰宅

七月十五日　水　晴曇

冷凌ぎよし、終日教室にありたり、池田氏新潟医専就職の件留学を条件として承諾の決答あり、直に池原氏え其趣を報す又入沢氏えも知らす　柏崎内藤氏え島峰氏倫敦学会委員として参列のことなど申送る　六時半帰宅　三は試験済みたりとて良一と出かける

七月十六日　木　晴

熱し、田鶴児を携て始めて来る時に十一時頃、教室不行、家中賑かなり、児は不安の様子にて機嫌悪し　午後きみ、たづ大沢家え礼に行く、六時車を命じ去る　椰野、千駄木両家え立寄る筈なり　晩八時過三郎氏来る、手荷物器に付話す　十時過去る

七月十七日　金　晴曇

冷、四時過教室を出て加賀町え行く、児障りたりやと思ひたるも別条なし、三郎氏も帰り来る、暫時して去る文子出京、精、三を連れて近辺一寸散歩　ミルクセイキを与へたり

七月十八日　土　曇

長谷部氏学位論文抄録漸く出す、永く休止の姿なりし四肢骨書目調べに漸く取りかかる

七月十九日　日　晴　熱酷

教室にあり、精加賀町え行く、文子佐倉え帰る

七月二十日　月　晴

椎野氏奉天より出京来室、入沢氏来りて新潟解剖担任者留学のことに今日文省に行きて話したり云々　晩養育院書記小林正金氏来り埋葬不明に付談あり

七月二十一日　火　晴

三二早朝水泳に富浦え出発す　養育院より埋葬証送り来り直に出棺の手続きをなす　これにて本件開決（ママ）す、これ全く埋葬証を同院よりよこさざりしに基きたり　久保氏奉天より出京来室　例の著述続編に付相あり　又同氏家に来りて種々贈品あり

七月二十二日　水　晴

フォン・ルーシャン教授え八月十一日第六十回誕辰に付祝賀の手紙を出す　札幌秦勉造氏独乙より帰朝来室　地方より出京者あるを以て同学家の会合を催す　四時半教室を出て諸氏と大森に到り松浅に入る、会同者椎野、久保、山崎、田口、大沢、二村、井上、高橋、工藤、佐藤四郎、新井、森田、原正、山越、桑山及自分の十六名、熱さ酷し、十一時家に帰る、精子柿内より帰る

七月二十三日　木　晴

俸受取る、四時半出て加賀町え行く児障なし

七月二十四日　金　晴（少雨）

工藤氏阿兄来室、氏の不行に付談あり、二村氏及高橋池田氏の方面より忠告することとす　晩少しく雨降りたるも熱さ変りなし

七月二十五日　土　晴

熱酷し、事なし

七月二十六日　日　晴雨

午前九時出て加賀町え行く　三郎氏臥床、其故は馬術稽古の際過て少し打ちたりと児障りなし、餞別として革鞄料参拾円贈る、今日は土用牛（ママ）の日のよしにて田鶴鰻飯をすすむ、これに応す珍しきことなり、二時家より電話にて新潟長谷部氏来り待ち居るよし直に帰る、同氏長談、時に雷雨あり但し甚不充分なり　四時同氏去る　晩精を連れて本郷中山まで行き三の時計硝子直しを托し帰る　少し冷しくなる

七月二十七日　月　晴曇

大掃除日なり　半平を呼びて行はしむ　久保氏論文談にて二時半弁当を食す

七月二十八日　　火　曇

事なし　三時出て家に帰り庭に出る、博子児を連れて来り食事す

七月二十九日　　水　晴

再熱くなる、午前一寸医化学え行く　晩大阪斎藤勝寿氏え母堂死去のよしに付悔状を書く　明日香奠弐円と発送すべし

七月三十日　　木　晴　九三度

久保武氏郷里え帰りて後直に奉天に帰るよし　告別す
佐倉より文子妹を連れて来る撮影のためなり　昨日博子帰国に付今日より梛野え行きて泊らる　夜に入りても熱苦し

七月三十一日　　金　晴

大正博も今日限りなり　きみせいと三人は遂に一回も見ざりき

八月一日　　土　晴

五時前出てて加賀町え行く　児別状なし、帰るとき児車にて電車まで送り来りたり

八月二日　　日　晴

精柿内え行きたり、十時教室に到る
墺塞国間戦争始まる全欧騒し　如何になりゆくものにや

八月三日　　月　晴曇

十時過教室に到り電話にて打合せの上直に文省に到り先福原次官尋ぬ　松浦局長も来り会し新潟医専池田氏の件に付談合、甚困難のよし　休中に篤と留学生に関する考案正確に立つべし云々　一時過教室に帰る炎熱堪へ難し

八月四日　　火　曇

独、露に対し愈々宣戦したりとこれ少しく突然の感あり

八月五日　　水　曇晴

六時過帰宅、少しく凌ぎよし
露も独に宣戦し、英も愈起つ、これにて独墺と露仏英間との大戦乱となる　目醒ましきことならん　又英、独に対し宣戦の外電号外出たり
精柿内より帰る

八月六日　　木　晴

また熱くなる、五時出て加賀町え行く、児障なし便通六日目にて今朝ありたりと、児車にて電車まで来る　良一は伊豆え行くとて夜に入りて出行く

八月七日　　金　晴

昨日今日大工来り所々の戸工合其他直す　夜に入り十六日月明かなり

八月八日　　土　晴

連日熱さ強し、昨日の如きは九三度に昇る

八月九日　　日　晴

精加賀町え行く、十時半教室に到る

八月十日　　月　晴

七日以来閣緊急会議あり、東洋にも動乱及ぶか

三二水泳より帰る

八月十一日　　火　晴

朝日本医学校理事磯部某氏来り池田氏解剖専任講師たらんかなど話したり　三郎氏教室に寄り今文省に行き留学生の様子を尋ねたるも全く不明、自分出発期は全く未定云々　五時前教室を出て加賀町え行く児障りなし　晩三郎氏来り須藤家まで来りたれば一寸寄りたりと

八月十二日　　水　晴曇

朝内藤久寛氏来訪、ワルダイエル、フィルヒョウ、ブレージケ、コプシュの四氏え大戦争突発に付見舞状を認め終日す　三二柿内え行きたり又晩きみも行きたり、夜に入り雨降り始む

八月十三日　　木　台風雨

昨夜より風起り雨益強し、旱ききつたるところえ漸くの雨甚快、教室行かず、夕刻になりて止む、晩三を連れて散歩に出る、不忍池観月橋を渡り広小路に到る　博覧会の跡寂し

八月十四日　　金　晴

又熱し、京都足立文氏久々にて上京来室　長谷部氏同伴、共に昼弁当を食し、学談甚興あり、六時前両氏去る

八月十五日　　土　晴

晩精帰る、三を連れて銀座まで散歩す

八月十六日　　日　晴

十時過教室に到る　四時半出て加賀町え行く、児智の発達著し　安坐慥かなり、物を取ること又これを選ぶこと去十一日とは大差あり

八月十七日　　月　晴

少しく秋気を催す　国家の大事、十五日　陛下日光より還幸、同夜独乙に向ひ最後通牒発せらる其期限は二十三日とす愈独乙敵国となるべし

晩精、三を連れて上野行、氷月に入る、山の手電車にて巣鴨まで来る

八月十八日　火　晴

事なし

八月十九日　水　晴

午後四時前教室を出て渋谷柿内家を見舞ふ　老夫婦其他皆在宅

八月二十日　木　晴

きみ北蘭を伴ひて加賀町え行きたり

八月二十一日　金　晴

京都鈴木文氏より Martin's Lehrb. d. Anthrop.〔＊文献〕送付　晩三を連れて銀座まで行く　資生堂に入る

八月二十二日　土　晴

夕刻加賀町え行く　三も来り居る、共に帰る、精も晩帰る

八月二十三日　日　晴

十時教室に到る、今正午にて独乙との関係決す、国交断絶なるべし　晩三を連れて槇町まで散歩、時に号外にて独乙に対し宣戦詔勅出てたるを報す

八月二十四日　月　晴風雨

昨夜大雨、今日天気不穏

八月二十五日　火　晴風

新潟池原氏え池田氏の件に付考案促し手紙を出す

八月二十六日　水　晴風

良一旅行より帰る

八月二十七日　木　晴

椎野氏奉天え帰る告別す、四時半出て柿内え行く児昨日来便通少し多し　但機嫌至て宜し　晩きみ、せいと槇町散歩、昨夜千駄木林町出火跡を見る

八月二十八日　金　晴少雨

Martin's Lehrb. 中に Verneau's Platolenie u. Eurolenie〔＊ヴェルノーのプラトレーニエおよびユロレーニエに関する記述〕あり　但其意義は全く別なり　精柿内え行きたり

八月二十九日　土　大雨

在伯島峰氏より七月十八日付書面西比利亜便にて昨日又二十二日付（消印二十三日）のもの今朝（到着消印八月二十八日）到着せり甚遅延せり　雨降りて冷し

八月三十日　日　晴風

昨夜は暴風雨となれり、今朝霽れる、但風強し、又暑くなる　十一時教室に到る　晩厳来る

八月三十一日　月　晴

静なる天気となる、晩良、三を連れて銀座え散歩　ソオダ水を飲み、カフエを買ひなどす

九月一日　　火　曇晴

三学校始まる、昨日新潟池原氏より返事あり其ことを池田氏え話す、田中義一氏来室、戦乱に付今後当分留学途絶するに付海外留学の代りに内地にて広く志望者に研究の途如何など談あり　故に新潟医専書記小川氏来る池田氏と三人鼎坐相談す、次近藤栄一来る子息洋行中に付心配云々　此夏までに晒したる骨格を調べて終日す　大阪大串菊太郎氏帰朝の由に付祝札を出す　精柿内より帰る

九月二日　　水　晴

池田氏今朝小川書記え昨日の件に付謝絶決答ありたりと新骨格調べにて終日、五時前加賀町え行く、児便通六回ありたり、少しく多きに過ぐ、大人来る、七時半帰宅

九月三日　　木　晴

隈川氏来室、事局談などあり、二六新聞え貸したる標本類戻し来る　臨時議会招集

九月四日　　金　晴

七月九日出したるフリードレンデル宛書留同二十三日伯林着、同日出したる受取書八月二十八日東京着消印あり、きみ渋谷柿内等え行く

九月五日　　土　晴

きみ北蘭を伴ひて岡田家え行く午餐の馳走を受けたりと

九月六日　　日　晴

教室にあり、五時前出て加賀町え行く別条なし

九月七日　　月　晴

少しく早く帰りて芝中の草を取る　久しく取らざりしが延びたり

九月八日　　火　晴

五時帰りて芝中の草をとる、文子出京

九月九日　　水　晴曇

去四月解剖学会演舌「脛骨と腓骨との関係に就て」の原稿漸く森田氏え送る、文省え電話にて尋ねたるところ島峰氏倫敦え行きたり、西成甫氏不明とのことなり　午後一寸医化学え行きて医学会に於てフォラーメン・スプラトロクレアリス〔＊上膊骨滑車上孔〕に付き演舌すべきことを申込む　四時半帰り芝中の草をとる、精柿内え行きたり　入浴し食終りたるところえ婦女通信社より書面来る　或者の投書封入、これに両娘混同悪言あり、きみ田

村え持ち行く留守に付置きて帰る　臨時議会終了

九月十日　　木　曇

少し冷しくなる、四時帰りて芝中の草をとる一通り終る

九月十一日　　金　雨

休過去れり、二日間教室え行かざりしのみ即ち七月十六日田鶴児を連れて始て来り　八月十三日台風のために、他は悉日仕事したり　但し長骨横断形には筆及はず　島峰正氏来室徹氏八月八日倫敦発内藤氏宛手紙持参す、一読するに七月三十日伯林出発の模様など明る

九月十二日　　土　雨晴

二村氏講義を始めたり、四時半出て加賀町え行く　児機嫌よし、精は既に帰りたる後なりき

九月十三日　　日　雨

昨夜来大雨降る、終日在宅

九月十四日　　月　雨

大雨、出勤に困る、総論解剖学講義を始む　井上氏も胎生学を始めたり

九月十五日　　火　晴

大阪大串氏出京来室　此頃帰朝、伯林出発当時、シベリヤ車中の模様、戦談に時移る又教室所用電球のことに付電灯会社来り度々談判す　即ち球の処属会社なりと云ふに社側は否と云ふ　甚奇なることと思ふ　六時半帰宅

九月十六日　　水　晴

島峰氏手紙倫敦八月九日附のもの到着　歯科学会記事誌をも送付

九月十七日　　木　旱方晴大雷雨

電灯会社より明治三十九年九月に証に教室え電球を納めたることを謝し来る、四時家に帰り庭に出たるに雨降り始む大雷雨となる、止みて後出て見れば旧池の処大水となる、晩婦通社より葉書来る　きみ子携て田村へ行く、此度のことはこれにて落着と明る

九月十八日　　金　晴

組織追試験をなす出席者三名のみ問題エピテルゲベーベ〔＊上皮組織〕　午後和田千吉氏来りて患者入院のことを依頼す依りて三浦内科え行きて之を頼む　午後六時豊国え集る　大串氏帰朝池田氏外科に転するに付てなり　大沢、二村、井上、高橋、新井、山越等なり十時前帰宅

今朝田村えビイルを贈る、其返書要領を得ず

九月十九日　　土　晴

午後人類学会出席大野氏紋様に就て先住民のものと「ア

イノ」のものと関係ありと結論す、次に鳥居龍蔵氏朝鮮南部旅行談、貝塚は包含品により色々の時代に区別すべきも内地のものとは聯絡なし云々　四時半終る　是より直に加賀町え行く

九月二十日　日　晴

八時より組織実地追試験をなす出席八名、自室掃除のため昼帰宅、午後庭え出る

九月二十一日　月　晴

午後教授会、学位の件呉健（可）薬学渡辺某（可）婦人科東条（大佐）否　精彼岸に付加賀町え行く

九月二十二日　火　晴曇

昨日午刻ユンケル氏来室τοκυβιτογ等に尋ねたり

九月二十三日　水　曇

島峰氏より葉書来る八月二十日付和蘭オルデンザール発、再伯林に入り処要をすませ帰途なりと　晩三を連れて銀座え行き鳥打帽を買ふ、精帰る

九月二十四日　木　雨

午前小林春三氏来る、夏樺太旅行談あり　午後加賀町に行く、三郎氏も帰り来る

九月二十五日　金　雨

俄に冷しくなる

九月二十六日　土　晴

島峰氏より八月二十四日附ロッテルダム発葉書来る　米国船は日本人の入米を許さず為めに渡米船切符を売らず云々、北蘭は梛野え行かれたり　十時過きみせいと共に出かける　巣鴨より北千住行、日暮里乗替を間違ひて田端にて下るなどして汽車の都合悪し依て諏訪神社にて憩む　これ数年来のことか懐旧、一時前北千住着、きみは旧師の死を弔ひ其間一寺院境内に待つ、松鰻と云に入る時に二時過なり、是より堤上歩し新渡しを渡り下尾久より王子電車にて飛鳥山に到り又電車にて大塚を経て帰る六時頃なりき

九月二十七日　日　晴

在宅、午前庭に出る

九月二十八日　月　晴

生理え行き大沢氏に会ひて教室費百円来年度借用の承諾を得たり

九月二十九日　火　雨

在ボルネオ元島策太郎氏よりダイヤ人骨拾数個到着す

九月三十日　水　雨

芳賀石雄氏帰朝来室、八月十五日伯林出発、二十四日倫敦出発、米国を経て帰りたりと、伯林に於ける情況談あり、帰途氏の旅宿伊勢栄に寄る在宿、暫時にして去り青木堂に寄りビイル一ダアス帰朝祝として贈ることを命ず

十月一日　木　曇

中山福蔵氏来るダイヤ人骨種々談合の末六百円と云ふことに決す　四時出て加賀町え行く

十月二日　金　秋晴

午後石原喜久氏来室尋で金沢高安氏出京来、佐口氏学位の談などあり遂に解剖実習に出場の時を失ふ、四時出て麻布市兵衛町にユンケル氏を訪問し此頃贈られたる腸詰の返礼としてチヨコレヱト半ダース贈る不在に付置きて去る途上に出会たり　是より鈴木孝氏え寄り折克く在宅、晩食、久し振りにて長談、互に家族細談にも及びたり十時辞し去る

十月三日　土　秋晴

養育院書記小林正金氏来室遺骨引取人ありて壺中に金歯見当らずとて苦情起り結局教室より金二十二円五十銭出すこととしたり

十月四日　日　晴

横手教授大人葬式に愛宕下青松寺に到る　十時過帰宅、在宿、庭に出る

十月五日　月　晴

島峰氏より八月二十二日ハーグ出し葉書来る　先日のものと前後して到着したり　小林正金氏より手紙来り且使来る　一昨日の件なかなか強硬困難、更に拾弐円七十五銭、合計三十五円弐拾五銭出すこととなれり　午後教授会、青木大勇（非学士、長崎医専教授）三田定則二氏学位可決、宗文江（学士）否決　三時半散会、医学会出席、上膊骨滑車上孔に就て演説す、出て千駄木え寄り青木可決のことを知らせ、軍事談などし七時帰宅　新潟長谷部氏より梨子を沢山送らる其礼状を認む　精子加賀町え行く

十月六日　火　晴

午前医学会事務所に到り雑誌を調ぶ　午後始めて実習室え出る。四時出て加賀町え行き一時間遊びたり、文子佐倉より出京

十月七日　水　晴

二三日前故坪井氏のために及辰野氏還暦祝のために各参

円出したり　在瑞西チユリヒ布施現氏より手紙来る　八月二十五日一露国女学士に托しモスコウにて投したるもの　老婆数名招きて馳走せり

十月八日　　木　雨

試験規程改正案要点を書綴る

十月九日　　金　晴

午前医学会事務所にて雑誌を見る

十月十日　　土　晴

宣誓式に付休業、医学会にて雑誌を見る一通り終る　精加賀町より帰る

十月十一日　　日　晴

在宅、庭に出る、庭師来り松を造る、午刻岡田夫人、佐柄夏子等来訪、粗末なる食事を供す、横浜飯野は如何なとの談あり、直に謝絶に決す

十月十二日　　月　晴

午前講義一時間済ませ十一時帰宅、精を連れて出かける例の順序により北千住に下る　西新井えの接続悪し　一時間と四十分あり故に場外に出て畑中を歩し戻り茶点(ママ)に入る、大師え行きて一寸憩ひ千住に帰り彼松鰻にて食事しこれより縁日など見て帰途に就く、七時半帰る　きみ加賀町え行く田鶴の衣服を持去るなどの苦情あり云々

十月十三日　　火　晴

昨日牛込小松老母堂来訪せられたりと　三二今朝箱根地方に旅行、歯科え行きて過日頼み置きたる下義歯修理出来たるを受取る　北蘭梛野え泊りがけに行かる

十月十四日　　水　晴

四時出て加賀町え行く　坊は明地に居たり三郎氏帰り来る、渋谷大人も来る

十月十五日　　木　晴

教室不参、きみせいと出かける巣鴨より渋谷に到りきみは柿内老夫人少悪のよしに付見舞に寄る　自分等は先に玉川え行き新しき小花園にて待ち居る内きみ来る、これより遊園地に入る、田道を通りて川岸に到り渡りて二子村に達す　亀屋に入る時に一時半、昼食し三時前出て堤上を歩す　天気よし誠に快、渡りて左岸に移る、五時頃電車発す六時半帰宅

十月十六日　　金　晴

鉄門倶楽部今朝伊香保え出発す、良一は別に医化学催にて塩原え出発す、又千駄木母堂京都行に付きみと共に新橋に見送るときみが時刻相違ありて午後に出発のことと

なる自分は家に帰る　時に北蘭梛野より帰宅せらる、自分は十時半出て教室に到る、三二旅行より帰る

十月十七日　土　晴　祭日

十時半教室に到る、文書目録調成終る　七十七枚あり

十月十八日　日　曇雨

在宅、庭に出る、午後少しく雨降始む、晩良一旅行より帰る、鉄門倶楽部も帰りたる筈なり

十月十九日　月　晴

授業成り立たず、午後教授会、去十四日勅令伝染研究所所管替への談あり　学位の件鈴木立男（仙台医専出身）可決、平田吾一（岡山出身）主論文合著なるを以て形式を改むること本人え通知と決す、四時教室を出て加賀町え行く児機嫌よし

十月二十日　火　曇雨晴

昨日工藤氏に所得税未納の件に付談す　此度は上義歯破損に付修理を頼む

十月二十一日　水　晴

事なし

十月二十二日　木　晴

上義歯修理成る直に予備の修理を頼む　伊丹氏来室、此度養育院の一部（一五〇名）を板橋え移すに付ては屍減少すべし云々、毎日新聞記者来り南洋移民社員某の混血児を自分が養育したとか、意外の間違なり　精加賀町え行きたり　又婦通社のことうるさく、きみ田村え行き在宅にて話したりと

十月二十三日　金　雨晴

二三日来時事紙に伝染研究所のことやかまし

十月二十四日　土　晴

島田吉三郎帰朝来室、伯林八月十四日（ミユンヘン九日）出発　去二十日常陸丸にて神戸着したり云々　四時出て加賀町え行きたり児無事

十月二十五日　日　曇

十時教室に到る、日暮れて帰る、婦通社捐写版強て売付けるに付きみ田村え行きたり拾円位かと見積りて置きて帰れり血涙の思

十月二十六日　月　晴

四時教室を出駿河台に浜田氏病床を見舞ふ　精子柿内より帰る

十月二十七日　火　晴

滑車上孔邦文書き終る

十月二十八日　水　晴

午後実地を井上氏に振り換へてもらい三時帰宅、更衣、深川東森下町慶長寺に到る、昨日墓地整理のため故秋田秀年氏墓、処分せざるべからざる旨葉書を以て通知ありたるにより行きて委細を聞く　執事不在に付確と決定するを得ず明後晩再来を約し、二十余年振りにて墓参し香花を供へて六時帰宅

十月二十九日　木　晴曇

須藤憲三、山川一郎氏独乙より帰朝来室、日本の医界社員来りて研究所の件に付談を始む　何も言はずして済みたり

十月三十日　金　雨

十月三十一日　土　雨曇　祝日

十時半教室に到る、晩きみ、三新橋え千駄木母堂帰京迎へに行きたり

十一月一日　日　雨

午前芳賀石雄氏来訪、研究所に位置を得たること、桜井嬢のことなど談あり、増野彫刻工製品を持ちて来る、千駄木母堂京都より帰りて来る、午後三時過出て加賀町え行く三郎氏在宅

十一月二日　月　晴

動物学、人類学え行き猩々骨、書籍を見る　午後教授会、学位、平田吾一（岡山出身、同所開業）否、加藤亨（学士、大阪医校耳鼻教授）可、草間滋可、尼子某（大阪出身）可、四時散会　五時家に帰り晩食後出て深川長慶寺に到り住職に会て故秋田氏墓に関する委任状、改葬願を出す　留守中広瀬渉氏来り飯野義のことに付再談、但し断りたりと　精子加賀町え行きたり

十一月三日　火　晴

系統解剖脈管を始む　中山福蔵氏来る、ダイヤ骨請求書を出すべきことを話す

十一月四日　水　曇晴

田鶴午後緒方まで祝賀に来り一寸寄りたりと、晩精帰る

十一月五日　木　曇雨風

十一月六日　金　晴

昨日伝研所職員更迭発表、所長以下七技師去り、大学及陸軍より兼任、九時精を連れて出かけ日暮里まで歩し成田まで往復を買ふ（各一円六十銭）十時発車十二時十五分頃着、堂正門前の家に上りて昼食し、二時頃出て境内

見物す、花壇二十計あり菊盛なり、宗吾社に電車にて往復し四時半発車、七時半家に帰り精珍しとて悦びたり

十一月七日　土　晴

勲二等記机上にありたり但明治四十一年十二月二十五日付にて　先帝陛下の御署名なる　午後人類学会例会出席江見氏貝塚談等あり　三時半終る出て正門より電車に乗る市中彼方此方に旗を出すあり即ち青島陥落を知る、加賀町え行きて号外を見る　児機嫌よし但し少し鼻汁を出す

十一月八日　日　晴

終日在宅、庭を掃く、旗を出し陥落を祝す

十一月九日　月　雨

文子出京す

十一月十日　火　晴

紀要校正忙し　午後四時半帰宅、入浴、出て築地精養軒に到る緒方嬢佐々結婚披露なり賓主共に百名計、八時半散す　祝勝張灯行列のため銀座日比谷辺雑沓す　文子北蘭を伴ひて文展え行き且昼食をおごりたりと

十一月十一日　水　晴

東京市催し祝捷会あり、市中賑ふ

名古屋浅井猛郎氏帰朝に付ビスケットを贈り手紙を認む

十一月十二日　木　晴

四時過教室を出て牛込に甲野氏を訪　息謙三氏此頃帰朝来訪せられたるに付其答礼なり、次に加賀町え寄る児面白し、七時帰宅、在仏大石貞夫氏より来信、去九月着仏後同二十九日よりレンヌ野戦病院に勤務のよし、返書を認む且七日来時事新報を明朝投すべし

十一月十三日　金　晴

精柿内え行く文子佐倉え帰る、晩九時頃金毘羅脇に出火あり

十一月十四日　土　晴曇

運動会に付休業、九時半教室に到る、青山徹三氏帰朝来室

十一月十五日　日　雨

人類学会催、下総北相馬郡小文間貝塚探験（ママ）、八時二十分上野発車、頻りに雨降る、九時四十五分取手着、時に雨止む、利根川堤を歩す、又雨降出す、一農家の軒下に立ちて雨を避く　十一時頃小文間に達す、先弁当を食す時に大雨且風を加ふ　貝塚は福永寺地内にあり、熱心家は雨中をも厭はず盛に掘る、時に之を傍観す、三時頃帰途

に就く雨に遇はざりしは幸なり、七時半家に帰る、探験者は人類学教室諸氏、有坂銀蔵、鈴木農学博士を始め二十名計　精加賀町より帰る

十一月十六日　月　曇

午後教授会、大串菊太郎氏大沢氏報告可決、次に島峰氏自分報告出席者二十一名皆可、終て医化学え行きて隈川柿内氏鼎坐、三郎氏米英に留学の可否に付相談、大体来年早々渡米を可とす

十一月十七日　火　晴

和田千吉氏来室、土肥氏の診察を受けたし云々

十一月十八日　水　雨

内藤氏及島峰氏留守宅え学位通過の報、久保武氏え毛髪論文紀要え掲載すべき旨の手紙を出す

十一月十九日　木　晴曇

解剖体祭祀に付午後谷中天王寺に赴く三時帰宅、断髪、庭を少しく掃く

十一月二十日　金　晴曇

高尾山行を思ひ立ち精を連れて出かける、新宿浅川間汽車一時間四十五分、片道二等六十九銭、浅川より山上まで一里半、途中にて弁当を使ふ、大杉等森林中登る久しぶりにて深山に入りたる心地す、六時半家に帰る、今日北蘭は鬼頭家へ招かれ、きみ子は加賀町え行きたりと、賀古氏母堂死去のこと千駄木より聞きたれば牛込矢来町の宅え悔みに行きたり

十一月二十一日　土　曇

浅井猛郎氏帰朝出京来室長談、四時前出てて加賀町え行く、玄関等模様替にて邸内掘りかえし混雑

十一月二十二日　日　晴

午後賀古母堂葬式に吉祥寺に到る、帰りて庭を掃く　北蘭は梛野え精は千駄木え行き何れも泊る、夕刻林町辺に出火あり、三二梛野え、良一権兄方え見舞に行きたり

十一月二十三日　月　晴　祭日

今朝庭芝上霜稍白し　十時半過教室に到る、昨日独兵俘虜三百余名浅草本願等え来れり不可思議なる現像と云ふべし　三時過家に帰りて庭の掃除をなす

十一月二十四日　火　曇　寒くなる

十一月二十五日　水　晴

新潟長谷部氏愈罷めて出京、浅井氏名古屋え帰るとて告別、四時出て加賀町え行く、大人あり、三郎氏も帰り来る

十一月二十六日　木　晴

佐々木秀一氏帰朝来室、著書病原細菌学（邦文）を贈らる

十一月二十七日　金　晴

伊丹氏来室、養育院諸員年末手当の件なり　精柿内え行く、文子出京

十一月二十八日　土　晴風

島峰氏学位論文抄録事務室え出す　青山学長教室え来る、研究所のこと話あり但し真を吐かず

十一月二十九日　日　曇

急に寒くなる氷厚し、午前組織答案を焼き捨つ同時に赳の写真も。午後は加賀町え行く、三郎氏在りたるも暫して渋谷え出行く、是より途中筑土八幡え登りて内藤家に到る夫婦共在宅、明後日島峰帰朝に付打ち合せをなす、精帰る

十一月三十日　月　晴

午後教授会、学長、院長、研究所長は臨時授業を持たざること得との新規定を報告あり、小沢民次再入学出願の件否決、学位の件岡田春吉（元薬学選科生）可、西沢行蔵可、遠山郁三（学士仙台皮膚教授）可、四時半散会

十二月一日　火　晴

島峰氏真鍋氏と共に四時十分新橋着に付之を迎へ是より牛込内藤家に到り晩食を饗け独乙出発再入独談等尽きず十時過辞し去る　寿衛造忌日に付保子来れりと

十二月二日　水　晴

甲野謙三氏来室教室にて少しく仕事したし云々、渡辺郡二氏帰朝来室　玉汝七回忌を繰上げ吉祥寺にて法事あり橋本一家夫婦始め皆来集、けい子、保子、北蘭きみ等行きたりと

十二月三日　木　晴

十二月四日　金　晴

故片山荘次氏のために弐円振替貯金を以て出す　四時出て加賀町え行く、六時半帰れば島峰氏来り居る　三時半頃より待ちたりと共に晩食、十一時過まで談話、氏将来の方針、欧地歯科の現況、時計鎖、小手提げの贈品あり

十二月五日　土　晴

歯科え行きたるも石原在らず、午後人類学例会出席　渡瀬氏日本より出る巨獣の遺骨に就ての演舌あり　在伯林

ブレージケ氏より十月二十三日附書面到着、米国中継ぎのものなり氏米友人に送りたる書面の写封入又新聞切りぬき一片あり　去八月十二日出したる手紙は届きたり青島事件に関し憤慨のこと、真正伯林児の目下の心理情態を察するを得　三二柿内え行きたり

十二月六日　日　雨

終日在宅、精柿内え行きたり

十二月七日　月　晴曇雨

島峰甲野両氏来室、島峰氏を歯科え同道し石原氏に会す、戻りて島甲二氏に弁当を饗す　岡田和氏来室精のことに付横浜義三のこと談あり　一般情態の理由を以て先つ断る、某夫人が好嬢を索る居るは彼のことなりの談を聞く五時頃島峰再来室、雑談、共に豊国にて食

第三十五議会開院式挙行せらる

十時過出て来る時に雨降る　ブレージケ氏の手紙を三郎氏え送る

十二月八日　火　晴

真鍋氏来室伯林談あり　精柿内より帰る

十二月九日　水　晴

ブレージケ書類を青山氏え送る

十二月十日　木　晴

晩魁郎氏来る此度待命となり横須賀を引払ひ駒込動坂えト居せりと、留守中岡徳来り石黒赳関係わかる、精え手紙来る　法、柳沢健とか

十二月十一日　金　曇晴

四時教室を出て加賀町え行きたり、きみ子昼行きたりと

十二月十二日　土　曇

二時頃より四時まで島峰氏来室、雑談

十二月十三日　日　晴

在宅、北蘭文郎氏方え招かれて行かる　きみ渋谷え歳暮を持ちて行きたり

十二月十四日　月　晴

石原久氏来室　島峰氏を講師に推薦したり云々　午後教授会、歯科主任（石原）を教授にすること、青山新講師に塩田助教授留守中外科の一部講義せしむること共に異議なし、藤浪剛一学位の件通過　滑車上孔論文原稿医学会雑誌掲載のため大沢氏え渡す　千葉萩生録造氏死去に付悔状を認む

十二月十五日　火　晴

在チユリツヒ布施氏え Martin's Anthr.〔＊文献〕購入依

頼並に西氏え放免喜の手紙を出す　晩精を連れて久々にて槇町を歩きたり

十二月十六日　水　晴

朝六時家を出て新橋に塩田助教授、茂木学士の赤十字社員とし仏国に赴くを送る　八時教室に到る　午後三時出て島峰氏を内藤邸に訪ひ先刻片山氏来室心配の点即歯医は歯医なりと云ふ自持（ママ）発表を控えべきことを話し、これより加賀町え行く大人三郎二氏在宅

十二月十七日　木　晴

島峰氏来室　只今講師の辞令を受領（手当八百円）　晩横田来り共に晩食

十二月十八日　金　晴

中央停車場開場、青島征討長官神尾中将凱旋、戦死者遺族のため花の日会にて市中賑ふ追分、正門、赤門に花売娘佇立す

晩精を連れて槇町まで買物に行きたり

十二月十九日　土　晴

ベナ・カバ・スプ・ゲビート〔＊上大静脈領域〕全部終りて講義を閉づ　四時前出て加賀町え行く、三郎氏帰り来る　北米ベデカー〔＊旅行案内書〕を持参したり　文子出京す

十二月二十日　日　晴

午後動坂に魁郎氏新寓を訪ふ叔母え歳暮弐円贈る　晩精を連れて本郷まで行きたり

十二月二十一日　月　晴

午前書館え行きて雑誌を見る　京都鈴木文氏催促に依り Martin's Anthrop.〔＊文献〕を返す　宮原虎氏来室歯科内部に付前途談あり　在鹿児島Ｎ・Ｇ・マンロー氏え結婚祝賀札を出す甚延引したるなり　三二試験済みて加賀町え行きたりと

十二月二十二日　火　晴曇雨

午前図書館にありたり、午後青木薫氏来室　紀要論文に付談あり

十二月二十三日　水　曇

昨夜雨、雪を混す

十二月二十四日　木　晴

午前図書館え行く、次に小児科え寄りて小杉氏に和田、山崎両芸術家に依頼品出来に付此際謝儀を済ませべきことを談す　精柿内え行く　四時前出て加賀町え行く大人あり、三郎氏帰り来る　晩良一、三二と銀座え行き博品

館等にて橋本小供に遣る物其他買ひ十一時帰宅

十二月二十五日　金　晴

岡山菅氏死去に付悔状を出す、小使四人え一円つつ歳暮を遣る　今日まで実習を継続したるも二十日過は十名以内にして今日は午後一名も居らず、実際無功と思ふ　文子佐倉え帰る

十二月二十六日　土　雨

十時半教室に到る、昨夜十一時第三十五議会解散せらる　小児科小杉氏来室　弘田氏肖像二面出来に付和田英作氏え五百円贈ること及山崎氏の分（七百円）を払ふことを談す

十二月二十七日　日　晴

午前山崎朝雲氏を訪ひ弘田氏紀念品を見未全く出来に至らす困て謝金七百円懐中したるも持ち帰る　午後は講談本を読みなどす　晩精子帰る

十二月二十八日　月　晴

九時半出勤、医院事務室に到り小峰氏え七百円返戻す、新井春氏来室　三時出て市ヶ谷え向ふ水道橋にて電車脱線事故あり　是より徒歩先牛込内藤家に島峰氏を訪ふ数日来寒冒のよし、氏と石原氏との間略ほ談合つきて大学歯科にて力を振ふことに決す、加賀町え行く児前回行きたる日より少し腹工合悪し且つ風を引きたるよしなるも格別のことなき様なり　晩良三は銀座え行きたり

十二月二十九日　火　晴

十時半教室に到る、吉永氏より茶器、田口氏より解剖攬要版材製火鉢一対贈り来りたるに付其礼及答品発送の手紙を出す　晩精、三を連れて本郷まで行く　森川町にて北蘭え贈る「キルク」草履を買ひ又槇町え来りて椀一個買ふ

十二月三十日　水　晴

教室不参、十時精、三を連れて出る、日暮里より汽車、北千住に下り、松鰻に入る時に十二時、是より綾瀬土手を歩す、風なく温和なる天気心地よし　鐘ヶ淵より汽船にて大橋に来り、三の輪より電車にて飛鳥山に到る、又大塚、巣鴨に来り　夕刻家に帰る、晩食後三二を連れて加賀町え行きたり、児の用に毛枕を持行く、眠に就く際なりし再起きて遊びたり八時半去て帰る

十二月三十一日　木　晴風

九時半教室に到る、三時出て家に向ふ　髪を切り入浴、晩食、七時良、三を連れて先浅草に到る久々にて六区景

を見る元より平日に比すべくもあらざれどなかなか盛なり三友に入る、割引にて四銭なり、九時頃はねる、是より銀座に到る、北風となり且つ強く寒し、パンクーヘン〔＊パンケーキ〕を買ひて帰途に就く　神保町乗替場にて例の蕎麦を食し十二時家に帰る

大正四年　2575
1915　満五十六年

一月一日　　金　晴

八時起く、諒闇中に付飾を廃す、諸学校式なし、三を連れて十時出て千駄木を訪ふ十一時帰れば橋本全家来り居る混雑、暫時して去る、是より三を連れて梛野え行くところえ橋本来る、よりて直に去る、午後二時出て橋本、次に両小松家丁度原信哉氏来り居る、次渋谷柿内え廻る大人不在、五時過加賀町に到る、三郎氏帰り来る　児別状なし、昨年の今日は心配したりなど話したり　六時半家に帰る、橋本三男児は遊び居りて今良、三等送り行きたるところなりと、晩食後床に入る

一月二日　　土　晴

十時教室に到る、六時家に帰る安田稔氏来り居る、談話中三郎氏来る、又昼中柿大人来られたりと

一月三日　　日　晴

十時教室に到る、六時家に帰る、留守中来訪者柿四、横四、小魁、新井春の諸氏なり、安田恭吾氏来れりと

一月四日　　月　晴

十時教室に到る、ユンケル氏より昨日腸詰を贈り越したれば其謝状を出す、高橋信美氏より千葉講師いるべし云々の談あり　椎野鍔氏満州より出京来室　六時家に帰る、留守中長谷文氏来訪

一月五日　　火　晴

十時教室に到る、三時出て安田え年始に寄り加賀町え行く　児一日来腹工合少し悪し　但し機嫌至て宜し　昼中千駄木小供来り遊びたるよし

一月六日　　水　晴

椎野氏え紀要の骨盤論文の部を発送す　始めて暖房機関室に下りて見る、千葉田口氏出京来室　甲野謙三氏来室、教室に於て仕事の件は家の都合に依り当分断る云々　六時帰宅、久子殿森母と共に来り居る

一月七日　　木　曇雪

寒し、六時帰る

一月八日　　金　雪曇

昨日来の雪二寸計積る　晩年賀調べ左の通り

はがき　　一五三

封書　　四三
名刺　　三一
諒闇に付例年に比し甚少し、台湾小笠原金三郎氏え年賀
札の返事を書く
一月九日　　土　晴
福岡進藤篤一氏来室、氏旧臘島峰氏と共に帰朝したり
四時出て加賀町え行きたり　児腹工合宜しき方なり
一月十日　　日　晴
十時半教室に到る、六時帰る
一月十一日　　月　雨
悪天困る、授業を始む、欠席者多し故に実習心得方説明
は延す　午後教授会、大沢謙二氏愈辞表を出したる由
付ては永井氏教授に推薦す云々、杉本東造氏学位の件全
可　新卒業生小池敬事氏助手任命、工藤氏より自分は助
手になれざるやの苦状あり　文子出京
一月十二日　　火　晴
実習心得方を説明す、大沢岳氏と此度永井氏教授になる
に付二村氏の関係、二村氏と井上氏との関係に付相談、
先現状のままとして様子を見ることとす又工藤氏を雇の
ままになし置くことを話す
一月十三日　　水　晴
出がけに隣家豊島家え移転挨拶として名刺を置く、昨日
夫人挨拶に来り増築の談ありために喜美子等北蘭の部屋
に害ありとて大に心配す　四時半教室を出て加賀町え行
く児腹工合直る
一月十四日　　木　晴
此日より実習室え出る　精加賀町え行く
一月十五日　　金　晴
昨今寒強し
一月十六日　　土　晴
後三時頃島峰氏来室、将来に付又其他雑談、六時去る
一月十七日　　日　晴
昨日隣家増築上棟せり、二階建にして大に我住の趣を害
す　十時半教室に到る、六時半帰る、文子佐倉え帰る
精子夜に入り柿内より帰る
一月十八日　　月　晴
午後四時過出て加賀町え行く児機嫌至て宜し始めて「ス
ピナアト」を与へたり好んで食す、三郎氏帰り来る　晩
加賀美来り小金井村墓地のことに付き先方より葉書来り
兎に角近日往きて実験することとす

一月十九日　　火　晴

福岡桜井氏令弟不幸に付出京したりとて一寸教室え寄りたり　留守中島峰氏来り湯ヶ原の土産とて喜美子え帯地を贈れりと　理科飯島氏来室　蠟細工師を紹介す

一月二十日　　水　晴

歯科え行き下義歯総体のものの製作を八木氏に托す　下歯一本残存せるもの旧臘脱落し下総義歯を要することとなれり　四時より医学会出席田村春吉（Nervenfasern Galle in dem Leberzellen, Histavanche Bündel染色法）安達温（Telecardiogram）酒井和太郎（人参）の演舌あり　終て常議員会及会食、来総会に付て相談あり　九時家に帰る

一月二十一日　　木　晴

事なし

一月二十二日　　金　曇晴

午後四時出て岡田和家え悔に行く　継母堂死去に付てなり香奠弐円贈る　是より加賀町え寄る

一月二十三日　　土　曇

海軍々医学校え行き本多校長に面談す　同校に於ける歯科に関する事を聞き質したり　一時過教室え帰る　きみ子加賀町え行きたり、精子昨日千駄木え行き今日帰る

一月二十四日　　日　曇

昨夕より雨降り少しく雪を混す、今朝は止みたり　十一時前教室に到る

一月二十五日　　月　晴

午後教授会、長谷部南洋派遣のこと申請す　大沢謙二氏辞職の挨拶をなす、人員不足のため学位の件止む、四時散会、帰宅、髪切る

一月二十六日　　火　曇

和田英作氏来室美術生徒解剖修得のことに相談あり、宮原虎氏来り歯牙測定仕事略ほ修了に付種々相談あり

一月二十七日　　水　晴

歯科え行きたり石原氏昨日教授になれり島峰氏丁度来る下総義出来す、二時頃島峰氏教室え来り長談、六時去る永井潜氏教授になり挨拶に来る

一月二十八日　　木　雨

悪天、風雨

一月二十九日　　金　晴

午後三時より法医教室に諸氏と会し大沢氏辞職に付銅像建設の件に関し下相談をなす、五時過散しこれより加賀

町え行く、三郎氏帰宅の後再他出、愈来四月三日横浜出発と決定のよし

一月三十日　土　晴

横須賀海軍々医中監高宮隆氏よりマリアン群島サイパン島土人頭骨壱個贈付せられたり直に礼状を出す

一月三十一日　日　曇

小金井墓地見分に加賀美来るかと待ちたれど来らず十二時教室に到る　精子加賀町え行きたり　アインホルン（ニューヨーク）え手紙を出す

二月一日　月　雨曇

事なし

二月二日　火　曇雨

午後突然田鶴子坊を連れて来室　坊便秘のため小児科え行きたりと　二十分計遊びて去れり

二月三日　水　曇

事務室え行きてサイパン頭骨謝状のことを頼む　午後四時過出て加賀町え行く　児機嫌至て宜し、家に帰りて今日上野精養軒にて大沢教授辞職に付送別会のあることを始めて知る、如何なる行違ひにや　精子帰る

二月四日　木　雨風

大沢氏来室、高等師範生徒解剖参観依頼あり　此機会に昨日宴会に出席せざりしを謝す　鈴木忠行氏来室、南洋派遣に付談あり、且宴会へ往復葉書にて通知したりと、葉書不届か家に帰りて質すべし、然るに家になし、行違ひ(ママ)源因全く不明

二月五日　金　曇

サイパン頭骨の総長謝状発送す　昨年岐阜市え転住開業せられたる谷口吉太郎氏え此頃来札に返事を出す　精子加賀町え行く　婢去りたるため手助けなり

二月六日　土　晴

下義歯工合宜し依て歯科え行きて払をなす三円なり又昨日上義歯を損したれば之が修理を頼む　六時聴きて教室を出る、家前の坂にて三二に逢ふ北蘭湯殿にて卒倒さる早くゆけ　梛野え行くと云ひて走行く急き外套のまま北蘭の室に入る安形医師、良一手当中きみ子側にあり最早こときれて手当功なし、三二と行き違ひて保子陸奥子変事を知らずして入り来り驚く、尋で三二帰る、厳権兄に変事を知らせて来る、精は柿内え行き居たるところ電話により帰る　田鶴も同道し来る、橋本夫婦三重子来る、

橋本氏と対談の後安形医師去る、三郎氏田鶴と代りて来る、これより前に森林氏来る、小林魁郎、文郎氏叔母夜来る　加賀美等も来る、良一権兄方え行きて来事を乞ふ模様穏かなり倬を残し置きて一歩先に帰る待てども見えず、保子厳と共に重ねて行きて懇請す終に来ることを肯せず、厳最後の要請は一、名を借されたきこと　一、良精に万事任かすことを許すこと二点とす、甲は不許、乙は自分が関はざれば良精が一切始末するは当然云々両人帰り来りて絶望を告ぐ、是より北蘭の位置を直し、客間に集まりて葬式のことを相談し要点を取り極む、未た夕食せさりしが一時過ぎて粥二杯をすする　四時頃床に入りたるも眠るを得ずして天明ぐ

二月七日　　日　晴

早朝柿内大人来弔、朝森本葬儀社来る、葬具を命す。雑沓、来弔者緒方、岡田和一郎氏其他　午後八時頃始めて僧来る先つ枕経を読み尋で入棺し、八畳間に移す、僧、石垣老人其他通夜す　田鶴午後坊を連れて来り通夜す翌朝帰り去る　夕刻鈴木忠行氏を呼びて忌引届及葬式当日のことを頼む、佐倉より内藤夫人孝子を連れて出京、通夜す文子来らす大に心配し諸方え打電す

二月八日　　月　晴

弔訪多し、雑沓、午後根岸夫婦、賀古、青山、隈川、近藤諸氏其他、午後入浴中鈴木孝之助氏来る　葬式次第極る、晩になりて文子佐倉より着、入口にて卒倒す、二階四畳え担ひゆきて手当をなす、橋本氏あり、格別のことなし、何所に居て出京遅延せるか更に不明　四時頃一寸寝に就きたり

二月九日　　火　曇

内藤基氏会葬のため出京す、午後一時迎僧来りて読経す終りて棺を閉づ、一時半出棺吉祥寺に着、正二時式を始む三十分余にして終る、三時出て町屋火葬場に到る　竈に納めて帰る時に四時半を過ぐ、火葬場まで送りたるもの自分、良一、三二、小林魁、文、叔母、橋本夫婦、三重子、保子、厳、むつ子、岩尾、加賀美とす、精子は留守居して坊の守をなす、会葬者弐百余名、鈴木忠行、辻、其他の諸氏に頼み礼状を出す　入浴、九時頃寝に就く読経中降雨ありたるも直に止み、寒強からず幸なりき

二月十日　　水　曇

九時自分きみ子精子御骨拾ひのため出て火葬場に到る来り集るもの保子、厳、むつ子、橋本とし子、三重子、

魁郎氏、岩尾、加賀美とす、帰途仮りに吉祥寺に納めて帰る、時に十一時　午後は十二日初七日法事に付相談す、魁郎氏、加賀美等尽力す、寺の方及武蔵屋料理のこと加賀美に依頼す　諸方え招待状を出す、三二学校え行く

二月十一日　木　雨　祭日

昨日火葬場より帰りて午後喜美子、保子と位牌前にて対談中きみ頻りに落涙す自分も加はりて北蘭に尽したること話し、安心のため涙流にたるならんと慰めたり　朝加賀美来る、午後保きみ共に寺に詣る　晩橋本とし子見舞と明日の服装相談に来る、小林叔母来り泊る一時まで権兄の性行に付談す、きみは二時半まで話したりと　良一は出勤す

二月十二日　金　曇晴

朝雨降り居たるも漸々霽れる、初七日法事を執り行ふ朝入浴、午後一時吉祥寺に到る、二時半読経を始め三時終り直に膳に付く、此日総人数五十人但し坐に付きたるもの三十四人、正五時全く散す、遺骨を家に移す　九時頃寝に付く

二月十三日　土　晴

書類を調べなどす、中浜東一郎氏香奠を持ちて来弔す忌引を免すの辞令を受取る、喜美子は茶の間其他の片付けに従事す

二月十四日　日　晴

午前一寸千駄木え行きたり林氏留守、母堂にきみ子永年尽したるを感謝すること告ぐ、同道して家に帰る　きみ子北蘭室を片付く

二月十五日　月　曇晴

出勤す、青木氏紀要論文のことに付来室氏は愈々仙台に就職と確定せりと　小使二人去九日葬式場に来り働き二名は教室に留守したるに付四人え手当弐円遣る、事務室え一寸挨拶に行く、来十七日卒業宴会を断り会費弐円五十銭出す、六時家帰る　きみやすは遺物分配に付相談したりと

二月十六日　火　晴

浜田玄達氏死去のよし且本日剖検のよし木下正中氏より知らせあり　不幸費用今日迄のところ約参百弐拾円（内葬儀社五〇、寺五〇、初七日一三〇其他）　五時家に帰る　歯痛を悩む

二月十七日　水　晴

紀要校正堆積し困る、午後四時出て駿河台に浜田氏死去

を弔ふ五時半家に帰る、大阪柳琢蔵死去に付悔状を出す、歯痛

二月十八日　木　晴

夕刻片山氏来室大沢謙氏銅像辞退の件に付相談あり、六時半家に帰り茶の間にて雑談

二月十九日　金　みぞれ

悪天、寒し、午後一時出て青山斎場に到る浜田氏葬式なり三時終りて家に帰る、二七日に付小林叔母梛野二人三重子を招きて晩食す九時皆散す、後茶の間にて談話

二月二十日　土　晴

位牌を元北蘭室床の間に移す、十時半教室に到る　紀要校正に時を消す六時過家に帰る、今夜より再ひ八畳に寝る

二月二十一日　日　晴

終日在宅、晩魁郎氏保子等来る、五七日配り物に付調べ始む

二月二十二日　月　晴

午後教授会、大沢氏銅像の件は尚ほ一応委員より同氏承諾を請ふこととす、野口英世叙勲申請は延期とす　仙台眼科児玉龍蔵学位の件否、井上達一可、五時前出て久々にて加賀町え行きたり大人あり、児誕生頃より体重増さずとこれ母乳を止めたるためならん　七時帰宅

二月二十三日　火　晴曇雨

新潟南半造なる人より先日不幸混雑中故病翁伯父遺墨一軸贈り来りたる返書を出す

二月二十四日　水　晴

昨夜豪雨、今朝霽れる、春暖、午前緒方、永井潜氏と大沢氏銅像のことに付相談　昼食後緒方氏と共大沢謙氏生理教室に於て会談　人々に迷惑を懸けざる範囲に於て油絵なり銅像なり吾等に任かす云々の答を得たり、片山氏え其ことを通す　帰宅すれは増田二郎氏香奠を持ちて悔に来り居る　文子佐倉え帰る　保子入浴旁詣り来る

二月二十五日　木　晴風

晩加賀美来りたり、自分は千駄木え行きて赴書留状を開封す　香奠拾円、普通悔状なり其処分方を相談し、精子を連れて帰る

二月二十六日　金　曇雪

小児科え行き紀念品年月日彫刻のことに付相談す時に盛に雪降る、加賀美来る京城諸氏え紹介名刺五枚遣る　五時半家に帰る、三七日に付文郎氏保子むつ子三重子来り

晩食す、文郎保子と四月帰郷の仕方に付相談す、其他林町に関し種々談あり十一時去る、天気悪し

二月二十七日　土　雨

事なし、気分少悪し、晩早く床に入る

二月二十八日　日　曇晴

十一時教室に到る、不穏の天気なり、六時家に帰る、精加賀町え行く、良一も晩行きたり

三月一日　月　晴　紀念日

休業なるも式なし、九時教室に到る在チユリヒ布施氏より青山連名宛の手紙来る、一月二十日付のもの独の日に対す悪感のこの数個の実例を示す　ナイセル教授のフランクフオルト新聞に載せた文切り抜きあり　四時出て加賀町え行きたり、田鶴歯医え行きて帰りたるところ　帰途上に三郎氏に逢ふ、留別会のこと話あり

三月二日　火　晴

手洗場のハアンを開けて実習室え行きたるため水溢れたり　精子帰る　初御立日法事案内を近親え出す

三月三日　水　晴

春暖となる

三月四日　木　晴

伊丹氏来室、近き将来に養育院を罷めて済生会病院に転するよし、二月中旬より屍減したるは入院一ヶ月内に死亡したる病屍は送らさること、訪問者ありたるものも送らざることに極めたるためなり云々　六時を聞きて教室を出て帰る

三月五日　金　雨

事なし　増田二郎氏一寸教室え来る、論文報告に付てなり　長谷部言人氏南洋え向け出発す　文子出京

三月六日　土　晴

祥雲院様初立日に付午後一時教室を出て家に帰る　田鶴児を連れて午前より来り居る、午後二時頃より来客追々来る橋本家六人、小林家三人、椰野三人、森家三人、柿内大人、金森以久子、横田四郎氏。三時半僧来り、読経を始む、四時半終る。焼香済みて田鶴帰る。是より坐に付きて斎を始む。料理は弁当式なるもなかなか混雑す、九時頃には皆去る、茶の間にて彼是談し十一時寝に付く、内藤久寛夫人日永見舞に来る

三月七日　日　曇雨

十一時教室に到る、増田二郎氏来室、学位のこと心配の

様子なり　六時過家に帰る、留守中小笠原金三郎氏夫人来訪のよし

三月八日　　月　晴曇

今朝より本郷巣鴨電車開通す、乗替を要せず便利になりたり　三郎氏一寸来室明後日先生方招待に付相談あり

午後教授会、此頃会計験査（ママ）中にて其ことに付種難問題生し其ことに付名児耶課長出席説明を聞き取る、名古屋医専出身且教授（皮膚）楠某学位通過、四時半散会、帰りて髪を切り入浴

三月九日　　火　晴

四時過出て加賀町え行く児至て面白し、三郎氏帰り来りて辞し去る、家にては五七日贈品謝状等に付忙はし　増井岩三郎氏満州より帰途なりとて来りたりと

三月十日　　水　晴

昨日来徴兵験査（ママ）のことに付心配起り寄留をなすかなど話し合ふ。検査院員来り教室内の帳簿物品を調ぶ、自分は四時家に帰り支渡し築地精養軒に到る　三郎氏催留別の小宴なり来りしもの青山、森、隈川、田中（義成）、柿内（日本銀行員）、良精、三郎とす、九時家に帰る、終日配り物にて混雑せしよし　きみ区役所え行きて菅野書記に逢ひて寄留のことを相談す　手続きのことは承諾のよし

三月十一日　　木　晴

地方贈品は昨日小包にて出し、今日は早朝より市内配り物にて繁雑、検査院今日もうるさきことあり　昨日高橋明氏西洋より帰朝来室、在巴里山内保よりシンパンゼ骨格壱組預り来りて届けくれたり　四時半頃きみ子来室、転籍書類を持参す、之れに捺印し区役所菅野誠明氏え送る　赳え贈る謝状並に返礼（拾円券）を準備す明日書留にて出すべし

三月十二日　　金　晴

五七日に付昨日より贈品を配り今日残半分配る　小林広氏来室、氏案出の哲学的奇便（ママ）を説き一書を置きて去る、歯科え行きて上義歯修理を先月六日に頼みおきたるを受取る　六時家に帰る五七日に付保子むつ子三重子来り食事す　菅野氏北豊郡巣鴨町某地え転籍のことに取り計ひた旨書来る

三月十三日　　土　雪

早朝より大に雪降る、十時会議所に到る　杉（栄三郎）、武藤両検査官より検査成績に付て種不都合の点を説明あり　紀要校正堆積したるもの漸く一通り終る　六時過家

に帰る　雪四五寸積る、寒し、精子加賀町え行く、文子佐倉え帰る

三月十四日　日　晴

在宅、石原喜久太郎氏見舞に来る、時機を失し教室え行かず、午後加賀町に行く、二人留守、精子児と留守居なす、三時間半遊びたり二人帰り来る　自分も帰り去る、晩石垣貫三氏遺物を贈りたる礼に来る

三月十五日　月　晴

原正氏新潟より帰京来室、同医専との関係は一先づ断ちたりと、同校教授連の不平談あり　鈴木孝氏来室、榊順次郎氏売薬を始むる云々　中止すべきことを忠告しては如何云々の談あり　五時半教室を出て徒歩仏師を探しつつ帰る、両親の位牌を造らんためなり　精子柿内より帰る　権兄え遺物として絹夜着、掛物、盆、おけいさんえ羽織をつづらに入れて送りたり

三月十六日　火　晴

加賀美の依頼により在京城森安連吉氏え礼状を出す　今日より庭師来りて南部焼に土を盛り檜の植替を始む　隣の二階建新築のため、防害を受けたるによる　精子富士見軒にて柿内の馳走になり又九段坂佐藤にて写真を撮りたり

三月十七日　水　晴曇

事なし、晩入浴後精を連れて蓬莱町まで位牌の注文に行く

三月十八日　木　晴

四時過教室を出て加賀町え行く

三月十九日　金　晴

此学期講義を閉つ、神経論は脊髄を二時間講したるのみ、総論解剖の方少し遅れたるを以て此方に流用し今日終りたるなり　六七日に付五時半帰宅、椰野両人三重子の外小林叔母来り　食事す

三月二十日　土　晴

庭の模様替を彼是見て指図す、保子来り、帰郷のことに付話合ふ十一時教室に到る　午後一時より山上御殿にて隈川氏在職二十五年祝賀会委員として岡田和、永井潜、河本講師、長与、鈴木忠諸氏と集り発表の相談、午後四時医学会例会出席終て山上御殿にて委員会、役員改選、其他総会に関する件、九時家に帰る

三月二十一日　日　晴

三昨日試験済む、静春の天気に付早く昼食し精、三を連

れて出かける、巣鴨より山手線にて玉川え行く、河岸を歩き、梅林にて休む案外見事なり、六時半家に帰る　入浴、きみは今日加賀町え招かれ、これ亦尋で帰り来る

三月二十二日　月　晴

九時過教室に到る　長崎国友氏米国留学のよしに付告別状を出す、六時家に帰る、精は千駄木え行きたり　晩食後三を連れて位牌の出来したるを取りに行く、良一始めての当直、家中甚静かなり

三月二十三日　火　雨

十時半過教室に到る、熱海静養中の島峰氏手紙を遣るヂイク氏書面等封入、六時過帰宅

三月二十四日　水　晴

十一時教室に到る、四月二、三両日名古屋に於て解剖学会開会に付大沢氏の他二村、小池二氏出張のこととす小峰氏より山崎朝雲氏えの謝儀七百円受取る、家より電話にて田鶴坊を連れて来りたるよしに付二時過家に帰る六時過三郎氏来る氏此附近告別に行きたる間に入浴す、皆共に晩食す、留守中田鶴のこと、其他生命保険のことなど話しあり　田鶴八時過児を連れて帰る　三郎氏尚ほ談話十一時去る、折悪しく七時前より九時過まで二時間半計電灯消えて困る併し瓦斯ありたれば台所と客間は差支なかりき　庭師隣境模様替へ一通り片付けたり

三月二十五日　木　曇

議員総選挙にて市中雑沓するならん、朝八時半出て山崎朝雲氏を訪ひ峻功せる記念品を見、謝金七百を渡す、是より忌明礼として先つ小林魁郎、福島甲子三、武石弘三郎、丹波敬三の諸家え廻り巣鴨より電車にて十一時教室に到る　午後隈川氏を教室に訪　三郎氏本収益三分の一として大人に報告のことを頼みたるに氏快諾、四時出て加賀町行く児異状なし、三郎氏今朝日光え向け出発せりと　文子出京、晩雪降り始む

三月二十六日　金　雨曇

十時過教室に到る、杉田直樹、栗山重信二氏米国留学に付告別に来る（三郎氏と同行）、二時半出て家に帰る、僧は既に来居る、小林叔母、魁郎氏、田中母堂、三重子、佐藤相然殿等もあり保子等未だ来ず、読経を始む　拾畳間にて食事す八時過散す、先つ七七日も過ぎたり位牌など仏壇に納む

三月二十七日　土　晴

教室え行かず、午前後共忌明礼廻り　先つ曙町附近より

始め小石川林町辺田中浪江石川家等十三軒廻る梛野え寄り保子に長岡行旅費として拾円渡す、帰りて昼食し再ひ出て先渋谷柿内より青山辺を廻る平野家にて止る六時なり　大に疲れたり

三月二十八日　日　晴

午前牛込市ヶ谷方面十二軒廻る、小松家に上る老母殿先般来病気ところ追々快方のよし種々不幸に付話す、甲野家にて上り夫婦共面会親しく永年厄介になりたるを謝す、一時半頃加賀町に到り弁当を食し、午後は番町を済ませ、上野公園に到り土田に寄り、根津石原久宅を探すに困りたり　千駄木え寄る小児等麻疹に付様子を尋ぬ先つ格別心配なきよし即ち九軒廻りたり、保子今夜長岡え向ふ　きみ子も礼廻りに出たり

三月二十九日　月　晴曇

疲労に付午前は人車にて小石川方面を廻る六軒、午後は電車にて芝荒木家より麻布、金杉新浜町、蠣殻町薬研堀、下谷練塀町等十軒廻る　精加賀町え行く

三月三十日　火　晴

出勤、積りたる雑務あり、認印を忘れて家まで帰る　きみも礼に出かけたり、午後四時出て新花町、駿河台、元町を廻る十二軒、六時家に帰る　今日まで七十二軒廻りたり　残るところ十数軒となれり

三月三十一日　水　晴

九時半過教室に到る、早く弁当を使ひ十二時半出て伝研に到る　講習修了式に列る、後少しく所内を見る、四時頃出て大崎新井春氏方え程遠からさるに付礼に行き、山の手線にて池袋に下り山川健次郎氏方え礼に行くなかなか遥遠、稍々疲労もして以て是より家に帰る時に六時精柿内より帰る

四月一日　木　晴

午前西片町辺を七軒廻りて教室に到る時に十一時、三郎氏の為めにアインホルン及野口英世氏え紹介状を認む四時教室を出て大塚に丹羽藤吉郎氏次に大沢謙二氏に廻りて五時家に帰る　これにて礼廻り略ほ済みたり八十三軒計なり　晩きみ柿内え行きたり

四月二日　金　曇

九時教室に到る、昨今諸学会開会、解剖学会は名古屋にて開く　大沢二村小池敬事三氏出席　三時出て加賀町え行く、三郎氏え昨日の紹介状を渡す、大人は荷物詰め合

せに忙はし、母堂は丁度渋谷え帰らるる際なり　其他人々ありて田鶴も忙しき模様なり六時家に帰る　文子孝子を連れて出京、銀座を見物させるとて出行きたるに雨降り出したり、電車中にて林町に遇ひたりと

四月三日　　　土　雨

精は早く加賀町え行きたり、自分はきみ子と共に十時頃行く　庭にて撮影などし持ち行きたるパンを食し十一時発す　高柳某氏と同道、雨降り出し困る、充分なる時間あり、始めて東京駅を見たり　十二時二十分発車、皆と同乗す、横浜ウォーフ〔＊波止場〕繋留地洋丸に到る　甲版（ママ）にて撮影す、三時解纜す、是より厳、三二と先広瀬渉氏を訪ひ、同家にて尋ねて支那町万珍楼に到り支那料理を食す、六時発車、八時前家に帰る、悪天にて困りたるも三郎氏機嫌好く出発したるを悦ぶ、栗山重信、杉田直樹氏同船す

四月四日　　　日　晴

十一時過教室に到る、昼食後山上の古文書展覧会を見三時帰宅、是より支渡にかかる、晩九時四十分上野発車二等四円二十九銭、見送りの人々は橋本全家、小林魁郎文郎、椰野兄妹、幾石母堂、岩尾妻女、石垣貫三の諸氏なり、車室の一角に坐して目閉つ

四月五日　　　月　雨晴

眠るを得ず、長野にて天薄明くなる、田口岡山辺雪尚ほ白班をなす　塚山辺最多し、高田辺より雨降り始む暫して止む十時前長岡着、晴天となり都合よし、出迎ひ呉れたる人々は保子松子、増井氏次女、市太郎、うめ等なり、直に保子と安善寺に到り遺骨を安置し且つ墓所を見る、昨夏の洪水にて泥を置き去り雪解けの水ありて田甫の如く修理甚困難、是より一先山本旅館に入る、小林雄二郎来る、尋で出て透氏宅を訪ふ、透氏は大阪え旅行中、持ち来りたる羊羹を贈る、浴場の設備を見などし昼過ぎて宿に帰り食事す、再保子来り　明日の準備確と調ひたりと四時頃共に出て高橋小路旧宅を過ぎ其元の家なる様を見て観光院町を通り今朝白に到る　四つ角より一寸栖吉川土手え登りて見る旧態なし、橋本小三郎氏を訪ふ　数十年来の再会感深し、諏訪堂より昌福寺に到り直氏の墓に詣で殿町を通りて宿に向ふ保子に別れ独り尚ほ表町の様子を見て宿に帰る、入浴、食事、増井氏長女を伴ひて来る、九時眠に就く

四月六日　　　火　晴

昨夜稍眠る六時起く、天気晴朗にして温和、法事に付きて誠に仕合せなり朝食を終れば吉田円治郎、土田お好来る両処は早朝出発三条停車場にて落ち合ひたりと、支渡し三人共に安善寺に到る時に十時前なり保子始め数人既に来り居る　十時半読経を始む十二時終る、是より墓所に到り納骨を済ませて後膳に付く　墓所の土乾きて昨日よりは体裁大に宜し　膳部は総て二十七人前なるも席に就きたるものは安善寺僧三人近藤衛、同おせん、同義四郎、鳥居おせい、小林雄二郎、増井岩三郎、黒田徳蔵妻女浜野、小笠原又次郎、島角七、桜井千鳥、小林鶴蔵、吉田円治郎、土田お好、椰野お松、鈴木市太郎、猪口うめ、酒井倉蔵婆、保子自分二十二人とす、終りたる頃遺物を分配す　小笠原氏長女長男来りて面会す、三時全く散す、是より旅宿に帰る、諸払をなす、保子は手荷物を調ふ、増井氏共に夕食す、六時二十七分長岡発車、見送り呉れたる人々は近藤義四郎、鳥居おせい、小林雄二郎、お松、千鳥、増井岩、保子、市太郎、うめ、倉蔵婆等なり、車中込み合ひて長野にて満員となる、不眠

四月七日　　水　曇雨

正七時上野着、俥二台を命し家に帰る、茶の間を元母上室に移しあり、良一は当直、精三はまだ床にありたり、長岡に於ける模様を話し不幸事件先終局を告げ安堵す、長岡行費百〇三円（保子え遣りたる拾円を含む）長岡法事の際香奠拾四円参拾銭集まる　午刻眠を催し床に入る、晩団欒九時寝室に入る

四月八日　　木　晴

朝鈴木忠行氏来り三郎氏返納金のことを告ぐ、十時出て其事を伝ふ、三郎氏出発以来老夫婦同居の筈なるも留守、十二時過帰りて精を連れて出かける（三は学校始まる）日暮里より徒歩、町屋火葬場を過ぎ、早咲きのれんげを摘みなどし渡しを渡りて堤に登る、桜花一分開く　松鰻にて食し八時家に帰る、此日石垣老母堂、吉永妻及女等来宅

四月九日　　金　晴　桜稍開

九時教室に到る、隈川氏来りて提要収益三郎氏留守中取計のことに付注意あり、熊本吉永氏久し振りにて出京教室にて談話、十二時半家に帰る田鶴坊を連れて来り居る千駄木母堂、おえい、厳来る、田鶴六時半去る　此晩より書斎に瓦斯を廃し電灯を点す

四月十日　　土　晴

九時教室に到る、構内桜稍開く、向島にて競漕会なり
隈川氏を教室に訪ひ収益金二分の一を公表することは只金額のみにて明細を記さざることとして差支なきことを告ぐ　怠りたる日記を書き、紀要校正をなす、四時出て家に帰る　きみは牛込辺え礼に行く、精は千駄木え行く、三二のみ家にあり、晩食後三二を連れて神保町まで買物に行く　電車中二村氏に逢ひて医科の勝利を聞く

四月十一日　日　雨　桜満開

終日在宅、朝木村順吉氏来訪、来六月渡米すと、吉永氏来り明日出発帰熊すと、横田四郎氏来る又午後は吉永氏妻娘暇乞に玄関まで来る、きみは早朝より千駄木母堂不例に付出行く

四月十二日　月　曇雨

九時教室に到る、三郎留学中俸給弐百五拾円給与の辞令を受取る、桜井恒次郎氏来室明日福岡え帰ると島峰氏熱海より帰京来室　山越良三も一寸来る、六時半帰宅　精千駄木え行きたり

四月十三日　火　晴

照憲后太皇御霊代奉遷に付休業、九時教室に到る　四時教室を出て加賀町え行老夫婦在宿

四月十四日　水　雨曇晴

九時半教室に到る、向島より凱旋者歓迎とて楽隊を率ゐて講内を錬り歩く時に午後二時なり、六時過家に帰る

四月十五日　木　晴

精を連れて十時頃出て赤羽より舟橋を渡り田甫中にて弁当を食し鉄橋下にて茶を飲み浮間に到る　渡し渡り所に茅野を見る再ひ浮間に戻り休む、桜草まだ早し併し花は充分採りたり七時過家に帰る

四月十六日　金　曇晴

午前赤坂台町に根岸錬次郎氏を訪ひたるも皆不在　忌明礼名刺を置きて去る、次に安田恭吾氏の許え寄り十二時半帰る、午後は庭に出て笹を刈る、きみは三軒屋の金森家え礼に行きたり

四月十七日　土　晴

九時教室に到る　向島に医科祝勝レエスに尋で吾妻橋札幌ビイルにて園遊会の催しあるも不参　永井潜、田代義徳氏等の来室あり　六時過家に帰る　保子今朝長岡より帰京したりと

四月十八日　日　雨

東京医学会総会生理講堂に開かる　九時過之に出席、午

後六時過終て山上御殿にて会食、九時家に帰る　精子加賀町え行く

四月十九日　月　雨

七時出勤、記載解剖講義の日なるも顕微鏡実習を始む

午前図書館え行きて森氏依頼の古武鑑を借り雑誌Die Naturwissenschaftenを少し見る

四月二十日　火　曇晴

午前午後合て四時間半顕微鏡実習に付講義したり　四時出て加賀町え行く、三郎氏留守中俸給受取り方鈴木忠行氏に頼むため委任状に捺印せしむ、晩保子厳来る、精柿内より帰る

四月二十一日　水　曇雨

系統解剖講義前学期の続き脊髄を始む　三郎氏私に雇置きたる小使佐柄木のことに付隈川氏と会談せり

四月二十二日　木　雨曇

今日より実習室に於て顕微鏡の仕事に取りかかる

四月二十三日　金　曇

昨日帰途橋本え寄り、納骨済ませたることを知らせ旁礼を述ぶ皆在宅　島峰氏来室、此度愈江戸川に仮りに居を定めたりと　四時教室を出て加賀町え行き始めて本月の三郎氏俸給を届ける又メリンスフウド一瓶持ち行く　きみ精は向島に亀井家園遊会に赴く　木村順吉氏えアイノ骨盤論を贈る　観桜会なるも不参

四月二十四日　土　半晴

事なし　文子出京のよしなるも他出し帰らず

四月二十五日　日　晴

午前江戸川に島峰氏が始めて借家し一家を構へたるを訪ふ　午後は庭に出て松の新芽をつむ

四月二十六日　月　晴曇

午後教授会、山川総長出席、過日検査院検査の成績不都合の点に付警語あり、増田二郎学位論文自分報告す全可を以て通過す

四月二十七日　火　雨

事なし

四月二十八日　水　雨

事なし

四月二十九日　木　晴

靖国神社臨時大祭に付休業、九時半教室に到る　午後医学会事務所に到り雑誌を見る、四時過出て家に帰る　夕刻増田二郎氏挨拶に来る

四月三十日　　金　晴
午前医学会に行きて続きて雑誌を見る　午後隈川氏来室本月分同氏等本の代持ち来る、四時出て先石黒忠悳氏長らく病気のよしに付見舞ひたり　最早全快、面会したり、是より加賀町え行く大人に本代を渡す

五月一日　　土　晴
島峰氏え初世帯祝として六兵衛茶器及膳拾枚贈る　精は椰野え招ねかれて行く、三は向島に競漕会に行く

五月二日　　日　雨曇
十時教室に到る　在チユリヒ布施氏に依頼せし Martins Anthropologie〔＊文献〕到達す悦ばし

五月三日　　月　晴
午前一寸三井銀行まで行きたり　定期預金引続のためなり　但し日限に到らざるに付徒労、精加賀町え行きたり
在米三郎氏え皆々手紙を書く

五月四日　　火　晴
支那関係愈六ヶ敷なれり昨日重大閣議ありて極端の手段まで決せりと今日は元老及内閣聯合会議ある筈なり
喜美青山に牧野豊辺両家え礼に行きたり　これにて終局

五月五日　　水　晴
昨夜深更まで重大会議ありたり、皮膚科及小児科え行きて雑誌見る　佐藤恒祐なる人来室　尿道組織に付相談あり　四時出て加賀町え行きたり

五月六日　　木　晴
法医病理え雑誌を見に行く又法医にて三田氏に会ひ我教室中庭に獣骨ありたるは法医花園より犬が持ち来りたるものなり云々の談をなす　精柿内より帰り来る

五月七日　　金　晴
昨日御前会議にて愈々決定、午後最後通牒発せられたりと而時限は九日午後六時（支那時）なりと
午後長与氏同道養育に到り小林正金氏に面会、去三月以来屍数頓に減少し甚困る旨を述ぶ且其緊縮せる理由を聞く、又屍運搬費補助（弐拾五銭つつ）は死亡全数のものに対し請求するは不当にして大学送りのものと解するを適当なることを述ぶ、次に医局え寄り四時半家に帰る庭に出て少しく掃除をなす

五月八日　　土　半晴
出がけに郵便局に寄り加藤弘之氏八十歳祝賀のため金五円出す　晩精を連れて一寸槇町え散歩す

新聞号外を以て支那は最後通牒に対し承諾の旨を報す
先戦争起らずしておさまりたるは結構至極
五月九日　日　曇
号外にて支那承諾愈確定なり、午前島峰氏来り共に午食す、午後は少し庭に出たるも寒し
五月十日　月　曇
午後教授会、木内幹学位通過
五月十一日　火　雨
昨夜一時半頃電報と言ひて門を叩く「きうち」とあり大に驚く　開き見れば函館木内氏より学位通過の謝電なり
五月十二日　水　晴（雷雨）
紀要原稿独乙訂正のため昨日ユンケル氏え送りたる四種の内二種氏自身持来れり其迅速なり　三時出て加賀町え行きたり途中雷雨
五月十三日　木　晴
午前田鶴より電話にて坊昨夜発熱のよし、昼弁当を使ひながら家に帰り精を柿内えやることとす　四時過出て加賀町え行く坊機嫌甚悪し、咽頭カタルとのことなり　手腫以来始めてのことにて誠に珍しきことなり
五月十四日　金　晴
三二玉川まで長距離競走とて早朝出行く　理学文書目録スリップ七拾六枚出来　長谷川舘一氏え送る　長岡今朝白橋本小三郎氏え此頃小包にて菓子を送りたる書面を出す　きみ柿内え行きたり坊昨日より宜しき方なりと
五月十五日　土　晴
耳鼻専門ドクトル高橋研三と云ふ人来室　研究のため標本室に入ること許されたし云々これを諾す　長谷川成夫、桑山菅三二氏雇となる各月俸二十五円　五時前出て加賀町え行く坊昨日より今日は更によろし三二も来り居り暫して去る　精は明日帰るべし
五月十六日　日　晴
午後少し庭に出る、祥雲院百ヶ日に当る、法事は既に長岡にて済ませたれば今日は椰一家、三重子及文子出京、共に夕食す
五月十七日　月　雨晴
昨夜来雨降る、紀要の原稿のために消時　百ヶ日済みたるに付不幸総入費を決算したるに八〇〇円余となる但し四三〇香奠、三〇其後の法事香奠、六〇母自身のもの差引二八〇余円を以て実支出とす
五月十八日　火　晴

ユンケル氏来室、薫饅一本持参せらる

五月十九日　水　曇

三時教室を出て三井銀行に到り　定期の書替えをなす金額一七八四、五二、番号甲 3021　是より加賀町え行く坊先々全快

五月二十日　木　昨夜雨、晴

解散後の特別議会開院式挙行せらる

午後四時過島峰氏来室、就職記念なりとて卓上時計一個贈らる、七時家に帰る　長谷部氏南洋より帰京す　晩横田四郎氏来る此度瓦斯集金方罹められたり云々

五月二十一日　金　曇

小峰孝容氏来室、弘田氏祝賀の件、換金催促状を出すことに付相談あり、橋本勝多氏え同祝賀紀念品に関する執筆料とし会より参円贈る　午後三時青山斎場に到る鈴木文太郎氏女婿加藤鉄太郎氏葬式なり　南洋探検中長谷部氏と同船、船中にて死去されたり　甚気の毒に感す、帰途榊家に寄り忠三氏仮り仏葬を行ふ旨通知ありたるに付悔に寄る皆不在のよし、前刻に香、菊二品を贈り置きたり五時帰宅　長岡橋本小三郎氏死去に付悔状に香奠参円贈る

五月二十二日　土　曇

長谷部氏来室　南洋旅行談あり、午後三時前実習室を辞して帰宅更衣、植物園に到る菊池大麓氏還暦祝賀会なり、六時過家に帰る　雨降り始めたり

五月二十三日　日　雨

終日悪天、外出せす

五月二十四日　月　晴

午後教授会、懸賞論文論題選定の件、来年度予算の件、四時過終る、帰宅、田鶴来り居るかと思ひたるも然らず庭に出て草を採る、晩保子来り入浴す

五月二十五日　火　晴

実習を終へ是より加賀町え俸給を持行きたり

五月二十六日　水　晴

昨朝新聞にて伊国愈々墺国に対し宣戦したり是れ大戦終局に其時期を速むる影響を及ぼすか

五月二十七日　木　晴

喜美小林文郎氏より加賀町え行きたり

小笠原又次郎氏三女死去のよしに付悔状並に香奠壱円出す

五月二十八日　金　晴

教室増築煉瓦造二階建五拾坪弐万五千円経常費教室費壱千五百円増加以上大正五年度予算を以て其理由を附し請求書を出す　午刻家に帰る田鶴坊を連れて来り居る、小さき下駄を遣りたらば非常に悦びたりと、庭に出て少しく草を取る　坊を抱きて下まで電車を見に行きたりなどす、文郎氏妻女来り長談、林町え行きて負債のことを話したりと　田鶴は七時過帰り去る、晩精を連れて蓬莱町に繰り位牌の板を注文に行く

五月二十九日　土　晴

外務省より故榊忠三氏遺留品到着の趣書面来る　ディーク氏より自分気付けにて発送し米国政府を経たるものなり電話にて榊順氏え通知す、午刻宝子来室本品を渡す

学生に顕微鏡実習標本を幻灯を以説明す

五月三十日　日　晴

大掃除にて漸く庭をはく、外出せず、晩京都より潤氏出京尋ね来る

五月三十一日　月　晴

隈川氏本の収入四拾三円二拾一銭持参せらる、其半額を届け旁四時出て加賀町え行きたり　晩保子来る

六月一日　火　雨

三郎氏紐育着ニウヘエブンに落付く旨報知ありたり　精子千駄木え行きて泊る

六月二日　水　雨曇

精子は柿内老夫婦旅行に付留守居として行く、きみ子は染井え墓参せりと　千駄木母堂及潤氏来る

六月三日　木　晴

島峰氏来室、晩厳、次に潤氏来る

六月四日　金　晴

午前虎の門内図書寮珍書展覧会を見る　午後四時出て加賀町え行きたり　小林三三氏九年振りにて支那より帰り留守中尋ね来りたりと

六月五日　土　晴曇

在チユリヒ布施氏より青山氏えと連名にて長文の手紙来る、四月二十四日附なり　昨日北越新報記者加賀幸三氏来室県下小学校教員奨励のため賞牌を附与するに付育英在職三十年手記を山川総長に頼むことに付相談あり

六月六日　日　晴

加賀美と小金井村行のこと遷延したるが今日決行のこと打合せおき　午刻新宿にて会し境にて下り先字梶野長昌

寺に到り地景を見る次に上水堤に出て字関野真蔵院に到る　両の内何れを選むか考ることとし是れより小金井橋に到り引き返へす、此日蒸熱堪へ難し、四時頃境を発す、山伏町にて電車を下り柿内え寄る、大に喝す、茶を飲む、三二も来り居る　鶴、精、三、坊と遊び七時帰宅

六月七日　　月　雨

井上通氏増俸せんことを申出、長談困る、午後教授会、山川総長臨席、各教室より経常臨時の要求続出、到底ものになり様なし、結局来年度に於ては両ながらゼロ　木下正中氏患者亀倉女を官費にせんことを頼む、山川総長に北越新報依頼のことを頼みたれども絶対に謝絶せらる其趣を電話にて武石弘三郎氏知らせたり　きみ子柿内え行きたり、皆留守中橋本豊太郎氏来訪、大人死去に付帰省せる帰途なり

六月八日　　火　曇

晩横田四郎氏来り無職よりはよからんとて貯金勧誘を試む云々　服装其他に困ると談あり　羽織袴を贈与す、千駄木母堂潤氏来る、きみ子柿内え行きて留守居し、坊等写真を撮りに行きたりと

六月九日　　水　雨

梅雨の候となりたり　事なし

六月十日　　木　曇

四時出て加賀町え行きたり　坊入浴するとて体重を計りたり

六月十一日　　金　雨

七時より四十五分間組織筆答試験をする問題クノッヒエン・ゲベーベ〔＊骨組織〕但しオステオゲネーゼ、クノッヒエンマルク、ペリオスト〔＊骨発生、骨髄、骨膜〕除く、出席人員一四一名、外に故障者（問題違ひ、時刻違ひ）四名ありたり

六月十二日　　土　雨

六時家に帰る、潤、於菟二人を招きて晩食す、後に母堂も来る、角力談などなり十時去る

六月十三日　　日　少雨

時に雨止みたるも鬱陶敷天気なり、終日在宅、精柿内より帰る、晩蓬莱町まで行き繰り位牌の板を受取る

六月十四日　　月　曇

四時家に帰り庭に出る

六月十五日　　火　晴

熱くなる（八〇度）、此頃は学年末にて忙はし

六月十六日　　水　晴

酷しき熱となる、四時教室を出て加賀町え行く　老夫婦旅行より此頃帰られたるも二人共留守、坊後より支えられて家中を歩き廻る

六月十七日　　木　晴

白服を着る、四時半頃に教室え尋ね来りたるものあり不審のところ豈計らんやこれ賊なりき、池にて捕へたりと

六月十八日　　金　晴

仙台藤野厳九郎氏来室此度職を離るることに内定のよし

六月十九日　　土　晴

顕微鏡実習を閉じて五時家に帰りて一寸庭に出たり、晩保子龍子を連れて来る、龍子明日寺泊え帰すと　きみ槇町え行きて餞別を買ひ来りて遣りたり

六月二十日　　日　晴

二三日来ぽつぽつ答案調べを始め今日もこれに従事す午後四時出て柿内え行く、老夫婦在宅、坊は這へ始めたり手足端を以てす其様可笑し、亦髪を短くつみたれば顔容変りたり、亦湯を茶碗より飲むことを覚えたり　三二学校に懇話会ありてきみ子行きたり、成績面白からず

六月二十一日　　月　晴

脳講義終りとす例年に比し遅れたり　ファーゼルフェルラウフ、ブルートゲフェーセ〔＊線維の伸展、血管〕は略したり　明日幻灯にて説明し閉づべし　午後教授会、優等生選定の件、養育院医長伊丹氏済生会え転任のため辞職に付、或方より医務を大学より分離せんとの議起りたるよし青山氏より聞く　答案調のため辞して四時半帰宅

六月二十二日　　火　晴

午前脳標本幻灯を以て説明し此学期を閉つ　長谷部氏より南洋にて採集したる骨標本を返還せねばならぬ様の事情談あり　鳥居れん子来室平野氏三女病気入院の懇談あり小児科え行きて頼む亦序に磐瀬氏に田鶴分娩のことに付依頼す　伊丹氏来室、養育院医務に付長談あり　今日は田鶴坊を連れて来り居るに付早く帰らんと思ひたるも種々のことありて漸く七時過ぎで帰れば坊は丁度去るところにて門前にて逢ふ

六月二十三日　　水　晴風

在宿、答案調、夕刻鈴木忠氏俸給持参しくれたり、晩これを届け旁柿内え行きたり

六月二十四日　　木　雨

悪天、終日在宿

六月二十五日　金　雨曇

良一は験査（ママ）のため四時半出かけたり　板橋郡役所なり
自分は三時に醒めこれより眠らざりき　八時より顕微鏡
試験を始む、二十二名出席、五時半家に帰る、良一検査
の結果困状更りなし

六月二十六日　土　晴

在宿答案調、一応終る、晩食後加賀町え行く老夫婦今日
伊香保え旅行、精午前より行き居る、坊昨日より独り立
ちあがること覚えたり

六月二十七日　日　晴

終日顕微鏡試験、出席二十二名、四時過終る

六月二十八日　月　晴

試験出席者二十七名、五時終る　良一愈一年半を任すべ
いく（ママ）、きみ区役所え行きたり又千駄木より返事あり正規
上志願を許さす云々

六月二十九日　火　雨

試験出席者二十三名、四時半帰る　晩横田四郎氏来る尋
で保子来る増井氏女橋本病院え見習看護婦として頼むの
件なり

六月三十日　水　晴

出席者二十四名、四時半終る、隈川氏医化本代四五円
九〇持ち来る　更に七時出て大学に到り田中舘氏の飛航
器（ママ）に関する講演を聞く

七月一日　木　晴

出席者二十三名、総計一四一名、例年に比し多し　四時
半終る　是より加賀町え本代を持ち行きたり　家に帰れ
ば三郎氏来信、過日出したる手紙の返事なり

七月二日　金　晴

午前評点を調べ午刻大学に到り事務室に出す丁度青山氏
来り養育院医長のことを尋ぬ　奥田新市長に頼みたりと
三時半出て又々加賀町え昨日の手紙を持ちて行く、田鶴
は渋谷え行きたりとて留守、精と坊を守りし五時鶴の帰
るを待ちて去る　文子出京

七月三日　土　雨

此頃中長谷部氏南洋諸島にて採集せる島人骨返還の件に
付防備隊司令官海軍少将松村龍雄氏より懇請のよし山崎
直方氏に伝言あり　此事に付今日長谷部氏松村氏を訪問
し委細尋ねたり即ち返還は不得止べし且其場所に顛末を

石標に彫して紀念すべし　隈川氏来り医学会雑誌編輯は大沢岳氏辞退せることに付談あり

七月四日　　日　曇

庭掃除をなす、角倉父子来る（林町の添書を持ちて）札幌農科卒業者にして更に医科入学志望の件なり　藤沢利喜太郎氏来る之れは駒場農学士にして医科え入学志望の件なり　精子柿内より帰る

七月五日　　月　曇

丹波氏を教室に訪ひて弘田祝賀に付副記念等相談これより小児科に到り小杉氏と八日委員会に付相談　次に平野氏二女入院を見舞ふ母、祖母共在り　午後石原喜久氏来室長談、学位申請すと云ふ　四時より医学会例会出席、七時過家に帰る　板橋郡役所の様子分明す、依然願否決し難し

七月六日　　火　雨

午前教授会、特待生選定、久保信之（麻酔岡山病理）学位の件否、前回に於て学位百瀬玄渓（海軍医）可、中野等、近藤庫否、其ことに付入沢氏論文審査に関し建議あり、又養育院医局大学の関係不利となるとの談あり　午後二時出て同院に到り安立幹事に面談、なかなか面倒なり、医局は院の配下となるべし但し人は大学より推選すと云ふ遂に要領を得ず四時半去て加賀町え行く、明日磐瀬氏往診のことを知らす老夫婦留守

七月七日　　水　雨曇

午後良三来室コルチ氏機管模型に付指示す、四時半山上御殿に到る故坪井氏記念拠金結末報告及遺族え贈呈式なり暫時にして終り家に帰る　良一最後の参考として山田（弘倫）課長に面談軍医の方望なし　さて数理上は次の如し甲113召96余り17、10補召、実余7これにて決心せねばならぬこととなる此ままに置くか

七月八日　　木　曇晴

室内図書其他の整理をなす　六時たから亭に到る弘田氏祝賀第二委員会なり　十時家に帰る

七月九日　　金　晴

卒業証書授与式、今上陛下始めての臨幸なり　九時前大学に到る　十時着御、閑院宮久爾宮両殿下御臨席　十二時少し過ぎて家に帰る　昨日使来りて坊歩行始めたりとのことに付四時出て加賀町え行きたり老夫婦在宅、坊のよたよた歩く様面白し

七月十日　　土　晴曇

九時半教室に到る、紀要校正等に消時、四時帰りて少しく庭の草を取る　晩小林文氏来る

七月十一日　　日　少雨

在宅、来客多し、小林魁郎氏小女を連れて来り長坐、島峰氏母堂、午後柿内大人、浅井猛郎氏、今田未亡人等なり、長岡安善寺え初盆に付読経依頼状並に金壱円出す

七月十二日　　月　曇

八時半教室に到る、午後大沢謙二氏寿像に付衛生教室に委員会を開く　晩精を連れて千駄木え行きたり

七月十三日　　火　晴

九時過教室に到る　浅井猛郎氏来室、四時過家に帰る庭に出る、石原喜久氏初盆見舞に来丁寧なる人なり　三重子陸奥子を招きて仏前にて晩食す

七月十四日　　水　晴

朝田中母堂初盆見舞に来る、九時教室に到る　十時武石弘三郎氏来る　生理教室に到り緒方、高橋、永井氏と会し謙二氏肖像のことに付談合依頼す　午後弘田氏来室、記念品は懐中時計（夫婦共）可然など談あり　四時教室を出て牛込小松両家に盆礼に行く　次に加賀町え寄る七時半家に帰る　蒸熱堪へ難し

七月十五日　　木　晴

朝横田四郎氏男を連れて来る次石垣老母堂来る　十時教室に到る　午後島峰氏来室長談六時去る　文子出京

七月十六日　　金　晴

在宅、十時前田鶴坊を連れて来る、十二時前三二学校より帰る、試験済みたり皆々坊を相手に賑かなり　午後文子は佐倉え帰る、良一は夕刻帰り来る、七時過田鶴は帰り去る　在朝鮮橋本豊太郎氏香奠返し来訪等に付挨拶の手紙を出す

七月十七日　　土　晴

来十一月御即位大礼に召さるべき大学勅任官総代に当選の趣通知ありたるも宿病のため参列出来難きに付辞退の旨申出る　帰途橋本え寄る節斎氏丁度帰り来る　小玉家の困窮談あり

七月十八日　　日　晴

教室不参、きみ子菅野え礼に行きたり　午後四時出て加賀町え行きたり　老夫婦日在行をすすめたり

七月十九日　　月　晴

八時半教室に到る、浅井氏名古屋え帰ると　午後奉天椎野氏出京来室又大阪鬼頭英氏出京来室　九月より当分東

京に於て研学すと

七月二十日　火　晴

教室大掃除に付在宿、午後四時より庭え出る　精子千駄木と日在え行きたり　晩学生高垣来り　ノオトを出版するに付校閲云々談あり謝絶す

七月二十一日　水　晴

三二今朝水泳場え出発の筈のところ昨日より咽頭カタルに延期したり　小松春三氏来訪　来二十四日出発樺太え旅行すと、十時教室に到る　古瀬安俊氏来室　巣鴨病院を経て来りたる　府市八人殺し刑屍に付新聞に記載のため東京監獄にて迷惑し居る云々の談あり　六時過家に帰る、良一も扁桃腺炎にて発熱す　晩文子出京

七月二十二日　木　晴

在鳥取市秋山英麿氏死去に付昨夜悔状を出す、午前工藤助手を病室に見舞ふ先月末肋膜炎にて入沢内科に入院中なり　来室者横森賢治郎（紀要の件）森田斉次、杉江氏電車停止のため徒歩家に帰る、二時間十分停電したり

文子佐倉え帰る

七月二十三日　金　晴

石器時代人骨仕事去二月以来全く打ち捨てありしを漸く今日とりかかる何程進むや　俸給受取る　四時教室を出て加賀町え俸給を持ち行く　老夫婦在宅、坊歩行最早達者になりたり

七月二十四日　土　晴

六時過家に帰る　三郎氏え手紙を出す　きみ同封、三二は夜水泳場え向け出立す良一霊岸島まで送る

七月二十五日　日　晴

家に在り、腹工合悪し又寒冒の気味なり

七月二十六日　月　晴

きみ加賀町え行く、九時教室に到る、予て話しありたる「ゴリラ」と称するもの到着検査す　猩々なること教示したり

七月二十七日　火　晴曇

九時前教室に到る、学生二名来室休中顕微鏡借用したし云々、教室に於て見るべしと云ひ許したり　アインホルンより三郎氏を紹介し花瓶を贈りたる返事来る

七月二十八日　水　曇少雨

出勤がけに動坂小林家を見舞ふ丁度三三氏も在宅、支那より帰りて始めて面会したり　十時半教室に到る　少し居し四時出て加賀町え行く、老夫婦日在より帰り居たる

今朝精子と共に帰りたりと、時に雨降り出す暫時して止む

　七月二十九日　木　曇晴

九時教室に到る、来室者小杉文吉、藤野厳九郎二氏

　七月三十日　金　曇晴　祭

きみ子朝日在え行く、九時教室に到る　午後医化学に到り隈川氏より七月分提要割前を請取る

大浦内相一万円事件のため辞職尋で大隈首相始全閣辞表を呈したり　毎時もながら馬鹿々々しき次第なり

　七月三十一日　土　晴

九時教室に到る、四時過出て加賀町え行く、大人に提要割前を渡す

　八月一日　日　晴

終日在宅

　八月二日　月　曇雨

昨夜少しく雨降る、九時教室に到る

　八月三日　火　晴雨

昨日来の雨にて充分濡りたり、九時教に到る

　八月四日　水　雨

八時半教室に到る　千葉田口氏出京来室　四時教室を出て加賀町え行く　三郎氏よりの手紙二通田鶴に渡す大人外出のところ帰宅せらる　産所は曙町と決定す　今日八時に驟雨あり自分幸ひにこれに遇はず

　八月五日　木　曇大雨

九時過教室に到る　井上氏教授たらんこと切望に付長談六時過家に帰る　きみ日在より帰り居る千駄木と共に晩厳来る

　八月六日　金　晴風驟雨

八時半教室に到り、五時家に帰り少しく庭の草を取る

　八月七日　土　晴

九時教室に到る、木下正中氏米国え出発に付十二時半東京駅に送る　再教室に到る

　八月八日　日　晴

終日外出せず　熱強し　精子千駄木え行き泊る

　八月九日　月　晴

九時教室に到る、四時出て加賀町え行く、坊に足袋をはかせ門前まで歩き出てたり

　八月十日　火　曇

昨夜大雨、十時教室に到る丁度南洋酋長団参観のところ

なり
大隈内閣居据りて改造せり文相は高田早苗なりと
三二水泳より帰る

八月十一日　　水　曇

九時半教室

八月十二日　　木　半晴

九時教室　きみ子柿内え行きたり　千駄木母堂来り晩食す　安田稔氏新婦を携て挨拶に来りたりと

八月十三日　　金　曇

良一、三二を連れて新子安海岸に到り潜泳すこれが休中の慰か　精柿内え行きたり　岡山八木田氏え桃寄贈の礼状す返礼を出す

八月十四日　　土　曇

九時教室に到る　四時半教室を出て本所柳原町に高山喜内氏を訪ひ悔を述べ香奠弐円贈る　此度細君死去されたるなり

八月十五日　　日　曇

庭に出て草を取る、午後四時出て加賀町え行きたり

八月十六日　　月　曇

九時教室に到る、京都鈴文氏より Stilling, Kleinhirn〔＊文献〕借用の旨申来りたるに付今日発送す

八月十七日　　火　曇少雨

八時教室、新潟池原医専校長より来九月教室員一名派出助力照会に対し九月よりは六ヶ敷こと但し一月より三月までは井上氏都合可出来ことを返事す

八月十八日　　水　曇晴

十時前教室　精柿内より帰る、又三二は行きたり明日田鶴を召る（ママ）べし云々

八月十九日　　木　曇晴

厳良、三を連れて新子安行、弁当を携ふ約一時間四十分費す、五時半過家に帰る　田鶴坊を連れて先刻来りたりと　久し振りにて家族集り賑かなり

八月二十日　　金　曇晴午後大夕立

教室不行、終日坊を相手に遊ぶ、千駄木母堂、保子等来る

八月二十一日　　土　曇

魁郎氏女を携て来る、十時教室に到る　在奉天久保氏朝鮮人測定論文原稿到達す甚大部のものなり　新井春氏来室、昨日より授業を始めたりと学年度変更のためなり　五時出て加賀町え行く老夫婦共在宅

八月二十二日　　日　曇
終日在宅、坊と遊ぶ腹工合少し悪し
八月二十三日　月　曇雨
八時半教室に到る　一年間寄贈論文を調ぶ
外人論文　　　三六
邦人欧文論文　七二
其他講本、モノグラフヰイあり
八月二十四日　火　半晴
九時来室、俸給受取る、御大典に付献上品費として弐円八拾三銭出す
八月二十五日　水　曇　冷
九時前来室
八月二十六日　木　半晴風
九時半来室　休中教室にて仕事し居たる椎野氏今日切り上げて奉天え帰ると
八月二十七日　金　雨
終日大雨、在宅、良一は信州に行くといひて夜出かける
八月二十八日　土　晴
九時半来室　王曽憲（江蘇省人）此度帰国し外蒙古クウロン庁の医務長として赴任するよし告別に来る　晩坊を連れてきみせいと槇町まで散歩
八月二十九日　日　晴
漸く天気定りたり、在宅、朝森氏来り小供を植物園に遣りたれば弁当を頼む云々急ぎ作りて精子持ち行く　大音来りて旧書斎の廂を直す
八月三十日　月　晴
九時過来室　午後島峰氏来室、川上政八氏息政雄氏の保証人を頼まる直に承諾したり　六時打ちて室を去る　晩千駄木母堂於菟来る
八月三十一日　火　晴　祭
朝動物園え出かける精は坊を連れて俥、自分電車これ坊始めてなり象、駱駄、獅子、虎など少し恐る、魚のぞき気悪し其他面白し、鳥類最気に入りたり十時家に帰る
午後庭の草を取る
九月一日　水　晴
朝加賀町老夫婦来訪、十時教室　在米三郎氏え坊動物園え行きたることなど手紙を書く　晩き、せと坊を連れて槇町え散歩、良一旅より帰る
九月二日　木　晴風曇

九時教室、二百十日なるも別条なし只少し風立つのみ
隈川氏提要の割前を持ち来る

九月三日　金（曇）雨

九時過来室、小池助手休旅より帰り今日より出勤一ヶ月余と思ふ

九月四日　土　雨

九時教室、昨日より大に冷しくなれり紺服を着る　四時教室を出て加賀町え行き提要割前金八月分を渡す

九月五日　日　雨

在宅、時に雨止み庭え出るも亦降り出す、文郎氏来る近日枝光え転勤になるべし云々

九月六日　月　曇晴

朝大典に関する書物予約を勧めに来りたる人あり断る
九時教室　岡田和、瀬川両氏来室弘田氏祝賀会に付て話し合ふ、又昨日帰着せる在米野口英世氏血脇守之助氏同道来室、氏十六年振りにて帰朝せりと去三十四年一月フキラデルフキアにて偶然途上に会ひたることなど言ひて健康と成功を祝したり　佐藤亀一氏より愛知医専に就職の件に付一応意見を尋ね来る可然旨返書を出す

九月七日　火　晴雨不定

九時過教室、西成甫氏西洋より帰朝来室、大戦乱の談あり　急遽に仙台え赴任すべし他日を期して復々会談すべし　四時過家に帰る時に西氏挨拶に来る

九月八日　水　晴曇不定風

九時過教室

九月九日　木　晴雨不定

九時過教室、六時帰宅、晩魁郎来り十時半まで談

九月十日　金　不穏、雨

九時来室　休も終れり仕事は只アントロポロジッシェ・スタティスティッショ・メトーデ〔＊人類学の統計的方法〕のみ其他更になし　四時半出て家に帰る　晩精と坊を連れて槇町まで行きたり

九月十一日　土　晴

九時教室、五時半帰宅、晩きみ子と坊を連れて散歩

九月十二日　日　晴

大に秋色を帯ぶ、在宅、千駄木二児遊びに来る、午後は庭え出て草をとる

九月十三日　月　晴

総論解剖学講義を始む、二村氏骨学を始む、午後教授会、去六日否決となりたる中野等氏更に新論文を主とし申請

す　これは勿論異議なきことなるも近藤庫氏前回参考論文の一つ主論文と更へて申請したるに異議ありて終に受理せざることに決す、米国人ウェルシュ、フレクスナー来朝を機とし又野口英世氏帰朝に付勲章の談あり　異議なきこととす　四時散す　きみせいは坊を連れて九段え行き写真を写したり

九月十四日　火　晴

山極氏来室癌に関する論文紀要に掲載のことに付談あり

九月十五日　水　晴曇

島峰氏川上政雄氏を連れて来室、此度保証人になりたる挨拶なり

九月十六日　木　晴曇

朝在ボルネオ島元島策太郎氏来り蘭官憲圧迫のため事業（ゴム栽培）困難の談あり　同島ゴム樹根塊の贈品あり、十時教室　今日より紺服を着る　和田雄治氏より太古人骨送附、謝状を出す

九月十七日　金　曇雨

八時より組織追試験をなす十名出席問題オシフィカツィオン〔＊骨化〕布施氏帰朝今日着京したりとて午後四時頃来室　戦時に於ける欧諸国の談あり六時別る、布施氏葉巻煙草を贈らる

九月十八日　土　曇雨

午後井上氏例の不平談あり、講座増設の理由薄弱なること、氏特に冷遇されおることなきこと、感違（ママ）ひをせざる様注意せられたきこと等を話す、憫むべき人なり

九月十九日　日　晴

在家、坊と遊ぶ、祭礼に付坊を連れて提灯を見に行く午後庭の草を取る又晩は精と坊を連れて槇町え夜景を見に行きたり　福岡久保猪之吉氏厳父死去に付香奠弐円及悔状を昨日出したり

九月二十日　月　雨

顕微鏡追試験、出席者八名、組織講義の前と後とにしたり　日々通信記者来室大典紀念出版名家家庭何と云のものを出版する云々　宜き位に挨拶し置きたり　京都鈴木文太郎氏より来書、高島吉三郎氏論文出版費解剖学会より支出の件なり

九月二十一日　火　雨

午後医化学河本氏来室隈川氏祝賀会に談あり　晩精と坊を連れて祭り見に行きたり　雨降り出したり

九月二十二日　水　晴

鈴木文氏より高島氏論文出版費解剖学会より補助の件申来り其返事を出す　此頃は殆ど毎晩坊を抱て槙町まで散歩す

九月二十三日　木　曇晴

俸給受取りたり、中秋の望月明かなり

九月二十四日　金　晴　祭日

在家、午前坊を抱て近辺を一寸歩く

九月二十五日　土　晴曇

午後一時より医学会臨時会に病理教室に到る　山極氏癌人意発生、長与氏恙虫病の演舌あり　五時半散す　晩鶴精と坊を連れて槙町まで、加賀美来りて安心所の談をなせりと

九月二十六日　日　曇

十時教室に到る

九月二十七日　月　曇

午後教授会、西沢氏に名誉として兼勤教授とする件山極氏の正当なる反対ありたるも可決　自分は此機会に於て大学に講座を持たざる研究指導のために授教（ママ）を置く制度を希望の旨述ぶ勿論異議者なきも本件とは別とす　近藤薬学講師を兼勤教授とすることは異議なし　晩鶴、精、坊と槙町

九月二十八日　火　晴曇

宮原虎氏来室　歯に於ける北村一郎対他助手連との不折合のこと石原主任に対する不平のことなど話あり　隈川氏祝賀紀念品等に付意向を探る　晩鶴精坊と槙町

九月二十九日　水　曇雨

午前三時半田鶴腹痛を告ぐ、白山自働電話え行きて畠山を呼ぶ　四時半来る、準備総て整ふ、七時十分前早分娩す女子なり、尋で磐瀬氏来る総て安全　四時家に帰る

雨降り出して散歩出来ず

九月三十日　木　曇雨

在米三郎氏え電報を発するの議起り駒込局え行きて聞質し略ぼ出すことと極め十一時教室に到り正金銀行にテレグラムアドレスを尋ね本郷局え行きて発す即ち Kakiuti Species Newyork ansanonna の四語（一語十五字限り）一語弐円六拾六銭、合計拾円六拾四銭なり　午後五時半多賀羅亭に到る　隈川氏祝賀会に付委員会を開く　九時家に帰る　時に大に雨降る

十月一日　金　曇

朝精子坊を連れて加賀町え行く　元島策太郎氏来室、島峰氏来室其他神中氏、亦小児科え行く、解剖実習を始む

十月二日　土　雨

小杉氏祝賀会当日のことに付来室

十月三日　日　曇晴

三郎氏より今朝九時頃返電 omedeto 来る、加賀町え其事を葉書にて知らせる　晩精と坊を連れて槙町

十月四日　月　曇晴

午後教授会、大学令案に付臨時詔議あり、本案と現帝国大学令と関係甚明かならず　要するに低級大学なり故に不可なりとす　現大学予備は三年なるがこれを二年とするを得るかの問題は二年説比較的多数なるが如し　四時半終りてこれより京橋に到り田村にて冬帽を買ふ（九円五十八銭）

十月五日　火　晴

加賀町老夫人来る、七夜なるためか、坊を連れて動物園、精は人車、自分は電車、十一時半家に帰り赤飯を食す、二時教室に到る　三時より東講堂に於て野口英世氏講演（二三病原菌）あり　東京医学会（日新医学社合同）の催しなり　聴講者堂に溢る、六時より山上集会所に於て医科大学諸氏野口氏を招待して饗宴を催す　終て島峰氏と内藤夫人の青山内科に入院せるを見舞ふ　十時家に帰る

十月六日　水　晴

事なし

十月七日　木　雨

事なし

十月八日　金　風雨

昨夜来稍暴風

十月九日　土　晴　熱八七度余

十時教室に到る、弁当を食し一時半上野精養軒に到る　弘田氏在職二十五年祝賀会なり、二時半主賓夫婦親愛氏三嬢来着、真鍋氏は他の席にあり三時式を始む　自分坐長を兼ぬ、歓迎の辞を述ぶ、四時半終りて撮影五時食卓に付く、島田三郎氏の演舌次浜尾氏万歳音頭、六時半散す、電車にて七時弘田家に到る　学生提灯行列をなす、学生歓んで後去る、八時半家に帰る　坊はまだ起て居たり　三郎氏より手紙来る

十月十日　日　晴、熱

昨日今日は稀なる熱なり、大掃除に付坊を相手に二階に

て午前を消す、弘田氏玄関まで挨拶に来る、坊を紹介す
午後は庭を掃除す、晩坊を抱きて槇町まで行く

十月十一日　月　晴

稍秋天となれり　小峰氏来室、祝賀会に付式辞依頼のこと行違を生じたるに付種々談あり　布施氏仙台より上京来室　屍体に付談あり又骨格数具晒し依頼の件これは承諾す　N・アナンデール（カルカッタ博物館）人類学部長飯島氏同道来室　測定法に付種談あり　久保氏朝鮮人論文を贈る

十月十二日　火　雨

在京城久保氏え手紙並に氏第一論文四部小包にて出す（二円四十銭）　小杉氏来室、決算委員会等に付相談　四時半出て加賀町に行き大人に磐瀬氏謝儀及畠山と看護婦手当（15158）のことを話す

十月十三日　水　晴曇

十一時半良一来室、只今菅野の紹介を以て本郷聯隊区に到り模様を尋ねたるに愈海軍志願あり　外道なきこととなれり　三時半出て家に帰る　表建仁寺垣を新規に立て替へ始む

十月十四日　木　晴

加賀町大人来り磐瀬えの謝儀を持ち来らる、母子帰還は来十九日とすべしと　晩槇町

十月十五日　金　晴

秋晴爽かなり、教室不参、坊を連れて例の通り動物園え行く第三回なり、鳥獣に餌を遣り之れ見て喜ぶ様面白し千駄木母堂類を連れ来らる、自分は坊を連れて俥にて十二時帰宅、精は千駄木と残る　午後在宅、坊と遊ぶ鉄門倶楽部日光え出発す　晩槇町

十月十六日　土　晴

教室不参、終日坊と遊ぶ、長岡今朝白橋本より送り来れたる栗実を以てきんとんを製しなどす、晩槇町

十月十七日　日　曇雨

人類学会催加曽利貝塚探検、朝七時五分両国発千葉より約一里半（実際は二里位ありと思ふ）徒歩貝塚に達す時に十一時二十分前、先千葉にて買ひたるサンドヰチを食す、人夫一人傭ひて掘り始む　時に雨降り出したり頻りに降りて甚困る、二時半帰途に付く、道泥深し脛に達す、千葉駅茶店にて憩ふ、八時前家に帰る、ヅボンはぬれたり、横山を頼みて坊、忠等の写真をとりたり

十月十八日　月　雨

雨尚ほ止まず、悪天、講義成りたたず　午後教授会二年生吉川文雄某法学士妹に関し不都合あり　退学処分と決す、島薗順次郎学位論文自分報告可決、芳賀石雄論文山極氏報告、危く通過す

十月十九日　　火　快晴

三二早朝修学旅行に信州地方え出発す　七時頃横山来り坊の写真撮り直しをなす、九時半過教室に到る　午刻弘田祝賀会決斎のことに付小児科まで行きたり　小菅監獄医長広田氏来室、四人某官費入院を頼まる、内科と相談の上返事すべしと云ひて別る　三時少し過家に帰る既に準備全く終りたるところなり　三時半田鶴両児を連れ出かける精これに付き添ふ　六十一日間の滞在滞りなく済みて先安心、後は大風の止みたる如く静になる　きみ等掃除をなす自分は芝中の草を取る　晩はきみ良一と三人鼎坐良一の兵役、海軍に関する談話、十一時寝に付く

十月二十日　　水　晴

午前良一来室、昨夜の話の続き、先日来熟考、略ほ海軍と決定すべしなど云へり、青山、入沢二氏に小菅依頼の患者に付御殿に尋ねて話したり入沢氏承諾に付其旨浅田氏に電話にて報す、事務室に到り鈴木氏海軍大学院学生のことなど尋ねたり　四時出て加賀町え行きたり、坊家に帰りて様子如何と思ひてなり　老夫婦留守、坊庭にありて機嫌よし、六時家に帰る

十月二十一日　　木　晴曇

小峰氏来室　祝賀会決算確定す小峰氏（一〇〇）鈴木忠行氏（一〇）謝儀を済ます　文子出京書法検定試験を受くるためなり、精柿内より帰る

十月二十二日　　金　曇

昼一寸磐瀬氏方え礼に行く又別に使を以てビスケット一罐を贈る、ユンケル氏来りて手製ジヤム一瓶贈らる、三時出て鈴木孝氏を訪ひ海医界の模様を色々聞きたり　池田泰次氏来り遂に夕食を饗く　八時家に帰り良一等に其様子を話し十一時寝につく　今日何所よりか奇麗なる鳩一羽飛ひ来り　日暮るるも去らず遂に捕へたりと

十月二十三日　　土　曇

昨夜雨降り今朝霽れたり　良一は医化学遠足会とて秩父え出かける、三時半出て加賀町え行き俸給を渡す　三二旅行より帰る、佐藤四郎来訪林檎沢山贈らる

十月二十四日　　日　雨

ユンケル氏え使を遣りて林檎を贈る、午後二時谷中斎場

に到る　樫田亀一郎氏送式（ママ）なり、帰途千駄木え寄りあんぬの病気如何と見舞ひ　肖像画家を鑑（ママ）定を聞く、母堂類を連れて来る

十月二十五日　　月　雨

工藤助手肋膜炎にて去六月下旬より引籠り療中のところ全快、来室、明日より出勤すべしと　小菅浅田氏電話にて彼の患者昨夕入院せしめたりと　島峰氏来室　良一旅行より帰る

十月二十六日　　火　雨曇

小菅の患者昨夜死亡せり浅田医長来り挨拶す　四時より小児科に委員会を開き決末（ママ）を付く

十月二十七日　　水　曇晴

医化学え行河本氏に隈川肖像画家選定に付相談す　図書館に到り久しく怠りたる雑誌を見る

十月二十八日　　木　晴

午前医学会事務所に到り雑誌を調ぶ　午後小児科え行きて弘田氏に祝賀会残金（七百六拾八円）贈る

十月二十九日　　金　晴

昨日来寒冒、気分悪し、午前医学会にて雑誌を見る　午後四時過家に帰り床に臥す

十月三十日　　土　曇

在宅、床中にあり、陸上運動会なり、横山写真を持来る

十月三十一日　　日　雨　祝日

昨夜来雨、午後に至りて霽れる、坊如何し居るかと思ひて二時半出て加賀町え行く、坊を連れて馬場まで行きたり、是より文郎氏宅を訪ふ若松製鉄所え転勤になり此度家族引き払ひて任地え移るに付暇乞なり、丁度荷送りの際にて混雑　玄関にて去る　六時半家に帰れば魁郎氏来り居る　長坐にて皆困る、千駄木母堂胃痙にてきみを呼に来るなど混雑、自分入浴直に床に入る

十一月一日　　月　晴

講義を終へ教授会を断りて昼家に帰る、晩食後気分宜しきを以て精子を連れて千駄木え行く　母堂を見舞ひ且つ黒田、中村両画家に隈川肖像依頼のことを予め知らせ置くことを頼む、きみは文郎家え告別、甲野家孫出生の祝及加賀町え行く

十一月二日　　火　曇雨

今日より系統解剖内臓を始む、隈川氏来室九、十、二ヶ月の提要の勘定をなす、海軍南洋防備隊副官少佐関根繁男

氏来室、南洋土人骨格なるべく早く返戻されたし云々

十一月三日　水　晴

医学会事務え行く、四時前出て加賀町え、九十二ヶ月分の提要の勘定を渡す　是より六時頃富士見軒に到る　弘田氏饗応なり、祝賀会に付慰労の意ならん　医科教授八名、主人夫婦及真鍋氏なり九時半家に帰る　良一今日海省え願書を出せり

十一月四日　木　晴

片山氏を教室に訪ひて黒田画家報酬のことを尋ね　精子加賀町え行きたり

十一月五日　金　曇晴

昨夜少し雨降る、午前医学会え行き雑誌見る　先これにて一応終る　午後明朝奉送に付注意方総長より説明あるに付三時山上会議所に到る　六時家に帰る、明朝奉送、早起のため八時半書斎に眠る

十一月六日　土　稍晴

午前一時半起く、パンを食し二時十五分出る、坂下より電車にて神保町に下る、電車満員なり、先学士会に到る諸氏既にあり、是より文部省前に到り各班を造る　自分は第三班に属す、三時半高張提灯を先頭に三時出発す　四時二重橋外に着す　尚ほ二時間あり、芝上に坐して憩ふ、又近傍を歩して景況を見る　六時十五分頃　鳳輦通御、時に万才門（旧鷹場前に新設）正面より旭日昇り輝きたり是より徐々散す余り混雑せず悦ばし、上田万年等諸氏と徒歩、学士会前にて別れ神保町より電車（わりびき）にて七時半家に帰る　昼中は書斎にて文書目録を清書す、晩食後良、三と出て夜景を見物す、東京駅にて下り、馬場前門より大通りえ出て銀座に到る、二回花電車に会ふ、カフエーパウリスタに入る　新橋に到りて帰途に就く何処も人出多し、十時半家に帰る

十一月七日　日　雨

九時半起く　在宅、紀要校正、午刻より雨降り出す、晩精帰る

十一月八日　月　雨

文展行と決し自分は出勤、十時講義を終へ十一時文展に到る　きみせいは十時頃来りたりと、風月にて憩ひ少し食す　二時出て家に帰る　終日悪天

十一月九日　火　曇晴雨

八時半出勤、明日不参賀届を出す　御大礼に付明日より十七日まで休業に付実習室片付のことを命す　六時家に

帰る　今明日は市中歓喜の日なりと

十一月十日　　水　曇

早三二記念郵便切手を買ふ　在巴里塩田、茂木、山内、在米国友、栗山、三郎、ちかえ絵葉書を出す　十時半教室に到る　昨夜雨、道悪し　午後三時より運動場に参集、土方氏総長代理奉祝の式を行ふ三時三十分万才を三唱し散す　是より加賀町え行く老夫婦在宅、両児共機嫌よし六時家に帰る　晩食後精を連れて山の手線にて上野に到る　広小路は人を以て充つ、切通しを昇り本郷に到りて電車にて帰る

十一月十一日　　木　曇少雨

十時教室に到る、午後五時出て橋本家を見舞ふ皆在宅七時家に帰る

十一月十二日　　金　晴曇

昨夜大雨、九時半教室、是より文展に行きて黒田画家に隈川肖像を依頼し次に上根岸に中村不折氏に同しく頼みて教室に帰る　弁当を食し医化教室に到り隈川、河本二氏に其旨を通し教室に帰れば既に四時に近し、六時家に帰る、きみ子は渋谷に中林、柿内、青山に平野を訪ふ

十一月十三日　　土　曇

九時半教室、午後京都足立文氏突然出京来室　四時辞して加賀町え行きたり

十一月十四日　　日　晴

大嘗祭行せらる、十一時来室、三時過家に帰り、庭に出て少し掃除をなす、精千駄木より帰る、晩は明日秩父行に付相談

十一月十五日　　月　晴

支渡し出かける精俥、良一と電車、七時五十七分上野発車（二等壱円九拾九銭）近頃稀なる天気なり、十時頃熊谷着、乗替直に発す、波久礼（はぐれ）より漸々荒川谷に入り景佳なり、十一時半宝登山着、長瀞（ながとろ）に到る、岩上にて弁当をひらき食事を終りて良一は直に絵にかかる　精と共に川上に登り、親鼻橋と云ふを渡り対岸に戻る、絶壁上より見下すところなかなかよし、良一は頻りに絵を書き居る自在渡しあり之にて渡り岩に戻る、五時頃発車し三十分にて秩父大宮に着、竹寿館と云ふに泊る、誠に珍しく感す　腔（ママ）腹のため晩食をうまく食し、自分は入浴せず、八時頃寝具出して入る、稍眠るを得たり

十一月十六日　　火　晴

前日通りの天気にて朝食を終へ馬車門に待つとのしらせ

に急ぎ精を連れて出かける、時に七時、一面に白く霜を置きなかなか寒し、良一は別に絵を書きに出かける、一里計行きて馬車を下る　鐘乳石洞（二十八番観音、橋立寺）見物せしためなり　然るに道を違ひて浦山道を登ること拾数丁、行人に尋ねて悟りたり併し此処風景甚佳なり、遥か下の泡流材木を流下す様甚珍らし、戻りて洞窟を見る是又珍奇なり、徒歩にて帰る秩父神社に詣て宿に帰れば早十二時に近し、腹空きたれば直に昼食す、良一は武甲山を画きて帰り来る、是より休息（宿料七拾銭、昼食弐拾五銭にして宿屋料三人にて弐円八拾五銭、茶代弐円遣る）、良一は明日長瀞の画を尚ほ一枚書くとて残り、精を連て三時三分発車田端にて下り八時前家に帰る、甚空腹、直に晩食、入浴、直に床に入る、二日の素遊甚満足なりき

十一月十七日　水　晴少雲

十時前教室に到る、紀要校正、四時前家に帰る、畳職、庭師等来り混雑す、良一は既に帰りて大学に行きたり

十一月十八日　木　晴曇

八時半出勤、授業を始めたり、午後四時過出て加賀町え行く、老夫婦在宿、但し夫人風邪

十一月十九日　金　晴

農科獣医助手大沢氏来室、骨格一具とキシレン（欧文一語不明）と交換す

十一月二十日　土　曇

午後四時より医学会、石川武雄氏魚毒（西洋植物トバ〔＊東南アジアの毒流し漁に用いる〕の毒草）二木謙三氏等ラッテンビスクランクハイト〔＊鼠咬症〕病源、石原喜久太郎氏同問題の演舌あり

十一月二十一日　日　晴

好天気に付不図思ひ立ち、坊を迎へに行き十二時頃連れ来たり　皆々家にありて遊ぶ亦昼寝より醒めて精と槇町え大犬のおもちやを買ひに行く、千駄木母堂来る、五時俥にて送り七時家に帰りたり　坊は機嫌克く遊ひたり

十一月二十二日　月　晴

四時前家に帰りて庭に出て片付けたり

十一月二十三日　火　晴

元島策太郎氏近々ボルネオ島に帰るとて告別に来る

十一月二十四日　水　晴

午後島峰氏来室、晩中鶴氏来る　一昨年十二月以来にて種々の談あり　九時半去る、良一は会悪（あいにく）当直にて不在

十一月二十五日　木　曇少雨

午後は天王寺に於て解剖体祭祀に列す二時半終り帰途千駄木え寄る　母堂今朝来胃痙に付見舞ふ　きみ子も来り居る、是より加賀町え俸給を持ち行く

十一月二十六日　金　曇少雨

午前は南洋占領地採集品展覧会を山上集会所に見る　午後藤沢利喜氏青山内科に入院せるを見舞ふ　ただ名刺置きて去る

十一月二十七日　土　晴

事なし

十一月二十八日　日　晴

忠子出生後六十日目に当り根津神社に詣るため田鶴坊を連れて来るに付待ち居る、十一時半先坊来る尋で田鶴も来る、終日坊と暮す、晩入浴後きみ子と坊を連れて槙町まで散歩す、温和なる天気なり　還幸に付良一、三二は奉迎に行く、日暮れて帰り来る

十一月二十九日　月　晴

午後教授会、大学令案（去十月四日のものと少しく違ふ）に付議す　但し其低級なること同一なり由て不可、予備教育に付短縮問題に付きては大なる改善を加ふるに於ては一ヶ年短縮することを得と云ふことに決す五時散会、家に帰りて晩は茶の間にて坊と遊ぶ

十一月三十日　火　晴

寒くなれり、今朝始めて芝上の霜白し　在京城久保武氏え論文第二篇紀要掲載の件差向否決になりたることを知らせの手紙を出す　午後田鶴二児を連れて帰り精送り行きたり

十二月一日　水　晴

山越を呼びて久保氏論文発送のことを取計ふ、午後三時半出て牛込両小松家を訪ふ老母堂少しく寒冒、春三氏不在、是より加賀町え行く両児共障なし、老夫婦不在

十二月二日　木　晴

青山に大礼大観兵式行せらる、ために授業を休む、九時来室、三時家に帰る大阪鬼頭夫人来り居る、出て椰野え寄り保子少し不快のよしに付見舞ふ　是より長岡今朝白橋本老未亡人此頃出京に付これを訪ふ　昔話あり六時家に帰る、精加賀町より帰る又きみ子は千駄木母堂尚ほ宜しからず行きて泊る

十二月三日　金　半晴

六時家に帰る、千駄木母堂未宜しからず　きみ子と交り精子行きて泊る

十二月四日　　土　晴風

大礼観艦式挙行せらる　飛行機墜落、中尉一名死す但し式を終り帰途の際なり

十二月五日　　日　晴

好天、午前魁郎氏来り、田中後次氏製作の病翁様肖像を一見し呉れなど云へり、午刻横田四郎氏来り　種々困窮談ありしよし、自分は挨拶したるのみ、午後一時半精を連れて散歩に出る飛鳥山まて歩く道路広くなりて始めてなり、同所より電車にて小台渡にて下り渡りて堤上を歩す一里計ありと、千住松鰻にて食事し七時家に帰る

十二月六日　　月　晴

午後武石氏来室大沢氏寿像製作に愈取りかかるに付大沢氏え紹介す　養育院医長確居氏来室職員年末手当の件及彼の解剖に関る勅令に付先つ主とし養育院側にて尽力すべし云々談あり　四時より医学会出席、田代岡田二教授及ドクトル竹中繁太郎氏の演舌あり　六時半帰宅

十二月七日　　火　晴

岩藤二郎氏英国え行くとて告別に来る、良一にも逢ふとて行きたり、五時過家に帰る、先考正忌日前夜に付保子母女、小林叔母を招きて晩食す（弁松の弁当を取りたり）

十二月八日　　水　晴

午後鬼頭氏大阪より出京、当分法医に於て研究に従事するよし　四時過出て加賀町え行く両児共無事

十二月九日　　木　晴

上野公園に於て東京市の大礼奉式あり　行幸あり大学其他諸学校臨時休業、十時半教室に到る　風邪の気味にて心地悪し　二時半頃家に帰りて臥す

十二月十日　　金　晴

講義なき日故在宅、きみ牛込小松家え無沙汰見舞に行きたり又加賀町え寄りたりと

十二月十一日　　土　晴

欠勤

十二月十二日　　日　晴

十二月十三日　　月　晴

欠勤、大沢氏帰途立寄りて今日教授会にて森田斉次氏学位論文通過したりと

十二月十四日　　火　晴

良一今日午前十時召され任命となる、晩になりて中軍医

辞令を持ち帰る　此週位、制服出来まで出勤に及はずと、彼が将来如何　午前井上、工藤、小池の三氏見舞ひに来る

十二月十五日　　水　晴

出勤、組織一時間講義す、紀要其他の雑務をすませ十二時過家に帰り臥す、気分宜しからす、晩になりて体温三十八度以上昇る　厳見舞に来る

十二月十六日　　木　晴

再欠勤　佐藤四郎氏見舞、又山鳥一対贈らる之を橋本え歳暮にやる

十二月十七日　　金　晴

高橋信夫夫人（ママ）見舞に来る、午後渋谷、加賀町え歳暮を配る、きみ加賀町え行きたり

十二月十八日　　土　晴

教室欠勤のことを知らせ且つ此学期は最早閉つることとす　精千駄木え行きて泊る

十二月十九日　　日　晴

文郎氏九州より出京、今日出発帰任すると、昼食としてパンなど食し午刻去る　午後は小松春三氏来訪、夏以来始めて会ふ、元島氏寄贈の木の気根を持ちて帰りたり

十二月二十日　　月　晴

教授会あるも欠席　良一は任官後始めて海省え行きたり新井春氏夫人鴨一対持ちて見舞に来らる

十二月二十一日　火　晴

午後試に出て加賀町え行く、両児共機嫌よし、夕刻帰る別に障りたる模様なし　良一今日より軍医校入舎す早朝出行きたり　三二試験済みたり

十二月二十二日　水　晴（昨夜雨）

数十日来旱天のところ昨夜可なり雨降りて今朝又晴天となる　試に十時頃教室に到る　六時家に帰る　入浴、直に入床

十二月二十三日　木　晴

九時来室、卒業生平光吾一氏解剖助手志望のよし来り陳す　小池敬事来室別を告ぐ（奉天赴任）養育院医長碓居氏来室、死体解剖の件に付府知事井上友一氏面談の模様、大に尽力すべし云々の報告あり　六時家に帰る、精、三は加賀町え行きたり、良一は三二と電車にて会ひたるよし　今帰りたるところなりと　良一は入舎後始めて帰宅せり、軍服を着す、俸給を受取りたりなど云へり、晩食し九時門限なりとて七時半頃去れり、よきカリエエルを

祈る

十二月二十四日　金　晴少雨

小使四人え壱円つつ歳暮を遣る、午前藤沢氏を病室に訪ひ、統計法に付談話、坂口勇氏朝帰朝、瑞西の談話あり四時出て加賀町え行く、老夫婦留守、時に雨降り出す傘を借りて六時過帰宅、良一今日より軍医校休になりたりとて帰宅し居る、三二通知簿渡り成績従来より宜し、茶の間にて談話　佐藤彰氏一月早々出発渡米に付岡田より留別のため明日招待せられたるも断りを出す

十二月二十五日　土　晴

髪を切りなどす、ところえ小林魁氏女児を連れて来りたり、文書目録委員手当七拾円、受取りに三二を文省え遣る、十一時教室　六時家に帰る　良、三は銀座方面へ午後散歩に行きたりと　精加賀町より帰る、入浴後用心のため床に入る

十二月二十六日　日　晴

午前小林え歳暮に行く魁郎氏留守　叔母別宅にて床中にあり　歳暮として弐円贈る　岡山島薗順次郎氏出京来訪、昨日学位受験せり云々其挨拶なり、石原喜久太郎歳暮に来る　温和なる天気に付午後二時良、精、三を連れて出る、巣鴨、大塚、王子電車にて小台渡に下り、荒川を渡りて堤上を歩す甚心地よし、四時半千住松鰻に達す、トランプなどして待つ　六時半出て電車（浅草廻り）銀座に到る　精は数年振りなり博品館に入る　九時半家に帰る、今日の遊び甚珍しきことなり　来年の此頃は良一は何所に居ることか　きみ子は千駄木母堂より呼び来りて行たりとて留守　但し十一時過帰りたり

十二月二十七日　月　晴

本富寛蔵氏母堂死去に付香奠弐円送る　十時教室に到る、隈川氏来室提要本月分の勘定をなす　六時家に帰る

十二月二十八日　火　曇雨

裏通りえ新築移転せる工学士高木家え名刺を出し千駄木え行く　母堂容体格別のことはなきも思はしからず　増野未亡人あり、是より教室に到る時に十二時、大掃除日なり自分の室は最早済みたり　藤沢利喜氏より使来る直に病室に赴く　統計法の件なり、島峰氏井上敬吉氏を伴ひ来室　四時前出て加賀町え行く　提要売上代を持ちて、両児異状なし　六時半家に帰る

十二月二十九日　水　曇晴

十時教室、三時半家に帰る、良、三を連れて銀座天金え

行く　坐に付くや電話にて急病人云々　良一直に去りて千駄木え行く　自分も帰途寄る　例の腹部鼓脹にて苦悶、パントボン数滴服用にて治まる、九時過良一と共に帰宅、持ち帰りたる天ぷらにて良一食事す

十二月三十日　木　晴　温暖

土田好子殿男死去の報到る誠に気の毒に感す　不幸の人なり、十時半教室　昨日文子来り直に佐倉え帰る　一昨晩母堂より文子宛手紙来りたるも文子あらず依りて今日午刻戻したる後なり恐らくは一昨日出京、何所にか泊り居たるものならん　本人は更に漏すことなし　医化学河本氏来室　隈川氏祝賀会費明日〆切りのところ予定額を越し三千五百円となりたり云々　入院中の藤沢利喜氏えMatins Anthropologie〔＊文献〕下調べのため送る　五時半家に帰る

十二月三十一日　金　晴

精子昨日より母堂相手として千駄木え行く　十時前教室佐藤亀一氏名古屋より出京来室　愈解剖学従事することに決心し後始めて出京せり尋で浅井猛郎氏来室、二時頃弁当を使ふ　在ボストン三郎氏え手紙を書く　三時打ちて教室を去る　家に帰り直に入浴、留守中橋本一家歳暮に来る　晩食を終へ五時半頃三人にて帝劇に入る　西洋バリエテ〔＊バラエティショー〕なり七時開場、手品、舞踏、滑稽等なり、三二大悦、十時過終る是より銀座通え出て、其賑を見る、蕎麦を食す、大通り本郷を経て帰る、白山にて七五三を買ふ（三十銭）　家に帰れば除夜の鐘鳴る始む（ママ）

大正五年　2576
1916　良精満五十七年

一月一日　　　土　曇雨

八時起く午前厳次に加賀美年始に来る、加賀美の相手をなす「ウヰスキイ」三盃進む、少しく酩酊の様子満足して帰り去る　次横田四郎氏来る　昼少し前より小雨降り出す　出かけることを止めたり　午後中鶴氏来り尋で森氏来り客間にて暫く談話　中鶴氏泊りて晩は久し振りにて緩々話したり　良一は医専新年会とて出行きたるも晩帰り来り　任官後始めての会合なり　十時寝に付く

一月二日　　　日　曇雨

中鶴氏朝帰り去る　良一は始めての参賀として宮城え行く午食し出かける道悪し、先梛野え行く皆在宅、保昨暮以来風邪、是より電車にて渋谷え行く時に照康氏夫婦外出のところなり一寸上りて直き辞し是より加賀町え行く四五人来客あり二児障りなし七時家に帰る　留守中小林魁氏来りたりと

一月三日　　　月　曇

十一時半教室え行く、精子千駄木より帰り来り旁々出遅れたり　四時半出て千駄木え寄る林氏留守母堂様子宜し安田父子来りたりと

一月四日　　　火　晴

九時半教室、鈴木孝氏え旧臘贈りくれたる鯉の返礼としてなら漬を発送し手紙を出す　新井春氏来室　六時家に帰る　きみ子昼千駄木え行きたり

一月五日　　　水　晴

九時半教室、事なし　北風強く俄に寒くなる

一月六日　　　木　晴

寒強し、十一時半東京駅に佐藤彰氏渡米を見送り教室に来り　弁当を食し一時過去て牛込両小松家え年始に行く、老母堂障りなし、春三氏養母堂不在、是より原町原家に行く皆在宅、終りに加賀町え寄る大人留守老夫人風邪児等機嫌よし、五時半家に帰る　今日橋本小供四人、千駄木小供三人、梛野母女及桜井龍子等を招ねきて遊ばせたり、大賑かなり、丁度晩食のところなり皆々面白く遊びたり　九時半頃皆去る

一月七日　　　金　晴

昨年十月十九日田鶴等加賀町え帰る時に写したる写真昨晩横山持参せり今朝これを三郎氏え送る　十時半教室
昨夜京都解剖教室小串氏死去の電報到る　これに付二村、井上氏と相談せりところえ折り克く浅井、佐藤亀の二氏来り弔詞等之れに托す両氏今夜名古屋え帰る　弁当を使ひ百瀬玄渓氏を蠣殻町診察所に訪ひ田鶴心配の三郎氏保険のことに付話す　一切心配に及ばず　この序に原田貞吉氏を訪ひたるも不在名刺を置きて去る三時教室え帰る　晩年賀の葉書等調べたるに左の通り

はがき　三二八
封書　一一二
名刺　八六

一月八日　土　晴

十時前教室、高橋信夫（ママ）氏千葉関係に付教室にて長談、夏休までは当教室の雇になるべし云々

一月九日　日　晴曇雨

十時半教室、朝三郎氏巻煙草入を贈り来る　早速これを用ふ、二三日前には良、三え銭入を贈り来りたり

一月十日　月　半晴

昨夜雨降り今日霽れる、良一は早朝海医校え帰りたり、授業を始む、講義例年に比し大に遅れたり消化器大腸より始む　平光吾一氏今日より教室え出勤　六時家に帰る、良一も外出せりとて来り居る、きみ子は加賀町及千駄木え行きたりと、良一は八時頃帰り去れり、自分は精を連れて槇町まで買物に行きたり

一月十一日　火　晴

解剖実習に付説明せり　午後出て二時谷中斎場に到る故小山正太郎氏葬式に列す　三時教室に帰る

一月十二日　水　曇

実習に付二時間講義す明日より実習室にて仕事にかかる平光氏十日の日付にて辞令を受く　山越良三来室　昨年より営業甚景気よし又戦時に付臨時の仕事多しなど云へり　四時出て加賀町え行く　老夫人風邪、大人入浴、坊と遊ぶ

一月十三日　木　晴

今日より実習室え出る、精子加賀町え行く

一月十四日　金　晴

隈川肖像のこと電話にて黒田氏え都合を聞きたり

一月十五日　土　晴

朝髪を切り十時教室　入沢氏紀要の原稿を持来る　序に

良一が世話になりたる礼を述ぶ　六時家に帰る、精子加賀町より帰りたるところなり、良一も帰りおるも外出せり

一月十六日　日　晴

在宅、晩食後精を連れて千駄木え行く　母堂容体甚思はしからず　九時半帰宅

一月十七日　月　晴

午後教授会、此年始めて開く、此年より愈入学の際選抜試験を行ふこととなれり　付ては其方法に付協議す、五名の委員を定む、林、長与、三浦謹、永井潜及自分の五名とす其他医師にあらざるものに学位をやるは不都合なることに付此度某実例出で来り議論あり、山川章太郎氏学位通過

一月十八日　火　晴

午後四時半出て加賀町え行く、老夫人又々風邪、大人帰り来る　坊等一周忌を口実とし其中に泊りがけに遣されたきことを言ひ出でたり

一月十九日　水　晴

工藤助手より負債のため辞職せざるを得ざる場合に立到りたるよし話あり　誠に止を得ざることとなるも教室には新卒業平光助手のみとなり来学期顕微鏡実習に付困ること思ふ　晩保子来る　一週忌（ママ）のことに付相談す、精子千駄木え一寸様子を見に行きたり、格別異変なし

一月二十日　木　晴

東京医学会に於て昨年夏以来世間を大に騒がせし古賀氏チヤンクプロオルなる薬品に付演舌会を催せり　午後一時よりなるも解剖実習のため四時前漸く行きたり　生理教室溢る盛況なり　東大学士高野六郎氏（北里研）癩に困ひたる経験、今裕氏五例の剖検、高木謙二氏臨床実験、名古屋医専東大学士森田資孝太田朝次二氏チアンカリ銅及古賀液の動物試験、佐藤邦雄笹川正男二氏（東大皮膚科）ルプス及癩に於ける実験談、何れも著しき功験なきが如し　投論（ママ）に於て芳賀石雄氏「チアンカリ」と銅の化合物の類に付て且つ肺患者に用ひたる成績に付て、緒方知三郎氏の解剖的意見及古賀氏が芳賀氏の予備試験として述べたること及薬品の性質を発表する義務あることを言へり、次に光田、菅井二氏の談あり尚其他二三談ありて終に古賀氏の弁明あり　緒方氏に対しては不充分の感ありき　八時半閉会

一月二十一日　金　晴

午後島峰氏来室、此年始めてなり、五時半共に出て自分は橋本え寄る年始旁なり、節斎氏留守、とし子殿小供等の悪戯の甚しきに困る云々　七時過家に帰る

一月二十二日　土　晴

温暖なる天気に付二時家に帰る、時に良一も帰り来る精を連れて散歩せんと出かける時に風吹き始め砂塵を飛ばすこと甚だし故に巣鴨病院より引き返し帰る、三時半頃田鶴両児を連れて来る、引き返したるは幸なりきなど云へり、丁度皆集りて甚賑かなり、晩精と坊を抱て槇町まで行きたり

一月二十三日　日　晴風

気味悪き程暖かなり、九時半出て藤沢利喜氏を訪ひ統計法に付種質問す案外六ヶし且此方の意望よく通ぜざるが如し当惑す　十二時となり昼食の用意出来たりとて終に食す、一時半辞し去る、家に帰れば丁度田鶴千駄木母堂見舞に児等を連れて行き昼食を馳走になり帰り来る、是より坊を遊ばす、暖風なかなか強し

一月二十四日　月　曇雨

良一は横須賀旅行とて早朝出行く、天気悪し雨降り出し少しく霰を混す、二時半出て家に帰り坊と遊びたり晩食時に千駄木より使来り今より穿腹術を施すよし　きみ子直に出行く九時頃帰り来り五〇〇瓦程取りたりと　在若松製鉄所小林文氏肺炎のよし　明日見舞としてウエハアスを送るべし

一月二十五日　火　晴

午後一時より選抜試験の方法に付委員会を開く一応極めて三時半散す　六時過家に帰る　田鶴は二時半頃帰り去れり精送り行きたり、晩は誠に静かなり

一月二十六日　水　晴

工藤助手今日辞職聞き届けの辞令下る　午刻小児科え行きて忠子種痘のこと及便通法のことを尋ぬ　三時半出て高島にて坊のために坐薬を買ひこれを持ちて加賀町え行く老夫人在宅、帰りのとき精坊を抱てあめを買に共に出たり

一月二十七日　木　晴

大礼記念章を受領す　新卒生広瀬巌氏より工藤氏後任として助手志望の旨申出あり大沢氏と協議の上これを承諾す　増田二郎氏結婚祝として鰹節弐円贈る　精加賀町より帰る、良一横須賀より帰り泊る

一月二十八日　金　晴

昨夜少しく雨降る今夜霽れる、小川章太郎氏（仙台）紀要原稿持ち来る来月五日渡米の途に付くよし　予て小児科小杉氏に依頼し置きたる忠子種痘のこと　一時過田鶴教室え寄り今済みて帰るところなりと

一月二十九日　　土　晴

歯科え行き上義歯の裂目直しを頼む　晩食後三児を連れて千駄木え行く衰弱益増進す

一月三十日　　日　晴

千駄木母堂腹水を再取るに付きみ良一は行く　午後精を連れて雑司ヶ谷辺を散歩す雀焼を土産に買ふ　帰りに田端にて下る停車場の位置替り珍し　四時半帰宅

一月三十一日　　月　晴

午後教授会、競争試験内規に付良精委員会の結果を報告す異議なくこれに決す　石原忍（眼科）学位通過　四時半散す、これより柿内え行く提要一月分を渡す、坊便秘、昨晩始めてグリスリン坐薬を用ひ功ありたりと　晩潤三郎氏京都より母堂病気のため出京来宅

二月一日　　火　曇

一週忌（ママ）に付準備にかかる長岡えの贈品一部発送せり

二月二日　　水　晴

山川章太郎氏紀要原稿に付来室、愈来五日出発渡米するよし、午後一時病理教室に於て長与氏執刀三浦守治氏遺骸を剖検す、氏は今朝六時死去せり脱肛極度に達しこれを打撲損傷し腸腔に裂口を生し小腸露出せりと去日曜日佐藤三吉氏手術せるも其功なく腹膜炎にて薨る　長岡え饅頭を発送せり

二月三日　　木　晴

記念帳のため自室にて写真を撮る　午刻良一帰りて晩食し直に去る

二月四日　　金　晴

歯科え行きて先日依頼せし上義歯修理出来たるを取る

石原氏此度歯科医師法改正案衆議院に出て目下審議なることに付談話あり　午後三浦守治氏葬式に付帰宅更衣、谷中斎場に到る帰途団子坂母堂を見舞ふ今日は珍しく気分宜しと　きみ、良一も来り合せたり、林氏も葬式より帰り来る

二月五日　　土　晴曇

昨日を以て饅頭配り終り今日は逮夜に付親戚を招き読経するに付其準備にきみ、せい甚忙し　二時家に帰る　僧

及幾石母堂既に来り居る直に更衣挨拶す　三時半漸く読経を始む四時半僧去る　これより坐につく客間に列するもの総て十七人、橋本男児三人及三二は二階とす、橋本四、椰野三、小林魁、横田四郎、森三、田中母堂、幾石母堂、金森夫人、文子等なり、橋本夫婦及田鶴えは午前に料理を送る又厳、小林叔母は来らざるに付托し送る八時散す只魁郎氏残りて九時過まで居たり其頃少しく雨降り始めたれど別に困ることなかりき、文子は昼頃出京したりと、十一時寝に付く

二月六日　日　雨

午前文子は林町え行きたり、午後保子厳参拝す　文保は林町にて昼食したりと　午後三時出て加賀町え行きたり忠子種痘左右各二個つきたり　坊機嫌よし老夫婦は明日旅行とのことなり　六時帰りて直に入浴、昨年今日の時刻のことなど思ひつつ浴したり、長岡より贈品の返事又供物など到達す

二月七日　月　雪

雪になりて寒し

二月八日　火　曇晴曇

六時家に帰る　きみふみせいは三越え行きたりと　せいはこれ始めてなり

二月九日　水　晴（昨夜雨）

小児科え行きて忠子種痘証を貰ふ　四時教室を出て島峰氏病気にて十数日来引籠りおるよしに付江戸川の住に見舞ふ最早快方なり　文子佐倉え帰る

二月十日　木　晴

加藤弘之氏死去に付哀悼の意を表するため休業、午後三時半出て加賀町え行く、精子先刻来りたりと老夫婦は去七日出発伊豆え避寒せらる

二月十一日　金　晴　祭日

九時半教室に到る

二月十二日　土　晴

弁当を食し直に出て青山斎場に到る　加藤弘之氏告別式なり　氏遺言に依り宗教上の儀式を用ひざりしなり　浜尾氏の式辞ありて順次弔辞十数あり　三時過終り島峰氏ありてこれより内藤久寛氏新邸を麻布に訪ふこととす夫婦共在宅、石器類を近頃購ひたりとてこれを見る次に庭園屋内を隈なく案内さる晩食の馳走を受く、食後島峰氏前途に付き種々談あり十時前辞し去る　文子出京し跡見女学校え孝子入校の手続きをなし即日帰りたりと

二月十三日　　日　晴

午食後出て甲野斐氏邸に悔に行く　去十一日母堂死去のこと昨日保子より知る　茶切手三円、絵蠟燭一対、すし一箱贈る　これより柿内に寄る　坊寝て居る少時して起く　帰途安田家を訪ふ稔氏結婚後始めてなり

二月十四日　　月　晴

午後教授会、椎野鋅太郎、熊谷岱蔵学位通過　精柿内より帰る、潤氏暇乞に来る

二月十五日　　火　晴

事なし、紀要校正に消時、潤氏夜汽車にて京都え帰る

二月十六日　　水　晴

碓居氏来室、養育院行旅病者解剖の件に付大制限を加へ昨年三月以来材料減少のところ氏の尽力により井上府知事、衛生局共に異議なき趣にて且安立幹事承諾し復旧のことになり今後再充分なるべし　今日上野精養軒にて卒業宴会あり寄附弐円五十銭出して欠席　千駄木母堂容体今日は甚悪しかりしよし　きみ行きて看護したり

二月十七日　　木　晴

夕刻島峰氏来室、歯科医師法改正案衆院通過目下貴院にて委員討議中云々の談あり　六時半帰宅　教室電灯タングステンを用ふ

二月十八日　　金　曇

小菅監獄医浅田氏来室、四時出て加賀町え行く

二月十九日　　土　晴

中村不折氏え隈川肖像催促状を出す又黒田氏え電話にて催促す、六時半家に帰る、きみ千駄木え行きて帰り第三回穿腹を行ひたりと良一立合ひ稍多量の液を取りたりと

二月二十日　　日　晴

午前は雛人形を出しなどす、午後加賀町え行く　坊昼寝より醒めて庭え出て八幡までゆく、帰りて蓄音器など遊びたり　隈川祝賀会のため三郎氏写真を持ち帰る

二月二十一日　　月　曇

足立氏動脈調査のアインライトゥング〔＊序論〕を通読す　又山越製作のコルチシエス・オルガン〔＊コルチ器官〕模型を検す　きみせいは白木屋え柿内女児の雛人形を買に行きたり

二月二十二日　　火　雪曇

昨夜来大に雪降り五六寸積る今朝止む　文子出京

二月二十三日　　水　曇雨

幼年学校生徒解剖実習を参観せり　夕刻島峰氏来室、歯

科内不穏の談あり、石原氏より宮原氏え辞職すべき旨宣告あり後これを取り消したりと　七時帰宅

二月二十四日　木　曇

昨夜大に雨降る、午後五時たから亭に到る隈川祝賀会第二委員会を開く、十時過半家に帰る　精子加賀町え行く

二月二十五日　金　半晴

紀要字体見本に付印刷会社木下を呼びて相談す　四時半出て加賀町え行く

二月二十六日　土　曇雨

宮原氏教室え来りたるを捕え歯科の情況を聞き且つ時機を計り学長院長に意見を述べおく必要あるべきことを言ひたり

二月二十七日　日　晴

昨夜雨雪降りたるも今朝霽れる温暖の天気となる　朝髪を断(ママ)りかるところえ十時過予思の如く精子坊を連れて帰り来る家族皆ありて遊ぶ、二井邸内稲荷祭を見る木多く庭に出て芝上に遊ぶ、午後抱きて槇町まで行く　白山上にて坊眠りたり帰れば直に醒む、機嫌よく四時半俥にて送りたり　帰途俥上にて亦眠りたり疲れたるためならん帰りは三崎町に出火あり　水道橋にて電車止まる故に松住町を廻はる

二月二十八日　月　曇

井上通夫氏新潟医専え出張のところ昨日帰京せるよし今日出勤、午後教授会、紀要字体変更に付見本を持ち行きて相談決定す、学位の件長谷川基（愛知医専出身）大多数否決、青木薫全会一致可決

二月二十九日　火　雨風

稀なる悪天なり

三月一日　水　曇

紀念日に付休業、十時教室に到る、四時出て加賀町え行く老夫婦二三日前伊豆より帰らる　但し留守、提要二月分収益を持ち行く　島峰氏留守中に来りて紙巻煙草一箱贈らる過日病気見舞を遣りたる返礼なるべし

三月二日　木　晴

事なし、晩食後千駄木に母堂病状を見舞ふ、先月四日見たるときに比し一段進みたるの感あり　精を連れて帰る

三月三日　金　晴

午後松原行一氏夫人葬式に青山斎場に到り三時教室に帰りて実習室に出る

三月四日　　　土　曇雨

宮川米次氏紀要論文に付来室、氏の論文校正にて全日を費し未終、五斗欽吾氏渡米のよし来室　帰途雨降りて困りたり、良一来り此頃良一及自分の写真出来たれば晩は以前の写真を出して見たり

三月五日　　　日　晴

午前長谷老人来る、昼食し直に教室に到る　足立文氏え動脈論序論通読したることに付手紙を出す

三月六日　　　月　晴曇

午後は図書館え行き雑誌を見る但し開戦以来独乙雑誌なし　黒田画家隈川氏肖像着手すべしとて教室え寄りたり四時過出て加賀町に行く、老夫婦在宅、雛人形は悉く揃ひたり

三月七日　　　火　晴

事なし、三郎氏手紙来る

三月八日　　　水　晴

事なし

三月九日　　　木　晴

午後三時谷中斎場に到る　飯盛挺造氏葬式なり帰途千駄木に寄る　新築四畳半の様子を見る　喜美子来り居る今日橋本軍医正第四回腹水採取を行ふ筈なるも未た来らす五時帰宅　尋で良一外出日にて来る、晩千駄木より腹水多量に取りたるよし報あり（三舛計）

三月十日　　　金　晴

事なし

三月十一日　　　土　雪

早朝より雪盛に降る九時半教室に到る　熊本吉永氏論文医学会雑誌に掲載のため永井氏に送り且つ吉永氏に手紙を出す

三月十二日　　　日　晴

十一時教室に到る、レーレン（ニュールンベルク）より手紙到着す昨年十二月十七日付けにて紐育商店を経、同所二月十八日付にて転送したるものなり　ワルダイエル先生はコンスルチエレンデル・ヒルルク（＊診療外科医）として戦地にあり　H・フィルヒョウ氏家族無事などあり大戦以来W先生に付て消息を得　先生尚ほ矍鑠（かくしゃく）たるものと見えたり　四時出て加賀町え行きたり　老夫婦在宅二児別条なし

三月十三日　　　月　曇

予約の如く中村不折氏来室医化学え導き隈川氏紹介し愈

明日より着手するよし、午後は岡田和、宮本仲、河本禎、鈴木忠と教室に於て祝賀会当日に付詳細の打合せをなす

三月十四日　火　曇少雨
夕刻島峰氏来り六時半まで話す

三月十五日　水　曇雪
事なし

三月十六日　木　曇
総論事なし

井上通夫氏孵卵器に付話あり電気を応用して造ること日本にては六ヶ敷、米国え視察に行きたしと常識を欠ける人なり、瓦斯を用ひても火災の恐なきを保証す云々、氏の希望に任かすこととす

三月十七日　金　晴曇
講義は本学年大典等のため遅れたり　今日も十二時まで講義したり、四時出て加賀町え行く、老夫婦留守なりしも其内帰り来る、明日は謡会を催すとか

三月十八日　土　晴不穏
昨夜雷鳴且雪降り今朝真白になれり併晴天となる洪積期人類頭骨を医学会に於て説明するため其準備をなす　精子加賀町え行く謡会に付坊等の守りなり

三月十九日　日　晴
十一時教室に到る、五時半家に帰り髪を切る、精子柿内より帰る文子佐倉より出京、然るに今日紺屋帰りての話しに昨日佐倉内藤家に行きたるに文子は既に出京中なりと何所に泊り居りしか不審

三月二十日　月　晴
十二時まで講義して内臓論全部終了せり　これにて此学期を閉つ、午後教授会、医師にあらざる学位申請者某の件に付先般来八ヶ間敷きところ山川総長臨席、未決　八代豊雄（順天堂）学位通過、四時より医学会、自分は先史人頭骨模型の「デモンストラチオン」をなす、六時家に帰る

三月二十一日　火　晴　祭日
午前加賀町え行く、老夫婦在宅、夫人病気、渋谷かず子殿見舞に来り居る、坊を連れて近所を歩きなどし昼家に帰る、精を連れて出かけ落合原を散歩し五時半家に帰る

三月二十二日　水　雨
九時教室に到る、姫路滝本義信氏え紀要図のことに付手紙を出す　六時家に帰る　三二試験済みて柿内え行きたり

三月二十三日　　木　少雪曇

六時過家に帰りたり良一来り居る、きみ子は午後柿内え老婦人病気見舞に行きたり坊等も風邪の気味なりとか台湾細谷氏出京、雨龍（ママ）茶などの贈品あり

三月二十四日　　金　晴

弁当を使ひて後二時頃出て加賀町え行く俸給持参旁見舞なり老夫人同辺なり、坊等の風は格別のことなき様なり坊は床中にありしも起きて遊びたり五時家に帰る、保子留守中来り、赳結婚のこと昨日林町より聞きたりと（山内一次なる人とか）精は千駄木に行きたるも夕刻帰る、田鶴の希望により精を晩食後柿内えやる、両家母堂病気のため我家も忙はし

三月二十五日　　土　晴

五斗欽吾氏米国行を東京駅に見送る十一時半教室に帰る六時家に帰る　三二は良一と迎へに行きたりと

三月二十六日　　日　晴

午後於菟来る昼食し良、三と出行きたり、自分は午後山川総長夫人葬式に付告別焼香のため伝通院に到る新案式なり礼拝のみにて時間を費さざるは甚よし併し棺側に親族一名も居らざりしは甚淋しく感したり　帰りて更衣直に柿内え行く坊等は風気格別のことなし　亦老夫人体温下り快方なり

三月二十七日　　月　晴

十時教室、午刻島峰氏来室、長談、愈歯科学校に付尽力すべしと決心せる如し　七時過家に帰り食後三二を連れて千駄木え行く、体温昇りたるは甚面白からず且総て容体悪し今使を出したるところなりと暫時側に居る　十時前辞し去る途中きみ子に逢ふ、家に帰りて三二とのみにて寝室に入る

三月二十八日　　火　晴

早六時半きみ子帰り来りて昨夜十二時四十五分遂に全く眠りたりと　朝文郎氏枝光より出京来る、九時頃出て千駄木に到る香奠弐拾円先贈る　林氏陸省え行きたりとて在らず、良一電報に接し直に来る、きみ子も来る　自分は十一時頃帰る、柿内え行き居たる精及田鶴二児を連れて来り居る、良一も帰り集りて賑かなり昼食後教室に到り防腐注入の準備をなす、東海銀行え寄り二時過再千駄木に到る林氏未た来らず、注入諸具来る林氏も帰る承諾を得て沢崎氏と注入を行ふ、賀古氏等と夕食す、今日遺志に依り遺産の分配あり　柿内二児までこれを受く厚つ

きことなり　精、三は通夜す　喜美子と共に九時頃家に帰る

三月二十九日　水　曇晴

午前は坊を守る、きみ子は本郷え行き午刻帰る、午後二人共千駄木え行く、京都より潤氏は昨夜、志づ子は今朝着京、夕刻一先家に帰り食後再行く始めて読経あり　田鶴坊を連れて列席す、八時入棺、九時頃家に帰る、きみ子通夜す　新潟若杉喜三郎氏死去されたるに付弔詞を出す

三月三十日　木　晴

朝きみ子帰る、午前後坊を守る、佐倉より文子孝子を連れて出京、東京住居のためなり、午後千駄木え行く、岡田和氏来弔応接す、夕刻家に帰る

三月三十一日　金　曇

九時前千駄木え行く　告別式なり、読経ありて焼香す全家これに列る、十時前より弔訪者来る自分も帰途傍に立ちて礼をなす　十二時前後に終りて休む、今日少し寒し、二時半過出発　特に馬車一台雇ひてきみ、精、三及久子と同乗す、町屋火葬場に到る、右翼第二号竈に収めて五時頃家に帰る　久子は上野にて下車す　きみ子俥にて千駄木え寄りて晩帰りたり

四月一日　土　雨

悪天、十時良、三と共に町屋に到る、収骨、きみ子俥、帰りは直に加賀町え行きて老夫人の病気を見舞ふ、一時頃家に帰る、きみ子は晩に帰る

四月二日　日　晴

午前は皆家にありて坊を相手にす、午後二時頃田鶴は忠子を連れて帰り去る、初七日逮夜に皆千駄木え招ねかれて行く坊も席に列なりておとなし、七時俥にて坊を加賀町に送る、途中多く眠りたり、老夫人の容体宜し、坊去りて家静かになる、不幸さわぎこれにて一段落とす

四月三日　月　半晴　祭日

きみ子文子と借家のことに付出行く、出勤がけに郵便局に寄り五円為替を組み故長谷川泰氏銅像費中に寄付として直に書留にて出す、十時教室に到る、医化学教室に到り河本氏と明日祝賀会に付打合せをなす　隈川氏来室先月分提要収入金受取る　夕刻布施氏仙台より出京来室、七時過まで談す　文子孝子は田町に借家し今夜より移りたり

四月四日　　火　半晴

十時来室、午食後上野精養軒に到る、隈川氏在職二十五年祝賀会なり、自分委員長として主賓を迎ふ宴終りて氏の宅に到り八時家に帰る　きみ子昨夜より発熱、今日は稍降る

四月五日　　水　半晴

十時半教室に到る、午後二時湯島天神社内故長谷川泰氏銅像除幕式に列す四時教室に帰る　布施島峰二氏来室七時まで学談

四月六日　　木　晴

昨夜雨霰など降りしも今朝晴れる、出がけに千駄木え寄る、居室変更にて混乱、但し於菟の方は片付く九時半教室、手当金百円券鈴木忠行氏より受取る紀要編纂のためならん　椎野氏出京中のところ今日出発奉天に帰ると四時家に帰る　潤氏夫婦及於菟来り共に食事す終りて急去る出発のためなり自分等は六時出て東京駅に到る　良一、精、三二同行す、きみ子は風邪に妨げられ行かず、保子厳於菟、増野未亡人等見送る、七時発車、是より皆々と銀座を散歩す　陶器店に入り二三品買ふ、新橋より電車にて帰る　留守中に千駄木より精の荷物を引き取る

四月七日　　金　晴

精、三を連れて十時出かけ玉川え散歩す渡を渡りて掛茶屋にて弁当を使ひ、これより沿岸を歩す、五時半家に帰る

四月八日　　土　晴

午前加賀町え行く、春暖好天なり坊を連れて八幡まで行く正午過ぎて家に帰る、午後は庭に出て笹を刈り芝上を掃くこれ今年始めてなり、三二は学校より帰りて青山錬兵場にスミス飛行を見に行く、良一向島競漕会に行く医科勝利

四月九日　　日　晴

在宅、午後庭に出たり、鳩を庭え出したるに一羽は夕方室内え戻りたるも一羽は飛び去りて遂に帰らず

四月十日　　月　曇風

朝坊の迎へに行き連れ来りて終日遊びたり、風強くして外にて遊ぶこと出来ざらん、日暮れて送り行きたり

四月十一日　　火　曇

九時教室に到る、紀要校正に終日す

四月十二日　　水　晴

講内桜花三四分開く、喜美子稍全快　午後四時教室を出

て上根岸に中村不折氏を訪ひ隈川氏肖像揮毫料三百円渡す、谷中墓地過きて家に帰る

四月十三日　木　半晴風

午前午後共庭に出て掃除す、佐々木豊七氏来りて耳患者入院のこと頼まる　午後大学運動場に於てボオト祝勝会ありたるも列せざりき

四月十四日　金　晴曇雨

九時教室、午後医学会事務所え行きて雑誌を見る　午刻耳鼻え寄り佐々木依頼の患者入院のことをたのみ室に帰りて同氏え入院許可書を送る、午後四時東京駅に木下正中氏欧米より帰朝を迎ふ是より加賀町え行く　桜花咲き満つ

四月十五日　・　土　雨

九時教室、名古屋奈良坂源一郎氏来室、六時帰宅

四月十六日　日　曇

午前服師来り夏服を注文す　午後二時精を連れて浮間茅野え行く桜草まだ早きも充分摘みて帰る

四月十七日　月　曇

七時出勤、授業を始む五官器を以てす、顕微鏡実習を始めんと思ひたるも欠席者多数あるを以て止めたり　午後教授会、山川総長臨席、山崎講師出席、学位令に関する説明あり、医学者にあらさるものに医博士を授くるは之を拒絶することを得るが如し、小口軍医（眼科）肥田七郎、太田孝之の三氏学位通過

四月十八日　火　晴

顕微鏡実習を始む、午後は医学会事務所にて雑誌調べ

四月十九日　水　晴

弁当を食し直に帰宅　精を連れ出かける再浮間茅野に到る　桜草見事に咲きゐる、甚心地よし　七時家に帰る

今日は観桜会なるも不参

四月二十日　木　晴

午後ユンケル氏紀要のことに付来室　午後四時過より医学会例会出席　井上通夫口蓋発生談あり

四月二十一日　金　曇

藤沢利喜氏使を以て烏龍茶を贈る、午前医学会事務所え行雑調べ、午後四時出て加賀町え行く坊は昼寝より起きたるところ、八幡辺を散歩す

四月二十二日　土　少雨

今日より実習室にて仕事を始めたり

四月二十三日　日　雨

終日雨止まず外出せず、藤沢利喜氏玄関まで挨拶に来る　栃堀島角七出京尋ね来る　文書目録に終日す

四月二十四日　月　晴

午後医学会事務所に到り雑誌を見る略ぼ終る　四時出て加賀町え行く老夫婦不在、俸給を持行く

四月二十五日　火　曇雨

熊本谷口長雄氏来室、先頃発掘の貝塚談あり　精子加賀町え行く

四月二十六日　水　雨

事なし

四月二十七日　木　曇

事なし

四月二十八日　金　晴

精子柿内より帰るに付坊を連れ来る筈なれば十時半家に帰る　坊は既に先刻来れりとこれより坊を相手に遊ぶ、午後は庭に出る、松の新芽を摘む又坊を連れて槇町まで行きたり、七時過俥にて送る機嫌克く遊びたり

四月二十九日　土　晴

隈川氏提要の勘定を持ちて来室、又西郷吉弥氏来訪、赤十字病院に転職の際来訪せられたるも会はさりしが久し振り即ち伯林以来始めて面会せり　三二は向島にて競漕会ありてこれに行き日暮れて帰る　夏服先日注文したるもの今日出来す

四月三十日　日　雨

十時半教室に到る

五月一日　月　晴曇

栃堀村の人植村悦三氏を携ひ野本清一氏来室、悦三氏は出家し京都仙寿院と云ふ寺に住職すと　小児の頃見たるのみにて面影更に覚なし珍客と云ふべし　台湾氏原均一氏出京来室、氏の論文校正に付談合す　午後教授会、大正六年度予算の件、留学生の件（皮膚科より佐藤敏夫の申出あり）学位の件田村栄（医化学）通過　良一靖国神社祭にて休みのよし、帰宅す　頼み置きたる万年筆（六円）買ひ来れり

五月二日　火　曇

四時出て加賀町え提要収入を持ち行く

五月三日　水　晴

氏原氏来室次元島策太郎氏来る氏は既にボルネオ島に帰りたることと思ひたるに尚滞京せり、併し愈々雑事開決（ママ）

したるに付来月初に出発すと　丸善よりロオヤルテイプライタア一台（二百四十円外机二十六円）購入す　庭師手水鉢台石を縁前え置きかへる

五月四日　　木　晴

出勤がけに大沢岳氏馬にて負傷せるを見舞ふ　昨日教室及家にて Vb. I. P_2 u. M_1 落つ　家に帰らんと思ふ時雷鳴大夕立となる　六時過略止みて帰途に就く

五月五日　　金　晴

午前病理え行きて会誌を見る、午刻ユンケル氏来室又病理山村氏来り乳腺にメンブラナ・プロプリス〔＊基底膜〕より上膚細胞間に突起の挿入せる標本に付相談あり　田鶴坊等を連れて来る筈に付三時出て帰る、既に先刻来れりと又久子殿来訪、留守中氏原氏来りて台湾製飾品の贈り物あり

五月六日　　土　晴

朝遊びて遅くなり十時過教室に到る、五時過家に帰りて遊ぶ今日は来客多かりしよし、津和野米原老夫婦、其他、又晩に小林叔母及保子、於莵来りて晩食

五月七日　　日　風雨

嵐にて終日屋内にて遊ぶ、坊なかなかやかまし、此様のことは始めて見たり

五月八日　　月　晴

二時教室を出て家に帰る、坊等帰るに付早く夕食を終へ五時半倖にて出かける老夫婦在宅なりき、三二は修学旅行に越後地方え向け出発す

五月九日　　火　晴

春期大掃除にて家混雑す

五月十日　　水　晴

眼科、皮膚、耳鼻を廻りて雑誌を見る、文書目録調製終り長谷川舘一氏え送る一五六枚あり以来最多数なり　エンサイクロペヂア・ブリタニカ購入、これに教室印を捺す

五月十一日　　木　晴

事なし、良一定日にて一寸来れり

五月十二日　　金　晴曇

晩佐倉内藤夫人来訪、きみ応接す

五月十三日　　土　曇

実習を終へて加賀町え行く　隈川祝賀会写真を持ち行く坊縁先き石段より落ちて手を痛めたりと併し格別のことなかるべし

五月十四日　　日　晴

昨夜左肋に撃痛を感す朝になりて去らず且少しく発熱す（三八、二度）終日不快

五月十五日　月　晴

欠勤、教授会にて佐藤四郎氏論文報告の筈なりしも延期す、体温常に復す刺痛は去るも尚ほ鈍痛あり

五月十六日　火　晴

午前俥にて一寸出勤、実習講義を一時間して止む　午刻家に帰り休養、入浴

五月十七日　水　雨

左肋鈍痛同様なり気分悪し

五月十八日　木　雨

昨日故橋本小三郎氏一週忌贈品あり（ママ）　これに対し今日香奠弐円郵便にて出す、精加賀町え行く　助手平光、広瀬、桑山三氏見舞に来る　良一一寸来り処方を書きて去る、試験中のよし

五月十九日　金　雨

痛減す、幾石敏夫氏仙台え赴任、暇乞に来る　在シカゴ三郎氏より千駄木母堂死去悔状来る　入浴

五月二十日　土　曇雨

九時半出勤、五時前家に帰る別条なし、良一来り居る

五月二十一日　日　曇

天気鬱陶し、終日家にあり、晩於菟来る婚事に就てなり

五月二十二日　月　曇

弁当を食し、御殿え行きて桜井錠氏に久保論文出版費学士院より支出のこと叶ふや否や様子を質す　先六ヶ敷しとのこと、佐藤三吉氏にちかより依頼平殻奇形の整形手術成否の見込を問ふこれ又六ヶ敷とのこと、渡瀬庄二郎氏に元島え動物採集を依頼可然こと話し、終りに山川総長に観覧標本室等のため増築を要することを説明す二時教室に帰る

五月二十三日　火　曇

今日より幻灯にて顕微鏡実習説明を始む　晩きみせいを連れて池の端仲町まで花器を見に行く小品二三を買ふきみは竹器を買ふとて別れ精と博品館を一周して帰る

五月二十四日　水　曇

宮本仲氏より金工家塚田氏より挨拶として進みたるカステラ一箱送り越す直に医化学河本氏え転送す　福島病院松永琢磨氏欧米留に付告別として来室　島峰氏来室長談

五月二十五日　木　雨風

事なし　良一来り居る在倫敦岩藤二郎氏より安着の手紙

ありこれに対し良一連名絵葉書を認む

五月二十六日　金　曇

きみ子朝加賀町え坊の迎へに行く、自分は教室を早く十一時出て家に帰り坊来り居る、終日機嫌克遊びたり七時過俥にて送る九時家に帰る、夕刻良一も来る　在シカゴ三郎氏え連名の絵葉書を出す

五月二十七日　土　曇雨

五時半家に帰る、良一も帰り居る　今日は海軍紀念日にて休　最早これにて軍医校終り試験も済み愈乗艦することとなれり

五月二十八日　日　晴

文部省に戦乱に関する絵画展覧あり午前行きてこれを見る、午後は庭に出て草を取る、荒木老母堂来訪但し会はず、於菟一寸来る

五月二十九日　月　曇

午前元島策太郎氏来室、動物学教室え同行し飯島氏に採集依頼状に付打合せをなす　午後教授会、旅費分配、解剖は井上氏の分一〇〇円金沢学会の分三〇円を得たり、学位の件秦勉造、佐藤四郎（自分報告）共に可決、加賀町え行き提要五月分持参、又良一近日乗艦に付田鶴を遣されたきことを頼みたり

五月三十日　火　曇

実習を終へて坊来り居るかと思ひて家に帰れば果してあり、これより遊ぶ、晩精子と坊を抱て槙町え行きおもちや買ひたり

五月三十一日　水　晴

昼弁当を食して後名児耶六都氏夫人の葬式に麻布飯倉四丁目瑠璃光寺に到る同所にて豊辺氏鶴見氏などに会ひたり三時半家に帰りて坊と遊ぶ　良一は告別の意味にて於菟厳を招きて夕食したり　夕刻大に夕立す

六月一日　木　晴

五時頃家に帰る、良一は榛名乗組と云ふこと内談ありしと　三郎氏より葉書来る

六月二日　金　晴

午前きみせいと坊を連れて動物園え行きたり　昨秋とは違ひて興味一層深きが如し　十二時前教室に到る　元島策太郎氏えボルネオ島に於ける材料蒐集に付依頼状を飯島魁氏と連名にて送りたり　三時半家に帰る、入浴、夕食早く仕舞ひ田鶴等を送り還へす、九時頃帰宅、良一明

朝出発の関りにて荷造りをなす十一時寝に就く

六月三日　土　晴

良一出発は明朝に延びたり三二は擬戦とて早朝出行く久保氏論文大原稿京都え送るため山越に渡す、五時半家に帰る、尋で良一は青山スミス飛行を見たりとて帰り来る

六月四日　日　晴

朝新聞にて英独大海戦ありたるを知る

良一は七時頃立行きたり、荷は其前荷車にて涌井挽き行たり、終日在宿、午後は庭に出たり　気温昇り夏となれり

六月五日　月　晴

午後隈川氏来訪、研究指導とし教授の位置を設くるの件に付談あり、四時より医学会出席、山村（病理）氏の乳腺固有膜に就て説等あり

六月六日　火　曇晴

顕微鏡実習中スミス日比谷まで飛行するを見付けて学生皆庭に出る自分も出て其中返（ママ）へりするを見たり　在シカゴ三郎氏え手紙を出す　三郎氏のこと東京日々に掲載あり　其切り抜きを封入す　晩良一より手紙到る、榛名に佐藤正氏乗組み居ると

六月七日　水　晴

在京城久保氏え原稿京都え送りたることの手紙を出す三時出て三井銀行え行き定期預けの書き替をなす一八八六、〇二（甲号六〇四九）、これより加賀町え行く全家族ありて写真を取るところなりき

六月八日　木　晴

午後実習中安田恭吾氏来室、鉱山より出る土より藍（ママ）を製すること発見に付大阪試験所長平山松治氏え紹介名刺を請はれこれを遣る　宮原虎氏来室、長談、歯科医師法改正になり其れ関する省令に付不服の点、青山面談の模様等なり

六月九日　金　曇

病理堀沢治吉、鹿児島茂氏顕微標持来りて相談あり　四時出て加賀町え行く大礼記念章を持参、精子午後来りたりと　晩島峰氏来り歯医専新設か大学歯科に居据るかなど十二時近くまで話したり

六月十日　土　晴

家に帰りて更衣、六時上野精養軒に到る、山川、穂積二氏授爵祝賀会なり　帰途本郷三丁目角にて夏鳥打帽子を

買ふ

六月十一日　　日　晴

午前八時より組織筆答試験を行ふ出席者一一七名、問題カナクベルゲシュトライフテス・ムスケルゲベーベ〔＊横紋筋〕　午後は家にあり、庭に出る　精子柿内より帰る

六月十二日　　月　晴

午後教授会、歯医法改正に伴ふ内省令案に付協議、石原氏の説明あり、学位沢崎（長岡病院長）通過

六月十三日　　火　晴

碓居氏来室養育院屍解剖に関する法令に付官庁との交渉の模様談あり　六時前家に帰る　良一先刻来りたりとこれ乗艦始めての帰宅なり勤務の談あり

六月十四日　　水　晴雨

良一は四時に出行きたり　午食後御殿え行き青山学長に昨日碓居氏より要件内務の方を頼む序に歯科不統一のことに付話す、宮原氏を呼びて其ことを通じ尋で島峰氏来り長談、大に氏励ましたり　七時家に帰る

六月十五日　　木　少雨

病理山村氏乳腺基底膜標本持ち来りて種々相談あり六時半帰宅　留守中岡山島薗氏来宅縷等の贈品あり学位の礼ならん

六月十六日　　金　曇風雨

午後三時半出て夏襟飾を買ひこれより加賀町え行皆在りたり、晩精を連れて指ヶ谷町に生花用二段竹筒を買ふ

六月十七日　　土　晴風

六時家に帰る良一来り居る、晩佐藤四郎氏礼に来る　カフス釦及カフエ茶碗の贈品あり

六月十八日　　日　曇雨

朝加賀町え坊を迎に行き連れ来りて終日遊ぶ　七時過出て送り行きたり、終日天気悪し　良一は午前四時出て帰艦せり

六月十九日　　月　晴

五官器耳まで全部終りて講義を閉じたり　安田恭吾氏来室、藍（ママ）のことに付大阪え行きて帰りたりと時に青山学長来り養育院屍解剖に関する件内務参事官に熟談せり　充分了解したり云々尚ほ野田課長に自分が面談し置く必要あるべし云々　柿内基房氏病気入院のよしに付見舞状を出す又岡山島薗氏え贈品礼状を出す　午後内務省え行き野田氏に面会し意志のあるところを充分通し置きたり、四時過家に帰る　むつ子みへ子来り居る　晩於菟来り主

婦殿病症愈腸チフスと決定したりと

六月二十日　火　曇

隈川氏来室、大学拡張談あり、顕微鏡実習を閉づ、田沢鐐二氏ベルン在学のところ四月出発帰朝せりとて来室、種々彼地の情況談あり　晩千駄木え細君の病気を見舞ふ

六月二十一日　水　少雨曇

在宅答案調べを始む

六月二十二日　木　曇

朝牧野老母堂おきよ殿付添て来訪　晩精を連れて槇町まで行き千駄木故父母の位牌を注文す

六月二十三日　金　晴

十時半出て教室え行く、顕微鏡試験の準備等をなし俸給を受取り一時頃帰宅、炎熱酷し、午後四時半出て加賀町え行く　児等嫌（ママ）気よし、晩急に冷しくなる

六月二十四日　土　曇

晩食後精を連れて近傍散歩したるのみ答案調べ大に捗取り四個あますのみ

六月二十五日　日　曇雨

組織実地試験を始む、欠席者多し十七名すみたるのみ、三時過出て家に帰る時に雨降り始む　碓居氏より養育院屍解剖の件内務にては勅令として出す旨決したるに付ては高橋法制に熟談の必要あり云々の通知あり由て晩食後同氏を訪ふ不在

六月二十六日　月　雨

終日雨、在宅、教授会欠席、答案調べ終る　朝再高橋法制を訪ひたるも既に他出の後なりき

六月二十七日　火　雨

試験二十一名、五時終りて斯波忠三郎氏虫様突起摘出術を行ひ佐藤外科入院を見舞ふ　終日雨降り真梅雨となれり

六月二十八日　水　雨

試験欠席多し、十八名すみたるのみ

六月二十九日　木　晴

出席二十一名、終て法医教室に到る　教室側教授諸氏集り居る　大学研究事業拡張に付相談、帰途良一依頼の認め印注文す、帰れば横田四郎氏来り居る　晩食して去る

六月三十日　金　晴

授（ママ）験者甚少し、十六名のみ、弘田氏午刻教室え尋ね来る　四時出て加賀町え行きたり　児等無事

七月一日　　土　曇雨

出席者二十一名、全数一一四名、四時終る　宮原氏来室只今久木田長尾八田氏等と青山学長に面談せり云々　注文し置きたる良一認め印受取りて帰る

七月二日　　日　曇晴

蒸熱堪へ難し、魁郎氏女児を連れて来り長坐、昼食す、晩精を連れて千駄木え見舞に行く細君容体極て良し　今朝高橋作衛氏又々不在

七月三日　　月　晴曇

朝高橋法制を訪ふ漸く面会せり解剖の件充分話したり八時半教室に到る　試験成績を出す　西氏仙台より出京一寸来室、四時出て家に帰る　文子孝子来り居り貸家の談あり　精子加賀町に行く

七月四日　　火　晴

午前教室側諸氏と山川総長に面談、研究事業拡張に付陳述す　午後四時出て加賀町え行く老夫婦他出、丁度鶴、精二児を連れて神楽坂まで行くところ、自分も同行したり

七月五日　　水　曇（昨夜雨）

午後教授会、特待生選定、学位瀬川昌世可、林（金沢出身、同校教授、小児科）否、茂木蔵之助可、会議中柿内より帰りに寄れ云々　何事ならんと四時半終りて行きければ坊今朝より熱発のよし、今医師去りたるところ更に源因不明併機嫌はよし　七時家に帰る

七月六日　　木　曇（昨夜雨）

山越良三一寸教室え来る、午後四時出て柿内え行きたり三二試験済みて来り居る　精は午前に帰りたり、坊は早熱なき様子、機嫌宜し先格別のことはなき様なり　晩加賀美来り置きたる江戸時代絵図を購ひ呉れたり　切り図にて二十九枚あり値二円二十銭なり旧状甚面白し

七月七日　　金　曇

二時半家に帰りて私服に更へ俥にて谷中斎場に到る　山崎直方氏夫人葬式なり、蒸熱強し

七月八日　　土　曇雨

昨夜下痢す、終日在宅

七月九日　　日　曇雨

腸宜し、きみ子朝早く坊を迎に行く九時半頃連れ来る午後四時頃田鶴忠を連れて来る、家中賑かなり　晩安田恭吾氏来り三謹に患者依頼の件なり断る

七月十日　　月　曇雨

卒業式、九時参学、臨幸、凡そ例年の通り　天覧の件、宮本武蔵画、秀吉禁中桜花拝観につき　正親町天皇の御製並に奉奏及ひ唱和の和歌一巻即ち御製
たちよりし色かものこる花さかりちうで雲井の春やへぬへき　秀吉奉奏しのひつつ可すみとくもになかめしもあらわれけりな花の木のもと　これと御湯殿上日記中の当日の記事対照面白し、電気脱煙法、毛皮獣養殖模型、X線に依る原子排列を示す実験、気流の界限速度を示す実験、水鉛（モリブデン）の効用、十二時過家に帰る　留守中加賀町母堂金森夫人など来訪ありて混雑せりと、午後は大降雨　島峰母堂来る時に雨益々強し四時頃俥にて送り返へす　亦雨中良一来る　晩は茶の間に集りて賑かなり

七月十一日　　火　晴曇

田鶴精児を連れて写真へ行く、自分九時半出勤　杉江氏来室休中教室に来りて脳を研究す云々又犯罪人の脳を調べたし云々　これは工藤氏研究の筈に付断る　三時頃家に帰らんと赤門まで行きて島峰氏に逢ふ　教室に帰りて青山学長に面談の模様を聞く　六時過家に帰る

七月十二日　　水　雨

教室不参、終日坊と遊ぶ、雨天なれと冷しくして適す六時田鶴等を送り行き帰りて入浴

七月十三日　　木　雨

八時半教室、昨日学生某来りて熊野御堂筆答試験、成績欠除の件に付質されたるに依り事務室に到り訂正す全く隣名曽我に書き入れ違へたること判明したり　曽我は出席せざりしものなり

七月十四日　　金　晴曇

教室不参、午前小林、椰野両家え、午後小松両家及橋本家え中元見舞に行きたり　昼は家に帰りてす　小林母堂来訪、名児耶六都氏胃癌のよしに付元町の居に見舞ひたり

七月十五日　　土　曇晴

九時出勤、標本整頓、番号記載等、五時半帰宅

七月十六日　　日　曇晴

八時半教室、標本整頓、六時過帰宅、良一来り居る

七月十七日　　月　晴

自室大掃除に付教室不参、蒸熱酷し、晩食後きみ子を連れて牛込築土前古道具屋に到り　水盤及花台を買ふ価七円と三円とす、良一未明に帰艦せり

七月十八日　　火　晴　夜に入り夕立す
十時教室、標本整頓未終らず、三時半出て加賀町え行く
児等元気よし帰途原町に原家を訪ふ皆在宅
七月十九日　　水　曇晴
九時教室、三島町長某衛生展覧会のため標本借用依頼た
め来室、承諾　標本整理未た終らず　六時家に帰る
七月二十日　　木　晴
熱さ余り強からず朝坊の迎へに行き連れ来りて遊ぶ　夕
刻は芝の上に出たり　千駄木類も一寸来れり、晩送り行
きたり
七月二十一日　　金　晴
九時教室、椎野氏奉天より出京、島峰氏来室例の如く長
談、七時過帰宅
七月二十二日　　土　晴
九時教室、午後一時より新入学生競争試験成績に付相談
あり御殿に委員集る　標本整理漸く終る　六時半帰宅
七月二十三日　　日　晴
朝出がけに北隣え転住せる石坂音四郎氏え名刺を出し
九時教室に到る　五時家に帰り一寸庭に出る
七月二十四日　　月　少雨曇
始めてタイプライタを試む、四時半出て加賀町え行く俸
給を渡す
七月二十五日　　火　晴
朝在シカゴ三郎氏皆々え手紙到る　タイプライタを錬習
す有望なり六時家に帰る
七月二十六日　　水　曇雨
九時教室　小谷野格康氏来室「チリムス」標本を検す
午後三二邦文雑誌を教室え運ひ来り　英百科全書を見て
帰る　元島策太郎氏息を連れて来り　猪頭及猩々頭骨二
個を教室え寄附せらる又ボルネオ土人楽器を人類え寄附
の依托を受く　島峰氏来室、青山学長石原氏会談のこと
今日石原氏より話あり　其模様を聞きたり長談七時出て
家に帰る　於菟来り居る　林氏受賞の分配とて家及田鶴
え各拾円持参せり
七時二十七日　　木　雨
元島氏寄附のものを人類学え持ち行く　誰も居らずタイ
プライタ第四日、先つこの位にして置くべし　精子柿内
え行く
七月二十八日　　金　雨
九時教室、隈川氏提要収金持来る、終日雨天　夕刻岡田

和氏玄関まで告別に来る

七月二十九日　土　雨風

風雨強きを以て家に居たり、午後益々強く台風となる

珍らしきことなり　三二は午後良一を迎へに東京駅まで行きたり四時半頃連れ立ちて帰り来る、尋で精も柿内より帰る、鰻丼を取りて食す

七月三十日　日　雨曇

良一例の通り四時出行きたり、風弱くなれたれども尚雨止まず　十時教室に到る　四時出て加賀町え行きたり

七月三十一日　月　晴

九時教室、岡田、田代、斯波、芳賀等教授渡米に付十二時半東京駅に見送り一時教室に帰る　五時家に帰りて少時庭に出る

八月一日　火　雨曇晴

上義歯を損し昨日歯科え行きて八木氏に新調を依頼したりしか今日其型を試む、年を経たれば上下共追々工合悪しくなりたれば此度は新調のつもりなり

八月二日　水　晴

朝新井氏来訪、是より同道　慈恵医専に到り氏が集収せる鼻副腔の標本の其他のものを見、十二時半教室に到る、福岡久保猪氏来室種々談話　晩きみせいを連れて銀座え行く千駄木え贈る葉巻煙草を買ふ、此頃行賞あり其分配を受けたる返礼なり（五〇本六円五拾銭）、歩きて資生堂に息み新橋より電車、家に帰れば十一時に近し

八月三日　木　晴

歯科え行きて義歯の型を合す　午後福岡桜井恒氏来室、四時半出て加賀町え行く　坊田鶴と神楽坂え行きたりとて不在、伊藤、四郎二人あり、長く話して坊の帰るを見て自分も直ぐ去る

八月四日　金　晴雨

十時教室、奉天小池敬事氏出京来室　五時帰りて一寸庭に出る　晩於菟来る　三二富浦水泳部え出発す

八月五日　土　曇驟雨晴

六時出て家に帰る

八月六日　日　曇晴雨

朝保子来る、十一時教室　六時過家に帰れば名児耶六都氏危篤の通知並に橋本豊太郎氏母堂死去の通知あり、晩食後先名児耶家を見舞ふ　既に昨夜死去せられたりと是より巣鴨平松に橋本家え悔に行く辺鄙なところにて別（ママ）

り悪く困る、豊氏朝鮮より急行、昨夜着京し間に合ひたりと香奠二円供ふ十時半帰る

八月七日　月　曇

九時教室、歯科え行く上下義歯新調成る更に上の複を作り置くべし　緒方氏紀要の掲載図版のことに付来室、遅くなりたれば急ぎ帰宅、橋本豊氏母堂葬式に吉祥寺に行くつもりのところ保子の注意あり中止す　四時頃庭に出たり

八月八日　火　晴

三郎氏シカゴよりの手紙到る、十時教室、熊本山崎春雄来室、氏が執行せし貝塚発掘談あり　下顎だけにても三十余個ありと　午後四時半出て加賀町、大人戸隠山より今朝帰せらる、坊嫌（ママ）気よし

八月九日　水　雨晴

九時教室　午後新井氏来室　森田氏解剖書に付不平談あり

八月十日　木　雨

教室不行、午前池田恭次氏を林町に訪ひ本多家のことを尋ぬ、午後飯倉に名児耶六都氏葬式に列席す、雷、驟雨頻りに到る蒸熱酷し　白山停留場の車内にて林町に会ひたり　三二水泳より帰る

八月十一日　金　雨

九時過教室、歯科え行き八木氏に上義歯予備の製作を依頼す　六時過家に帰れば良一来り居る　腕時計を買ひたりと　池田恭次氏来る本多のこと報告あり　其要はあまり思はしからず　晩於菟来り賑かなり　岡山八木田、市川田口氏より桃実沢山到来す

八月十二日　土　曇雨

良一四時に出去れり　天気悪しけれど冷しき故坊の迎ひに行く　老夫婦は加、能地方え旅行、連れ来り終日機嫌よく遊びたり　精子送りて行きたり　在シカゴ三郎氏に葉書を出す

八月十三日　日　雨曇

九時教室

八月十四日　月　曇晴

十時教室、歯科え行き上義歯の型を合す、小児科え行き弘田氏幸にあり　坊の下痢に対する処方を乞ふ、右薬を調合せしめ四時半出て加賀町え持ち行く　晩於菟来る、望月明かなり

八月十五日　火　曇

九時教室、五時帰りて一寸庭に出る

八月十六日　水　曇

九時教室、五時家に帰りて一寸庭に出、精子柿内より帰る

八月十七日　木　晴

九時教室

八月十八日　金　晴

精子等に曝書せしむ、九時過教室、四時出て柿内え行く

八月十九日　土　雨

教室不行、終日雨降る

八月二十日　日　晴

九時教室

八月二十一日　月　曇

九時教室

八月二十二日　火　雨

九時半教室、悪天

八月二十三日　水　雨

九時教室、歯科え行く義歯上二、下一個出来たり但し旧材料を用ふ、一円五十銭払ひたり　これにて当分よろし

八月二十四日　木　曇晴

朝になりて雨止みたれば坊の迎えに行き九時半頃連れ来りて遊ぶ　きみ子は中学教員光藤氏を訪問、十一時過帰る　三二は復習より十二時頃帰る、終日機嫌克遊びたり　精子送り行きたり

八月二十五日　金　晴曇

九時教室、椎野氏奉天帰任告別

八月二十六日　土　雨曇

九時教室、熊本山崎氏帰任す　精柿内より帰る

八月二十七日　日　晴

十時教室

八月二十八日　月　晴

九時教室

八月二十九日　火　晴

九時教室、姫路滝本氏紀要図のことに付第四回目の葉書を出す遷延して困りたり　三二教室に来り　百科書を見る　タイプライタを説明せり　四時出て加賀町え行きたり

八月三十日　水　晴雨

九時半教室、隈川氏提要収入八月分持ち来る　福井勇蔵（三二の復習師）及於菟を招ねきて夕食す

八月三十一日　木　晴風
九時半教室　晩食後精、三を連れて池の端仲町まで散歩す　生花用鋸及なたを買ふ、博品館を一週ママし電車にて帰る

九月一日　金　晴
三二学校始まる、九時教室　養育院書記森茂氏来室慈善演劇券売り方依頼あり　これを事務室え持ち行きて教授え廻付方を依頼す、生理教室え行く、福岡石原誠氏来室長談

九月二日　土　晴
九時教室、午後島峰氏来室長談

九月三日　日　雨晴
朝坊の迎へに行き連れ来りて終日遊ぶ亦夕刻送り行きたり　老夫婦旅行帰京せられて面会したり

九月四日　月　晴
九時半教室　金沢石川喜直氏死去の報に摂ママし悔状を出す

九月五日　火　晴
此頃の暑さなかなか酷し、九時過教室　養育院慈善演劇切符二枚（四円四拾銭）払ふ　家より電話あり二時頃帰宅、田鶴二児連れて来り居り家中賑かなり　在八幡文郎氏電報あり　三女エキリにて死去のことなり　晩田鶴精と坊を連れて槇町まで散歩、下駄を買ひ与へたるに大悦なり

九月六日　水　晴
在宅、文郎氏え悔状に香奠二円送る、保子来る　家中甚賑かなり、晩魁郎氏来り九時より十一時まで居たり

九月七日　木　晴
在宅、終日坊と遊ぶ

九月八日　金　曇晴
午前きみ子と坊を連れ吉祥寺内散歩、橋本家墓に詣づ、田鶴、精は三越え行きたり、陸奥子来り昨日演劇切符を遣りたるにこれを用ひて母子行きたりと、夕刻自分送り行きたり二児共車上眠らず機嫌よし　此頃熱さ甚酷しきに別に障りし様子なし　八時半頃家に帰れば火の消へたる如く静かなり　此休中は只ディフエレンツィアルレヒタング〔＊微分法〕を勉強したるのみにて終れり　此四日間坊等の相手せしが休中の慰なりき

九月九日　土　曇晴
八時半出勤、今朝良一青森より葉書にて日進え転乗のよ

し申来る

九月十日　　日　曇晴

九時半教室　五時帰りて一寸庭え出たり

九月十一日　　月　晴風

八時半教室、総論解剖学講義を始めたり　熱さ強く講義中汗流る　午後隈川氏来室長談、医学会々頭更代したし大沢岳氏適すなど云へり

九月十二日　　火　曇

冷しくなれり、名古屋浅井氏来室論文を紀要に掲載のことに付話あり　四時出て坊のところえ行きたり

九月十三日　　水　雨

百瀬玄渓氏紀要論文のことに付来室、亦中山福蔵氏来り再入学の談あり

九月十四日　　木　雨

事なし

九月十五日　　金　晴

午刻東京駅に塩田茂木両氏仏国より帰朝を迎ふ　島峰氏来り長談、金沢在学中の失敗の件、帰朝後直に再起、先達漸く決着せりと亦内藤夫人姪の談あり　これ又最後の決定を得たりと、六時過帰る

九月十六日　　土　雨曇

良一より昨日手紙あり日進に乗艦せりと　医化学に隈川氏を訪ひ医学会々頭の件大沢岳氏へ試みたるに来年はと云ふことにて尚一年間会頭継続のことを懇談す　長崎池上馨一氏出京来室　精子加賀町え行く

九月十七日　　日　晴

再熱し、終日在宿、午後庭え出る

九月十八日　　月　晴

八時より組織筆答追試験をなす　クノッヘンゲベーベ（*骨組織）出席者三名のみ　午後教授会、浅井猛郎学位の件（大沢岳氏報告）可決、熊野御堂試験点数を自分が報告誤りのため特待生選定に減したるを更に追加として選定のこと可決、但し評議会にて如何に決するか

九月十九日　　火　晴

教室不行、九時半頃精子坊を連れて帰る、終日坊と遊ぶ孝子来る、亦川上政雄来る、久子殿於菟も来る　夕食頃雨降り出す、六時頃坊を送り行く、大人在りたるも直に外出、照康氏箱根にて病気宜しからず老人夫婦明後日箱根え行くとか

九月二十日　　水　曇晴

八時より組織実地追試験をなす只一名出席したるのみ塩田、茂木両氏教室え挨拶に来る、五時より医学会例会出席終て来月総会の件に付評議員会出席役員前年通り　十時過帰宅、驟雨ありたり

九月二十一日　木　曇晴

三浦謹之助氏来りて Michaelis, Einfürung in die Mathematik〔＊文献〕を貸し呉れたり直にこれを読み始む

九月二十二日　金　晴

四時出て加賀町、老夫婦箱根行留守

九月二十三日　土　雨　祭日

外出せず、午前保子むつ子来る、林町となゝこ羽織一件其他一般不穏のこと（但しこれは従来のことなり）等陳状（ママ）なり

九月二十四日　日　雨

外出せず　きみ子柿内え行きたり

九月二十五日　月　晴

四時出て加賀町え俸給を持ち行く

九月二十六日　火　晴

十一時過帰りて仕渡、十二時きみ子精子を連れて出かける　新宿より京王電車にて笹塚にて乗り替へ調布玉川原に到る時に二時半、快晴にて熱さ殊の外強し湊屋と云ふに息ふ、家婦に謀り鮎猟を試むこれ始てのことなり　四時頃舟に乗りて出かける漁夫は河中に立ちて網を打つ一昨日の雨にて水量多く少し濁り漁如何と云ふことなりしも見事なる鮎十疋大鯰其他雑魚あり　周囲に人なきは第一意に適す少し曇りて冷しくなり甚心地よし　五時頃茶屋に戻りて帰途につく少し雨降りたるも困ることなし八時過家に帰る（一切にて五円計のなぐさみなりき）鈴木忠行氏病気に付見舞（鶏卵）を送る

九月二十七日　水　曇

晩精を連れて梛野へ行く保子林町となゝこ羽織一件に付心配し居たるか其後如何せしかと思ひてなり

九月二十八日　木　雨曇

事なし

九月二十九日　金　曇

午後隈川氏来室、提要九月分持ち来る　此月は甚多し、時に島峰氏来る不相変話長くなり　五時半家に帰る

九月三十日　土　晴

好天に付朝坊を迎へに行く老夫婦は一昨日帰京のよし

此日始めて坊を電車に試む　但し山の手線を用ふ代々木にて乗り替へたり　坊おとなしくして面白しと云ふ巣鴨よりは市電を用ふ　十時頃曙町に着く、これより機嫌克遊びたり多く庭に出たり、六時過出て送り行く、大人田鶴三十日勘定にて何か混雑の様子、早々にして帰り入浴す

十月一日　　日　曇

教室え行きたるも丁度自室掃除に付直に去る、午後は庭に出たり

十月二日　　月　雨

午後教授会、青山徹蔵、森田資孝学位の件通過、三時過散会　島峰氏来室、歯科内不和愈々切迫のよし宮原氏青山学長に余程強烈なることを言ひたるよし、ここに最後の決心をなして島峰氏より授業分担等のこと等を持ち出すべし、これ改善の具体的案を必要とするに迫まれる次第なり　精子柿内え行く

十月三日　　火　雨

工科中島、中山両氏祝賀会え四円、名古屋熊谷幸之輔氏銅像費え弐円出金す　今日より実習室出場

十月四日　　水　雨

小川三之助氏死去に付悔状を出す　午前医学会事務え行きて雑誌通覧　精加賀町より帰る　去る土曜日の不穏は鶴が或物を曙町え運ぶ嫌疑とか、さたもさたも

十月五日　　木　雨曇

昨日大隈内閣総辞職と決す　午前医学会事務所

十月六日　　金　曇雨

午前医学会事務所、これにて一通り終る、良一帰宅せりとの電話あり、四時頃家に帰る、良、三を連れて外出せりと、夕食鰻飯、晩は久々にて茶の間にて談話、今日午前きみ子加賀町え行きたるも老夫婦共不在、様子不明

十月七日　　土　曇

良一六時出かける　四時より東講堂に於て塩田氏の巴里談を聴く、六時半帰宅

十月八日　　日　曇

午後庭に出る　三時半頃出て加賀町え行く　老夫婦不在両児共至て嫌機（ママ）よし　田鶴去三十日の件心中稍落ち付きたる様子なり

十月九日　　月　雨

寺内内閣今日親任せらるべし、岡田良平氏文部に入るよし、概して頼み少なき内閣なり

午前一寸医学会事務所え行きたり　順天堂辻亮吉（医学士）図書を見に来る　又同佐藤氏尿道蠟板模型を来りて示したり

十月十日　　火　雨

事なし　碓居龍太氏来室、今後解剖の件、本人承諾の形式をとり置くこと、検事とも打合せたり、九十五名は送り得べし云々

十月十一日　　水　晴

島峰氏来室、一昨日青山学長に面談、歯科の状態精細開陳したりと七時前帰宅、精を連れて一寸散歩久々にて満月清し

十月十二日　　木　曇雨

日本医学校を去りたる生徒総代某二名来室、新に専門学校設立に付賛同を求む、熟考の上ならでは返事し難き旨を答ふ　文書目録調製始めてタイプライタを用ふ六〇枚あり　今日終る　四時出て加賀町え行く　住宅は此日大掃除なり

十月十三日　　金　雨

事なし

十月十四日　　土　晴

九時教室、入学宣誓式に付休業、文展初日招待に付見に行く一時教室に帰る　在シカゴ三郎氏え文展絵葉書を出す

十月十五日　　日　雨

鉄門倶楽部今朝塩原え向け出発、休み続つく（ママ）に付朝坊を迎へに行く、田鶴は午後三時頃来る、天気悪しければ屋内にて遊ぶ

十月十六日　　月　晴

朝濃霧、漸々晴れる、昼中は家にて遊ぶ　田鶴は午後伊藤小堀両家を訪ひたり、晩精、三と坊を連れて槇町え行く坊盛んに跳ねる様面白し

十月十七日　　火　晴

天気好し、急ぎ支渡し八時半頃きみ子と坊を連れて動物園行、巣鴨まで市電、これより鶯渓（ママ）まで山手線を用ふ前よりは興味一層深き様子、後には独りにて方々え走せ行きて見廻りたり　十二時過家に帰る　田鶴、精は三越え行き忠子誕生記念の一時間写真を写したり、晩これを三郎氏え送る

十月十八日　　水　晴

田鶴、精は朝急ぎて支渡し池の端婦人小供博覧会え行き

たり、二児は残りてきみと守る、吉祥寺内散歩などす

十一時過ぎて帰り来る　午後家にて遊ぶ、夕刻千駄木細

君来る、於菟氏嫁愈定まりたるよし、六時頃俥にて田鶴

等を送り返へす、七時半家に帰る、四日間児等の相手し

疲れたるを覚ゆ

十月十九日　木　曇雨

八時半教室　図書館え行きて長谷川氏に文書目録スリッ

プを渡す且二三雑誌を見たり　晩横田四郎氏来る

十月二十日　金　雨

事なし

十月二十一日　土　晴

午後久々にて人類学会出席、安部立郎氏川越附近遺跡、

後藤朝太郎氏支那字の源、象形文字の話

十月二十二日　日　晴

東京医学会総会出席、九時来室　午後も演舌を聴く、七

時閉会、これより山上にて宴会、九時半帰宅

十月二十三日　月　晴

京都足立文氏え動脈破格に付問合せの返事を出す　午後

教授会、評議員改選、又々片山氏当選す（隈川、入沢氏

五点つつ）女選科生を法医に入れるの件格別異議なかり

き、木村男也、佐々廉平二氏学位の件通過　精子は陸奥

子、三重子を招きて夕食したり

十月二十四日　火　晴

午後四時出て柿内、俸給持参、両児共元気よし

十月二十五日　水　半晴

十時講義を終へ直に上野文展え行く、二回目なり　きみ

せいは先に行きてあり、休憩所にて息む一時過教室に帰

る

十月二十六日　木　雨

高橋信美氏教室にて医専などの談話、六時過帰宅

十月二十七日　金　晴

官吏より立太子式献品の分（月俸給百分の一）弐円八拾

一銭出金

十月二十八日　土　曇

教室不行、不用書類（答案、書賀状、昨年の不幸書類、

召状等）焼棄る又炭俵を焼く　日暮まで庭の掃除をなす

十一時頃良一来る三日間休を貰ひたりと久し振りにて少

し復を得たり　午後良、三は文展え行きたり　午後鬼頭

夫人嬢を連れて来訪、皆留守に付自分応接す

十月二十九日　日　雨

終日悪天、外出せず、良一は於菟氏え贈る祝品（坐蒲団）を買ひに行きたり、午後千駄木二児来る今日始めて嫁子の訪問あるよし

十月三十日　　月　雨曇

良一は昼頃帰り去るべし　医化学に隈川氏を訪ひ本月分提要収入を受取り午後四時出て加賀町え持行く老夫婦在り老夫人寒冒、二児元気よし

十月三十一日　　火　曇　祭日

終日在宿、腰痛あり午後は床に臥す

十一月一日　　水　雨

腰痛同様なるも出勤　午後家に帰りて安静

十一月二日　　木　晴

系統解剖脈管を始む　山極氏祝賀会え良精の分拾円、良一の分弐円、又医化学横山祝賀のため良一壱円出す　大阪有沢（眼科）氏来り学位論文に付相談あり　二時半家に帰り安静

十一月三日　　金　晴

立太子式に付休業、終日家にありて安静、腰痛未宜しからす、午後は保子文子来る　在シカゴ三郎氏え紀念切手を貼り絵はがきを出す

十一月四日　　土　晴

腰痛を押して出勤、学生来らず講義止む、学生の勝手、甚悪感、十時家に帰りて安静、四時頃良一来る、愈舞鶴え廻航のよし、晩きみせい日比谷方面の景況を見に行く、良一も出かけたり

十一月五日　　日　晴

朝六時良一出かける、腰痛増進す、きみは坊の迎に行き十時頃連れ来る、腰痛のため甚不自由なり　夕きみ送り行く、往復共市電を用ひたり　又往復共花電車を見たりとて坊大悦びのよし

十一月六日　　月　晴

腰痛益悪し、今日より四日間欠勤の届を出す

十一月七日　　火　晴

二村氏朝見舞に寄る、午前きみ新井春氏宅を訪ふ　其留守中小林叔母来らる自分は床にありて会はざりき

十一月八日　　水　晴

朝高橋信夫（ママ）氏見舞に寄る、午後は島峰及小林魁二氏見舞に来る　病室に通し少時談話、時に教室員井上其他の諸氏来る

十一月九日　木　雨
終日悪天
十一月十日　金　雨
腰痛軽快す　長岡落生（ママ）三百年の記念事業に拾五円出金の返事を出す
十一月十一日　土　雨
悪天、風強し、陸上運動会に付休業なるも日延べ
十一月十二日　日　晴
朝きみ坊の迎へに行く十時頃帰る、腰痛大に軽快、午後はせいと坊を連れて槇町まで行きたり、此数日間俗書を読みたるのみ
十一月十三日　月　晴
八時過出勤、昨日運動会に付授業なし高橋健自氏来室、古墳人骨に付談あり　六時家に帰る　午前九時過良一着京せり　舞鶴より十日間の休暇を得て京都に寄りたりと久々にて緩々家にあることを得
十一月十四日　火　晴曇
陸上運動会にて医科勝ちたりとて今日も授業止む　昨今共紀要校正に消す　小池敬事氏奉天より帰来、来室、医学を断念せりなど云へり
十一月十五日　水　雨
今日も授業止む、午後は運動場にて祝勝会ある筈なるも雨天にて出来ざるべし　午後佐藤敏夫氏来室、故川上元治郎氏追悼会に出席ありたし云々
十一月十六日　木　曇
漸く学生来り講義を始む　午後四時出て柿内え行く　大典記念章の談を持ち行く、老夫人又々寒冒にて水戸より昨日帰りたりと、良一も行きたりと、二児至て嫌（ママ）気よし
十一月十七日　金　曇雨
終日悪天にて困る、午後は実習室え出たり　五時より山上御殿にて塩田、藤木両氏巴里より帰朝歓迎会を医科職員にて催す　出席者二十七八名、九時頃帰宅、良一明日出発すべし十一時頃まで談す
十一月十八日　土　雨
午後五時豊国、工藤氏奉天赴任に付送別のためなり解剖家諸氏珍しく多数集まる　十時前家に帰る　良一は九時発車せりと　きみせい送りて今帰りたるところなりと
十一月十九日　日　半晴
午前魁郎氏夫妻二児を連れて来る、昼すしを馳走す三時去る

十一月二十日　月　晴
弁当を使ひ直に帰宅　精を連れて目黒え行く　鳥の市を通り不動に到り遊園に入る、帰途椰野え寄る、又晩保子来る

十一月二十一日　火　晴
晩潤三郎氏来る　今朝着京したりと於菟結婚のためなり

十一月二十二日　水　晴
午後学生祝勝会を催すため実習止む、三時半出て加賀町、老人不在、老婦人臥床、六時家に帰りて田鶴明日来るか明後日とすべきか種々相談の末明日と云ふこととす

十一月二十三日　木　晴　祭日
朝八時出て加賀町え迎に行く坊を連れて山の手線を用ひ十時過帰着、天気好く且坊よく歩き甚楽なり　午後田鶴精は千駄木え行きたり坊を連れて迎旁槇町まで行きたり但し行き違ひたり

十一月二十四日　金　晴
午前は家に在り入浴、午後一時教室に到る　名古屋浅井氏出京来室、屍不足標本製作に差支へるに付当教室不用屍部を貰ひたし云々、不用部は差支なかるべしと答ふ、三時半帰宅、五時半築地精養軒に到る　尋で家族は自動車にて来る　彼是の来客合せて五十名計、坊はおとなしく席に居たり　八時散す先於菟氏結婚滞りなく済みたり忠子留守おとなしかりしと

十一月二十五日　土　晴
講義を終へて帰宅、午後は坊動物園、田鶴精同行、山の手線に依る、気温余り暖に過ぐ、従前の通り坊益々面白く遊ぶ、帰途巣鴨橋にて少し眠気を催す　又晩坊を連れて田鶴精三と槇町まで行きたり　晩潤氏夫婦来る、雨降り出す　工藤喬三氏明日奉天え赴任に付告別に玄関まで来る

十一月二十六日　日　雨曇
天気悪し終日坊と遊ぶ、午前田鶴、精は三越え行きたり夕食後自分送り行きたり、皆在宅、水戸より啓義氏病気療養精養のため出京、伊藤小堀両夫人もあり　坊途中眠らざりき七時半帰宅、静かになれり

十一月二十七日　月　晴
入沢内科相田氏来り　ミクロケファルス〔＊小頭症〕患者死亡解剖中に付頭骨入用か云々　直に病理え行きて一見し其好例なるを以て標本とすべきに付其手続きをなす其他来室者川上政雄、村地長孝氏　五時教室を出て千駄

木え寄る、今回の挨拶なり、又於菟氏新宅えも寄る、潤氏夫妻は今夕出発京都え帰ると

十一月二十八日　火　曇

厳教室え来る　試験点数分明せるものだけ知らせやる　先依托生中では第二席なるべし左れば大学院入学の都合もよし、今夜立ちて長岡え行くべし

十一月二十九日　水　雨

午後宮原虎、三内多喜治両氏来室、歯科不振談、愈々以て捨て置き難き時機に達せり云々　北村一郎氏が石原氏より黙約せられたることを自白せり云々　次に佐藤敏夫氏来り頭骨調査の乞を承諾す

十一月三十日　木　雨

午後谷中天王寺にて解剖体祭祀執行、途中雨天困る　三時半家に帰る　故寿衛造十三回忌に付文子来り満（ママ）頭配りをなし居る

十二月一日　金　晴

午刻青山学長を尋ねたれどあらず人類学教室え行きて足立氏依頼の Australian Anthropologist〔＊雑誌〕を見る、四時出て加賀町え行く老夫婦啓義氏あり、二児元気よし

十二月二日　土　曇

午刻青山学長を尋ね歯科の状態を話す　晩於菟新婦を連れて始めて来る

十二月三日　日　雨

良一は呉軍港え転じたるよし、午後文郎氏八幡より室蘭え転任、赴任の途中昨日着京のよし、尋ね来る又四時出て動坂を訪小林家族皆集りありて久々にて悦し

十二月四日　月　曇

午後教授会、頭数不足のため学位の件おながれとなる　夕刻島峰、三内二氏来る、青山氏と面談の模様を報告したり　小田桐健児（人類学選科生）来り　アイノ雑誌発刊するに付賛助員たらんことを乞ふこれを諾す

十二月五日　火　晴（昨夜雨）

珍らしく暖気なり、事なし

十二月六日　水　晴曇

午後四時出て加賀町、老夫婦啓義氏昨日熱海え旅行　両児至て元気

十二月七日　木　曇

佐藤敏夫氏頭骨標本を見に来る

十二月八日　金　雨

事なし

十二月九日　土　曇少晴

六時家に帰る、棚野一家近々転住するやもしれぬ且厳卒業を祝する意味にて招き（但し厳は未長岡より帰らず）同時に小林叔母、三重子、雪江児、孝子（文子来らず）集まりて晩食、後叔母の琴など珍しきことなり十時頃皆帰る

十二月十日　日　曇、雪、雨

朝坊を迎へに行きたり、老夫婦啓義三人共昨夜熱海より帰られたりと、此日寒し、市内電車を用ふ　十時頃連れ来る、昼食の際良一突然帰宅す、一週間冬休を貰ひたりと、午後雪降り出す後雨となる　原信哉氏来訪、六時頃精子俥にて坊を送り行きたり、三二発熱す「インフルエンツア」なるべし

十二月十一日　月　雨

佐藤敏夫氏頭骨調べに来る、午後教授会、学位の件岡崎桂一郎（神田区開業医）否、石坂伸吉可中野等可

十二月十二日　火　晴曇雨

午後四時教室を出て加賀町、皆留守、老人帰り来る　啓義氏病気見舞にきみ行く筈のところ風邪に付其言ひ訳けなり　但し見舞物は先刻使にて届け置きたり　二児元気よし忠子声を少しからし居る　三二寒冒にて臥す

十一月十三日　水　晴

午後四時頃島峰氏来室、歯科の騒動に付ては自分決心するところあり云々又内藤家との関係近頃面白からず云々談あり　五時半医学会評議員会に山上会議所に到る会費を東京六円地方五円と決す九時帰宅

独乙講和を発表せりとの号外出づ　果してものになるや疑はし

十一月十四日　木　晴

良一今朝任地呉へ出発す、当分帰京することなかるべし

十二月十五日　金　晴

午後五時半家に帰り食事、急ぎて外出、島峰氏を江戸川辺に訪ふ、大学歯科紛擾に付所決するやのことに付懇談、差向きは両人にてやると云ふことに一先落着に付て後模様により更に所決する方可然と告ぐ　十一時過帰宅、時に少しく雨降る、又往途に米嬢の飛行を見たり

十二月十六日　土　晴

二時半家に帰り庭に出てがくを刈り込み落葉を掃きなどしたり　此年は寒さまだ弱きため霜潰れせす、これにて

此冬の庭掃除止舞とす

十二月十七日　日　晴曇

午後出て加賀町、老人不在、啓義氏一昨日水戸え帰りたりと二児元気よし（晩少し雨降る）帰途筑土前にて古道具店を見、紫檀円小台を買ふ（弐円）、生花器は適意のものなかりき

十二月十八日　月　晴

午後教授会、卒業式廃止の件理科より発議せり云々　宮川米次、田沢鐐二二氏学位の件可決　五時過家に帰るきみ門の改築に着手したり　晩食後精を連れて銀座え行き生花器を見る　意に叶ふものなし　不計小木魚一個買（七十銭）

十二月十九日　火　曇

授業の方忙はし、晩横田四郎氏歳末に来る

十二月二十日　水　晴

組織講義軟骨を終りて閉つ

十二月二十一日　木　晴

三時間講義して記載解剖学を閉つ　ベナ・カバ・スペリオル〔＊上大静脈〕全部終りたり　長崎医専斎藤秀雄氏来室

十二月二十二日　金　晴

実習室出場は今日を以て止舞とすべし　四時過島峰氏来室、愈明日石原氏と青山氏に面談のよし　きみ、せい、三三越え行きたらば同所にて誰何せし貴婦人ありきと、三浦謹氏来室、ミハエリス数学書を贈与すと云へり

十二月二十三日　土　晴

紀要校正にて終日、三時過出て加賀町、精午後行きて田鶴と二児を連れて神楽坂え行きたりと老夫婦在宅三十分計して皆帰り来る　晩きみに経済状態を質す　現在東京銀行預け六一五計、第百銀行の方百五六拾円合せて八〇〇未満、又此頃門改築中、これは八〇円計なりと且此夏便所模様替へ（二〇円）等の出費あり、大に今後を警告したり　文書目録手当八〇円の通知来る

十二月二十四日　日　晴

十時せい坊を連れて帰り来る、これより坊の相手をなす午後は三二と坊を連れて槙町を歩きたり、又於菟貸家出来したるをきみと坊を連れて見に行く　温和なる気　甚坊に適す、夕刻三二と市内電車にて坊を送り行く　きみは岡田家を訪問すとて水道橋まで同行す

十二月二十五日　月　晴

九時過出勤、二時家に帰れば生花女師来り居り三時過ぎて漸く精、三を連れて出かける　昨年末の通りの径をとりて千住に到り松鰻にて食事す　堤上にて日暮る且つ少し曇る併し風なく甚温和なり、七時過きて同所を出て京橋にて下車、古道具露店をひやかす、うすばた及其台を買ふ（総て十円）、止むを得ず直に家に帰る　集まりて器をながめ先満足なり、入浴、於菟妻女来り経歴を告白せりと、氏の前途幾分の疑なきあたはず

十二月二十六日　火　晴

昨日第三十八議会召集さる、十時過きて教室に来る、大学より賞与百円を給すと云ふ尋で現金を受取る　医学士御手洗氏コレラ病に罹り死亡せるに付遺族のために参円又卒業宴会に弐円五拾銭出金す　本年一月以来明治神宮教授祝賀会、死亡者のため等に関し奉職側の出金総計六拾円八拾七銭となれり随分多額と云ふべし　教室四人の小使に各壱円つつ歳暮を遣る　六時家に帰る

十二月二十七日　水　晴

大に寒くなる今日庭全く霜潰れす、教室自室大掃除に付教室不参、九時半頃出て加賀町、老人留守、老婦人臥床、坊を連れて市電にて十一時過帰る、寒き故室内にて遊ぶ、六時きみ子と送りに出かける　文書目録手当金八拾円、三二をして受取らしむ

十二月二十八日　木　晴風

名古屋佐藤亀一氏出京来室、弁当を使ひ出て谷中全生庵に到る　山口秀高氏葬式なり二時半帰宅、風強く甚寒し、四時頃島峰氏来り青山学長より別々に石原及氏を呼びて相談の上共同してやるべしとの旨を談したるよし又三内氏は急に軍医学校の方へ呼び戻されたりとこれ石原氏の所為なるべし云々

十二月二十九日　金　晴風

九時過教室、新潟池原康造氏死去に付悔状を出す　新卒業生上田常吉氏来室、解剖副手志望なり　五時家に帰る、晩食後四人皆連れ立ちて銀座え行く　小形膳を買はんとて古道具店にて探したれど思はしきものなし、十二ヶ月に入る、なかなか寒し、十時家に帰る

十二月三十日　土　晴

九時半教室、隈川氏を教室に訪ひて本月分提要売上げ代を請取る　佐藤亀一氏今夜名古屋え帰ると、宮原虎氏来室、歯科最近の情況を語る、島峰氏が言へることと同じ四時過出て加賀町え行き提要代を渡す　皆在宅、老婦人

尚ほ在床

十二月三十一日　日　晴

十時半教室、紀要校正を処理し、在シカゴ三郎氏え手紙を書く　三時過出て家に帰る、入浴、晩食後きみせいと出て本郷に到り、日光屋にて膳五枚買ふ　これよりせいと上野広小路え行き大晦日の夜景を見る　仲町を通る、博品館に入る、十時頃家に帰る、門飾（三十銭）は三二買ひに行きたり　床に入りて除夜の鐘を聞く

大正六年　2577
1917　良精満五十八年

一月一日　　月　晴

七時半起く、先加賀美来る、魁郎氏、厳、於菟等、午後二時半頃出かける、先千駄木より始む、動坂小林より梛野、是より電車にて牛込両小松家に到り、終りに橋本え寄る、七時頃家に帰る　出かける際橋本五児来りたるが留守中遊び居て今帰るところなり三二送り行きたり、亦留守中小林三三、横田四郎、千駄木森氏など来れりと甚温和なる天気なりしも夕刻曇り、夜になりて雨降り始む

一月二日　　火　雪

七時半起れは真白なる雪景となり居る　随て寒し　午前は年賀状を通覧す　午後平野勇氏来る又小松春三氏も来強て晩食を共にす

一月三日　　水　晴

午前は書斎にあり、午刻前安田稔氏来り長談、一時過去る（午餐を出さざりき）三時出て加賀町え年始、老人留守、老婦人あり、大晦日より起きられたりと、二児元気よし、これより原信哉氏方え年始に寄りて六時半帰宅

一月四日　　木　晴

早朝きみ坊の迎に行き十時連れ来る、是より遊ぶ　午後安田恭吾氏年始に来る、夕刻精子と坊を連れて槇町まで行きおもちや（電車）を買ひ与ふ　六時三二共に坊を送り行き八時帰る

一月五日　　金　晴

九時過ぎて教室に到る　橋本節斎氏え Kraus Medizin. Lexikon〔＊文献〕を小使に持して貸す、五時教室を出て家に帰る　電車に故障ありたりと見えて待つこと十分余、遂に歩きて帰るこれ誠に久し振りなり

一月六日　　土　晴

九時教室、五時半家に帰る

一月七日　　日　晴

精子千駄木え招かれて行く、午後福井勇蔵氏母堂と来る長談、三時過ぎて去る、これより出て加賀町、坊、忠附近え遊びに出てたりと暫時して帰る、老人留守、婦人あり

一月八日　　月　晴風

解剖学講義を始む　ベナ・カバ・インフ〔＊下大静脈〕よりす二時間の講義中蒸気来らす講堂甚寒し、学生四五十名出席、弘田氏来室　昨日年賀信を調べたるに左の如し

葉書　　三一三

筒書　　一三七

名刺　　八五

午後島峰氏来室、時に順天堂佐藤恒介氏来り尿道模型に関する論文出来上りたり云々　留守中於菟来り新嫁に付苦談せしよし困りたることなり　或は前途望なきか

一月九日　　火　晴

組織講義骨論より始む、大沢氏も今日始む

一月十日　　水　晴

実習を始むるに付説明す　山上御殿にて医科大学年始会ありしも欠席　きみ千駄木え年始に行きたるに於菟新嫁今朝独出行きたりと歎息の至、到底絶望なるべし、不幸と言ふべし

一月十一日　　木　晴

十一時半帰宅、今朝きみ子坊の迎えに行き先刻既に連れ来る、昼食の際に田鶴も忠子を連れて来る　皆面白く遊び暮す、三二帰り来り紙鳶を上げ坊悦ぶ

一月十二日　　金　曇晴

実習説明を終り、是より去八日欠席者多かりしを以て復講ずべしと云ひたるも一人も残らざりき　二時出て家に帰る　きみ等午前に二児を連れて三越え行きたるが早来り居たり　田鶴は大沢、椰野両家を訪問したり、入浴

一月十三日　　土　晴（少雨）

教室不参、午前鶴、精は上野広小路松坂屋え行きたり、きみと二児の守をする　午後於菟嫁子母堂始めて来訪、午後二時谷中斎場に到る大橋新太郎氏母堂葬式なり名刺置きて直ぐ帰る　晩少し雨降る

一月十四日　　日　晴

きみは午前荒木家え年始に行く、於菟嫁裁判所の談ありたりと、午後入浴、夕刻二児のために寒中「こたつ」を持ち行くとてこれが工風をなし混雑す　六時過俥にて自分送り行く、小堀婦人来り居る二児共途眠らさりき直に去る

一月十五日　　月　晴

午後教授会、医学中央雑誌社懸賞論文選定の件、田村春吉、板倉武、石原房雄、岩川克輝外二名に授賞と決す

晩島峰氏来訪、今日始めて石原氏と面談せり、共に力を尽すべし云々　授業分担のことは只外来を四月よりとのみ云ひて講義のことは言はす、島氏の言少しく激烈に過ぎたるや感あり十一時去る

一月十六日　火　曇晴

在奉天椎野氏え手紙を出す且つ紀要論文附表省略のため原稿を送り返す

一月十七日　水　曇

此頃上田定雄氏より手紙来り　卒業のこと武山家の養子となりたること等報ありたれは其返事を出す

一月十八日　木　雨

事なし、小林叔母年始に来り泊らる

一月十九日　金　晴

名古屋医専清水由隆氏来室洋行前暫時教室に於て仕事したし云々承諾す　四時出て加賀町、二児元気よし

一月二十日　土　晴

夕刻きみ教室え来り　昼頃縁側敷居にて右拇子に大なる棘を刺したりに脱すること出来ず困るよし　外科え連れ行きて山田学士に除きもらいたり

一月二十一日　日　晴

天気甚温和、九時過出て坊を迎えに行く老夫婦外出のところ、連れ来りて遊ぶ、三二紙鳶を揚ぐ松にかけてとれず、晩食後精と市電にて送り行く精は泊る

一月二十二日　月　晴

紀要校正にて時を全部費す困りたることなり　文子年始に来る、精子帰る

一月二十三日　火　晴

事なし　今日より議会議事を始む面倒なるべし　恐らく解散

一月二十四日　水　晴

柿内大人の紹介を以て馬場信吉なる人尋ね来り眼科診察のことを頼まる、午刻眼科え行きて岡田助手に依頼し其趣を速達便にて申送る　カルカッタのアマンデール氏年賀葉書来り其返礼を出す　午後五時半八角講堂に到る英国陸海軍活動写真あり中に「ワム」戦場最珍らし九時過帰宅入浴、晩食、留守中於菟来りたり婦談あり自身余程困り居る模様のよし気の毒の至りなり　十二時眠に就く

一月二十五日　木　晴

馬場氏昨日の患者只今入院せしめたりとて挨拶に来る

四時出て加賀町、俸給及先日三越にて写したる二児の写真を持ち行く、照康氏来り会す

一月二十六日　金　晴

第三十八議会昨日解散となる

夕刻島峰氏来室愈々協力と云ふことは絶望に付辞職と決心したるよし、これ止むを得さる終局点ならん　併し大学歯科前途如何　晩保子来り三回忌法事に付相談したり

一月二十七日　土　晴曇

事なし

一月二十八日　日　晴曇

家にありたり晩食後精子を連れて銀座え買物に行きたり来月三日法事を執り行ふに付橋本、小林両家え案内状を出す

一月二十九日　月　晴

午後教授会、学位の件高橋明（福岡医科大学、現新潟医専教授）、今村隼稲（愛知医専出身、三井病院病理解剖主任）何れも通過

一月三十日　火　晴

孝明天皇五十年祭に付休業、但し市内中小学は大体休業せざりし随て市中祭日らしくなし　朝加賀町え提要本月分収入を持ち行く皆在宅、坊を連れ来り終日す、坊の髪を切り、入浴す、晩はきみ子と二人にて送り行きたり

一月三十一日　水　晴

なかなか寒強し、午後一時半より医学会事務所移転（大学生理学教室内え）のことに評議員会ある筈のところ仙台より布施氏出京、氏がモナコフ教授と共著せるアトラス愈々出表になり其序文を示されたり、仙台屍欠亡（ママ）に付て困るとの談あり東京の材料融通出来ずやなど云へり長談六時別れたり

二月一日　木　晴

高山喜内氏久しぶりにて来室、今日布施氏より屍のことに付依頼あり可成心配すべし云々

二月二日　金　晴

午後布施、島峰二氏同道来室、布施氏今夜帰仙すと、島峰氏只今青山学長と最後のつもりにて会見、意中を細大共陳述せりと然るに尚ほ来月曜日に石原氏と同席、会談することとなりて別れたりと

二月三日　土　晴

教室不参、坊の迎へに行く十一時半頃連れ来る、きみせ

いは準備にて忙はし、昼頃むつ子手伝旁来る　二時頃魁郎氏見ゆ、三時半僧来る暫時し読経を始む終て席につく、招き集まり人々橋本家六人、小林家二人、千駄木二人、金森夫人、横田四郎、椰野三人外に田鶴母子、九時皆散す、三回忌法事済みて安心す、直に荷物を置き替へ元の状に復す　茶の間にて談話、十一時過眠に就く　元島策太郎氏ボルネオより帰京来る併し取り込み中に付面会せず、猩々の剥皮其他贈らる

二月四日　　日　晴

甚温和、終日二児の相手をなす、午後鶴精は遊びに出かけたり、千駄木妻君一寸来り新嫁の情況に付困談あり、入浴、晩島峰氏来る、愈々最後の決断に迫る、先々に此度は青山学長石原と二人列席にて分担のことを取り極め留職すべきことを勧告す　十時半去る

二月五日　　月　晴

昨夕新聞号外米独国交断絶を報すこれ此度独乙が中立国船舶に対し用捨なく撃沈すとの通諜に因るものなり独の最後如何

正午帰宅、午前にみよ子来りたれば留守と言ひて会はざりきと、二児の相手をなす又庭え出る、堀越夫人鳩を貰ひに来る、於菟一寸来りて模様を語る、晩食後田鶴は俥にて帰り去る尋で精と坊を連れて電車にて出かける、水道橋にて精子と離る、独りて坊を抱き甚困る、精子も暫時して加賀町え来る、直に去りて家に帰る、大に疲れたれば千駄木に行くつもりなりしも止めたり

二月六日　　火　晴

午前藤沢利喜氏来室　明日「平均」と云ふ題にて演舌するよし、元島策太郎氏来室、骨格採集は困難、此度は空し、動物類を少し持ち来れり　六時過家に帰る、保子、文子、孝子詣に来る、晩食後千駄木え見舞旁行く、中間者井上なる人の返事は先適当にして実家え引き取る様に談をすべしと

二月七日　　水　晴

豊国にて夕食し六時半理科に於て開かれたる数学物理学会講演藤沢氏「平均」を聴く十時前帰る

二月八日　　木　晴

動物学教室えボルネオ島動物を持ち行きて渡瀬氏に事情を話したり　晩九時半於菟来り只今電話にてみよ子容体宜しからず入院治療せしべきか如何との相談あり云々最早決心の今日となりては此方よりは関係せざること適当

なるべしと言ひたり

二月九日　　金　曇晴

愛知医専清水由隆氏今日より教室に於て仕事するとて来る　四時出て加賀町え行きたり

二月十日　　土　曇

事なし、精子むつ子と橋本え招かれて行きたり

二月十一日　　日　晴　紀元節

甚温和なる天気に付二時頃精を連れて出かけ椰野え寄りむつ子を誘ひ飛鳥山小台の渡を経て荒川堤を歩き千住松鰻にて食事し八時帰る　小橋家の幼息死去の報に接し悔状を書く　香奠三円贈るべし

二月十二日　　月　晴

歯科え行き上義歯破損直し出来たるを受取る亦他の一個も損し居るを以てこれの直しを托したり　午後教授会、学位の件小沢修造、小畑維清、佐々木秀一皆通過　晩精を連れて銀座えバタを買に行きたり

二月十三日　　火　晴

新潟工藤得安氏法事のため出京したりとて来室　岡山坂田快太郎氏加賀美依頼の件に付手紙を書く

二月十四日　　水　晴

歯科え行きて第二上義歯繕の出来たるを受取る　帰りて直に第一のものを過て損す甚不注意と云ふべし　在名古屋山崎正薫氏来室、日医専に歯科を置くことに決定せるに付其担任適任者に付談あり又佐藤亀一氏に付種々話あり、次に島峰氏来室只今石原氏同席青山学長と始めて且つ最後の決定的会談をなせりと、其席に於て授賞分担のこと明かに取り極めたりと、これにて歯科紛擾一段落を告げたる訳なり　四時半出て加賀町、二児至て元気なり

二月十五日　　木　晴

事なし、晩精を連れて槇町辺え行き位牌の裏え俗名等記載を頼む

二月十六日　　金　晴

事なし

二月十七日　　土　晴

教室不参、坊の迎へに行く、明日伊藤きよう子結婚式を加賀町にて挙ぐるに付二児を避くるためとの手紙昨日たづ子より来りたればなり、午後は珍らしき温和なるに付きみと坊を連れて動物園え行く、市電を用ひ公園前より桜岡に上る、帰りは山の手線による四時家に帰る、坊の悦ぶ様面白し、田鶴は忠子を連れて少時前に来りたりと

岡山坂田快太郎氏の加賀美依頼の問合せ返事来るきみ直に転送す　坊等の相手にて疲れ十時寝につく

二月十八日　日　晴暖風

田鶴は二児を残して加賀町手伝に行く、風強きゆえ家内にて遊ぶ

二月十九日　月　晴

講義を終へ十二時家に帰る、田鶴精は忠子を連れて三越え行きたり暫時して帰り来る、午後は二児の相手をなす、入浴、晩食、七時田鶴俥、自分はきみと坊を連れ市電にて送る、きみは門前にて去る

二月二十日　火　晴

事なし

二月二十一日　水　晴

豊国にて夕食し、理科藤沢氏平均に関する第二回の講演を聴く、十時家に帰る

二月二十二日　木　晴

高橋信美氏来四月より千葉え移転すと　北村一郎氏来室、愈昨日助手辞職済みたり　今日名古屋より田村氏出京同校赴任を薦められ承諾したり云々　時に仙台学長井上嘉都治氏来室

二月二十三日　金　晴

四時教室を出て加賀町え俸給を持ち行く

二月二十四日　土　晴

井上氏新潟え出講のところ帰京　長岡悠久山道路修理のため十五円寄附申込おきたるところ今日送り出す

二月二十五日　日　晴

午後精子を連れて玉川え散歩、きみ子は三軒茶屋金森家訪問のため渋谷まで同行、昨年三二精と見たる久地梅林と云ふに到る丁度見頃なり　案外人出多し関の渡しを渡り電車に戻る　七時過家に帰る、於菟来り居る未だ其ままにて過ぎおれりと

二月二十六日　月　半晴

午後教授会、二年生松井蔚運動場盗難に付嫌疑を受け調べられたる際偏（ママ）名をなのりたるを以て処分方に付相談あり譴責と決す　石原喜久太郎、氏原均一両氏学位通過

精子加賀町え行きたり

二月二十七日　火　雨

四十余日来天気つつきのところ雨降りて心地よし　図書館え行きて雑 Man を見、医化学教室え寄り隈川氏より提要売上金を受取る　精柿内より帰る

二月二十八日　水　曇

幼年学校生徒実習参観に来れり、北村一郎氏愈名古屋赴任と決定したるよし来談あり

三月一日　木　晴　紀念日

九時過教室、足立文太郎氏よりランケ、シュワルベ両先生逝去に付処（ママ）感手紙来るたるに付其返書を出す　三時出て加賀町、提要売上代を持ち行く、雛段飾りありて二児元気よし、三二今日より試験始まる　晩石原喜久太郎氏来訪、去月曜学位通過の挨拶旁なるべし

三月二日　金　晴

田口碩臣氏来室、午後四時頃島峰氏来り例に依り長談、六時過ぎて去る

三月三日　土　晴

秋山錬造氏来室先日約束の屍受取りなり　午後人類学教室に到る、同学会評議員会なり　石田氏編輯辞任鳥居氏引受けず内部甚面倒なる模様なり右二氏の外に更に松村、柴田二氏を加へて責任分担と云ふことにて決着　五時出て家に帰り髪を切る

三月四日　日　雨晴

昨夜来雨、漸々霽れる、於菟来り昼食す、事件は其儘に但し今村家より電話にて誰か来宅を乞ふ云々細君行くことにしたりと、午後精を連れて道灌山より飛鳥山え散歩、晩加賀美依頼の件に付岡山上坂氏え手紙を出す　在シカゴ三郎氏より Michaelis, Mathematik〔＊文献〕を送り呉れたり

三月五日　月　晴

午刻歯科え行き上義歯修理を八木氏に托す　午後は上野博物館に到り高橋健自、和田千吉氏に面会、古墳頭骨及歯牙に付依頼す三時半教室に帰る

三月六日　火　晴

昨日来齲歯の論文記述に取りかかりたり　昨日早速三八エリスを三浦謹氏え送りたるに辞退せるも今日強て受領を乞ひたり　紀要編纂なかなか忙し　四時出て加賀町、水戸より一郎氏昨日出京せりと　宮原氏来室、石原氏憤慨辞表を出すべしと云へりと

三月七日　水　晴

事なし

三月八日　木　晴

竹内松次郎氏渡米に付告別に来る

三月九日　　金　曇雨

上坂氏より問合せの件に付返事来る　きみ直に加賀美え転送す　鈴木文氏京都より出京来室

三月十日　　土　晴　午後雷鳴夕立

霽れる、午前人類学教室え行きて古墳骨に付歯を調ぶ、十二時過教室に帰る時に宮原氏来り只今休職の辞令を石原氏より渡したりとて之を示す　氏蛮勇を振ひたるものと見えたり　晩島峰氏来訪、休職一件に付談ず、十時過去る

三月十一日　　日　晴曇

午前柿内え坊の迎えに行きたるも母子皆少し風気に付ただ遊ぶ、老人外出、老夫人は昨日一郎氏と共に水戸え行かれたりと、昼頃家に帰る　晩精を連れて銀座風月堂にて三郎氏送べき鑵詰羊羹三箱（二円十銭）を買ふ

三月十二日　　月　曇

水野正（医学士、二等軍医）来室軍医学校より屍請求に付これを承諾す　午後教授会、其折に宮原氏休職の件に付聞かんと思ひたるも青山学長病気欠勤、緒方代理、学位の件舟木重次郎（学士、三井病院婦人科）否決、佐口栄（大沢氏報告）可、高橋信（学士、侍医）可、四時散会、宮原氏来室、六時半過まで談す

三月十三日　　火　晴

晩精を連れて千駄木え行く、林家との関係如何せしやと思ひてなり、まだ其儘なるよし、余り緩慢なることを言ひたり　三郎氏え羊羹を送るべく郵便局え持ち行たらば米国にて禁止品のよしにて持ち帰りたるよし何とか他の工風を要す

三月十四日　　水　雨

昼食時に御殿え行きて青山学長に宮原休職の理由を質す、直接には知らず併し主任の命令を用ひずとのことなりと其他要を得ず

三月十五日　　木　曇

昨日支那独乙と国交断絶但し宣戦未だし　四時出て加賀町、風気皆未た去らず老婦人水戸より帰りこれ又臥床

三月十六日　　金　晴

宮原氏来室、当教室え大学院学生として来るよし　小池敬事氏え如何にして居るかと思ひて手紙を出す

三月十七日　　土　晴

竹内松次郎氏渡米を東京駅に見送る十時教室に来る、歯科え行き上義歯修理六ヶ敷故に台の新調を頼む又歯科の

雑誌を借る

三月十八日　日　晴

午前加賀町、皆風気未だ全く去らず殊に老夫人は発熱せりと、坊は別に心配なき様なれば電車にて連れ来る　気分は別条なき様にて機嫌克遊びたれと鼻汁を出す、俥にて送り行く車中眠りたり障なければと心配す

三月十九日　月　曇雨

ヂエンケファロン〔＊間脳〕を終りて講義を閉づ　ユンケル氏額田氏の論文独直しを持ち来る　島峰氏来室長談、七時半家に帰る　精はむつ子、三重子、ふみ子、孝子を招きたり

三月二十日　火　雨

午前だけにては済まず午後尚ほ一時間講義して組織を閉ぢたり　飯島魁氏より元島策太郎氏え遣るべき金十五円預かる

三月二十一日　水　曇　祭日

九時半教室　此頃南満医学堂椎野氏より支那苦力皮膚を送り来り其受取り謝状を出す

三月二十二日　木　曇

宮原氏大学院入学願書を持ちて来る、土田邦三郎氏屍につきルンバルプンクチオン〔＊腰椎穿刺〕を謝したしとて来る　晩精を連れて日本橋京橋間を散歩したり

三月二十三日　金　曇

西氏仙台より出京来室、書籍を見るためなり、齲歯統計に要する用紙三百枚印刷会社に注文す　ユンケル氏来室竹中論文校正を持ちて来る　此論文なかなか手数を要し困る

三月二十四日　土　雨

九時半来室土方寧氏養嗣子結婚披露に招ねかれたれど断る昨日祝として鰹節切手五円贈りたり　在シカゴ三郎氏えミハエリス受取り手紙を出す　千葉田口氏屍世話の依頼承諾す、原正氏教室にて仕事することを頼む承諾す

三月二十五日　日　晴

今朝稍霽れたるを以て坊の迎に行く十時半連れ来る　喜美精歯医者え行き十時過帰り来る　加賀町風邪は先皆全快、晩三二と送り行く

三月二十六日　月　晴

三二卒業式に出行く前途如何　八時半教室、夕刻島峰氏来室雑談、七時帰宅　晩動坂に小林家を訪ふ雄叔二十七忌に付香奠三円贈る

三月二十七日　火　晴

予定の通り坊の迎へに行く、山の手線を用ふ、昼頃田鶴忠子を連れて来る、森母堂一週忌逮夜に付きみはえい女、むつ（増野未亡人は病気に付断り）を招ねきて昼食、坊等歓ぶ　千駄木にてはみよ子早朝に来り混雑のよし　又明日小林三三氏結婚するに付祝として鰹節切手三円及茶器（清水由隆氏寄贈九谷）を使にて贈る

三月二十八日　水　晴

午前きみ子と坊を連れて動物園、往市電、帰り山の手線、午後田鶴、精千駄木え行く皆留守、於菟氏のみ在りたりと仏前に拝して直に帰る

三月二十九日　木　雪晴

殊の外悪天雪降り雨を交ゆ、午後は霽れて晴天となる田鶴は隈川家を訪問したり

三月三十日　金　晴

田鶴、精は忠を連れて三越え行く、自分は坊を連れて槇町を歩き、絵雑誌など買与へたり、千駄木細君来りきみ同道にて同家に到る即ち今朝日々新聞に潤三郎氏出版法違反等のため検挙せられたりとの記事あり　其れに付相談せりと、帰りて潤氏に電報を発するなどのことありさてさて多事なること　晩食後三二と坊を送り行く、田鶴は俥にて帰る

三月三十一日　土　晴

八時半教室、四日間教室に来らざる内に紀要校正堆積す、新潟島田吉三郎氏、仙台杉村七太郎氏、奉天椎野氏出京来室、隈川氏本月分提要収入持ち来る　土田お好女出京尋ね来りたるも皆留守なりしと又大阪片桐元氏出京土産（すし）を贈らる

四月一日　日　晴

春候となれり、九時半教室、熊本藤井寿松氏来室　四時出て加賀町、提要収入を持ち行く、お好さん来り泊る

四月二日　月　晴

九時教室、新潟池田廉一郎氏来室、熊本山崎春雄、京都島薗順、名古屋浅井猛の諸氏来室又元島策太郎氏来る飯島氏より預りたる動物代拾五円渡す　六時半家に帰る

四月三日　火　晴曇（祭）雨

九時教室、京城久保武氏出京、共に昼食す、仙台敷波氏来室、島田吉三郎氏告別、六時過帰宅　留守中久保氏来訪種々贈品あり

四月四日　　　水　晴

昨夜来雨今朝霽れる　岡山八木田氏出京来室　仙台大里俊吾氏紀要図版のことに付来る相談取り極めたり　又浅井氏帰名すとて来る　晩食後三二を連れて日本橋より銀座え散歩旁茶器棗其他久保氏小供え贈り品を買ひに行きたり　なつめは思はしきものなし

四月五日　　　木　晴

教室行かず、芝上を掃きなどす、精坊を連れて帰る是より坊の相手をなす花の先生来る時に小林叔母三三氏新嫁を紹介に来る又於菟氏来り今日最後の証書交換並に慰安料を渡す云々　晩きみと坊を送り行く帰途筑土前にて骨董店に入り棗（一、四〇）水こぼし（一、二〇）を買ふ

四月六日　　　金　晴　桜三分開く

九時教室、午前は八木田氏と学談、午後二時半出て上野精養軒に到る　山極教授二十五年祝賀会なり　五時家に帰る宴は甚簡素なり適当に感す　京都より潤氏出京

四月七日　　　土　曇風雨

教室行かず、午前茶の湯師来り、傍観す　午後は庭の笹を刈る、風強く雨降り始めたれば止めたり

四月八日　　　日　曇風晴

厳来る、十時半教室、四時半帰宅

四月九日　　　月　晴

教室不行、潤氏来り昼食す、久保氏今日出発帰鮮すとて告別に来る　機会よければ潤氏を紹介し篤と頼む　庭に出て笹を刈る、晩精を連れて筑戸前に到り水さしを探す適意のものなしこれより銀座に到る又なし　十時過空しく帰る

四月十日　　　火　曇　桜満開

九時教室、歯科え行く上義歯の型を再び取る　晩魁郎氏来る懐旧談にて十一時過となる、潤氏も一寸来れり

四月十一日　　　水　晴

坊を連れ来りて終日遊びたり、晩食後きみと送り行きたり

四月十二日　　　木　曇晴

九時教室、根岸錬次郎氏令嬢死去のよし今朝紙上にて見たれば其悔状を出す　上義歯のため歯科え一寸行きたり此頃は芝公園古墳の歯を調ぶ　晩精を連れて団子坂え水さしを探に行きたれど適意のものなし

四月十三日　　　金　雨霽

九時教室

四月十四日　　土　半晴

九時教室　弁当を使ひ直に出て新橋停車場（元烏森）を電車にて横浜に行く停車場の位置変りてために迷ふ　再ひ市電に乗り住吉町にて下り一寸広瀬氏訪ふ　政野梅吉氏に遇ひて共に広瀬え行きたり、是より俥にて山の手一四七番Ｎ・Ｇ・マンロー氏の寓に到る　氏が広島にて一年半を費し採集せる土器、石器等を見る夫人（ファアルブラント氏の娘）に紹介せらる又ファブル氏にも遇ふ玉真岩雄（慶應教室）、中沢澄男（文学士、陸軍中央幼年学校教授）、滝沢又市（島峰氏知人、中学校長）に遇ふ、六時に近き頃辞し去る、海岸を歩す　八時過家に帰る、大学競漕会なるも勝敗不明

四月十五日　　日　曇雨

今朝の新聞にて医の大勝を知る、十時半教室

四月十六日　　月　雨晴

九時過教室　午後人類学え行き円山古墳の歯を返し松村氏と考古談、四時過出て加賀町、二児至て元気、潤氏電報により今夜京都え帰ると

四月十七日　　火　曇晴

組織実習開始の筈なるも成立せず　弁当を使ひ急ぎ帰宅、浮間え散歩す、舟橋を渡りて堤下を歩き外套を用ひずしてなかなか熱し、桜草例の場所に奇麗に咲く　きみは頻りに根付きを取る他に人なし、快、尚ほ幾年此花を見るか、渡しを渡る昨年の老舟夫見知り居て挨拶す八時家に帰る、新宿御苑にて観桜会あり

四月十八日　　水　晴

八時前出勤、今年より授業総て一時間繰り下げとなり八時より脳講義を始む　午後は龍岡町医学会事務所に到り雑誌調ぶ同事務所此度生理学教室え移転することになり雑誌大半は既に運搬済みたり　優勝旗歓迎とて講内楽隊などありて賑はし

四月十九日　　木　晴

組織実習を始む、五時出て弘田家を訪　あまり無沙汰せしためなり　細君のみ在宅面談、帰途同じ理由にて安田家を訪ふ稔氏は樺太旅行中、七時半帰宅

四月二十日　　金　曇晴

総選挙なり全国賑ふべし　四時出て加賀町、老夫婦及水戸は今日出発みそぎに行かれたりと二児と遊びて六時半帰る

四月二十一日　　土　晴

十二時半より実習講義をなし後に実習室え行きて織物類を見たり、六時過家に帰りたるに隣家石坂音四郎氏宅に於て異常混雑の様子に付婢をして探らしめたるに主人死去のよし、晩食後悔に行きたり

四月二十二日　日　晴

八時前に出て坊の迎に行き九時少し過に連れ来りたり　午後精と坊を連れ槇町まで行き金魚、絵雑誌を買ひ与へたり　四時郵便局に到り三郎氏よりの小包を受取る　関税一円六十銭払ひたり忠子の服なるべし　坊少し鼻汁を出す故に入浴せしめず　早く夕食して精俥にて送り行きたり

四月二十三日　月　半晴風

午後教授会、優等生、特待生、一覧に成績順を廃するの可否に付相談あり　廃して可なりと云ふ談に格別異議なきが如し、終て青山学長に紀要全部ユンケル氏校閲を頼み可然とのこと陳述す　右股の痛を覚え困難

四月二十四日　火　雨

隣家石坂家え出がけに寄り代人を以て会葬する旨を断る

四月二十五日　水　晴

午後医化学教室え行きて医学会所蔵の雑誌を見る即ち一部は同所え運搬したるなり　四時過出て加賀町、精は今朝帰りたり　在京城久保氏より潤氏のことに付手紙来る

四月二十六日　木　晴

山越良三来りて加賀美不快行為に付談あり又島峰氏来り長談六時半共に去る

四月二十七日　金　晴

晩保子来る、昨夜林町大に不穏終に暴行に及ばんとしおけいさん中に入るなど早々遁れ去りたりと、昨年秋頃より漸々機嫌悪しかりしと、出京以来満四年間苦心せるも全く水泡に帰したるを慨歎したり、前途望を絶つの外なし一家の不祥此上なし　十時去れり

四月二十八日　土　雨

午前病理教室にて雑誌を見る、午後実習中隈川氏提要収入を持ち来る

四月二十九日　日　晴風

朝坊の迎に行く老夫婦在宅、基房、照康二氏も来り居る、風ありたるも午後は少し和ぐ多く庭にて遊ぶ　夕刻あんぬ、類両人遊び来る坊も共に遊ぶ、晩食後精と送り行く、帰途筑土前にて茶器を探したれど見当らず

四月三十日　月　晴

昼過帰りて食事中精支渡し出て梛野へ寄り保子を誘ひて横浜先きの本牧え行く三渓園に入る　私有なるも観覧随意とあり、宏大なり、予想外によき庭なりとて保子大満足、精は前に学校遠足にて来りたることあり、夕食は一店にてす、九時半過家に帰る、電車の長きは退屈す二時間半計かかる、天気至てよし、好都合なりき

五月一日　　火　晴

事なしただ紀要校正輻輳す

五月二日　　水　晴

戊辰五十年祭長岡にて来十九日挙行に付五円出金す　長岡開府三百年の方は打ち捨ておきたり　晩福島尚純氏来り著書口腔外科書を贈らる

五月三日　　木　晴

晩食後精を連れて東仲通りに到り茶壷（弐円）水さし（壱円）を購ひたり

五月四日　　金　晴曇雨

昼に近き頃眼科え行きて雑誌を見る教室に帰れば瀬川昌世氏来り小児格を借す、尋で山越良三来り加賀美のことを話す全く改心せりと云々、次に四年生助手香見来る弁当を食したるは二時過なりき　又永井潜氏来室二村氏を教授に推選することの談あり　法医医化学に増員の必要あることなど話あり　京都鈴木文太郎氏より自分の滑車上孔の計数に付質問し来りたる其返事を出す

五月五日　　土　雨

午前一寸山上御殿に史料展覧会を見る　四時実習を終へて加賀町、皆在宅、二児大に活動す

五月六日　　日　曇（少雨）

天気思はしからざれど坊の迎へに行く、田鶴等も来る様に話して坊を連れて山の手線にて十一時過帰る尋で田鶴も来る、雨も降らず多く庭にて遊びたり

五月七日　　月　半晴（昨夜雨）

朝は雨止む、午前田鶴は二児の撮影に九段え行きたり自分は午刻大学より帰る　きみ坊を連れて帰り居り　鶴精は三越え買物に廻り三時頃帰り来る　新製据風呂にて皆々入浴す

五月八日　　火　晴

昨日雷鳴あり今日は好き天気となれり九時出勤、朝森氏一寸立寄りたり　今日は実習の重なる日に付四時までかかりたり家に帰れば皆々既に帰り居たり即ち二児を連れ

て植物園に行きたるなり

五月九日　　　　水　晴（驟雨）

昨夜大雨今朝霽れる、十一時前家に帰る、午後は驟雨あり且風強く雹を交ふ、暫時にて止み再晴天となる、早く入浴し、晩食後精と坊を送り行く七時半家に帰る

五月十日　　　　木　晴

夕刻島峰氏一寸来れり

五月十一日　　　金　晴

弁当を使ひて帰宅、精を連れて散歩、新宿先きの大山園と云ふに行きたり　私有のよしなれど甚広し　樹木繁りてよし　園内の茶店に憩ふ　六時前家に帰る

五月十二日　　　土　曇

午刻耳鼻え行き雑誌を見る　文書目録調成終る六三件、一四〇枚となる是れ未曽有の多数なり

五月十三日　　　日　曇

十時教室に到る　医学会の雑書中保存すべきものと廃棄すべきものと択分ける　四時過出て加賀町、二児甚元気、きみ今日小島憲之氏を訪ひ高校入学のことに付尋ぬるところありたり　良一第一駆逐隊に転補のこと葉書にてしらせ来る、近日横須賀へ来るなるべし

五月十四日　　　月　雨

午後教授会、前会続きの試験評決法、点数を廃し単に級（ママ）落とすべしなど種々説ありて纏まらず又々委員附托となりたり、大正七年予算のこと、法医より講座増設、教授増員の請求あり、解剖よりも同様申出たるも景勢六かし、法医に付ては三田氏の如き人に対し異議なかりき六時過終る　是より昼頃きみ来室賀古夫人死去のことを知らせたるに付同家え小石川水道町に悔に行き七時過帰宅

五月十五日　　　火　晴

きみ賀古え悔に行く（香奠五円贈る）晩於菟尋で森氏来る　京都潤氏のことなど話しあり

五月十六日　　　水　晴

新潟医専書記小川為造来室、弁当を使ひ帰宅　和服に替へ吉祥寺に賀古夫人送式（ママ）に行く　晩食後精を連れて日比谷より銀座に到る　香合を探したれど適意のものなし

五月十七日　　　木　晴

大沢謙二氏寿像出来に付除幕式のことに付生理教室にて相談あり併し実習中に付暫時して辞し去る

五月十八日　　　金　晴

稍夏気色となれり、教室行かず、朝坊の迎に行く　山の

手を廻る、坊芝上にて盛に馳せ廻る、入浴す　晩精と送り行く、日永くなりてまだ明し、電車より加賀町まで歩きたり、絵雑誌を買ひ与へたり

五月十九日　土　晴

長岡にては戊辰五十年祭挙行の日なり、定めて同地も天気なるべし、懐旧の念禁せさるもの多かるべし　晩魁郎氏来り十一時半まで話す

五月二十日　日　晴

十時過教室、三二高校入学願書差出愈々明日よりと迫れり二の甲とすべきか乙とすべきか当人決定に困り居れりこれ人智以外のことなるべし

五月二十一日　月　晴

午刻家に帰りて昼食し精を連れて井の頭に散歩す　これ同所が東京市の公園となりて如何かと思ひてなり　三二高校入学願を出したり本人熟考の上二の乙と決定したり、晩森氏夫妻玄関まで立寄る潤氏のことに付てなり

五月二十二日　火　曇晴

昨夜雨、今朝止む　六時過帰宅、保子に門にて会ふ、林町え行きたらば以前の通りの様子なりきと先これにて先達て憤怒の件は治まりたり

五月二十三日　水　曇

福岡榊保氏出京来室、賀川雄介氏来り屍防腐のことに付質問あり　午後四時家に帰り更衣、上野精養軒に到る、田中舘教授職を辞したるに付惜別宴会なり　来会者一三〇名計、九時過帰宅

五月二十四日　木　曇

四時過出て加賀町え行く

五月二十五日　金　晴

午後七時東京駅に岡田和氏米国より帰朝を迎へたり

五月二十六日　土　晴

事なし

五月二十七日　日　晴

朝坊の迎に行き市内電車にて連れ来る、森氏来り居り、潤氏のこと暫く新村氏に任せおくこと、於菟義太夫のこと心痛なりなど話あり、坊は終日芝上にて遊ぶ、入浴精と送り行く、精は泊る

五月二十八日　月　曇晴

午後教授会、旅費分配の件、解剖は井上氏のため六十五円を得、マニラ人入学の件尚履歴を探り許可することに決す、学位の件竹中繁次郎否、武藤喜一郎可、西成甫可、

終て在職二十五年祭のことに付相談あり、長井長義氏賛同、次に大沢岳氏に付助教授年数を通算するや否やに付種々説あり、決極（ママ）多数は通算すと云ふことなれり併し当人の意志により辞退の節は別なりと　此件に付きてはまづきことあり又留学生申立あり　裁判化学の服部、伝研の宮川米次、病理の三田村篤次郎其外内外科其他の申出ありたり

五月二十九日　火　晴

顕微鏡実習に付幻灯説明を始む　精柿内より茶教師え寄り帰る、晩食後銀座え行き香合（八十銭）を買ふ

五月三十日　水　晴

一寸図書館え行きて三郎氏依頼の同館目録のことたづねたり新刊のものなし　井上通夫氏例の不平談にて大に時を費す

五月三十一日　木　雨

午後四時過出て加賀町え提要収入を持ち行く

六月一日　金　雨晴

仙台西氏出京来室　商人の山川総長宛書面（奸商、小使間などに不正事ありとの内容）に付一寸事務え行きて我教室には心当りなきことを通じたり　在イサカ三郎氏え手紙を出す

六月二日　土　晴

留守中きみ子染井え墓参したり

六月三日　日　晴

朝坊の迎へに行く連れ来れば千駄木二児遊びに来り居り共に芝上にて終日遊びたり、精子と送り行き帰途白山坂にて草花数種買ふ

六月四日　月　曇

きみ子加賀え行きたり

六月五日　火　雨

事なし

六月六日　水　曇

十時講義を終へたるところえマニラ市ヒリピン大学解剖学教授エドワード・S・ルース来朝来訪、是より教室内を仔細に案内説明し昼近くになりたれば伴ひて上野精養軒に到り食事を饗し是より博物館に案内す　三時再教室に帰り京都鈴木、足立両氏紹介名刺を渡し赤門電車まで送りて別る時に安田恭吾氏来り居る稔氏の絵のことに付ての話なり　四時半去れり彼是終日消したり

六月七日　木　晴

四時過出て加賀町、帰れは厳来り居る　精、三、婢等に種痘したり

六月八日　金　曇

午後二時より大沢謙二氏寿像除幕式を生理医化学中庭にて挙行、四時終る　六時上野精養軒に到る大沢氏の饗応なり　寿像建設に付ての謝意ならん、九時帰宅、雨降り出す

六月九日　土　雨

学期末にてなかなか忙し

六月十日　日　雨

十時半教室、五時半家に帰れば文郎氏室蘭より大阪出張の帰途なりとて来り居る此夜帰途に就くと

六月十一日　月　半晴

朝七時より四十五分間組織筆答試験を行ふ問題バウ・デル・ブルートゲフエーセ（＊血管の構造）（アルテリエ、ベネン、カピラレン〔＊動脈、静脈、毛細管〕）　出席者一二三名、遅刻者一名ありたるも既に二〇分過ぎ居たれば入場を拒絶せり　大沢謙二氏教室まで挨拶に来る、午後教授会、授業料増額に付て相談あり、時勢止むを得ざるべしと決す、実吉純郎学位辛して通過、三時半散す、又入沢氏より大沢岳氏二十五年祝賀のことに付相談あり　加賀町え行く

六月十二日　火　曇

事なし

六月十三日　水　風雨

脳幻灯説明をなせり。井上氏と大沢岳氏祝賀のことに付相談尋で二村、井上両氏と相談、亦丹波氏を教室に訪ひて相談、午後尚ほ井上、二村両氏と談合、此間大沢氏の意中もを探りて愈来年秋に執行せんことを発起することに決す、平光氏南洋え向け出発す

六月十四日　木　晴

実習忙し、晩精を連れて日比谷銀座え散歩

六月十五日　金　晴

昨夜大原より於菟寄快（ママ）なる電報をよこしたりとてきみ千駄木え行きたり、心懸りに付出かけに千駄木え寄りたり林氏と談し今日午後まで待ちてきみを大原え遣るやなど話し教室に到る　十時半家に帰れば坊はきみ子の迎へにて既に来り居る　午後きみ千駄木え行く、稍詳細のことを得たり即ち色部氏方えは長電来り、全く或決心を以て

出かけたるよし、驚き入る、色部氏は午後直に出向せりと、坊は例の如く芝上にて遊びたり晩食後精と送り行く

六月十六日　　土　晴

大沢氏より昨日ビルケラント物理学教授（クリスチャニア）にして本邦来遊中上野精養軒に宿泊突然死去せられたるに付防腐注入を施し教室屍宛の隣室に暫時安置することを報告あり有名なる学者偶此凶変あり同情に堪へず　平光吾一氏急性腸加答児のため南洋出発見合せたる旨通知あり　六時半家に帰る尋できみ子も千駄木より帰り来る色部氏於菟を連れて先刻帰京し今方千駄木え来りて事の次第詳細明る亦本人の書類もありたれどきみは特に被見せざりきと　兎に角差向万事色部氏に依托することにせり云々　今後のところ如何甚懸念す

六月十七日　　日　雨

終日在宿、答案調を始む

六月十八日　　月　曇

午刻きみ子より電話あり於菟試験のことなり其に付き動物教室え行きたり

六月十九日　　火　雨

甚鬱陶しき天気、晩於菟来り未だ平常に復せざる様なり

六月二十日　　水　曇晴

幻灯説明をなして脳講義を終る、四時前出て加賀町

六月二十一日　　木　雨

組織実習を閉つ、千葉田口氏来室大沢氏祝賀会のことを話す　六時帰宅

六月二十二日　　金　雨

終日家にありて答案調べ、大に捗取る

六月二十三日　　土　曇雨

天気甚怪しけれど坊の迎へに行く丁度加賀町大掃除なり直に連れ来る、庭にて遊ぶ、午後は霧雨降る　坂下え行きて小供雑誌を買ひ与ふ、精は椰野え招ねかれ不在、雨降りとなりたれば俥にて送り行く坊車中にて眠る、茶棚を貸りて帰る、留守中千駄木より使に接しきみ出向す、十時過帰り来りて於菟病症怪しきことなど話し一時となる　又精の談に橋本にては龍雄とし子間不和益々増長のよしさてさて親族に難事多きことぞ

六月二十四日　　日　雨晴

八時出勤、実習試験を始む、六時前帰りて食後様子何と思ひて千駄木え行きたれど皆留守打ち揃ひて万金え食事に行かれたりと、帰途槇町にて出会ひたり

六月二十五日　　月　晴雨

在宿答案調、大掃除にてさわがし併し昼前雨降らざる内に済みたり

六月二十六日　　火　曇晴

昨日来俄かに熱くなれり、八時より試験、昼食中入沢氏来室本多氏次女のことを伝言せり　午後は欠席者多く三時前に済みたり　四時出て加賀町え俸給持ち行く二児盛にはねまわる

今日より臨時議会始まる

六月二十七日　　水　晴

熱さ酷し白服を着る　五時家に帰る

六月二十八日　　木　晴（昨夜雨）

昨日於菟来り試験未済なれど卒業論文問題をもらいたし云々話したるよしに付昼時間に飯島氏に会ひて頼みたるに勿論与ふべしと承諾されたり、五時豊国え行く清水由隆氏渡米高橋信美氏千葉え転住送別なり在教室のもの大沢、二村、井上、平光、広瀬、上田、宮原、自分、新井、森田、田口、これに主賓、都合十三名、夕立す但し暫時して止む、九時半帰宅、きみ子今朝来腸を損す

六月二十九日　　金　晴（夕立）

終日試験の外事なし

六月三十日　　土　曇雨晴

昼食時に井上、高橋、田口氏と大沢祝賀会に付相談、四時半試験終る

七月一日　　日　晴

朝坊を迎へに行き連れ来り終日遊ぶ　夕精と送り行く、帰途酒店に寄り一円切手を柿内え送ることを命したり、蔵敷、損料の意味なり

七月二日　　月　曇雨

午前家にて評点整理、昼教室に到りこれを清書して三時事務室え出す、仙台西氏出京来室、北大学内殊に医科内部紛紜に付種々談あり　故名児耶、会計書記等のため三円三十七銭出す

七月三日　　火　雨晴

隈川氏来室提要先月分収入を持ち来る　母堂病気の談などあり　晩精を連れて池の端仲町え茶箱を見に行く適当のものなかりき

七月四日　　水　雨曇

四時半出て加賀町え提要先月分を持ち行く

七月五日　　木　不定
十一時半東京駅に清水由隆氏渡米を送る
七月六日　　金　晴雨
午後教授会、特待生選定、学位一名、三時辞し去り教室にて大沢祝賀会に付始めて委員会を開く　千葉より筒井、田口二氏来会、新井氏佐藤達次郎氏其他大学内のもの、七時家に帰る　精子柿内え行く
七月七日　　土　晴、時に降雨、風強し
今明日は教室大掃除のため在宅、晩橋本家定期訪問す生憎宴会なりとて寸時会ひたるのみ
七月八日　　日　晴
在宅、炎熱甚し九〇度に昇りたり　晩精子帰る
七月九日　　月　晴
八時過教室、寺野精一氏祝賀会弐円出金
七月十日　　火　晴
満州にある横田氏妹貞子死去に付昨日香奠弐円為替を組みたり、八時教室　三二高校体格検査今日ありて明日より愈学術試験四日間あり結果如何　島峰氏来室、歯科試験場前途有望など談あり
七月十一日　　水　晴
卒業式、九時参学、十時着御、久邇宮、梨本宮、朝香宮三殿下御列席、天覧に供したるもの　銅鉱選別法、至製法、震翰般若経、弘安四年日記　舟の横動揺を停止する法等なり　十二時家に帰る午後三時俥にて谷中斎場に到る故足立寛氏葬式なり　熱さ強し
七月十二日　　木　晴
八時過教室、寺野教授祝賀に弐円出す　午後二時入沢氏院に訪ひて本多の件に付返事す　即ち本人に未求婚の意志なきこと、親戚に婚事に付失敗あり旁当分見合せおくこと遺憾なから謝絶又但し帰宅の節は尚ほ談し見ることあるべし云々　三時出て青山氏病気を見舞ふ様子甚面白からず　昨日卒業式に欠席、緒方氏代理をせることにて知りたり　熱さ酷し水道橋より電車にて加賀町え行きたり二児至て元気なり
七月十三日　　金　晴
八時過教室、大沢氏祝賀会に拾円二村氏に渡す　京城久保氏 Physische Anthrop. der Koreaner, Deskriptiver Teil 出版寄贈になるたること韓国史及朝鮮人衣食住の二本贈与の礼及潤氏のことに付一件未決着せざること等の書状を出す又新潟島田吉三郎氏え井上助教授来十月より

来講を頼む云々交渉に付あまり延引ながら返事を出す、尤も井上氏より既に其当時返答ありたる筈なりき　四時出て市ヶ谷原町に原家を訪ふ皆在宅、次に牛込小松に寄る老人案外元気よし　晩魁郎氏来り十一時まで談話　今日の熱さは此夏始めてなり

七月十四日　土　晴

貝塚歯牙の統計をとる　三二試験済みたり今日の三角は少し不満のよし　来月八日に結果明ると云ふが如何

七月十五日　日　晴

九時半教室、アイノ齲歯統計を始めたり　報知新聞社員某来りて休中何をするかなど尋ねたり　六時家に帰る

七月十六日　月　晴

三二早朝房州水泳場に出発す、安田恭吾氏来る　氏去りて直に坊迎へに行く八時半連れ来る田鶴も十時頃女を連れて来る、昼頃久子殿来訪午食して午後まで居る　四五日は家中賑かなるべし　金沢佐口栄氏来訪、花瓶（九谷）の贈り物あり　午後夕立を催すのみにて来らず併し冷しくなる

七月十七日　火　曇

大に冷し早く支渡し皆を連れて三越に行きたり　自分は新築出来てより始めてなり、忠子始めて電車に乗せたり食堂に入りなどし皆満足なり

七月十八日　水　曇晴

朝少しく霧雨降る、午後鶴、精は高島屋え行きたり　坊発熱し心配す、一時間余眠りたり、長谷老人来れり但し自分会はざりき

七月十九日　木　晴

坊格別のことなし、終日機嫌よく遊びたり、線香花火を自分買ひに行きたり

七月二十日　金　晴

再熱くなる、婢ふく四五日来病気にて困る厳を頼みたり保子も来る、夕刻自分一人にて坊を送り行きたるところ電車中にて眠り加賀町まで抱き行くなど困りたり　帰れば新井夫人玄関にてきみと話中なり　静になる五日間坊と遊びたり

七月二十一日　土　晴

八時半教室　紀要校正の溜りたるを処理し、アイノ頭骨歯牙を計ふ

七月二十二日　日　晴

九時半教室、終日アイノ歯牙調べ、小松茂治氏来室　晃

氏虚弱に付相談

七月二十三日　月　晴

九時教室、アイノ歯牙、晩小松晃玄関まで来る

七月二十四日　火　晴

八時半教室、事務室にて長与、林二教授と入学競争試験成績に付相談、入沢氏に会ひて晃氏健康診断のことを頼む、同氏今夜出発旅行に付今日午後四時頃ならば宜しとのことに付其趣を茂治氏え電話にて申送る　四時出て加賀町え俸給持ち行く、忠子熱発し機嫌悪し

七月二十五日　水　晴

第二十五回解剖学会を教室に開く、八時教室、九時半頃開会、演題十七、出席者仙台より西、新潟より工藤得安、千葉より田口、東京大沢、二村、井上、平光、広瀬、小金井、新井、森田、宮原、客員岡田乾児、金沢より金子、佐口栄、名古屋より浅井、佐藤亀一、奈良坂、長松英一、大阪より岡田耕三、京都より佐々木宗一（愛知出身、京大助手）、岡山より上坂、福岡より進藤篤一、簾藤信介、木村省三、熊本より山崎春雄、奉天より工藤喬三、外に一等軍医佐藤清、支那李定以上二十九名、五時過演舌終る、これより上野精養軒に到り会食、九時家に帰る　これまでになき盛会なりき、九〇度以上の熱さなり、昼時に小松春三氏晃同道来室入院云々　坂本恒雄氏え名刺をやる

七月二十六日　木　晴

朝上坂氏来り備前焼置物を贈る十時教室　昼頃島峰氏来室ルウマニヤ行思ひ止りたる話あり　晩於菟、保子来る

七月二十七日　金　晴

八時半教室、潤氏より来信、一一〇円罰金云々、控訟（ママ）云々

七月二十八日　土　晴曇

大に冷し急に思ひ立ちて坊の迎へに行き、終日遊ぶ、午後精と槙町まで行く、夕精と送り行きたり　婢ふく今朝宿へ保養に行く、家中甚寂くなる

七月二十九日　日　曇晴

稍熱くなる、出がけに動坂小林家を見舞ふ叔母魁郎氏共留守、電車開通せるによりこれ用ひ上野を経て大学に到る時に十時　晩石原喜久氏来訪

七月三十日　月　晴

九時教室　小松春三氏等来り今日退院、充分検査を行はれたるも特名を附する程の症にあらず只虚弱貧血と診断

せられたりと　亦珍客三間真蔵氏来り懐旧談あり困窮のよし金五円を贈りたり　六時半家に帰る　晩厳来る

七月三十一日　火　晴

九時教室、井上氏より一家一族中兎角面白からざる愁嘆談あり流涕、気の毒に感す　時にユンケル氏来る明日軽井沢え行くと、次に隈川氏提要収入持ち来る、弘田氏「チイス」持ちて来室　午前はこれにて全くつぶす　三二水泳より帰る

八月一日　水　晴

九時半教室、四時半出て加賀町え提要七月分持ち行く　二児共元気なり

八月二日　木　曇少雨晴

松村瞭氏来室、昼頃少し雨降る

八月三日　金　驟雨

九時教室　六時半家に帰れば橋本節斎氏久し振りにて来り居る暫時して去る

八月四日　土　晴風

九時前教室　昼頃島峰氏来室、昨今両日橋本氏より頼まれたるガングリオン〔＊結節腫〕の調べに費す　晩広瀬助手来る、今日電話にて呼びたるなり　休中勤務上のことに付てなり

八月五日　日　晴

早朝坊の迎へに行く、老人夫婦は「みそぎ」え行きて留守、熱さ酷しけれと機嫌克遊びたり、夕精子俥にて送り行く、庭師芝を刈る、婢ふく病気全快帰り来る、晩於菟来る

八月六日　月　晴

八時過教室、橋本えガングリオン調べを送る、六時帰宅

八月七日　火　晴

八時半教室、六時帰宅、今朝きみ柿内え行く　虫乾しのことなり、晩精帰る

八月八日　水　晴

高校入学発表の頃に付昨今は家中不安の気充つ　八時半教室、椎野氏既に先達て出京のところ今日来室、只今きみ子より電話、不結果！　恰も標本室にて支那頭骨歯牙調中、是より帰宅すべし時に四時十五分なり

八月九日　木　晴

八時半教室、四時半出て加賀町、老夫婦今日帰宅のよし

八月十日　金　晴

七時半教室、八時より臨時医学会を病理教室に開き長与氏等恙虫病源の報告ありこれに出席す　齲歯検査は今日にて一先打ち切り明日よりはアイノ及邦人女子頭骨曲線を五〇個画くことに取りかかる予定なり

八月十一日　　土　　晴

八時半教室　アイノ頭骨曲線を画き始めたり但し永く中止したるため準備等のため甚捗取らず只一個かきたるのみ　朝日新聞記者来室、休中仕事し居るかなど云へり晩鬼頭英氏来訪

八月十二日　　日　　晴曇雨

九時半教室、台湾細谷雄太氏え先達紅茶寄贈の礼状を出す、午後三時頃雨降り出し心地よし

八月十三日　　月　　晴

少し気温降りたるに付坊の迎へに行く　終日機嫌克遊びたり　晩精と送り行く　電車中にて眠りたり

八月十四日　　火　　晴

八時半教室

八月十五日　　水　　晴風少雨

九時教室、天気不穏なり

八月十六日　　木　　雨曇

昨夜来雨、冷しくなりて心地よし、八時半教室　石原喜久氏来室於菟縁談原家より纏めたき意向云々の通告あり

八月十七日　　金　　曇

九時教室　真鍋氏来室青山氏を軽井沢に見舞ひたる模様を聞く

八月十八日　　土　　曇雨

坊を連れ来りて遊ぶ槇町へ行きて絵本を買ふ　夕精と送り行く　丁度雨に会はず幸なりき、於菟来りて昼食す

八月十九日　　日　　雨

九時前教室、三内軍医（歯科）来室、齲歯統計の話あり六時半出て帰宅

八月二十日　　月　　晴

冷しくして好き天気なり　柳沢銀蔵氏来室、日本先住民のこと、其当時馬ありしやなど談あり時に新井春氏来り椰野家のことに付種々配慮しくれられたり

八月二十一日　　火　　曇晴

八時半教室、島峰氏、次に石川憲夫氏来室、千葉医専と就職約束したり云々、椎野、工藤両氏奉天帰任すと云ひて告別、緒方規氏顕微鏡持参相談あり（恙虫病腎臓標本に付）　アイノ頭骨（女子）曲線去十一日より始め

二十五枚漸く書き終る

八月二十二日　　水　晴

八時半過教室、奥田市長遺骸防腐のことに付使人来る
広瀬学士を遣る

八月二十三日　　木　晴

菊池大麓氏葬式に青山斎場に到る十一時半家に帰り午後
在宅、庭の草を少しく取る、晩精を連れて銀座え行き明
日軽井沢に青山氏見舞ふ考に付見舞品を購ふ　夜中十二
時真鍋氏より電話あり明日軽井沢行を見合すべしと

八月二十四日　　金　曇

朝真鍋氏来り大隈侯重態のため青山氏今日帰京すべしと
八時半教室　九時頃電話あり柿内より迎に来たれとの葉
書到りたるよし　是より迎へに行き坊を連れ来る、田鶴
は昼頃来る例に依り賑かなり　午後三二と坊を連れて植
物園え行く　青山氏今日帰京の由に付見舞品を贈る

八月二十五日　　土　晴

昨夜来忠子下痢、発熱す、終日機嫌悪し　午後は坊を連
れて槇町まで行きたり

八月二十六日　　日　晴

忠子今日は宜し食あたりの如くなれども更に不明、終日
家にて遊ぶ

八月二十七日　　月　晴

挙家三越行、八時出かける、田鶴は母子三人にて撮影す、
米国に送るためなり、食堂に入りエレウエエトルに乗る
など坊悦ぶ、別れてきみ子と坊を連れて出る、きみ買物
などし、日本橋を渡りて電車に乗る、十一時半家に帰る
精、忠は既に帰り居る他も続て帰り来る　夕自分独にて
坊を送り行く、気候秋冷となり　四日間賑かなりき

八月二十八日　　火　晴

八時過教室、午後山崎春雄氏来室今日帰熊すと種々貝塚
談あり

八月二十九日　　水　晴

八時過教室、午前隈川氏来室、只今山川総長より青山学
長病気辞職に付学長就任を慫慂せられたりとて相談、就
任の外なかるべしと答ふ　午後又提要収入を持ち来らる
亦第三版発行の話あり　五時半出て青山氏を見舞ふ、昨
日再軽井沢へ行きたりと

八月三十日　　木　曇

八時半教室、養育院副幹事高畠登代作氏来室、去七月
十一日警視庁令のため屍送附面倒なることに付談あり、

木村男也（仙台、病理）図書を見るため来室、四時半出て加賀町へ提要収入を持ち行く

八月三十一日　金　雨

八時半教室、誰も来らず静かなり終日仕事したり

九月一日　土　曇雨

八時半教室　頭骨五枚画きたり　これ極限なり屍送附の件に付養育院より都合よく運びたる旨電話にて通知あり

九月二日　日　晴雨

再熱くなる、十時過教室、三郎氏より手紙来る　留学期は延期せず決心す云々　晩其返事を認む

九月三日　月　雨曇

八時半教室　井上帰京北海道旅行談あり　島峰氏来室今日曲線終る筈なりしも為めに一枚残りたり

九月四日　火　曇

蒸熱く天気怪しけれど坊を連れ来り終日遊ぶ、きみ午前はむつ子を撮影に連れ行き午後は三二復習教師に付奔走、黒田家に到り松本氏え紹介のこと等に力をいたす、晩精と送り行く

九月五日　水　雨曇

八時半教室、平光氏よりヤップ島発電報来り　不明の点もあり考へたる上其ままになしおく　曲線は終りたり総て四十七枚なり、是より測計

九月六日　木　晴

朝保子来る、九時教室、某来りて自は度々事業に失敗したるものなるが自個の身体を生きたるまま解剖研究に供したし云々

九月七日　金　晴

八時過教室

九月八日　土　晴

一両日来熱さ再酷し、九時教室　精は三重、むつを招きたり

九月九日　日　雨

十時教室、午後西郷吉弥氏来室、今夕出向の筈なりしも氏より先んぜられたり、厳婚式に立合人たらんこと頼む細君とも相談の上返事すと、六時半家に帰れは魁郎氏来り居り晩食長談、十一時去る

九月十日　月　雨

九時教室、島峰氏一寸来れり、浅井猛郎氏紀要図版のことに付手紙を出す　夏休終れり随分勉強したり、齲歯の

諸人種に関する統計、日本人アイノ頭骨各二十五個の曲線画作　これ重なる仕事なりき　六時出て家に帰る

九月十一日　火　曇少雨

九時過教室、青山学長辞し隈川氏就職　午後岡田氏来室学長送迎会のことに付談あり　尋で隈川新学長挨拶に来る　四時半過出て加賀町え行く

九月十二日　水　雨

八時教室、ユンケル氏校正料弐百八拾余円申請す　五時頃出て青山氏を見舞ふ、夏休始めに会ひたる時より一段羸痩を増したるやに感ず

九月十三日　木　曇

午前井上哲次郎氏夫人葬式に谷中斎場に到る　余り蒸熱強きにより人車を用ふ、午後は星野恒氏葬式に青山斎場に到る四時過家に帰り休息、終日潰す

九月十四日　金　曇

朝迎に行き坊を連れ来りて終日遊ぶ、夕精子送り行きたり

九月十五日　土　雨

西郷吉弥氏梛野依頼の件謝絶の書面来る

九月十六日　日　雨

九時半教室、頭骨計測、精子柿内より帰る

九月十七日　月　雨

八時より組織筆答追試験す出席者七名、問題クノルペルゲベーベ〔＊軟骨組織〕　隈川新学長の第一教授会、試験評点法改正の件に付委員の報告あり、従来の点数をやめて優、良の二段を級（ママ）第とし不良を落第とすることに決す

六時半家に帰ればきみ子急使に依り千駄木え行きたりと帰りて於菟愈落第と言ひ渡されたりとて悲痛云　病気再発の虞あり甚心配

九月十八日　火　晴

飯島氏に面会、於菟の様子を聞く、差向き即ち此第一学期間静養の外なかるべし云々、眼科え行きて此頃西尾したどの紹介の堂本健三と云ふ人斜視治術の件中泉氏に依頼、承諾、其ことを速達便にて堂本氏え通知す　助手広瀬巌氏辞職、上田氏副手なるを助とすべし又小池敬事氏来室、解剖に復帰すと、副手とすべし　於菟来り晩食す、明日日在え行きて静養すと　保子来る

九月十九日　水　晴

顕微鏡実習追試験四名出席、隈川氏一寸来る医学会々頭を大沢岳氏に譲るの件、島峰氏来室

九月二十日　　木　晴

秋晴爽かなり、専門局長松浦鎮次郎氏来室　長崎医専校長談あり　北海道白老よりマンロー氏昨日手紙よこし其返事を出す　医学例会出席、終て山上にて評議員会出席役員改選隈川会頭止めて大沢岳氏当撰、九時帰宅

九月二十一日　　金　晴

午後一時より学長送迎会に付委員会を開く、島峰氏来室、長崎医専校長談に付電話の結果、豊国え行きて中浜氏に面会し要件を通し晩食し帰途教室に寄り松浦、島峰両氏電話し八時家に帰る

九月二十二日　　土　雨曇

昼頃中浜氏を番町の邸に訪ひ昨夜の話をなす、一時頃教室に帰る、松浦局長来室、名誉職肩書法に付困談、打合せの上西郷吉弥氏赤十字病院に訪ふ　急病患者来り今手術に取り掛りたるところのよし空しく去る八時過家に帰る

九月二十三日　　日　曇雨

坊を連れ来り終日遊ばせたり　晩精送り行く

九月二十四日　　月　雨　祭日

八時半教室、邦人女子頭骨容積二十二個其他の仕事をしたり

九月二十五日　　火　曇少雨

午刻中浜氏を訪ふ長崎医専校長の件終に謝絶、一時半教室に帰り其旨を松浦局長に電話す　木下正中氏辞職に付挨拶に来る　ユンケル氏来室校正料多きに過ぐ云々

九月二十六日　　水　曇少雨

昨夜大に雨降る、午後島峰氏来室　四時出て加賀町え俸給を持ち行く　啓義出京神経衰弱未だ軽快せずと

九月二十七日　　木　曇

悪天続きにて困る、西郷吉弥氏に面会の都合を電話にて尋ねたるも両三日は差支のよし

九月二十八日　　金　曇少雨

朝雨降り居たるも暫時して止む兎に角弁当を造り十時半四人にて出かける　昨年通り道を経て十二時半調布玉川原に到り弁当を食し是より舟遊を試む、曇なれども風なく気温適度甚心地よし又漁夫を傭ひて網を打たせたるも漁獲甚少なし鮎一疋の他雑魚十疋計なりも、幸に雨降らす、皆々満足なり（六円五〇計）

九月二十九日　　土　雨

医化学に隈川氏を訪ひ提要収入を受取り且増刷り費のこ

とを相談す　仙台より西氏突然出京来室、該教室不和のこと布施氏専横のこと、両氏の内何れか去らねば甘く行かざるべしなど談あり困りたる状態なり　四時上野精養軒に到る旧新学長送迎会なり、職員学生三百名以上出席、自分送迎の辞を述ぶ、活動写真の余興あり　山の手線を用ひ九時頃帰宅、終日止みなき大雨にて困りたり

九月三十日　日　雨

朝少し小降りになりたれば加賀町え提要収入を持ち行く、家内の状況に付近頃如何と心配したれども先別状なし　二児と遊びて十二時家に帰る、大雨にて困りたり

十月一日　月　晴

昨夜半過より台風となれり、家中起きて様子を見たり下精の部屋にて眠りたり朝になりて大に弱くなれり庭に出て見れば檜数本傾き、屋根棟瓦多数飛ばすなどなかなか損害あり、雨戸風呂損す、八時半教室解剖実習を始む、午後教授会、試験規則改正の件、決定、中村豊（愛知医専出身同校耳鼻教授）学位の件通過　暴風のため電灯つかず瓦斯も出悪しく市中闇し、晩食後独槇町の景を見る、我家には漸く九時頃電気来れり　昨日西郷吉弥氏より厳婚儀立合の件再断り来る

十月二日　火　晴

大に秋天となれり　午前生理教室に行きて医学会雑誌を見る、今日より実習室え出る　電灯は七時過付きたり、瓦斯の出甚悪し、飯を炊くこと出来ず

十月三日　水　晴

人類学より鳥居龍蔵氏が河内にて発掘せる人骨を借用す、島峰氏来室話長くなり七時家に帰る

十月四日　木　晴曇

午前生理え行きて医学会の雑誌を調ぶ　午後高橋信美氏来室千葉暴風雨の情況談あり

十月五日　金　雨

医学会例会、田代義徳氏米国視察中フイラデルフイヤ臨床外科医会列席其状況談あり

十月六日　土　雨

悪天、此頃瑞西より帰朝せる有馬英二氏来室

十月七日　日　曇雨

朝雨止みたれば坊を迎えに行く、啓義氏夫婦昨日再房州より出京当分同居のよし甘く行か如何、晩精と送り行く、往復共降らざりしは幸なりき、嵐後の庭を掃きたり

十月八日　　月　雨

アイノ下顎二五個計測す、これにて八月十一日以来アイノ及日本頭骨各二十五個の曲線、計測事業れ（ママ）り尚計算を余す

十月九日　　火　雨曇

生理え行きて医学雑誌を調ぶ

十月十日　　水　曇雨

昼頃植物園え行きて三好氏に面会、於菟心配し居たる保養のため学課欠席のことを知らす　帰途小松春三氏に会ひて入沢氏晃を再ひ診察すべきこと通ず、一時過教室に帰る　島峰氏京城え向け今日出発すとて一寸寄りたり

十月十一日　　木　雨晴

昨夜大雨、黎明に於て特に強く、朝は小降りになりたるも天気怪し、併し強て加賀町え行く略ほ止みたるを以て坊を連れて出る途中漸々晴天となる、昼頃田鶴女児を連れて来る、午後は教室え実習のために行く　松浦専門局長来室札幌医科大学創立に付幾分相談相手を頼む云々承諾す　四時帰りて坊等と遊ぶ

十月十二日　　金　曇晴

午前皆々を連れて三越え行きたり例の通り皆満足　十二時過ぎて自は坊を連れ帰る、午後二時教室、実習を終へて四時過帰宅

十月十三日　　土　曇

宣誓式に付休業、教室行かず、午前坊を連れて槇町まで行き筆入れを買ひ与ふ、午後三二と坊を連れて動物園え行く（三二別れて化学工芸博覧会え行く）往復共山の手線を用ふ四時過帰宅　田鶴は同窓会え行きたり、忠子家にありたり　午前平野夫人来訪、本多女のことに付再び申込み云々追て此方より返事すべしと云ひ置きたり　但し自分は会はざりき

十月十四日　　日　晴

午前鶴、精は忠を連れて松坂屋え行き自分はきみ子と坊を連れて植物園え行きたり、秋晴心地よし永く遊びて十二時過帰る、午後は庭にて遊び、入浴、晩自分坊を送り行きたり　きみは於菟、原嬢初会見とて石原喜久氏方え行きたり

十月十五日　　月　曇雨

基房殿病気、加賀町にて療養中に付式は児等を暫時預り置くべきやを告ぐるため午前一寸行きたり併し其要なかりき　鳥居龍蔵氏来室、明日出発朝鮮行、過日河内にて

発掘の人骨に付て話あり　午後教授会、評点採決法改正の件確定す　三重子梛野え行きがけに寄りてとし子龍雄間のことを話したりと、精も行きて九時過帰る

十月十六日　火　雨

人類学吉田文俊氏来室、河内遺跡より発掘せる人骨を整理す、三時過教室を出て文展招待日に付これを一見す三二同行す

十月十七日　水　雨　祭日

十時教室、鉄門倶楽部は箱根え向け出発す　この二三日は文書目録をタイプライタアにて書く

十月十八日　木　雨

生理え行き医学会の雑誌を見る又目録調製略ぼ終る

十月十九日　金　雨曇

文書目録九六枚図書館長谷川氏に渡す同時に書庫に入りて蝦夷に関する邦文書を見たり　晩原家々族石原夫人案内にて始めて来訪、家族皆を引き合す　十時過ぎて去れり

十月二十日　土　雨

図書室整理

十月二十一日　日　雨

九時教室、医学会総会あり、但自分は午前午後共出席したれども多くは教室にありて計測の計算をなせり、演説終りて山上にて宴会、八時家に帰る

十月二十二日　月　快晴

久し振りの天気なり、急に寒くなれり、朝きみは坊の迎に行く　自分は十時講義を終へて帰る、多く室内にて遊ぶ午後槇町まで精と連れ行きて絵本など買与ふ　晩きみと送り行く電車中にて眠るきみは賀古家え行きたり　今日午後京都より潤三郎氏出京、泊る

十月二十三日　火　晴

晩潤於菟二人来る

十月二十四日　水　晴曇

午後は北海道医科大学創立に付相談のため文部省え行きたり、五時半帰宅、晩食後橋本え行きてとし子四児の関係前途心配等のことを話す　久し振りにて長談十一時半家に帰る　潤氏泊る

十月二十五日　木　雨

午後は札幌農科大学長佐藤昌介氏秦、石原両医学博士、柴垣建築課長等来室、教室全部を説明す

十月二十六日　金　雨晴

弘田氏来室、校談あり　午後四時出て加賀町え俸給持参

十月二十七日　土　晴

隈川氏来室、青山氏に昨日会談後継者のことなど言ひて最早決心のよし云々、其優遇方に付懇談あり　二時過帰宅、精を連れて散歩、庚申塚まで歩き、是より電車、小台渡しを経て千住にて夕食し七時半帰る

十月二十八日　日　雨

悪天終日家にあり、午後魁郎氏来り九時去る　毎度ながら長坐にて迷惑

十月二十九日　月　曇

島峰氏朝鮮より帰朝来室、又平光氏南洋より帰京出勤旅程の大略を聞く　午後教授会、学位の件薬学士武田二郎（大阪の人）、医学士岩崎小四郎（陸軍）通過、学科課程改正の件に付委員を投票す、基礎の方林、小金井、片山、臨床の方入沢、田代、岡田、近藤当選、終て隈川、佐藤、岡田三氏と青山優遇方に付相談、浜尾氏の意見を叩くこととす　六時上野精養軒に到る　札幌農科学長の馳走なり　十時帰宅

十月三十日　火　晴

久し振りの秋晴、隈川氏来り青山優遇のこと先山川総長に計る方宜しからんと云ふ共に行き其事こと話す　帰途青山家え見舞に寄り七時前帰る、八時半過再出て金富町浜尾家に到る一時間余待つ十時頃先生帰り来る　佐藤隈川岡田氏も来る、長談、青山優遇法なきが如し、十二時十五分辞し去る春日町まで歩く、これより終電車来りこれに乗りて帰る

十月三十一日　水　晴　祭日

朝坊を連れ来る、午後きみと槇町え連れ行く、晩自分少し風邪の気味に付きみせい送り行く

十一月一日　木　晴曇

内臓論を始む、忙しくなる

十一月二日　金　雨

下標本室附属室を整頓したり

十一月三日　土　晴

弘田氏来室、青山後継者談あり、坂口が隈川学長のところえ陳情に行きたりと

十一月四日　日　雨

小笠原又次郎氏え祖父、父、娘の法事とて菓子を送り越したれば其返事を書き香奠一円送る　十時過教室、終日

河内人骨の継ぎ合せに費す　悪天、六時豊国に到る、原正氏長崎赴任に付送別なり

十一月五日　月　晴

漸く天気になれり併し急に寒くなる、早く弁当を使ひ十一時半教室を出て文展え行きたり、きみせいは既にあり、休憩所に入る、充分見たり、観者少なく甚適す四時帰家

十一月六日　火　晴

午後四時出て加賀町、帰途小松家え寄る老主婦異状なし

十一月七日　水　晴

桜井恒次郎氏福岡より出京、実習中一寸挨拶したり午後五時過電話により帰宅、島峰氏来り居る朝鮮土産あり、共に食事す八時去る　留守小笠原金三郎氏台湾より出京、長岡にて法事を営みたりとて来訪、贈品（三越五十円切手）あり、これ学生中の報復の意なるべし　京城久保武氏より来信潤氏のこと新紙上淫書刊行云々大に邪魔云々

十一月八日　木　曇

隈川学長来室、三郎氏新紐（ママ）転学し帰朝まで此処に居るに付ては一ヶ月半計延期したしとの件　不得已ことに付許すべしと、又青山後継者談あり、福岡稲田来るべし云々晩九時頃良一帰宅す、約一ヶ年振りにて珍らし、きみせいは丁度槙町え買物に行きたる留守中なりき

十一月九日　金　晴

十時教室、これより不忍池畔化学工芸博覧会を一見す、一時半教室に帰る　精は三重子、むつ子を招きたり晩は十時半まで茶の間にて話したり於菟来れり

十一月十日　土　雨曇

運動会に付休業、十時教室、雨止みたれば運動会中止せず

十一月十一日　日　晴

雨は今朝に至りて漸く止む、道悪しけれど坊の迎に行く、丁度大掃除にて混雑、直に連れ来る、暖き好き天気となる、良一も昼帰り来り午後は庭にて遊ぶ又暴風後残り居る瓦破片など、片付け掃除したり、晩精と送り行き、これより銀座え行く、良一三二と落ち合ひて散歩、蕎麦屋に入る、十時前帰宅

十一月十二日　月　晴

午後教授会、松井甚四郎（札幌鉄道病院）、熊谷直樹学位の件、通過、終て学科等改正に関し投論（ママ）あり　良一等

は教室より写真器を持ち来りて家にて撮影などす

十一月十三日　火　晴

山越良三来室朝鮮人骨格一具交換す　札幌植村氏え学位論文抄録請求の手紙を出す　良、三は昼中写真を写し晩は現像など賑かなり

十一月十四日　水　晴

十一月十五日　木　曇

四時出て家に帰る　田鶴等来り居る、家中大賑かなり

十一月十六日　金　雨晴

午前雨、午後霽れる庭に出て遊ぶ、良一二児及自分の写真写す、二時教室に到り実習に出る福岡桜井恒氏来室四時出て家に帰る、良一は平野え例の件に付行きて断りたり

十一月十七日　土　晴

午前教室え行き、昼家に帰る、午後庭にて撮影　午前皆三越え行きたりと

十一月十八日　日　晴

午前坊、忠を連れて植物園行、良一、精同行、田鶴は独り文展え行きたり、午後は庭にて遊ぶ天気よし　四時出て上野精養軒に到る　長井長義氏二十五年祝賀会なり七時半帰宅坊まだ起き居る　良一は晩横須賀え帰艦せり

十一月十九日　月　曇晴

午刻帰宅、午後は庭にて児等遊ぶ、落葉の焚火などす、晩田鶴帰り去る、自分きみ坊を送り行く

十一月二十日　火　曇晴

観菊会なるも不参、午後四時医学会例会出席　平光氏南洋探検に付演舌す　七時過帰宅

十一月二十一日　水　晴

居宅大掃除、島峰氏一寸来室　留守中平野夫人来訪又々本多の件なり　此度は義女は如何とのことさてさて就着（ママ）の強きこと

十一月二十二日　木　晴

三二は横須賀良一のところえ行く、解剖祭に付午後谷中天王寺え行く　早く済みたれば三時教室え帰る

十一月二十三日　金　曇　祭日

人類学会催し遠足を鴻の台先き堀の内貝塚になす潤三郎氏同行、人夫を傭ひて掘りたるも格別獲物なし、京成電車初めて乗りたり、少し雨降りたるも困ることなかりき六時頃家に帰れば良一来り居る明朝は帰艦すべし

十一月二十四日　土　晴

午後二時半出て加賀町、老夫人昨日来寒冒、坊泊り来るかと尋ぬるに行くと言ふ、よく承知して出かける、五時頃家に帰る、皆驚く、坊入浴しおとなしく遊びて九時半頃眠りたり

十一月二十五日　日　晴

好天、九時精と坊を連れて動物園、昼帰り、午後は庭を掃き焚火をなす坊喜ぶ、晩精と送り行く、機嫌よく遊びたり、これ始めての一泊なり

十一月二十六日　月　晴

午後教授会、精神病学教室新築場所、附属医院新築等に付談論あり、学位はながれたり

十一月二十七日　火　晴

十一月二十八日　水　晴

帰途青山氏を見舞たるも入浴中のよしにて細君に面会し帰る

十一月二十九日　木　晴

講義を終へ直に弁当を使ひて堀の内貝塚に到る時に二時前なり　潤、三は朝より行き盛に掘り居る土器大破片数個の外格別のものなし、偶然農童より石剣の折れを得、拾銭与へたり、無風好天特に爽快、五時家に帰る

十一月三十日　金　晴

島峰氏来室、次に隈川氏来室　提要第三版発行すみ其費用協定せり又稲田転任の件本日同氏突然来りて内意判明し安心したり云々　六時過家に帰れば良一来り居る

十二月一日　土　曇雨

良一今日帰艦すべし大軍医に昇進、横須賀病院付きとなるとか予て聞き及び居たるが今朝愈発表になるよし如何隈川氏え提要三版発行費の内一五〇円預りの分より支出すべき額を渡す　午後隈川弘田両氏来室　受験生村田正太の件即入沢氏試験に於て病床日誌を純邦文にて書きたるにより有功なるや否やに付面倒起りたるなり　三時過出て加賀町、提要収入を持ち行く、二児機嫌よし

十二月二日　日　雨晴

十時半教室、六時過家に帰る、晩石原喜久氏来訪、千駄木二大事件のこと、殊に潤氏を伝研図書掛りに採ることに成立したりと、これにて二件とも落着か

十二月三日　月　曇

十時講義を終へたるところえ隈川学長来室尋で受験生暉（てる）峻（おか）義等氏来室三人合談、即ち入沢教授試験に於て村田正

太氏が病床日誌を純日本文にて書きたる件に付てなり　一時半となる弁当を使ひ直に入沢氏病院に訪ふ未だ解決に到らず　其趣を医化学に隈川氏に話す　五時教室に帰る

十二月四日　火　晴（昨夜雨）

午後隈川氏村田の件に付来談、入沢氏より只今返事ありやはり日誌独訳を主張す云々、次に田所喜久馬氏来室、村田氏著書持来る、未だ解決に至らず　良一より葉書来り愈横須賀陸上に下宿を定めたるよし

十二月五日　水　晴

隈川学長来室、邦文病誌の件解決困難云々、兎に角尚ほ一回入沢氏に自分が会談すべきことを約束す

十二月六日　木　晴

約束の通り入沢氏来室、結局試験は継続す但し自身の主張は正当と信す只隈川新学長未慣に際し気の毒なるを以て斯く決心す云々　是より隈川氏を尋ねたるも不居、事務室え行きて村田え通知のことを命し又田所氏を呼びて尚ほ当人え其旨を伝えんことを依頼す　青山氏今朝俄に容体悪しきよし入沢氏より聞く　帰途同家え寄る三浦謹、入沢、佐藤氏其他門弟多数あり、病人睡眠状態にあり、六時半家に帰る　三二寒冒

十二月七日　金　曇

於菟結婚儀式等に付なかなか面倒に付朝千駄木え行き森林氏に懇談す　行きつまりの源因(ママ)は細君にあることを知る　森氏細君により談合の上細君より返事することとし分る一寸家に帰りきみに其次第を話し十時過教室、昼賀古氏御殿に来り居るよしに付同所え行く隈川、弘田、岡田氏もあり青山授爵の件に付賀古森両氏も大に力を入れ居りそれに付打合せをなす　帰途青山え寄る模様昨日より宜し　六時半家に帰る

十二月八日　土　晴

朝出勤前に保子来り岩尾橋本間のこと林町が口を出し甚側のもの迷惑す云々談あり　札幌植村尚清氏来室、学位論文別刷の半分を持ち来る　きみ子石原へ行くとて教室え一寸寄る隈川氏来り青山爵問題其他長談、其間田代教授其他来りなど混雑、遂に坊の迎に行くこと出来ず　青山家え寄りて六時半家に帰る、良一来り居る昇級後始めてなり、厳、於菟来り久々にて三人会合談盛なり　皆去りて後も内のものにて十二時近くまで話す、三二未だ全快に至らず

十二月九日　日　晴

朝坊迎に行き連れ来り遊ぶ、午後良一と坊を連れて槇町え散歩、夕刻石原喜久氏来り共に晩食　良一は九時の汽車にて帰横す

十二月十日　月　晴

午後教授会、精神病々室新築場所等のことに付談ありしのみ時に青山氏容体悪しきよしの知らせあり閉会時に四時前十五分　これより青山氏を見舞ひ病室に入る「もおエンデ〔＊終わり〕だ」と言へり自分は「お別れかと」言へり其他二三語あり、葉巻煙草を一本呉れ氏自身も一本火をつけて吸ひ始めたり　嗚呼氏遂にここに至るか感慨深し、森、賀古、隈川、藤沢諸氏同坐、次に応接間にて入沢、中西、木下正中諸等と談話　八時半家に帰る、坊は夕刻きみ子送り行く

十二月十一日　火　晴

三時過きみ来室、只今内藤夫婦来訪、文子のことに付て一応談あり処決の意を漏らされたりと兎に角電話にて加賀美を晩に来る様言ひて四時過二人出て田町に訪ふ、尚ほ聞くに文大不始末を惹き起したり即ち八日家を出て行先不明、押尾某（中等教員）、塩谷某（株式仲買店員）との関係、前者は大正三千葉にて検定試験を受けたる以来の、後者は十月二十五日頃以来のことか、真相は不明、株に関係のためか一四〇〇円計使用途不明、只忙然たるのみ、熟考の上善後策に付考を述ることとし七時半辞し去る　自分は青山え寄る、昨日より容体よし直に去りて八時家に帰り　加賀美は不用に付去らしむ　又千駄木儀式に付原家に異議ある件に付於菟来り談話十一時去るこれよりきみと大件に付相談、策なし、林町、内藤直接談判の外到方なかるべし　其結果全く暗黒、一時過ぎて床に入る

十二月十二日　水　晴

昨夜四時間眠りたり、午後隈川氏来室、片山教授白内障にて追て辞職云々其他学内諸教室殊に臨床の方の話あり前途甚非なり　五時過出て青山を見舞ひ六時過家に帰る晩保子来り文子一件に付相談、十一時去る十二時過ぎて床に入る

十二月十三日　木　晴

六時間眠る、昼前保子喜美子両人来室、昨夜の続き、保子の意見は林町え事実を隠し造り事を言ふては宜しからずやはり一通り事実を言ふべしと　これに同意し、保子

は直に林町え行くとて去る、尋で電話にて林町不在のよし知らせこす、これよりきみ同道出てきみは千駄木式の件に付石原え行き自分は田町に内藤夫婦を訪ひ相談の結果を告げたり氏に異存なし明日林町え行くと云へり、四時前教室に帰る　五時半出て青山氏を見舞ふ、少し悪しき方なり、七時家に帰る、保子八時半頃来る、只今林町え行き一件に付言ひ出したるところ遥かに予想の以上大立腹にて言ひ続けること叶はず只罵詈怒号其極点に達し如何とも手の付け様なく怱々にして去りたりと、孝のことに付種々話をなし十時半去る尚ほきみと十一時半まで話したり

十二月十四日　金　晴

午前先つ田町に内藤夫婦を訪ひ昨夜保子報告を告げ愈々分籍となるべし付ては其後処分方は文は内藤家え復籍、孝は自分方に引取らざるべからざる義理合となることを述べたるに基氏は全く其通りなりと云ひて夫婦とも落涙せらる殊に夫人の情察するにあまりあり悲惨の至なりき十時前出て青山を見舞ふ、昨日と稍同様、食塩水の浣腸の必要を認め諸氏に計り、病者に面会し之を勧めたる幸に承諾す直に之を行ふ、十一時半教室に到る　午後二時隈川氏来室会談のところえ鈴木書記急ぎ来り青山授爵式二時半に行はせらるとの通知により不取敢入沢氏に代人を頼みたり云々　四時半出て青山家悦びに行く人々多数ありて混雑す　青山氏起きて爵記を拝受したりと、六時家に帰る　きみ午後田町え行きたり

十二月十五日　土　曇晴

午後二時半出て青山え寄る、千石、藤沢二氏あり、容体宜しからず、今夜中危険とのこと、辞して加賀町え行く、老夫人臨床、他は留守、二児至て元気よし、五時過家に帰る、良一来り居る

十二月十六日　日　晴

午前家にあり　きみと孝のことに付相談、午後内藤氏を田町に訪ふ、基氏今日佐倉え帰りたりと夫人に孝引き渡し、遺産、所属品のことなど話す　なかなか面倒なりこれより青山え行く昨日午前食塩浣腸をしたるのみのよしに付病者の醒むるを待ちてこれを勧む、氏承諾せり直にこれを行ふ、六時前家に帰る　良一晩帰横す

十二月十七日　月　晴

午前に隈川氏病気引き籠り居るよしに付同氏宅に到り柿内大人より預りたる提要第三版出版費三〇三円余を渡

す　午後一時半頃島峰氏来室長談六時となる　今日内藤夫人保子方に到り、孝引き渡しに付痛心談ありたりとて報告に来れりと、本件なかなか面倒なるべし　帰途青山え寄る意外に宜しき方なり

十二月十八日　火　晴

井上通夫氏新潟医専え出張のところ帰京　整形外科高木兼次氏来室　骨盤三個貸す　帰途青山を見舞ふ意外にも良好

十二月十九日　水　晴

軟骨を終て組織講義を閉つ　六時家に帰る、晩内藤より使来り明日孝所属品を送る云々又田町を引き払ふべしと

十二月二十日　木　晴

系統解剖喉頭軟骨靭帯を終へて閉づ、潤三郎氏一寸教室え来る、帰途青山を見舞ふ入沢氏と共に病室に入る衰弱愈増進す、七時過家に帰る

十二月二十一日　金　晴

朝内藤夫人来る、今日田町寓を引き払ふよし孝子の所属品二三送り来りたり、九時半教室　六時前出て青山を見舞ふ、死期愈迫りたるが如し森氏も来り会したり　七時家に帰り食事しきみせいを連れて銀座え散歩、十一時帰宅

十二月二十二日　土　晴

午後山上集会所に於て隈川学長と青山後継者に付教授会に謀るべしと三浦、入沢二氏より申出あり　これに付種々談合、三時出て青山を見舞ひ、これより加賀町、老夫婦在宅、五時過帰宅、潤、於菟良一来りたるに付招きて晩食

十二月二十三日　日　晴

十時半教室、午後五時青山家え到りたるに入沢氏ありて今五分前に遂に青山氏去れりと、病室に入りて死相見、筆を以て唇を潤ほす、一友を失ひたり惜むべし哀むべし、七時過家に帰る、良一例の通り終列車にて帰横す

十二月二十四日　月　晴

九時半教室、二時半教室を出て加賀町え俸給持ち行く坊泣き居る、持ち行きたる西洋菓子を与へたるに二児共大喜び、上機嫌となる帰途青山家え寄る、六時家に帰り晩食し、フロックコオトを着し八時前大学病理教室に到る、是より青山氏遺骸剖検に列席す長与、緒方知氏執刀、十時半終る十一時過ぎて家に帰る　寒気強し

十二月二十五日　火　晴

出がけに動坂に小林家を訪ふ叔母に歳末弐円贈る故稲垣銀治氏跡のことなど話す内魁郎氏も帰り来る、十一時半教室に来る　仙台長谷部氏来室明日を約して去る、二時半教室を出て渋谷に柳沢銀蔵氏を訪ふ在宅にて種々の話ありて長くなり日暮れて辞し、これより照康氏を訪ふ留守、玄関にて細君に挨拶し去る、七時過家に帰る寒気強し　森氏今日博物館総長兼図書頭排命す　きみは早速悦に行きたり

十二月二十六日　水　晴

九時教室、長谷部氏来室、種々談に長くなる　新潟工藤氏も来る十二時半去る　午後三時出て青山家に到る、昨日菓子料（五円）を贈り置きたり、再び来るつもりにて五時頃家に帰る、晩食し八時頃又青山家に到る、入沢氏に稲垣家のことを話す、別に用事なし十一時家に帰る

十二月二十七日　木　晴

故青山氏葬式なり、九時半同家に到る棺前祭に列す　丹波、林、長与三氏予め自動車を約しこれにて青山斎場に到る二十分費したり、一時三十分神式を始め一時間十分かかりたり、これより自動車にて別途を行き先上野精養軒にて茶を喫し、谷中墓地に到る時に四時過なり、五時終りて徒歩家に帰る　晩長岡人武田豊太郎氏来る、内藤家のことに付てなり、林町え行きたるも自個の意志を述ぶる機会を与へられざりきと

十二月二十八日　金　晴

九時半教室、手当一五〇円受取る、学士院委員会御殿にある筈なりしも誰れも来らず、布施氏来室十二時となる、涌井繁（紀要に付）、助手委員も来る、弁当を食し居るところ隈川氏血清学講座に関し三郎氏え三田氏より遣す手紙を持ち来るなど忙はし、長崎原正氏も来る　小使四人え各一円つつ歳末を遣る、三時出て加賀町え行き坊を連れ来る四時半、坊久し振りにて来り上機嫌にて遊びたり　自分は少し風邪、坊眠りたれば直に床に入る

十二月二十九日　土　晴

昨夜遅く良一来りたり、坊よく遊び賑かなり、午後精と槇町え連れ行き絵本など買ひ与へたり、寒強きにより四時出て送り行く

十二月三十日　日　晴

十時教室、在新紐（ママ）三郎氏え至る手紙草稿（血清化学講座担任、留学延期、教授となる某の件）に時を費し三時前家に帰る、良、精、三と一昨年末の如く出かけ例の順路、

千住松鰻にて食しこれより浅草にて電車乗替への際仲見世を歩き又上野広小路にては博品館に入り十時頃家に帰る、石原喜久氏歳末に来り居る、留守中徹三氏より青山氏が喫残りなりとて葉巻煙草沢山贈られたり氏の在世を更に思ひ起して感深し、茶の間にて雑談、十二時床に入る

十二月三十一日　月　晴

十時教室、紀要校正、昨日来の三郎氏えの手紙書き終り之を書留にて出し五時半家に帰り入浴晩食、潤氏共に食す、終て於菟来る　例に依り散歩に出んかと思ひたるも気進ます、良一のみ出かけたり、十時床に入る

大正七年　2578
1918　良精満五十九年

一月一日　　火　晴曇

本年は戊年にて所謂還暦に当る、朝七時半起く、良一は早朝帰横す、午前加賀美年始に来る　午食し出て先橋本、次に市ヶ谷原町原家（信哉氏留守、玄関にて辞す）、加賀町皆在宅、忠子眼の上負傷せしとて繃帯し居る、併し機嫌よし、是より津久戸両小松家え寄る老母堂幸に無事帰途水道橋乗り替へにて安田に一寸寄りて原町椰野え行く、魁郎氏あり、六時半家に帰る、橋本四児来り居る、留守中来客多かりしと、総て十三人のよし

一月二日　　水　雨晴

昨夜来雨、朝になりて止む、午後霽れる、十時教室、静かなり、河内人骨を書く、四時過出て千駄木え寄る、森氏在宅、新任の悦を述ぶ、六時家に帰れば横田四郎氏年始に来り居る

一月三日　　木　晴

十時過教室、千葉高橋信夫（ママ）氏、名古屋北村一郎氏来室、六時家に帰る、寒風強し、安田稔氏来り居りしも会はざりし、留守中なかなか来訪者ありしよし、橋本節斎夫婦来りしよし

一月四日　　金　晴

予定の通り朝加賀町え坊を迎へに行く十時半帰りて遊ぶ午後二時頃田鶴忠を連れて来る賑かなり、石垣貫三氏年始に来りたるも坊を連れて出て紙鳶を買ひ来り　三二之を昇（ママ）ぐ、坊悦ぶ、鶴は千駄木え行きたり　晩良一も来り愈賑かなり十一時過まで茶の間にて話す

一月五日　　土　晴

十時半皆出て三越え行きたり（三二友人のところえ約束ありて行く、良一は写真を採りて後行くとのこと）、なかなか混雑に付直に食堂に入る、これより歩き廻り、亦度々エレベエタアにて上下す、良一に出会ふ、皆共に出口に至る、坊の帽子を失ふ、これがためきみせいは残る、良、鶴と二児を連れ帰る時に二時十五分、内藤氏孝子を伴ひ来り居る、孝子今日より同居することとなれり、其意儀（ママ）は教育上学校を中止すべからず、親等の紛紜のために関係せす、不取敢此法を取る次第にて此度の件は更に

結末に至らず、何れ他日を期す、将来見当は全く立たず

一月六日　　日　晴

終日二児の相手をしたり、田鶴は隈川、梛野両家へ挨拶に行く、午後原平造氏夫婦来訪、良一は終列車にて帰横す

一月七日　　月　晴

午前千駄木小供三人来る、尋で細君も年始に来る　少時してまり子を連れて去る二児残りたり、是より先田鶴精は本郷え買物に行き、自分きみは坊を連れて槇町まで行きたり、誠に賑かなり、又石原喜久氏来るなどなかなか混雑す、田鶴は四時過倖にて帰り去る後に自坊を送り行く、電車非常に混雑す

一月八日　　火　晴

八時半教室、組織学講義を始む、学生半数位出席、松浦専門局長来室札幌医科大学解剖学職員談あり　仙台西氏適当ならんと云ひたり、次席者は熊本山崎氏又は平光氏かなどの談あり、四時過家に帰り更衣、築地精養軒に到る、緒方規雄氏結婚披露の宴なり、同処にて高橋順氏旧臘二十九日脳溢血に罹りたることを知る、寒さ強し、石原喜久氏と電車にて帰る

一月九日　　水　晴

四時家に帰りて更衣、潤氏と電車にて上野精養軒に至る、於菟結婚披露なり、今日なども留守中於菟来りて贈品のことなどなかなか面倒なるよし、願くは今度は無事ならんことを、九時過家に帰る　本年の年賀札等次の如し

はがき　　三一三

封筒　　一二四

名刺　　八一

一月十日　　木　晴

石原喜久氏来室、昨日は無滞済みたるを悦びおれり　四時半出て高橋氏の病気を番町に見舞ふ、半身不随は顔面には及ばず、格別重症にはあらざるも長引くべし

一月十一日　　金　晴

島峰氏一寸来室、時に札幌農科学長来り、新医大学中心人物に付て話あり　井上通夫氏亦例の不平談を長くしたり

一月十二日　　土　晴

一昨日より三回解剖実習に付説明するところあり、これにて来月曜日より仕事にかかるべし　五時頃家に帰る

良一は寒冒のため来らず

一月十三日　　日　晴

午前坊を連れ来り終日遊ぶ、坊誠におとなし

一月十四日　　月　晴

午後文部省に札幌医科大学創立委員会ありて之に出席、重に建築に関する件なり四時終て帰途神保町に島峰氏の新住所を訪ふ、母堂に一寸挨拶して去る、五時家に帰れば昼前に精子坊を送り行きたるところ忠子昨日来胃腸カタルにて宜しからずとのこと　暫くして精坊を連れて帰り来る　坊機嫌好く泊る

一月十五日　　火　晴

今日より実習室出場、其他忙し、乾人骨調査書き終る、五時半家に帰る、坊おとなし

一月十六日　　水　晴風

昼近くまで講義、デモンストラチオン、終れば弘田氏来室、青山後継者に付説あり、文部技師高橋理一郎氏札幌医科建築に付来る、河内乾人骨論原稿を松村氏え送る、実習室え一寸出て二時過赤門向の寺に行く八十九才の鬼頭母堂の葬式なり三時教室に帰る　きみ坊を送り帰へす

一月十七日　　木　晴

午後一時より解剖教室に札幌医科委員集まる　長与又郎、石原弘、高橋理一郎外一名、基礎学教室設計相談なり、四時過終了、其間及後に来訪者多し、丸善松村氏稲葉良太郎氏は近日出発仏国え出張の由告別、工藤得安氏顔面筋論文（独文）京都紀要に掲載謝絶されたるにより東京紀要に掲載如何との談ありたるも断る

一月十八日　　金　晴

四時過出て加賀町、皆在宅、忠子全快、二児盛にはね廻る

一月十九日　　土　晴

午後は札幌医大の委員会山上会議所に開かれ之に出席、基礎教室建築案一応決定

一月二十日　　日　晴

十時教室、五時家に帰り急ぎ支渡し築地精養軒に到る木下正中氏退職慰労会なり、九時半帰宅、今日来訪者多かりしよし、横田四郎氏夫婦及姉、於菟夫婦、其他

一月二十一日　　月　晴

頻りに石器時代人に犬歯を抜き去る風習ありしことに付記述す

一月二十二日　　火　晴

昨日の通り

一月二十三日　水　曇少雪

三時半出て青山家を見舞ひたり忌日に当るを思ひてなり、これより加賀町え俸給を持ち行く、大人留守、田鶴は此頃大人が田中義成氏より三郎留学延期と云ふことを聞きたりとて甚不審のよしを心配し居たり

一月二十四日　木　晴曇

午後隈川氏病気を見舞ふ三時半教室に帰る　三郎留学延期のことは全一ヶ月計のばす云々のことにて此度の問題のこしあらざること判明す

一月二十五日　金　晴　少雨

晩精、孝子を連れて銀座え買物に行きたり

一月二十六日　土　晴

午食出て加賀町に行き坊を連れ来る　時に三時

一月二十七日　日　晴

終日坊を相手に暮す、坊庭え出て孝子と芝の上をすべり面白く遊ぶ、午後一時半良一来る久し振りなり家内賑かなり、潤氏も来り晩食す、良一は終列車にて帰横す

一月二十八日　月　雪霽

今朝雪二三寸積る、止みて漸々霽れる、午後教授会隈川学長病気、緒方氏代理、青山氏後任問題起り決定前に教授会の意見を徴すべしと決し、緒方氏直に総長に面会せしところ既に稲田氏に内定せし旨の報告あり、坂口勇氏学位の件長与氏報告、通過、四時半散す、帰宅、坊今夜も泊る

一月二十九日　火　曇晴

少し痔の気味にて不自由なり、きみ子午前に坊を送り行きたりと

一月三十日　水　晴

札幌秦氏来室、両三中に帰札すと

一月三十一日　木　晴

歯科え行きて書を借り来る、ピヨルヘア・アルベオラリス〔＊歯槽膿漏〕のことを見るためなり　弘田氏長男死去のよし聞き込みたれば三時半出て悔に行きたり卒業試験にかかる前に病にかかり遂に立たず　友人の不幸同情に堪へず

二月一日　金　晴

昼弁当を仕舞ひたるところえ島峰氏来りこれより共に弘田息の葬式に雑司ヶ谷墓地に到る　式済みて尚ほ墓所に到り埋葬終りて山の手線を用ひて帰る甚寒し

二月二日　　土　晴

午後隈川氏を見舞ひ月曜教授会の模様を話し提要一月分を受取り教室に帰る、六時前家に帰る　留守中武田豊太郎氏来訪、林町と面談の模様、即ち要点一、両人共に離籍す但其時期は全く自個に保留す　二、無断に住家を引き払ふ様な不届者の子は教育するに及ばず　三、寿衛造の家名は立派に存続すべしときみより聞き取る　良一来り居り厳来りなど茶の間にて談し十一時過室に入る、本件に付考慮し眠り悪し

二月三日　　日　晴曇、少雨

良一早朝帰横す、十時半過教室、三時半家に帰る　四時保子来る談話五時過食事中武田氏来る更めて一通り林町と談判の模様を聞く、昨日の三ヶ条の外に尚ほこれまで何事も側にて勝手に極めて最後に林町へ持ち来るは不届なり依て自個も勝手にする云々　一ヶ条あるが如し、内藤、林町間の談判はこれにて不調と決定せるが如し、付ては孝引き取りに付内藤氏より良精宛書面の要領を書きて武田氏に示したり、武田氏に於て更に異議なきも文子の籍が小金井家にある間は云々と遠曲（ママ）に陳述せられたるも要するに扶助料を文子に与へと云ふことと推察したり但しこれには断して応ぜさりし九時同氏去る尚保、きみと十時まで話したり

二月四日　　月　晴

四時出て加賀町、老夫婦在宅、提要一月分収入持行く二児は明日曙町え行くとて悦びゐたり

二月五日　　火　曇

長崎田代正氏死去に付悔状を出す、四時家に帰る祥雲院様忌日逮夜に付、小林叔母、保子、むつ子、三重子、田鶴等皆来り居る偶横田四郎氏来り、五時客間にて席に付く、坊等喜ぶ、粗末なる食なるも皆満足温情あり、九時散す

二月六日　　水　雨

京都足立文氏来室、久し振りにて学談、共に弁当を食す氏動脈著述モノグラフィー〔＊単行本〕として出版すべし、金主は岸一太氏ありなど話あり　三時半家に帰り児等と遊ぶ

二月七日　　木　雨、午後霽れる

昨日来久し振り雨降りつづき午前に止む、松地長孝氏来室高等師範体操科生徒解剖見学談あり　平光氏講師として説明を乞ふことに談合せり　四時過家に帰児の相手を

なす

二月八日　　金　晴

足立氏来室共に昼食す、著述愈々モノグラフィーとして発表す費用は岸氏引受く、版大、図等に付種々相談あり、横浜マンロー氏へ明人類学会に於て演舌することを申送る四時半帰宅、午前に二児を連れて皆々三越へ行きたりと、田鶴は四時過帰り去れり又坊は婢ふく送り行きたりと、晩は弘田氏の招きに応富士見軒に行く故息十日祭なり

二月九日　　土　晴

午後人類学会例会に於て「日本石器時代人に上犬歯を抜き去る風習ありしことに就て」演舌す四時終り教室に戻り六時半家に帰る、良一来り居る

二月十日　　日　曇雨

十時教室、午後四時半帰りて支渡し上野精養軒に到る故青山氏五十日祭に招かれたるなり、九時帰宅　良一帰横す

二月十一日　　月　曇　祭日

九時半教室、一昨日演舌せしものを清書す　晩魁郎氏来る七より十一時まで居たり自分は中坐して書斎に入れり

二月十二日　　火　晴

演舌原稿を人類学会へ送る、午後新潟工藤得安氏次に足立氏来室、六時半まで話す

二月十三日　　水　晴

午刻島峰氏一寸来室　四時出て高橋順氏を病床に見舞ひ一時間計にて去り加賀町へ一寸寄りて帰る

二月十四日　　木　晴曇

午後藤沢利喜氏来室マルチン氏 Statistische Methoden 別刷出来上り三部与へられたり、直に京都鈴木、足立両氏へ分送せり

二月十五日　　金　晴

昨夜雨雪降り今朝少し白くなり居たり　午後隈川氏を病床に見舞ひたり五時過教室に帰る

二月十六日　　土　晴

二三日来頻りに紀要目録作製を始む、午後一時半出て加賀町、老夫婦不在、坊を連れて三時過家に帰る、晩食の際良一来る、家内賑かなり

二月十七日　　日　晴

午前坊を連槙町え行き絵本を買ひ与ふ、風寒き故屋内にて遊ぶ、四時過孝子を連れて坊を送り行く、良一は晩帰

横す

二月十八日　　月　曇晴風

昨日福岡桜井氏来書、札幌医科大学の教授に推薦を頼む云々など申越せり　仙台総長福原氏来室長谷部氏を教授にするの可否又布施西両氏関係のことなど談あり　午後教授会、隈川学長病気に付緒方氏代理、血清学講座血清化学講座と改称するの件　先日書面にて賛否の意見を徴したるも尚ほ附議せらる盛なる論議の末多数にて原案に決す（山極、三浦、林、入沢、長与外一名反対）、鶴見三三学位の件可決四時散会

二月十九日　　火　晴

午後四時出て加賀町、卒業宴会贈品壺入菓子を持ち行く両児大悦

二月二十日　　水　晴風

医学会例会出席、土肥氏癌、肉腫及ルプス患者の「ラヂユム」療法及自家血清療法せるもののデモンストラチオンあり　晩食後弘田家を見舞ふ、新学士三名来り居り追悼会の談中なり、真鍋、勝（かつ）田二氏もあり、十時半帰宅

二月二十一日　　木　晴

美術校教授久米氏来室、同校生徒解剖参観の件なり此機会に自分よりは同校に於て解剖を基礎的に有功ならしむるために此科を新設すべきことを話す

二月二十三日　　土　曇雨晴

理学的療法所え一寸行きたり、午後二時過出て加賀町、老夫婦不在、坊少し風を引く、晩良一来る

二月二十四日　　日　晴

十時教室、紀要目録製作、六時過家に帰る　精、孝加賀町え行く　良一例の通り晩帰横す

二月二十五日　　月　晴

弁当を使ひ直に帰宅、精を連れて玉川へ散歩、久地梅園に到る、時候甚遅し、一輪も咲きおらず、在新紐（ママ）三郎氏旧臘三十一日に出したる手紙の返事来る、氏大歓喜にて少くも一ヶ年延期を要す云々　又今日きみ棚野へ寄りたるに島峰の談保子単独にて取計ひ居るよし、吉凶甚疑問

二月二十六日　　火　晴

講義を終へて隈川氏を見舞ふ二三日来又々少しく体温昇りたりとて弱り居る、三郎氏返事のことを話す　隈川氏へも来り居る、提要本月分受取る　午後四時出て加賀町、坊寒冒容体同し、兎角床中より出て困る

二月二十七日　　水　曇

昼弁当の際島峰氏来室、長談六時に及ぶ、安田—岡—島峰—内藤のことを話したるも保子—柳沢のことは互に無言なりしは甚異様の感あり、疑問々々、其他歯科又は学内外のこと　晩きみ子と書斎に談し十二時半を過ぎて床に入る眠を失す

二月二十八日　木　雪

雪二寸余積る、終日降る、昼頃片山氏来室、自身眼病のため隠退、就ては三田氏、三郎氏に及ぶの件に付手続き上に付き意見ありて述べらる、尚ほ隈川学長とも打合すべしとて別る

三月一日　金　曇　紀念日

十時過教室、福岡桜井氏へ北海道医科大学転任志望云々申越に対し其不同意なる旨の返書並に仙台西氏へ同大学へ推薦し置きたる旨の書面を認め消時す

三月二日　土　晴

昼頃再片山氏来室、尚ほ一昨日の談を続く、但し甚要領を得ず、自個眼病発表を嫌ふのであるか、講座成立の歴史上から其他教室に移るを遺憾とするか（即ち法医学には社会医学の大領域あるがためこれに講座を要す云々）

四時出て加賀町、二児共寒冒近々宜し　晩良一来る

三月三日　日　晴

寒けれども天気よし、昼食、直に支渡出かける　良一、精、三、孝、徒歩上野大平洋絵会を見る、三はこれより帰る、他は電車にて千住大橋に到り、川汽にて小松島に上り百花園に入る、幾年振りなるか覚へず、梅花殆どなし見る価なし、言問に入り、三囲の渡を渡り帰る　晩良一帰横す

三月四日　月　曇

千葉松井（武太郎）田口二氏来室此度同校解剖教室焼失に付差向き試験に付差支を生したるに付標本数拾個借用したし云々申出あり、これを承諾して大沢氏選択す、午後教授会、緒方氏学長代理、井戸福岡助教、東大助教授となり、外国派遣の件及宮本叔氏教授なりたる件の説明乞ふことに決す　学位の件碓居龍太氏可決、上田敬治（岡山医専卒業）否決

三月五日　火　曇晴

名古屋佐藤亀一氏出京、熱田石器時代遺跡より発掘人骨等を持ち来る　これに付き長談、共に昼食す、午後は人類学の松村、柴田二氏来り土器等の談をなす、四時より

医学会例会出席、田村春吉氏クリーピング·ディジーズ〔＊潜伏性疾患〕病原虫、石川武雄氏アネルケルペル（ジンフオリステン〔＊寄生生物〕内にあるバチルシン様のものミエロゲーネ·ロイケミー〔＊骨髄性白血病〕にあり）の演舌あり

三月六日　　水　雨曇

午後隈川学長を見舞ふ片山氏血清化学講座善後策に談す、やはり従来の方針を以て進行するを最適当とすることに於て一致す　五時教室に帰る

三月七日　　木　曇

片山氏を教室に訪ひ血清講座に関する昨日隈川に面談せしことを報告す　午後四時家に帰る、田鶴二児来り居る、賑かなり

三月八日　　金　曇

弘田氏来室真鍋氏不平談あり　四時過帰りて二児の相手をなす

三月九日　　土　晴

午前藤沢統計の講義を聞かんとて行きたれど空しく去る佐藤亀一氏石器時代人骨談、精神病科佐藤□一氏来り頭計測質問、藤沢氏来室、島峰縁談に付云々其他談あり等、遂に四時半となり出て家に帰る　五時頃良一来る、晩は例により賑かなり

三月十日　　日　曇雨風

終日家にあり、午前田鶴は知人訪問に出かける、昼食中に小林魁氏来る例の通り長坐三時半漸く去る、午後は雨降り出す且風を交ゆ、田鶴等は泊ることにする、良一は奮発して帰横す

三月十一日　　月　晴

朝霽れたるも天気変り易すき様なり併し横須賀行と決し其支渡をなす　自分は講義を少し早く仕舞ひ十一時十分東京駅発車す始めて院線乗車券を使用す　近藤次繁氏夫妻同乗す、海軍大将連二三名乗り込む、車中追々混雑す鎌倉、逗子にて満員となる　一時五分頃横須賀着、これより人車にて若松町良一下宿に到る、きみ、せいは既に来り居る、良一は既に出行きたり自分は少しく食し、二時出て天龍進水式場に到る　閑院宮殿下臨場、三時執行、終て立食、四時下宿に帰る四時半頃良一も帰り来り　これより四人市中見物に出る山上に登り、海軍病院より、水交社を経て停車場に到り六時三十四分発車、九時家に帰る、田鶴は四時過帰り行きたりと

三月十二日　　火　晴

佐藤亀一、前田友助氏等研究相談を受く、六時半帰宅
於菟来り平穏のよし

三月十三日　　水　晴

六時半帰宅せしところ厳来り居り自分きみせい三二に種
痘を施したり、潤氏来る

三月十四日　　木　晴

雑用多くして困る

三月十五日　　金　晴

在新紐（ママ）三郎氏へ手紙を出す留学延期の電命を待ち居るこ
と、隈川病気のこと等

三月十六日　　土　雨

今日より藤沢氏の統計講義を聴く　毎土曜日十時より
十二時までなり（前回は行き違ひために失したり）六時
半家に帰る　良一来り居る

三月十七日　　日　雨霽

十時教室、三時半出て加賀町、坊少しく風気なりしが先
宜し　晩良一帰横す

三月十八日　　月　晴

内臓全部終りたれば五官器全部来学期に廻すべし　午後
教授会、塩谷不二雄、田村春吉学位の件全会一致通過
晩原素行氏来訪長坐十時半去る

三月十九日　　火　晴

午前隈川氏を見舞ふ容体甚面白からず、少熱あり疲労あ
り、面会謝絶、禁談話、新井春氏来室、シヌス・フロン
タリス〔＊前頭洞〕標本数種持ち来る　佐藤亀一氏帰名
す　晩石原喜久氏来訪

三月二十日　　水　晴曇風

総論解剖学全部終へて本学期講義を閉つ　島峰氏来室
一万円寄附を得たる談あり　学士院へ自分及ひ井上通夫
氏の研究費補助の申請を出す　晩良一来る

三月二十一日　　木　晴　祭日

朝坊の迎に行き連れ来る、孝、坊を連れて槇町を散歩し
たり、坊の相手に疲れ早く眠る、良一は晩帰横す

三月二十二日　　金　晴

教室不参、九時過きみ、せい、孝、自分と皆揃て坊を連
れ動物園へ行きたり、静温なる天気にて甚適す十二時過
帰る、午後雷鳴、降雹

三月二十三日　　土　晴風

八時半出勤、片山氏来室、隈川氏病症愈々肝臓癌にして

疑なきが如し云々。三郎氏関係のこと及医科のため又々大問題を生す困りたることなり。十時より十二時まで藤沢氏の講義を聞く、午後は臨時急を要する件ありとて教授会開かる即ち彼の内閣の学制調査会に関し総長より諮問の数ヶ条に付てなり先これに関し五名の委員を選ぶ佐藤、林、入沢、田代及自分、次に各ヶ条に付協議し四時半散す、家に帰り風強きに付坊尚ほ一晩泊めることとす

三月二十四日　日　晴

午前坊を連れて附近を歩く、午後二時半孝子と坊を加賀町へ送り行く

三月二十五日　月　曇雨風

九時教室、俸給受取る、六時半帰宅　精子の校友千頭嬢来り種々我々の知らざりしことを話したりと　晩佐倉内藤氏へ孝子一件の終結を促す手紙を認む

三月二十六日　火　半晴風

九時教室、六時半帰宅

三月二十七日　水　晴風

九時教室、隈川氏を見舞ふ面会せず　細君より容体を聞きて去る、益々悪し、愈々大事件と断定す　午後一時半より大学制度に関する委員会開かれ之に出席す、出席者二十九名（各分科五名つつ）先総長推薦の件に付議す、意外に長くかかり採決ありて散す時に六時、これより佐藤三吉氏を教室に伴ひ隈川氏病気、引きては将来のことなど話し七時半去る

三月二十八日　木　晴

朝坊の迎へに行き山の手線により連れ来る、食後自分教室へ行く、これより丁度三浦氏来り共に病室へ行き隈川氏入院の情況を見且つ河本種助氏に授業上の様子を尋ね、佐藤氏を外科に訪ひ教室へ戻りて三郎氏へ前便申し送りたる件消滅のこと兼て報告の手紙を書く直にこれを書留にて出し五時過家に帰る、坊の相手、留守中保子来りて遠藤の婢、前に新宿の家に居て精子の跡の話、厳文に区役所前にて会ひたることなど話したりと

三月二十九日　金　雨曇

十時過教室、井上氏のために研究補助費千円申請を学士院に出す、午後は大学制度委員会、学長推薦、教授助教授黜陟、終りの件は採決せずして散会、時に六時

三月三十日　土　雨

九時教室、藤沢氏を聴講し午後二時帰宅　坊の相手、晩

九時過良一来る

三月三十一日　　日　晴

暖し、皆庭に出て遊ぶ笹を刈る、東北総長福原氏来訪、布施、西間の情況に付談あり　ふせの方論理立ちにしの方不利は両氏対決の結果なりと　午後二時過坊を送り行きこれより番町高橋順氏を見舞ふ杖によりて室内を歩く位に至れり

四月一日　　月　曇晴

第五回日本医学会開会、自分は九時例の通り教室　新井春氏来室　鼻副空多数の標本説明あり、六時過帰、佐倉内藤氏より返書来る、甚不穏の決心と認む

四月二日　　火　晴

昨不眠、今朝二時間計まどろむ、十時教室、佐藤亀一氏出京、昼食後医院に行き坂口氏に隈川氏の容体を精しく聞く、又柿内大人を一診せんことを頼む、隈川夫人より提要収入を受取る、新井氏又々昨日の続きデモンストラチオンあり、浅井、工藤氏出京　五時過帰宅、晩保子来り内藤氏よりの返事に付更に種々相談し尚ほ考へることとし十時過去る

四月三日　　水　半晴　祭日

柿内へ提要収入を持ち行き十時半教室、敷波氏来室　仙台教室布施、西間のことなど話しあり、其他地方諸氏の出京あり、京城久保氏も来る　午後医院に隈川氏を見舞ふ又柿内大人坂口氏の診察を受けられたり　五時半帰宅晩保子厳来り内藤に対する返事に付相談、兎に角穏かに書面中の和協に至らず云々の点が了解し難きに付此点を質すこととす　十二時少し前両人去る、実に煩しきことなり、これより内藤宛手紙を書き一時前寝につく

四月四日　　木　曇晴

昨夜甚悪眠、内藤宛手紙投し、八時半教室、今日は第五回日本医学会の分科会として解剖学会を開く、九時四十分開会、午前十一題演了、午後一時半再開十四題演了し六時閉会、これより大沢氏本学会員を招待したるに応し神保町支那料理へ行く、三十名計、大沢氏祝賀会のために尽力したる謝意とのことなり、九時半散す

四月五日　　金　晴

九時教室、午後三時半出て青山家を訪れたれど皆留守、これより三崎町念速寺にみき女の墓に詣で五時家に帰る

四月六日　　土　晴

九時半教室、隈川氏を見舞ふ、面会厳禁解かる　室に入りて見るに驚くべき容体なり、二三日に迫りたるかと思はる、教室え帰りて直に新紐三郎氏え手紙を書く　農省務技師田子勝弥氏来室、千島談などあり、六時過家に帰る　良一来り居る　佐倉内藤氏より第二紙の返事来る、全く要領を得ず甚心外に感す　早速保子相談のため出行きたるも家、空なりき

四月七日　　日　雨

十時教室、直に隈川氏を見舞ふ、最期一、二時間と云ふ予想なり其ことを田鶴え電話し、良一え手紙を小使にて遣る、田鶴直に来り病院え連れ行く、山川総長、佐藤、片山氏等来り会し葬儀のことに付予め相談あり　一時教室に帰りて弁当を使ふ　五時半頃愈危篤の知らせあり直に病室に到る、六時こときれたり、又々良友を失ふ感慨深かし、山川総長、片山氏も側にありたり、これより図書室にて夕食し且つ相談す、先自分委員長たることを承諾したり、明日解剖の後遺体を本宅に移すこと、葬式は十日と極め九時半引き上ぐ

四月八日　　月　晴曇　桜花満開

九時隈川家に到る、家人なく当惑の気味なるもそれぞれ着手す、朝岡田文部、穂積二氏弔訪、雑沓の中に葬儀社、寺（青山玉窓寺）、火葬場、青山斎場のこと等決定、五時半家に帰り、食事し、更衣（フロッコオト）六時過病理に到る、山極氏既に始む、八時頃諸氏と共に本宅え送り行く、十一時半家に帰る

四月九日　　火　曇

九時半隈家に到る片山氏あり、香奠五円供ふ、中村書記官諸辞令を持ち来る、榎本氏銘記を書く、諸役割定まる　六時半家に帰り入浴、早く眠る

四月十日　　水　雨

昨日来天気悪し、九時前隈家に到る人車を用ふ、勅使迎送のため燕尾服を着す、正十時着、三、四分にて済む、弁当、棺前読経終て告別式、十二時半出棺、後片山、河本禎、酒井谷平氏自分と四人自動車を命し、青山斎場に到る、まだ時間あり、岡田和氏式場を整頓す、二時式を始めて三時終る、四時半桐ヶ谷火葬場着、帰りは途中より電車にて六時半帰宅、終日寒く困りたり　魁郎氏来り居る例により長し、潤氏、次に厳来る、厳友人弁護士に文子一件の法律上のことを尋ねたりと、自分及内藤にて何等権理（ママ）なきが如し

四月十一日　木　雨

三時醒めて最早眠るを得ず、甚爽かならず、九時半教室
午前は四日間の日程、佐倉のこと其他雑務に費し午後一
時半大学制度委員会出席、五時教室に戻りて三郎氏え隈
川氏死去の手紙を書く　直に之を投して六時半家に帰る

四月十二日　金　半晴

九時出て坊の迎へに行く、山の手線を用ふ巣鴨にて車掌
戸を開けざるため降ることを得ず　駒込駅まで行く、切
符を渡せずして出る、十一時帰る、午後二時頃田鶴忠を
連れて来る、仙台学長井上氏来訪、布施を札幌え遣りた
き意なるが如し、午後豊辺夫婦来訪、学士院出席　研究
費補助を請求し置きたるためなり会食せずして六時過帰
宅、保子、於菟来る、又晩八時頃文郎室蘭より出京来る
今日来訪者多其他混雑す

四月十三日　土　雨　競漕会

昨夜眠甚悪し四時まで聞きたり、午前池田泰次氏を訪ひ
て実吉嬢のこと尋ねたり、天気悪しければ家にて児等と
遊ぶ、雨天にもかかはらず競漕ありて工の勝利なりしこ
と翌日知りたり

四月十四日　日　半晴

早昼を食し、皆を連れて植物園え行く、田鶴は友人訪問
に行く、桜花奇麗なり、園内にて河本禎助氏来り　三時
隈川家え来らんこと通ず、帰途白山にて皆と分れ同家え
行く、山川、北里、片山其他ありて、遺書其他後事に付
相談、晩食、八時帰宅、児等既に寝につきたる後なり、
茶の間にて雑談十二時近く室に入る

四月十五日　月　晴（昨夜雨）

昨夜眠稍よし、午前皆を連れて三越え行きたり須田町よ
りの電車の混雑非常、児等満足して十二時過帰宅　一時
半大学、第六回学制委員会、名誉教授推薦の件及学年始
を四月とするの件、六時過家に帰る、田鶴等は夕刻帰り
去れり

四月十六日　火　曇晴

八時半教室、組織実習を始む、仙台西氏一寸来室　北海
道の位置は断る云々　午後は第七回会議学年学級制廃
止、試験廃、学士試験を一括して議題とす　非常に騒が
し六時半散す　晩食後椰野え行きて佐倉行に付相談、十
時半帰宅

四月十七日　水　晴

八時前出勤、十時まで顕微鏡実習室に付説明す、西氏来

室　布施間の事情に付細談あり、午後新設北海道大学総長佐藤氏来室、西氏辞退のこと告ぐ　五時家に帰る　良一臨時休日を貰ひたりとて九時頃来る

四月十八日　木　晴

午後学制委員会、特待生、優等生廃止、卒業廃止試験評決法、六時半散会　晩魁郎文郎氏を動坂に訪ふ、文のこと一通り話す、十二時前帰る留守中保、厳来り寄宿舎説を主張せりと一時寝につく

四月十九日　金　晴

三時間計眠りたるのみ、今日閑を得たればきみせいを連れて浮間え散歩、風強く熱し路傍の仮茶店にて弁当を食し例の茅野に到る　桜草は例年の通り奇麗に咲きおる今年も又々此花を見たり、小制札に従ひ花は摘まざりき三時過家に帰る

四月二十日　土　晴

足立文出京来室、藤沢氏の講義を聴き、医院に寄り坂口氏に基房氏診察のこと頼む、今日より顕微鏡室にて仕事を始む、マニラ大学解剖学教師来室ルース教授の書を持来る、教室内を精しく案内す　四時半出て加賀町え基房のために坂口宛名刺を持ち行く、二児大元気　晩良一、三二と池の端電気博覧会を見て十時過帰宅、精は三重、陸奥両女を招きたり　孝一件に付きみと談し十二時寝に就く

四月二十一日　日　晴小曇

三時過ぎて眠る、朝になりて佐倉行と決しきみ棚野え行きて都合を聞く保子来る併し独行と極め食事して十一時過出かける、二時前佐倉着直に内藤に到る夫婦共在宿、六時過まで談す、大に悟るところあり、要するにあまり武士道的ならざるは案外に感ず　九時過ぎて家に帰る、入浴、きみ一通り話し十二時床に入る

四月二十二日　月　曇雨

四時醒むる、五官器講義を始む、午後教授会、山川総長より学長推薦を諮問さる、投票の決果(ママ)佐藤氏一八票（出席二〇名）、次に医院長投票、三浦一三票にて当選

四月二十三日　火　雨

新潟医専校長池田氏来室、午後電話ありて四時過武田豊太郎氏佐倉より出京来室　孝寄宿又は塾に入れることに同意し、林町の処置不当ならざること等を話し六時去る精加賀町え行きて晩帰る坊を連れ来る　母堂病気悪しきためなりと　八時保、厳来り佐倉の話、今日武田氏が曙

町及教室え来りての話をなす、十一時半去る、十二時半床に入る

四月二十四日　水　晴

昨夜は一睡もせざりき、新潟医校長池田氏来室、十二時医院に坂口氏を訪ひ柿内母堂往察を頼み且基房氏病症愈胃癌なることを聞く、電話にて坂口氏承諾のこと知らす先月来多事多忙　二時半家に帰る　松浦専門局長え西氏辞退に付更に山崎氏を推薦のこと書き送る

四月二十五日　木　晴

朝加賀町え見舞に行く（きみは昨日行きたり）、俸給持参、母堂は肺炎と極まりたるよし　九時半教室　十二時医院に坂口氏に会ひ基房氏入院の場合を頼み且入院料を尋ぬ、鬼頭英氏在京研学のところ此度大阪え帰任のよし来室　五時家に帰り坊と遊ぶ　夜十時半頃電話あり、母堂悪し坊を帰へす様にときみ俥にて送り行く坊熟睡中なり

四月二十六日　金　曇風雨

早朝きみ帰宅す、佐藤氏学長、三浦氏医院長昨日発表、午前午後共医学会事務所にて雑誌を調ぶ　午後大降雨、六時過帰宅　内藤氏より来信、可成二十八日日孝（ママ）引き取りに行く云々

四月二十七日　土　晴（時雨あり）

午前九時より学制委員会又午後一時よりも同断、実習は二村、井上両氏頼む（大沢氏病気）、五時散会、加賀町え見舞、母堂稍静安、六時半帰宅、良一来り居る

四月二十八日　日　晴

庭を掃き居るところえ十時頃内藤、武田両氏来る、孝子を連れ行くためなり、きみ、せいは急に荷物を調ふ、孝学校消費額四ヶ月分九拾五円余受取る、十一時去る内藤家処置意外、甚不快に感す　時に良一坊を連れ来る　午後二時頃精と坊を連れて植物園え行きたり天気よし　坊悦びはね廻る　椰野えはきみ早速通報す又晩保子来る

四月二十九日　月　曇晴

午前午後共医学会にて雑誌を見る、昼仙台福原総長来室共に弁当を使ひ　解剖教室布施西間の談及長谷部氏を教授にするの件は暫く現在のままになしおくべしなど談あり、五時半帰宅坊の相手

四月三十日　火　晴曇

午後一時より第十回臨時委員会、学位の件、甚困る決議と思ふ、これにて結了、六時過ぎて散会

五月一日　　水　雨

久し振りにて事なし、良一来る、東京へ出張を命せられたるなり

五月二日　　木　晴

五時家に帰りて坊の相手

五月三日　　金　晴

十時講義を終へて帰宅、十一時精と坊を連れて植物園え行　初夏の候心地よし、樹下にて弁当を使ふ、坊は珍しきこと故悦ぶ、三時家に帰る

五月四日　　土　晴

十二時まで藤沢氏の講義を聞き是より大学制度委員会の慰労として山川総長の午餐会に臨み午後は顕微鏡実習、横山医化学提要の四月分収入を持ち来る　午前きみ坊を加賀町え送り行きたり、電車中泣きて困りたりと

五月五日　　日　曇雷雨

午前庭に出て松の縁を摘む、午後二時谷中斎場に到る池田謙斎氏葬式なり、三時半帰れば保子来り居る、むつ子婿のこと此頃敷波氏に問合せたるものは先づ断ることとす云々

五月六日　　月　晴

理学士岡谷氏に宮原氏と共に数学上の質問をなす、午後一時より教授会、大学制度改正の件なり五時止めて上野精養軒に到る佐藤学長、三浦院長歓迎会なり、自分委員長として式辞を述ぶ、出席者一七九名九時家に帰る

五月七日　　火　晴

四時過出て加賀町え提要四月分収入を持ち行く、母堂益良好。晩始めて良一行の証をきみより聞く

五月八日　　水　晴

佐藤外科え行きて佐々木豊七氏依頼の入院のことを頼み承諾を得て直に速達にて其ことを知らせる　理学目録を「タイプライタア」にて書く

五月九日　　木　晴

実習の他はタイピスト　良一は旅命を終へて晩帰横す

五月十日　　金　雨

午後教授会、前回の続き、委員会の決議に付議了、大体委員会決議通りに決す　藤沢利喜氏より此度の調査会に付感詠「時鳥待つかひありし山の端の雲間をやふる有明の月」と云ふ書面の返事を出す

五月十一日　　土　晴

タイピスト略ぼ終る、晩食後精を連れて上野池畔を散歩し、電気博覧会の外景を見たり

五月十二日　　日　晴

十時学士院に到る賞典授与式なり、午餐、終て総会、研究費補助自分の要求五百円、井上通夫氏分一千円要求のところ五百円認定さる、次に山下亀三郎氏より本院会館建物寄附の件、井上氏が少しく好感をもたぬことを言ひしのみ多数はこれを受領するの傾向なり、此の如きことが教化と云ふことを目的の一とする本院の処置が思想界に不利なる影響を及ぼすことなきや　幾分か疑なきあはず併し大勢如何ともすべからず黙して止みたり　四時家に帰る　良一午刻来りたりと晩帰横す

五月十三日　　月　曇風

講義を終へて帰宅、支渡し十二時霞ヶ関離宮に到る　学士院会員に賜餐、伏見大宮殿下臨御　苑内を見て二時出て宮城に廻り御礼申し上三時過帰る

五月十四日　　火　曇

医海時報記者内ヶ崎某氏来室、学年学級廃止に付談す、四時半出て加賀町、母堂追々回復、面会したり　忠子丁度転びて上唇を少し打ち切りたるところ、坊は至て元気

佐倉内藤より孝を小野木家え寄宿せしめたる通知あり直に其返事を出す

五月十五日　　水　晴

午前三井銀行え行き解剖学会定期預金の書き替へをなす昨年は終に怠りたり、二千〇二十五円九十六銭となれり（乙号第1909番）次に丸善え寄る此頃独乙書着荷のよしに付見たれども失望、十二時半教室に帰る　午後は皮膚、耳鼻等え行きて雑誌を見る　住宅は今日大掃除

五月十六日　　木　晴

医学会事務所え行きなどし目録調製略終る

五月十七日　　金　曇雨

十時少しく雨落つるも教室を出て加賀町、坊を連れ来らんと思ひてなり、併し雨止みそうにもなければ家に帰りて昼食し一時教室に到る

五月十八日　　土　晴

実習を終へて直に坊の迎へに行きたるも、すねて行くことを肯ぜす、家に帰れば良一来り居る

五月十九日　　日　曇

終日庭にありたり晩食後良一を送り旁精を連れて銀座え行きたり、少し雨降り出す

五月二十日　　月　雨

午後教授会、薬学科々程改正の件、原案可決、宮地重嗣学位通過、終て後医学会例会、高木謙次氏レントゲン骨盤の説明

五月二十一日　　火　晴

昨日午前図書館に到り目録スリップ一三八枚（六〇件）を長谷川氏に渡す、新着雑誌なし只Manを見たり　精、加賀町え行きたり

五月二十二日　　水　晴曇

電話にて打ち合せ置き十時講義を終へて加賀町え迎へに行く　十二時前坊を連れ来る　田鶴は午後二時頃来る、例に依り賑かなり

五月二十三日　　木　晴

札幌佐藤総長、秦氏来室、山崎氏決定、直に同氏え諾否如何の手紙を出す、四時半帰りて二児の相手

五月二十四日　　金　曇

教室不参、午前後共二児の相手、田鶴は学校の会え行きたり、入浴して六時上野精養軒に到る故隈川氏七七日逮夜に付招ねかれたるなり、九時半家に帰る

五月二十五日　　土　曇

実習を終へて帰宅、六時半田鶴は二児を連れて俥にて帰り去れり　弘田家を訪ひ十一時頃帰宅、近頃同氏快々不楽ならんと察してなり

五月二十六日　　日　曇

九時半教室、三時半出て高橋氏を見舞ふ恰も門内運動の際にて杖の助により辛して歩行する様気の毒に堪へす再び授業など甚覚束なし　六時前加賀町え廻り俸給を渡し暫時して去る　晩八時過良一来る、良一此頃面到起り心配し居るよし　六ヶ敷ことにならねばよしと思ふ、色々事あり困る

五月二十七日　　月　晴

十時講義を終へ急ぎ文部省え行く札幌医科委員会なり、主として大正十一年に出来上らねばならぬ教室の部分を取り極めたり　弁当を食し二時教室に帰る　事務室書記高橋常吉氏死去、今日四時西教寺に於て葬式ありこれに行きて五時家に帰る　良一先刻帰横す稍々真相明かる

五月二十八日　　火　曇

寒冒の気味にて心地悪し、十時半教室、実習法説明、今日より幻灯を用ふ、一時教室を去る、家に帰りて臥す、体温三八

五月二十九日　　水　晴（昨夜雨）

欠勤、きみ加賀町え行く老夫婦旅行中留守見舞旁なり序に牛込小松家え寄りて六月二日法事贈物をすませたり、午後は体温三八、五に昇る、氷嚢を試む又氷の味甚佳、明治二十一、二年北海道旅行日記を検読す当時を回想し面白し　アスピリン三回服す

五月三十日　　木　晴

午前やはり三八度あり、昨今両日の欠勤届を出し並に助手え実習のことを申送る　アスピリン三回服用す　北海道旅行記を検す

五月三十一日　　金　曇

温度は計らざるも心地悪しアスピリン一回のむ　終日北海道旅行記を読む

六月一日　　土　曇（昨夜雨）

九時半出勤、藤沢氏の講義を聴く、昼食の際島峰氏一寸来る、一時より実習幻灯、午後四時半帰宅、晩食の際良一来る、山崎氏より応諾の回答並に履歴書来る直に札幌え送る

六月二日　　日　曇

清心院三十三回忌、小松春三、同晃氏来る共に吉祥寺に到る茂治、信哉二氏来る読経に列す、これより染井墓地え行く十二時半家に帰る、午後在宿、潤氏来晩食後良一帰横す、此度のことは先片付きた様子

六月三日　　月　曇（昨夜雨）雨

吉永虎雄氏死去の報知あり　午後教授会、留学生推薦の件、真鍋氏助教授辞退の報告、頓宮寛学位の件通過

六月四日　　火　雨

梅雨の候となれり、午刻堀口九万一氏夫妻島峰氏の誘導にて来室誠に珍し併し生憎授業中にて辞したり　四時半出て加賀町、提要五月分持行く、三二発熱す　熊本吉永家え悔状及香奠三円出す

六月五日　　水　曇

名古屋佐藤亀一氏石器時代骨計数問合せ直に返事す

六月六日　　木　曇

午前図書館え行きて蝦夷の書を見る、医化学え寄り河本、須藤二氏に会談す　午後四時島峰氏来り七時過まで談話、配偶のことなかなか入り組みたる事情あり多分安田のことなるべし云々　三二体温降る

六月七日　　金　晴

午前本郷郵便局に到り三郎氏え次の電報を発す　Kakiuchi Specie Newyork when return Koganei（六語十五円九十六銭）医科学教室異変に付更に音信なし甚不審に付決行せり　弁当を使ひ帰宅精を連れて荒川堤え散歩す千住え出て電車にて帰る、煙草も喫す、茶も飲まずただ歩きたり

六月八日　　土　晴

午後四時半出て加賀町、昨日の電報のこと通す、又三郎氏よりの書籍小包五、六個及書肆より三郎宛手紙など来り居る、様子不明、田鶴心配す、六時半帰宅　良一来り居る

六月九日　　日　曇

神戸佐伯平次氏死去に付悔状及香奠三円贈る　田鶴来る三郎氏よりの小包本郷局にて受取りたりと　開き見れは錠鍵類なり、匆々にして帰り去る、午後原信哉来訪、庭の草を取る

六月十日　　月　雨

十時文部技師浦五十吉氏来室、札幌解剖学教室図、設計に付相談、共弁当を使ひ二時半去る　須藤来室、故隈川氏アルバイト一応見当立ちたること、世間は過大視する恐れあること、遺言書のことなど話あり明日金沢に帰ると　田鶴心配して電話にて相談す　札幌より山崎を推薦せし返事あり

六月十一日　　火　曇晴

十一時より幻灯、一時より試験問題マルクハルチゲ・ネルフエンファゼルン〔＊骨髄の神経線維〕　出席一三四名、二時終りて直に実習え出る

六月十二日　　水　曇

午後四時出て学士院出席、山極氏癌講演あり　院長始役員改選、桜井、田中舘二氏来秋倫敦に開催せらるべき学会連合会え代表者として出張に付送別、十時近く家に帰る

六月十三日　　木　曇

午前十時巣鴨庚申塚盛雲寺に於鶴田賢次氏葬式行はれこれに列す、家に寄りて弁当を食し直に教室、井上哲次郎氏来室五つ児のことに尋ねあり　四時過出て加賀町、老夫婦一昨日熱海より帰京但し留守、坊行くと云ふに付連れ帰る

六月十四日　　金　曇少雨

前九時田中舘氏出発を東京駅に送るこれより教室、十二時前家に帰る田鶴既に先刻来りたりと　午後は鶴、精と

二児を連れて植物園え行きたり　二児歓びて走せ廻ること面白し

六月十五日　　土　曇

藤沢氏の講義を聴き終りて同氏より統計事業に付き今年卒業生内藤珍磨氏を推薦せり依て之に決定す　四時実習を終れば河本禎助氏来室、例の遺書のことに付相談あり、五時過帰宅、断髪入浴

六月十六日　　日　晴曇

終日在宅、坊等の相手、少し庭の草を取る、午後保子来る

六月十七日　　月　雨

午後教授会、八年度予算のこと、学位のこと北豊吉氏通過、中野等氏助教授に推薦の件可一九、否一　五時半家に帰る、田鶴等六時帰り去る

六月十八日　　火　雨

午前田鶴より電話あり三郎氏既に五月十五日新紐（ママ）出発せり云々　晩九時過香取丸乗船三郎氏より無線電信落石局受付けにて和歌一首到達す、集りて種々談合の上取り敢へす田鶴え電話す尋で十時頃又電報着す、此度は来二十一日着云々、これにて大に安堵す

六月十九日　　水　曇雨

朝田鶴よりも昨夜電報ありて安心したる旨電話あり　五官器数室までにて終りとし講義を閉つ　二時過出て文部省え行き学士院研究補助費自家及井上通夫氏分各五百円受取り松浦専門を尋ねたるも不在、帰途錦町に新築されたる歯科病院に丁度島峰氏居りて入りて数刻談話。明日落成式を挙ぐと、院内混雑、これより加賀町え行く老夫婦も帰り来る、三郎氏帰朝に付色々相談

六月二十日　　木　雨

医化学え行く、事務室え行く、加賀町と電話、河本氏横山来るなどにて午前は過ぎ午後は実習にて四時本学期授業を閉つ

六月二十一日　　金　雨

八時前加賀町に到る同家族と横浜行、新橋駅より電車、車中二児共おとなし、十時前に蓬莱家に着く、渋谷夫婦先着、河本氏始医化学諸氏見ゆ、十一時頃出て岩壁に到る（婦人小供は同家にて待つ）香取丸は港外にて検疫中と思はる、岩壁に繋ぎたるは一時なるべし、其前に三郎氏甲板上在るを互に認め挨拶す、楷を付するや直に上りて握手す、是より伴なひて下り同氏は俥にて行かしむ、

後に皆々と宿に到り昼食、急ぎ停車場に到り、三時二十分頃東京駅着、出迎への人四十名計三郎氏は直に隈川家え行く、自分加賀町、きみ来り居る　五時半頃三郎氏帰り来りてより辞し去る、連日悪天殊に昨今日止むことなき雨にて困りたり、先安心す

六月二十二日　土　曇晴

答案調べを始めたるも十時藤沢氏講義あるため出勤、今日終る、三郎氏早速大学へ来り　教室えも寄りたるも出勤前にて会はざりき　午後二時頃帰宅、答案調べを始む夕刻良一来る

六月二十三日　日　曇雨

終日答案調べ、午後文郎氏夫妻来る大阪へ転任せりと、保子も一寸来る

六月二十四日　月　曇晴

顕微鏡実習試験を始む、午刻三郎氏来る　共に弁当を使ふ、五時帰宅

六月二十五日　火　雨

終日在宅、答案調べ

六月二十六日　水　雨

今朝婢起きて門、及勝手口の異変を見付け、盗入りたるかとて検査したるも屋内に異状なし甚怪し　実習試験

六月二十七日　木　半晴

試験、午後四時出て加賀町、老夫婦三郎皆留守　六時過帰宅入浴晩食、精を連れて再び加賀町　桜実佐藤四郎氏より贈与ありこれを持ち行きたり　十時過帰宅

六月二十八日　金　半晴

終日試験

六月二十九日　土　晴

前日の通り

六月三十日　日　晴

足立文太郎氏来室、共に昼食、試験終へて五時過家に帰る、良一来り居る晩帰横す

七月一日　月　晴

午前大沢、二村二氏と試験成績打合せをなす　今年より評決に点数を廃し、優、可、不可の三種となす　午後は内藤珍磨氏来室、計算のことに付相談、表四枚を托す、熊本山崎春雄氏出京、北海道解剖教室等に付談合、七時家に帰る連日繁忙疲労を感す

七月二日　火　晴

二三日来熱頓に増す、白服を着る、紀要其他雑用にて終日、高師校教授林泰輔氏来室支那河南省より出たる人骨に付諮問あり

七月三日　　水　晴

午後教授会、山川総長辞職の意を昨日評議会に於て漏されたるによりこれに対する善後策に付協議、全会一致を以て留任希望と決す、柿内氏教授に推薦の件通過（可二〇、否二）、三田氏同様の件二二可。三田村氏学位の件可決、旅費分配の件解剖は井上氏九〇円、上田常吉氏五〇円通過、四時半終て片山氏の教室に到り隈川家のことに付談を聞く　未亡人の処置宜しからざること種々話あり

七月四日　　木　晴

朝七時出て加賀町、皆在宅、坊合悪（ママ）昨日来少しく風を引く、九時半家に帰る、熱さ強し、教室不参、夕刻庭に出て少しく草を取る

七月五日　　金　雨

内藤珍麿氏来室、アイノ計測カード全部（一五八枚）渡す且第一回報酬三〇円贈る、山崎氏、又仙台西氏来室、学士院補助金残額四七〇円明治商業、本郷支店に当座預となす　晩精を連れて加賀町、坊の風邪如何と思ひてなり、千駄木より贈られたるおもちやを持ち行く、児は眠りたるところなり

七月六日　　土　曇

学生鈴木千学氏来室、試験成績不可なりとて慟哭号泣を極む珍らしき人もあるものかな午食後同氏父なる人まで来りて陳情せり困りたる人達なり　島峰氏来室、五時家に帰る、庭に出て草をとる、良一来る　きみせいは上野音楽会え行きたりと

七月七日　　日　曇

午前九時東京駅に桜井錠二氏を送る、学士院代表者として倫敦え出張、これより市ヶ谷原信哉氏方え中元訪問、一寸加賀町え寄る、次に小松家に到りて十二時過家に帰る、午後在宅、晩食後椰野え行く、七回忌に相当す、直に出て橋本え行く皆在宅、十時帰る　良一帰横す　今日午後三間真蔵氏来りて頼母子の談あり即ち自分一口五円申込み直に渡す気の毒とは言ひながら困りたる人なり

七月八日　　月　曇晴

八時教室、事なし

七月九日　　火　晴

卒業式なり、九時大学、臨幸、十一時二十分還幸、後天覧物を見て十二時帰宅、熱さ酷し　一時頃電報来る　明十日午後四時出船の朝風に乗り込み浦塩え向け出発の意味なり　突然のことにて不解の点あり平野え電話にて問ひ合せなどす、ところえ良一来り分明す、取り急ぎ支渡しきみ子同道にて三時発汽車にて横須賀え行き良一は先つ病院え行く自分等は下宿にて片付け始む、良一も帰り来り、早々荷造りし九、四〇発汽車にて出発停車場に隈川大監、小林義雄二氏見送る、大船にて良一は乗り替へ下り急行に乗る、丁度車室相対し良一嫌（ママ）気よく行きたり、自分等は十二時過家に帰りたり　突然のさわぎに疲れたり

七月十日　水　晴

教室え行きたるも自室大掃除に付帰り終日家にありたり、強熱

七月十一日　木　晴

終日家にあり

七月十二日　金　曇雨

八時過教室、隈川未亡人を見舞ふ、去九日以来強風砂塵を飛ばし不快なる天候なり、午後四時に至り風益強く大豪雨となる六時過稍止みたるを以て出て家に帰る

七月十三日　土　晴

念速寺えみき女のために解剖学会より弐円贈る　桑山を遣したり、六時過帰宅

七月十四日　日　曇

冷し、三二高校入試試験済みたり、結果如何やと心配す、早坊の迎へに行く、九時半連れ来る、三郎氏は一時頃、田鶴は二時過来る、米土産種々あり、米談、留守中談尽きず、鰻飯を饗す、厳来る丁度三郎氏に会ふ、八時までに皆去れり　きみ子昨日来少しく寒冒

七月十五日　月　曇

甚冷し、十時教室、紀要目録に付早乙女書記に仕事の一部を托す

七月十六日　火　曇

昨夜大雨、九時半教室

七月十七日　水　雨曇

三二早朝富浦水泳場え行きたり、終日数学に苦しむ

七月十八日　木　曇少雨

九時半教室、午後佐藤佐氏を見舞且悔む、氏直腸癌且火災に令息焼死す　晩石原喜久氏来訪

七月十九日　　金　雨曇
早く坊を迎へに行きたるも来ることを肯せす、三郎氏馬術より帰り来る、昼前帰宅、蒸熱不快、晩精と一寸散歩

七月二十日　　土　曇
八時半教室、長崎原正氏出京、犯罪人脳調査材料を渡す、晩於菟日在より帰りたりとて来る

七月二十一日　　日　晴
土用らしき天気となれり、八時半教室

七月二十二日　　月　曇晴
八時半教室、井上氏又例の不平談、時に内藤珍磨氏来室、マルチンに付質問す　今日孝子来れりと但きみ子は不在なりき

七月二十三日　　火　晴
十時文部省、北海大学医科委員会なり、山崎、大黒、宮崎三候補者列席す、三時終る、是より歯科病院に丁度島峰氏居りて不図談し込み六時過となる

七月二十四日　　水　晴
八時半教室、仙台和田徳次郎氏米国留学に付来室告別

七月二十五日　　木　晴
八時半教室、奉天椎野氏出京来室　金沢高安右人氏祝賀会のために弐円出金、金子氏に依頼す

七月二十六日　　金　晴
八時教室、田口氏来室、名古屋浅井氏出京、紀要内容目録原稿発行の分全部書き終る、多数日を費せり　魁郎氏来り例の通り長坐十時半過ぎて去る　時に歯痛を疾し甚困る

七月二十七日　　土　晴
歯痛のため右頬腫張す、きみ加賀町え行きて九時頃坊を連れ来る、終日活動せり

七月二十八日　　日　晴
終日在宿、坊よく活動す、庭師来り芝を刈る

七月二十九日　　月　晴
数日来暑気酷し、朝精子坊を送り行く、九時半教室　午後三郎氏来室、河本氏に関する談、其他学談、五時去る

七月三十日　　火　晴　祭日
八時半教室　夜十一時半三二水泳より帰る

七月三十一日　　水　晴
九時教室

八月一日　　木　稍晴

九時教室、紀要内容目録手記を早乙女氏に渡す

八月二日　金　晴

午前高橋順氏を番町に見舞、病徴軽快甚緩慢なり九月の学年より出勤すべしなど云へるも六ヶ敷ことと思はる、是より加賀町、基房氏昨夜遂に死去せられたるよし胃癌と決定してより意外に長く持ちたり、二児極て元気よし、十二時過帰宅、午後在宅　今日夕刻西比利亜出兵宣言発表せらる号外にて知る

八月三日　土　晴

九時教室、昼頃村田正太来室例の邦語主義に付説あり

八月四日　日　晴

基房氏葬式に付午前九時音羽護国寺に到る寺後の墓地まで行きて埋葬に列る、墓地にては日光照り熱し、十二時前家に帰る、又同時に本部書記榎本勝多氏葬式蓬莱町海蔵寺にありたるも代人として三二を送りたり　午後は家に在りたり

八月五日　月　晴

朝迎へに行きて坊を連れ来る、午後三時頃良一より電報あり今日八時半着く云々、三二東京駅へ迎へに行き九時過共に帰り来る、浦塩談などして十一時半室に入る

八月六日　火　不定驟雨

久しく旱きたるところ昨夜雨降る、今日も時に大雨ありしも格別冷しくならず　良一誕生日なるを思ひ出し晩は鰻飯を取りたり坊歓ひ食したり

八月七日　水　不定驟雨

良一早朝帰横す　午前九時柿内より俥を以て坊を迎へによこし今朝突然母堂死去せられたるよし大に驚き直に坊を連れ行く近親方皆あり、防腐注入と決し之れを引き受け自分は教室に到り桑山、山本に之れを頼み、事務室に行きて三郎氏昨日の日付にて教授に任せられたる辞令書を受取り、これより家に帰り昼食し、直に柿内え行く桑山山本来り注入終りたるは四時過なり、きみ来る自分は家に帰る

八月八日　木　不定驟雨

きみ早朝帰る　朝保子来る、十時教室、三郎氏忌引届を事務へ出す、四時出て加賀町、尋で精も来る、自分六時過家に帰る

八月九日　金　晴

精は通夜早朝二児を連れて帰る、終日二児の相手す、入浴し、夕刻婢ふくに忠子を送り帰らしむ

八月十日　　土　晴

坊の相手、午後四時頃良一来る一週間計休暇を貰ひたりと　節斎氏暑中見舞ひ来る　夕刻きみ坊を俥にて送り行く

八月十一日　　日　晴

早朝きみ帰り来る、九時過出加賀町、香奠五円供ふ又花環を供ふべきこと田鶴に予告す、十二時帰る　午後在宅、柿内え「サンドウヰッチ」を贈るとて皆々これを製す、夕良一精これを持ちて加賀町え行く　晩潤氏来る、今朝帰京せりと、過日姑不幸のため津和野え行きたるなり三二高校入学のことに付小島え尋ね行きたるも旅行留守とて更に不明皆々心配す　佐藤彰氏米国より帰朝、玄関にて挨拶に来る

八月十二日　　月　曇晴

良一、精通夜にて早朝帰宅す、九時半教室に到れば家より電話とのこと、即ち三二名古屋え入りたりと先々この事は一段落、数日来の日記を録し十一時帰宅三二友人二名来り居る、午食の際皆集りて歓談、午後三時半出て柿内、三二他を廻りて来り居る　六時家に帰る　福井勇蔵氏歎に来る、晩は厳来る、きみは加賀町え行き十一時半帰り来る

八月十三日　　火　曇晴

柿内葬式なり、精は加賀町の方え行き留守居をするつもり自分きみ良、三は護国寺え行く九時式を始む、十時終て葬地まで送り十一時半全く終り庫裏にて一寸憩み十二時家に帰る暑酷し、二児おとなしかりき、午後は休憩、夕刻千駄木二児来り祝を贈らる、晩於菟夫婦来る

八月十四日　　水　晴

八時半教室、鳥居龍蔵氏来室、道明寺遺蹟発掘のことに付相談あり来春発掘すべきことを約束す　栗山重信氏米国より帰朝挨拶に来る　午後長谷部氏仙台より出京来室、足立氏仕事にウンテル・ビルクング〔＊協力を得て〕云々の件異議なきこと、富山県弥生式遺蹟より出たる人骨研究を同氏希望云々これは謝絶、又同氏身上に付福原総長如何なることを話したるなどの談話、四時氏去る、是より柿内え見舞に行く　変なし二児至て元気、七時家に帰る、晩潤氏来る

八月十五日　　木　曇少夕立

米価暴騰のため大阪、京都、神戸其他市町不穏なりしところ一昨夜東京にて銀座、蠣殻町辺騒擾ありたり　昨夜

も恐らく騒ぎたるべけれど新聞掲載禁止のため不明、一升五拾銭になりしと　九時教室、整形外科高木憲次氏スカフォケファルス〔＊長頭症〕リヨントゲン写真を持ち来る、内藤珍磨氏曲線一通り出来たりとて来る　本月分謝金三拾円渡す今朝銀行より取り置きたり　五時頃雷鳴少しく雨降る直に止む　七時過帰宅

八月十六日　金　晴

九時教室、六時半帰宅、米騒動東京及地方共未鎮静せざるが如し

八月十七日　土　晴

朝きみ子松本孝次氏方え三二世話になりたる礼に行きて柿内え寄り十一時頃忠子を連れ来る機嫌克遊びたり　夕方ふく送り行く　熱さ極度なりしと思ふ

八月十八日　日　晴曇

九時半教室、六時帰宅、熱堪へ難かりしところ夕立して少し凌きよくなりし　晩良一帰横す

八月十九日　月　曇

良一に代りて三二の独乙語を引き受く、十時教室　きみせいは柿内え行く二七日逮夜なりとて招ねかれたり　市内其他の米騒擾は稍鎮静したるが如し

八月二十日　火　晴

きみせいは護国寺え行きたり、十一時教室、直に人類学教室え行く、富山県岩窟より弥生式土器並に人骨沢山出て教室にあり　自分にて研究すべきを約束す、誠に好材料と云べし

八月二十一日　水　曇

八時半教室、仙台敷波氏来室、午刻三郎氏来室今日より出勤せりと、科目制度等に付談ぜり、午後四時出て加賀町

八月二十二日　木　曇

十一時教室、六時過帰宅

八月二十三日　金　晴

早朝坊の迎に行き連れ来る、庭にて水遊びをなし衣を濡らし槇町え「ねびへしらず」を買に行き、絵本を買ひ与ふ

八月二十四日　土　晴

朝ふくを忠子迎に送り連れ来る、午刻より千駄木二児を召ぶ、日が照るにかかはらず皆庭え出て遊ぶ　夕食入浴の際良一来る混雑を極む、精と二児を送り行く機嫌よく帰りたり、晩月よし十一時頃まで茶の間にて談す

八月二十五日　　日　晴

十時半教室、柿内より預りたる注射の謝礼桑山え五円山本え三円渡す　晩良一帰横す三二共に行く皆槇町まで散歩したり

八月二十六日　　月　晴

九時半教室、紀要目録に費せり

八月二十七日　　火　晴

八時半教室、きみ柿内三七日に付護国寺え行きたり　弁当を使ひたるところえ坊を連れ来りたるよし電話あり依て家に帰る　午後は坊の相手

八月二十八日　　水　曇少雨

終日坊の相手

八月二十九日　　木　晴

終日坊の相手、午後佐藤彰氏夫妻仙台赴任に付告別に来る、晩坊を送り行く、三二帰家

八月三十日　　金　曇風不穏雨

朝三二独乙をやり九時前教室、漸々暴風雨になる但損害なし　六時頃止みて家に帰る

八月三十一日　　土　晴　祭日

九時教室、島峰氏在宅のよしに付一寸見舞ひたり　十二時過室に帰る、紀要目録に昨今両日共消日す

九月一日　　日　晴曇

十時半教室

九月二日　　月　晴

十時教室、終日図書整理す殊に邦文雑誌を新戸棚に陳列す、四時半内藤珍磨氏氏来る先刻引き出し置きたる三十円渡す、種々質問し七時過去る

九月三日　　火　曇晴

十時前教室、図書室整理、午後新井春氏来室長談、十一時前良一帰宅、二日間休を貰ひたりと　コルマン教授（バーゼル）六月二十四日死去の報到る

九月四日　　水　晴

独乙を終り十時半頃出かける、俄かに思ひ立ちて三越え行きたり食堂に入りて五人思ひ々々のものを食す、三二の送別だなとと言ひて笑ひたり　二時頃家に帰る残暑酷し

九月五日　　木　晴

早朝坊の迎に行きたり、終日坊の相手、三二は伝研にてチフス予防注射を受く今日三回目にて全終了　良一晩帰

横す

　九月六日　　　金　晴

精坊を連れて加賀町え行く、十時半教室、図書綴方修理、製本等を命す、京都足立文氏福岡小山龍徳氏え手紙を出す

　九月七日　　　土　晴

十時過教室、数学勉強

　九月八日　　　日　半曇

十一時教室、五時過家に帰る、保子、厳暇乞にとて寄る晩八時四人共に出かける東京駅につきて尚ほ三十分余あり　二三の友人見送りに来る又乗車者中六七人の知人集り坐す、九時発車す、三二元気よく出発して先歓ぶ、大に冷しく心地よし直に家に帰る　マニラ人学生「サンチス」氏帰国のところ帰来せりとてマニラ麻製蚊帳及葉巻煙草を贈与せり十一時床に入る

　九月九日　　　月　雨冷

九時教室

　九月十日　　　火　晴

早たづ子玄関まで来り三十五日に付これより護国寺え行く　二児の世話に困る云々、依て自分同寺え行きて読経終りて直に二児を連れて帰り、午後は芝上に遊ぶ、晩精子と送り行く、大人右脚工合悪しとて床上にあり

　九月十一日　　　水　晴

八時過教室、総論解剖学講義を始む、休中も毎日教室にありて仕事したり、紀要目録作製及数学但し数学は甚満足出来ず、午後鈴木忠行氏来室、二村、井上氏等と大沢氏祝賀会に付相談、五時半帰宅

　九月十二日　　　木　晴

フラウ・コルマン教授（バーゼル）え悔状を出す　午後井上氏長き不平談あり例により困りたり

　九月十三日　　　金　晴曇

学生用頭骨など整理し標本室を見廻り井上、助手等を探したれど不在、教室内の整頓なかなか容易ならず又桑山になすべき仕事のことを言ひたり

　九月十四日　　　土　曇

受験生猪熊某に付節斎氏より依頼されたること鈴木忠行氏頼み置きたるところ今日返答せり依て昼に小石川病院え行きたるに病気在宅のよし直に引き返し住宅に到りて本件を伝へて教室に帰る時に一時少し前　四時出て家に帰り庭を掃く、晩良一来る、十一時まで雑談

九月十五日　　日　晴

昨夜来暴風とのことなりしも格別のことなく午刻より静穏となる、良一きみ精は上野院展え行く自分は加賀町、丁度保子訪来、家中混雑、大人容体宜しからず、啓義夫妻不穏、なかなか六ヶ敷情態なり、兎に角俥を雇ひ坊を連れ帰る、潤氏あり、良一帰横

九月十六日　　月　晴

秋候となれり　午後教授会、宮川米次氏現伝研技師なるを留学するに付ては助教授とするの件、投票の結果多数、橋田氏最近帰朝に付差向助教授とするか教授とするかの件教三、助二〇、斎藤秀雄氏学位、大阪有沢潤氏学位共に通過ヒリピン人二名入学の件許可、五時散会

九月十七日　　火　晴

八時より組織筆答追試験、問題グラッテス・ムスケルゲベーベ・ウント・ザイン・フォルコメン、ヘルツムスケル〔＊平滑筋とその発生、心筋〕七名出席　十時過家に帰り早く昼食し坊を連れて三人出かける、先浅草に到り仲見世より本堂に登り是より三谷渡を渡り向島、言問にて休む時三時頃、是より川汽船にて千住大橋に到り電車にて帰る時に五時過、始めてのこととて坊珍しく感す　ユンケル氏よりハイデルベーレン〔＊コケモモ〕の贈物あり、一部分大沢家に分かつ

九月十八日　　水　雨

午後島峰氏一寸来室　晩川上政雄氏来訪

九月十九日　　木　風晴

昨夜強風雨、組織実習追試験九名出席　ユンケル氏よりハイデルベーレンを贈られたる礼状を出す　今日午前忠子も連れ来れり午後四時帰宅、晩精と二児を送り行く、仲秋の月極めて明なり

九月二十日　　金　晴

医学会例会出席終て山上御殿に常議員会あり　八時半帰宅

九月二十一日　　土　晴

柴田常恵氏来室、富山県宇波洞窟愈来二十八日より発掘することに確定せりと、自分も早速旅行願を出したり午後二時家に帰り精を連れて郊外散歩、王子より豊島渡しを経て小台渡を渡りて帰る　晩良一来る

九月二十二日　　日　雨

終日家にあり

九月二十三日　　月　雨

島峰氏来室真鍋、藤沢間の談あり、長くなりて七時過家に帰る　晩良一来る雨激しく降る

九月二十四日　火　暴風雨　祭日

午刻よりは愈台風となれり、山本三樹氏来訪北海道旭川に開業のところこれを止めて出せしよし、脳組織研究する目的云々依て布施氏を推薦す、良一帰横す

九月二十五日　水　晴

山内保氏巴里より帰朝来室、午後三時より大沢氏祝賀会に付委員会を開く五時半散会　きみ加賀町え見舞に行き坊を連れ来れり

九月二十六日　木　晴

仙台布施氏え山本三樹氏紹介状を書く　人類学教室え行きて柴田氏と越中行打ち合せをなし一時過家に帰り昼食、きみと坊を連れて植物園え行く、三郎氏忌明礼廻り途中に会ふ

九月二十七日　金　雨

九時頃教室え行き、旅行のことなど言ひて十二時家に帰る　田鶴忌明礼に廻りて来り居る、昼食入浴など非常なる混雑、二時過二児を連れて帰り去る、静になりて旅行準備をなす、八時三十分上野発今日は朝より頻りに雨降れり

九月二十八日　土　晴

車中安眠せず、朝直江津あたりにて雨止み漸々霽れる不親知駅前後に長トンネルあり　不親知市振間に不親知之嶮と立札あり十一時十分頃汽車大に遅れて高岡着、十二時過ぎて発車す（車賃三十九銭）二時頃氷見着　警察署長林宣之助氏等出迎へ俥にて警察署に立寄り休憩、石田収蔵氏に帰京途上なりとて此所に会ふ、これより二里半なる宇波に三時半頃達す署長同行す、宿を極て直に洞窟に到る　柴田長谷部二氏ありて発掘を督す　此所字大境と云ふ其区長高野啓四郎氏あり、当白山社々掌清水一布氏あり、熱さ強し、本県視学土佐林勇雄氏は氷見より同行したり、本県測量技手某氏洞窟を測量す、六時頃宿に帰る、距離半道計あり、諸氏と共に晩食入浴　十時床に入る

九月二十九日　日　雨

眠悪、昨夜来雨、六時起床九時頃諸氏と出かける洞窟に到れば既に人夫は仕事しつつあり雨天なれど洞内作業に差支なし、左方地平面に横濠を掘る　アイノ式のもの多数出る、午後四時頃に至り右方側壁上層より弥生式もの

及大少人骨出る時に薄暮になり　終らずして明日を期して止む時に六時頃、四時頃山崎教授来着、日曜とて中学教員富山高岡より見学に来る、晩清水社掌来宿、又小学教員某先年当洞窟より発掘せる人骨等を持ち来る、あまり参考となるものにあらず、十時過きて床に入る　原政友会内閣出来たり

九月三十日　　月　雨

八時諸氏と出かける、前日に引きつづき人骨を掘り出す岩間に挟さまれ極めて困難、午後に至りて終る　大小人各二体分を得たり、県視学土佐林勇雄氏午後切りあげて帰る　日暮に至り作業を止めて宿に帰る　晩清水宮司来りて揮毫せよなど言ひて困る十一時臥床に入る

十月一日　　火　曇

八時半出かける、昨日の引き続き右側上層人骨を以て始む、岩間に鉗入しあつてなかなか終らず、今日主として此層に従事す人骨土器相続て出る　岩の除去大に進む未だ第二層に達せず、日没に至り又大に獲物あり六時過ぎて暗くなりて止めたり　昼食は餅粟と云ふ餅米を少しも含まざる飴餅の馳走、これを五つ食す、甚珍らし、昨夜来腹工合少し悪しかりしが格別のことなし　山崎氏午前に地すべり山を探検して帰京の途に就く

十月二日　　水　晴

村田技手は洞窟の測量を終り朝帰県す　長谷部柴田と三人にて洞窟に到る、右側の作業、用慎（ママ）のため柱二、三本を以て上壁を支ふ　今日は天気好きためか富山県師範教員二名、新聞記者三名来る、写真を採りなどす、六時過ぎて帰途に就く　天気甚爽快、併し弥生式、アイノ式層の関係如何、これ確と解決したし

十月三日　　木　曇晴

右側土取り除き大に進む、午前社台前左角に於けるアイノ式と弥生式の層の関係尚ほ精査す、午後は本県知事井上孝哉氏序を以て来観す、朝曇りなりしも漸々好天気となる、風は「アヒ」（東北）にて波高し、六時止舞ふ

十月四日　　金　曇晴雨

朝曇り例の通り三人出かける、漸々晴となる、大体見当付きたるにより帰京と決す、午後三時区長高野啓四郎、長谷部、柴田諸氏に告別し洞窟を去る、少し雨降り出す、旅宿に帰り急きて支渡し宿料を払ふ六泊十五円（一泊二円五十銭）外に警察署長林宣之助に去二十八日着の夕食

等一円を払ひ又白山社改築費中え寄附十円（前夜柴田氏に托することを失念せり）を封して宿に托し五円茶代として遣し　四時十五分発す途中半雨降る、氷見警察署に立寄る署長不在なり　停車場に林署長見送りに来る六時発車、伏木医師長谷川淳明氏養父同車、八時九分高岡発車、富山にて弁当を買ふ、乗客四名あるも、直き横臥し眠を求む、稍眠る

十月五日　　土　曇

軽井沢にて醒む天明ぐ、戸水寛人氏同車せり　横川にて弁当を買ふ　十時半上野着十一時帰宅、坊昨日来りたりと、稍疲労を感す、晩良一来る早く眠に就く、十一時過日々新聞記者来りたれど会はさりき　良一は商船学校生徒体格検査のため出張なり

十月六日　　日　曇

松村瞭氏を訪ひて洞窟の模様を話し氏の出張を催す　終日坊の相手をなす

十月七日　　月　雨

出勤講義す、大境洞窟終局まて発掘のことを画策す、先事務室え行き人夫二百人支出のことを相談す　教室費よりするならば出来得べし、松村氏来室、出張すべし云々これより理科事務室え行きて二人に対する旅費百五十円支出方を相談す、主任不在にて確答し難きも工風出来る云々　直に人類教室に到り松村氏に其旨を通す、日々新聞小野秀雄氏来室

十月八日　　火　曇晴

大境洞窟発掘継続の件は略ぼ出来たるを以て柴田氏え電報を発す　今日より実習室え出る　四時家に帰りて直に松村氏を訪ひ右の趣を通す且つ高野区長え贈品（柿内よりの煙草盆一対）を托す

十月九日　　水　曇

井上氏例の難題（助手室を占領すること）、よき加減に言ひおきたり、内藤氏来り数学質問をなす　又先刻受取り置きたり本月分三十円渡す

十月十日　　木　晴曇雨

魁郎氏を見舞ひて教室に到る十時過なり　これより生理教室医学会事務所に到り雑誌調を始む、三郎氏来室　欧文雑誌発行の相談あり、極めて熟考を要する旨を述ぶ　五時半去る

十月十一日　　金　曇雨

午前医学会事務所にあり

十月十二日　　土　雨曇

宣誓式なり、午前医学会事務所にあり、三郎氏室に寄りルース氏返事を依頼す、四時前出て加賀町比較的久し振りなり、老人同辺の容体なり

十月十三日　　日　曇

午前は庭に出て小松を造りなどす、午後は佐々木東洋氏葬式に青山斎場に到る、良一は一週間の出張終り晩帰横す

十月十四日　　月　曇晴

午後教授会、植村俊二、清水茂松学位の件通過

十月十五日　　火　曇雨

文書目録タイプライタアを始む、午後二時より教室諸氏と大沢氏祝賀会に付当日細事を相談をなす、時に金沢より須藤氏出京、明日脚気調査会に於て故隈川氏の業績を発表する旨開陳あり　六時教室を出て家に帰る　ルース博士（マニラ）去夏の手紙の返事を出す

十月十六日　　水　雨

鉄門倶楽部伊香保え遠足出発す、午前農務技師岩崎厳彦氏来室、南洋パラオ民政署在勤にして近日帰任するよし、此度土人骨格一具を寄贈せし人なり、中鶴よりの伝言あり　午後佐藤外科え行き坊口中腫物に付依頼したり　瀬尾貞信氏承諾しくれたり、これより柿内氏に其ことを話す、真鍋氏来室不満なることに付詳細の談あり、高木謙次氏スカフォケファルス〔＊長頭症〕（極めて軽度）小児伴ひ来りこれを少し測りたり、七時過出て家に帰れば魁郎氏来り居る　二時に来りたりと十時去る　長坐を極む困りたり

十月十七日　　木　曇　祭日

教室にある、文書目録タイプライタア終る、五時半家に帰る、寒冒の気味に付臥す

十月十八日　　金　曇晴

十時半頃きみ坊を連れて教室え来る　これより佐藤外科瀬尾貞信氏に坊の歯齦腫の診察を乞ひたり別に手術の必要なき趣に付これより構内歩き医化に到り十二時帰宅

十月十九日　　土　晴

今秋始めての小春日和、坊を連れて散歩に出んと思ひたるも自分寒冒気分悪し、精も同断、午前にきみに送り帰らしむ　晩良一来る

十月二十日　　日　晴

寒冒格別悪くならす終日加養、晩松村氏大境洞窟発掘を

終り帰京来訪

十月二十一日　月　晴

出勤、午刻佐藤学長来室、紀要発行費幾分か出来る様子、此機会に真鍋慰安方に付種々相談、又井上教授となることを熱望のこと及二村との権衡六ヶ敷きことを話したり、これより図書館え行き長谷川氏に文書目録八九枚渡す、書庫に入り蝦夷文書等を見る

十月二十二日　火　晴曇

午前図書館え行く、午後四時出て赤坂丹後町に岩崎厳彦氏訪ふ　氏近日南洋パラオ島え帰任するに付同島に勤務中の中鶴え菓子を托し又同品を氏に贈りたり、不在に付置きて去る、六時帰宅

十月二十三日　水　雨

時事社員来る、柴田氏大境より昨日来京せりとて来る又島峰氏来り真鍋談に時を移し六時去る

十月二十四日　木　晴曇

午前図書館、四時過出て加賀町、精を連れて帰る

十月二十五日　金　晴

午前図書館に在りたり、授業は大沢氏祝賀会のため休む、朝より教室内の掃除飾り付け等準備のため雑沓す　大串氏大阪より出京　六時過帰宅

十月二十六日　土　曇

九時半教室、名古屋浅井、佐藤、仙台敷波、福岡桜井等出京、準備のため奔走す、午後三時式を始む　四時五分前終る　是より山上御殿に到り祝盃を挙ぐ　四時半散す曇なりしも雨降らす幸なりき、後に残りて雑談、六時豊国に到り牛鍋会を催す　解剖家大沢氏を始め二十余名集る　八時散す

十月二十七日　日　雨

九時教室、医学会総会、午前午後共演舌を聞く　六時家に帰る

十月二十八日　月　晴

秋晴となれり、大串、佐藤亀一氏来室、午後教授会、学位の件酒井繁、酒井和太郎二氏共通過、四時散会

十月二十九日　火　晴曇

朝坊迎に行き連れ来る少し風邪の気味にて機嫌悪しき様なれば午後きみ送り返へす、自分教室え行き実習へ出る四時半帰宅庭を少し掃く　精子は茶の湯の師方え行きて夕刻帰る　晩精を連れて銀座え散歩す　これ誠に久し振りなり

十月三十日　　水　曇雨

何かと雑務多し、六時半帰宅、九時頃雨中三二帰り来る特別急行に間に合ひ之に乗りたりと、十一時まで雑談

十月三十一日　木　秋晴　祝日

朝坊迎へに行き連れ来る、庭掃除をなす、坊髪を断る

十一月一日　　金　晴

朝皆々三越行、三は坊を連れて加賀町え行く、昼帰りて食事直に教室　六時過帰宅、疲労を覚ゆ

十一月二日　　土　曇雨

脈管論を始む、物療え行き真鍋氏に其科の随意講義を設くる可否に付意見を質す、高橋信夫（ママ）氏来室紀要論文に付話す、六時帰宅　良一来り居る晩皆々雑談

十一月三日　　日　晴

昨夜大に雨降りて今朝霽れる、千葉長尾美知氏夫人死去に付悔状並に香奠二円出す　静子此度出京潤氏同道来り昼食す、終日在宿　晩良一、三二それぞれ帰り行く

十一月四日　　月　晴

朝停電のため教室歩く、人類教室え行きたり　午後は教室に於て学科及試験法改正委員会を開く　佐藤学長、入沢、近藤、田代、林、及良精集る、四時散す

十一月五日　　火　曇雨

紀要の事務なかなか忙し

十一月六日　　水　曇雨

人類教室え行く大境洞窟人骨を持来る　これより其調査に掛るべし　四時過出て精子の迎へ旁加賀町え行く、大人追々疲労の様見受けたり　二児元気よし、喧嘩して困る

十一月七日　　木　曇雨

大掃除なり、豊国にて昼食す

十一月八日　　金　曇

午前上野池畔工芸、発明展覧を一見す　晩は江戸絵図の帙を造る

十一月九日　　土　曇

運動会に付休業、朝坊の迎へに行き連れ来る、チユリツプ根を買ひ来りて植える、午後はきみと吉祥寺内を坊を連れて散歩、花壇の菊花開きたり

十一月十日　　日　晴

昨夜大に雨降り今朝霽れる、昼良一来る、午後皆々と植物園え行く園内にて厳等に逢ふ、秋晴心地よし

十一月十一日　　月　晴

寒くなれり、欧州大戦愈々休戦に向ふが如し、独帝退位せりと平和後の独乙は悲惨なるべし

午後学科改正委員会を教室に於て開く　佐藤学長始め全員列席、四時過散す　坊はふくに送り帰らしむ

又夕刊に独帝退位拒絶せりとの電報もあり　何れか真なるか併し退位は到底事実となるべしと思はる

十一月十二日　　火　晴

人類教室え行き柴田氏を伴ひ来りて大境人骨整理に付諮るところあり　内藤珍麿氏来室本月分三十円及紙代四円四十銭渡すインデックスのフレクベンツクルベン〔＊頻度曲線〕書終り持ち来る

夕刊に休戦調印十一月十一日午前十一時より全線休戦となる　独乙愈屈服、独帝退位尋で諸王も位を去る

十一月十三日　　水　晴

市電車は国旗を掲げなどす漸く平和近つきたり　宮崎彪之助氏米国留学告別、紀要目録に終日す

十一月十四日　　木　雨

昨夜来頻りに雨降る柿内母堂百ヶ日に付留守旁精柿内え行く　目録に日を費

十一月十五日　　金　晴

目録に終日す

十一月十六日　　土　晴

目録甚時を費す　アウトーレン・レギスター〔＊著者目録〕まとまる、七時家に帰る　良一今来りたるところ、今度錬習艦隊乗組となり二十一日江田島出帆と決定せりと当分近海航行、来年二月七日横須賀帰着の予なり、十一時頃まで集談

十一月十七日　　日　雨

終日悪天在宅、良一は柿内え見舞旁暇乞に行きたり

十一月十八日　　月　曇

良一は午後四時の汽車にて出発すべし　午後教授会、佐藤信郎学位の件可決、二時半散す

十一月十九日　　火　快晴

紀要目録著者の部印刷に渡す、今日もこれを以て終日す

十一月二十日　　水　快精

午後三時半出て加賀町、坊を連れ帰る

十一月二十一日　木　半晴

午後一時谷中天王寺に解剖祭執行、之に列席三時帰宅、今日は市催の休戦祝賀会且つ大学にても午前十時式あり

しも行かず、市中殊に日比谷公園附近は賑ふべし、坊は坂下にて旗行列、花電車、提張[ママ]行列など見て悦びたり

十一月二十二日　金　曇雨

午前在宅、迎へをやりて忠子を連れ来る、小松晃氏来り老母堂病気容体悪しきよし、午後一時教室、紀要目録の仕事、六時前帰宅　忠子は返へしたり

十一月二十三日　土　晴　祭日

朝小松母堂を見舞ひたり容体悪しき方にあらず、又午後見舞物を贈りたり　昨夜来腰痛あり床を敷く　於菟友人森田氏を伴ひ来る　京都伊藤隼三氏え名刺をやる

十一月二十四日　日　曇晴

午前きみせい坊を送り行く精は泊る、床中にあり

十一月二十五日　月　晴

腰痛幸に悪しからず　午後学科改正委員会を開く

十一月二十六日　火　晴

佐藤学長来室、自由講義に付談あり、紀要目録原稿全部製作終る　七時出て帰途につく　精子柿内より帰る

十一月二十七日　水　晴

島峰氏一寸来室、内容目録原稿印刷に渡す　四時出て加賀町、大人病勢漸々進むが如し、帰途小松家え寄る、母堂容体先宜しき方

十一月二十八日　木　晴

事なし

十一月二十九日　金　晴

炭代九円三十銭事務え出す、青山銅像え良一の分弐円出す、四時出て加賀町、坊を連れて帰れり

十一月三十日　土　晴

寒くなれり、庭の芝上真白し、十二時帰宅　精と坊を連れて植物園え行く、閑静にて心地よし、これ今年の終回なるべし、帰途槇町にて「キユピイ」を買ひ与へ四時帰宅

十二月一日　日　晴

午前は坊を相手に焚火し藁灰を造る、隣境垣根を繕ひなどす、午後皆共に出かける、きみ、せいは音楽学校演奏会え行く、自分は坊を連れて池中弁天より長橋を渡り公園に登り動物園に入る、久し振りなり　出て公園内を歩き広小路より電車にて四時半頃家に帰る、坊よく歩きたり、きみ、せい尋で帰る

十二月二日　月　雨

終日悪天、五時半帰宅

十二月三日　　火　晴

坊は午後婢ふくに送り帰らしむ

十二月四日　　水　晴

七時頃帰宅

十二月五日　　木　晴

岡島敬治氏来室、氏慶應医科の解剖を担任することとなりたり

十二月六日　　金　晴曇

午後四時出て加賀町、大人病勢漸々進行の模様なり又小松家え寄る老母堂肺炎経過先良好なるか如し、六時半帰宅

十二月七日　　土　晴

前週来植村尚清氏学位論文クラインヒルン〔＊小脳〕審査に従事す

十二月八日　　日　晴

十時過教室に到る、六時過帰宅、先考四十年忌日に相当するを以て保子を招きたり　晩食し入浴して九時半去れり

十二月九日　　月　晴

昨夜十二時床に入る、眠悪し、二時間眠りたるのみ　午後教授会、明城弥三吉、筧繁、植村尚清三氏学位通過、植村のは自分報告せり四時半散会、直に植村氏知らせ手紙を出す

十二月十日　　火　晴

事なし

十二月十一日　　水　雪

午前より盛に雪降る　医学科規程改正に付考慮す　初雪なれど大雪なり

十二月十二日　　木　晴

医学科改正調査

十二月十三日　　金　晴

金沢須藤氏故隈川氏遺稿に付手紙来る直に返事を出す、四時前出て加賀町、精午前より行き居りて共に坊を連れて帰る

十二月十四日　　土　晴

弁当を使ひて急ぎ帰宅、南風少し強きも温き故精と坊を連れて銀座え行く、新橋て電車を降り、十二ヶ月に入り是より歩きて亀屋、明治屋のクリスマス飾を見る坊始めてにて珍しく其歓ぶ様面白し四時家に帰る。坊の髪を鋏

みなどして居るところえ大沢、二村、井上三氏打ち揃ふて来訪、何事かと聞けば本日還暦云々祝賀のため紀念品を贈りなし且来二十一日小宴を催したしとのことなり突然のことにて意外千万、甚困るけれとも断ることを得ずして遂に諾受したり　後にて斯様に困りながら謝絶することを得ざりしは自分ながら実に腑概なきことを歎じなどして眠ることあたはず　二時半頃きみ子を起して明朝中止のことを願ふ様話したり

十二月十五日　日　晴

午前坊を連れて槇町を歩きたり、きみ子大沢氏を訪ひたるも留守に付二村方に到りて昨夜の趣を通したり　中止は出来さるべしとのこと、午後精と坊を連れて日比谷公園え行く　松本楼にて菓子を与へなどし坊歓ぶ、二重橋を見せて帰る時に四時

十二月十六日　月　晴

午後一時より学科委員会を開く入沢氏病気欠席其他は佐藤学長始め皆出席　試験科目、試験時期の問題に付協議す、五時散会　午前中にきみ子坊を送り帰したり

十二月十七日　火　曇

昼伝研に到る芳賀石雄氏昨夜死去に付悔に行きたるなり細君も肺炎にて同病院に入院に付一寸逢ひたり、二時半教室に帰りて実習に出るなど忙し

十二月十八日　水　晴

総論解剖学講義を閉ぢたり　軟骨を終る　大境人骨の整理に少しく取りかかる六時半帰宅

十二月十九日　木　曇雨

静脈論ベナ・イリアカ・コムニス〔＊腸骨静脈〕丈残して講義を閉つ　金曜日は授業なき日なればなり　三時過出て伝研に到る故芳賀石雄氏告別式なり　五時出棺のよしに付之を見送りて六時半帰宅

十二月二十日　金　雨

九時教室、大境人骨整理、六時教室を出赤門にて待つこと久し電車来らず　三丁目まで歩きて漸く乗りたり

十二月二十一日　土　曇

午前岡山上坂氏出京来室、実習室え出る　神保小虎氏来室、旧来所蔵の化石標本一見し氏の教室に必要と云ふにはあらず　寧ろ古生物教室の方なるべし云々　序に種々石器の石質を質問したり、午後は人類学会評議員会出席山崎、有坂、沼田其他教室員出席　会費増額、幹事増員のこと議し直に松村、柴田両氏幹事を嘱托す　四時過散

会、五時二村氏同道山上御殿に到る、今日は良精還暦を祝すとて教室諸氏発起せられ小宴を催さる　五時半二村氏同道御殿に到る、集同者大沢、二村、井上、上坂、天谷、新井、森田、高橋信美、田口、佐藤四郎、佐藤祐介、島峰、池田孝男、小池、平光、上田、山越の諸氏なり　紀年品として桐火鉢一対、銀製火箸二対贈らる　談興永く九時過辞し去る　二村、井上二氏自動車を以て家まで送らる　折悪途中自動車故障多かりき　又別に大沢氏よりは赤座敷団（ママ）、佐藤四郎氏より銀製小楊子入れ、島峰氏より金製カフス釦の贈品あり、田口、山越両氏よりも多額の祝ありたり　答礼品に付きみせいと相談、結局文鎮がよからんと決して十一時半床に入る

十二月二十二日　日　曇雨

千駄木え寄りて森氏に文鎮作製方に付相談す、於菟方え一寸寄り十時半教室、紀要総目録の校正、四時前出て加賀町、小供大勢ありて賑かなり　三郎氏在宅、大人容体変りなし但し漸々増進の模様なり、雨天となり道悪し、六時半家に帰る

十二月二十三日　月　雨、霙、雪

朝於菟来りて秋田原大人重病云々昨夜ふき子殿兄弟出発せりと　十時教室、上坂氏一寸来室　午後二時谷中墓地に到る故青山氏一年祭なり　三時半帰宅、盛に雪降り寒気強し

十二月二十四日　火　晴

九時半教室　紀要目録校正、大境人骨整理　六時半帰宅、晩十一時四五分三二帰着す、茶間にて十二時過まで談話

十二月二十五日　水　晴、曇、雨、雪

朝加賀町え行く尋て三二も来る共に坊を連れて帰る

十二月二十六日　木　晴

大雪なり四寸計積る、今日に至て止む、漸々霽れる三二等庭に出て雪塊を作る、坊悦ぶ

十二月二十七日　金　晴

家中忙し、坊の相手をなす、桂栄三郎氏来訪、石黒、森え紹介を頼まる、名刺をやる　午後は原信哉氏歳暮に来る、橋本子供四人、孝子来る　偶然電車中会せりと、日暮に帰り去る、来訪者総て十六、七人とか、なかなか混雑せり、きみは飯田町辺を廻りたり、晩十二時まで茶間にて談話

十二月二十八日　土　曇

午前坊を送り行く、大人一昨日来熱発せり　これ肋膜炎を並発せるなりと一時家に帰り、午後二時半教室え行きたり　小使四人え一円つつ歳末を遺りたり

此度高等教育機関のために内帑金一千万円下賜あり　又政府は四千五万円の予算を以て大正八年度より六ヶ年継続として之を完成するの計画を建てたり　之れ政党内閣の特筆すべきことなり　四十一議会は二十七日開院せり

十二月二十九日　日　晴

朝保子来る、十時前教室　目録校正、六時半帰宅　十一時まで茶間にて談話、三二の独乙を見る

十二月三十日　月　晴

九時教室、紀要目録校正、二時過帰宅、三時頃精、三を連れて出かけ千住大橋に到り之より土堤上を歩く三は「スケッチ」なとす　戻りて例の松鰻に入る、これ今年は始めてか　六時過出て浅草廻り電車に乗る、乗り替の際に仲見世を往返す、京橋にて下り銀座を歩く、雑沓を極む九時過帰宅、寒くなりたり

十二月三十一日　火　晴

九時半教室、目録校正　これなかなか手数を要す　此休の大部分はこれに費すべし　三時前教室を出て加賀町、二児の相手をなし居る中三郎氏帰り来る　大人の容体先同辺、体温三八、五、年を越しても寒中如何かと思ふ、五時出て家に帰る、入浴、晩食、茶間にて雑談、今年も散歩は止めたり　三二も出です　十時過床に入る

大正八年　2579
1919　良精満六十年

一月一日　　水　曇、風、雨

七時半起床、人の来らさるうちにと思ひて九時過出かける先動坂小林家に到る、魁郎氏は既に他出、其他及幹来り居て会ひたり、道路悪し神明をぬけて梛野え行く　厳他出陸奥子は昨朝帰京せりと、保子林町が今も尚ほ母上を恨み居て常に口外するは実に堪え難し云々歎息談などにて長くなり十二時過家に帰る、魁郎氏先刻より来り居る　叔母に贈るべき年玉（二円）を懐中し行きて出すことを忘れたるを氏に托す、小松春三氏来る、自分は失敬し食事して再出る　時に生温き南風強く吹く、牛込小松家に到る、母堂病気は益々よし、大に悦ばる、これより原町原家、来客中に付玄関にて去る、次に加賀町、三二来り居る、二児と遊ぶ三郎氏もあり　大人を病床に訪ふ四時出て三二と電車にて水道橋にて別れ自分は安田家え寄る、五時半家に帰る、森氏来り居り紀念品のことを依頼す、不在中年賀来りたる人数名ありたりと、疲れたる感あり　九時床に入る風益々強く且雨降り出す

一月二日　　木　曇

十時過教室、目録校正、六時半帰宅少し腹工合悪し七時半床に入る

一月三日　　金　晴

九時教室、北村一郎氏名古屋より出京来室、医専を大学に昇格するの問題起り前途困難など云へり　目録初校を了りたり併し再も尚ほ大に手数を要すべし六時半家に帰る、横田四郎、潤氏其他来り居る、腹工合悪し食後直に床に入る

一月四日　　土　晴

腹工合宜し、九時半出て加賀町、三郎氏在宅、坊を連れて十一時半帰宅、午後坊を連れて槙町にて本を買ひ与ふ三二は終日友人と出て留守

一月五日　　日　晴

午後橋本とし子夫人及小供四人来るこれに昼食を出すとて混雑、坊は仲間に入りて遊ぶ、とし子殿は去りたるも子供は残りトランプなどして夕食し八時帰り去る　ふくに送らしむ　又坊を連れて槙町え双六を買に行きたり

一月六日　　月　晴

午後坊を送り行く丁度消防夫の梯子乗を見て坊は珍らしく感じ悦びたり、これより番町に高橋順氏を見舞ふ、病状回復甚遅々たるを覚ふ、次に橋本家え寄る節斎氏豊橋え往診せりとて留守、これより千駄木え行く森氏在宅、文鎮は愈々頼み呉れたりと七時帰宅、今日は寒入りとて特に寒さ強く感す

一月七日　　火　晴

九時半教室、今日尚ほ暖房なし室内寒し、今日も目録校正に費す、此休は全くこれに費したり六時半家に帰る

一月八日　　水　晴

八時半出勤、授業を始めたり、少し六ヶ敷かりし出席者ただ二十名計ありしのみ、各論の日なるも学生の都合により総論解剖学骨組織を始む　弘田氏来室故息の一週忌（ママ）など言ひたり、榊原藤太郎より南洋土人石剣柄付きのもの一本得たり甚珍し、後之を過て落し尖をかき損したり遺憾此上なし　三二九時の汽車にて帰名す

一月九日　　木　曇

昨夜年賀札等を調べたるに左の通り

葉書　　三〇八

封筒入　　八〇

名刺　　一二七

学生出席今日も少し約四十名、午後三時過頃入沢氏より電話あり、大沢氏只今入院せりと、不取敢病室に到る、発病は昨朝のよし、軽度の脳溢血、橋部ならん云々患者を相原助手の案内にて一寸見舞ふ、六時半帰宅、小林叔母来り居る且泊らる

一月十日　　金　雨

七時半出勤、今後月、金両日は八時より講義を始む、生理橋田氏の請求に依る　午刻佐藤学長来室、大沢氏病気に付本学期授業塡補のことに付談あり、又医院に入沢氏を訪ひて大沢氏の病症に付尚確めたり、少なくも此学期静養の必要ありと　井上氏来室新潟行を此際断りたしなど話ありしもなだめ置きたり　三浦謹氏講和大使随行、仏国渡航に付告別に来る、六時半帰宅

一月十一日　　土　雨

九時半教室、高橋信夫（ママ）氏千葉より出京、午食後医院に入沢氏を訪ひ、容体を聞く、先同様なり、受付に到れば細君、謙二君其他教室諸氏あり　四時半出て加賀町、二児元気、大人同様、晩於菟秋田より帰京せりとて来る、き

み千駄木え行き天馬文鎮を依頼したり

一月十二日　日　曇雨

午後教室、医院に大沢様子を聞きに行きたり　六時半帰宅、夕食、七時半東京駅に三浦氏の出発を送る　今日は午刻より千駄木二児遊に来る

一月十三日　月　晴曇雨

八時―十時講義を終りたるところえ名古屋浅井、佐藤及大阪大串の三氏大沢氏見舞のため出京又仙台西氏昨日出京のよしにて来室、又講義代理者に付問題起り大沢氏は井上氏に委托したりと　病室に到りて面談の上これに決定せり、今朝学生に二村氏代理すべしと言渡したるも取り消すべし　榊原の紹介にて大阪南洋産業株式会社員加藤太郎吉なる人に面会し南洋土人骨格採集のこと依頼す　今日実習説明を始む　午後教授会　岡崎桂一郎（明治十五年金沢医学校卒業、市内開業、前に申請したることあり、永井氏報、アスペルギルス〔＊コウジカビ属の菌〕論文）否決（可一二、否九）、宮内賢一郎（仙台医専卒業、田代病院医員）否決（可一〇、否一〇）、四時散会、これより医院に見舞ふ、教室に戻り六時過帰宅、剪髪、今日なかなか多忙

一月十四日　火　晴

熊本山崎氏出京来室、午後人類教室え行く、且つ器具類（大境）を戻す、これより医院に寄る、大沢氏尚嚥下不能且少し吐したりと面白からす、五時過教室に戻る、六時半帰宅

一月十五日　水　曇

午後四時医院に見舞ふ、六時半帰宅

一月十六日　木　晴

今日実習室出場、午後医院え行き、七時前帰宅

一月十七日　金　晴

学科改正案に付消時、夕方医院に見舞ふ　恰も入沢内科と稲田内科入れ換りなり　即ち大沢氏室を替へたり　七時前帰宅

一月十八日　土　晴

午後人類学会出席柴田氏大境洞窟に付演舌す　これより医院に見舞ふ口蓋少しく運動すとのこと　七時前帰宅

一月十九日　日　雨

十時過教室、ハンチントン教授（ニューヨーク）え論文寄贈の礼札を出す　五時病室に見舞ふ又医局に到りて相原氏に様子を聞く漸々軽快のよし　六時帰宅

一月二十日　　月　晴

午前大沢氏を見舞ひ病室に入る稍良好併し主なる徴候は格別変化なきが如し　午後は第五回学科、試験改正委員会を自室に開く、試験方法等大体決す　四時散会、これより加賀町え行く、大人病床に到る三郎氏帰り来る、六時半帰宅、今日電話始めて開通す、柿内、橋本と数回試みたりと　北海道大学より委員謝儀として百円贈り来る

一月二十一日　　火　晴

午後四時医院に見舞ふ丁度千葉の三輪、岡山の筒井氏も来れり　又内藤珍麿氏先に渡した表全部返へしたりこれにて計算事業一通り了る　其他紀要目録第二校正

一月二十二日　　水　晴

午前内藤珍麿氏来り表一ヶ所誤りあることを注意したるは之を直したり、又午後島峰氏久し振りにて来室　高等教育機関興進に歯科医専の漏れたることに付詳細の談あり　四時医院に見舞ふ　目録校正

一月二十三日　　木　晴

午後四時医院に見舞ふ大沢氏大に軽快、粥を食したりと嚥下運動回復の兆ならん　福岡桜井氏出京

一月二十四日　　金　晴曇

桜井氏一寸来室、坊来り居るに付三時出て帰宅

一月二十五日　　土　雨

九時半教室、大沢氏病室に見舞ひ面談す大に快方、嚥下運動益々確かなり、一時頃帰宅、坊の相手をなす

一月二十六日　　日　晴曇

甚暖かし、道泥濘なるも午後一時皆々坊を連れて三越え行きたり、満員の情況なり、食堂にては待ちて漸く席明きたり、併し坊大満足　還暦祝賀の謝状石版摺り出来、発送す

一月二十七日　　月　曇

上田氏台湾に於ける位置に付上坂氏より返事来り　俸給に付先方の言方不都合とて上坂氏不満なり直に其返事を出す、午後教授会、佐藤学長処労、緒方氏代理、学位の件は人員不足に付流会となる、これより医院に見舞ふ四時出て家に帰り坊の相手

一月二十八日　　火　晴

鳥居龍蔵氏来室、河内遺跡発掘の件は三月末より四月始めにかけ一週間の見込にて実行の約束をなす又巴里人類学者より常設国際的人類学会所を置くとに付交渉の書面を持ち来りて相談あり時に柴田氏来室、名古屋市熱田遺

跡発掘に付打ち合せあり　ユンケル氏紀要総目録の校正を持ち来る、桜井氏今日帰福す　四時半帰宅、きみせい坊を連れて松坂屋に行き靴を買ひ与へたり、坊大悦

一月二十九日　水　曇晴

午後三郎氏紀要原稿二種持ち来る、田鶴寒冒のこと及妊娠のことを話したり、緒方氏学士院賞のことに付山極氏癌論文の相談あり、鈴木書記学科試験改正のことに付来室其他多忙　五時帰宅、青木誠四郎氏来り居り坊盛にはね廻る、晩食終りたるところえ柿内より電話あり田鶴宜しからず誰か人をよこし呉れ云々七時半頃精倖にて行く、八時頃精より電話にて三郎氏忠子を連れ行く云々九時頃忠子来る三郎氏は玄関にて去る、甚混雑、忠は十時頃に至りて眠り坊は十時半頃漸く眠りたり、二児預かり容易ならす

一月三十日　木　雪

今朝雪二寸計積る、学科課程に関する要項及試験に関する要項書きて鈴木書記に渡す　これに付きて来月曜日に委員会を開くべし、午後四時半家に帰り更衣、富士見軒に到る　弘田氏息一年祭に付招ねかれたるなり、九時半帰宅、終日悪天寒し　二児は既に眠りたり

一月三十一日　金　曇

福岡進藤氏出京来室、又長崎原正氏来室　午後一時過大沢氏を病室に見舞ふ恰も今より退院するところなりき戻りて実習に出る　五時帰りて二児の相手

二月一日　土　曇

午後一時愛宕下青松寺に到る林春雄氏養父葬式なり二時半家に帰る、終日二児の相手

二月二日　日　晴曇

柿内え見舞に行かんと思ひたるも電話にてそれに及はずとのこと田鶴今日は熱なきよし、終日二児の相手、午後は自分及坊髪を剪む、晩入浴、高橋寅蔵に托したる北海道大学謝義（ママ）百円受取りて持ち来る

二月三日　月　雪

朝起れば雪四寸計積る此冬は珍らしく雪多きことなり十一時頃止む、午後は委員会を我教室に開く佐藤学長、入沢、近藤、田代、小金井出席、林氏は厳父君喪にて欠席、自分の草したる課程要項及試験要項を議題とす五時散す　五時半帰宅、柿内にては只一人の婢も熱発し精子一人にて台所の仕事をなし居る有様のよし　さてさて困

りたることなり

二月四日　　火　雪曇

昨夜又々雪積りたり、今朝止む　五時家に帰る、柿内にては無人にて困るに付婢しも総菜を持ち行き手助けをしたり

二月五日　　水　晴風　寒強し

午前藤沢氏来室学士院会員選挙池田、山極間のことに付談あり　昨年十月二十九日、十一月五日及十二日発行の Münchener med. Wochenschrift〔＊雑誌〕（田代氏より借用）を見るに其雑報戦況記事に休戦当時の情況を記載しあり久し振りにて独国自個の原記事を見て感深し　三時過帰宅二児の相手　婢しもを柿内えやりて精子一先つ帰る

二月六日　　木　晴

目録第三校を印刷会社え送りたり、五時半帰宅

二月七日　　金　晴

名古屋佐藤亀一氏出京、医専昇格運動のためなりと、内藤珍麿氏来る、三十円渡したり第六回なり五時家に帰る、六時頃良一帰る、二児等大賑かなり　柿内より電話あり、坂口氏来訪のところ鶴容体面白からず大に注意を要す云々　八時過相談に出向く、週囲（ママ）の事情甚六ヶし、差向自宅にて安静のこととし十時帰る　良一葉巻煙草二箱土産に持ち来る、十一時床に入る

二月八日　　土　曇雪

良一朝帰艦す、九時半教室、大沢氏罹病後始めて教室え一寸来りたり、三郎氏を教室に訪ひ、永山、竹野両氏紀要論文に付種々尋ぬるところあり　十一時頃より盛に雪降り始む　高橋信美氏来室午後二時人類学会出席、宮原虎氏歯の演舌あり、四時過帰宅　六時頃雪中良一再来る甘栗、落花生を沢山持ち来る二児大悦び賑かなり十一時床に入る

二月九日　　日　晴

今朝霽れる雪八寸積る誠に珍しきことなり、良一小写真機を以て二三枚写し、帰横す、終日二児の相手、保子一寸来る、午後四時魁郎氏来る、晩食二児入浴など混雑して困る十時去れり

二月十日　　月　雪曇

昨夜又々雪少し降る　午後教授会、石原房雄、西川義方両氏学位通過、五時半帰宅

二月十一日　　火　半晴　祭日

憲法発布三十年祝賀の催あり、終日二児の相手田鶴大に快方のよし　婢しも帰り来る　潤氏来り晩食す

二月十二日　水　晴

岡山上坂氏来信、上田氏台湾位置のことは中止　田鶴稍回復せしに付二児を午前に帰へしたりと電話にて知る、六時半家に帰る二児あらす甚淋しく感す　秀真文鎮五拾本出来す九拾円なり

二月十三日　木　晴曇

文鎮を教室諸氏え配る、六時半家に帰る、きみせいは諸方え送るべき文鎮を小包にする、これにて還暦の件終結す

二月十四日　金　雨

午後二時柿内より電話あり大人死去とのこと直に同家に出向ふ、大降雨悪天此上なし、二児を預ることとなるも俥来らず、日暮に漸く連れ帰る、今夜は誰も行かざることとす、良一は四時頃来りたりと、此頃良一が撮せし児等の写真をやき上げて持ち来り二児見て悦ぶ

二月十五日　土　晴

鈴木忠行氏に来月曜委員会取り消しのことを電話にて頼む、終日二児の相手、きみせいは葬式に関する服装に付忙はし、きみは午前に香奠拾円持ちて柿内え行く、午後二時頃帰る、又午後二児を連れて槇町え行きて帳面など買ひ与ふ、精は入浴後八時頃出て通夜に行く、花環（拾弐円）を注文す

二月十六日　日　晴

昨日来甚温暖となる昼頃精帰る、午後自分は坊を送り行くきみは遅れて忠子を連れて柿内え通夜に行く、二児と共に夕食す、読経に列す、二児眠りて後家に帰る時に十時過ぐ　きみ子は通夜す

二月十七日　月　晴

朝二時間の講義を終へ、弁当を食し十二時半家に帰り支渡をなし四人自動車にて出かける、一時半護国寺着、二時着棺、式終て墓地に到る、式中式後共二児を守る、温暖なる天気にて仕合せなりき、五時家に帰る

二月十八日　火　雨

悪天、六時半家に帰る、良一帰艦す、精は柿内え後方手助に行き泊る

二月十九日　水　晴

大沢氏一寸来室、一両日中に布沙（ママ）別荘え行きて療養すと六時過帰宅、精子帰らず二人ぎりにて淋し

二月二十日　木　晴

夕刻名古屋浅井氏来室、医専昇格問題に付談あり、七時家に帰る、柿内大人初七日に付きみ子寺え行く精は帰り来る

二月二十一日　金　曇（雨）

改正案に付学生修学及試験期標準一応調べ終り謄写を事務室に托す　四時出て加賀町、文鎮二本持行く、三郎氏在宅、二児至て元気、六時半家に帰る、雨降り出す、尚ほ通夜すべしとのことにて電話にて打ち合せ喜美子九時出て柿内え行きたり

二月二十二日　土　雨

きみ早朝帰り来る、紀要総目録出来す　高橋信美氏印刷会社其他来室者あり、六時半帰宅　良一午前に来る

二月二十三日　日　雨晴

朝尚雨降り居たるも漸々霽れる　新井春氏玄関にて来る文鎮の礼なるべし、近頃頭重く気爽快ならず午後加賀町え行きて二児の相手をなす斯く長く遊びたるは始めてなり三郎氏入浴長し六時家に帰る　良一は帰艦せりとか種々多忙の様子なり

二月二十四日　月　晴曇

午後第七回委員会を開く近藤氏病気其他佐藤学長始皆出席、六時半帰る、晩精を連れて銀座え散歩す

二月二十五日　火　雨曇晴

昨夜雨降る、悪天打ち続く、原正氏先日来教室にありしが明日帰崎すと　コルニング（バーゼル）え著述寄贈の礼葉書を出す　学科改正に付忙し　六時半家に帰る　良一午後来り　匆々にて去れりと最早遠洋航海出発前帰宅の暇なかるべしと

二月二十六日　水　晴

小橋宗之助死去に付香奠三円贈る、五時帰宅、良一出発までに赤司の件如何と相談の結果到底間に合はざるべければ自然にまかすとしてきみ石原え行きて其趣を通したり

二月二十七日　木　曇

柴田常恵氏来室熱田貝塚発掘の件は地主との交渉まとまりたるに付愈々春休中に実行すべく談合せり　七時半帰宅、布佐大沢氏え見舞としてブルスト〔＊ソーセージ〕を発送す

二月二十八日　金　晴

富井博士還暦祝賀会え弐円出金す　大沢氏え手紙を出

す、三時前教室を出て坊迎へに行く坊悦び、婢来る、時に五時、秋田原夫人来訪中

三月一日　　土　晴

甚温暖、九時半きみと共に坊を連れて一高紀念日に行く例の飾付けを見る、菓子を与へなどし余興を見て一時帰宅、坊咽痛を訟ふ且つ少し熱あり　床に入らしむ但機嫌よし

三月二日　　日　半晴風

再寒くなる終日在宅、坊床中にあり、午後大沢謙二氏来訪、晩魁郎氏来る愈八幡へ転住すと十時半去る

三月三日　　月　晴

十一時教室、今日は李太王国葬日に付休業となるも試験改正委員会を開く、佐藤学長、入沢、近藤、田代、小金井出席、林氏欠席、これにて一応まとまり教授会に報告するの運びに至れり、午後四時散会、家より電話あり坊体温三十九度云々、直に帰宅、栗山氏来診、扁桃腺炎なるべし云々　午前に魁郎氏細君暇乞に玄関まで来る

三月四日　　火　晴

昼一寸柿内え行く三郎氏寒冒在宅、昨日佐藤学長より総長推薦学位の件に付尋ねられ、本人の意志を憶むべく訪ひたり即ち自個の意志反す云々忠子少し寒冒、一時教室に帰る　四時教室を出て動坂に小林家を訪ふ愈明日出発、八幡え転住のよし、餞別として三円贈る、坊昼頃体温三十九、四度まで昇りたりと併し夕刻は降りて機嫌よし

三月五日　　水　晴

佐藤学長来室、柿内学位の件は当人の意志の通りに山川総長え報告すべしと、三郎氏を教室に訪ひて其趣を伝ふ又生理え寄りて永井氏に実習の方法、蛙を使用のことに付尋ぬ、山崎春雄氏明後出発、渡欧により告別に来る、午後四時より医学会、井上氏ガウメンムスケル・イネルバチオン〔＊口蓋筋神経支配〕山極氏兎乳腺の癌等、七時帰宅、今夕栗山氏来診あり、坊機嫌はよけれど未だ熱あり面白からす

三月六日　　木　晴（雨）

医海時報社来り、印刷会社、田口氏等来り又午後は二村、井上二氏と学科改正、学年を三期若くは二期に分つの得失に付相談、五時過まで話す

三月七日　　金　晴

昨夜雨降り今朝霽れる、朝講義を終へて直に帰宅更衣宮城え御礼に行く先月二十七日とかの官報に勲一等に昇叙せられたるよしなれど本人えは知らせなし　十二時帰りて食事し二時谷中斎場に到る佐藤佐氏葬式なり四時家に帰る、加賀町より丁度蓄音器を借り来りこれより坊悦び遊ぶ、今朝は体温八度四分ありたるも其後は格別熱なき様にて機嫌よし

三月八日　　土　曇（雨）

十時教室、工藤得安氏米国留学来十五日出発のよし告別四時家に帰る　坊午後は発熱せざるが如し

三月九日　　日　曇

昨夜雨降る、坊最早熱なき様なり然るに精及婢しも熱発臥す、午前自分坊を送り返へしたり　十二時帰宅、午後は在宅

三月十日　　月　曇雨

松村氏来室本月下旬熱田貝塚発掘の日取に付談合す　午後教授会、小島政治（海軍々医中監）英文稲田氏報告学位可決、三時半散会、六時半帰宅　精扁桃腺炎少し軽快事なし　精稍全快

三月十一日　　火　晴曇

三月十二日　　水　雨曇

弁当を使ひ直に青山斎場に到る長与氏母堂葬式なり　三時半帰宅

三月十三日　　木　雨曇

昨夜も雨、大境人骨継ぎ合せ

三月十四日　　金　晴

午後四時出て加賀町、二児遊びて帰る

三月十五日　　土　雨

人骨継合せに従事す　佐倉内藤より孝鼻疾入院云々の手紙来る其返事を書く

三月十六日　　日　曇晴

十時教室、骨継ぎ、工藤得安氏来室、学位申請を東京に出すと、六時半帰宅　潤氏夫婦来り共に晩食

三月十七日　　月　晴

脊髄を終りて解剖学講義を閉づ　午後教授会、教授推選、学長其他補職の選挙法に付内規を定決す、四時散会、五時半帰宅風邪の気味に付晩床に入る

三月十八日　　火　晴

柴田氏来室、発掘打合せ且同氏宅即瑞忍寺に宿泊のことを依頼す

三月十九日　　水　晴風

組織講義を今日に繰り上げて閉づ、四時出て加賀町、二児大元気

三月二十日　　木　晴

思ひ立ちて大沢岳氏を布佐に見舞ふ、青木堂え寄りてラスク二打を持ちて行く十二時前別荘に着す　携えたる弁当を食し談話、氏回復案外遅々たるが如し、甚だ気の毒に感す、目下尚ほ負請（ママ）中の邸園を歩きなどし四時辞して去る七時帰宅　五七日に付きみ、せい護国寺え行く出入の紺屋来りて佐倉え行きたること、今日帰りて孝を小此木病院に見舞ひたるに今日午後退院せしこと、居所不明に付曙町え来りたること、文を旧臘か一月かに佐倉にて慥かに見たることなど話したり

三月二十一日　　金　晴

好天に付加賀町え行きせいと共に二児を連れて三越え行く、食堂に入る、一婢を連れ行きたれば都合よし、空気枕、襟飾など買ひ、二児に色鉛筆を与へたれば満足、三郎田鶴は不幸に付返贈品のことを調達のために来り居り忠子を渡し坊を連れて帰宅　午後二時佐藤進氏夫人葬式に吉祥寺え行きて名刺を出し直に教室に到る　紀要校正を処理し実習室え出て、文部技師田中大作氏札幌医科建築のことに付来室など多忙、勲一等章を授領、五時出て帰宅

三月二十二日　　土　晴　祭

早く昼食を終へてきみと坊を連れて植物園え行く　気温高し、坊歓び勇む、四時過帰宅　六時大学会議所に到る小池敬事氏新潟医専に教職に就きたる祝及送別会なり総て十九名集まる　十時半帰宅

三月二十三日　　日　晴

朝精と坊を連れて芝公園え行く自分も幾年振りか記憶なし丸山に登りて古墳の情態を見る　是より加賀町え送り行く午後一時前なり二時半家に帰りて自分は例食をとる

三月二十四日　　月　雨

午後教授会、学科改正委員会の報告をなす、四時過ぎて散会

三月二十五日　　火　晴

印刷会社を呼び紀要のことを談し、出発届のこと其他準備をなし四時帰宅、旅行用意をなし八時半東京駅発車、車内猥に横臥すること得

三月二十六日　　水　晴寒風

夜中ただ安臥したるのみ朝名古屋着、俥にて柴田氏宅大

曽根町瑞忍寺に到る、寒風激烈、松村、柴田両氏は既に一昨日来着、服を着替へ二氏と出かける　現場高倉社北の電車通りに添ふ道路より五尺計高き地に到り掘り始む、休憩所は土木用の市の建物とす、暫時隙をぬすみて八高え行き同志館に三二を尋ぬ恰も昼食を終りたるところ、自分も同処にて食事す、共に出て校内を通り抜け三二と別れて一時半現場に帰り掘るところを視る　市教育課箕形鉄太郎氏、土木技手種田伊六氏始終現場にあり、四時半止む、佐藤亀一氏、有坂鉊蔵氏来場、其他新聞社員、珍らしき寒風、但し桜花は満開

三月二十七日　木　曇

十時現場に到る、午前始めて人骨に掘り当る、浅井氏来場、七時帰寺、佐藤氏同行、食後扇面に記名などす十時寝に就く

三月二十八日　金　雨晴

昨夜来雨、早朝箕形氏来る、地湿めるを以て発掘休止、併し十時頃より漸々霽れる、昼食、共に出て近き徳川家博物館を見る、ところえ山崎医専校長来る　宴会などの談ありたるも固く辞す、これより独医専に行く　解剖教室に到り浅井、佐藤二氏に会す、山崎校長、又大阪毎日新聞社員岩井武俊氏来り会す、教室を一見す　屍箱内貯蔵屍多し、次に病院を廻覧す、諸子多く不在、これより浅井、佐藤氏と出て鶴舞公園より市内大須観音に到り夕刻となる　洋食店にて馳走になり栄町にて坊等にやるもの及絵葉書を買ひ二氏に別れて九時半寺に帰る　坊え天守の絵葉書を出す

三月二十九日　土　晴

八時出かける九時現場に達す　昨日元市会議員伊東繁丸氏の尽力により佐久馬処有地発掘の承諾を得て数ヶ処麦畑を試掘せしも望みなし　十時半三二試験済みたりとて来る　ここより直に帰京するとて暫時して去る　奈良坂氏午後大土器数個出る

三月三十日　日　晴

午前九時現場に到る、箕形氏の案内にて断夫山、白鳥陵（何れも古墳）を見、熱田神社に参拝し電車にて現場に戻る四十分計費す　午後浅井氏、佐藤氏来場、浅井氏令兄及親戚浜野氏来り浜野氏処有地を試むべしとのすすめにより所々を掘る　電車通りに添へる御嶽講云々看板をかけたる家の門内を掘る大瓶を出す　七時半帰、北村一郎氏一寸来訪

三月三十一日　月　晴、寒

連日寒強し九時現場に達す、電話により柴田氏と共に熱田に浅井邸を訪ふ考古品数種を見る、猛郎氏と共に現場に戻る時に十一時半、午後亦土器五、六個出る　三時半頃少し雨を降らし寒風吹く事務所に入りて休む　浅井佐藤二氏来場告別す　七時過帰寺

四月一日　火　晴

七時前起く、寒強し霜白し柴田氏に人夫其他の支払を托す、当地名物菓子は寺の贈るところこれを小包にて出すことを托す　九時俥にて発す駅の混雑驚く程なり　山崎氏見送りくれたり　十時発車一等室は案外人少なし名古屋駅にて家え葉書を出す　亀山にてサンドウヰチを買ふ笠置の辺風影佳なり、三時頃柏屋着俥にて道明寺梅のや投す　家え葉書を出す　附近を散歩す石川橋を渡る風景甚よし　旅宿に帰り、入浴、晩食、八時床に入る

四月二日　水　晴

七時起く徒歩柏原に到り、汽車、大阪湊町、俥医科大学に到る、大串氏不在、病院に尋ぬ偶々斎藤氏に会す解剖教室に到る暫くして大串氏来る、共に弁当を食す、国府及津雲人骨を見る、三人出て中の島にある公会堂を窺き（ママ）大串氏此処に講演会ありてこれに列す、斎藤氏と公園を見難波橋を渡り、別れて電車にて湊町に到り日暮に宿に帰る

四月三日　木　晴

朝天満宮々司南坊城長興氏を訪問す　大阪よりは未誰も来たらす、境内を一週（ママ）して宿に帰る十一時田沢金吾氏来着、昼食、十二時小松真一氏来着、一時出て現場に到る、二時作業を始む　毎日新聞社の方は人夫一人、此方は四人にて先耕土を鋤き除く、五時過きて引き上ぐ、家より三十日附手紙名古屋より転送し受取る　作業中田沢氏案内にて允恭天皇陵を参拝す

四月四日　金　晴

七時社務所に到る皆未だ起ず、直に現場に到る時に八時柴田氏四時半現場え来着　晩坊城、田沢、大串、小松の四氏旅宿に来り十時半辞す

四月五日　土　晴

十時半本山氏現場に来る始めて面会す氏暫時自ら発掘に従事し昼弁当の後帰阪す　大串氏は午前に帰り去れり旅宿に帰りて気分悪し兎に角直に入浴、食欲なく腹工合

悪しければ夕食は粥少しくとりたるのみ八時頃に至り悪寒甚し床に入る

四月六日　　日　晴

夜十二時に至り寒戦益甚し苦悶堪へ難し　遂に隣室なる柴田氏を起す、頻りに便通を催す　手助けられて漸く行く様なり、後少しく発汗す稍楽になる明け方に至り少しく眠る、醒むれば体温は降れる如し但し下痢頻りなりテネスムス難渋　朝本山氏など見舞あり、階段困難に付階下の室に移る、リチネ油飲む別段功なし　昨夜認めたる葉書を坊え出す

四月七日　　月　晴

下痢同様、再リチネを飲む、十時頃黒板本山両氏来り大阪楠本氏を頼みては如何とすすめらる　これを応諾す、上圊一、二時毎になす、午後幾分か気分よき様に思ふ、四時半頃大阪病院斧原勘二郎氏毎日新聞社員桑原氏同道来る　一応診察の後入院のことと勧めらる、即ち入院と決し柴田氏を呼ぶ時に六時に近かし、岩井、田沢、小松、大串氏も来る、柴田氏今日一新事実を発見したりとて上顎門歯四枚に縦溝を施したる且つ両犬歯を抜きたるものを持ち帰りて示す　急ぎ支渡し残部は柴田氏に頼み、七時二十二分柏原発車斧原、大串、桑原氏同行、新聞社より湊町に自動車を出し呉れ、病院に到り室に入る時に八時半　洗腸、湿布等の手当をなす　テネスムス止む大に楽に感す

四月八日　　火　晴

五時醒む楠本医長診察、佐多学長、小沢修造、大串、本山、岡田解剖助手、本山氏に遺跡残部発掘のこと特に承諾を得たり、加藤亨島峰二氏同道し来る島峰氏広島歯科医大会に出席講演の帰途なり、長与又郎、片桐、高村庄太郎（良一と同級）の諸氏見舞あり　今朝洗腸前一回便通あり少しく血を混すと依て医員は尚ほ安静を要すと汽車のことを問合せたるに漸く十一日午後七時二十二分のに寝台ありて之れを買ひたり　今日家に入院のこと葉書にて報らせる

四月九日　　水　晴

四時半醒む、斧原氏朝診、緒方十右衛門、佐多学長、清水助手、斎藤氏見舞、小林文郎氏え電話をかけたるも名古屋出張中のよし、堀見教授昼診、午後島峰、加藤二氏来る島峰氏は今日出発静岡え寄りて帰京すと、楠本診察大串氏輿に乗して長談　丹羽元亮菓子を持ちて見舞、宮

下氏

四月十日　　木　曇、昨夜雨

昨夜眠悪しバンツエ（＊南京虫）になやむ二回頓服す

二時過ぎて漸く眠る、六時醒む、寝具取り換ふ、午前佐多学長、午後大串、斎藤諸氏　入浴甚快、木下東作、鬼頭、文郎諸氏

四月十一日　　金　晴曇

島峰氏静岡より出したる手紙受取る、高須謙一郎氏（贈品あり）、雷雨あり暫時して止む、大串氏来人々に心付けのことを謀る、午後佐多学長、鬼頭夫人其他、時刻をはかり自動車にて停車場に到る　斧原、岡田二氏同乗、恰も小畑教授渡米出発と同車、氏を見送る人々多し、看護婦二名も見送りくれたり諸氏に厚く礼を述べ発車、八時臥床を命しこれに安臥す

四月十二日　　土　晴

八時半東京着、島峰氏自動車を以て迎へくれ　きみ子坊を連れて来り居る、九時過家に帰る先つ安心す忠子も来り居る、茶の間に臥す、土産ものを出す二児を相手終日断髪入浴

四月十三日　　日　晴

昨日の競漕医科勝利を新聞にて知る　精は湯島天神献茶式に行く忠子を送り返へす　晩潤氏来る之を幸に礼状を頼む即ち箕形鉄太郎、本山彦一、田沢金吾、岩井武俊、南坊城長興、佐多愛彦、楠本長三郎、斧原勘二郎、山崎正薫の九氏

四月十四日　　月　曇

午後教授会、試験規則改正の件に付押して出席す　質問にて終る四時、俥にて往復す、山川総長に一寸挨拶す

四月十五日　　火　曇、時雨

静養、精は茶の先生え行く

四月十六日　　水　晴

午前坊を返へす、午後は旅行中の日記を書く　夕刻柴田氏も十四日帰京せりと、晩潤氏来る

四月十七日　　木　曇

午前教室え行く、紀要校正を整理し、始業のこと打ち合せ医化教室に寄り又黒板氏を訪ひて挨拶し十二時過家に帰る、尚ほ柔弱を感す　潤氏方にて今日男子出生　鳥居龍蔵氏の見舞あり

四月十八日　　金　晴

きみは潤氏方え、精は柿内え行く、家にありて雑誌を調

ぶ　柴田氏来る道明寺後方のこと、発掘費用に付行き違ひの点ありしことなど談あり　晩潤氏来児兎唇のことに付種々相談

四月十九日　　土　曇

午前教室、事務室より人類教室に到り柴田氏に会談、名古屋荷物は既に一昨日人類教室へ送りたり　道明寺のもの到着せしを以て人骨の分を残し他は同しく送り届けたり　額田晋氏米国より帰朝来室、二時頃家に帰る　食事中やす子来り愈来月七日に結婚式を挙ぐと　次に潤氏来る　精子帰る　諸方え返礼品を小包にて出す

四月二十日　　日　晴

名古屋浅井、佐藤、瑞忍寺、大阪大串、斎藤の諸氏え礼状を出す　午後は雑誌調べ　晩精子を連れて梛野え行き婚儀祝品（白つむぎ一疋及鰹節一箱）を贈る

四月二十一日　　月　曇

授業始む先組織実習に付説明　午後教授会加藤義夫学位の件緒方氏報告、通過、次に学科改正の件投（ママ）論す、五時半散会、帰宅、今日は博子男児を連れて先達より出京中に付保子と招きて晩食を共にす九時前帰り去る、其前後潤氏より電話あり静子容体悪し尿毒症のよし又危篤なりと、きみ子と婢しもを連れて出かける十時過白金三光町の宅に到る、容易ならざ情態なり於菟尋で来る十二時過去る於菟氏の自動車に同乗して一時半帰る　精まだ起き居たり一通り話し二時過眠に就く

四月二十二日　　火　曇風雨

一時まで実習説明、これより近藤氏を尋ねて潤氏児手術のこと頼む大に配慮を得て甚好都合、きみは児を連帰りたりと、静子持直し漸く伝研に入院せしめたりと、弁当を終しは既に二時、これより実習室に出場、四時終るきみより今日これより入院せしむ云々電話、尋で来る近藤外科え連れ行き入院せしめ児只一人置きて共に去一種の感深し七時帰宅、昨夜来の心配にて疲労を覚ゆ、観桜会なるも悪天にて御止めとなる

四月二十三日　　水　曇晴

講義を終へて医院え行く児は看護婦室にあり、昨夜おとなしかりしと手術は二、三日後とのこと、午後きみ子児を見舞ひて教室え寄る　静子は入院後益々宜しき方のよし　本月より一級俸は三、〇〇〇となる　六時半帰宅、潤氏来る安堵の様子なり

四月二十四日　　木　晴

竹田宮殿下薨去に付防腐注入の件に付入沢氏十二時半来室、厳来室林町は婚式列席せず云々　五時半家に帰る夕食再教室に到る七時宮家より自動車来る　桑山を連れて高輪御本邸に到る　片山、西郷、土屋、北の諸医家あり入沢氏の来るを待ち九時過ぎ手術を始む十一時終りて後休憩酒肴など出たり十二時前辞し去自動車を賜はる御菓子をも下され家に帰る

　四月二十五日　　金　晴

午前医学会に雑誌を調べ午後直に帰宅　好天気に付きみせいを連れて本牧三渓園え行く久方振りの慰なり　七時半家に帰りて夕食す味よし　只往復車賃一円六七銭費せしのみ　疲れたる様に覚ゆ直に眠る

　四月二十六日　　土　晴風

午前医学会にて雑誌を見る、昼休中一寸潤児病室に見る来月曜日に手術の予定のよし　額田氏等来る四時過出て久々にて加賀町、厳来室林町は愈々式に列せずと　学士院より年金三百円給する旨通知あり

　四月二十七日　　日　晴

午前青山え豊辺新作氏訪ふ、午後在宿、目録作成、潤氏来る

　四月二十八日　　月　晴

今日も組織実習に付説明をなす、昼食中きみ来室、今日児の手術を施したりと　午後教授会、留学生選定の件、規則改正の件自家説（解剖生理と臨床講義間に聴講上制限を設けざる説）少数（山極、緒方、横手、良精）にて成立たず、修学自由と云ふ精神には矛盾のことなり六時散会

　四月二十九日　　火　晴

潤児を病室に見る手術後別状なし　テリー（ワシントン大学、セントルイス）、シュラギンハウフェン（チユリヒ）え論文寄贈の礼札を出す

　四月三十日　　水　曇雨　休業日

竹田宮殿下葬式に付授業なし、天気怪しけれとも奮て大沢氏を布佐に見舞ふ、先月会ひたるときより幾分か元気よき様見受けたり　四時辞し去る時に雨降る七時家に帰る

　五月一日　　木　曇　休

靖国神社五十年祭に付特休暇、終日家にありて仕事す、晩精を連れて銀座まで散歩

五月二日　　金　曇雨

九年度臨時費を調べ事務え出す、観覧標本室、養魚場、解剖実習室拡張、写真室新設なり　柿内二児来りたりとて度々電話あり　三時家に帰り二児の相手

五月三日　　土　曇晴風

臨時手当百円受取る即ち本俸三〇〇〇となり　これに三割強の手当一二〇〇。去明治四十四年十二月二十六日増給三四〇〇より此年度四月以降一七〇〇を増し五、一〇〇となりたる勘定なり　潤児を病院に見る先刻糸を抜き去りたりよく癒合せりと　四時半家に帰り二児の相手、加賀町大掃除は明日に延期せりと二児今夜も泊る

五月四日　　日　晴

好天、午前二児を連れて精と植物園え行く、二児往返共よく歩きたり、午刻福島甲子三氏来訪、写真を呉れ云々、午後は芝上遊ぶ自分は草をとる　四時半きみ二児を俥にて送り行く

五月五日　　月　晴

きみ教室え寄る、潤児今日退院すべしと依てこれに関する打ち合せをなし三丁目銀行え行きて三十円引出しなどす午後教授会、規則改正の続き、学科課程時間数のこと五時散会、薬局長も選挙と云ふことになり　丹羽氏一応辞任に付薬局長を選挙す丹羽氏当選す、又留学生選定の件、先七名を選ぶ三田村病理、佐藤秀三黴菌、田村憲造薬物、平光解剖、上野一晴生理、石原房雄黴菌、河本貞助医化学、六時半帰宅潤児あり、入浴、橋本え行かんと思ひおるところえ保子来り七日に式を挙ぐることは柳沢家より故障により延期す云々　意外なる先方の申出あり厳病気云々の疑なり保子大に心配す十一時去る

五月六日　　火　晴

昼休に病院え行きて原石塚両氏及看護婦に礼を述ぶ　大沢氏一寸実習え出る　晩食後棚野え様子如何と思ひて行きたり愈今日午前十時頃柳自身林町え来りて断然破談を言出たりと、尤も昨晩博子先方え行き其結果を推定したりと保子厳とも全く断念したり実に意外なることに感す

五月七日　　水　晴　休暇

東宮御成年式に付午前大学運動場にて祝賀式あり但不参、八時半教室に到る弘田氏来室真鍋氏のことに付談あり　物療を本域としてやる云々助教授は受けさるべしと午後は医学会にて雑誌を見る　七時家に帰る

五月八日　　木　晴

午前人類教室に柴田氏を訪ひ高倉後発掘は佐藤氏に任かすこと、道明寺は今秋にすること又道明寺発掘経過を一通り発表するは如何などのことを話したり　実習はクノッヘン・シュリフテ〔＊骨研磨〕等、四時花電車絵葉書を買ひて加賀町、児等大悦、三郎氏風邪にて在宅　帰りて入浴、晩食後槇町え絵はがき買に行き郵便局に御成年式紀念スタンプを捺しなどす

五月九日　金　晴

奠都五十年祝祭、市中賑ふ、郵便局え寄り昨晩の絵はがきを出し九時過教室、午後は目録のタイピスト

五月十日　土　晴

新潟校長池田廉一郎氏、南満椎野氏出京来室　六時過までタイピスト

五月十一日　日　晴風

熱さ夏の最中の如し、九時半出て先高橋順氏の病床を見舞ふ情況甚宜しからす、去二月プシヒッシェ・アファジー、アグラフィー〔＊失語症、失書症〕症状一時起りたりと正午加賀町に到る　三郎氏在宅、持参の弁当を食す、是より大沢謙二氏を中野に訪問せんと思ふも腹工合悪し　止めて三時半家に帰り安静、晩風止み雨降る

五月十二日　月　雨曇

午後教授会、学科改正の続き、課程だけ漸く終る、次に医学会評議員会、大沢会頭辞任に付会頭を選挙す田代副会頭当選す、由て次に副会頭を選ぶ林幹事当選す、六時過散会　潤児親家え戻したり　えい女連れ行く先つ之れにて此件は済みたること

五月十三日　火　曇雨

額田晋氏一寸来室、タイピスト　七時帰宅

五月十四日　水　晴

名古屋杉憲一郎氏来室、午後は法医、医学会、眼科等え行きて雑誌を見る　晩潤氏来る

五月十五日　木　曇

タイピスト終る、七時半物療科に到る、今日昼頃真鍋氏来室、同科新築一週年（ママ）に付小宴会を催す云々又井上文蔵佐藤幸三両氏の仕事に対し内科学会より金牌を受領せるに付其祝賀をも兼ぬ云々出席を乞ふ由て之を諾したるなり　渡辺博士相川工学士は本建築寄附に付関係ある人にて列席す講談の余興あり時大降雨、中庭にテント張り会場とせるに人々困りたり、自分式辞を述べて渡辺氏祝福の発声をなす十時辞去す時に雨殆ど止む、昨今珍らしき

寒冷

五月十六日　　金　晴

塩田氏来室額田を分院に採ること出来ざるやの件なり　氏に異存なきも二木の意向は知らずこれと会談すべし云々　三輪（薬物）中村豊（血清）北海大学候補者として留学することになれりとて挨拶に来る　文書目録スリップ一二八枚長谷川氏に渡す序に雑誌を見る

五月十七日　　土　晴曇

真鍋氏一昨日の記念日に出席したる挨拶に来る　四時出て加賀町　精子来り居る、三郎氏帰る、二児元気、精を連れて帰る、水道橋にて電車来ず松住町を廻りて帰りたり

五月十八日　　日　晴

三郎氏二児を連れて植物園え行くに付同所にて落合ふつもりにて八時きみ子と出かけるも暫時して三郎氏来る　二児歓び遊ぶ十一時半曙町え伴ひ来り昼食す、一時過俥にて帰り行く、之れより大沢謙二氏を中野に訪ふ、共に出て程近き中浜東一郎氏を訪ひたるも不在、別れて帰途に就く、万世橋にて降る

五月十九日　　月　晴

額田氏来室二木氏と会談することとす、午後教授会図書館員改選、林氏再選さる、竹内節学位の件長与氏報告通過、学科改正の件に移る　第一種第二種科目に区別する項に至り予想の如く甚やかまし遂に採決せしに区別せざる説九区別する説十（出席者十九名）五時過散会

五月二十日　　火　曇

朝二木氏を小川町の宅に訪ひ額田氏のことを話す　八時教室に来る

五月二十一日　　水　雨

厳来室今医務局え行きて破談事件の報告をなしたりと又実験上心配に及ばざることを証明したりと

五月二十二日　　木　雨曇

昨日きみ岡田と電話したり、内藤より望なき返事ありたりと

五月二十三日　　金　晴

午前図書館にて考古学雑誌を見、俸給四二一、七五受取る、三時頃家に帰り精を連れて散歩、例の荒川堤を歩き千住にて食し九時家に帰る

五月二十四日　　土　曇

柿内大人百ヶ日に付きみ寺え参拝すべし　在巴里山崎春

雄氏え手紙を書くバアゼル、コルニング教授え紹介状封入　六時燕楽軒に到る故隈川銅像第一回委員会なり十時家に帰る

五月二十五日　日　晴

十時上野学士院に到る授賞式なり　山極、市川、石原理学博士、石川海軍造機中監（工学士）高田忠周（漢学者）の諸氏なり終て会食、原総理中橋文部二大臣を列席、二時半帰宅、加賀町え行く

五月二十六日　月　晴

午後教授会学則改正の件、第一種科目試験評決を三段に分つの件原案通り決す、一通り議了す要点は総て自分の数年来主張せる通りに決したるは甚満足、又学年を三学期とするか二学期とするかの件も従来通り三学期となる他の学部は皆二学期なるが如きも医科は別なるべし　佐藤、入沢は評議員として二学期説なりしは同情なきにあらず　五時散会

五月二十七日　火　曇

真鍋氏来室物療講義昨日決定に付其時間を幾何とすべきかの談なり、午後四時より海軍大佐日高謹爾氏の「独逸の敗戦に就て」の講演を聴く　今日きみ岡田え行きて内久の返事のことを質したり甚迷中にあり又晩石原夫人来宅、赤司の談これ又逆

五月二十八日　水　晴

図書館に雑誌を見る　四時教室を出て柿内

五月二十九日　木　晴

午前より柿内二児遊びに来り居るに付実習を終へて直に帰宅、庭にて髪を鋏みたりなどす

五月三十日　金　晴

教室行かす、坊を連れて槇町にて草履を買ひやる　精と二児を連れて植物園、今日はめつきり夏となれり　午後は庭にて草を取りなどす　竹田宮家より謝金五拾円到来桑山えは二十五円

五月三十一日　土　晴

午前厳一寸来り橋本氏に実際を話したりと、二児と遊びて十時過ぎて教室に到る、六時教室を出て赤門に到れば停電一時間以上に及ぶと、徒歩にて帰宅　きみ子は二児を送りて加賀町え行き帰途恰も停電に遇ひて八時半帰宅す三時間半費せり、潤氏来る停電にて皆々困る

六月一日　日　晴

在宅、午後庭に出でたり

六月二日　　月　晴

桑山に謝金を渡し且宮家え御礼に名刺を托す　午後一時より規程改正委員会を解剖教室に開く　佐藤部長、入沢、田代、林、小金井（近藤氏欠席）列席、田代氏編述修案に付議しこれを決定す　四時散会、前田友助氏洋行告別不図思ひ付きて染井え墓参せんとて五時前帰宅、きみせい共留守、独り出て墓地に到る菊花を買ひて行くに途上きみ子の花を供へて帰るに遇ふ共に墓に到りて小松一族の墓総てに花を供へて徒歩帰宅

六月三日　　火　曇晴

事なし

六月四日　　水　晴曇

午前図書館、午後学科規程調査、四時出て加賀町時に雨降り出す　上田常吉氏京城医専え転任発表

六月五日　　木　雨

島峰氏久し振りにて来室、組織実習のため直に去る

六月六日　　金　晴

晩於菟来る昨夜来りて此度卒業するに付将来に付種々考案し兎に角伝研とすべしなど云ひ居るところえ不図解剖専門は如何と言ひしに当人決して嫌ふ模様にあらずして去るたるに今は断然これに決心したるよし　今日博物館え行きて親父に相談せしに大賛成のよし　これより大沢氏其他え協議を要す　後にてきみ等と於菟が解剖家となるとは意外のことなど話し合へり

六月七日　　土　晴

熱くなる、大沢氏に於菟助手志望のことを話す　異儀（ママ）なしと　晩額田の件に付電話にて二木氏に返事を催したるに六ヶ敷模様なり

六月八日　　日　晴

午刻鳥居龍蔵来訪、今日出発西比利亜え研究旅行すと、夕刻出て教室え寄り鳥居氏依頼の頭計器及「コムパス」を持ちて東京駅に到り氏の発車を見送る

六月九日　　月　晴雨

午後教授会、規則の件確定す残るところは修学簿及試験細則となれり　額田晋学位の件永井氏報告可決　五時散会

六月十日　　火　雨

事なし

六月十一日　　水　雨

午後一時より法科第三十二番にて組織筆答試験をなす　問題ネルフェンツェーレン〔＊神経細胞〕出席者一一八名　二村、井上二氏と改正規則に付談話、且解剖学試験方法に付協議す　死体に付解剖せしめ云々　字句を挿入すべしとの意見なりき六時となる　晩於菟来る

六月十二日　木　雨

四時出て雨中加賀町、二児元気よし

六月十三日　金　曇

松村瞭氏琉球より帰京来室、塚口利三郎氏出京来室　病気快方併し尚ほ一年間休養す云々　四時出て家に帰り少し庭に出る

六月十四日　土　雨曇

午後実習中一寸人類学会え出る　柴田氏道明寺発掘の模様を報告す

六月十五日　日　曇

午後庭え出る、晩食精を連れて銀座え散歩、剃刀を買ふ

六月十六日　月　曇雨

一昨日佐藤三吉と変名の手紙来る即ち教室小使室は下等男女の密会所云々　これに付二村井上両氏と相談す

六月十七日　火　雨

事なし

六月十八日　水　曇晴

午後入沢氏来室邦人坐方に付種々談あり　四時出て加賀町に二児を見る

六月十九日　木　曇

此頃は学期末にて忙し

六月二十日　金　曇雨

特別に八時より十時半まで脳セリイを幻灯にて説明す

午後六時より山上御殿に於て上田常吉氏京城赴任に付送別会を催す　十時過帰宅

六月二十一日　土　曇

午前十時より昨日に引きつづき幻灯説明中十一時頃発電機に故障を生し中止す、甚不本意に感す　組織実習も閉つ　規雄氏来室血合肉組織の談あり

六月二十二日　日　風雨

終日悪天在宿、組織答案調べ大に捗取る、午後保子来る

六月二十三日　月　晴雨

午後教授会、旅費分配は解剖教室二村、平光、自分各五十円つつ認可せらる、試験細則議し終る、四時半散会、加賀町え行く、二児大活動、時に大雨、暫時して止み虹

現はる二児珍しとて之を見る
　六月二十四日　火　晴
組織実地試験を始む
　六月二十五日　水　晴
夏熱となれり在宅答案調べ、一通り終る、晩食精を連れて附近散歩、坊等に遣るもの買ふ　於菟来り、大沢氏を布佐に又二村、井上両氏えも挨拶に行きたりと又履歴書を持ち来る
　六月二十六日　木　曇雨
実地試験、午後四時半終へて加賀町、産未だし
昨今は独乙愈々調印すと紙上賑はし
　六月二十七日　金　曇
実地試験　額田晋氏一寸来る
　六月二十八日　土　曇
高松市長町耕平氏死去に付悔状を出す、終日試験
　六月二十九日　日　曇
例の通り試験、今日は横須賀にて独乙より獲得潜航艦七隻観覧の案内ありしも試験のため果し得さりしは甚残念
午後電話にて坊胃カタルのよし四時出て見舞昨日独乙調印済の公報今日着、世界は再平和となる　満五年前の同日は墺国皇太子暗殺されたる日なり　晩保子来る　一昨日高野看護婦長教室え来りて厳縁談に付話しあり高野手を引きたり云々
　六月三十日　月　晴　昨夜大雨
午後四時試験を終へたり一二一名出席これにて夏休となりしものの如し此休中仕事の運び如何、加賀町え行く坊今日軽快、精見舞に来り居り共に帰る
　七月一日　火　曇晴
平和祝賀のため休暇を賜ふ十時教室に到る、試験成績を調べなどす、六時帰宅、祝賀とて市中格別なし
　七月二日　水　曇雨
午前四時少し過る頃柿内より電話あり分娩最早間もあるまじと、きみ子匆々出向く、九時教室　二村氏と試験成績に付協議す、助手平光、森及桑山を相手に顕微鏡調査を始む、森氏今日助手任命、上田常吉氏今日出発京城赴任、四時切り上げて柿内え行く、至て安産、女子なり、きみは二児を連れて帰りたりと、自分も匆々帰宅、坊殆んど全快元気よし
　七月三日　木　雨曇

学生鈴木千学来り試験に付彼是言ひたり併し級第のもの（ママ）なり、十時青山斎場に渡辺清氏葬式に行く十一時半帰宅、午後は二児の相手

七月四日　金　雨

陰鬱なる天気、終日在宅、二児の相手、晩於菟来る

七月五日　土　晴曇

九時半教室、顕微鏡調べ終る、鈴木忠行氏と新規則実行上の相談等に消時、六時半家に帰る　夜十二時前三二帰宅す、一時頃寝に入る

七月六日　日　雨

終日在宅、精は忠子を連れて柿内え見舞に行く

七月七日　月　雨

十時教室、今日は平和成立祝賀の為午後三時原総理大臣官舎にて園遊会あるも欠席　午後は入沢教授及鈴木書記来室　新規程による時間表、学修簿等に付協議、三時弁当を食す　尚ほ鈴木と五時まで相談、実施に付雑事なかなか忙し

七月八日　火　晴

十一時教室に到る、午後明治商業銀え行きて漸く受取りたる旅費人夫等百円預けたり、標本整理、六時半帰宅、今日は柿内女児七夜とてきみ子三二二児を連て行きたり八時頃皆帰り来る

七月九日　水　曇

昨今冷し、十時半出て絵葉書アルバム二冊買ひて教室に到る　午後教授会、新規則施行上に付種々協議、試験細則確定、時間表のこと

七月十日　木　晴曇

今年より卒業式廃止、教室行かず、精と二児を連れて出かけ動物園え行く忠子は始めてなり、園内にて休む、家に帰れば既に十二時過ぎたり

七月十一日　金　晴

九時過教室、鈴木忠行氏と新規則に付種々談合、柿内氏来り学生川井一解剖にて落第のことに付其他新則に付長談、四時半となる　藤沢氏案内してリオン大学総長教室を参観せり

七月十二日　土　晴

午前九時久々にて学士院出席、二時帰宅

七月十三日　日　晴

午前精子と二児を連れて植物園え行く　午後は千駄木二児を招く、皆庭芝上にて活動す

七月十四日　月　晴
午前二児を送り返へす二婢同行す、柿内て弁当を食し一時半出て原家え行き次牛込小松家に寄る老母堂案外元気よし　飼鳩の孵りたる話などあり、橋本家え寄りたるも夫婦共不在　夕刻岡夫人玄関まて来り内藤雪峰関連の談あり

七月十五日　火　晴
八時教室、和田垣氏入沢内科に入院重体のよしに付見舞ふ　紀要其他雑務多し　名古屋田村春吉氏欧行告別のため来室　京都小川氏来室　七時帰宅

七月十六日　水　晴
仙台佐藤彰氏来室、図書整理に終日す七時帰宅

七月十七日　木　晴
大に熱くなる、標本、図書整理、製本命しなど疲れたり漸く大境人骨整理のつづきに取りかかる　晩腹痛下痢す

七月十八日　金　曇
下痢尚ほ止ます、在宅静養

七月十九日　土　雨
昨夜来大降雨、下痢未全く止まず、午後三二沼津より帰り来る

七月二十日　日　晴
退屈に付二児を呼びたらば昼少前に婢送り来る　和田垣謙三氏葬式（キリスト式）なるも病気に付代人として三二を青山斎場に遣る

七月二十一日　月　晴
終日静に二児の相手をなす　夕刻乞ふて二村氏玄関に来る、来二十五日京都医専解剖学会に話すところあり

七月二十二日　火　晴
午前きみ子二児を送り行く　午後長谷部氏出京、来訪

七月二十三日　水　晴
今日より教室、八時半出勤、大境人骨整理の続き仙台敷波氏来室

七月二十四日　木　晴
島峰氏久し振りにて来室、北海道え旅行すと自分のアイノ論文を貸す

七月二十五日　金　晴
朝出がけに箕作家玄関まで見舞ふ昨日来容体再ひ悪しと道明寺荷物を漸く今日開き洗ひ始めたり大に疲労を覚ゆ

七月二十六日　土　晴
遠洋航海錬習艦隊今朝横須賀え帰着に付三二早朝迎へに

出行く　松村氏来室統計に数学応用に付尋ねあり　道明寺の骨洗ひ終る疲れたり　六時頃家より電話あり、帰る良一今方帰宅せりと、夕食後航海中所々にて買ひたるものを見など皆々喜び合へり、自分えはマニラにて買ひたる葉巻煙草三箱呉れたり十一時頃寝に就く

七月二十七日　日　晴

良一午前外出し冷蔵庫を買ひたり、午後二時頃三郎氏二児を連れて来る　土産を遣りたりなど喜びはね廻り賑かなり夕食鰻飯を食し俥にて帰り去る　晩厳、於菟来り集り談す

七月二十八日　月　晴曇

朝電話にて緒方氏病気重きよし　出掛けに早速見舞に寄る佐々、山川一郎二氏あり、病者にも面会、尋で稲田氏来診、本年三月頃より嚥下困難の気味ありたるよし、胃癌とし疑なかなるべし加ふるに一昨日午後より臥床、肺炎のよし、重体なるが如し、九時大学に到る約束の通鈴木書記と学修簿に付相談、佐藤部長も来室、一応決定し、一時教室を去る、帰りて家にありたり

七月二十九日　火　雨

昨夜雨降りて心地よし、緒方家え寄る稲田氏来診、格別変なきも衰弱を増したる如しと又癌穿小孔せるものの如しと十一時教室に到る　福岡久保猪之吉氏出京来室　良一今朝帰横す

七月三十日　水　雨　祭日

九時教室、大境混合骨を継ぐ、きみ子緒方え見舞に行きたり　昼同家より電話あり容体悪しと、未た弁当を食せずこれを終へて緒方家に到る時に一時半過直に病室に入る、尚ほ意識慥かなり、尋で二時五十分遂に逝けり嗚呼明治五年医学校入学以来四十七年間の親友を失へり、岡田、横手、石原等諸氏と後方のことを相談、十時家に帰る　良一夕刻帰宅せりと

七月三十一日　木　雨（驟雨）

八時前教室、緒方氏遺体病理にて解剖、稲田氏診断の通り食道癌が右肺に穿孔したるものなりき　終て防腐手当をなす、十二時緒方家に到る、入棺、六時半帰宅、きみ子良一は晩悔に行く、きみ子は通夜す

八月一日　金　雨（驟雨）

早朝きみ子帰宅す、九時緒方家に到る、昨夜昇位及旭日大綬章の件済む、今日午後喪を発表す　昨夕刊より市内

各新聞罷工のため休刊す印刷職工過大の要求云の断り朝到達す、五、六日は新聞出でざるべし依て広告出来ず、通知状を発することとす　勅使拝辞に付大に手数を省く、終日緒方家にありて七時帰宅す

八月二日　　土　雨（驟雨）

早朝良一帰横す、明日呉え向航すと、九時半教室大境雑骨を継ぐ、新井春氏来室、四時出て緒方家え寄る、名旗、標を書くところなり、通知は丁度出すところ其他大体決定、六時出て帰宅

八月三日　　日　雨曇

九時教室、大境骨つぎ七時頃帰宅、晩緒方家え行き十一時半帰宅

八月四日　　月　曇晴

緒方葬式に午前十時同家に到る、二時出発、岡田、岸上、八田氏等と同車、染井新築斎場にて三時式を始む、総長山川氏弔辞自分代読す、会葬者に挨拶をなす四時終て日暮里火葬場に送り六時帰宅、フロックにて熱さ酷しかりし、晩潤氏来など休息せり

八月五日　　火　晴風

八時出て火葬場に到る岡田氏もあり暫時にて済み、諸氏の自動車に乗り共に染井墓地に到る、納骨を済ませ十二時前家に帰る、今日は此夏始めての熱さなり午後在宅、晩石原氏来るあかしえ七月始めに海軍其道にて聞き合せたること返事し置きたり云々

八月六日　　水　晴

八時教室、長崎校長尾中守三氏来室　大境人骨大略つぎ終る　七時帰宅、箕作を見舞ふ門にて秋吉氏に逢ふ、死期迫りたるか如し　夜十一時頃於菟より電話にて男子分娩のよし　柿内母堂一週期（ママ）に付精出向きたり

八月七日　　木　晴

九時教室、四時過出て柿内え精の迎旁行く、二児はね廻る、鰻飯を食し七時過帰宅

八月八日　　金　晴

八時教室　大境人骨全部整理し道明寺人骨継ぎ合せに取りかかる六時半帰宅

八月九日　　土　晴曇

道明寺骨つぎ、七時教室を出て帰宅、晩食を終りたるところえ良一帰宅す、潤氏来る

八月十日　　日　晴

教室不参、午後箕作元八氏昨夜死去に付悔に行く茶切手

三円を供ふ、晩は鰻飯をとりて食す　於菟来る　島峰氏北海道旅行中負傷入院のよし報あり

八月十一日　月　晴

七時半教室、岡田和氏同道岡田満（歯医）来室　米国ドクトルにて歯の研究談あり且ハルリツカ氏と骨格交換のこと談合す　尾中守三氏来室、解剖教授に付相談あり昇格の上は原正氏先以て助教授とするか云々　七時帰宅

八月十二日　火　晴

箕作氏葬式に九時伝通院に到る九時半終り十時教室　奉天椎野氏来室　六時半教室を出る大停電の様子に付徒歩にて帰る

八月十三日　水　晴

八時教室　道明寺骨継ぎなかなか苦心困難

八月十四日　木　雨

八時教室、終日大雨、六時半出て家に帰る

八月十五日　金　曇

昨夜来急に冷し、朝柿内より電話あり二児をやると依て教室行かず十時二児のみ俥にて来る　午後は庭にて遊ぶ晩保子来り海軍の人野明松治なる人と陸奥子縁談を進むべし云々

八月十六日　土　曇

珍らしき冷気なり、午前は児等と庭にあり、午後皆家二児を連れて植物園行甚賑かなり四時帰りて五時過俥にて婢さくに送り帰らしむ、晩食後は甚静かなり皆茶の間にて談話、稍寒きを感す

八月十七日　日　曇

十時半教室、今日も尚ほ道明寺骨継ぎ、六時出て帰途につく　良一四時発車帰艦（呉）せり三二見送りたりと近日転任すべしと

八月十八日　月　雨曇

八時前教室、柴田氏来室今日大境洞窟残部来二十日より除掘すとの報告ありたりと　三時教室を出て橋本え寄る氏先日胃痙を起し別荘にて困難せし　昨日帰京のよしに付見舞ひたり胃癌にてなければよきが、これより加賀町、二児元気、信子太くなり且つよく物を見る

八月十九日　火　晴

九時半教室

八月二十日　水　晴

思ひ立ちて布佐に大沢氏を見舞ふ九時半発車午刻達したるに田甫の途中なかなか熱し、停車場まで馬車にて送り

呉れたり七時帰宅同氏容体同辺なり　新学期より講義は六ヶ敷きことと思ふ

八月二十一日　木　曇

八時前教室、仙台西氏来室、又上田常吉氏来室、京城着後直に軍事召集にて帰れりと

八月二十二日　金　晴

六時家に帰りて食事し七時緒方家に到る、不幸費用其他後始末相談なり、岡田、横手、石原氏あり　石原氏は附属医院にて井深氏吐瀉せりとの報により大学え行く帰りてコレラ菌はなしと報告あり　十一時帰宅

八月二十三日　土　曇晴

ツァポンラック〔＊保護塗料〕浸潤及継ぎ合せを試む、四時過出て加賀町、二児不相変元気、信子益々太る

八月二十四日　日　晴

蒸熱強し、十時教室　晩西園寺講和大使と共に三浦謹之助氏帰京なるも出迎せざりき

八月二十五日　月　晴

昨今残暑酷し、九時半教室、今日より齲統計にそろそろ取りかかる

八月二十六日　火　曇晴

八時前教室、厳一寸来室、大久保避病院に勤務し居ると、高橋信美氏同断、紀要論文の件なり　午後三時谷中斎場に到る小林広氏葬式なり同所にて旧友諸氏に会ふ、帰途千駄木え寄る、論文表題のことなど相談す又於菟方え悦びによる小児を始めて見る五時半帰宅、熱さに苦みたり

八月二十七日　水　晴

七時家に帰りたり

八月二十八日　木　晴

七時家に帰る

八月二十九日　金　晴

熱さ強し四時出て柿内、三郎氏在宅、二児はね廻る

八月三十日　土　晴

熱さ更に強し、午前佐藤部長来室、衛生後継者の件、石原喜久、宮地、竹内三人の内か、其人なきを歎したり齲歯の統計複雑なかなか労多し

八月三十一日　日　晴

幾子三十三年忌に当る、保子参りに来る　十一時教室

九月一日　月　晴

九時教室、長谷部氏道明寺発掘帰途なりとて来室共に昼

食し長談四時去れり　西氏教室換へ分割問題を持ち出したるために長谷部氏教授になること延期せられたりと　七時家に帰る橋本三児来る居る　龍雄は仙台高校入学せしに付来五日出発すと

九月二日　火　晴

八時教室、六時半まで齲歯論に没頭す

九月三日　水　晴

昨日官報にて良一呉病院付となりたり　八時教室　午後三時出て橋本の胃腸本複（ママ）せらるよしに付見舞ふ　龍雄は七日頃出発のよし次に加賀町

九月四日　木　晴

九時教室、舟岡英之助氏父子来室、七時過帰宅

九月五日　金　晴

学科課程等新規程に関する印刷成る此件はこれにて完結、昨年三月二十七日全大学委員会を開きてより引き続きたるものなり

九月六日　土　晴

齲歯諸表を製し終る

九月七日　日　晴

九時教室、アイノ歯調査の際アルテル〔＊年齢〕を記さざりしため一二五個頭骨を再ひ一々見るなど今一日を空費せり　六時半教室を去る

九月八日　月　晴

朝柿内より二児を遣るとの電話に付教室行かず　九時半二児来る、意外に冷しく心地よし二児庭に遊ぶ　自分は草取りをなす

九月九日　火　晴風

今日は蒸熱強風不快、十時田鶴信子を連れて来る　誠に久し振りなり且つ信は始めてなり、家中賑かなり午後四時半頃俥にて帰り去る後は火の消へたる如し

九月十日　水　雨曇

八時教室、夏休今日限りとなれり毎日教室にありて仕事したり、大境及道明寺の人骨整理、次は齲歯統計、これは未なかなか終らず予想外に時日を要す　島峰氏来室のところえ千葉校長三輪氏来る　田口洋行留守中解剖講師のこと、又千葉解剖主任教授選定の談あり　時に雨盛に降り俄かに冷しくなれり七時帰宅

九月十一日　木　雨

組織学講義を始む本学年新入生より新規則による一週三時間つつ第一学期にて終る筈なり　図書欠本調べなど時

を消す　三二七時頃名古屋出発す
　九月十二日　　金　雨
甚冷し、標本目録記入す
　九月十三日　　土　雨
四時出て加賀町、帰途電車故障あり飯田橋まで歩きたり
　九月十四日　　日　雨不穏
九時半頃柿内二児来る、今晩夫婦にて帝劇カルメン見物とのこと、夕方喜美子は信守のため加賀町え行く、夜半より嵐となる
　九月十五日　　月　雨不穏天、曇
七時過きみ子帰り来る、天気悪し自分は昼食し大学、教授会出席、故緒方教授後継者の件種々談議の末各自三名以内の予選をなし次会に開封のこととす、学位申請十数件あり、又竹野芳次郎学位通過、四時散　晩食後緒方家え行く、四十九日逮夜読経に列す九時半帰宅、二児は二時頃俥にて送り帰へしたりと
　九月十六日　　火　半晴曇雨
不定なる天気、五時家に帰り支渡し六時丸の内中央亭に到る　緒方家招待七七日の催しなり九時半帰宅
　九月十七日　　水　曇（雨）
八時より組織筆答追試験をなす十六名出席　問題クノルペルゲベーベ〔＊軟骨組織〕、午刻島峰氏来室久々にて長談六時半となる
　九月十八日　　木　曇（雨）
四時出て柿内、電車故障ありて小川町を廻る
　九月十九日　　金　晴
組織実地試験十二名出席十二時半までかかる、松村瞭氏来室、今朝来下痢、倦怠を覚ふ、四時帰宅休静
　九月二十日　　土　晴
午後四時医学会出席三浦氏仏国談あり、終て評議員会、会費増額在京地方の別なく七円とす　九時前帰宅、潤氏夫婦児を連れて来り居る
　九月二十一日　　日　晴
終日庭を掃除したり秋色を現はすもまだなかなか熱し
　九月二十二日　　月　晴
内藤珍麿氏久し振りに来室、貸渡し書を返へす又報酬三十円渡す　午後教授会、青山徹三、呉健二氏を助教授に推選するの件佐藤部長より提出、全会一致を以て可決、次に今村明光、坂口康蔵二氏を講師にするの件同しく部長より提出、可決。次重要なる黴菌学教授推選の件に付

前回の投票を開く竹内、宮路、石原喜、宮入、山内、野口、北島、青木、西沢、志賀、秦の十一名あり　これに付投票せしに竹内八、宮路八、志賀二、石原一、宮入一、野口一、西沢一（出席者二二名）更に宮路、竹内両氏に付決選投票を行ひたるに宮路一三、竹内八、〇一即ち宮路氏を推選することに決す時に五時に近し散会　前回の記事が漏れて医海事報(ママ)にあるは甚奇怪

九月二十三日　火　晴

四時出て藤沢氏胃潰瘍再発のよしに付諏訪町に見舞ふ丁度浜尾氏も来り居り夫人に面会容体を聴く先危険の域は脱したるが如し　是より加賀町、五時過ぐ、三郎氏帰り来る

九月二十四日　水　曇雨　祭日

十時半出て高橋順氏を見舞ふ、症状同様なり気の毒千万なり是より柿内え寄り携へたる弁当を食し大沢謙二氏を中野に見舞ふつもりなりしも雨降り出し遂に止めて二児と遊ぶ、三時半出て帰る

九月二十五日　木　雨

納税などの関係によりきみ教室え俸給を取りに来る之を渡す、大沢岳氏出京、講座辞す云々又馬も断然廃す云々実に気の毒に堪へず　晩命して蝙蝠傘を買十一円なり先達て教室にて紛失せり

九月二十六日　金　晴

九月二十七日　土　晴（夕立）

名古屋佐藤亀氏来室、発掘人骨等長談昼より四時半まで午前佐藤部長来室、大沢氏講座担任を変換すべきやの相談　五時夕立驟雨あり

九月二十八日　日　晴

昼食し直に出て中野に大沢謙二氏を見舞ふ、大に快方今日東京まで行きたりと、帰途柿内え寄る、三郎氏在宅、急に二児曙町行と決し俥二台にて、五時半帰宅、きみ、せいは音楽学校え行きたるも帰り居り二児活動す、明日は忠子誕生日に付足立屋に命し早速靴を買ひ与ふ大悦びなり

九月二十九日　月　晴

朝よりせいと二児を連れて植物園行、きみは早朝金森家出向、三重八代の件に付てなり　午後は庭にて遊ぶ、三時過ぎて俥にて二児を送り返へす

九月三十日　火　雨

十月一日　　　水　曇雨

解剖実習を始む、午前人類学教室に到り柴田氏病気の模様を尋ぬ　本月下旬とならば旅行出来得べしとか困りたることなり、午刻島峰氏来る　七時帰宅

十月二日　　　木　雨晴

二村氏授業多きため今月中実習出場困るよしに付同氏の時間自分引き受ける

十月三日　　　金　晴

歯科え行き下義歯の歯一本落ちたるを直し頼む　朝鮮米一俵申込む同時に二十四円渡す　大沢氏出京、実習に出る一寸面会　四時出て加賀町、精子昨日行き居るに付其迎へ旁なり

十月四日　　　土　曇

歯科え行き下義歯修理なりたるを取る　七時帰宅　晩潤氏来り飛行郵便大阪東京間始めて試むる　紀念絵葉書切手等買ひ呉れたり　坊等にやるべし

十月五日　　　日　曇

朝柿内と電話、植物園行と極り精を連れて出かける丁度門前にて出会ひ共に園に入る帰りに森氏も来り居るに逢ふ、十二時帰宅天気怪しかりしも降らす幸なりき　午後は教室にて道明寺骨の継ぎ合せ残りを継ぐ六時帰宅

十月六日　　　月　雨

昨夜来暴風雨の気味なるも格別のことなし　午後教授会、青山呉助教授にする件可決。木村哲二（病理）講師にする件可決。二年生より出願、新規程に依りたきの件、大体可決。学位の件平田吾一（生理）本田袈裟次（病理）緒方章（薬学）何れも可決。終りに鈴木忠行氏大正九年還暦に付祝賀のこと発起す皆同意五時散会　佐藤亀一氏帰名す

十月七日　　　火　雨

終日大雨、林教授鈴木書記と二年生に新規程実行するに付其時間表を作る

十月八日　　　水　快晴

六時帝国ホテルに到る、中橋徳五郎文相が学士院会員を招待したるなり九時半家に帰る、留守中八代母堂来訪三重子の件に付雑談ありしと　仲秋の月朗かなり

十月九日　　　木　晴

四時出て加賀町、二児はね過ぎて困る　晩厳、潤氏来る

十月十日　　　金　晴（雷少雨）

午後千葉高橋氏来室大沢氏申出の講座分担とするの件懇

談せしに、至当と云ふことに帰決す　其事を直に佐藤部長え書面にて申送る

十月十一日　　土　晴

宣誓式に付休業、朝電話にて二児を遣すとのことに付教室行かず十時前二児来る、大阪本山彦一、大串二氏え近日出張云々の手紙を出す　午後精と二児を連れて植物園、秋晴爽快

十月十二日　　日　晴曇

午前二児を送り返へす。午後教室、三時家に帰りて庭に出る小松の木を造る

十月十三日　　月　曇雨

昨夜雨、午後教授会、黴菌担任候補宮路氏辞退と確定し更に善後策に移る、直に新たに候補者を決定すると云ふ説と当分未定に置くと云ふ説の二あり　挙手の結果前者に決す（16と６）次に投票の決果（ママ）竹内９、石原喜久６、宮入３、野口４、白１（列席者23）、三分の二以上に達せさるを以て決選投票、竹内16、石原７。四時過散会

十月十四日　　火　半晴

きみせいは帝展招待日に付出行く、午後人類会評議員会同会役員の関係甚面倒なり　長くなりて七時半帰宅

十月十五日　　水　晴

午刻松村氏来室、昨日の挨拶旁教室のこと色々話あり四時出て加賀町

十月十六日　　木　晴

午後四時実習室にありたるところえ札幌秦氏来室

十月十七日　　金　晴　祭日

九時教室、二時半出て加賀町、精午前に行き居るに付其迎へなり　三郎氏布佐え見舞に行き不在、田鶴等北町まで送り来れり

十月十八日　　土　晴

午後人類学会年会出席、五時教室に戻り六時半出て家に帰る

十月十九日　　日　晴

九時教室、朝三重子来る、八代の件に付心配し居ならん可憐の境遇の子なり　田口氏来室にて機会を得て千葉昇格の後主席教授たらんことの希望は六ヶ敷かるべきことを話したり　石原喜久氏、伝研本官のこと、差向き授業分担のことなど相談あり、気の毒なるも仕方なし六時出て家に帰る　晩潤氏夫妻来る

十月二十日　　月　曇少雨

午刻島峰氏来室、きみ子行きたる件の一部返事長談弁当を終りたるは二時、六時医学会評議員会、八時帰宅

十月二十一日　火　曇晴

四時出て加賀町　柴田氏来室大阪行に付相談

十月二十二日　水　晴

柴田氏来室、昨夜電報大阪より来り、十一月に延ばすこととす　四時前教室出て牛込小松家に到り老婆殿え真綿を贈る、次に藤沢利喜氏病気を見舞ふ大に回復、丁度外出のところ。五時半帰宅、晩潤氏来る大阪行延期のことを通す、精と一寸槇町まで

十月二十三日　木　曇雨

十月二十四日　金　雨

大阪出身長山某教室にて仕事したし云々　呉健氏来室バオフガングリエン〔＊腹部結節腫〕に付相談あり

十月二十五日　土　雨

三郎氏理学部兼勤命せられたりとて来室　晩規雄来訪、京都足立氏より電報、河内行何日と、日延の旨返電す

十月二十六日　日　曇晴

宮本叔氏昨日死去に付山本町邸に悔に行く件　氏及夫人あり十時教室に帰る　東京医学会第三十二回総会に付午前一寸会場に到る　午後四時再会場に入り六時過閉会、これより御殿にて宴会、田代頭の挨拶次に来賓穂積学士院長の演舌あり本会総会として景気よきこととなり九時半帰宅

十月二十七日　月　晴曇

午前人類学教室え行き柴田、松村両氏に会ふ大阪より返事ありたり　午後教授会二年生試験に付希望の件、片山評議員満期に付改選、林氏（一一票）当選自分次点（六票）あり　先予想通り、先安堵せり次に図書館商議員林氏同時に辞任に付改選永井氏当選、勝沼仙蔵学位、可、三時半散　四時出て加賀町、二児風気といふも常の通り活動す

十月二十八日　火　雨

宮本教授葬式当日に付弔意を表するため休業す昨日教授会決議　八時半教室、柴田氏来室十一月一日人類学会演舌依頼ありこれを承諾す　午後二時隣詳（ママ）院に宮本叔氏葬式に行く三時教室に帰る

十月二十九日　水　曇晴

鉄門倶楽部今朝出布佐大沢邸え寄るべし　八時教室　これより上野帝展第一回を一覗す十一時半帰室　午食の際

須藤憲三氏来室、隈川養子談

十月三十日　木　晴

朝六時三二帰宅、九時半柿内二児来る、家中久し振りにて賑かなり、午前三は帝展、午後精と二児を連れて植物園、四時帰る、自分は医化学教室え行く、隈川銅像に関する相談、六時帰宅

十月三十一日　金　雨　祝日

朝より降り出す屋内にて遊ぶ、昼食後直に二児を送り返へす、自分は橋本え行く、養子談甚要領を得さるに付これの様子を探るためなり、やはり一昨年の猪熊のことなり

十一月一日　土　曇雨

学生休業す、八時教室、午後一時半より人類学会「日本石器時代の歯に技工を施す風習に就て」と云う題にて演舌す四時過閉会　平光氏留学に付六時より豊国にて送別会、十時帰宅

十一月二日　日　晴

朝山越父子挨拶に来る、長七隠退良三家督相続せしよし十時半教室、三時半帰りて庭え出る　晩三二名古屋え帰る、札幌植村、京都鈴木文氏え贈品の礼状を出す

十一月三日　月　晴曇

朝柿内より電話にて大掃除に付二児を遣る云々、八時教室雑務を終へ十一時過帰宅、二児来り居る　午後は精と二児を連れて植物園、菊花、ダリヤ見頃なり　小松春三氏に逢ふ、日暮に家に帰る　石原夫人来訪、稲田の返事あり、先つことわりといふ形なり

十一月四日　火　雨

電車故障、大学まて歩く　今日より系統解剖内臓を始む旅行準備として差向き毎日、大に忙しくなる　二児は午前に帰へしたりと

十一月五日　水　晴雲

昼食の際島峰氏来室、札幌医学部に歯科を置くことに付談あり、人類教室え行きたるも行き違ひて柴田氏来室、同氏脚気容体面白からず併し発掘は兎に角十日より決定し其通り実行すべし　晩潤氏来る八日出発の打合せをなす　一等寝台下のを買ふことを托す

十一月六日　木　雨晴

連日二、三時間の講義少しく音声を損す、午後二時文部省、北海道医学部委員会、主として医院設計図のこと、

終てステエシヨンホテルにて晩餐の饗応あり　九時過家に帰る、潤氏夫妻来り居る

十一月七日　　金　　晴

久し振りの快晴、藤沢氏病気全快挨拶に来室　事務室え行き出発届を出す、午後人類教室え行き柴田氏に静養を勧め松村氏遅れて出発のこと談し合ひこれより四谷愛住町に田中義成教授の告別式に赴き、日比谷乗り替にて公園内の菊花を一寸覗き、本郷三丁目にて銀行え寄り三百円引き出し教室に戻る時に四時　次に加賀町、大掃除に付精行きたるも既に帰りたる後なり

十一月八日　　土　　半晴

運動会に付休業、九時半教室、紀要のことを木下に指図し一時半帰宅、手荷物を整ふ　七時東京発車、きみせい見送る、九時床に入る、下の寝台甚心地よし、向に婦人あり上は両方共空

十一月九日　　　　日

六時前起きて人より先に洗面、七時京都、食車にて朝食、八時大阪着、潤氏あり、城東線にて天王寺に下り、手荷物を預けてこれより浜寺公園に到り本山家を尋ね海苔を贈る、園内食堂に洋食す、古松の林白砂にありて珍し天王寺に戻り柏原に向ふ三時半梅のや着南坊城氏来る人夫の件なかなか六ヶ敷、携へ行きたる品を贈る、同道して田甫に西野を尋ね談判す、菓子を贈る、日暮れて宿に帰り入浴晩食、坊城氏来りて西野兎に角発掘に関はること承諾せりと先これにて愈々明朝より着手すべし、只功果如何、其間田沢金吾氏え電報を出す　汽車中昨夜半頃より雨降り出し関西地方一帯雨なりしも今朝は止む　九日梅のやにて記す

十一月十日　　月　　曇

八時出て坊城家に寄る人夫は既に現場にある筈に付直に赴く、既に畑の大根を除きあり北方より始むれば間違なきを以て表土をさらい始む田沢氏の来着を待つ、午後三時頃京都足立氏来る、五時仕事を止めて足立、田沢氏等と帰途に就く田沢氏に別れ足立氏宿に同道共に晩食、後別れ去る

十一月十一日　　火　　曇

八時半作業を始む、人骨二、三号と数へたるも甚不完全、二号は只足骨のみ、午後五時Ａ地北半分地盤に達して止む、午前午後共坊城氏来場、午後四時松村氏来着、人夫二人、甚捗取らず　晩坊城、仲（誉田村八幡社々司）来

訪　十時去る　今日より毎夕食は牛鍋と極める

十一月十二日　水　雨

天気模様悪し、八時半過現場に達す　人夫二人、雨少し降り出す、宿より傘を持ち来る　テントを張りて仕事をなす　午刻愈々本降りとなる弁当を食し宿に帰る　人夫不足、天気悪し且つ発掘人骨甚不満足

十一月十三日　木　晴

八時遺蹟に到る　人夫未だし暫時にて来る　今日西野兄弟なり十一時Ａ地終了す、Ｂ地に移る、弁当は碑のもとに於てつかふ、日光なかなか熱し、午後二時半頃一体発見、尋で又一体頭を見て日暮となる

十一月十四日　金　晴

八時十五分遺蹟に達す、天気爽快、坊城氏来場、九時半潤氏一体発見、これは土器を被ぶる、之れにてＢ地に於て三体となる、皆形状を知り得べきもの　煎餅を買ひて持ち行く、惣社にて蜜柑を買ふ　西野芋を呉れるなど間食物多くあり　宿に帰りて綿布一反買はせて袋を縫はしむ

十一月十五日　土　晴曇

昨夜雷雨ありたるも今日霽れる、間食は道明寺名物おはきを供す、西野蜜柑持ち来る　味甚良、午後に到り更に二体を発見す之れにてＢ地より大人五体となる喜ばし晩坊城氏来宿、明日遺蹟に於て供養の談あり直に主婦をして御布施七円を持たせ道明寺へ遣る　土器の拓本を撮るなど九時去る

十一月十六日　日　晴

新発見人骨なし、午前十時半道明寺尼僧来り供養を始む四十分にて終る日光強くて熱し供へ物不足に付西野に一円渡し菓子料とす　午後二時頃大阪大串氏来る坊城家え行くとて三時過別る　晩坊城氏来宿、人夫賃に付相談、なかなか六ヶ敷、遂に宿に命して西野を呼び来り　坊城種々談するも容易にうちあかず、漸く二円五十銭と決す、第一日は三人其後二人つつ明日は一人とし都合八日間十六人、外に跡復旧四人とす、尚ほ明日荷造りのことを約束し西野去り尚ほ坊城氏と話し合ひて十時半去る、十一時半寝に就く

十一月十七日　月　半晴

八時半遺蹟に達し十二号を取り揚ぐ尚ほ週囲（ママ）を試みたるも人骨なしこれにて発掘全終る時に十時半折りしも本山氏来場、東京日々学芸部長某氏及秘書某氏同行、大に謝

意を表し発掘の様子を話す十一時過帰宿昼食、時に諸氏及岩井氏来宿、西野荷造りのため来りこれに取りかかる本山氏等去る荷造り終る、西野に払ふ五十五円渡す　外に昨日の供養料八円は西野の名義とす直に柏原運送店え持ち行かしむ　良精等は出て誉田八幡社に到る次安徳御嶋に参拝す五時帰宿、入浴、居残りたる岩井氏及田沢氏来り居る　談長く七時去る　西野受取証を持ち来り　ザボン蜜柑を呉れたり　夕食を終りたるは八時過なりき手荷物を整ひ十時寝に就く

十一月十八日　火　雨

昨夜来雨、宿料三人総て七六円余（一人一泊昼弁当共三円）を払ひ梅のやを発す、倖、松村氏は姫路行、自分は潤氏と共に八、三一分発車、九、一八奈良下車、森林出張中に付官舎に訪ふ、これより附近見物に出る先大仏より二月堂、手向山八幡宮を経て三笠山下三条小鍛冶前を過ぎ春日神社に到り次に公園内大阪軌道の食堂にて昼食す時午後一時、雨漸々止みて霽れる、これより官舎に寄る森氏他出、物品陳列所にて土産物を買ひ、徒歩興福寺五重塔、南円堂、三重塔、猿沢池を過きて坊に絵葉書を投し、倖にて駅に到る、四、〇二発車、五、一三京都着、足立氏出迎へ呉れ自動車（二円四十銭）にて吉田山の寓に着

十一月十九日　水　晴

朝潤氏は自由行動をとることとし別る今夜行を以て帰京すべし、自分は足立氏に伴はれ八時半頃出て吉田山を経て吉田神社を抜けて京都大学に到る、考古学教室を訪ふ助手梅原末治、島田貞彦及喜田真吉氏あり尋で浜田耕作氏来る、標本室に入る、甚整頓す、出て荒木総長に挨拶し、解剖学教室に到る、鈴木氏内臓石膏型多数を示さる又轟貝塚人骨を見る、清野謙次氏来る共に病理教室に到り去九月発掘津雲貝塚人骨四十余体の内三体を見る頭骨、尺骨、腓骨、脛骨等大体アイノ式なり。これより集会所に到り荒木総長医学部諸教授と会食す、二時足氏と共に出て四条通り京極に到り玩具を買ひ、三十三間堂、西大谷墓所を経て清水に到る紅葉よし、人出なかなか多し、高台寺より円山公園に到る　八坂神社、祇園の桜樹を見て知恩院に到る、うぐひす張り縁あり岡崎公園を通りて黒谷に到る、真如堂は早や闇くなりたり疲れて足立氏寓に戻る、これにて京都見物終る、途中足立氏より種々家庭打ち明け談あり　氏の質素、家庭円満実に敬服の至りなり

十一月二十日　木　晴

足立氏厚き待遇を深謝し倅にて出立す、氏同行す急行券四円を払ひ九、二四特別急行にて発車す一等室なかなか混雑す、天気晴朗甚爽快、眺望亦佳なり、席を定めて直に展望車に行く、多くこれに居る、十二時過きて名古屋を発し、食堂に入る去三月発掘場たる高倉神社の森、第八高等学校を望見しつつ食事す（一四〇銭たんさん二三銭）午後四時頃静岡着、鯛味噌を買ふ、富士には一点の雲なく景絶佳なるも沼津着の頃は日暮れたり、御殿場にて進行中後推し汽鑵車を離す、これより坐席に戻る。八、二五東京着、きみ子、せい子、潤氏出迎ふ又偶然にも出京中の小林魁郎氏もあり　きみ子倅にて手荷物を引き受け他は電、九時過せい子と共に帰宅、次にきみ子帰る入浴、晩食、土産物を開き、旅談、十一時半寝に就く

十一月二十一日　金　曇雨

午前緒方未亡人来訪一寸挨拶す時に坊、忠子来る　土産物を遣りたらば大悦び、終日天気悪し児等の相手、稍疲労を覚ゆ、児等床に入るや自分も直に就眠　今日観菊会のよしなるも悪天、止

十一月二十二日　土　曇晴

教室に行き九時より十時まで組織講義、留守中溜りたる紀要校正、伝票其他雑務を整理し事務室に行きて帰京届を出す十二時前帰宅　田鶴子信子を連れて来る、柿内より千駄木及棚野え行きて賀品を贈る、四時頃倅にて皆帰り去る、晩潤氏来る、旅費勘定す拾円位余りたるならん、本山彦一、南坊城長興二氏え礼状を氏に依頼す

十一月二十三日　日　晴　祭日

十時前教室、日記を整理す、六時帰宅、晩松村氏今朝帰京せりとて玄関まで来る

十一月二十四日　月　雨

今週は井上氏に替はりて講義すべし即ち毎日二時間又は三時、忙しきことなり、午後教授会、学位の件は人数不足のため開かれず、二時過散会　此度の旅行に付総支出額一六〇円、六時過帰宅

十一月二十五日　火　曇晴風

昨日良一より手紙来りきみ子二十八日出発せよとのことに付これに決し今朝東京駅に到り寝台券（二等、下段）を買ひ八時半教室、三時間講義、来室者数人、繁忙、午後三浦省軒氏死去に付小石川竹早町に告別式に行き二時半帰りて実習室に出る、京都久原躬弦氏死去に付悔状を

出す　村松氏来りて旅宿費の勘定をなす、六時半帰宅

十一月二十六日　水　晴

昨夜来寒気増す、今朝庭芝上霜白し　午後人類教室に到る柴田氏に旅の模様を話す、鈴木書記来り二年生に新規程施行、其他新規程に付談あり　四時出て加賀町、良一えきみ子出発のこと報す

十一月二十七日　木　晴

午前講義三時間、午後実習二時、四時家に帰りて支度など寸暇なし、五時築地精養軒に到りまり子と山田珠樹と結婚式なり　きみせいも行きたり又三郎氏坊を連れて来けり、九時半過帰宅

十一月二十八日　金　曇

一時半家に帰るきみ子は五時二〇にて呉へ出発に付手荷物を整ふ　自分は陸奥子野明松治の結婚式に水交社に赴く時に四時二〇、長島式とかにて後宴会二十名計なり、新夫婦は箱根へ旅行すとて中坐す、九時散す、保子安心したるべし、少し雨降り寒し家に帰れば精子独にてさびし

十一月二十九日　土　快晴

昨日旅に出たるものは天気にて仕合せなり、三時間講義今日限り、なかなか忙しかりし来週よりは常に復す　道明寺荷物四箱到達す　足立文太郎氏へ礼状を出す　三時過出て加賀町、六時帰宅、精子のみにて淋し、入浴、数日来の疲れを感す早く眠につく

十一月三十日　日　雨

悪天、寒し、十時半教室、道明寺荷物を開く　五時過築地精養軒に到る、桜井錠二氏昨年還暦、今年大学教授退職に付祝賀及慰労の宴を開く、十時帰宅

十二月一日　月　晴

朝古俵を焼き藁灰を造る、十時前教室、道明寺供養の写真を松村氏持ち来るこれを坊城氏へ宛送る　三時出て帰宅、庭に出て婢等掃きてきれいになりたり

十二月二日　火　晴

紀念帳のために図書室にて撮影す　官報により良一海軍造兵廠附兼軍医学校教官となれるを知る　七時前帰宅

十二月三日　水　晴曇

昼頃島峰氏来室、此頃仲猿楽町へ移転せりと　大蔵省主計官篠原法学士来室巡視せり、家より電話あり柿内氏今日教室に於て卒倒せりと　学生二名来室二年に新規程施

行に付特に相談あり、四時出て加賀町、三郎氏格別悪しき症候なし、二児元気、晩野明新夫婦挨拶に来る

十二月四日　木　曇晴

午前講義の後日暮里金杉に牧野子爵家を訪ふ、丁度玄関にて子爵夫婦外出のところ、先達汽車中にて失礼せし詫を述ぶ同道、電車にて御徒町にて別る　金沢医専より屍体所望の件申来り　今日二体丈兎に角発送せる旨金子次郎氏書面を出す、但し今後は中止したき旨申添へたり

七時前帰宅

十二月五日　金　晴

午後は道明寺人骨洗ひ始二体終る四時出て加賀町、三郎氏快方、精子見舞に行き居たるを連れて帰る

十二月六日　土　雨

十時講義を終へ文部省へ行く学士院年金半期分受取る、大阪府下旅行前に通知ありたるも繁忙都合悪く受取らざるため度々催促あり　漸く今日行きたるなり帰途歯科病院に島峰氏を訪ふ十二時半教室に帰り、午後は道明寺人骨洗ひ三体終るこれにて主なる者五体済む

十二月七日　日　晴

温和なる天気、父上正忌日逮夜に付精子仏前に香花斎を供ふ、答案年賀札を焼く又最終の庭掃除をなす　晩精を連れて槇町え散歩牛鍋二枚買ふ　一は三円八十五銭これは柿内へ贈るべし一は一円四十五銭これは自用

十二月八日　月　晴

午後教授会、新規程施行上に付種々協議す、研究生現在七十二名ありこれを新に規程を設けて公然のものにすることに一決す、関場不二彦氏学位通過、四時半散会、これより加賀町へ鍋を持参す

十二月九日　火　晴

きみ子より葉書来る七日夜呉を出発するよし　佐藤部長来室井上氏支那旅行の件に付相談あり　家より電話、良一より電報今夕単独にて着京すと　六時過家に帰り晩食、精子を連れて東京駅に到る八時二十五分良一着、三人電車にて帰宅、十一時まで談話

十二月十日　水　晴

霜厚し寒さ増す、朝七時過きみ子帰着、名古屋に三二を尋ねて夜汽車に乗りたりと、良一は出勤自分は九時教室午後一時北里氏予て電話にて打合せの通り来室、隈川養子の件未亡人意志の通り承諾しては如何云々、会計課に到り旅費一八三円受取り人類教室へ寄る四時家より電話

柿内二児来りたりと、直に帰宅、久々にて大勢賑かなり

十二月十一日　木　晴

午後佐藤部長来室、井上氏支那旅行中止の件なり井上氏二階より落ちて腎臓を打ち血尿せるなど話中柿内氏来室昨日北里氏来談のこと話す、五時家に帰る、児等面白し

十二月十二日　金　晴

昼食し二時家に帰る保子来り居る、むつ子結婚済みて大安心せりと、二児は三時に菓子を食し帰り去るこれにて十一月以来旅行、結婚式等大に多事なりしところ先常に復したり

十二月十三日　土　曇雨

井上氏の時間を転用し三時間講義す　六時半帰宅、寒し

十二月十四日　日　晴

昨夜雪降る、芝上少し白し十時半教室、道明寺人骨分類をなす　六時半帰宅、良一外出、きみせいを連れて銀座へ行く、偶々油壺二個買（各五十銭）、長谷部氏贈るためなり

十二月十五日　月　曇雨

午後片山氏を教室に訪ひ北里氏来談隈川家養子のことなり、門人の意見を聞きて決することとす

十二月十六日　火　晴

昨夜雪降り今朝芝上少し白し、漸々霽れる　井上氏の時間其三時間講義す　四時半出て加賀町、坊手を金槌にて打ちたりと

十二月十七日　水　晴

午後会計課へ行き人夫賃立替六三円券受取る　人類教室へ寄る松村氏に道明寺人骨写真出来貰ひて帰る　晩保子来る厳嫁の談なり愛媛県の人某の娘なりとか、但し委細不明

十二月十八日　木　晴

井上氏尚ほ欠勤、今日三時間講義す、昼弁当を使ひたるところへ瑞西人モンタンドン博士（人類学者）尋ね来る北里柴及布施氏へ手紙を出す

十二月十九日　金　晴

大沢氏来室異状なし　七時前帰宅　良一はきみせいを連れて有楽座へ行きたり

十二月二十日　土　晴

殆んど四時間講義して組織学を終へ内臓は泌尿器を終りて本学期を閉づ　四時前出て加賀町、三郎氏寒冒在宅、隈川家の件に付須藤氏より返事来り其他の門弟も此際に

当りて異儀（ママ）をいはざること一決せりと、二児元気

十二月二十一日　日　曇

十時半教室、歯に技工の論文扁述（ママ）、晩石原喜久氏歳暮挨拶に来る

十二月二十二日　月　晴

朝小川町賀古病院へ見舞に行く昨夜火災のよし新聞にて見たり但し行きて見れば損害思ひしより軽し　午後教授会、雑件多し終て鈴木書記祝賀に付委員残りて相談、五時終る、是より加賀町　坊誕生日に付招かれたり精子は既に行きてあり、三郎氏帰り来る　食卓につく二児悦ぶ様面白し　テーブル椅子にて牛鍋の饗応甚だよし八時辞し去る　今日昼山川総長に面会隈川家の件に付事情を告げ未亡人の意志に対し異議なきことを慥めたり

十二月二十三日　火　晴

昨日北海道大学より委員としての報酬百円券到達す　朝電話にて北里氏へ此方は異議をいはぬといふことに一致せる旨の返事をなす　九時過教室　午後二時頃長谷部氏来室、津雲発掘帰途なり成績良、十個計稍完全内二個持ち来り　大に誇りたり長談六時去る

十二月二十四日　水　晴雨

午後三丁目の銀行へ行き先月引き出したる三〇〇円塡補したり　六時過家に帰り食後良、精を連れて銀座へ散歩、油壺一個（四〇銭）買ふ時に少し雨降り出す、新橋より電車にて帰宅時に十時　十一時少し過三二帰着す、是より茶の間にて談話十二時寝に就く

十二月二十五日　木　雨晴

教室自室掃除に付在宅、柿内二児を呼ぶ十時半来る漸々霽れる、家中賑かなり、三二方へは例の志村来る

十二月二十六日　金　晴

児等の相手、午後二児を連れて槇町、筆入れ及画手本を買ひてやる　三時半二児俥にて帰る　午前中三二文部省へ文書目録委員手当七〇円受取りに行く

十二月二十七日　土　晴

島峰氏母堂半身不随のよしに付朝猿楽町の新宅に見舞ふ氏は不在、玄関より帰る、これより教室、碓居氏来室養育院死体一ヶ年二十個計陸軍々医学校直接送りのこと並に日本医専へ十個計分与のこと、両方共謝絶す　井上氏北京医学会出席の件に付講義に付相談あり承諾す　鈴木書記賞与一八〇持ち来る　二時過家に帰る、良一既に帰り居るこれより四人吉例だなどといひて出かける大塚終

点より王子電車、飛鳥山にて良一撮影す、例の通小台渡を経て千住松鰻に到り食す、出て浅草仲店にて坊に菓子を買ひ、銀座を歩き新橋に到れば帝国ホテルに出火ありとて混雑す　良、三はこれを見に行く、自分は精と電車にて帰る時に十時暫して良、三も帰り来る、今日の散歩甚楽しかりき

十二月二十八日　日　雨

十時過教室、七時前帰宅、良一は近県旅行に出かける終日悪天、悪道

十二月二十九日　月　晴

九時過教室、ユンケル氏来室、紀要校正料本年度になりて未一回も払はさりしは怠慢なりき　川上政雄氏来室、岡田和氏来室　米国人類学者ハルリツカ氏来二月頃来朝に付これに付き談あり　三時半出て加賀町、二児大に活動す

十二月三十日　火　晴

九時半教室、札幌植村氏鮭の礼状を出す且海苔を贈る、六時半家に帰り食後独出て銀座、長谷部氏へ贈るべき油壺二個（一、八〇）買ふ

十二月三十一日　水　晴

十時半教室　歯に関する書見、五時出て帰る教室了　夕食後良、三と散歩に出かける末日の景況を見とてなり神保町にて下り此通りを歩く小川町須田町に到るこれより日本橋まて乗合自動車、これ初めてなり銀座を経て桜田本郷町より電車、良、三は白山にて下り飾りを買ふ自分先に家に帰る坂にて除夜の鐘を聞き初む　十二時半寝に就く

大正九年　2580
1920　良精六十一年

一月一日　　木　晴

好き天気、七時半起く、九時半出て先千駄木、細君独あり、種々談あり、隣家於莵方玄関に寄る次に椰野、保子独にて淋しなどいへり、これより牛込津久戸小松家、老母堂独あり、半身にしびれありと、柿内に到れば十二時半なり、皆在り三二も来り居る、昼食中なり、自分も携へたるパンを食す、三郎氏より隈川未亡人より河本氏に養子高木の交渉を依頼ありたりと聴く、二児と遊び四時出て原家玄関まで寄り茂治氏に逢ふ　仕舞に橋本へ寄る節斎氏帰り来り皆に逢ふ六時家に帰れば森氏来り居る少時して去る

一月二日　　金　晴

九時過教室、歯牙変形の末文に終日す　六時半家に帰る橋本全家年始に来り昼食事に大さわぎなりしよし

一月三日　　土　晴

九時半教室、歯牙変形論なかなか日を費す　六時過帰宅横田四郎氏来居る、潤夫婦来る

一月四日　　日　晴

朝三田台町山田陽朔氏邸に披露宴に招ねかれたる礼に行く　主人及若夫婦に会ふ十一時帰宅柿内二児既に来り居る、千駄木二児は午後来る庭芝上にて遊ぶ賑かなり

一月五日　　月　晴

家に在りて二児と遊ぶ、三時過ぎて二児帰り去る

一月六日　　火　晴

髪を刈り十時教室、炉房なし、瓦斯悪し　室内甚寒し、高橋信美氏午後一寸来室　三郎氏来りて昼食したりと

一月七日　　水　曇晴

九時半教室、二村、井上両氏来室、新年挨拶、村地長孝氏来室、平光氏代高師体育科講師の相談あり、教室前にて旧臘帰朝せる田中舘氏と会ふ、四時過家に帰り更衣、五時過上野精養軒に到るまり子結婚に付里方の宴なり、三郎氏二児を連れて来るその悦ぶこと甚だし　九時過帰宅時に少し雨降り出す

一月八日　　木　晴

午後清水由隆氏旧臘帰朝来訪、伯林其他独乙の話あり又

伯林ウエルトイハイムにて購ひたりとて鋏及封書開を贈らる何となく興味深かりき　六時過帰宅、三二八時二〇分にて発車名古屋に帰る　年賀札調左の通り

　葉書　　三一四
　名刺　　五九
　封筒入　一一九

　一月九日　　金　晴

講義を始めたり　午後御殿にて藤沢氏と会談人類教室革新の件に付てなり一時より四時半まて話したり　これより加賀町、二児大元気、余程精養軒は面白かりしものと見へたり　晩保子来り厳結婚に付当日媒酌人を誰れに頼むべきやの相談、又林町には心から兄と思ふこと出来ずなどいひたり次に於菟来りたり

　一月十日　　土　晴

事なし

　一月十一日　　日　晴

十時教室、厳来室、媒酌を森夫婦に頼みては如何云々これに同意す六時前帰宅

　一月十二日　　月　曇雨

午後四時黒板氏来室人類学の柴田氏史蹟調査会の方へ採ることに決定し居たるところ今日藤沢理学部長よりやはり大学在官のまま右会より嘱託といふことにする旨の通知あり　これには自分が藤沢氏と会談のためならん云々五時過出て上野学士院例会出席、雨盛に降り出し家より傘を取りよせるなど手数をかく、会は非常に長く十一時漸く散会、留守中田鶴独一寸寄りたりと

　一月十三日　　火　曇風晴

午後柴田常恵氏来室愈史蹟調査会の方へ行くことに決定し辞表を出したりと　福岡桜井氏出京来室　晩良一が自分初め家族一同にインフルエンザ予防注射をなす　愈平和となれり、去十日巴里に於て批准交換済みたり　大詔降下せり

　一月十四日　　水　晴

午前午後通して四時間半解剖実習に付き講す　直後学生加藤亮三郎学校生徒二名伴ひて実習室へ案内せんとす、これを拒絶す、直前に諸子に注意したりといへば午後は欠席したりと、四時前出て加賀町二児元気に過ぐ、帰途水道橋にて電車に乗ること出来ず已むを得ず松住町を廻りて帰る

　一月十五日　　木　晴

モンタンドン氏来室、先日貸したる紀要アイノ論を返へす　明日浦塩へ向け出発すと

一月十六日　　金　晴

寒冒流行に付今日よりマスクを用ふ　島峰氏来室、長談、大沢氏今日より出勤　今日より実習室出場

一月十七日　　土　晴

午後人類学例会、鳥居氏シベリヤ旅行談シベリヤ有史前といふ題にて演舌、四時半終る又独乙知人に葉書を出す即ちワルダイエル、Ｈ・フィルヒョウ、ブレージケ、ディーク、Ｒ・マルチン、Ｗ・レーレン、Fr・コプシュの七氏　晩良一、皆に第二回インフルエンザ予防注射をなす

一月十八日　　日　晴

午前十時半出て高橋順を番町に見舞ふ夫婦共非常なる悦なりき、カルルス煎餅一鑵贈る、十二時半去て加賀町に到る、田鶴外出のところ、弁当を食し二児の相手をなす三時田鶴帰宅す、自分去て中野に大沢謙二氏を訪ふ、六時半帰宅

一月十九日　　月　晴

午後教授会、五斗欽吾氏学位の件通過、三時散会

一月二十日　　火　晴

京都鈴木氏へ乞により自分所蔵の Zeitschr. f. Ethnologie〔＊雑誌〕一号貸す

一月二十一日　　水　晴

昨日又足立氏より同誌同冊借用したき旨申来る　依て今日二号を除きて残三号送る　被服を取り寄せ三時更衣、九段偕行社に到る、厳伊予松山の人広橋氏女国子と結婚の式なり、総人数十四人、九時帰宅

一月二十二日　　木　晴

四時教室を出て家に帰り更衣、根岸牧野家へ悔に行く、夫人流行感冒にて死去せらる六時半帰宅

一月二十三日　　金　晴

一月二十四日　　土　曇雨

弁当を使ひ直に帰宅、更衣、二時芝聖坂上済海寺に到る牧野家葬式なり四時了り五時過帰宅、格別雨に遇はさりしは幸なり、晩保子来る

一月二十五日　　日　晴

昨夜大に雨降りたるも今日霽れる、午後は加賀町へ行きて二児と遊ふ

一月二十六日　　月　晴

晩厳新夫婦来訪

一月二十七日　火　晴
晩於菟鶏一羽携へて来る
一月二十八日　水　晴
歯牙変形論大凡編終る約二ヶ月丸潰しと思ふ
一月二十九日　木　雪雨
一月三十日　金　晴
三時半出て加賀町児等皆元気、帰途水道橋にて安田家へ寄る二、四男に旧臘嫁を貰ひたる悦を述ぶ
一月三十一日　土　曇晴

二月一日　日　曇雨
十時教室、歯牙変形に関する書目を調ぶ、晩家に帰りて漸く少し清書を始む　渡辺泰氏死去に付悔状を出す、精子柿内へ行き泊る
二月二日　月　雨
午後教授会、専攻生規程を議了す、千葉医専柏戸教授学位の件通過　四時半散会
二月三日　火　晴曇
坊来てゐる筈に付四時家に帰り相手をなす
二月四日　水　晴曇
岡田和一郎氏来室昨日ハルリツカ氏来朝　明日教室訪問の談あり、名古屋医専虫明某森氏の紹介にて来室　脱臼復整法之家伝云々　再考の上とて去れり　坊はふく送りて午後帰りたりと
二月五日　木　曇雨
予定の通り十一時頃ハルリツカ来室　岡田満氏同道、自室にて学談、一時となる、是より山上御殿にて昼食、和一郎、井上、宮原氏も同席終て人類学教室に到り鳥居、松村両氏を紹介す、次に法医教室を見て、解剖に戻り標本室へ案内す、五時に至りて別る
二月六日　金　晴
昨日のことに付昼一寸御殿に行きたるも和一郎氏あらず、又満氏来室、在青森近藤庫氏来室　母上忌日、厳来る
二月七日　土　晴
邦文歯牙変形論清書了る　午後桑山に歯変形写真三枚撮らしむ、三時半教室を出て加賀町、二児に磁鉄の玩物をやる、三郎氏在宅、二児大悦にて遊ぶ
二月八日　日　雪
午後千駄木え見舞旁行き、歯牙変形論通覧を頼む、林先

日来腎臓炎のよし、大に摂生を勧めたり　午前より雪降り出し寒強し

二月九日　　月　晴

霽れる、雪四寸計積る、昨日森氏に依頼したる原稿於菟持ち来る　弘田氏来室

二月十日　　火　晴

奉天工藤氏一寸来室高橋、田口二氏近日洋行に付山上集会所にて送別会を開く、十四、五人集る、九時半帰宅

二月十一日　　水　晴風　祭

十時教室、三時半出て加賀町、児等元気、転ひたれど格別のことなく幸なりき、晩は直に床に入る

二月十二日　　木　晴風

此頃殊に昨日は普通選挙、労働問題に付諸公園は示威運動にて雑沓せり

二月十三日　　金　晴風

歯牙変形原稿を人類学教室へ行きて松村氏に渡す

井上氏支那へ出張すべし、不在中は氏の時間を用ひて講義すべし　柿内大人一周忌逮夜に招かれ読経に列る終て斎、精子等と十時帰宅

二月十四日　　土　晴

柿内仏事に付寺の方へはきみ子行きたり

二月十五日　　日　雪

昨夜来雪、終日降りつづく、十時半教室　晩於菟来る

二月十六日　　月　晴

今週より井上氏不在中月水金講義す　午後教授会、助教授が会議に参列の件、留学生各科より申出あり部長に一任す　山内保氏来室横文雑誌発行のことに付談あり

二月十七日　　火　晴

フリードレンデルへ戦争中中止せる独乙諸雑誌の送附方書留にて申送る　四時半出て柿内、三郎氏帰り居り学年を四月より始むることに付談す

二月十八日　　水　曇雨

柴田常恵氏大学を罷めて内務省史跡へ転じたるに付挨拶に来る　高橋信美氏、又田村憲造、三輪誠二氏近日出発留学告別

二月十九日　　木　晴

三郎氏来室愈学位を貰はねばならぬよし、学年始変更に付昨日今日全く費す

二月二十日　　金　曇

学年始め変更に付三日間費したり、清水由隆氏長崎の教

授に任せられ赴任に付告別

二月二十一日　土　晴

原正氏の死刑囚に関する論文草稿を一覧す　紀要校正料一年間のもの調べて請求書を作る　四時出て加賀町、坊少しく咳をするも元気よし

二月二十二日　日　晴

十時教室、国府頭骨の組立を始めたり　精子柿内へ行き泊る

二月二十三日　月　曇雪

学年変更に関する委員会解剖教室に開く　佐藤部長、入沢、林、田代、自分の五名なり　佐藤恒丸氏此度赤十字病院長就任、来室　七時東京駅に高橋信美田口碩臣二氏の渡欧を送り帰途盛に雪降る　きみ、せいは良一に連れられ有楽座へ行きたり

二月二十四日　火　少雨雪

雪五寸余積る、今朝止む　名古屋浅井氏出京　電車工合悪し春日町を廻る

二月二十五日　水　晴

朝電車不可乗、徒歩す、頭骨組立一個略ほ終る　電車怠業のため帰りも歩く

二月二十六日　木　晴

第九号頭骨組立に移る、往復共歩く

二月二十七日　金　晴

朝は電車に乗りたり、午後三時過出て加賀町、電車当てにならす御茶水まで歩きなどす　坊気管枝炎（ママ）忠子も床にあり、栗山氏来診、三郎氏も帰り来る　混雑、六時半出て山の手線を廻り帰る　昨日議会解散、理由は普選の問題なり

二月二十八日　土　雪

今朝は電車全くなし　終日雪五寸余積る

二月二十九日　日　晴

九時教室　終日頭骨組立、なかなか困難

三月一日　月　晴　紀念日

八時半教室、頭骨組立、今日にて九日を費す、半に達したるか　坊宜しからす百日咳の疑あり　きみ子行きて泊る　今朝より電車開通

三月二日　火　曇

柴田常恵氏一寸来室、四時半出て柿内、二児共真正百日咳なり、信子も咳あり、田鶴も寒冒、さてさて困りたる

ことなり　きみ子は今夜も泊りに行くべし

三月三日　水　雨曇

名古屋接骨家再来室、教室に於て解剖を修得したし云々履歴書を出す様言ひたり　午後三時頃三郎氏来室、今栗山氏訪問の帰りにて二児の始末に困る、信子最心配、断然二児を預かることとし別る、五時帰宅、六時頃三郎氏二児を自動車にて送り来る、二児は悦び居る

三月四日　木　曇雨

二児昨夜格別のことなし、機嫌は至てよし　中村豊、井手敏男（小児科）留学、告別　五時帰宅、書斎を病室にあつ

三月五日　金　曇晴

朝栗山氏来診、九時半教室、石田氏来室　論文附図の件なり

三月六日　土　晴

頭骨組立フェルクリュムンゲン〔＊歪み〕のため困難、六時半帰宅三郎氏来り居る、暫時して去る

三月七日　日　晴

終日在宅二児の守をする、容体同様

三月八日　月　晴

早朝電話にて潤三郎氏小児死去のよし　午後教授会、学年始めを来年より四月とすることに付き其実行上に関する委員決議を報告す　今回より助教授列席す、三時散会、直に帰宅、きみ子は取り敢へず潤氏方へ行き今帰りたるところなり

三月九日　火　晴

虫明氏履歴書持参す、介補として教室にて勉強することを承諾す　今朝三郎氏及栗山氏来り二児にヴハクチン注射をなす、又信子も愈百日咳と決定す

三月十日　水　晴

春らしくなれり、五時半帰宅、二児同様、精子咳強し家中随分困る

三月十一日　木　曇

一年生江口寿氏実習にて負傷し入院希望のこと友人より依頼に付佐藤外科へ紹介す

三月十二日　金　雨

朝栗山氏来り第二回注射をなす、二児未だ軽快の様見へず、精子咳宜しからす、皆々大に困る　午後欧文医学雑誌発行の件に付三浦謹、山内保、土肥、永井、柿内氏集る　Ars medica 名命し七月よりとす、一ヶ年約一万円

の費用を要すべしとし横浜富豪茂木家にて支出す

三月十三日　土　半晴

道明寺頭骨五個組立終る丁度三週間費したり、名古屋佐藤亀一氏出京、七時まで談話

三月十四日　日　雨

午後赤十字病院西郷吉弥氏を訪ひ、平井のことを頼む快よく承諾し呉れたり、其他は二児の相手

三月十五日　月　雨

昨今両日雨

三月十六日　火　晴

昼文部省へ行き学士院年金百五拾円券を受取り歯科病院に島峰を訪ひ一時教室に帰る

三月十七日　水　曇晴

美術学校研究生佃某和田英作氏の紹介を以て来室　午後大学出身戦死者記念講演会田中国重少将の講演「欧州戦争の概観及英国民の奮闘」を聞く

三月十八日　木　晴

朝栗山氏来診、第四回注射、これにて其功（ママ）果の如何を見ることとす、在宅、午後一時半教室、五時帰宅

三月十九日　金　晴

脳菱脳外形を終りて講義を閉つ　三時間を越ゆ、仙台長谷部氏へ旧臘買ひ置きたる油壺三個小包にて出す

三月二十日　土　晴

生理教室内医学会にて一九一九年雑誌を調ぶ

三月二十一日　日　晴　祭日

終日家に在りて二児の相手、発作は減少せし様なるも夜はきみ子同様に困るよし精子咳なかなか強し

三月二十二日　月　半晴

稲田氏来室、尋で同道にて名古屋医校長山崎氏を病室に見舞　岡田満氏来室、ハルリツカ氏再来のことに付打合せあり、午後教授会、荒井恒雄学位通過、三時半散会、これより医学会にて雑誌を見る　今日昼きみ子はたづ子を送り返へす、格別軽快せざるもせい子咳強く此方も困る故に返へしたり

三月二十三日　火　晴曇雨

昨夜雨、紀要のこと多し、六時燕楽軒にて三浦謹氏二十五年祝賀第一回委員会に出席、九時帰宅

三月二十四日　水　雨

仙台西氏出京、島峰氏来室、病理へ行きて会誌の論文を調ぶ

三月二十五日　木　雨
家に帰りて昼食し青山斎場に荒木母堂葬式に列す　寒さ強し悪天困る五時帰宅

三月二十六日　金　曇
田口氏妻女教室へ挨拶に来る、理学目録に終日す

三月二十七日　土　晴
新規程により始めて試験す申請者五十一名、朝八時より始む、十五名出席一時半までかかる、時に米国大使館より電話あり　ハルリツカ氏今日着京のよし而して四月一日出発すと、由て講演は三十日か三十一日にすべし云々、然るところ土曜日にて関係の人皆あらず　明日は日曜如何ともすること出来ず甚困る　晩西郷吉弥氏来る先日依頼の件、先方にては意あるが如しとの報をもたらす　九時半去る

三月二十八日　日　晴
八時より試験、十三名出席、三時過家帰る　夕方三郎氏来る共に晩食、談長くなり良一帰り来り更に長く十時半去る

三月二十九日　月　雨
組織試験終る総て四十一名、十名欠席、ハルリツカ講演のことに付ては岡和氏に会ふこと出来ず　鳥居氏あらす如何ともなし難し、本件に付岡和氏来室せられたるもこれ又徒労　十一時過雨中三二帰宅す、これより茶の間にて雑談十二時過寝につく

三月三十日　火　雨
岡田満氏より電話　ハルリツカ氏講演の件は氏少しく不快にもあり且つ何分時日なく断念と決す　四時半出て築地明石町ホテルセントラルにハルリツカ氏へ名刺を出す、悪天にて困りたり七時前帰宅

三月三十一日　水　雨
八時より組織筆答試験、問題クノルペルゲベーベ〔＊軟骨組織〕、出席六十八名

四月一日　木　晴曇
終日家にあり坊の相手、晩於菟来る

四月二日　金　雨
在宅、答案調を始む、午後佐藤亀一氏出京来訪、学位論文を提出すべしと

四月三日　土　雨　祭日
在宅答案調、昼潤氏来る

四月四日　　　日　雨

在宅、答案調終る

四月五日　　　月　雨

十時教室、井上二村二氏と試験評決を相談す　一時より欧文雑誌発行の件に付、三浦、永井、柿内、富士川の諸氏教室に集談、京城久保武氏出京来室、紀要のことなど整理し六時半過帰宅

四月六日　　　火　曇雨

雨止みたれば午前良一庭にて写真を撮る、坊新調の学校服にて写す、坊大悦び、午食後坊を返へすこととし俥を命し自分送り行く、田鶴嗄声、忠、信も百日咳未大軽快とはいふべからず、如何かとも思ひども坊あまり長くなる故一先返へしたり四時半帰宅、良一、三二は向島大学競漕会に付これに行く、晩は写真の現像をなす

四月七日　　　水　半晴

新聞にて昨日医科の勝利を知る、八時半教室　試験評決を事務へ出す、鈴木氏還暦祝賀会へ良一の分弐円早乙女氏へ渡す　理学目録タイプライタアに終日す　岡山伊達久庸氏死去に付悔状を出す　晩は良、三写真をやく、上出来殊に坊よろし

四月八日　　　木　晴

九時教室、前日の続きタイピスト、福岡久保猪之吉氏、次に榊保三郎氏来室、又三郎氏来りて医育制度に付長談三二八時二十分汽車にて帰名す青木誠四郎氏送り呉れたり　西郷吉弥氏平井の件に付電話したり

四月九日　　　金　晴

春らしき天気、八時教室、松地長孝氏来室　高師解剖講師の件なり　理学目録タイプライタア大略終る　尚ほ少数の補遺を要す　四時前出て加賀町、三児共尚咳発作あり且坊は鼻風をひきゐる

四月十日　　　土　晴

八時教室、目録調製に全く費す、午刻より眼科、皮膚、耳鼻、医学会事務所を廻る、七時教室を去り帰宅、精子加賀町に泊る、良一不在　晩西郷氏より電話を以て断りあり、不安眠

四月十一日　　　日　晴　花開

十時教室、古文書展覧会を山上御殿に一寸見る　自室にありて良一配のこと甚気に懸かり、爾来嘗て見ざりし八、九年前の日記を読みて其当時の心中を思ひ起し甚悄然たり　然るに外は花開き今春第一の天気かと思はるとは、

如何、仕事出来ず、六時過きて室を去る　良一、精子あらす淋し

四月十二日　月　晴

講義を始む、メゼンセファロン〔＊中脳〕よりす、病理、法医にて尚ほ残りの雑誌を見る、午後高橋順太郎氏来室、小使室にて暫時対話、氏此度愈休職となりしよしにて其挨拶に来りたりと、歩行甚不自由なり、同情に堪へず今も昨日に続きて悄沈、畢生の過は四十一年三月に基く

天気は昨日の通り　慰に加賀町へ行く、児等機嫌よし併し皆尚ほ咳あり精今夜も泊る　晩皆不在家中只二人のみ

四月十三日　火　晴風

組織実習を始む、学年変更に付課程組み換のこと引き受く、さてさて何か雑務の起りて研究の時をうばわるることぞと歎息す　久保武氏明朝帰鮮すと　良一、精子帰る

四月十四日　水　曇雨

学年変更の件一通り調べて鈴木忠行氏に渡す　又理学目録一七一枚長谷川錧一氏へ送る　札幌秦勉造氏来室北海大の教授候補者談などあり。内藤基氏より先達て孝子健康宜しからず因て休学又尋で断然退学せしめたる趣二度の書面に対し今日漸く返事を出す。福岡桜井恒氏一月以来病気入院に付此頃見舞品を送り今日漸く手紙を出す

四月十五日　木　晴曇

歯牙変形の独訳を始む　三時実習講義を終へて法医に片山氏を訪ひ秦氏依頼の北海大候補者に付相談、山上の方少壮だけ宜しからんか云々　四時前出て加賀町、三児共咳大に軽くなりたり　晩潤氏来る、服師来る

四月十六日　金　曇晴

午後一時教室を出て青山斎場に到る　高木兼寛氏葬式なり、混雑に付中途にして去る、三時半家に帰り庭に出て松の新芽をつみなどす

四月十七日　土　晴

今日より顕微鏡実習室に出る　晩三郎氏来り　学科規程に関する特種（ママ）の意件に付長談十二時去る

四月十八日　日　曇晴

十時教室、石器時代独文甚捗取らず、五時過出て上野精養軒に到る、石川憲夫氏結婚披露の宴なり十時帰宅

四月十九日　月　晴

午後教授会、学位の件出席員不足のため出来す、柿内氏より学科課程改正意見陳述あり四時散会、鬱、加賀町え行く

四月二十日　　火　晴曇
大沢氏今日より実習に出る
四月二十一日　水　晴
坊来るとの電話あり九時講義を終へて長崎尾中守三氏死去に付悔状を出し、十時帰宅、尋で坊来る久し振りにて電車を用ひたりと、午後きみせい坊を連れて植物園へ行く、自分は風邪の気味にて気分悪し家にあり、忠子は腹工合悪しとて来らす
四月二十二日　木　晴
在宅加養、坊は午後婢迎へに来り時に夕立、ふくをも付けて返へす　実習は二村、井上二氏に頼む
四月二十三日　金　晴
授業なき日なれば在宿、夕松村氏歯変形論文の校正を持ち来る　坊今日始めて登校せりと
四月二十四日　土　晴
風邪未だ去らす併し出勤す、午刻大森房吉氏来室本年八月二日より二十日まで布哇に於て開催パンパシフィック・ユニオン学会に出席の件に付談あり　昨日の校正を活版舎へ出す　山田珠樹氏来室
四月二十五日　　日　曇
潤氏児の仏事を向島に行ふよしに付早く昼食しきみせいと自分も出かけたり春日町に至れば電車不通、須田町まで行きたるに此線は通するも雑沓とても乗ること出来ず、又々怠業数線に及ぶ　きみは白山行きに乗りて帰る、せいと散歩せんかなどといひて万世橋にて兎に角院線に乗りたり、此車吉祥寺行なるに付き終点まで乗ることとし井の頭公園を通りぬけ附近を歩き山の手線にて四時過帰宅
四月二十六日　月　雨
電車なし徒歩出勤、Rud. マルチン（ミュンヘン）より手紙来る、去一月十七日出したる葉書の返事なり　これ戦争後始めてのコレスポンデンツ〔＊連絡〕なり、小使山本尿毒に罹り入院す　雨中徒歩帰宅
四月二十七日　火　曇雨
徒歩出勤、山本へ見舞として五円遣る　七時過帰宅電車を用ひたり
四月二十八日　水　晴
徒歩出勤、人類へ行く　マルチン氏へ送るべき書を数種貰ひたり又 Mitt. Anthr. Ges. Wien〔＊人類学会（ウィーン）会報〕戦争中のもの全部来り居りこれを借り来る

三田定則氏来室、北海道法医候補は山上氏適当云々

四月二十九日　木　晴　休

靖国神社臨時祭に付休暇、風邪未だ全く去らす在宿加養

四月三十日　金　晴

出勤、九時過長谷部氏来室、学談尽きず共に昼食、スカプラ〔＊肩甲骨〕の形状に特別なることあるに気付きたりとてアイノのものを見たきよしに付標本室に案内す、自分は三時半去りて加賀町へ行く、坊扁桃腺炎にて休み居る、丁度栗山氏来診、昨日も休養すべしと、七時帰宅、良一房州辺へ出張のところ帰宅す

五月一日　土　雨

今日より市内電車全く旧に復したりと　長谷部氏今日もスカプラを調ぶ、昼弁当を供す其際布施氏病症に付話あり、膀胱結核なること杉村氏の診断により疑なきが如しと、さてさて解剖家に祟ることの甚しきや、自分の後継者として臨て属し居たることをいひたり　名古屋校長山崎氏入院のところ今日退院すとて挨拶に来る、浅井椎野の関係に付談あり　Ｈ・フィルヒョウ、ディーク二氏より返書来り二氏無事、感深し

五月二日　日　曇晴

前十時頃加賀町、三郎氏下痢したりとて在宅、坊は咽炎にて床をしきあるも兎角はね出す、児等の相手をなし弁当を食し三時半去る、水道橋にて電車来らす、思ひ立ちて橋本へ見舞に寄る先全快、病院、往診も勤むるよし、三重子の件は甚要領を得ず　晩於菟夫婦児を連れて来る

五月三日　月　雨

白山の混雑あまり甚だしければ断念して歩きたり　午後教授会、押田徳郎学位の件否、立柄俊毅氏通過、次に学生より建白、希望の件、出来得る限りの方法を尽すといふことより外なし

五月四日　火　雨

札幌秦氏へ法医候補者の件に付手紙を出す

五月五日　水　雨

ワルダイエル先生より返事葉書来る、先生戦争中無なりしことを確めたり　一九一六年十月八十歳に達し一九一七年四月隠退したりと　ハイン教授、フローゼ博士二氏は死去せりと其他教室のことあり感慨深し直に返書を認めて投す、七時半家に帰る

五月六日　木　雨

悪天続き困る　シュラギンハウフェン（チユリヒ）、Ｏ・ファン・デル・シュトリヒト（クリーブランド、オハイオ）、ハンチントン（ニューヨーク）著述寄贈の礼札を出す

五月七日　金　雨

宮本叔氏銅像、鈴木忠行氏祝賀に各七円つつ出す　三時半出て加賀町、三児共気嫌（ママ）よし

五月八日　土　雨

数日来の悪天に加ふるに昨夜来嵐の気味にて風あり大降雨、朝出勤の際など甚し　晩潤氏伝研の梅本氏を伴ひ来り　結核の仕事に付相談あり

五月九日　日　雨

朝天気模様よき様に付予て三輪氏より案内を受けゐるに付千葉行、汽車中既に雨降り出す　十二時過医専着、解剖教室新築を見る次に病院に到り食事、此際前の書生真崎に逢ふ、終て三輪平野氏の案内にて海岸に到りこれより駅に到りて四時五分発車某氏両国まで同行、六時過帰宅

五月十日　月　雨

衆議院議員総選挙、十二時区役所に到り中原徳太郎氏に投票す　午後四時愛宕下青松寺に林春雄氏夫人の葬式に行く

五月十一日　火　曇晴

五月十二日　水　曇雨

朝洗面の際左上犬歯脱落す、残りは歯四本のみとなる

川上政雄来室　午後三時半出て加賀町坊昨日玉川へ遠足せしとて其話をなす、帰途雨

五月十三日　木　雨

名古屋斎藤真氏留学告別、且紀要に掲載論文の話あり良一今日桑木寓附近へ散歩したりと又晩潤氏一寸来るなど偶然重なる

五月十四日　金　晴

午後家に帰りて庭に出る

五月十五日　土　晴曇

午後二時半出て加賀町、坊寒冒又々百日咳の様なり忠子も信子も風を引き居る　晩上田未亡人来り　すしを出すなど精子働く

五月十六日　日　晴

一昨日来腹工合少し悪し併し格別のことなければ午後良一、精と散歩、赤羽より浮間を例の順路を歩く桜草は勿論なし、併し心地よし　今日も上田未亡人来り愈双方異

議なきも不図眼のこと苦になる、坊等熱ありきみ子入浴の後泊りに行く

五月十七日　　月　晴

午後教授会、有馬英一、近藤庫学位の件通過、四時散会、是より加賀町、三児共多少熱あり甚気にかかる、帰途弘田氏を訪ふ氏長く欠勤に付様子如何と思ひてなり、然るところ氏去四月四日不図右半身に知覚麻痺を起したりと極軽度の出血の疑あり云々同時代のものに近年故障多し

五月十八日　　火（晴）曇

五月十九日　　水　晴

午後三時半より Ars medica〔＊雑誌〕編輯会議を教室に開く　三浦、永井、柿内、富士川氏来集、五時終りて急ぎ帰宅、更衣、築地精養軒に到る　原素行神保娘結婚披露なり九時半帰宅、夜きみ子柿内へ行き泊る坊咳同様、他軽快せるが如し

五月二十日　　木　晴

五時過帰宅、坊当分引き取り療養のつもりなり

五月二十一日　　金　曇雨

朝坊の相手をして九時半教室、京城久保氏返事を出す、学位申請を理学部へ出したるも法学部へ変換せんとのことに付てなり　筋違ひなるべしといひ送れり　五時過帰宅、時に雨降る

五月二十二日　　土　晴

京都足立文、浜田耕作両氏え手紙出す　坊尚ほ極軽度の熱ある様なり

五月二十三日　　日　晴

在宅、午後は庭に出て良一が昨夜買ひ来れるダアリヤ、カンナの根を植へる、坊は熱なき様なり庭に出てたるも障りたる様子なし、晩きみ柿内へ打ち合せに行く

五月二十四日　　月　曇雨

福岡小山龍徳氏来室、来月早々出発欧州視察のよし、午後一時山上集会所に三浦謹氏二十五祝賀に付第二回委員会あり六時過帰宅　良一三郎氏と桑木家を訪問す　柿内にて晩食し八時半帰る、さて決心如何

五月二十五日　　火　晴

規雄氏来室厳父の石碑に付相談あり　坊熱なし、咳も軽くなれり、元気よし

五月二十六日　　水　晴

電車満員白山の混雑非常、歩きて教室へ行く　佐藤勤也氏死去に付悔状を書く　晩柿内より電話あり今日桑木氏

より三郎氏へ此方にては異議なし彼方は如何と通告ありしとのこと　時に潤氏来り居る良一爾来熟考の上諾の答を上田未亡人を以て通することたのむ、これにてまとまるならんが良の幸福を祈る　坊大に軽快す

五月二十七日　木　晴

良一海軍紀念日に付休、九時半教室、歯牙変形論別刷受取る（三〇部）　晩雷雨時に上田未亡人来訪先方の確答を伝へる

五月二十八日　金　曇雨

坊を連れてきみ、せいと三越行これ絶て久しきことなり、午刻帰りて午後一時半教室、目下千葉医専へ出張中の西氏来室

五月二十九日　土　曇（昨夜雨）

宮原虎氏細君死去に付出勤がけに白山坂寓に悔に寄り香奠三円供ふ、四子あり末子じれて泣く丁度朝食の際など混雑深く気の毒に感す（晩小児達えといひて菓子及絵本を贈りたり）三時前帰宅　きみと坊を連れて植物園え行く　坊大喜び、六時半帰る

五月三十日　日　晴

学士院授賞式に列席、二時半帰宅、精と坊を連れて駒込橋に到りこれより山の手線王子電車を用ひ飛鳥山にて坊菓子を食べ小台にて下り渡しを渡りれんげ草を採る、坊大喜び、六時半帰る

五月三十一日　月　晴驟雨

十一時帰りて更衣、学士院会員に賜餐、霞ヶ関と思ひて行きたるも然かず芝離宮なりきために少し遅刻す、二時半帰り、きみと坊を連れて道灌山え散歩す時に雷なり夕立す動坂下風月堂にて傘下駄を借りて帰る、良一は陸奥進水式に横須賀え行く

六月一日　火　晴

六月二日　水　晴

坊今日より学校へ行く早くふくと出かけたり、昼休にきみ子来り共に教室へ行き三郎氏に来八日結納のこと頼むきみ子染井え墓参せりと最早それに及ばぬといへり五時帰宅、庭え出る、潤夫婦来る、支渡等細点に付上田夫人に伝へることを頼む

六月三日　木　曇

七時前に出て坊を学校まで送る、養育院より送附の棄児死体間違ひて解剖へ送りたりとて運搬者片岡困却の旨を

訟(ママ)ふ依て直に同院に到り本庄快三学士に面会しその手続をすませ教室に帰る時に十二時半を過ぐ　マルチン教授（ミュンヘン）手紙を出す

六月四日　　金　雨

朝坊は俥にて学校へやる、自分は電車に乗ること出来ず歩く　長崎国友鼎氏校長会議に出京来室　H・フィルヒヨウ氏え手紙を出す　高橋順太郎氏昨朝死去、昨日午後病理にて剖検したるよしなるも一向知らざりし今日事務え行きて知りたり　四時家に帰りてこれより高橋家え悔に行く、七時半帰る

六月五日　　土　雨

雨少降るも坊を電車にて学校まで送りたり　島峰氏大阪え出張のところ帰京来室　ディーク教授え手紙を出す

六月六日　　日　快晴

快晴となる、めつきり夏らしくなりたり、大掃除に付早く坊を連れて動物園え行く山の手線を用ふ、昼帰る午後三時頃出て加賀町え寄る、忠子元気なるも、信子は乳はなれにて機嫌悪しと可愛相なり　これより高橋家に到る、明日式場にて故人の履歴を読むこととなる七時過帰宅

六月七日　　月　快晴

坊を学校え送る、十時より教授会、雑件、昼弁当を食し帰宅更衣、高橋家に到る、耶蘇教の式により番町教会にて執行さる、四時半終り尚ほ雑司ヶ谷墓地まで見送る六時半帰宅

六月八日　　火　曇晴

朝坊の学校送り、人類教室へ行きたる誰もあらす松村氏旅行中、昼きみ子来室百円持ちて三郎氏に托す　午後三時三郎氏桑木家へ出向結納交換は済みたり

六月九日　　水　晴

坊学校送り時刻早き故神田明神を散歩す　午後二時半きみ子来室、共に出て藤村にて菓子折を買ひ桑木家を始めて訪問す、本人は始て見たるとき好感、真円なる顔特に目に付く、悪らしきところなし、帰途自分独加賀町へ寄る

六月十日　　木　晴

坊学校送り。昨日ダンツエル博士（ベルダン、アレル河畔）二回の書面日本に於て位置希望云のことに付返書を出す即ち日本にてもやはり六ヶ敷き旨をいひ送りたり又マルチン教授（ミュンヘン）へ理学部紀要等二個として出す（各

九十銭の郵税を要したり）高橋家親戚の人石橋甫氏挨拶に来室　歯牙変形論諸方へ配る

六月十一日　　金　曇

坊学校送り、明神社を歩く、早く弁当を使ひ十二時半坊の迎へに行く、帰りて精を連れて植物園へ散歩す松村氏ありて温室を案内しくれたり坊大悦び、天気怪しかりしも降らさりき

六月十二日　　土　曇

坊学校送り、幻灯中三郎氏来り手形に捺印を乞ふ、これを諾す、昼休に御殿に到り入沢氏七月十日の式に媒酌人たらんことを頼む、快諾を得たり又同所にて竹内松次郎氏昨日帰朝せりとて面会す、学士院例会出席、横手氏依頼のウルトラミクロスコープ〔＊限外顕微鏡〕のことを桜井氏に話す要領を得す、十時帰宅、留守中桑木氏始めての来訪あり、茶の間にて皆と談話、十二時床に入る

六月十三日　　日　曇

午後坊を連れて日比谷公園、次に銀座に出て資生堂にてアイスクリイム、坊大悦、五時家に帰る、桑木夫人、上田未亡人嬢を連れて始めて来訪、少時にて帰り去る、照康氏夫婦明日出発、米欧慢遊に付告別のため来訪ありたりと

六月十四日　　月　曇

幻灯応用脳講義を閉つ、三井銀行え行き解剖学会の定期預金書き換へをなす昨年は怠りて打ち捨ておきたるもの、金額 2236.66 円、乙号 9806　名古屋佐藤氏出京来室入沢氏え式日を七月十一日と改めたることを書面にて申送り承諾と返事を得たり　照康氏の出発を良一品川に見送る

六月十五日　　火　曇晴

電車混雑、水道橋を廻りて坊を送る、柴田氏来室弥生式の特徴の談などあり

六月十六日　　水　曇雨

坊学校送り、検査院役員一名来り教室の物品を調ぶ、大中小標本入檜箱を質す其数夥しきため兎に角済みたり支那北京ユニオン・メヂカル・カレッジの解剖学教授カウドリー小野理学士同道来室

六月十七日　　木　曇

坊学校送り　山内保氏来室欧文雑誌発刊の件は横浜茂木家済（ママ）政困難のため延期するの已むなきことを陳べられたり　一昨日大沢氏に打ち合せをなしたる当教室の教授数

年来空位となりおるを此度教授会に其補充を提出することと申し合せたり

六月十八日　　金　曇

坊送り、松村氏来室、早弁当、坊迎へ、一時帰宅、きみと坊を連れて植物園

六月十九日　　土　雨

坊送り、組織実習を閉したり、本期は助手森の外桑山のみにて手不足にて随分骨折れたり　西氏千葉へ出張のところ一両日中に仙台へ帰るよし

六月二十日　　日　雨曇

午前少し雨降る、午後止む、怪しけれど精と坊を連れて井の頭公園え行きたり　良一は諸方え招待状を出したり

六月二十一日　　月　曇

京都斎藤仙也氏死去の悔状を出す、午後教授会他の学部卒業は大体に於て医学科に入学を許さざることとす其他雑件、人事に付ては前回に竹内氏に付部長より提出ありたるに付今日我教室難問題を此際解決したき旨提出す、大沢氏も特に出席、四時半散会、林氏を教室に訪ひて二村氏の待遇に付種々相談、林氏の考にてゾンデイレンすることを頼む

六月二十二日　　火　雨曇

雨中坊送り、四時半帰りて一寸庭へ出る

六月二十三日　　水　曇

坊送り、今日は新入学生競争試験、九時教室を去て弘田氏を見舞ふ、別に変りなし、十一日の式へ臨席は自由にせられたしなど述べてこれより柿内え寄る、十二時出て坊を迎へ一時帰宅、久子殿来り居る、天気怪しけれど坊を連れて出かける芝公を散歩す、少し雨降るも格別のことなし五時前帰る

六月二十四日　　木　昨夜雨、曇

坊送り、九時より組織筆答試験を行ふ問題エンヂグンゲン・デル・ゼンジブレン・ネルフェンファゼルン〔＊知覚神経線維の末端〕、出席者四十一名、五時帰宅

六月二十五日　　金　曇晴

八時より組織実地試験、受験者九名、二名の遅刻者は明日へ廻す、十一時終る　筆答案調べ六時帰宅、精桑木より柿内えよりて忠を連れ来る

六月二十六日　　土　曇

坊送り、試験十五名、一時半終る、尋で薬物に林氏と会談、二村氏の意中を探り、辞す云々、転任の意あり云々、

四時過帰宅、田鶴先刻来りたりと大賑かなり夕食し皆帰り去る、坊一ヶ月半滞在のところ去りて淋しくなる

六月二十七日　　日　曇雨

三二早朝帰宅す、八時より試験、出席十六名、一時二十分終る　四時帰る

六月二十八日　　月　曇

家にありて答案調べ、一通り終る、精子の箪笥を柿内へ預ける、蒸熱不快、晩食後精、三を連れて銀座散歩資生堂に寄る

六月二十九日　　火　曇

実地試験十二名出席、十二時半終る、事務室へ行く、新入学生決定発表。七月三日（土）皇太子殿下大学へ行啓の件に付打ち合せをなす、五時半帰宅

六月三十日　　水　晴

試験出席十三名、十二時終る、総数六十五名　二村、井上両氏成績を相談す、四時去て文部省へ行く、理学目録委員会出席、本目録編纂を尚ほ将来継続したきことに決す、七時帰宅、入浴、晩食、八高卒業生諏訪某来り　此度医学部入学出来ざりしことに付相談あり、潤氏夫婦来る

七月一日　　木　曇晴

特別学年始、七時出勤、組織講義を始む、半数位出席せり、試験成績を事務へ出す　横山教授へ旧医学部予科引きつぎ他石標本四箱引き渡す、島峰氏来室長談、歯科会計検査の結果不都合あり雇員千田自殺の談あり　永井潜氏来室、二村千葉へ転任の件に付てなり

七月二日　　金　晴

第四十三議会今日開院せらる　六時半帰宅

人類教室へ行きて宮戸島人骨石膏にて自然位に採りたるもの見る、雑用多し、四時半出て加賀町、三児元気

七月三日　　土　晴

七時よりフロックにて出勤、講義、東宮殿下大学へ行啓、九時半奉迎、午後一時二十分教室へ御立寄り、陛下標本室へ御案内申上ぐ、是より実習熱さ酷し、三時奉送、既に二分前還御、弘田氏来室チイスを贈らる、五時帰宅

七月四日　　日　晴雨

炎熱酷し、終日在宿、午後桑木姉妹来る、雨降り出し帰りに困る、俥一台だけあり、夕食し去る送り行くなど手数

七月五日　　月　曇晴

大阪佐多氏来室、医学部新規程に付種々談す　昼大沢氏と二村千葉へ如何のことに付相談　午後教授会、医化学の名称を生化学と改むるの件先般来柿内氏主張、なかなか困難、遂に委員三名選定す、竹内氏の件に付投票、教授にする方一〇助教授となしおく方八、即ち当分現在のままと決す、井上氏の件は次回に提出することとす　豊国にて夕食し七時医学会例会、歯牙変形標本示説をなす九時半帰宅

七月六日　　火　晴

少し早く講義を終へて東京駅に丹羽藤吉郎氏の渡欧を送る、午後島峰氏来室、二村氏より此度の三教授となすの件に付挨拶あり　六時より燕楽軒に於て故隈川氏銅像出来に付除幕式に付委員会あり十時半帰宅

七月七日　　水　晴

朝林春雄氏来訪、祝品を贈らる且、二村件に付談あり、これより出勤、永井氏を教室に訪ひたるに付談あり氏千葉行と決す　四時半出て加賀町、三児元気

七月八日　　木　晴

緒方知三郎氏来室柿内氏生化学といふ名称に付ての意見、教授会に於て否決とならんことを恐れ懇談あり　今日午前に荷物を送り来れり

七月九日　　金　晴

医化学名称の件に付柿内氏を教室に訪ひ懇談、この問題は氏の学制改革問題と連結しそれまで延期することとす、是より生理に永井氏を訪ふ、昨日千葉へ行きて二村氏の件承諾のよし、ただ時期及ひ手続きのみ、案外の好都合なり、室に帰る時に三時、弁当を食し、大沢氏と会談、愈決定す　七時前帰宅　三四日来家にては事多しみせい等忙し

七月十日　　土　曇雨

島峰氏一寸来室、千葉校長三輪氏へ二村氏の件に付手紙を出す、即ち転任時期等のこと　四時半帰宅、熱さ堪へ難かりしが雨降り出し大に凌ぎよくなる　明日のことなど話し十時過寝室に入る

七月十一日　　日　曇

六時起く早く入浴、橋本氏祝に来る長坐、早く昼食し、二時過出かける、自動車、五人を容る水交社に到れば桑木家は既に先着、先つ食卓席次を相談す、入沢夫妻来着を待ち四時少し前式を始む、階上の一室にて風入よく幸

なりき　親族列席せるもの先方八名此方十一名（上田未亡人を含む）四十分にして式終る、尚ほ食卓席を決定す、両方親族一同撮影す、五時より来賓追々来る、六時十五分食卓に付く、総人数七十三人但し柿内二児を含む、来途少し雨降りたるも止みて熱さあまり強からず、新夫婦は三二送りて新橋駅より発車す　自動車を命して九時半帰宅、茶の間にて今日の模様を話すなど十一時過ぎて寝に付く、新夫婦に幸なる将来あれ

七月十二日　　月　半晴

午刻弘田氏挨拶に来る、又林氏来る、午後三時出て賀古氏を小川町新邸に見舞ひ祝の礼及下痢症の様子を尋ぬ是より加賀町、二児は近所に行きたりとてあらざりしも暫時して帰り来る七時帰宅、九時に寝に付く

七月十三日　　火　晴

午後五時より衛生教室に集り故緒方氏銅像に付第一の相談会を開く、弁当を食し七時帰宅　昨日、今日留守中来訪者多かりしと主として桑木家親戚なり

七月十四日　　水　晴（酷熱）

飯坂温泉に療養中の布施氏へ見舞並に著書捧呈の礼状を出す

七月十五日　　木　晴

学年変更のため学科時間等訂正を要するに付之れを調べて鈴木書記に渡す　六時半帰宅　暫時して新夫婦旅行より帰る、晩は家中賑かなり

七月十六日　　金　晴

六時半帰宅、良一等は諸方へ礼に廻る、十時頃独帰り来る、熱酷し自分は早く蚊張に入る

七月十七日　　土　晴

十時教室を出て御茶水学校へ坊の迎へに行く坊既に門に待ち居り直に帰る　電車なかなか来らす、炎熱強し十一時家に帰る、夕刻素子も帰る、晩は去十一日水交社に写せしもの又箱根にてのものの現像に坊はしやぎて九時頃眠る

七月十八日　　日　晴

今日近親の若、少者を招きて披露す　朝より皆々其準備に忙はし、十一時半田鶴児を連れて来る　案内は三時とす新井夫人を上客とす、大混雑、三十人計、九時までに皆散す、先これにて一段片付きたり

七月十九日　　月　曇晴

中村書記官来室、歯科のことに付総長の命なりとて尋ぬ

るところあり、同教室不整頓なることを総て話したり、午後教授会、人事の件即ち三田村氏留学は決定したり、氏助教授として留学を命せさるべからす且病理山極、長与二氏病気のため緒方知氏一人にて授業に差支、故に早く任命する必要ありと即ち内規に反するも出席三分の二に不足なるも且つ次回に決定すべきも即決したり、学位の件は出席不足のため止む二時半散会、七時帰宅

七月二十日　火　晴

山越職工を連れ来り　マルチン測定器の図を製す　実習中三浦院長来り石原歯科に付相談あり明日更に佐藤部長三浦院長と会談のこととしす　五時出て島峰氏を訪ひ談合七時半帰宅

七月二十一日　水　晴

奉天工藤氏出京来室、午後四時佐藤部長三浦院長来室歯科の件に付相談あり　自分は強硬なる意見を述ぶ両氏は尚ほ総長に陳述すべしとて別る、時に六時半

七月二十二日　木　曇雷雨晴

明商銀へ行きて弐百円引き出す良素の件のためなり、午刻雷雨あり、爽快、新井氏来室

七月二十三日　金　晴雨

今週中に閉つる見込にて今日も講義す、大沢氏出勤二村氏の件に付三輪氏と会談の決果（ママ）如何にと尋ねたるに三輪氏の意中採ることに決しゐるにはあらず云々此辺疑はし三時出て加賀町三児元気

七月二十四日　土　雨晴

昨夜充分なる降雨あり、今日も時に驟雨あり　午後も講義し来週の時間をこの週に組み入れて閉ぢたり　血液及体液を終る　魁郎文郎二氏え良結婚の報書を書く、七時帰宅、療旁且腸を損す

七月二十五日　日　晴驟雨

腹工合悪し、終日在宅

七月二十六日　月　晴

在宅加養、柿内二児を呼ぶ十一時過来る悦びはね廻る其前後、隣家豊島夫人、金森夫人其他来訪者あり混雑す

七月二十七日　火　晴

在宅、二児の相手、庭師来り芝を刈る

七月二十八日　水　晴

在宅、素子里へ行く、夕刻二村氏来訪、千葉転任の件見合すべし云々、其理由甚不明、或大沢氏賛同せさるに由るか

七月二十九日　木　晴

二児は午前中に返へすべし九時半出勤、永井、林二氏を教室に訪ふ在らす、午刻永井氏来室、二村氏昨日来談のことを通し否の理由如何を尋ぬ氏にも不明なるも大沢氏あまり賛成ならさることをいふ想像の通りなるべしと思ふ

第四十三臨時議会終る、未曽てなき騒場（ママ）を以て終れり但追加予算等は成立

島峰氏来室、歯科談亦二村談もあり三時間に及ぶ七時過ぎて去る

七月三十日　金　晴　祭日

八時せい子を連れて泉岳寺へ行く鳥居れん子さんより聞きたる墓地の件なり寺男に案内せしめ同家の墓所に詣て地景を見る甚好しこれよりせいに別れ自分は青山に平野家に到りれん子さんに墓所掛合を托す十二時半帰宅、午後三時半上野精養軒に到る故緒方氏一週（ママ）年忌日に付茶に招かれたり五時頃辞し帰途千駄木両家へ寄り帰る

七月三十一日　土　晴

昨日佐藤部長の談に歯科の件は検査不始末を単独にすべし云々　革新のこと別にする云々の趣を電話にて島峰氏え報す八時半教室　榊、鬼頭二氏へ祝品の、札幌植村氏へ桜実贈与の礼紙を出す

八月一日　日　晴

暑中見舞廻り安田、小松、原、十時半柿内に到り休み弁当を食し四時半出て松岡直平、安東貞美両家玄関、これより桑木家に上り暫談話、終りに椰野へ寄りて七時家に帰る

八月二日　月　曇晴

二村氏より愈千葉断念の決答あり、山越職工来り測定器を見る、京城上田氏出京来室、長尾氏来室歯科の情況を部長院長其他の教授に陳述の可否云々、之れを可とする旨を述ぶ

八月三日　火　晴

今朝医事新誌にて七月二十日付を以て正三位に叙せられたることを知る（尤二三日前良一は医海（ママ）事報にて見たるとか云へり）久しく中止せる歯牙変形独訳に再取りかかる、五時出て弘田氏を見舞ふ七時半帰宅

八月四日　水　晴風雨

岡山解剖学会に於ける決議に基き良精寄附基金の利子を

業績補助として長崎原氏、名古屋大橋氏え各五拾円、平光吾一氏え拾五円を贈る　七時出て家に帰る時に風雨激しく困る

八月五日　木　曇晴風

午前事務室にて佐藤部長に会ひ二村氏辞職決心の旨を通し就ては名誉的に教授にするは如何の問題に付懇議す

八月六日　金　曇晴

昨夜大雷雨、午刻医化学に柿内氏を訪、福大工の教授に付問合を頼む、談長くなりて二時過室に帰りて弁当を食す　永井氏来室の知らせあり行きて二村氏決心を動かすべからずとせは、優遇法如何の相談をなす彼是今日は大に時を費す

八月七日　土　大雨

朝八時出て護国寺に到る柿内母堂三回忌仏事なり　読経終りて墓所に詣る此雨最強し十一時頃帰宅　二児は前に来り居る　終日二児の相手

八月八日　日　不定、驟雨

午前平野勇氏佐世保より出京来訪、昼食、泉岳寺墓地の談あり同氏に托す　二時頃去る、天気悪しく児等遊ぶに困る

八月九日　月　不定、驟雨

午後丁度雨止みたれば二児を返へす、後庭へ出る

八月十日　火　不定、驟雨

諸川出水、八時教室

八月十一日　水　曇晴

二村氏より退任時期に付談あり　休中は致方なし猶余ありたき旨を述ぶ　佐藤部長来室、名誉的に教授にすること総長に於て異議なしとのこと　四時過教室を出て加賀町、三児元気よし、晩厳、潤、立花等来客多し、自分は早く床に入る

八月十二日　木　曇晴

加賀町より電話、あまり熱くなき様なれば植物園は如何と、これに同意し、三二同行植物園、三郎氏二児を連れて既にあり、園内なかなか熱し二児は俥にて帰る自分三郎氏と大学、時に十一時

八月十三日　金　雨

朝あまり雨強、暫く見合せて十一時出勤、医化学に三郎氏を訪ふ九州より返事ありたるよしに付てなり

八月十四日　土　雨晴

朝大雨、午後は晴、大沢氏え二村氏辞職決心一時教授に困る

すべきことを申送る　四時半出て加賀町　植物園其他の
写真を持ち行く　晩きみ子も行く九州のこと相談のため
　八月十五日　　日　雨晴
九時過教室
　八月十六日　　月　晴
八時教室
　八時十七日　　火　晴
朝急に思ひ立ちて昨日開場したりと云ふ府設石神井遊泳
場へ三二を連れて行きたり全々期待に反す折り返し帰途
に就く一時半過帰宅　四時より庭に出る
　八月十八日　　水　晴雨
フリードレンデルより始めて雑誌の一部到着す但し一九
一四年分補充なり
　八月十九日　　木　雨
終日大雨
　八月二十日　　金　曇風不穏
屢々驟雨あり
　八月二十一日　　土　曇晴
昨夜も大雨、今朝止む、五時出て加賀町、三郎氏帰り来
る　二児活動過ぐ
　八月二十二日　　日　驟雨後晴
昨夜又々雨、九時半教室
　八月二十三日　　月　晴
井の頭公園行、朝柿内と電話にて打合せ、自分は三二と
先発　坊、忠を誘ひ市ヶ谷にて乗車恰も素精子と落合ふ、
十一時に早弁当を食す、熱さなかなか強し園内にて時を
消し四時過の電車にて帰り三二と二児を家に送り六時半
帰宅、二児は勿論其他も満足
　八月二十四日　　火　曇晴
俸給日、本月より俸給令改正、臨時手当を本俸中に算入
することとなる但し本月は精算未出来さるよしにて本日
は旧本俸（三三一円七五）のみ受取る　大沢岳氏来室、
大串氏陸前貝塚発掘の帰途来室
　八月二十五日　　水　晴
朝良一素子、三二と共に日在え行く、八時過教室　島峰
氏来室、長談、大串氏今日帰阪すと
　八月二十六日　　木　曇
永井氏旅行より帰りて来室、二村氏談、辞決はエコノミ
イの点云々、辞するに付ては優待の意味にて教授にする
ことは本人歓受す云々又二村氏より一言挨拶あり　五時

前出て柿内、坊昨日鎌倉江の島へ行きたりとて其話をなす　昨日の熱さは酷しかりしも今日は大に冷しくなり凌ぎよし

八月二十七日　金　曇

池田泰雄氏来室邦人頭形などの尋ねあり、五時帰宅庭え出る

八月二十八日　土　曇

七時半教室、十時半坊独来れりと電話あり、帰りて坊の相手夕刻より雨　晩横田四郎氏来る祝の意なり

八月二十九日　日　晴

終日坊の相手、庭の草を取る、夕食後精と坊を連れて銀座の夜景を見せる

八月三十日　月　晴

坊の相手、三時きみ子と坊を連れて植物園、小西信八氏に逢ふ、再び暑強し

八月三十一日　火　晴

朝坊を送り返へし十時教室に到る、休今日限りになる　主として歯牙変形独訳に従事す、未なかなか終らず　仕事の捗取らざるを歎す、七時前出て家に帰る　良一等午前に日在より帰りたりと

九月一日　水　晴

七時過教室、八時より顕微鏡試験、出席者只六名、十時半終る、八月分俸給残部一二三円七五受取る、衛生に横手、法医に三田氏を訪ひて二村氏を教授に推選することを説明す

九月二日　木　晴大夕立

解剖学総論講を始む七時より八時、又八時より試験、出席者僅かに四名、午後は実習出場、学生五、六名あるのみ甚不勉強、三等医正簡野松太郎氏北京公使官附として赴任に付て挨拶に来る

九月三日　金　曇驟雨

八時より顕微鏡試験、出席四名、これにて終る

九月四日　土　曇雨

組織筆答試験八時より、問題スツルクツル・デル・ツェルライブズ（プロトプラズメン）・ウント・デス・ツェルケルンス〔＊細胞体の構造および細胞核〕　出席者一五名、尋で答案を調べ消時、三時半出て加賀町、大雨となり帰るに困る、三郎氏帰宅、牛鍋にて夕食し、九時半まで三郎氏と話し帰りに水道橋を仮眠に過ぎ松住町にて三十分待

ち十時半帰宅

九月五日　　日　晴

再ひ堪へ難き熱さ、終日無為に過く少し庭に出る、三の送別などいひて鰻を取る幸ひ厳来り共に食す

九月六日　　月　晴

片山氏来室、二村氏のことを話す、二村井上両氏と試験成績を相談し決定して事務へ持ち行く　三二夜行にて名古屋へ出発す

九月七日　　火　晴

ワルダイエル先生より詳細の返書六月二十二日附にて到着す、感特深し　忠子来り居るよしに付五時出て帰宅

九月八日　　水　曇晴

叙正三位の辞令今日受領す

九月九日　　木　曇

額田晋氏来室、R・マルチン、H・フィルヒョウ両氏より返書到達

九月十日　　金　曇雨

俄かに冷くなる、四時より法医に於て鈴木書記祝賀会実行相談　精、素子午後忠を送り返へす

九月十一日　　土　雨

九月十二日　　日　晴

庭の草をとる、午後四時前出て加賀町、日暮まで遊んで帰る

九月十三日　　月　晴

午後教授会、上村直親、石橋松蔵二氏学位通過、次に人事、二村氏を名誉的の意を以て教授に推選するの件可決（二三の中不可一票ありたり）次に山川総長辞任に付新総長選挙に付協議委三名を選ぶ即ち評議員三名（佐藤部長、入沢、林）当選

九月十四日　　火　曇

三浦謹氏来室、歯科の件一段進みたる手段如何など談あり

九月十五日　　水　曇雨

高橋作衛氏葬式に午前九伝通院に到る十時教室、午後島峰氏来室、歯科の件に付北村氏上京、安沢氏と共に本人を訪ひて勧告す云々　此手段に付大に賛同したり　池田孝男氏実習にあり好機会と思ひて共に解剖談七時前に至りて去る

九月十六日　　木　晴

朝長尾氏来室今日着京すべし愈本人に勇退を促す云々

碓居龍太氏来室死体の件目下方法なし　沈黙の外なし
云々　川上政雄氏来室専門科に付相談、多分歯科とする
ならん　四時出て加賀町、児等元気克くすぎる位

九月十七日　　金　晴

島峰氏来室母堂受診のよし、又今日北村、安沢二氏石原
氏に面談に及びしよし

九月十八日　　土　曇昨夜雨

昨日きみ良一、鳥居未亡人と泉岳寺に落ち合ひて墓地の
選定をなせり、略決定に近し　北村、安沢二氏より昨日
石原氏に陳述の次第及佐藤部長に面談のことを聴く宮原
氏も側にあり、中村書記官等を尋ねたるも不在佐藤部長
病気欠勤、十時出てお茶水校へ坊の迎に行き十一時連れ
帰る、午後安沢氏来訪、佐藤部長に石原氏の先に自分が
面談するを要す云々　坊を連れて植物園素精同行

九月十九日　　日　晴

午前佐藤氏を訪問、歯科問題、総長選挙問題談、十二時
半帰宅、長尾氏来る玄関にて佐藤部長に面会したること
を報す、良一等と坊を連れて赤羽散歩、鉄橋下にて休憩、
浮間渡を経て六時半帰宅、皆満足

九月二十日　　月　晴　昨夜雨

坊学校へ送る、明神社内を歩く　午後一時総長選挙特別
教授会、古在氏当選す三時散会、これより上野学士院出
席、学術研究会議創立に付ての協議会なり、先つ八部に
分つ天文、地理？・測地、物理、地質？、化学、医、工、
生物。次に各部に八名つつの会員を予定することとし六
時散会。秋冷好天

九月二十一日　　火　晴

佐藤三浦二氏来室　学術研究会議部員選定の打ち合せあ
り　一時出て学士院に其協議会出席、大沢、北里、三浦
自分列席、医学部々員十二名決定六時散会

九月二十二日　　水　晴

午刻佐藤氏に昨日協議会の結果を一寸立話す　島峰氏来
室、北村氏再度石原氏に面談の模様を聴く即ち其態度は
精神異状あるが如し云々又自分が佐藤氏に歯科学校のこ
とを漏らしたるは遺憾の至りなど話す、実習室へ出て四
時半去りて加賀町、六時半帰宅、保子を招きて共晩食す、
於菟来り太田の話原を経て如何云々

九月二十三日　　木　晴　祭日

好天、きみ子と弁当を携へ柿内へ寄りて坊を連れ玉川へ
散歩す、電車雑沓甚し、二子渡し渡りて休憩、時に十二

時に近し弁当を食し例の順路を上流にとりて河原にて坊浅きところにはいり歓び遊ぶ、夕刻加賀町へ送りて七時家に帰る　良一等は終日家にありたりと

九月二十四日　金　晴

杉野、田口両夫人来室、二時過出て文部省へ行きて学士院年金一五〇受取り、歯科病院に島峰氏を訪ひ、今後の手段として友人を以てせんかなどいへるも名案なし、五時半帰宅

九月二十五日　土　曇

午後二時より故隈川氏胸像除幕式に列席す　七時前帰宅

九月二十六日　日　曇　昨夜雨

午前安沢氏来訪、三浦氏に面会し北村氏第二回の会見模様を報告せり三氏よりイヂオオト言へり云々　十時頃柿内二児来る、午後自分は坊を連れて散歩日比谷公園より愛宕山に登り芝公園に遊びて五時半帰宅、良素別に出る、精は三重子と音校へ行く、きみ忠は近傍を歩きたりと

九月二十七日　月　曇

朝坊を学校へ送る明神等を廻る　午後一時島峰氏来室三時過まで談話、六時半帰宅四人皆研声会え行き独り晩食す　忠子は午後返へしたりと

九月二十八日　火　曇

九月二十九日　水　雨

九月三十日　木　大雨

甚しき悪天にて困る

十月一日　金　晴

午前〇時に全国一切に人別（国勢）調査挙行、これ我国最初の試なり　午後人類へ行き松村大野氏に斎瓮弥生式等に付「ろくろ」のこと相談す　四時出て加賀町、坊遠足は只落合錬兵場へ行きたるのみとて早帰り居たり

十月二日　土　晴

佐藤部長を病院に訪ひたるも繁忙、来火曜日を約して去る、人類教室へ行き松村氏に歯変形文図版及ひ別刷代十四円七十六銭渡す　好天気に付二時半出て帰る、きみ子独りあり、柿内へ電話、直に行きて坊を連れ来る時に四時半頃

十月三日　日　晴

早昼にて五人出かける新宿まて市電、これより京王電にて下高井戸に降り野林中を歩く甚適す　八幡社あり境内佳なり岩に坐して坊等三時を食す、堀内祖師堂より自動

車にて中野に降る、電車雑沓を極む新宿尚ほ甚し、此頃の大雨のため軌道未た復旧せざるためとか　良一と種々相談するも案なし兎に角品川を廻るつもりにて乗る渋谷にて降り　七時半漸く家に帰る

十月四日　　月　晴曇

坊学校へ送り教室、午後教授会、新総長古在氏の挨拶あり、学位の件、平松衛平、渡辺純一郎、坂口康蔵三氏通過、都筑甚之助否決、人事に付ては河北真太郎氏を講師にする件、相馬又二郎氏病気辞職に付教授に昇任するの件二名即決薬学にて此年度に拡張成立に付服部健三、緒方章、和智英雄、藤田直市の四氏助教授に推選の件次会於決定すべし

十月五日　　火　曇　昨夜大雨

佐谷有吉氏西洋より帰朝来室、独乙の話あり　佐藤部長来室歯の件やはり尚ほ温和なる考なり　昨日きみ子泉岳寺え行きて墓地契約をなしたり即ち四畳半二百二十五円を渡し杭を打ち帰りたり

十月六日　　水　曇

昼島峰氏来、昨日のことを話す　今日はフォン・ワルダイエル・ハルツ先生の誕生日に付手紙を出す　桑木家に産あり素子行く

十月七日　　木　雨

弁当後三浦氏と歯科談、氏は強硬なり、学術研究会議の部長談、これは未定にて別れたり

十月八日　　金　晴

坊明日高尾山へ遠足すと

十月九日　　土　晴

三浦氏一寸来室、学術研究会会員の件　氏今日協議に欠席すと又自分も欠席す、歯科の談もあり、於菟ふき子氏自分の室にて児の写真を撮る　田口氏論文の校正に日を費したり

十月十日　　日　晴

午後二時教室　鈴木忠行氏還暦祝賀会を山上御殿に催す午後三時半より始む、自分式を司る、宴会に於て一言最古者なることを述ぶ八時帰宅　来会社（ママ）二百名計、集金六千余円、鈴木氏満足なるべし、永井潜氏より昨日の協議会の模様を聞く、同氏候補者たるに付北里氏より異議出たること永氏か迷惑したること

十月十一日　　月　晴　夕雨

研究会議部長は若し当選の場合には辞退と決心す　依て

明日学士院例会には欠席す　午後は教室諸氏と物品保存、現在、廃棄等を調べたり、これは昨年来処理すべきところ今日漸く実行したり　五時半までかかりたり

十月十二日　火　曇雨

午後四時半出て加賀町、坊腹工合悪しく今日学校休みたりと併しなかなかはねて居る

十月十三日　水　雨曇

昼島峰氏来る、歯科に付別に新談なし

十月十四日　木　曇

午後四時より人類学会評議員会、六時帰宅

十月十五日　金　曇晴

午後林氏に歯科のことを談す氏は略ほ同意見なるが如し

四時半出て加賀町、坊元気、三郎氏も在宅

十月十六日　土　晴

帝展招待日に付全家五人行く自分は七—八時の講義を終へて上野山下に皆と落ち合ひたり十二時前きみ子と共に出て山下にて別れ教室に帰る他の三名は昼食するとか

十月十七日　日　雨　祭日

赤門前にて冬上靴を買ひ十時教室

十月十八日　月　晴

午後教授会、学位規則。次に学位の件安田哲雄、栗山重信、北川文男通過、四時半散会、加賀町へ行く「パン」をやりたるに児等大悦び、これを夕食とす

十月十九日　火　曇晴

独乙より新しき雑誌到達これを整理す、其他雑務多し

十月二十日　水　曇

皇后陛下大学へ行啓、九時銀杏並樹（ママ）の端にて奉迎、平日の通り十時—十二時講義、三時半奉送

十月二十一日　木　大雨

午後一時より三浦氏と本部に中村書記官に歯科の件に付会談、三人意見一致す、先木下氏に勧告せしむることとす

十月二十二日　金　曇晴雨

大雨今朝に到りて止む、脈管論講義終る、標本室え連れ行きて水脈模型を示説す　昼三浦内科え行きて明日のために二三尋ねたり　島峰氏来室、昨日のこと並に石原、長尾病院にて興奮のこと　四時半出て加賀町、信子少し風を引く　晩於菟、潤氏来る

十月二十三日　土　曇晴

総論解剖学講義全部終り本学期これにて閉つ　朝七時よ

りの講義今日限りなり　三浦謹氏在職二十五年祝賀会を上野精養軒に催す　午後二時同処に到る自分開会辞を述ぶ宴会出席二五〇人、学生提灯行列をなす、自分は大沢謙二氏等と自動車にて三浦邸に到る、九時半帰宅

十月二十四日　日　晴

良素両人早朝登山に出かける、十時半教室　午後医学会総会に出席、去て三時御茶の水学校に坊の迎に行く　暫時して運動会済む、連れて四時帰宅

十月二十五日　月　晴

予て考へおきたる通り七里ヶ浜散歩、精と坊を連れて出かける十時鎌倉着、電車にて稲村ヶ崎に下りこれより浜を歩、希望通りの天気にて甚快、坊精は徒跣にて歩く江の島山上の茶屋に到れば既に十二時半を過ぐ此処にて弁当を食す、これより窟に下る但し桟破損に付岩まで下るを得ずして戻る、藤沢三時一九分発して帰る、家に帰れはまだ五時半にならす、往復共汽車等の都合よし、皆満足ただきみ子の行かざりしは惜しかりき

十月二十六日　火　晴

朝坊を学校にまで送る、八時より本特別学期の組織筆答試験、問題マルクハルチゲ・ネルフェンファゼルン（＊骨髄の神経線維）、出席者二十一人　梛野へ寄り午後三時家に帰り庭え出る　晩良、素帰宅

十月二十七日　水　雨（曇）

午前顕微鏡試験、五人出席、三時家に帰り入浴、夕食など、七時半大雨中上野発車、八時過寝台に上る、下段にて安楽なるも眠ることを得ず

十月二十八日　木　晴

夜中殆んど不眠、柏崎にて夜明ける、天気良き模様にて悦ぶ、携へ行きたる弁当を食す、遅れずして六時半長岡着、天気よし、直に寝台券を買ふ幸に下段あり山本屋に投す、直に出て安善寺に到り住職に会ひて来意を告ぐ、今日は恰も講習会其他甚混雑なるも快く承諾し呉れたり、一寸宿に寄りて逍遥に出る　観光院町、高橋小路の旧宅依然として在り、今朝白四つ角より栖吉土手に登る、清水の流ること旧の如し持立峠、鋸山などを眺め、去り難き様感す、生地の前を過ぎて諏訪堂に到れば堂はなし、大杉一本残りあるも中学構内となる、尋ぬれば昌福寺内に移したりと、これより同寺に到り梛野家墓に詣で且鵜殿先生の墓にも花を供ふ、住職赤柴氏に面会、懐旧談に時を費し大急にて安善寺に到る、丁度住職も帰り来る時

に十二時なり直に読経を始む、一時頃終る、同時に寿衛造十七回忌も兼ねて済ませたり、墓は異状なく破損などなし。宿に帰りて昼食し、二時半出て悠久山に遊ぶ、公園として近年大に手を入れたるため社景甚整ふ、幾年振りなるか忘れたり、四時半宿に帰り尚ほ時間あるを以て出て長生橋を渡る　時に太陽西山に入るところなりき。七時四五分長岡発車、黒板氏あり太田県知事其他ありて雑談、九時寝台登る　天よく晴れて円月東山の上に高くありたり

十月二十九日　金　曇

夜は少し眠りたり、朝上野着、八時半家に帰る、七回忌仏事を終へて安堵す、午後三時間計眠る大に回復す　精子柿内え行きて忠子を午後連れて帰る、晩保子を招ねきて食し長岡談をなす、九時寝に就く、此費三五円余

十月三十日　土　快晴

昨夜雷雨、今朝全く霽れる、六時頃三二名古屋より帰宅す、甲野若夫人死去に付きみ子午前に悟に行く　自分は九時教室、教育勅語煥発三十年に付式あるも出席せず森田斉次氏来室、三時となる急き出て甲野家へ告別式に行く、次に柿内へ寄る

十月三十一日　日　晴　式日

早く昼食しきみ子と忠子を連れて植物園行、三郎田鶴坊を連れて来る、取り換へて坊を連れ帰る

十一月一日　月　曇雨　祭日

昨夜神宮鎮坐祭、朝坊を学校へ送り八時教室　紀要校正、答案調、四時家に帰る少し雨降り始む、庭へ出て萩を鋏みなどす

十一月二日　火　晴

昨夜雨、今朝止み漸々霽れる、朝坊の迎へに行きつれ来る　午後精、素子等と坊を連れて上野公園へ散歩す　動物園に入る、此辺人出夥し、徒歩にて帰る　晩三二名古屋へ帰る

十一月三日　水　晴

朝雨降りたるも漸々霽れる、午後坊を連れて鴻の台へ散歩す　公園より渡しを渡りて堤上を歩く　本所電車なかなか混雑す

十一月四日　木　晴

朝坊学校送り。特別第二学期を始む、先解剖実習に付説明す、二村井上二氏試験成績を協議す

十一月五日　金　晴

長谷川弘一郎氏死去の悔状並に香奠五円贈る　午後島峰氏来室長談二村の件に付真鍋氏と対談せしこと

十一月六日　土　晴

教室備付雑誌を調査して長谷川舘一氏へ送る　医学部雑誌目録作成のためなり　早く弁当を食し信濃町に建築せられたる慶應医学部開校式を参観す、病院教室を一巡す岡島氏特に解剖教室を案内す、式には列せすせして辞し去る、家に帰れは三時半、田鶴午前より三児を連れて来り居る賑かなり、晩食し自分坊を電車にて送り行く

十一月七日　日　晴

朝木下正中氏を西片町邸に訪ひ、歯科の件に付き懇談、兎に角下瀬謙太郎氏と協議し本人に談すべし云談二時間に及ぶ、午後精を連れて日暮里より汽車にて松戸に到りこれより山中を経て真間に到る時に日暮れる、山中静雅甚意に適す

十一月八日　月　晴

午刻島峰氏一寸来る、葉巻煙草一箱贈らる、昨日木下氏に会談のことを言ひたり、午後教授会、高橋信美、杉田直樹両氏学位論文大沢岳氏報告可決、四時散会

十一月九日　火　曇

碓居氏来室、養育院関係六ヶ敷、又日医専に体をやらざるべからざるか、衆議員市議員たる近藤達次と云ふ人医専の幹事なれば、これを好く遇する方宜し云々

十一月十日　水　曇

午刻安沢氏来室去日曜に二村、金森、長尾氏と佐藤部長に面談の模様に付報告あり、午後法医にて鈴木忠行氏祝賀会の決算す　これにて本件は終結四時出て加賀町、坊等皆不機嫌

十一月十一日　木　少雨

十一月十二日　金　雨

佐藤恒介氏来室、顕微鏡標本（ラフェド・ゲンゲ（＊縫合状況））を見る、島峰氏来り雑談、学士院例会出席、白鳥氏諺文起源の講演あり、授賞者推選の件自分は布施現氏をなす、九時半帰宅

十一月十三日　土　晴

運動会に付休業、坊を学校に迎へに行きたるも既に帰りたる後にて空しく教室に帰る、一時頃きみ子忠子を連れ来る尋で坊も来る、これより二児を連れて運動会場に到る　自分は何十年振りなるか忘れたり、但し変りたる様

なしただ見物人の多きと、景気の盛ならさるのみ、三時半教室へ帰り菓子を与へなどし忠子はふく送り行く、自分等は坊を連れて家に帰る、晩は坊を連れて精、素と槇町まで

十一月十四日　日　晴

朝坊を連れて菊を植る鉢を買ふ、弁当出来たれば九時五人にて出かける（きみ子は高輪中林家を訪問す）再ひ下高井戸へ散歩、好天心地よし、雑木林中にてりんだうの花などとり、八幡前にて弁当を使ふ、三時少し過家に帰る、皆大満足、尚ほ庭へ出たり

十一月十五日　月　晴

坊学校へ送る、寒くなりたり、今日より暖房を焚く　昨日医科勝利に付講義を休むと云ふものあり又何人が其様のことをいひ布らしたるかなどいふ者もあり、兎に角講義をしたり出席者十四、五名ありたり、午後実習には多数出席したり、新制度を敷きても尚ほ学生に此様な風あり歎すべし

十一月十六日　火　晴

風雲堂よりライツ顕微鏡拾台購入したり

十一月十七日　水　晴曇

朝藁灰を製したり、解剖材料不足のため山本を昨今両日本所辺へ遣したり、新潟小池敬事氏来室　四時出て加賀町

十一月十八日　木　晴

昨夜雨

十一月十九日　金　晴

解剖体祭に付午後谷中天王寺に到る、学生列席これまでになき多数なりき、三時半帰宅、庭え出て「がく」などを鋏む　晩きみ、せい、もとを連れて日比谷の菊花を見る次に銀座通りを歩く、十時帰宅

十一月二十日　土　雨曇

観菊会なるも例により不参、午後一時半出て駒込病院え行、故宮本叔氏紀念像除幕式参列、三時半帰宅

十一月二十一日　日　晴

昨夜雨降りたるも今日霽れる、十時出て加賀町、弁当持参、午後坊を連れて井の頭公園に散歩す、五時坊を送り迎へして家に帰る　留守中木下正中氏来りたり

十一月二十二日　月　晴

学生運動会祝勝のため休講、午後教授会、学位の件草間要（眼科）桃谷幹次郎（薬学）木村敬義（病理）簡野松

太郎（陸軍、黴菌）の四氏何れも通過

　十一月二十三日　火　雨

十時教室、六時去て家に帰る悪天

　十一月二十四日　水　雨晴

朝保子来る借家に困る話、午後は霽れる　四時前出て加賀町、坊昨日来寒冒、咳多けれど気嫌（ママ）克遊ぶ

　十一月二十五日　木　曇

一年生某来り解剖祭のことを新聞紙に披露するは如何云々、須藤憲三氏独乙にありて帰朝、興味ある談話、共に弁当を食す又四時より医化学にて同氏の旅行談を聞く　六時教室え寄り七時帰宅

　十一月二十六日　金　曇雨

人類教室え行きて松村氏に大境其他の遺物に付尋ぬ　森田斉次氏紹介解剖学志望者正印義正氏来る　大沢氏に二村辞表提出十二月二十日頃、其他のことを話す、授験（ママ）生森田秀一氏教室助手志望の旨申出る　ヒリピン大学解剖学助教ナニャガス来訪　足立氏へハルリツカ脛骨に関する論文に付問合せの返事　布施氏へ梨子贈与の礼状、桜井恒次郎氏無沙汰見舞を出す　精子坊の見舞に行く

　十一月二十七日　土　晴

昨日松村氏に約束せる「赤い人骨に就いて」の講演の下調べに取りかかる、歯牙独文は中止、家に帰り更衣、七時半丸の内中央亭に到る　ドイチェ・オストアジアチ・ゲゼルシ〔＊ドイツ東洋研究協会、ＯＡＧ〕及ドイチェ・フエルアイニング〔＊ドイツ協会〕主催、新に赴任する日置大使送別会なり、ゾルフ大使、モクレル東アジア協会会長、ヘルマン・ドイツ協会会長、チイレ大使館参事官始め百二三十名と思ふ、日本人は入沢、田代、長与、藤沢、其他十数人、ヘルマン氏の挨拶（森某氏訳）、日置氏謝辞（チイレ氏訳）。オストアジア・ゲゼルシ〔＊ＯＡＧ〕の会員たること約したり　家に帰れば十一時半なりき、会員多数は燕尾服なるも自分はフロックコヲトにて体裁悪かりき

　十一月二十八日　日　晴

午前午後共庭に出て掃除したり、皆々も出る、終りて四時加賀町、坊は宜しき方なり

　十一月二十九日　月　晴

午刻松村氏来る、次に島峰氏来る　ディークの手紙二通を見る、同氏のことを報知新聞に載せたるを持ち来る

　十一月三十日　火　晴曇

晩良一電話にて尋ねたるに転任せざること分明せり、精子寒冒

十二月一日　水　晴

四時出て加賀町、三郎氏始め皆風気なるも格別のことはなき様なり、坊はねて困る

十二月二日　木　晴曇

去二十七日以来「赤い骨」に従事す

十二月三日　金　雨

島峰氏一寸来る、夕方霽れる

十二月四日　土　晴曇

朝高橋信美夫人来室、昨日大沢氏教室より帰途七時布佐着駅附近にて発作起り生憎田甫に落ち苦悶のところ村人等が八時過きで介抱し来りたり云々、直に入沢内科に到る、氏未あらす電話にて打ち合せをなし、事務室へ寄り中野大沢家へ電話又別に小使中島を遣るなど其内井上氏出勤、不取敢氏及び森、桑山見舞に行くこととす入沢氏来室田沢鐐二氏往診のこととす彼れ是れ昼になる　午後一時半より山上会議室に学士院授賞委員会を開く、三宅、佐藤、北里、山極、自分の五名なり　提出せられたるもの加藤、布施、清野、川村の四名、賞は二部に三個あり、加藤を除きて三名としたり、四時散会、六時半帰宅、坊学校から来る　素子迎へ

十二月五日　日　曇

早朝教室より電話、布佐より電報ありと、即ち解封せし（ママ）む「チチシス」云々尋で小使日向電報を持ち来る　二村、井上両氏に知らす　二村、鈴木（忠行）両氏来る大沢祝氏来り遺言のこと示さる、是より二村、鈴木二氏と一〇、一五上野発布佐行、宮川米次氏も行く　同家に着し先遺骸に礼拝す満三十三年間共に斯学に従事せる友を失ふ感慨深し、是より夫人始遺族の方と後方の相談主として乾氏これに当る　井上、森、桑山、長谷川、宮原氏等集まる、大体決定、即ち凡て遺言に依ること、明日午前中に遺骸を解剖教室に移すこと（自動車）、六時発にて諸氏と帰京す、八時半帰宅

十二月六日　月　晴

坊学校送り八時半教室、午前大沢氏室片付掃除佐藤部長来室、増俸等の相談、これは後刻再び来りて希望通りになりたり、病理山極氏に剖検依頼、午後一時より教授会、明日は敬意を表するため休業、来十八日追悼会等直に散

会　是より長与氏執刀剖検、終て棺を故人の室に安置す、遺族の方母堂令弟出京せらる夫人其他教室にて通夜せらるべし　自分は六時半帰宅入浴

十二月七日　　火　雪

坊学校送り八時半教室　森、虫明、桑山等通夜せりときみたづ礼拝に来る自分の室にて暫時話して去る、午前中は礼拝者多し、地方出京者、仙台西、名古屋浅井、佐藤、京都足立、大阪大串、岡山上坂、其外新井、森田、岡島の諸氏集る、午後は晒骨準備、自分、新井、二村、長谷川刀を執り軟部を除く、三時火葬場へ向け出棺、井上、森送る、後諸氏と故人の室にて談話、井上氏等四時過帰り来る、五時出て家に帰る　終日雪降り悪天困る　先考忌日逮夜に付保子を招き食事す

十二月八日　　水　晴

坊学校送り、からたち寺脇に倒れ居るものあり、丁度学生四五名来れるを以て共に外来診察所へ送り込む　森正道氏大沢氏葬式に列するため来室　長崎原、岡山八木田二氏出京、実習を終へて井上氏室にて六時まで談話

十二月九日　　木　晴

坊学校送り、八木田氏来室人類学の方面に少しく趣味を起したり云々、上坂氏と共弁当を使ふ　午後二時家に帰り倖にて宮内省に到り故大沢氏祭資（七百円）並に幣帛を受取り次に御礼記名し又これを乾家に到りて龍子殿に渡して帰る　時に四時半甚寒し　今日二村、井上二氏と相談、即ち此度教室にて要したる弁当其他八十二円となる、これを三名にて香奠の意味にて負担しては如何の件なり　二氏同意、即ち井上二村二氏各十五円、良精五十二円とす、これを川口に支払ひたり

十二月十日　　金　晴　寒強

坊学校送り、午前雑務多し殊に大正八年入学生一一〇余名の学習簿に記名すこれ新規程実施して始めてなり。昼教室諸氏と共に弁当を使ひて来十八日追悼会のことに付相談す　一時半過漸く文部省に到る　第一回学術研究会議総会なり、会長、副会長選挙其他五時散会

十二月十一日　　土　曇

午前雑務多し、事務室へ行きて追悼会通知のこと、新聞五種に広告のことなど鈴木氏頼む、早く弁当を使ひ一時文部省に到る　最初の部会を開く出席、三浦、森島、北島、長与、永井、井上（嘉都治）、自分（欠佐藤、北見、三田、藤浪、宮入）部長副部長を選挙す即ち部長佐藤、副部長

森島氏当選予て心痛したる本件は先つ安心せり、これより総会なるも辞し去て二時半人類教室に到り「日本石器時代の赤き骨に就いて」演説す　終て四時過教室に帰る六時過出て家に帰る　坊学校より独り加賀町へ帰る

十二月十二日　日　曇雨

午後千駄木にユンケル氏を訪ふ幸に夫妻とも在宅　九谷花瓶（清水由隆氏のもの）を贈る先達て独乙会に招ねかれたる礼なり、四時家に帰る　雨降り出す

十二月十三日　月　曇

たづ坊を連れて来室、耳痛ありと、耳科へ行き岡（陸軍）氏の診察を乞ふ尚ほ岡田氏に見せる方宜しからんとて外来へ行く丁度同氏あり頼みて去り講義に出る　午後教授会、皆川弘毅、松村義秀学位通過、三時に閉ぢて是より学研部会を開く佐藤部長、森島、北島、井上、三浦、長与、永井、良精、一昨日総会にて桜井副会長辞任の件に付詳細を聴く、四時半教室に帰る、長谷部氏来室、鹿児島へ貝塚発掘に行くと、七時前帰宅、忠子来り居る

十二月十四日　火　晴

川上政雄氏卒業、歯科と決定せりと挨拶に来る　雇辻氏来室書記になる様心配したれ云々　午後四時木下正中氏来室、石原のことに付返答あり自決する様子なし

十二月十五日　水　晴

追悼会のことなど雑務多し、事務雇辻長氏来室一身上の談、書記になりたし云々封書を遺す　午後四時新井氏来室、大沢家談、長くなり六時半別る　忠子加賀町へ帰る

十二月十六日　木　晴

追悼辞考案　七時頃帰宅

十二月十七日　金　晴

故大沢氏の著述を調ぶ、幸大正八年一月の医事週報に自叙あり新井氏送り呉れ悉くこれに記載あり　四時家に帰り和服に更へ芝紅葉館に到る　独乙関係の諸会合同してゾルフ大使及館員一同を招待したるなり一三〇余名集る、久し振にて国風の宴に列したり、十一時帰宅、時に少し雨降る

十二月十八日　土　雨

九時教室、皆準備に忙はし、敷波氏仙台より出京小池敬事氏新潟より、午後二時過ぎて式を始む、先良精述べて順次進行四時半終る会同者三〇〇余名　悪天にて困りたるも先追悼として上々と称すべし、尚ほ遺族方と談話六時去て家に帰る　坊学校より独にて来る

十二月十九日　日　晴

午前は庭に出て坊と遊ぶ珍しく温し、皆々は煤掃ゐとて働く、午刻小松茂治氏妻女来訪、午後は精と坊を連れて銀座通りを歩き、カフエエパウリスタアに入る是より日比谷公園を歩きて帰る

十二月二十日　月　晴

坊学校送り　午刻佐藤部長に辻雇員が書記になりたしとの願に付又石原歯科に付木下氏返答又学研会に付面倒の件桜井氏略ぼ留任となることの談、二村氏今日辞表提出、井上氏に其事を始めて話す　又両氏と追悼会後始末に付相談　辻長え返事す、あまり度々書面を遣すことを序に戒めたり

十二月二十一日　火　晴

坊学校送り、三浦氏に歯科に付木下氏返答のことを報告す　浅井氏へハスセ蔵書購入を勧める手紙を出す、又小山龍徳氏帰朝悦びの手紙を出す　佐藤部長来室、二村氏辞表、来月にしては如何云々（俸給の利あり）帰途同氏を訪ひたるも不在

十二月二十二日　水　晴

二村氏来室、辞表来月出すことを話す、島峰氏来室木下氏返答のことを話す、安沢氏出発留学告別に来る　帰途森氏を訪ひ故緒方氏伝記を編むことを托す快諾を得たり又貴人屍朱詰めのことを質す

十二月二十三日　木　晴

講義は脊髄に移り一時間これに付き述べて閉づ　午後二時故青山氏銅像除幕式に列す　精子坊を送り返へす

十二月二十四日　金　晴

故大沢氏著書目録を製す二三日費したり　午後教授会、松永琢磨、清水由隆、藤本武平二、石川哲郎四氏学位の件通過、終て二木氏を兼任教授とするの件、四時出て加賀町、信子先日来歩き始めたりとのことなるも未た甚あやし

十二月二十五日　土　晴

午前実習へ出て授業を閉ちたり、布施氏へ仕事の要点教示依頼の手紙を出す　小使四人へ二円つつ歳末をやる、六時半出て家に帰る　少し腹工合悪し　三二十二時前帰宅せり

十二月二十六日　日　晴

午前柿内へ行きて坊を連れ来る、昼食後精、素、三二と坊を連れて散歩、大塚より飛鳥山、小台渡を経て荒川堤

を千住まで歩く、風なく天気甚適す、但し松鰻へは寄らざりき、五時半過家に帰る

十二月二十七日　月　晴

十時半教室、乾氏来室、故大沢氏生命保険の件に付保証依頼、児の「アルコオル」漬の始末に付相談　午後三郎氏来室長談六時半去る　午後三二坊を送り行きたりと

十二月二十八日　火　晴

十一時半出て文省に到り文書目録手当を受取りて加賀町に到り弁当を食す、児等と遊ひ、三時出て水道町に小松茂治氏を訪ひ次に巣鴨宮中に小松春三氏を訪ふこれにて怠りたる義理を済ませたり　六時過家に帰る、風寒し

十二月二十九日　水　晴

鈴忠氏賞与四二〇持来る、北海道大学の報酬一〇〇、文書目録七五、合計五九五円、十時教室　明治商業より去夏引き出したる二〇〇を填補す　ワルダイエル先生レーベンスエリンネルンゲン〔＊回想録〕到達す

十二月三十日　木　晴

九時教室、ワルダイエル先生へ昨贈与の礼状、及フォン・エッゲリング教授へ大沢教授死去の手紙を出す　二時過て家に帰る、これより皆と出かける　良、三、素、精、大塚より飛鳥山を経て例の道をとる予定なりしも偶故障あり三十分以上田甫中に消時、熊野前にて下り堤を経て千住松鰻に達す、待つこと一時間皆「トランプ」をして興す、浅草仲見世、上野博品館に寄りて十時帰宅

十二月三十一日　金　雪

早朝より雪降り意外の悪天となる、十時頃柿内え行きて児等と遊ぶ、持参の弁当を食し三時半出て家に帰る、九時半床に入る

大正十年　2581
1921　良精六十二歳

一月一日　土　晴

雪二寸計積りて全く霽れる、加賀美年始来り　山越の方工合宜しとて喜び居けり、皆集りて撮影などし十時教室、十二月中暇なかりしため中止したる「赤き骨」を書続く　六時過家に帰る　森、桑木始め十名計来客ありしよし

一月二日　日　曇雨

十時教室、今日も「赤き骨」　留守中橋本全家其外来客多かりしと

一月三日　月　曇雨

椰野へ年始に寄り十時過教室、「赤骨」甚捗取らす　六時半過出て家に向ふ　留守中安田恭吾、横田四郎二氏来賀

一月四日　火　曇

在宅、十時過坊、忠子来る、終日二児の相手、来客なし　夜十一時前電報あり京都足立氏より鈴木氏脳溢血にて重体のよし

一月五日　水　晴

朝曇なりしも漸々晴れて好天となる、斯波家より電話あり鈴木氏昨四日午後三時逝去（ママ）よし、主人氏は今朝出発行京せられたるよし、十一時過田鶴子信子を連れて来る、賑かになる、午後より桑木、森、橋本家児等追々来る、静子殿も来り余興あり、かるた数番、夕食の際石垣貫三氏、桑木婦人、ユンケル氏来るなど大混雑を極む、七時皆散す、但し坊残る、京都より問合せ置きたる返電あり八日告別式のよし、されば七日夜行にて京都へ行くべし

一月六日　木　晴

九時半教室、事務へ行き鈴木に京都行のことを話す　授業始まらす十一時出て家に帰る、素、精等桑木へ行く　午後坊を連れて銀座まで「はた」買に行きたり、坊咳するも気温暖かなれば別に障なかるべし

一月七日　金　晴

十時教室、坊は内へ返へすべし、家より電話、三重子来り居るよしに付二時出て帰る、三重子家中昨日来甚不快に付遁れ来りたりと、きみ子取り敢へず橋本へ行く　とし子殿より電話あり直に返へせ云々語気なかなか強し

直に三重子を送り返へす、次にきみ子帰る、入浴、夕食、支度、七、三〇東京駅発車、事多し、車中田代氏夫妻、田所美治、石川千代松、五代龍作氏等あり　九時寝台に登る（下段）、安眠不能

一月八日　　土　晴

七時半京都着、足立氏出迎へ呉れたり、今夜の寝台（下段）を買ひ直に電車にて鈴木家に到る、剖検のため出発の前にて遺骸に対し礼拝するを得たり、香奠解剖学会新井春氏より依托、自家（十円）のものを供ふ、出発を見送りて、これより足立氏と共に氏の宅に到る、更衣、十時大学病理教室に到る、清野氏執刀剖検に列す、休憩室にて諸氏と談話、又会食す、午後一時告別式を始む、荒木総長の次に自分東京医学部を代表して弔辞を読む、三時式終るを待つて、足立氏と共に氏の宅に到り、夕食、共に京都駅に到る、坊等へ土産を買ふ、八時過発車　中西、平井毓、石川日出氏及足立氏見送り呉れたり　天谷氏同車、九時半寝に就く

一月九日　　日　晴

八時過東京駅着、九時過帰宅、昼三時間計眠る　四時出て加賀町、児等喜ぶ　三二は昨夜出発名古屋へ帰る、夜半行き会ひたる筈なり

一月十日　　月　晴

九時前出勤、講義を始む、学生過半出席　三時半出て年始廻り、牛込小松家にては老夫人床にあり寒冒の気味とか、大に老衰せられたる様に感す　次に原町原家、信哉氏昨年十月以来病気なりと次に桑木家、玄関にて辞し去る、終りに柿内え寄りて足を温め六時半帰宅　晩保子来り三重子のことに付談あり

一月十一日　　火　雨

九時大沢未亡人来室、氏の室を片付く、弁当を供す一時過去る、片付中福岡桜井氏出京来室、談話の暇なくして去る、午後は実習にて今日は寸暇なかりき

一月十二日　　水　晴

大沢氏室片付未亡人来り午前中に終る　帰途橋本え寄る節斎氏帰り来る都合次第来宅を約し六時半帰宅

一月十三日　　木　曇

午刻田口氏妻女来室、論文別刷等の談あり

一月十四日　　金　雨

学生試験申請多数来りうるさし、島峰氏来室、次に永井潜氏来り現独乙談、歯科、二木兼任教授談等四時去る

昨日節斎氏より手紙あり、此週は暇なし、妻女同伴ならでは云々、これに対し同伴異議なき旨返事す又札幌植村え鮭の礼を出す

一月十五日　土　晴

試験申請今日限り、四時出て加賀町、三児大元気

一月十六日　日　晴

十時教室、「赤き骨」を書く　六時半帰宅

一月十七日　月　晴曇

画師柴崎氏来室、二村辞職不穏当に感す云々　三宅秀氏来室、学士院授賞のことに付相談あり　午後教授会、池田泰雄学位通過、人事二木氏を兼任教授にするの件可決、故大沢教授補欠候補者推選の投票をなす　六時半帰宅

一月十八日　火　晴

晩きみ子柿内え行く甲野の件に付相談なり

一月十九日　水　晴雨

雑務多し

生理教室え行きて石川知福氏に追悼会筆記謝儀を贈らんとせしも辞退せられ持ち帰る　きみ子岡田へ行きたるに興信社に精不利のことありと

一月二十日　木　晴

昨夜雨、ロームベンセファロン〔＊菱脳〕を終へて本特学期を閉つ　解剖実習も閉つ、独乙え送るべき義捐金の内え拾円出す田代教授に托す　四時出て細工板を買ひて柿内え行く精と途上にて逢ふ、三児共元気、忠子漸く歩き始めたり其様面白し

一月二十一日　金　晴

「赤い骨」大略書き終る、人類教室に到り松村氏に借りた書を返へす　田口氏論文別刷を小包四包として瑞西チユリヒえ出す　節斎氏より来書、此週は多忙にて行かれず、最初とし子を指名せさりしは不当など云へり

一月二十二日　土　晴

九時より組織筆答試験クノヒエンゲベーベ〔＊骨組織〕出席七十二名但申請七十三名あり　午刻出て家に帰る丁度同し電車に坊乗り居一所に帰る、午後坊の相手

一月二十三日　日　晴

終日家にありて坊の相手、良、精、素買物に出かける

一月二十四日　月　晴

坊は学校より加賀町へ帰るべし、九時より組織実習試験、午前午後各十二名つつ昼遅くなり一時過弁当、六時漸く終る暗くなりて困る、学生里見なるもの友人が日割通知

をあやまり一昨日筆答試験欠席せしことに付陳情せるも取りあげざりき　年賀の件左の通り

はがき　　三一〇
封筒入　　一〇五
名　刺　　五六

一月二十五日　火　晴

組織実地試験午前に終る、午後四時出て加賀町児皆元気、信子段々面白くなる

一月二十六日　水　晴

「赤い骨」清書に取りかかる　この二、三日きみ信社のことなど心配し晩田村全宣方へ行くなどす但し要を得す、三二試験不出来のよし、十一時過床に入る

一月二十七日　木　晴

山越来る故大沢氏骨格鉸鏈を命す、新井春氏来室追悼会の筆記訂正し持ち来る「赤い骨」清書終る、是より千駄木へ行き森氏に通覧を頼むべし同時に故緒方氏略伝の材料を持行く　七時前帰宅　今日きみ子泉岳寺へ行きて墓地に石を置きたり

一月二十八日　金　曇晴雨

答案調に取りかかる　午後島峰来室次川上政雄氏来る歯科病院へ通ふと　六時半帰宅時に雨　きみ子は岡田家へ招ねかれ、素、精は午後西洋菓子製法伝習に行きたり

一月二十九日　土　晴

朝きみ子と事情を岡田へ明かすことを談合、素子不例のことなど談し十時過教室　答案調　赤松純一学位論文 **Ductus reuniens Henseni** 通読　天谷千松氏来室　四時過出て加賀町　素子悪阻か

一月三十日　日　晴

厳来り来月六日世駄(ママ)ヶ谷へ移転と極たりと十一時半教室答案調べ

一月三十一日　月　晴

「赤き骨」原稿を松村氏へ送る　午後教授会、小泉親彦（横手）神保孝太郎（入沢）鬼頭英（三田）久賀六郎（林）学位通過、人事の件故大沢教授後継者前回予選投票を開封す即ち井上16、布施14、西13其外上坂、岡島、進藤、二村などあり　多数三氏に付投票の結果出席24の内井上16、布施4、西2、白票2、井上丁度三分の二得票ありこれを推薦することに決す、散会三浦謹氏来室歯科談あり免黜細則を教授会に於て決定するを可とす云々　鬼頭氏内報書面を出す　五時出て弘田氏を見舞ふ、別状なし、

出勤はするよし七時帰宅

二月一日　火　晴

特別第三学期を始む、八時より講義す、実習室出場、試験成績調べ略終る

二月二日　水　晴

奉夫椎野氏出京来室、井上氏と試験、成績協議し決定して事務へ報告す　今日きみ子岡田へ行き精身体のことを明かしたり

二月三日　木　曇雪

岡山筒井八百珠氏死去に付弔詞を贈る、擬賞のため布施氏論文調べ

二月四日　金　曇

雪五、六寸積る、寒し、大沢未亡人布佐より出京来室

四時上野学士院に授賞代表委員会に出席、松村、井口、飯島、長岡、山極、小金井、次の如く決定、恩賜賞布施、学士院賞松本彦七郎（クモヒトデ分類）俵国一（日本刀研究）、桂賞田原良純（テトロドトキシン）、六時散会、道悪しく困る

二月五日　土　晴

椎野氏帰任告別、昼帰宅、田鶴児連れて来り居る　坊も学校より来る　北蘭七回忌逮夜に付、保子、三重子、潤氏等集り晩食す

二月六日　日　晴

在宅、坊の相手、晩石垣貫三氏七回忌挨拶に来る

二月七日　月　晴

朝坊学校送り、井上、緒方両氏と工藤得安氏学位論文審査協議、可と決す、大沢謙二氏来室、石原誠氏研究費の件、其他来室者多し、三郎氏追善能に付相談始め来室後医化学へ行くこれより加賀町

二月八日　火　晴

事なし只授業其他雑事忙はし

二月九日　水　晴

学修簿の改正に付早乙女氏と談す

二月十日　木　晴

規雄氏近々千葉へ赴任のよし来談あり、ユンケル氏へ柿内追善能招待の手紙を書く、坊熱発のよしに付加賀町、病症不明但し機嫌よし

二月十一日　金　霙　祭日

悪天、加賀町、坊やはり少し熱あり但し機嫌よし、持携の弁当を食し三時帰宅、ふくを栗山氏方へやり往診を頼

む

二月十二日　　土　霙

みぞれ尚ほ止まず、此頃は布施氏脳論文を調べる四時より学士院例会、鳥居龍蔵氏西比利亜遺跡の講演あり、授賞者に付代表委員会の報告をなす、九時過帰宅、上野山内殊に道悪し　坊は栗山氏今朝往診、麻疹のよし

二月十三日　　日　晴

十時頃加賀町、次いできみも来る、坊愈々麻疹、既に発疹す機嫌悪し、今日は先考三回忌仏事を執行するとて混雑、携帯の弁当を食し、三時過忠子を連れて帰宅、良一は九時過出て仙台へ出張す　十時頃きみ、ふく帰る

二月十四日　　月　晴

午後教授会、工藤得安氏論文自分報告（可21否2）、片山久寿頼（可22否1）、百瀬玄渓（三田氏報告）、沢静夫（長与氏報告）（可22否1）、百瀬氏に付錯誤あり即ち24票ありて可16否8、然るに出席者23、改めて投票す可14否9、即ち否決、但し此回は可が否に転じたるものあるべし、これ氏の自家血清療法に悪評あるためなり　終りに医院長改選（現院長三浦氏任期三月末なるも其前に渡欧に付て辞任を認めたるなり）第一回2/3以上のものなし第二回決選投票、入沢氏当選、四時過散会　腹工合を損し減食　布施氏授賞審査要旨至急を要するため忙し

二月十五日　　火　晴

鬼頭英氏出京挨拶に来る、高木逸雄渡米告別

二月十六日　　水　曇雨

終日審査要旨を書く、七時半終る、これより千駄木へ行通覧を頼む、盛に雨降りて困る、九時前家に帰る、家にては帰り遅きため柿内其他へ電にて聞き合せなどしたりと

二月十七日　　木　晴

昨年十一月二十七日以来中絶したる歯牙変形独文訳に再ひかかる　夕刻坊の見舞に行く最早熱降る床中にて注文言ひ居たり　良一は仙台より帰る

二月十八日　　金　晴

午前に学士院より使に布氏論文要旨渡す　二村氏今日依願免官の旨官報に出たりとて挨拶に来る四十七才なりと

二月十九日　　土　晴

四時過出て加賀町、きみ子来り居る、忠咳、熱ありて機嫌悪し大方麻疹ならんとて加賀町へ連れ帰りたりと又信子は代りに曙町へ送りたりと、自分は六時過帰宅　信子

も機嫌悪し恐らく皆麻疹ならん、きみ子は十時頃帰宅す

二月二十日　日　晴

朝きみ子は加賀町へ行く、信子昨夜甚やかまし、早く昼食を終へ兎に角十二時半出発四人自動車同乗喜多能舞台に到る、喜美子中途に来る田鶴代りて去る、来会者三百余、五時過帰る自動車にて五人同乗家に帰る　三児の病気のため大混雑

二月二十一日　月　晴

加賀町にて如何し居るかと案し朝出かけに行く　三郎氏まだ家にあり、三児の有様看護婦あるもなかなか困る、十時過教室、午後二村氏今日辞令を受取りたりとて挨拶に来る　井上氏と三人にて懇親会を催すべき相談をなす　四時より医学会出席露国人ボルヂレフ教授（カザン）の「パブロフ教授の科学的事業の概要」なる講演を聴く、四頭の犬に就き実験面白し七時半帰宅、此頃中林夫人より申込の守屋源治郎なる人（茨城県内務部長）きみ、良一と相談の結果四十五年とは年齢多きに過ぐるを以て断ることに決す

二月二十二日　火　雪晴雪

朝より雪降り始む、午後晴れる、岡田和氏来　赤松純一氏論文審査に関してなり　七時前帰宅すれば三郎氏挨拶なりとて来り居る　今日信子発疹したりと何れ忠子も遁れさるべし

二月二十三日　水　晴

四時半出て加賀町、きみ子朝より行き居る忠子強く発疹す、栗山氏恰も来診、総て尋常の症状なり、きみ子は泊ることとし自分は七時帰宅

二月二十四日　木　晴雪

午刻丹波氏来室、長井のことを尋ぬ、一週二回出勤の約束は励行すと、丹羽講義先天性にきらい云々但し出勤はすると　帰宅の際盛に雪降る

二月二十五日　金　晴

四時出て加賀町、坊はよし、忠、信機嫌悪し但し今日頃が峠か、三郎氏帰る直に去る

二月二十六日　土　晴

午後一時より文部省にて第二回学術研究会議開かれ之に出席、医学部にては佐藤、森島、永井、小金井、三田、長与、北島、井上八人出席、会規則議了　六時半散会

二月二十七日　日　晴

昨、今日甚春暖、十時出て加賀町、忠、信機嫌よし　弁

当を食し、一時過文部省、昨日の続き、三時半散会、晩は燕楽軒に解剖懇親会を催す、二村氏此度辞職せるに付てなり新井、森田斉、広瀬、池田、山越、井上、森、桑山、宮原、虫明、正印、佐藤恒祐、二村、自分、十時半帰宅

二月二十八日　月　晴

皇道会役員と称するもの三名来室、記名調印を強請す、謝絶、午後教授会、学位の件赤松純一（岡田氏）橋田邦彦（永井氏）金尾清造（薬学、但し学士にあらす、長井長義氏）皆通過　笠森氏を講師嘱托の件可決、白木（婦人科）栗山（小児）杉田（精神）助教授に推選の件　井上氏教授となる

三月一日　火　曇雨　紀念日

十時教室、六時帰宅

三月二日　水　曇雨

井上氏教授になりたる披露あり尋で教授は現在多すぎる解剖は一若くは二教授之に助教授講師若干名あれば足る二村氏の補欠は必要なし云々意表の説に驚く　布施氏を嫌ふための説か否か、兎に角変な人なり四時間以上つまらぬ談に費し三時半弁当を食す

三月三日　木　曇

皇太子殿下御外遊御出発に付休業　九時教室　第三講座分担（井上教授と）（五五〇円）辞令受取る　四時出て加賀町、三児共麻疹を無事に経過したり

三月四日　金　晴

午後三時出て表猿楽町明治会館に到る、杉田玄白、前野良沢両先生小塚原にて解剖せられてより百五十年に相当する此日奨進医会催しの紀念講演会に出席、良精解剖の話をなす　教室最古標本（松本順先生寄附頭骨、土岐頼徳氏発掘顔面骨）を持参す、五時半帰宅、坊午後来りたりとはね廻る

三月五日　土　晴

二時出て家に帰り坊の相手、少し寒けれど春の天気となれり

三月六日　日　晴

午前精と坊を連れて槙町を歩く、午後は雛祭りとて桑木二嬢を呼びたり

三月七日　月　晴

午後一時半より会議室に於て学士院研究費補助に関する委員会、古市部長始委員五名集まる　七時帰宅、きみ子

等坊を連れて日本橋へ行きたりと、坊病後始めて入浴

三月八日　火　晴

島峰氏来室時に丹波氏来る此頃長井に付て談したること の続き　隠退せねば服部が帰りて位置なく困る、佐藤部長に話すべし云々

三月九日　水　晴

朝六時少し過三二帰着、これにて高校を了りたるなり来二十三日競争試験如何、心配不断　井上氏例の談時に午後三時過ボルヂレフ教授父子来る教室内を案内す　坊午後精子送り行きたりと

三月十日　木　晴

四時出て加賀町

三月十一日　金　晴

講義脳幻灯を終へて午刻帰宅、精を連れて玉川へ散歩、梅花丁度見頃なり、天気極めて温和、九年前の今日のことを思ひ出し久し振りの散歩意に適す　きみ子小石川病院へ行きたるに林町に病人ありて同処にて偶然会したりと

三月十二日　土　雨

午後は井上氏教授補欠問題に付長談例の通り要領を得す、今日は統一といふことを根本とし教授は三、四人にても宜し云々　五時となる遅刻急ぎ学士院例会出席布施氏授賞のこと部会にて決定総会に報告あり　九時帰宅九年前の今日は上坂氏なりしも奇といふべし

三月十三日　日　晴

十時半教室、六時帰宅

三月十四日　月　晴

奉天工藤氏渡欧のため出京来室、午後教授会、松山陸郎、板倉武、田村憲造学位の件可決、留学生選定の件於菟を推薦す、白木、栗山、杉田三氏を助教授にするの件大多数にて可決

三月十五日　火　晴

フォン・ワルダイエル・ハルツ先生逝去の報到る即ち一月二十三日八十四歳を以て云々（満八十四年四ケ月）同時にプロフェッサー・ディーク氏より手紙並にW先生のレーベンスエリンネルンゲン（＊回想録）一部贈与せらる、書面は一月二十二日附にして先生逝去の前日なり書中先生危篤云々語あり　彼是照合し特に感深し　レーベンスエリンネルンゲンは井上氏に贈りたり　飯島魁氏昨朝死亡、防腐注入依頼に付早く弁当を食し出向、千駄ヶ谷の住宅

に到る於菟、山本同行、帰途加賀町へ寄る時に三時半、五時半教室に帰る　六時過出て千駄木え寄り故緒方氏胸像銘のことに付てなり、七時半帰宅、きみ子は田村へ行きたりと帰りて茨城内務部長のことを頼りに田村が誉めたり云々

三月十六日　　水　晴

フォン・ワルダイエル－ハルツ宛W先生逝去の悔状を出す午後五時衛生教室に故緒方氏胸像に付委員会、弁当を食し八時帰宅、きみ子加賀町へ茨城内務部長のことに付相談に行き遅く帰る

三月十七日　　木　晴

足立氏母堂死去の悔状並に香奠五円贈る　きみ子此頃の大切なる件に付奔走す

三月十八日　　金　晴

八時田口細君来室、東京印刷へ払ふべき金を持参せらる講義は脳を大略終へて閉づ、東京印刷を呼び右の払をなす　午後衛生教室に寄り森林氏選故緒方氏銘を横手氏に渡す　是より青山斎場に到る故飯島氏告別式なり三時半教室に帰る

三月十九日　　土　晴

午前幻灯を以て脳示説、午後実習、学生極て少なし、本特別学年結了す　三時半出て加賀町、三郎氏風邪にて臥床、児等は雛を飾りたりとて悦び居る　晩精を連れて銀座へ散歩す

三月二十日　　日　曇晴風

九時半精と加賀町、坊、忠を連れて井の頭へ行く時に風愈強く困る　池畔の茶店に入りて弁当を食す、池を廻る三時過加賀町に帰るなかなか強風なりき

三月二十一日　　月　半晴　祭日

十時過教室

三月二十二日　　火　晴

九時より総論解剖学筆答試験、出席十九名バウ・デル・ブルートゲフェーセ〔＊血管の構造〕　長谷部氏来室、来月末渡欧す云々、田口夫人来室論文を諸氏へ送るためなり桑山に手伝せしむ

三月二十三日　　水　晴

布佐大沢家訪問、出かけに小石川電話交換局を一見す時に赤門前に出火ありとて甚混雑の模様珍らし、一〇、十五分上野発車、弁当持参、贈品牛肉二斤、皆在宅、室内片付けにて大さはぎのところなり、高橋二児と「つくし」

採りに行く、五時半家に帰る先つこれにて義理を一つ済ませたり　医学部入学競争試験

三月二十四日　木　晴

九時より実地試験、出席午前一二、午後一一名、五時半終る、昼休の際入沢氏来室　部長改選に付談あり、田代、林二氏の内云々の談あり　七時帰宅

三月二十五日　金　雨

実地試験出席二五名、俸給四八七、九五受取る、分担のため少し増

三月二十六日　土　曇風

午前午後共試験、二二名、四時半終る、学術研究会議部会会議所に開かれたるも出席することあたはざりき

三月二十七日　日　曇雨

婢ふく暇を取る餞別三〇円遣したり、十時過教室　大正三年入学生桃井省平来室、昨日の試験に付心配し種々事情を述ぶ　レーレン（ニュルンベルク）より手紙到着、試験評決等に終日す七時前出て家に帰る　精過て留学帰朝の際持ち帰りたる羽毛蒲団を焼く

三月二十八日　月　雨曇

午後教授会、穂坂興明、大石貞夫学位通過　三合格したるかと思ふ即ち独57数80動植物90総点227あり　長谷部氏来信に足立文氏病気入院のよし　三郎氏一寸教室え寄り学部長選挙の談あり　四時出て加賀町、三児元気

三月二十九日　火　晴

来室島峰氏、岡田和氏これは学部長選挙のこと、先任者を可とす入沢は如何など　井上氏と試験評決を極めて事務へ出す、七時帰宅

三月三十日　水　晴

朝加賀町より電話あり、坊の迎へに行き連れ来る、午食後教室、事務室、三合格、先一段落、認印を忘れ電話にて取り寄せ銀行へ行きて後事務室阿部氏へ二七〇円渡すこれフリードレンデル5313.30M立替払のためなり　二時半過出て家に帰る　先刻三郎氏より電話ありたりと　坊を連れて植物園きみ、三同行、皆快、留守中田鶴電話、晩皆茶の間にて談話、八高沢井氏へ礼状　山田珠樹夫婦来り居る、明後出発渡欧すと

三月三十一日　木　晴

良一主となりて皆を集め（但しきみ子留守居）水交社にて昼食するを約し自分は加賀町へ寄り忠子を連れ、三は医事務へ寄り（但し掲示未なし）、精、素は坊を連れて

直に水交社に集まる、好天、食前後庭にて遊ぶ楽深し
銀座通を往復し、五時頃帰宅、三は本郷へ廻り掲示を見
て帰る　良一ピアノを購入す　晩於菟来る

四月一日　金　晴

玉川行、弁当を携へ九時出かける二児の外きみ、三同行
二子渡しを渡り時刻早きも食す、上流に向つて歩く河原
に出る、二児つくしを採りて喜び興す、渡りて松林中に
休む、四時半加賀町へ送り行く、きみ子は別に直に帰宅
す

四月二日　土　晴

九時教室、原正氏出京来室、学年短縮手当二〇〇受取る、
午後久保武氏出京、例の長談

四月三日　日　雨風　祭日

十時教室　午後は彼の有名なる殺人犯山田憲の死体来り
たり　悪天　七時帰宅　きみ子午後柿内へ行く　暴風雨
となり遂に泊る、九時愈強くなり門の檜倒れ往来を塞ぐ
良、三出て彼是するも功なし

四月四日　月　晴

九時教室　入戸野賢二氏欧米より帰朝来室　永井潜氏来
室、教授隠退法に付談話、四時出て加賀町

四月五日　火　晴

九時教室、歯牙変形、学士院講演準備に終日す

四月六日　水　晴

良一先導にて船橋無線電信所を参観に行く九時出かける
三同行始めて学生の装をなす、時に浅草田町に出火あり
盛に焼る、所長糟谷中佐の懇切なる説明あり、同所にて
携たる弁当を食し一時過辞し去るこれより田畑中を歩き
八幡に到る休憩す、電車にて帰途につく、浅草公園に入
り火事の模様を見る、珍らしき大火、一二〇〇戸計焼失
すと　六時帰宅

四月七日　木　雨曇

九時教室、長崎原氏明日帰任すと、福岡久保猪之氏出京
来室

四月八日　金　雨

柿内氏講義を始めるとて三始めて登校、島峰一寸次に二
村氏来室　饗応の話ありたるも断りたり　素子今朝肋膜
炎といふて臥床、軽症ならんことを祈る

四月九日　土　晴

米国精神病学者来室　長与、杉田氏等案内す　遠藤柳作

氏珍らしくも来室息を郁文館云金四円貸したり　四時出て加賀町　三二「インフル」に罹る

四月十日　日　晴

午前八時半出て加賀町、皆在り、持ち行きたるパンを弁当とし、坊忠を連れて出かける、井の頭に到れば十一時頃なり池畔の腰掛にて食す、池の週囲（ママ）彼処此処と歩く、二児はね廻る、三時発車にて帰る　田鶴も帰り居る、二児大満足　素、三同様

四月十一日　月　晴風

各論解剖学講義を始む毎日二時間、午後教授会、前田友助、岡田尚介二氏学位の件可決、次に学部長選挙、投票入沢11、林7、田代5、岡田2、佐藤1、出席者26（欠席三浦、横手、三田、永井）、決選投票入沢16、林10、次入戸野氏を歯科講師に推薦の件可25否1　今朝坂口康蔵氏素子を診察す　札幌植村氏より机の贈与あり

四月十二日　火　雨

午後一時より顕微鏡実習、先説明を以て始む二時間　午後四時学士院、「石器時代人の歯に就て」講演す　一時半、今日総計五時間出演したり、布施氏授賞の件今日確定す九時帰宅、悪天、上野の花開く

四月十三日　水　雨

総論解剖講義を始む、即ち九時より十二時まで打ち通し講義す、午後島峰氏来室長談、七時共に去る　名古屋佐藤亀一氏留学告別

四月十四日　木　雨曇

午前三時間、午後二時間半講義したり、三今日より登校

四月十五日　金　曇

熊本木村省三氏来室、午後一ッ橋歯科病院に到り義歯の型をとる　水島技工手長尾氏監督すこれより加賀町、六時家に帰る

四月十六日　土　晴風

奉天工藤喬三氏留学告別、今日より顕微鏡実習室出場四時去て家に帰り庭え出る　晩きみ子柿内へ行き泊る、此頃の談の模様如何

四月十七日　日　晴曇

十時教室、一時出て江戸川堤の桜を見るべく押上まで行きたるも雑沓にて電車に乗ること六ヶ敷、引き返へし三時家に帰る、庭を掃く

四月十八日　月　曇

午後教授会、医院長選挙、出席26　近藤8、田代7、岡

田7、土肥3、稲田1、田代岡田くじびき、近藤岡田間決選投票近藤16岡田10即近藤当選、次に評議員、出席27（河本遅れて来る）田代11、岡田4、永井3、佐藤2、近藤2、長与2、林1、山極1、横手1　田代岡田間決選　田代18岡田9即ち田代当選散会、林氏と共に薬物教室に到る、隠退内規の件、解剖教授推薦の件

四月十九日　火　雨晴

故高橋氏銅像、近藤氏二十五年祝賀に各七円つつ出す
五時出て加賀町

四月二十日　水　晴

観桜会御断り十二時三時間の講義を終へて直に帰宅精、三を連れて赤羽根（ママ）へ散歩、例の道を茅野に到る　桜草は花至て少なし花の慰むるものなけれど快、七時過家に帰る

四月二十一日　木　半晴

五時帰りて髪を鋏む、桑木氏素子の見舞に来り居る

四月二十二日　金　雨

午食の際林氏来り隠退規程の件同感云々　山越来りなど遅くなり急ぎて歯科病院に到る、上義歯出来、右M_3を抜し之をはめたり工合よし、去て柿内へ行く三郎氏寒冒の見舞なり、今後は大に注意すべし云々　新上義歯の歯二枝落つ、技工の決点（ママ）なり

四月二十三日　土　晴

朝歯科病院に寄り修理を頼む又八円五十銭払ふ　俸四九〇、八八（即ち年五九五〇1%除く）を受取る

四月二十四日　日　晴曇

加賀町え行き児等と弁を使い二児を連れて出かける東中野に下り田甫に出てれんげを採る、二児歓びてはね廻る、四時加賀町へ帰る

四月二十五日　月　雨曇

仙台山本三樹氏来室、歯科病院に行き水島技工手に義歯のあたりを直し貰ふ直に教室に帰る

四月二十六日　火　曇晴

ボルヂレフ教授十時より十一時までの講義を傍聴す　長谷部氏愈々出発渡欧に付告別

四月二十七日　水　曇

島峰氏長岡へ行くといひて来る　入沢氏祝賀会に十円出金す　午後医学会事務所（生理）へ行きて雑誌を調ぶ
五時出て加賀町、三児甚面白し

四月二十八日　木　晴雨

永井氏思ひ違ひて組織講義時間二回侵かす由て手紙を遣る氏来り謝す、序に解剖教授補欠のことを話す、最優力者を選るを的当（ママ）とす云々、午後新井氏来室長談

四月二十九日　金　晴

靖国神社臨時大祭に付休暇、八時過教室　午後文部省にて学術研究会議第三総会出席　六時散会

四月三十日　土　曇

午前研究会議あるも欠席、午後故緒方氏記念像除幕式に列席（組織実習中）坐長を務む、きみ子も列席、きみ後に教室へ寄る　共に帰りて庭に出て黒松の縁をつみなどす

五月一日　日　曇晴

午前柿内へ行く携へたるパンを食し三郎氏と二児を連れて植物園、非常なる人なり、別れて四時帰宅、庭に出る

五月二日　月　半晴

緒方知、長与氏来室病理組織実習現規程都合悪し云々、午後入沢新学部長第一の教授会、病理実習の件は黴菌実習一学期繰り下げて開決（ママ）、学位の件三輪誠（永井）井上文蔵（柿内）通過

五月三日　火　曇晴

大沢未亡人来室今夜旅行すと、文書目録のタイプライタアに取りかかる

五月四日　水　曇

午後医学会にて雑誌を見る次に整形外科へ行く田代氏講義中にて徒労、加賀町へ行く三児共面白し

五月五日　木　晴

午後は鉄門倶楽部競漕会にて実習休む、医学会にて雑誌を見る後タイプライタア

五月六日　金　雨

午後田代氏に教授隠退の件、解剖教授補欠の件に付話す

五月七日　土　雨

タイピスト、節斎氏三重子婚談調ひたる旨書面に対（ママ）に返事を出す　四時半出て帰宅　坊大雨中学校より来り居れり

五月八日　日　曇晴

午前は坊にａｂｃ札を製し遣るなど　午後は精と坊を連れて銀座、次に日比谷公園、つつじ盛りにて人多く困る素子暫時静養のため北町へ行く

五月九日　月　晴曇

朝坊学校まで送る　午後二時半帰宅　田鶴児等を連れて来り居り大賑かなり、五時皆帰り去る

五月十日　　火　曇雨

雇辻長氏例の困窮談、転任…専門局長へ手紙を書き呉れなど云へり

五月十一日　　水　雨

午後銀行へ先達フリードレンデル立替払のため引き出したるものを預けに行く　仙台布施氏祝手紙を出す

五月十二日　　木　曇少雨

午後四時半出て加賀町、三児共至て面白し

五月十三日　　金　曇

鉄門倶楽部旅行のため明日授業なきに付仙台行と決し朝小使に寝台券を買はせたり　在チウリヒ平光氏より手紙来る又鈴木忠行氏へ同断、米国へも行きたし云々の件なり　札幌植村氏へ机一脚贈与の礼状を出す　六時過出て家に帰る　蝙蝠傘一本を持ちて十時上野発車す、三見送る、直に床に入る

五月十四日　　土　曇雨

六時仙台着、駅にて朝食し、坊忠へ絵はがきを出す人車、途上西家へ立寄り布施家に到る、氏駅まで出たるも行違ひたり、小憩、八時半頃隣接せる医学部に到る、西、敷波、山本氏既に在り、解剖教室始め諸教室参観、次に医院、二時となる、やよい軒に誘れて解剖諸氏昼食、雨降り出す、四時頃大学本部に到り小川総長に面会、次に地質教室に到り教授矢部長克氏の案内にて陳列品を見る、松本氏採集の石器時代人骨を主とす、六時頃再びやよい軒に到る　医学部諸氏自分のために晩餐会を催さる、遠山部長、井上、藤田、布施、加藤、杉村、青木、山川、明城、西、木村、佐藤、敷波、和田、山本其他及畑井新喜司氏幸に来会、十時出て駅に到る、佐藤夫人特に見送られたり、一〇、四〇発車直に寝台に上る、昨今甚寒冷、車中暖房ありしは幸なりき

五月十五日　　日　晴

七時上野着、家に帰りて四時間半眠る、午後三時出て加賀町、前に精子仙台にて布施、佐藤氏が贈られし菓子其他を持ちて行き居る、三郎氏より二木氏非学問的行働（ママ）に付談あり、児等と遊ぶ暇なかりき　帰りて入浴、九時寝に就く

五月十六日　　月　晴

八時教室　学生旅行より昨夜帰りて今日授業を休む、午

後教授会片山氏提出の国家医学講習科改正の件前会の続き、遂に医学講習科に併入することに決す、氏が失望の程察せらる　白木正博、田中幸一二氏学位通過　三田氏来室岡山解剖担任者に付相談あり　序に当解剖教室教授補欠のことに付話す　仙台遠山学部長及布施氏へ礼札を出す

五月十七日　火　晴

橋本節斎氏留守中来りたりと

五月十八日　水　曇雨

午後一時より井上氏と補欠問題に付論議す遂に一致を見ずして九時となる

五月十九日　木　晴

四時出て加賀町

五月二十日　金　晴　大夕立

午刻入沢部長に隠退問題を教授会に提議のことを話す

五月二十一日　土　晴曇

夕五時過布施氏着京来室

五月二十二日　日　曇

学士院授賞式、九時院に到る、布施氏論文を陳列す、又式に於て氏に関し説明をなす、会食三時帰宅、十数年来滞りたる内外雑誌を製本せんため之を調べたり

五月二十三日　月　曇雨

霞関離宮に於て賜餐、十一時講義を切り止めて出かける、会員参席者四五名外に守正王殿下台臨、宮内省側四名、二時半出て是より四ッ谷大木戸に横手氏母堂逝去告別式に行き帰宅

五月二十四日　火　曇雨

目録タイプライタア漸く終りに近し、七時過帰宅

五月二十五日　水　晴

大掃除に付早く出る　布施氏今夜帰仙すと眼科へ行きて雑誌を見る

五月二十六日　木　晴曇

四時出て加賀町、帰途橋本へ寄り三重子婚約調ひたる悦を述ぶ恰も精子来り居り共に帰る、文郎氏来り居る、氏先頃東京へ転任、今日始めて訪ね来りたるなり、其他今日は非常に来客ありしよし

五月二十七日　金　雨

解剖学論文目録タイプライタア終る　小林ちか在米十五年にて帰朝するに付きみ子今朝横浜まで迎へに行きたり

五月二十八日　土　晴

筋学終る、実に日々の授業多きに過ぎ寸暇もなかりき、来週よりは井上氏と分担すべし　午後学研全部会開かれこれに出席、編纂に関する件、四時散会、帰宅、坊、忠両児来り居る

五月二十九日　日　晴

午前は庭にあり、午後精、三、二児を連れて植物園、入園者夥し、晩食後きみ子忠子を送り行く

五月三十日　月　晴曇

早朝坊を学校まで送る　午後教授会、学位の件田村利雄（永井）谷（名古屋出身、三田）、川村（たつのすけ）（河本）今井環（磐瀬）皆通過、終りに助教授退出の後、予て考へたる教授隠退の方法に付議せんことを申述べたり、四時散会、林氏と共に薬物に到り柿内氏より話の二木非学問的の件に付談話、石原喜久氏来室、竹内、緒方規間不和のこと、榊順、下条間ゲノケッカン・ワクチン特許争ひのこと談あり　七時半帰宅、小林ちか来り居る　食後在米十五年の話、十一時過寝に就く

五月三十一日　火　雨曇

内臓講義を始む、火木土とす

六月一日　水　雨

島峰氏大阪より帰りたりとて、長与氏紀要論文のことに付来室、次に山極氏解剖に関する内務達（明治九年七月）に但書を加ふる件に付来室相談、文案を作る　四時半出て柿内、三郎氏富山県へ旅行留守中

六月二日　木　雨曇

札幌学部長秦氏来室

六月三日　金　晴

解剖学文書目録図書館へ持ち行く　ブダペスト民俗学者バラトシュ氏ユンケル氏と共に来室　三時出て家に帰る長谷文老人来訪山口談ありたりと　是より世田ヶ谷に梛野新寓訪れたり

六月四日　土　晴

四時出て加賀町

六月五日　日　曇

早昼にて柿内へ行き坊を連て井の頭へ散歩　天気怪しかりしも降らざりき

六月六日　月　曇

午後一時過より八時まて井上氏談話、教授補欠問題決せず第一策は二村を講師とし森を留学の後助教授とするこ

と云々、布施、西、平光忌避す云々　夏休後までまて云々
遂にまつこととすさてさて困りたる人なり　午前一寸人
類教室え行く

六月七日　火　晴

午後六時過東京ステーションホテルに到る　札幌総長佐
藤氏催晩餐会なり、十時帰宅

六月八日　水　晴

午刻帰りて弁当を使ひ精を連れて出かける　押上より四
ッ木に到り菖蒲を見るこれより市川に下鴻の台公園にて
憩み川を渡りて堤上を歩く、金町より汽車にて六時半帰
宅、甚熱かりしも快

六月九日　木　晴

福岡越智貞見氏札幌に転任に決定挨拶に来る

六月十日　金　曇

田代氏来室追悼会原稿見当らず云々、四時半出てて加賀
町

六月十一日　土　雨

午後四時実習を終へて帰宅、坊学校より来り居る更衣、
築地精養軒に到る、三重子、高田蒔日比谷大神宮にて婚
儀を挙げ其披露なり、三重子に付ては心にかかること多
かりきが、前途無事ならんことを祈る　去三月富山中学
校大村正之氏より人骨発掘の件に付柴田氏と連名宛手紙
二回来りたるが多忙のため打捨置き今日漸く柴田氏へ送
りたり

六月十二日　日　曇雨

午前一寸教室へ行き失念し居たる学士院長、幹事、部長
改選の投票を発送す、終日坊の相手

六月十三日　月　雨曇

坊学校送り、岡山校長藤田秀太郎氏来室　午後教授会、
免黜問題、必要とするもの一四然らさるもの少数、出席
者二十一名、起案委員五名部長指名す佐藤、田代、林、
朝比奈、小金井（助教授塩田氏列席すべし）学位の件佐
藤邦雄（土肥）久慈直太郎（磐瀬）浅田一（三田）皆通過、
人事田村憲造氏助教授にするの件　全会一致可決、芳賀
栄次郎を講師とするの件否決、紀要委員会、五時散す
忠子来り居る

六月十四日　火　雨

坊学校送り

六月十五日　水　雨

昼島峰氏来室、九年入学生一二五名終了署名す、七時過

出て家に向ふ　坊、忠帰りたり、むつ子せい子橋本へ披露に招かる

六月十六日　木　曇

四時出て加賀町、精来り居り共に帰る

六月十七日　金　晴曇雨

六月十八日　土　雨

毎日々々授業忙し

六月十九日　日　雨

十時教室　東京府衛生課の人来室、講習のことに付談あり　四時出て加賀町、三郎氏在宅、学部革新談、時移り晩食し九時帰宅

六月二十日　月　晴

午後去月曜に指名されたる委員五名及助教授会合、自分の案、及田代案あり、田代案常設人事委員五名を置くこと面白しとて之を取る　三時散会　四時出て帰宅庭へ出る

六月二十一日　火　曇雨

昼林氏来室、人事委員はよろし、第一回の委員に於て一刀を加ふること必要云々

六月二十二日　水　曇雨

ロックフエラー北京病院教授を長与、五斗二氏誘ひ来る、教室を案内す

六月二十三日　木　晴

アルゲマイネ・アナトミー（＊総論解剖学）全部終る、時間を繰り替へ増して終りたり　仙台西氏千葉へ出講来室、先達て仙台へ自分が行きたるは布施東京転任の件ならんとの評ありなど云へり　五時過出て加賀町、坊昨今両日咽のために学校を休みたりと但し最早よろし

六月二十四日　金　半晴

島峰氏来、免黜委員談

六月二十五日　土　雨

脳骨を終へて講義を閉ぢたり（レバー、パンクリアス、ペリトネウム、ミルツ（＊肝臓、膵臓、腹膜、脾臓）未済）四時島峰氏来室、免黜に付種々の細談あり

六月二十六日　日　曇

天気怪しけれとも午後柿内、坊を連れて日比谷公園へ散歩、途中まで三郎氏同行、三橋亭にて坊に三時を食せしむ、四時半加賀町へ帰る、忠子を残して気の毒に付連れて帰宅す

六月二十七日　月　雨

午後教授会、免黜の件に付委員草案を自分報告し議題とせらる、議論なかなかやかまし、近藤、土肥、呉（以上大体に於て反対者なり）、山極、横手、田代等最務む、五時過となり兎に角修成（ママ）して議決す　長与氏より学位に付松波兎逸、佐藤清（千葉出身、赤十字プロゼクトル（＊病理解剖主任））の報告あり二氏共通過、五時半散会

六月二十八日　火　曇雨

顕微鏡実習を閉づ、三十二回施行す従来より二、三回多し此学期の授業其他に付多忙なりしは未曽て有らざりききみ子忠子を送りて行きたるに青木断りは理由は前々者と同棲云々、計り知るべからず嘆

六月二十九日　水　雨

島峰氏来室一昨日の模様談　午後中元訪問せんと思ひて教室を出て柿内へ寄りたらば雨降り出し此処に止る、児等三時を食べなどす　三郎氏も帰り来り遂に六時半帰宅

六月三十日　木　雨

山崎春雄帰朝（去十七日着京せりと）来室、在外談、午前費す、午後出て文省に到り松浦局長に森特派留学のことを懇談す、次に歯科病院にて水島に義歯上下新調を頼む、三時終て去りたるに島峰氏試験済みたりとて迎へに来り、戻りて話し込む、長岡河井継之助の絶筆を手に入れたりなど談長くなり七時前共に出てたり、支那料理にて晩食せんとてこれに入る久し振りなり、九時前出てたるも電車に乗ること出来す、氏の住に寄る、蒸熱風、甚不快の天佳となる、電灯消へなどす、十一時帰宅

七月一日　金　曇風

九時より総論解剖学筆記試験、授（ママ）験者十六名

七月二日　土　晴

昼食後出て歯科病院、是より牛込小松家、老母堂案外元気よし、次に原町へ行く信哉氏去月二十日喀血せしとて臥床、稍重症と思はる、気の毒の至り、加賀町へ寄る、信子誕生日とて精子来り居る、児等の相手、三郎氏帰り来る、遂に晩食す、坊を連れて帰る　晩石原喜久夫人来訪

七月三日　日　雨曇

教室へ行く、九時より組織実習試験、六名のみ終りて家に帰る　晩食後坊を連れて槇町まで　きみ晩にいづみへ行き柿内へ寄りて遅く帰る

七月四日　月　晴

坊学校送り、試験成績を報告す只六名のみ　慶應岡島氏来室

七月五日　火　晴

長谷川成夫氏脱肛症とのことに付昨日外科へ行き近藤氏の診察を受けたるところ手術を要すとて心配、今日妻女来室種々事情談あり、近来は殊に神経衰弱云々　夕六時日比谷陶々亭に到る山崎春雄氏帰朝のため同専門のもの集り食す、総て十四名、十一時帰宅

七月六日　水　晴曇

午後歯科病院へ行き、次に安田へ寄る恭吾氏不在　妻女に会ひて去り橋本へ行き熱さ甚し、細君在宅、是より加賀町、三児面白し

七月七日　木　曇晴

在新潟小池氏出京来室

七月八日　金　曇

自室大掃除且つ良一、友人五六名集るよしに付教室行かず、朝出て世駄（ママ）ヶ谷に椰野へ行き、是より柿内に到れば正午を過ぐ、暫して坊学校帰り来る　携へ行きたるパンを食す、二児を連れて三越児童博へ行く増築出来上りて始めてなり二児の悦ぶ様誠に面白し、食堂に入り三時を食べさせ五時前加賀町へ帰る　今日は午前はなかなか熱かりしが午後より急に冷しくなりて甚心地よし　柿内にて牛鍋を食し、桑木家へ寄る主人不在、其他の人々に会ひ、九時頃帰宅、雨降らず幸なりき

七月九日　土　雨

昨日桑山氏を長谷川方へ遣りて様子を見せしむ兎に角飯田へ転地するよし、午後は歯科病院、義歯上下新調出来（四〇円のよし）後島峰氏と談話　氏に関する無根の風説、探偵が来りたること、牛込署の刑事係なること等、其起点は大学歯科なる疑充分あり云、四時半帰宅、坊雨中来りたり

七月十日　日　雨晴

午後霽れる、庭に出て草を取る、夕食後坊を連れて三二と銀座へ散歩、星にて休む

七月十一日　月　晴

朝坊学校送り、午前注文すべき書目のタイピスト　午後教授会、免黜に関する規約愈々確定す大体に於て自分が起案せしものと精神に於て更りなし満足に感す、次にこの応用如何、これ極めて困難なり、農科にては既に定年に依り教授六名に辞表を出さしめしと閉会後入沢氏より

聞く、学位の件竹中繁次郎、久野義麿、国光勉造、新宮涼国皆通過

七月十二日　火　晴

丸善に書籍集合注文をなす、長谷川氏妻女来り一昨夜成夫氏信州飯田へ旅行せりと、横手氏来室　榊下条間特許争談あり

七月十三日　水　晴曇

二村氏恩給証（九一九円）受領せりとて来室　五時頃出て加賀町

七月十四日　木　曇

七月十五日　金　晴

故大沢氏の独文伝記を数日来書く未終らず

長与氏七、三〇発、バタヒヤ学会へ出張に付見送る積りなりしが家に帰りて食事をすませてと思ひたるも時刻なきため再ひ直に出て八時過ぎて帰る

七月十六日　土　晴

朝青山斎場に相馬又二郎氏葬式に行き十一時前教室、大沢伝記書き終りユンケル氏へ送る　坊学校より来り居る筈に付一時頃帰宅

七月十七日　日　晴

素子全快祝なといひて自分朝加賀町へ寄り、三郎氏昨日来足脚痛とて臥床、看護婦来り居る　忠子を連れて水交社に到る時に十時半頃、他なかなか来らず、家皆と、桑木三人、柿内二児即ち十一人集り食す、後庭に出てなどす、なかなか熱し、女供は先に帰る、四時半頃家に帰りて児等庭に出てはね廻る

七月十八日　月　晴

坊朝学校送り、「赤き骨」校正し、石田氏へ送る　長崎斎藤秀雄来、解剖教授に動物学者を採らんか云々此説正しからさる旨を述ぶ、在外員体格検査のため出京せりと六時前帰宅二児の相手

七月十九日　火　晴

坊学校送り、弁当後人類へ行き松村氏に「赤き骨」に附記として論尾に赤き土偶は鳥居氏注意のこと加へることを頼む、ユンケル氏大沢伝記、校正して持ち来り呉れたり、これを布佐未亡人へ送る　山崎春雄氏明日札幌へ赴任すといひて来室

七月二十日　水　曇晴

坊学校送り、今日は内へ帰るべし、午前金沢須藤氏来室長談　校内状態に付改善、校長不適任云々、斎藤秀雄長

崎へ帰るとて来る

七月二十一日　木　晴

長崎より原正氏出京来宅、自分はこれより弘田氏を訪ふ、休になりて如何にて居るかと思ひてなり、風邪のよしにて病床に話す、歯病院に到り義歯代四十円払ふ、渡辺廉吉氏来り居り久々にて逢ふ　島峰氏室にて暫時談話、十一時教室　解剖学実地教育担当クリスチャンセン博士（コペンハーゲン）外一名来室、教室を案内す　晩原信氏妻女来り　橋本節を頼みたし云々　直に電話にて訪ひ合せたるに痔にて臥床云々

七月二十二日　金　雨

原正氏今日より仕事するとて来室、国友氏に対する不快談あり、小松茂治氏来り信哉氏コンスルタチオン（Konsutation）医に付相談あり　帰途橋本へ見舞に寄る、肛囲炎にて切開したるよし当分静養を要すと

七月二十三日　土　雨

故大沢氏ナハルフ（＊追悼文）写真を添へてフォン・エッゲリング教授へ書留にて出す、謙二氏へ其複本を送りたり　時に大驟雨あるも柿内え行きたり三児共至て元気よし　雨間を見て往復す

七月二十四日　日　雨

九時過教室、冷くして適す、終日歯牙変形独乙文を書くこれ三ヶ月以来中絶したるものなりき

七月二十五日　月　雨

成夫氏妻女来室、病気宜しからす、今夜出発連れ帰る云々近藤次繁院長来室、院長を総長直轄として如何云々

七月二十六日　火　雨

少し腹工合悪しきも終日教室にありたり

七月二十七日　水　半晴

家にありて静養す

七月二十八日　木　晴

在宅加養、晩きみ子柿内へ行きたり（不斗林春の話に付て）晩良一等両人旅行出発す

七月二十九日　金　晴

午前佐藤進氏葬式に吉祥寺へ行く、近き処故押して行きたるも腹工合未直らす、きみ子長谷へ行きたり（山口様子如何と思ひて）忠子来る坊は三郎氏箱根へ連れ行きたり　午後成夫氏妻女来り同氏帰京、病状宜しからす呉氏診察を頼みたし云々　名刺を遣る

七月三十日　土　曇少雨　祭日

七月三十一日　　日　曇少雨
尚ほ在宅加養、大体宜し、午前忠子を帰へす

八月一日　　月　晴
八時過教室、成夫氏兄弟二氏来室、昨日呉氏診察を受けたり、入院其他種々話あり、午後精神病科、幸に呉氏ありて成夫氏病状を尋ぬ且つ同科給費入院の承諾を得たり、これを電話にて不二夫氏を通す

八月二日　　火　曇
午前成夫氏児及弟伴ひて来室、精神病科へ案内し入院せしむ、ところが本人大不服、帰宅せり　午後国民、都等の新聞記者来室、免黜規約に付き話したり　四時半出て加賀町、二児は今花月園へ行きて帰りたるところなりてはしやぎ居る　むつ子来り泊る　久子殿来りたりと山口談六ヶ敷

八月三日　　水　雨

八月四日　　木　曇晴
午後成夫氏兄来室、入院の方は一先取り消すことにす

八月五日　　金　晴
福井謙一氏（大阪より慶應の助手となりたる人）来室

小林ちか来り泊る

八月六日　　土　曇

八月七日　　日　晴
九時教室、四時半教室を出て加賀町、夕方坊を連れて帰宅

八月八日　　月　晴
四五日来暑強し漸く暑中らしくなりたり、午前坊を連れて三越行、児童博覧会明日限りなれば今一回見たしといふに付行きたるなり　早朝良一、素子帰宅、日本アルプスを跋渉したりと　良一直に教室へ行きたり

八月九日　　火　晴
終日家にありて坊の相手

八月十日　　水　晴
朝坊を連れて槇町へ行　噴水おもちやを買ひ終日これを以て遊びたり

八月十一日　　木　晴
朝坊を送り加賀町、三郎氏明日軽井沢へ旅行すと、十時教室

八月十二日　　金　晴

八月十三日　　土　晴

八月十四日　日　晴
連日朝より日暮まで歯変形独乙文に没頭す　精子柿内に行き泊る

八月十五日　月　曇、驟雨
朝不斗思ひ立ちて加賀町へ行き二児を連れて井の頭公園へ行く、出がけに精子信子を連れて八幡まで一所に行きたり、弁当を使ふ際雨降り出す、始めて開設したる水泳場を見て戻る時、又雨降る、併し二児満足　四時過加賀町へ帰る

八月十六日　火　驟雨不定
八時半教室、成夫氏来室、注射（サルバルサン？）したりとか、困つた様子なり

八月十七日　水　曇
精子今朝帰宅

八月十八日　木　曇少雨
午前三時半過頃柿内より電話、田鶴産気のよし　きみ子取敢ず出で行く、尋で俥来りたれば自分も四時頃出かける、三郎氏昨夜軽井沢より帰りたりと、それなら安心のことなりき、二児の醒むるを待ちて連れ帰る、終日二児の相手。第三女出生す

八月十九日　金　少雨
二児の相手、午後一寸出かけるも小雨降り白山社より引き返へす

八月二十日　土　少雨曇
八時過教室、きみ子は二児を連れて柿内へ行く　夕刻皆帰るべし　人類学雑誌「赤き人骨」の別刷三〇部受取る　午後三井銀行へ行き解剖学会預金を書き替へる元金 2296.01 円（丙第 6215）別に百円引き出す

八月二十一日　日　晴
熱さ酷し、終日在宅二児の相手

八月二十二日　月　曇
きみ、せい二児を連れて柿内へ行く、自分八時過教室
夕刻二児帰り来る

八月二十三日　火　晴
在京城上田常吉氏出京来室、鮮談にて午前を費す　二ヶ月間滞京のよし、午後緒方知氏来、組織実習室借用の件に付談あり、成夫妻女来る

八月二十四日　水　晴
柿内三女七夜祝に付十五円贈る　きみ子二児を連れて朝出て行く三二も夕刻行くべし　仙台敷波氏来室、奉天解

剖学会に赴く途上なり　森、桑山二氏も今朝出発したり
七時前帰宅、三二柿内へ行かず精子今出行きたりと、彼
我共急に手不足を生ずるなど突然の大混雑を生じたるよ
し、十時坊を連れて帰り来る

八月二十五日　木　晴

八月二十六日　金　曇雨風

昨日来腹工合悪し、在宅静養、電話にてワルダイエル遺
書購入希望か否かの交渉あり　非常に急を要するよし、
尋で小使書類を持ち来る　不取処望の旨を答ひ置きたり

八月二十七日　土　曇不穏、少雨

八時半教室

八月二十八日　日　曇

俄かに冷くなりて甚心地よし、きみ子は柿内へ行く、午
後坊を連れて出かける、深川公園に到る、丁度不動縁日
にて非常に混雑、これより月島、一海水浴場に入り海を
眺め勝鬨渡を渡り京橋相互生命建物に昇りて食事す終て
塔に登りて諸方を望み見る、坊大歓び七時前帰る、天気
怪しかりしも雨降らず満足

八月二十九日　月　雨

八時半教室、原正氏小菅に十日間宿泊測定談あり

八月三十日　火　曇雨

小松茂治氏一寸来室、信哉氏病症先同辺のよし

八月三十一日　水　曇　祭日

午後坊を連れて上野動物園、山の手線にて帰る

九月一日　木　曇晴

坊今日より学校始まる、送りて八時前教室

九月二日　金　晴　夕立

坊学校送り、熊本藤井寿松氏木村省三氏死去に付解剖学
担任者に付来書に対し目下教室にて遣繰り付き難き旨返
事を出す　午後二村氏一寸来室、次に川上政雄氏来る時
に大に夕立す

九月三日　土　晴

皇太子殿下御帰朝に付市内奉迎に賑ふ、午後坊を連れて
上野博物館に到る、始めてなり後山内を散歩す　往返共
山の手線を用ふ

九月四日　日　晴曇夕立

十時教室、夕刻雨降りて帰宅に困る

九月五日　月　雨

坊学校送り時に大雨　きみ加賀町行く

九月六日　火　曇雨

坊学校送り、入沢部長来室　ワルダイエル文庫買入六ヶ敷きかなど話あり、原正氏長崎へ帰任

九月七日　水　曇雨

坊学校自分赤門にて下る　井上氏明又は明後日支那北京ユニオン・メヂカル・スクール開校式臨席のため出発すと

九月八日　木　雨晴

皇太子殿下奉迎の儀日比谷公園に催さる　昨夜大雨風も強し嵐模様なり、坊は学校休業なり　漸々雨止む　十時教室　午後晴となる　三時家に帰り坊を連れて日比谷え行く東京駅より公園まで歩く、週囲（ママ）只人を以て埋む　花電車を見て坊大歓び公園内を一巡して六時過帰宅　なかなか熱さ強かりし

九月九日　金　曇　俄かに冷しくなる

坊学校、赤門にて下り七時半教室、午後五時半出て三浦謹氏を訪ふ在宅にて暫時供奉談七時帰

九月十日　土　晴曇

坊学校、きみ子弁当を持参し同時眼科へ行き中泉若学士に眼鏡の度を合せもらいたり　午後三時半帰りて庭に出て少しく草を取る

九月十一日　日　曇

十時教室、三時家に帰る、庭に出て草をとる

九月十二日　月　雨

坊学校雨天困る、夏休過ぎたり、大に勉強したり、歯牙変形独文漸く大略書きたり、容易ならざる苦心なりき、八時より総論解剖学筆答試験を行ふ、問題バウ・デル・ブルートゲフェーセ〔＊血管の構造〕、三十九名出席外に一名大に遅刻し行はさりき（天谷慎）　午後古在総長と面談、ワルダイエル文庫のこと、教授隠退者待遇のこと、解剖家特別待遇のこと　晩於菟奉天解剖学会より帰京したりとて来る

九月十三日　火　曇雨

八時より実習試験午前後にて十六名、三時終る昼休に山極氏来室ウヰルヒヨウ先生百年紀念会に付談あり　南洋探検家加藤太郎吉氏よりニューギニア頭骨二個到達

九月十四日　水　雨

解剖学講義を始む三時間なしたり

九月十五日　木　雨

終日答案調べ

九月十六日　金　曇晴

弁当を使ひて直に文省、年金一五〇受取り松浦局長を訪ひたるも不在、歯病院に寄り上義歯修理を頼みこれより伊丹繁氏死去、告別式に到る　柿内へ寄る、去月十八日この方始めてなり赤児健なり三郎氏帰り来る　十五夜の月明かなり

九月十七日　　土　晴

全秋冷となれり　注文せし老眼鏡出来　医化学へ行き三郎氏に英文手紙 Intern stigmal Catalogue〔＊文献〕に関するものを読み貰ひたり　二時過帰宅坊少しく風気に付散歩せす、庭に出て草を取る　上義歯修理して長尾氏届けくる（ママ）たり

九月十八日　　日　曇雨

向島に大学競漕会ある筈なり、午前山極氏宅に訪ひて前日曜に同氏持参の金百余円を返戻すこれは往時同氏留学中に父君に月々遣りたるものなり十時半教室、少時して雨降り出す　甚悪しき天気となる、これにも係らず競漕会執行せりと電話にて鈴木より聞く即ち又医勝利

九月十九日　　月　雨

引きつつき悪天、授業休み、午後教授会、学位細谷雄太、和合？（慈恵医院、米国）、朝川順、山川一郎皆通過、長井長義、片山国嘉両氏より辞表出たる旨披露あり又佐藤三吉氏より内規前に既に出しある旨披露あり、ワルダイエル文庫購入に付入沢部長と談　晩入沢氏より電話あり、佐藤、入沢、岡田、近藤、土肥五氏に於て一万二千円引き受けること承諾ありたり　これにてワルダイエル文庫購入熱望を達したる訳なり

九月二十日　　火　晴

坊昨日来咳あり学校休む、午刻御殿に到り古在総長にW文庫購入三ヶ年賦のことを憶かむ、四時より文省に於て理学目録委員会、経費上従来のままにては継続不可能の旨中央局の通知に対し其廻（ママ）答に付相談来年七月ブリュッセル開催学研会の機会に後始末を議すべしと決す、会の前に松浦局長に於菟留学の催促をなす　年度末に至らねば明からぬ云々　京都足立氏へW文庫購入のことに付手紙を出す

九月二十一日　　水　晴

一昨日来再ひ熱さ強し　夕方帰宅、七時前出て平河町独乙東洋学会々場に到る、大使館チエル及メヒテンブルク二氏転任告別の宴なり、十二時過帰宅

九月二十二日　　木　晴曇

福岡小山氏夫人死去に付悔状（香奠五円）を出す

九月二十三日　金　雨　祭日

十時教室

九月二十四日　土　雨

福岡呉健氏来室、入戸野氏来り長谷川氏病気に付談あり

九月二十五日　日　曇雨

午前精を連れて白木屋へ冬帽子を買に行く、円十三、五
○　時に雨降り出す早々帰る、留守中文部江部氏より電話あり京都にて全部貰ふ云々

九月二十六日　月　晴

昨夜大雨、風強く嵐模様なりしも今日に至りて格別のことなし　解剖実習を始めるに付説明するところありたり
午後教授会、学位八名通過これ未だ曽てなきことなり
入沢部長より報告あり即ち彼の停年問題に付古在総長より言渡されたるに六十年にて隠退する教授には賞与として一ヶ年内外の俸給を給す云々

九月二十七日　火　晴

W文庫の件に付足立氏より返事来る　此上の手段は自身出向きて直接懇談の外なしと思ひ之れに決し直に小使に夜行寝台券を買しむ、午後に至り入沢部長に一応ことわりを述べおく、三郎氏来室、愈々化学欧文雑誌を独力にて発行す云々時五時に近し別れて帰宅、入浴、食事、支渡を急ぎ出発、七、三〇発車、喫煙室にて葉巻一本吸ひ、九時寝台に昇る

九月二十八日　水　晴

講義三時間休む　七時半京都着、寝台券を買ひ、駅楼上にて朝食を喫す、絵葉書を三孫に出す、是より俥にて医学部教室に到る　足立氏講義中、十時終るを待つ、氏突然の来京に驚く、尋で小川氏に懇談、次に三人打ち揃ひて荒木総長室に到り種々談合の末小川氏承諾す、教室に戻り足立氏実習室出場に付共に出て実況を見る、秩序よし、三時頃小川氏に謝意を述べ足立氏と共に出て吉田山を廻り同氏新築住宅を見て同氏宅に到り、晩食、共に駅に到る、八、五二発車、今日は目的を達しW先生の文庫購入することとなる且つ天気好し　九時半快く寝台に昇る

九月二十九日　木　雨

雨少し降る、十時前帰宅、みやげとて絵葉など遣る坊大喜び、新聞を読む、昼食、教室、先つ入沢部長に好結果を話し、次に山極氏R文庫共に購入と決したることを通

す　燕楽軒に入沢教授祝賀会に付最後の委員会を開く、九時帰宅

九月三十日　　金　雨

佐藤氏へW文庫のことを報す、近藤、土肥両氏へも同断　午後文省へ行き江部氏にW文庫のことを報告す　次に窪田書記官に平光氏在外半ヶ年延期願のことを話すこれは許可にならぬ、序に森留学のことを話す　三時教室に帰りて小川睦氏へ礼状を出す

十月一日　　土　雨

独乙東亜学会へ演舌十二月にしたき旨返事す　田口家へ母堂十七回忌に香料三円券を贈る、仙台布施氏へ三重子のこと頼む　井上氏昨日支那より帰りたりとて一寸教室に見えたり

十月二日　　日　曇雨

午後坊を連れて植物園へ散歩す

十月三日　　月　雨

解剖講義今週より月、水自分、水、金井上氏とす、午後教授会、原田某（永井）、前田実（柿内、コンニヤク）、井上重喜（三田）永井秀太（二木）皆可、終て故大沢氏記念事業に六名にて相談、教室に帰りて井上氏と談、補欠問題例の通り足立氏最良云々遂に一致すること出来ず七時前別る

十月四日　　火　曇

昼御殿へ行き古在総長にW文庫購入のこと文省へ廻（ママ）答のこと等を話し、人類教室に到り赤骨別刷代を松村氏に渡し種々の質問をなす　ちか木下病院にて開腹術を施さる

十月五日　　水　曇少晴

坊今日より学校、きみ金森へ行く、素里へ行きて泊る家中面白からさる模様あり

十月六日　　木　雨

坊教書買ふため学校まで送る、今日始めて実習室へ出る

十月七日　　金　曇

加門氏退職に弐拾円、故鈴木氏銅像に拾円振替にて送る

十月八日　　土　雨

此頃はフィルヒョウ先生百年祭のために先生の人類学上のこと調ぶ

十月九日　　日　雨風

悪天、終日在宅、坊の相手

十月十日　　月　雨風

午後教授会、学位七名通過、内田口氏のもの自分報告、人事、片山、長井両教授退職今日発表になりたり、片山氏告別あり、次に法医講座は三田氏兼担、薬学第二は近藤氏、第一は服部助教授担任（丹波講師は今日解かる）のことに決す　終て入沢、佐藤二氏と鼎坐　解剖教授補欠問題に付談す、後佐藤氏にW文庫に付感謝の心情を述ぶ

十月十一日　火　晴

田口氏帰朝来室共に弁当を使ひ種々欧州談

十月十二日　水　晴（昨夜雨）

万朝報記者にフィルヒョウ先生百年祭のことを話す、藤浪氏出京来室、明日演舌案調べ

十月十三日　木　曇

午後ルドルフ・フィルヒョウ先生百年誕辰記念会病理教室に開かる山極藤浪両氏主催なり、自分は先生の人類学上の事績に付五〇分計演説す、晩山上御殿にて会食、独乙大使ゾルフ氏臨席せらる九時前帰宅

十月十四日　金　晴

坊石神井へ遠足とて早く出行く、朝武石弘三郎氏を訪ひ故鈴木文氏胸像を見る序にレリーフのことを質問す　故大沢氏記念に参考するためなり、帰宅、帝展招待日に付連れだちて出かける、良一三二と池の端にて落ち合し六人にて入る、十二時半過教室に到り、午後実習、井上氏と於菟助教授推薦のこと、これは同意、自分第二案として平光氏を以て補欠如何を計る一致せず、布施と同様の人なりと、六時半過帰宅　坊今帰りたるところ、電車故障のため精留守居して居り大に心配し、学校まで迎へにやるなど大さわぎせしよし

十月十五日　土　晴

弁当を食し直に帰宅、精と坊を連れて赤羽行は渡しを渡ること出来ず、河手前の堤上にて休む、天気好く甚爽快三は友人と浅間山へ登るとて出行く

十月十六日　日　晴

午前原町信哉氏を見舞ふ、益衰弱、愍むべき状態、柿内へ寄る久し振りなり孝子よく生長す、弁当を使ひ一時半出て大森に文郎氏を訪ふ今春転任になりて始めてなり皆在宅、林町負債、先日皆済になりたりとて悦ひ居たり、晩坊を連れて槇町まで行きたり　十六日の月明かにして珍らしき好天

十月十七日　月　晴　祭日

九時教室、三時半出て薬研堀に片山芳林氏死去に付悔に行く（香奠五円）是より加賀町へ坊の迎へに行く

十月十八日　火　晴

百年祭のことをH・フィルヒョウ氏へ報せんため昨日来書きたる手紙を今朝十四日附を以て書留にて出す　午後入沢部長に於菟助教授にすること、補欠のことを話す、四時半過家に帰り庭に出る

十月十九日　水　晴

午刻内科へ行き今村氏に入沢氏のことに趣味等を質す四時前人類教室に到る年会前に付委会を開く、終て六時前たから亭に到る田口氏帰朝歓迎、千葉より三輪、松井、入戸野三氏出席、総員十二名、十時帰宅　田口氏より土産として小金時計一個贈与あり

十月二十日　木　晴曇雨

十月二十一日　金　雨

特志家故小林瑛氏（漢学者）解剖願の件に付親戚来室

十月二十二日　土　晴曇雨

後帰宅、更衣、上野精養軒、入沢氏二十五年祝賀会、自分委員長として祝辞を述ぶ十一時帰宅

十月二十三日　日　雨

十一時教室

十月二十四日　月　雨

午後教授会、学位七名通過内高杉新一郎（海軍医中佐）（皮膚）氏あり、人事森を助教授推薦、次会に於て投票すべし、片山、長井両氏名誉教授に推薦、全会可票、故大沢教授記念事業発起に付諸氏の承諾を得、後病理へ寄り長与氏と独乙大学者招聘如何に付話す、同氏大賛成、坊学校より帰り居る由に付五時半帰宅

十月二十五日　火　晴曇

午前古在総長と面談、解剖教授補欠問題、教室が一致せぬとは困る云々、次に大学者（黴菌）招聘の件、大賛成、但し予算に困る云々、午後教室にて大沢氏記念発起に付相談、幸田口氏列す　京都足立氏へ新築祝の手紙を出す

十月二十六日　水　雨

午後久し振りにて島峰氏来室、井上氏に足立説に賛同のこと話す

十月二十七日　木　晴

十月二十八日　金　晴

午前入沢部長に解剖教授補欠のこと次の教授会に提出を依嘱す又伝研へ黴菌学者を聘すは如何を話す　帰途今村

有隣氏を訪ふ曙町地代の件及区会議員の件これは未決せず云々

十月二十九日　土　晴（昨夜雨）

丁度弁当時刻に田口、次に西両氏来室稍長く話す

十月三十日　日　晴

講内運動会、千駄木森家へ寄り十時半教室　晩特志解剖志願者故小林瑛氏未亡人及令娘挨拶に来り　故人筆文人画半切を贈らる

十月三十一日　月　晴　式日

予て碓井（ママ）峠の紅葉を見んと思ひ居たるが今朝朝八、二〇上野発、軽井沢に下りこれより峠を昇り、熊野神社にて休、見晴し台を経て熊の平に下り、天好更に雲なし、甚快五、三三熊平発車、車中満、坐席なし、学士三氏ありて席を譲り呉れたる感謝、松井田にて更に乗り込むもの多し　家に帰りたるは十一時なりき

十一月一日　火　晴

午後一時半出て今川小路に特志解剖志願者小林瑛氏遺族を訪問し教室より香奠十円贈る、狭き路次（ママ）にて容易に明からず困りたり、ために池田泰次氏告別式に遅れたり併し丁度出棺の際にて遺族の方々に会ひて悔を述ぶることを得たり、四時家に帰りて庭に出たり

十一月二日　水　晴　昨夜雷雨

午後三時半家に帰り庭に出る、きみせいはちかと三越へ行きたりと

十一月三日　木　晴

家より電話、坊休みなりとて学校より来りたるよし、午後実習を於菟に頼み十時帰宅、きみと坊を連れて出かける、下高井戸堀留を散歩す、吉田園に入りて茶を飲む八幡前にて坊三時を食す五時家に帰る、甚快

十一月四日　金　晴

昼栗山、平野助手両氏来室、弘田氏愈々辞表を出したり就ては後が困る云々

十一月五日　土　晴

原首相昨晩東京駅に於て刺殺さる、午前実習中入沢氏来り防腐手当のことを謀る、即ち自分出向のことを約す、一時半桑山、山本を連れて出かける、芝公園私邸に到る、二時間半にて終る、同邸の質素なるは実に敬服、未亡人の立ち働き又感服、五時去りて家に帰り更衣、上野精養軒に到る近藤教授二十五年祝賀式なり、大に遅刻、食事

終る頃なり、九時半帰宅

十一月六日　日　晴

朝きみ、三と坊を連れて鎌倉行、十一時頃七里ヶ浜に達す、砂上を歩く、好天甚快、砂丘上小松の蔭にて弁当を食す、江の島桟橋前の茶店にて休憩、片瀬にて偶然鈴木孝氏に会ふ、これより同行、三時四九藤沢発、車中久々にて同氏と雑談、六時半帰宅皆満足

十一月七日　月　晴

午後教授会、人件のみ、於菟助教授に推薦の件可21否2即ち三分の二以上を以て可決、医院共通必要上リヨントゲン部を設くること、其ため高木謙次氏一年間留学せしむる件、種々議論ありたるも可決す、故原首相告別式に付二時半散会

十一月八日　火　晴

十一月九日　水　晴

午刻小児科へ行きて栗山氏に弘田氏辞職のこと教授会に披露ありたるに付其際同氏等希望のことを述べ置きたる旨を通す　二時半帰宅、髪を鋏む、坊学校より帰る、連れて日比谷公園菊花を見に行く

十一月十日　木　晴

十一月十一日　金　晴

和田千吉氏来室、息妻女診察磐瀬氏に依頼のこと

十一月十二日　土　晴

弘田氏来室、前回教授会リヨントゲン部設置、物療との関係に付異説あり　学士院例会出席、鳥居龍蔵氏樺太民族談あり　坊賀町へ泊りに行く

十一月十三日　日　晴

午前藁灰を焚きなどす、島峰氏より電話、昨日毎夕新聞に愈出でたりと　午後佐藤三吉氏チフスにて入院せしよしに付病室見舞ふ、今のところ異変の状なし、教室

十一月十四日　月　晴曇

午後教授会、学位五名、人事、高木謙次氏リヨントゲン専修、留学決定したり、解剖教授補欠の件に付自分理由を説明したるのみにて流会、生理よりも第二講座担任推薦の提議あり五時散会

十一月十五日　火　晴

午前ブダペストの人バラトシュ（土俗学者）約束の通り来室、穢多に付質問せり、種々シベリヤ探検談あり次にユンケル氏来り平沢息の話あり　坊昨日学校より来る、今日は加賀町へ帰るべし、三ヶ月間居たり　夕刻三郎氏

来室、愈欧文雑誌発行、経費方法確定せり云々

十一月十六日　水　晴

ユンケル氏平沼大三郎氏を伴ひ来る、人類教室へ導き松村氏に紹介す　午後二時故高橋順氏銅像除幕式挙行せらる、自分臨時司会す（佐藤病気のため）三時終る　晩入浴の際突然腰痛を起す

十一月十七日　木　晴

在宅臥床

十一月十八日　金　晴

在宅、十時半田鶴児等を連れて来る、坊は午後学校より寄る、大賑かなり、桑木氏来訪、自分は床中にて失敬す、鶴夕刻帰り去る、坊、忠泊る　丹波、長井、片山三教授退職慰労会なるも欠席

十一月十九日　土　晴

天王寺に於て解剖体祭挙行せらる、本年は大に盛にする筈なり、自分は欠席

十一月二十日　日　晴

柿内全家写真すとてきみ子忠を連れて行く、賤子来り小林文学士の話あり

十一月二十一日　月　曇雨

講義二時間休む、午後教授会には出席、解剖候補者推薦の件又々時間なきため延る

十一月二十二日　火　晴

腰痛軽快、庭を歩きなどす

十一月二十三日　水　晴　祭日

九時半教室、欠勤中の紀要其他を整理す　金沢須藤憲三氏より岡本規矩男氏を問合せの返事す

十一月二十四日　木　晴

十一月二十五日　金　晴

小池敬事氏独乙行出発告別　午後五時燕楽軒に於て故大沢氏記念事業に付委員会を開く、八時半帰宅

今日皇太子殿下摂政とならせらる

十一月二十六日　土　晴

昼佐藤氏を病室に見舞体温漸々降る　歯牙変形独乙文先々編済、是より清書　帰途橋本へ寄る蒔氏洋行明日出発に付告別

十一月二十七日　日　晴

九時半教室、清書に取りかかる、四時出て加賀町これ実に久し振りなり、児等元気よし、精子を連れて帰る

十一月二十八日　月　晴

午後教授会、学位の件佐藤恒介、佐藤亀一、大庭士郎（黴菌、愛知教授）、佐谷有吉皆通過、これにて先汎規程中請者皆済、人事、解剖候補者に付各自指名す　足立布施各七票、次生理橋田最多数弘田氏自職（ママ）今日発表、栗山氏小児科講座担任の件異議なし

十一月二十九日　火　晴

急ぎ弁当を使ひ加賀町、三郎氏風邪床中、きみちか来り居る、坊忠を連れて井の頭へ散歩、天候甚温和、二児園内を走せ廻る、五時半送りかへして直に帰宅

十一月三十日　水　晴

島峰氏来室、月曜教授会人事の話、歯文清書　晩石原喜久氏来訪

十二月一日　木　晴

午後西晋六郎氏母堂告別式大森へ行く於菟同行、三時前帰室　札幌山崎氏出京

十二月二日　金　半晴

連日歯牙清書、山崎氏来室

十二月三日　土　晴

山内保氏来室、昨日招待、迎へに来る云々幸にも大沢家訪問のことあれば断る

十二月四日　日　晴

故大沢氏一週（ママ）忌のため教室諸氏（井上、森、森田、桑山）と布佐を訪問す、早昼を食し共に上野発車、花環に付種々面倒にて桑山は一汽車遅れて来る、これを供へて日暮れて発す、八時過帰宅、天気好く河畔を歩きなどし快、車中は亡友の談多かりき、新井春、森田斉二氏同行

十二月五日　月　晴

午後教授会、人事、解剖学教授補欠の件永々面倒なりしが愈々今日投票、甚結果第一回出席二二名、足立八、西七、布施六、小川一、更に足立西に付き決選投票、結果西一二足立一〇即ち西当選す　次に生理学教授推薦投票を行ふ　橋田一九、石川正路外各一即ち橋田投選（ママ）　二時過散会、素子妊娠中のところ数日来腎臓炎の徴候あり心配に付磐瀬氏に来診を乞ふ　医化学に良一に通し、薬物二村氏訪ひ、歯科問題決行のことを話す氏賛同す　西氏に上の件に付手紙を書留にて出す　於菟助教授任命辞令を渡す（二日付け）　六時半帰宅、磐瀬氏来診素子入院を要す趣、明朝実行すと

十二月六日　火　晴

午後佐藤氏を病室に見舞ふ、最早回復期に付面会す、次素子入院、其模様を見磐瀬氏早く分娩せしむる必要あり、其手術を行ひたり云々　きみ子教室へ来り火鉢其他の工風をす

十二月七日　水　曇寒

精子より電話、坊チブテリヤ（ママ）と決定云々、其処置に付先三郎氏を訪ふ併し素子の様子不明に付、午刻小児科に落合ことゝし、病院に到る、九時半頃既に分娩せるも未胎盤出でず云々、小児科にて待つ、胎ばん出たりと、三郎きみと栗山氏室にて相談、坊を引きとることに決す、実にきはどきところなり、素子今後如何は不明なるも期日決定したり前途闇胆、教室に帰りて精子に坊迎へに行くことを通す時に十二時半、七時前帰宅、精子坊を自動車にて連れ来り、書斎に臥床を置く、機嫌よし、心配はなかるべし　良一帰来休養

十二月八日　木　晴　昨夜少雨

昼御殿にて入沢部長、古在総長に於菟留学のことを話す、当大学推薦は困る事情ある云々、これより直に文省に到り窪田課長、松浦局長に懇談、承諾を得たり但し本年度中に出発するの条件あり、教室に帰りて於菟に通す　素、坊経過良好　山崎春氏帰任、骨格二、三贈る

十二月九日　金　晴曇

歯論清書終る、一二五頁、三時出てユンケル氏へ稿を持ち行く不在に付置きて去る　昨年四月十五日独訳に取りかかりたるも此間多事（特別学年、赤き骨、大沢氏死去等）終に今日となりたり、自ら勉強なりしことを認む　柿内へ寄りて、これより原町に原信哉氏死去に付悔に行き六時半帰宅、仙台西氏より承諾の返事あり

十二月十日　土　雨

午前西氏来室、転任に付ての談話、別に困難なし、昼同氏直接入沢部長と会談すべし、午後吉祥寺に信哉氏葬式に列す、三時家に帰りて休息、六時前築地精養軒に到る浜尾家結婚披露なり　九時半帰宅、久し振りの悪天、於菟来年三月二十一日神戸出帆と決定、其趣窪田治輔氏手紙を出す

十二月十一日　日　晴

十時過教室、去八日晩強地震のため水道水路破壊し今朝、家、教室共断水　病室に素子を見に且始めて赤児を見る発育甚不充分にして生存覚束なし、弁当を食し帰宅　庭へ出て「がく」刈り込み、掃除をなす　これにて今年は

遅れたる庭片付け済む、誠に温暖

十二月十二日　月　晴

昼御殿に行き古在総長、入沢部長と西氏転任に付其俸給を相談す、九五〇円減となるこれ致し方なし但西氏承諾すべし（井上三二〇〇、西三〇〇〇、橋田二八〇〇）、長与氏に会ひ、病理に行きて歯科のことを話す、考へ置くべしと、二時半室に帰りて弁当、直に上野美術学校に正木校長を訪ふ不在、これより学士院授賞委員会出席、高嶺吉田、清野、末広、三件と決す終て直に精養軒に到ボルヂレフ氏米国へ赴任に付送別なり、九時半帰宅

十二月十三日　火　晴

西氏来室、俸減の件未決、大沢未亡人一寸来室　専門局窪田氏より来信、於菟体格検査其他の件、午後病室を見舞ふ　辞職願を書き六時半を過ぐ

十二月十四日　水　雨曇

講義を閉つ、女生殖未全く終らす、三郎氏来室、来一月愈欧文雑誌初号を発行す云々、体裁に付談あり、第六十三回の誕辰に当り辞表を出す　即ち「私儀老齢に達し候に付教職を離れ専ら学術研究に従事仕度候間本官被免度此段相願度也　内閣総理大臣子爵高橋是清殿」教授三十六年半、医学部のみならす全大学中既に既に最古参である、感慨無量

十二月十五日　木　晴

山極碓居両氏来室、解剖に関する宣伝の相談、午後桑山に歯写真の試写をなさしむ　四時過帰りて更衣直に数寄屋橋銀座教会に到る、きみ、せい尋で来る、小林ちか、松原伝吾結婚式なり終て同処にて晩餐、十時帰宅、坊まだ起きてゐる

十二月十六日　金　晴

佐藤氏を病室に見舞ふ、一週間の後には退院すべしと素子を見舞ふ良一来り居り女児に「純」と命名し今日届を出したりと、午後は桑山歯の写真、於菟履歴書、身体検査書等窪田氏へ書留にて出す

十二月十七日　土　曇雨風

九時より組織筆答試験、問題ネルフエンツエーレン（＊神経細胞）、出席五二名、遅刻、欠席者なし　入沢部長来室、辞表に付談あり　後事を如何すべきや云々明後日教授会に諒解を求むべし、一週三時間位の講師は如何云々　弁当後直に新設営養研究所落成式に付同所一見す、但し式には列せず二時半教室に帰る　三時より学研編纂委員会

に山上御殿に出席、五時過終る、紀要校正、六時半出て家に帰る

十二月十八日　日　晴

終日在家、坊の守、坊左膝関節に痛を起し甚困る　きみ子は夕刻より中林家へ行くちか夫婦と共に招ねかる

十二月十九日　月　曇晴

午前午後組織実地試験、二三名済む、教授会欠席

十二月二十日　火　晴

午前後試験、二十四名出席、五時西氏来室、転任期に付談あり、なるべく来年四月よりとしたし云々　坊膝痛去りてはね廻る、先これにて全快、只素子三日此方少し熱あり、経過宜しからす、女児亦望少なし

十二月二十一日　水　晴曇

ユンケル氏来室、歯原稿直して持ち来る、午後素子を病室に見舞ふ、児尚ほ前途不明、午後桑山歯の写真を撮る、これにて終る　晩潤氏来る原稿を「タイプライタア」に打つことを托す

十二月二十二日　木　晴

解剖に関する意見書、碓居氏起草、山極氏加筆江木博士校閲のもの病理へ持ちゆきて山極氏に渡す　弁当を使ひ家に帰りて坊を相手に去六日注文せる製本出来たるを整理陳列す

十二月二十三日　金　曇

答案調べ、石川哲郎氏帰朝来室

十二月二十四日　土　晴

俸受、別に賞五〇〇、これ最後の歳末なるべし、答案調べ終る　弁当を使ひ病室に到る坊来り居る、連れて銀座へ行く、伊東屋にて本五冊買ひ与へ資生堂にて三時を食し四時家に帰る。これ病後始めて外出したるなれど障りなき様なり大嫌気（ママ）

十二月二十五日　日　晴

午前忠子来る、午後二児を連れて上野精養軒へ行く「クリスマス」なり余興あり、福引あり色々の面白きことあり二児大歓、四時食堂に入りて後直に加賀町へ送り行く三郎氏風邪、七時帰宅、素子入沢内科へ転す

十二月二十六日　月　晴

九時過教室、試験評決終る、森田斉次氏来室、辞職のこと新聞にて見たるか真か云々、宮原虎氏も同断、島峰氏より電話にて同断。午後素子を入沢内科に見舞ふ　丁度精子来りて共に出て教室へ寄る、これ精子実に久し振り

なり

十二月二十七日　火　晴

銀行に寄り一〇〇円引き出し教室に到る、故大沢氏記念事業立替として森に渡す、二村氏来室辞職談、又井上氏出勤、其談あり、桑山歯の写真出来す

十二月二十八日　水　晴

今朝紙上に見て始めて無職にて自室に入る時に九時半田口氏学位論文抄録書き終る時に十一時鈴木書記来室、二十七日附を以て発表のこと、これより上野美術校に到り正木校長に故大沢氏胸像作製に付塑像家推薦を頼む、一時半教室に帰る、中村書記官来室、発表のこと、賞一万、加俸七〇〇、即ち六七〇〇となる　二時過弁当同時に桑山写真二枚再写す　井上氏に発表のことを告ぐ、室移転のこと、授賞のことは西氏出京の上入沢部長と三人にて相談の筈云々時に四時少し過ぐ、加賀町へ行く三郎氏風邪にて在宅

十二月二十九日　木　雨晴

三井銀行へ行き当坐預となす　十一時過教室、小使三人に退職のことを告ぐ、佐藤恒介氏来室、午後病室に見舞ふ、良一あり、昨日一等室に移りたり

十二月三十日　金　晴

北大より謝礼として百円受領、これにて七四〇となる十時教室、潤氏昨日来持のタイプ一部を直し、引用書目を書きなどす、六時前帰宅、晩食後、精、もと銀座へ出かける、尾張町より往復す、十時半帰る、茶間にて談話、十一時半床に入る

十二月三十一日　土　晴

断髪、弁当を持ちて柿内へ行く、午後二時坊を連れて銀座へ散歩、芝口より往復す、星にて三時を食べ、些細なるおもちゃを買ひて五時過加賀町へ帰る、六時過帰宅、入浴、九時室に入る

大正十一年　2582
1922　良精六十三歳

一月一日　　日　雪雨

七時起く、昨夜来雨、雪となる、悪天寒し、九時半出て本郷三丁目にて坊に約束の今日の乗り替へ切符を取り、花屋に入り千りやう（一円丈）買ひて教室に到る、小使あらす、直に病室に至る、十二時半になるも良一来らず、教室へ行きて弁当を使ふ、森田助手来り居る、偶々小使室レミントン〔＊タイプライター〕のへがし暦あるを以てこれを病室へ持ち行く、二時半教室へ帰る、歯論引用書目調製、六時半帰宅

一月二日　　月　晴

十時前出て牛込小松家へ年始、老母堂案外嫌(ママ)気よし　これより千駄ヶ谷ユンケル氏宅に到り名刺を置く　昨日同氏来賀ありたり答礼なり、十一時半柿内に到る、弁当持参、潤氏来り居る、二時半三郎氏坊と共出て護国寺墓参に加はり共に帰宅、晩食、学部アトモスフェーレ〔＊雰囲期〕に関する談話、八時半氏去る、後坊と遊ぶ

一月三日　　火　晴

早く昼食し三、坊を連れて世田ヶ谷梛野へ年始、これより歩き、大山園を通り抜けて、八幡社を経て渋谷駅に出て六時家に帰る　好き散歩なりき

一月四日　　水　晴

坊を送りて教室に到る時に十一時過、井上氏出勤あり室を取り極む　午後病室を見舞ひ、きみ子を伴ひて教室へ来り自室を最後に見せたり　岡島敬治氏来室　解剖学雑誌発行のことに付談あり、一身をこれに犠牲にす云々その奮励敬服の外なし　六時半帰る

一月五日　　木　晴

十時教室、歯の引用書目書き終る　五時半出て橋本へ年始に寄る節斎氏在宅、とし子、三重、龍、春は曙町方面へ年始に行きたりと七時半帰宅　橋本家族まだあり

一月六日　　金　晴

九時半教室　引用書目タイプライタア終る　五時過出て千駄木へ年始に寄る、七時帰る、潤氏タイプライタア皆済持来る本文のみにて七二枚

一月七日　　土　晴

朝教室へ行んとするところへ柿内より電話、児等を連れて昼食云々、精子を連れて柿内へ行く、孝児を残して皆出かける、日比谷陶々亭（支那料理）に入る、児等大喜び、誠に珍らしき催しなり、二時過同所を出て三郎氏等は信子を連れて帰る、精と坊、忠を連れて公園内を歩き次に銀座通りを往復し、五時加賀町へ帰る　皆満足

一月八日　日　晴

九時過教室、午後病室見舞ひ、きみ、良一在り、タイプライタア原稿正誤、六時室を去る

一月九日　月　曇

九時前教室、十時より前学期残りの補充講義をなす十二時過デモンストラチオン終りたるところへ工藤得安氏墺国より帰朝来室、欧州談、鋏、名画写真二枚の贈与あり　一時半弁当を使ふ、六時半帰宅時に雪降る

年賀の件　はがき　三〇七

封筒　九一

名刺　三八

一月十日　火　晴　昨夜雨

八時半教室、十時より十二時まで残部の内臓講義ダルム〔＊腸〕及其デモンストラチオンをなす　第三十七回解剖学講義を最後として閉ぢ深き感慨を以て黒板に書きたる図を眺めつつ講堂を去る時に十二時十分、きみ子来室素子退院、北町にて療養のこと、赤児の処置に付相談、明治銀へ行き一〇〇円引き出す（潤氏へタイプの謝礼、故大沢記念会立替）、室に帰ればきみ子来り、柳沢氏に依頼せしに児を当分預かるとのこと難問題暫時解決、時に二時半　図解を製す、これにて歯牙変形論全く整頓し印刷に附すべき状態となる　六時家に帰る

一月十一日　水　晴

九時半教室、移転のためそろそろ自室の片付に着手す三時半出て加賀町、丁度山鳥ありとて晩食し七時過家に帰る

一月十二日　木　晴

田口、工藤二氏来室、午前を潰したり、午後四時学士院例会出席、小坂工学士エスペラント講演あり、九時半帰宅

一月十三日　金　曇

九時半教室、田口、次に島峰氏来室、隠退の話、歯院大増築の話、午前潰す、午後田代氏来室、大沢氏追悼会結末、井上氏と三人協議結局三十三円計不足これは記念会

より補充することとす、紀要校正など三時半となる、室片付け

一月十四日　土　曇

九時教室、終日室内を片付ける

一月十五日　日　雪晴

昨夕より雪降り始め今朝五寸余積る、坊昨日来寒冒、精子見舞に行く、自分は午後行きて六時過帰る

一月十六日　月　雪曇

昨夜又々雪　午後教授会に於て告別挨拶、新鮮、真面目、及研究授業の二大要件を希みたり、次本部に行き古在総長、中村書記官に挨拶す、事務室に寄りて早乙女、阿部其他の諸氏に挨拶す、同時に俸給残額とて七円九十八銭受取る、自室に帰れば二時を過ぐ

一月十七日　火　半晴

昼弁当時間に御殿に行き磐瀬氏に素子来診のことを頼む、林氏同道薬物に到り若杇処分のことと自分隠退に付勘定違ひをしたることを弁明す、二時前教室に帰る、歯変論原稿を印刷に渡す、時に良一来る、磐瀬氏往診のことを話す　午前画家ズドル氏来室チェチェン人頭骨十二個持参、邦人のものと交換を約す　四時出て加賀町四児共寒冒、併し坊のみ床中にあり

一月十八日　水　曇雪

九時教室、真野氏還暦（二円）、故和田垣氏慰弔（三円）出す　自室片付、顕微鏡標本、一八八二、三、伯林、ストラスブルグ、エソックスルシウス、ネッツハウト、イリス〔＊キタカワマス、網膜、虹彩〕等廃棄す、四〇年前のものなり　午後雪盛んに降る、物品の移転を始む　三郎氏夫婦四児共寒冒のよし、きみ子手助けに行きて泊る

一月十九日　木　曇

寒冒在宅、午後きみ子坊、忠を連れて帰り、療養せしむ

一月二十日　金　晴

きみ子寒冒、晩臥床

一月二十一日　土　晴

一月二十二日　日　晴

きみ子起きず、今夜より精二児と書斎に臥す

一月二十三日　月　晴

夕刻忠子返へす

一月二十四日　火　曇

一月二十五日　水　晴

寒冒稍快、十時教室、西氏昨日出京のよし今日面会、紀

要校正刷整理、恩給請求書を戸籍謄本及履歴書を添へて出、鈴木氏が整書しくれたるもの　室の移転大半終る、六時帰宅

一月二十六日　木　晴

九時教室、始めて新室に入る、全く旧室を片付け終る井上氏に一通り引き渡す

一月二十七日　金　晴

九時半教室、井上氏に引き渡し補、林氏来室、今日紀要編纂引き続ぎ（ママ）をなすつもりなりしに氏来れるを以て引き渡したり二時を過ぎて弁当を使ふ、電灯の位置を工風す、林氏再来、歯科のことに付談あり　彼の辞職勧告書の写真を渡す　昨日ヒルシュフェルド手代渡辺来り手紙を見るW先生文庫一月七日ハムブルグ発送のよし、依て九千円払ひ呉れること叶はずや云々の懇請あり　今日到着の上支払ふべきことをヒルシュフェルドへ手紙にて申送る

一月二十八日　土　晴

坊今日より学校、共に出かける、昼弁当を食し直に帰宅、坊を連れて散歩、和田倉より桜田門を経て日比谷公園銀座

一月二十九日　日　曇

午後坊を連れて浅草へ散歩

一月三十日　月　晴

坊と同時学校、西氏今日より講義を始む五官器の筈なり独乙東亜協会演説準備

三郎氏来室 Journ. of Biochemistry〔＊雑誌〕創刊成り其初号持ち来る、大に祝福したり

一月三十一日　火　晴

坊と同辺（ママ）八時半過教室、林氏来室紀要のことに付、又基礎科優遇談、亦自家一身のことにも及び時宜によりては自論を発表することあるべきを漏らしたり　四時出てて島峰氏寓に訪ふ同氏風邪臥床、林氏依頼歯科欠陥を質す、自分が退職を非常に急ぐ云々は全く入沢部長の意中より出でたること確かなり（氏と中村書記官との対話にあり）七時帰宅

二月一日　水　晴

独亜演説準備、昼御殿に三浦氏を尋ねたるも不在　人類教室に松村氏を訪ひ雑談、鳥居氏助教授となりて主任に松村氏講師になると

二月二日　木　晴曇少雨

坊同道教室　午刻三浦氏を医院に訪ひ彼の勘定違ひせしことを弁明す

二月三日　　金　雨

坊同道青木まで行きて赤体操帽を買ひて遣る、長与氏打合せの上午後来室例の勘定違ひのことを話す　三時半出て千駄ヶ谷にユンケル氏を訪ひ演説準備に付相談、終て晩食、九時帰宅、非常なる悪道困る

二月四日　　土　晴

坊同道、午後二時出て帰り坊を精と三越へ連れ行く

二月五日　　日　晴

北蘭忌日逮夜に付に［ママ］保子むつみへ子を招きて昼食す、午後二時坊を連れて上野に散歩、博覧会建物を見る

二月六日　　月　晴

坊同道　午後島峰氏来室、自分最後の意見を発表すべきか、其時期如何なとの談、氏は早きをよしとす云々

二月七日　　火　晴

坊同道、但し今日は加賀町へ帰るべし　午食後直に御殿に林氏を尋ね、自家論文試刷初校より見たきことを話す、同道教室に伴ひ来り　歯科の件勧告書を返戻のこと、好機会と思ひて昨日の自個意見を氏に漏す、総に当り試むべきに付暫時預け置くべし云々　川上政雄氏来室、平談

二月八日　　水　雨

独東亜学会にて演説のため表、標本等準備す、午後五時三二及小使中島に標本等を持たして出かける、雨頻りに降り困る、六時半 Deformation d. Gebisses〔＊歯の変形〕演説を始め一時間余要したり、先これにて長い間の約束を果たし安心す、共に食す、三二は先に帰りたり、十時帰宅

二月九日　　木　晴

温かし、十時教室、山県公国葬に付休業のよし誰も来り居らず、田口氏来室午前を費す　午後きみ子来室、赤児を連れ帰るか否やの問題なり、素子は先刻帰宅せりと、四時出て加賀町、恰も三郎氏坊、忠を連れて散歩に出かけるに会す、一所に神楽坂を歩きて帰る　素子は帰宅せるも赤児は尚ほ婦人科にて預りくるるよし

二月十日　　金　晴

歯論校正、ヒルシュフエルド手代渡辺来りやはり九千円払ひくれ云々、これを諾し、御殿に入沢氏に其ことを話す、五時出て佐藤三氏を見舞旁訪ひて小切手二千五百を預り七時帰宅

二月十一日　　土　晴

九時半教室、自室片付け、新井春氏来室　学問慷慨談、共昼弁当を食す、五時電話あり　精子迎へに柿内へ行き七時過帰宅

二月十二日　　日　晴　昨夜大風雨

石垣貫三氏老母堂死去に付きみ子悔に行く（香奠五円）、十時半教室、自室片付け漸く終りたり　四時過出て学士院例会出席、清野氏等授賞確定十時帰宅

二月十三日　　月　曇

午前三浦謹氏来室、隠退教授扱ひ方に付談話、時に京都荒木総長来る、解剖家特別待遇のこと話す、同氏来りたれば三氏に終局の点は話さざりき　午後教授会後井上氏来室、講師云々教授会に於て決定のよし、諾否云々、又入沢部長来室、同氏及岡田小切手（二、五〇〇円つつ）受取る又講師の談あり、五時出て相互生命に到る、教室員発起西歓迎、森送別、自分慰労の意味にて会す、出席三名の外井上、森田秀、宮原、虫明、桑山、新井、森田斉、岡島、田口、二村、佐藤恒、池田孝、山越の諸氏総て十六名十時帰る

二月十四日　　火　晴

入沢氏来室、近藤氏小切手一、五〇〇受取る、井上氏に脳講義引き受けるに付ては従来三〇時間要せる旨を話し今より五週間にて終らざるべからす即ち一週六時間つつとなることを告ぐ、五時間つつとして先つ承諾したり、三輪千葉校長来り仙台助教授小玉氏を聘したし就ては布施氏へ書面の交渉を頼む云々、直に布氏へ手紙を出す

二月十五日　　水　雨

ヒルシュフェルド支配人渡辺を呼びて九千円渡す、清野謙次氏へ手紙を出す（人類学器具一品紀念とし贈ること）紙上にて十四日附を以て「名誉教授」発表になりたることを知る（佐藤、弘田共に）

二月十六日　　木　雨

午後約束の通り入沢部長来室、大学は研究が心髄（ママ）なること、隠退教授の研究に忠実なるものに特待すべきことを話す、あまり感深からざる如し、多数の老朽のために少数の可惜を含むは大体に於て有利などいへり

二月十七日　　金　晴

午後林氏来室、歯のこと、氏去て電話にて打ち合せ直に一ッ橋に到り長尾、金森二氏に勧告に付詳細なる説明を聞く、五時半帰宅

二月十八日　　土　晴

再講義することになり、八時より十時まて、脳を始む、歯変試刷校正、組終り五七頁となる、昼後に薬物に林氏を訪ひ、長尾氏等の説明を伝へる　是より加賀町へ行き坊を連れて銀座へ散歩、五時半加賀町へ送りて家に帰る、書斎に在る九時頃教室小使より電話あり外来歯科より出火直に出かける　良一、三二同行、鈴木書記も落合ふ、先教室無事、日向当直、薬学裏より焼ける様を見る十時頃下火となる、医院長室に到る入沢部長、近藤院長石原、田代両主任等あり、外来北棟を焼く即ち全部の三分の一なるべし、二階歯科、下整形外科、この二科全損害、十一時半帰宅

二月十九日　　日　晴

春らしき好天、午前は良、三庭の芝を焼く、午後精と忠子を連れて世田ヶ谷に散歩、ちかの新宅、椰野両家玄関に寄る、大山園に入る、五時半帰宅

二月二十日　　月　晴

午前島峰氏来る、午後十二時半より二時半まて講義　忠子今日きみ子送り行きたり

二月二十一日　　火　晴

八時より九時まで講義、即ち月、火、土三回五時間この学期中脳講義すべし　昼古在総長に一、隠退教授が教室にありて研究する名義のこと、二、真に研究する者を援助して然るべきこと　三、解剖家特別手当のことを談す午後三浦氏来室、去十三日の続きを話す、又歯科のことにも及びたり、以後は成り行きを任す

二月二十二日　　水　曇晴

故大沢氏ナハルフ〔＊追悼文〕別刷一〇〇部グスタフ・フィッシャーより到達、佐藤三吉氏病後挨拶に来る、三時過出て加賀町、忠子明後日愈学習院通学のよし、六時帰宅　今日松原伝吾氏都合宜しきよし電話ありて急に晩食のこと極めたることにて既に同夫妻あり、外に送別の意味にて於菟を招き、又三郎氏も来る、社会談、十時過きて散す　時に少し雨降る

二月二十三日　　木　晴

大沢伝を配る、田口氏来室、千葉教室新築談

二月二十四日　　金　曇晴

昨日議会普選案上程、日比谷辺大騒擾のよし　但大異変はなかりき、学校衛生の人来り小児年齢別体径（ママ）のことを尋ぬ　午後明治銀へ寄り大沢記念の事業に立替へたる

一六〇円を預入れ、三時過文省に学研部会に出席、六時帰宅

二月二十五日　土　晴　昨夜風雨

昨夜可なり大なる嵐、今朝霽れる　午後三時出て加賀町、三郎氏在宅、児等と遊びたり雛段を飾りたるところなりき、甚春暖、布施氏より児玉氏辞退の返事あり三輪氏申送る

二月二十六日　日　曇

午後は植物園、柿内全家行く又精子も加賀町より共に行きたり、入園者夥し

二月二十七日　月　雨雪

再寒し、終日雪降る、南洋旅行者加藤太郎吉氏より頭骨三個及肢骨到達す

二月二十八日　火　晴　再寒

三月一日　水　晴　記念日

九時教室、島峰氏来て午前潰す

三月二日　木　晴

午後美術学校に正木校長を訪ひ故大沢記念像製作を塑像家吉田三郎氏に依頼の件を頼む　三時過ぐ公園内は博覧会切迫のため混雑、これより加賀町、坊風気味なり、帰途安田恭吾氏へ寄る　年始答礼の意味なり七時過帰宅

三月三日　金　晴

朝グスタフ・フィッシャー（イエナ）へ故大沢氏略伝別刷代五九マルク郵便為替にて送る即ち六五銭（一M一銭一厘一毛）外に郵税二〇銭、只今講師嘱託の辞令を受取る、第三講座分担、一ヶ年手当四〇〇！　時に九時三〇、午後独散歩、二子玉川、久地梅盛り、十年前の昨日独木下川へ散歩したるを追懐す、更に開転せざるを歎す　六時過帰宅、精子柿内へ行き泊る　今日赤児を病院より引き取る、これ又未来暗黒

三月四日　土　雨

悪天、午刻三輪徳寛氏挨拶に来る、次に松村氏来、委員会を開く云々、鳥居氏主任に就職、教室内の話ありきみ子この悪天に松原、金森両家へ行き九時過帰る

三月五日　日　晴

十一時過教室、四時過出て浜尾先生を訪ふ、在宅、六時半まで談す

三月六日　月　曇

歯変論第二校正全部終り薬物に林氏を訪ひて頁数等を極

め、且つ歯科談、又隠退後の談にも及びたり　室に帰りて弁当を使ひ直に講義、三時間を用して外形を終る、其間吉田三郎氏来りたるも辞したり、仕事多し、五時半医学会例会出席、三郎氏演説、井上氏より又々試験を受持たぬかなど話ありあきれたる人なり、七時家に帰る桑木家族を招き晩餐を饗す、夫婦の外三人、外潤氏来る九時半去る

三月七日　火　雪

昨夜来盛に雪降りて二三寸積る

三月八日　水　晴

塑像家吉田氏来室、位置其他のことを協議す　ズック氏第二校正持ち来る直に印刷に送る　午後四時より人類学会評議員会、鳥居氏主任となり編輯を担任す、会費増額、六時半帰宅

三月九日　木　晴

八時半教室、早く弁当を使ひ布佐に大沢家を訪ひ塑像に用する写真数枚借りる七時帰宅

三月十日　金　曇雨

上野平和博覧会開場、雨天となる、学校衛生官吉田章信氏来室、邦人体形等に付質問あり太田某来り、布哇産「ミイラ」一個所持するものあり云々　桂田富士郎氏へ夫人死去弔書と同時に隠退に付来書の挨拶状を出す　四時出て加賀町

三月十一日　土　晴

坊来る筈に付弁当を使ひて直に帰宅、金森夫婦、松原夫婦を招きて晩食す例の手料理、きみ、せい苦心す、坊大悦　十時散す

三月十二日　日　晴

好天なるも坊少し風気味に付外出せず

三月十三日　月　曇晴雨

大沢謙二氏来室、石原誠氏研究費学士院より補助の件歯変形本文全初校了　四時出て加賀町帰りに少し雨降る

三月十四日　火　雨曇

午後五時半東京駅に於菟洋行出発を見送る、まり子同行、帰途石原喜氏と黴菌竹内昇進難の談あり

三月十五日　水　晴

帰宅晩食、七時上野学士院に研究費補助（十一年度）に関する委員会に出席、藤沢部長外三浦、荒木、田中舘、三好及自分、十時帰宅

三月十六日　木　晴

午後大山公家考古物展覧会に到る、独乙東亜学会員を招待したるものなり

三月十七日　金　雨晴

島峰氏来室歯科談のみ、午後三時岡田氏番町宅に訪ふ渡米暇乞なり、辞職のこと教授会承認の際其前既に総長に進達せしよし。帰途柿内へ寄る

三月十八日　土　晴

八時より十一時半まで脳、幻灯を用ふ　浅井、大串二氏へ見舞状を出す

三月十九日　日　晴温和

弁当を持ちて柿内、午後坊、忠を連れて井の頭公園、二児大歓

三月二十日　月　曇晴驟雨

午前九時井上哲次郎、岡田和氏出発見送りに東京駅に到れば既に発車す分時のことにて間に合はず、教室午後脳講義メニンゲス〔＊髄膜〕まで終へて閉ぢたり幻灯を用ひ十二時半より四時まで

三月二十一日　火　晴　祭日

十時教室、大正八年夏以来中絶したる齲歯統計に手を付け始めたり　再寒くなる

三月二十二日　水　晴

朝九時半柿内へ行く、坊、忠既に支渡し居る、弁当を持ちて二子玉川へ散歩、河原にて二児歓びはね廻る　四時半加賀町へ帰る

三月二十三日　木　晴

九時教室、井上氏山本が勝手に骨を晒すとか、森田氏が命したりとか言へり

三月二十四日　金　晴　昨夜雨

大沢謙二氏来室、石原誠氏研究費学士院より九〇〇円と委員会にて決したることを話す　三時半出て一ッ橋学士会館に到る文書目録委員会なり本年七月二十二、二十四日、ブラスセルに於て本会解散に付其後始末に付各国委員会開かるるに付本部より桜井氏出張のこと決す九時半帰宅

三月二十五日　土　晴

榊原藤太郎来室在南洋加藤太郎吉より送付の頭骨に付て談す恰本人より書面到る、価は頭骨五個其他共一〇〇円とせり

三月二十六日　日　晴

十一時教室　文書目録を作る

三月二十七日　月　晴
坊忠両人共今日より学校休となり来るよしに付教室行かず、十時半頃来る、歓びはねる、終日家にあり
三月二十八日　火　晴風
二児午前中多く庭に出て遊ぶ、午後三時過送り行く時に颪極めて強　砂塵を飛ばし困る、五時半家に帰る、小林鶴蔵親子三人及保、むつ子を招きて晩食を共にす久々にて小千谷より見物に出京したるなり
三月二十九日　水　晴
十時過教室平光吾一氏一昨夕帰朝せりと面会、談材多し神経学者シュピールマイヤー（ミュンヘン）は氏が訪問の際甚悪感を持せり云々又アショフ（フライブルク）甚強硬なりしも現今は七名計郷人其教室にありと
三月三十日　木　晴
札幌山崎氏へ平光氏帰朝に付、足立文氏へ旧臘隠退の節呉れたる手紙の返事を兼ねて学会へ出席せざる旨の手紙を出す
三月三十一日　金　雨
富山中学校大村正之氏より大境遺跡に付問合せの返事を出す
四月一日　土　晴
午前午後共医学会事務所にて雑誌を見る　良一京都第六医学会出席のため晩出発　晩独上野平博の夜景を見る
四月二日　日　晴
せいと萩の餅を持ちて加賀町、午後坊、忠を連れて散歩、濠端を赤坂見附まで行き清水谷公園を見て四時加賀町へ来る、せいは泊る
四月三日　月　晴
せい二児を連れて帰る、昼少し前田鶴他二児にて来る、甚賑かなり、五時半田鶴坊忠を残して帰り去る
四月四日　火　雨曇
昨夜来雨、併し大したことなき模様に付坊を連れて平和博へ出かける、午後雨降り泥濘困る、四時半帰る　きみは忠を連て向島へ墓参す
四月五日　水　晴
庭にて遊ぶ、午後忠子送り返へす、晩坊咽痛を訴ふ
四月六日　木　曇晴
坊咽痛、終日屋内にあり
四月七日　金　雨

悪天、終日屋内、晩坊大に快

四月八日　土　晴曇

坊学校始業七時半共に出かける、坊学校より加賀町へ帰るべし　井上氏より第三十回解剖学会（京都第六回日本医学会第一分科）の模様を聞く、出席者三十六名　午後医学会にて雑誌を見る

四月九日　日　晴

内藤久寛氏邸に於て越人書画展覧あり　之れに招かれ十二時前同家に到る、弁当、二時頃出て柿内へ寄る、児等元気、三郎氏風邪、此度京都学会に出席し奈良にて木彫人形を買ひたりとてこれを見る

四月十日　月　晴

西氏に邦文原著抄録を頼み承諾を得、工藤得安氏来室、屍を得る費用、同門特別待遇談　午後医学会事務所にて雑誌を見る略ほ終る

四月十一日　火　曇雨

目録作製

四月十二日　水　晴

横田四郎氏昨日死去の由、今朝喜久井町に悔に行く（香奠五円）、帰途加賀町へ寄る十二時前教室に来る英太子御着京、市中賑ふ

三時半出て上野学士院例会出席、五辻の宮御事跡に付講演あり九時半帰宅

四月十三日　木　曇

英太子大学へ行啓　歯牙変形論別刷漸く出来、但し最後の一頁（ターフェルエルクレールング〔＊一覧表〕）を欠く直に電話にて其ことを謝す

四月十四日　金　雨

井上、西両氏授業を始めたり　目録タイピスト

四月十五日　土　晴

昨日島峰氏来室　歯科談其他のみ　今日は午前後共タイピスト　晩素、精と平博夜景を見る大混雑

四月十六日　日　晴

昼食し出て加賀町、坊忠を連れて中野へれんげを採りに行く、昨年の田甫を潰し小家を建てなどし花更になし、甚失望、只変遷の甚しきに驚く

四月十七日　月　晴曇

タイピスト、病理へ行き雑誌を見る、三時出て中野に先つ大沢家を訪ひ次に片山家に到る同家不在　七時帰宅時に雨降り出す

四月十八日　火　晴
昨夜大雷、盛に雹降る今朝庭に白く溜まりたり　長崎清水由隆氏出京来室
四月十九日　水　晴
歯牙変形論別刷綴じ直して持ち来れり　文書目録タイピスト一応了る
四月二十日　木　晴
別刷学内に配る、午後眼科へ行く併し雑誌製本中とて空しく帰る　松村氏来室、種々の談あり　四時過出て加賀町
四月二十一日　金　晴
別刷を外国へ送るため人名を調べて終日尚ほ未終らす
六時半家に帰れば坊来るよし、七時過精連れて帰り来る
四月二十二日　土　雨晴曇
英太子奉送のため大学も休業、午後忠子も来る、精と二児を連れて植物園
四月二十三日　日　曇少雨
天気模様悪し散歩六かし、午後に到り格別のことなき様に付精と二児を連れて上野へ行く、平博の外景を見て動物園に入る、自分は忠を加賀町へ送り行く
四月二十四日　月　雨
七時半出て坊と学校、人名調未了、午後五時半豊国、平光氏帰朝歓迎なり、教室五名の外新井、森田斉、岡島、田口、蓑内（理学士研究生）、山越、佐藤恒祐十二名、九時半帰宅、終日大雨
四月二十五日　火　晴風
朝石原喜久氏を大塚の寓に訪ふ、今日令嬢中泉学士と結婚の式を挙げらるるよしに付祝詞を述ぶ、八時教室
四月二十六日　水　曇
午前きみ子来室、論文四七部内国送りの分宛名を頼みて書かしむ、島峰氏次に山越来室　恰もきみ子来室中可なり強き地震ありたり
四月二十七日　木　晴
稀なる好天に付七里ヶ浜に鈴木孝氏訪問と決し八時頃出かける、十時半鎌倉着、これより徒歩七里ヶ浜に出て砂丘上小松の下にて弁当を食す、時に十一時、一時頃鈴木療養所に到る、氏の案内にて氏所有の山林を歩く、人なく甚快、但しなかなか熱し、日蓮旧跡を見る、久々にて旧友と談話、甚愉快、同道にて帰京す
四月二十八日　金　晴

昼柿内氏来り眼の補欠去月曜に石原忍17宮下僅かに3票のみなりき、是非石原にしたし云々　午後四時頃家より電話あり　鳥居龍蔵より徳島発電報ほねでた云々、元より実情不明なるも兎に角明夕出発と決す、五時過家に帰る

四月二十九日　　土

朝松村氏に出向のことを話し、鳥居氏へ返電す　是より陸軍医務局鶴田氏訪ひ昨日柿内氏と談話の件に付談す、最早決定疑なし十時教室　文書目録一応出来たりこれを長谷川氏送る　ヒルシユフエルド店員に昨日船積証及保険証を渡し尚ほ他の書類を今日渡すW文庫既に三月二十日頃横浜着しあるよし　午後商科大学講堂に第四回学術研究会議総会出席、休憩の際去りて四時頃帰宅、是よりきみ精等が整ひ置きたる旅具を調べなどし、七、三〇東京駅発車す、喫煙室にて葉巻を半分吸ひて寝台に入る

四月三十日　　日　曇晴

案外眠りたり、五時過起きて洗面、汽車米原につく頃なり、京都を出て食堂に入る、九時二〇神戸着三の宮駅に降る（寧ろ神戸駅の方宜し）人車、徳島行汽船乗場に到る、十一時半出帆の由にて是より楠公社へ行く往復とも電車を用ふ、絵葉書を買ふ、坊に一枚出す　船賃一等六、九〇円、波至て静、四時半小松島着　鳥居氏及井上達三（徳島市会議員）氏出迎へ呉れたり　亦西野嘉右衛門（小松島素封家）氏あり　阿波共同汽船会社楼上にて休憩、徳島着、鳥居、井上二氏の誘導にて城山遺跡を一見す　田所、森、前田、斎藤諸氏に面識す　日暮に井上邸に到る同邸に宿泊することとす

五月一日　　月　晴

天気甚よし、徒歩市内を過き、旧城郭を廻り大手門を見て遺跡に到る接近せる休憩所にて支渡し自ら掘り始めたり　森、前田二氏大に助力す、昼知事、市長、蜂須賀家一族某来観、寺沢学士、笠井新也氏其他数氏、六時止めて井上邸に帰る、寺沢氏来り当地学士（八名）共に晩食云々の談あり、見合せることを懇望す、解剖教室より電報あり　ズック氏に渡すべき頭骨の件なり渡して宜しき旨返電す

五月二日　　火　雨曇

雨降り出す人車にて遺跡に到る、九時過より作業を始む人骨一体埋葬位置等判明す森氏助け掘る、前田氏測量図

を製す井上息写真す　昼食、骨を取り挙ける　これにて一段落とし今夜帰途に就くことを井上、鳥居両氏に告ぐ、雨再降り出したれば諸氏も作業を止めたり　五時頃井上邸に帰る、森、前田、田所其他数氏来邸、此間神官某外二名来り石棺内人骨調査に付談あり、若林氏来る、土産物のことを漏したるに皆井上氏の贈るところとなる即ち阿波ちぢみ五反、絵はかき三十余枚、やきもち柑子等、井上、鳥居、若林氏の案内にて大滝山に登る　八時半井上鳥居二氏に伴はれて出かける駅に到れば古川、田中、山内、藤本、寺沢、前田、田所、森其他数氏あり　井上、鳥居、寺沢、田所其他二三氏小松島まて同行　亦ここに水野氏あり会社楼上にて休、時刻来り案内されて乗船、時に雨、諸氏に篤く謝し九時半出帆、船小なるも（八〇〇頓）食堂、船室整ふ、直に室に入り眠に就く、一寸外航の感を起したり

五月三日　　水　雨晴

五時醒む、天気悪し、疲労のため割合よく眠りたり六時大阪筑港着、時に大雨困る、人車にて大阪駅に到る、手荷物を預け、楼上にて朝食、これより医科大学、誰も来あらす暫して大串、塚口、斎藤氏出勤、談中昼食時となる　新築病院会食所にて昼食す楠本、隈本二氏に面会大串氏に誘れて病院を見、中の島公園を歩く時に驟雨、三、四四京都に向て発車、夕刻足立家に到れば氏昨日東京へ旅行、同家に宿泊　氏の帰宅を待つこととす、此間見物すべし

五月四日　　木　快晴

嵐山行、大悲閣に二回登る、これ思ひ違による、下の嵐峡館にて昼食す、舟にて下り対岸の亀山公園を歩く、四時頃京都に帰り祇園、知恩院の廻廊を靴のままにて歩きたるは思違にて奇なりき、四条新京極を見たり

五月五日　　金　小雨、晴

八時半出かける東西本願寺を見る時に雨降る　奈良行十一時着、博物館に入る、英太子通御に逢ふ、昼食（大正八年食せしところ）前回の通りの順路を経て春日山三叉大杉の許にて休み葉巻煙草を喫す、藤の古木花盛りなり　春日社殿五あり皆はふ正面　京都駅にて寝台券を買ひ七時半足立邸に帰る、入浴中同氏帰宅す

五月六日　　土　晴

足立氏と共に大学に到り荒木総長に会ひ、教室に到り小川氏と少時談話、次に清野氏を教室に訪ひ談稍長くなる

快感、京都駅に到れば既に午刻に近し階上にて昼食桃山駅に降り両御陵に参拝す乃木神社に詣でたり初夏の熱さ強し是より宇治に到る　先平等院内鳳凰殿、梵鐘、此処にて葉巻を点す、釣堂は扇子形芝、恰も寺に葬式あり茶園あり、明日頃より摘み始むと、但し既に新茶あり、是より宇治川左岸の道を昇る七八丁行きて茶を喫し戻る対岸は工事用電車あり　風少し強し、日暮に足立邸に帰る、氏も帰り居る、晩氏と談話十一時半となる

五月七日　日　雨

朝赤座氏来、尋て清野氏、氏の先導にて足立氏と三人出かける、四条にて食す、三人写真す、此間談多し　清野氏に別れ、足立氏と邸に帰る　夕食後氏より精子に付懇なる談あり、氏に送られて駅に到る、偶然森林氏に逢ふ、八、五二発す、直に寝台に入る

五月八日　月　晴

案外よく眠りたり、六時醒む、天気よし御殿場辺を走る富士の景佳、清浦子森氏と喫煙室にて談話、八、二〇東京着、九時家に帰る　午後田鶴忠、信二児を連れて、坊は学校より来る、甚賑かなり　夕刻他は去り坊は泊る疲を覚ふ八時半床に入る

五月九日　火　雨曇

朝坊と共に出る、西氏より留守中ズック氏に頭骨七個渡したることを聞き取る、井上氏小使殊に山本優遇法に付談あり、昼帰宅、三時頃坊帰り来る　晩きみ子金森へ行く精の件に付てなり

五月十日　水　晴

坊共に出る、加賀町へ帰るべし、旅行中の日記を書く

五月十一日　木　晴

午後三時半出て加賀町、三郎氏風邪在宅、晩徳島より鳴門縮五反到着　長岡増井岩三郎氏死去（八日）の報知あり

五月十二日　金　少雨曇

ヒルシュフェルド店員渡辺来りW文庫運送の手続すませたりと　午後眼科へ行き雑誌を見る　徳島井上達三氏へ礼状を出す、人類教室に鳥居氏に挨拶す

五月十三日　土　晴

故小林瑛（特志家）氏骨格陳列室に備へ付けたるに付遺族へ其趣を通知す、三時過出て加賀町、坊、信、孝水痘、忠は既に済みたり

五月十四日　日　晴

午後加賀町、病児等の相手、今日午後橋本五児来る、これに保子厳来り晩食大混雑、ところへ自分帰宅

五月十五日　月　晴曇

辞表を出してより五ヶ月、全感違、念断つ、ニヒツ・アルス・フォルシュング〔＊学問的研究しかない〕これのみ確実なり　別刷を送る人名調べ終る　きみ子柿内へ児等水痘の見舞に行く

五月十六日　火　曇雨

午前田口氏来室、焼絵自作の煙草箱を贈らる、文書目録追加のタイピスト、四時出て加賀町、孝子最悪し、信子は機嫌よし、坊は床中にて遊ぶ

五月十七日　水　曇

図書館へ行き目録追加出す序に少し雑誌を見る、午後故小林瑛氏遺族骨格を参観す、久保武氏精神病に罹りたるよし読売新聞に見ゆ　帰りて一寸庭へ出る

五月十八日　木　曇

別刷外国発送宛確定す、鈴木忠行氏男癌入院のよし、近藤外科に見舞ふ、気の毒に堪へす

五月十九日　金　曇

不図精素を連れて平和博第二会場へ行く、ただ見廻りて二時帰りて食す、疲れたり　庭へ出る

五月二十日　土　少雨晴

隅田川にて大学競漕に付休業のよし、九時教室、井上達三氏へ小包発送せし通知手紙及小松島西野嘉右衛門氏へ礼状を出す、別刷独乙送り宛名を書く　四時過出て加賀町、坊尚ほ学校休む但し元気よし

五月二十一日　日　晴（蒸熱）

学士院授賞式、高嶺吉田両氏共著に恩賜賞、清野、末広二氏各学士院賞、会食後教室、清野氏来る予て約束の自分考案使用せしヂベルゲンツビンケルメッサー・デル・バイデン・ダルムバインシャウフェルン〔＊腸骨両翼角度測定具〕を紀念として贈る　四時帰りて庭へ出る

五月二十二日　月　曇（冷気）

芝離宮に於て午餐下賜、三時帰宅、更衣加賀町、児等元気

五月二十三日　火　雨

別刷外国送りの宛名を書く

五月二十四日　水　晴

外国発送今日にて皆済、一二二部、内国の分七七部　長谷川成夫氏妻女来り此頃病勢俄かに増悪云々歩行困難、

言語不明、怒り困る云々早速入院然るべしといへり　桑山氏父君死去のよし井上、西両氏と各五円つつ香奠を贈る　六時オストアジアティッシェ・ゲゼルシャフト〔*OAG〕例会に赴く　マイスネル氏たなばたまつりに付き演説あり、終て会食九時半帰宅

五月二十五日　木　晴

稀なる好天に付きみ、せい三人にて平博へ行く第一会場全部廻り見て一時半帰宅、昼食後庭に出て草を取る

五月二十六日　金　晴

鈴木忠行氏一昨日開腹術の結果患部其ものには手を付けざりき趣なり名誉教授連見舞として各拾円出す、島峰氏一寸来室試験に大阪に行くと　徳島人骨今日箱より取り出す　四時出て加賀町

五月二十七日　土　晴

昨日W文庫十九箱丈到達、先解剖実習室へ搬入す内一個破損すこれを取り出すリベルトの分なり　京都足立氏へ礼状を出す鳴門縮二反贈る　午後人類教室、例会出席鳥居氏徳島遺跡発掘報告あり四時帰宅、坊来り居る、晩食後坊を連れて精と槇町へ散歩

五月二十八日　日　晴

坊を連れて鎌倉行、十時前着、由比ヶ浜を経て歩きて七里ヶ浜に到る　坊跣になりて汀に遊び何時までも飽かず例の砂丘上小松の下に弁当を使ふ、甚快、片瀬に至ればなかなか熱し、休憩渇を癒す、六時帰宅

五月二十九日　月　曇

坊共出る、坊は加賀町へ帰るべし　入沢、林、田代、近藤平四氏の名を以て六月三日晩餐の案内あり、心甚進まさるも行くを穏当と決す　五時出て千駄木へ寄る森氏在宅　歯牙変形論文を贈る

五月三十日　火　晴

田口、緒方（規雄）二氏来室　幻灯を見る井、西未あらす　午後農省内仏国絵画展覧会を見て加賀町、きみ子今日染井へ墓参

五月三十一日　水　曇大雨

十時頃高橋信美氏来室二十八日帰朝せりと、是より欧米談に時の過るを知らず午前中は自室、午後研究室、終に六時を過ぐ尚ほ盛んに雨降る、夕食時に付共に燕楽軒に到りて談をつつく八時半別れたり

六月一日　木　晴

W文庫箱を開きて取り出し見るに殊に別刷集カルトン先生の手跡多し感慨、午前後にて九箱開きたり

六月二日　金　晴

W文庫七箱開きたり多に疲労、Rの分は病理へ渡すことを知らせる　午後文省に研究会議部会に出席、来年度予算の件なり　早く済みて家に帰り庭に出る

六月三日　土　晴

昨日残り十二箱到着、朝日記者来、昨日研究部会の件医海時報記者W、R文庫の件、W先生と自分の関係談午後一時半家より電話、直に帰宅、坊井の頭へ小遠足より直に来りたり、六時中央亭に到る　隠退者五名に対する慰労会、古在総始め学生総代一五〇名計、九時半帰宅

六月四日　日　晴

市会議員総選共（ママ）、二級投票、朝坊を連れて出る本郷学校に於て長町康夫氏に投票し是より平博第二会場に入る午後一時帰りて昼食、皆庭に出る

六月五日　月　晴

坊共に出て七時半教室　文庫十二箱開く　これにて全部なり　内十七箱半W十三箱半Rのものなり価額に依ればW2/3R1/3なる筈なるもWの分少なき様に感す、又W中に重要雑誌なし　鈴忠氏を病室に見舞ふ、手術効果なきよし気の毒千万　京城上田氏へ久保氏病状問合せ手紙を出す

六月六日　火　曇

W文庫調べ大労を要す

六月七日　水　半晴

物置をW文庫とする計画をなす、日本救療院改錦糸病院主事楳本氏来室、拡張に付賛助を求む云々

高橋内閣愈総辞職、紙上やかまし、多分一種変態内閣出来ると想像す

六月八日　木　雨

ヒルシュフエルド店員渡辺来る、W文庫に付マックス・ベーク目録との関係を闡明にすべきことをいへり　名古屋山崎学長来室、井上、西両氏授業援助の談あり　霽れたるにより五時出て加賀町

六月九日　金　晴

長谷成氏妻女来り愈々入院を願ひたし云々、共に精神病科に到る　三宅助教授に頼む委細承知しくれたり

六月十日　土　曇雨

W文庫整理、長成妻女来り、明日入院、直に松沢病院の

方へ行く但大学官費、三郎氏来室、化学拡張の件実験治療研究室新設といふことする方然るべし云々　精と幻灯を見に加賀町へ行くつもりにて精は既に行きゐるも余り大降りに付止めたり

六月十一日　日　晴風

終日家にありたり

六月十二日　月　曇晴

W文庫整理、此頃は半日つつ之に従事す、午後四時学士院例会出席、末広博士船舶の動揺に関する研究報告あり九時半帰宅

六月十三日　火　晴

加藤（友）男内閣任命、政党内閣にあらさるも紙上の非難案外少なし、加賀町へ行きたるも墓参に行きたりとて皆不在、去て宮本仲氏眼病のよしに付見舞ふ

六月十四日　水　晴

ヒルシユフエルド手代渡辺来るW文庫の件、契約書に目録を送ることあるも未着に付これを質す、残金三〇〇〇は保留すべきや？　長谷川成夫氏妻女来り愈々一昨日松沢病院入院せしことを報告す　五時出て加賀町

六月十五日　木　晴

昨日三二に石器時代人骨蒐集費学士院補助三〇〇円受取らしむ、今日これを明商行へ預け入れる　宮原氏来るキーフエルアパラート〔＊上顎器官〕位□愈々着手すべし徳島古川氏へ贈品未着の手紙を出す　ズック氏来る交換品として考古学材料を渡す

六月十六日　金　雨曇

ズック氏来り皮膚科へ連れ行きて中野氏に依頼す　岡山藤田、長崎山田二校長来訪　五時出て国民新聞社に到る同社長徳富氏主催国民史学会創立に顧問として招かれたるなり、晩餐の後金子氏憲法制定談あり　十時前帰宅

六月十七日　土　雨

京城上田氏より久保病状に付細翰来る、病症ヒルン・パラリーゼ〔＊脳性麻痺〕にして甚軽からざるよし気の毒千万　人類学会例会、三時終りこれより加賀町、食後坊約束幻灯をして児等悦ぶ八時半帰宅

六月十八日　日　曇少雨

素子児を連れて茅ヶ崎へ転地す良一送り行く、終日在家

六月十九日　月　曇晴

清野氏へ返礼品受取り謝状を出す、午後二時半頃坊学校より寄る共に帰る、晩きみと坊を連れて槙町

六月二十日　火　晴

坊と共に出かける、田口氏来室、来日曜日招く云々　六時帰宅

六月二十一日　水　曇

坊咽頭痛にて学校休む自分も在宅、三二に顕微鏡標本説明す

六月二十二日　木　曇

坊休、自分も在宅、きみせいは千駄谷方面へ出かける

六月二十三日　金　晴

坊休、自分在宅、昨日今日在来の武鑑（弘化四年版）を整理し見るに中に小金井儀兵衛、柿内惣兵衛などあるを見付けたり、午前信子使に一寸来る

六月二十四日　土　晴

坊と共に出る、四時帰宅忠子休みゐる、夕食後送り返へす

六月二十五日　日　晴雨

坊は地久節式に学校へ行くそれより加賀町へ帰るべし、自分は九時半出て両国駅より市川田口氏方へ行く、贈物として菓子の外菓子鉢（三浦謹氏よりのもの）を焼絵煙草箱答礼の意味を以て持ち行く、昼食、外に井上、新井、西、高橋信美の四氏、帰途雨降る、七時帰宅すれば田鶴子胸痛の電話により只今きみ子出行きたりと　二三日前英国元帥ウヰルソン又昨夕刊にて独乙外相ラテーナウ暗殺の報あり　欧州にても不安思潮あるの証なり

六月二十六日　月　曇雨

ヒルシユフエルド手代渡辺来り目録不着の件に付種々話すところあり、病理へ行きて調べたるにそれらしきものありたり　加賀町、田鶴格別のことはなき模様なり、四児の始末なかなか困るきみ子は泊るべし

六月二十七日　火　曇

出がけに井上康平氏宅を訪ふ片桐元氏既に大阪へ帰りたる後なりしは残念　W文庫目録を調べる、大体現物と一致す、但しこれ全部にあらず分割されたるものと思はるきみ子早朝柿内より帰る、坊学校より来る

六月二十八日　水　雨

鈴木忠行氏昨夜遂に死去のよし、入沢部長来、W文庫残金支払のことを話す、井上康平氏来室新卒業生伊藤長二氏に付今村有隣氏より尋ねられたるに付模様を聞き取る、四時出て鈴木家へ悔に行き、今村老人方へ寄り伊藤のことを報告す

六月二十九日　木　雨曇
入沢部長近藤氏の分一、〇〇〇小切手持ち来る　書肆手代渡辺今日も来る　矢尾板四郎氏へ桜実の礼手紙を出す
故飯島魁氏紀念事業のため五円出す　忠子来り泊る

六月三十日　金　曇晴
骨格保存せし小林瑛氏遺族写真す、三時故鈴木忠行氏告別に行きて帰る

七月一日　土　晴雨
入沢氏土肥氏の分二〇〇〇円持来る　四時過帰宅　夕食後精と二児を連れて銀座へ散歩

七月二日　日　曇風
午後三時過出て精と二児を柿内へ送り行く　午前渡辺憲治来りW、R文庫残金三千円渡す　これにて本件結末を告ぐ　只W文庫全部にあらす　諸雑誌を欠くを遺憾とす

七月三日　月　曇雨
出がけに千駄木へ寄る、林氏昨日来少しく浮腫を来たせり且看護婦来り、全く臥床のよし　於菟へ返事を兼て森氏の模様其他種々書きて出す

七月四日　火　雨
終日悪天

七月五日　水　曇晴
仙台敷波氏来室布施選に当らず不平か尋ねたるに別にきかずと　三時出て市ヶ谷原家を訪ふ信哉氏初盆なり、柿内へ寄る、又橋本家へ中元訪、皆在宅　談長くなり七時過帰宅

七月六日　木　晴
朝電話にて額田晋氏に森氏容体を尋ぬ、去二九日始めて診察したるよし、萎縮腎は重大ならさるも他に大患あり但しこれは絶対秘云々　遂にこれを漏す左肺結核、症を未曽て明かざさりしもこれがため歟　茅ヶ崎行、素子児を連れて転地に付見舞ひたり某氏別邸隠宅のよし　松林中にありて甚よし但しさびし過るよし児別状なし、海岸風強し　七時頃家に帰る、額田氏来、面晤精細

七月七日　金　晴
朝教室へ行きたるも大掃除に付去て宮本氏を訪ひ虎伯父書軸を贈るこれは北蘭逝去の頃在新潟旧知より贈り越したるもの、時に家より電話あり匆々辞し去り直に千駄木に到る森氏容体増悪に驚く、昨夜遅く急報により額田氏来診したりと今朝は未だし、直に電話にて呼ぶ、きみは

既に先に来り居る　賀古氏と病室に入る、年号起原調査のことに付「再ひこれにかかる様になれば云々」言へりこれ最後の言なりき　秋田へ電報を発す　夕刻は早精神明瞭を欠く

七月八日　　土　曇少雨

朝剪髪、早々千駄木、見舞客にて玄関の方騒がしく病室に近きを以て今朝より受付を別宅とす　朝富喜子着、危険状態にて日暮る

七月九日　　日　雨

午前四時電話、直に行く、死期迫る、七時脈全絶、又々同代而も天才の友を失ふ愈々寂寞を感す　新海氏死面型を採る、午後桑山、虫明両氏と防腐注入を施す　在欧於菟、まりへ良一をして電報を打たしむ　牧野宮相其他弔問多し、応接、葬儀等忙し、入浴晩別宅に移して入棺、十一時半帰宅

七月十日　　月　雨曇

早朝より千駄木、弔客応接、式準備等忙し　十二時頃きみと帰宅　夕於菟より返電到達

七月十一日　　火　曇

早朝千駄木、会計を托され昨夕香奠既に一八〇〇に達しこれを預りたるに付団子坂下銀行に小切手として入れんとしたれども叶はず、祭資下賜に付九時宮省に到りこれを拝受し御礼署名をして十一時帰る　代人として勅使の御受けするため急ぎ更衣（初めて勲一等を佩用す）二時勅使着、二三分にて済む　後閑院宮殿下　御代弔あり又十五宮殿下より御使あり、午後東宮殿下より料理五〇人前下賜　文士等徹夜、きみ通夜す、自分は十二時独帰る

七月十二日　　水　晴

式当日、八時千駄木、十二時半出棺、谷中斎場にて二時式を始む、予定の通り、会葬者一三〇〇計とか、町屋火葬場、四時半千駄木へ帰る、尚人々多し、晩食、会計掛り秋山、両角両氏より引渡しあり一八円不足とかにて計算なかなか長くなる十時半帰宅

七月十三日　　木　晴

前八時千駄木、諸子と自動車二台にて出かける九時半拾骨、これより類、荒木、きみ、せい、自分向島弘福寺に到り堂に安置し墓地を見たりなどして一時千駄木へ帰る尚ほ雑務多し五時頃家に帰る

七月十四日　　金　晴

朝六時頃長谷川成夫氏妻女来り夫君昨日松沢病院にて遂に死去せりと　電話により九時宮省、牧野宮相より御手元より金六〇〇〇円拝受、千駄木へ行きて供へ家に帰りて昼食　電話により午後二時再千駄木、賀古氏来り、十六日晩餐のこと、不幸に付特に働きたる館寮其他の人へ礼のことなど相談七時帰宅　三二去十一日及今日にて解剖試験済む

七月十五日　　土　晴曇

朝日銀へ行き朝鮮総督府礼三百円取り第三銀へ行き祭資三〇〇〇及特賜六〇〇〇を預け十時半帰宅　家のもの皆あらすきみ、せい、三は初七日に付寺へ行く、二時半頃皆帰る、葬費計算

七月十六日　　日　晴

朝小倉より電報あり魁郎氏男急死、直に弔電。出て小松老母堂を訪ふ此年七七の祝と思ひて絹一反持ち行きたるも来年のよしに付再持ち去る　教室へ行く一時家に帰る不幸費計算　五時過上野精養軒に到る館寮の神谷、五味氏を始め文士与謝野其他を招きたるなり　親戚側は類、賀古、山田、原（素）潤及自分、十時帰宅　午後ふき子殿原氏より数回電話、去十二日夜来於菟氏男真章腸カタル稍重大、今日尚宜しからず入院のこと、兎に角番町木沢病院に入ることと決す　米国より贈論文返謝到る

七月十七日　　月　晴

八時教室大阪本山、岡山上坂、横浜鬼頭、千葉高橋諸氏へ弔辞の礼を出す、錦糸病院主事楳本氏来室稲田博士へ紹介す　川口へW文庫棚を注文す　四時半帰宅

七月十八日　　火　曇晴雨

出がけに長谷川成夫氏へ悔に行く（香奠五円）、八時過教室、一寸便所へ行きたる間に自室に脱ぎ置きたる上衣ポケット中のプラチナ紀念時計盗まる鎖は島峰氏が贈れるもの、早速巡視に報す　僅かに八時三十五分と同四十分の間の出来事なり、桑山氏注入礼を贈る氏亦警察へも届けくれたり　三時出て番町木沢病院に於菟児を見舞ふふき子あらずこれより柿内、児等皆元気

七月十九日　　水　晴

四時半帰りて少し庭の草を取る

七月二十日　　木　晴

於菟へ此度の模様を大体書き送る　六時前帰宅

七月二十一日　　金　晴

田代氏養母堂告別葬式に十時半谷中斎場に到り十一時教

室

七月二十二日　　土　晴

新井春氏此頃少しく不例のよしに付見舞ふ、近き潤氏寓を見て十一時教室、電話あり午刻家に帰る　坊忠学校休になり来り、終日相手

七月二十三日　　日　晴

家にあり、午後四時半千駄木、賀古、荒木、吉田三氏立合、故森氏財産に関する遺言書開封、大正七年三月十三日認めたるもの、債券（五万五千といへり）は折半して一を於菟に他を三分してまり、杏奴、類に、亦本地家は於菟、属地家は類。この二点重要、分配方普通、穏当、又細君に不幸諸費勘定を渡す、三千円余出、九時過帰宅十一時過良一茅ヶ崎より帰る、本人下痢にて一週間計病む、恰も安東老母堂病気重態にて手当等に困りたるよし

七月二十四日　　月　晴

四五日来の熱さ堪へ難し、前九時半千駄木、博館鈴木辰造氏来り死亡賜金千九百、其他受取る十一時帰宅　午後三時過精と坊忠を連れて植物園　晩京城上田氏来訪、久保病状、医校の状況談、十時過去る

七月二十五日　　火　曇

八時教室、きみは坊を連れて博第二会場へ行く　英、瑞西より贈著返謝到る　五時帰宅

七月二十六日　　水　曇雨

朝千駄木細君来、自分が於菟家督相続に付断行したることに付異議あり即ち其機会に於て於菟に一言言ひ置くことありし云々　蒸熱堪へ難し午刻より雨降り出す、雷鳴もあり、冷しくなりて甚爽快

七月二十七日　　木　曇

朝坊と加賀町、弁当を食し、坊忠を連れて井の頭公園へ行く、五時半加賀町へ帰る、坊は如何するやと云ふに共に曙町へ来る、きみは金森へ行く、保子全家長岡へ行きて永年希望の法事を済ませ帰京せりとて来りたるよし

七月二十八日　　金　曇晴

早朝坊を連て平博第一会場へ行く、これにて博見お止舞といひて坊悦ぶ、平和鐘を買ひて午刻帰宅、午後在宅、熱さ再強し

七月二十九日　　土　曇

三七忌に付精弘福寺へ行く、九時教室、岡山上坂氏来室、仙台敷波氏転任のことに内定せり云々　其他研究談、共に弁当を食す　五時過帰宅

七月三十日　日　晴　驟雨　祭日

或社編輯部員鷲尾某氏より虎伯父のことに付尋ね来る　求志洞遺稿を郵送し貸したり、京都梅原末治より歯論別刷処望し来りたるも余残なきを以て断り葉書を出す　午後四時坊を送り行く、帰途夕立、停電困る

七月三十一日　月　晴

七時半教室、上田常吉氏来室、徳島古川氏七名より送付の阿波縮五反昨日到達、受取礼を出す、其前一回発送のものは途中紛失せしより、これは更に送られたるもの

八月一日　火　晴

七時半教室、午後三時帰宅、書物の虫曝をしたり

八月二日　水　曇

三二戸田へ行くとて早朝出行く、八時教室　オットー・チルマン教授W先生へ論文捧呈のことに付謝状到る　ブシャン、トゥルンバルト両氏へ送りたるもの不明として戻り来る

八月三日　木　雨

札幌植村氏へ過日桜実贈付の礼を出す

八月四日　金　晴

標本を目録に記入の準備、楳本錦糸病院理事来る、吉田三郎氏来りて故大沢氏胸像原型出来のよし、井上、西諸氏と文字彫刻等に付相談　四時半出て加賀町、三郎氏三崎より帰へりたるところ、蝦を持ち帰りたるよしに付晩食を共にす　児等大元気

八月五日　土　晴

上坂氏来室共に昼食、仙台行、敷波転任のことは談判全く予想外、断念云々即ち敷波氏仙台にて教授となる由布施氏到底離さざる模様、標本三十余個目録に記入

八月六日　日　晴

十時前田端吉田三郎氏アトリエーに到る、田口、井上、西、新井、高橋（信）、森田（秀）、桑山諸氏来る故大沢氏胸像原型を見る大体に於て出来よし、新井氏を伴ひて午過帰宅昼食、六時まで雑談、今日の熱さは始めてとす九十五度に昇る

八月七日　月　晴

八時過教室、ハルリツカ氏へ送る骨格を整理す、チェチエン人頭骨等を目録に記入す　酷熱同様

八月八日　火　晴曇

三郎氏坊を連れて箱根へ行くに付きみ子同伴今朝出行く

ユリア未亡人来る昼食、吉田方へ原型を見に行く

八月九日　　水　晴

清野氏より来報去日三河より国府のと同一なる歯変形頭骨発見のよし

八月十日　　木　晴

吉田三郎氏来室、原型に付頤髯を存するや否や、井上、西氏あらす、美術家の意思に任すを至当とする旨を答ふ、構内二、三銅像を案内す　ハルリツカ氏送り人骨荷造り終る、標本を目録記載了　五時出て加賀町、明日田鶴忠を連れて箱根へ行くと

八月十一日　　金　晴曇

平光氏札幌より出京来室　在熱海清野氏へ歯細工例報道に付返事を出す　五時帰宅、晩食後精と信を加賀町へ送り行く時に八時頃、直に田鶴も帰り来る　井上氏明後日頃名古屋へ出張講義すと

八月十二日　　土　晴

加門桂氏来書に対し、又金沢佐口栄氏に帰朝の各挨拶を出す　精子弘福寺へ行く

八月十三日　　日　晴

朝九時頃小涌谷きみ子より電話、精子に是非共来れ云々就ては自分も行くことに決し早速支渡、良一三二は今夜在り、一一、一五にて発す、途中携帯弁当を使ふ、始めて箱根電車に乗る、炎熱酷し、三時過小涌谷着、坊大元気、入浴、浴衣にてちすじの滝へ行く、園内を廻り見て宿に帰り晩食、入浴

八月十四日　　月　晴

五時起く、稍々眠を得たり、入浴、園内散歩、坊運動具にて遊ぶ、朝食、九時自動車にて発す、漸々昇り、山景佳、芦の湯を経て箱根町に到りて引き返へす、車を降りて杉並木を歩く、明治九年に箱根嶺を越したるも殆んど記憶なし　順路を経て小田原に到る時に十一時過、駅前の洋食店にて食事、一二、五〇発す、きみ子は茅ヶ崎にて降り素子等を見舞ふ、三時半東京駅着、三郎氏に別れ、電車にて四時頃帰宅、入浴、追てきみも帰る、精子満足、三郎氏の好意なり

八月十五日　　火　雨

九時教室、上田氏今晩出発帰鮮すと、桑山氏布佐へ行きて未亡人の意中を確めたるにやはり頤髯を除きたしと

八月十六日　　水　晴　少し冷

出がけに千駄木へ寄る、忌明け礼廻りのことなど談す、

八時半教室　松村氏来室　四時半出て加賀町、四児大元気　三郎氏今夜出発三戸地方へ旅行すと

八月十七日　木　晴

於菟へ石黒氏手紙封入状を出す　岡山藤田学長来室　敷波氏再転任の意あるやに思ふ　依て仙台へ行きて直接交渉すべし云々、又は八木田氏一週計前からチフスのよし大山柏、松村両氏来室長談六時を過ぐ　ウルベボーネル〔＊原住民〕論を貸したり　坊、忠午前より来る

八月十八日　金　晴

午後四時帰宅、二児の相手、富喜子さん来る　明晩出発秋田へ帰ると

八月十九日　土　晴

連日の熱さに疲労を感す、在宅、二児の相手

八月二十日　日　晴

在宅、午後精子忠子を送り返へす、三時頃坊熱発す四〇度計あり、晩栗山氏来診、腸カタル、灌腸、蓖麻子油など混雑、十一時寝に就く

八月二十一日　月　晴

九時教室、徳島人骨洗を試みたり其他熱くして仕事出来ず　五時過帰宅、坊体温降り機嫌よし

八月二十二日　火　晴

九時半教室　齲歯甚遅々

八月二十三日　水　晴驟雨

五時帰宅、坊快

八月二十四日　木　風雨

昨夜来台風、日暮に到る、腹工合悪し、在宅

八月二十五日　金　晴驟雨

昨夜来霽れたるも午後又々雨且風追々強くなる　京城久保武氏昨朝死去のよし　新聞にて見たるに付悔電報を出す

八月二十六日　土　風雨

夜来又々嵐、諸川出水、水害多し、午後止む、千駄木七七忌日に付きみ午後向島の寺へ行く　自分在宅

八月二十七日　日　晴

腸カタルにて在宅、十時過教室、読書（O・ハンゼル十万年前の人）

八月二十八日　月　晴

稍秋らしくなる、朝坊を送りて加賀町へ行く、三郎氏邦人出自に付考慮

八月二十九日　火　晴

昼弁当を使はんとするところへ自室前靴音繁し見れば三郎氏坊、忠を連れて入り来る、暫時して三郎氏去る、二児は図書室にて遊ぶ　坊は頻りにタイプライタアを試む今日銀座から三越へ行き食事し大学へ来るまでをタイプにて打つ意外に達者、小使山本に菓子を買はせ紅茶を入れて三時とす二児大悦、四時半出て医化学へ寄りて後加賀町へ送り行く、孝子昨日来熱発、甚高し

八月三十日　水　晴

朝精と加賀町、栗山氏孝子を診す、別に悪徴なし　腸カタルならんと、弁当を持ちて坊忠を連れて井の頭へ行く、園台にて食し、消時五時加賀町へ帰る

八月三十一日　木　晴　祭

八時半教室、きみ千駄木へ行きたるに賀古との間甚工合悪しと

九月一日　金　晴

八時教室、四時半出て小川町にて千葉の地図一枚買ひて賀古氏を訪ふ別荘へ行きて不在、家に帰ればちか来り居る　松原氏も来りて共晩食

九月二日　土　曇

京城久保家へ香奠（十円）送る、呉教授二十五年に五円出す、八時前教室、昼頃大山松村二氏来室、大山氏去三十日加曽利、貝塚の二貝塚を探検したるよし、両所共発掘に値す、兎に角かそりとして尚ほ来五日同行実測を約す

九月三日　日　晴

十時教室、三時半出て加賀町、孝子膀胱カタルのよし未熱高し他は皆元気

九月四日　月　晴風

此頃は頻りに遺伝書を読む

九月五日　火　晴

約束の通り加曽利行、八時両国駅発車、千葉より歩く、大山、松村二氏の外大山氏従者五名、炎天熱し　十一時二軒屋に達し、小憩、貝塚を一週（ママ）し一時戻りて弁当　午後大山氏測量、松村自分は試掘、家主と談合、十月下旬発掘作業を始むることを約す、帰途月明、風冷但し汗を流せしこと近年曽てなき程なり、九時半帰宅、空腹、喝、食後入浴、快、十一時半就眠

九月六日　水　晴

八時過教室、午後電話により坊来り居るを以て帰宅　少

し風を引きたり　今日きみ子区役所へ行きて恩給証書を受取る

九月七日　木　晴

坊共出る、三時帰宅、晩青木誠四郎氏来る　在伯於菟より不幸電報に対し手紙来る

九月八日　金　曇、少驟雨

坊共出る、午刻松村氏来室大山氏貝塚測量図持ち来る　尋で坊学校より寄りてタイプライタアを遊ぶ三時を食し帰る　きみ子於菟へ返事旁精しき手紙を出す

九月九日　土　曇

坊共に出る、三二は解剖標本室を画くとて来る、共に弁当を使ふ　自分は三時帰宅、坊を連れて精と植物園素子児茅ヶ崎より帰る

九月十日　日　晴

坊を連れて三越へ行く、昼食、新橋まで歩き、二時帰宅す、なかなか熱し

九月十一日　月　晴

坊と出る、坊は学校より加賀町へ帰る筈、島峰氏久々にて来室、午後河本禎助氏渡欧土産にする石器時代土器片数片贈る、四時半出て賀古氏を小川町に訪ふ、全集は児供帰りたる後にするといふ遺言のよしを賀は茂より聞きて大に同意し安心し居たるところ過日来りてそれは虚なり今行ふが宜しといひたるにより賀憤りて以後は関係せずといひたるなり、尚ほ与が千駄木へ出入するを甚不快に思ひたるなり、其他財のことに付賀に一切遺言なし（これは茂の言に已等に利あることを賀に云ひ置くべしといふ故人の言に由るよし）、七時半帰宅

九月十二日　火　曇晴

四時前教室を出て加賀町　ふき子納骨のためとか再出京

九月十三日　水　晴

連日 Haecker: Vererbungslehre〔＊文献〕を読む、四時半帰りて庭の草をとる

九月十四日　木　晴

中村豊氏愈々北海道大学へ赴任するとて来室　五時前帰りて庭へ出る

九月十五日　金　曇晴

W文庫全部仮りに物置に移したりこれより徐々に整理すべし、四時半帰りて庭へ出る

九月十六日　土　晴

朝上野博物館に神谷初之助氏を訪ふ、官舎に到りて面会

す、彼の森氏秘密賑恤基金は自分引受けることとす、最近々珠樹まり宛書状十一通封入したるものを発見せりと其処分方は考中云々十時半教室、井上氏一昨日帰京せりと　昨日O・ハンゼル氏より手紙来る種々印刷物封入あり　仏学派と争、又独学者中にも争論ある模様、古人類に関するフィルムのこと、なかなか気抜の人と見へたり四時帰りて庭に出る　皆も手伝ふ草取り大に捗取る、晩冷しくなる

九月十七日　　日　曇

弁当を持ちて柿内、早く昼食し坊忠を連れて井の頭へ行く山の方へ廻りて公園外に出て尾花萩などとり五時帰る今日俄に冷しくなり紺服を着し少しも熱くなし

九月十八日　　月　曇

終日W文庫整理、疲労、井氏今週より授業を始む

九月十九日　　火　曇雨

午前W文庫整理　福岡県健氏出京来訪、トーヌス（*緊張）研究談、氏が研究に熱心にして特に立寄りて話しくれるは甚快、松村氏来りて鳥居氏帰京出勤のよし、午食後直に人類教室へ行きて鳥居氏に加曽利貝塚発掘のことを謀る、賛同することを快諾したり、四時出て加賀町、三郎氏盲腸炎の恐れありとて静養

九月二十日　　水　雨

午前W文、先達大山氏に貸したり書二冊経済学生岩永氏来り返へす　六時家に帰れば坊来り居る　きみ見舞に行きて連れ来る

九月二十一日　　木　曇晴

坊共出、終日W文庫

九月二十二日　　金　晴

坊共出、全く秋となれり　終日W文庫　忠子来る

九月二十三日　　土　曇

坊共出、W文庫、十一時半去て家に帰る、髪を鋏み、昼食、雨降り出したるも故森氏埋骨式に坊、忠を連れて出かける　全家（八人）急ぎ行く、賀古、神谷其他館寮の人々二十余名参集、五時半帰宅、田鶴も行く、雨降りて困りたるも二児大元気

九月二十四日　　日　晴　祭

秋晴好天、二児散歩を好まず終日在家、庭を大に掃除す晩食後三二忠子を送り返へす

九月二十五日　　月　晴

坊共出、W文庫、在伯於菟へ良一同封手紙を出す　岡島

敬治氏近日出発渡欧するとて来室

九月二十六日　火　晴曇

坊共出、W文庫

九月二十七日　水　雨

坊共出、W文庫、今日まで全十日間整理す、主として小刷のＡＢＣ別をなす、なかなか捗取らす

九月二十八日　木　曇

坊共出、W文庫、愛媛県三津浜原田翁甫といふ人より南宇和郡平城貝塚より人骨三出たりとの報知去六月呉れたるに対し今日挨拶状を出す

九月二十九日　金　曇

坊共出、今日は加賀町へ帰るべし、W文庫、松村氏三河国貝塚大に有望云々、柴田氏（内務省）に電話を以て談す、明日面談を約したり

九月三十日　土　晴

午前W文庫、午刻入沢氏来室総長に於てW文庫代金半分出来たりと、午後人類例会、大尉鈴江万太郎氏「西比利亜に於けるブリヤート人の居住地と其土俗」演舌あり其衣食住、教育、衛生、及旅行苦心、危険談あり、五時教室に帰る　徳島第三人骨鳥居氏より受取りたるを持ち帰りたりなり

十月一日　日　晴

八時教室W文庫、一時過出て渋谷を経て三軒茶屋に金森家を訪ふ初てなり大にむだ道を歩く、二所共在宅、次に松原家、これも在、バルカン危険談などあり、これより梛野へ行く　二人して送り呉れたり、ここも皆在、長岡話などして日暮る尾花の穂を採りて七時半帰宅

十月二日　月　晴

昨夜雨降今朝霽れる、八時教室、W文庫、小別刷8°形ＡＢＣ別け終る、四時頃柴田、松村両氏来室　談合の結果愈々三河渥美郡伊川津貝塚発掘決定柴田氏は十日夜行、自分は十一日夜行にて行くこととす　在独ヘルゴランドより於菟手紙昨日来る　不幸前後此方より出したるの返事なり、島の情況など詳細なるものなり

十月三日　火　雨

W文庫、井上氏より催促して解剖学会預金証を書替のため取る

十月四日　水　雨

W文庫、午後島峰来り文庫を見て行きたり、ズックへ頭

骨残部整へたる旨はがきを出す

十月五日　木　晴

精、素を連れて三越行、豊橋辺の地図、三叉などを買ふ

三井銀行にて一昨日のものを書き替へ　別れて磁針を買ひ、教室、時に十一時、午後W文庫

十月六日　金　曇雨

W文庫

十月七日　土　雨

W文庫、川上政雄氏来るW文庫にて談、双児に上門歯剰余の一例ギプス模型を持ち来る

十月八日　日　雨　午後霽れる

昨日来大雨、九時過教室、W文庫、別刷整理終る、合綴して8°形一五五、4°形二二冊となる一冊平均四〇種として七〇〇〇余種あり、二十一日間費したり　帰途工学部応用化全焼の跡を見る、昨夜二時半頃華報（ママ）あり、見るに大学の方向なり、電話にて質したるに森川町と西片町の間とのことなりしが今日教室へ来りて実を知りたり

十月九日　月　快晴

終日W文庫、午前製本師来り談判す、午後四時より人類学会評議員会、晩きみを連れて槇町へ土仕事用靴一足買に行く

十月十日　火　晴

午前製本屋W文庫の内三〇六冊渡す、午後井上氏より屍不足談あり、三時前に明商銀へ行きて二〇〇円引き出し、これより加賀町、丁度三郎氏帰り来る賜加答児兎角宜しからさるよし

十月十一日　水　晴（好時候となる）

八時半教室、W文庫、井上氏其他へ旅行のこと告ぐ、山本竹ベラ数本造る三時半帰宅、十一時発車、直寝台に昇る

十月十二日　木　快晴

例により眠り悪し、六時洗面、食堂に入り朝食、七、五〇頃豊橋着、柴田氏在り其他渥美郡長根来長太、代議士吉原祐太郎、郡視学山村敏行、郡書記佐竹幹乃、郡吏編纂員藤城実治の諸氏迎へくれこれより直に自動車根来郡長及山村氏、同行、途中景よし、又道路甚良、九時泉村役場着（この距離八里半）、即ち大字伊川津にあり、小学校長大に斡旋す村長、村書記、青年団長等皆昼か、貝塚を実地検査す、一時役場に戻りて昼食、一時半頃より愈発掘に取りかかる鎮守神明社脇元役場庭地を掘り試

む四時頃に到り一体出る、甚悦ばし、其始末のため遅くなり日くれて灯を点す、近き山上の海蔵寺に泊ることとし六時半海蔵寺に入る、疲れたり、山村氏同宿、村長其他三名共に食す、当地名物鰻味よし、九時半寝に就く

十月十三日　　金　晴

六時起く、甚冷、八時現場に下りて発掘を始む、今日は見物も少く大に進む但し成績思はしからす、五時休止、晩早く眠に就く

十月十四日　　土　晴

六時起、朝食は玉子二個牛乳二合とす、八時半仕事を始む、新に三体余出たるも一体だけ全、他混乱の状態にして思はしからず、山村氏帰り去りて藤城氏更りて来る又吉原代議士視察、終日在場、昼食を共にす、昼食は昨日今日共鰻飯、これ甚意に適す五時半休止、晩柿内三孫へ絵葉書を認む、八時半眠に就く、柴田、藤城二氏遅くまで談し居たり

十月十五日　　日（曇）晴

六時起、昨夜少し雨降る今朝も小雨、併し例日通り仕事を始む時に雨止み、晴となる、昨日二体を引き続き取りあげ午後至りて更に二体を得、当村出県会議員鈴木辰蔵氏来場、晩保美の人天野助吉氏来訪、今日同地に於て偶然にも一体出たりとの報をもたらす夕刻なるも急報するため自転車を走らせたりと、かかる特志家を得たるは幸なり、是非発掘を試みよといふことに付それを約束す九時半寝に就く

十月十六日　　月　晴

朝亀田校長斎藤専吉氏来る、八時半仕事にかかる、自分は昨日の続き十一、十二号の始末をなす、元役場の塀内に深く入る　他の柴田、藤城、斎藤氏は村書記松下氏前庭を掘る　午後根来郡長来場、山村氏も一寸来る、隣神明社に詣つ、二、三日来大漁とて毎日漁夫二人両手に魚を持ち走り来りて神前に供ふ今日は親しくこれを見たり、斎藤氏共に晩食し、九時去、亀田まて二里半、自転車を用ふとその労気の毒に感す

十月十七日　　火　晴

鳥居、大山二氏へ加曽利発掘を月末まで延し度旨葉書を認む、今日は柴田氏と共に福江町保美貝塚視察す　八時出発人車を用ふ、途中風景よし祭日且鎮守祭彼処是処にあり子女等装ふ、保美稲荷社に天野氏を訪ふ斎藤氏既に来り居る、此度人骨出たりといふ製糸場後の場所を見

る、これより附近貝塚見る、小憩し彼の人骨を貰ひ受けて十二時前伊川津に帰る、藤城氏現場を監督を頼み置きたるところ三体計現はしあり甚悦ばし、昼食後濠に作業中突然大山氏来場大に愉快、遅くなりて尚ほ完全なるもの一体出、日暮れて引き挙ぐ大山氏も寺に誘ふ村長始め村役員来るなど大に賑かなり　柴田氏明日八名郡へ行かねばならぬため此後の打ち合せなどし九時半床に入る

十月十八日　水（雨）晴

朝大山氏、柴田藤城両氏出発、藤城氏と更代に昨日来山下学文氏助力せらる　天気如何、昨夜可なり雨降りたるも今朝は止む　八時半仕事を始む幸にも漸々天気よくなる、今日は成績甚不良ただ一体得たるのみこれも骨質甚悪し　晩は斎藤、山下二氏の外大久保村長共に食す　山下氏外出、甚静なり九時床に入る

十月十九日　木　晴（風）

朝天曇りてあやしかりしか漸々晴となる今日は人夫を増し二分して一方には予定地の一なる平井氏宅地を試掘す、望なきを以て中止、昼となる、午後は更に元役場裏茂平宅地に試掘をなすこれまた望なし、暫時にして中止、やはり元役場庭を盛に掘る　午後三時頃に到り合計五体発見す、日暮れて皆採挙るを得す一体余残して止める海蔵寺住職帰る　晩青年団員三名来り潤筆云々、断る然らば何か講話をせよと迫る甚困る

十月二十日　金　晴

昨日発見せる20 21 22の残部及23を揚ぐ。今日は最終日とて青年会総員二十名出働す、西の方消防器物を置く家まで掘り進みたるも一も発見せず、其他は地ならしをなす昼までに終る。午後は荷送り。ビール箱十個となる日暮となる、住職を頼みて回向す、布施一円は少々過ぐ。既に全暗くなる、今夕は寺に檀家斎あり混雑のよしに付入浴し藤城、山下二氏と役場に到り晩食す、村長、助役、書記、区長、青年会長等共にす。終りて青年会員二十名計来りこれより人類学上の談話をなす。日本民族を優秀なるものにせねばならぬ、それには先日本民族のものの起源、由来、構成を研究すべし余が貝塚民族調査も其目的に外ならずと結びたり、後諸氏に菓子（せんべい）を饗したり、十一時となる、役場に泊る

十月二十一日　土　晴

村長、書記、区長、青年会長及会員諸氏見送りに来る諸氏に厚く礼を述べて七時出発す、八時福江町着伊勢屋と

いふに手荷物を置きて直に保美御厨稲荷に天野助吉氏訪ふ、藤城、山下尋て亀山より斎藤氏来る、製糸場裏天野氏所有薩摩芋畑を掘り試む、自分は連日の過労にて大に疲れ殆ど堪へ難し、諸氏に今日帰京の途に就く旨を告ぐ、休息、発掘は藤城氏等に任かす、一体を発見す、一時過伊勢屋に引き挙ぐ、中食して休息、斎藤氏の乞により撮影す、五時乗合自動車にて発す山下氏同行、七時過豊橋着、車上寒を覚ゆ駅前の岡田屋に入る、最上の旅館なりと、山村視学来る、十時発車、二氏見送り呉れたり、直に寝台に昇る

十月二十二日　日　晴

七時半帰宅、安堵す、坊来り居る三郎氏盲腸カタル未全癒せす　留守中二児来り忠子は昨日返へしたりと大に疲労を覚ゆ、天気よし、庭のコスモス、シオンの花盛り、菊の莟大きくなる、午後きみ子坊を連れて道灌山へ散歩す、三は絵を画きに行と共にせるなり、自分は休み晩早く休む

十月二十三日　月　晴

靖国神社臨時祭に付坊学校休、午前坊を連れて上野帝展へ行く午後は家にありたり

十月二十四日　火　晴

坊共出、七時半教室、留守中外国より別刷受取其他郵便物多数来り居る、本部に行き古在総長に面会　W、R文庫支払に関することを談す、二時半出てて加賀町、三郎氏病気を見舞ふ、四時過帰宅

十月二十五日　水　曇

坊共出、人類教室を訪ふ鳥居氏不在松村氏に発掘模様を一通り話す、午後柴田氏来室重て謝意述ぶ、代議士吉原祐太郎氏、郡長根来長太氏へ謝状を出す、亦留守中山形仲芸氏小田原に於て死去の報到来すこれ（ママ）が悔状を出す三時帰宅

十月二十六日　木　雨風　午後霽れる

七時半教室、伊川津荷物十箱昨晩到着す　午後額田晋氏来室、氏の仕事アウトマチック・ウント・コオルヂナチオン・デス・ヘルツエンス〔＊心臓の自動作用と調整〕が充分にチゲルステットの書に引用しあるを見せるためなり　氏大に満足の様子なり　時に大山、松村二氏来室、発掘談、其結果加曽利を延期して渥美半島の方を継続するを適当と決す　四時半帰宅

十月二十七日　金　晴（朝濃霧）

人類教室へ行きたるも鳥居松村氏不在、午刻きみ子来り三越へ発掘謝礼を買ひに行きて帰りに学士院年金受取りを三二に命するため認印等を持ち来るなり、三二にこれを渡す、午後三時より学術研究会議編纂委員会に出席

十月二十八日　土　晴

七時半教室、昼過吉田三郎氏来室、石膏型出来、井上、西氏等と来月七日試視することとす、二時半帰宅、せい子と坊を連れて植物園、渥美半島行礼とし小包は昨日出したるが手紙は今日出す即ち山村、藤城、山下、斎藤、天野五氏へは坐蒲団地五円一〇、大久保村長以下六名へ同二円四〇とす　保美より荷物一箱着

十月二十九日　日　晴

最上天気、良は精進湖、三は赤城山へ遠足に出かける、十時半教室、大学運動会なり、又医学会総会なり　三時半帰りて庭へ出て萩を鋏む

十月三十日　月　晴

学制五十年式典、休業、坊も式ありとて共に出る、十時式に向ふ、式場は本部前空地に設けたるテント張なり、十時半摂政殿下出御、勅語を朗読せらる甚明瞭、終て宴、総て家に持ち帰る坊大悦、時十二時、午後芝公園に坊と散歩

十月三十一日　火　曇

朝柴田常恵氏を目白に訪ひ渥美半島再行のことに談合も氏今夜出発関西へ出張のよし、九日十日頃暇をぬすみて発掘にたづさはること出来得べし云々、十時御茶水駅にて精、坊と落ち合ひ、これより本牧三渓園へ行く時に十二時直に弁当を使ふ　園内を歩くに曇なるも甚静かなる天気、四時過帰宅、入浴、晩食、千駄木より電話に依り出向ふ、賀古、荒木二氏会合、此頃在伯於菟より遺言書に対する意見千駄木と賀古へ精しきケ条書（七ケ条計）同文のもの来りこれに就て相談、つまり遺言の通りを執行するといふことなるも版権のことに付未亡人より注文出て面倒、要領を得ずして散す　十時半帰宅、きみ子と談し十二時床に入る

十一月一日　水　曇雨

坊共に出（九時十分前始まりとなる）、人類教室に鳥居氏に加曽利発掘延期のこと通す、渥美半島発掘のこと誰も氏に通ぜざりしを不満の様子なり感情といふべし　午後黴菌学教室に故森氏論文の題目を調ぶ　北川乙治郎氏

死去の悔状を出す、加曽利貝塚発掘延期することを海保定吉へ通知す

十一月二日　木　曇晴

天気甚怪しけれど坊遠足とて出行く、きみ子が丹精せし菊花日毎に見事になる、九時教室　渥美郡川合葛次郎、斎藤専吉、天野助吉三氏再探検に付依頼状を出す　午後家より電話により三時半賀古邸に到る、弁護士高橋織之助氏列坐、森遺産分配のことに付相談、遺言書多分私的のものならん、全部一旦相続者に移り後更に分配するといふ順序、取り引き銀行のことを山田翁に尋ぬること七時帰宅

十一月三日　金　晴

明治神宮祭に付坊学校休、大学も休、終日家にありて坊の相手

十一月四日　土　晴曇

明商行へ行一九〇Y引き出す　大山氏来室旅行打合せをなす　三時家に帰る、五時出て上野精養軒、呉教授在職二十五年祝賀会なり、十時帰宅

十一月五日　日　曇

午前旅行用意、午後坊を連れ日比谷公園菊花陳列を見る三時過家に帰れば保子来り居る、桑木夫婦及三郎氏来る晩食を饗したるなり九時皆去る、坊は明日加賀町へ帰ると、是より支渡して出かける十一時発車、寝台に昇る

十一月六日　月　曇晴

眠り甚少、八時前豊橋着、岡田屋休、俥を命し先つ高師村吉原祐太郎氏訪問す、幸在宅謝辞を述ぶ、一里余あり、これより郡役所に到る根来郡長不在、主席書記に面会、山村、藤城、山下氏皆出勤、次に病院に矢崎氏を訪ふ面会の上新藤二郎、河合清両氏への名刺を托し、岡田屋に戻る時に十時半過ぐ、自動車来る、福江町行、藤城氏同行、甚速し一時間半許にして福江着直に役場に到る　町長森下新吉、助役川合葛次郎氏に挨拶、天野氏来る、斎藤氏は旅行不在のよし、貝塚探検発掘地点選定、字中羽根貝塚にんじん、大根畑を掘り試む、一体発見、昼食のため伊勢やに来る時二時、再び現場に到り引続きこの人骨を現はす、全体なり、五時止めて宿に戻る、藤城、天野二氏共に食す

十一月七日　火　晴

八時前出て昨日の中羽根貝塚発掘、原医師所有桑畑より始む、時に川合氏伞土取り場より人骨出たりといふ報

をもたらす藤城氏に托して自分直に保美平城（ひらき）の方へ行く併しこれは誤報、但しこの付近を探る無功、十時頃大山氏来着、午後は平城の方、一体及小児瓶入一体、弥生式大壺一個、中羽根の方は藤城氏中止す　氏四時豊橋へ帰る、五時引き上ぐ、晩天野氏来る十時床に入る

十一月八日　　水　雨風

発掘事業休止、十時頃小降りになりたれば役場へ行き中羽根出土品整理し、警察裏弥生元全を出したる地点検す時に大雨、某巡査駐在所に雨宿りして十二時宿に帰り昼食、山下景文氏今朝来福、天野氏も共にす、二時頃小降となるを見て天野氏方へ行きて平城出土品を整理す、土器を洗ひて見る縄紋殆となし、大山氏と共に大に疑問を起す、五時半宿に帰る、雨尚ほ頻りに降る、明朝までに霽れるを祈る

十一月九日　　木　半晴

西風吹き寒くなる、八時半始む、D地点を掘り続く、大弥生式瓶発見、時に九時半、尋で人骨三体殆と同時に現る、皆大に元気付く、昼食を忘れて一時となる宿より鰻丼を持ち来る天野氏方にて食す、一時半直に仕事にかかる休息せす、疲労を忘る、四時頃宿より茶菓を持ち来る五時大瓶（但破損）を一個現はして止める晩天野氏例に依り来る

十一月十日　　金　曇晴風寒

昨夜半より大に雨降る、今朝止む、風強し、八時半事を始む　山村敏行氏来着山下氏と更代すとD地点を大に掘りひろげる午前中成績甚不良、小児骨入大瓶一個のみ昼は親子丼、午後山下氏去る、四時頃大人一体出る取り揚けずして止める、寒風実肌をさく日暮に宿に帰る　知立（ちりう）村人某河童頭骨と称するもの二個及石釜の鑑定を乞ふ頭は大動物の脊椎ならんか地中より出たりと　晩川合天野二氏来る、同好談に十一時となる

十一月十一日　　土　快晴

八時半仕事開始、天気好し甚快、九時半柴田、藤城二氏来着現場に来る、大山氏十時告別帰京　山村氏四時帰豊す、今日は発掘成績甚佳大元気、休息の寸暇なし、疲、五時止める　晩西田巡査、天野二氏来る、藤城氏畑主弁償のこと考慮す、斎藤氏旅行より帰り宿へ寄る

十一月十二日　　日　晴　温

朝石原代議士来福、柴田氏帰京、石原氏種々の珍品を示説す八時半過発掘を始む　斎藤氏来場成績思はしからす

（大人番外一、小児骨入り大甕一）午刻発掘事業終止、石原氏共に昼食し帰り去る、高師村より八里自転車にて往復せらる感服、午後荷造り川合、斎藤、藤城三氏大に尽力、布袋骨三三、器二七合六〇、ビイル箱七個（骨三器四）外に特二、合計九箱、直に運送屋へ持ち行く泉村々長大久保作吉及助役来福、発掘場へ案内す、五時前全く終、宿に帰る　川合、斎藤、藤城三氏共に晩食す　川合、藤城二氏発掘費総てを精算し呉れたり　この雑務大に感謝す総計一二八円余、十時過きて寝に就く　大山氏浜松出葉書、松村氏封書到達

十一月十三日　月　曇（少雨）

朝食を済ませて手荷物を整へ宿の勘定なす三五円七〇茶代として一五円、婢に心付けとして五円遣る、尚ほ時間あるを以て近き山に登る陸軍試砲観測所あり眺望甚佳福江町全部眸中にあり只霞にて遠く望み得ざりしを惜む、下る頃少し雨降り出す、宿に戻り茶を飲み、出て町役場に寄り挨拶し自動車会社に到る、町長森下新吉、助役川合葛次郎氏宿主人等見送る、十一時発車す藤城氏同行、乗客少なく車中安楽、田原にて山村敏行氏に会す、十二時半豊橋駅着、甚速きを感す、一時二四分特別急行にて発、渥美郡長根来長太氏藤城山下氏見送り呉れたり、直に食堂に入り昼食す、葉巻を喫しつつ展望車にありて眺む　発掘二回共成績満足、甚快、六時再食堂に入りて食す、偶然田沢金吾氏に会す、程ヶ谷駅に着するの前に停車す、甚不審、尋ぬれば東神奈川にて今朝十時頃汽車衝突したるためなりと、八時半東京着、一時間十分の延着なり九時半家に帰る、安堵す、十一時過床に入る

十一月十四日　火　晴

七時起疲労を覚ゆ家にありたるところ十時頃天野助吉氏より電話あり直に大学へ行き自室にて会ふ義姉入院云々これより婦人科へ行き笠森氏に病症を尋ね患者を見舞ひ、自室に帰りて共に昼食す　国民新聞記者来る　天野去りて三時出て加賀町、田鶴坊は墓参のよし、帰り来るを待ちて帰宅入浴、七時半眠に就く

十一月十五日　水　晴　寒くなる

俄に思ひ立ちてきみせいと日比谷菊花を見る十一時教室、井上氏来室帰京のこと告ぐ（昨日氏不在なりき）、午食中三郎氏来り助教授講師等会して隼（ママ）次各専門の研究題目に付講演する集同を設くる如何　曩に教授のもの成立したるが其れとの関係は如何にするかを尋ねなどする

ところへ島峰氏来り　五校昇格問題愈々来年度予算提出と確定せし話などす、柿内氏の教授助教授刺戟策など手ぬるし大学は修理など出来ず根底より改造せねばならぬなど気焔を吐けり、四時頃薬物に林氏を訪ひ故大沢氏像除幕式に付例を尋ねたり、自室に戻り旅中のこと調べる、旅費は四〇五円懐中したるが一九〇残、差引二一五円費ひたり、六時半帰宅

十一月十六日　木　雨

朝千駄木へ寄る、未亡人無限の煩悶、於菟全不信、財産処分に付ての手紙により之を知る、処分出来得るものは解決を急ぐ云々　例により自分も相手にならず十時半教室、大山氏約束の通り既に来り人類教室にて待ち居るより直に行く天野氏来る保美発掘談一時教室に帰る　午後二時半井上、西其他教室員諸氏と故大沢教授銅像除幕式挙行のことに付相談、昨十五日「国民新聞」に「疑はしい化石」と題して八名郡発見のものは人間のてなくして他の動物らしいと自がいひたることを掲載す　六時過帰宅

十一月十七日　金　晴

早朝金森夫人来訪　九時教室　W文庫八〇〇〇円伝票に捺印す　保美荷物九箱到着　三時出て青山穏田に大山氏を訪ひ、発掘結末、図、甕、スケッチ等を処理す、六時半帰宅、きみ子早速柿内へ行きて今朝金森夫人の話に付相談す

十一月十八日　土　晴（昨夜雨）

九時教室、荷物を顕微鏡実習室に於て開く、伊川津の分取り出す、午後柿内氏来室、昨日きみ行きて頼みたる件坂口氏に尋ねて其模様を報告す、原素行氏来室、去十三日電話により千駄木へ行きたるにふき子一切責任を持たせ引き渡すなど云へりと　ユリア未亡人来室除幕式に付き打ち合せ　三時出て加賀町、精子も来り居り自分はここより七時二十分東京駅に独乙碩学プロフェッサー・ドクトル・アインシュタイン氏を迎ひたり、余に雑沓のため挨拶も出来す　八時過家に帰る

十一月十九日　日　半曇

九時半教室、W文庫整理、追々寒くなるに付製本だけ済ませたしと思ひてなり　五時過帰宅　きみ子今朝金森へ行き村山の件断りたり

十一月二十日　月　晴　寒風

朝東神奈川に西氏宅を訪、転勤以来初めてなり、細君に

会ひて二児へ毛糸編物を贈る急ぎて漸く十二時前植物園に到る　学士院にてアインシュタイン夫妻を歓迎したるなり　一時過きて食卓につく、この偉人四十三才、十九才より源理を考へ二十六才にして始めて発表したりと即ち七年間錬考したりと、三時去る、後例会、総会、授賞推薦の件、四時過散会

十一月二十一日　火　晴

観菊会なるも御断り、九時前教室、W文庫整理、別刷綴一七六冊出来す、W文庫代買八〇〇〇円会計課へ行きて受り（ママ）直に明治商業へ預ける、人類へ寄りて松村氏二十三日晩餐会のことを告げ承諾、大山、柴田二氏念のため招状を発す　六時帰宅

十一月二十二日　水　晴

九時半教室、渥美郡吉原、根来二氏へ礼状を出す　W文庫、解剖祭なるも不参、四時半家に帰りて更衣、六時平河町O.A.G.に到る　アインシュタイン教授の歓迎会なり曽てなき出席者ありて二六〇名と称す、十時帰宅、留守中金森夫人来り村山件尚断絶せず

十一月二十三日　木　晴

早朝きみ子柿内へ相談に行く、九時過教室、W文庫五時前家に帰る　同好の士大山、柴田、松村三氏集まりて晩食しながら石器時代談に時の移るを覚へす、簡単なる手料理に諸氏快く味ひくれたり十時散す

十一月二十四日　金　晴

九時教室、明治商業へ行き八〇〇〇円を小切手五枚とす午刻これは入沢、岡田、近藤、佐藤の四氏へ渡す、土肥氏の分は入沢氏に托したり、午後はW文庫、四時出て加賀町

十一月二十五日　土　晴

朝芝伊皿子に山田陽翔氏を訪ふ、千駄木遺産処分方等に付相談す、まり不人望のこと西洋より通信ありたること未亡人相手にならすなど談長くなり一時帰宅、尋で坊も学校より来る、原素行氏来訪、ふき子に一切引き渡すの件に付其返答如何の話、独乙へ問合せの上と差向き答へ置くこととすべし云々

十一月二十六日　日　雨

終日悪天にて家にあり、きみ子は約の如く早朝世田ヶ谷に松原家を訪ひ、村山件に付種々聞くところあり、帰り来り二人談合、大に迷ふ

十一月二十七日　月　晴

坊と共に出る、坊加賀町へ帰るべし、林教授来室歯論べルリネル氏処望云々併し残金なき旨を答ふ、吉田三郎氏来り故大沢像鋳造間に合はず云々、此方通知葉書も甚緩慢、井上、西氏と相談、十二月十一日（月）除幕と改むW文庫、製本師を呼びて一八八冊（主に雑誌）を渡すハルリツカ氏へ骨格を送りたることに付手紙を出す　豊橋藤城実治氏小児入甕二個発見通知に対し其送附方依頼を発す

十一月二十八日　火　晴

午前W文庫、午後天野氏今夜行にて帰郷すと、四時賀古氏寓を訪ふ、二年間の家費、収入、総て延引

十一月二十九日　水　晴

W文庫、午後一時半長谷部氏来る、二十六日に帰朝せりと、其間柴田常氏来る、暫時して去る、独乙話、学談、共に燕楽軒に行きて晩食九時半まで九時間談したり

十一月三十日　木　晴曇

午前W文庫、寒くなりたれば一先中止すべし、午後は伊川津発掘品整理に取りかかる、広瀬渉氏来室、昨年氏帰朝以来始めてなり、独法平野（正金員）如何の談あり

十二月一日　金　晴　昨夜雨

伊川津骨洗を始めたり、福江町川合葛次郎氏よりも仐土取り場より甕二個出たる旨来信あり　三時出て番町に岡田家を訪ふ先頃和氏欧米視察より帰朝になり其挨拶なり夫人に面会、広瀬よりの正金員談もあり、柿内へ寄りて六時過家に帰る

十二月二日　土　晴

骨洗、三時松村氏来り共に大山邸へ行く外に柴田氏及稲葉君山（東洋史学家）により保美発掘品を見る　食事後考古品を見且つ談す、十時辞し去る、家に帰りて良一昇進に漏れ不平の由きみより話あり十二時半室に入る

十二月三日　日　晴

十時教室、骨洗、又人骨占位状態に付演説の準備に取りかかる　六時過帰宅

十二月四日　月　曇晴

敷波氏岡山教授に転任赴任に付来室　伊川津講演筆記を通読す　七時前帰宅　村山は他にきまりたりと

十二月五日　火　曇晴　昨夜雨

故大沢銅像台石朝より据へる吉田氏来督す、午後きみ子来り村山件に付三郎氏とも今相談したり今一応松原氏に

面談することとし報知へ赴く　六時過帰宅
　十二月六日　水　晴
二三日来人骨占位状態演説準備、製本一部出来　午後柴田氏田沢金吾氏来室、六時独乙東亜学会に到る大使ゾルフ氏帰任歓迎会なり十時帰宅
　十二月七日　木　曇晴
製本師来る、千葉高橋信、佐藤邦雄氏来訪、理学目録委員会に学士会々館に赴く、桜井氏よりブリッセルに於ける後始末会議の報告あり、ローヤル・ソサエティ〔＊英最古の学会〕との関係は絶つこと、此一、二年中に継続の方法を考へること、経費は特志者寄附を仰がざるべからす等、食事、十時帰宅　純子誕生日とて桑木二児及坊来り晩食せりと
　十二月八日　金　晴
坊共に学校、演説準備、午後一寸人類へ行きて松村氏より雑誌を借りたり、大山邸へ中島を使に遣り保美器物を取り寄せる
　十二月九日　土　晴
午前は演説準備、午後人類学会例会「石器時代人埋葬状態」なる題にて演説す二時間半費したり、四時教室に帰る　除幕式のために田口、新井二氏来り居る、井上、西氏等と集り居るも像を据へ付けす如何共仕方なし、家に帰る、坊、忠子来り居り、二児面白く遊ぶ
　十二月十日　日　晴
きみ子と坊、忠を連れて三越、洋食堂に入る時に十一時半、未た混雑甚しからす、二児大悦、一時自分は別かれて教室に到る　像据へ付けは明朝とのこと、甚切迫気にかかる井上氏も一寸来る、自分は製本出来たる部分薄冊二三五冊を検査し骨洗をなす、厳来り洗ながら話す、運好くば来年度に洋行出来るか云々、五時家に帰る
　十二月十一日　月　晴
坊共に出る八時半教室、九時石工来り銅像据へ付けにかかる吉田氏来る、準備整はさるもの多し、自分は土器洗などし午食後は追々同学者来る二時式を始む、三時終る、写真を写すといひて四頃遺族の方散す、井上、西、新井、田口氏等と談話五時出る、記念事業決算を済ませば先大沢氏の件終結
　十二月十二日　火　晴
午前骨洗、午後は桑山に頼みて発掘珍器物を写真す四時出て学士院例会、授賞推薦者医科になし、建築

三十四万円三ヶ年賦予算決定は前回報告あり、松方公米寿記念資金十八万円寄附あり、九時半帰宅

十二月十三日　水　晴

午前、骨洗、豊橋より山村敏行氏出京来室共に弁当を使ひ、遺跡談、氏去りきみ来る今三郎氏と一寸話したりと村山件は昨日金森夫人と会談の様子にて断絶の筈のところ松原の方甚要を欠く、困て其方念をおすか云、きみ去り三時半過出て加賀町、四児皆元気福江町助役川合氏へ、伊川津村長大久保氏へ手紙を出す　きみ子夜行きて松原氏に面談、甚冷なる如し

十二月十四日　木　晴

午前午後共骨洗、丸善へバウルおよびイェンツ注文、渡辺憲治氏へ面談申込葉書を出す　ハルリツカ氏骨格到着の手紙来る

十二月十五日　金　晴

精昨夜保子に贈る毛糸肩掛出来上りたるに付朝世田ヶ谷梛野へ行きて遣る保子大悦、十二時前教室に到る午後は骨洗、寒くなりて困る、小使等は洗ふことを好まざるが如し

十二月十六日　土　晴

十時教室、井上氏と故大沢記念事業決末（ママ）に付相談、桑山、阿部二氏加はる、午後一寸骨整理、三時過加賀町二児を連れて東恵協会（ママ）へ行く、独乙小児救済茶会なり、小音楽あり二児茶菓を喫せしむ、五時加賀町へ帰る

十二月十七日　日　晴

弁当を持ちて加賀町、坊忠を連れて出る、内幸町仁寿生命楼上にて高島氏採集石器時代器物の展覧会を一見す同品は江州富豪某が購入したりと、これより銀座通りクリスマス飾付けを見る、資生堂にて茶菓、五時加賀町へ帰る　今日きみ坂口家を訪問したり

十二月十八日　月　晴

九時過教室、人骨整理小使は洗ふ、珍器写真焼く大概は上出来、一二再写す、午後二時過駒込吉祥寺に土方寧氏厳父告別式に行き教室に戻る、第二十、二十一、二十二号合葬中の二十二号頭と記したる袋の中に左第一門歯に国府のものの如く加工したるものを発見す又同袋中に珍らしき飾二個（耳飾？）をも見出したりこれ大に考慮を要す、六時教室を去る

十二月十九日　火　晴

九時教室、午前骨洗、渡辺憲治来室、W文庫に付弁す即

ちW先生が1914に一部売却したり之がマックス・ベーク目録の分又1920にコーン（ボン）に一部（これは美術の部）売り先生逝去の際は当教室購入のもの残部即ち全部なりと　急ぎ弁当を使ひ出て武島町に森田斉次氏を見舞ふ、去九月細君コレラ病に罹り続きて氏自身中耳炎のよし、氏不在細君に来意を述べ、菓子を贈る、これより上野博物館に到る　賀古氏立合にて神谷氏より森氏秘遺物有価紙一七〇〇円を受取る、これは潤三郎氏に遣るべきものと先般決したるもの　又山田夫婦に宛たる森氏書翰十一通封のまま預る　序に高橋健自、後藤守一氏面会貝塚談、五時帰宅

十二月二十日　水　晴

夕紙を見て昨夜只二時間眠りしのみ、学に忠なる者慨然、但愈奮励、石人著述五年間即ち大正十六年にdruckfertig〔＊校了〕にする予想なるが如何　九時過教室、骨整理、午後佐藤敏夫来室、顳顬骨論文通覧の依頼あり、山本骨を洗ひ大に捗どる　神谷初之助氏へ昨日の件に付賀古氏と相談の上二十五円切手を礼として贈る旨の手紙を認む

十二月二十一日　木　晴

九時教室、午前午後共骨整理、小使等は洗ふ、書記大山氏来室、保美貝塚報告に付打合せをなす、アイノ式弥生式に関する根本意見は自分と全く一致す、浜田氏も大山氏と最近に於ける会談によれば余等と差違無きが如しと、共に弁当を使ふ、午後又々整骨中加工せる第一門歯を見付けたり　これ番外の人骨中にありたり

十二月二十二日　金　晴

午前九時上野学士院に到る東照宮研究費補助推薦に関する委員会なり一時教室に到る、昨今両日に保美の荷物を取り出し終る

十二月二十三日　土　晴

九時教室、渥美装飾品写真出来たるを以て一組約束の如く豊橋藤城氏へ送り、午後骨洗

十二月二十四日　日　晴

十時前教室、骨洗、保美のものに取りかかる、四時加賀町に到る精も来り居る、一昨日の坊の誕生日を今日祝ふ、二階にて新に買ひたる蓄音器て遊ぶ、食事は西洋弁当、特に造りたる滑稽帽を冠るなど児等大悦、九時半家に帰る

十二月二十五日　月　晴

九時教室、終日骨洗、厭な仕事なり、寒くて困る、吉田三郎氏挨拶に来る、複製も出来たり小使に千葉へ送らしむべし　西氏名古屋へ出講のところ帰りたりとて挨拶あり　精子等桑木へクリスマスに招かれたり

十二月二十六日　火　晴

九時教室、終日保美の骨を洗ふ疲れたり　六時半家に帰りて食事し、きみ、せいを連れて銀座へ行き自分の毛シヤツ其他の買物をなす十時帰宅

十二月二十七日　水　晴

九時半教室、骨洗、三二終日助力す、六時前帰宅

十二月二十八日　木　雨

久し振りの雨、九時半教室、布施現氏へ梨子の、山内保氏へ西洋菓子の礼を出す、西氏より文書目録に付礼あり井上氏は昨今も来らす、終日骨洗、五時家に帰る　坊、忠来り居る

十二月二十九日　金　晴曇

原正氏長崎より出京来訪、現位置に付不満、国友氏の態度失当、研究を嫌ふ、研究費を分与せず云々、忍堪を必要とする旨を陳ぶ、共に昼食し一時過去る、終日二児の相手、晩食後二児を返へさんとするところへ電話あり田鶴熱発寒冒のよし、二児を留めしこととし、槇町へきみと連れ行き絵葉書など買与ふ二児大悦

十二月三十日　土　晴

九時半教室、小使あらず戸〆り入ることを得ず事務室小使室に到る金子居る共に側木戸を開けて入る　終日骨洗、三二助力す、六時前帰宅

十二月三十一日　日　晴

早昼を食し坊、忠を連れて道灌山へ行く、三二は前に同所トンネルのところの油絵を画き居るを見る、これより銀座に到る、資生堂にて三時を食せしむ四時半家に帰る、甚温和なる天気なり晩は早く眠る

大正十二年　2583
1923　良精満六十四年

一月一日　　月　晴

七時半起、加賀美年始に来る但し自分は会はさりき、終日家にありて坊、忠の相手、夕刻橋本全家来り雑沓す晩潤氏来る、九時床に入る

一月二日　　火　晴

九時半教室、寒気俄かに加はる、誰も来り居らす「埋葬状態」演説筆記通覧を始む、午後良一来り　タイプライタアを使用す、四時出て橋本へ次に加賀町、田鶴体温未下らす、三十九度ありと、きみ子来り居る　忠子昨日来寒冒の気味に付今日返へしたり家に帰りて相談の上良一往きて診することとし出かける

一月三日　　水　晴

きみ子昨日柿内に泊る、十時前教室、佐藤敏夫論文通読、午後三時半精子家より電話あり坊熱発、是より加賀町へ送り返へすと、多事々々五時家に帰る

一月四日　　木　晴

九時半出て先牛込小松家に年賀、精子の編みたる肩掛を老母堂に贈る、非常に謝意を表せらる、これより桑木家に寄る、主人在宅、玄関にて辞去す、柿内へ行く、坊熱昨夕三九度、田鶴は追々快方、忠子等は格別のことなきが如し　三郎氏在宅、きみ子今夜も泊る、四時過去て水道橋に安田家に寄る昨日恭吾氏来賀の答礼なり、家に帰りて入浴、昨今の寒は稀なる程度に達す

一月五日　　金　晴

九時半教室、埋葬状態論を書く、良一一寸タイプライタアに来る、札幌植村、豊橋山村、二氏へ贈品礼、武野恭氏年賀返事を出す　四時出て加賀町を見舞ふ　坊やはり体温高し、忠も今日は床中にあり、病室甚混雑、きみは今夜も泊るべし

一月六日　　土　晴

九時半教室、午後に至り先西氏来、明日出発名古屋へ行くと　次に井上氏、次に二村氏来室　きみ子柿内より帰る　精子代りて行く

一月七日　　日　晴

十時過教室、鳥取県報告礼札を京都梅原末吉氏へ出す

四時出て柿内、田鶴、坊、忠快方、精子今夜も泊る　きみ子寒冒　不在中ユンケル氏来訪、菓子を贈らる

一月八日　　月　曇晴

九時過教室、厳教室へ寄る、仙台藤田敏彦氏来室　六時過帰宅　晩年賀調べ

葉書　　二九四
封筒　　六六
名刺　　三〇

一月九日　　火　晴曇

きみせい二人共臥床、九時教室、森田斉次氏来室　紙巻煙草一箱贈らる　高橋信美氏来室、又大山氏来る　人類史原稿打ち合せなり　四時出て加賀町、鶴、坊、忠皆床を離れたり

一月十日　　水　晴（昨夜雪）

雪少し降りたるも今朝霽れる、九時過教室、榊原政春氏へ令兄政職氏著「人類自然史」寄贈の礼札を出す

一月十一日　　木　曇少晴

午前寺野精一氏葬式に青山斎場に到る、式長く寒強く困る、十二時教室、山越良三氏来室世談

一月十二日　　金　曇少晴

出がけに千駄ヶ谷にユンケル氏訪ふ此頃来訪せられたる答礼なり　森田氏より贈られたる煙草を贈る、在宅なりしも玄関にて辞し去る　十一時半教室､天野助吉氏来室､先月発見せる小児骨の入りたる甕を持ち来る　骨は人夫等が棄てたりと、幡豆、日間賀、篠島にそれぞれ貝塚あることを確かめたりと、稲荷所在地には竪穴六〇計ありたりと　四時半出て学士院例会出席、長し、家に帰れば十時に近し　維納学士院の為に五円出す

一月十三日　　土　晴

九時教室、午後佐藤敏夫氏来り氏の論文に付意見を述ぶ時に大山氏来室、渡欧に付同好の学者に紹介の談などあり　六時半帰宅

一月十四日　　日　晴

十時半教室、静かにてよし、六時半帰宅、今日八王子より報知あり　西川結核残念

一月十五日　　月　雨

五官器講義を始む、十時より十二時まで、久し振りなり、一週三時間つつとす　毎夕新聞記者某来る学士院授賞者の件なり

一月十六日　　火　晴

埋葬法編述、四時出て加賀町、六時半帰宅、松原夫婦来り居る、晩食し去る

一月十七日　水　晴

九時教室、十一時終れば毎夕記者来り学士院授賞のことを探る　話題を転して太古人類の話をして去らしむ　六時半帰宅

一月十八日　木　晴

九時教室、六時半帰宅

一月十九日　金　晴

九時教室、三二午後時間ありとて学生四名と骨を洗ふ

一月二十日　土　晴曇

伊川津装飾品牙に孔を穿ちたるもの一個あり何獣の牙なるや不明にて考慮中のところ海豚の牙なること判明せり即ち数十年前自分が採り置きし海豚頭骨のことを思ひ出し探したるに講堂の下ありたる其札を見るに明治二十年四月と自記せるものなり今昔の感に堪へず　フリッツ・サラジン（バーゼル）氏より大著述 Anthropologie d. New-Caledonier u. Loyality-Insulaner 寄贈受領

一月二十一日　日　晴

少し風邪に付在宅、埋葬論大に進む

一月二十二日　月　晴曇

昨日来甚暖、午後島峰氏来室、年始なり、歯医専愈本議会確実云々、得意、香山歯校騒動鎮圧に尽力したり云々、但し自分の身上には一言も及ばざりき、医界時報記者来る

一月二十三日　火　雨

人類教室へ行き松村氏に人骨付随装飾品に付種々尋ぬるところあり又埋葬論原稿に付打ち合せをなし一時半室に戻りて弁当

一月二十四日　水　雨雪

頻りに埋葬論を書く

一月二十五日　木　雪

悪天、九時教室、終日降りて大雪となる

一月二十六日　金　晴

雪七寸余積る、今朝霽れる、九時教室、西氏昨日名古屋より帰りたりとて来室　午後三二友人三四人連れ来り骨を洗ふ、六時過家に帰る、皆在らず帝劇にオペラありとて見物に行きたるなり、十二時近に帰り来る

一月二十七日　土　晴

午後人類学会、鳥居氏「人類学より見たる南支那に就て」

講演あり、四時半帰宅、坊来り居る

一月二十八日　日　晴

朝一番町に岸上鎌吉氏を訪ひ、魚椎骨平飾に付質問するところあり

一月二十九日　月　晴

坊と共出かける

一月三十日　火　晴

九時半教室、人類教室へ行きて豊橋藤城実治氏より依頼の有髯土偶写真をたのむ　四時出て加賀町

一月三十一日　水　晴

後藤守一氏来室、来月二十一日頃史学会に於て講演を頼む云々「石器時代人骨に就て」なすべき旨承諾す、又去土曜日帽子を間違ひたるもの取り替へ直したり

二月一日　木　晴

埋葬論未だ終らず困る

二月二日　金　晴

加賀美来り　ゴニオメーター〔＊測角器〕を貸す

二月三日　土　晴

故鈴木忠行氏のために二十円出す、埋葬論漸く編み終る、これより清書すべし　晩きみと坂恒の件に付相談、迷

二月四日　日　晴

九時教室、頻りに埋葬論の清書、四時出て加賀町、三郎氏盲腸部痛とて床にあり

二月五日　月　晴

九時教室、十時講堂に於て学生に伏見大宮殿下薨去に付哀悼の意を表するため休講する旨を告ぐ

二月六日　火　曇

石器時代埋葬論清書終る

二月七日　水　雪

原稿を人類教室へ持ち行きて小松氏に渡す一時過戻りて弁当

二月八日　木　雪

大雪、七八寸積る、埋葬論に福田貝塚を脱しこれを補入のため三崎町活版所へ行く、雪降り悪道、且つ迷ひ回りて甚困難　十二時室に帰る、清野氏門歯加工せるものを見付けたることに付手紙を出す

二月九日　金　晴

此頃は坂恒の件に付きみと苦心　午前三二永井の講義休みに付時ありとて友人赤尾、成田、海野三氏を連れ来り

骨を洗ふ　午後同断、大に進む、むつ子入院去五日男児分娩、午食後見舞ふ、W文庫製本一部出来、学生等去りて後自分骨を洗ふ、終結に至らす暗くなり止める

二月十日　　土　曇

伊川津保美人骨洗午前に全く終了　四時出て加賀町　夜石原氏より坂恒の報告電話あり

二月十一日　　日　晴　祭日

十一時前教室、長崎原正氏より旧臘出京相談の件　留任と決心したる旨の紙面に対し返書を出す

二月十二日　　月　曇

好古学会演舌下調及骨継準備に取りかかる、学士院例会出席、高松豊吉氏会員に推選確定、十時過帰宅

二月十三日　　火　曇

朝上田万年氏万国学士院へ代表者として出発せらるるを東京駅に送る、十時教室、骨継を始む　晩きみ良一と三人書斎にて相談、今日良一原素と会談、模様良し、良一も異議なし、これにて三人は一致す

二月十四日　　水　曇

伏見大宮殿下御葬式に付休業、十一時教室、終日骨継六時過帰宅すれば石原喜久氏来り居る、林、土肥二氏の報を持ち来る

二月十五日　　木　曇

終日骨継、晩きみ子岡田へ行き、一家に於ては異議なきに付尚ほ二三の相談を経て決定すべきも先以て進行すべき模様なることを通告したり

二月十六日　　金　雨

朝長谷部氏出京来室、午前人類学談に費す　フィッシャー氏門人ワーゲンザイル氏上海同済大学解剖学教室に此度赴任せるよし手紙来る

二月十七日　　土　曇

昨夜雪、今朝止む、終日骨継、時に長谷部氏と談　今日きみ子入沢へ行き坂恒談をなす

二月十八日　　日　晴

十時前教室、長谷部氏肩胛骨調べ来室、共に昼食　兎角談長くなる、骨継

二月十九日　　月　晴曇

岸上鎌吉氏来室、先達依頼せる耳飾鑑定はサメの椎骨ならんとの報告を持ち来る　四時出て加賀町、児等嫌機（ママ）

二月二十日　　火　雪雨

長谷文氏昨死去今朝きみ子悔に行く　此頃頼まれたる有

髯土偶の写真原板を豊橋藤城氏へ小包にて送る　明日の考古学会講演準備

二月二十一日　水　雪

長谷部氏と共に豊国にて夕食、大学会食所に於ける考古学会例に於て「石器時代人骨に就て」講演す、六時半頃始む、一時間許を費したり、次に沼田氏紋所研究の講演あり後種々の坐談ありて十時近く散す

二月二十二日　木　曇

午後三時吉祥寺に到る　長谷文氏葬式なり、四時帰宅

二月二十三日　金　曇晴

午後大山氏来室

二月二十四日　土　雪

ワーゲンザイル氏寄贈論文別刷井上氏室に留め置き今日小使に取りよせしめたり手紙は前週金曜日に受取りたりこれと同便のものなり。人類学会例会文学博士常盤大定氏「支那旅行談」、支那人国民性は鈍大、国際的、無理想（但し昔はあつた）、四時教室に帰り、近頃上海同済大学病理研究院へ赴任せるワーゲンザイル氏より手紙並に論文寄贈の返書を出す　六時半帰宅、坊来り居る、埋葬論校正

二月二十五日　日　曇

坊来り居るも天気宜しからず散歩出来ず

二月二十六日　月　曇晴

埋葬論校正の上小松氏へ戻す、大山氏より保美人骨附属品送り越す

二月二十七日　火　晴

坊共に出る、ボイレ（ライプチッヒ）に大山氏紹介状を書く、其他紹介名刺十数枚、松村氏来室、五時出て青山に大山氏を訪ひ告別、八時帰宅

二月二十八日　水　晴

学士院へ研究費を自分のものと他のもの十九件申請を出す　六時東亜学会例会に出席、ダールマン氏Über alt. japanische Wandschirme als Zeitgenössische Denkmäler d. ältesten Beziehurgen Japan zum Westenの講演あり　信長時代のヤソ教の密画に付き説明せらる甚興味あり十時半帰宅

三月一日　木　晴

紀念日に付休業、教室誰も来ず、終日骨継、坊と出る八時半教室、六時前帰宅

三月二日　　金　晴

坊学校にて蒲田へ行くとて早く出る、八時過帰宅、終日骨継、大山氏渡欧出発を七、二〇東京駅に見送る

三月三日　　土　少雨、晴

坊共に出る、坊学校帰り十二時半教室へ寄る、弁当を使ひ「タイプライタア」などして居る中、三時田鶴忠子を皮膚科へ連れ行き寄る　これより二児を連れて加賀町(田鶴は先に帰る)節句にて雛を飾りあり、児等歓び遊ぶ、晩食し八時家に帰る

三月四日　　日　晴

午前久し振りにて千駄木へ行く別状なし、類小学終るも尚ほ一年間高等小学に入れるよし、あんぬは女学校二年となる、教室に到る時に十一時過、好天なるを以て電話にて加賀町の様子を聞き直に行く、弁当を使ひ、坊忠を連れて玉川行、久地梅未全く咲かず、二児はね廻る六時過加賀町へ帰る、昨年の昨日独同し道を歩き感したる以来更に展開せず

三月五日　　月　晴

講義聴器を始む

三月六日　　火　晴

朝八時半教室に来りて骨継を始めたらば遂に六時半となる時を費すこと夥し、成功するや否や、坂恒の件は断絶ならん、三郎良一は反て満足か併し何時まで不安を継続せねばならぬか

三月七日　　水　晴

午後島峰氏来室、貴院談一寸出たり、時にズック氏台湾より帰京来る　六時帝国ホテルに到る（新築成りて始てなり）鷗外全集刊行会の招待なり、編集委員諸氏及発行所三代表者其他総て十八名、全集甚好成績、十一時帰宅

三月八日　　木　雨

又々骨継を始め終日す、ズック氏へ交換品邦人頭骨残部五個音羽町なる同氏寓へ日向に送り届けしむ

三月九日　　金　雨晴

石骨雑務、四時出て加賀町、児等元気、温、庭に出て夏蜜柑熟せるを採りなどす

三月十日　　土　曇

未明に一回水瀉す、尚ほ午前一回、終日静養

三月十一日　　日　曇

在宅静養、在伯於菟より来書、遺言書の写及自個の在外中のために遺言案をよこす、又西氏昨年五月頃助手室に

て放言のこと、森田助手、虫明氏憤慨のことなどあり

三月十二日　月　雨

午前二時間強て講義す、学士院欠席

三月十三日　火　曇

腹工合宜し、午後伊川津残り一箱の土器石器を洗ひたり

於菟へ遣る手紙を書く

三月十四日　水　晴

於菟へ手紙を出す　きみ子のもの同封

三月十五日　木　曇雨

今日も終日骨継、朝一寸始めたらば中止することを得す、独乙へ手紙を書かねばならぬと思ひつつ遂に一日々々と延引す

三月十六日　金　晴

今日も又々午前骨継、午後四時賀古氏を訪ふ、於菟より送り越したる遺言写を渡す、動産の額を質すことは時期悪し　過日五万五千とかいへるも、そんなことといはずといへばそれまでなり　於菟帰朝の上懇談の中に探る方よろし云々

三月十七日　土　曇

今日も又又骨継、電話により帰りに賀古へ寄る、千駄木地所売り払ひの風説ありと或人より聴き込みたるに付今日早速本郷区役所の方調べたるに類に於菟より贈与といふことになり居り於菟の実印捺しあるは第一の疑問又在外中に付手紙を以て証明すべきにかかる手紙ある筈なしこれ第二の疑問、兎に角在秋田富喜子へ問合を要す云々

七時前帰宅、富喜子へ手紙を出す

三月十八日　日　曇風暖

午前文郎氏来訪、氏退職、会社に入りて後始めて会ひたり、午後加賀町、坊其他悪き小供なりき

三月十九日　月　雨

十時より一時まで講義して五官器を閉つ　午後は石代骨整理

三月二十日　火　雨

午後明治商業銀行へ行き故大沢氏記念寄附金一千三百三十八円六十九銭（1338.69円）特別当座預金となす通帳を井上氏に渡す、石代骨整理し全部標本室に移す

三月二十一日　水　晴

朝坊に尋ねたるに行かずといふに付精と出かけると、水道橋より省線にて横浜桜木町にて下り杉田の梅を探る、八幡橋電車終点より一里、杉田に到り梅園を通り過ぎて

トンネルを出れば人家なし、山影の田甫畔にて弁当を使ひ、これより金沢まで徒歩（一里）この間道路甚意に適す、直に自動車にて帰途に付く、五時半帰宅　富喜子より返事あり実印は昨年八月末亡人に預けたりと

三月二十二日　木　晴曇　祭日

九時前教室、骨継、豊国にて夕食し学士院に到る十二年度研究費補助に関する委員会、自分は先般東照宮紀念費に推薦に剰れるもの十数件あるを以てこれを提出し置きたり、補助費多額ありて多数は通過したり　九時半帰宅、少し雨降りたるも困る程にあらず

三月二十三日　金　曇晴

午前事務室へ行きて紀要を貰ひ、其他雑事を弁す　天気好くなりたれば電話にて打ち合せ加賀町へ行く、精子来り居る、弁当を使ひ、坊を連れて出かける、銀座資生堂、日比谷公園、六時帰宅　銀座にて紙入を買ひたり（六円五十銭）

三月二十四日　土　晴

骨継を止むることあたはず奇といふべし六時半となる

三月二十五日　日　晴

午前小松春三氏大塚に訪ひたり牛込母堂今年七七歳に達せらるるが其祝あるや否やを尋ねたるに家習として祝をせぬとのこと、これより加賀町、十二時を過ぐ、弁当を使ひ坊忠を連れて明治神宮参拝、自分は始めてなり代々木錬兵場松林中に憩む、島津男爵家衛生展覧会に入る、島津男爵、今村明恒氏（地震学）に会ひ、案内せらる、屋上にて茶を饗せられ二児大喜、六時過加賀町に帰る

三月二十六日　月　晴

八時過教室、石代骨整理、弁当を使ひ直に帰宅、坊三年卒業、総代となりしとて勇む

三月二十七日　火　晴

家にあり、萩の餅を製すなど坊悦ぶ、午後故井口在屋氏告別式に原町邸に行く、忠子来る、晩食後精と二児を連れて銀座を散歩す

三月二十八日　水　晴

俄に温くなる、午前きみ子と二児を連れて向島弘福寺に墓参す、近傍を歩く午刻帰宅、午後高階経本氏葬式に染井斎場に到る

三月二十九日　木　晴

精と二児を連れて鎌倉行、恰も由比ヶ浜にて地引網あり、二児これを見て珍らしく感す、ここにて弁当を使ふ、こ

れより七里ヶ浜を歩く、二児悦びはね廻る、七時前帰宅

三月三十日　金　曇晴

午後きみ子二児を送り返へす、自分は賀古氏を訪ふ　富喜子返事実印千駄木に在ること、改印の件は止めてただこの儘になし置く外なしと談合、これより久し振りにて弘田氏を訪、夫婦共不在、五時帰宅

三月三十一日　土　曇晴

八時過教室　オットー・シュタイネル（エスリンゲン、ネッカー河畔）、Ｈ・オラジス博士（アンベルス）二氏へ処望により歯牙変形論（紀要二八ノ三）を送る　骨継

四月一日　日　晴

九時過教室、岡山上坂氏助手伊沢好為氏来室、神経断端電流を通再生機能を験し新事実を発見しこれを明日の神経学会に発表する云々　終日骨継

四月二日　月　晴

京都足立氏教室の人鍋谷伝次郎氏来室、新潟の人耳鼻専門　骨継　四時過出て加賀町

四月三日　火　雨

九時教室、骨継、午後四時半頃三郎氏来室、欧州視察の件、其甚有効なるべきこと、私費にてならば誰も異議なかるべきこと、医化学助教授河本洋行の後小玉をすると云ふ約束を履行せざりらしこと（入沢部長が）其代りに薬局長を採りたること八時過まで談す

四月四日　水　曇

骨継、伊川津頭骨継終る

四月五日　木　雨　構内花八分開く

大沢未亡人挨拶として来室　午後二時文部省、学研医学部会、総会に対する準備、四時終る

四月六日　金　雨（昨夜雪）

悪天、寒、午後二時賀古氏方に高橋弁護士と会す、実印を取り戻すこと、動産を調べる手段を取ること、於菟千駄木からの手紙に対し返事注意すべきこと、五時半帰宅

四月七日　土　曇晴

西氏作製十一年前半期抄録日本医学輯報材料三田氏へ送る、西氏明晩出発名古屋へ二週間出講すべし　京都梅原末治氏歯牙変形論（欧州へ往復せしもの）を送る　井上康平氏結婚披露に五時半築地精養軒に到る　新婦人は東北帝大中島泉次郎氏令嬢、媒酌は同理学部教授真島利行氏、近藤次繁氏あり、其他八十名計、九時帰宅

四月八日　　日　曇強風

弁当を持ちて加賀町、学校休今日限りなれば二児を連れて井の頭へ行く、桜満開、強風なるも左程苦にならず野に「しどめ」「すみれ」を採りて遊ぶ

四月九日　　月　晴

八時半教室、新潟工藤得安氏来室　京都足立氏へ鍋谷氏来訪に付、岡山上坂氏へ神経再生に関する発見祝賀の葉書を出す　二時家に帰りて精、素と純を連れて植物園、花満開

四月十日　　火　曇

八時教室、骨継、孝子一昨晩「ひきつけ」たるよしに付見舞に加賀町へ寄る、坊忠に「鉛筆けずり」他の二児におもちやを買ひて遣りたり、孝は格別のことなし　きみ子今日金森へ行く　志げ子林町へ行きたるよしさてさて意外千万、彼女の所行計るべからず

四月十一日　　水　曇

八時教室、婦人科坂元宇之助氏来室副乳に付質問あり、種々書目等を示したり時に三郎氏来室、今入沢部長に渡欧のことを漏したりと、結局私費にても実行と決す、一時半過ぎて弁当、其他骨継

四月十二日　　木　雨

骨継、四時出て学士院例会出席、宮入慶之助氏当選、会員細川潤次郎氏九十歳の高齢に達、最古会員のため祝賀の意を表す、写真額二面を製す、九時帰宅

四月十三日　　金　晴

八時教室、八時半頃自動車ポンプ構内に入る、驚く、歯科にて少し窓を焦したりと昨年出火此頃新築出来移転したる計りなり、新聞者来室、学士院研究費のことなど質ねたり、石器時代民族の話をしたり　骨継　井上氏組織講義を始む

四月十四日　　土　晴

田口氏来室、骨継、午後長谷部氏来室京都より帰途なり、新井氏も来り六時過まで談す慈恵大学の内情のことなど

四月十五日　　日　晴

九時教室、終日骨継

四月十六日　　月　晴

八時教室骨継、四時出て加賀町

四月十七日　　火　晴曇

八時教室、骨継、井上氏組織実習を始む

四月十八日　　水　晴曇

八時教室、終日骨継、午後島峰氏来室、只今入沢部長より歯科処分すべきに付ては先講師を辞すべし訳は不問に置くべし云々、直に承諾したりと

四月十九日　木　雨

終日骨継、頭骨だけ略ほ終る

四月二十日　金　晴

午前八時教室、十一時中央亭に到る　古在総長主催解剖材料不足に付之に関し相談会なり　内務側塚本社会局長(面倒)、野田前衛生課長、馬場法制長官、山岡行刑局長(了解)、松浦専門学務長、小原検委専、横山衛生局長、二十名許集る、総長に於て委員を設け考究することとす食事し二時半教室に帰る、頭骨継合組立全く終る　即ち二月十三日より二ヶ月と一週間費したり

四月二十一日　土　雨

終日石骨、歯の変形を調べる

四月二十二日　日　曇

十時教室、歯の変形を正確に調べたり、三新型式あり

四月二十三日　月　曇

西氏昨日帰京、今日講義を始む、午後人類教室へ行く四時前出て加賀町

四月二十四日　火　曇

田口氏来室、屍体に付工風談、金沢学長高安氏来、講義の一部を担任云々、時を吝むの故を以て謝絶す、加賀美先達て貸したる器を返し来る

四月二十五日　水　雨

終日悪天、午前京城上田氏来室、渡欧に付談あり　久保氏遺物鮮頭骨を研究する云々大に賛したり

四月二十六日　木　晴

昨晩きみ子柿内へ行き留守中の談などしたりと今朝話す九時半教室、午後三郎氏来室、西洋視察私費と決し便船予約せり云々、留守中不安のことに付て談あり、四時過出て賀古氏を訪ふ不折氏墓表記出来、実印の件は秋田より独乙へ問合中のこと、於菟遺言書は必要なかるべきこと、動産調べは価紙は全部不明、預金は六ヶ敷、例令一部分明するとも到底全部を知り難し、又もし先方へ知れたらば不味し旁止めることなど談したり六時半帰宅

四月二十七日　金　曇

出がけに千駄木へ墓表記を持ち行く、九時教室　四時出て加賀町、不折氏へ謝儀（百円）は潤氏に托することとす

四月二十八日　　土　曇

八時教室、学士院研究費補決定のことを柿内（一五〇〇円　三ヶ年四千五百円）佐武（一五〇〇円、二ヶ年三〇〇〇円）綿引朝光（五〇〇円、二年一〇〇〇円）の諸氏へ通知す　田口氏来室　松井基一氏同伴、新に解剖助手になりたる人、千葉出身、外科に勤務せり　午後一時半文部省、学術研究会第五総会なり、二時前開会　三時日程を難なく議了、休憩となる、これより帰り去る、坊来り居る、出席佐藤、森島、井上嘉、三田、永井、小金井。欠北里、北島。在米三浦、長与、宮入、藤沢

四月二十九日　　日　曇、少雨

天気怪し、午後坊を連れて植物園、つつじ、チユリップ見事なり、少し雨降り出す　併し傘を持ちたれば困らず

四月三十日　　月　晴

天気好くなりたれば浮間行と決す、自分は加賀町へ行き忠子を連れて池袋にて精坊と合し赤羽に到りて舟場にて渡る河川工事のため散歩に適せず、甚熱し、畑中の一樹の下にて弁当を使ふ時に十一時、茅野にて桜草を採りて二児喜ぶ、村中の一店にて憩ふ、旧茅野を過ぎここの渡しを渡り帰途に就く　自分は忠子を加賀町へ送る時に四時半。休息、六時東京會舘に到　解剖家集る　上田常吉、高木純五郎、岡本規矩雄三氏渡欧送別、大串氏東京へ転居迎会なり、十時帰宅

五月一日　　火　曇

坊共に出る七時半教室、例年の記念帳のため室内にて撮影す、大山家へ電話にて人類誌のことに付尋ねたらば未だ送らずと依て早く送りて残りを此方へ遣はされたき旨をいひたり　上田常吉氏近日渡欧告別、モリゾン、フォン・ルーシャン、マルチン、シュラギンハウフェン四氏へ名刺を以て紹介す、故久保氏鮮人論六十余部独乙へ持ち行くべし　千駄木しげ子小切手一〇五〇円持ち来れりと、晩きみ賀古へ行相談、一先返へすこととす

五月二日　　水　曇

七、二〇教室、坊共出る、きみ千駄木へ行き小切手を一応返す

五月三日　　木　曇雨

坊稲毛へ遠足とて早朝出行く、八時教室、昨日大山家より人類誌二十九部送り越す、石原喜久太郎氏入院虫様突起手術を受けたるよしに付見舞ふ経過宜し　今日午後退

院のよし　W文庫残額四〇〇〇円小切手受取る　六時前帰宅、坊遠足雨を侵かして出かけたるよし、きみ子は両国駅まで迎へに行きたり、生徒皆つぶ濡れになりたるよし

五月四日　金　晴

八時半教室、昨日の小切手を明商銀へ預ける、坊休に付午後一時教室へ来る、不忍池畔発明品博覧会へ行く、五時過帰宅、純子へ小鳩おもちやを遣りたらば大悦

五月五日　土　晴

坊独出る、加賀町へ帰るべし、自分は加曽利行、昨秋発掘の計画なりしも延期しおきたるが様子如何にと思ひてなり　十一時松林中古墳の影にて弁当を使ふ静寂甚快　一時間余憩ひて字古山、海保方に到る、先般製石灰のため貝殻を取りたる際出土せる遺物数個を見る　完全土器形のもの、大形土瓶、たたき石数個、濃赤塗り土器片、石皿、最も珍しきは小動物下顎体の一歯付きたる有孔の濃赤塗り切片。貝塚巡検中上羽氏に会す、四時過帰途に付く、駅にて三輪徳寛氏に逢ふ、車中雑談（田口家、荻生家のこと）、八時前帰宅、大学全学生大懇親会

五月六日　日　晴雨

八時半教室、天気悪し、六時家に帰る

五月七日　月　雨曇

八時教室、明商銀へ行き四〇〇〇円を小切手五枚とし昼食時に御殿に行きて入沢、佐藤、岡田、近藤四氏へ各九〇〇、土肥氏四〇〇を渡す、人類教室に松村氏に加曽利発掘は九月とすることを通す、地理新築教室に到り山崎直方氏の地図説明を聞き三時過教室に帰る、学内数氏に人類誌（石人埋葬状態）を配る　加賀町へ行く三郎氏在宅、在外留守中の談、坊切符を持たざるため歩きて帰りたりとて不平

五月八日　火　雨

七時半過教室、佐藤、入沢、岡田、近藤、土肥の五氏挨拶状を出す　石人埋葬状態二十部持ち帰りてきみ子に発送を托す

五月九日　水　曇晴

八時前教室、四時出て加賀町、児等元気

五月十日　木　曇

八時教室、十時出て浜尾先生を訪ふ、文学部隠退実行規則、独乙学者招聘、隠退規約の不当談などあり　十二時半教室に帰る、W文庫に再びかかる

五月十一日　　金　雨

七時半教室、W文庫開立堂に製本のため一六〇冊渡す
弁当を使て帰宅　精を連れて三越、独乙油絵展覧会あり

五月十二日　　土　曇晴（朝驟雨）

八時前教室W文庫、午刻三郎氏坊を連れて教室に寄る、二人は昼食前に付燕楽軒にて食事す　自分はここに誘ひてこれより御茶水動力展覧会へ行く、三郎氏に分れ坊を連れて帰宅す　最近三年間外国学者より寄贈の別刷六〇部

五月十三日　　日　晴

好天に付坊を連れて江の島へ行く、十一時山上の茶店にて弁当を使ふ　窟前の岩に下りて坊面白く遊ぶ、小舟にて廻り桜橋を渡り憩ふ、五時家に帰る、好き散歩なりき

五月十四日　　月　半晴

坊共に出る七時半教室、W文庫、真鍋氏来り明日臨席のことを慫慂す、午後坂元宇之助氏腋窩乳腺の顕微鏡標本を持ち来りて相談す時に島峰氏来る　坂元氏再来を約し標本を置きて去る、島氏講師辞職後模様の話、入沢部長は其後ただ困るといひ居る、歯科看護婦二名解雇のこと、これを一ッ橋病院へ採用したること　朝きみ子来室只今平野より返事来り赤堀海中に付報告あり、これより小石川病院に行到り高田母堂に否の返答をすることとす

五月十五日　　火　雨曇

七時半教室、坊加賀町へ帰る筈、ボードワン（パリ）より自分の「歯牙変形論」に関する文を送り越す、これを一部長谷部氏へ送る　六時より物療教室第五年記念祭に出席　久原家代表斎藤、鮎川二氏、渡辺世話、弘田夫婦其他教室関係者、琵琶、活動写真、追分ぶしなどの余興あり、十時半帰宅

五月十六日　　水　曇雨

七時半教室、午前三二室に来り　生理試験只今発表になり　自分の名見えず、四十余名中二名不合格ありと、意外云々　坂元氏の腋窩乳腺標本を見る、松村氏来室、来二十六日（土曜）人類例会に於て講演の件承諾す　十時まで茶間にて話す橋田試験場誰も監督せず、皆書を用ふるも三はこれをなさす外に一名同志ありてこれは通る

五月十七日　　木　曇雨

七時半教室、午後佐藤敏夫氏来室、通覧せし論文を以て慈恵大学へ学位申請し通過したりとて挨拶に来る　五十円贈りて研究に使用し呉れ云々　坂元氏来り副乳腺標本

に付長談

五月十八日　　金　晴

七時半教室、福田氏来り三二の生理試験は合格、試験票紛失のため三の名漏れたり不合格二名は別にあり云々、別事なれど各試験者の方法宜しきを得ざるもの多きは歎すべし　三時出て加賀町、坊遅く帰り来る、晩茶の間にて十時半まで三等と談す

五月十九日　　土　晴

七時半教室、W文庫、一時半出て御茶の水に順天堂研究所に額田氏を訪ふ、所内全部を案内説明しくれたり　これより弘田氏を見舞ふ、去二月脳溢血発作あり此頃は大に回復、併し左半身少しく不自由、左顔面少麻痺あり、但し元気よし

五月二十日　　日　晴風

弁当を持ちて柿内へ行き午後坊、忠を連れて銀座通り散歩、資生堂に入る、風熱

五月二十一日　　月　雨

七時半教室、山梨県病院古屋清氏渡欧告別、伊、保人骨略記

五月二十二日　　火　雨

八時前教室、坂元氏を呼びて腋汗腺標本を示す

五月二十三日　　水　雨

八時教室、小此木忠七郎氏来室、磐城相馬郡の古墳石棺内の人骨（頭骨及上膊骨等）、女子ならんと鑑定す櫛及小刀あり

五月二十四日　　木　曇

八時教室、人類学会講演準備、四時出て加賀町丁度きみ子も来る

五月二十五日　　金　雨

八時教室、明日の講演準備

五月二十六日　　土　晴

午後人類学会、歯牙変形論追加の講演をなす、小此木氏磐城古墳談あり　又九州の人銅鐸に就て説あり　徳島森氏出京同会に出席、五時教室に帰る

五月二十七日　　日　雨曇

学士院授賞式、十時院に到る、徳富猪一郎、柿村重松（福岡高等学校教室）朝比奈泰彦、木下季吉（東大、理、教授）四氏何れも恩賜賞受領、二時半家に帰りて少し庭に出て草を取る、これ誠に久し振りなり、今日交通調査にて電車乗替へ券特種なるものあり　自分取ること出来ざ

りしも外のもの四枚とりたり

五月二十八日　月　曇晴

七時半教室、一昨日用ひたる顎骨標品それぞれ旧位に復す　傷害なかりしは幸なりき。十時半家に帰り更衣、芝離宮に到る、一時間十分の予想丁度適す、博恭海軍大将宮殿下御臨席、三時前帰宅、佐藤三吉氏寿像、小峰孝容、中村恭平二氏祝各五円つつ出す

五月二十九日　火　曇晴

八時教室、昼食後図書館に行き長谷川銷一（氏は去四月隠退し目下嘱托）氏にW文庫に付相談す　四時前忠子病院帰りに寄る、共に加賀町

五月三十日　水　曇

出がけに蓬莱町蓮光寺に石原久氏母堂告別式に参加し十時前教室　午後柴田氏来室、伊川津談、長谷川銷一氏銀座黒沢商店員を伴ひ来る　W文庫目録用スリップ一万枚注文す、安川へ自家書物製本八冊命す

五月三十一日　木　雨

終日独乙へ手紙案、雑調べ

六月一日　金　雨

八時前教室、福岡桜井氏出京、本月二十六発船、渡欧のよし告別

六月二日　土　曇

七時半教室　Anthrop. Anzeiges〔＊雑誌〕近年のところの通覧す、独乙への手紙捗どらす、坊来る筈に付弁当を使ひ直に帰宅

六月三日　日　半晴

此頃絵葉書帳二冊買ひ、南米人種ボッジアーニ・ザムルング〔＊ボッジアーニ・コレクション〕其他の人種民族絵はがきを整理す　午後精子と坊を連れて植物園

六月四日　月　曇

坊共に出る七時半教室、婦人科林学士来室乳房形態の件に付質問あり、リピーツ論文別刷を貸す、外科田中学士を連れ来り井上氏紹介す、教室に於て当分仕事すると三時出て家に帰り庭に出る

六月五日　火　曇晴

七時半教室、坊共に出る　レーレン、H・フィルヒョウへの手紙を書く　三時出て家に帰る、庭へ出る

六月六日　水　曇晴

七時一五教室坊共に出る　レーレン、H・フィルヒョウ氏

への手紙を投す　五時家に帰る

六月七日　　木　晴

七、一〇教室、坊共に出る、大正十年生記念帳のため写真を撮る、松村氏来室歯変追加の原稿を促す　ディーク、フィックへ手紙、葉書を出す、第二回交通調査を電車に行ふ、六時過帰宅

六月八日　　金　曇雨

七、一〇教室坊共に出る、O・チルマン、Fr・サラジン氏へ手紙を出す、これにて永く気にかかりたる義理を済ませたり、午刻島峰氏来室、整形外科金井良太郎氏来り脊椎発生に関する文書に付質問あり、教室員誰も来らす今日は北白川宮殿下御葬式に付休業

六月九日　　土　雨

坊共に出、大雨困る、七、二五教室、午刻井上氏来室明日出発名古屋出講のよし、二十日間の見込云々、序に雑談、氏は日本医専、女子歯科へ勤務時間外に行く、総長へ届てある云々　先般教授会にて臨床の方は別に手当をやることを可とせり　京都福岡は否、札幌可、仙台？林春日下名古屋竹内も同断とか。組織実習辛して八週間、甚少なし

六月十日　　日　曇（晩雨）

午前忠子耳治療に行き寄る、午後二児を連れて動物園、三時過加賀町へ帰る、天気甚怪しかりし降らさりき　五時家に帰る、喜美子晩加賀町へ行きたり

六月十一日　　月　曇

八時前教室、夕刻川上政雄氏来室、婚約調ひたり云々七時半帰宅

六月十二日　　火　曇

八時教室、四時過出て帝国ホテル、徳富猪一郎氏恩賜賞を授けられたるに付祝賀会なり、自分もその発起人に加はる又好奇心を以て出席す、会集千余と註せらる、現活働者の大部分と見做すことを得べし、十時半家に帰る

六月十三日　　水　曇

鬱陶しき天気なり、八時教室、医事公論記者来る昨日学士院補欠予選のことなど問はれたり、六時帰宅

六月十四日　　木　晴　夏らしくなる

寒冒、終日在家

六月十五日　　金　曇

八時教室、此頃は歯変論追加を書く　六時過帰宅

六月十六日　　土　雨

八時教室、事なし

六月十七日　日　雨

九時教室、歯変追論略ほ書き終る　素子児を連れて茅ヶ崎へ転地良一送り行く、大雨中困りたるべし

六月十八日　月　曇

七時半教室、桑山に私医校解剖担任者を問ふ、井上は東京医専、明華女歯の外女子医専、東京歯科へも行くと、井氏が自分に隠くすとは甚其意を得す　シュタイネル博士（エスリンゲン）へ歯変論文（紀要28ノ3）を三月三十一日付にて出したるが今日謝状来る　四時加賀町、四児大元気

六月十九日　火　雨曇

七、二〇教室、三浦内科黒川氏来り　副交感神経経路のことを質問す　晩魁郎氏小倉より出京来訪、転職すべしと九時半去る、咽頭に不快を感す数年前回虫を吐したることを思ひ起す果して一疋出る、復更に異感なし

六月二十日　水　曇晴

七時二〇教室、歯変追加論清書を急ぐ、時午後は先島峰氏来、辞職の件に付入沢学部長は談を避ける模様云々、新設歯校解剖担任者予選、森田秀問題となる　井上帰りて後氏に謀ることとす、教室内闇闘のことを漏す　即ち西が自分及於菟に悪感を持つこと、時に天野助吉出京来室この夏視察を慫慂す、時に新井春氏某が自家のことを探り行きたりと、先方の身分一切不明、次に氏此頃西南医校を視察したる談、八時帰宅

六月二十一日　木　少雨

七時半教室、清書終る、松村氏来室自然科学博物館設立に関する発議に付評議員会を開きたし云々

六月二十二日　金　雨風、嵐

八時過教室、歯変追加論原稿松村氏へ送る　ボードワン氏へ論文寄贈の礼札を出す

六月二十三日　土　晴

八時教室、W文庫、坊来たといふ電話あり二時出て家に帰る　五時半東京會舘に到る　川上政雄氏野崎みね子嬢と結婚披露、落語二席あり、宴の終りに自分挨拶を述ぶ

六月二十四日　日　晴

午後精坊を連れて出る、郵船新築に海の展覧会を見んと思ひてなり但しあまり人衆く到底入ること出来ず、依て「丸ビル」に入る自分始めてなり廊下にて宮原氏に会ふ氏今日八階へ移転したりと、但し今丁度隙ありとて館内

を案内す最上階精養軒にて小憩、屋上にて眺む、女理髪店に入る珍らし、精子は下にて待ち居る、これより銀座を歩き五時家に帰る

六月二十五日　月　雨曇

八時教室、坊共に出る、地久節に付坊学校休、式を済ませて十一時頃教室へ寄る、僕は明日から学校へ行かぬと、諸道具を持帰る、何故かと尋ぬるに過日あばれて女児を泣かせたとかに付今日退校を言渡されたりと、海の展覧会へ行く筈なりしも止めて家に帰り加賀町へ電話、田鶴学校へ行き、事情をただし且謝す、晩食後自分送り返へす、明日は謹慎、明後学校へ連れゆくと、三郎氏と外遊順路等の話、十二時前帰宅

六月二十六日　火　晴

八時前教室、図書館に長谷川氏を訪ひ、W文庫目録等の話　午後四時人類教室、科学博物館設立に関する件、委員五名（有坂、三宅米、鳥居、関野、小金井）選定し五時半散

六月二十七日　水　曇雨

七時半教室、午前W文庫、午後は文庫目録タイピスト

六月二十八日　木　曇

七時半教室、在伯林大山氏より来信、文書目録一九一八、一九、二〇、二一年の分整頓終日費す、四時出て加賀町

六月二十九日　金　晴

思ひ立ちて茅ヶ崎へ行く、良一まだ居たり、海岸へ行きこれに付直に砂山を越して海岸へ出る、純子十日余り間に大に達者になる

六月三十日　土　曇風少雨

七時教室、W文庫、京都小川氏へ手紙、W文庫全部にあらさること、雑誌重複極めて少なきこと、分講したくなきこと。十一時前坊来る、弁当を使ふ、海の展覧会は今日学校から行きたりと依て外のところへ行きたしといふ其の選定に甚困る、遂に三越へ行きて三時半加賀町へ送る、三二今日まで病院の試験済みたりと

七月一日　日　雨

八時半教室、終日文書目録タイピスト

七月二日　月　雨曇

八時前教室、終日肢骨継ぎ、井上氏帰京出勤のよし

七月三日　火　曇雨

七時半教室、潤氏来室、W文庫目録タイピストを頼むこ

ととす、高木純五郎氏今日渡欧出発告別岡本規矩雄氏同船

七月四日　水　晴

八時前教室、篠田糺氏（婦人科専門）渡欧告別、島峰氏来室、辞職の件小野塚氏より入沢部長に質したるに別に後計（ママ）なし又古在総長にも尋ねたるに入沢との間に何も了解なかりしよし、要するに入沢の所為甚不当、上坂氏先達喀血したるよしに付見舞状を出す　四時出て賀古氏を訪ふ一週忌（ママ）、石塔出来等の話、これより錦町に高橋弁護士事所（ママ）に寄る　謝礼として三十円贈る、七時帰宅

七月五日　木　曇雨

七時半教室、目録タイピスト　三時医学会（生理教室）出席、此頃米国より帰朝の三浦謹、秦、高木喜寛、長与の四氏談あり、六時半帰宅

七月六日　金　雨晴

七時半教室、タイピスト、三河吉原祐太郎氏来室　知人兄弟に学位申請の件に付てなり　次岸上鎌吉氏来室著書（英文）スコンブロイダイ〔*サバ亜目〕に関するもの一部贈らる、四時出て加賀町、今日皆写真を撮りたりと

七月七日　土　雨

八時教室、タイピスト、坊学校より来り弁当を使ふ、坊タイプライタアを遊び一時頃出て小川町にて制帽を買ひ次にリイダアを買ひ神保町を通りて三時帰る、忠子迎をやり来る　二児面白く遊ぶ

七月八日　日　曇（少雨）

三郎氏送別の意味にて昼餐を催す十一時皆来る　四児歓び遊ぶ、皆帰りたる後は火の消へたる様なり　雨降らさりしは幸なりき

七月九日　月　雨風

八時前教室、博物館設立に関し学会聯合委員会あるも昨日鳥居龍蔵氏まで断り置きたり　森氏一週忌に付早く弁当を使ひ向島に到る途中風雨困る、石碑立派に出来上りたり（一切にて六三七円）、博物館員其他二十名計、他は親戚側なり、又四時より全集編輯側の人々集りて碑前にて撮影し五時半精進料理雲水に会す、集るもの二十三名山根、賀古、両将軍、与謝野、中村、黒木其他諸文士、天霽れて帰途はよし、十時半となる、十二時寝に就く今朝電話にて松村氏より博物館委員会は植物学教室火災のため延期する旨通知あり

七月十日　火　晴雨

八時教室、タイピスト、午刻御殿に行き金森家のために植村琢氏のことを松原行一氏尋ねたり

七月十一日　水　曇

八時前教室、終日タイピスト、四時出て加賀町、皆元気

七月十二日　木　曇　熱くなる

七時半教室、理学目録終結、学士院例会出席

七月十三日　金　雨

八時前教室、今日より潤氏来りW文庫目録作製に取りかかる　目録を長谷川鎗一氏へ送る

七月十四日　土　曇雨

八時前教室、潤氏来る、終日W文庫、開立堂製本一五九冊出来、六時出て家に帰る

七月十五日　日　雨

昨夜来腹工合悪し今朝に至り大水瀉す、静養

七月十六日　月　雨

終日静養、午後潤氏来る、教室へは行かずと　学士院へ研究費請求を出す、自分及推選したるものの

七月十七日　火　雨

終日加養、先つ回復、良一茅ヶ崎より帰る異状なきよし

七月十八日　水　雨

八時教室、W文庫、尚ほ疲労あり四時家に帰る

七月十九日　木　晴

終日W文庫、潤氏一寸来る、熱さに困る、七時過家に帰る　長梅雨漸く上りたる様なり

七月二十日　金　晴雨曇

七時半教室、今日より白服、文庫、潤氏来る、厳一寸来る亦井上氏欠勤弁せず、京都清野氏出京、三浦謹氏等発案、各大学紀要合同の件に付協議会を開催せるよし、氏の招きにより燕楽軒にて中食、種々古人骨談の外に岡本隠退、講師にする件は四票否ありたるため通過せざりしと（四分の三の可を要するよし）、速水遺族の談、教授隠退の談、仙台佐武氏来室、学士院研費補の談、潤氏は四時頃止めて去る

七月二十一日　土　曇晴

七時半教室、午前W文庫、潤氏は所要ありて不来、歯変追加論校正、六時出て帰宅

七月二十二日　日　曇

九時出て先橋本家を見舞ふ今朝皆別荘へ行きたりとて細君あるのみ、少時して去り牛込小松老母堂を訪ふ　別に病なきも床を敷きてあり、愈々老境の様見受けたり但し

精神慥かなること変りなし、十時半柿内に到る四児大元気、精子来り居る、弁当を使ふ、三郎氏在り 留守中は宜しくたのむ云々、一時半二児を連れて家に帰る、二児はね廻る、自分腰痛、横臥安静

七月二十三日　月　曇

腰痛、安静、二児ありて退屈せず、夕刻潤氏来る 今日教室へ行きて目録を作り今帰りのよし、而して去土曜日農学部へ入沢氏の紹介にて行きたるに図書掛りに採用せらるることに定りたるよし、氏のため甚幸なることなり

七月二十四日　火　曇

腰痛甚困る、終日二児の相手、学士院会員細川潤次郎氏告別式なるも行かず

七月二十五日　水　晴

第三十一回解剖学会、腰痛を押して七時半教室 九時半開会、演題二十九、午前十一、午後十八、六時半演了、自分は「扁平尺骨と巨大腓骨」と題して述ぶ、午後は坐長を金子、新井二氏に頼む、出席者四十余名、本会より解剖材料に関する建議をなすことを決し委員として井上、西、新井、田口、森田、大串、小金井七名を挙ぐ、又研究補助は滝田（大阪）森田（大阪）津崎（京城）三氏各五十円とす、御殿にて宴会、八時半散す、来年開会地京城、時期七月とす 精二児を連れて品川へ行く

七月二十六日　木　晴

別に障りたる様にあらざるも静養、山田珠樹、まり子帰朝来訪、杖等の贈り物あり

七月二十七日　金　晴

在宅静養、午後原正氏来訪、研究費分配不当云々 三二に学士院研究費補助取り纏めて二〇〇〇円受取らしむ

七月二十八日　土　晴

精二児を連れて動物園へ行くと、自分は八時教室 明銀へ行き研究費二五〇を預け、佐武氏分七五〇綿引氏分二五〇小切手として書留書として送る 三郎分七五〇は教室へ寄りて直接渡す 厳来室当分教室へ来りて脳の解剖を研習すに付種々説明す、潤氏農学部に就任したるためW文庫目録作成差向き中止 札幌植村氏へ桜実贈与の礼状を出す 六時半帰宅、潤氏来る毎日農学部に勤務しゐると

七月二十九日　日　晴

九時半教室、埋葬論独訳に付考慮す、帰家せんとする頃雨降り出す 二児は精子送り行きたりと、精は泊る家中

只三人のみ

七月三十日　　月　晴　祭日

八時教室、原正氏来室八月二十日頃まで滞京すと　埋葬状態独訳を始む　四時出て加賀町、精子今帰りたりと四児大元気

七月三十一日　　火　晴

七時前出て伊皿子に山田家を訪ふ、帰朝訪問の答礼にまり子は千駄木へ行きてあらす、老人もありて長談、主として未亡人に関する異常の談、老人は森氏死去の際、遺産四万と聴きたり云々十一時過教室　医事公論記者来、解剖学会、学士院補欠談等、婦人科坂元氏来室腋窩乳腺標本を見る

八月一日　　水　曇晴

七時半教室、井上氏出勤に付解剖学会報告のこと又西氏と三人にて山本小使二十年慰労拠金のこと極める

八月二日　　木　晴

七時半教室、井上氏に解剖学会昼弁当二十五円三人にて分担の分八円三三銭渡す　四時過出て加賀町

八月三日　　金　晴

八時前教室　頻りに埋葬論独訳、五時家に帰る　坊来り居る

八月四日　　土　晴

喜美子坊を連れて軽井沢へ出かける三郎氏は先に行きてあり、七時半教室、六時過帰宅

八月五日　　日　晴雨

九時過教室、六時半帰宅

八月六日　　月　晴

七時半教室、製本原田より持来る、一寸物置にてこれを調べたるに熱く汗流る　六時過帰宅喜美子も今帰りたるところ、坊は大満足のよし　綿引氏より送金受取り到る

八月七日　　火　晴

七時半教室、原田製本漸く皆済二一四冊一冊平均二円とし四二八円請求書に井上氏印を捺す又安川に製本一八五冊渡す、物置にありて熱し汗流、安川に自分の製本代八円払ひたり　六時過帰宅

八月八日　　水　晴

七時半教室、婦人科林氏来室、乳腺形状を調べるため貸したる書を返へす、田口氏来居たるに下室にて見たり四時過出て加賀町、三郎氏諸方へ告別に廻りたりとて来

宅す良一共に来る、四児元気、今日暑酷しこれ位が極度なるべし

八月九日　木　晴

八時前教室、三郎氏に托するH・フィルヒョウ氏への手紙金五十円贈る　これは共に食卓にて愉快に談笑するを想像して意味云々を認む、亦於菟へ手紙 Zeitschrift für Ethnologie〔＊雑誌〕五冊欠本購入方頼む、其他千駄木決裁は総て帰朝の上と決心し居る旨に付出す　六時過築地支那料理酔仙亭に到る三郎氏の馳走なり、坊を連れて来る伊藤さんおけいさん、照康氏の六名、十時前帰宅、熱は此夏第一歟紙上には九四、二とあり

八月十日　金　晴

九時前教室、四時出て加賀町、晩雷驟雨

八月十一日　土　晴

七時半教室、歯牙変形追加掲載人類学雑受取る　弁当を食し一時過出て柿内、熱さの真中殊に酷し、三郎氏愈明日出発に付留守中のことなど談しH・フィルヒョウ氏へ手紙を托す、きみ子は午前より来り居る、自分は六時家に帰る　きみ子帰り精子頼代り待ちて泊る

八月十二日　日　晴

きみ子は未明に出て柿内行く、自分は六時前出て東京駅に到る、追て柿内一家精子来る、七時過電車にて坊を連れて発し桜木町着直に自動車にて岸壁にある本船箱根丸に到る、三郎氏室二十三号に到りてこれより坊を連れて船内を巡覧す、木村学士上海まて同行すと、十時船動き始む、別れに望み船の上下に「テップ」を張る、これは近年邦人新案なり、船の港口に達する頃去て直に俥にて桜木町に到り十二時前東京に帰る、ステエションホテル食堂に入りて食す二時加賀町に帰る、今日特に熱き様なりしも夕刊を見て九六、一度なりしに驚く、自分は今日より多くは柿内に泊るべし、きみ子も泊る　純子腹痛は良一に会ひて様子明り、快方のよし

八月十三日　月　晴

八時過出て教室、慣れたる道と違ひて珍らし、七時前加賀町へ帰る、児等皆迎へに出る

八月十四日　火　晴

八時半教室、連日熱さ堪へ難し、六時半加賀町へ帰る

八月十五日　水　晴

八時半教室、原正氏毎日来室のところ自分室へ来り仕事の模様を話す、脳重量論英文に書きたりとマクドナルド

夫人助力せりと　四時過芝増上寺に到る寺尾寿氏葬式なり、五時終りて帰る　電車込み合ひ蒸熱甚し、三郎氏より神戸出手紙来りて乗船券忘れたりと、家に在りたる旨無線電報を発するため坊を連れて牛込郵便局へ行く料金九十五銭、精子代りて来る

八月十六日　木　晴

八時半教室、六時半帰る

八月十七日　金　曇

昨日までの熱さに比して冷し、精と三児を連れて井の頭へ行く　弁当を食し山林の中に遊ぶ　信子始めてにて悦ぶ、五時半帰る

八月十八日　土　曇

八時半教室、埋葬法独訳辛して半に達す、七時過帰る

八月十九日　日　晴

九時過教室、ゾボッタ氏述W先生の記を読み甚興味を感す、一週間振りにて曙町へ帰る

八月二十日　月　晴少驟雨

八時教室、午後四時頃天野助吉氏来室、燕楽軒に伴ひて晩食を共にす、七時過加賀町へ帰る、精子に代りて喜美子来る

八月二十一日　火　晴

八時半教室、事務室、産科へ行くも用弁せず、眼科へ寄りて秋谷氏に老眼鏡を合せ貰ひたり　H・フィルヒョウ氏より返事葉書にて来る四八〇マルク貼る　封書は八〇〇マルクに付葉書にて間に合す云々　六時半帰る

八月二十二日　水　曇驟雨

八時半教室、埋葬法独訳進み遅し

八月二十三日　木　晴

八時半教室、昨年夏送りたる日本人骨格に対しハルリツカ氏の命なりとてオフイシヤルの受領書到来且交換品は近日送ると

八月二十四日　金　曇雷雨

八時教室、奉天工藤氏帰朝来室、尋で新井氏来る二氏に昼食を饗し五時近くまて談す、井上、西両氏丁度在室、西氏共に雑談す、工藤氏フィルヒョウ氏委托の別刷 Die Hände von W.W 其他届け呉れたり

加藤首相（友三郎男）今日薨去、七時帰る

八月二十五日　土　曇

九時教室、医海時報林記者来り解剖材料を得る方法に付長談、W先生手に付H・フィルヒョウ氏研究論文の談、

学士矢田城太郎氏青島病院に赴任するといひて坂本宇之助氏同道告別、保科清氏来室、喉頭軟骨に関する書目を問ふ、六時半帰る、精子代りて来る

八月二十六日　日　晴

坊忠を連れて三越、熱きに困る昼食して一時過帰る　晩少し夕立す

八月二十七日　月　晴

精と坊忠を連れて茅ヶ崎行、甚熱し、駅より荘まで歩く、桑木氏夫婦あり、昼食後二児は良一と海へ行く　純子少し歩く様危なし、甚悲げなる体質、前途如何　四時皆と自分も海岸に到る、二児熱興して波に遊ぶ　入浴、夕食、自分のみ六時頃発にて帰る九時を過ぐ

八月二十八日　火　晴

九時教室、原正氏一両日中に帰崎すと　六時頃帰れは坊等も丁度帰りたるところ、大元気

八月二十九日　水　晴

昨日山本伯に新内閣大命下る、政憲両会何れにもあらざるべしと、寧ろ延長かと思ひたるも当らす　十時教室、敷波氏仙台より帰岡山の途次なりとて寄る昼食を共にし布施氏招かざりしは不平、鈴木重武氏千葉へ周旋したるに付布施氏誤解あり、山本の仕事を希が合著にすると強要す…　曙町へ帰る

八月三十日　木　曇晴

九時教室、長谷部氏来室共に弁当を使ひ貝塚談　三時頃去る、此間二村氏一寸来る　六時半加賀町へ帰る

八月三十一日　金　晴

九時教室　日没加賀町へ帰る

九月一日　土　雨風晴

坊学校始まり共に出る八時過教室、葬論独訳中大震、器物落つ愈危険に付階段を下る際一、二度ころぶなど漸く中庭に出る　西、鈴木二氏小使二人（日向、小菅女）あり　偶三二来る再大震家のこと気にかかる暫時して三二去る　薬学に火起る但し消し止む、一寸自室に戻る、乱雑、脱き置きたる上衣、くつ、帽子を持ち早々降る、他教室の模様を見る、医化学に火起る、水道止まりたれば手の付け様なし、遂に屋根に抜けるを見て一時十五分赤門を出る、非常なる混雑、三丁目角を右へ春日町富坂、安藤坂に到れば諏訪町盛んに燃え昇る、大曲にて電気変圧所倒壊す其隣一二軒同断、其他にはあまり見ず、又牛

込見附外に到れば飯田町出火、二、一〇時柿内に達す、皆無事、先安心、家屋の破損なかなか大、但し傾斜などなし、ただ児等は庭にて驚き居る、未だ食せざるよしすすめて食せしむ自分はパン四片、午後は天気となり熱し、曙町の様子不明に付五時前去る、神楽坂の一たばこ店に圧死者ありこれを取り出すとて人々騒ぎ居る、諏訪町の火は最早飯田橋まで達し居る、伝通院を過ぎ柳町に到れば潰屋数戸あり、日暮に家に帰る、無事損害普通、台所家根瓦の落ちたるは甚目に立つ　地震と同時に水道、瓦斯止、夜は全く闇黒、水は坂下の撒水用井戸を用ふ。縁側に立ちて見れば右端より左端まで天空真赤、晩食を終りたるところへ緒方家々族九人避難のため来る、これは小児多く火災を恐れてなり　尚ほ時に大小震あり　戸を開け放して眠る

九月二日　　日　晴

殆んど不眠、朝緒方家族帰り去る、今朝火勢尚ほ盛、七時半出て大学焼失の跡を見る正門を入る、法文、図書館、薬物、医化、生理、本部、集会所（御殿）等、応用化学仮教室は見ざりき、解剖教室に到る、自室、戸棚上のもの墜落、机上のもの同断、器具の位置移動、天井のしつくい落ちて床上を蔽ふ、仕事机上の書類を整理す、井上氏始めて来室、西氏昨日帰宅することを得ざりしと今日は徒歩帰りたるべし、婦人科坂元氏全焼、荷物を教室へ持ち込む　十時半出て本郷一丁目を曲り橋本火災を見舞ふ小石川病院に立退たりと、焼残り中熱くむせかへる、壱岐坂を下り水道橋、ここに電車二三台焼失、安田家全焼、神田方面眼界焼失、飯田橋より小松家を見舞ふ老母堂無事、次に桑木家、茅ヶ崎の模様全不明、柿内、時に十二時過、庭にて皆と昼食、自分は昨日教室に置きたるものを食す、伊藤小堀両家全焼当家に避難、甚賑かなり四時半坊を連れて出る、神楽坂下より電車通り水道橋春日町を経て日暮に帰宅。沿道の人々皆線路内に避難す、鮮人が放火すると云ふ風説頻り起る　きみ子万一の場合には立ち退くため荷物をそれぞれ片付け携帯の用意をするなど大事件、又夜は服装など用意して寝に就く。前女中なほの家人鶏卵十五個持ちて見舞如斯際特に感深し山本内閣親任

九月三日　　月　晴

昨夜稍眠、火勢稍衰ひたる様なりとか朝見れば又々煙盛に昇る　上野広小路辺なりと、午後は火衰ひたり、龍雄

等見舞に来る、出入肉屋卵五個及沢庵を譲り呉れたり、驟雨あり、夕方曙町協和会より辻に警戒のこと通し来る、家よりは一人出すこととす　宵は三二、きみ等、十二時より四時まで三二、四時より自分と定む　疲れたり

九月四日　　火　晴曇

四時醒む、三と代りて哨に立つ、闇のところ、二十五六日頃の月出て明くなる　日中別に為すことなし　宵坊と哨　今夜より街灯だけ点す

九月五日　　水　晴曇

三時醒む三と代る、八時坊を連れて出、戒厳令敷かれ方々の辻に兵卒警戒す、大学正門より入る構内避難者多し、教室に到るここにも数家族あり女小使小菅居る火災見舞として三円遣る　赤門を出青木堂にてビスケット四打買、御茶水学校焼跡を見る、風あり砂埃甚し、御茶水橋不通に付川に添ふて行く鉄道線路に大崖崩れあり川を全く塞ぐ、川中に焦けたる舟の側に屍体あり、水道橋詰にもあり、桑木家に寄る、細君嬢汽車中に遭難の筈なりしを以て大に心配なりしが果して大船出て後大震、幸に怪我なく、徹宵徒歩帰宅せられたりと亦良一等も無事なるよし、柿内、木村氏香港より帰り来訪、下の関にて大地震のことを始めて聞き大阪以東汽車不慥、迂廻し中仙道を経て川口町まで来りこれより徒歩大塚に着したりと、小玉氏来訪、三郎氏へ電報を出したりと、即ち名古屋に好便あり郵船会社に打たせるものなりと、持ち行きたる弁当を食す、皆は玄米飯なり気の毒、牛乳ありとて紅茶を飲む味美、四時半坊と柿内を出、市内自治警戒甚厳、道路避難は撤去せらる、江戸川縁に地の亀裂甚し、安藤坂に焚出所あり人々が順番を待つ列の長きに驚く　日暮帰れば素子知人より茅ヶ崎鉄道線路傍に避難し居るを見たりとしらせくれたりと　これにて全く安心す　山の手線其他汽車一部開通

九月六日　　木　晴曇

地震のために醒む時に四時、三と交代哨に付く　きみ子一旦用意したる荷物を旧に復す、小林文郎氏来る同家族無事、午後驟雨　地震尚ほ来止まず今日も数回感したり、宵の中坊等と暫時哨、松原行一氏と門前にて雑談

九月七日　　金　晴、驟雨

三時過起きて三二代る、明方冷、メリヤス股引に袷羽織を着る、日記を書く、九時坊を連れて出、駒込郵便局電報は中央局にて取り扱ふ旨掲示あり、大学婦人科に笠森

氏を尋ぬ　伊藤なみ子請診の件なり、教室へ寄る、職員誰もあらす、小使中島妻死去のよしに付香奠五円遣る、小菅は当分教室に避難すべし、日向毎日出勤　今日医院会議のよしにて突然要件ある趣呼び来る　取り敢へず行く、医院諸氏あり、挨拶す、即ち屍者置き場所に困るに付暫時解剖教室をこれに充るの件なり　異議なきことを井上氏通するを引き受けて去る　留守小松春三氏見舞来丁度磐瀬氏在り田鶴入院分娩のことを依頼す、教室に戻れは十二時に近し時に早速図書館員某縁者の遺骸を引き取り呉れ云々、ところが屍棺既に充満のよし依て骨格保存として引き受く、坊と小使室にてビスケットを食し紅茶を飲む、笠森氏へ手紙を書きこれを小使に托す時に驟雨、止むを待ち出、切り通し、上野広小路に到る、公園に昇りて市街を眺眼界ただ焼原、浅草観音堂及五重塔のみ旧観あり、右方に黒煙昇るは死者を集めて重油を以て火葬にするものなること後にて知れり、山中にて再ひ驟雨に遭ふ、三橋より電車に乗る、無料、団子坂に降り森家を見舞ふ、家族無事、これにて親戚中負傷者も無かりしは幸といふべし、井上氏方（白山御殿町）に到り屍者収容のこと通す四時帰宅、精子忠子を連れて帰宅、豚肉を一斤買ひたり（上九十銭）宵中哨

九月八日　　土　晴

四時三と代る、昨夜二、三回稍強震あり、朝もあり、外出せず、晩むつ婆夜番の助けに来る、宵二児と哨、豊島老人と談

九月九日　　日　晴曇雨

三時三と代り哨、潤氏来り昼食、石垣貫三氏見舞来、熱さ強、外出せす、今日より巣鴨電車通る、始めて屋内電灯を点す、哨に出ず

九月十日　　月　雨

昨夜雨、三は一時間半計哨に出たりと、戸締りをして皆充分眠りたり、五時過起く、外出せす、三は大学救護班のことに今日よりたづさはる、終日雨降る、午後小使日向笠森氏の返書を持ち来る、夜警のこと尚ほ今晩協議の上引き続き行ふべしと但し今夜は随意心を用ふ、夜に入りて始めて水道の水出る　但し坂下は昨日頃より少し出るといふこと

九月十一日　　火　晴

精忠を連れて柿内へ帰る、九時出、水道橋、猿楽町を経て歯科病院焼跡に到る、小使在り　当日の模様、島峰氏

避難の所を聞く、神田橋墜落、水道鉄管、電線の架残る、これを渡りて往復す、一列とす、甚まだるし、和田倉門形を存す、郵船会社に到り三郎氏へ電報を頼む All safe don't return Yoshinobu 箱根丸に宛、今日は紅海に近き頃か、神戸に送りてこれより発信するものなりと　この建物下階の破損殊に甚し、呉服橋、鉄道省焼跡にて金庫二個開くところを見る、共に内容黒焦げ、橋下に死体一体未だそのまま、大通りに出る、さすがの日本橋御影石破はれたるところ所々にあり、見る限り焼野原、ただ三越三井銀行村井銀行など所々に大建築の残骸立てるあり須田町、本郷を経て一時帰宅、熱さ強、汗流る、空腹但し埃立たさりしは幸、青山平野家より見舞人来、茅ヶ崎良一より手紙（好便にて）百姓家に避難居るよし最早汽車開通せるも帰り得るや如何、きみ子直に郵便出したり、不充分ながら入浴、さつぱりしたり、今日余震二三回感

九月十二日　　水　晴

一昨晩相談の結果、近隣数軒にて尚ほ交番にて夜警続行す、昨夜は二時より五時に当る三二引き受く、今朝も小震あり、九時過出、額田晋氏方に賀古氏避難し居るを見舞ふ不在森川町に移転せるため大に迷ひたり十一時半教室、日向に使賃一円遣る、パン持ち行きこれを食す、屍室に屍十個計収容、腐敗甚、始末如何、自室内の古骨始め諸器物の位置を整へ掃除す、ビスケツト、ドロツプを買ひ六時半帰宅、疲労

九月十三日　　木　晴曇驟雨

五時起、二回地震ために醒めたるなり、八時坊を連れて出、牛込津久戸町に金森虎雄氏方に避難し居る島峰氏を見舞、桑木家に寄り茅ヶ崎の模様を聞く　何分汽車（貨車）困難のよしにて帰京六ヶ敷、乗車の見込たたば一両日中に帰るべし、自分迎へに行かんかとも思ひたれどこれも如何か、別によき考も出ず、ところへ精、忠を連れて来る、柿内に到る、今日より伊、小両家と食事を分けたりと　家の廻り片付き居る、驟雨あり、三時半出、藤沢山買ひて帰る、高橋信美氏留守中に来　余震未止まず家へ挨拶これは前今田氏解剖書に付関係したる人、パン

九月十四日　　金　雨

昨夜大降雨、八時半教室、片付仕事殊に標本室窓詰におきたる伊、保肢骨等を整理す、破損稍多し、時に稍強き地震あり、井、西来室教授会ありと、往復共電車を用ふ臨時運転のため甚都合よきこととなり六時過帰宅、天候不

穏、数回大驟雨あり、教室自室雨漏り困る、夜に入りて
死体を焼く臭気を感す　三田定則氏教室へ見舞に来る

九月十五日　土　雨風

昨夜も余震あり、五時起、天候不穏、八時教室、震災前
通り仕事に再取りかかる、埋葬論独訳を継続す、小玉氏
来室三郎氏へ電報を発したるかを質さる、数回大驟雨
坊に遣る震災写真五枚買ひて五時半帰宅、余震あり、夜
警は前半の番にて三出る　焼屍臭明感

九月十六日　日　雨風不穏晴

八時半出、聾唖学校小西家を訪ふ安田氏避難し居るを見
舞ふためなり併し中六番へ移りたる後なりき、これより
小石川を経て途中しきしま煙草三個買ひ（既に品切なり
しが偶々ありたり）大曲へ出て加賀町に到る、皆々元気、
四時半出精子共に坊忠を連れて徒歩帰宅、今日より松住
町を廻はれば電車にて帰ること得、良一等二時頃帰宅せ
りと急に家中賑かになる　三二午刻出、迎へに行きたる
も行き違ひとなる徒労となりしも意は尽したる訳なり
晩桑木細君及嬢来る　帝都復興委員会官制発表せらる

九月十七日　月　晴

五時起、稍秋らしくなる、八時半教室、十時頃三河島に
出火黒煙昇る時節柄人意を引く、井上氏一寸来、時に
又余震あり　往復共徒歩、とても電車乗ること叶はず、
三二二時頃帰りたりと

九月十八日　火　晴

五時起、九時教室、木村屋パンを買ふ、弁当の後新井春
氏来室、慈恵大焼失談、標本大部分は残存、時に井上氏
来学者真面目ならざることを諷したるも如何に感したる
か　余震尚ほ来止まず、六時前帰宅、往復徒歩

九月十九日　水　晴

四時醒む、時に地震、九時前教室、午後は営繕掛の人来
り　天井しつくひ墜落の険あるに付明日剥ぐとのこと依
て机など廊下へ搬出す、W文庫棚より落ちたるを一部整
理す　五時半帰宅

九月二十日　木　晴曇雨

昨夜も震あり、五時起、八時出、近き一川家に避難し居
る佐藤三吉氏を見舞ひ、これより巣鴨まて歩き山の手線
を用ひ世田ヶ谷に椰野を訪ふ、携へたる弁当パンを食し
二時過帰宅、電車混雑甚し、昨今日共屋根屋来り台所の
屋根を直す

九月二十一日　金　曇雨

九時教室、昨日天井の漆喰を落す筈のところ今日に延るために室内に入ること出来ず、W文庫を整理す、なかなか熱し、西氏今日より毎日出るなどいへり、井上氏も一寸見ゆ、弁当は顕微鏡室にて食す、午後仙台佐藤彰氏来室、五時出て内科病室に入沢家避難し居るを見る、帰途盛に雨降る精子坊忠を連れ加賀町へ帰る　不在中森島庫太氏来訪

九月二十二日　土　雨晴

四時醒、九時教室、自室掃除、天谷千松氏来室、午後W文庫、岡島敬治氏去七日帰朝来訪、米国経由、ハワイを出て大地震のこと無線電にて知り東京全滅せり云々、甚悲観せりと、六時帰宅、十二日頃の月明、全く秋色

九月二十三日　日　晴曇

五時起、昨夜半頃震あり、俄かに寒冷を感す、罹災者は困るならん、九時教室、小使小菅にきみ子拵へたる綿ネル服襦袢を遣る、W文庫震災整理終る、西氏来室島峰氏挨拶に来りたるよしなるも合はざりしは残念、午後廊下ガラス張函内雑標本を片付く、坂元宇氏来り長談、帰途西片町に近藤次繁、三浦謹二氏避難し居るを見舞ふ、六時帰宅、紺服を着る

九月二十四日　月　雨風　祭

九時前教室、終日仕事、誰も来ず甚静、室内雨漏り困る、間断なく雨降る嵐模様なり、五時半帰宅、書斎の雨漏り亦甚し、震災見舞答礼葉書十二、三枚きみ子出す

九月二十五日　火　晴

教室不行、朝雨尚ほ降り居たるも霽れる、九時出、電車にて須田町、混雑、仮小屋少し出来る、飲食露店多し塵穢く不潔、亦電車にて小石川橋に下り、飯田町より牛込省線、弘田家を見舞ふ、これより千駄ヶ谷にユンケル氏を見舞ふ、市ヶ谷に降り柿内、時に午、携帯弁当、髪を剪しなどす、三時精子と坊忠を連れ出、徒歩護国寺、分れて橋本へ小石川病院に寄り、石原喜久氏方へも寄りて六時帰宅、今日又熱し　秋声甚明、夜警のため寄附金の件、六十円出すといへり

九月二十六日　水　晴

九時教室、午後著明なる地震あり、厳来室、入沢氏来挨拶、電車にて六時帰宅、尚ほ数回地震あり

九月二十七日　木　晴曇

昨夜も余震、八時半教室、午前人類教室に見舞旁石冠石質、貝輪貝名を質に行く、尋で鳥居氏挨拶に来室、坂元

宇氏来り病室のこと用意し置きたり　自身は赤十字の方へ助勢に行く云々　六時帰宅

九月二十八日　金　雨

九時教室、田口氏西氏許来りたるに偶々遇ふ見舞を述ぶ
二時出て加賀町、入院のこと二日三日の内と定む、きみ子橋本へ見舞に行く

九月二十九日　土　秋晴

今日より電話通、早速柿内へ試む、八時半教室、きみ子入沢へ見舞に行きたりとて室へ寄る、産病室に到り磐瀬氏其他へ来月二日入院の予定を頼む、皮膚へ寄り中野氏又田鶴診療のことを頼む　午後出、万世まで電車須田町日比谷間乗合自動車、芝公園まで電車、飯倉片町に鈴木家見舞、細君面会、七里ヶ浜病院全倒潰、患者四名、其他共十一名の圧死者ありたりと、気の毒千万、これより慈恵会大学を見舞ふ、新井氏等不在名刺を置きて去る、愛宕山に登り焼野原の光影を見る、歩きて日比谷公園に入る、バラック町の影況甚雑沓、須田町電車混雑乗ること困難、五時帰宅

九月三十日　日　曇雨

朝出、徒歩、金富町浜尾家に見舞名刺を置き宮比町病院に吾妻勝剛氏父子鎌倉に於て圧死今日告別式に付弔す、加賀町に到る、持携弁当を食し、午後坊を連れて出、省線にて東中野に降り、坊学校先生芳沢家へ寄る次に宮本仲氏の避難せるを見舞ふ　雨降りたるも困る程にあらず、山の手線にて坊を連れ帰宅、途中東京市焼失図を買ふ

十月一日　月　晴

未明二回便通を催す、裏急後重甚し、朝早速リチネ油を飲む、安静、柿内児等皆来る、当分預る、昼中度の余震あり

十月二日　火　曇雨

工合悪し、良一を起し未明に第一回洗腸、都合三回施す
昼頃強き余震、田鶴今日産科へ入院す　山越良三氏玄関まで見舞に来る、御徒町全焼今後経営困難の由気の毒、赤痢の疑あるを以て消毒に注意す

十月三日　水　曇

厳来る東北へ旅行すと、下剤硫黄を飲む、洗腸二回、腸症幾分か宜しき様なり、牛乳三合、重湯二合

十月四日　木　晴

昨夜三回計余震、一時のもの最強、皆々縁側まで出る
広瀬渉氏細君来る三児同伴、全く焼尽して一物も残さず
と鬼頭家も同様のよし同情に堪へず、午前硫黄を飲む、
功あり、二回洗腸、未だテネスムス〔＊裏急後重〕あり

十月五日　　金　曇

昨夜は便一回のみ、安眠、今朝宜し但しテネスムス尚ほ
少しあり且粘液あるを以て硫黄を用ひ、晩一回洗腸

十月六日　　土　雨

昨晩洗腸の際の外便通なし安眠す、昼又々強き余震あり、
今日は大に安楽、児等室に来りて遊ぶ

十月七日　　日　雨

坊学校仮に大塚高師にて開始と決定、今日きみ同道にて
行く、きみ子は広瀬家族明日出発神戸に一時転住の由に
付暇乞に行き見舞として衣服三枚贈る　晩小林三三氏玄
関まで来る、住宅は焼けたるも会社工場無事にて身上は
先つ安泰のよし、便通なし容体宜し

十月八日　　月　雨

今朝又々強震、始めて硬便、昼オオトミイルを試む

十月九日　　火　曇雨

腸工合追々宜し、入浴、孝児女中と始めて病院に遣す、
坊書斎に寝る

十月十日　　水　曇雨

昨夜も中度の余震あり、最早疲労のみにて快、於菟手紙
（八月十九日附）到達、田鶴安産、女児分娩

十月十一日　　木　快晴　昨夜風雨

きみ子病院に田鶴を見舞ふ、何も別状なし、小使山本自
分が教室へ行かざるに付如何にとて見舞に来る　西氏名
古屋へ出講今日頃帰京の筈、井上氏二三日前に同所へ出
張せりと、良一今朝田鶴安産の電報を三郎氏へ打つ

十月十二日　　金　曇雨

素子忠を連れて病院へ行く、夕刻霽れる、久し振りにて
庭に出る

十月十三日　　土　秋晴

九時半教室、西洋より来れる寄贈論文手紙其他不在中見
舞状などを見る、精、素子坊忠等を連れて来る共に病院
に到る、小堀夫人来る、暫時して自分は室に帰り弁当を
使ふ　後病中溜りたる日記を書く、三時過出て帰宅　西
氏千葉へ行きたりと

十月十四日　　日　晴曇雨

午前出徒歩、谷中墓地を通る、十時学士院、今村明恒氏

の大震災に付講演あり昼食前後亙る、部会にて野口英世氏補欠当選、総会に於て大阪毎日、東京日々新聞社長片山彦一氏御成婚記念賞として一万円つつ十ヶ年間寄附の件に付諸説やかまし、終に未決、六時帰宅

十月十五日　月　雨

八時教室、ハンゼン教授（コペンハーゲン）より大小論文数種送附せらる、埋葬論独訳に病後取りかかる、六時家に帰る　三郎氏より安否尋ね及ひ安産返事の電報来る、後者はロンドンより出せるもの　坊学校始まる大塚高師を借りて、西氏出勤

十月十六日　火　晴

歩、九時教室、焼失建物残骸爆破の際なり其模様を一寸見る、昼前森田斉次氏来室、食後病室に田鶴を見舞ふ、きみ信を連れて来居る、今日は七夜なり、二時教室へ帰る時に甲原明なる人来り突然精子云々談、甚奇異に感す、不祥なきことを祈るのみ、辞少なく二十分計も居て去る五時帰宅

十月十七日　水　晴　祭日

昨夜雨降る、四時頃強き地震あり、九時過教室、午後医化学等の教室爆破の音轟く、五時出て家に帰る　留守中額田晋氏支那行告別に来りたりと

十月十八日　木　秋晴

鈴木孝氏見舞と決し、七時過出万世より省線、非常なる雑沓　東京駅にて五十分間待ちて八、五二田浦行に乗る、品川先無難、川崎より震害見ゆ、浜は只焼原となる、鎌倉駅を出れは此辺一面焼失、由比ヶ浜途中殆ど全潰　長谷も同様、ここにも少し火災ありたりと、山潰れ多し、七里ヶ浜沈静、人無し、甚淋しく感す　小砂丘上にて弁当を使ふ、電車既に開通、鈴木療養院に到る、案外元気、再築と決せりと、取り片付けなかなか大事業、仮小屋に憩ふ、藤沢まで電車、二時間計時あり、遊行寺を見る全潰、今日は震害の度彼の二十四年濃尾のものに稍似たる強度なるを感したり、汽車混雑、二等にて立つ人多し、七時過帰宅、和田昇一氏来りたりと、支那より慰問員として出京せりと　今日解剖授業始めたる筈、西氏開講したるならん

十月十九日　金　快晴

八時過教室、歩、午後病室に大森房吉氏（脳腫瘍）、神保小虎氏（肝膿瘍）を見舞ふ、両氏共予語甚悪しき（ママ）を感す　医院事務室に寄り震災当日安川製本屋が持出したる

W蔵書に属するもの一寸見る、田鶴病室に到る　丁度中野氏来りて皮膚病の治法を施す、学部事務室に寄り紀要を貰ひ、給を受取る　六時帰宅

十月二十日　土　快晴

八時教室へ歩、午後出、クルト・ブラウネ（ライプチッヒ-ワーレン）へ処望に付歯変形論（紀要28ノ3）発送（一八銭）、加曽利へ貝塚発掘延期することを申送る、仲町へ行き眼鏡を注文す、切り通し原田製本屋へ寄り直し八冊不直しのまま持ちて教室に帰る重くて困りたり　製本屋の不正実（ママ）あきれたり　六時前歩帰宅

十月二十一日　日　曇晴　昨夜雨

九時半教室、眼鏡を忘れて不自由、二時半出て家に帰る久々にて庭に出、少し掃除す

十月二十二日　月　晴

八時家を出て、坂下にて奈良坂源氏に遇ふ、昨夜着京せりとこれより共に教室に到り震災談、懐旧談、共に弁当を食し尚ほ談す浅井氏に対する不平、同氏蜜事、赤門前まで送りて別れたり、田鶴を病室に見舞ふ、精、忠等あり、二時半教室に戻る　川上政雄氏来室　プフリューゲルス・アルヒフ完全を所持する云々談あり　来客に時を費したり　六時前帰宅

十月二十三日　火　晴

今晩稍強き余震あり、八時半教室、六時過帰宅

十月二十四日　水　雨

八時教室、午後二村氏来室震災見舞ならん、尋できみ子来る　この頃来た人のために精子外出の際注意すべきことを話す　井上氏一昨日帰京せりとか未だ遇はず

十月二十五日　木　晴

八時半教室、井上氏に学会より解剖材料に関する建議延期のこと相談す（西氏にも話したり）潤氏へ二十円目録作製手当として受取る、橋田氏に川上氏処有のプフリューゲルス・アルヒフのことを話す大に悦びをる

十月二十六日　金　雨曇

八時教室、十時家に帰り認め印を持ちて明商銀に到り大沢記念金を全部引き出し丸の内有楽館内三井銀行にて解剖学会資金定期券を書替へる　金額Y3689.65内訳2314.50在来但し150Y引き出したる残Y1375.15大沢記念（番号T6596）、郵船会社に到り電報料立替Y16.70払ふ、二時教室に帰る本券を井上に渡す　良一来室三郎氏へ手当二〇〇〇円支給せらる如何取計ふべきか云々

六時帰宅

十月二十七日　　土　曇

八時教室、午食後田鶴病室に到る、女小使小菅の親戚黒沢氏亡妻女火葬したるに頭骨完全に残りたりとて持ち来る、珍しきも保存すべき程のものになしと思ふ　六時帰宅

十月二十八日　　日　曇

終日庭掃除

十月二十九日　　月　曇少雨

八時半教室　奈良坂氏へ被服廠写真一枚贈る

十月三十日　　火　晴

八時半教室　H・フィルヒョウ氏へ葉書の返及論文（工藤氏へ依托のもの）の礼手紙震災写真三枚封入、P・レーティッヒ（ベルリン）氏へ論文礼、ハンゼン教授（コペンハーゲン）論文数種の礼を出す　六時帰宅　田鶴退院、きみ行きて世話したり

十月三十一日　　水　曇　式日

午前在宅、忠明日より学校始まるに付孝と二人返へす、坊信尚ほ残る、午後坊を連れて出、須田町より両国まで自動車、被服廠跡を弔ふ香花を供ふ、最早惨状の跡見えず　弔ふ者無数雑沓、モオタアボオトにて吾妻橋、蒸汽にて言問に降り向島の光景を見る、弘福寺に到る、渡船浅草観音を廻りて、自動車にて上野、電車にて団子坂に降り四時半家に帰る、震災跡視察これにて足る

十一月一日　　木　曇晴

昨夜強き地震あり尚ほ々々余震か、八時半教室

十一月二日　　金　雨風

今朝も地震あり、昨夜風雨、八時前教室、終日嵐し（ママ）、川上氏来室　プフリューゲルス・アルヒフは愈々生理と契約すべし

十一月三日　　土　晴

坊学校休に付連れて目白文化村に島峰氏新宅に見舞ふ　一ヶ月余病気引籠中のよし　プロスタチチス（＊前立腺炎）なりと駅より二十五丁なかなか遠し、これより加賀町に到る正午となる、弁当を食し三時帰宅、庭掃除

十一月四日　　日　晴曇

大崎に新井春氏を訪ふ震災見舞の意なり、昼食を饗け三時帰宅庭掃除、三郎氏ロンドンよりの手紙を見る

十一月五日　　月　晴

今朝六時強震あり八時半教室、ＯＡＧ本年分会費十二円小為替にて出す　生理仮教室（元動物小屋）に到り橋田氏にプフリューゲルス・アルヒフ価四千円といふことにて契約す、ファン・デル・シュリヒト氏へ論文談　震災絵葉書又マルチン教授（ミュンヘン）へ震災のこと及自分無事なることの同絵葉書を出す、川上政雄氏来り　アルヒフ契約済のことを話す

十一月六日　　火　晴曇

八時半教室、桑木氏教室へ寄る、当分ここの講堂にて講義する筈にて去土曜日より始めたりと、午後四時頃きみ子来る大竹老人病気に付相談、泌尿科に中野氏を訪ひ病室のことを相談す幸に氏の好意を得たり　これよりきみ子老人方に到るべし　六時過帰宅

十一月七日　　水　雨

八時教室大竹老人今夜入院と決したる由に付泌尿科に到り助手官野英利氏にそのことを依嘱す　ＯＡＧ例会出席、**Petzold: Tendai Ethik** (**Moralsystem des Mahayana Buddhismus**) 講演あり、食事して十時帰宅、会員独乙人五名震災に没す

十一月八日　　木　曇

八時半教室、六時前帰宅

十一月九日　　金　晴

大竹老人昨夜死去のよし電話あり、八時半教室、病室に弔はんとしたるに最早家に引取りたるよし、青木堂へ行きて其事を家へ電話す。佐藤亀一氏昨日米国を経て帰朝せりとて来室、計測器の手入れに日を費す　六時過帰宅

十一月十日　　土　晴

寒くなる、八時過教室、午後森島庫太氏出京来室　学術研究会役員会議のため傍ら故吾妻氏後方のことに付、震災談、六時過帰宅、精大竹家へ通夜にゆく

十一月十一日　　日　晴

昨夜大に雨降る今朝霽れる、午後故大森房吉氏告別式に谷中斎場に到る　帰りて庭を掃く

十一月十二日　　月　雨

八時二〇教室、安川より震災前に注文したる製本六十四冊出来持ち来る　学士院例会出席、食事の際立氏欧州諸会合談、桜井氏豪州談あり九時半帰宅　良一友人五名招きて会す　終日悪天

十一月十三日　　火　晴

八時半教室、川上氏プフリューゲルス・アルヒフ搬入す誠

に立派なるもの　生理は幸といふべし　時に佐藤亀氏来室明日帰名すと　六時去る

十一月十四日　水　晴

九時前教室、永井氏にプフリューゲルス・アルヒフを引き渡す、W文庫少しく整理す

十一月十五日　木　晴

八時教室、橋田氏にプフリューゲルス・アルヒフを実示す今日より暖房行はる　二時前頃厳来室保子昨日負傷、大腿頭骨折ならんと、これより整形科入院せしむ云　さてさて気の毒、明後日出発伊勢詣りと決し居たるに災難、又明日晩食に招きたるにこれも止む、五時半病室に到る未だ来り居らず程なく来る、直にリヨントゲン写真を撮りて病室に入るを見て七時半帰宅、電車中井上居たるも気付かざる様子をなせるは奇怪

十一月十六日　金　晴

朝八時出て玉川岸散歩二子より新電車目黒蒲田の玉川停留所まで歩く此間一里計、品川まはり省線にて御茶水に降り十二時半教室、厳リヨントゲン写真持来る　トラケア〔＊気管〕より斜に折れたる様なり直次に甲原某来りて難問題、一時間半計居る其間生理助手来りアルヒフ整理、桑山来り防水布を示す、病室に保子を見舞ふ恰も田代氏手当のところ、伸展装置終り、予語(ママ)は宜し云々、教室へ戻りて六時帰宅　大塚高等師範一部焼失、坊は飛鳥山へ遠足のところなりき

十一月十七日　土　曇

八時半教室、十一時半坊来室昨日火災のため授業なきよし　燕楽軒に行き食事、これより湯島天神より上野公園動物園は尚ほ休、弁天を通り大学を抜けて四時帰宅　公園は避難民を以て充たし不潔此上なし、石灯籠は悉く倒れ二、三起し始めたり

十一月十八日　日　雨

昨日佐藤三吉氏へ見舞として「どてら」を贈り置き　今朝訪たり、十時過教室　ボルヂレフ（バトルクリーク、ミシガン）に震災見舞の礼状（震災絵葉書二枚封入）、フォン・ルーシャン、コプシュ、レーレン三氏へ震災絵葉書を出す、五時半出て家に帰る

十一月十九日　月　曇晴

八時半教室、昼食後保子を病室に見舞ふ異状なし

十一月二十日　火　晴

九時前教室、葬論独文漸く終りに近し　六時帰宅

十一月二十一日　水　晴

八時過教室、西氏二三日名古屋へ行きたるよし、厳来る

金森母堂死去のよし

十一月二十二日　木　曇

午後塩田外科に到り精子手術のことを頼む、二時より院長室に学研医学部会出席十名出席（二名欠席）委員半数退職、残員にて全部再選と決す自残りの部にて尚ほ三年間継続、紀要合同の件に付雑談あり此問題は三浦謹氏主唱、まとまりたることなし四時散す

十一月二十三日　金　晴　祭日

坊を連れて八時半出、目黒より新電車にて丸子に降り玉川岸散歩、十一時弁当を食す時に稍強き地震あり　其際は左程にも思はざりしが後にてなかなか強く小田原横浜等には多少損害ありしと聞くさてさて不安のことなり

三軒茶屋金森家告別式に参し夕刻帰宅

十一月二十四日　土　雨

八時教室、家皆留守のため坊学校より教室へ来る、菓子など与へたり、三時約束の通りきみ子同道精子を外科へ連れ行く、塩田氏の診察を受け四時戻る　坊一所に帰り去る　大雨にて困る、大沢謙二氏へ額田晋氏授賞推選同意旨返書を出す、雨中六時過歩き帰る

十一月二十五日　日　晴　驟雨

久々にて坊を連れ柿内へ行く、素子純子を連れて桑木へ行くと同道、三時頃驟雨あり四時半帰宅

十一月二十六日　月　曇

九時前教室、石原喜久氏来室、石坂件に付知れることを示しくれたり　六時帰宅

十一月二十七日　火　晴

八時半教室、精子乳腫物手術を塩田氏に受く午刻喜美子来室弁当、四時半病室に到る　精子等既に去りたる後なり　神保小虎氏を見舞ふ気分よしとて暫時話す、大患気の毒、次に保子を見舞経過順調なり　埋葬状態独文一応書き終る、修正すべし　六時過帰宅

十一月二十八日　水　雨

八時過教室　悪天帰途困る

十一月二十九日　木　晴曇

坊学校休に付連れて玉川散歩、京王電車を用ふ、新宿より河原に降り渡りて堤上を歩す又渡りて府中に向ふ　新宿駅の人夥し漸く五時過家に帰る

十一月三十日　金　曇晴

八時半教室、埋葬論挿図考案

十二月一日　土　晴

九時教室、三二来りて装飾品の図（埋葬論に附するもの）を画く　弁当を使ふ、二時半頃忠子来る耳痛にて診察を受けたるなり　これ又弁当、晩皆と坊を連れ槇町まで散歩、大に寒くなる　良一少佐に昇進す

十二月二日　日　晴　霜白し

朝焚火なす、坊を連れて玉川散歩、二子渡より目黒蒲田電車まで歩く　途中早く弁当を使ひ、河原にて一時間遊ぶ、省線にて東京駅に下り、「マルビル」などを見て五時前帰宅

十二月三日　月　晴　晩雨

八時半教室、三二間隙ありとて来り製図弁当、厳一寸来り明日ギプス繃帯を施すよし、近日退院の見込云々

十二月四日　火　晴

坊学校懇談会にて休、精は病院へ行き線を除く筈、きみは椰野を見舞ふ筈、種々用向き重なる又午後はきみ学校へ行く筈、自分は坊を連れて玉川散歩、一昨日の通りの順路をとり河原に遊び五時家に帰る、なかなか多事

十二月五日　水　晴

八時過教室、挿図考案決定、十九図となる

十二月六日　木　曇雨

出途に保子を病室に見舞ふ、今日退院すべし、九時教室第三十一回解剖学会報告案森田助手が編みたるものを井上氏に見せる、赤門会に於ける自分演説「扁平尺骨と巨大腓骨 Platykubitonie u. Megaperonie」要旨を書く、三二来りて製図

十二月七日　金　曇雨

八時半教室、三二来りて画く、午前人類教室へ行きたるも松村氏不在、午後再行く写真原板三枚借る、厳父任三君脳溢血のよし

十二月八日　土　晴

八時半教室、三二来り画く、W文庫中七十一冊製本出来仙台山本三樹氏学位論文通過祝書、奉天工藤喬三氏へカイゼル著書外二種貸付に付挨拶書を出す　午後三時帰宅、純子誕生日とて桑木三人柿内忠、信を招く、珍らしき暖気にて皆庭に出て遊ぶ　夕食後は室内賑か、満足して七時過帰り去る　忠、信泊る、誕生祝は誠に大当りといふべし

十二月九日　日　晴曇

温暖庭に出る、忠信午後三時帰へす、夕刻佐藤三吉氏挨拶に来る、昨日三郎氏より来信、伯林発十月二十七日附、坊のところへ紙幣数枚送り来る、物価の勘定百万マルク以上を以てするといふ想像外なり

十二月十日　月　雨

近藤次繁氏同番地へ移転せり、出がけに挨拶に玄関まで寄る　八時半教室、解剖学会報告原稿森田秀一氏へ渡す、埋葬論挿図三二略ほ画き終る、小山龍徳、足立文太郎氏へ震災後挨拶　植村尚清氏へ土産贈付礼状を出す、松村氏来室

十二月十一日　火　曇

九時前教室、昼食を終るたるところへ人夫来り　天井を張るために足場を造る云々直に逃げ出し帰宅

十二月十二日　水　晴

世田ヶ谷に保子を見舞ふ経過愈順当最早心配なし、携帯せる弁当を食し、徒歩、原宿駅より省線、三時半出て学士院例会出席、美濃部氏比例多数選挙法講演あり十時半帰宅、生理試験従来筆答のところ口答となり学生謀ぎ居るよし、これは試験の際ノオトを見る風習ありしを口答ならばそれが出来ぬためと思ふ、試験法及監督方甚不都合なり　一時床に入る

十二月十三日　木　曇雨晩雷雨

八時半教室、天井昨日板張出来、これより幾分か温きことと思ふ、埋葬独乙文再調、三二生理試験関聯の件橋田、福田、学生山崎某会談の結果明白となりたりと

十二月十四日　金　晴曇

九時教室、W文庫製本一九四冊安川へ渡したるもの悉皆出来、震火災に一冊も焼失せざりしは奇幸といふべし自分誕生日なりとて良一葉巻煙草（二十五本入）一箱呉れたり　三郎氏手紙（鶴宛十一月六日附、キイル発）にフィルヒョウへ六£渡したりと

十二月十五日　土　曇

八時半教室、井上氏去月曜日より名古屋出講のよし二十日頃帰京とか、本学期の授業は如何、震災に加ふるに二回出講、言語道断

十二月十六日　日　晴

珍らしき温和なる天気に付坊を連れて玉川、散歩、前回と同し順路、五時半帰宅

十二月十七日　月　晴

八時教室、仙台副手プリノ・アギーラ長谷部氏紹介を持ち来る、書籍を見たしと、中島明氏学位通過したりとて論数種を持ち来る、虫明氏夏以来病気のところ全快出京、埋葬論再調終る

十二月十八日　火　晴

八時半教室、川上政雄氏来室身上談、開業して研究に従事すべきかなどいへり六時まで話す　今日彼の甲原某なるもの伝研に良一を訪ねたりと困りたる人、尚ほ来たらば断然中止といふべしと決心す

十二月十九日　水　半晴

偶然思ひ立ちて逗子に野明家を訪ふ、弁当を食して復独海岸歩く、三十年許も以前の有様は失せて家屋多く出来、尚ほ震災跡著し、養神亭先葉山入口まで行きて戻る、六時家に帰る

十二月二十日　木　晴

八時半教室、高木憲次帰朝、独乙談、伯林市きれい、繁昌、物価高くなりたるも三百円にて楽に行く、仕事室にて別に不快を感せず、云々

十二月二十一日　金　晴

八時半教室、葬論清書を始めたり

十二月二十二日　土　雨

学研会議、十時上野美術校に到る、部会に於て部長副部長改選、佐藤森島二氏再選、ナショナル・コミッティー差向全部員とす、第三回パンパシッフィク・コングレス（＊汎太平洋学術会議）を来大正十五年日本に於て開催に付其準備委員を定む自分その一員となる、食後総会、会長副会長改選、古市桜井二氏再任、震災に関する建議案、休憩後第二回汎大平洋会代表者より報告あり四時半散会坊久々にて加賀町へ帰る

十二月二十三日　日　晴

九時上野学士院に到る、東照宮学術研究費補助推選に関する件、十二時前帰宅、論文清書

十二月二十四日　月　晴

八時半教室、井上氏名古屋より帰りたる筈なるも未出勤なしと精勤とはいひ難し、昼漸く来る、解剖学会報告支払、製本費のこと話したり　午後市川写真師来り室内にて撮影、学部事務室に歴代学長の写真を備へると　入沢氏のしそうのことなり

十二月二十五日　火　晴

八時半教室、森田斉次氏来室歳末の意味ならん　第三十

一回解剖学会記事出来、謄写版出来宜し満足、七十部製す一部四十二銭なり、宮原氏が使用せし器械を集め整理せしが今日パラトメーター、オルビトメーター〔＊口蓋計測器、眼窩計測器〕を見附けたり、甲の一本不足、教室にて仕事したる人が去りたる後器具等の使ひ放しには慨歎、小使四人へ三円つつ歳末として遣る

十二月二十六日　水　晴

八時半教室、書肆フォルクの代理人来る一週前に日本へ着したりと独惨状の談、宮本仲氏来室、甚珍らしく感す終日清書家に帰りても尚ほ続けて十時過漸く終る98Ｓ独文埋葬論漸く片附く、五ヶ月を要したり　此間震災等の妨害ありたり

十二月二十七日　木　晴

九時前教室、西氏へ医学輯報編纂料八十円渡す、長谷部出京来室、震災当時築地明石町にて類焼、日比谷公園に避難談、書籍一万円計購入せしこと　ルーシャン蔵書標本売り物に出て十万円内外などいへり　昼食を共にし自分は三時過辞して千駄ヶ谷ユンケル氏を訪ふ、神戸へ旅行不在なるも細君ありて論文独乙訂正を托し帰途加賀町へ寄る　珍らしき無沙汰なりき、皆元気、電車混雑を思ひて晩食し八時出て水道橋に来りたるに待つこと数刻、遂に徒歩家に帰る、他行はなるべく止める外なし今日午前　摂政殿下議会開院式台臨の途上虎の門にて兇漢狙撃の難に合せらる、幸に御無事、震災後特に世間不穏を感す

十二月二十八日　金　曇晴

九時半教室、敷波氏岡山より出京来室　昼食池田孝男氏来室、震災後始てなり、被服廠跡に避難、時に三時頃、四時頃旋風のため患者他と別れ生命を全ふせりと、患者二名は遂に焼死せり云々

十二月二十九日　土　半晴

九時過教室、伊川津肢骨整理に取りかかる、偶然にも第六号附属腰飾の破片を見付けたり、奇といふべし　終日肢骨を継ぐ　六時過家に帰る、忠子来り居る良一が洋服を買に連れ行きたりと

十二月三十日　日　晴

昨夜来種々相談の上自分今明日柿内に泊ることとす　午前忠子を連れて出る水道橋にてきみ子と一所になる　照康氏ありて謄写版をなし居る昼前に四時頃再来といひて去る、午後三児を連れて神楽坂へ行く、照氏遂に来らす、

きみ子は夜具の綿を入れて去る

十二月三十一日　月　晴

坊、忠と三人にて寝る二児大悦、自分もよく眠りたり
昨今寒気俄に加はる、終日家内にあり某氏遂に来らす
入浴、八時半二児と室に入る

大正十三年　2584
1924　良精満六十五年

一月一日　　火　晴

昨夜不斗眠を損し十二時を聞く、七時半起く、坊、忠は学校の式に行く、昼前に皆帰る、良一来る、自分は午過ぎて家に帰り昼食す、午後はなすことなく暮したり　於菟より十一月廿七日附長文（十枚）の手紙来る

一月二日　　水　晴

九時過教室、電車を用ひたり　午後田口氏来室、雑談大に消時、肢骨整理、六時半帰宅、橋本全家来、児等は昼晩二食、迎来りて七時頃四人満足して帰り去る

一月三日　　木　晴

朝出て牛込小松家を訪ふ老母堂健在、七十八歳になれりと　桑木家に寄る　家長氏は台湾講演のため不在他皆在り玄関にて辞し去る、柿内へ行きて忠、信を連れて家に帰る坊は意斜にて来らず、天気温和なれば児等を遊ばせる意なり、自分は直に昼食して教室に到る　時に十二時半、隣室両氏来り居る様なり　桑山に頼みし写真を見る六時過帰宅

一月四日　　金　晴

九時教室誰も不来甚静、骨整理　重大不敬事件のため山本内閣総辞職の筈に付去一日清浦子に大命下りたるも一旦拝辞と決心せるにかかはらず再ひ懇命により昨日来頻りに苦心中なるべし、六時半出て加賀町へ行き泊る

一月五日　　土　晴（雨）

九時出て教室、電車急行甚不弁、西氏在る様なり　井上氏は昨日一寸来りたりと、五時半過出て加賀町へ帰る時に雨降る、忠、信曙町より帰り居る

一月六日　　日　晴

十時半教室、電車なかなか長くかかる、殆ど一時間要したり　実に静、小使も居らす、火鉢、湯自身に運ぶ、五時半出て加賀町

一月七日　　月　晴

十時過教室、清浦内閣決定、今日親任式ある筈　西氏出勤小使室にて挨拶す　井上氏一寸来て帰りたりと、終日骨整理、六時出て家に帰る、晩きみ子より西川談、残念、昨年一月十四日のことを思ひ起す

一月八日　　火　晴

歩きて九時半教室、朝新聞にて昨夜半仙台医学部医院及教室全焼、徒労徒費際限なし、歎、井上氏に挨拶す　晩長谷部、佐藤彰二氏より返電到る　今日きみ子郵便局へ行き恩給増額を慥かむ　即ち八九三円増、自身少しも知らざりしは迂濶千万且つ生計に無頓着なるは自分ながら驚きたり

一月九日　　水　晴

八時半教室、仙台解剖教室の名を以て無難なることの返電あり、五時教室を出てO. A. G. に到る　Dr. Briske : Das Erdbebenunglück vom Standpunkt des Bauingeneurs 講演あり、三二傍聴に来る、晩食し九時過加賀町へ帰る

一月十日　　木　晴

八時半坊と共に出る肴町電車乗ること容易ならす、九時半教室、仙台布施氏より火災に付精細なる手紙来る、電見舞やりて良きことをしたり、終日骨整理勉強、疲る七時前加賀町

一月十一日　　金　晴

九時二〇教室、省線を試みたり、六時半曙町へ帰る　今年の年賀は一般に遠慮といふことなり、即ち数枚に過きず　井上講義開始

葉書　　三九

封書　　六

名刺　　一七

一月十二日　　土　晴

八時半教室、四時出て学士院、藤沢氏「比例代表の一新案の予備報告」講演あり、授賞選定委員にて佐々木信興、川村麟也、鈴木梅太郎、外一名となる額田氏は延期となりたり、加賀町へ帰れば十時を過ぐ

一月十三日　　日　晴

十一時過教室、厳教室へ来る、六時過曙町へ帰る、少し風邪の気味に付入浴せず　今日三二、柿内家全部種痘す又曙町全部即ち自分も、但純子は除く

一月十四日　　月　晴

九時教室、昨年通り五官器講義を始む、十二時終りたるところへ内藤基氏孝子を連れ待ち居たり、即ち孝子縁談の件なり、林町にて承諾を得たる後、大立腹のよしにて早々去りたりと、六時過曙町へ帰る

一月十五日　　火　晴

今朝六時少し前又大震あり、雨戸をあける、純子等は庭

へ出るなどなかなか騒きなりき、電灯消、電話不通、柿内は如何と思ふも仕方なし、八時半過教室、廊下、自室内しつくひたらけなり、戸棚づる、上のもの落つ、只去九月一日のものより度軽し、かかる大震あるとは意外千万、市内電車も一時止まる、省電も故障あり　京浜間は汽車のみ、東海道汽車一時不通となる、きみ子柿内へ行きたるに格別のことなし

一月十六日　水　晴

九時教室、骨継、午後松村氏来室、石冠の石質を予て頼み置きたるところ山崎氏に尋ねくれたり即ち玢岩ならんと？（ポルフュリーテ）〔＊斑岩〕但しブルカニシェス・ゲシュタイン〔＊火山性岩石〕に相違なし　小使山本二十年勤務祝賀発表のことを井上氏に謀りて後桑山に依頼すシュタイネル博士（エスリンゲン）より震災見舞状来る

一月十七日　木　曇晴

八時半教室、午後病室に神保小虎氏を見舞ふ衰弱強度、意識不確、最早永きことなかるべし、医化学仮教室（耳鼻鉄筋コンクリイト）に小玉氏を尋ねタイピストのことを問ふ　厳暇乞に来る筈に付五時過帰宅共に晩食す

一月十八日　金　曇晴

八時半過教室、午後ユンケル氏来室、埋葬論文独乙を校正す一時間半計費す　七時加賀町、甲武線を用ふ方弁利なり

一月十九日　土　曇晴

九時過教室、校正独論文を熟読す、タイピストを考慮す、衛生へ竹内氏と話し、医化学へ行きて小玉氏に頼む　厳出発を東京駅に見送る本郷大尉も同行　七時半帰宅、かるた会とて三二の友五名、桑木令嬢二、柿内児三、八代若夫婦等集り大賑、児等大悦、十時過自分床に入るも児等はまださわぎゐる

一月二十日　日　晴

此頃政友会分裂に付紙上賑はし

十時過教室、終日独乙論文通検、漸く終る、六時出て帰宅、忠、信今日帰る坊残る　種痘は自分不全ながら二個感応す、きみ、精も然るが如し

一月二十一日　月　晴

八時半教室、神保小虎氏十八日遂に死去、今日告別式に高田豊川町邸に到る、本郷安田銀行に寄り百円（研究費を）引き出し三時前教室に帰る　六時出て加賀町

一月二十二日　火　晴

雑物を買ひて九時半教室、正金銀行に到り十一磅を為替とす即ち九十七円三十二銭（一磅八円八十五銭弱）ベルリナー・アントロポロジッシエ・ゲゼルシャフト〔＊ベルリン人類学会〕へ論文挿図代として送るもの、十二時教室に帰る　井上氏にデモンストラチオンを何所にてなすや尋ねたるも答弁甚要領を得ず、過渡時期であり、あまり功能なし見る人小数西氏もなさざる様なり、布施氏は系統解剖を知らず、助手を使ふが気の毒、学生講義簡単を望む　実習に重きをおく、震災後はなさず、其前はなしたり、「デモンストラチオン」も観覧標本も必要なりなど取りとめなきことを言ふ、自分何とか工風すべしといひて氏の室を去る、井上氏の如き人物が自分の後継者たるは無限の憾を感す、震災後の標本室、授業、研究総て頽敗に陥るべし　六時過ぎて室を出て、甲武線にて加賀町へ帰る、車の最後部に乗り明かなる満月を眺めつつ市ヶ谷駅に下る

一月二十三日　水　晴

九時半教室、夕刻山越良三氏来室、震災後復興方針立ちたりとて大元気なり　六時過出て加賀町

一月二十四日　木　晴

九時二〇教室、午後西氏来室独乙解剖家某氏を講師として聘することに決定したりと目下メキシコ在住のよし、昨年最後の教授会にて可決となりたるよし（月俸二〇〇円なりと）松村氏来室、邦人頭示数と長身長に関する論文（英文にて大なるもの）を鳥居氏に見せたるところ大不機嫌にて其言ふところ全無法云々　鳥居氏が卑劣なる人物たるは予想せしも実に驚き入りたり　六時過出て曙町へ帰る　丁度精子行きて泊るよし

一月二十五日　金　晴

九時教室、小使山本祝賀のため三十円森田氏に渡す　午後松村氏来り論文の件後藤理学部長に話したり、大に同情を引き甚好都合、兎に角自分通覧すべきに付置きて去る　六時過ぎ教室を去り加賀町

一月二十六日　土　晴

皇太子殿下御成婚に付、一般休業、九時一五教室　坊学校式済みて十一時前教室へ来る、燕楽軒にて昼食、坊満足、銀座散歩を思ひ立ちて電車に乗らんとするも叶はす、遂に歩く、温和なる天気にて甚適す併し砂埃には困る、資生堂にて三時を食す、震災後始めてなり、土橋より電車に乗る、赤坂見附外の群衆夥し　時に三時半頃にて東

宮御所へ還啓の復なり　昨夜安眠中地震あり児皆醒む

一月二十七日　日　曇　昨夜雪

雪二寸計積る今朝止む、十時半教室、医新聞記者来室、六時過曙町に帰り入浴、甚寒し

一月二十八日　月　晴

八時四五教室丁度タイピスト論文を持ち来る　六六頁となる　午後四時室を去らんとするところへ三河福江町、天野助吉氏来室、震災後始めて出京なりと、昨十二月西村真次氏保美に試掘し、人骨一体と小児入甕一個を得たりと　五時共に出て万世橋にて分る　自分はこれより千駄ヶ谷ユンケル氏方へタイプライタアにせる論文を持ち行く氏不在置きて去る、加賀町

一月二十九日　火　晴

九時半教室、井上氏より於菟留学延期を十一月とか十二月とかに松浦専門局長に話したりとか　例の通り甚要領を得ず、六時過出て曙町へ帰る、きみ子加賀町へ行き泊る

一月三十日　水　晴

九時四五分歩きて教室、弁当後出て目白下落合田中浪江氏母堂死去告別式に参向、三時過教室に帰る

六時ＯＡＧ例会出席 Geh. R. Dr. Michelsen : Chinesische Anschauungen vom Wesen des Goldes 講演あり終て直に加賀町へ帰る　マイスネル氏帰国のところ最近再来、三二傍聴す

一月三十一日　木　晴

坊昨日曙町へ、きみ子も同断、九時半教室、本月は一日を除き一日も教室を欠かさざりき　二時一〇甲原某氏来室、本件打ち切り、断念といふことを繰り返へし述べ置きたり　未だ断定出来ず　円を遣すなどいへるもこれ又断りたり、丁度一時間半居て去る、今後甚気味悪し、精子は愈不幸の子か、六時半曙町、坊居る

二月一日　金　晴

議会躁擾（ママ）の結果昨日解散となる、此頃も毎日の如く地震あり　世間亦騒がし地及地上共甚不安定なり、八時四五教室　松村氏大論文一応見て人類教室へ持ち行く、次に動物教室に後藤氏を訪ひ松村氏論文の価値あることを話す、午後長谷川餡一氏来室、Ｗ蔵書の目録作製のことを話す　六時出て加賀町

二月二日　土　雪

九時半教室、昨夜来雪、終日降る、昨今又々骨継、余すところ漸く四、五体となる　六時出て加賀町

二月三日　日　晴

九時出て世田ヶ谷に椰野を見舞ふ、保子順当に快方、厳上海よりの手紙今日着きたりと、教室に到れば既に十二時半、丁度新井氏来り居り共に弁当を使ひ慨歎談、六時出て曙町

二月四日　月　晴

八時半教室、弁当後東片町に故萩野由之氏告別式に参加、学士院研究費の件に付前年の関係より札幌宮崎、平光二氏へ又奉天工藤氏へ同件に付申出ある様書面を出す　六時出て加賀町

二月五日　火　晴

九時教室、クルト・ブラウネ（ライプチッヒ）氏へ昨年十月二十日歯変形論所載紀要一部送りたる謝状到着、動物学者岡田氏（三十年計前に朝鮮人頭骨を呉れたる人）来訪、珍らしきことなり、鯨聴器書目に付き談あり、伊川津第二十二号頭骨の大破損せるを発見す、大方掃除婦の処為ならん、歎、六時過出て曙町、母上忌日逮夜に付膳を供ふ　松村氏より論文通見礼なりとて西洋菓子を贈る、坊大悦

二月六日　水　晴

九時教室、講義を終へたるところへきみ子来る、午後岡山八木田氏来室長談、六時出て加賀町

二月七日　木　晴曇

九時二〇教室、忠子耳痛のため病院へ来り寄りて弁当を使ふたり、松村氏来室学位申請手続きを済ませたりと、鳥居氏不明談、六時過出て曙町

二月八日　金　小雨、風、晴

嵐模様、温暖、気味悪し、八時四五教室、伊、保骨整理一応終る尚ほ外に番外、修理、国府の残り等数点あり六時過出て加賀町、寒冒の気味にて顔面に神経痛あり

二月九日　土　晴

九時教室、時に井上氏小使室にあり　珍らしきことなり忠子寄りて弁当を使ふ　六時出て曙町　寒冒少し熱あり、アスピリンを服用して床に入る

二月十日　日　雨

終日臥床、坊は昨日加賀町へ帰る、午後忠子耳痛治療上来り泊る

二月十一日　月　雨曇

終日在家、軽快、忠子田所氏の診察を受け最早全治のよし、午後精子送り行き泊る

二月十二日　火　雨

九時過教室、国府人骨の残り一体其他修理、四時出て学士院、藤沢氏比例代表に付続講あり、二部擬賞決議、十時散会、無上の悪道、徒歩帰宅

二月十三日　水　曇、晴風

九時教室、震災破損の人骨修理案外手数を要す、医事新聞記者来る、学士院授賞の件をさぐる　井上氏より教室付属バラック建築に付談あり、五時半出て加賀町、子覧老人忌日なりとて小堀夫人等集り晩食　児等皆大満足

二月十四日　木　晴

九時二〇教室、伊川津、保美及国府人骨残一体の整理及震災損害修理全部終る、十二月二十九日より今日までかかる、六時出て曙町、坊来り居る　尚ほ少寒冒の気味に付入浴せず　晩文郎氏来り林町より孝子結婚のことに付相談したし云々、就ては先以て様子を知り置く必要ありて来れり云々

二月十五日　金　晴風

九時半教室、齲歯統計票を九〇枚計謄写版を以て製す、桑山大に働く　六時過帰宅、鼻風兎角全治せず

二月十六日　土　晴

十時過教室、外国より寄贈論文整理す、午後仙台杉村七太郎氏米欧視察帰朝、来訪特に昨年十一月頃の独乙談六時出て帰宅、精子柿内へ行きて泊る

二月十七日　日　晴

早昼食し出る、東中野に宮本仲氏を訪ふ、先日再度尋ねくれたる返礼なり、これより中野に片山国嘉氏を見舞ふ、去八日日比谷にて電車に突り負傷せるに付様子如何と思ひてなり、打撲傷にて骨には異状なし　大沢夫人来り居る、帰途竹早町に三宅秀氏を見舞ふ　これまた先般俥転覆して負傷したるなり、これより歩き四時半帰宅、留守中文郎氏来り昨夜来林町にて孝子の件に付談、文子籍を除き而して後に孝子の籍を送る、結婚届に内藤氏連印のこと等大体当り得たる次第なり、文氏、武田氏と会談の節武氏内藤に好感ならざること殊に文子に反感を持ち居ること

二月十八日　月　晴

八時半教室、新雑読、器械手入れ、六時出て曙町、気分悪し体温を計れば三七、九あり、きみ子柿内へ行き泊る

二月十九日　火　曇

在宅静養

二月二十日　水　晴（昨夜雨）

九時教室、ユンケル氏昨日論文タイプライタアのもの再校して持ち来りたるも不在なりき、十時講義を始めたるところへユンケル氏来りたれば中止して共に直しの処を話し合ふ　五時出てＯＡＧ例会　Frau Dr.Berliner: Japanische Zeitungsreklame, eine psycho-technische Beobachtung 講演を聞きて加賀町、時に八時

二月二十一日　木　晴

昨夜一時半頃月蝕皆既、天晴れ一点の曇なく月影赤銅色によく見へたり　九時過教室、埋葬論独乙文のもの最後の通覧を終り愈々発送することとなりたり　六時出て曙町

二月二十二日　金　曇

独乙文原稿を郵装（ママ）し、手紙を書き£11為替券封入、本郷局へ行き書留にて出す、昨年七月三十日着手今日に到る。皮膚科に土肥氏を訪ふ在らず、此頃来訪、黴毒歴史独乙文贈与の礼なり　国民記者来り只今人類教室へ行きたるに騒動あり即ち村松氏論文今日教授会に提出せられ委員選定せられたるに鳥居氏除外のよし　これがため氏大に昂奮（ママ）、辞職すべしと云ひ居る云々　六時前タイピスト女来る謝礼として十五円贈る　六時出て加賀町

二月二十三日　土　曇

九時一五教室、井来りたるところ、六時前出て加賀町

二月二十四日　日　晴

十時一五教室、寒風　ハンス・リグニッツ博士（歯科医、ベルリン・シャルロッテンベルク）の処望により歯牙変形論（紀要二八ノ三）及手紙を又Ｈ・フィルヒョウ氏へ埋葬論原稿を伯林人類学会へ送りたること同文を氏に呈したること等の手紙を出す筈なるも日曜日にて叶はす六時半曙町、きみ、せい坊忠を連れて北能（ママ）を見に行き坊は曙町へ忠は加賀町へ帰る、三郎氏より手紙（十二月十一日附巴里発）来るフィルヒョウ氏に会ひたる模様、六ポンドを歓びて受取りたること、茶に招ねかれたること

二月二十五日　月　晴

朝前日の郵便を出す（紀要二八ノ三　四十八銭、前回は十八銭？）、午後松村氏来室、教室騒擾談、国民、読売に出たること鳥氏身上如何になるか　フォン・ルーシャン氏より地震見舞葉書来る又数日前にクルト・ブラウネ

氏より紀要二八ノ三受取り葉書来りたり　六時出て加賀町

　二月二十六日　火　晴

九、一〇教室、午後桑木氏来室、隈八郎氏に付尋ぬるところあり知り居るままを述べたり　六時半加賀町

　二月二十七日　水　晴

九時前教室、学士院研究費補助推薦平光、宮崎、工藤三氏を出す、本年度研究費残額下附を請求す　六時出て曙町

　二月二十八日　木　晴

八、四〇教室、綿引朝光氏来室、研究費催促に挨拶を兼ねたるものならんか　六時出て曙町、きみ子加賀町へ行き泊る

　二月二十九日　金　土

十時教室、田所喜久馬氏渡欧告別、在巴里大山氏へ手紙を出す、非常に怠りたるところ漸く果たしたり　帰らうとすところへ川上政雄来る、アルヒイフの件旁なるべし、七時加賀町

　三月一日　土　雪　紀念日

九時教室、十時大学震災展覧会を見る、大災大地図、文学部参考品の焼けたるもの、条約書の金庫内にありたるものなど珍らし、十一時家に帰る　仙台山本三樹氏来室、一月末日を以て仙台を切り上げ大阪に開業の計画にて其準備を終へて出京せりと　早く弁当を使ひ一時上野学士院に到る、先般総会に於て選定せられたる汎大平(ママ)洋学術会議準備委員会なり　委員桜井氏始め十六名内二、三欠席、古市会長半列席、途中晩食、二十数件決定十時半散会、加賀町、坊今日帰り忠子も未た起き居たり

　三月二日　日　晴

午前島峰氏来る、昨日又今も曙町へ来りたれど居らず加賀町へ来りたるなり、即ち岡山教授筧氏欧州視察明日帰朝の上は千葉へ転任の筈のところ現校長松本氏好まずとか、其ため建築課長柴垣氏に頼まれたるより田口氏等手紙を送りくれ云々甚簡単なることなり故にこれを諾す、これより教室時に十二時過ぐ、上の田口、高橋二氏へ手紙を書く、室内寒し四時出て曙町

　三月三日　月　曇晴

八、四五教室、正午講義を終へたるところへ山田珠樹氏来室　於菟何時帰朝するか入沢部長より尋ねられたりと

即ち秋帰朝すべしと答へ置きたり、長谷川舘一氏来り
W蔵書整理は四月とすることに話し合ひたり　六時出て
加賀町

三月四日　　火　晴曇

八、四五教室、邦雑誌を読む、六時半加賀町

三月五日　　水　曇

八、五〇教室、井氏来室久々にて長談、教室新築設計、
設備談、六時出て曙町、入浴

三月六日　　木　晴

三丁目安銀へ行き一〇〇引き出し九、二五教室　ユン
ケル氏来室O. A. G. に於ける演説のことを打ち合す来
十九日（水曜）とす亦来十日（月曜）同氏を訪問するこ
とを約束す　R・フィック（ベルリン）、M・ライヘル（ワ
ルシャワ）、Br・エッテキング（ニューヨーク）へ論文寄贈
礼札を書く　六時出て加賀町、左内坂下にて俄かに雨降
り出し雹を混ゆ、大に濡れたり

三月七日　　金　晴、強風

八、五〇教室、午食後人類に松村氏を訪ふ鳥居氏第二回
訂正辞表を出し愈最後の決定を見るべき状況、室に帰り
て仙台長谷部氏に手紙を書く、亦山崎直方氏書中に鳥居
氏の件教授会通過辞表は総長へ進達になりたりと　六時
出て加賀町

三月八日　　土　晴

八、四〇教室、此三日間OAG演説準備、終る六時曙町

三月九日　　日　晴

精、坊と世田ヶ谷に椰野を見舞ふ、保子漸々回復併し案
外膝関節の工合遅々たりとてこぼし居る、持参の弁当を
使ひ、精を残し、坊を連れて玉川散歩、二子より丸子ま
て歩く、梅は何処も咲き居る、蒲田より東京駅、これよ
り乗合自動車にて帰る坊始めてにて悦ぶ

三月十日　　月　晴、風

八、三〇教室、午後三二来り文省より二一五〇円即ち柿
内七五〇、佐武七五〇、綿引二五〇、自分二五〇及年金
下半一五〇受取り直に安銀へ預け入れたり又万年筆一本
（八円）買ひて持来る　最初のものは大正五年五月買ひ
たるにて殆ど八年間用ひたり　二時出てユンケル氏寓に
到り演説草稿を相談す終てカフエを喫し四時出て淀橋町
に豊辺新作氏を訪ふ　先日母堂九十二歳にて死去せらる
其悔みなり　きみ子は既に一週前に行きたり六時半加賀
町

三月十一日　火　晴風

八、四五教室、六時半曙町、きみ子加賀町へ行き泊る

三月十二日　水　晴曇

八、三五教室、十一時講義を終へたるところへユンケル氏来り謝儀五〇円は多きに過ぐ二〇にて充分なれば三〇は返へすと、氏が好意に任かせ受取りたり時に安田恭吾氏来訪、震災後始めてなり弁当を饗し災談なかなか尽きず、三時過ぎて氏去る、仙台長谷部氏返事来る　四時出て学士院、長岡氏「同位元素（Isotopes）原子核（Atomic Nuclei）振動に就き」講演あり、米国人メンデンホオル氏賞として金二五〇〇弗但し一部は研究費の件、賞としての寄附を受くるや否の問題やかまし、十一時過加賀町

三月十三日　木　雨

八、五〇教室　新潟小池敬事氏帰朝来室、一月九日伯林を立ちたりと、物価の高きに困難、日本人始め外国人は独乙を去るもの多し、一レンテンマアク五〇銭以上なりと　学生二名写真師をつれ来り紀念帳のために撮影す六時曙町

三月十四日　金　晴

九時教室、鍋谷伝次郎氏 Blood-vascular System of the Internal Ear 大論文を持ちて来訪、弁当後下の室にて山本祝賀の式様に付諸氏と相談、時に島峰氏来る、愈々森田秀一氏新校解剖担任と決定すべし　松村氏鶴見附近貝塚より出たる人骨を持ち来る次に氏と共に人類教室に到り講演に要する土偶装飾品等を借り来る　六時過出て加賀町

三月十五日　土　晴

八、五〇教室、松村、甲野両氏来室、明後日鶴見貝塚観覧の打ち合せをなす　午後学研医学部会を医院々長室に開く、桜井氏列席、佐藤、森島、北島、永井、三田、小金井出席、汎大(ママ)平洋会準備委員会の報告及桜井氏より種々説明あり　其他原著出版の件、十四年度に於て費用請求すること但し委員に於て尚ほ調査すること　五時散、六時出て曙町　坊授業今日限り且つメカーノ〔＊玩具の一種〕到着したりとてこれに熱中す

三月十六日　日　晴

加曽利貝塚発掘打ち合せに出向、千葉より兼坂まて人車（七〇銭）総て好都合来二十四日（月曜）より着手のこととす、天気特に春めきて快、七時前帰宅

三月十七日　月　晴

九時教室、十二時講義を終へ、一時過松村氏及人類教室員宮坂、中谷二氏を連れ来る共に鶴見行、数日来甲野氏が発掘し居る生見尾（うみお）村ばんしん台貝塚を見学す、五年前に人骨出たるところ、人骨は去十四日松村氏が教室へ持ち来りたるもの、北風寒し、甲野八幡二氏朝来発掘に従事す遺物乏し、四時過切り上げて諸氏と帰途に就く、七時前加賀町

三月十八日　火　晴

八時半教室、明日の講義を繰り上げ十時より十二時まで にて聴器終りて閉つ　午後明日の講演準備、千葉候補者医化学赤松茂氏最近帰朝来室　六時過曙町

三月十九日　水　晴

九時過教室、今日講演の準備、早く弁当を使ひ品川海晏寺に行く長谷部言人氏厳父君告別式なり二時三五教室に帰る、読売記者木村正氏来室自分研究題目、目的等に就き談したり、次に藤井健次郎氏来り松村論文審査のことを談合す　五時過ぎて去る、三二尚ほ来らず遺物二、三持ちて急ぎ出かける、大部分は先に小使中島に持ち行かしめたり、六時半講演を始む約一時間要したり、入沢氏あり、歯科のことに付き談あり即ち海軍都筑正男氏を以て候補者とし留学の後歯科を担任せしむ、考慮の後全に中性（ママ）の人を選びたり云々　十時過加賀町、坊は今日帰り未た起き居たり

三月二十日　木　晴

春らしき天気、但し砂塵度外なり、坊を連れて散歩、下高井戸より徒歩、田甫中にて弁当を使ひ、八幡社より荻窪駅に到り四時加賀町へ帰る

三月二十一日　金　小雨曇　祭日

十時過教室、五時曙町、坊墓参より曙町へ来る

三月二十二日　土　晴

朝出がけに安銀に寄り預金引出す、学士院研究費補助後半額七五〇を仙台佐武安太郎氏へ二五〇を慈恵会医科大学綿引朝光氏へ書留にて送る、松村氏来室諸事打ち合せ、精来る、坊学校御茶水へ移転に行きて帰りに寄る弁当を食し一時頃出て池之端松坂屋の絵の展覧会を見て動物園に入る　震後始めてなり坊悦ぶ　自分は別れて番町に土肥慶蔵氏訪ふ　二十五年祝賀時に加曽利旅行のため出席出来ざるに付陳謝のためなり五時過加賀町　季候（ママ）春暖、薄外套を着す

三月二十三日　日　晴、昨夜雨、驟雨

十時半教室、B・ペツォルド氏へかそり発掘着手のこと書送る　三時曙町に帰る、多少明日出発の用意　断髪入浴

三月二十四日　月　晴

荷物は先に送り自分きみ八時出かける、三二駅まで行く、松村氏等あり、ユンケル氏来る、八時三五分に間に合ふに付これにて出発、車中J氏雑談、松村氏、甲野、八幡、宮坂、山内総て五名は次の列車にて着葉、千葉にて荷車に困るこれを探しきみ子同断、幸に海保主人の荷車を引かして寝具借り入れるため来葉せしに会ふ、これに大包を托し他の手荷物は人車に各分かちJ氏と三人発す諸氏は歩きて来る　兼坂にて車を下り、手荷物を一農家に托し十一時海保方に着す、携ふたる弁当を食し一時半現場に到り発掘を始む、森田秀一氏今朝早く来り居る　此日はB地点既掘をさらひ且つ附近表土を取り除きて五時仕舞ふ、入浴、晩はパン及きみ子が製したる肉巻を食し、九時快よく臥床に入る　ユンケル氏再来を約して夕方帰京、森田氏同行

三月二十五日　火　曇

六時起く、家に在る通りにパン、カフエを喫し八時隣家に宿る松村氏へ行けば未だ朝食終らす、きみ子と貝塚林中を散歩す、九時より作業を始む、昼は諸氏にサンドウヰッチを製して供す、晩は鶏の馳走

三月二十六日　水　雨

発掘休止、朝食後松村等諸氏来室談話、昼食中森田氏来訪、送迎会の件に付ての使命なり雨中気の毒千万、終日室内に籠る、徒然

三月二十七日　木　晴

上天気となる三二坊を連れて来るべしと思ひ早朝きみ子と所々に道しるべの紙を附けなどす　九時作業を始む十一時頃宿に戻りてきみ子と坊の迎へに行きて古墳ある松林にて行き合ひたり　ユンケル氏法学生松本氏を伴ひ来場五島理学部長来観、昼食はこれ等の人々集り大賑かなりき　特にJ氏は泊る　三、坊皆一室に寝る　三時頃驟雨来、開墾小屋に避けてきみ子が製せしドオナッツを食す　J、坊と附近を散歩す

三月二十八日　金　晴

寒強、霜白し、新地点Eを掘り始む、坊もまんがを以て貝塚を掘り盛に活動す　矢津氏息を携て来観、J氏も自らまんがを取る、夕刻J氏矢津氏と共に帰京、晩家主松

村氏と千葉へ行き更に新地点を発掘すること謀るなど談合　三二夕刻去る

三月二十九日　土　晴

寒昨朝より更に強し庭の霜真白なり、朝きみ坊と山林中散歩、松村氏家主と共に千葉へ行き浜田呉服店にD地発掘のことを懇談す、昼前に帰りその成績あまり面白からす云々　三坪丈略ぼ承諾を得たりと　一時半頃我等坊を連れて出かける村道にて入沢氏来場に会す、五時頃曙町帰着、忠子来り居る　足立文氏出京来訪十一時まで話す、理論物理学教授の談あり

三月三十日　日　晴

朝曇なりしも漸々晴となる急ぎ坊を連れて出る、車中照康氏に会す九時頃横浜着直に俥にて桟橋に到る、着船時刻大に遅るとのこと　木村氏の斡旋により会社のランチ〔＊大型ボート〕に同乗して港外に出て検疫等のためかかり居る春洋丸に移る　三郎氏に会す坊は大歓、桜井恒氏同船にて帰朝、本船徐々に港内に入り十一時頃桟橋につく、下りて徒歩蓬莱屋まで行きたるもバラック建にて狭し人車にて坊と桜木町駅に到り先に家に帰る、精子忠子を連れて横浜まで出迎へこれ亦共に帰る、駅には田鶴子始め児等来り居る、三郎氏は遅れて帰着二時頃となる出迎へ諸氏と駅にて昼食自動車にて加賀町帰着、時に三時半、暫くしてきみ子と共に曙町へ帰る、先々安堵す

三月三十一日　月　晴

きみ子と再加曽利行　郵便局に寄り二五〇円引き出しこれを携て十一時五十分古山着、家婦今日人骨出たるを知らせる、昼食、現場に到る、自分は始めて仕事にありつきたり　B地のものにかかる　夕刻これを取り挙げて仕舞とす　八幡氏帰京す

四月一日　火　晴

千葉行、D地点大に有望に付尚ほ三坪の追加発掘を試るため先つ大学に到る　田口氏小嬢入院のため教室に宿泊面会、橋本書記に謀るべしとて三人協議の末橋本氏同道、山林主浜田呉服店に到り番頭某に面談、承諾を得たり、これより序に肉其他買物して十一時古山に帰る　松村氏は既に掘出せる器物を荷造りす　午後D地点骨格精査す、これを取り挙げたらば第二の頭骨現はる但し日暮れになりたれば其ままになし置きて止める　午後松村甲野二氏帰京、宮坂山内二氏残る　三二来りて主家々屋を

画く、これは記念として宿に贈るもの画き終りて後発掘にたづさはる　始め今日帰京の予定なりしも人骨出たるを以て尚ほ事業を延長す

四月二日　　水　曇雨

D第二号骨を現し精しく検す　午後これを取り挙げ終る頃雨降り出す、作業中止時に三時を過ぐ、時に八幡氏再来、三二朝より手つだう　宮坂氏帰京郷里へ帰ると、次に三二も雨中去る

四月三日　　木　少雨曇

天気模様甚疑はし八時半作業を始む　D地を掘り広げ但し全く不結果、十時良一来り発掘に手づさはる　B地に転して予定残部を掘り反へして此度の発掘事業を終結す時に三時、良一帰り去る、良一が携へ来れる菓子を茶も饗して宿に帰る　じねんじよを贈るといひてこれを掘るのを見る、三骨格を荷造りす石油箱一個に詰める　きみ子は道具をまとめる　今日は山内八幡二氏となる

四月四日　　金　曇

松村甲野二氏再来、諸氏荷送りす、骨一箱を加へて九箱となる、土器の目方甚重し、家主に支払、謝礼（三〇円）又家息五、他の人夫二名各三円それぞれ済ませ昼食出発、家息夫婦兼坂まで手荷物を持ち送り来る、三時に俥来る筈のところ来らず、杉林中を散歩す、困り居るところへ家息来り手荷物を持ち呉れ出かける、途中俥に遇ふ　松村氏等四人は既に前に発車す、両国に着きてきみ子は俥に乗る自分電車をとる、故障多く七時過漸く家に帰る

四月五日　　土　曇晴

幾分か疲労を覚ゆ、十時半教室、フォン・ルーシャン氏死去の報到る、井上氏山本祝の日に付談す、三時出て加賀町三郎氏欧州談、長くなりて晩食す

四月六日　　日　曇雨

家に在り、柿内全家を招く、十一時過ぎて皆来る、児等大悦四時過帰り去る　時に雨大に降る自動車にて送る

四月七日　　月　雨曇

九時過教室、森田氏と山本祝賀に付種々談合　拠金四〇〇円以上となる　午後二時品川海晏寺に到る故隈川氏七回忌法会に列す　柿内須藤呉健氏等始四十名計来る　五時教室に帰り山上バラック御殿に小池敬事氏帰朝歓迎、蓑内収氏京都転住送別会に出る、九時半帰宅

四月八日　　火　曇

山越長七死去、谷中斎場にて告別式に十一時参しこれよ

り安銀に行き三郎氏研究費七五〇自分のもの二〇〇円引き出し教室に到る、小使山本富蔵勤続二十年祝賀式を行ふ　十二時半始む式辞を述ぶ、夫婦及児三人列す参席者教室員の外新井春氏あり、式は新築バラックにて行ふ、隣室に於て昼食す小使日向、中島、小菅（女）卓に坐す、珍らしきことなり二時半終る　四時帰宅晩松村氏来訪、加曽利出費の精算をなす　時に大に雨降る

四月九日　　水　半晴

八時半教室、平光氏来室札幌談あり　桑山来室長談教室内のこと研究生の模様、蓑内服部女医関係のこと　加曽利以来今日までの日記整書す　六時帰宅　晩きみ子加賀町へ三郎氏の意見を尋ね且相談に行きたり　山本今朝室に来りて感謝す心底より出たるが如し

四月十日　　木　晴

八時半教室、大学会食所小使松本来りて記念として何か書んことを請ふ、断る、新潟工藤得安氏来室丁度食事中なり、松村氏来り加曽利荷物を届け呉れたり　長谷川舘一氏来W蔵書整理本月下旬より手を着くべし云々　二時過出て歯科病院、島峰氏在、入沢歯科問題解決のことを報す、五時過加賀町、三郎氏在宅、荷物の整理中、学士院研究費七五〇を渡す

四月十一日　　金　晴

甚暖、加賀町へ行き忠子休中に付連れて弁当を持荒川堤へ小台を渡りて行きここにて弁当、飛鳥山に戻り花見の模様を見る、甚珍らし、花三分開く、二時半曙町へ帰る

四月十二日　　土　曇

出がけに弘田氏を見舞ふ、半身不随格別回復せず其他別状なし、十一時教室　加曽利荷物一箱を開く　四時学士院例会、鳥居龍蔵氏「有史以前南北朝鮮の関係に就て」講演あり、九時前散会、公園桜満開

四月十三日　　日　雨

十時教室、雑件、まとまりたる仕事なさす、六時帰宅、きみ子は雨中金森家を訪問したり

四月十四日　　月　曇

八時教室、解剖其他も授業を始める様なり、人類教室へ行き松村、甲野、八幡氏に加曽利の挨拶、地質教室に山崎氏を尋ぬ不在、借用の第二回汎大平洋（ママ）会議の報告書を返へす　加曽利骨格を取り出す、会議室小使松本に故文部大臣井上毅氏の自分に宛てたる書翰を記念に贈る　呉氏来室明日カッペルス氏来訪のよし知らせる、七時前帰

宅　柿内より電話ありて良一論文教授会通過のよし、三郎氏風邪のところ押して出席せしよし

四月十五日　　火　曇晴

八時前教室、加曽利人骨洗ひ始む、千葉田口氏及橋本書記へ礼状を亦名古屋佐藤亀一氏に真綿贈与の礼状を書く、昼食中安田恭吾氏来室　入沢氏へ官費患者入院依頼の件、坂元宇之助氏来る、震災後救済事業に従事せしが此度戻りて余暇に教室へ来りて副乳腺の仕事を継続すべし云々　松村氏加曽利写真焼きたりとて十七枚持ち来る四時頃アリエンス・カッペルス氏呉氏同道来室、西井上氏を招介す、教室内巡視、K、呉氏と三人自動車、駅ホテルに寄りK氏同車ありと、呉氏と先に帝国ホテルに到る、三浦謹氏既に在り、井上、西両氏三宅鉱一氏来る総て七名卓に付く、主として神経学界の談、支那国民善、政悪、十時過ぎて散す呉氏Kを駅ホテルまで送る

四月十六日　　水　晴曇雨

七、四五教室、終日骨洗、D地骨二体終る、呉氏を尋ねたるも不在、第二号骨洞（ママ）部の袋より腰飾一個発見す　午刻より大雨となる帰路困る　純子良一共風邪

四月十七日　　木　晴曇

八時半教室、山崎氏に汎大平（ママ）洋準備委員のことに付相談、人類諸氏に昨日発見の腰飾を示す且つ置きて去る　かそり別口及鶴見人骨を洗ひて骨洗終る　六時半帰宅純子熱高し良一も同断、栗山氏来診、経過如何、肺炎にならねば幸なり、時に盛に雨降自動車を呼びて送るなどなかなか大事なり

四月十八日　　金　曇

昨夜雨今朝止む、土屋金治氏死去に付出がけに悔に寄る九時教室、工藤喬三氏一寸来室今晩帰奉すと　三時出てユンケル氏を訪ひ錫菓子器及白メリンスを贈る　論文校正謝儀の補なり同時にフォン・ルーシャン氏死去悔状の案文訂正を乞ひたり茶を喫し五時辞し去る　帰途加賀町、皆元気、三郎氏帰り来る、今日木村正路氏面談、玉城嘉に付事情談ありたる由に付晩食、これを聞き取りて九時半帰宅、純子尚ほ熱高し良一は体温降る

四月十九日　　土　晴

九時教室、十一時上野美術学校に到る、学術研究会議第七回定期総会なり、先午前に医学部々会、中餐後本会議、一時間半にて終る甚簡単なりき三時半帰宅、ところへユンケル氏夫婦にて訪問あり、菓子を贈らる、きみ子も出

て挨拶す四時過ぎて辞去せらる　良一は推して出勤なり、純子同扁

四月二十日　日　晴

九、四五教室　フォン・ルーシャン氏未亡人へ悔状を書く弁当を食し上野学士院に到る、汎大平洋準備委員第二回増員の件、人類学に付ては追て選定と決す　他の学科も多く同断なり、会の規程及会則案の件、六時帰宅

昨今は米国にて排日的移民法案通過した件に付甚やかまし即ち劣等民族と儆なさたる訳なり

四月二十一日　月　晴

大森内藤別荘に避難せる安田恭吾氏を見舞ふ、昼食一時過出て帰途につく神明町に福島甲子三氏を訪ふ　先日来訪不在なりしに付て陳謝旁なり五時帰宅、純子体温降りたる様なり

四月二十二日　火　晴

八時教室、在巴里大山氏葉書来る　長谷部氏来室かそり談、汎大平洋会議談、人類教室鳥居氏談、昼食を共にし三時去る、W文庫室を大掃除す近日目録に再ひ取かかるべし、六時過出て帰宅

四月二十三日　水　晴

逗子野明家を見舞ふ、精子と出かける、過つて横須賀まて切符買ひたるため同所の震火炎の跡をも見んと思ひ市内自動車を用ひ市内バラックの有様、造船橋全く休止の様、など見て一時逗子に戻る、保子昨日来りたるよし、傷脚の工合大に宜し、弁当を食し二時頃出て海岸散歩、穏天甚快、八時前帰宅

四月二十四日　木　晴

八時教室、午後人類教室、かそり諸氏皆在り、来土曜一会を催すこと皆承諾、松戸貝塚を大里、山内二氏昨夏発掘、人骨一体出たること、小松氏此頃九州旅行中日向東臼杵郡にて得たりといふ人大腿骨、下顎一部を持ち帰りたること、神戸鈴木商店より寄附になりたる石器時代器物の大コレクションを一見せること、三時過出て加賀町

四月二十五日　金　曇雨

八時半教室、動物学者岡田信利氏来り、人頭骨及脊柱を貸す　三郎氏来室、教室改築に付化学的のもの合図するや否やの問題に引き続き学部全廃、又は医学部基礎科集合、其他一般研究問題、長談六時半去る　又其前に藤井氏松村論文を持来れり

四月二十六日　土　曇晴

八時教室、西氏が作りたる1922本邦論文目録抄を調べる　午後二時出て帰宅、坊、忠来り居る、植物園へ連れ行く　震災後始めてなり、バラック多数ありて大に風致を損す　加曽利発掘慰労の意味にて松村、八幡、山内、宮坂、甲野五氏を招く、貝塚談、十時散す

四月二十七日　日　晴

九時頃坊、忠を連れて玉川行、二子に到り河原にて小川を作りなどし弁当を使ふ、れんげ見事に咲く、丸子より蒲田を経て五時半加賀町へ帰る、児等も疲れたるべし

四月二十八日　月　曇晴

七時半教室、入沢、林新旧学部長、近藤、塩田新旧医院長、柿内、白木帰朝、稲田氏外遊送迎会なるも断る　終日タイプライタア目録1922分補充、松村、小此木氏来室五月二日出発新地貝塚見学のこと打合す

四月二十九日　火　晴

小松晃氏慶大卒業祝として出がけに寄る鰹切手五円贈る九時教室　札幌平光、宮崎二氏へ研究費当らさりしことの手紙を出す　留守中片山国嘉氏来訪、負傷全快挨拶ならん

四月三十日　水　晴曇風

出がけにきみ子と純を連れて賀籠町（ママ）三越へ行く鳥打帽を買ふ　八時半教室、午前午後共W文庫整理、夕刻川上政雄氏来る七時半帰宅

五月一日　木　曇

八時教室、大山氏へ伯林宛にて手紙を出す、加曽利のこと、新地貝塚のこと、鳥居件未解決のこと　三時出て加賀町、田鶴坊不在、暫して帰り来る、信子腹痛臥床、起きて後吐す、六時家に帰り入浴、多少出発の用意をなし早く寝に付く

五月二日　金　曇晴

予め注文し置きたる俥来らす、時勢かは知らねど困りたる状況となれり、手荷物提て、車屋まで行き乗る、漸く間に合ひて九時発車、水戸を過ぎて携へたるパンを食し、カフエを飲む味佳なり、好き天気となる、助川辺の炭鉱の眺め、山につつじ花盛り、快、但し甚徒然退屈なり、六、四六新地着　八幡、山内二氏迎へ呉れたり亦日黒息自転車にて来り居りこれにカバンを托す　宿舎日黒廉吉氏方に着きたる頃は既に日暮れたり、恰も小此木、松村、柴田氏等は駒ヶ嶺貝塚試掘より帰りたるところ、同塚より

直に人骨出たりと但し原態のままなし置きたりと　昨今両日小川貝塚より出たる器物を一見す、小此木、柴田二氏別に小川区長小野広蔵方に宿す、松村氏始め自分等四名は目黒家に宿す　離屋を以てこれに充つ、晩食、雑談、十時過ぎて寝に就く

五月三日　　土　曇

五時半醒む　六時洗面庭の井戸端にてなす、携へ行きたるパンを食す　小此木氏来り横穴処出人骨を示さる　昨日駒ヶ嶺貝塚より出たる人骨片其外小川貝塚処出土器等を見などし九時宿舎を出て山を越へて国道に出駒ヶ嶺村役場を過ぎて一里計隔りたる三貫地（桑畑）貝塚に達す時に九時、昨日発見の人骨を始末す十二時となるパン弁当を食す　曇りなるも雨降らす作業に適す併し案外寒し此地点作業を終り近年発見の竪穴を探検す、山道を行く途中つつじ花盛りにて奇麗なり又蕨の芽多し　日暮に宿舎に帰り、入浴

五月四日　　日　晴

六時起床、松村氏帰京、八時過八幡、山内二氏小川貝塚に作業を始むこれ宿主所有桑畑にして最近接し甚弁理（ママ）なり、葉巻煙草を点して向ふの山に散歩などし又まんぐわを持ちて掘る、午食は宿に戻りてパンを食す　午後二時半頃小此木氏が竪穴所在地測量に従事し居るを見に行く天気晴朗甚快、尚ほ第二、三竪穴処在地を見るため山中を彼所是所歩く、終りに古墳をも探る　五時過ぎて小川貝塚に戻る、暫時して宿舎に帰る、大に疲れたり、晩食後大概手荷物を整へ十時寝に就く

五月五日　　月　少雨後半晴

五時半起く支渡し家主家族に暇乞し出かける　手荷物は家の息中学生登校（中村中学）の序なりとてこれに托す小此木氏亦途中より渡部晴雄氏駅まで見送り呉れたり、六、五八新地発車、時に少し雨降り出す　八、三四仙台着のころは雨止む、駅楼上にて朝食、寝台車のこと、坊へ絵葉書を書き、俥にて医学部に到る布施氏在り長谷部氏は出京未だ帰らす、藤田学部長、佐藤彰氏見ゆ、ムンク、ヒツィヒ、コルマン蔵書及其目録札を見る、教室にて弁当、布施氏は午後組織実習ありと藤田氏と共学部用自動車にて他の学部へ行く　生物学教室に到り畑井氏を尋ね新教室内を案内せられ設備の説明を受く　これより地質新教室に到り矢部氏に会ひ松本氏始めて面会、氏引き籠り中のところ自分のため午後出勤せらる　川下り貝塚頭骨二

個一は長くアイノ型、一は広くアイノ型にあらず二個共右第二門歯を欠く。松島の内蛇王洞頭骨二個は新しきものならんと、貝塚にあらす砂中にありたりと。気仙郡中沢浜遺跡には新旧の別ありと、松本氏は骨片接合にバルザムを用ふと、分離せるもの多数ありこれ移転の際損せるものなりと併し「バルザム」は甚適せず。時間迫り遺憾ながら早々にして去り小川総長に名刺を出し、藤田氏と自動車にて医学部に戻る、四時より茶話会なりと但し集るもの極めて少し木村男也、佐武安太郎氏外二、三名のみ、六時俥にて藤田、布施氏と仙台精養軒に到る（以前弥生軒なり）畑井氏既にあり、四人にて夕食、快談、九時となる、出て畑井氏寓に到り夫人に紹介せられカフエを饗せられ、別れを告けて布施氏と駅に到る、佐藤氏来り呉れたり、寝台上段、一〇、四〇発車

五月六日　火　曇晴

七時上野着、全不眠、為めに大に疲労を覚ゆ、朝食し寝に就く一時まで眠る、醒めてなすことなく入浴早く床に入る

五月七日　水　晴

九時教室、人類に松村氏を訪ふ　長谷川錧一氏来り　W文庫目録作成愈々着手すべしと、離れ書室に案内し且タイプライタアを運ぶ　三時出て加賀町三郎氏大腸カタルにて臥床、児等元気、五時半去る

五月八日　木　曇雨

八時過教室、新地行日記整理、坊大宮へ遠足のよし困りたるべし　良一出勤途次柿内へ寄る筈　六時過帰宅

五月九日　金　晴強風

八時教室、岡田信利氏来室先日貸したる人骨を此頃留守中に返却して其挨拶なり、田原鎮雄氏（柿内氏と同船帰朝）来室、大山公学位論文に付相談あり自分はなるべく独乙文に綴る方得策なる旨を述べ置きたり　松村氏大里氏を伴ひ来り大里氏が松戸附近上本郷貝塚近接包含地より得たる人骨を示さる　兎に角これを自分預り置くこととす　六時半帰宅

五月十日　土　晴

八時教室、午後二時出て帰宅、忠子来り居る、庭へ出て草を取る　これ今年始めてなり、五時頃坊学校より来る、三は懇親会余興茶番の背景を絵く（ママ）なと賑かなり　総選挙にて世間緊張す

五月十一日　日　晴風

午前少し庭に出る、午後坊忠を連れて出る、丸ビルにて菓子を与へ銀座を歩く雑誌を買ひて去る、風強く砂塵甚だし三時半加賀町、三郎氏軽快但し尚ほ床中にあり　明日教授会には押して出席し、未定案なるも基礎科医学士の制を設くる件を発表すべし云々、晩食、泊らねは承知せぬなとと云ひて坊泣くなど八時半去る　きみせいは琴の会に行き十時に帰る

五月十二日　　月　曇少雨

八時教室、H・フィルヒョウ氏より詳細の手紙来る（三月三十日附）、二月二十五日出したる手紙昨日受取りたること、三郎氏のこと、金を受取りたること、震災のこと等、R・マルチン氏より論文三種到達、長谷部氏より来信、**Zeitschr. f. Ethnologie 55.**〔＊雑誌〕に自分の歯牙変型論紹介しあり愉快云々　三時半出て学士院「物部長穂氏構造物の振動并に耐震に就て」講演あり、メンデンホオル氏賞牌寄附を受くるや否の問題やかまし、延期となる、九時帰宅、時に寒し故に歩く

五月十三日　　火　晴

九時前教室、松村氏頼み置き論文摘要を持ち来る、昨今は氏論文審査のため消日す、六時出て帰宅、保子負傷後始めて来る、泊る

五月十四日　　水　晴曇

八、三〇教室、午後二時帰宅、庭掃除をなす

五月十五日　　木　雨

八時教室、長谷川舘一氏昨日よりＷ文庫目録作成に取りかかる、独乙若解剖学者クーレンベック予て西氏斡旋のところ今日横浜着　西氏及森田、井上助手迎へに行きたりと　六時過帰宅

五月十六日　　金　曇晴

八時教室、弁当を使ひたるところへ森田、井上両助手クーレンベック氏を伴ひ来る、二十八歳なりと、主として脳解剖及形態学の方面を専攻すると、西、井上二氏共不在、自分教室内を一通り案内す　氏がこころよく教室にて仕事することを望む、初対面には決して不快の感を与へる人にあらず、二時頃坊来る今日は医学部学生催園遊会なり、学生茶番などありこれを坊に見せるつもりＫ氏も共に行く、五時家に帰る

五月十七日　　土　晴

坊共に出る七時半教室、午後増田二郎氏来室、氏の著論悉く焼失したるに付暫時借用したし云々即ち脳論を貸す

五時出て上野精養軒に到る、岡田氏二十五年祝賀なり、宴中大雷雨、後義太夫半聞き雨止むを待つて帰る時に十一時過精子柿内へ行き泊る

五月十八日　日　晴

八、四五教室、四時家に帰りて庭に出、芝中道を直す

五月十九日　月　晴

八時教室、午後八幡、山内二氏新地人骨を持ち来る　クーレンベック氏昨日教室へ移転せるよし当分階下一小室宿泊す　暉峻義等氏来室　ペアロン氏アイノ骨格処望の旨を伝ふ、欧州漫遊談、図書八万円購入、ゲッチンゲン大学処属医史的古書八千円入手　マルチン、ルンドボルク等に面会、八木高次氏と岡山県大原研究所に於て専ら社会人類学方面を研究云々、七時過まで談話

五月二十日　火　曇大雨

八時教室、数日来松村氏論文審査のため統計法復習、六時半帰宅

五月二十一日　水　曇雨

九時に井上氏来りたれば行きて大獣頭骨保存上箱を作りて入置く方然るべきをいふ、氏の室にて著明なるスカフォケファルス〔＊長頭症〕頭骨あるを見、これを持ち来る、同時に明日クーレンベック氏のために晩餐会を催すべし既に通知を出したるならんといふ　自分は差支（良一催のため）の旨を答ふ、尚ほ早く話し呉れざりしは遺憾千万、Zeitschr. f. Ethn.〔＊雑誌〕上にフォン・ルーシャン氏が歯牙変形論を批評したるを見る、長谷部氏がいへる如く熱情あるもの、氏が葉書と共に最後のものとなりたるは遺憾深し　六時半帰宅

五月二十二日　木　曇晴

七時半教室、名古屋医大斎藤真氏来室、脳外科のため小児の頭骨を見たし云々　井上未来、自分案内す　午後長谷川舘氏来室、今朝W書室に生理より来りタイプを使用しつつある人あり云々、井氏実習終るを待ちて其経緯を尋ぬ、永井氏に自分及長谷に談したる上にて了解を得れば宜しといひたるよし　然るにこれをなさずして使ひたる訳なりと　即ち自分は両者何れに使用するも全く其の判断に依りたき旨いひたり　五時半伝通院前偕楽園に到る良一学位祝謝のため桑木夫婦及柿内氏を招き餐す外に全家集る　純子おとなしく喜び、帰りは春日町まで来りて電車、九時帰宅、皆々歓ひたり　午後晴天となりこれを添へたり　クーレンベック氏招きて会食ありしも列席

出来ざりき

五月二十三日　金　晴

八時教室、斎藤真氏来り　小児頭測定法に付相談　午前中史料展覧を見る一時間を供したり、事務室に寄り紀要二八ノ三を貰ふ、整形の名倉氏来り大腿骨入手云々の談あり　タイプの件井永井に断りたりと其旨を長谷舘に通す、井の処置誠に意義不確のことなり、三時半出て加賀町、皆元気

五月二十四日　土　曇　晩大雨

八時教室、学友会懇親会とて授業なきよし、午前中は教室開放参観者夥しく中には下駄ばきのもの多数ありたり、騒々しく困りたり、宮原虎氏震災後始めて来り、仕事具片付けに来れりなどいへり、既に皆整理したる旨をいふ　松村論文熟読、六時半帰宅、留守中金森夫人来り相談のこと、五島の件に付如何云々　柿内に相談のためきみ子大雨中出行く

五月二十五日　日　晴

朝まで雨降り霽れる、早朝きみ子帰る、朝食後きみ子金森へ行きたり、自分は世田谷梛野へ暇乞に行く、荷物発送のため混雑、弁当を食し十一時半去り大崎に新井春氏を見舞ふ此頃病気の由聞き込みたればなり　大腸カタルの由にて最早全快、四時帰宅、きみ子岡田へも寄りたりと　大夕立来る

五月二十六日　月　晴

七時半教室、久々にて田口氏来室、四時前帰宅、庭に出る、留守中中鶴中佐氏久し振りにて来訪のよし　唖児の談ありしと気の毒千万

五月二十七日　火　晴

八時教室、六月二日　東宮御結婚大饗宴御断書出す　石原喜久氏来室基礎科制度改革談、恙虫病原談　松村論文通覧終る　六時半帰宅

五月二十八日　水　曇晴

七時半教室、松村論文を吉江教授に渡す、序に弥生町に隈川家を訪ふ八郎氏帰朝来訪の答礼なり未亡人より選嫁の談などあり、帰途人類に松村氏を尋ぬ、元銅駝坊人骨談あり　午食後南葵文庫へ同道を約し十二時教室に戻る一時過松村氏と出て右文庫に到り高木氏に面会、侯爵家渋谷に転住に付日々荷物運搬中のところ人骨は未だし談の模様大に都合よし万事高木氏に依頼して去る時に四時過ぐ、これより近き鈴木孝氏を訪ふ全家不在、電報によ

り皆今出行きたりと一嬢さん病気重体なりとか、五時過帰宅　龍雄来り家族中関係困るとの談ありしよしなるも自分は会はざりき

五月二十九日　木　晴

八時教室、学研会輯報1922西氏作成のもの三田氏へ送る　人類に松村氏を訪ひ昨日の礼を述べ且つ論文に付質問す　在伯大山氏に手紙を書く、学位論文欧文とすべきこと、人類教室事件近く発表せらるべきこと等、三時過出て加賀町坊学校より曙町へ行きたるよしに付暫時して去り五時過帰宅

五月三十日　金　晴

坊と共に出る、山越良三来り北海道のバタを贈らる、終日駒ヶ嶺貝塚人骨洗ひ、未だ了らず、七時出て帰宅

五月三十一日　土　晴

七時半教室直に残部骨洗にかかる、隈川八郎氏挨拶に来る　昼までに洗ひ了る、午後は加曽利骨を継ぎ始めたり、在伯於菟へ手紙を書く　七時出て家に帰る

六月一日　日　曇雨

九時前教室、学友会運動会なり、午前W文庫整理　長谷川氏カアド製作進捗したるため其準備なり　午後は骨継、五時出て帰宅、時に雨降り出す　晩食後精、素子、三二も共に上野駅に到る、椰野家族厳留守中寺泊へ引き込み居住、八時二五分発車

六月二日　月　雨

昨夜来雨、今朝殊に強し、七、四五教室骨継、六時半帰宅

六月三日　火　晴

七時半教室、東北大総長小川正孝氏来室、畑井新喜司氏学士院授賞推選のことに付懇談あり　終日骨継　きみ子染井へ墓参せしよし

六月四日　水　曇

七時半教室、骨継、四時帰宅、庭へ出る

六月五日　木　曇

御成婚奉祝のため全市休業、賑ふことなるべし　七時四五教室、柿内四児へ花電車絵葉書を書く紀念スタンプを押捺すべし　骨継ぎ、四時前家に帰る、五時半西氏導（ママ）伴にてクーレンベック氏、森田井上両助手来る、井上氏遅れて来る　懇親の意味にて教室諸氏を招き、きみ精が苦心の料理を饗したり、快感を以て九時過ぎて散す、時

に少雨

六月六日　　金　曇

七、一〇教室、辻長（高等工芸書記）来り、薄給にて困る云々　体育研究所設置に付ては転任したし云々、日本之医界記者江藤市次郎なる人来り、基礎科萎靡に付意見を叩く　三時半出て柿内、児等花電車を見に行きたいとか行くとかいひてはしやぎ居たり

六月七日　　土　曇

八時半教室、終日骨継、鉄門倶楽部昨夜出発大島、伊東へ遠足、教室誰も来らす甚静、六時半出て帰宅

六月八日　　日　曇

学士院授賞式、十時前上野美術学校に到る　受賞者一部故八代、左右田、木崎、広瀬、二部佐々木、川村、鈴木＝高橋、清水、田代の九氏、昼食二時半帰宅、少し庭へ出る

清浦内閣辞職、憲政会加藤内閣これに代るべし所謂護憲三派聯立関係多少困難なるべし、一、三日は紙上賑かのことと思ふ

六月九日　　月　曇晴

最早梅雨の候に入りたると覚しき鬱陶しき天気、八時前教室、鉄門遠足は昨日帰京の筈、今日授業なし　ビルケ博士（元軍医将官長、ロホリッツ、ザクセン）所望に依り歯牙変形論（紀要二八ノ三）を本郷郵便局へ行きて出す（四〇銭）、同時にＯＡＧ本年度会費十二円、池田菊苗氏還暦祝賀、渡瀬庄三郎氏記念資金各三円つつ払込む、ビルケへ絵葉書を書く、人類教室へ行き赤塗り土偶顔部及かそり腰飾借り来る　学士院講演のためなり　斎藤真氏出京、医学会にて演説のためなり、脳水腫写真（Ｘ線）数枚「プンクチオン」により得たるデルモイドシュステ（＊類皮嚢腫）（小脳に生したるもの）デトリーツスマッセ（＊退廃物）等を示説せらる　六時帰宅　金森夫人五島件にて来、はせ悪意しぶとし云々

六月十日　　火　曇

今午前、加藤憲政に大命降る

学士院現会院賜餐、十二時前参内、西溜間にて控へ、千種の間にて卓につく、秩父宮台臨、受賞者九名列す、献立畢、二時半帰宅

六月十一日　　水　曇

昨晩閣員決定、改革両党首入、手際、八時過教室　明日講演下調、三時より医学会例会（病理教室）出席　ビタ

ミンB　細谷、黒屋二医学士、クラニオベントリクログラフィー〔＊頭蓋脳室造影法〕及脳神経外科斎藤真氏（患者供覧及幻灯あり）これは甚興味ありき六時閉　午後内閣親任式ありたり

六月十二日　木　曇

八時前教室、少しく骨継、斎藤氏来り頭骨計測す　午後三時学士院に到る　石人葬講演（諸標品中島運ぶ、二円）院長、幹事、部長改選、穂積、桜井、井上第一重任、第二藤沢去り佐藤三当選、改暦問題委員の報告により議す、なかなやかまし、未決、次会に譲る、十時帰宅

六月十三日　金　曇

七、三五教室、人類へ行き借りたる標本を返す　昨日フリードレンデルより Zeitschrift f. Ethnologie〔＊雑誌〕載中のもの 1914-1918 到達す　骨継　三時より教室辞、医学会臨時会、クーレンベック氏　Über d. Ursprung d. Grosshirnrinde の講演あり終て上野精養軒に到り呉会頭、入沢、井上、西、三宅、杉田氏等会食す、九時半帰宅

六月十四日　土　曇少雨

七、二〇教室、骨継、三時過出て加賀町、三郎氏在

六月十五日　日　半晴

朝電話にて打合せ、弁当を持ち加賀町に到り、三郎氏二児と玉川散歩、二子より例の場処にて弁当、二児は川を作る、帰途水道橋にて別れ六時過帰宅、留守中鈴木孝来素近頃執筆、これに付家中兎角の評あり

六月十六日　月　曇

七時半教室、骨継、六時過出て家に帰る、晩三、柿内へ臨床科試験のことに付相談に行きたり　方法実に不当（五、六人つつ組を作り章を分担する）言語道断

六月十七日　火　曇雨（夜大雷）

七、四五教室、午後佐藤三氏来室、精子施術の談あり富井氏より一昨日質ねられたりと、五島件なるべし、家族的には不幸なるも覚悟せば左程にも感せずなどいへり、夫人は今尚ほ存命のよし、W文庫へ案内したり　六時過ぎて室を去る

六月十八日　水　雨

七、五〇教室、十時クーレンベック氏と共に出て松沢病院に到る、呉三宅其他医員諸氏に会ふ、決裂の昼食を餐く院各室を案内せらる、芦原将軍の尚健在なるは珍し例の書類を持ち行けと、茶料一円贈る、三時過ぎて去る、震

害尚ほその儘なり、二棟倒壊せりと、帰途中別れて柿内へ寄る、三郎氏又大腸カタルにて臥床、六時半帰宅、晩大雨

六月十九日　木　晴

天気模様宜しきに付鈴木孝氏此頃来りたれば旁七里ヶ浜行きとす、藤沢よりす片瀬浜に出る十一時なり七里ヶ浜に出て岩上石門にて弁当を使ふ干潮強、岩上にて小児等の遊び居るを見る、種々の海草、小魚など面白し、一時間費す、これより鈴木療養所に到る、氏元気、病室二棟出来、既に患者収る一棟建築中、三時過出て七里ヶ浜、由比ヶ浜を歩きて五時前鎌倉駅に到る　五時半頃発車、久々の好天甚快

六月二十日　金　晴

七、四五教室、午後筧繁氏帰朝来室、氏は岡山より千葉へ転任の筈のところ、千葉にて望まず、口約したとか、しないとか、行違生じ、先頃省の依頼により高橋田口二氏へ手紙を書きなどしたり、一先つ辞令を受取り、辞任と決心せるよし　終日骨継　六時過出て帰宅

六月二十一日　土　晴

七、二〇教室、午前松村氏来室、鳥居氏辞職漸く発表のこと昨日自分が松原氏より聞き込みたることなど話し、直に小津雲人骨一個及浦賀人骨二個借用することとす、直に小使を遣りて持ち来る、家より坊来るとの手紙よこしたるも午後は右の骨を洗ふ（午前は骨継）時に山内保氏久々にて来り長談　月々一万円近くの収入あり五千円つつ必ず貯蓄す、資金を五年間に積みて研究にかかるなどいへり、七、四〇出て家に帰る、晩坊相手

六月二十二日　日　曇

熱くなる、早く昼食し、自分は加賀町へ寄り忠、信を連れて市ヶ谷駅にて精、坊と合し井の頭へ行く、五時半加賀町へ帰る、三郎氏大腸カタル未だ宜しからす

六月二十三日　月　少雨曇

昨夜きみ子加賀町へ行き泊る、八、二〇教室、午前は浦賀人骨残りを洗ふ、午後骨調べ　六時過出て帰宅

六月二十四日　火　晴

七、二〇教室、人骨整理、目録を作る、W文庫製本費のことに付度々尋ねらる遂に自動車を迎によこす　会計課へ赴く、同金額同件数のもの二回支払たる様の記帳に付て疑忌起りたる次第なり。序に人類へ寄る、六、一五教室出

六月二十五日　水　晴曇

朝谷口吉太郎氏を目白に訪ふ、氏北海道を引き上げて出京隠居のよし　先日尋ねくれたる答礼なり　久々にて面会談長くなり十一時半教室、学士院臨時総会に四時参院記事出版費増額の件及改暦諮問の件　十時帰宅

臨時議会召衆（ママ）

六月二十六日　木　曇

八時教室、津雲頭を組立、長谷部氏出京来室、時に又松村氏来る、人類後継者談、七時出帰

六月二十七日　金　曇少雨

七時半教室、午前河部書記来室、製本費安川え二重払となる件に付心配す　井上氏と相談すると併し要領得られざるべし、島峰氏久々にて来室、骨継、津雲頭骨昨今二〇にて終る立派に出来たり、六時過ぎて室を去る　岡田夫人来り　先の家の件に付様子の報告あり大なる人の発語云々

六月二十八日　土　曇

七、四〇教室、阿部氏来り製本費の件、井上氏来りて二重払と判明せりと、午後一時過きみ子来室、金森、岡田両家へ行きて戻り道なり、大、五両島共無望ではなき模様、何れをとるかの問題、弁当を使ひて去る　浦賀第二頭骨は変形あり甚まずし、鶴見在のもの未だ終らず六時過ぎて室を去る　忠子来り居る坊しからず

六月二十九日　日　曇

九時教室、大、五両島に付考慮、骨継全終了、一ヶ月要したり　三時半出て帰宅　庭え出る

六月三十日　月　曇晴

七、五〇教室、三時半出て加賀町、きみ子岡田へ行きて大のことを石黒に頼むことを頼む

七月一日　火　曇晴

七、四〇教室、外国より寄贈の論文たまりたるを調べなどす　七時前帰宅、只今岡田より電話にて報ありたり即ち石黒同家へ態々来りて件を頼みたるに承諾になりたりと

七月二日　水　曇晴

七時半教室、早朝大野延太郎氏来宅雑誌上に投稿の依頼あり、早く頼意、謝意を表しおく方宜しからんと思ひて十時一寸帰宅　恰も精子外出のところ、共に出て黒邸に到る時に十時半、老在宅、息重病談、夫人軽快、長岡に

洋学開祖は梛野なること、日本え始めて解剖書を持ち帰りたる人は故牧山ぼく郷なること即ち老が乞受けたるところのウィルソン解剖書倫敦原版、アメリカ翻刻1848を見る、これより小松家に寄る老母堂健在、十二時過柿に到る、坊帰り居る共に弁当を食す、二時過出て中野行、先大沢家、在、次に片山家、在、次に宮本家に二人共不在、六時半帰宅、今日は随分歩き廻りたり熱さなかなか強し

七月三日　木　曇

七、五〇教室、長谷川舘氏来室W文庫記念札に付談　三時半出て帰宅庭に出る

七月四日　金（少雨）曇

七、四〇教室、動物に五島清太郎氏を訪ひ長谷舘に謝礼のことを相談す、畑井氏業績のこと、人類後任者の談など（松本、長谷部の内ならん）、これより人類に松村氏を一寸訪ふ、午後栗山氏来室杉野学士に付尋ぬるところあり、六時半帰宅

七月五日　土　晴

八時教室、事務へ行き林学部長に長谷舘謝儀のことに付相談、年度終りに中央にて心配をこころむ云々、松村氏一寸来室　生理福田氏来りプフリューゲルス・アルヒフ愈々支払ふに付ては保証金一割（四〇〇〇円余）云々、直に歯科病院に到り川上氏に其趣を伝ふ、島峰氏と雑談四時教室に帰る西氏明日出発朝鮮行、解剖学会に報をFolia Anatom.〔＊雑誌〕に掲載の可否、自分勿論異議なきこと、次に井上氏来室同行のよし、時に長談、自分はアルバイト〔＊仕事〕一点張り、氏大に抱負あることをいへり七時半を過ぐ

七月六日　日　晴

愈真夏、九時半教室、午後三時半帰宅、雑誌整理

七月七日　月　晴

八時過教室、白服、六時半帰宅、きみ子金森夫人に会す晩加賀美を呼びて五島調べを頼む

七月八日　火　晴

八時教室、石原房雄氏帰朝来室、三時半出て千駄ヶ谷ユンケル氏許行く夫人ありワルダイエルのエリネルンゲン〔＊旧蔵品〕にある記名入用に付取り戻して加賀町へ寄る、児皆元気なるも坊足痛にて学校休みたりと俄かに熱くなりて堪へ難し

七月九日　水　晴

鷗外三年忌に付皆寺へ行くべし自分は七、五〇教室　新

潟工藤得安氏来室、愛児を亡ひて埋葬のためといふ　長谷舘氏目録作成熱さ甚しきため本館に移る　六時出て神保町支那料理東興楼に到る、鷗外紀念宴会なり、賀古、入沢、桑木、石井柏亭、与謝野夫妻等十八名集る　バラック家にて異なる感あり、十時半帰宅、炎熱甚し　良一自分のパナマ帽子を買ひ来る（二一、六〇）

七月十日　木　半晴

七、五〇教室、事務へ行き林部長に長谷舘謝礼のことを計る　三〇〇位は何とかすべし但し其額の適否は終了の後にすべし云々　長谷舘に其旨を通す

七月十一日　金　晴

八時教室、川上政雄氏朝来室　プフリューゲルス・アルヒフ支払愈結了すべし云々、W文庫追補棚出来　東京印刷の木下を呼びてブックプレート〔＊蔵書票〕の相談をなす

七月十二日　土　晴

松方公国葬に付廃朝仰せ出さる、七、四〇教室　三時過出て加賀町、三郎氏雑誌整頓中、児等大元気　信子休になりたれば連れて家に帰る時に五時半

七月十三日　日　晴

朝新井春氏来訪、十時教室、六時半帰宅

七月十四日　月　晴

八、一五教室　中央史壇の人来室、土中の日本といふ号に何か書けと、約束はせぬが出来れば送るといひたり

七月十五日　火　曇驟雨

八、一〇教室、読売記者木村正氏来室　福岡大森遺族に「フランクリン」遺金贈与のこと、非常乾きたる後の雨心地よし

七月十六日　水　曇驟雨晴

八、三〇教室

七月十七日　木　少雨晴

故坪井正氏未亡人死去、告別式に染井斎場に到る、十時半教室　午後三時半出て加賀町

七月十八日　金　晴

七、五〇教室、国民記者来、七時前帰宅　学士院研究費補助第一回分（柿内、佐武、綿引）請求書を出す又長谷部氏へオオストラリヤ土人写真贈与の礼を出す

七月十九日　土　曇晴

昨日夜石黒氏手紙来る又岡田よりも電話ありたり即ち適人見当らす、嘱しがひなし云々、早朝挨拶且つ妻孫病気

を見舞ふ玄関にて老人に会ふ　八時一五分教室　マルチン、フィック両氏へ論文多数寄贈の礼写真葉書を出す　四時前家に帰れば学校今日限りとて坊、忠来り居る、庭にて児等機嫌好く遊ぶ、アイスクリイム製す　晩きみ子岡田へ行く夫人石黒へ行くべしと

七月二十日　日　晴

終日家にありて児等の相手、きみ子は金森へ行く夫人は主人病気のため久里浜へ行きて在らず　晩食後精子と坊忠を連れて銀座

七月二十一日　月　晴

田鶴来るに付在宅、十時半信、孝二児を連れて来る、大賑かなり午後三重子来る、田鶴三時半二児を連れて去る、坊忠残る　森永友健氏老年云々の書面に一詩を添へ来る

七月二十二日　火　晴

八時教室、井上氏一昨日帰京のよし　ワルダイエル文庫のブックプレート其他のことを話す　森永友健氏より懐友の一詩を寄せられたるに付其礼状を出す、六時半帰宅

七月二十三日　水　晴

自室大掃除に付在宅二児の相手、島の件二、三日中に会見と迫りたり別に良考もなし　加賀美少し報をもたらすのみ

七月二十四日　木　晴

八時半教室、黴菌河合直次氏学士院蔵 Mem. Nat. Acad. Science Washington〔＊文献〕を見たきよしに付其借用証を渡す、六時半帰る

七月二十五日　金　晴曇蒸熱

八時教室、安田恭氏来室、自家の復興談、六時半帰　きみせい二児を連れて三越、これよりきみ加賀町へ送り行き、田鶴と東京駅会見のことを談合、復電話にて三郎氏帰宅の上其仕方に付不服あるよし依てきみ夕食後再加賀町へ行く、三郎氏なかなか頑固

七月二十六日　土　曇蒸熱

前夜の情態に付きみ兎に角中島、吉村両家に行きて会見延期を計ることとす、如何に成り行くか、九時二十分教室　三時半きみ子教室へ来る　中島家より昼頃帰りたるに留守中加賀町より電話あり吉村女既今朝大阪より帰り、電話にて明日駅ホテル云々の報ありたりと、即ちそれに付き相談、自分これより加賀町へ行く、三郎氏と相談の結果、田鶴同行とし六時半帰宅、金森夫人不在、暑中、難々　在伯於菟より手紙来、遅くも十月中旬までに

帰朝云々

七月二十七日　　日　晴曇

きみせい柿内より出向ふべし心を残して自分は八時半教室　桑山精神異常のよし其日頃までは教室へ集りたる様なり　熊本酒井保氏死去悔状を出す　札幌植村氏より桜実贈与に付礼状を出す、気に懸るを以て三時半帰宅、きみ子既に帰り居る、先つ都合好く済みたりと、快感の人のよし

七月二十八日　　月　晴

朝鶴より電話、昨夜遅く吉村より電話、長談、きみの列席せしは面白からざりし模様、大島交渉中云尚ほ一回鶴のみ陪席、談合したき云々　察するにコンスユ（児）の説明のことか、九時半教室、三郎氏来室吉村へ返事の個条を相談す、一、結構なる人、二、金森同伴ならば何処にても遣るの二ヶ条とし、これより自分加賀町へ行き田鶴に伝へ直に手紙を出さしむ、時に家より電話、金森夫人昨夜帰宅のよしきみこれより出向云々、田鶴は速達便を出しに行く自分は児等と昼食、熱酷し児等の相手、三時半出て家に帰る、きみも帰り居たり、成行如何、晩良一等赤倉へ出発

七月二十九日　　火　晴

七時半教室、西氏等一昨日帰京せりと、七時前帰宅、きみ子も留守中岡田夫人来訪、様子如何と思ひてなるべし、田鶴より電話只今吉村より来書、可憫ものなるを以て応諾とか＝不明、此書は田鶴速達書見たる後なる可きもそのこと一言もなし、疑問の人、金森夫人急用生し今日久里浜再行

七月三十日　　水　晴　祭日

早七時二十分教室、午後工藤得安氏来室長談、大橋義困た人、新潟を去りたしなど、六時半帰宅

七月三十一日　　木　晴

朝佐藤三氏を訪、安田依頼大森地所の件大に過ぐ、九、四五教室　クーレンベック氏旅行より帰りたるに付呉氏より預りし煙草入を渡す、午後金沢須藤学長来室長快談六時を過ぐ　北里、小橋、小畑間の済生会産院バラック（十五万円）を小畑に一万五千にて払下げたること　金森夫人突然帰京のよしにて今日もきみ子行きたり二人にて奔走

八月一日　　金　晴

出がけに賀古氏をバラック寓に訪ひ、於菟九月末帰朝のことを知らせる、停電のため三十分損して九時過教室、東京印刷の木下にブックプレートの訂正を托す、井、西来らず甚静、六時過ぎて去る　今日金森家と三回電話、金島対話の末十日頃金夫人帰京を待ちてゐることとなる

八月二日　　土　晴

七、三〇教室、九時頃きみ子来室横山に五の戸籍謄本を頼む、代々幡町役場へ行きて十二時前帰りて後より郵送の筈云々　「石器時代人骨の研究概要」書了り中央史壇発行所宛送る、五、六日費したり、六時半帰宅、三、四日来甚静、きみせいと三人のみ

八月三日　　日　晴

きみ子吉村女史へ手紙出す、九時前教室、六時半帰宅、坊忠来り居る二人のみにて来りたるよし、五、謄本今日来り大部解る

八月四日　　月　驟雨

二児を連れて弁当を持ち大森に安田家を訪ふ、老夫婦あり、二児は時に海に入り貝を採る、四時半帰宅、明治九年以来の乾天つづきなりとか、雨を見て大快、九時良一等帰宅

八月五日　　火　晴

九時教室、昨日京城綿引朝光氏来室のよし「ホッス」一本贈らる

八月六日　　水　雨

昨夜来雨、充分に濡りたり、九、四〇教室、三時過出て柿内、母堂七年忌に付親族集まる、児等皆元気、九時過帰宅

八月七日　　木　曇晴

市川に田口氏を見舞ふ、今春以来健康を害し欠勤勝のよし、如何かと思ひてなり、但し千葉へ行きて不在、今日家族と共に勝浦方面へ行くとか、十一時一五教室に到る、西氏一昨日とか目白へ移転したりと

八月八日　　金　晴

八、〇教室、桑山一寸来る全治は望なしなどいへり

八月九日　　土　晴

七、五〇教室　ボルク（アムステルダム）、シュライネル（クリスチャニア）に礼絵葉書を出す

八月十日　　日　晴

朝小石川病院に到る金家族不在、近き高田蒔氏を訪ふ、十一時教室　五の実家の謄本今日到る　六時半帰宅

八月十一日　月　晴

七、五〇教室、名古屋斎藤真氏来室、当分頭骨調べをなすと　金森昨夜帰京のよし　純子熱さに障りたる様なり

八月十二日　火　晴

朝柿内へ行き坊、忠を連れて二子玉川行、早く弁当を使ひ、十二時頃例の河原へ行く、減水、但し二児面白く遊ぶ、熱さ特に酷しき様感す　五時加賀町に帰る、今年始めての熱さのよし　九三度何分とか

八月十三日　水　晴

八時教室、昨日三二に学士院研究費補助受取らしめ置きたるもの七五〇円柿内氏渡し、安田銀行に到り七五〇円仙台佐武安太郎氏、二五〇円綿引朝光氏宛為替を組し之を封入して郵便局に到り書留にて出す、新着雑誌を見る

八月十四日　木　晴

八時教室、七月以来遺伝論修得及新雑誌通覧に従事せしが明日よりは齲歯統計に再び取りかかるべし

八月十五日　金　曇

八、二〇教室、昨夜可なりの地震あり教室に来り見れば時計三、一〇にて止り居る

八月十六日　土　曇

昨日来凌ぎよし、加賀町へ行きて弁当を持ち忠、信（坊は機嫌悪しく行かず）井の頭へ行く、林間にて弁当を使ふ、二児元気よく遊ぶ、三時半加賀町へ帰る　自分も直きに帰宅す　留守中長崎原正氏来訪鼈甲紙巻煙草入贈らる先般博士になりたる挨拶なるべし

八月十七日　日　曇晴

八時半教室、斎藤真氏スルキ・アルテリオリ〔＊大脳動脈溝〕などの相談あり、齲歯調査国府のものより始む　六時半過帰宅、坊忠来り居る

八月十八日　月　曇雨

逗子行、精、坊、忠と出かける、九、四〇逗子着、精は葉山に友を訪ふ　自分等は海岸に出、養神亭に入る時に十時頃、室を定め二児衣脱ぎ海に入る、昼食後も海に入る、前後共干潮にて遠く海に出る、又貝殻を拾ふ、四時頃払を済ませ出る、尚ほ海岸にて遊ぶ時に雨降り出す、俥にて駅に到る、精遅る、五時五十一分発車、八時過ぎて家に帰る、一部雨に会ひたるも冷気にて快、二児大満、休中に二児を何れへか連れ行き度く思ひ、これにて果たし（費二二Y計）

八月十九日　火　雨

八、五〇教室、国府のもの齲歯調、七時前帰宅

八月二十日　水　晴

朝一回水瀉す、終日静養、午後三二坊忠を送り行く

八月二十一日　木　半晴風

終日静養、格別のことにあらす

八月二十二日　金　雨

七、三〇教室、京都微生物学戸田忠雄氏より赤骨に付尋ね来りたるに付返事を出す、六時半帰宅

八月二十三日　土　晴

八、三〇教室、齲歯統計伊、保終る

八月二十四日　日　晴

八、三〇教室、斎藤真氏来室　頭骨のリヨントゲン写真数枚示さる、六時半帰宅

八月二十五日　月　曇雨

八、二〇教室、う歯のこと、雨止みたるに付三時過出て加賀町

八月二十六日　火　雨

冷快、紺服、八時教室、午後二時頃　ベーレント社より Bestattungsweise d. Steinzeitmenschen Japans〔＊小金井論文〕別刷二十七部到達、直に披き見る、甚快、消印を見るに七月二十二日附なり、発行比較的速かなりしは満足、終日大雨、室内雨漏り甚たし殆んど坐席に困る別刷披見中丁度漏り当る、六時過帰宅　純子熱三九、二最早二週間以上軽度の熱続く原因不明、割合機嫌よし

八月二十七日　水　雨

七、四五教室、埋葬論別刷を検読などす、井、西等へ配る　足立文氏へ無沙汰手紙出す　六時半帰宅

八月二十八日　木　晴

秋冷天に付柿内へ行く、武鑑、装剣書など持ち行く、Bestattungsweise〔＊埋葬論〕を氏に贈る、在宅保養、弁当を食し、坊散歩を好まず、三時帰宅　庭に出て久し振りに草を取る、純子今日も熱高し不可思議

八月二十九日　金　雨晴

八時教室、医海時報林栄次郎氏来室、石器時代の話をなす、名古屋斎藤氏今日帰名すると、Bestattungsweise を松村、小松二氏に贈るため人類教室に到る、不在に付置きて去る、「土中日本」の試刷校正す　六時半帰宅

八月三十日　土　晴

八時半教室、西氏目白奥へ移転、略ぼ落ち付きたるよし、田口病気、来学期は強て静養せしむ、甚不人望云々、三

時半出て青山長井長義邸に夫人告別式に加名す、六時帰宅

八月三十一日　日　晴　祭日

九時半教室、この夏は遺伝論を読みたる外齲歯統計　千葉助手西氏より骨化学的分析に付話あり　六時半帰宅

九月一日　月　晴

震災一週年なり、市内種々追悼催しあるべし、八時教室松村氏挨拶に来る　十一時五十八分相図に市内半鐘、気笛一斉に鳴らす、電車一分間停車など災害を記念す、六時帰宅　Bestattungsweise 十五部発送す

九月二日　火　晴

八、二〇教室　枢密顧問官ドクトル・ズドホフ教授（ライプチッヒ）氏え Deformation d. Gebisses〔＊歯牙変形論〕（紀要28／3）を所望に依り送る、同時に岸上、岡島二氏に Bestattungsweise を発送す

九月三日　水　晴

八、五〇教室、事務へ行き月の手当を受取る、午後三時過出て加賀町、忠、信を連れて六時帰宅、使女去りて一人となり困り居るところなり　昨日帰京の筈に付喜美子吉女方へ行く

九月四日　木　晴

八時半教室　ハルリツカ氏と日本人骨十五との交換品未着に付スミソニアン協会（ワシントン）へ問合せ手紙（柿内氏案文）を出す、ビルケ（ロホリッツ、ザクセン）より歯変形文受取りたる挨拶来る、蓑内氏今日京都へ帰ると宇野朗氏令息新氏厳父の手紙を持ちて来る、此度同氏二男と上田万年氏令嬢との間に婚約整たるに付自分等に其媒酌に立つことの依頼なり、何れ確答する旨を述ぶ　六時過帰宅

九月五日　金　雨

八、二〇教室、名古屋浅井氏へ先達来書の返事を出す平信なり　六時過帰宅　忠、信二児迎来りて帰る

九月六日　土　雨

八、一〇教室、冷紺服、福岡小山、京都清野、長崎原の三氏へ手紙を出す、六時半帰宅

九月七日　日　快晴

大に秋冷好天、朝弓町宇野家に寄り依頼の息結婚媒酌承諾の旨を通ず、令嬢に其趣を言ひて去る、柿内へ行く、弁当を使ひて、坊、忠を連れて玉川へ散歩、河原に遊ぶ、

少し熱きも心地よし、河水多し少し濁る、加賀町へ送りて八時前家に帰る

九月八日　　月　快晴

七、五〇教室、清野氏より別刷受取り及秋遊び来れ云々六時過帰宅、吉村女史より葉書あり少しく疑はしき点ありとてきみ子金森家へ今出行きたりと、尋で加賀町より電話、会見に付打ち合せなり直に其事を金森へ電話す次に家へも電話あり明日にもといふこと、十時過きみ子帰り来り又々明日金森夫人差支なきやを確かむなど、十一時過ぎて寝に就く

九月九日　　火　晴

早朝きみ子今日差支なきことを通するため吉村家へ出行く、自分は安東家嗣子結婚祝品を持ち行く、柿内へ寄りて十時過教室、六時半帰宅、吉村甚煮へきらず、同女談中三度目云々、慨歎、適せざる人が中に立ちたるは稀なる偶然

九月十日　　水　晴

八、一〇教室、布施氏へW文庫 Ziehen: Centralnervensystem d. Monotremen u. M.〔＊文献〕請望に付貸す、昨日の話にて消沈、気にかかる　三時聞きて室を去る、家に帰りて見れば精等あり、少しも進まず、庭へ出る、良一等は安東家慶事に招かれ行く　吉女より後刻行くといふ電話なりしも終に来らず

九月十一日　　木　曇

早朝きみ子金森へ行く、八時教室、生理福田氏来室、ところへ山田珠樹氏仏国の若き法学者を案内し来り、法医に連れ行き標本室及傷死女剖検を見る、又自室に来り石器時代人骨を示し、標本室を見せる、クーレンベック氏来室別刷二種を贈られたり　六時過帰宅

九月十二日　　金　雨

昨日きみ子金森家へ行きて相談の結果寓行とし朝雨中出る、面会全く島決心に迷ひ居る云々、柿内へ寄る、三郎氏大腸カタルにて臥床　児等追々学校より帰る、弁当を使ひ、五時出て家に帰る、きみ其模様報告のため金森家へ出行く、終日大雨、嵐模様なりしも夜に入りて止む

九月十三日　　土　晴　秋らしくなる

七、三〇教室、井十一日、西来週より始むる旨掲示あり、藤井健氏来室松村論文審査委員は鳥居氏の補欠せざることと決したりと　六時半帰宅、秋声朗明、後曇る

九月十四日　　日　曇

午前柿内、天気怪しければ散歩に出す、弁当を使ひ四時前家に帰りて庭に出る

九月十五日　月　曇

八時教室　フラウ・フォン・ルーシャン教授礼状来る、六時過家に帰る　金森夫人来りゐる、コンスュ〔＊妊娠〕の件に付憤

九月十六日　火　雨

八時半教室、終日雨漏りに困る、六時半帰宅

九月十七日　水　雨　台風

昨夜来大雨且つ風も可なり強、屋内客間、書斎、其他雨漏り、八時十五分雨中教室、脚絆を用ふ、自室雨漏のため居るところなし、重要書籍、書類の濡れたるもの少なきは幸なりき、到底仕事叶はず九時半出て加賀町、十一時に坊帰る、児等の相手、四時帰宅、其頃は雨風共静かになる

九月十八日　木　晴

八時過出て玉川の水を見る、河原満つ、丸子に行くこと出来す　途中引き返へす十二時半教室、濡れ物の手当、Martin: Anthrop.〔＊文献〕見当らず教室内尋ね廻る、井上助手に㊏に尋ねしめたるに自身来りて昨日病理へアショフ教授のために貸したりといふ、自分に対し黙しゐるは甚其意を得ず、但し埋葬論の礼は言はず　明日アショフ教授が自分を訪問するよしに付アイノ等骨格を示すべしと思ひて標本室に入れば先日斎藤真氏使用せし頭骨甚乱雑、これは小使が片付けたるものなるべし不満。六時半帰宅今日も島方より使なし怪し

九月十九日　金　雨曇

七、五〇教室、標本室骨格を整頓す、十一時半頃長与氏等案内　アショフ教授来室、女婿□□（空き）氏も来る、これは新潟医大の講師なり、歯変形標本を始め石器時代頭骨等を供覧、興味深き様子なり、クリブラ・クラニー〔＊頭蓋縫合〕標本を示して意見を問ふ　プノイシュピラーレ・オステオヒュテ〔＊らせん状骨棘〕全く一致せるものありオスチーチス・デフォルマス〔＊変形性骨炎〕女頭骨、顱頂骨外面のものは軟部病変ありたるためか、兎に角一様とは見做し難し云々、亦標本室にてプラチクビトニー、メガペロニー〔＊扁平尺骨、巨大腓骨〕など示したり一時計居て薬物へ行きたり歯変形写真一枚贈る、午後Bildungstätte der Gallenfabstoff 講演あり　四時半終り病理に到りて彼の黴毒性？　脛、腓骨癒着のものを人

類より借り又脊椎骨結核性の石器時代のもの示し鑑定を乞ふ、面接工合甚良、満足、六時半家に帰る

九月二十日　土　晴曇秋天

今朝新聞に長岡半太郎水銀より金を抽出し得たることあり、学界大革命　模様悪しきに付きみ子金森へ朝相談に行く、八、一〇教室　人類へ行き脛骨を返へす、きみ子金森（留守）松原へ寄り横山のところへ行きて寄る午後マルビルへ行きバルトを尋ぬ古代器物を持居る独乙人、不在、歯院に島峰氏を訪ふ脱落歯を齲歯と見做すの当否に付意見を問ふ、齲とするを可とするが如し、三時半帰宅、庭に出る　晩松村氏来、徳川家石人骨希望叶ひ受取る計りとなりたり

九月二十一日　日　曇雨

九、四〇教室、松村論文調、午後一時半頃きみ子来室、小此木へ行きたる星話、一時間余居て去る、突発の気味、落ちつき居るべしといへり　雨止みたる間に五時過帰宅

九月二十二日　月　雨晴

きみ子早朝金森へ昨日の報告に行く、七、五〇教室、徳川家高木氏へ明後日受取りのことを電話す、人類へ行く松村氏不在　三時出て加賀町、明日は向島にて大学競漕あるも坊行かずといふ、晩九時半小此木忠氏来訪、星件、十一時半去る

九月二十三日　火　曇晴　祭日

九、四〇教室、三時半出て帰り庭に出る

九月二十四日　水　晴

八、二五教室、午前柴田氏来室東北旅行談埋葬論を贈りたる挨拶なるべし、小使中島石器時代（旧銅駝坊）人骨受取りとして十二時出行く　飯倉片町元徳川侯邸にあり、松村氏立合のため出向、きみ子来室只今小林来り＊にコンスユ〔＊妊娠〕及三子あることを聞き込みたりとてこれを知らせたり云々、次にユンケル氏挨拶に来る、四時半中島帰り来る二十箱あり、甚歓、六時半帰宅

九月二十五日　木　晴

九時過出て郊外渋谷徳川侯邸へ石人骨の挨拶に行く、高木文氏に面会、氏に謝儀（五円券）を贈る、十二時帰宅、途中柴田氏（小此木氏人物格を尋ぬ）又松村氏に逢ふ、午後在宅純子を連れて槇町、弄物を買ひ与へなど、庭に出て草を取る

九月二十六日　金　曇

七、二五教室、松村氏銅駝坊目録を持ち来る、長谷舘氏

来り　歯科病院の図書整頓を頼まれたりと　六時半帰宅

九月二十七日　土　雨

八、〇教室、松村氏論文審査要旨を理学部へ出す　午後人類学会、宮坂氏南洋旅行談、五時帰宅　今村有隣氏死去、晩惜に行く

九月二十八日　日　晴

朝出て石黒家に夫人及孫の病気を見舞ふ、先夏中別状なし老人元気、中鶴家を弁天町に訪ふ、始てなり南洋貝類など見る、パラウ島酋長の使用せしといふ鼈甲ヒ一本贈らる　柿内え寄る、玉川散歩、早昼にて出かける二子河原にて坊忠川に入りて遊ぶ、秋冷甚快、六時過加賀町に帰る、三郎氏等能え行きたるところこれ亦暫時して帰る、七時半帰宅、於菟帰着明日と思ひたるに今晩着のよし、夜半となるべきに付出迎へ止める

九月二十九日　月　雨

出掛けに千駄木え寄る　於菟無事帰朝を祝し九時教室、石代人骨近頃のもの箱に入れ片付く　六時半帰宅

九月三十日　火　曇

八、〇教室、午前銅駝坊人骨通検、人類に松村氏を訪ひ預り証のことを頼む、二時半家に帰りて今村有隣氏告別式、後庭に出て草取

十月一日　水　雨

足立氏より来書、京都来遊せよ云々、於菟来室、遺産所置のこと別段困難なかるべき模様云々、H・フィルヒョウ氏論著多数依托されこれを受取る、松村氏来り預り証作成、これに調印し、事務へ行きて書留にて徳川家へ出さしむ、研究生西山氏インフンヂブルム、ヒアッス・セミルナリス〔＊漏斗、半月裂孔〕の質問あり

十月二日　木　晴

八時教室、山崎直方氏を訪ひ汎洋学会人類学部準備委員選定のことを相談す、先つ松村氏としおき余は追てといふこととし直に松村氏に其ことを通じ室に帰る時に十二時、桜井氏御殿に居る趣きに付直に行きて其ことの承諾を得、人類へ松村氏に伝へて室に帰る、途上林部長より於菟帰朝に就ては嘱托を解く旨の話あり、三時出て加賀町信子遊び居たるに急に熱発す、六時帰宅、晩吉村女来、先方より更に音沙汰なし云々（否）

十月三日　金　晴

八時半教室、井にフリードレンデル勘定書を渡す Martin:

Anthrop.〔＊文献〕を取り戻すことを求む、去六月十四日申し出たるAnthrop. Anzeiges〔＊雑誌〕未だ注文せずと　実歎息、三時去て家に帰り庭へ出る　ポパ教授（ブカレスト）に論文寄贈礼札を出す

十月四日　　土　曇

八、一〇教室、松村来室　汎洋会に付話、マルチン教授（ミユンヘン）病気のよし於菟より聞きたるにより見舞葉書を出す、三時出て帰宅庭に出る

十月五日　　日　雨

午前於菟来り遺産の談などす、又大窪正氏志村同道来訪、両家の間に婚約整ひ近々式を挙るに付てなり　午後一時半上野学士院に到る第三汎洋会準備委員会なり、多数の新委員加はる、晩食、十時前帰宅、悪天

十月六日　　月　雨

八時教室、本日付て講師嘱托を解くを受取る、六時半帰宅

十月七日　　火　雨

八、三〇教室、午前人類に松村氏を訪ひ、長崎解剖教室員が腓骨に石鏃の嵌入せるものを発見したりいふ記事を見る、氏を伴ひ帰りて論文に付質問したり六時半帰宅、晩於菟来る、後事先つ落着と見做すべし十一時半去る

十月八日　　水　大雨

八時教室、午後藤井健氏来室　松村論文に付談合、山田珠樹氏於菟を尋ねたるも不在なりとて大雨中寄る、六時半帰宅

十月九日　　木　晴曇

八、二〇教室、午後出て安銀にて一〇〇Y引き出し、一ッ橋商大に移川子之蔵を尋ぬ不在、正銀に到り外国為替七〇Y組む之はZeitschr. f. Ethnol.〔＊雑誌〕46－50五冊に対するフリードレンデル＆ゾーンえの払ひのためなり、丸ビルえバルト氏を訪、古墳器物鑑定の件なりこれ借りて四時過家に帰る、庭に出る

十月十日　　金　曇晴

朝近き大野延太郎氏を訪ふて昨日の器物の鑑定を乞ふ、駒込郵便局に更正恩給証書を受取り九、四五教室　午後松村氏来室移川氏を訪ひ承諾を得たるよし、長談　於菟歓迎の意味にて五時より会食所に集まる、二十余名、八時半帰

十月十一日　　土　晴曇

八、〇教室、松村、移川二氏来室準備委員の件に付談合、

十二時半去る、委員長宛移川氏推薦申請を書き、三時出て加賀町皆大元気、三郎氏帰り来る、今日仏雑誌 La Nature 23/8 24 発行にミーテ教授とシュタメンライヒ助手が1924七月に水銀より金を製出することを発表せる記事あり　長岡氏のは勿論無関係なるべきも一歩先に成功したる感あり、七時前帰宅

十月十二日　日　雨晴

昨夜来雨、今朝になりても止まず併し勝浦洞窟探検の約あるに付両国駅に到る　山崎、松村氏等来らす、浦和高校生江上波夫氏のみあり　已を得す家に帰る、電話にて松村氏に質せば雨天は止めるといふことなりしよし、雨止み午刻より晴天となる、精と柿内え行き、三児を連れて井の頭え行く、精は泊る、晩大阪佐々木惟朝氏来訪愈々明日嬢と成田万次郎氏と結婚式を挙ぐるに付陪席せよ云々

十月十三日　月　晴

八、三〇教室、獣頭骨整理、松村氏一寸来り昨日行違の陳謝、午後帰宅更衣、石原夫婦の迎を待ち共にステエシオンホテルに到る三時半過なり、成田万次郎氏と佐々木令嬢との結婚式に陪す、長島式とか、新郎方親戚は叔父君一人のみ故に自分等はこの方に坐す　新婦方は加納夫婦始め十人、来賓は磐瀬氏宮殿下手術のため欠、白木、笠森、岩津外に三二列す、九時半成田叔父を伴ひ帰宅

十月十四日　火　晴

成田叔父と共に出る、八時十五教室、午後玉川え散歩と思ひ万世まで行きたるに紙入を忘れ直に家に帰り庭掃除、時佐々木惟朝氏挨拶に来る

十月十五日　水　晴

八、三〇教室、十時半移川松村両氏来室の約束なりしも十一時に未だ来らず、一方志村家のことあり、人類え断りに行く　行き違ひに松村氏来室、これより家に帰り、昼食支渡、一時一〇分日比谷大神宮に到る式既に始まり居る　媒酌として立ち合ふ、火災後のバラックにて式単簡、一時半終る、これより帝国ホテルに到る　五時半まで閑時あり、写真、ホテル内遊覧、立礼、六時食卓、式辞を述ぶ、志村大窪両家婚済む、九時前帰宅

十月十六日　木　曇

九時教室　フリードレンデルえ Zeitschr. f. Ethnol, Jahrg〔＊文献〕46‐50に対し先日組み置きたる七〇円為替券を発送す同時に自分隠退井上主任となりたることを書添

へたり　東京駅に到り寝台を買、今夜のものは既に売り切りたるよしに付明日のものを買ふ、丸ビル775バルト氏を訪ふ不在、先日の古墳器物を返へし、一時過帰、坊三時頃来る　晩国民新聞記者来、日本民族改良に付意見云々

十月十七日　金　晴　祭日　京都行

午前坊を連れて帝展へ行く、午後は在宅、忠子来りたり夕刻橋本龍、春来り晩食、三等散歩旁々といひてかばんを持ちて東京駅まで来る、七時発、八時過寝台に上る

十月十八日　土　晴曇

案外眠りたり、車中にて朝食、七時〇三京都着、人車、八時足立邸着、氏まだ在宅、共に大学に到る、小川舟岡氏等に面会、十二時本部新食堂にて昼食（荒木総長の好意）午後は足立氏に伴はれ考古学に浜田氏を訪ひ、陳列品を見る　吉田山を廻りて日暮に足立邸に帰る

十月十九日　日　雨

解剖教室松茸狩の筈なりしも雨天にて止む、清野邸に足立氏と共に行き老人に面会これは卒業後始めてかと思ふ懐旧談感深し、謙次氏が採集せる石器時代器物を見るその量夥し、昼牛鍋の馳走、午後引き続き物置にある堆き人骨土器等の有様を窺ひて本館に戻る、支那古器物、古銭等なかなか尽きず、日暮れて足立邸に帰る

十月二十日　月　晴曇

足立氏誘はれ大学に到る、標本室石器時代人骨を見る、舟岡氏室にて紫外線の装置示さる、清野来り三人にて撮影す、旧食堂にて昼食（清野氏負担）藤浪、正路氏あり、清野に伴はれ同邸に到り老人と出かける、嵐山に到る、此処にて坊に葉書を出す、帰途四条にて別れ自分は新京極にて児等のために雑品を買ひ日暮に足立邸に帰る

十月二十一日　火　曇

昨夜如何せしか殆んど不眠、九時足立氏と出て近き銀閣寺、百万辺（ママ）を見て大学に到る時に十一時半　新食堂にて昼食　清野老人と二条離宮、桂離宮拝観の約束にて足立氏が手続きを成しくれたるも天気怪しければ電話にて聞きくれたるところ中止すとのことに付自分は独りこれより散歩、電車祇園に降り円山公園より清水に到りて戻り智恩院（ママ）、インクライン、動物園に入りて休憩、黒谷、真如堂を経て日暮に足立邸に帰る　R・マルチン氏え足立氏と連名葉書を出す

十月二十二日　水　曇

主人夫婦に感謝し九時足立氏と共に小自動車にて同邸を辞す　特急にて発車、展望車にありて眺む、名古屋にて食堂に入る、葉巻二本喫す、甚快、五時過夕食、沼津辺より暮る、降雨となりたるに気付く八時半東京着、九時過家に帰る

十月二十三日　木　曇

十時教室、寒、火鉢を命す、きみ子来室、小此木家より電話ありて今日星云々、十二時半帰宅、直にきみせいと出て巣鴨駅にて小此木家族と合し五反田に降り大工場に到る、二時半、工場の次に建築中の学校を見て再び事務所に戻り辞し去る　五反田駅往復自動車を供せらる、七時帰宅　この意義？

十月二十四日　金　晴

八、四五教室、午後理学部教授会に臨みて松村氏学位論文審査報告をなす終て人類教室に到り氏に其旨を報し丁度山崎氏に出合ひて通過を慥かめ、京都足立氏へ電報を出し柿内へ行く児皆大元気、六時過帰宅

十月二十五日　土　晴

九時教室、松村氏挨拶に来る、足立氏より既に昨夕七時に祝電来れりと、午後人類学会、原田氏グラス鏡の起源に付講演あり其前に坪井九馬三氏近畿地方にアイノ地名に一致するものあるもこれは然らずして南方殊にチヤム語なりと談あり甚珍奇なる説なり終て年会、後松村移川二氏と明日の小委員会に付談合、七時過帰宅

十月二十六日　日　快晴

十時半学士院に到る、汎洋小委員会なり、論題、見学等に付議す、七時帰宅

十月二十七日　月　快晴

八、四〇教室、長岡墓参のため汽車表を調ぶ、足立、清野父息氏へ挨拶状を出す、上野駅に到、寝台券を買ひ三時半帰宅　晩食、出かける、時刻尚ほ早し附近を散歩、八、三〇上野駅発車、暫時して寝台に昇る

十月二十八日　火　曇雨　寺泊着

鯨波辺にて明く、天気模様宜し、七、〇五長岡着、俥にて西長岡駅に到る、これは長岡鉄道会社線なり　二時間計時あり駅脇小旅宿に休憩、携帯せるパンを食す、九、三〇発十一時過寺泊着、よし江子児を連れて迎へくれたり、時に雨降り出す、桜井家保子等面会、昼食は保子の心配なり天気悪しけれど独り信濃川分水吐口を見に行く、此処にて鱒鮭等が昨年通水以来漁獲あるよし、夕刻

に到り天気益悪し、入浴、晩食は桜井氏の馳走なり、八時頃波音を聞きつつ眠に就く

十月二十九日　水　風雨霰みそれ

天気甚悪きも保子同行、一〇、一〇寺泊発、大河津にて盛に霰降る、車中甚寒、十二時前長岡着、自分山本旅館に投す、昼食、出て大手饅頭を買ひ透方に寄り保子と共に安善寺に到る、住職不在暫時して帰り来る、雨の止みたる間を選んで墓所に詣、整頓し在つて大に安心す、菊花を供へ参拝、戻りて読経、再椰野へ寄る、透氏朝より他出尚ほ在らず、宿に戻りて夕食、七、三八雨中発車、保子駅まで見送りくれたり、八時寝台に昇る

十月三十日　木　快晴

醒むれば青天、家に帰ればきみ子純を連れて門前に居る、昨日も快晴なりしと、表裏にて斯くも天気異なるかと感じたり　午後柿内、児等大元気、葉書二枚は先刻着きたりと　晩は疲れて早く眠に就く

十月三十一日　金　曇　式日

朝純子を連れて槇町歩く、十時頃坊来る、庭掃除、午後精子と坊を連れて芝離宮公園え行く、昨日バラックに大火災あり附近雑沓す、五時頃帰、入浴、早く眠る

十一月一日　土　曇（雨）

坊共出、七、五〇教室、長岡墓参の日記を書く、人類に松村氏を訪ふ、京都島田氏え番茶菓子の礼状、木原氏え写真の礼を出す、二時出て小川町に賀古氏を訪ひ森家後事互に心配し居たるところ於菟帰朝後直に都合好く開決（ママ）したることを談す　四時過帰宅晩雨降る

十一月二日　日　晴（雨）

勝浦行、坊を連れて八、三〇両国発車、同行者山崎直方、小沢儀明（古生物講師）、松村瞭、学生佐伯四郎、同小林貞一氏及浦和高校生江上波夫氏案内者とし総て八名三等車に入る、一の宮を出て弁当を使ふ、十二時勝浦着、これより自動車にて守谷に降り、海岸の洞窟に到る　汀平岩の上にあり大境のものに比すれば極て小、併し新らしき弥生式の遺跡なるべし、次に徒歩トンネルを過ぎ興津に到り第二の遺跡を見る、道甚難、坊は小沢氏に負はる、これは今は洞窟にあらざるも元は其形をなせしか、人骨出てたりといふ、大腿骨頭部を採ひたり、少し雨降る、四時半興津を自動車発、五、〇五勝浦発、九時頃両国着、市内電車総怠業とて家に帰れば十時、食事、十一

時過ぎて寝に就く

十一月三日　月　晴

明治神宮祭に付坊忠学校休、児等の相手、午後二児帰り去る、後庭掃除、がくをきる

十一月四日　火　晴

九、一五教室、松村氏一寸来室、印刷木下来る愈々W文庫ブックプレエト五千枚注文す、午後坂元宇之助氏来りアクセルマンの標本を見る、長談、市電怠業のため電車来らす徒歩七時前帰宅

十一月五日　水　晴

九、四五教室、五時出て華族会館に到る　井上哲氏古稀祝賀、二百名計集る、九時帰宅

十一月六日　木　半晴

七里ヶ浜に鈴木氏を、片瀬に宇野氏訪ふ、鈴氏病室漸く落成したりと、共に宇氏荘に到る、藤沢より乗りて七時帰宅、七里ヶ浜の散歩は人なく材に腰を掛けて弁当を使ふ甚快

十一月七日　金　晴

八、四〇教室、溜りたる外国雑誌を見る、後三時出て弘田家を見舞ふ左脚の状態寧ろ悪きが如し気の毒、これより柿内皆元気、七時過帰宅

十一月八日　土　晴

朝純子散歩、九、三〇教室、松村氏来室興津洞窟写真持来る　午後市川に田口氏病床に見舞ふ、床に坐して雑談中新潟小池氏転任と決せるよし、井上自分に一言もなし、六時過帰宅

十一月九日　日　晴風

午前上田万年氏夫婦令嬢来訪、宇野家と婚約整ひての挨拶なり、午後柿内、風強く散歩せず家にありて児等の相手、晩食、九時帰宅　きみせいは琴の会に行き未だ帰らず、新潟工藤氏へ小池の件申し送る

十一月十日　月　晴

八、五〇教室、一〇、一五出て先づ麻布龍土町に森永友健氏を訪ふ、七十八歳のよしなるも元気、旧友談、次に丸ビルに到れば一時過ぐ、地下室に降りて少し食す、七階バルト氏に古墳物の説明をなし、これより三井銀行に到り解剖学会資金の書き替へをなす、教室に戻れば既に三、一五分、大槻文彦氏へ寝棺、坐棺のことを尋ねたる返事あり其礼を出す　スミソニアン協会より送附の交換品頭骨及頭骨模型一四個帝国図書館に到着し居るを一昨日慥

かめたるに付今日受取りに遣る　去大正九年二月八ルリツカ氏との約束これにて終結す　預金証及現金一五〇円井上氏に渡す　五時教室諸氏と共に池の端伊勢栄といふ鰻店に到る　井上助手入営のため送別、集るもの十名、九時過帰宅

十一月十一日　火　晴

出がけに佐藤三氏を訪ひ明後日来宅の承諾を得、九時教室、新潟小池氏千葉へ転任の件に付出京来室、又三郎氏来り田鶴出血に云々直に帰宅精子を遣る自分は教室、十月以来甚多事、奉天工藤氏へカイゼル其他の本を返却手紙を書く、田鶴子を見舞ふ、病症不明、晩松村氏学位発表になり挨拶に来る

十一月十二日　水　晴

八、三〇教室、暫時して大里氏来、上本郷人骨持ち去る、寄贈の意にては無かりしよし、変りたる人なり、三郎氏一寸来り田鶴子悪徴なし云々　四時学士院例会、姉崎氏「寛文年間の切支丹処分付マルチリオの勧め」講演あり国際補助語、会員選挙法改正案（福田氏提議）、十時散す

十一月十三日　木　晴

九、〇教室、午後移川、松村二氏来室項目の論題を相談す、三時去て帰宅、坊来る、精子帰り居る、田鶴子悪徴なし、旧友夫婦など六名招く、弘田夫婦、宮本夫婦、佐藤三及緒方未亡人、懐旧談など尽きず、九時過ぎて散す皆満足の様、後にてきみ子等と善きことを処したりと言ひ合ひたり　十時過寝に就く

十一月十四日　金　晴

坊共出、八、四五教室、松村氏来、昨日到達せる旅費（かそり）二六、七六を渡す、氏のものと合して五〇円余になる　かそり遠足大に景気を付くべしといへり　三時出て帰り庭を掃く　晩松村氏来、論題英訳に付談合

十一月十五日　土　晴

八、二五教室、坊共出、午後宇野俊夫氏挨拶に来、三時過出て家に帰り庭を掃く

十一月十六日　日　晴

汎洋会準備のため加曽利貝塚視察、八、四〇両国発、松村、移川、宮坂、八幡、甲野氏同行、坊大悦、今春のことを思ひ出す、山林中貝塚場所は浜田所有地最適当とす、茶菓を喫し三時半帰途に就く、七時前家に帰る、此行甚快

十一月十七日　月　晴

坊共出、八、三〇教室、谷口吉氏来室、人類え同行松村氏に紹介す　ＯＡＧに於てハーベル教授（毒瓦斯を以て有名）講演並に会食に出席の旨通知し置きたるに付三時半帰宅、然るにモオニング修理間に合はず依て中止、庭に出るこれ今年最終か

十一月十八日　火　晴

坊運動会、帝展第二回素見、昼教室、松村氏来室今千葉より帰り途なりと県庁に到り加曽利貝塚の件に付開陳せり都合よく運ぶべし云々　田原鎮雄氏来室大山論文到着せしよし提出は帰朝の上とすべきも其準備に付きては本人に問合すべしなど談合　七時少前帰宅

十一月十九日　水　晴

坊共出、八、二五教室、大山家より使来り論文受取る。アイノ其他の写真集を整理す、六時半帰

十一月二十日　木　晴

八、四五教室、観菊会不参、昨日に引き続き写真整理、六時去て帰る

十一月二十一日　金　雨晴

坊共出、八、三〇教室、大山論文読、六時半帰

十一月二十二日　土　晴

坊共出、八、四〇教室、午後人類学会、関野真氏朝鮮楽浪郡古墳に付講演あり、平壌の南西大同江の左岸に千もあり、漢時代のもの、主として鏡及陶器に付説明あり、四時半帰宅、柿内全家入浴に来り居る、震災修繕のためなり

十一月二十三日　日　曇　祭日

きみ子は宇野、上田両家へ祝品を持ち行、自分は午後新井氏を大崎に訪ふ、氏狭心症にて近頃悩み居る由に付見舞且つ切に閑散の身とならんことを薦めたり氏も大に喜び成るべく早く決行すべしと

十一月二十四日　月　雨晴

坊共出、八、三〇教室、午後松村氏来室長談　大山論文下見のこと、六時半帰宅

十一月二十五日　火　晴

坊共出、八、三五教室、保人会にて坊十時過教室へ来る、これより玉川散歩、枯野にて弁当、河原にて川を造り、帰りマルビル地下にてすしを食し六時過帰宅

十一月二十六日　水　晴

坊共出、八、三〇教室、学生吉村某来室屍永久保存法に付尋ぬるところあり　祖母のためにとか珍らしき人、皮

膺科根岸博氏講師になりたりとて挨拶に来る　四時出て加賀町、屋内修理のため乱雑

十一月二十七日　木　晴

坊共出、八、三〇教室、西氏にエスペラント補助語に付質問す、ゴルトシュミット教授来朝（四週間程前）面会、今日解剖教室に於て Über Geschtlechtsbestimmung の講演四時よりある由に付これを傍聴す五時過終る、六時半帰宅小此木氏来りて待ち居たりと、土偶図を見且説明せらる、共に晩食す、＊の件来月十日より暇あるよしにそれまで待ちくれ云々九時過ぎて去る

十一月二十八日　金　晴

坊共出、八、三〇教室、於菟来室明日親戚を招く云々、自分等良一差支三二を遣ることとす、斯学授業法等談したり　四時より人類学会評議員会出席、鳥居小松両幹事辞任に付八幡、宮坂二氏に嘱托す、六時帰宅

十一月二十九日　土　晴

坊共出、八、三〇教室、三時帰宅、既に自動車待ち居る、更衣直に上野精養軒に到る、宇野上田両家婚儀媒酌としてなり、四時式を始む平田篤胤（ママ）氏主宰す、五時より来賓来る、立礼、食卓にて挨拶例の如し、穂積氏来賓として祝辞あり、九時帰宅、夏以来の約束を果したり、宇野氏は風邪のため列席せず、坊は加賀町へ帰り忠子来る、三郎氏入浴せりと

十一月三十日　日　曇風晩少雨

午前神明町に開設せられたる東洋文庫を見るこれはモリス蔵書を核として東洋に関する図書を収集せるもの五万冊以上といふ、午後天気悪し家にあり

十二月一日　月　晴

朝青山に佐々木忠次郎氏を訪ひ畑井氏授賞に付測（ママ）るところあり　氏の模様はよし、十一時半教室、医新記者来り雑談、好天なるに付不斗思ひ立ちて独玉川畔を散歩す蒲田より渋谷の方向をとる、六時半帰宅　室内寒く困りたるに今日始めて少し計暖房を燃く

十二月二日　火　晴

小此木令妹婚約披露とてきみせい朝より忙し、九時教室、午後山田珠樹氏まり子及ジヤツク連れて来室標本室え案内などす、四時帰宅丁度宇野老夫人及令息挨拶に来りたるところ、急き更衣、上野精養軒に到る　穂積陳重氏古稀祝賀なり、十時帰宅、氏の新著法律進化論一部貰ひた

り

十二月三日　水　晴

八、一五教室、四時過帰宅、更衣、帝国ホテルに到る、宮本水田両家結婚披露なり、落語講談の余興あり、二〇〇名以上と思ふ、石黒忠、内藤久、橋本圭、其他珍らしき人に遇ふ、十時前帰宅

十二月四日　木　晴

八、二五教室、頻りに大山論文を読む　四時より五時までゴルトシュミット氏遺伝論議を聞き、鰻弁当を食し六時出て学士院国際補助語に付委員会に赴く、英語を用ふるかエスペラントにするかの二考案あるが如し十時半帰宅

十二月五日　金　晴曇

八、四〇教室、午食後杉田氏を訪ひ畑井業績に付種々尋ねたり　五時学士院に到る、論文項目委員会なり、人類の方は三件にて面倒なき様なり、十時半帰宅

十二月六日　土　曇

九、〇教室、大山論読み終る、二時帰宅、柿内一家入浴に来る、自分も入浴、六時きみ子と共に伝通前偕楽園に到る　上田家里開きのつもりなるべし両家の近親二十名計、七時四十自動車をもらいて帰宅　連日事あり珍らしきことなり

十二月七日　日　雨雪

天気悪し、終日在宅、純子誕生日なりとて桑木息嬢を招く、皆々面白く遊び四時頃帰り去る

十二月八日　月　晴

朝出て目白文化村に島峰氏を見舞ふ、去る三日内藤氏肋膜炎にて引籠り居るこれを聞き込みたればなり、殆んど三週間計になるよし併し三四日来大に快方云々雑談十二時となる、去て近き西成甫氏新宅を訪ひ玄関にて夫人に挨拶、一時半教室に到る、食事中金沢須藤憲三氏来室長談四時過ぎて去る其間千葉助手西氏来るなど忙し　H・フィルヒョウ氏より寄贈 Anatomische Präparierübungen〔＊文献〕到達す　六、四〇帰宅、入浴、久し振りにて家でゆるゆる晩食したり

十二月九日　火　曇雨

八、五〇教室、大沢未亡人来りて亡夫に花を供へる、大山氏 Die Steinzeit in Japan〔＊文献〕を読む、六時半過帰宅

十二月十日　水　小雨晴

八、五〇教室、京都蓑内氏来室又松村氏来る、昨日帰京せりと即ち去る　六日より上総守谷洞窟を発掘に行きたるなり、氏の論文出版に付ては其章に置き替へを要する点に付相談あり　六時半帰宅

十二月十一日　木　晴

九、教室、在欧大山氏え手紙を出す論文通読せること。六時半帰宅

十二月十二日　金　晴

昨日京都赤座寿恵吉氏、東大田代退職、横手氏二十五年のため各五円つつ振替貯金を組み。八、四五教室　森田氏曽てフォラーメンメンターレ〔＊頤孔〕の位置に付て調査することを話し置きたるに千葉西助手其問題如何の相談ありしにより尋ねたるところ成さずといふ　四時学士院例会文博矢吹慶輝氏「三階教に関する研究」講演あり、国際補助語委員会決議井上氏報告す　故メンデンボオル氏寄付金二千五百弗受領すること、又授賞の件は自分畑井氏を提出、審査委員にて審議することとなる、十時半帰宅

十二月十三日　土　晴

九、教室、午後人類学会例会、山崎直方氏「上総守谷洞窟の人類学的遺跡と土地の変遷につきて」講演あり、四時家に帰れば柿内全家入浴のため昼前より来りて混雑、自動車にて帰り行きたり

十二月十四日　日　晴

良精第六十六回誕辰、柿内へ行、普請にて大騒ぎなり、弁当を使ひこれより中野に大沢謙二氏病気のよしに付見舞ふ「パラチフス」のよし、帰途千駄ヶ谷にユンケル氏を訪ひワイマント氏日本民族論英字新聞に掲載せられたるよしに付尋ねたり幸に其紙を貰ふ、茶を喫しなどし共に出る　四時過帰宅、晩小此木夫人より贈られたる菓子に蠟燭を点し純子喜ぶ

十二月十五日　月　晴

八、五〇教室、宇野氏より令息婚儀済みたる挨拶の葉書に対し祝詞と返事を出す、バックマン教授（リガ）、ブライス教授（グラスゴー）、フラウ・サラジン博士（バーゼル）え論文寄贈礼札を出す。午後一時半教室を出て独玉川畔散歩、天静穏

十二月十六日　火　晴

八、五〇教室、英字新聞切り抜きを整理す、午後ユンケル氏ワイマント氏を伴ひ来りて紹介し呉れたり　日本人

のことに付Japan Chronicle〔＊新聞〕紙上に論文を掲載せる人なり　第一高校教師、J氏の親切有り難し　六時半出て帰宅　ボルク教授、ウィンゲイト・トッド教授二氏え礼札を出す

十二月十七日　水　晴

九、教室、午後在独原震吉氏来朝、来訪、三十余年振りにて面会、独乙窮状談、氏俸給一時日本貨三十円なりきと、英字新聞切り抜き終る

十二月十八日　木　晴

八、五〇教室、昼整形等建築中の仮教室三郎氏を訪ひ八ルリツ力えの手紙（交換品受領挨拶）文案を作り貰ひたり、又亦た書きて出す　W文庫エクスリブリス〔＊蔵書票〕札五千枚出来たり　六時半帰宅

十二月十九日　金　晴

九、教室、小使四人え三円つつ歳暮を遣る、去二月二十三日注文せるFirszh: Indextabellen〔＊文献〕其他如何なりたるかを井上氏に尋ねたるところ二件は着し居たるも二件は未だし其節に自分講師を罷めたる慰労会の考あるとかいへるも前の銅像の件の如く難（ママ）く断りたり、長谷舘一〇〇円貰ひたりとて挨拶に来る、新潟工藤氏より小池後任者に付書面に対し適者なき旨返書を出す六時半出て帰宅　きみ子瓦斯ストオブを買ひたり、これを用ふ

十二月二十日　土　晴

九、教室、天暖静、午後独散歩、川崎より玉川右岸を上り丸子渡を越して電車に乗る、三二にMiret-Sanders Englisch-Deutsches Wörtebuch〔＊辞書〕を買はしむ（七、五〇円）

十二月二十一日　日　晴

午前出て牛込小松家を訪ふ老母堂無事、併し七十八才の高齢、益々老衰せられたる様に感す晃氏在宅、椰野より托されたるきな粉を持ち行く、次に石黒家に寄る老夫人の容体十三日以来特に悪しき由、令孫先同辺か、これより柿内に至る、普請加ふるに孝子左腕火傷など相変らず混雑、弁当を使ひ午後は上渋谷に佐々木豊七氏死去を弔ふ　告別式なり香奠三円供ふ三時過帰宅

十二月二十二日　月　晴

八、五〇教室、午後松村氏来室、マルチン計測器全部を人類教室に備へべきに付相談あり長時間を費せり　六時半帰宅

十二月二十三日　火　晴

八、五〇教室、松村氏来室　マルチン計測器を注文するに付相談、化石人類頭骨等の目録記載に終日す、七時前帰宅

十二月二十四日　水　晴

八、四五教室、午食後人類に到り松村氏に器械書籍購入に付進言す、動物教室一寸矢津氏を訪ひ臨海実験場行に付開陳す　鰻弁当を食し六時上野学士院に到る　東照宮記念会え推薦すべき研究事項委員会なり、九時前帰宅、柿内家族入浴来りたりと　これにて止舞か、坊忠泊る、坊は寒冒

十二月二十五日　木　晴

三崎行、八、五五東京発、横須賀より自動車（一円五〇銭）、引合橋にて降りこれより油壷まで十五丁計、山上風景佳、午に近ければ芝上にて弁当を使ふ、小網代村まで下りこの所いわしは大漁なるが如し　臨海実験所に到れば一時を過ぐ、農科の原十太教授学生引率在所親しく案内せらる、水産学生五、六名実習中、屋外に出る、風景甚良し、三浦父子の墓詣、所に帰りて直にボオトにて湾の対岸に渡る、昨年地震にて陸地二尺余隆起せる跡明瞭、三崎町まで歩く、自動車にて横須賀、五、三五発車、朝来何も飲まざりし故大船にてカフエエを買ひて渇を医す、八時過帰宅

十二月二十六日　金　曇雨

九、三五教室、ハルリツカ氏との交換品目録に記載す、七時前帰宅　忠子は精子送り行きたり、坊は軽快

十二月二十七日　土　雨曇

九、一五教室、医学部より手当一五〇円貰ひたりこれ最終、松村氏来室大山論文を持ち行く　此頃毎日の様に電灯消ゆ今日も然り　五時帰宅　第五十議会開院式

十二月二十八日　日　快晴

坊風邪稍治る、連れ出、日比谷公園に入る、昼帝国ホテルグリルルウムに入り食し、これより銀座を歩き、スタンプ・アルバム（＊切手用アルバム）買与ふ　大悦にて三時過帰宅、丁度新井春氏来り居る、晩食、緩談、六時去る

十二月二十九日　月　曇

坊帰へる筈、九時半教室、雑仕事、西（千葉）氏脊椎に付質問あり、室寒、五時過ぎて去る

十二月三十日　火　曇

九、一五教室、ワイマント論文の一部を読む、二時半出

て加賀町、普請混雑、五時帰宅、皆外出きみ子のみ家にあり今日小此木え行きたらば昨日始て＊に会し直談したるに心中済政上（繰り返へして）悲惨云々故に考慮中なりと　此意義？　晩食し独り出かける、途中精に恵せるるか、自分に四ヶ年の時が与へらるるかなど思ひつつ銀座を往復し新橋より電車にて往復し九時帰宅時に小雨ふりつつあり

十二月三十一日　水　曇

九、三〇教室、千葉西氏あるのみ甚静、自身火鉢湯を運ぶ、或学士某来室　家兎の解剖に関する書あるやを問はる、畑井論文要旨を編す　又亦不安にて年を起すと思ひつつ四、四五室を去り家に帰る　きみ子今午前にも小此木え行きたりと但し何も新談なし、八時半書室に入る十時寝に就く

大正十四年　2585
1925　満六十六年

一月一日　　木　晴曇

十時に誰も来ない内にと思ひて出かける先つ千駄木於菟方に到る、丁度皆集りて朝食中なり、未亡人等にも会ひたれば隣家へ寄る要なし、団子坂下より電車にて林町橋本家（新居）に到れば皆不在、これより北町桑木家に到る途上にて厳翼氏に会ふ、寓に通りて少時談、終りに柿内、時に十一時四十五、普請は尚ほ未済、屋整はず、三郎氏外出弁当を使ひなどす、児等無事、一、二〇去て市ヶ谷駅より玉川散歩、午後は天曇りたるも風なく、河畔人なく甚静、例の堤上を歩き、例の通り水道橋に降り五時頃家に帰る、午後より橋本三息来り尚ほ居る、来客は例に依り同家全部、桑木氏、加賀美、潤、於菟等なりきと、やはり混雑せりと、七時半書室に入る、夜に入りて雨降る

一月二日　　金　晴（温）

小松晃氏玄関に来る、九、四〇教室、畑井論文調、教室誰来らす　六時出て家に帰る、三郎氏年始に来り晩食しまだ居る、八時半まで談したり　平野、ユンケル、中鶴諸氏来賀のよし

一月三日　　土　晴

十時出て千駄ヶ谷にユンケル氏昨日の答礼、不在夫人寒冒、これより青山に平野家えこれ亦答礼皆在宅旧臘向脳病院の近火談、午刻に近く辞し去る、柿内え寄りて弁当を使ふ、坊玉川散歩するといふ、一、四五出る、代々木乗り替へ雑沓を極む、新宿まで行きて漸く乗りかへたり、好天快、六時半加賀町え帰る　自分は七時帰宅

一月四日　　日　晴曇

九、一〇教室、教室誰も来ず、畑井論文調、室内寒し四時半出て家に帰る　足立氏より中院に付懇書来る

一月五日　　月　晴

九、二〇教室、足立氏に早速返書を出す（暫時猶予しくれ云々）昨年十月四日Ｒ・マルチン教授（ミュンヘン）え病気見舞葉書を出したる返書到達す、不眠神経痛に困しむも仕事は継続し得るよし但冬学期講義は休止す云々今日も畑井審査要旨に終日す　六時家に帰る

一月六日　　火　晴

九、教室、誰も来ず極静、審査要旨略ぼ書き終る　徒歩六時過帰宅

一月七日　　水　晴曇

朝菊富士ホテルにワイマント氏訪ふ先日来訪の答礼なり、在家なるも朝食中に付匆々辞し去る、九、五〇教室午後は森田斉次氏息葬式に小石川称名寺に到る、本堂特に寒し併し式は二十分計にて終る、程近き浜尾家を訪問す、先生去二日以来風邪のよし、三時柿内に到る、坊忠は年始の試筆中なりき、五時家に帰る、今日大に寒くなりたり、暖房

一月八日　　木　晴

八、四五教室、午刻井氏室に入る、西、小池（旧臘千葉え転任）等あり　新年の辞を述ぶ。Donaldson, The Rat〔＊文献〕紛失に付再ひ質すところあり。森田氏、西山氏（研究生）来室賀辞あり。森田氏室に到りD鼠書を探すことを頼む　桑山あり賀辞を述ぶ、精神教室に杉田氏を訪ひ畑井及白鼠談、畑井氏十二月中頃渡米のよし四月中には帰朝すと　小池氏来室、挨拶大に研究談をなしたり、六時半帰宅

一月九日　　金　晴曇雨

九、三〇教室、一寸細菌に竹内氏を訪ひウィスター白鼠のこと尋ねたるも持合せなきよし、これにて少くも東京にはなし。㊋来室、足立島次腎臓の仕事何所に発表せるやを尋ねたり、午後二時川上政雄氏来室今午前三時厳父政八氏死去せられたるよし、朝鮮の孤島に在住、食道癌に罹り旧臘迎へに行きて十二月二十八日着京せりと　夕食に例の鰻を注文しこれを食し六時上野学士院に到る授賞審査会なり委員古市、長岡、本多（光太郎）、小金井、田中舘、三浦（謹）及佐藤部長（中村（精男）氏欠）、物部長穂恩賜賞、畑井新喜司学士院賞、曽禰武毎日新聞記念賞と決す、長岡氏推薦石田義雄電子帯電の測定は撤回せらる、九時半帰宅時に雨降りて寒し寒冒の気味

一月十日　　土　雪、午後晴

静養、桑木繁子嬢結婚披露なるも断る　きみ子良一等行きたり、精子は純子の守をなす　雪二寸程積る

一月十一日　　日　晴

静養、故川上政八氏告別式なるも風邪のため横山を頼みて代理として遣る　香奠五円供ふ　晩於菟来りたるも会はず長く話し居たる様なりき　緒方未亡人来訪これも会

はず

一月十二日　　月　晴

静養、学士院例会断る　緒方未亡人来る馬場のことを知らせる

一月十三日　　火　晴

静養

葉書　　二六六
封筒　　三三
名刺　　三三

一月十四日　　水　晴

静養

一月十五日　　木　晴曇

静養、精子友人等を招く、志村老祖母も来る、大騒ぎ、信子学校帰りに来る　夕刻皆散す、きみせい天気温和にて悦びたり

一月十六日　　金　曇

尚ほ静養、精子柿内え年始に行き坊を連れ帰る、良一公用にて仙台え夜行にて出発す　今日きみ子小此木え行き様子を探る、甚不審

一月十七日　　土　晴

今日より出る、九、一〇教室　松本操一氏（産婦人科）満鉄安東医院赴任に付来室告別、午食後出て千駄ヶ谷ユンケル氏を訪、氏賜暇帰国のよし新聞紙上に見たれば様子を尋ねたり氏寒冒、夫人に遇ふ、出発は四月のよし、四時家に帰る、寒風特に強し、忠子来り居る、晩は二児を相手に遊ぶ、人類例会坪井九馬三氏「倭人に就て」講演あるも欠席

一月十八日　　日　晴

午後精子と二児を連れて三越、白木屋に入り、自分は震災後始めてなり、大通りを新橋まで歩く、自分は二児を加賀町え送り行き六時過帰宅

一月十九日　　月　晴

八、五〇教室、島峰来室肋膜炎先つ回復、午後富沢有為男なる人来室、陸軍依托学生富沢日出男氏の弟なるよしにて此度卒業するに当り陸軍を辞したきに付ては其様子如何云々　明日わかるだけ聞き置く旨をいへり、此人相良知安先生の縁者なるよし同先生に付種々長談　六時半帰宅　きみ子小此木え行きたるに明後日まで待ち呉れといふこと

一月二十日　　火　晴

早朝良一仙台より帰る、九、〇教室、午前事務室え行き委託学生を辞退し得るや否に付き尋ねたり、午後昨日の富沢氏来る其趣を通し兎に角山田弘倫医務局長に懇談を試むることとす　アレッテ・シュライネル（クリスチャニア）氏え論文寄贈答礼を出す、又札幌植村氏え鮭送与の礼状を出す

一月二十一日　水　晴

出がけに陸省に到り山田局長に面会、富沢依託学生辞退の件に付話す　なかなか面倒なり十二時少し前教室、在ボルネオ島元島策太郎氏え年賀答礼旁頭骨等採集の依頼状を出す　六時過帰宅

一月二十二日　木　晴

九、五〇教室、午後富沢兄弟来室、昨日医務局長に面談の次第を伝ふ　父近日上京のよし其上にて願書を出すべきか云々願書案を渡したり　ゴルトシュミット遺伝講義あり、四時半過より五時半まで、其伝達方行き届かざりしと見え聴講者少きのみならず解剖のもの一人もあらず甚だ不都合に感す　ルビエール教授（パリ）え校本 Anatomie humaine 2 vol. 寄贈の礼を出す　六時半過帰宅

一月二十三日　金　晴

八、四五教室、秋田氏来室児童計測談、午後二時出て市ヶ谷加賀町に故小谷野格治氏告別式参加、柿内え寄る、児皆元気、三郎氏帰る、日本科学奨励会発起人選擢談、殊に解剖井上、生理永井など問題　素子児を連れて水戸え行く

一月二十四日　土　晴

九、〇教室、松村氏来室大山論文を持ち来りたり、房州にて土工の際人骨出たりといふ新聞あり其人骨等千葉医大にあるよし八幡氏視察に行く云々　六時半帰宅　夜十一時過良一等帰る

一月二十五日　日　晴

午前賀古氏を小川町に訪ふ、時に家電話、午後北能観覧云々、これより加賀町に到る時に十二時前、三郎氏例の学術会創立に付に相談あるため差支るに付自分坊、忠を連れて靖国神社内能楽堂え行くこととし弁当を食し出かける、きみ子も直に来る二児大悦、きみ子は四時頃去る、題は高砂、次に狂言「張りだこ」次、木塚、これを見て去る六時加賀町に帰る、家に帰れば小林ちか子来り居る

一月二十六日　月　晴

八、五〇教室　大山家より使来り論文原稿を渡す、名古屋浅井氏仙台布施氏え手紙、何れも土産贈与の礼旁なり、六時半過帰宅

一月二十七日　火　晴

八、四〇教室、富沢日出男氏来室、父と相談の結果やはり願書を出すことに一決したるよし、山田局長え其趣申送る

一月二十八日　水　晴

九、〇教室、六時ＯＡＧ例会久し振りにて出席　Frau. Dr. Berliner: Geometrisch-Ästhetische Untersuchungen mit Japanern u. an jap. Material 講演あり、図書閲覧室設備成り其開始式あり、九時帰宅

一月二十九日　木　曇

九、〇教室、五時過までゴルトシュミット氏の講義、氏自分の室に来りて休憩、二三の標品を示したり、橋木氏兄弟もの後に来る、六時半帰宅

一月三十日　金　雪

九、〇教室、昨夜足立氏より中院既に他に決定のよし申し来り其返事　此方の談今以て極らず延引し相済まざることを書送る、於菟室に来りて自分旧論文を集めて出版のことなど話す、二時半出て降雪中柿内、坊学校より帰りて曙町え行くといふ共に六時家に帰る

一月三十一日　土　晴（雪一尺計積る）

坊共出八、四五教室、八幡氏来、安房突端にある遺跡探検の模様を話す、人骨多数出、千葉医大にあり、遺物は珍らしき貝輪、長曲玉石製のもの三個持ち来り其他あわび貝あるのみ他に更になし、大なる興味を以て見る　二時半出て家に帰る、坊帰り居る是より庭に出て自分も雪を掻き寄せる坊、三は盛に滑る

二月一日　日　晴

早く昼食し坊と一高に行く、紀念日とて種々飾り付けあり、夥しき人出なり　坊満足、四時前家に帰りて庭え出る　自分は雪をかき寄せ、坊は滑る

二月二日　月　晴

坊共に出る、坊は学校より加賀町え帰るべし、八、四〇教室　伯林書肆フリードレンデルより昨年十月十六日発送七拾円受取り書面来る、他教室との関係戦前通り廻復したしなどあり。山内保氏より英字新聞切り抜き送附、メキシコに於てグリーン・スカル発見のこと。直に礼状

を書く　Wilder: Anthropometry〔＊文献〕に予が Becken der Aino u. d. Japaner 甚好評あり　An excellent paper… an exhaustive study…などといふ　六時半帰宅

二月三日　　火　晴

八、四〇教室　午後於菟紹介にて横山重（慶應教授）新村武之進二氏来室、自分の論文集を出版するとかいへり、自分には異議なきことを以てせり

二月四日　　水　晴

八、五〇教室、午後は家に帰り先つ純子を連れて槇町に遊び、論文を取り集める、人類学雑誌のものより始む今日精子小此え行き様子如何を探る、甚要を得ず、氏これより直ぐ先方え行くといへりと、遅々たる様子は甚望少なしと思はる

二月五日　　木　晴曇

午前家に在りて論文を集む、午後三時教室、丁度山越来り種々談　ゴルトシュミットの講義、後於菟とゲヘールラビリント〔＊内耳迷路〕談、七時過帰宅　精子小此木え行く電話によりてなり、昨日一寸会談せる模様を話したりと此上は竹子殿行きて会見を促すべしと、其様子にて本件何れとも極るべし、北蘭忌日に付膳を供ふ

二月六日　　金　雨

家に在りて論文を集む、終日悪天、論文三十五、六種あり

二月七日　　土　雨

九、〇教室。人類教室え行き松村氏に論文集編輯に付人類誌の了解を得、一年学生酒井博夫氏来室将来人類学を専攻したし云々参考書に付相談あり、午後佐藤三氏来室、畑井授賞に付石川千代氏より異議書面来りたることに付協議、今更別に仕方なき旨談合、六時半帰　論文取り集め了る

二月八日　　日　晴風

論文集準備出来、午後出て上槇町に川上家先達不幸見舞不在、妻女に悔を述ぶ、次に宮本氏を震前の宅に訪ふ、夫婦共元気、震災記念品贈与の礼を述ぶ、是より番町岡田家を訪ふ皆不在、先日孫児を失ひたる悔の意なり、柿内え寄る、三郎氏寒冒在宅、児等無事

二月九日　　月　晴

八、五〇教室、秋田氏来室、計測方法に付種々談ず、時に横山氏来り論文集に付目次等を渡す大に気を入れて出来せしむと、学生酒井氏に Frizzi: Anthropologie〔＊文献〕

を貸す、於菟と実習其他に付談す　七時前帰宅

二月十日　　火　昨夜雨、霽れる

九、一〇教室、午食後人類え行き松村氏に雑誌の自分論文ある号にして不用のものあらば論文集のために貰ひたきことを頼む。千葉小池氏来室、田口氏一月末三回喀血せしよし、六時半帰宅　小此木氏より来書、＊の手紙封入、此件は先づ中止とす、半歳空費、嘆　精子柿内え行き泊る

二月十一日　　水　晴

午後出、新橋にて精子、坊、信と落ち合ふ、これより銀座、丸ビルまで歩く、ここにて精子と別れ、省線にて加賀町え送り五時半帰宅

二月十二日　　木　晴

八、四五教室、午後四時学士院、辻善之助氏神仏分離事件に就いて講演あり、擬賞投票物部氏全可、畑井氏可二三、否一、欠一、曽禰氏可二四、欠一（全数二五）先畑井氏二部会通過したり、国際補助語に付議論多く結局エスペラントが多数、十一時過帰宅　三内科試験不満のよし

二月十三日　　金　曇晴

九、三〇教室、午後一旦家に帰り香奠を用意し三時前柿内え行く　子賢老人七回忌法会、小堀、伊藤の人々集る、児等大元気、九時半帰宅　仙台小川正孝氏え昨日の模様を書き送る

二月十四日　　土　晴

八、五〇教室、アリエンス・カッペルス（アムステルダム）より大著 Vergleischende Anatomie des Nervensystems 二冊クーレンベック氏を介して寄贈せらる　午後人類学会例会、工学士石原憲治氏「世界人類と其住家」の講演あり、これより上野精養軒に到る　田代義徳氏退職記念会なり、九時帰宅

二月十五日　　日　晴

十時教室、西助手来室　六時帰宅

二月十六日　　月　晴

千葉行、途中市川に降り田口氏を見舞ふ、前月末再三喀血し症状宜しからざるよしに付てなり、病勢増進の様見うけたり、汽車中にて弁当を使ひ千葉医大に到れば既に午後一時、小池、松井、西謙の諸氏あり、先つ神戸村所出の人骨を見る、完全頭骨二個あり、眉間隆起強きも他に特徴なし、肢骨中尺骨稍々プラチクビトニー（＊扁平尺

骨〕あり、脛骨プラチクネミー〔＊扁平脛骨〕ありメガペロニー〔＊巨大腓骨〕も認めたり併し石器時代なるや断言し難し他に鹿骨猪牙獣骨あり、附近なるも別処より鯨骨と思はるる大骨片出たり、昨年夏移転せる新築教室を通覧、二時半出て駅に到る、自動車にて送り呉れたり、五時前両国着、是より電車にて江戸川に降り関口台町に渡辺廉吉氏邸に到る、氏一昨夜丸の内にて土工濠中に墜落し惨死したるを昨朝に到りて発見せる趣今朝紙上にて知りたるを以て取り敢へず悔に行きたるなり、夫人に弔詞を述ぶ、家中混雑、来り合せたる佐々木隆興、橋本圭、根岸錬の諸氏に会ふ、根岸氏と共に出て電車にて分れ六時半帰宅、時に今小此木夫人人車にて来り去りたるところなりと　即ち五反田え行きたるに㊤と確答せりと、ただ前途如何

二月十七日　火　昨夜来雨雹

九、〇教室、学生酒井氏来室、Schwalbe, Fischer etc. Anthropologie〔＊文献〕を持ち来る　房州遺跡談、洞窟数個ありと、坂元氏が携来れるキュクロプス〔＊隻眼〕奇形児を見る　六時半帰宅　晩於菟来る、松原家屋代金補助を持ち来る

二月十八日　水　晴曇

電車白山にて脱線、歩きて九、一〇教室、午後人類教室え行く、安房神戸村人骨談等　六時半帰宅

二月十九日　木　曇

八、五〇教室、午後青山斎場に到る、故渡辺廉吉氏告別式なり、二、二〇教室に戻る、ゴルトシュミット氏休講、六時半帰　今日たけ子夫人来り七〇〇Y借望、金森夫人と丁度落合ひて一件に付種々対談ありしと　きみ子は本郷まで行きて所望の額を用立てたりと

二月二十日　金　曇

腹工合少し悪し在宅静養

二月二十一日　土　曇

静養、安東令嬢結婚式に付素子は午前も外出、夕刻より良一等出行く、純子終日遊び居る、午後忠子学校より直ぐ来る

二月二十二日　日　雪

終日雪降り四寸程積る、忠子迎来りて午後帰る

二月二十三日　月　晴

静養、坊学校より来る、芝上の雪に滑る

二月二十四日　火　曇

今日は大に宜し、坊帰りて少しく滑る

二月二十五日　水　曇

八、四〇教室、坊共に出る、午後人類室に松村氏を誘ひ青山大山邸に到る、一昨日帰朝せられたるに付訪問せり、不在なりしも暫くして帰宅せらる、無事を祝し、在欧談、諸旧遺跡、石器等を見る、晩食、十時去る

二月二十六日　木　曇晴

坊共に出る、八、四五教室、午後遅く大山氏人類室え来りたるもゴルトシュミット講義ありたるに付行かざりきシュライネル（クリスチャニア）、エッテキング（ニューヨーク）、フィック（ベルリン）、ストウィフボ（ワルシャワ）何れも論文礼葉書（富士山）を出す　独乙大使より招待の返事を遣る

二月二十七日　金　半晴

坊共に出る、八、三五教室。宮崎彪之助、平光吾一、工藤喬三の三氏及自分の学士院研究費補助推薦及申出をなす又十三年度補助費残額佐武安太郎、綿引朝光、柿内三郎三氏のもの下附申請を出す。日本学術協会発起人及会員たること承諾の返事を出す、六時前家に帰る

二月二十八日　土　雪晴

昨夜雪今朝は霽れる、八、四〇教室、午後千駄ヶ谷にユンケル氏訪問、小供客ありて混雑、賜暇帰国談、ＯＡＧ学術委員のことなど、序に大使招待に付服装のことを諮る、不慥に付後日知らせるとのこと、帰途柿内、坊学より家に帰り新落成勉強室へ移りて暖炉をたき本を見るなど甚生意気なり　七時前家に帰る　たけ子夫人今日一〇〇Ｙ持来り返へしたりと

三月一日　日　晴

昨日来甚寒、小松晃来、老母堂近頃甚弱りたりと、婚約整ひたりと　自分辞し外出、亀戸辺を散歩す、柳島終点に降りて歩く、旧態更になし、工場多し、迷ひながら天神社に到る、一婆ありこれに尋ぬれば臥龍梅は二、三年前に悉く枯れたりと、週囲（ママ）雑沓風致全無、錦糸町終点より電車にて五時家に帰る　独乙大統領エーベルト昨日死去のよし、大使招待は延期せらるべし

三月二日　月　晴

九、一五教室、午後坂元宇之助氏室腋窩乳線（ママ）論に付長談、井上検定の上提出すべし云々、Ｈ・フィルヒョウ氏え手紙書かけたるも其の為め終らず、六時半帰

三月三日　　火　晴

九、四〇教室　H・フィルヒョウ及 Vergl. Anth. d. Nervensystems〔＊文献〕寄贈礼状をアリエンス・カッペルス（アムステルダム）え手紙を出す、三時前出て加賀町、六時帰宅　独乙大使招待は大統領死去のため延期の通知来る

三月四日　　水　曇

九、〇教室、午前人類に松村氏を訪ふ　来土曜日特別準備委員会に付打合せ等、六時半帰宅

三月五日　　木　晴

布佐行、大沢家訪問、玄氏昨暮帰朝、主として自動車を研究せりと　家にありて未だ定職なし、同家にて弁当を使ひ一時二十三分発三時二十分教室に到る　ゴルトシュミット氏早く来り自分室にて談話、聴講者十一、二名、自動車の世話などす、講演者に対し甚不都合　六時過帰宅

三月六日　　金　晴

精を連れて水戸観梅、七、四五上野発、車中鶴田禎氏あり又精が気付きて星社員乗り居たり、十一時過水戸着、直に俥にて市の西端なる常盤公園に到る、好文亭を一覧す、三階の間あり南方見晴しよし、これより園内腰掛にて弁当を使ふ全部歩き廻る、常盤神社に詣で、烈公を祭れるもの、武器等の陳列あり、照古文庫あり、園外に出て市大通りを歩き東端なる第二公園に到る、旧城趾なり、弘道館全く旧態を存す門もあり扉に銃丸痕あり　旧櫓は師範校内にあり行きて見たり、これより駅に下りて一小店に休憩紅茶を飲む、四、四五発、土浦にてすしを買ふ、九時家に帰る、珍らしき好天梅花四分開く、該件に当り一種の感を持ちつつ快

三月七日　　土　晴

岡山上坂氏昨日尋ねくれたるに付今朝麻布山元町前川敏夫氏方に訪ふ、久々にて面会、学談、此度学長更迭の件に付出京せりと、氏亦来月欧米視察の途に上ると、十二時過教室。二時前上野学士院に到る　第三汎洋準備見学委員会なり、人類は先つ加曽利、百穴二ヶ所だけのもの簡単なり、終て松村、移川二氏と種々分担のことを談合す、六時半帰宅

三月八日　　日　晴

故フリードリッヒ・エーベルト独乙大統領トラウエルファイエル〔＊葬儀〕に付十一時独大使館に到る　十一時十

分式始まる、オルゲン及一婦人の独唱、ギルベルト牧師の弔詞、オルゲン独唱にて終る十一時五十分、甚簡素、窓を黒布にて覆ふたるところに白百合の花環あり　松等の盆栽を置く、其他花輪二十個計、各大臣其他より贈りたるもの、十字架なし、これより柿内、十二時半となる、午後坊忠を連れて玉川散歩、借りたる「ステツキ」を落失して後戻り、幸若男女達が拾ひたるところえ出会てそれを貰ひたり　蒲田を経て七時前加賀町え帰る、玄関より直に帰宅、精加賀町に泊りて「ラヂオ」聞くと

三月九日　　月　晴

八、四〇教室、三河渥美郡斎藤専吉氏より人類学会入会の件に付来書の返事を出す、午後大山氏来室、論文に付種々談、独乙葉巻一箱贈らる、共に人類室に到り尚論文談、自分は辞し去る、六時半帰宅

三月十日　　火　晴

鎌倉行、由比ヶ浜、切り通し、七里ヶ浜と例の順序に小松林中にて弁当を使ひ鈴木氏を訪ふ、風邪とて床上に坐して談、病室復興先一段落、四十八室ありと次に片瀬に宇野氏を見舞ふ、別荘新築完了明後移ると匆々辞し去り三、二一藤沢発、帰途三郎氏賜加答児のよしに付見舞ふ、七時前帰宅　今日は水戸行の日と同様好天

三月十一日　　水　晴

八、三五教室、六時 O. A. G. Goldschmidt: Biologische Forschungen in Japan, besonders zum Problem der Geschlechtsbestimmung 講演あり、氏の大学に於ける特別講演の略述にして甚都合良くありき、九時半帰宅、ベルリネル夫妻は明日出発愈帰国すと

三月十二日　　木　雪雨

久し振りの雨にて外出を遅らし十時教室、三島通良氏死去告別式なるも悪天に付止める、午後は霽れる、三時学士院、前回の続き辻氏「神仏分離事件に就て」講演あり、擬賞議決の件確定、一部矢吹慶輝氏三階教の研究、二部物部長穂氏構造物振動、畑井新喜司氏白鼠の研究、曽禰武氏気体の磁気係数測定の四件なり、四七票中畑井氏可四五、否一、白一、他は全可、規程改正の件委員の報告あり、会員を増して一〇〇名とすることは異議なきも両部に分配員数面倒、尚ほ次回に延ばすこととし散会、十一時前帰宅　潤氏来り今月限り農学部解雇になること今日知らせありたるよし　きみ大に困り居る

三月十三日　　金　晴

八、三五教室、仙台小川正孝氏え畑井氏授賞確定の旨手紙を出す　三二文省え行き研究費補助費一七五〇円及び学士院年金一五〇円（これは金券）受取りて教室え持ち来る、長崎八重津輝勝氏え考古学会創立の披露に依りその挨拶葉書を出す　精神教室に杉田氏を訪ひ畑井授賞のこと、氏帰朝のこと、呉氏最終講義日なること　匆々去りて柿内、三郎氏腸を損し在宅、研究費七百五十円渡す、六時半帰宅

三月十四日　　土　晴

九時過出て本郷三安銀え行きて仙台佐武氏七百五十、京城綿引氏二百五十円為替を組み昨日認め置きたる手紙に封入、書留にて出す、これより千駄ヶ谷にユンケル氏訪ふ、賜暇帰国に付餞別として鼈甲細工屋根船模型（長崎原氏寄贈のもの）を贈る、十二時過教室、長谷舘来室、手当百円受領せりとこれにて予想の三百円は渡し済み、但し未了、七千枚位出来たりと　午後人類例会大山氏欧米旅行談、終て尚ほ雑談六時半帰宅　今日精小此木え行く友人まつ子渡米留別とか、手紙昨日出したりと、又金森夫人尋ね行きたりと電話にて知る、忠子来り泊る

三月十五日　　日　雨

一〇、三〇教室、六時半帰宅、忠子帰る

三月十六日　　月　晴

八、三〇教室、ゴルトシュミット氏来室　コプシュ解剖書日本の需要の減したる理由如何など話しあり、京都森島氏来室、足立氏六月限り隠退、五ヶ年中には第一期教室全更云々　六時半帰宅

三月十七日　　火　晴

八、四五教室、三時出て弘田氏を見舞ふ異変なし、次に石黒家に寄る偶々夫人死去の様子、令息忠篤氏に悔を述べて去る、一昨日死去とのことなるも少しも知らざりき、次に小松家、晃氏石川家令嬢と婚約整ひたる悦びなり、老母堂漸々老衰、門前にて晃氏に逢ふ、六時帰宅

三月十八日　　水　晴

出がけに石黒家え改めて悔に行きたるに恰も告別式なり忠篤氏夫妻棺側にあり、これも偶然、新聞広告ありしよしなるも見当らざりき　九、五〇教室、三内軍医正来室此度学位を得たりと、柴田常恵来り広田村所出人骨持ち来る　六時半帰宅

三月十九日　　木　晴

八、五〇教室、午後大山氏来室、京都え行きて提出論文

打ち合せ置くべし云々、加賀町、六時半帰宅

三月二十日　金　晴

八、四五教室、京都清野氏え大山氏出向に付手紙を書く、午刻長谷部氏来室、学談、制度談、国家試験のこと、大学緊張を欠く、試験に「カンニング」をすること　四時半去る　家に帰れば坊来り居る、晩松村氏玄関にて来る百穴視察旅費請求の件なり

三月二十一日　土　晴　祭日、春暖好天

朝精子を連れ槇町え行きあづま下駄を買ひ与ふ　坊少風気に付終日家に在りて遊ぶ、午後仙台山内清男氏来訪

三月二十二日　日　晴　好天

午前坊を連れて植物園、「バラック」は取り払はる、萩の餅を製したり、午後は家にありて庭園に遊ぶ、午後大阪斎藤勝寿氏出京来訪

三月二十三日　月　雨

九時教室、日本医学輯報解剖学及組織学部発送先調べ、これは数日要すべし、大山氏より借用 Minerva 1923〔＊文献〕による　四時出て加賀町、三郎氏不在米国より寄贈の Medical Education〔＊文献〕を持行きたり、坊今日帰り居る、六時過帰宅　晩杉野未亡人来訪、息龍蔵氏松永嬢と婚約整ひたるに付式当日媒酌に立べし云々承諾す

三月二十四日　火　晴

八、二五教室、午後井上氏に南洋人骨長谷部氏に貸すこと、解剖学会え教室より誰が出席すか、合著 Anthropologie〔＊文献〕未た記帳せず故に持ち来る、厚紙札五〇〇注文のこと等を弁す　松村氏来室百穴行のこと、人類教室愈々氏助教授となりて主宰することの内談昨日ありたりと仙台畑井氏え手紙を出、論文取り揃へのこと　終日発送先調べの続き　三二外科を最後として試験終了、医学士となりたる訳なり、只一件のみ残り居る、明二十五日小此夫人同伴にて参行とかいふことにて今日精行きたるに病床にありと、晩金森夫人来りたるも別のことなり

三月二十五日　水　曇

八、一五教室　ドクトル・クレスレル氏同道にてユンケル氏告別に来室　終日発送先調べ　七時帰宅

三月二十六日　木　晴

八、二五教室、十一時半頃坊終業式より教室え来る、弁当を食し、郵便切手を集めなどし、二時頃出て上野動物園に入る　四時半帰宅

三月二十七日　　金　曇

坊を連れて再び水戸行、前回の通り十一時十五分頃水戸着、少し雨降る電車を用ふ、常盤公園亭にて弁当、雨止む少し寒し、坊は一々手帳に記す、歩きて第二公園に到る、坊甚興味を以て視察す、三時三十分発にて帰途に就く、コオヒイ、すしに満足す、駅名、着時、距離等甚明細、八時前帰宅、この遠足坊大に益す、綴り方の好題なりとて悦ぶ　晩は藤岡新夫婦渡米餞別の浮世絵複製を持ち来りなど賑か、十時半寝に付く、明日は精子小此木夫人、藤岡夫婦と、五反田え行くとか

三月二十八日　　土　晴

杉野家と縁談整ひたる寺尾家主人（弥三郎氏）令嬢来訪、親みのためなり　同番地米原雲海氏死去告別式に行きて後教室時に十時半　午後松村氏来室、今日汎洋委員（編纂）自分は欠席したるも同氏出席其模様を聞く即ち人類の部一〇頁とす云々、次に大山氏昨日来訪、京都の様子、意外にも梅原邪魔云々　六時半帰宅、五反田の件はたけ子殿病気のため止む

三月二十九日　　日　曇雨

天気甚怪しけれど坊を連れて出かける松村氏立ち寄り同行、百穴視察なり、上野駅にて宮坂、甲野氏に合す、赤羽にて移川氏に会す、総勢六名鴻の巣に降り、自動車松山行に乗る、吉見百穴に降る時に十一時、携へ行きたる弁当を休所にて使ふ、明治二十年故坪井氏が探査中、榊老人と来観せしこと思ひ起す、穴の数二百余個ありと、大体に於て保存立ち旧態を存す、二、三の内部にひかり苔あり、坊盛に上下す、写真を採る（ママ）　続きの山より頻りに岩を採り出す、これを細末として米を搗く際これに混するものなりと、側に「穴百ホテル」とて岩を屋型に掘りたるあり、これは高橋峰吉といふ奇人の所為なりと、三代百五十年計画とかいへり　視察終りて休憩所に入る頃雨降り出す、三時発して松山町駅に到り三、三〇発車、途中雨に困る、これは東上線にて始めてなり池袋にて乗り替へ六時家に帰る　藤岡夫婦渡米を精子横浜に送る

三月三十日　　月　晴

午前岡玄郷氏葬式に麻布霞町天主教会堂に列る、家に帰りて昼食、喜美子は岡田家へ行く、五反田のことを漏らす、一時前教室　大山氏来室、京都行の模様を聞く清野、浜田氏の外足立氏を加へ好、坂口学部長にも面会、梅原実に意外云々、小使小菅より桑山狂気、昨日入院のこと

を聞く　輯報発送先調べ　七時前帰宅　忠子休になり遊びに来り泊る

三月三十一日　火　晴

午前は庭に出て遊ぶ、早く昼食し坊、忠を連れて玉川散歩、巣鴨渋谷の方向をとる、河原にて川を作り、つくしを取りなどす、二児甚活動、蒲田より東京駅に下り六時半帰宅、今日上野精養軒にて卒業生の謝恩会なるも行かず、三二はこれに出席

四月一日　水　曇

八、五〇教室、輯報解剖学の部発送先調べ終る、二四七ヶ処となる五日間計費したり、午後西氏来室今晩出発熊本解剖学会に臨席すと又西謙氏フォラーメンメンタレ〔＊頤孔〕位置計測表を持ち来りて説明す　六時O. A. G. 例会出席　Pfarrer Dr. E. Schiller: Ōmotokyo, die neueste Religion Japans の講演あり、食事せず八時半帰宅、坊は帰りたりと　忠子朝学校え行きて加賀町え帰る

四月二日　木　曇

七、四〇教室、森田助手来室、精神科に於て桑山躁狂の気味にて取扱困る由如何すべきか云々　依て前例長谷川の通り松沢病院の方へ依頼する外なからんといへり、而して松沢不能、氏大に奔走、巣鴨保養院（呉氏経営のよし）に入院と決す　在瑞西チユリヒ厳え手紙を書く、六時半過帰、きみ子小此木え行きたるも更に音なし空しく帰る、夕刻人に托して一〇〇円及手紙を遣したりと、忠七氏え面談を乞ふべしといへり、余り長引く、五ヶ月余になる

四月三日　金　晴　春暖

八、四五東京駅にユンケル氏夫妻の出発を見送る、九、一五教室　新雑誌を読む、三時出て加賀町、六時半帰宅

四月四日　土　雨

良一斡旋にて海軍大艦長門見学、八時前出かける天気甚怪し、九時半岩壁に到る頃頻り降る、駆逐艦島風に乗る外に浦風あり、横須賀港外にて種々演習あり、転回、煤煙幕、飛行機、潜航艦、伝書鳩等、午刻長門に移乗其巨大なる実に壮観、食後艦内巡覧、四時少し過横須賀を特別列車にて発す、六時家に帰る、雨止むことなく悪天寒遺憾千万

四月五日　日　雪曇

今朝庭白し、且寒し、九、五〇教室、新雑誌読、六時半

帰

四月六日　　月　曇晴

七、五〇教室。四時帰りて更衣、帝国ホテル、小松晃氏と石井嬢との結婚披露　六時食卓につく、自分謝辞を述ぶこれ突然のことなり、三十七八名の集りと思ふ　九時帰宅、精純を連れて柿内に行きたり　五反田の件あまり怪し、再び手紙を出すことなど談し十一時室に入る

四月七日　　火　晴曇

七、五〇教室、昨晩三人の談に憂、六時半帰宅

四月八日　　水　雨曇

八、一〇教室、再び或は三度齲歯にとりかかる準備、三時出て加賀町、晩杉野龍蔵氏挨拶に来る、十九日式を挙るよし

四月九日　　木　曇

八、一五教室、人類え行き松村氏南洋頭骨を解剖え廻しおくこと等を話す　西氏昨日熊本より帰りたりとて来室、人類教室員骨学聴講志望のことを頼む　医制、国家試験の談などあり　新潟工藤氏来、教授補難、長崎原正氏教授会にて認めず　井上来室昨日熊本より帰りたりと、解剖学会に於て研究費補助志望者六名あり予定額一五〇円にては不足、各三〇円つつとし一八〇円支出したくとにて承認を求めたり、承認したるも大体不都合のことなり、混雑のところえ小此木氏来室、一通り話し尋で伴ふて帰宅、電車来ず歩きたり、六時過なり、晩食、尚ほきみと三人にて話す、要は何か近親に発表し得る程度の徴をとるにあり、誇大狂の話などあり、青木誠四郎氏来訪など甚雑多

四月十日　　金　晴

天気よし昨日忠子来り居る、純、素、精等動物園え行く自分同行、園内まだ人少なく、二児大悦、自分十時美術学校内、第八回研究会議に出る　午前部会、輯報編纂のこと要を得ず追て部会を開くこととす、食後総会、古市会長辞任に付その選挙、桜井氏当選、次に副会長田中舘氏当選、重要のことはなきも永びき六時に近く未了らざるも去る

四月十一日　　土　晴曇

八、〇教室、小使室にて井上一昨日夜行にて名古屋出講のことを聞くあきれたり　午後一時半学士院補助費委員会出席、自分推薦宮崎六〇〇、平光五〇〇、工藤五〇〇及自個五〇〇円通過、六時半帰宅

四月十二日　日　少雨、曇、雨

九、二〇教室、二時半出て学士院例会、末広恭二氏「家屋の動揺に就て」講演あり、重要問題として規定改正の件、会員を増加して百名とすること可決　これを一部四〇、二部六〇名とする委員会報告に付き甚やかまし、遂に切半とすることと決す十時半散会　悪天、甚困

四月十三日　月　晴

八、〇教室、西講義を始む、八幡来室西の講義を聞く、福岡県健氏え南米頭骨所有者ある由の報に対し所望の旨返事を出す　三時半出て青山に大山氏を訪ひ Minerva〔＊文献〕返へしフート博士依頼のO. A. G. 講演のことを計る、直接談合のこととす　七時帰宅

四月十四日　火　晴（昨夜雨）

八、〇教室、標本整理、邦人骨格乱雑、二時間費す、実に賽の河原の地獄の如し、銅駝坊人骨整理を始む、岡島敬治氏来室来年日本医学会に際し解剖学会を慶應にて会することに熊本にて略ぼ決定したるもやはり帝大の方都合宜しかるべし云々依てこれを井上に承諾を求むることとす　六、四五帰宅、大疲労

四月十五日　水　曇雨

八、一〇教室、三二来りて標本番号を書く、昼上弁当をやる、富沢有為男氏来り日出男氏入隊するの止むを得ざることとなりたりと又神経衰弱にて困るにより杉田博士に紹介し呉れ云々名刺をやる、終日銅駝坊人骨整理　京都蓑内氏来室、千葉西謙氏来室、七時前帰宅

四月十六日　木　晴

朝純子を連れて東片町辺散歩、八、五〇教室、銅駝坊人骨其他の整理、松村氏来室、大山論文に付京都浜田氏来り勧誘せざる地位に立つといへりと、大野が浜田に試みたりと、ところえ富沢有為男来り今日出男杉田氏診察を受けたるところデメンシア・プレコクス〔＊早発生痴呆〕と診断せりと、意外、三時出て柿内、皆元気、五時半帰宅　晩武子夫人来、五反田え行き四時半待ちて一寸面会、資金募集のため非常に忙し、又々旅行云々、待ちくれ云々、＊自分の写真くれるといひて遂に機を失したりと依然として進展せず

四月十七日　金　晴

九、〇教室、標本整理及カロリン群島土人骨格長谷部氏え貸すものを調ぶ　疲労、これより銅駝坊人骨修理に取りかかるべし、六時半帰宅　精子は待ち居るといへりと

今日は柿内え行き泊る

四月十八日　　土　晴

八、一〇教室、札幌宮崎、平光及奉天工藤氏え学士院研究費少額ながら通過せしことの報書を出す、銅人骨修理にかかる　又々骨継ぎを始めたり、午後人類例会、八幡氏九州旅行談、移川氏「南洋の羽衣伝説に就ての一考察」の講演あり　五時帰宅

四月十九日　　日　晴

八、一〇教室、骨継ぎ、三時家に帰り、更衣、杉野、寺尾両家結婚式に媒酌として工業倶楽部え行く、迎へ自動車坂下にて間違などす西片町松永邸に寄り新婦を迎へて親族方々と共四、二十分倶楽部着、五階を式場とす、長島式なり、六時より来賓来る、立礼、七時卓につく、挨拶、栗山氏より祝辞あり　帰途永松令息夫婦坂下まで送りくれたり、時に十時

四月二十日　　月　晴

七、四〇教室、午後岡田信利氏来室、内耳を現出する方法如何云々、終日骨継ぎ、大に進む、歩きて帰る時に七時

四月二十一日　　火　曇晴

七、五〇教室、骨継ぎ、四時出て柿内、坊来るといひて共に帰宅、六時

四月二十二日　　水　雨晴

坊共に出、七、三五教室、終日骨継ぎ　六時半帰宅

Zeitschr. f. Ethnol.〔＊雑誌〕其他安川に製本を命す

四月二十三日　　木　曇雨

坊共、七、三五教室、午後松村、八幡、甲野、中谷の諸氏と共大山家に到り測量製図の談を聞く、夕食を饗せられ十時辞す　井田男爵来り合せたり

四月二十四日　　金　雨晴

坊共出、七、四〇教室、元歯科介補山本といふ人来り頭を調べくれ云々、井上不在に付自分は差支なしと思ふも如何、何れ帰りを待つべしと、伝研高木逸磨氏留学告別に来室　終日骨継ぎ　七時帰宅

四月二十五日　　土　晴曇

坊共、七、二〇教室、骨継ぎ漸く終る、八日間費したり、三浦謹一寸来学士院のために諸学会を調べると、札幌平光、宮崎二氏より研究費通過に対し挨拶書来る　六時過帰宅、忠、信来りて賑かなり

四月二十六日　　日　雨

悪天屋内にて遊ぶ、午後きみは坊忠を連れて北能え行く、信は迎へ来りて帰る　終日家にあり

四月二十七日　月　晴

七、五〇教室、石代人骨秩序を立つ、ミクロネシア人頭骨及骨骼仙台解剖教室宛発送又頭骨六個取り落したるものを追送せることを長谷部氏え書き送る　七時帰宅

四月二十八日　火　曇　靖国神社臨時大祭休

八、三〇教室、西山氏来室　フェルケルペルングスアナトミーなる新考案に付諮らる！　終日石人骨整理、七時に近く室を去る

四月二十九日　水　雨

八、一五教室、奉天工藤氏より研究費補助の挨拶来、銅駝坊石人骨整理終結、三時半出て加賀町

四月三十日　木　雨

八、一五教室、う歯統計に如何しても纏める決心を以て又々取りかかる、七時帰

五月一日　金　晴

八、〇教室、清野氏「日本原人の研究」届け来る、長谷部氏来書大洞発掘に柴田氏のために障あり云々、松村氏来室、オーリニャック人頭骨模型破損せるを持ち来種々長談、井上帰り出勤、溜りたる数要を弁す　福岡呉氏えペエルウ頭骨所望の旨申送る

五月二日　土　晴

八、二〇教室、全学園遊会、諸教室解放、標本室観覧者甚騒がし　農科池野氏偶然来室、遺伝談又歯の標本など示したり、弁当を終りたるところへ坊来る、併し教室観覧は午前だけなる故家に帰らんとするところえ呉健氏に出逢ふ、氏此度東大え転任になりたるなり、南米変形頭骨のことに付話す、二時半家に帰り、庭に出て松の新芽をつむ、京都病理火災、これを解剖といふ紙報もあり驚きて足立氏え見舞電報を出す　但しやはり病理なることわかる

五月三日　日　曇雨

大礒附近貝塚探検、坊を連れて七時松村氏と出かける、駅にて大山氏及従者広瀬某、山崎氏及学生二名（花井重次氏（郷人）外一）宮坂氏中谷氏尚ほ横浜にて八幡氏合す総て十一名、八、二五発車、平塚の西小出川の橋際に鎌倉時代の杭頭の大地震により露出せるを車窓より望む、十時半大磯着、徒歩、快、東海道大松並木を過ぐ高

麗神社ありこれを過ぎて小道に入る、十一時半遺跡に達す　中郡旭村大字万田貝殻坂なり、草生に坐して弁当を使ふ、土地の人沢野永太郎氏（元小学校長、今平塚女学校事務員）現場に来りて斡旋す、人夫二名は村の好意なるべし、諸氏盛に掘鑿す、なかなか複雑なり、要するに貝塚と包含層とは時代を異にするものなるべし、時に雨降り出し困る、四時坊と先に出かける雨止む　五時前駅に到る、車中往復共満員、立ち居る人沢山あり、家に帰れば八時半を過ぐ　坊は少し食して直に眠る

五月四日　　月　雨晴

坊早く学校え行く、自分は八、〇教室、昨日の遺跡に付き考慮、人類え行きて遺物を見る、京都梅原氏え熊本県報告送附謝礼、清野氏え集刊送与の礼状を出す、七時前帰る

五月五日　　火　晴

朝純を連れて附近歩く、好天に付思ひ立ち、純を連れて素子と植物園え行く　純大悦、つつじ真紅其他花きれいなり帰りて昼食し庭え出て暮す、晩食後加賀町、ラヂオ工合悪し八時過帰宅

五月六日　　水　晴

七、五〇教室　H．フィルヒョウより手紙来、三月三日付出したる手紙の返事にして三月三十日付なり　米国経由か一ヶ月以上かかりたり　弁当後医院呉健氏を訪ひ転任の祝辞、南米頭骨二個四百円にて所有者と談せられんことを頼む　林学部長昼前に来室、井上の件、授業不充分、内職のため出講多し、評判甚悪し、助教授会に出席せず而も教授になる前には主働者なりしとて同会憤慨し居る云々　自分に忠告を試みよと、併し無効に付辞退せるも尚ほ再考せよとて去られたり、大岡山書店来原稿残部を渡す　人類教室のオーリニャック頭骨石膏模型の破損せるもの修理を試むなかなか困難　六時半室を去りて帰る

五月七日　　木　晴

七、三〇教室、富沢有為男氏来室日出男氏デメンシア・プレコクス〔＊早発性痴呆〕愈々確実となり除隊となるよし、入院せしむべし云々気の毒、終日オーリニャック修理、未了

五月八日　　金　曇雨

七、四五教室、午後於菟に井上の件を話し且授業研究を激励す　長く話したり　オーリニャック頭骨略ぼ了る、六時半過室を去りて帰る時に大雨

五月九日　土　曇

七、三〇教室、オーリニャック頭骨を人類え持ち行く、柿内氏来室井上件、達一氏に家庭の事情を質し見るといへり、千葉小池敬事氏来、四時去て加賀町

五月十日　日　曇　大婚二十五年祝日

朝純を連れて槇町、十時教室、読書、六時過帰宅、時に雨降り出す　衆くの人困るならん

五月十一日　月　晴　休暇

八、四〇教室、読書、午後安田恭吾氏来室、水道橋旧地え普請すと長談　京都森島氏え医学輯報内規案に付手紙を出す　歩き六時半家に帰る

五月十二日　火　晴

七、五〇教室、仙台畑井氏え授賞式に臨席希望の方あるやの手紙。牧野子え来十九日長岡社五十年会に欠席の返事を出す　井上氏に長谷部の南洋骨格預り証を渡す　同時に書籍注文を頼む。坂元宇之助氏来室、副乳論別刷贈らる、既に三月学位申請したりと　四時学士院例会、規程改正、足立氏候補は終に未決に了るか、九時過帰宅

五月十三日　水　晴

八、〇教室、三郎氏来室達一氏に面会の要領、「ユデア」の如し、生活は困らぬ筈、フラウ〔＊夫人〕細を語らず少し健康を損す、在独仕事自慢、自負強、婚約の際臨床はやらぬといふ証文を書きたり、外より出講を頼むは自家の名望に基くと、布施との比較に自動車と数俥の如しと、児四。ビルケ（ロホリッツ、ザクセン）え埋葬に関する葉書の返事を出す　三時半去て加賀町

五月十四日　木　曇

朝一回水瀉、源因（ママ）不明、静養

五月十五日　金　雨

静養、夕刻三郎氏来、今日達一来りて通（ママ）に諭旨免か警告かといへりと、権勢ある総長あたりよりの言ならでは全く無効なるべしといへり云々、三郎氏は直にこれを林学部長に伝へたりと、其節林氏より井が長崎より出講の内談ありたることを申出たるもこれは応諾せさりしと聞きたるよし、晩食し雨中供したる俥を以て去る

五月十六日　土　曇晴

休養、人類会松村氏「日本殊に九州に於ける頭形の地方的差異に就て」講演ありたるも欠席。晩於菟来、井の件森田と話したるに森田独断にて十四日に井と談したりと又於菟も話したるに井了解し大に研究に力を向けると

亦学位のことは申請すべしと、今日小池氏教室に来りての話に井に予め出講のことを請ひ置きたるにこれを今日は拒絶したりと、其節井より学位をすすめたるもこれは小池より謝絶したりと、井私学え出講のことは誰も知るものなしと

五月十七日　日　雨

休養、畑井氏より授賞式のため昵近者申越さる直に学士院えそれを申送る　＊の件如何又々日限を過ぐ

五月十八日　月　晴曇

出勤、八、〇教室、ペエリウ変形頭骨二個到着、直に開き見るに甚立派なるもの、価四五〇円といふ、呉氏を医院に訪ひ礼を述べ支払のことなど話す、井上氏に価のことに付承諾を得たりなどす　疲労を覚ふ二時出て帰宅

五月十九日　火　昨夜雨、曇、晴

八、四〇教室、西謙氏来室、愈々ナーゼンバイン〔＊鼻骨〕問題をやるといふ、同時に西氏新潟え出講一昨日出発したりと。岡田信利氏来り「イルカ」の内耳骨を示さる。井上氏来室林学部長よりの件話す、四時より七時二十分まで。談材例により取りとめたることなし只弁解と自家失なきを勤む。晩たけ子来訪、夕刊に＊のことあり、心配、取り敢へず知らせる云々　十一時過まで居たり

五月二十日　水　晴

七、五〇教室、午前林部長に自室に於て会見、報告をなす、此際偶々長崎及ひ千葉え出講のこと起れりと併しこれは断念なるべし、これにて此度の件は一段落付く但し其効果は甚疑はし　デーニッツ其他の標本整理し終日、五時出てOAGに到るProf. Dr. Th. Sternberg: Der Rassenausgleich in Pacific講を聞きて会食せず八時家に帰る

五月二十一日　木　曇雨

八、〇教室、松村氏来室昨日助教授任命（一八〇〇円）、百穴、万田の写真出来時に島峰氏久々にて来室、水島技工師自殺、尋で山形技工師も自殺の談、此方より井上談をしたり　三時半出て柿内、時に雨降り出す

五月二十二日　金　晴

八、二〇教室、標本兎角気になるも今日にて打ち切る、三時家に帰り庭え出る

五月二十三日　土　晴曇

純子を連れて附近散歩、八、〇教室、読書、五時帰宅、＊自筆手翰を読みに精、此木え行く、今午前一一、一〇

山陰但馬豊岡地大震、火災。

五月二十四日　日　晴

九、二五教室、午後三時半精子前田家美術品売り立てを見て教室え寄る共に帰りて庭え出る　但馬震災甚大、大都会ならざりしは幸、一昨年関東に比し何れか震大なるか

五月二十五日　月　晴

偶思立ちて純子を連れて動物園え行く、純子のはね廻る様面白し　帰りて昼食し一時半教室　人類教室え行きたるも松村氏在らず、西氏出勤し居る様なり新潟より帰りたるべし　六時半帰宅　今日精子小此木え行きて昼食、熟談、＊社務意外に重大なるが如し

五月二十六日　火　曇

八、二〇教室、午後学士院臨時部会、増員に付臨時十七名を予選す四分科にては各四名只第四分科にては一名のみ、これを丘浅次郎氏とす、これは石川氏が五島清太郎氏を忌ひたる結果ならん併し松村、三好氏同意のことなれば異議を言はさりし、偶々石川氏種々不平談あり、六時帰宅、きみ金森え行きて状況報告、株の話など、我等には全く想像つかず＊苦悶最中

五月二十七日　水　曇雨

八、〇教室、ペエルウ頭骨二個仕払のことを井上氏に承諾を得て事務え行きてその手続を托す。学士院え畑井氏論文要旨の尚ほ簡略のもの速達便にて出す。井より又々例の要を得ざる談あり、研究は行ひつつありとて図などを見せたり　此度のことには誤解あり其れを林学部長に話しくれと言ふもこれは断る、諸処より講義を頼まれるは誉とするが如し、其間に杉田直樹氏来る、来三十一日渡辺家に於て晩餐云々、其所え亦松村氏来りなど立ち込みたり　三時出て柿内、坊甚不機嫌、六時家に帰る　きみ子たけ子殿と同道にて金森家え行き工場台覧を計るなど、＊窮極の手紙来りこれを持ちて行たり　帰りて後電話にて明日は百万とかいふ話に付き北条家え行くと打ち合せをなすなど前途思ひ及ばざること

五月二十八日　木　雨

七、五〇教室、畑井氏義兄渡辺滋氏晩餐案内旁挨拶に来る、七時前帰。きみはたけ子金森夫人と北条家え行き三十万ならは出来るとか、きみ昼前帰宅、忠七氏其旨を五反田え伝へる、晩たけ子夫人来るなど活動

五月二十九日　金　雨

七、四五教室、歯調査表の始末、六時半帰宅、今日午前打ち合せ置きたる通り安楽来り武子殿と落ち合ひ北条え行くなど活気あり但し纏りたることなし

五月三十日　土　雨

七、三〇教室、畑井氏来室、明日の打ち合せをなす、七時帰宅

五月三十一日　日　晴

学士院授賞式、九時半着院、三月十二日決定通り矢吹（恩賜）、物部（恩賜）、畑井（院賞）、曽禰（紀念賞）受賞、畑井氏の件結末、渡辺滋氏親戚として列席、二時半帰宅、庭え出る

六月一日　月　曇

霞関離宮に於て賜餐、十一時俥にて出かける、博恭王殿下台臨、岡田文部、一木宮内臨席、食終て畑井氏を殿下に紹介し白鼠に付御説明四、五分間申上る、地方より伊藤隼三、宮入慶之助氏列席、三時帰宅庭え出る、五時出て松村氏匆々今日欠席せるにより様子を尋ぬ、格別のことなしただ少し頭痛ありて用慎（ママ）のため在宅せりと、これより渡辺家に於て内祝を催さるるに付招かれ、西ヶ原の邸に到る、少し雨降る　来者五島清太郎、上田万年、松浦次官、粟屋専門局長、杉田直樹、下田次郎の諸氏、十時帰宅

六月二日　火　曇

七、五〇教室、松村氏来室　Cephalic Index and Stature印刷成り贈与せらる大に祝す、午後井来室自家の論がブランズ解剖書引用しありとて指示す　七時前帰宅

六月三日　水　雨

八、〇教室、石器時代人骨に全通の番号を附したり末尾今日のところNr.120となる　六時半帰宅、晩於菟来りて教室不快の談、両氏の反目、両ながら好意を持たず、前途望なし、寧ろ他方に向つて考ふべきか、千葉の談などあり、併し二、三年は静かに模様を見るも遅からざるべしといひ置きたり　相当なる後継者を得ざりしはかへすがへすも不幸

六月四日　木　半晴

八、〇教室、岡野せき氏来室増田教授に患者依頼の件、長谷舘娘嫁入に付休みたりと、大山公来、三時去て加賀町

六月五日　金　雨

七、四五教室、三二カリョキネシス〔＊（生物の）核分裂〕標本を持ち来りこれに付説明したり、人類え行き松村氏と探検計画談、七時少前に出て帰宅　晩武子夫人来、昨日十日までに来訪を乞ふといふ手紙を出したりと

六月六日　　土　曇晴

八、〇教室、十二時半頃坊来、茶を飲みなどし家に帰り、庭え出る　今朝婢二人共突然出去りたりと　現代の風潮といひながら実に呆然、差向き柿内より一人借るなどきみ子苦心　昨日留守中於菟来、潤貸家のことに付静子、千駄木妻君等きみ子に対し不服問題のことを聞く

六月七日　　日　晴

午前家に在りて庭え出などす、坊は早く昼食し帰る即ち精子が琴の会に行くのと共に出る、自分は十二時五十分教室、昨日の報知に星のこと台湾にて取り調べを受け云々に付これを見る、西謙氏来室石器時代談　六時去て帰宅

六月八日　　月　晴

八、四〇教室、西氏新潟え先週も行き、帰りたりとて挨拶、梨子を贈られたる礼を述ぶ、邦人骨格甚不整のこと昨日西謙氏の注意により大方支那人ならんと思ひ西氏に其事を告ぐ　午後内省に柴田氏を訪ひ、気仙郡の洞窟を諮ママねる　福江町天野助吉氏町長川合葛太郎氏連名にて保美貝塚発掘（宮坂氏）のこと及写真を送り呉れたる返事を出す　仙台長谷部氏え問合せの貝塚仮指定のこと今日柴田氏に諮りたるに県庁え直接交渉然るべしと返事を出す、六時半帰宅

六月九日　　火　曇

八、〇教室。終日齲歯統計に困しむ

六月十日　　水　曇

七、四五教室、三時半出て加賀町、鉱物標本を見る　精子小此木夫人にトンピン楼にて馳走になりたり

六月十一日　　木　晴曇

朝純子を連れて植物園を散歩したり、十時五十分教室三時半家に帰りて庭に出る　きみ子目白に西邸を訪ひ、序に島峰えも寄りたり

六月十二日　　金　曇

七、五〇教室、井に解剖学会々員に学士院会報（欧文）を利用せらるる様通知案を相談す又幹事を森氏に頼むことにしたるを以て書類を同氏に引き渡す様請ひたり　午後四時学士院例会、増員に付臨時に推選候補者投票、二

部十七名、一部十五名決定、九時散会

六月十三日　土　晴

八、一〇教室、午後文省（バラツク）に於て研究会議部会開かる一時半同所に到る、愈々原著をも刊行することに決す、五時前帰宅

六月十四日　日　晴曇

九時半出て牛込小松家を訪ふ、婚儀後始めてなり、老母堂案外元気、同家長く寂寞たりしがここに一家の形式成り立ちたり、石黒家に寄これ夫人死去後始めてなり　此頃老人挨拶に来られたればそれに対して訪問したり小野塚氏来り居る、十時半去て柿内、四時過家に帰りて庭に出る

六月十五日　月　雨

七、三〇教室、午食後久保猪之吉氏を病室に見舞ふ、氏先般母堂危篤に付出向の途中病気になりたるなり　最早熱発もなきよし、六時半帰宅

六月十六日　火　晴曇

八、〇教室、前週にて授業を終り井は名古屋、西は新潟え行きたりと於菟独り留守居今週だけ講義すと言語道断、Proceedings Jap. Acad.〔＊学士院記事（欧文）〕の件に付謄写版を繁田氏等に頼む、七時帰

六月十七日　水　曇晴

二村氏病気容体悪しきよし於菟より聞きたれば今朝巣鴨字平松の新宅に見舞ふ、玄関にて逢ふ、体温三九度以上に昇るよし併し見かけは左程悪くなし、八、四〇教室坂元宇之助氏キュプロクス〔＊隻眼〕胎児の蠟模形（ママ）出来たりとて持ち来りて示す　五時家に帰る、西細君来訪、六時きみ三と出かける、丸ビル精養軒に到る、新学士海野秀平、度会陸二、成田竹蔵、赤尾晃、折戸礼助、松岡学生、深見斐夫諸氏に招かれたるなり、在学中親交の謝意なりと外に赤尾母堂同坐、この会合一種の興味あり殊に前途ある諸氏の談面白く感す、八時半辞し去る、精子独り留守居す淋しき故小此木夫人を招きたり

六月十八日　木　晴

朝きみ子と純子を連れて赤門前にてくつを買ひ教室に到る、池の周りを歩きて十時去る　森田助手に依頼せし謄写版出来す依て其発送方を更にたのむ　三二来り顕微鏡標本を少しく説明す

六月十九日　金　雨

七、五〇教室、此頃は頻りに歯論に従事す　七時前帰宅

六月二十日　　土　雨

三二徴兵検査とて早朝出行く、七時五〇教室、丁度西氏見ゆ今新潟より帰京せりと、直に去れり千葉え行きしか家に帰りしか　昼食の際長谷舘来室井室内雑誌堆積せるを調べたらば見当りたりとてビルケ氏より送附の印刷物を持ち来る、これは書面にて通知ありて落手を待ち居たるものにて遂に不着と思ひ五月十三日返事を出したり埋葬方法に付種々意見質問の件なり、井の室に二ヶ月以上捨て置かれたる次第なりビルケ氏に対し相済まざる訳、困惑。一時半より人類会例会、金田一氏アイノ土俗談（主として祭礼のこと）、宮坂氏保美貝塚発掘談、終て大山、松村二氏と気仙洞窟探検問題に付談話、七時過帰宅、三二徴兵検査を受く甲種合格

六月二十一日　　日　雨曇

一〇、一五教室、午後三時半出て加賀町、精子来り居る、六時半帰宅

六月二十二日　　月　雨

八、〇教室、アイノ歯再調、歯列、咬合等、七時前帰

六月二十三日　　火　雨晴

八、一〇教室、昨日打ち合せの通り一時半内省に到る大山氏今来りたりと更に気仙の模様を精く聴取す長くなりて四時半去る　石器時代談甚多し富山県氷見貝塚のかまど又は炉の跡、縄紋ある土毬（野毬のものより少し小）、土製耳飾など、五時教室に戻る、七時前帰宅

六月二十四日　　水　曇晴

八、三〇教室、宮坂氏来室石代頭骨など指示す、氏が保美にて発掘せる人骨（九体計）を自分研究用として人類教室より借用することとし小使を遣りて持ち来る、又人類教室え行き松村氏と気仙行に付談、氏の同行を大に勧誘したり、邦人写真四枚もらいたりこれはルンドボルクえ送るつもりのもの、六時半帰宅

六月二十五日　　木　曇晴

松原ちか新田園住宅玉川の先き宮前村字馬絹（さぎ）を訪ふ十一時達す　皆元気頻りに鶏雛を手入れす、家族八人皆縁引きの人にして甚円満殊に老母殿は幸福の人、三時去る、乗合自動車甚便ならす往復共歩く　一里といふ五時半家に帰る、始て蒸熱を感す夥しく流汗したり　三今朝三崎実験所え向け出発す

六月二十六日　　金　雨晴

八、二〇教室　午後大山氏人類教室え来り居るよしに付

自分も行きて気仙行に付相談、松村氏同行六ヶ敷模様、柴田氏に地理課に電話して尋ねたるも電話不明兎角同氏来るとのことに付待つ暫して来る氏同行叶はず、大山氏演習のため日取り確定し難しなど此度の企図なかなか面倒なり　七時過室に戻る

六月二十七日　土　晴曇

定期大掃除、八、〇教室、盛岡人鳥羽源蔵え気仙探検に付地方庁の了解を得るため依頼状を又仙台長谷部氏え手紙を出す　四時半家に帰りて入浴、六時過上野精養軒、隈川八郎氏新潟人渡辺嬢との結婚披露なり、熱さ大分強くなる和服を着る、十時帰宅　大山氏より電話、演習のため二十五日前には気仙出発出来ずと

六月二十八日　日　晴

九時半教室、札幌佐藤昌介氏えグローブ夫人渡来に付ての準備整ひたる趣の来書に対し返事を出す、四時半去て家に帰り庭え出る

六月二十九日　月　晴、午後雷鳴あり

朝純子を連れて動物え行く、出て公園遊戯場にてブランコに載せたらば面白くして下るといはず長く遊びて十一時家に帰る、潤氏来り居る曙町貸家と良一住居の関係のこと、午後三時出て柿内、悌子熱あり、他は元気

六月三十日　火　晴

七、五〇教室、人類の保美人骨（宮坂氏が発掘せるもの）洗ひ始めたり、井名古屋より帰り昨日教室え来りたりと今日会ひて解剖学会書類引渡しを催促す、雑務を誰れかやれば自分幹事の名を持つて居てもよしといへり、骨洗中岡田信利氏来、又松村氏来りて汎洋会のこと、北海道旅行のことを話す明日まで考へたきを言ふて別る、五時過細菌教室に到る故緒方氏七回忌記念会、銅像前にて撮影、次に山上会食所にて式あり終て会食、石黒忠篤、大沢謙、桜井錠、七〇名計集る、旧懐談あり、九時半帰宅

七月一日　水　曇雨

七、三〇教室、午後雨中人類教室え行き松村氏と汎洋会談、北海道行は移川氏の方に成したし云々　其他終日骨洗

七月二日　木　晴

八、〇教室、仙台熊谷岱蔵氏来信、二宮氏アイノ血清論文英文及邦文別刷送附直に挨拶を出す、終日骨洗、疲れたり　七時過帰宅

七月三日　　金　雨晴

七、二五教室、在盛岡鳥羽源蔵氏え問合せの件に付返書来、梅の木、日頃市両洞窟は永久に保存のつもり云々他にも洞窟ありなど思はしからぬ返事なり　骨洗午前中に終る三日半許費したり随分疲、午後人類え行き宮坂氏保美人骨歯加工のものを持ち行き示す、三時半過移川氏来、汎洋会相談、此方より演説を特に依頼すべき学者選定の件、諸演題処理担任者三問題に付各一名、略ほ浜田、長谷部、小金井とす　北海道視察の件は移川氏承諾、八時半帰宅　於菟来り居る　井、西愈々不和、井、大に争ふと決心せりとか

七月四日　　土　晴

七、五五教室、午刻坊学校より教室え寄る、弁当を忘れたりとてパン買はせて共に昼食、二時頃帰宅、庭え出る移川氏北海道行決定の旨速達にて返事あり　坊扁桃腺炎にて熱発す

七月五日　　日　曇

坊咽のため終日在宅、きみ子は上田万年家え宇野家苦情の件に付行く　午後は又宇野家え但し不在なりきよし、次服部家え三二徴兵の件に付挨拶に行く　このことはこれにて打ち止め、黙して期を待つこととす

七月六日　　月　曇

坊学校休む、自分九、〇教室、昨日今日頃は明治二十一年北海道旅行記を読み懐旧、午後四時頃㊍来室、長崎国友氏に胎児を集める法を尋ねに行くと、学会書類引渡し又延る、西の話を始む、西より布施の方優るなどいへり、驚愕、候補者提議の節自分㊍に譲歩せしことを言ひたるにしやしやとして足立隠退の後には布施といふ腹案なりきと言ふ　ビルケ送付の印刷物井の室に捨て置きたることを言ひ聴かせたるにこれ又弁解するに勤む、愈々以て忙（ママ）れる外なし、六時過まで話す　橋本より手紙にて権兄三月頃より健康宜しからず、此頃小石川院に来りて診察を受けたるに胃癌のよし、又寺泊保子より其事に付手紙来り模様によりては出京すべきかと　坊熱大に下る

七月七日　　火　雨

朝きみ子権兄病気様子を精しく知るため橋本え行く、八、二〇教室　念速寺え二円中元として送る山本使す、於菟に井昨日の模様を話す、長谷鎗来り図書室改革を於菟と共に命ぜられたりと　長谷部氏え北海を先にすること及移川氏に十一日出発のことを書き送る　六時過帰宅

七月八日　　水　晴　驟雨

坊全快共に出かける、七、四〇教室、神経学会及社会医学会退会の通告を発、永年会員なりしもこれ隠退整理の一端なり　支那陳方之学士来室、日本解剖実行史、学名等に付質問、目下病理にて研究中のよし　於菟に教室の古き標本のことなど話したり　ハンゼン教授（コペンハーゲン）、バックマン教授（リガ）え論文著述寄贈の礼を出す　六時過驟雨中帰宅　晩桜井時雄氏北海道旅費持参しくれたり即ち自分のもの二五七、六二移川氏の分二二〇、四二円。今日は俄かに暑し九〇、〇度

七月九日　　木　曇

昨日に反し冷、坊は学校より加賀町え帰るべし、森氏忌日に付読経あるに付八時きみ、せい、すみ、もと等を連れて出かける、九時弘福寺に到る、自分は独上野駅に寄り寝台券（明後日のもの）を買ひ午刻教室に到る　午後松村氏来室汎洋会の特別招待すべき学者を念のため肩書等に付相談あり時に移川氏来室　旅費の件は先づ共同とすることに支払は氏に托すること、二〇〇は用慎（ママ）のため自分預り、残は二七八、〇四円同氏に渡す。五時となる

七月十日　　金　雨（後大雨）

足立氏細長の手紙来るそれに対し葉書、亦札幌平光、植村二氏此度出向の知らせを出す、九時教室ルンドボルク教授（ウプサラ）え返書並に松村氏より貰ひ置きたる邦人写真を発送す　西氏来室輯報原著を頼む　四時過て雨中加賀町え行く皆元機（ママ）、明日出発を告ぐ、六時半帰宅喜美子雨中小此木、金森両家え行きたり

七月十一日　　土　雨曇雨　北海道へ向

午前旅の用意、純子昨夏の如き不明の熱を発す、十時小此木より使あり星の返書をもたらす、これは昨日武子夫人が速達にて出した手紙（精子手紙封入）に対する返事なり、一週間内に会見実行す云々　一時上野発車、きみ子移川氏旅中厄介になるに付其頼みのため駅まで来る氏なかなか来らず十分となりて辛じて間に合ふ、車中冷気にて凌ぎよし　五時頃より雨降り出す　福島にて暮る、夕食し直に寝台に入る、

七月十二日　　日　曇後稍晴

眠宜しからず、四時起、洗面、六、三〇青森着、待合所にて朝食　同所より直に聯絡船飛鸞丸に乗る　昨年秋聯絡完成せりと、汽車線を聯続して貨車を載せる仕掛けなり、七、四〇解纜、風甚強、東より来る、船右舷にこれ

を受く、動揺す、道地の山々殊に福山辺近く見ゆ、左右各汽船四艘を見る、十二時十分函館着、設備青森の通り此渡航四時間半、待合所にて昼食、電車にて湯の川温泉行、二五分計、大滝湯といふに休憩、待遇良、茶代二円投す　男女の各湯槽心よく案内す、水泳槽の如し、湯源の湧出るところも見る　それより巾二尺位の小川となり棄てられるは惜し、四時二十分函館発一時間余にして大沼公園着、紅葉館に投す、同志と共に「モオタアボオト」にて沼を一周す、小島数多あり、一時間費す、沼岸に養狐場ありこれは見物出来す、坊、純子え公園絵葉書をやる　九時眠を求む

七月十三日　　月　晴

朝曇なりしも漸々晴れる午後は快晴となる　四時醒む、稍々眠ることを得たり、五起、朝食は自分だけパン、ハムエッグス、カフエ。宿料一人四円、茶代三、女一を遣る、七、〇九発車、昨日来の夫婦及今関氏等同車、山越までは先年来りしも更に途中の記憶なし、黒松内に弁当などあるも「サンドウヰツチ」はなし、移川氏すし、弁当、まんぢう、もちなど買ふ　自分はいなりすし、もちを食す　まだ十時半頃なれば昆布辺にて食したるなりえぞ富士（羊蹄山（しりべし））を望む、形甚似たり、道路うねりおるを以て前左右に見る、併しそれの左側を廻るなり、山に真白きところ彼処是処に見る、これは近年除虫菊栽培するものなりと、鉄道に傍（ママ）ふてえぞ松の林あり　これにて少しくえぞらしく感ずるのみ、余市あたりも更に覚なし、小樽の築港を眺めつつこれを過ぎて四、四四札幌着、山形屋に宿す

七月十四日　　火　晴

四時醒む、病理学会のため来札者多し、早朝大石貞夫（震災後当地に移りたりと）植村氏来、長与又郎、清野氏。八時出て移川氏と先つ近き五番館といふ大雑貨店に入り紅茶二鑵を買ふ（六、五〇銭）これを土産としてバチエラア翁を訪問、汎洋会の件にアイノ見学のことを相談す平取の奥宜しからん或は白老にてもよし兎に角翁に依頼し諾を得又案内説明書も引受けくれたり　時に平光氏自動車を以て来会す、辞し去て共に大学に到る、秦、山崎氏迎へくれたり、学部長室にて談、解剖教室を見て諸氏と中食、自動車にて秦、平光二氏と自分移川道庁訪問、札幌神社まで廻りて庁に到る　土岐長官に面会、汎洋会のことを依頼す又活動ヒルム（熊送り儀式の）は庁にて

引受けることになるたるは好都合、官房文書課長北崎巽氏其他の人々も同席す、これより博物館を一寸見る　道庁より北海タイムス社に到り編輯長山口政民氏を訪問し（八田三郎氏の紹介による）会議の件を依頼す、五時となるこれより再大学に到る　今氏会す、各教室それぞれ参観、解剖アイノ屍二体あり外に全骨骨晒し上げたるもの一具、平光氏等と豊平館にて会食、これは遂に辞退すること出来ざりし、諸氏十一名、中に関場氏あり久し振りにて会ひたり九時散す、旅宿に帰り、入浴、疲れたれば直に眠を求む

七月十五日　水　快晴

宿勘定、一人一泊五円、二人にて二〇円余、茶代一〇円、使用人五円、七時二十七分札幌発車、三田村、石橋氏等同車、岩見沢乗り替へ一一、〇一苫小牧着、直に王子製紙会社に到る、社員某、山崎医学士（病院長、良一同級の人）藤浪氏等を送り且つ自分等を迎へ呉れたり、同会社クラブにて休、中食の馳走を受く洋食上等、工場長足立正氏に会談　汎洋会に付万事好意、山形秘書（仲芸氏息）、両氏の談に千歳川上流の烏柵舞（うさく）アイノは旧態を存し約二里の間三〇戸計散在す丸木舟あり、便所なし、酋長アヌカイといふもの八〇才位。（クチバシといふは熊の創痕ありこれは監獄にて死す其骨札幌にあるものか）。製紙会社々用の軽便鉄道あり川に発電所四あり第四まで鉄道、其れより三丁程下に初めてアイノ小屋ある亦十丁計下に鮭卵孵化場ある、服装は日本式のよし　汽車第四発電所まで三時間を要す、下りは早し云々　午後三、二五苫小牧発社用線にて乗券を受けたり、山崎院長外一名駅まで案内、軽便鉄道なり木材運搬のため、駅附近木材山をなす、マイクワイ花美、ウドの如き大なるものイタドリの大なることなど往時を思ひ起したり、アヤメの花多し、原野に馬数十頭見ゆ、柵は昔の如きあり又鉄条を張る鵡川（むかわ）木材を以て満つ　五時三十五分サルフト着、此処乗り替へ、更に小なる客車一台のみ、等級なし、五、五〇発、サルル川に沿ふて登る、水田中大木の切り株多し「シウンコツ」「ニナ」を経て六、三五「ピラトリ」着、三時間と十五分費す、近き駅逓に泊る、宮川旅館といふ、直に出て独り川まで行く、人家多くなり、和風にて旧状なし只この川のみ昔を思はしむ　晩フィルヒョウ、マルチン、フィッシャー、シュラギンハウフェン四氏アイノ写真絵葉書を書、坊、純子えも、家主とアイノ談、「ピラ

トリ」の奥にニブタニ、ピナコレ、ニオヒ、又左方え行けばオサチナイ、オホコツナイ部落あり　女中一人はアイノにして台所に働く

七月十六日　木　晴　暖少曇

四時醒む、宿料一人二円、二人にて五円茶代を置く、七時半出て、郵便局、次にアイノの製したる糸巻一〇、パイプ五を買ふ、次に村役場に移川氏が知るアイノを訪ふ出張中なりと、墓地は山を登りてあり、中にアイノ墓十数個あり、悉くアイノ式、和式、十字架のアイノ墓は一個もなし、数日前に埋葬せる老婦のもの一個あり　なかなか立派、長棺を輿に載せてかまぼこ形に紗を張りたる覆を用ふ、輿は側にあり、覆は墓に置く、頭部に標を立つ、側にこれに似たる小児のものあり、造花、線香、白団子、亦オサ、コツペラなどあり　墓標はきざみ切なし

村内を歩す。移川氏知るところの嘉吉（アリシヤンレック、話出来る様にとの意）に出合ふ、其父平村イコレ一アツ（宝一持ち）、七四才（嘉永五、一月五日生なりと）の家に入る、婦も居る　大なる立派な家なり中央炉、左側宝物、奥に黒縁の板戸四枚（その後に尚ほ部屋あるべし、あつし衣を着更えて挨拶す、屋後の「ヌサ」を見たるも只痕跡のみ、老爺は全くアイノらしく見ゆ、息子は髪を断ち、髯をそり、印袢纏を着て労働者らし、故ペンリウクの屋跡を尋ぬ、其甥なる平村万吉（マサレッグル）に面会す、四八才、風はアイノらし。岡村牧師来る氏の妻は混血アイノなりと移川氏言ふ、ペンリ住居の跡に小屋あり、往年眼病のため出京せし平村イタクラトクの話を聞く。山上の義経社に詣、側にペンリウク紀念標あり、後面に「平取村開村五十年紀念、大正九年」とあり　アイノ三人に一円つつ遣し小供に菓子をやり　十時思出多きピラトリ発車、車中夫和人（「ニブタニ」のもの、木びき職）妻アイノ（三三才位）女児一赤児一（これが車中大便をなす）居る、サルフト町、川の両方に家あり長橋を以て交通す。一〇、四五サルフト着、茶を飲みて渇を癒す、一一、一三サルフト発、二等車は我等二人のみ、一二、一〇ムカハ発、一二、二五アツマ着、これより入りて「チキツペ」といふところアイノ旧状なりと八田氏言へりと。移川氏「ユウフツ」にて下り、次の車にて来る。

一、三〇苫小牧帰着、三時間半を費す、富士館本店に投す、中食パン、オムレツ、カフエエ、牛乳甚適す、四時製紙工場に到りて参観す　米国に並ぶ大工場なりと、主として新聞用のもの、一日の産額巻き型九〇〇本、一本の長さ一里、即ち一日九〇〇里製す職工一三〇〇外の所に三〇〇合計一、六〇〇、職員六〇〇、全日本新聞の紙の七割を占むと。五時半宿に帰る　平取沿道月見草、「ウド」の如き大草又苫小牧に近き辺に玫瑰の花見事なり

七月十七日　金　雨

四、四五醒む、雨中烏柵舞（うさくまひ）行、六、四五苫小牧発、岡崎氏（一昨日も種々対談昨日は工場を案内せし庶務掛の人）見送り呉れたり、汽車券は平取も此度も貰ひたり、第四発電所まで二二哩、湖畔まで一五哩

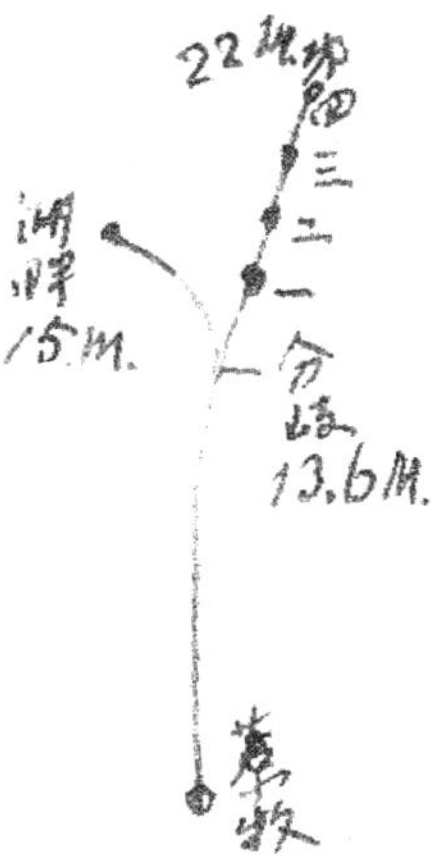

九、二〇第四発電所着、多田栄治氏人夫及アイノ若者を連れて出迎くれたり　先つ発電所の方え行きてこれを見て雨中歩き進む、二〇分歩きて孵化場に達す、橋を渡り尚ほ二五分にして酋長の家に達す。途中に小屋二つあり其一茅葺屋根にてアイノらし、小熊を飼ふ、帰途屋内を見れば老婦臥し居たり病気のよし。亦右岸に小屋二軒見えたり。前の熊を飼ふもの小山田サンレキデ、右岸の一をクシバシリといひしがこれは獄死したり、獲熊の名人なりしと、ために負傷し疵痕多数ありしと、これ札幌の解剖に晒骨格としてあるものならんか？　酋長「アノカヨ」といふ、六十四才、妻五八才、小供九人中一人女、男弁次郎家にあり、アイノ名なし、五才男児あり、外に若きアイノ一人居る　この者巧に諸事説明す中本幸平（近き下の人）といふ、アイノ名なし、三〇才以下のものは皆然りと。此地点をヌ―ツパ（原―始まり）といふ、ここより下漸々谷広く原となるといふ意、烏柵舞はオ―サクマ―オマ―ナイ（川尻―棹―有）遥か上のところ。此川沿岸千歳橋までに二八戸、橋より下二里計の間、沼までに二五戸ありと。アノカヨの屋次の如し

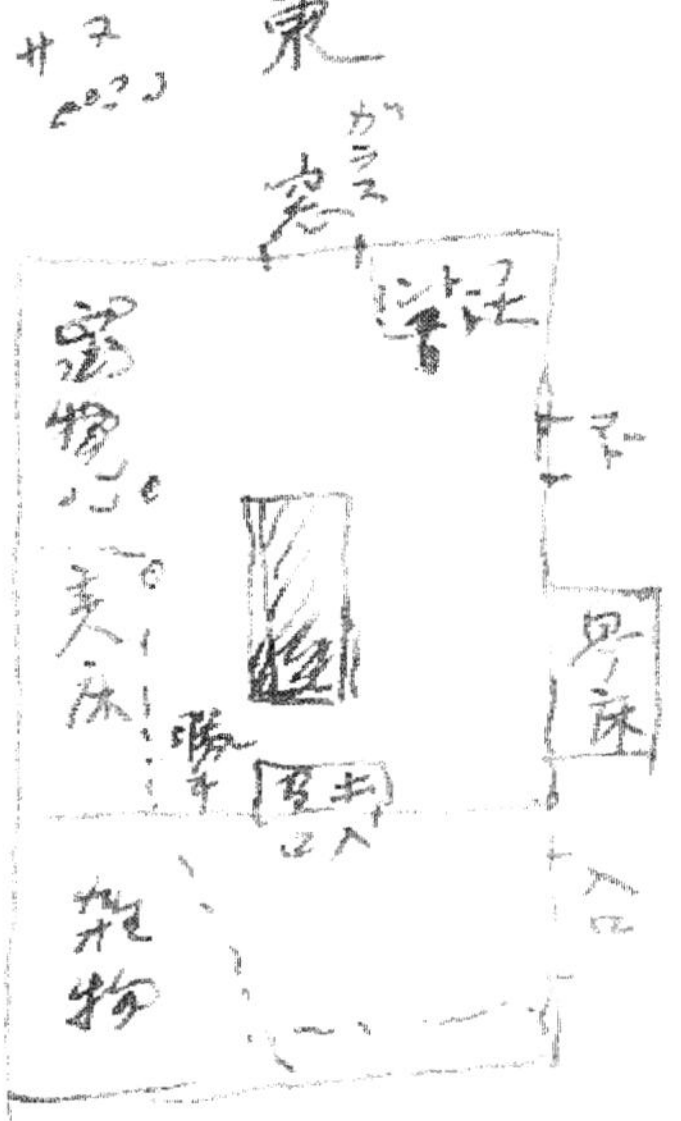

此者一番の物持ちなりと、「イタバシユイ」数本移川氏調査、「シユトウ」一本あり、熊は今総て四頭あると、此村には酒煙草を飲むもの殆んどなしと、バットを土産に持ち行しもむだなりしが如し　一二、〇五帰途につく、一二、二七孵化場、場長技手菊地覚助氏に面会、携たる弁当を食す、場の説明を聞き、ざつと見て出かける、米種「ニジマス」の池見事なり。一、四五発す、道はよし、二、一〇第四発電の下に出る、昇りて汽車に乗る、多田氏に感謝し二、一七第四発車、三、三〇湖畔着、絵はがき買ひ坊え書く、中村とかいふクラブ急ぎ見て三、五〇湖畔発車。偶然細野順氏に会し同車す外に氏の息及製紙役員岩永氏あり　五、二五苫小牧帰着、山崎医学士迎ひくれたり、市街を廻り見て富士館に入る

七月十八日　土　雨

五時起、宿料一人三円、茶代二人にて六円、男女使用人四人え一円つつ遣す　足立工場長及山崎病院長に陳謝のため名刺を宿に托す、駅に山崎氏見送りたり、七、三二発車、八、一二白老着、手荷物を預け、駅前にてアイノ絵葉書を買ひ、部落に到る、四、五十戸あり、小熊を飼養するあり　外に尚ほ一頭ありと、熊坂運之助「シタツリイレイ」方に入りて休む、茶を出す、妻「カノア」（糸を上手による様にといふ意）「キナ」をあみ居る　移川氏模様面白しとて買ひ受く（二円）、古きオサ、ペラなど見る、小屋は外観、内部の配置等アイノ式なり、東窓の外にヌサあり古き熊頭、其他獣頭数個あり、家主、婦共五三才、長男二十才位但しこれは「アイノ」にあらず和児を養ひたるもののよし、一人に付五十銭位見学のものより遣す習慣のよしに付一円置きて去る、彼処此処に「イタドリ」の垣あり、土人学校え寄り授業の有様を見、生徒七十人計あり、次に隣の病院を訪ひて院長高橋房次氏、氏駅まで来る、一一、三六白老発、一二、〇七登別着、これより小鉄道（往復二等）一二、二〇発、一、〇五温泉

着、途中「カムイワツカ」に止る、第一滝本館に投す昼食直に湯源を探見す、処々に吹出す穴あり山は曽て破れたる形を以てす谷に川あり　これ熱湯なり、これに添ふ登る、大湯沼を見て戻る、風景甚壮大、少しく雨り（ママ）天悪し、浴は硫黄臭く濁りたるもの、透明なるものと、自分はこれに浴す

七月十九日　　日　雨、午後雨止む

五時起、一泊四円、茶代二人にて八円、男女使人え五円、七、五〇登別温泉発八、三九本駅着、八、四三発、九、二七室蘭着、創成館に投す、主人に当地交通のことなど尋ね、米川氏に電話を頼む、尋で氏来訪、次に田中好治前室蘭駅長、板沢庄五郎室蘭病院長二氏、製鋼所参観することとし諸氏去。一時頃昼食、米川氏来り同道、同所に到る、病院長内田孝徳、副院長神野正隣二氏に迎へられ、工場を素見す、日曜にて大抵休止、只二、三従業す、四時去て島岡茶店に到る、此人遺物沢山所持するよし、其一部を見る、石斧中片刃のもの数個あり且つ極扁平のもある弥生式にあらざるか？　土器立派なる縄紋あり無紋の椀一個は確かに石器時代のもの、曲玉管玉ありこれは無紋の甕の中にありしといふ、甕は今なし、米川氏去り、これより島岡氏同道三人（俥）エトモ貝塚を探見す、道極めて悪、エトモ小学校構内にあり、小丘、教員三名ありて校に蔵するところの石斧、立派なる大皮はぎ、完全甕一個、其破片一箱、其中に土偶頭部あり　これは好意により貰ひ受けたり、校内所々貝殻あり、校後に貝層の断面立派に現はる、貝層五、六寸にて、漸々薄くなり遂に消滅するところなり　亦人骨も出でたり、校にあり頭は或人持ち去り肢其他のみ、副葬品、木椀、鉄鍋の破はれなどあり　左脛骨扁平右ジフィリチッシュ・エクストーゼ〔＊梅毒性骨腫〕あり確にアイノのものなり、島岡氏が始めて室蘭移住せし明治十九年の頃は絵鞆にアイノ居たりと、学校土工際は尚ほ多数の人骨出たりと、校後の山に縦穴、チヤシありと、校に刀剣もあり　七時前に宿に帰る、晩米川氏来談

七月二十日　　月　晴

四時醒む、三年生伊藤清太郎氏室え尋ね来る、小樽旅行団五十人中に加はると　室蘭弁辺間往復小汽船（二〇〇頓計）吹雪丸を用ひ虻田に向ふ、朝八、三〇発一一、一〇虻田着、二時間の隙あり、小学校長白井柳治郎、病院長中村惟吉、収入役遊佐盛寿（村長不在に付代理として）

村書記河村虎雄外三名の諸氏迎へくれたり、院に到り携へたる弁当を使ふ、是より諸氏の案内にてアイノ部落に到り、妻木宇三郎（アイノ）方に入る、家はこけら葺障子、家主不在、家婦束髪和風、イカシワツカ（元酋長故人）の妹なるものあり七十六才、イカシワツカの寡婦、衣を更へ立派なる金虎の刺繍ある陣羽織、服二枚、イクバシユイ数本、シトキ二、三具持ち来りて示す、又夫の引き延ばし写真額、小谷部イカシワツカ等三人の写真を見る、時刻切迫、諸氏に送られて一、一〇出帆三、三五室蘭帰着、米川、板沢、田中、内田、神野氏、織田将一、国本高平（二氏開業）迎、駅にて少時休憩　三国丸に乗り込む、一等六円、五時発、海上極めて静穏、甲板にて日中の熱を癒す、八時寝台に昇る

七月二十一日　火　晴　炎熱

三時醒む、四時半青森着、はしけにて上陸、連絡船休憩所に入り朝食、大阪教授吉田貞雄氏に会す　これより共に六、一五青森発車、六、四七浅虫着、徒歩臨海実験所に到る、畑井氏其他皆採集に出てたりと、所内巡覧、モオタアボオトにて出て畑井氏を探し共に帰途小島を廻りなどし風景佳、氏仮住に到る全家族あり、昼食、ボオトにて浅虫に到り温泉源などを見て午後一、五三発車、車中横井時敬、石橋松蔵氏あり、一〇、三一仙台着、駅前仙台ホテルに投す

七月二十二日　水　曇

九時出て解剖教室に到る、布施、長谷部氏待ち居たり、熊谷氏来る二宮氏アイノ血清業績のことを談す、長谷部氏実習室に於て土器整理中、山内氏これに従事、幸に小田島禄郎滞在、教室にて諸氏共昼食　気仙探検の件は都合好き模様にて小田島氏斡旋の筈、午後二時長谷部氏先導、自動車にて本部に到り小川総長に面会、次に地質教室、松本氏病気（強度の神経衰弱）欠勤、助手案内にて標本を見る、宮戸島人骨二体原位置石膏標本、甕を被りたる人骨の同標本、五時解剖教室に戻る、庭園にて談話、フセ、ハセ両氏え学士院 Proceedings のことを頼む、亦ハセ氏汎洋会委員並にアントロポメトリー（＊人体計測法）論題担当者快く承諾せらる　これより自動車にて新食館に到り夕食、一〇、四〇仙台発、二氏送り呉れたり

七月二十三日　木　雨　帰京

朝七、二〇上野着、家に帰れば大雨となる。留守中純元気、良一扁桃腺炎にて十日計此方臥床、寺泊保子林町病

気見舞として、千鳥受診のため去十四日出京泊、千鳥は受診の結果腫物など全く無しとて安心し今日帰郷す、保子は林町重体に付残り止る、北行前橋本胃癌と確診せしも重体といふ程にあらざりしが帰りて驚きたり。星の件は去る日曜氏午前より小此木家に来、偕楽園にて昼食し後小此木え戻り精を呼びたりと、赤羽根（ママ）土手、帝国ホテル、九時半精帰りたりと　午後忠七氏来訪、疲労のため失敬したり

七月二十四日　金　驟雨数次、午後晴

朝きみと小此木家え挨拶、大学、松村氏不在、教室、井、西、森え挨拶、一時頃加賀町、皆無事、家より電話、林町悪し云々直に帰宅、尋で林町見舞、半昏睡状態なるも明りたる模様にて応答あり、十四年目にて感慨深し恰も星の談最中

七月二十五日　土　晴

九時過教室、留守中のもの処理す、四時帰宅、文郎氏来り居る、これより林町え行くと、帰路再寄りて早昏睡状態なりと報す、晩食後きみ子と行く

七月二十六日　日　曇　冷

午前林町、容体変りなきも漸々増悪、十一時帰りて庭に出て草を取る、午後四時前出て加賀町、負請（ママ）略ぼ出来、帰途再林町え行く、橋本氏来診中、明朝頃かなどいふ六、四〇文郎氏と共去る、入浴、食事にかかるところえ電話あり、只今引き取りたりと（七、一〇）、食を終へてきみと林町え行く、椙山夫婦、田代、槇、田中浪江、栂野等諸氏あり　臨終甚静穏なりきと、橋本氏種々斡旋す、吉祥寺僧来読経す、明日九時納棺、二時より三時近親にて告別、それより火葬と極る、一般知人には不幸事終了の後知らせることは遺言の通りとす、精、三も来る、一時帰宅　精柿内え行きたるに星より手紙あり　直に呼び返へす、格別のことなきも、大阪より帰京途中汽車中にて認め、尚ほ北海道え行きて本月中に帰京云々

七月二十七日　月　曇、冷

前九時納棺の筈に付八時過出向、納棺済み、橋、梛、自三家より造花環各一対備へ香奠十円贈る、家に帰り休、昼食、に志めを贈る、更衣二時再行く、良一病養中に付素子代りて行く、吉祥寺より僧二人来り読経、きみせい来、三時過ぎて出棺、橋本、柿内、文郎等と告別式参列者に玄関にて挨拶す、棺自動車の外二台に十余名分乗し町屋火葬場に送る　帰り加籠（ママ）町にて別れきみやす子と帰

宅時に五時過なりき　晩は早く眠る　於菟来り小金井急死一週間秘密云々商人森本より出たる訛伝

七月二十八日　火　晴　冷

七時前出て採骨、飛鳥山よりす、カン、サクの外岩尾氏を頼みて斡旋せしむ　十時林町に到る、少時して帰宅休、たか子尋来るも会はざりき、素子応接す丁度きみは林町え行きて不在なりき、午後家にありて休　札幌佐藤昌介氏よりグロオブ夫人に付来書、札幌え向ひたる旨を返事す

七月二十九日　水　晴

八、〇教室、アイノ見学旅行の日程を試み製す。午後三時頃佐倉内藤沢田二氏来室、林町不幸を弔ひて寄りたり、文郎中間に立ちて交渉のこと、武田甚宜しからぬ人なりなどいへり、四時前去る、自分は柿内え行き三郎氏に田鶴産のことに相談

七月三十日　木　晴

八、三〇教室、人類所属保美人骨を箱に収れる、午後五時半出て大山邸に到る、渡瀬、岸上、草野、梅原、松村、原田氏等応招、来集、晩餐、考古談、十一時散す、星今朝北海道より帰京せりとて小此木え来り武子殿迎へに来るなど混雑の末、二人にて談、青山の婦のことなりきと、二人にて自動車を駆り蕨辺まで遊走せりと玄関まで送り来りたりと、三郎氏来田鶴産時の打ち合せ

七月三十一日　金　晴　暑酷

八、三〇教室、午後松村氏来室、気仙探検相談、模様面白からす、三、三〇出て柿内、田鶴産処多分、住宅なるべし、長谷部、小田島両氏より来書、気仙のこと兎角はつきりせず、望ある様にもあり

八月一日　土　晴曇

八、〇教室、内省に柴田氏訪問、気仙貝塚及洞窟（中沢浜、長部、大洞の三貝塚及梅の木洞窟）発掘認容のことを庶務課長光田信氏え申送ることを承諾を得、十二時半帰室三時半出て林町、初七日忌日なり　丁度読経終りたるところ、晩餐、橋本全家其外にて二十名計、七時半帰宅

八月二日　日　曇、驟雨、晴

九、四五教室、大山氏来室、気仙探検に付打ち合せ、明日全家奈（ママ）須行のこと等　一時半過去、長谷部、鳥羽、小田島三氏気仙に関する手紙を出す　六時帰宅、保子夜行にて寺泊え帰るきみせい見送る

八月三日　　月　少雨

九、四五教室、白山停留所にて掘り返へし道悪く徒歩困難、滑べりて転ぶ泥まみれとなる　家に帰りて白衣を更ふ、再出でなど遅くなる　横山重氏来室論集に付相談、「人類学研究」と題すること、附図のこと、四時半帰宅、坊、忠、信三児来り居る、石垣貫三氏来、林町死去悔旁なり

八月四日　　火　雨

終日家に在り、午後は止む、月蝕あり児等輿を以て見る。信は帰るきみ子送り行く　良一等十時半出かける、五六日信州地方え行くとか

八月五日　　水　曇晴

冷（七八度）午後は一寸庭に出る、晩食後精と二児を連れて銀座散歩

八月六日　　木　曇　昨夜雨

八、四五教室　井上氏より解剖学会書類及会計を引き続（ママ）ぐ　昨日長谷部氏来り岩手県内務部長及警察部長より気仙郡長及盛岡警察署長宛通牒の写並に小田島氏書面封入来書に対し二者を返戻すると同時に返書を出す、人類え行きたるも松村氏不在、八幡氏に気仙の模様を話したり、五時半帰宅、田鶴産気のよしにて坊、忠一旦帰りたるも直引き返へして信、孝等と来り居る、賑かなり、晩きみ子様子如何と行きたるも今夜は事なかるべしとて九時過帰り来る

八月七日　　金　曇晴

八、二〇教室、安田恭吾氏来室、悔旁になるべし、如何と思ひて柿内え行きたるも別条なし、小供は坊を除きて皆帰り居る、きみ子は二七日忌日に付林町を見舞たり

八月八日　　土　晴

市川に田口氏を病床に見舞ふ衰弱甚しきも尚ほ談話をかはす、十二時過帰宅　立秋なるも始めて暑中の如く感す、午後は精子等相手に曝書

八月九日　　日　晴

九、三〇教室、横山重氏来室、論集図及其他のことに付相談、四時半帰宅　晩良一等帰る

八月十日　　月　晴

八、二〇教室、在紐育野口英世氏えグローブ夫人のことに付亦足立氏え隠退に付長き手紙を出す　六時帰宅

八月十一日　　火　晴

坊を連れて加賀町に忠子を誘ひ二子玉川え行く、先茶店にて弁当を使ひ、河原にて遊ぶ丸子より電車、水道橋に

て分れ二児加賀町え帰る

八月十二日　水　晴

八、〇教室　アリエンス・カッペルス上坂氏より絵葉書到る　根岸錬次郎、藤沢利喜太郎二氏え家兄死去に付弔詞を受けるたる礼状、ボイレ（ライプチッヒ）え北海道旅行に付亦マルチン、フィック、L・ボルク三氏え論著寄贈の礼札（アイノ絵葉書）を出す、亦仙台佐武安太郎氏論文礼札且つ学士院え送るべきものそれぞれ出す、六時帰宅

八月十三日　木　晴　驟雨

朝出かけんとするところえ加賀町四児来る、児等の相手、昼前に電話あり　安産、男児のよし先々目出度、少し庭え出る、雨降り出す

八月十四日　金　雨

八、四〇教室　論集図版のことなど　便当を使ひ帰宅、更衣、三時青山斎場に到る、原平蔵氏神葬式、於菟に弔料十円托す　晩食後坊を連れて加賀町、母子共無事、三郎氏ありて儀信（のりのぶ）と命名せりと　児発育良、遥かに平均以上なりと　この日数回大驟雨あり　留守中中谷氏岩手気仙の情報をもたらす、要するに発掘認容、但し其の日時は追てとのこと、亦この旨を大山氏電話す

八月十五日　土　曇

林町三七忌に相当するを以て行きて弔ふ　おけいさん長談、九、一五教室　横山重氏来論集の件、人類え行き松村氏中谷氏と気仙行の件談合、二時自室に帰り弁当、長崎原正氏来、汎洋会に付人体計測の仕事報告せられたきことを話す、柴田常恵氏来、気仙遺跡発掘県にて容認するの確答をもたらす　アリエンス・カッペルスより上坂氏訪問の葉書到来に付其答礼アイノ絵はがきを出す、長谷部氏え柴田氏より確答ありたること、十八日夜行にて出発したきことを書送る　七時過帰宅　大山家え電話にて那須行と打ち合せ　坊、忠は三郎氏と布佐行

八月十六日　日　雨、驟雨、風

岩手県庁え来二十日発掘着手する電報並に書面を発す、鳥羽源蔵、小田島禄郎二氏え書面、四時半帰宅

八月十七日　月　驟雨、風、市内出水

きみ子と外出、神保町にて仕事上着（Y9.50）、鳥打帽其他を買ふ、十時教室　人類え行き八幡氏に十八日出発打ち合せ、横山重氏来論集挿図に付源図（ママ）を整理し渡す、新聞記者二名来、気仙郡遺跡調査のことを話す　井上氏乾

首貸したることなしと然らず紛失か。四時過上野駅、寝台二等下なし、大山氏帰着、一通り談合帰宅

八月十八日　火　曇少雨　気仙郡へ向

八、四〇教室、一、三〇帰宅、手荷を整ふ、朝長谷部、小田島二氏え電報を発す　小田島返電（一の関下車せよ）長谷部返書、自動車にて発三二付き来る、大山氏既に駅にあり、寝台都合出来下段、十時発、直に寝台に入る

八月十九日　水　晴

六、〇六仙台着、長谷部氏乗り込む、皆食堂に入る、八、二五一の関着　駅長室にて休む、九、〇小田島氏来合す、これより一行六名、自動車を傭、九、二五一の関発、狐善寺（北上川畔）に止め車を更ふ、長坂村石字川に架する境橋といふに下り、洞窟を見る、くつを脱き川を渡る水冷心地よし、不明、見当らずとて大山氏戻る、自分は山麓より小川涌き出るところを見る、これより長坂村役場に到り弁当を使ふ、熊穴洞窟は他日を期し高田に向ふて発す、途中女神洞窟を対岸より見る、五時半着高田町仐旅館に投す、今日大原町を通る戊辰五十八年前母上兄弟三人を連れて寺院に一ヶ月計在りたところなるも実に記憶なし　高田警察分署長来る、十一時眠を求む

八月二十日　木　晴

五時起、七時過自動車にて発す　先つ長部貝塚を視察し、一農家に小田島氏万事打ち合せ、女神洞窟に向ふ、橋を渡りて山を登り道なきところを歩き洞に達す、村助役、警官等数名案内す、立派なる洞窟、石灰岩よりなる、道甚困難、昼はにぎりめし、梅干、熟卵二個、六時宿に帰る。著しく疲労を感す、早く（九時）眠る

八月二十一日　金　快晴

下痢、旅宿に静養、昼コンデンスミルク、カフエ、夕卵おぢや、工合宜し　大山広瀬氏は女神を片付け更にカウモリ穴洞窟に向ふ、長谷部、八幡、小田島氏は長部貝塚に向ひこれに着手す、坊、純え絵はがき、Pohlig: Eiszeit u. Urgeschichte des Menschen〔＊文献〕（大山氏蔵）を読む

八月二十二日　土　晴

八、二〇自動車出る、A地点（昨日掘りたるところ）継続、更に新地点を選定す、Aの下、桑畑を試む（B地点）、次にC地を選ひこれを掘り始む未了にて六、二〇止めて自動車にて帰る　腹工合宜し、朝は一の関より取り寄せたる食パン、大山氏カフエエ、バタありこれを食す、昼

弁当もパン、晩は玉子おぢやを食す　長部村にて旧盆及神社祭礼の準備とて農家にて太鼓、踊り、笛など面白し

八月二十三日　日　昨夜雨、今朝止、曇、時に少雨　長谷部氏大洞貝塚に向つて出発、我々五人は昨日の通り長部、十分計にて達す、大山氏A地其他測量、小田島氏新地点捜索、キャベツ畑を選ひてD点とす。弁当パン、午後D地着手　六時自動車迎来る、広瀬、八幡二氏腸を損す、すすめて粥とす　大山氏も下痢す、小田島氏のみ健、九時半寝に就く

八月二十四日　月　雨

昨夜大雨、朝尚ほ止ます、よく眠りたり、大山氏と共に朝パン、カフエエ。発掘休止、静養。小田島氏のみ勝木田貝塚視察に出かける。八幡、広瀬二氏十時過起、パンを食す、先つ腸カタル三氏共格別のことなき様なり

八月二十五日　火　朝驟雨、曇、晴

八、一〇出かける、字港（小湾あり風景佳）まで下りて見る、午後八幡氏荷造り自分は多くD地点の方にありて小田島氏の発掘を見る　晩は旧七夕祭りとて小なるだし様のもの（上に七夕竹を立つ）を小供等五、六十人ひきて市街を往復す太鼓、笛など賑か、地方の風習珍らし、此辺盆踊りはせざるよし

八月二十六日　水　朝驟雨

例の通り八時出かける、発掘は昨日を以て終りたれば各地点を廻り大山氏測量す。午前中に仕舞ひ八幡氏荷造りを終る。地主手当、人夫賃など総て小田島氏斡旋しくれたり四時総て片付き。諸氏と目的貝塚を去る、これより徒歩気仙川に回り舟にて渡り海岸松林を歩く、途中又々雨降る、支払は相談の結果、この地までの車賃及宿賃一般費とし各人に割り当ること（八幡氏担任）、日々の貝塚までの往復自動車、発掘費は総て大山氏と二人にて負担のこととす（広瀬氏担任）

八月二十七日　木　雨

七、二〇高田仐旅館を発す、途中風景よし、細浦、下船渡貝塚は雨のため只車上より地形を眺めたるのみ。八、四〇分大船渡着、開港館に投す直に発動機船にて対岸に渡る盛に雨降る、舞良（もうりょう）金野源之進家に到る、長谷部氏あり　当家は此辺豪家にて大なる邸宅なり、雨中貝塚を見廻る、且一地点を選びて掘り始む、直に人骨に当る、午後は雨止む、貝塚往復道極めて悪し、日暮る和船にて渡る八日の月あり今朝と変りて心地よし七時過宿に帰る

八月二十八日　　金　晴

昨日の大根畑発掘を続く、日中なかなか熱し見物人多し、四時半切り上げて金野家に憩む、昨今の出土器は長谷部氏え譲ること承諾す、但し人骨の方は自分は最初より考の通り舞良の方は氏の版図と極めたることに基き氏に譲るといふも小田島氏は東大え持行くべしといふなど、このところ、デリケイトなり併し自分は断然辞退す、六時過宿に帰る

八月二十九日　　土　晴

朝八幡氏記念にとて海岸にて一行六名の写真を撮る、七、五五自動車にて日頃市に向て発す、終日雇入れたる訳にて三〇円なり、八時二五着即ち三〇分要したり。これより徒歩橋を渡り盛川本流の左岸を少し戻りて洞窟に達す、竹たいまつ十五本を点す、洞内闇し、角岩石堆積す上下して困難、冷、大山氏略測す、八幡氏我等二人を洞窟入口にて写真す、十一時終りて日頃市村役場にて休憩、村長、小学校長等始終付き添ふ　午刻過大船渡に来り旅宿に寄りて携えたる弁当を食す　下船後、細浦、中沢浜、門前貝塚を順次見廻る、中沢浜にては以前野中氏発掘し今自分手元にある人骨出土の家臼井伝次郎方に休む、五時発す、次に小友村門前貝塚え行く、時に曇り少しく雨降り始む、別の道を通りて県道に出、日暮れて高田町仐旅館に着す（今日の雇切り自動車三〇円）

八月三十日　　日　曇時に少雨、晴

七、二〇高田発（自動車長坂まで三〇円）、一〇、四五長坂着、菅原旅館に休む　一一、〇洞窟に向け出かける二〇丁余あり途中まで前の自動車を用ふ、岐れ里道に入る、字磐井里人家あり畑中を歩く、谷川を度々あちらこちらえ渡る、杉林あり、始め行き過ぎて一洞窟に到る、これは小にて目的のものにあらず、其傍にも更に小なる一個あり。少し戻りて熊穴に到る、登り甚急、雑木林の中をつかまりて昇る、甚困苦、中途にて休む、弁当（パン、牛乳、玉子、これに旅宿にて呉れたるあゆ、うなぎあり）を食す　穴に入り発掘等をなす、ろうそく十数本を点す、四時引き上ぐ、旅館に戻り休息、七、一二発、二十丁計隔つ、自動車、此線は新に七月二十六日開通せるなり松川駅といふ、八時過ぎて一の関着、駅に近き石橋屋といふに宿す、三階に三室を占む、十一時過ぎて寝に付く。

八月三十一日　　月　曇

再び大原町を過ぐ盆の市にて賑はし

五時起、自動車都合悪しく十時半漸く来り発す、先つ五串の勝景を見る　厳美村にあり故に厳美渓といふ、両岸石灰岩を以て畳む流れ急にして所々滝の状をなす。次に達谷ヶ窟え行く伝説に蝦夷酋長悪路王赤頭等の巣窟なりしと、今毘沙門堂を建つ、砂岩絶壁にありて大、但し浅し、半洞窟ともいふべきもの、左岩面に仏像の彫刻あり、砂岩なるが故に風化し落ちて今は顔のみ残り存す、広瀬氏鋤の柄を一漢に持ち去られ、これを自動車にて追跡するなど時を費し、これより毛越寺史跡を経て中尊寺に到る、茶店に休憩、携へたる弁当を食す、児等え土産の絵葉書、本、人形など買ふ。金色堂国宝を見て藤原氏栄華の感深し尚ほ義経弁慶の史蹟等小田島氏精しく案内説明す。大に時刻遅し平泉駅に五時半着、これにて小田島氏に別れ、一行四名は自動車にて国道走り六時過一の関に戻る、税務署属沓沢重吉氏来、旅費支出の調べ宿の支払、十時過きて就眠

九月一日　火　晴　熱し　帰京

六、一二一の関発車、四人食堂に入りて朝食、昼も同断、三田谷啓氏車中にあり宮田哲雄氏紹介す、大山氏西那須野にて下車す、四、三〇上野着、三二迎、自動車、八幡氏大学にて下る、精、純を連れて門にあり。この夏二回の旅行滞りなく果したり。星の件依然。疲れて早く寝に就く、稀なる明月

九月二日　水　晴

午前家にあり林町おけいさん挨拶に来、午後加賀町皆元気、田鶴赤児無事　晩国民新聞記者来、研究旅行談、写真を撮りなどす

九月三日　木　曇雨

九時過教室、誰もあらず、於菟来り談す、人類え行き松村氏に旅行談、帰りて弁当、井上氏来る直に行きて挨拶、西氏にも挨拶。三田谷氏来室。長谷部氏え此度の研究旅行に付其概報原稿を早速送附ありたき旨書面を出す　研究旅行費二四五円許

九月四日　金　雨

八、三〇教室、井氏二度室に来る　熊本解剖学会報告書補助三百円までならば宜しからんと何れ自分より先方え返事すといへり、幻灯据え付けの相談、西氏等に相談すべしといへり、カッペルスより送りたる書籍運賃のこと。興学会編輯某氏来、八幡氏長坂洞窟遺物を持ち来る、此

度の旅行に大原を通り戊辰の年母上に連れられて落ち行きたるを思ひ起し其往復の道筋を其当時の書物により調べたり　研究旅行記事及自分写真国民新聞に掲載

九月五日　土　雨

八、三〇教室、熊穴洞窟人骨等を洗ふ、一上顎に犬歯を抜きたるものを見付けたり　午後人類、大山氏来り居る松村氏欠勤、気仙結末に付相談、遺跡図出来受領、自室え戻り六時帰宅

九月六日　日　曇、午後晴

郊外杉並村（阿佐ヶ谷）に移川子之蔵氏を訪ふ恰も家族外出のところ、玄関にて要談　北海道旅費残額四十円渡し共に万世まで来り別れて教室に到る時に十一時半　熊穴人骨洗、粘土のため甚困難未了

九月七日　月　晴

八、一五教室、午後移川氏八田三郎氏を伴ひ来室、汎洋会に付諸事援助を頼む殊にアイノ熊送り活動フキルムを依頼す、四時前出て加賀町

九月八日　火　晴少雨

八、三〇教室、長谷舘久々にて来室、日本医事新報記者に気仙談、二三枚撮影す、八幡氏女神洞窟発掘品持来る、午後原正氏来、休は数学に費したりと　四時出て帰宅時に少雨　熊本竹屋男綱氏本年解剖学会記事出版費に付井上氏え申越に対し返事を出す

九月九日　水　曇雨

八、一〇教室、小田島禄郎氏えセル一反謝礼として大山氏共同にて贈る　又手紙を出す、岩手県庁え竪穴報告書送附に付受取書並に金一円〇四銭送る　京都考古教室え報告書寄贈の礼札を出す、日本之医界社記者来室、女神洞窟遺物洗ふ　六時過帰宅

九月十日　木　雨

八、三〇教室、郵便局により昨日の書留を出したり、女神洞窟、カウモリ穴の遺物洗ひ終る　曙町を分割して売るといふこと去六日共和会にて報告あり　今日きみ隣家より聞く

九月十一日　金　雨曇

八、一五教室、溜りたる雑誌を見る、洞窟に付考慮、六時過帰

九月十二日　土　晴

八、〇教室、京都蓑内氏札幌より帰途なりとて寄る、三時帰宅、庭に出る　晩食後林町え行、七七日忌日に当る、

橋本夫婦も来り合ひたり　小此木より使来り　明日鎌倉行云々　精打合せに出行く、きみ迎へに行くなどす

九月十三日　　日　曇晴

精、夫人の来るを待ちて自動車にて出行、自分在宅蒸熱苦し、午後庭に出る、夕刻精帰る、六ヶ敷き模様

九月十四日　　月　晴

朝きみ子と談　星苦悶の状見るに忍びざりしと、精の不幸なる実に意外、暗におちいりたる何回、金森え行かれなどいふ、自分は九時過教室、宮坂氏来りゐる、保美人骨を調ぶ、大岡山使最初の校正持ち来る、小池敬事氏来、渥美郡天野助吉氏甥を連れ来り薬剤師試験のことに付様子を聞きたし云々、弁当を饗す、遺跡談、一時半去る、小池氏再来田口氏容体悪し、愈々辞職のよし、薬学教室に服部助教授を訪ひ試験のことを尋ぬ、事務室え寄り早乙女元書記退職慰労に五円出す　教室え戻れば三時半過、於菟故原氏墓面題字を佐藤三吉氏に依頼を乞ふと、帰途同氏を訪ひたるも不在、四時半帰宅、きみ金森え行きて帰る、夫人の説は寧ろ尚ほ心大きくあれと、入浴、晩食後上野駅に到る、おけいさん納骨のため八、三〇発車を見送る、寺泊保子え同所にて電報を発す八、四五帰宅、さてさて珍らしく事多きにして而も極めて安からす

九月十五日　　火　晴

朝佐三氏を訪ひ原墓字のこと依頼、考へおく云々、これより文部省研究費受取りのため但しむだ（金庫のかぎ持つ人未た出ずと）次に歯科病院に寄り最後の一本右上犬歯を除き桜井技工師直に義歯のかたをとる、島峰出勤、久々にて談話、自分二回の旅行を氏全く知らざりき、昼頃柿内、四時帰りて庭え出る

九月十六日　　水　晴

十時出て歯病院、桜井氏蠟型を造り合せ試みたり、島峰氏あり、十二時過教室、日々記者橋本守三氏来、八幡氏気仙行写真数枚出来受領、長谷部氏舞良原稿到る、直に人類教室え持ち行く、柴田氏気仙行様子如何とて来室六時半帰宅

九月十七日　　木　曇雨

八、一〇教室、読書、六時過帰る

九月十八日　　金　雨

八、二五教室、天野甥を連れて来る　弁当を共にす長談、読書、六時過帰

九月十九日　　土　晴

全く秋になれり、九時出て歯科病院、再び蠟型に歯、列を附して試む、文省に到り研究費総額一、八〇〇円及学士院年金一五〇円受取り十一時教室、次に安田銀行え行きて二五〇平光、二五〇工藤、三〇〇宮崎三氏研究費為替を組む、医化学え寄り柿内氏え七五〇円渡し教室に戻る、弁当後久し振りにてW文庫に入り長谷舘氏整理の模様を見る　四時学士院に到る臨時会なり、食後明日選挙に付注意などあり九時帰宅　大阪斎藤勝寿講師二十五年祝賀会え弐円送る

九月二十日　　日　晴

学士院貴議員選挙、自分立会人の一人として九時同院に到る、十一時終る、直に開票、一部井上哲（二二票）、小野塚（一八）、二部藤崎（二二）、田中舘（一七）当選、十二時過帰宅、午後庭え出る、約束通星より電話あり、暇なしと。おけいさん玄関に来る去十七日長岡にて納骨式を済ませたりと

九月二十一日　　月　晴

札幌宮崎、平光二氏及奉天工藤氏え為替を送る、すみ子を連れて動物園、午後は庭に出る、きみ子柿内え行きたるに坊熱発（扁桃腺炎）、晩食後自分行く三郎氏在、十時半帰宅

九月二十二日　　火　晴

八、一〇教室、昨日移川氏鶴見附近貝塚人骨持ち来れり、六時半帰

九月二十三日　　水　曇　祭日

九、二〇教室、大阪斎藤氏え二十五年祝賀会に付祝書附たり粗品を贈たること、塚口氏え祝電を発すべき葉書、岡山池上氏え腟内径計測器に付はがき出す、三時出て加賀町、坊熱下る、六時過帰

九月二十四日　　木　曇

安田恭吾氏を水道橋に訪ふ新築落成祝として三円切手贈る、これより歯科病院、総義歯出来、桜井技工手に謝し四〇円払ひて十二時過教室、三、三〇出て帰、庭え出

九月二十五日　　金　雨曇雨

八、三〇教室、移川氏来室北海道にて写したる写真五枚贈らる　横浜市子安町貝塚人骨持去らる　R・マルチン教授死去に付遺族宛悔状を出す　七時前帰宅　始めて浜尾先生昨日火難、今日大学医院にて死去せられたることを知る

九月二十六日　　土　晴驟雨

朝浜尾家え悔に行く帰りて一〇、三〇教室、午後人類学会杉山寿栄男氏日本石器時代土器の紋様に就て、佐山融吉氏台湾烏山頭の遺跡及其の遺物に就て講演あり終て驟雨あり、大山氏等と談話、雨止みて六時半帰

九月二十七日　日　晴

純子昨日電話にて打ち合せしより早朝鎌倉行きみ子同道、八、一五教室　女神洞窟、獣骨調、四時出て柿内、児皆元気、六時過帰宅、きみせい五時頃帰宅せりと、せいは自動車にて三崎まで行きたりと、前途尚ほ同様、晩食後八時過浜尾家に到る、霊櫃の前に坐す穂積氏今帰京せりとて来る、木場貞長氏に久し振りに会ふ、十一時半帰宅

九月二十八日　月　曇

八、四五教室、女神洞窟土器、獣骨調査、六時半帰

九月二十九日　火　曇雨

八、四五教室、浜尾先生葬式、大学新大講堂にて挙行、一時半参集、二時式始まる荘厳、三時半終る、教室に戻る　命し置きたる俥にて染井墓地に到る、雨盛に降る式全く終らさるに墓前に拝して六時帰宅

九月三十日　水　雨

八、三〇教室、洞窟土器、人骨調、恰も八幡氏来室土器分類を質す　長谷部氏え手紙（大洞貝塚発掘地点略図故マルチン教授略伝等）西夫人来室　六時過帰　昨日来台風模様にて大雨

十月一日　木　雨

出かけに大阪斎藤勝寿氏二十五年祝賀電報を解剖学会の名を以て発し。八、三〇教室、洞窟獣骨調、竹屋氏え解剖学会記事別刷費は当然会より支払ふべきことを書送る、六時半帰宅、十時頃速達葉書にて昨日午後十時田口碩臣氏遂に死去せる報到る

十月二日　金　雨

朝出て市川に田口家弔問、香奠五円供ふ、追々千葉諸氏来、辞し去て午後一時帰宅、午後は加藤照麿氏告別式に番町邸に到る、これより加賀町、六時過帰

十月三日　土　晴　漸く好天気となる

正金銀行に到りフリードレンデル＆ゾーンえ送るべき為替 M58.50 を組む、これは戦前払残りのもの、邦貨三四、四一となる即ち一M五八銭五厘に当る甚高きに驚く、十時教室、天野甥薬剤試験番号通して服部氏に頼む

三時帰、庭に出る　三二友人成田、度会、織戸、松岡、赤尾、海野、深見諸氏を招きて饗す、自分は食後出て洋行談などす、十時過ぎて諸氏去る

十月四日　日　晴

午前家に在り早く昼食し出て市川田口邸に到る、一、一五解剖学会より拾円供ふ、勅使あり、院殿大居士と称す、二時より四時まで告別式、自分は立礼などす、新井氏等と共に帰途に就く五時半帰

十月五日　月　晴曇

午前純子を連れて上野動物園、その前後にブランコに乗る　歓ぶ様面白し　午後在宅、庭に出る、庭師今日垣根煉瓦積み了る、きみ子金森え行き情態を告ぐ、大に奨まさる

十月六日　火　曇（昨夜雨）雨

七、四〇教室、フリードレンデルえ為替を書留にて出す、帰途佐藤三氏方に寄る不在、原墓題字用紙を置き去る七時前帰

十月七日　水　雨

七、三五教室　ハンシルト博士（ドイツ公使、ヘルシングフオルス）え令弟の論文を寄贈せられたる礼札を出す、六時半帰

十月八日　木　曇雨

八、一〇教室、ビルケ、フーベルト・シュミット二氏え論文寄贈の礼札を出す　三時出て加賀町、皆元気、晩桜井龍蔵氏息来、松戸の園芸学校志望に付其様子を質す併し全く知らず

十月九日　金　雨

八、二五教室、午後松村氏来室長談　六時半帰

十月十日　土　雨

八、一五教室、八幡氏来室岩手県え報告案に付談合、汎洋会便覧作成のため解剖学会現況を申し送る、人類え行き松村氏に報告案を渡す　これより三郎氏田鶴下痢云帰宅のよし聞きたれば如何にと思ひて雨中加賀町え行く格別のことなき様なり八時前帰宅

十月十一日　日　曇

昨日眼鏡を柿内え忘れ置きたればとりに行き、十時教室、大岡山書店校正をよこす、四時帰宅、星より二回電話あり、寸暇なき様子

十月十二日　月　晴　漸く好天となる

八、二〇教室、九時より新講堂に於て第六回極東熱帯医

学会発会式、日本に於ては国際的学会今回を以て始めてなり、加藤首相（英語）北里会長（日本語）の式辞ありて十時了る、新井春氏を伴ひ室に戻る島峰来、十一時半辞し、岡田和氏自動車にて上野精養軒に到る、学士院が外国会員（九〇名余なりと）及関係日本会員を招待して午餐を催したるなり、二時半学士院例会、七時帰　星終に精に会ふ時間を得ざりしものの如し、明日出発夜行にて台湾行結果如何、行きがかりとは言ひ困りたることになりたり

十月十三日　火　曇晴曇

八、〇五教室、人類え行き松村氏に明日の評議員会に会長問題を提議せざらんことを嘱す、三時帰宅、狩野蔵次郎氏来り居り、女子薬学校設立に付相談あり、庭に出る

十月十四日　水　曇晴

八、〇教室、論集校正、大山氏来室、気仙談、供に弁当を使ひ、一時半去る　四時人類評議員会、出席者、大山、丘、中沢、沼田、有坂、松村及自分、七時半帰

十月十五日　木　晴

九時過熱帯医学会を市役所裏に覗く、先展覧会、古医書Thunberg: Reise Japan 1595 外科蘭書一六〇〇頃、古顕微鏡同形和、洋製のもの各一台、A部外人五、六和人三〇名ばかり、B一〇〇名以上満員、CD部空、帰途歯科病院、咬合を直す、一二、四五教室、論集校正、六時過帰

十月十六日　金　晴

朝純子を連れて上野、例のブランコに五五分、次に動物園、出て再ブランコ、三二来り合す、帝展招待日なり、良一夫婦は午後行くべし、十二時帰宅、昼食、一、〇教室、論集校正、西謙氏来室、人類学会入会す　六時過帰

十月十七日　土　雨　祭日

八、二〇教室、井上氏誘てダビッドソン・ブラック（北京）外三名極東医学会々員来室、石器時代頭、アイノ頭骨など示す、ダビッドソン・ブラック（北京）（支那石器時代人骨論）、K・ザルレル博士、フラウ・ステファニー・マルチン・オッペンハイム博士二氏え（マルチン教授略伝）礼札を出す　六時過帰、星船中よりはがき

十月十八日　日　雨

九、一五教室、洞窟住居沈思、六時過帰宅、忠子来り居る

十月十九日　月　晴

精子特に明治神宮参拝するに付七時出て巣鴨に到れば省線故障、市電にて行く帰路省線、九、五五教室、人類え行き西謙氏入会手続きをなす　五時過帰

十月二十日　火　晴

忠、純を連れて上野、先つ例のブランコに到る二人歓び遊ぶ、九時過ぎて電気展覧に入る　おとぎ訳（ママ）電車に乗る、十一時半帰、午後は庭に出る、忠子帰る

十月二十一日　水　晴

八、一〇教室、洞窟思考、岡田信利氏来ウウド合金の質問あり、去十八日より電灯故障六時前帰宅、きみ子に先頃来かきねれんが、かべはり、ふすまはりかへ尚ほ小此木残三五〇等出費嵩み憂慮の旨注意したるに心配なしといへり

十月二十二日　木　晴曇

昨日公判の模様今朝紙上に見ゆ、罰金三〇〇〇、追徴二百九万云々、八、〇教室　洞窟考究、六時前帰

十月二十三日　金　曇

八、一〇教室、西山氏ファルケルペルングスアナトミー論文（独乙）持ち来る、八幡氏関谷洞窟遺物一袋持ち来る、五時過帰

十月二十四日　土　曇

八、〇教室、午後人類学会年会、長谷部氏特に出京、岩手県探検に付て講演、先つ八幡、大山、自分、長谷部の順序にて自分は主として洞窟が貝塚同時代の住居であつたこと殊に熊穴に付て述ぶ、後簡単なる晩食（鰻飯）を共にし八時半帰宅

十月二十五日　日　晴

人類学会遠足、下総千葉郡犢橋（こてはし）貝塚、八、二〇両国駅発、一〇、三〇貝塚着、北傾斜の畑、七、八〇坪、名々思々の点を発掘す、自分は附近畑中に表面採集を試む、大山、長谷部氏等最熱心、自分は三、三〇先発す、六時半家に帰る、来会者九〇余名、始めての盛況なりき

十月二十六日　月　晴

午前きみ子と帝展を見る、これより自分は教室、昼食後人類え行き昨日の様子を聞き、西成甫氏入会手続を済ます、三時去て柿内

十月二十七日　火　晴

七、五〇教室、終日殆んど不休にて熊穴人骨洗、全く了らずして五時止める

十月二十八日　水　晴

午前例の通り純子を連れてブランコ動物園、午後教室、骨洗了　今日より漸く自室の電灯点す十日間早く帰る
六時帰

十月二十九日　木　曇

八、二〇教室、林学部長来、黒板氏一団此度朝鮮楽浪に於て古墳発掘完全なる木棺四個発見せり、就ては其人骨に付相談あり、直に会食所に到り黒板氏に面談、兎角人骨は自分に委任せられたき旨を依嘱す、これより人類え行き松村氏に誰か出張する人なきかをはかる、六時帰

十月三十日　金　雨

八、〇教室、開通社え厳荷物に付書面を出す、蓑内氏動物学大会に出京来室、七時帰

十月三十一日　土　晴　祭

八、一五教室、西山氏ファルケルペルングスアナトミー論文通読、学士院報告掲載謝絶の意味にて返戻す、二時帰宅、庭に出る

十一月一日　日　雨

八、三〇教室、理学文書目録を製理す、一九〇一―一九二二、二十二年間内国にて発表せられたる解剖学に関する報告は全部収容したるものといふべし　きみ子一寸教室え来り　万一の場合にとて二〇〇円自分懐中のものを渡す

十一月二日　月　雨

林町百ヶ日に朝回向し教室九、〇　午刻会食所に到り林学部長に楽浪古墳の件に付面談、次に人類に松村氏にそのことを話し、文学部事務に寄りクレスレルに面会の都合を聞き室に戻る、長崎解剖教授となるべき高木氏二三日前帰京せりとて来室、西山氏ファルケルペルングスアナトミー標本を持ち来りて説明すなど忙し、目録整理略ぼ終る　松村氏来室アイノ見学旅行に付談合　教室雇桑山菅蔵デメンチア〔＊後天性痴呆〕のところ今朝死去せし由長谷川成夫と全く同一病症なりしも奇といふべし　七時前帰宅

十一月三日　火　晴

明治神宮祭に付休のよし且つ天気よし、精は柿内え泊り居たるを以て四児を連れて植物園え行き　自分は純を連れ行き落合て池畔掛茶屋にて弁当を使ひ遊ぶ　皆悦びはね廻る　二時過帰りて児等に三時を喰せ精送り行きて泊る　星一昨日台湾より帰りたりと、本件は二、三年かか

ると精電話したり

十一月四日　　水　晴

八、一〇教室、桑山え香奠五円及解剖学会より十円森田氏に托す　林部長来室楽浪のこと兎に角宮坂氏出張のことに尽力すべし云々　午後文部省見学旅行委員会、夕食、八時帰宅

十一月五日　　木　曇

八、〇教室、三時出て加賀町

十一月六日　　金　晴

純を連上野、約二時間ブランコ、次に動物園、再びブランコ場に到れば小学児満員純当惑、帰途電車中に眠る、二時に近く家に帰る、浜尾家五十日祭に招待を受け居れば一度其前にと思ひて同家を訪ふ、四時帰りて一寸庭に出る、曙町地所分譲に付晩に相談会あり良一出席、結局土井家提案を実行するの外なき模様、生計上大変を生じたる訳なり

十一月七日　　土　晴

八、一五教室、人類え行く宮坂氏来十日楽浪古墳人骨採集のため出発と決定す　六時過帰

十一月八日　　日　晴

精鎌倉行、きみ同行のつもりのところ朝突然自分も行くこととす、七、四〇東京駅発鎌倉にて別れ自分等は例の順路、海浜ホテル前まで行きて由比ヶ浜に下り七里ヶ浜に出る　小松林間にて弁当を使ふ、珍らしきことなり、十二時過鈴木療院に到る幸に同氏在り、氏東京行に付共に出て片瀬にて別る、自分等は江の島に到る　窟まで行かずして戻り一寸休憩、三、二一藤沢発、五時半家に帰る　尋で精も帰る　一送り来る玄関にて挨拶す、未確ならず

十一月九日　　月　晴

精大竹老人の墓に詣、すみを連れて自分同行、一一、三〇教室、保美天野氏えせとがひ送附の礼札を出す、論集校正　六時過帰

十一月十日　　火　晴

解剖学会預金のため三井銀え行く印を忘れ徒労、歯科病院に寄り桜井技手に下義歯再製を頼む十時半教室　論集校正　六時半帰

十一月十一日　　水　雨

三井銀え行き解剖学会基金書き換へをなす現一五〇Yを引き出し残 3823.33 Y定期とす、歯院え寄り蠟型を試む、

本郷安田銀え直に一五〇Y預け教室え来　論集校正入包を同所に忘れ再び取りに行くなど午刻となる、於菟に定期、当坐両券を渡す、論集校正、五時文学部クレスレル氏に西、森抄録の独乙訂正を依頼す　六、三〇帰

十一月十二日　木　晴雨

八、〇〇教室、論集校正、二時人類教室移川氏来、三人にて見学旅行に付談合　バチエラア氏え案内書原稿依頼書面を出すことを移川氏担任す　四時過学士院出席、穂積院長辞任に付ては岡野敬次郎氏当選、投票の状況岡野36桜井20井上哲6古市13佐藤三2富井3白紙1、総数81外に棄権3在外6、十時散会、夕刻より大雨、家より傘を持ち来るなど困る

十一月十三日　金　雨

悪天今日の順路に付考へ九、一五教室、論集校正、二時半倬迎へに来る浜尾家に到る、故先生の五十日祭なり、穂積、古市、富井、土方等、医科は自分のみなりき、四時式終る、志賀泰山、服部宇之吉、中村恭平氏等と談話、五時半華族会館に到る、先生の写真安置しあり、集るもの百名ばかり、八時散ず、帰りは電車を用ふ悪天困りたり

十一月十四日　土　晴

厳荷物のことに付横浜行、開通社に到る店員と共に先税関に到る、待つことしばらくして旅具検査所（万国橋内）に到り主任佐野氏に面会、厳身分等説明す疑問の活動写真器、蓄音器免税になしくれたり、人形二個及震災絵葉書は没収となる、態々出向きて甚好結果を得たり、これより少し市内散歩し桟橋の修理なりたるを見、港内を眺めつつ立ちながら「パン」を食す　三時前東京帰着、加賀町、皆元気、帰途三郎氏に逢ひ半時間余立ち話、六時過帰宅

十一月十五日　日　晴

故田口氏四十九日とかに付市川え招ねかれて行く、十一時同家に達す、人出多く電車非常なる混雑、読経終て食膳につく、供物を失念したるは遺憾、二時半去て帰宅庭に出て紫おんをはさみなどす

十一月十六日　月　晴

純子を連れて上野（六回目）、例の通りブランコ、動物園、十二時過家に帰る、きみ子菊花盛りなりとて緒方、新井、石原三夫人を招きて昼食を饗す、自分は直に教室、岩手県庁より漸く熊穴処（ママ）出の貝輪、土器、人骨等送り来れり

八幡氏来室、アイノ見学案内執筆依頼状をバチエラア氏え移川氏と連名にて書留を以て出す（移川氏が書きたるもの）、電灯消えて六時前帰宅

十一月十七日　火　晴曇

九、〇教室、論集校正、二時半帰りて庭、がくを鋏みなどす

十一月十八日　水　雨

八、一五教室、論集校正、六時過帰宅

十一月十九日　木　晴

精子本田令嬢、梅若令嬢と長瀞行を催す自分同行、天気模様良ければ出かける池袋にて落ち合ひ東上線を用ふ寄居にて乗替へ十一時過長瀞着、岩上にて直に弁当を使ふ、茶店にて小憩、対岸に渡り山中に入る小流に添ふて登る、人なく極めて静、五、〇四落暮となりて帰途に付く、池袋にて別れ、家に帰れば九時に近し　三二化学教室全員霞浦飛行所行、中返（ママ）へりをしたりとて悦び談す

十一月二十日　金　曇雨

不斗思ひ立ちて赤坂御苑の菊花拝観にきみ子を連れて行きたり何年ぶりなるか、午後教室　論集校正、六時過帰宅、素子精子も御苑え行きたり

十一月二十一日　土　晴

純子を連れて例の上野動物園、午後は庭に出てがくを鋏み、檜の下を掃く

十一月二十二日　日　晴

柿内え行き弁当、全家写真を撮れりと小坊始めてなり、坊忠を連れて玉川散歩、丸子より二子に方向をとる、河原にて遊ぶ、加賀町え送りて七時前家に帰る、精子は昨日来星と電話？

十一月二十三日　月　晴　祭日

八、五〇教室　小田島禄郎氏え熊穴遺物県庁より送り越したる挨拶書を出す　論集校正　六時半帰　精子昼頃電話により鎌倉え行東京駅より同行のよし、きみ子九時過水道橋にて迎に行く、帰りての話に愈々諾、但同棲は来三月の後、秘、両親に其旨を伝へよと。我等も其考に定むべし

十一月二十四日　火　雨

八、〇教室、論集校正　六時半帰　精子指輪を注文したりと

十一月二十五日　水　曇

八、一〇教室、バチエラア牧師より返事来、人類え行松

村氏に見せて移川氏え送る、論集序文考案　六時半帰

十一月二十六日　木　曇晴　寒くなる

午前弘田家を見舞ふ、異状なし、歯科病院に寄る義歯をためす　十二時前大学、昨日荒木繁治薬剤師試験合格免状を受領せりとて礼に来りたるに付服部氏え挨拶に寄る不在に付名刺を置きて教室に到る、八田三郎氏え熊祭ヒルムに関する費用三百まで汎洋会議より支出の承諾を得たる旨返書を出す、西氏今日出発長崎の医学会へ行くと、西謙氏来室脊椎骨重量の計測まとめたりとて説明す、七時前帰

十一月二十七日　金　晴

八、三〇教室、移川氏来室八田氏より手紙を持ち来るチケツペ断はられ白老承諾云々、二時帰宅、庭え出て最後と思ひて掃除なす　田口未亡人挨拶に来

十一月二十八日　土　曇雨

歯科病院に行く義歯下のもの造り直し出来先つこれにて試むべし、これより賀古氏を訪ふ異状なし、一時前柿内に到る、坊等と長く談し五時帰宅時に大に雨降る

十一月二十九日　日　晴

一〇、一〇教室　論集校正　六時過帰

十一月三十日　月　晴

八、四〇教室、書店来校正を渡す且序文も。本寄贈のため数十部提供なとの談　八幡氏来、岩手県庁え報告書出来、愈々発送すべし、Dr. Whymant: More Links in a Chain（Japan Advertiser 所載）を読む　六時過帰

十二月一日　火　曇晴

三二近衛師団第二聯隊入営、七時出かける海野氏送ると九、〇教室　バチエラア師よりアイノ旅行案内原稿来る直に移川氏え送る　ワイマントを読む　六時半帰、三除隊のよし、留守、精は柿内に泊る

十二月二日　水　晴風

八、四〇教室、井上哲氏えワイマント切り抜きを返へす、熊穴人骨整理　緒方規雄氏来室昨日兄弟共学位論文通過したりと　六時半帰　精指環出来たりとて嵌めゐる

十二月三日　木　晴

八、三〇教室　永井潜氏来室中村清二氏の意を受けて人類学科如何にすべきやの意見を尋ねらる、根本は正科とすべきことを答へたり　熊穴人骨整理

十二月四日　金　晴

八、三五教室、熊穴骨継ぎ、柿内え行く別状なし

十二月五日　土　曇晴

九、〇教室、小田島氏返書あり、東磐井に洞窟遺跡一ヶ所発見せるよし　午後人類例会中谷氏土瓶形土器に就て、小田内（うち）通敏氏南樺太の村落に就て「オロッコ、キリヤアク」はツンドラ地（ポロナイ川筋）に住す、殊にオロッコ生活は領有の後苦境におちいる、露時代は左程にあらざりし、アイノ部落は庁にて適宜集めたり、以前の分布状態は葛西某氏精しく記載すと、中途にて去り医学会例会にも出る　於菟及小池氏「ハンザキ」発生幻灯説明を見る　井、西共不在、三二居る　五時半閉　六時過帰

十二月六日　日　晴

純子誕生日とて朝より庭に出て遊ぶ自分も共に遊ぶ珍らしき温和なる天気、庭師昨日片付け至てきれいになり居る　桑木夫人娘息来り昼食、純子歓び忠、信とはね廻る様面白し、五時出て青山大山邸に到る、氏床中にあり松村氏既に来り居る、大秘に付漏らすところあり　時に皇孫内親王御降誕の報あり　東久邇宮の件にて巴里え急行すと子爵町尻少佐同行、表面は自身考古学上のためといふこと、それに付自分等の態度に付打合せたり、重き使命に付種々談あり、十一時半帰

十二月七日　月　晴

八、四〇教室、足立屋に寄り上靴を買ひて。於菟より解剖実習、組織実習に付ての問題今日教授会に上るよしにて付ては甚難渋なる地位に立つを以てこれまで教授会に臨まざりしもあまり引き込み過ぎる感あり如何云々　依て三巴の形をなし自己の意見を尋ねられたらば述ぶべしと奨ましたり　井上、西今日は出勤のよし　論集校正、横山氏来製本等のことに付相談序文を渡す　七時前帰

十二月八日　火　曇晴

八、一五教室、奉祝のため休業なりと　論集校正　四時出て柿内、三郎氏帰り来り、一昨日教授会にて解剖実習愈一学期間と定まりたりとか、西主唱、井上多数に任かす、西は森も一学期にて二回出来ると言ひたりと言へりとか　先考忌日

十二月九日　水　晴

八、一五教室、於菟来室一昨日教授会のこと、西の言当らず其ことを柿内及林学部長に弁明し置くべしなどいへり、午後松村氏来、十五日より福島県石城郡泉村附近貝

塚を発掘すと、五時過於菟帰りがけに寄り西にことわりて柿内、林え自己の意見を述べたりと、全体此度の解剖、組織の実習改革は西がやりたれば井上は責を負はずと、西は自分に出来ない故於菟にやれと。無謀の極といふべし、嘆息の外なし　論集校正　七時前帰

十二月十日　木　晴

八、二〇教室　論集校正　六時半帰

十二月十一日　金　晴

八、三〇教室　論集校正　フラウ・ステファニー・マルチン‐オッペンハイム博士より悔状の礼状来、ビラトリより出したるアイノ絵葉書は死後に達したりと　於菟愈々組織実習を来一月より西の頼みあり引き受けることとなりたるよし、実に井上西共に言語道断なり　六時半帰宅、八田三郎氏白老発電報あり　アイノ活動写真成功したりと、直に返礼を出す

十二月十二日　土　晴

八、三〇教室、在米ボルチモア厳え手紙（荷物処理のこと）を書く、シュラギンハウフェン氏印刷物贈付の礼札を出す、午後人類松村氏えアイノ活動済みたること通し三時半学士院例会、数件の講演あり、来一月より報告出版のためなり、穂積前院長挨拶あり、岡野新院長病気欠席　英国大使サー・エリオット客員に推選せらる、徒歩（電車故障）家に帰る　十時半足立文太郎氏退職慰労、上坂熊勝氏在職二十五年のため各三円出す

十二月十三日　日　晴

九、二五教室、横山重氏来校正を戻し且受取る、論集校正　田代亮介氏え林町えきみ子行き病中のこと、問合せ直接にせられたき旨返じ

十二月十四日　月　晴

八、三〇教室　本日第六十七回の誕辰に当る日付けを以て「人類学研究」の序文を題したり　宮坂保美人骨継ぎ始める、四時出て柿内

十二月十五日　火　晴

八、二五教室、熊穴人骨三口のもの合同し整理す、種類を別けて用ふるを要せざるものは布袋に入れる、四時半頃大山氏来室、二十三日出発のよし

十二月十六日　水　晴

珍らしき暖候、純子を連れて上野公園、今日主に滑台にて遊ぶ、動物園に入り帰途再滑台、一時前帰宅、二時教室、森田秀一氏来室解剖学者たらんとする心髄に付て談

あり、広く書を読むは如何との質問、氏のこれまでの考の間違なることを諭したり　論集校正　六時半帰

十二月十七日　木　晴

八、一五教室、論集校正、十一時弁当を使ひ歯科病院に到る　島峰氏に森田のことを於菟に尋ねたる模様を通し且つ森田が昨日読書と研究のことに付質問の次第を話す、一時半文部省、学研医学部会、輯報編纂に関する件、四時終り帰宅

十二月十八日　金　晴　寒くなる

八、二〇教室、八田三郎氏より来書、アイノ活写大成功の詳細報告あり　森田氏修学方針覚醒したらば其旨島峰氏に告ぐることをすすめたり　論集校正一通り終りまで見たり

十二月十九日　土　晴

九、一五教室、札幌植村氏え鮭贈付の礼状、C・F・W・マクルア教授（プリンストン大学）え論文礼札（アイノ絵葉書）を出す　二時半出て加賀町、皆無事、ところえ横山重氏より電話、五時帰宅

十二月二十日　日　晴

九、二〇教室、少し骨を継ぐ（人類保美のもの）横山重氏来室、喜美子「島めくり」を論集附録として載することとす、且再度の校正持来る　伯林書肆フリードレンデルより一九一四年大戦まで Centrablatt f. mediz. Wis.〔＊雑誌〕及び Biologisches Centrablatt〔＊雑誌〕取り居たるが此年の分半端なりしを残部送り越したり　独逸留学時より関係の書肆これにて完了打ち切りとなりたり一種の感慨あり　論集校正　六時帰宅　杉野龍蔵氏夫妻来訪、医化学にて研究したし云々　精子電話により昼大急ぎにて鎌倉え行きたりと、きみ子迎へに行き十時前帰る時に雨降り出す

十二月二十一日　月　雨

八、四〇教室、人類保美骨継ぎ、七時前帰宅

十二月二十二日　火　晴

八、三五教室、骨継ぎ、午刻大山氏より電話、今夕八、三〇出発云々　弁当を使ひ人類に松村氏（一昨日福島県泉村貝塚より帰京）を誘ひ旧邸に到る、載仁親王より東久慈宮宛御親書、機密費二万、町尻少佐同行　四時告別去る、柿内え寄る精子来り居る、坊第十二回誕生日とて鰻飯の馳走になり八時半帰宅　研究会議より手当四〇五円の通知あり　平野前局長より良一に三月出発欧州派遣

の内達ありたりと恰も大山氏編むところの渡欧旅行案内を貰ひ来りたるは奇といふべし

十二月二十三日　水　晴

八、二五教室、小使四人え歳暮各三円遣す小菅えは別に毛糸胴着をやる　午後仙台布施現氏出京来室、東大基礎科を簡単にしたることに付ての要用なり氏は不同意なるが如し　今日も論集校正、七時前帰

十二月二十四日　木　晴

八、五〇教室、西川義方氏一ヶ年欧州出張告別として来室、宮坂氏朝鮮楽浪古墳発掘たづさはるため出張のところ昨日帰りたりとて来室　於菟組織注入標本用として犬を注入するに付種々相談あり　論集校正、保美人骨継ぎ五時銀座天金に到る、良一は早来り居る、尋で三二其他も来り全家族悉く集まる、良一の馳走なり、出て銀座通りをあるく純子大悦び、精素等見えず、寒くなる故きみ子と純を連れて先に帰る、次ぎに少時して皆一所に帰り来る皆満足、きみと歓ばねばならぬなと言ひ合たり

十二月二十五日　金　晴

朝加賀町、電話にて精養軒に行きて差支なきや尋ぬ、宜ろしとのことに付忠、信を連れて出かける坊は仕事のため行かぬと、遊戯場あり、余興あり十二時食堂に入る、なかなか混雑、福引を済ませ三時半出て加賀町え帰る、二児は面白き「クリスマス」をしたりと悦ぶ

十二月二十六日　土　晴

九、一〇教室　骨継ぎ　三二研究会議手当四〇五円（内三三〇は抄録料）金券受取り持ち来る、二時過出て青山斎場に岡野敬次郎氏告別式に参じこれより龍土町八田三郎氏を訪ふ、電車来らす歩く途中乃木邸に寄りて見る八田氏昨日札幌より出京、アイノ活動フヰルム十数種白老、千歳川に於て撮りたる模様を聞く、氏の尽力により予想以上の出来なりと、且つ費用の点は道庁及北海タイムスにて弁せるが如し、研会よりの三百円は尚ほ二三のフヰルムの方え使用したし云々六時帰宅　第五十一議会開院式

十二月二十七日　日　晴

在宅、自室大掃除且つ柿内三児来る故を以てなり、十一時皆来る、坊は三二より算術練習などを受く三児の面白く遊ぶ様を見て終日す　石原喜久氏玄関まて歳暮に来りたるも会はざりき

十二月二十八日　月　雨曇、昨夜雨

九、一五教室　大阪解剖教授岡田氏来訪　岡島敬治氏来室、四月の解剖学会を二日間とすること等の談あり　骨継ぎ　六時過帰

十二月二十九日　火　曇晴昨夜少雨

九、一五教室、午後八田氏令嬢及ウィリー・クレンプ（札幌帝大独逸語教師）を伴ひ来室時にK氏クーレンベック氏の宿所を尋ねたるに折よく氏来室、暫時会談、骨継ぎ、六時出て帰宅　柿内三児午後帰り行きたりと　晩食後独銀座散歩　満月かと思はるる澄みたる月天頂にあり昨年末のことを思ひ出しなど坊にやる古銭を買ひ珍らしき温暖日を心地よく味ひ十時過ぎて家に帰る

十二月三十日　水　晴

八、一五教室、法医研究生山崎氏紀要を見たしとて来る誰も居ざれば出しやる　保美骨継漸く過半に達したり三時過室を去る　牛込小松家え行く椰野より托されたるきな粉を持ち行く老母堂愈々老病最早床に横臥したるままなりと併し尚意識憶かなり　自分を見て床上に半ば起きて挨拶せらる、次に石黒家え寄る老人五、六日此方リヨマチスとかにて病臥のよし　名刺を置きて去る、次に柿内え行く、三郎氏帰宅　六時過帰宅、精子終日電話を待ち居たるも、これなかりき、不平、要用の生したるためならんといへり　食後独り散歩、浅草公園廻りて六区の夜景を見る、震災の後始めてなり　仲見世通新築先頃出来上りたり　九時半家に帰　珍らしき静穏なる天気にて満月澄み渡る

十二月三十一日　木　晴

八、五〇教室、終日保美骨継ぎ、何人も来らず甚静、精子、良一来年は如何、六時ただ室を去る、途上住地のことなど思ひながら家に帰る　八時書室に入り十時寝る

大正十五年　2586
昭和元年　1926

一月一日　　金　晴

好天、九時出て先橋え年始皆在宅、次に電車にて団子坂森、於菟に面会二階にて談話、これより電車にて牛込、桑木家、玄関にて夫人及令嬢に祝辞、次に柿内、坊今朝耳痛、学校行かず、臥し居る他無事なるも混雑、十二時半去て教室、弁当、研究生山田康氏来室年賀、骨継ぎ平日の通り六時半帰宅、来賀の人々例年の通りなりと

一月二日　　土　晴

純子昨日風気なりしも今朝は元気、朝牛込小松より電話、老母堂愈々衰弱云々、直に出向、春三、茂治氏等あり、昨夜来昏睡状態なりと、去つて十時十分教室、骨継、午頃家より電話、老母堂最後の様只今知らせあり云々　弁当を使ひ一時半過去て小松家に到る、状態益々増進、なすことなく只居るは無益なれば柿内え行く　坊耳痛直り元気にて遊び居る、再び小松家え戻る、今夜中かと思はる、七時頃去て家に帰る、電話あり八、四〇永眠のよし

一月三日　　日　晴

早速小松家え悔に行く、晃氏夫婦あるのみ去て青山平野勇氏方え年始、氏旧臘退職、良一洋行の礼を述ぶ、次に帝国ホテル、移川氏の招きによる昨日数回電話ありたり、時に十二時、松村、八田氏あり　移川氏急に台湾帝国大学教授に就任のことになり三月中に出発洋行することになりたりと、アイノ活動ヒルムに付談、費用支出方に付種々談合、試演は此度は間に合ひ兼ぬるにより来三月に延ばすこととす、五時家に帰る　寒強し

一月四日　　月　晴

午前家にあり、早昼して一時前小松家に到る（フロックコオト）、香奠十円供ふ（果実一籠は昨日送りたり）一時読経始まる、二時より告別式に移る、自分は三時少し前に出て町屋葬場え行きて待ち居るも来たらず、これ全く自分の粗陋にて思ひ違ひなりき、五時半家に帰る、入浴

一月五日　　火　曇晴

九時教室、終日骨継ぎ、六時半帰宅

一月六日　　水　晴

精子星より手紙（湯ヶ原よりなるべし）来りたりとて歓びゐる、八、五〇教室宮坂氏保美人骨継ぎ略ぼ終る　西謙氏来室年賀　八田三郎氏えアイノ見学旅行案を送る
六時半帰宅

一月七日　木　晴

九、〇教室、暖房、二時半去て柿内、先皆無事、五時小松家に到る初七日、逮夜に付招ねかれたるなり香奠三円供ふ、極小範囲の集りなり、支那料理の饗応なり、八時辞し去る、良一公用にて金沢え出発せりと

一月八日　金　晴

柳田国男、八田三郎氏等北方史料翻刻を企図し自分にも賛せよとのこと　昨日主意書送り越したれば今朝速達便にて出す　九、二〇教室、西氏来室挨拶、昼井上氏室に尋ねたるも不在、午後来室挨拶したり、口蓋論文（謄写版のもの）の礼を述べおきたり　六時半帰宅、年賀調べ次の通り

葉書	二七七
封筒入	四五
名刺	三六

一月九日　土　小雪晴

朝起きて見れば庭少し白し、八、四〇教室、長谷舘氏来室挨拶　島めぐり校正、二時半出て帰る、かるた会とて婦人方若き人々に混ぜて年高き人も加はり二十余名集る、自分三、四回読む、日暮までに皆満足にて散す　きみ、せい万事都合宜かりしとて大悦び

一月十日　日　晴

九、四五教室、大岡山書店に島めくり校正を渡す、六時半帰宅　純子風をひき四〇、〇の熱を出す

一月十一日　月　晴

九、二〇教室　紛失したりと思ひたるヒバロ族乾首実験室戸棚内にありたりとて森田氏持ち来る　桑山が入れ置きたるものなるべし　ディーク教授（ベルリン）より書留書来る　中原日本歯科医専留学生豊田某氏研究の都合上夏まで延期のこと尽力せよ云々

一月十二日　火　晴曇

八、四五教室、午刻八田氏来室二三日中に帰札すと、撮影費支出に付ては篤と考へ置くことを述べたり。人類え行き松村氏移川氏代人に付相談、これより学士院例会、九時帰宅、純子宜しからず　栗山氏を招きて治療を乞ひたりと

一月十三日　水　晴

九、二〇教室、宮坂氏来り骨継方を示す、三二諏訪氏伴ひ来る、美術に関する図書を見ることを望む井上氏に紹介す　食後出て歯科病院に島峰氏を訪ひディーク氏手紙に付相談、これより番町に土肥慶蔵氏を訪ふ　氏欧米視察より帰朝挨拶ありたれば其答礼なり丁度在宅種々欧米談を聞く、四時過柿内に到る皆無事、良一午前に帰りたり純子気管枝カタル同様、体温三九度位

一月十四日　木　晴

八、二五教室、西謙氏来室、原正氏出京来室　ミクロケファルス〔＊小頭症〕の仕事独文出来、宮坂保美人骨継ぎ完了　六時半帰宅

一月十五日　金　晴

九、二〇教室、女プレパラアトル山路新任せられたりとて挨拶に来る、杉野龍蔵氏四月より医化学にて研究に従事することとなりたりと、午後松村氏来室活動フイルム費支出方其他雑談長かりき、中原歯医専校長えディーク氏より来書の旨を手紙封入にて申送る又ディーク教授えは中原氏より確答あるべき旨葉書を出す、同時に田中舘氏を介して贈りくれたる論文（未だ同氏より届け来らざるも）に対し礼を述べ置きたり

一月十六日　土　曇

純子快方、八、四〇教室、天野助吉氏荒木同道来室、午後人類学会原田淑人氏、新に発掘されたる楽浪の木槨墳、終て松村、移川氏と汎洋会、ハンドブック及案内書英文（移川氏が訳せしもの）原稿に付相談、六時家に帰る、少し雨降る

一月十七日　日　曇晴

一〇、〇教室、八田三郎氏を準備委員に推薦することを申請す、七時前帰

一月十八日　月　晴

九、二〇教室、雑誌など読む

一月十九日　火　曇雨昨日小雨

九、〇教室、読書、七時前帰宅

一月二十日　水　晴

八、四五教室、日本歯科医専校長中原市五郎氏来室、豊田留学延期と決定せりと　四時出て加賀町、無事

一月二十一日　木　晴

八、五〇教室、文科え行きクレスレル氏講義時間を尋ぬ、医科事務に寄り此度露人頭骨一個（満州にて得たるもの）

寄贈せる鈴木一といふ人の住所を質したるも不明、寄贈論文多数たまりたるを以てこれに蔵書印を捺す、此度改正になりたる科程に付於菟と談、此学年に於ては井上の受持ちたる学科甚少しアインゲバイデ、エムブリョロギー〔＊内臓、発生学〕及び解剖実習に第二学期（現一年生実習は改正規を実行し一個学期のみ）二回つつ出たるのみ又現第三学期に組織実習をなし於菟担任す井上出ず、西、クーレンベックは出るよし去十五日より始めたりと、改正は西、橋田にて断行とか　六時半帰

一月二十二日　金　晴　寒酷

八、五〇教室、林学部長来室、Ｗ文庫整頓手当十三年度に於て三〇〇円出し貰ひたるも尚十四年度末に於て一〇〇円希望の旨を述ぶ　略ぼ承諾を得たり、一寸科程改正になりたることを漏らされたり　五時帰宅、フロックに着更へきみ子と上野精養軒、桑木京子嬢と中村氏との結婚披露なり　来賓百余名、松本亦太郎氏挨拶、岡崎邦輔氏乾盃、九時過帰宅純子おとなしく留守居しまだ起き居たり良一等も尋で帰り来る　同所にて柳田国男氏より彼アイノ書刊行の談あり

一月二十三日　土　晴

九、二五教室、樋口繁次氏の紹介状を以て北海道静内病院長大道寺小市氏来室アイノ女子骨盤計測するに付相談あり　畑井新喜司氏え柳田氏依頼により刊行援助を乞ふ手紙を出す、三時半出て先桑木家え寄り挨拶　夫婦共在、玄関にて辞し去り柿内え行く、坊は大学え寄たりと皆無事

一月二十四日　日　晴

精子急ぎ朝鎌倉え行きたり本人得意の様を見る度に前途如何に思ひて案しる　一〇、二五教室　大岡山書店使来り二十七日までに印刷終り二月半までに製本出来上る又一、二本は製本し本月中に見せると　バチエラアの書中熊祭を読む　六時少し前に帰宅、精子六時少過帰る、汽車独りなりきと

一月二十五日　月　晴

九、二〇教室、午後三時文科にクレスレル氏を尋ぬ（五回目なり）欠勤のよし、論文抄録校正あまり長くなり困る、七時前帰宅

一月二十六日　火　晴

朝西大久保橋本圭三郎氏え悔に行く、母堂死去、別に広き告別式などなく只昨夕刊に広告を見たればなり、

一一、四五教室　昼食後直に医化学に三郎氏を訪ひラベネル（スミソニアン協会）氏え此頃 Hitchcock: Ainos of Yezo〔＊文献〕送付せられたる礼状且つ Hrdlicka: Catalogue of Crania〔＊文献〕所望の手紙を作成することを頼む、これを清書し出す又ミハエル・ライヘル教授（ビルノ、ポーランド）え論文寄贈の礼札を出す（アイノ絵葉書）六時帰宅

一月二十七日　水　晴

九、〇教室　Batchelor: Ainu〔＊文献〕を読む、於菟組織実習に出す標本に付相談あり、西謙氏第七頸椎ツベルクルム・アンテリウス〔＊前結節〕の仕事出来上り持ち来る　人類学雑誌に載すべし　六時半帰宅　良一出発は三月一日とか

一月二十八日　木　晴

九、一五教室、於菟実習標本相談、宮坂氏来室骨綴合道具を取り揃へる云々　西謙氏ツベルクルム・アンテリウス・ベルテブラⅦ〔＊第七椎骨前結節〕論文を通覧、アイノ出自論を起稿せるもなかなか困難　仙台畑井氏よりアイノ本刊行の件に付返書来る　要するに合格せず其事を柳田氏え申送る　井上来室女研究生のために「マルチン」及「チルケル」を持ち行く　七時前帰宅

始めて加藤高明首相今朝死去のことを知る、政界混閙すべし

一月二十九日　金　曇晴

九、二〇教室、午後人類え行き西謙氏の論文原稿を松村氏に渡す　スペンサー及ブシャンの人種の書を借る、四時出て加賀町

一月三十日　土　曇

九、二〇教室、今日若槻内閣出来る筈、午後四時頃横山重氏来室「人類学研究」只今見本出来たりとて一部持来り示す、誠に立派なる出来、氏に大に謝詞を述べ且満足、尚ほ其上に謝礼として六六〇円を贈ると、一〇〇〇部刷りて二、六〇〇円費したりと　始めよりかかる心配は受けざるつもりなしを以て辞退したも、常例なりとて強らるるを以て留め置く、坂元宇之助氏来室講師になり講座担任すと、解剖学会々員になり来四月講演すると、五時半帰宅、喜美子等に本を示す

一月三十一日　日　曇小雨

一〇、三〇教室、六時帰宅、晩於菟来る

二月一日　　月　晴

安田銀に六六〇円預け入れ、九、四五教室、三時過時刻を計り文学部え行きてクレスル氏に会ひて抄録のことを催促す、K氏講義聴く人十二名ありき　横山重氏来り本の広告などに付談あり、景気甚良、既に六七〇部発売書店より申込あり残り一七〇部（一〇〇〇部刷りて二〇〇は贈呈す）のみなれば何れ再版を要すなどいへり六時半帰宅　足立文氏田中貞次といふ人（農科）のことを申越しくれたる親切に対し自分もきみも手紙を書き感謝し且つ星のことを漏す亦大岡山書店が氏論集出版希望のことを言ひ置きたり

二月二日　　火　晴

八、四五教室、於菟より実習用組織標本に付相談あり、これ度々のことにて井、西のむやみ実に歎息、本を署名して贈る、六時半帰

二月三日　　水　曇晴

九、一五教室　エドウィン・G・コンクリン教授（プリンストン大学）、エドウィン・ロジャース・エンブリー氏（ニューヨーク、ロックフェラー財団）二氏谷津氏案にて来室石器時代頭骨アイノ頭骨など比較し示したり　札幌八田氏えアイノ活動フイルムに付手紙を出す　大岡山書店より本一五部持ち来る、前のものと合して一八部受取る又使に己の名刺五〇枚渡したり　ドクトル・クレスレル氏より抄録校正戻る　四時出て加賀町、坊に本を遣る、三郎氏帰る、皆元気、六時半帰宅

二月四日　　木　晴

八、五〇教室、井上、西氏始め人類学諸氏等学内え本を配る、昼食後宮坂、八幡、甲野、中谷四氏揃つて挨拶に来る、午後二時より教室茶話会とて助手の人呼びに来りて行く、下の実験室を之に充つ　井上、西（千葉行のため大に遅く来る）森、クーレンベック、森田、横尾氏其他研究生八九人計集る　七時まで話したり

二月五日　　金　晴

八、五〇教室、原正氏独逸文ミクロケファレ〔＊小頭症〕は困る、書き直すべきか、午後四時より医学会、土肥慶蔵氏欧米視察談、面白し、六時散す、於菟今日の実習は単独なりきと、西は一昨日も欠席、西無断、クーレンベックも欠、歎談あり　七時半帰宅

二月六日　　土　晴

八、四〇教室、三田氏方え一九二四年分解剖学に関する

論文抄録を持ち行く医学輯報原稿なり、不在に付置きて去る　原正氏え論文書き直すべき旨の手紙を出す　六時帰宅　忠、信二児来り居る

二月七日　日　晴

朝星より電話により精子早々出行く、要談をなし十一時前帰り来る、帝国ホテルなり、良一出発前に面会すべしと、昼食、直に忠、信を連れて出かける、先つ三越に入る、これより歩きて銀座に到り松屋に入る、次に松坂屋に入る、この二店自分は始めてなり、二児に雛人形を見せるためなり、温暖、好天、人出夥しく困る併し二児大喜び、富士屋（ママ）にて菓子を与へ、尚ほ坊等えのみやげを持ちて四時半加賀町に到る、坊一中（日比谷）入学用写真のため、共に神楽坂に到り撮影す、これより別れて六時過家に帰る

二月八日　月　曇

八、五五教室、午刻法医に三田氏を訪ひ輯報に原稿(抄録)のこと其他の談　突然きみ子に会ふ、後室に来り今精子身体のことに付成田氏にそれとなく相談したりと、種々困談、面談口約といふことを迫り試む外なしと一致す、二時十五分前去る、西謙氏来室、中島謙太郎といふ人アイノ血液を調査したること注意ありたり、氏に本を贈る　六時半帰宅　製本師に四十数冊渡す

二月九日　火　晴

一〇、〇教室、暫時してきみ子来室昨夜せいと三時まで話したりと、はせより始め島、星の最密のこと、始めて寄せたるは十五のときなりしことから話し出したりと赳全く憎百を以て破りたりと、実に戦慄、一時過ぎてきみ去る、自分は玉川例の所を散歩す、天温和、六時半家に帰る、精電話を試みたりと又速達便を出したり、精心を安めたる様子、就眠悪し一時過ぐ

二月十日　水　雨

五時醒む、四時間計眠る、精を連れて三越、良一に托してフィルヒョウ夫妻に贈る物を索む、木彫雛一対（一五円）及刺繍紙入（一六、五〇円）を買ひたり　この二品はフィルヒョウに贈るもの　別れて教室え行くつもりなりしも雨降り出したれば家に帰る　精を見失なひこれは乾物を買ひて継で帰る　午後在家

二月十一日　木　晴曇　祭日

九、二〇教室、西謙氏来贈本に記名す　六時半帰宅　精柿内え行て泊る

二月十二日　　金　晴

九、一五教室、豊島若夫人受診のこと坂元氏に頼み承諾を得、これ電話にて家え知らせる、国民記者古川氏来り「人類学研究」批評を誰に頼みて然るべきか云々　午後四時より学士院例会、小川琢治氏当選、授賞者七名可決、山極（癌）、長岡（原子）二氏其他数件の講演あり、院長選挙、八十余票の内桜井氏当選（53）、富井、井上（哲）、古市、佐藤（4）などあり　岡野敬次郎氏嗣より五千円の寄附あり、十時過ぎて散会

二月十三日　　土　晴

九、二〇教室、午後人類学会、甲野氏「日本石器時代の土偶に就て」主として其分類方を述ぶ、次に松村氏「モールス先生と大森貝塚の研究」講演あり　五時半帰宅

二月十四日　　日　曇、小雨

九、五五教室、西謙氏来り計測談、三時出て加賀町、三郎氏在宅、学門名称談、七時帰宅、精子今日はだめ、繁忙閑なしと

二月十五日　　月　晴風

八、四〇教室、読書、昨日は東京朝日に「人類学研究」の紹介　松村氏が書きたるもの又今日東京日々に長谷部氏が書きたるもの掲載あり　七時帰宅

二月十六日　　火　晴風

八、五〇教室、きみ子来室（忘れたる眼鏡を持ちて）せい身体の心配、これより試に金森え行くと、昨年今日は㊜の確答ありたる日なり　六時帰宅　晩良一等と相談来十九日（金）近親留別の意を以てマルビル西洋軒（ママ）にて会食することとす

二月十七日　　水　晴風酷寒

九、四〇教室、昼頃松村氏来室、国民記者古川氏昨日人類教室え来り　宮坂氏に本の紹介を頼みたりと、鳥居氏は自己の書の紹介もせずして「人類学研究」のをせよとは以ての外なりとて不満の様なりきと、これより共に人類え行きてペエリウ、モミイ五個を見る、男二、女二、小児一、立派なるもの、一昨年来東京、京都辺にて観物とせしもの、去十二日国民記者に談せし「アイノ」は人種の島云々のこと今日出て居ると但し間違あるよし　学士院え十四年度研究費下半額柿内、宮崎、平光、工藤四氏及自分のもの下附申請及十五年度に於て宮崎、平光、工藤三氏の研究費前年度の継続として推薦す　OAG例会、遅刻したり　Prof. Goldschmidt:

Biologische Voraussetzungen für die Beurteilung von Rassenfragen 講演、人種交叉によつて新人種出来得るといふ、三二傍聴す、食事し八時半去つて帰る、寒し

二月十八日　木　晴

九、〇教室、婦人科佐伯氏（坂元氏紹介）来室　ドッペルテ・アイライテル〔＊二重の卵管〕一例ありたり付ては其リテラツール〔＊文献〕に付質問あり、島峰氏来室、今日歯科病院え行くところ幸なるを以て新義歯修理を托す　四時半出て加賀町、坊今日学校休みたりと気嫌良から（ママ）す、信、孝、咳あり其他先つ無事

二月十九日　金　曇　昨夜小雨

九、二〇教室、午後きみ子来室今坊、田鶴今日来る様になし医化学にも寄りたりと、南米事情研究会員森笛川（ペエリウ、モミイ持ち主）なる人を案内して八幡氏来る教室備品を見せたり、坂元氏来室豊島夫人病症に付詳細の談あり要するに手術する方最よしと、図書室にて調べものなす其中モルフォロギー〔＊形態学〕なる語の始めを索す偶然クーレンベック氏入り来りそれはゲーテに始まると、四時半となる、急ぎ医化学に到る　坊来り居る三郎氏と三二と自動車にてマルビル精養軒に到る　良一等既にあり予定の人皆集まる、桑木家三人、森、柿内五人、家のもの七人総て十六人、児等大悦、屋上え出て眺めなどす、七時柿内一家は去る他は残りて休憩室にて談、皆一所に下り、電車にて帰る八時半、今日は特にこころよく感したり　去十七日の国民に古川氏に話したる「アイノ」は人種島云々のこと掲載、昨年夏写したる写真と共に、これを市川氏送り越したり

二月二十日　土　晴

九、一五教室、西謙氏「アイノ第五腰椎分割（ママ）」論文を見る　森田秀一氏千葉に転任に付中央亭に於て送別会を催すところ断りて鰻弁当を命し、六時半山上会議所に到る、日本学会例会にして南洋研究者堀岡文吉氏「日本の神話と南洋の神話との関係」講演あり次に井上哲氏「日本民族南来説に就て」の談あり、井上哲氏の案内により臨席したり　南洋語と日本語との共通の点、土俗の二三（ふんどし、相撲じんく「スマトラ」にあり、けまり、あやとり）。神話、小鹿（ジヤコーシカ）が中心主人公となりゐる、わにと兎、猿蟹、かちかち山、尾のある人間。十時に近く散す

二月二十一日　日　晴　温和

昨夜の電話に基き精子早朝鎌倉行、きみ子東京駅まで送る、自分は八時半出て加賀町、幡ヶ谷東京高等学校を見て置きたしとのことに付同道す十一時半帰り、弁当を使ひ、二時半教室に到る　ディーク教授に贈る頭骨を持ちて六時半家に帰る、精子は予想より短時間話して別れ海岸を歩きなどし二時頃帰りたりと

二月二十二日　月　晴曇雨

八、五〇教室、弁当、急ぎ歯科病院に到る、新義歯上のひび入りたるを直しにやり居きたるところ出来、同時に竹花技工手に頼み、旧義歯の歯を用ひ予備として一具製し置くため石膏型をとる、島峰氏と長談、独乙商人より買ひ入れたるラッセンシエーデル〔＊人種頭骨〕拾個を見る価三八〇〇円なりと、氏のアイノ歯論文出版の話、三時半出てたるに雨降り居る、直に家に帰る

二月二十三日　火　雨

九、三〇教室、西謙氏アイノ第五腰椎分裂に関する仕事の草稿を通読、氏に意見及注意を談したり　高橋健自氏より著書「銅鉾銅剣の研究」贈与の礼状を出す　七時前帰宅

二月二十四日　水　晴

春らしき天気、九時過ぎて精子を連れて出かけ三越に行きてコプシユ、ディーク二氏に贈るものを索す、去て銀座松屋に到る、思はしきものなし再び三越に戻り香炉（銅、一〇、八〇円）を買ふ、これはコプシュに贈るものディークえは先日精子が買ひおきたる内裏雛（三、一〇円）を贈るべし、但この人形は後にコプシュ夫人に替へたり　別れて自分は歯科病院に寄る、十二時に近し、竹花技師により予備義歯を合せ試む、今朝又々上義歯にひびを生し困る　予備の方至急作製を頼む、島峰氏室にて弁当を使ふ、二時教室、折りよく三二に逢ふ、彼の志願兵費を返戻せらるるを受取りのため実印を渡す　六時去る、横山重氏え島峰論文のことに付手紙亦金田一氏「アイヌ研究」贈与せられたる礼札を出す

二月二十五日　木　晴

朝純子を連白山まで行く、午前中芝上にて遊ぶ、午後余まり好天なるを以て独散歩に出る　水道橋より省線、蒲田に降りこれより歩きて原村梅園に到る丁度見頃なり、次新田神社、路上に遊び居童等に道尋ぬ、児等案内す、みかん買ひて与ふ、二回共行き過ぎて大に道程を損をす、新田停留所より電車にて元の道を帰る　五時なりき、良

一今日五反田工場え行きて星に会し、紹介状を得たり

二月二十六日　金　晴曇

午前歯科病院、長与氏来り会す Biologische Centralblatt〔＊雑誌〕買ふべしと　竹花氏旧義歯ゴム製にしたるものの咬合を試む、十二時過ぎて家に帰る一時写真師来る、家族皆集りて撮影す、庭に於て、序に自分、精各々単独に撮る　夕刻横山重氏来る、島峰論文快く承諾す　尚ほ直接談合すべし、共に晩食す

二月二十七日　土　曇（昨夜少雨）

良一荷物を詰める、於菟よりH・フィルヒョウえ送る日本人首小使持ち来る都合悪し、十時教室に到る、小使に右標品を再び持帰らしむ貨物として送るべし、長谷川舘氏書籍購入方昨年十一月フリードレンデル断り丸善に約束したるところ、昨日井上と同道、丸善に行きて又元の如くしたりとか、兎に角支払数千円滞り居るよし、如何整理する考なるか不明、きみ子寄りて在巴里大山氏え贈る藤村やうかんのこと打ち合せ去る　横山重氏が昨日贈れる花鉢二個（サフラン、スズラン）持ちて二時過帰宅、桑木氏来、告別ならん、三時前出て柿内、坊発熱のところ今日早これなき様なり　サフラン花と西洋菓子を持ち行く、床中にて悦びながめゐる、五時帰宅、於菟来、不斗思ひ付きて駅え特急券のことを尋ねたるに最早坐席なしと、二等もなしと、これは困りたることにて兎に角良一自身行きて要請を試むべしとて行く、雨降り出す、帰りて坐席なけれども展望車内に居ることとし先出発時刻には差支なし、京都までなれば左程困ることなかるべし

二月二十八日　日　晴

家に在り良一も今日は外出せず、午前後共純子と芝上に遊ぶ、案外来訪少なし、於菟其他二三婦人、但し電話は繁し

三月一日　月　曇　大学紀念日

皆早く起き、早く支度し、自動車に全家七人乗りて八時少し前に東京駅に到る　安東老夫婦、宮本氏など既にあり、見送り呉れたる人々平野、雨宮、佐藤達、服部、柿内の諸氏其他、八時四十五分良一機嫌よく出発す、素子児連れて京都まで行く　きみ、せいと一旦家に帰り更衣、十時教室、途上大沢ユリヤ夫人に逢ふ　三二諏訪氏を伴ひ来り、タステルチルケル〔＊内径・外径測定用キャリパス〕のことと二三標本のこと、永井潜氏来室、贈りたる本の

礼、且「医学と哲学」を贈らる、二、三貝塚頭骨を示す少し風邪の気味に付四時帰宅、きみ子は礼旁平野え行き海軍側見送りくれたる人々の名を尋ぬ、晩又同様桑木え行く、又良一よりは横浜から申し越し、それ等により大概礼状差出し済となる、早く床に入る

三月二日　　火　晴曇

歯科病院、予備義歯出来、新義歯ひびの入りたるを置きて去る　十一時教室、於莵より来学会に於ける演説者四十余名あり、日程作成に付相談あり　谷津氏え本を贈る　長谷館教室雑誌代払数年滞りたるもの年々なしくづしに払ふ云々又Biologische Centralblatt〔＊雑誌〕のことを話したり　古川龍城氏より昨日の国民新聞送り越す宮坂氏の「人類学研究」紹介掲載せらる　家に帰り夕食、急ぎ東京駅に到り滝精一氏出発を送る、氏は良一と同船す、時に星車中にあり挨拶す、本の謝礼などいへり、七時半過家に帰る

三月三日　　水　晴

朝Biologische Centralblatt〔＊雑誌〕を歯科病院え送ることを言ひ付けて九時教室　井上よりMartin Anthrop.〔＊文献〕を取り戻す、グライトチルケル、三脚式ゴニオメーター〔＊キャリパス、測角器〕を持ち行く　三時半過出て安東家え礼に行く老夫婦共不在、名刺を置きて去る、柿内え寄る、雛祭りと女児等悦びゐる、坊学校より帰り来る、三郎氏も帰る見送りの礼を述ぶ、六時過帰宅、金森夫人来り居る暫時して去る

三月四日　　木　曇

素、純十時着に付きみせいと迎に行く　桑木夫人来る、タキシイを雇ひ、自分は歯病院前にて下り歯義（ママ）のあたりを直し貰ふ、これより宮本家え見送りの礼に寄る、教室に来れば一二、四五。長谷川館一氏とBiolog. Centralblatt〔＊雑誌〕に付談合、全部三十四冊渡し済、佐藤三吉氏来、第一回日本（聯合）医学会誌借用したし云々　後刻送るべきを約束す、学士院幹事に付適任者に付意見を問ふ、一部よりとすれば井上哲氏ならんか、自分は佐藤氏に落ちんかなどいへり、偶々先刻宮本氏の許にて話に及びたる息、女のことに付宮本氏案のことをいひ出でたり　六時前帰宅

三月五日　　金　雪

珍らしき雪、此冬始めてか、八、二〇教室、教室助手森田秀一氏千葉医大に任命辞令を受領せりとて挨拶に来

る、六時半帰宅

三月六日　　土　晴

朝青山に平野家え挨拶に行く、皆在宅之より歯科病院に寄る、新義歯ひび入りたる直し出来、これを嵌めて予備の方のあたりて困るのを置きて教室に来る十二時半過ぎ。長谷舘来室、井上に困る云々又来週は名古屋え出講するとか、亦Biolog. Centralblatt〔＊雑誌〕は補充することとしBJ.35-40（1915-1920）六冊及び序にZeitschr. f. Ethnologie 1923-1925三冊フリードレンデルえ直に注文書を発す　五時帰宅、信子来り居る　精、忠を連れて帰り来る、三児機嫌好遊ぶ

三月七日　　日　雪

終日悪天在家、三児室内にて遊ぶ、午後忠、信迎来り帰り去る、小松晃氏祖母堂逝去の件に付ての挨拶なり

三月八日　　月　晴

八、四〇教室、午食終りたるところえ林春雄氏来室、一アイノ某アイノ文化事業のため講演をなしたき志願に付談あり、序にアイノに付種々談したり、ところえ三二来りて今日柿内氏卒倒せりと、直に医化学教室え行く真鍋氏あり尋で稲田氏来る塩田氏も見ゆ、教室大混雑、三時頃田鶴着替服を持ちて来る、二階の室にて安静「カンフル」を数回注射す、三、四五稲田内科病室（旧建物）え移す、乳児の関係上田鶴は四時半去る　自分共に出て教室、於菟と学会の日程作製に付相談、演説五十余、日割に困る、六時帰宅、晩食、きみ子は加賀町え行て泊る、自分再び病院え行きて様子を見る、真鍋氏来診、脈尚ほ少し不整のよし、照康氏は泊るならん、十時半藤井氏と共に家に帰る、日暮れて雨降り出す

三月九日　　火　晴

朝病院に寄る昨夜二時頃より脈搏正しくなりたりと五時間以上安眠せりと　田鶴来り居る、十時教室　西氏より柿内病気見舞の詞あり　千葉小池氏来、解剖学会え提出すべき科程に付種々談あり　長谷部、足立二氏え手紙を出す　六時出て病室に到る先刻退院帰宅せりと　今日もきみ子泊る

三月十日　　水　曇雨

坊東京高等試験を受るに付三二同道するため早朝出行く九、〇五教室、福岡小山龍徳氏え手紙を出す、又在巴里大山柏氏え良一渡欧等に付手紙を書く、学会日程に付井上氏等と三日間に延ばすかなと種々と相談、延さざるこ

ととす、授業状況に付自分在職中のことを調べる　今日ＯＡＧに於て入沢氏 Japan. Sitzweise の講演あるも天気悪し旁行かず、六時半過帰宅、きみ子加賀町泊

三月十一日　木　晴

坊試験第二日、三二早朝出行く、八、二〇教室、在職中の授業の実況を調ぶ、学会に於ける議事に要するためなり　三時出て柿内、三郎氏床中に臥す、小坊昨日来発熱、頸に腫物を出したり、坊東京高等の入学試験済みたり、試験如何、きみ子柿内に泊る

三月十二日　金　晴

ＯＡＧ本年分会費十二円出がけに駒込局に到りて出す　九、四〇教室、井来室教室負債多額となれり、自分に総長又は部長に談しくれぬかなどぐずぐずと去れり、西氏新規定の要点書を持来りて説明す　二時半出て人類え寄る、松村宮坂二氏昨日渥美郡の島の遺跡探検に出発したりと、是より学士院例会、講演数件、二巴里大学教授アシャール（医学）、フルシェ（インドの言語および文学）日仏文化事業に付来朝に付招待晩餐、後総会、桜井氏始めて院長として席につく　幹事選挙、姉崎氏一〇（当選）、佐藤三氏八、小野塚氏七点其他大にとび散る、授賞確定、十時過散会

三月十三日　土　曇

九、一〇教室、眼鏡を忘れ一〇時純子持ち来る、女中を返へし、純子を連れて動物園、今年始めてなり、先すべり台、ブランコ、次に園に入る、昼となる、自分弁当を遣る、大悦、一時半家に帰る、きみ子坂下に迎へたり、午後三時出て柿内、小坊頸腫物昨日切開したりと、今日は稍静かになりたり、三郎氏椅子により坊算術を錬習す、五時半家に帰り　きみ子入浴柿内え行き泊る　留守中中村清二氏来る、武蔵高等学校に於て来二十日講演を依頼し名刺を置きて去る　福岡小山氏より来書、此方より出したるものと行違ひたり　丁度好き都合なりき

三月十四日　日　雨晴

早朝三二柿内え行、坊府立一中入学試験に同道のためなり、せい子星よりの電話により出行（アウト〔＊自動車〕）、きみ帰る、せい子十時頃帰る、彼の財難奔走、更に発展せず、十一時二〇教室　長崎国友氏え欧米視察帰朝の来札に対し返書を出す亦中村氏より申込講演のこと二十日石原喜久氏渡米出のため差支再考を乞ふ旨葉書を出す　六時過帰宅　留守中小林文氏来精子応接したるよし

三月十五日　　月　　晴驟雨

朝二回下痢、静養、岡田夫人来但し自分は会はざりき、きみ子柿内行、泊る

三月十六日　　火　　晴風

静養、十時過頃電話にて一中の模様を尋ねるきみ同道先刻帰りたりと、結果悪し、其善後策に付腐心中云々、昼頃きみ子帰り来る、午後一時出て強て青山斎場に野田忠広氏告別式に参加、同所にて星に会ふ　学士院年金度々催促を受け三二を遣る

三月十七日　　水　　晴

九、一〇教室、柴田常恵氏来訪、本の礼など、熊穴洞窟遺物を示したり　伯林え出す手紙の案を試む　六時帰宅

三月十八日　　木　　晴

八、二〇教室　H・フィルヒヨウに手紙を書く、女中みよ文部省え行き受取りたる金一、八〇〇円持ち来る　長谷舘来室、井上に困る、辞すべしなどいへり　三時半出て加賀町、三郎氏尚ほ加養、明日より試験に付出勤すべしと　七五〇円持行くこれにて学士院研究費補助三ヶ年継続金四、五〇〇受取済となる、坊今日芝中校の入学試験を受けたり尚ほ明日も試験あるよし　六時半帰宅　伯林贈物総額四八円きみ子え返へす

三月十九日　　金　　曇

八、五〇教室、手紙を書き安銀え行き為替を組む　宮崎三〇〇、平光二五〇、工藤二五〇円、局え寄り書留にて出す、室え帰れば正午、ディーク、コプシュ二氏え良一紹介手紙を出す　七時前帰宅、足立氏より来信

三月二十日　　土　　雪

昨夜来雪、此冬初めて真白くなる、九時東京駅に石原喜久氏渡米を見送る　主として南米移民保健状態視察のよし、九、三〇教室、我学会に付種々調べたり、日程印刷出来、六時半帰宅、夜まで雪降る

三月二十一日　　日　　曇　祭日

一〇、教室、名古屋浅井氏無音平信、椙山重氏え足立論文は岡書院より出版の内約あるよしに付手紙を出す　解剖学会開催に付考慮　四時出て加賀町三郎氏在宅、独逸国家試験規程返戻を求む、坊芝中学に級第（ママ）す、精子来る今夜泊るべし

三月二十二日　　月　　晴

九、〇出て教室に寄り「人類学研究」最後の一部を持ち牛込石黒家に到る老人在宅、これを贈る且つ精子のこと

を漏す、星の人物談、賛成云々　これより杉並町に移川子之蔵を訪ふ住宅普請中、近き令息の宅に到る不在、夫人に面会、二十九日出発渡欧の時刻などを尋ぬ、教室に帰れば一時半、弁当中松村氏来室、佐久の島探検談、全く不結果なりきと其他汎洋会に付種々談す、実験室にて西其他の諸氏と学会に付準備談、但於菟あらす、山越良三氏来、歯牙変形石膏模型に付諮る、確かに製作し得るといふ、六時となる

三月二十三日　火　晴

八、五〇教室、学会雑事、京城上田常吉氏独逸より帰朝、来室、横山重氏来、足立氏岡書院にて出版は残念、長谷錧氏フリードレンデルえ負債の件に付書翰案（英文）の相談。井上氏に来学会に於ける二日間二回の弁当料支出方に付相談す、六ヶ敷、自分負担と決心す、会計報告作製　柿内氏来室長談、七時帰宅

三月二十四日　水　晴

九、〇五教室、弁当を終りたるところえ移川氏来室、共に人類教室え行きたるも松村氏等大森貝塚え行きたりとてあらす、再戻りて談なかなか尽きず、渡欧出発の日迫りたるかかはらず長談、英、独、伊数教授え紹介名刺を書く三時半別を告ぐ　五時半過上野精養軒に到る、柿内氏過日災難、全快謝する意なりと、稲田、真鍋、塩田其他若き学士諸氏十五、六名、帰途三郎氏坂下まで自動車にて自身送りくれたり　九時前帰

三月二十五日　木　晴

九、二〇教室、弁当を使ひ内務に柴田氏尋ね氏が関谷洞窟より掘り出したる石器、土器、骨角器（装飾品もあり）、獣骨、貝類を見て三時教室に帰る、横山重氏一寸来室職員録を返へしたり、名古屋浅井猛郎氏返事来る　六、三〇帰宅

三月二十六日　金　晴曇雪

午前加賀町、忠、信を連れて出る、丸子玉川まで行き、是より堤上を歩く、弁当、つくし沢山あり信大悦、二子に近く雪降り始む、併し直に電車に入る、困ることなし市ヶ谷駅より加賀町にて雪降る、寒くなる、坊今日日暮里開成中学の入試を受けたり明日も行くと

三月二十七日　土　晴

寒強し、八、三五教室、午後人類学会、堀岡文吉氏「アイヌと南洋土人との関係に就て」講演あり、南洋に多毛人の彼処此処に居ること、言語の断片的に共通なること、

神話のこと等。終て松村氏と汎洋会に付談、七時前共に帰る　土肥慶蔵氏露仏品二種土産として贈らる

三月二十八日　日　晴

午前庭に出る、坊、忠十時過来る、早く昼食を終へ精子と二児連れて植物園、同所にて貝塚土器二、三個拾ふ、四時半帰宅、坊は帰り去る忠は泊る　純子風気のところ素子北町え昨日行き今日帰り純子再び熱を発す　星より電話、土浦辺え講演に行くと精気を揉むも致方なし

三月二十九日　月　晴

九、一五教室、昼食後人類え一寸行きて松村氏等に二、三の談をなし　山崎直方氏に岩石の教示を乞ふ　岩手県洞窟のものは石灰岩、長とろのものは絹雲母片岩又は緑泥片岩ならんと、秩父古生層に付質問す　安銀え行き学会の金百五十円引き出す。学士院補助受取の書面皆来る　平光氏書中に「解剖家の職分」は本中収むること不適当にあらさりしや云々とあり当評といふべし　晩食後星より電話直に行く自分序旁帝国ホテルえ送る、是より東京駅に到る、移川子之蔵氏渡欧出発、八、三〇急行と思ひたるに然らす、迷ふ、ところが八、四〇のものなり、辛して氏に会ひて送る、松村氏と共に帰る九時半、精既に帰り居る、更に進展せず　土井家より土地分割に付再摺物を送り来る、当惑

三月三十日　火　晴

九、〇教室、宮坂氏来室西氏に骨論聴講志望のことに付紹介す、長谷川舘氏来室、W文庫目録先つ結了せりと、岡島、小池二氏来森氏室にて解剖学授業のことに付打合せをなす、純熱下る

三月三十一日　水　晴

八、五〇教室、熊穴人骨に付講演のため考査中十一時頃清野謙次氏慶大川上氏を伴ひ来訪、共に人類教室に到り松村氏と談話且陳列場を見これより清野氏に招ねかれ四人燕楽軒に到りて昼食再ひ人類に戻りて離れの標品置き場に到る　自分久しく見さりしに其豊富なるに今更の如く驚きたり共に余りに憐なるを談したり　五時教室に戻七時前帰宅

四月一日　木　晴

坊、忠朝早来、化学博覧会え行くと、自分九、一五教室、第七回日本医学会開会列席せず　札幌クレンプ氏来、アイノに関する書を示す、尋で人類学室に到り松村氏に紹

介す、岡山上坂氏息死去の報ありしに付悔状を出す、土肥慶蔵氏より此頃渡欧土産として露（インキ壺）仏の二品贈られたる礼状を出す。新井春、工藤喬、敷波、小池敬、森田斉諸氏来、明日の準備など忙はし　七時前帰宅

四月二日　金　晴

七、四〇教室、八、一五開会、於菟新幹事として報告す、直に演説に移る　大岡山書店より「研究」更に五部送り越したり（家に帰ればこの方にも同しく五部）合して十部。中食弁当は燕楽軒よりとるなかなか多数　五時会を閉づ、これより「解剖学授業課程並に時間の統一」なる問題に付き議す、これは布施、小池、岡島、進藤、塚口五氏の提案なり、各大学の教授にて先以て審議することとす。これ等諸氏と共に豊国に到りて晩食す　教室に戻りて於菟室にて議す、敷波、杉山（台湾）、小川、舟岡、進藤、井上、小池、森、塚口、竹屋、新井、国友、小金井、工藤、高木（大阪）、小川、布施、長谷部、岡、西、佐藤、工藤喬、上田常、島田等の諸氏。十時半散す

四月三日　土　雨　祭日

昨夜二回下痢す、俥を命し八時前教室、八、一五開会、最初に自分「日本石器時代に於ける洞窟住民に就て」演説す、腹工合悪し且悪天不快　午刻休憩に先だち昨夜の議事を報告し賛成を請ふ又解剖屍体に関し建議の件に付き謀る。中食はすしを饗す。俥を命し帰宅休養、厳来、昨日横浜着、学会のため迎へ叶はす、無事帰朝悦ばし、小松氏来、染井墓地を整理し悉く合葬すと

四月四日　日　晴　寒強し

静養、於菟来、昨晩燕楽軒に於る懇親会出席者四十九名、七十余題の内六、七題撤回、他悉く演了せりと、きみせい琴さらいにとて出行く　独留守居「ラヂオ」を聴く、夕刻斎藤勝寿氏来訪一寸挨拶す　夕食を饗したり　三郎氏坊を連れて箱根え行きたりと

四月五日　月　晴

上天気に付忠、信を呼ぶ二人にて来る、精、素児等を連れて弁当を持ち植物園え行く

四月六日　火　曇

休養、厳明日寺泊え行くと　よし江子は迎へに出京し居たり、きみ祝品を持ちし丸の内ホテルえ行く

四月七日　水　晴

沼田頼輔氏大著「紋章学」贈らる、信帰るきみ送り行くディーク教授より葉書来金森氏等連署、穂積陳重氏死去、

俥を命し悔に行く

四月八日　木　晴

午後純子誠至（ママ）幼稚園入園式なりと午後出行く、腸カタル回復遅し、徒然、小説を読む

四月九日　金　曇風

終日徒然、純子昼帰る日々の幼稚園通思ひ遣らる

四月十日　土　曇風雨

腹工合稍宜し　金沢須藤氏及長岡の図書館え「研究」を贈る　故穂積氏告別式に青山斎場に到る、電車を用ふ時に驟雨起り帰途困る

四月十一日　日　晴

休養、桜花八、九分開く市内賑ふべし

四月十二日　月　晴

腹工合未ださつぱりせず、九、四五教室、日記を補ふ、学会二日の中食を支払ふ燕楽軒六十五円、わかなすし四十円（各八十人前）外に三円合計百〇八円自分の負担とす　於菟骨論講義を始めたり　三時帰宅　学士院例会欠席

四月十三日　火　晴

朝きみと困談　精体状益進む　九、二〇教室　森本氏に学会に付潤筆を頼みたる礼（菓子）を贈りたる挨拶に来る　六時帰

四月十四日　水　晴

九、〇教室、沼田頼輔氏え「紋章学」寄贈の、加藤元一氏英文著書寄贈の礼を出す　五時半出て鍋町風月堂に到る柳田国男氏の招きに応し談話、バチエラア、八田三郎、笠森伝繁、其他九名、北海道アイノ談、十時帰宅　バチエラア牧師は明治十年三月十五日に日本に来りたりと

四月十五日　木　晴

八、五〇教室、井上氏名古屋より帰る、小田島氏中沢浜人骨に対し五十円支出の承諾を得る、三田定則来室来月講演を頼むと、受諾す、同時に抄録謝料西、森に送るべきものに付行違を生しこれを質す、全く昨年末に受取りたる中にこれが含まれおること判明せり、併し手当と謝金との額不分明に付それを文部にただすべし、このことを西氏に話す　午後人類教室え行くアイノ活動フヰルムのこと、楽浪人骨同教室に来り居りこれを一見す全く用ふべからず、何れも小破片のみ、只一顔面の一部あり、骨色黒く甚軽紙の如し而して乾きたらば大に縮みたり。三時過出て柿内、三郎氏脚気の徴候あり在宅、講義はす

るも安静を守ると、坊中学生となり元気、六時過帰宅

精畠山に見て貰ひたるに九月始め頃かと

四月十六日　金　晴

八、四五教室、午後文省、明日総会に付旁医学部会開会、格段なる議なし　三時半終る、家に帰りて今年始めて庭の草取りをなす

四月十七日　土　晴

八、四五教室　きみ子二三〇円持ち来るこれは昨年末受け取りたるもの四〇五円内この額は抄録料なること昨日文省にて証（ママ）めたるものにして直に西氏に渡す　中食松村氏と工業倶楽部に到る啓明会主催アイノ講演会なり、柳田、金田一、バチエラア諸氏及十勝帯広アイノ伏根弘三の講演あり、中途に八田氏尽力により成就したるアイノ風俗活動フイルムの試演をなす、上々の出来なり　費用に付きては種々面倒あるも将来に向つては甚貴重なるものなり、此点に於ては自分等が企図せること甚満足、七時前帰宅、精柿内え行き泊る

四月十八日　日　曇　暖

十時出て染井墓地に到る、晃氏の発意にて此度総て火葬合葬するに付今日発掘、清心院の遺骨を二回見るとは実に思はさりき、頭骨其他硬、四十年になるも衣服ぼろぼろなりて尚ほ残存す、老婆殿三十年、維直殿十八年骨何れも実存、硬、十二時前教室、三二来り弁当を使ふ熊頭骨を油絵のために持行く　六時過帰宅

四月十九日　月　晴　昨夜雨

八、〇教室、十一時人類教室より電話、直に行く、八田氏来り居るフイルムに付相談、此度出京せる札幌写真技師堀内も来る、一昨日使用せるフイルムは人類教室え持ち来ること支払は追てなすことを言ひたり、同所にて原田淑人氏に会す　日歯医専出某歯のことを研究したし云々　井上主任は満員にて致し方なしといえりと自分も同様なることを言へり、石油教室に伊木氏を訪ひ八田、松村氏とアイノ見学旅行に付談合、一時教室に帰る　六時過帰宅

四月二十日　火　晴風

朝天気模様良ければきみせいを伴ひて散歩、巣鴨より丸子多摩川に到る時に風起り益々強くなる　堤の影にて弁当を食す、何とも為し難し早々にして帰る　時に二時過、庭に出て芝の護装の竹列を造る

四月二十一日　水　晴風

八、五〇教室、良一え伯林宅にてH・フィルヒョウ贈り首一個運送状（於菟より受取りたるもの）を書留にて本郷局え行きて出す、三時出て加賀町

四月二十二日　木　晴風

八、五〇教室　E・フィッシャー教授、T・W・トッド教授（クリーブランド）え論文寄贈の礼絵葉書（アイノ彩色）を出す　六時過帰宅

四月二十三日　金　晴

風穏かなる模様に付きみせいと三人玉川先き馬絹村松原一家を訪ふこととす　九、二〇出かける二時間を費して達す裏山え登りて畑を見、午後附近を歩く、快、三時辞し去る、自動車其他都合よく帰りは一、三五にて帰着す、松原一家も歓待、きみせいよきことをしたりと満足、留守中潤氏来り朝鮮史を返へす又おけいさんは菓子など持ちて鍔を返へしたり、これ十数年来何所え行きたるか忘れ居たりしがやはり林町にありたり

四月二十四日　土　雨

九、〇教室、文学士岡正雄氏柳田氏を介して来室、雑誌「民族」に寄稿の件なり　三郎氏偶々来室、試験評決は可、不可の二種と決定せりと、例の慷慨談長くなり六時半過ぎて去れり

四月二十五日　日　曇

精子帝国ホテルえ出行く、十時十分教室、名古屋佐藤氏より成田竹蔵氏に付尋ね来りたることの返事を出す　在ボルネオ島元島策太郎氏年賀の礼旁葉書、在ハンブルグ原震吉氏え横手氏速書に対し礼札を出す　三時出て帰宅、「人類学研究」を国民紙上に徳富氏が紹介しこれを送り越したり、庭草取り、五時頃精子帰る、星氏繁忙の様子、兎に角談出来、他一切やめて唯入籍といふことより外なしといふことに帰着す

四月二十六日　月　曇雨晴雷

歯科病院え行く、掛替えの型を桜井氏取り直す、十一時教室丁度松村氏来、アイノフイルム一昨日受領せりと、汎洋会講演者七、八名選定す　去一月ラベネル氏え依頼せしハルリツカ氏 Catalogue of Human Crania〔＊文献〕送り呉れたり　於菟より種々教室内の困談、目下の有様にては前途の望なし他に位置を求むるかなどいへり　六時帰、時に大雨　留守中武蔵高校より来五月一日（土）講演依頼あり承諾の返事を出す

四月二十七日　火　晴

九、三〇出て歯院、第二義歯の蠟型を試む、同所にて堀口熊市氏に逢ふ　これより弘田家を訪ふ、氏前回に比し大に弱りたる様見受けたり　一二、三〇教室、ユンケル氏二十四日晩帰着、二十五日より講義を始めたりと、シベリヤ経由十六日を費したりと夫人は船便にて大に遅延すと　六時過帰

四月二十八日　水　晴

八、一五教室、原正氏一寸来室、小頭論文訂正の件なり、後日を期し直に去る　午後三時過出て柿内

四月二十九日　木　雨

八、五〇教室、京都蓑内収氏出京朝来室挨拶未た誰も出勤し居ず　W・デク・ラベネル（ワシントン）え Hrdlicka: **Catalogue of Human Crania**〔＊文献〕を所望の依頼を一月出したるに送附せられたる謝状を出す　午後一時半学士院、会員候補者下相談、佐藤、荒木、三好氏と自分の四名のみ、三時半帰宅　悪天に困る

四月三十日　金　晴

八、〇教室、昨今共明日武蔵高校講演の草稿を書く、六時半帰　きみ子柿内え行きて、精妊娠のことを始めて漏らしたり

五月一日　土　晴

八、二〇教室、田鶴来り居る、五分許待ちたりと、精のことに付憤慨、十年前のことを再ひ繰り返へす、何故今まで言はさりし、精腑がひなきこと、知人に顔向けならぬ云々とこに金沢須藤氏来室、開学式を催す云々出席を求めらる但し断る、時迫るに付弁当を食す、十二時山川黙氏迎へに来る、共に郊外練馬道畔武蔵高等学校に到る、石器時代民族といふ題にて一時間四十分講演す、四時頃家に帰る　山川氏送りくれたる往復共自動車、きみに田鶴悲歎のことを話す　晩食後柿内え出行きたり、十時過ぎて帰る、茶の間にて談、精側に居て頻りに泣く　田鶴尚ほ余程興奮のよし、精の前途心配、十二時過ぎて寝につく

五月二日　日　晴

一〇、二〇教室、精子の件、住地の件悲痛、六時半帰宅

五月三日　月　晴

歯院え行き都合よく九、四五教室、きみ子岡田家え行きて本人名を済す筈、今神保町にて見たり。医海時報林氏来室、ところえ吉田章信氏今朝電話にて打ち合せ置きた

る通り来、汎洋会に於て日本人発育に付報告を依頼す、快諾を得て安堵す、「人類学研究」を贈る、杉野龍蔵氏男子出生を祝したる挨拶に来る　札幌平光氏出京来室バタの土産を贈らる、二時出て千駄ヶ谷にユンケル氏帰任挨拶不在。中野に大沢謙二氏を訪ふ、息三千三氏結婚の話あり、次に片山氏を見舞ふ　此頃大阪の会に出向せりなど元気但し目は益々宜しからす歩行も少し不自由の様なり六時半家に帰る

五月四日　　火　晴

八、三五教室、午後松村氏来、汎洋会演題の件、演者皆承諾、四時半帰宅、更衣、きみ子と共に青山会館に到る、平野家養子披露、集る者二十余名、自分挨拶を述、同家並に新夫婦を祝福す、九時半帰宅、往復自動車帰りは供せられたり

五月五日　　水　雨曇

九時出て渋谷より上目黒字東山の遺跡を探す、時に雨降り出す、三軒茶屋潤氏方に到り弁当を使ふ、雨止む、共に遺跡に到り貝塚を少し掘る小貝塚にして厚手土器を出す、其他包合地を見る　竪穴三個許あり、此辺弥生式なし皆厚手、極少数の薄手あるのみ、四時帰宅　疲れたり

五月六日　　木　曇

午前歯科病院、第二義歯出来、工合よし、払をなす、二十円八十銭なり、十一時教室弁当後皮膚え行き土肥氏に右下脚に生したる五、六年来皮病に付意見乞ふ。丹波敬三氏息プラアグ死去の由に付悔に行き、五時半帰宅

五月七日　　金　曇

八、五〇教室、大学園遊会とかにて教室を開放すと、教室騒々し　午後二時皮膚え行く、北村精一氏リヨントゲン療法を試む、五分間、吉田章信氏え「運動生理学」寄贈礼札を出す　六時半帰宅

五月八日　　土　晴

八、〇教室、二時半帰りて庭に出る

五月九日　　日　晴

人類学会遠足会を東葛飾郡柏井貝塚に催す、八、四〇諸氏と両国発中山に降り一里許歩く、山崎直方氏誘導にて仏国地理学者リュラン夫妻及汎洋会嘱託チャピン嬢加はる、約百坪の麦畑を予定地とす　各自随意に発掘を始む、総員一五〇名位と算す、賑かなり、八幡小祠杉林中にて弁当、畑中を探るも獲物なし、甚熱し、四時頃人骨出の報あり直に現場に到る、真正のものなり、これを採挙れ

ば既に日暮となる、家に帰れば九時半を過ぐ、大に疲れたり

五月十日　　月　曇晴

九、五〇教室、学生酒井氏昨日の人骨一袋持ち来る「人類学研究」一部贈　非常に感謝し居たり、中食後人類え行き松村氏に札幌堀内商会よりフヰルム支払に付此頃書面又今日電報にて催促し来りたるに付八田氏に打ち合せ中に付其れまで待つ様葉書遣ることを相談す。四時出て柿内、異状なし、三郎氏丁度帰りたるところ玄関にて合す、小坊種痘したりとて田鶴帰り来る

五月十一日　　火　曇

八、〇教室、国民記者来、岡田信利氏来、京城に当分研究のため赴くよし　杉田先生より血統談、早々にして帰宅、二時半日比谷大神宮に到る、龍雄と右川嬢との結婚式に列す、終て太松閣にて宴あり九時半帰宅、小此木夫人来り留守中に格段異変なし

五月十二日　　水　曇

八、三五教室、中食中国民記者来る、岩手県洞窟調査のことを話す、時に原正氏来る、甚都合悪し、氏二三日中に帰崎すと、ミクロケファルス〔＊小頭症〕論文は訂正の上送ることとす、東京日々記者来るなど忙はし、四時過学士院例会、珍らしく早く終り八時半帰宅

五月十三日　　木　晴

八、三〇教室、柏井人骨を洗ふ西謙氏大に加力、図書新着雑誌余りに乱雑に付これを整頓す　六時過帰宅　きみ子穂積家え忌中見舞に行きたり

五月十四日　　金　曇

八、二〇教室、原論文小頭々骨に苦心、午後皮膚え行き、「リヨントゲ」を施す　少し風邪の気味に付四時過帰宅、休養、むつ子小児を連れて来り今帰り去りたりと

五月十五日　　土　晴

九、二五教室、小頭に付て、意気進まず四時帰宅、休、すみ子容体宜しからす、熱高し

五月十六日　　日　晴

学士院授賞式、十時美術校式場に到る、若槻首相臨席、中餐、二時半帰宅、今朝栗山氏来診、庭に出て草を取る

五月十七日　　月　晴

宮中にて賜餐、久慈宮殿下臨御、二時過帰宅、自分出かける際すみ子入院のこと重さなり大混雑、きみ子同行、夕刻帰宅　自分は庭に出て松の芽をつむ　精電話を試み

たるに星社に居たり　今日森永友健氏八十歳の祝とて上野精養軒に招かれたるも一昨日使を遣り祝（切手五円）を表し断る

五月十八日　火　曇

八、二〇教室、巴里大山氏より来書、良一には未だ面会せず、不結果にて六月上旬頃帰京云々　病室に純子の様子を見る甚宜しからす　秋田氏来室愈々学校生計測に着手す、付ては種々相談あり長談、時に山田珠樹氏加藤氏（照麿氏息）を伴ひ来り　イジプト、ミイラ附属楽器に付調べたしと、中食を終れば二時十五分となれり　人類に付き松村氏と種々要談、六時過帰宅、きみ子より電話、容体重し云々　八時出て病室に到る、午後より酸素吸入を始めたりと

五月十九日　水　晴

八、〇病室に到る、きみ子昨夜泊る、早朝帰る、愈々麻疹なるべし、午後行きて見たるに麻疹と決定、午前に隔離室え移りたり、北町夫人朝より看護、六時過帰、金森夫人来訪、きみ子留守、きみ子今日星え手紙を出したり

五月二十日　木　晴

朝精と病室、今朝は熱三八、六度とか体温漸々下ればよし如何。岩手県洞窟人骨、遺物を片付け箱に入れる、病室に純子を見る三九、七度とか、下り方少なし　六時半きみと共に帰宅

五月二十一日　金　曇雨

松村氏と柏井貝塚行き、宮坂氏遠足会の後引き続き発掘、住居跡竪穴を発見せり、これを実検するを主とす又人骨二体出たり但し極めて不完全なるもの、地表より五寸許のところ、竪穴は5.65×6.40m、縁に杭を立てたりと覚しき穴六個あり、地主岡本喜一氏方に憩ひ弁当を使ふ、雨中実検を終へ五時半帰宅、純子容体宜しき方、体温三九、二度　長崎原氏より電話にて論文訂正早く云々

五月二十二日　土　雨

八、〇出て純子を見る、今朝体温三六、四。稍々安心。医化学に三二の回虫標本を見、一〇、〇教室、きみ子午刻来り食す、自分出て文省に到り、汎洋会の常務にアイノフイルムを映せさる序に天竜川、ロベリンゼル、アムンゼン北極探検のフイルムを見る、帰途歯科院に寄り島峰氏餞別として鍔二枚贈る、新義歯の割れたるを托す、六時まで談す、大雨　精子晩食帝国ホテル、十時過ぎて帰る、種々談し合ひたりと

五月二十三日　日　雨

純病室に寄　十時半教室、午後四、三〇精子病室より寄る共に帰宅、きみ子金森え行き昨日の模様を報告したり

五月二十四日　月　曇雨

病室に寄る、昨日は温三七、九度なりきと、今日は機嫌宜し、九、〇教室　午後人類え行く、雑用、今朝来りたる八田氏よりの手紙を持ち行く、病室え寄り体温三七、五とか、三時半教室に戻る、六時半帰宅　きみ子地所のことに付大久保家に行き、大雨に遇ひて困りたり

五月二十五日　火　雨晴

病室に寄る、昨日体温三七、八まで昇りたりと、最早快方に向ふのみ、九、四〇教室西謙氏来、悪天に付柏井発掘休み今帰りたりと、人骨を持ち来る　フリードレンデルえ去三月六日注文せしBiol.Centralblatt〔＊雑誌〕及ひZeitschr. f. Ethnol.〔＊雑誌〕の一部到着す、午後出て青山斎場に到る北里夫人告別式なり、これより森永友健氏を訪ふ先日八十歳を祝ふ宴に招かれたるも行かざりし詫旁々なり　次に龍土町に鳥居龍蔵を訪ひ汎洋会に於て講演することを頼む追て確答す云々六時半帰宅、保子仙台より出京、午後来りたりと、野明のこと難題併し多く語らざりきと　気の毒千万なるも法なし　きみ心配す

五月二十六日　水　晴

朝病室純漸々宜し、九、〇教室、Hoffmann-Schwalbe Jahresberichte〔＊文献〕二十冊歯科病院え譲り渡すこととし今日送り届ける筈　明後日の講演準備　六時半帰

五月二十七日　木　晴

病室に寄る純子最早平温、回復期に入る、九時教室、西謙氏柏井第二人骨を洗ひたり　六時半帰宅

五月二十八日　金　晴

七、二〇教室、昨日井上氏より受取りたる西村安敬氏の及万沢晋氏の論文原稿、医学輯報に掲載すべきものの件に付午前文省え行きて手続を尋ねたり、これ始めて解剖学の部を出す訳なり、菊沢氏にアイノ活動フイルムに付一応話し置きたり　教室に帰りて尚ほ井上氏に種々条件を質す、午後皮膚え行き、三回目の「リヨントゲン」施す、これにて一先づ終りとす、軟膏は尚ほ一週間持続すべし　これより病室に寄る　純子大に元気なり　三時室に戻る　六時山上会議所に到る　三田氏主催医学談話会なり、先晩餐を共にし、数氏の療病上の経験などあり、八時半約束の「石器時代民族」の講話をなす　十時半ま

でかかる、終て尚ほ談話、十一時過家に帰る

五月二十九日　土　雨

星阿片事件無のこと紙上に見る　七、一五出て病室に寄る　眠り居る暫時して起く、最早宜し、八、四〇教室

山越長七来夕ステルチルケル〔＊キャリパス〕に付話あり、於菟来室此頃未亡人あれて困る云々　六時過帰

五月三〇日　日　雨

病室に寄り一〇、〇教室　ミクロケファレン〔＊小頭症〕記載、二時過出て目白文化村に島峰家に到る母堂昨日死去せられこれを弔ふ、柳沢其他珍らしき人々に会ふ　五時過帰宅、護国寺まで某氏の自動車に乗る、精子終日待居たるも星より電話なし

五月三十一日　月　曇

病室に寄り、八、三〇教室、一一、三〇家に帰り、昼食、更衣一二、四五浅草本願寺に到る　島峰母堂告別式、立礼の列に加はる、四時帰宅、一寸庭え出る　きみ子星えの第二の手紙を出す、戸籍のこと余り遅延、此方はこれまで極度に忍堪したりといふ次第

六月一日　火　曇

病室え寄り八、三五教室、午後遅く栃堀村島角七弟なる西川善二郎といふ人電話の後来室　縁者婦人盲腸炎とかにて大家の診察を受け模様により入院願望に付相談、坂口康蔵氏電話にて頼みたるに幸承諾、西川直に迎へに行きたり、七時前帰宅

六月二日　水　晴

病室えよる、今日退院の予定のところ昨夜発熱三八、五。如何　八、四五教室　日本の医界写真師来り撮影す　塩田外科斎藤氏来室　去二十八日講演筆記を持ち来る書きて送るべく約束す　西川夫妻患者を入院せしめ安心したりとて挨拶に来る　秋田氏来計測表出来たりとて持来る　四時帰宅庭を掃く　国民紙昨夕刊に星低温工業に付不正云々報ず　精子心配、事件続生、戸籍捗どらず、困

六月三日　木　曇、晴、雨

純子昨日体温三八、六まで昇りたりと　今日も退院六ヶ敷か、八、四〇教室　中食直に会議所に黒板氏を尋ぬ、在らす、人類え行き松村氏に鳥居氏を訪たること、菊沢氏に「フイルム」のことを話したること等を通す、柏井にて小児骨出たるよし、是より共に甲野氏も加はり上目黒東山竪穴を見に行く、土偶のことに付派出所巡査と交

渉す、六時となり、渋谷駅に至れば省線停電且つ雨降り出す、市内車にて帰宅、松原行一氏渡欧出発を見送るつもりなりしも、時の都合悪し、居宅え行き告別すべく思ひたるも既に出立の後なりき　八田三郎氏より来書、フイルム費早く支払ふべし云々　星より電話ありたりと、どうにか都合して会ふべしと

六月四日　金　晴曇

十時本願寺に到る　島峰母堂初七日法要なり、同所にて黒板氏に会ひ大山氏講師とする件話す、午刻病室に寄る且つ弁当を食し教室に到る　午後六時過伝通院前偕楽園に到る島峰家斎に招ねかる　昨日八田氏より来書、フイルム支払急ぐ云々に付幸ひ菊沢氏に同所にて会ひたればフイルム支払急ぐ云々に付幸ひ菊沢氏に同所にて会ひたれば「コングレス」より八〇〇円支出懇請する旨を話したり九時半帰宅

六月五日　土　晴曇

病室に寄る、昨夜伝通院前の縁日にて買ひたるおもちやを遣る、今日午後退院すべし、八、三〇教室、人類え行き松村氏相談、フイルムの件八〇〇円懇請に決す例会欠席、井上氏に西村論文原稿のことを催促す、何時ながら遷延、京都清野氏に昨日黒板氏と面談の模様を書き送る六時半帰宅、純子入院二十日間にて退院

六月六日　日　雨

一〇、三〇教室、原論文に困む、良一より昨日来書、其返事を書く、札幌平光氏え手紙、六時半帰宅

六月七日　月　晴

昨晩松村氏より電話、柏井にて又々人骨二体出たるよし、今日文省にて菊沢氏に面会の約束なりしもこれを断り、十時両国駅発、松村、甲野二氏の外人類選科生二名、文科学生五名同行、十一時柏井に達す、中食後人骨にかかる　一は既に全部現はしあり、一は頭少し見えるのみの状態にあり、晴天甚熱し、夕刻に到り珍らしき大土器片を以て囲みたる竈及小児甕葬出たり、二体の人骨を挙げ終れば既に日暮る、家に帰れば十時を過ぐ、大に疲る星より音沙汰なし

六月八日　火　晴

歯科病院え行き桜井氏第一義歯、上顎改造のため石膏型を取る、二面割れ目を生したるもの、これより文省に菊沢氏に会て「ヒルム」のことを聞く、堀内の一尺十五銭は相当、又登録して取り締ることは到底出来ぬよし。十一時教室ディーク氏より来書、良一未だ訪問せぬよし

札幌八田氏えフイルムに付菊沢氏に聞きたる通り返書を出す　帰途桜井氏宅え寄る入浴中に付六時再び行きてフイルム八百円をコングレスより支出のこと開陳す、先々其承諾を得たり、今日大掃除

六月九日　水　晴　夏になる

大山氏昨日帰朝に付訪問、考古談に時を移し十二時過教室、レーチッヒ教授（ベルリン）、レビ博士（トリノ）、エッテキング博士（ニューヨーク）、ダビッドソン・ブラック教授（北京）、人類学研究所（モスコー）えそれぞれ寄贈礼札を出す、四時半帰宅、庭の草をとる　愈々星困る、余程難境歟

六月十日　木　晴

李王国葬日に付大学休のよし、八、三〇教室、山越店加賀美来り、「チルケル」を見せてくれ云々　栃堀人患者に付礼なりとて煙草盆一対持ち来る、二時出て歯科病、第一義歯蠟型を合す、島峰氏出発延ばすべしと、四時過帰宅、庭の草取り　星氏より手紙、四、五日待つ云々

六月十一日　金　晴

七、五〇教室、加賀美来頼の模型解説独訳を製す、学会報告編纂に付井上氏のもの長く於菟困り居るに付短縮することを請ふたり　印刷費のかさむ額は教室費より支出するとは不都合なり、七時前帰宅

六月十二日　土　晴雨

歯科病院、賀古氏を訪ふ一〇、五〇教室、午後人類教室、古作より人骨一体一昨日出たり、時に大夕立、傘を取り寄せて三時教室え帰る、これより学士院、九時過帰宅、悪天中家より大学え使をやるなど心配したりと又学士院え外套を持せよこす

六月十三日　日　曇雨

大山氏と電話にて打合せ、十時両国駅共に発、柏井遺跡に到る、竪穴の測量へ陸軍の稲田巳喜蔵少佐、測量師五藤饒男氏外二名これに従事、人類教室諸氏、原田淑人氏学生三名を連れて来場、賑かなり、雨降らず冷気、快、六時引き上げ帰途につく、大山氏より巴里土産として磁石と尺を贈らる　精子十一時頃鎌倉え行きたり、九時頃電話にて悪天なる故泊ると

六月十四日　月　雨

九、二〇教室、於菟福岡より候補者の交渉に付相談あり、可応の返事をする　連日原論文を書く、六時半帰宅、精子今朝帰る、余程困しき模様、朝六発、八時より講義あ

りと、二〇〇渡したるよし、大学入院とす、籍は必ず取計ふと、晩きみ子と内宴を催すべき日など談す

六月十五日　火　晴

八、四五教室、四時出て五月十日以来にて柿内え行く児等異状なし皆珍らしくさわぎ廻る、六時帰宅

六月十六日　水　晴

歯科病院、新義歯上改造出来、費用要せず、これにて二具あり当分満足、桜井技工師に厚く謝す、これより文部省に寄りアイノフイルム支払方に付菊沢氏に相談、撮影費補助八〇〇円といふこととす　十一時出て渋谷、農科を経て野明家を訪ふ、返鄙のところにて甚迷ふ、漸く見付けたれど皆留守、保子出京中に付会ひて精子のことを打ち明けて近日小宴を催す等のつもりなりき、一時四五教室、万沢氏及西村氏論文原稿三浦謹氏より受取る

Journal of Medical St. I. Anatomy〔＊雑誌〕の最初のものなり　札幌堀内商会えアイノフイル代八百円請求書差出様書面を出す　六時過帰、晩食後柿内、初め田鶴子に釈明三郎氏帰り来る、事実に於ては籍其他違ふことなし、ただ外形が整はざるのみ、近親小宴のこと、十一時去る。きみ子は桑木、新井、堀越、三重子え案内に廻る、一時前寝に就く

六月十七日　木　晴

栗山氏え純全快礼に寄り七、四五教室、八田氏えフイルムに付手紙を出す　H・フィルヒョウ氏良一最初の訪問のこと及贈品礼葉書（五月十八日附）到着　岡田信利氏朝鮮行、京城にて研究の由、告別、東京印刷え輯報の原稿を渡す　五時前帰宅一寸庭え出る、純子始めて病後入浴、きみ子岡田、石原（喜久）両家え行き来日曜小集に招く、柿内え寄る、模様やはり不穏のよし

六月十八日　金　晴

七、四〇教室、於菟に精子のことを話したり、人類え行き松村氏アイノフイルム支払名目決定のことを通す　六時半帰

六月十九日　土　曇雨

八、四五教室、原小頭論文大体書く、明日は偕楽園にて精子のため小集催す筈なるが深く気にかかる　六時半帰

六月二十日　日　晴

午前髯を洗ひなどす、十一時自動車を命じ一家六人伝通院前偕楽園に到る、柿内四人既に居る、来客は岡田、豊島、金森、桑木、石原、新井、堀越各夫人、本田令嬢、賤子、

三重子とす、柿内は自動車にて送る、二時半帰宅　先々予想の通りに済む、天気よし、児等は大悦び。庭に出て草をとる　星より電話なし、前途如何

六月二十一日　月　曇

八、三〇教室、原論文、六時半帰、良一より来信、頭骨は間違てコプシュえ贈りたりと、ディークの方何とか始末せねばならぬこととなる

六月二十二日　火　曇

九、〇教室、良一え昨日手紙を書きたるところえ着書に付尚ほ書加へて今日出す　七時過帰宅

六月二十三日　水　曇

八、三〇教室、吉田章信氏代人来り　Vierordt: Daten u. Tabellen〔＊文献〕を見たしとて探すも遂に見当らず、図書の乱雑困る、午後突然茶話会なり、西氏明朝出支那上海え旅行に付旁々なりと、一寸出て四時過辞し柿内え行く

六月二十四日　木　曇晴

八、一〇教室、昨日布施氏より受領せる学士院報告原稿書留にて同院え送る、秘密探偵社員某来室、興信録編纂材料のため自分の履歴を尋ねたり、四時半帰りて庭え出る　夜晴れて月明かなり

六月二十五日　金　晴

久々にて純子を連れて動物園、十一時帰りて直に教室え行く、午後大山氏より電話あり、序に直に出向のことを質したるに差支なき趣に付同邸に到る　学生酒井博夫氏此頃来室家族内変動ありて自身就学上窮地に落ち入りたる旨陳情あるたるに付其ことを大山氏に通したるに少時考へたき旨申さる　五時半帰宅

六月二十六日　土　曇

朝杏雲堂医院に小池重氏を訪問、酒井氏同家に寄寓したることあるに付事情等を尋ねたり、九、四五教室、四時過帰宅、保子来り居る、先頃出京、むつ子のことに付種々心配、愈々広島野明方え行くことに決したりと　これ最後の試か、保子は仙台え帰る、晩食し十時上野発、きみ子と見送りたり、時に少し雨降る、むつ子の不幸気の毒、保子の心中察せられる

六月二十七日　日　昨夜雨、晴

九、三五教室、原論文清書了、四時家に帰り庭え出る

六月二十八日　月　曇、雨

八、〇教室、長崎原氏えミクロケファレ〔＊小頭症〕論文

書き直して送る　殆ど二ヶ月費したり　午後潤氏来室、曙町より、上目黒東山貝塚のこと、其後二、三回行きたりと　四時過出て大山邸に到る　渡瀬、原田淑人、松村及人類学三氏等集まる、此度仏国にて得たる旧石器約千個を観る、十一時半帰宅、大雨

六月二十九日　火　晴雨

八、一五教室、フリードレンデルえPrzibram: Experimental-Zoologie〔＊文献〕を三二のために注文　六時半帰

六月三十日　水　雨

八、二〇教室、仙台厳え学位申請用紙等を入れて書状を書く、西謙氏来室、医風堕落、非医者の跋扈談、六時過帰

七月一日　木　雨

八、〇教室、井来室、休暇中に標本室二階を除くといふ、危険なるためなりと、他の部分は補修工事を施しおくとこれまた大事なり　六時半過帰

七月二日　金　曇

純と動物園精後より来る、十二時前教室　五月二十八日医学談話会に於てなしたる講演「石器時代人の話」原稿清書終る　柿内え行く、のふ子誕生日なりとて児等皆々元気、是非夕食せよといふ、これに従ひ、皆歓ぶ、時に夕立、俥を貰ひて八時半帰宅、入浴

七月三日　土　晴

八、三〇教室、原正氏より於菟え手紙、論文余り長くなる故或は元のままにて発表するなどあり、此方より送りたるものと丁度行き違ひたるなり　松村氏来室スエデン皇太子来朝考古学見学に付内談ありたるよし　午後耳鼻に増田教授を訪ひ、今朝大谷氏より台湾人首のことに付談ありたることに付教室え貰ひたきことを話す、これより人類教室、大山氏来り、スエデン来朝の節覧に供することに付談合　七時半帰宅

七月四日　日　細雨

於菟氏方え祝に行く　昨日教授会にて学位通過、不在、曙町及井上え行くとて出かけたりと、隣家え寄る、類三、四日来学校休み居るよし、同級に不良生ありて金入れをとられ殴打されたりと、十時教室、読書、六時半帰宅

七月五日　月　曇

八、一五教室、会より例年の通り念速寺え中元二円贈る山本持ち行く　井上に頭骨一個送る承諾を求めたり、こ

れは良一間違ひてコプシュえやりたるため更にディークえ送るものなり、三独乙解剖教師肖像廊下壁に掛けある前に標本棚を置き不体裁且つ危険なることを注意したり報知新聞記者来室、自分研究上の談話をせよと、断る三時半家に帰りて庭え出る

七月六日　火　曇

純子を連れて動物園きみ子同行、十二時家に帰る、午後在家、庭に出る

七月七日　水　曇

八、三五教室、厳より学位申請書類及費審査百円到る、これを携て事務室え行き手続をなす、又厳え其旨手紙を書く　中沢浜貝塚人骨代として高橋より受取る、四月十五日承諾を得たるもの、約三ヶ月要したり、度々催促したるも井上伝票を仕舞なくしたりとか、在岩谷堂小田島禄郎氏え郵便為替を以て送る、吉田章信氏来室、身体計測に関する邦人書目を示す、六時半帰、三二友人六名を招き夕食

七月八日　木　晴

八、二〇教室、昨星より東北旅行中より手紙到、余程困窮の模様、精子悲。吉田章信氏来室又大串氏珍らしくも来室、二氏共本を見るため、弁当を饗す　六時半帰

七月九日　金　晴

鷗外忌日きみもと向島え行く、八、〇教室、仙台佐武安太郎氏来、誰も居らざるを以て自分案内して教室を見せる、主として講堂を暗くする装置を説明す　三時半出て加賀町、信子を連れて帰る、午前十時頃星より電話、精子直に行き（皆向島え行き留守）二時過帰りたりと　伊沢市長就任問題は益々不利の模様

七月十日　土　晴

信子を学校え送り八、〇教室、素子純を連れて鎌倉え避暑すべし　四時家に帰り庭え出る、六時半京橋第一相互に到る　於菟学位通祝、森田秀一氏留学送別なり、教室員集るもの二十名計、十時半帰宅

七月十一日　日　晴

九、二〇教室、Abstammung der Aino〔＊アイノ出自論〕に付数日来苦心、六時半帰

七月十二日　月　曇雨

牛込小松家え初盆に付詣、八、一〇教室、きみ子同様林町え行くべし　更にディーク教授え送るべき頭骨良一宛荷造りをなす　岩谷堂小田島「考古図集」を送越す、三

時半出て学士院例会、九時過帰宅、三二同研究生の杉野、若林二氏を招き晩食す

七月十三日　火　曇

朝弘田家を見舞ふ、小林に頼み七面鳥卵十個昨日届きたればこれを持ち行く　電車中坂口康蔵氏に会す、九月渡欧すと、九、一五教室、午刻眼科え行きて石原忍氏の診察を受けたり、昨年夏以来のことなるも単純なる軽度の結膜炎なりと、四時半帰り庭え出る、三二に頼み独和辞典を買ふ（六、五〇円）

七月十四日　水　晴

七、一五教室、小田島氏より為替不要なりとて戻し来る、直に返事を書く　吉田章信氏来、本を見る、潤氏来東山より出たる人頭骨の数小片持来、ディーク氏え贈る頭骨小包を以て出す、二時半出て柿内、昨日吉田章信氏が贈れる果実を模したる菓子一籠持ち行く　児等歓びて三時にこれを食べたり　入浴晩食後精を連れて銀座を少し歩く、愈々暑気となる

七月十五日　木　晴

きみ子同道千駄ヶ谷にユンケル家を訪問す、過般夫人全孫も帰朝せる筈に付てなり、皆在宅にて幸なりき、十時十五教室に到る、吉田、加賀美等、天谷千松の諸氏来、六時過帰

七月十六日　金　晴

八、〇教室、井上タステル・ウント・グライトチルケル（＊キャリパスなどの測定具）既に注文したりと　小田島氏え為替券を再ひ送る　六時半帰、九二、五の熱とか

七月十七日　土　晴

七、四〇教室、鉸鏈骨格七十許のを解き初めたり使用上不都合且破損するを以てこれを解き離して箱に入れ置くこととす西謙氏大に働くべし　四時半帰、一寸庭え出る

七月十八日　日　晴

九、四五教室　ヒッチコックアイノを読む　六時帰、星一昨日帰京、相変らず会談の隙なく困る

七月十九日　月　曇

八、一〇教室、山越良三来、ライプチッヒ博物館ボイレ教授より依頼の日本土俗品集のことに付相談す、三時半出て歯科病院、恰も島峰氏外航送別会のよし、誠に偶然、出がけに電話通せず、雨少し降り出すなど大に躊躇したるも思ひきつて行き、よきことをしたり、六時過帰宅今星より電話あり、警視庁に召換せられたりと、夕刊に

も出てゐる、皆々心配

七月二十日　火　晴

三二三崎え出かける、八、一五教室、自分知らさりしが突然標本室二階移転　石時代人骨数拾箱はW文庫（物置）に容れて整理す、労働流汗、西謙氏井上批評談、井来ず、於菟早く去る助手河合独、他は小使人夫、標本の混乱如何、歎。六時半帰、晩は三人のみ甚静、海野氏厳父と共に来訪

七月二十一日　水　曇　冷

八、一〇教室、良一え手紙を書く、ディーク氏え改めて頭骨発送其他雑事、石代骨箱整列、四時過素子純子を連れて来室、鎌倉より帰り児科え行きたりと腸少悪しと但し格別のことなしと、これより共に帰宅

七月二十二日　木　曇　冷

八、二〇教室、井上来室、山本が呼びたるものなるべし、石代人骨全部（百数拾箱）物置え移し序列終る　三日間費したり　六時帰

七月二十三日　金　曇驟雨

八、二五教室、自室え文身皮膚標本額を掛ける、ために居ること出来ず　四時過帰宅時に大雷雨、坊今日来りきみ連れ廻り先刻帰り去りたりと、素子純子を連れて鎌倉え帰る

七月二十四日　土　曇　冷

七、四五教室、井上昨日は来たと、今日来らず、金沢須藤憲三氏来、二時間話したり、昨日富沢有為男氏来、日出男氏のことに付外科にて気楽な位置なきやなどいひたるが今日日出男氏来る　様子全く尋常とは言ひ難し充分養生すべしといひ置きたり、四時過出て加賀町、児皆元気、学校休になる　坊転校準備に忙し　長谷部氏ミクロネシア人原稿到達

七月二十五日　日　半晴　冷

児を連れて散歩する目的にて加賀町、坊成績表受取りのため開成え行き帰り来る　組中の首席なりと、忠、信を連れて丸子玉川え行く山上の茶屋にて弁当を食し遊園に入る茶番などなり其他飛行器（ママ）に乗り歓ぶ、東京駅え廻り丸ビルにて三時を食し四時過加賀町え帰る　今日星意外にも曙町え来り一時半より四時過まで居たりと但しきみ子には会はざりしと、アイスクリイム二瓶持ち来る一をきみ加賀町え持ち行く其前札幌植村氏より桜実到着、これを分かつなど甚繁し

七月二十六日　　月　半晴、曇、冷

林町一週忌日に当るを以て出がけに詣、仏前え三円供ふ、九、四〇教室　布施氏よりピラミーデンバーン、アマイゼンベール〔＊錐体路、オオアリクイ〕原稿到達、直に返事を書く　午後人類に松村氏を訪汎洋会打合せ、柏井人骨全部人類より廻送、これを開きて日暮る、七時帰宅

七月二十七日　　火　曇　昨夜小雨

七、四五教室　クーレンベック氏誘ひて海軍軍医大尉H・R・リーゲ博士、クレンツェル（ハンブルグ）来訪、W文庫を見せたり、西氏一昨日支那より帰りたりとて午後来室、日暮まで骨洗、未だ終らず　七時前帰

七月二十八日　　水　曇

七、三〇教室、八田三郎氏出京来室、アイノ見学旅程総て沓査確定したりと又白老コタン、フイルム此回撮りたりとて持ち来るこれは前のフイルムに接結すべし　栃堀の人浅沼先達入院の人、再ひ入院手術を受けたりと　終日骨洗、了、七時帰宅、長崎原氏より小頭論文戻し来り宜しくば直に印刷に送るべしと、但しまだ左様にはなし難し

七月二十九日　　木　曇

九、〇教室、原正氏え面談の上にて確定したき旨、長谷部氏コングレス原稿南洋人骨格論独逸文のもの受取り手紙出す　帰途松原行一氏留守宅を見舞ふ六時半帰

七月三十日　　金　少雨、晴　祭日

八、〇教室、在京城岡田信利氏暑中見舞の返札を出す　横山重氏来室この頃届けくれたる人類学研究批評集（四〇部）の礼を述ぶ。アイノ出自論に苦しむ　解剖教室大改修のため周囲をかこふ　七時帰

七月三十一日　　土　晴

八、一五教室、名古屋斎藤真氏及石井正（助教授）来、頭骨研究のためなり、島峰氏渡米を十二時東京駅に送る、秋田氏来、房州え女学生計測に行くと、小田島氏より来書愈々人骨発送せりと　六時半帰家、きみ子純の様子を見に鎌倉え行く、三二三崎より帰る十日間保養したり　晩於菟一寸来る

八月一日　　日　晴

自室八八度(三一度)九五度(三五度)まで　八、四〇教室、始めての熱さ、今日より標本室二階を取り毀し始めたり　震災今更の如く感す　六時半帰

八月二日　　月　晴
八、二〇教室、四時出て加賀町、児等皆元気
八月三日　　火　曇
七、三五教室、中沢浜人骨到着、これを披らきて整理す総て五人分、内一体は珍らしき完全なるもの、甚歓ばし、直に小田島氏に礼状を出す　六時二十五分出て赤門に至れば地震あり、なかなか強し、再室に戻りて被害はなきや様子を見る自室机上に置きたるパラレログラフ〔＊平行定規〕床上に落つ、時計止る　アディ〔＊筋無力症〕脳模型しつくひ落ちて損す、七時家に帰る
八月四日　　水　晴
七、四〇教室、工事甚やかまし且つ自室が人夫等の通路となる、故に午食後組織実習室の一隅、標本の傍に移る、北向の窓に机を置きて仕事をなす　シュラギンハウフェン（チユリヒ）、ミュンテル博士（ハイデルベルク）、フラウ・マルチン・オッペンハイム博士論文寄贈の礼札を出す　七時帰、八時頃星来、初めて我々両人挨拶したり　十時去る
八月五日　　木　晴
八、三五教室、小使等に引越骨折のため菓子料として五円遣る、アイノ出自論に苦心、四時半去て桑木家え告別、次に柿内、七時過帰
八月六日　　金　晴
七、五〇教室、アイノ出自南洋方面に移る、七時帰、きみ子奔走、代書にて書式等を調べ、星え書留にて出す
八月七日　　土　曇　冷　昨夜雨
きみ子同行九、一五東京駅に桑木氏外遊を送る、これより加賀町、両人不在児等のみありて戯る、田鶴帰り来る、弁当を食す、忠、信二児を連れて四時過帰る庭に出る、晩皆槙町まで行き下駄など買ひ与ふ
八月八日　　日　曇　冷
八、四五教室、小使山本病気といひて来り島薗内科入院云々　名刺を遣る　六時半帰、星大磯より来電、人を郷里え遣りたりと、これにて籍のことは愈々確定
八月九日　　月　曇（小雨）冷
忠、信を連れて七、四五東京駅発鎌倉行、素子等不在只純子のみ隣家に遊び居たるが歓び馳せ来る、皆出かけ観音、大仏に廻り十一時半帰る素子も帰り居る、女中は無断去りたる様子、少し雨降り出す二時半頃止む、皆出て海岸に遊ぶ、六時発丁度桑木家族着、八時家に帰る二児

大歓

八月十日　　火　晴　再暑

八、三〇教室　六時半忠、信帰る、星より来書、晩、速達便手続き人を特に遣りて済ませたりとて其謄本を送り越す、ただ将来を祈る、日附は九日

八月十一日　　水　晴

七、四五教室、昨日分割地坪、価額精確のもの及図面来る、二七九坪、一万九千八百円也と　七時前帰

八月十二日　　木　晴

八、一〇教室、長崎原氏出京、小頭論文に付ての件、本館自室及図書室に本を取りに行く、壊塊堆積通路困難、充分談合したり、氏去りて後西成甫氏今朝入院（伝染病室）に付見舞ふ、妻女に会て様子を聞く、チフスの疑ありと、時に五時前あまり熱きに付帰宅、晩食後柿内、明日は小坊第一回誕生日に付玩物を贈る皆元気、八時帰宅、星三回目の来訪、九時過去る、今日は特苦熱

八月十三日　　金　晴

七、三〇教室、午前原氏来、論文の件了、午後浦和高校生江上氏来興津にて人骨発見、洞窟もありと　六時半帰

八月十四日　　土　晴

七、三〇教室、午後江上氏昨日談の頭骨等持ち来る、人類学研究一部贈る　本館自室え取り行きたるに極めて困難　六時半帰

八月十五日　　日　晴

九、一〇教室、六時半帰、夕刻より冷風、心地よし

八月十六日　　月　曇晴　冷

八、三〇教室、きみ子西氏病室を見舞ふ（羹かん）序に顕微鏡室の仮居え寄る　四時過出て柿内

八月十七日　　火　少雨

八、二〇教室、アイノ出自論終に近つく、七時前帰

八月十八日　　水　晴　午後大雨

七、二五教室、加賀美来、ライプチヒ博物館処望品のこと大体調べすみたりと　顕微鏡室に標本を移し其中間無意味のところに戸締りを取り付く、忙然。六時半帰

八月十九日　　木　雨　冷

八、〇教室、今日も本のために自室及図書室え行きたるが甚困難、ミュンヘンよりモリソン、ギーゼレル、アイクシュテット、フリッチ、エッテキング五氏より連名絵葉書到る　五時出て加賀町　紺服を着る

八月二十日　　金　曇　冷

八、〇教室、六時半帰　晩星来

八月二十一日　土　雨曇　冷

八、〇教室、長谷川舘一氏来、祖父君の手記アイノ、ロシヤ語帳を持ち来り示す　加賀美来日本器具の目録に付価額調べ終りて持ち来る　ライプチツク博物館依頼のもの　アイノ出自論稿了、七月初に起稿、七、三〇帰

八月二十二日　日　曇晴不定

九、三〇教室、アブストラクト〔＊抄録〕を作りこれを清書す六枚となる、四時出て柿内、今日も西謙、学生一名（四年）来る、外に二年生一名、これだけが休中毎日来室のもの

八月二十三日　月　曇

八、〇教室、アブストラクトに手紙を添へ軽井沢滞在ユンケルえ原氏論文と共に送る　このため自室に行く必要ありてこれをなしたりしに危険千万、辛して果たしたり十一時人類教室に到る、スエデン皇太子のために標本を安田講堂に陳列中に付これに行く　一時仮自席に帰れば八田三郎氏待ち居る、見学旅行に付細談、二時半となる、漸く弁当を食す　六時半帰、晩十六日の月明

八月二十四日　火　晴

上総行、八、一〇両国駅、西謙氏同行、勝浦より乗合自動車、十二時過興津着、江上氏迎へに出て居る、同家に到り、直に兄弟三人の案内にて守谷に到り本寿寺、かうもり穴の二洞窟を見、三時半同家に帰り小憩、四時五十分勝浦発にて帰、西氏千葉にて降る、家に帰れば九時半、入浴、食、星先刻来りたりと帰る際一寸挨拶す、せい子産室のために書斎を渡し、下八畳に移る

八月二十五日　水　曇　昨夜雨

人類教室え寄り昨日の遺物に付松村氏に相談、十時過教室、Przibram: Experimental-Zoologie〔＊文献〕去六月二十九日注文せるもの昨日到着　午後三郎氏来、名古屋出講の件、新潟の例に倣ひ二回行き無報酬とし主義を全ふすることとす、偶々プシブラムを見て三二に報酬すべきことありこれを転用したし云々好意にまかす、製本して三二をユーベルラッシエン〔＊驚かす〕するとて三十三円を置きて去る　六時半帰

八月二十六日　木　晴

八、〇教室、国民記者小島氏来、九月十六日講演を依頼せらる、承諾　四時帰りて庭え出る、七時頃素子純子鎌倉より帰る

八月二十七日　金　晴曇

西氏を病室に見舞ふ、九日此方平温なりと、九時教室、福岡小山氏先日来書の返事を書く桜井如何、於菟の位置のこと、在倫敦移川氏え手紙コングレスのこと、シロコゴロフ著書送附の礼、六時半帰

八月二十八日　土　曇晴

八、四〇教室　大山氏来室、ハルリツカ古石代人骨論を贈る、六時半帰、晩江上波夫氏えび、あわびを持ち来る、又晩潤氏来、志村小豆沢貝塚昨日発せりと

八月二十九日　日　晴

えびを持ちて柿内え、坊は昨今両日一中補欠試、十時前教室、於菟今日浦賀引き上げ、明日岡山県下え探検旅行すと、六時半帰

八月三十日　月　曇晴

八、〇教室、昼家より電話、坊一中え入りたりと、尋で三郎氏も来る、潤氏小豆沢人骨（小児）持来る、四時出て柿内、坊元気、田鶴は先生方え礼に出行く、六時過帰

八月三十一日　火　晴　祭日

八、一五教室、札幌クレンプ氏来、書物を見る、一時頃帰宅、星来りたりと、坊十一時頃来、落合て挨拶したりと、素純も同断、又中山時計店も来るなど混雑せりと、坊は既に腕時計（十七円）を嵌めて悦び居たり、午後四時頃きみ子坊を連れて教頭宅え礼に行くとて出行く、自分は一寸庭に出る

九月一日　水　曇晴

七、五〇教室、大震災起念日（ママ）、教室工事休、ユンケル氏より英訳並に独逸訂正到達、タイプライタを本館より運ぶ、クレンプ氏一寸来り札幌に帰ると、京城上田常吉氏来、長談、アイノ出自論をチイペンして未了、七時帰宅全市午刻黙濤せり、教室は補強工事のため更に震災に襲はれたる如し

九月二日　木　晴

七、五〇教室、ユンケル氏来、英文Abstractに尚ほ訂正を加へたり、午後はこれをチイペンす、六時半帰、晩柿内、坊在学第二保証人として捺印を三郎氏午後来り、求めたるも印形を持たざるため行きたるなり、同時に英文抄録を見て貰らひたり、十時半帰

九月三日　金　雨曇

七、五〇教室、折悪驟雨、赤門より教室まで降られたり、

午後川上政雄氏来、今回断然一身を歯科学校に奉することに決心すべしと、大にこれを賛し且つ決心の純なるべきことを加へたり、西山研究生来、アイノ出自論英文抄録を文部省え送る　六時半帰

九月四日　　土　雨　台風

八、〇教室、午前九時頃より漸々風雨強くなる、此頃京都蓑内収氏より女医服部照子殿と結婚の通知ありたる返事を出す、五時家に帰り、六時ステエシヨンホテル、柿内にて坊一中え入りたる祝意として会食すと、児五人連れて来る、皆歓び八時半散す

九月五日　　日　晴

九、一〇教室、二時半出て柿内、三郎氏児等を撮影す、自分仲間に入る、五時半帰　プシブラム製本出来、柿内より使持来る、三二等甚不審、自分少風邪の気味に付早床に入る、十時頃きみせい来りて産気を知らせる、これより不眠、十一時頃産婆畠山来る、十二時半頃笠森氏来、二時〇五分分娩、男児、総て順序よく運びたり

九月六日　　月　晴曇雨

笠森氏自動車にて送る、総て片付たれば四時頃寝に就く、潤氏来、国元老人病気の由に付静子さん帰郷すと、なかなか蒸し熱し、庭え出る、夕金森夫人早速歓に来、星氏来、良一より手紙来、素子を呼ぶ云々、移川氏より Abstract 来

九月七日　　火　曇

昨夜異状なし、八、一五教室、人類に松村氏を訪ひ、明日の日程委員会欠席に付依頼、移川氏 Abstract を托し、古畑氏アイノ血清論文提出如何を相談し、柏井人骨及一般の模様を聞きなどす十二時半室に帰る　六時過帰

九月八日　　水　曇

精児共異状なし、一〇、一〇教室、入口にて井上に会ふ、これ七月十六日以来始めてなり　於菟一昨日帰りたりと、金沢古畑種基氏えアイノ血清其他の論文寄贈礼札を出す、六時半帰、母児順当、児乳を飲み始む

九月九日　　木　晴

八、四〇教室、松村氏来室、昨日の日程委員会の談、つまらなき会合にてありし由　金沢古畑氏え論文提出賛成のことを書き送る、原正氏東北、北海道刑務所廻りより帰途教室え寄る　ミクロケファレ〔＊小頭症〕論文原稿渡すこれにて漸く結末、なかなか手数と時とを要したり六時過帰　星警視庁事件にて余程忙しき様子今日も来す

九月十日　金　晴

柏井貝塚発掘拡大の模様を見るため出向、中山より人車を用ふ、道負(ママ)請中、菓子もなかを持ち行きたるに青年団にも一個つつ配るなど面白し　五時過去て帰る、熱さ強かりしも快、晩星来

九月十一日　土　曇

八、一〇教室　四時出て柿内、六時過帰、素子純子北町え行き居たるところ今日帰宅

九月十二日　日　晴

嬰児七夜祝、在宅、昼近く北町夫人、信、久三人来、次に柿内田鶴、四女児を連れて来、十二時半頃食卓につく、児等大歓、二時半頃星来、命名のこと相談　氏「親一」如何とこれ「親切第一」なる氏の格言を意味すと、大に賛同、決定氏筆をとりて認めこれを以て直に披露す、誠に具合よし　きみ子と共に歓ぶ　三時半頃皆去る、精子も大満足、夕刻純を連れて槇町を歩く、なかなか熱酷し晩潤氏一寸来

九月十三日　月　晴

七、四〇教室、佐藤三氏来室、札幌医科学生卒業の後東京にて研究したしと　問題は胎生学、他大学卒業のものにても差支なかるべしと答へ置きたり　四年生北岡氏挨拶す休中毎日同室にて仕事したるが今日より一般に授業始まりたるに付毎日は来らざ(ママ)べしと　吉田章信氏及同伴者来訪、論文に付相談す且マルチンス・レールブーフ（＊マルチンの教科書）を貸したり　六時半帰

九月十四日　火　晴

八、一〇教室　三二今日午後横山同道公証役場に到り住地一割即ち二千円弱持ち行きて契約する筈、午後二時半安田講堂にスエデン皇太子台覧に供するため陳列せられたる石器時代より弥生式古墳時代及び支那古代遺品を見る五時半室に帰る　六時半家に帰れば星より電話ありて台湾事件判決望通り確定せりと

九月十五日　水　曇大雷雨

七、二五教室、古田七郎氏来、解剖教室にて昨年来研究し居ると、永年夫婦にて洋行、ベルン、シュトラッセル、チンメルマンの許にて仕事したりと、論文四種贈らる、皮膚科専門とか。明日の講演準備。四時頃より大夕立、家より傘を取り寄すなど大事なりき、六時半帰宅

九月十六日　木　曇

七、三五教室、午食後芝浦町二丁目（埋立地）に長谷川

泰氏未亡人告別式に行く三時半教室に戻る、五時帰りて夕食、迎へ帰りに青山会館到る　国民新聞故満熊氏記念講演会、自分は洞窟住居に付て一時間許話す、家に帰れば十一時に近し、星来りたりと

九月十七日　金　雨　大に冷しくなる嵐

八、四〇教室、札幌八田氏え山極論文寄贈礼札を出す、午後になり風を起す　五時過匆々帰る、格別のことなく嵐すみたり　国民新聞より講演謝礼五十円よこす

九月十八日　土　曇

八、二五教室、三時半出て柿内、晩於菟来

九月十九日　日　曇晴

終日在家、昼前星来、児の浴するを見る

九月二十日　月　曇晴

八、〇教室、人類に松村氏を訪ひ明後日の見学旅行委員に付打ち合す、福江町天野助吉氏来、歯科医受験生鈴木喜市なる人に付依頼あり長談　六時半帰、晩前記鈴木尋ね来る

九月二十一日　火　晴曇

八、〇教室、ボルネオ島元島策太郎氏来室、ゴム林談、鹿猪がこれを害すること、邦人四五十人。西村氏論文 Journal of Anatomy〔＊雑誌〕に載するもの昨日初校来り今日東京印刷え戻す　六時半帰　純子発熱三九、四。長谷川氏来診扁桃腺炎なりと

九月二十二日　水　少雨

橋本家次に千駄木森家え精子を星えやりたること、分娩のこと報告す　両家共案外工合よし、隣家於菟氏方にふき子さんに其趣を通じ十一時半教室、午後二時過出　歯科病院に長尾氏等に会ひて一昨日依頼されたる受験者鈴木の様子を尋ぬ、診断はよきも治療及技工甚不可、これより文部省先アイノフイルム補足の部分接綴のことを社会教育課中田氏に依頼す、三時より見学委員会　五時半帰　今日は六要件を都合よく済ませたり

九月二十三日　木　雨

八、〇教室、歯科受験者鈴木来、昨日聞き得たるところを言ひきかせたり、四時半帰

九月二十四日　金　雨　祭日

八、〇教室、三時去て柿内、五時半帰る今星去りたるところと

九月二十五日　土　曇

八、三五教室、宮坂氏来、柏井発掘継続希望に付ての件、

家に帰り更衣浜尾家に到る先生一週年（ママ）祭なり、弔詞半、終りて三時半家に帰る、蒸熱、一寸庭に出る　西成甫氏ラヂオにてエスペラント講演す、謙一郎氏は数日前より病中かかる公場に出るとはけしからぬとて憤慨し居たり

九月二十六日　日　稍晴

終日在家、精産屋明けなるも数日前より起き居る、何事もなし、午後庭に出る「火事花」咲く、珍らしくも片山国嘉氏来訪、旧談、東校のことなど

九月二十七日　月　晴

七、四〇教室、午食後人類教室に松村氏を訪ふ　柏井より更に昨日三体出たるよし、コングレス〔＊国際会議〕アイノ見学旅行に付談合、ギリヤーク人其他の計測に付ての書目を諮ねる、姥山発掘継続のことなど、四時教室に帰る、西氏病気全快始めて出たりとて一寸挨拶す、家に帰りて庭に出る　今日書斎に戻る一ヶ月余にして旧態に復す

九月二十八日　火　晴

きみ子今朝金森え永々の同情に対し一段落として礼に行く。八時教室　本館自室修理了りて戻る同時にW文庫の方自分余り必要ならざる書及別刷類を整理す、四時過家に帰りて庭え出る、晩星来

九月二十九日　水　晴

昨晩松村氏より電話、又々人骨二体出たり、貝輪を嵌めたるもの二体ありとの報により柏井行、此度も「もなか」一箱持参、俥を用ふ、五体現はしあり、二体の貝輪甚珍らし五時去て七時帰宅、秋天甚快

九月三十日　木　曇少雨

一〇、〇教室、午食終れば松村氏来、長談三時半となる、人類教室員の批評、コングレス坐長の人得ること難きこと。天暗く電灯つかず五時家に帰る

十月一日　金　雨

七、四〇教室、市技師某来市催衛生展覧会に教室より珍品を借用したし云々　井上氏え送りたり、小田島頭骨継ぎ直しのためこれをくづし「メンダイン」を洗ひ落す六時過帰

十月二日　土　晴

七、三五教室、小田島頭骨を洗ふ、松村氏来自分の論文抄録を通覧して種々注意を与へ且つ Beyer: Ifugao Aino〔＊文献〕のこと出てゐる原本を教へくれたり　好意を

謝し其他コングレスの人類学部会に於て坐長等の談あり。四時去て加賀町、皆元気、三郎氏新潟行、三二留守番に泊る去水曜より今日夜まで

十月三日　日　晴

好天、午前喜美子と銀座松屋に到り新（ママ）一児の衣を買ひこれより三越、自分冬帽（十六円五十銭）を買ひ午刻家に帰る、午後出て大崎に新井氏を訪ふ此頃小林がくれたる七面鳥卵を贈る、これより滝精一氏方え先日帰朝来訪せられ其返礼なり名刺を置きて去る　五時帰宅

十月四日　月　晴

七、四五教室、隣室交通戸のところに棚を設く甚便利、午後学士院医学側のみより候補者を出すこと六かし、出席者佐藤三好二氏と自分のみ、新築落成後始めて委員会なり未だ館の内外整頓せず、館内を一見し五時過家に帰る

十月五日　火　晴雨

午前石黒家訪問、老人微熱あるも面会、星安心して可なりと繰り返へす、児分娩のことを告ぐ、これより賀古氏を訪ふ、上総行不在、一〇、二〇教室、仙台佐武、京城綿引氏え研究費補助に関する論文学士院え差出したることを申送る　福士政一氏来、日本医科大学に於て講演を請ふ云々、断る。五時半松村氏来共に燕楽軒に到る　姥山発掘事業一区切りとして慰労の意にて饗応　稲田少佐、田沢金吾氏外人類教室員四名、九時半帰宅時に雨降る

十月六日　水　雨

八、四〇教室、加藤男爵来、エヂプトモミイを見たし云々併し移転の際ならばよかりしも今は困難の旨を述ぶ　追てといふことにす、江上波夫氏来、洞窟写真を贈りくれたり、六、三〇帰

十月七日　木　雨

八、一五教室、西氏病後今日授業を始むと掲示あり　階段にて一寸会ひたり　松村氏を訪ひ見学旅行に付種々談、室え戻りて八田氏え手紙を書く、四時を過ぐ出て柿内、六時半帰

十月八日　金　雨

八、二〇教室　Haas: Ainu u. ihre Religion〔＊文献〕を読む　六時半帰

十月九日　土　曇雨

八、三五教室、午後人類例会出席、東木龍七氏「貝塚分

布の地形学的考察」論説あり、四時教室に帰る、六時京橋とまつといふ鰻屋到るゴルトシュミット十六日出発帰国に付送別なり、九時半帰　星今去りたるところ

十月十日　　日　曇晴

一〇、二〇教室、三、三〇帰、庭え出る

十月十一日　　月　曇

九、四〇教室、元島氏令嬢猩々頭骨を持ちて来室、四時家に帰り庭を掃く　金森夫人来訪、祝及児歓の贈あり

十月十二日　　火　晴

八、三五教室、大山氏来共に弁当を使ひ長談、甲野を投する云々、松村不人望、宮坂等より始めて聞きて驚きたり、自分に対しても先般帰朝以来一変を感す云々　良精少しく意外に感す、甲野の窮境を救ふ云々、山越技工来るなど混雑、三時出て学士院例会、新館にて始めてなり、論文多し、布施氏のもの出す、福田、滝、田中舘の諸氏欧州談あり、十時過帰

十月十三日　　水　晴

喜美子と共に三越、親一の揺車、毛布など買ふ、別れて十一時前教室、午後松村氏と文部省、北海道旅行に付打合せ四時終る　これより麻布徳川侯邸に滞在のバチエラアを訪ふ、見学旅行に付諸事諒解を得七時前帰宅、ＯＡＧにゴルトシュミット氏アプシーツフォアトラーク〔＊離日講演〕に出席の意なりしも其のため止めたり

十月十四日　　木　晴

九、四〇教室、八田氏え昨日受取りたる手紙の返事並に打合せ会にて極めたる人員。ワルダイエル氏のこと等書送る、四時出て柿内、両人共不在児のみ、仏事のためとか田鶴帰り来る、星一寸来りたるよし

十月十五日　　金　曇

八、五〇教室、柿内氏を教室に訪ひ論文訂正のため一句を加へたり、午後人類に松村氏を訪ひトダ族、オーストラリア人写真相談、又々トダ族の良図を得たり　写真は木川氏一切委托したり、仙台長谷部氏十八日晩駅にて面談希望の葉書を出す、六、二〇帰

十月十六日　　土　雨

八、五〇教室、人類に松村氏を訪ひ、本郷四ノ二原堂に行き欧文名刺注文、論文抄録をチューペン〔＊タイプする〕する、二部製したり　七時過帰

十月十七日　　日　曇

九、三〇教室、足立清野二氏え汎洋会出席を促す手紙を

出す、三時帰宅、庭え出る、晩星来、少時談を交ふ、九時半去る

十月十八日　月　晴雨

手荷物整理、十二時松村氏自動車を以て寄る、上野駅に到る、一時発車、邦人松村、鏑木、田中舘、小金井、栗田の五名外人十二名。山崎、伊木氏見送、車内にて名刺交換、直に昼食、赤羽を通る頃甚熱し、西奈須（ママ）野辺より雨且つ冷しくなる、七時晩食、九時頃仙台着、長谷部氏に面談を頼み置きたるも見えず曽禰氏に伝言たのむ　外人二名及矢部氏乗り込む、これにて皆の一行二十名となる（外十四、内六）特専寝台車を丁度満たす、大に寒くなる、暖炉、冬支度甚当を得たり　別に仙台神津教授同行せるもここにて下車

十月十九日　火　曇雨晴

不眠、六時過青森着、駅にてカフエ、七時半津軽丸解纜（三千噸）甲板上甚寒、八甲田山頂雪白し、船にて朝食、雨降る、波静、十二時頃函館着、聯絡船と貨車との関係を見る、八田氏及道属小柳藤太郎氏札幌より出向、木内、西村及札幌より木下又偶然大石貞夫氏東京帰任の途なりとて会す、其他市長、教育課員、商業会議副会頭等数名、駅にて茶、一時頃発車、昼食中大沼公園通過、恰も天晴れ来り駒ヶ岳を望見、紅葉絶佳、六時晩食、車内食事は特に標準を朝一、昼二、晩二、五〇銭としたり、多きに過ぐ、九時半札幌着、バチエラア氏、佐藤総長、今学部長、松村正年、平光氏などあり、山形屋に入る　外人同様、但し洋室六個計あり、松村、鏑木氏と各六畳一室つつ占む　十一時過床に入る

十月二十日　水　晴

少し眠りたり五時半醒む、なかなか寒し、外員と共に朝食、日本食並にパン紅茶及ハム玉子、自分は之をとる外員ものすきに日本食を試む、日本室を選び且つ入浴もしたりと、ラクロア夫妻に名刺を通す大学レセプションに臨みたり　九時半八田氏自動を以て来るこれは北海タイムスのものにして委員に充つ、其他五台、先博物館、次に真駒内種畜場、一二〇分計要す、同所にて牛乳、小驟雨、途中林檎樹果赤く鈴なりの様珍らし、十一時半大学に到る歓迎式、佐藤総長の辞、ウィリス氏謝辞総て簡単なる昼食　記念としてアイノ盆等の贈品あり、これよりビイル会社及製麻会社を見物、八田、松村氏と市内を歩く、アイノ盆及絵はがきを買ふ、五時豊平館、市長高岡

直吉氏（これは曾て増毛郡長の節斡旋しくれたる人）晩餐、歓迎辞は高杉氏通訳す甚上手、ウィリス謝辞、七時散す、松村氏と八田氏の寓博物館に到る氏単独にて事務所に住居す、氏特製のアイノ絵はがきを貰ふ、シトキを見る、熊が小児を食しこれを狩殺し解剖し胃中より出たる手足片を見る珍らしき事なり　九時半第二班の外国会員七名着札に付旅宿に戻る、グレゴリー外三名に挨拶すこれより尚ほ委員諸氏明日の次第に付相談、幾春別組と別れ、ウィリスの特別行動、ゴンザレス寒冒など複雑、十一時半となる　熊が小児を喰ひたる事件は明治二〇年頃とか、札幌郡内丘珠（おがたま）村

十月二十一日　木　晴

十二時過ぎて眠る、五醒む、朝食は外人と共にオオトミイル牛乳、甚適す　七、三〇発す自動車、苗穂八、一〇発、九、四〇千歳着、明治天皇紀念碑を村長案内にて拝し、これより千歳川左岸を自動車にて上る、途中アイノ小屋二、三あり、アノカヨ（昨年休みたる此辺の長ともいふべきもの）方にて下車、外人アイノを珍らしく感し撮影す、徒歩にて出行く自分は屋内に入り老夫婦と談話、一円与へて去る時に松村氏等来る共に自動車にて孵化場まて達す、場長菊地覚助氏千歳より同行す、昼食は本場よりとす　一時ウサクマイ発徒歩、第四発電所、汽車、第一発電所を見て三時支笏湖畔に達す、クラブにて茶、樽前山を望む、二、三日前爆発したるも今日は殆ど平常に復す、眺望絶佳、紅葉極美、四時発車、五、三〇苫小牧着恰も望月海面より登る、製紙会社のクラブに入る、今日の同行者外十二、内五及バチエラア。此日出来事は一自動車（空）が河辺にはまりたること、栗田氏荷物迷ひたること、ラクロア夫妻、デー、ブロウワー、田中舘氏付き添て樽前山に登り帰り遅きに過ぎたること、クラブに泊りたること分る、バウワー（幾春別組）のこと、晩食甚佳、兎角遅くなりて十一時

十月二十二日　金　快晴

五、三〇醒む、八時朝食欧風甚適、エッテキング、フリッチ、ギーゼレル、アイクシュテット、エコリソン五氏に連名葉書返謝として八田氏製するところのアイノ絵葉書をそれぞれ書、これは白老にて投函のつもり、又フォン・エッゲリング、デイーク二氏にも。賢信、純子え始めて書く、クラブ玄関又製紙場玄関にて写真、製紙工場素見、一一、二〇発車、一一、五八白老着、直に村役場に到る、

国旗を立つ、苫小牧クラブにて製するところの西洋弁当を食す、後村長の挨拶、アイノ夫婦（シタ「クイレイ」の男）の酒を飲む式B氏説明、これよりアイノ部落に到る、イタツリイレイ宅（この家昨年八田氏が活動フイルムを撮りたるもの）に集る屋西の庭にてアイノ環状踊を催す　これに与りたるアイノ二二（男五、女一七）若き女の一人は口囲に墨を塗りたるもの目につきたり　シュリーケ頻りに写真をとる　グレゴリー記録す其他も同様皆々興味を感したる模様。樽前山（去二十日に小爆発したり、苫小牧灰降る）に登りたる一行　ラクロア夫妻（東北大学高橋氏付添ふ、我一行とは関係なし）デー、ブロウワー（田中舘氏付添ふ）今朝苫小牧帰着。ウィリスは北海道大学福富氏案内にて上川山岳地相を見るため別れたり（このため特に一五円五〇銭支出したり）ブロウワーは苫小牧着後直に単独にてゆあみ沢え行きたりと三、〇六白老発、三、三六登別着、電車に乗り替、少し雨降り出す、特発車一台満員、立つもの十数名、Welcomeの飾あり、紅葉見事、四、三五登別温泉着雨殆ど止む、滝本館に入る、新築上下を外人に充つ邦人旧屋、自分一室、八田栗田二氏隣の一室、外人十五名（Bを含む）邦人五（八田、松村、鏑木、田中舘、栗田）デーはリュランと同室なりしも館氏の計にて別宿に行きたりと又館氏外員と食事の際ビイルを供したること其他氏に付きて不評あり　自分は日本食を試む〔白老にてH・フィルヒョウ及スコッツベルグ松村二氏と連名にてルンドボルクえ葉書を出す〕

十月二十三日　土　曇雨

昨夜大に雨降る、朝食は外員と共にす、雨止む地獄見物、湯池に登る、少し難、池まで下り手を入れて温度を験す入浴に適する位、町に戻りて諸氏と絵葉書を買ふ　八田松村氏連名にて稲川氏えはがきを出す　ラクロア夫妻は先に出発　中食の際は外人一二名居たり、午後雨、入浴、湯滝大小一六本あり其上に並びて撮影す、四、〇温泉特車にて発す、四、四七登別発車台別に聯結す人数少なく甚楽、弁当を配す甚上等（竹ナイフ、フオオク入）白老、苫小牧にては諸氏見送る雨中気の毒、ビイル、タンサンを製紙より贈与、岩見沢乗り替へ幾春別A2組と合す、札幌にて今朝発のものと合す、総長、市長、内務部長其他見送る、十時頃発す、直に寝台に上る

十月二十四日　日　晴曇

五、三〇起、稍眠　大沼公園を再眺む、駒ヶ岳往時より更に白し、七、〇函館着、当市より昨夜電話にて通報の通り自動車三〇台用意あれば市内見物せられたしと市長代理、西村氏其他より申出ありたるも謝絶、西村氏よりビイル五タアス贈らる　食堂にてカフエ、八、〇聯絡船開纜（ママ）、一二、三〇青森着、風稍強、動揺す、併し甲上散歩す、寒し、青森より外員諸氏北海道庁え長文の謝電を発したり一、四〇青森発、中食、諸氏幾分か疲れたりと覚しく車中稍静、晩食の後寝台準備、仙台は眠中過ぐ。

十月二十五日　月　晴

原の町にて醒む、八、〇〇上野着、此度の旅行中は昨年と違ひ親一は如何して居るかなど思ひつつ過したり　松村氏とタクシイにて帰宅、精下血未治のよし　午後二時松村氏と共に出て文部省に伊木氏に面会、見学旅行万事都合よく済みたること報ず　柿内え寄る、坊足痛にて休養し居る、六時家に帰り、食、浴、直に就眠

十月二十六日　火　快晴

珍らしき好天、きみ子と帝展を見る、一一、三〇教室、清野氏より来書　父大患学会出席不可能云々。午後人類教室、松村氏と会に付相談、恰も埼玉県事務官阿原謙蔵氏来、百穴見学に付打ち合す、三、三〇教室に戻る五時帰宅、木内幹氏より甲板にて去十九日撮りたる写真数枚送り来る会員に分配すべし

十月二十七日　水　晴

松村、八幡二氏と加曽利貝塚行、八、四五両国発、県庁に到り九鬼学務部長に面会、十一月六日見学に付依頼、地主代人来、弁当饗せらる、自動車にて発　課長□□（欠き）外一名及地主代人同乗、田向よりの道をとる、是より山林中徒歩、山守の老婆案内す、海保方に寄り主人同道貝塚に到り地点を選定す　一昨年発掘せるD地点と決定し縄を張り林中に休む、帰途兼坂よりす自動車の迎を待ちて千葉電車により帰る、六、〇

十月二十八日　木　雨　悪天

一〇、一〇教室、西謙氏来室、旅の話、田中舘秀三氏来訪、旅行中専越なることをなしたる不都合を謝す云々、吉田章信氏代人来人類部会に尋るところあり、於菟教室内のこと、同窓会資金の話、六時過出て加賀町、三郎氏京都生化学会出席留守中泊りに行くこととす、三二も同行したればなり

十月二十九日　金　曇

九、〇教室、きみ子教室え寄る、緒方え行くと西洋菓子を置きて去る、松村氏来チェアマン・アンド・セクレタリー〔＊座長および幹事〕の選定に付相談、セクレタリーは前以て定め置く、チェアマンは会合の席にて定む、代読はセクレタリーにて宜しからん、明日ホテルに集り尚ほ相談す　国民記者小島来るなど二時となる、弁当、五時頃家に帰り八田氏バチエララ二氏え明日ホテルえ来集人類学部会座長幹事に付相談したきを電話す　夕食しモオニングを着し教室え再ひ寄り Haas, Ainu u. ihre Religion〔＊文献〕をB氏に見せるため持ちて七時柿内に到る、入浴

十月三十日　土　晴

朝長谷部氏着京の電話あり布施氏と解剖にありと、自分はホテルに到るべきを言ひて直に出、九時半ホテルB、八田氏既にあり松村、長谷部氏も来る　ハンディ氏を呼び相談の結果坐長シュリーケ幹事ハンディ夫人ときめる、併し第二日は如何、坐長ハンディ幹事ミス・ジョーンズと仮りに定め十一時半教室に到る　長谷部氏弁当を共にす。二時大講堂、第三回汎太平洋学術会議開会式、松村氏より委員（柴田桂太氏）側より坐長、幹事に付き説あるこれを聞く、何れ式後に談すべしと、二時半式始まる、閑院宮殿下臨場等次第書の通り四時終る、教室に戻る布施、長谷部、吉田、松村氏来る、坐長問題は予定の通りとす、五時散ず、加賀町

十月三十一日　日　晴　祭日

九時出、曙町、十一時教室、示説品の説明をタイプに附す、三時加賀町、坊散歩を欲せす、四女児を連れて神楽坂に到り玩物を買ひ与へ西洋果子を買ひて日暮になる

十一月一日　月　晴

今日より真に学術的会議、九時過議院即ち会場に到る、第一回聯合会なり、九、三〇開会（衆議院議場）レノックス-コニンガム坐長、ジャック其他幹事　一一、三〇曙町、中食、山高帽、水道橋より省線、信濃町に下り二、三〇新宿御苑、シュテルンベルク、松村、バチエララ演説時間に付長談、千駄ヶ谷より省線を試むも、神宮競技散し非常なる混雑、新宿より市電にて五、〇柿内え帰る、苑にてシュリーケ、ゴンザレス、パーカーえ函館着写真を配る、シュリーケを坐長に推すことに一致す、木川よりオオストラリア人其他の写真出来の電話あり、入浴

十一月二日　火　晴

のぶ子と共に出かける、八、三五教室、きみ子中折れと山高帽と取り替へるため来室、人類教室写真を受け取る、午後一、三〇出、加賀町え寄り徽章を付けて会場に到る別に日向に頭骨二個及写真十枚（アイノ六、オーストラリア人二、トダ族二）を持ち来られ明日の講演用、これを置きて衛生医学部会開会中に付これらのぞく、空席なし、シストゾーマ〔＊住血吸虫〕の問題、宮川、次に藤浪これはランタン・スライズ〔＊幻灯〕を用ふ　五、三〇加賀町に帰る、藤浪氏より清野勇氏昨日死去の電報ありたりと聞く

十一月三日　水　晴

生物部会出席、九、三〇、坐長パーカー。シュミット、八田、内田（清之助）、大島（正満）、岸上、岸田（久吉）。デスカッション。坐長ベルク。パーカー、フレーザー、ヘッセ、林。デスカッション八田氏と共に食堂にて中食、一、三〇人類学部会開会、シュリーケをバチエラア提議にて坐長に推す、松村、ハンディ夫人幹事、アイノ問題、シュテルンベルグ、小金井、ハンディ夫人代読、古畑岸アイノデスカッション。バイルメル（これは次回のものを繰り上ぐ）。小金井代りて坐長席につく　シュリーケ講演、マリ過長、ハンディ二五分、デスカッション四時散会

十一月四日　木　曇驟雨

午前聯合会ありしも欠席、のぶ子と共に出て曙町、一一、三〇教室、午後は大学レセプションこれに出る、陳列品ありブロウワー、ウィリス、トレワーザ、デー、ルアーニョえ函館写真を配るこれにて皆済む、四時頃大雨中教室に戻る、五時半加賀町、夜に入り尚ほ大雨、入浴

十一月五日　金　快晴

生物部会出席、九、三〇開会、坐長スウィングル、ダンメルマン、三好。天然物保護問題Dはランタン・スライズを用ふ。坐長キャンベージ。プラント・カランティン〔＊植物検疫〕問題、フィラウェー〔＊タケノアブラムシ〕、スウィングル、松村（松茸）まで聞き十一時過去て教室、午後長谷部氏来室、梅の木洞窟処（ママ）出の「角製もり」特に珍らし、八の戸及北海道輪西のものあるのみ　気仙郡出す「燕尾」とは違ふと。共に出て市役所内商工館に到る　五―六時 Taylor: Aborigines of Austlaria (with lantern slides) 公開講演を聞く面白かりき、七時加賀町え帰る

十一月六日　　土　晴

加曽利見学、松村氏はホテルより外国員を連れて駅に来る、九、四五両国発車　千葉に着すれば九鬼学務部長其他県庁員迎ふ、一行ハンディ、同夫人、シュリーケ、シュテルンベルク、バイルメル、ブラウン、スタール其他邦人、自動車三台、県道より別れて尚畑道を走る、十一時半選定地点に達す、宮坂八幡二氏が既に」形に掘りて貝層をあらはしあり、海保方え行きてきみより品物を主婦に贈る。小松林中にテントを張り一時過弁当を使ふ、車等総て県庁より好意なり、午後は諸氏盛に掘る、珍品は出す（但し前に石斧、後に骨器出たるもこれは教室のものとす）土器片を袋に入れて各持ち帰る。帰途千葉神社内菊花陳列会に招ねかれ、立ち寄り、歓迎詞長きに過ぐ、花及菓子を土産として贈らる、四、二三発、好天幸、快、六、三〇曙町に帰る、精、素、純今日シユクリイムを食しこれに中毒し先刻より吐瀉し困しみ居るに驚く、きみ子親一を守りてさわぎゐる、海野氏を呼びて手当をなす、自分は疲れ九時寝に付く

十一月七日　　日　晴

百穴見学、早朝出かける、上野駅、松村、八田、宮坂、八幡。ツウリストビユロオより一名付き添ひ弁当飲料を携て来る外員ハンディ、バイルメル、シュリーケ、ブラウドマン（英、海洋）、ウィルボーン夫人、フー・ツンフー、ファル（ニウジイランド）、シュテルルンベルク、スタール九名、八、二〇発車、長とろ組と同車、二等車一台特に聯結す、鴻の巣に下る、県庁斡旋の自動車にて百穴に達す、県役員、松山署長案内、弁当前後に穴を見る、宮坂氏撮影時間あるを以て松山町県社箭弓（やきう）神社に詣、社司優遇、堂に上りて奥の院を拝す、庭園を歩きなどし辞して三、四〇鴻の巣発にて帰京、六時半家に帰る　入浴

十一月八日　　月　晴

一〇、三五分科会開、ブラウン坐長、長谷部、吉田、古畑岸、チエポウルコフスキー、バイルメル（aピグミー問題、bパプア人）デスカッション、ヘッセ一一、三〇閉。一時教室、二時バイルメル来訪、石代骨、アイノ骨を示す、又医院に案内す、塩田院長を訪ふ、手術中、終りて二、三病室を見て去る、電車にてホテルまで送る、七時帰宅、晩早く床に入る、ところえ柿内氏留守居の礼とて来る、床中にて失敬す

十一月九日　　火　晴

生物部会出席、九、三〇開、坐長ウッドラフ。ゴンザレス、マスイ・アダチ（馬色の遺伝）渡辺、小倉、鷹司、スウィングル、スタール、デスカッション。坐長代りてブラウン（ヒリピン、ボタニー〔＊植物学〕）十時過去てエクシビジョン・ラシア〔＊ロシア博覧会〕を見る　ネバ号およびナデジュダ号（A・J・クルーゼンステルン船長）によるロシア初の世界周航1803–1806これに属する図版あり、アイノ図一、旗図一、まげ髪図一、長崎図二、小舟図二、Kr.肖像等あり、ミッデンドルフ、シュレンクのもあり、又両氏の大著述も陳列しあり。一二、〇五教室。数日間の日記を書く。五、三〇―六、三〇構内にてAtwood: Travelling and Explorations in Alaska (with lantern slides)〔＊講演〕を聞く、図甚巧、双手を用ふ

十一月十日　水　晴

第三回人類学分科会、一〇、〇時開、ハンディの意志によりチエポウルコフスキーを坐長に推す　バチエラア、スタール、ブラウン（演説上手）、終てシュテルンベルク演説に附随せるアイノに関するランタン・スライズ〔＊幻灯〕、十二時前終る、これにてコングレスの我に関するものはどうやら仕舞ひたり　安堵す。仏国インドシナ博覧会を見、一時教室に到る、日記を書く、五時頃帰宅入浴　人類学に関する外国会員十一、二名と算す

十一月十一日　木　雨曇

昨夜来雨、十一時食、人類教室に寄り松村氏にバチエラア、八田氏慰労の意味にて饗応のことを話し共に旅行し会場に到る、幸同所にて両氏に会ふB氏関西に旅行し十六日に帰るとのことに付其上にてといふことにす、一、三〇総会開、桜井氏坐長席に付てジャック外一名幹事次回開会地ジャワ、本会議を常設的とすること、諸種決議其他、未終、三時半退場帰宅、星牛肉を携て来る共に茶の間にて晩食

十一月十二日　金　晴

精子と帝展見物自分は二回目、十二時過教室、長谷錧氏来室　島峰氏帰朝せりと、松村氏来、先月二十七日加曽利見分旅費七円余持ち来る、三時出て学士院例会、井上哲次郎氏論説中偶々不敬に渡る字句ありとて世間の問題となりこれがため本会員其他公職を辞するとのこと、これ学問以外の問題如何ともすべからず、遅くなり十時過帰宅　故岡野院長肖像費三円出す

十一月十三日　土　晴

きみと日比谷菊花陳列を見て銀座松屋婚姻時代風俗をのぞきこれより日本橋にバチエラアに贈る麻ハンケチ（十二円）を買ひ十二時半帰宅　午後は久し振りにて庭え出る

十一月十四日　日　晴

岩槻行、九、五〇上野発、車中関野、塚本、五藤、木村の四氏に会ふ　吉見百穴視察の一行なり、自分は大宮にて下る、時あるを以て氷川社まで往復し、自動にて岩槻に下り、これより徒歩柏崎村字真福寺原田静作方に到る恰も大山氏一行（甲野、広瀬外一名）及今日来合せる中沢、上羽、下村氏等昼休中、共に携たる弁当を食す現場に到る、珍らしき泥炭中の遺跡なり又附近に貝塚あり　中沢氏等はこれを掘る、日暮となる、順路帰る、七時過帰宅

十一月十五日　月　晴風　寒くなる

九、四五教室、布施氏略論文学士院記事のもの校正し速達にて東京印刷に送る、島峰氏帰朝来室、欧米談殊に独乙談　石原久氏愈々辞表を出したりと、後任に付林学部長より氏に談ありしと　結局応することとする、山越工人来、松村氏来人類会総会のこと清野勇氏先日死去、今日までコングレスのため延引せる悔状を出す、六時半帰宅

十一月十六日　火　晴

八、三〇教室、午後松村氏と麻布徳川邸にバチエラア氏を訪問、コングレスに付ての労を謝し、ハンケチを贈る、氏今夜行にて札幌に帰ると、四時半帰宅

十一月十七日　水　曇　夜雨

八、三五教室、「伝説」編輯竹内道之助なる人来室、汎洋会講演を載せたし云々、記事発行を待ちて如何様にもせられたしといひ置きたり、呉秀三氏の名刺を持ちて武田仁斎なる人来室　南米ミイラ処置の件、博物館高橋健自氏え名刺をやりたり、三時過出て柿内、一昨夜近火の見舞旁なり

十一月十八日　木　曇晴

八、三〇教室、きみ子来室金森家（於菟別荘地代持ちて）新井家（七十才祝真綿を持ちて）行くと、共に中食し去る、森永友健氏え令孫配のことに付来信（十月初）の返事、金沢古畑氏コングレス講演原稿早く送附依頼を出す、二時過家に帰り「がく」をつむ　晩星来

十一月十九日　金　晴

八、三〇教室、松村氏来、一昨年秋かそり、百穴下見分

の旅費精算し十五円余持ち来る、盲人柏木某北樺太処出の大石斧一本持ち来りて鑑定を乞ふ、ところえ金沢須藤氏来訪、日本医学校にて相知の人なりと、長谷部氏出京来室、共に人類教室に到る、学会評議員会なり、役員前年通り、評議員欠員三名あり内二名だけ補充すべきこととしこれは総会にて決定すべし、特別会員及普通会員増加を計ること。終て大山氏に誘はれ人類松村、宮坂、甲野三名、長谷部自分燕楽軒に到り夕食、大山氏泥炭遺跡発掘談、十時半帰宅

十一月二十日　土　晴

教室行かす、午前庭に出、がく等を鋏む、午後柿内、坊兎角遠足を好まず

十一月二十一日　日　晴

午前純子を連れて久し振りに植物園行、どん栗を拾ひて歓ぶ。午後大森に佐々木政吉氏を訪ふ、在宅にて旧談、同邸北隣小林某地が大森貝塚の地点なるを以て庭に出て地形を見る、これより文郎氏を訪ふ不在但し帰途上にて会、精子のことを話す、六時過帰宅、星在、三時頃来りたりと　携来れる焼鶏を共に食す八時半去る、五時間以上居たり珍らし

十一月二十二日　月　晴

午前駒場徳川頼貝侯邸に高木文氏を訪ひ過般談ありし頭骨を受取る、惜むらくは出所明確ならず、最初の所有者久米良作なる人に付きて質す外なし又借用の形式になり居る　石器時代人骨等総て寄贈とすることとす、一時過教室、人類教室え木川に写真の礼（煙草二円）を持ち行く皆在らす、六時半帰宅

十一月二十三日　火　雨　祭日

一〇、二〇教室、高木氏え昨日の件石代人骨を寄附とする手続き依頼状を出す　六時半帰

十一月二十四日　水　晴

八、二五教室、大岡山書店員来室　梅原著書推薦者に名を連ねる云々、吉田章信氏コングレス挨拶、盲人柏木に石斧を返へす、西山信光氏学位通過挨拶、六時過京橋相互七階料理店に到る、教室同窓会に西山祝賀を兼ねたるもの、二十余名集る十時帰宅

十一月二十五日　木　曇

八、三〇教室、午後歯科病院に島峰氏を訪ふ在らず、賀古氏これ亦上総行き、これより中央郵便局に到り Biol. Centralbl.〔＊雑誌〕小包不着に付質す　愈々フリードレ

ンデル問合せと決す、四時半帰宅

十一月二十六日　金　晴

八、四五教室、午後一寸人類え行く　木川氏え依頼写真費四円、於菟来室長談、六時半帰

十一月二十七日　土　晴

不図思ひ立ちて独玉川散歩す、二子よりす、堤上にて弁当を使ひ一、四五教室、茶を飲む　これより人類学例会、柳田国男氏人種混合論、五時帰宅

十一月二十八日　日　晴

きみ子と松原訪問、十時出かける、十二時過馬絹着、全家歓待、七面鳥卵其他土産を貰ひ去る、五時家に帰る、きみ子満足、晩比企野氏伯父福井氏を伴ひ来、十三日結婚式に付打ち合せ、隣家豊島家老人死去の様子に付取り敢ず玄関まで尋ねたり

十一月二十九日　月　晴

八、三〇教室、昨日の卵（二〇個）石黒家え贈るべし先日精子宛菓子を贈られたる答礼の意、午後小使をして人類教室より姥山人骨箱大小七個受取らしむ　時に松村氏来、明日コングレス常務委員会に付見学旅行の際それぞれ地方の世話になるたるところえ会より謝状等を出すべきことに付相談、三時半出て柿内、皆無事、純子又々昨日来気管枝カタル

十一月三十日　火　晴

八、二五教室、輯報校正、島峰氏来米国土産として姓名押し出し器を贈らる、大学歯科担任の件は講師としての林氏の意とか、甚意を得ず、急ぎ帰りて更衣、染井斎場に到り豊島老人告別式なり　四時帰宅、邦文雑誌寄贈書等を整理す

十二月一日　水　曇雨

朝藁灰を焚きなどし一〇、三〇教室　フリードレンデルえ **Biologische Centralbl.**〔＊雑誌〕去三月六日注文せし其一部到着したるも大部分未着に付取調方、同時に **Haas: Ainu u. ihre Religion**〔＊文献〕及び **Martin: Lehreb. d. Anthrop.**〔＊文献〕第二版発行になりたらば直に送る様申送りたり、六、三〇帰、純子容体宜しからず又々入院などといふことにならねばよいといひ居る　小松老母堂一週（ママ）忌法事繰り上げの由、但し断る（香奠三円）

十二月二日　木　晴

九、三〇教室、日本之医界記者来「人類学研究」を貸す、

学生二名来記念帳のためとて撮影す又署名す、四時家に帰り支度、きみ共に保険クラブ、川野昌美氏と平野たけ子殿との結婚披露、自分挨拶す、九時家に帰れば留守中大混雑、純子容体悪し、三二酸素筒を本郷まで取りに行く、金森夫人来、星債券償却、利子支払大困の状を知らせる、星より電話にて今日は行かぬと。桑夫人来、はせ媒酌は柳田なりと、旧事に付談ありたりと

十二月三日　　金　晴

九、〇教室、考古学講座記者来、稿を要望す、辞退、六時過帰宅、純子入院かと思ひたるに先落ち付き居るを以て有田氏来診の上止めたりと　学士松岡来一寸挨拶す、九時星来、自分は遇はざりき　福岡小山龍徳氏隠退慰労のため六円出金す

十二月四日　　土　晴

八、四〇教室、午後一時学士院、授賞審査委員会、良精委員長席につく　村上武次郎（鋼）、桂賞中井猛之進（朝鮮植物）、田中芳雄（石油）、加藤元一、土肥慶蔵、恩賜柴田雄次（分光学的研究）六氏皆通過、但し加藤なかなかやかましかりき、八時となり散す、帰りて入浴晩食遅くなる　きみ金森え行く、星悪らつ（社債償却に付）談

十二月五日　　日　晴

純子先つ落ち付きゐる、十時半珍らしく鈴木孝氏来訪、午後柿内え、直に忠、信を連れて三越、信帽子を買ひ、制服を注文、出て銀座まで歩く　富士屋（ママ）にて三時を食べ、土産を持ち省線にて帰る時に四時半、晩於菟来

十二月六日　　月　曇

八、三五教室、昼前柿内氏を教室に訪ひ北京ブラックより北支那人計測論文別刷処望のところ持合せなき旨の返書案を頼む　弁当を使ひゐるところろえ大沢ユリヤ夫人来訪、種々家族の話あり　三井銀行え行く会資金定期書替へなり但し会印を持参せざるため無効、銀座教文館に行きバチエラアアイノ辞書（第三版）を買ふ（十二円）、是より歯科病院島峰氏あらず、次に賀古氏尋ぬこれ亦不在、四時過帰宅

十二月七日　　火　曇雨

朝電話にて大沢氏病症を佐藤氏に尋ねる胃癌のよし、九、一五教室腰痛宜しからず　弁当を使ひて帰宅　静臥、入浴

十二月八日　　水　曇晴（昨夜大雨）

休養、腰痛甚宜しからず

十二月九日　木　晴
痛少しく軽快、晩星来、書斎にて挨拶す
十二月十日　金　晴
少しく軽快、昨夜アスピリンを試む、浴
十二月十一日　土　晴
川野新夫婦玄関まで挨拶に来、自分は失敬したり
十二月十二日　日　晴
朝学士院を佐藤部長に電話にて断る　授賞審査報告のことあり出席せざれば工合悪しきも已むを得ず、又事務所えも欠席のことを通ず、使来り委員会記事を検す　浴
十二月十三日　月　晴曇
午後二時過比企野千代四氏自動車にて迎に来る、氏結婚式に媒酌を頼まれたるなり、日比谷大神宮に到る、和服にてきみ子と式に列す、終りて大松閣に到る、新婦いし子は福井準造氏三女、披露の挨拶をなす　長岡人木村氏に遇ふ、九時半帰宅、令兄送り呉れたり、腰痛を押して列席したるは困
十二月十四日　火　雨
午後海野氏夫妻玄関まで告別に来る、氏此度魚沼郡小出町赴任、雪国え寒季同情、第六十八回誕生日に当るを口実として柿内星を招く、六時過二氏来、星より葉巻煙草焼鶏二羽贈、食後談、十時二氏去る、工合宜し、きみ子精子と歓ぶ
十二月十五日　水　雨雪
三二友人三名を晩餐に招く
十二月十六日　木　晴
晩有田氏来診純子先づ全快、自分腰痛未全く去らす
十二月十七日　金　曇
比企野新夫婦挨拶に来る、修善寺土産として懐炉などあり　亦横浜広瀬家養子此度結婚の式を挙げられ母堂同道挨拶に来られたるよし　きみ留守、精玄関にて応接す
十二月十八日　土　晴曇風寒
腰痛頑固、連日新一（ママ）を相手とす
陛下御重体、世間騒然
十二月十九日　日　晴
腰痛軽減
昨夜雪今朝庭白し、昼少し過星来、食事す、腰痛快方に付試に柿内え行く星の自動車を用ふ、児等元気、帰り電車　四時半、星は今帰り去りたりと、きみ子は平野家え行く、故菅次郎氏二十三回忌に付香奠五円持参す

十二月二十日　月　晴、寒し

今日より仕事に就く、九、〇教室　エッゲリングより白老差出葉書の返事来り居る、溜りたる輯報万沢論文校正、六時半帰　八幡氏教室に来り岩手県洞窟報告に付談合、材料を都合次第氏の許に送ることとす

十二月二十一日　火　曇、寒し

腰痛返つて宜しからす、在家静養、鳥居家仏事電話にて断る

十二月二十二日　水　晴雨

在宅、松原妻女来、七面鳥卵其他贈らる、夕刻頻りに雨降る、松原二人帰りに困りたるならん

十二月二十三日　木　晴

在宅、純、親の相手をなす

十二月二十四日　金　晴

陛下御良好のところ再昨日来御重体、試みに教室、時に九、一五、輯報解剖部校正、腰痛のため於菟に頼みて解剖学会基金三井銀行定期預け書き替へをなす、本年四月解剖学会抄録出来一部受取る　六時半帰宅　夜に入り御容体号外並にラヂオの報甚悪、今夜中如何と皆々申し合へり

昭和元年十二月二十五日　土　晴

午前二時半頃号外と呼びて叩き起さる、一時二十五分崩御を報ず　これより不眠、宮城に　三陛下天機並に御機嫌奉伺、総て喪章附す、帝大事務より速達便来、十一時出て十二時帰る　自動車を用ふ　学士院医生物分科候補者三名に付相談会ある筈なるも断る　腰痛尚ほ去らす、今日は純子誕生病気のため延し置きたるを済ませるとて用意し置きたるも皆来らす、只信子一人のみ来りて純子と遊ぶ二児悦ぶ、

今日より以後「昭和」と改元せらる

十二月二十六日　日　晴

九、四〇教室、医輯報校正、室内寒し、三時半帰りて断髪　星来晩食、ゴム湯たんぽ贈らる

十二月二十七日　月　晴

九、〇教室、自室大掃除中、小使が予告せざりしは不注意、暫時待ちて中止せしめたり。札幌八田氏昨日着京したりとて今朝電話あり、来室、ところえ仙台畑井氏（渡辺氏同道）来りて来年八月一、二、三日学術協会にてフィジカル・アンスロポロジー〔＊形質人類学〕に関する特別講演を嘱せらる、彼是押し問答の末略ぼ承諾す　伊沢氏

（岡山出身、米国留学）此度日本大学医科解剖学専任就職したりとて挨拶に来る、秋山成六同道す　同じく同教室にて勤務すと　輯報校正病中溜まりたるもの漸く東京印刷え送る　三時半愈々自室掃除に取りかかるに付去て柿内、皆元気

十二月二十八日　火　晴曇

八、四五教室、原氏ミクロケファレ〔＊小頭症〕論文校正ユンケルえ送る、事務室に厳論文主査誰なるかを尋ぬ、大沢謙氏容体悪しきよし聞込みたれば中食後帰宅、中野に見舞ふ、七面鳥卵を見舞として贈る、恰も呉健氏来診、共に病床に到る、精神明瞭、二三の談を交はす併し衰弱甚だし甚重体に見受たり、帰途水道橋にて安田恭吾氏を一寸訪ふ、不在、別状なきよし、五時帰宅

十二月二十九日　水　晴

朝忠子独遊びに来る、九、一五教室、輯報校正、速達にて東京印刷え送る、大森佐々木政吉氏え大沢氏病気重大なることを申送る、原正氏小頭論文ユンケル氏より戻る、ドルックフェルティヒ〔＊校了〕に付直に岡島氏え速達にて送る又原え其趣申送る、六時帰宅、星より製品沢山贈り越す

十二月三十日　木　曇晴

九、一五教室、輯報校正、万沢氏論文全部第二校正を同氏に送る（書き留）手紙を添へて、三宅鉱一氏え厳論文抜萃を送る又其事を厳え書き送る　六時を聴きて室を去る　晩電話にて呉健氏に大沢氏の容体を尋ぬ、稍々好き方なりと

十二月三十一日　金　晴

賢坊十時頃来、去八月三十一日以来始てなり、書斎にて北海道写真など見せ、純、親と遊ぶ、午後二時賢を連れて神保町にて望の本一冊（二円）を買ひ与へ、これより日本橋まで行きて降り、大通りを歩く、富士屋（ママ）にて茶菓、土産の菓子を携て、昭和ゴム印を買ひ、新橋より電車にて加賀町まで送る、忠子又々耳痛のよし、六時半過帰宅、入浴、きみ子と比較的良き年を越すなといひて九時過書室に入る

〔編集協力者紹介〕

藤村美織　ドイツ語翻訳、通訳。日本ＤＤＲ（東ドイツ）文化協会に勤務の後、日独交流の分野で活動。訳書に、『パパ・ヴァイト〜ナチスに立ち向かった盲目の人』（汐文社 2015）など。

北村孝一　ことわざ研究者、エッセイスト。学習院大学非常勤講師。論考に「俚言集覧の成立と増補過程」（『俚言集覧　自筆稿本版』第十一巻、クレス出版、一九九三)、『ことわざの謎－－歴史に埋もれたルーツ』（光文社新書、二〇〇三）など。

小金井良精日記　大正篇

平成 27 年 12 月 25 日　発行

著　者　　小金井　良　精

発行者　　椛　沢　英　二

発行所　　株式会社　クレス出版

東京都中央区日本橋小伝馬町 14-5

☎ 03-3808-1821　FAX03-3808-1822

印刷所　　有限会社　P24

製本所　　有限会社　高橋製本所

落丁・乱丁本はお取り替えいたします。

ISBN978-4-87733-916-6（セット）C3323 ¥30000E

小金井良精日記

昭和篇

1927－1942

クレス出版

昭和10（1935）年1月13日　小金井良精喜字祝（於丸の内日本工業倶楽部）前列左から柿内賢信・岸敬二・岸八千代・岸誠一・柿内禮子・柿内悌子・星親一・小金井良精・小金井喜美子・星協一・小金井純子・星鳩子・柿内智子・柿内孝子・柿内忠子・柿内儀信・柿内信子
二列目左から星一・星三郎・森於菟・森潤三郎夫人・柿内田鶴・（一人おいて）小金井良一・岸三二・星精・小金井素子・森富喜子・松原ちか
三列目左三人目から森潤三郎・椰野厳・（二人おいて）星四郎

凡　例

一、『小金井良精日記〈昭和篇〉』は、小金井良精の昭和二年（一九二七）から昭和十七年（一九四二）までの日記を全文翻刻し、収録する。

一、本日記の原本は岡本洋子様（小金井良一氏令孫）が所蔵している。翻刻は、原本を撮影したマイクロフィルム（東京大学史史料室所〔現東京大学文書館〕蔵）を底本とした。

一、原本は、基本的に漢字（旧）とカタカナで記されている（一部外来語などはひらがな）が、漢字は現行通用の字体（新）とし、カタカナはひらがなにして（外来語などはカタカナ）翻刻した。

一、原本には句読点があるが、句点はごくわずかなので、適宜読み易いように句点の代わりに一字空きとした。また、一日の末尾に一部読点があるが、すべて削除し、統一した。原本の改行は、いちじるしく長文になる場合を除き、一字空きで続けた。ただし、改行して「社会の動き」などを記述している場合は原文どおりとした。

一、原本の誤字や脱字などは、適宜訂正し（「除々」→「徐々」、「吊詞」→「弔詞」など）、疑問が残るものは「ママ」とした。また、同一の語の表記が異なる場合は、一般的なものに統一した場合（「ころ」は「比」と「頃」を混用しているが、後者に統一）がある。

一、人名などの固有名詞の誤りは、可能なかぎり確認し、訂正した。ただし、孫の星親一（本名）を「新（一）」とするなど、近親者の人名表記は、資料的な意義を考慮し、「ママ」を付して原本どおりとした。

一、欧文の箇所は、文献、論文、演説（演舌）などは原文のままとし、人名や地名などは、原則として近代の慣用に従い、カタカナで表記した。小金井によるカナ表記（発音よりも綴りを重視する傾向がある）もある程度考慮したが、一部表記が異なる場合がある。また、その他の語や短文は、翻訳するかカタカナで表記（必要に応じ〔＊〕内に翻訳を付す）し、いずれも細ゴチック体で示した。

目　次

小金井良精日記

昭和篇

一九二七～一九四二

昭和二年　2587
1927

一月一日　　土　晴

諒闇の新年甚閑静、七時過起、九、二五教室、十二月初にアイノ椎木繁吉なる者より生殖器発育不全にて非常に心痛し其療法に付長き手紙をよこしたるも腰痛のため返事延引したるを今日出す、又高田市金沢勲氏より石器時代人歯牙に関し質問をよこしたるが其返事も出す　研究生服部氏来室自家考案のヂオプター（オルトグラフ、オルトスコープ）〔＊照準儀、正像鏡の類か〕を持来りて相談、六時半帰宅、今日来客全く無く甚静かなりきと

一月二日　　日　晴

九、〇五教室、小田島人骨を継ぎ始める、アイノ椎木早速来る、生殖器不全に付医術の及ばさることを説き聞かす、其他雑談、六時過家に帰る　きみせい親を連れて自動車にて桑木、柿内を訪問せり、両人の意中を推し、其真なることを祈る　皆留守中平野、橋本両氏来訪ありきと

一月三日　　月　晴

九、〇教室、終日骨継ぎ、六時去て家に帰る、橋本一族（主人夫婦を除く）午後来りたりと

一月四日　　火　晴

八、五〇教室、骨継苦心、六時半帰宅、呉氏に電話にて大沢氏病状を尋ぬ、不良のよし

一月五日　　水　晴

九、〇教室、骨継、午後三時出て中野に大沢氏の病気を見舞ふ　恰も目醒め居て面会すべしとのことにて直に病室に入る、二、三語交換、永年の交誼今日オワカレとする、今後は来てくれるなと、眼中涙をうかべゐる夫人傍にてこれを拭ふ、当人全く覚悟、又自分後継者として橋田を嘱望す宜して（ママ）援助を頼むと、衰弱更に進む、感極まつて室を去る、高橋信美氏と共に同家を辞し、五時半帰宅

一月六日　　木　晴

八、五〇教室、骨継ぎ、午後四時去て加賀町、皆元気、信子を連れ六時帰る　アイノ椎木より電話、今より行きてよいかと、断る

一月七日　　金　曇雨

八、四〇教室、午後九州帝大、精神科鈴木直光氏来室、神経細胞論を学士院に報告の件、終日骨継ぎ、六時半室を去る、星来、丁度晩食中

一月八日　土　晴、曇

八、五〇教室、骨継及輯報校正、午前呉氏来室大沢氏愈々危篤の趣知らせくれらる、午後三時半出て同家を見舞ふ、面会せず、三千氏の外粟津、高楠二婿あり、七時前帰宅

一月九日　日　曇風晴

一〇、一五教室、終日骨継、六時を聞きて去る、午後星来りたりと

一月十日　月　晴曇

八、三五教室、九時半家より電話、只今大沢家より電話、今朝六時半遂に死去せられたりと、直に家に一たん帰りて衣を替へ中野に到る　時に十一時過病室に入りて遺骸に礼す、夫人、三千三氏等に弔詞を述ぶ、永井潜氏以下生理の人々働く、葬式等のことは明細なる遺書ありてこれに従ふよし　携えたる弁当を食し三時頃同家を去る、牛込駅に降り石黒家え見舞に寄る、井上達一氏落ち合ふ老人旧臘より肺炎の気味なりしよし　聞きたればなり但し肺炎は治したるもプロクタヒュペルトフィ〔＊直腸肥大か〕に困難のよし、これより柿内、皆元機、三郎氏帰り来る、今日は祇候するよし

一月十一日　火　雨

九、一五教室、十時病理教室に到る、大沢氏遺骸剖検、長与氏執刀　十時十五分始む、耳鼻家の希望により両顳顬骨を採る、脳重量一二二五瓦、廻転細、多、殊に顱頂部に於て然り、正午前十分全て終りて棺に納む　小田島人骨整理　六時過ぎて室を去る

一月十二日　水　晴

八、四五教室、松村氏来室、かそり百穴ガイド原稿料二五円処分方、時に福岡学部長石原誠氏来、大沢氏のために出京せられたるなり、四時出て学士院例会、加藤光一氏授賞の件なかなか面倒、前回に決定せず保留せられたるなり　遂に大阪毎日記念賞を止めて学士院賞と訂正になる、九時帰宅　アイノ椎木より第三日曜に行きて差支なきやの手紙来る、差支なき旨のはがきを書く　耳鼻増田教室より台湾首二個受取る

一月十三日　木　晴

昨晩眠悪し、九時出て中野大沢家に到る　香奠十円供ふ十一時半帰る、午後一時二十分教室、西村校正及骨盤継、

赤門前にて靴を買ひて（二〇円）七時帰宅　今朝宮内省え祇候の儀に付十五日にすることを速達にて回答し尋ねたるに電にて尚ほ交渉ありしと

一月十四日　金　晴曇

八、三〇教室、西村校正最終部印刷え戻す、家に帰りて中食、支渡、一時近き吉祥寺に到る、故大沢謙二氏葬式なり、始め読経あり次に二時より三時一般告別式、大学諸氏と共に立礼す、四時前家に帰る、晩食後床に入りて休息但し眠ることを得ず、十時起きて十一時動車にて出かける

一月十五日　土　晴曇

殯宮祇候、〇―六時まで、宮中席次一階者は甚少なく海中将松村龍雄といふ人と二人のみ、一時間交代にて順次三時間祇候す、六時半帰宅、三条人外山といふ歌人摂待す、午後二時間許眠る

一月十六日　日　晴（昨晩大風雨）

親一写真を撮るとて近き写真師まて同行、一〇、一五教室、午後一時頃椎木来る　西謙氏に引合せ先診察せしに発育不全などなしと何如なる感違か、且夜間中学の話などし先つ郷里小学教員を近き目標として進むを可とする旨言いきかせたり、時に安田恭吾氏来室、長談、五時を過ぐ

一月十七日　月　晴

八、四〇教室、林広吉校正全部印刷え送る、亦万沢図版七枚札幌え送る　中沢浜小田島人骨継合骨盤を以て終りとす　六時過帰宅、天理教会近処に移り来りたるに付近隣のもの不服今日今村家に第二回の会合あり　三二を代人として出す

一月十八日　火　曇雨

八、五〇教室、午前珍らしく井来室、個人（岡田和）にして骨格処望（ママ）を何如に取り計ふべきか云々、昨日西氏より1925抄録受取る今日これを整理す、初冊なるを以て体裁等に付考慮す、三時出て柿内、無事

一月十九日　水　晴

九、一〇教室、輯報抄録整理、六、三〇帰

一月二十日　木　晴

八、四五教室、抄録整理了、O.A.G. ミッタイルンゲン（＊報告）を調べる、ために事務室へ行く、仙台佐武安氏学士院え贈るべき論文二種を受領せる旨はがき出す　六時半帰宅　今日素子より渡欧郵船切符を買ひて宜しきやの

相談ありたりと厳翼氏帰朝の上にする様言ひ置きたりと、無謀

一月二十一日　金　晴

天理教会移り来りたることに付先達来故障申立置きたるが尚今日重ねて願書を出すため近隣今村、有田、林、豊田氏と共に府庁に到り社寺課長に面談陳情せり、是より内務省に柴田氏を尋ぬ、病気不在、次に歯病院に島峰氏を訪ふ　石原久氏隠退、其后のことに付話しありしかを問ふ何もなしと、一時教室　林広吉論文第二校を井上嘉都治氏に送る　四時出てユンケル氏を訪ひ、抄録の独逸校正を頼む、ポルツムと称するカフエ代用品を試む　エリダ自転車で遊び負傷のことあり、六時過帰

一月二十二日　土　晴

午前在家、十一時出て宮城、第二回殯宮祗候、河合陸大、山口海中、畑公使と一組をなす、先つ自分は昼食す、一時より交代、三―四時中に　皇太后陛下御参拝澄宮殿下を伴はれたり、秩父宮、内親皇、伏見宮（博恭王）殿下祗候あらせらる、六時半帰宅

一月二十三日　日　晴　両三日来寒殊にきびし

十一時教室、西村論校正、全部揃ひたるを以て明日同氏え送るべし、室内寒し、二時半出て柿内

一月二十四日　月　晴

八、五〇教室、函館西村氏及柴田常恵氏え関谷洞窟報告如何に付手紙を出す、梅の木洞窟其他の洞窟出土品を人類八幡氏え送る　同時に同教室え行く　松村氏より学部長五藤去りて中村氏就任、人類学を正科とする問題起り交渉中のよしH・フィルヒョウ氏より一月一日附はがき到る　六時過帰宅

一月二十五日　火　晴

八、五〇教室、関谷とかいふ者来室奉賛会に賛成せよ云々、断る、再ひ来りて新聞を援助せよ云々五円出せ云々、断る、七時過帰

一月二十六日　水　曇晴

九、〇教室、助手横尾氏に研究題目としてネーテ〔＊縫合線〕を薦めたり、午後三時頃石原喜久氏来室、氏は南米視察として昨年三月出発、旧臘帰朝せられたり　ペエリウ頭骨二個贈らる、甚好標本、感謝、六時半帰

一月二十七日　木　晴

八、五〇教室、弁当後橋田氏を尋ねたるも病気欠勤、万沢氏第二校正戻る尚ほ一回これを通検す　在ボルネオ元

島策太郎氏より年賀名刺到、六時半帰宅、星来、晩食、精子誕生日とてすしを製すなどす。大沢三千三氏挨拶に来りたりと

一月二十八日　金　晴

朝大森小林文より電話、児脳膜炎にて危篤のよし、よつて見舞に行く、家は〆て人なし、隣家に尋ぬれば月岡病院にありと、同院に到る、絶望なりとて文郎夫妻悲しむ気の毒千万、教室に到れば十一時四五、六時半帰　小林小児十一時死去の旨昼頃電話ありたるところ晩に至り其後再ひ呼吸もりかへし今尚ほ其状態にありと

一月二十九日　土　晴

八、五〇教室、午食中柿内氏来室、今日教授会歯科後継者の問題出るよし　付ては意見如何、依て予ての自個の考、即ち島峰を教授として迎ふるを適当とす　都筑帰朝までといふ条件を附するは防なし。これより歯院に到り島峰氏にこれを知らせる　長尾氏傍にあり、石黒家見舞老人別条なし　柿内、田鶴は曙町え行きたりとて留守児等元気、六時帰宅、特に寒を感す

一月三十日　日　晴

一〇、一五教室、午後二時半山上会議所に到る、故大沢謙二氏のために生理学会催し追憶の会なり三七日に当る、良精最初に追憶談をなす、呉、三浦謹、天谷、岡田、林学部長其他、五時半了、帰宅、星昼前一寸来りたりと

一月三十一日　月　晴

八、四五教室、椎木より履歴書並に手紙を遣す　直西謙氏に渡す　四時半出て柿内、土曜日教授会の模様を聞く、先歯教授候補を決定すべしとて投票の決（ママ）果、都筑大多数、島峰三、長尾一、最初に石久退職の挨拶あり、後任に及び島は危険なる人、艶福の人、組織上外科より出るを適当とす、自分及都筑然り、一ッ橋の方は誤り云々又歯科医に医博士をやること可決（一四票に対する一〇票とか）即ち豊田の論文を受理せり、六時半帰

二月一日　火　晴

八、五〇教室、昼食後歯院に島峰氏を訪ひ、教授会の模様を話す、長尾氏傍にあり、船越氏来り議会談、支那談などあり、四時半帰　精子石黒家を見舞ひ親一写真を贈る

二月二日　水　晴

八、四〇教室、万沢氏論文校了、ユンケル氏 1925

Abstracts M. S.〔＊原稿〕独逸を直し持ち来る、昼食後生理に橋田氏を訪ひ故大沢氏去る五日言ひ遺したることを伝へたり同時に学部空気の真面目乏しきは慨歎すべきことを言ひたり、法医教室に寄る　三田氏昨夏病気（チフス）以来健康宜しからず但し時に教室に来るよし、札幌万沢氏贈品礼状を出す、三時帰宅、整髪、軽く食し、五時自動車来り、出かける　第三回殯宮祗候、乞ふて甲組となる、五名、席順、海軍大将日高壮之丞、床次竹二郎、自、木越安綱、岩崎久弥氏（乙組は二名のみ）、六―七、八―九、一〇―一一祗候す、九時退下中少し食す、八、三〇―九、三〇　閑院宮同妃両殿下、亦九、三〇―一〇、三〇山階宮御兄弟殿下祗候あらせらる。今日は四十日祭に相当、午前其御式ありたるよし、特に菓子等の供物を拝したり。殯宮（正面南）内祗候者席左側（向つて）皇族二、一階者一二（常に空席多し）、右側祭官二、御縁者二、華族宮内官八、勅任官一〇、奏任官総代一〇、尚ほ両側に侍従及侍従武官各四、総て五〇余席、特に隔殿に三陛下の御床あり、一時間黙禱して交代す、殯殿敷居の外内にて敬礼し七歩許進みて最敬礼し席に就く、祭官三〇分毎に神水を更ふ且つ油をさす、これは少しく異なる感をなす、十一時退出す　移川氏より巴里発はがき到る

二月三日　木　晴

九、一〇教室、吉田章信氏来室、輯報抄録の体裁に付考慮、六、三〇帰　小林文氏小児去二十八日一旦絶命のところ再呼吸を生じたるも遂に死亡のよし通知あり アイヘル教授（キール）、H・フィルヒョウ二氏え絵ハガキを出す

二月四日　金　曇

八、四〇教室、抄録整理、六時帰

二月五日　土　雪　二寸余積る

九、教室、終日雪降る、輯報抄録原稿東京印刷え渡す、西村論文図版共八田氏より戻る又手紙来る、終日校正祥雲院様十三回忌逮夜に付きみ子藤村え行きて饅頭注文などし晩斎を供ふ

二月六日　日　晴

咽頭少し悪し家に在り、午後賢信発熱のよしに付見舞に行く御大喪中は加養すべしと

二月七日　月　晴

新宿御苑にて大喪儀行はせらる、今明日奉悼、九時教室、十時より大講堂に於て奉悼式あり、古在総長奉悼文を朗

読し、これを以て終る約三分間。西村論文第二校正、西謙来室、六時過帰宅、本郷辺は平日に反して甚閑静、商店多くは半閉、青山辺は非常なる雑沓なるべし　星今朝北海道より帰りたりとて来りたるよし　午後十一時全市黙禱の筈、市内小学校等に遥拝所設けあり

二月八日　　火　晴

一〇、一五教室、名古屋浅井氏えなら漬贈与の礼状を出す　二時半出て柿内、賢快、忠、信を連れて出かけ新宿御苑大喪場及外苑、青山通りを経て五時半加賀町え帰る、留守橋本節氏来訪、北蘭十三回忌のため。素子再び乗船切手買ひ置く云々の談ありしと

二月九日　　水　晴

九、一〇教室、弁当後会議所に黒板教授を訪ひ曽て頼み置きたる文科志願講師に付て様子を聞く、大学卒業とい ふ資格に付き内規あり、又提議者として専門違の教授よりするは弱点あり（考古学講座なし）、現在志願講師三、四名あり。室え戻れば只今柴田常恵氏来りたるよし、由て人類教室え行きたるも在らず、松村氏病気欠勤、旧物理教室内標本又々移転に付宮坂、八幡氏等大労働、六時半帰

二月十日　　木　曇晴

八、五〇教室、良一え手紙を書く主として留学費を研究以外に費さざること　ヒルシュ博士（ユトレヒト）より広意のビオローグ〔＊生物学者〕としての自分の身分に付照会あり送附の用紙に記入して出す　六時半帰

二月十一日　　金　晴

一〇、〇教室、後三時去て銀座え散歩旁ウルストを買ふ、たか子風邪の由に付西洋菓子、ショコレエトを買ひ加賀町、六時過帰宅、留守中石原喜久氏来訪、南米談ありたるよし

二月十二日　　土　晴

九、二〇教室、金田一氏来室幸ひ西謙氏もありて椎木のことに付相談、兎に角慶應教授松本氏が四月帰朝せらるを待ちて其上のこととすることにす　早く弁当を使ひ出て青山斎場に到る　芳賀矢一氏葬式（神式）なり、式場に入ること叶はず、去て家に帰り衣を更へ四時学士院、九時半帰

二月十三日　　日　晴

午前在家、星来、午後大山氏を訪ふ、此頃黒板氏と会談文科志願講師のこと、基本著述の大切なること、六時半半帰

帰宅　素子欧航のこと如何になるや本人は如何にしても実行の模様、明日桑木夫人きみと面談の筈（今日まで夫人と其件に付話したることなし）

二月十四日　月　曇晴

八、五〇教室、フリードレンデルより去十二月一日注文を発したるHaas: Ainu〔＊文献〕到着す　早く弁当を使ひ医化学に柿内氏を訪ひ一昨日教授会に於ける歯科問題の模様を聞く、後任教授は都筑と決定、次に帰朝就任までは石原久講師と決す　島峰説に塩田大反対（大騒動起る云々）之に長与提議の石久講師説、採決の結果　島四票（林、柿内、真鍋、石原喜）のみ、稲田無事主義、これより歯院に到り島峰氏にこれを知らせる、三時教室戻、慨歎々々。六時半帰、今日きみ桑木家に行き夫人と面談、夫人は最初より賛成せず、厳翼氏同様とか只本人の意志なるが如し

二月十五日　火　曇

九、三〇教室、午後三時過出て柿内、儀坊下痢、親坊のおもちや二個持ち行く　素子郵船会社え行きたりとか

二月十六日　水　少雨

八、五〇教室、此頃はRuggeri, Anthr. of Asia〔＊文献〕を苦心して読む　六時半帰

二月十七日　木　晴

九、四〇教室、汎洋会人類学分科会員十一名え旅行案内等を送る又在巴里移川氏にも葉書と共に発送す　柿内にて田鶴始め下の児三人風邪のよしに付弁当後三郎氏に様子を聞く、宮坂八幡二氏来、姥山予報別刷贈らる　六時半帰、青木誠氏来晩食、原六娘の談あり

二月十八日　金　晴

八、四五教室、三田氏来室、昨夏病後（チフス）神経衰弱、昨今は大に回復せしよし、医学輯報に付談、殊に1924解剖抄録独乙訂正をクレスレル氏に依頼したる其報酬を請求することを頼みたり　四時去て柿内見舞田鶴、孝、悌、儀皆起き居る、これ位にて済めば結構なり、西洋菓子、チヨコレエトを置きて五分間計にて去る、五、二〇帰宅

二月十九日　土　曇

八、三五教室、午後松村氏来室、米国グレゴリー氏よりの交渉、マーシャル、カロリン群島人類学的研究の件長谷部氏最適任といふことに一致す　七時帰宅

二月二十日　日　曇

柿内にて信子も熱発のよし　出がけに見舞ふ　精子の児

等六人えの贈り物を持ち行く、寒冒にかからざるものは三郎氏と忠子のみ、十二時過教室　四日市森正道氏来室、土器三片持ち来り鑑定を乞はる埴部（はにべ）ならん　六、三〇帰宅　午後星来りたりと

二月二十一日　月　曇

今朝四時雨戸外に人ありと素子騒ぐ、朝になりて見るに家の廻りにくつの跡数多あり勝手口戸の鈴に紙を塡めてあるなど賊の接したる跡明なり　九、二〇教室、七時前帰

二月二十二日　火　雪

起きれば既に二寸余積る、九、〇教室、終日降る、ジュフリーダ・ルージェリ〔＊著者名〕を苦心して読む　六時半帰　雪四寸八分積りたりと

二月二十三日　水　晴

八、三五教室、松村来室　グレゴリー書面タイプライタア複製持ち来る　四時出て柿内、田鶴始め児等の風邪先直り（ママ）たる様なり、星が贈れる用紙挟み二個持ち行きて賢、忠にやる、又チヨコレエト五個を児等に見舞、見舞はこれにて止めなどいへり、五時半帰宅

二月二十四日　木　晴

八、四五教室、長谷部氏えグレゴリー照会状写封入手紙を出す、吉田章信氏一寸来室、人類学会に入会承諾、直に同会え其趣を通報す　六時半帰

二月二十五日　金　曇

八、四〇教室、六、三〇帰宅

二月二十六日　土　雪曇

八、四〇教室、午後人類学会例会、甲野氏真福寺貝塚報告、松村氏人種の新しい分類法に就ての講演あり、五時帰宅。於菟のために研究費補助（五〇〇）申請推薦書を学士院に出す

二月二十七日　日　晴曇

不図思ひ立ちて純子を連れ米国人形陳列を銀座松屋に行き見せる素子女中みよ同行、昼食して陳列所に到る純大喜、新一（ママ）のおもちやを買ひなどし一時半帰宅、星来り居る、自分は直に加賀町、忠、信子にも人形を見せてやりたく思ひてなり、三越の方え行く、松屋と同様なり、非常なる混雑、食堂にて辛ふして菓子をたべさせることを得たり、四時加賀町え帰る、少し雪を降られたるも少しも困ることなかりき、五時家に帰る少疲れたり

二月二十八日　月　晴

八、五〇教室、中食、松村氏を人類教室に訪ひ長谷部氏よりミクロネシア探検承諾の返事来りこれを告ぐ、六時半帰宅

三月一日　　火　晴

九、一五教室、紀念日とて閑静、昨年今日は良一出発など思ひつつ歩きて六時半帰宅

三月二日　　水　晴

九、一〇教室、金沢佐口氏え顕微鏡使用法寄贈の礼札を出す　横尾氏縫合を模写に付相談、七時前帰宅

三月三日　　木　晴曇

八、四五教室　Giuffrida〔＊著者名〕を漸く読み了る六時半帰

三月四日　　金　曇少雪

八、四〇教室、六、三〇帰宅

三月五日　　土　雪曇

三寸計積る、八、三〇教室、六、三〇帰宅

三月六日　　日　晴

午前在宅、午後柿内、田鶴三女児を連れて葬場殿拝観に行きたりとて賢、忠在るのみ、皆帰り来るを待ちて去る、五時帰宅、晩星来

三月七日　　月　晴

八、二〇教室、福岡鈴木直光氏学士院え紹介論文 Granula der Gangliezelle im Zentralnervensystem 到着　直に同院え其旨申送る、又鈴木氏え受取はがきを出す、六時半帰宅、晩佐藤三氏より電話にて学士院研究費補助殆ど百許もあり、福岡医科白木正博、神中正一、下田光造三氏の分如何云々

三月八日　　火　晴雨

朝学士院え行きて三氏研究費推薦手続を兎に角なしたり、十時過教室、三郎氏来室、来十日倶進会に於て談話せよ云々、余り時日の迫りたることに付延期を乞ひたり、西謙氏来室、一時過ぎて弁当、

昨夜十時過号外にて山陰地方大地震の報あり、今朝の新聞にて災害殊の外大なるを知る、丹後宮津峰山辺最甚しきが如し大阪、神戸、京都も幾分か影響を蒙る

三月九日　　水　雨風

山陰の震災なかなか強大、九、〇教室、於菟一、九〇〇Ｙ受取り直に家え電話　きみ子来室、今日二、一〇〇余Ｙ地所代払込むと、嵐中困る、室内雨漏り甚し、アイノ出

自論清書を始めたるに机上飛沫を受け為め用紙を損す
語言同断、居ること叶はず五時去る

三月十日　木　晴

八、三〇教室、アイノ出自論を頼りに清書、未了、教室
茶話会なりとて一時間計席に列す　七時前帰

三月十一日　金　晴強風

八、二五教室、午後三時去てユンケル氏を訪ふ、幸に在宅、
直にアイノ出自論独逸訂正、途中茶を喫す、独逸帰航の
旅談などにて長なり六時辞し去る、帰途柿内え寄るつも
りなりしも遅くなりたれば直に帰宅

三月十二日　土　晴

八、二五教室、松村氏来室、明日台湾え向け出発（宮内
氏を連れて）外に杉山、甲野二氏同行することとなりた
りと、これに付種々談あり　続て大山、教室間工合悪し
ことなど昼になり去る、借用し置きたるアイノ出自論
関係の書籍を返へす、午刻三二来り出自論M. S. をタイ
ピストに頼ましむ　クーレンベック氏来室　A. Kapper's
Handb. Bd. II.〔＊文献〕貸し置きたるを返へす　氏四
月上旬帰国すと、二時半去て学士院例会出席、自分は
福岡医学部鈴木直光氏 Granula der Gangliehzelle〔＊
論文〕を報告す　意外にも後に姉崎幹事より注意あり
本論は既福岡雑誌に発表になり居るを以て Proceedings
に掲載疑問云々、十時半帰宅

三月十三日　日　雪　昨夜来盛に降る

一〇、四〇教室、米国側グレゴリー提議南洋探検の件一
昨日大平洋調査委員会に於て不図日米国際の問題起り一
頓挫の形のよし　昨日松村氏より、亦桜井会長よりも聞
きたる模様を長谷部へ書き送る　三時半去て柿内えと思
ひたるも余り大雪に付直に家に帰る

三月十四日　月　曇

八、三五教室、タイプライタア出来三二持ち来る、一三
枚あり、三円礼をなしたり、これを通覧してユンケル氏
え速達便を以て送る、七時前帰

三月十五日　火　雨

九、〇教室、電車悪しく遂に歩きたり、ユンケル氏より
Abstammung d.Aino〔＊小金井執筆〕論文再度校閲し速
達便にて戻る　これを尚ほざつと見て三時半出て本郷局
え行き書留にて出す Anthropologischer Anzeiges〔＊雑
誌〕に掲載のつもりにてギーゼレルえ宛てたり　これよ
り雨中悪天加賀町、儀坊にきみ子が買ひ置きたる下駄を

遣る、賢坊は明日より試験なりとて頻りに勉強、忠子多摩陵参拝（学校催）に行きて未た帰らず、五時半帰宅

三月十六日　水　曇

八、四〇教室、フリードレンデルより手紙来、Biolog. Centralbl. は取調の結果焼失せること判明せしよし、自分とは永年の関係に付書肆損失として更に発送せり云々不日其到達を待つ、天谷千松氏来室、今朝の新聞に加藤元一学士院援賞に付京都石川日出鶴丸氏大抗議のこと掲載ありこれに付談、天谷氏は加藤の説不賛成者の一人なり　ギーゼレル（ミュンヘン）に昨日発送原稿の Anthrop. Anzeiges〔＊雑誌〕掲載依頼状を出す、六、三〇帰　ＯＡＧ本年度会費拾二円振替にて送る

三月十七日　木　曇

九、一〇教室、六時過帰

三月十八日　金　曇晴

八、二〇教室、午後は余り穏暖（ママ）の天気となりたれば家に帰りすみ子を連れて久し振りにて動物園行く、前後に例のブランコに乗り歓ぶ　四時半帰宅

三月十九日　土　曇雨

八、二五教室　フォッサ・スプナサリス〔＊鼻下窩〕に種々の書籍を調べる　四時去て加賀町、賢今日試験済、信子は二十四日式あり総代として修業証を受取るよし大歓、五時半帰宅　時に雨降る

三月二十日　日　雨、雪

一〇、二〇教室、午後盛に雪降る、六時帰宅

三月二十一日　月　晴　祭日

一〇、五〇教室、自分が大に注意せる鼻下窩フォッサ・スプナサリスと名つけたる形態を頭骨標本に付て通見したり、六時半帰宅、二週間振りにて星昼来りたりと

三月二十二日　火　晴

八、一五教室、昼食二時学士院に学研医学部会に出席、会員半数改選　全部留任と決す即ち自分も向ふ六ヶ年継続、三時半散会、三浦謹、森島二氏と省線を用ふ、市ヶ谷に下り柿内、六時帰宅

三月二十三日　水　晴

温和なる天気、午前は親坊を抱きて庭を歩きなどす、十時半出て柿内、弁当、賢坊を連れて十二時出かける　馬絹松原家を訪ふ二子より自動車、二時頃達す、裏の山を越して此頃開墾の際出でたりといふ板碑数枚を見る　四時半帰途につく、帰り自動車都合悪し、二子まで遂に歩

く、七時加賀に帰る、今日はきみせい親坊を連れて大崎新井家を訪問せり　坊車中往復共甚おとなしかりきと、夫人種々配慮せられ意外厚遇を受け大歓にて帰りたりと親坊は自分帰宅の時既に疲れて眠り居たり　精稍々得意の様子、将来更に見当付かす、得意たり得る時に得意たれなどときみ子に言ひたり、自分疲れ十時眠に付く

三月二十四日　木　少雨、曇、晴

九時教室、三時半去て柿内、信子お茶の水小学にて式あり一番にて総代として修業証書を受け取りたりと先刻既に曙町え行きて在らず、賢坊予て約束の筑波山行のため同行帰宅、信に祝として人形を遣る、大悦にて遊ぶ

三月二十五日　金　晴曇

朝天気模様宜し、筑波登山、八時上野発、土浦にて乗り替へ是会社線、筑波駅に下る時に十一時、これより町まで乗合自動車、九分を用す　町は中腹にあり徐々に昇る、神社を過ぎてケエブルカアに乗る七分にて両峰の中間凹所に達す、先男体山（西）に上る、道路岩石あり又雪残存にて甚悪、頂に小祠あり側に測候所あり、中間凹所に下りて旧式茶屋（外に新式のものあり）に入りて弁当使ふ十二時を過ぐ、次に女体山（東）この方道楽なり、戯れながら歩く、頂に小祠あり眺望甚佳、しきりに紀念写真をすゝめる、天曇る、町に下れば尚ほ時あり、附近を歩く、小店に入りて休む、筑波駅四、一六発車、土浦の乗り替へ甚窮迫、賢に西洋弁当を与ふ、帰りは三河島にて乗り替へ七時半家に帰る　時に少し雨模様、昨秋来の企図なりしが賢も大満足

昨日衆院にて政友会側大乱行、議長、副議長辞任、今日第五十二議会兎に角満期閉会

三月二十六日　土　雨

十時学士院に到る、研究費補助審査委員会、件数一一四、甚困難、弁当、四時半漸く終る、大雨中往復困る、午後家より電話にて教室より小使来り　クーレンベック氏の送別会如何と、断る、自分に前以て告げざりしは遺憾、賢はきみ三越え連れ行き加賀町え帰る　良一より返事来

三月二十七日　日　晴

信、純を連れて動物園素子同行、二児フランコに遊ぶ、午後は庭に出て芝上を掃く、信帰る、星来、晩は疲れて早く眠る

三月二十八日　月　晴

九、〇教室、於菟と解剖学会計報を作る、安田銀行え行き会のもの百円亦自分もの百円引き出す　クレンプ氏札幌より出京来室せらる　チェンバレン氏アイノ論文を貸すことを諾す　在チュービンゲン森田秀一氏よりリエージュに転学せりといふ葉書来る　六時過帰宅

三月二十九日　火　晴

九、三〇教室、札幌八田氏来室　クレンプ氏え貸すチェンバレン著書を托す　午後長崎高木純五郎氏来室　六時半帰

三月三十日　水　曇小雨

八、二〇教室、この頃は頻りに解剖学会講演「鼻前窩」に付考査、六、三〇帰

三月三十一日　木　晴

八、〇教室、京城上田常吉、助教授梶村正義及助手の三氏仙台行の途次来室、潤氏来室丸子にて古墳より人骨四、五体出たりとの報を持ち来る、恰も仙台行のため実査することと叶はず、採集方を氏に托す「鼻前窩及び鼻下窩」演説草稿書き終り七時前帰宅

四月一日　金　曇晴

午前整髪、旅行準備、自動車にて出かける　きみ、もと、すみ同乗　一時上野発車、福岡進藤、長崎国友二氏其他に会同、宇都宮辺にて石沢氏乗り込む、白河辺にて寒くなる外套をきる、六時夕食、日本食にて失望、郡山にて大阪塚口氏等乗り込む、九時仙台着、布施、長谷部其他の教室諸氏迎へくれたり、厳児を連れて出てゐる、学部の車にて棚野宅に着、保子よし江子及小女児皆元気、十一時頃寝に付く

四月二日　土　曇

八、三〇自動車迎へ来り解剖学教室なる会場に到る、九時頃自分開会す　昼餐は大学よりとのこと、午後の始めに次会開会地を第一長崎第二千葉と提案して承認を求む、但し後にて第一を名古屋と改む、六時散会、これより弁当（かつ丼）、議事会、集るもの各大学教授、第一或問題に付綜説を講演すること、可決、其都度講演者をきめること演題は其人に任かせること、第二教室を各科に独立せしむること、異論あり延期、以上二案新潟工藤氏提議、第三機関発行の件、京城上田常吉氏外五、六名提議、勿論者なきも実行上種々困難あり、来年具体案を提議者（これに経験ある岡島氏を加ふ）より更に提出す

ることとす、終りに論文発表費補助を希望者六名あり、一五〇円を六名に等分することとす、九時過終る、自動車にて送らる他の人も同乗、尚ほこれよりチユリヒ会を催すと、厳はこれに出席、遅く帰る、保子と親談、野明不変、むつ子可憐、保子気の毒に堪へず、十二時過ぎて寝に付く　出席者即ち会徴収者七十一名なりと於菟より聞く

四月三日　　日　霧雨

迎車来り、九時会場に到る、尋で開会、昼弁当解剖実習室にて使ふ、甚清潔（出費不詳）、五時半自分「鼻下窩」を演て終る、閉会辞を簡単に述ぶ、より懇親会場カルトンに赴く、撮影、五〇名ばかり集る、数氏卓演面白し、八時頃散会、自動車にて送らる、厳が欧州にて撮りたる写真帳など見る、十時過就眠　先々二日間の学会都合よく終る

四月四日　　月　雨

松島遊覧、天気怪し、厳と共に出る、八時汽車発す、二十五分にして塩釜着　賢、忠、純、親え絵葉書を出す、県庁の大にたり船に乗る、小蒸気にてひく、港外に出る頃より雨降る、瑞巌寺を見て新富山に登るガスのため展望叶はず、五大堂を見て松島ホテルに昇り弁当、午後雨止む、出て雄島え行く、再び船にて扇谷に寄り、台に昇り眺む、堂あり、一老人説明す、杖を売る実竹杖一本買ふ賢え遣るつもり、塩釜に戻りて解散す　尚ほ諸氏と先つ釜四個を見る、明治二十一年北海道より帰途此地え立ち寄りたることを思ひ起す、次に山上の塩釜神社に詣、土産しほがまを買ひて電車にて仙台に帰る、椰野にて晩食、鰻蒲焼を試む、五大堂は保護建造物のよし、堂の週（ママ）囲に古き十二支の彫刻あり、慶応戊辰に此地を通りたるとき此堂に付朦朧ながら記憶存するを感す

四月五日　　火　雨

保子厳に送られて電車にて駅に到り八時発車、郡山にて「サンドウヰツチ」を食す、小山辺にて雨止む、三、五〇上野着、自動車にて帰宅、留守中島峰氏より度々電話ありたるよし、今も電話あり六時同氏来る、東京女子歯科医専校長に平野氏適するの件なり、疲れて早く眠る　去二日にきみせい親を連れて柿内え行きたりと、又三日星来り泊りたりと　晩三二親一に種痘す、序にきみせい自分も施す

四月六日　　水　曇小雨

忠子朝遊に来る、一〇、〇教室、長谷部氏よりフォッサ・スプナサリス其他に付早速来書、北大学士小河原氏研究生とし井上氏、此度卒業浦氏副手として西氏紹介す、椎木繁吉来、西謙氏鼎坐相談、其外旅中の日記を書く、六時過帰宅、七時頃平野氏来訪、女歯校々長就任の島峰氏意中を通し且薦む、最初は顧問といふことにしたし云々兎に角これ以上は島峰氏と面談せられたき旨を述ぶ　九時過去る

四月七日　　木　曇小雨

朝島峰氏え電話にて平野氏と面談のことを通ず、午後忠、純を連れて植物園え行べく支渡したるも少雨降る、吉祥寺内桜略ほ三分ばかり咲きたるを見　植（ママ）町を歩きて帰る

四月八日　　金　晴

九、三五教室、大山氏来室アフガニスタン探検旅行の件、大谷来談元山企図費用三〇万（四〇万まで出来る）、大事業、会談中上田常吉氏見ゆ、急ぎ弁当を使ひ帰宅、きみ、忠同行出かける、向島に墓参、言問にて休、浅草観音、忠始めてなりとて珍らしといふ、上野広小路にてきみと別れ忠を加賀町え送り行く

四月九日　　土　晴

午前純を連れて動物園、例の通り、桜花略ぼ満開、幾年振りかにて上野の花を見たり、午後は家にありて児と遊ぶ

四月十日　　日　晴

九、四〇教室、長谷部氏にフォッサ・スプナサリス其他申越のことに付返事及学会に付謝状を出す　六時半帰る
午後星来りたりと　三二万年筆を買ひ来れり

四月十一日　　月　小雨曇

八、二五教室、姥山人骨荷箱七個開く、且布袋より取り出す、六時半帰

四月十二日　　火　曇晴

八、一五教室、姥山布袋をひらく、未了、三時過出て学士院、於菟研究費補助五〇〇〇円確定す、今村、山崎両会員より丹後大地震の報告あり　珍らしく早く済みて八時半帰宅

四月十三日　　水　晴

好天、三軒茶屋に潤をさそひ調布村古墳遺跡探検、二子より歩く、桃きれいに咲く上沼部潤関係一農家に達す正午に近し、弁当を使ひて山登り此頃人骨四五体出せし横穴跡を見る最早地ならしして跡形なし、測量標を立て

たる古墳に昇る、筍を土産に貰ひて帰る時に四時　精子四、五日来乳の出悪し、親坊やかまし殊に晩になりて泣く、困る或は次の妊娠ならざるか

四月十四日　木　曇、雨

八、三〇教室、橋田氏来室、学士院受賞に付やかましき加藤の業績に付故大沢氏が大に賛成したりとか世間にいひふらす者あるよし、就ては其真の事情を知りたる云々大沢氏手紙のことを話す、橋田氏は加藤に賛せず寧ろ京都石川の実績を賞するが如し、自分は両者宣伝を学問上要なきことをいへり、於菟に学士院研究費五〇〇円確定せること告ぐ、椎木来り鼻患のため手術を要す云々談あり、兎に角大学医院耳鼻に依頼を試むべしと言ひ聞かせたり　姥山人骨袋の整理終る　五時耳鼻に増田教授を訪ひ椎木治療のこと頼む、幸に承諾せらる、其事を椎木え電話す、六時半帰　今日精畠山え相談に行きたりと、異状ならざるべしと、母子共元気

四月十五日　金　雨

八、三〇教室、文間村大野一郎といふ人より先達て立木貝塚人骨を送るべきや照会ありしに付返事を出す、六時半帰、終日悪天

四月十六日　土　晴風

八、一五教室、桑木氏帰朝一〇、一〇東京駅着を出迎ふ、歯科病院に島峰氏を訪ひ平野の様子を聞く　一応断われたりと同時に義歯修理を桜井氏に頼む、一一、四〇教室クーレンベック氏既に出発したりと於菟より聞く、氏来朝晩餐会にも、此頃送別会にも出席出来ざりしは遺憾、教室の人々の注意足らざる憾あり　四時出て加賀町

四月十七日　日　晴

一〇、教室、平野氏え歯校長辞退の再考を促す手紙を又其旨報を島峰氏え出す、六時過帰、政界最近のやかましき問題台湾銀行救済のため二億支出緊急勅令案今日枢府にて否決の模様、尋て若槻内閣辞職となるべし、後継は如何、帰宅の後号外にて愈々否決、辞職といふことを知る、星一寸来りたりと

四月十八日　月　晴

九、四〇教室　ミュンテル（ハイデルベルク）、モンタンドン（パリ）、フィスク（ベルリン）、ワーゲンザイル（上海）、ボルヂレフ（バトルクリーク）え論文寄贈謝書を出す　椎木診察を受け入院許可になりたりとて寄る　二時頃去て藤村にて薯やうかん（二円十銭）一箱を買ひ中野に大沢

家を見舞ふ　老未亡人不在、嫁御に会ひて先日訪問を謝す、これより杉並村字成宗に金田一氏を訪ふ不在、新開地の末端なり、帰途牛込に降り弘田家を訪ふ　先別状なし六時半帰宅

四月十九日　火　晴

八、一五教室、一〇、三〇頃きみせい親一を連て来る、医化学に杉野氏を尋ねて種痘の結果を見てもらい三二の仕事を見て自分の室に戻りたり　ルンドボルグ（ウプサラ）より大著　Racial Character of the Swedish Nation　寄贈、桑木氏来室、時に松村氏台湾より帰り、又江上波夫氏此度文科に入りたりとて来る、厳翼氏素子洋行に付言ひ出したり、純を連れて六月末出発云々同行者九大姪の婿末綱氏及幸にも彧雄氏、良一は来たいなら来てもよいと、生活は自ら在伯中見て大したことはない、時勢止むを得ずと、かたがた賛成すと、夫人は賛成でない我儘、熱望、海軍が許や否や出発の際は未定、船券を買ことは帰るまで待つ筈なりしも満員の惧あるため約束したりと、主意目的は別になし　帰朝の上文章に現はるるか、教育してあるから普通人の様なことはなかるべし手足まとひにはならざるべし　自分は自分の見学をするであらう、厳氏言動甚異様に感す、三時去る〔純虚弱は天運に任かす、米国夫婦旅に適す、世界の風潮、日本も然り〕。五時自室を去る

号外にて政友会田中（義一）内閣出来ることを報す

四月二十日　水　晴曇風

井上哲氏を見舞ふ日本原始談、歯科病院、義歯修理未だし空しく去る、一一、三〇教室、東洋学芸雑誌社員来り、アイノ出自原稿を貸すこれを訳すとか　椎木今鼻手術済みたりとて来る、小使室に安臥せしむ　四時前去て石黒家え先日来訪の挨拶、柿内、賢坊に郵便切手を持行く、次に岡田家訪問、六時帰宅

四月二十一日　木　曇強風

朝八、三〇出て青山平野氏訪ひ女歯校々長応諾を促す、絶望にはあらざるも六ヶ敷兎に角島峰面談のこととす時に家より電話、京都清野氏解剖にて待つとのこと急ぎ十一時半教室に到る、清野、□□（次き）二氏アフガニスタン探検団のこと大山氏団長最良と一致す、坪井全集のこと足立自ら出京最有力云々、二時半家に帰り、是より歯科病院、義歯修理成る、島峰氏に平野面談の模様を話す、学校理事側より懇望することとす　五時帰宅、市内各銀行

取りつけにて大混雑、自分研究費（四〇〇計）女中みよを本郷安田銀行まで遣る　到底受取ること叶はず空しく帰る

四月二十二日　金　曇

八、一五教室、福岡鈴木直光氏え論文要旨学士院Proceedigsに掲載せられざること申送る、六時半帰

四月二十三日　土　晴

八、一〇教室　松村氏を人類に訪ひ一寸台湾談を聞く、室に帰れは金田一氏来り居る、長谷舘氏家蔵の「アイノ」に関する古文書を贈る　且つ椎木のことは主人に兎に角夜学のこと話したる上の相談とす、ルンドボルグ（ウプサラ）大書寄贈の礼書（結婚絵はがき）を出す、六時半帰、留守中（きみも柿内え行きて）桑木氏来訪

四月二十四日　日　晴

九、四〇教室、柿内より電話、十一時半去て同家に到る、三郎氏腸カタル臥床、忠、信を連れて玉川、二子よりす、二児れんげをとりて歓ぶ、六時加賀町え帰る、七時帰宅、入浴、星来泊る

四月二十五日　月　晴

九、二〇教室、倶進会談話のため明治初年以来医学が独逸式に発達せることを調ぶ、七時半帰

四月二十六日　火　晴

八、〇五教室、医学部回顧談に付考ふ　六時半帰

四月二十七日　水　晴

九、四五教室、柴田常恵氏来室、来三十日遺跡視察にと、回顧談を書く　六時半帰

四月二十八日　木　晴

十時過上野学士院、学研会部会、部長、副部長改選、佐藤、森島両氏それぞれ重任、午後第十回総会、会長、副会長改選、桜井、田中舘両氏それぞれ重任、四時休憩、復尚ほ継続せらるべきも自分去て教室に寄る　フリードレンデルよりCentralbl.〔＊学会誌〕小包到着、二月二十一日附、五時過山上会議所、柿内氏依頼により倶進会出席、医学部追憶談をなす、次に後藤新平氏、刻下の世界趨勢に処する青年国士の覚悟と題して演説す　家より電話、親坊のど病云々、九時半終り杉野氏同道帰宅、診察す十一時過眠に就く

四月二十九日　金　晴　天長節

九、四〇教室、姥山人骨を少し洗ひ始めたり、アイノ出自論概要八幡氏翻訳せるものを通見す。四時過出て柿内、

七時帰宅

四月三十日　　土　晴

柴田常恵氏先導、八王子遺跡探検、松村氏熱発今朝断る、八、三五新宿発　柴田、八幡、府庁稲村坦元、内務地理矢吹活禅氏同車、八王子より乗合自動車、途中降りて龍泉寺に寄る、小き古き本堂にして頽敗、本尊は二代将軍の持仏なりと、体内に古文書あり、次に横山村石器時代住居跡を見る、一時村長宅にて弁当を使ふ、浅川崔にある敷き石を見て多摩御陵参道を横切り、高楽寺といふ廃寺を借住する　史跡の会を主る某氏方に休む、住居跡より出たる土器あり、程近き地下壙二個見てこれ又近き麦畑中の第二住居跡を見る、これは破壊されたるは惜し、終りに高乗寺に到りて休む、道甚閑静にて適す、浅川駅にて諸氏に別れ八王子まで乗合自動車、六、三〇発電車を用ふ新宿より市電にて九時家に帰る、入浴、きみ子桑木え行き厳翼氏に面談、素子洋行のこと何だかはつきりせず、愈々断行するとまでの決心なき様なり、甚以て怪しきことなり

五月一日　　日　晴

親一風邪悪しき方にあらず、九、四〇教室、終日骨洗、七時過帰　素純北町に泊る、大方洋行に付談ありたるべし、中止などといふことになりたらばこれ又後にて困る、星来泊

五月二日　　月　晴曇

八、二〇教室、終日骨洗、頭骨了る、他は小使に洗はしむべし、六時過帰。素子北町より帰りやはり決行の模様

五月三日　　火　雨

八、四五教室、製本師来りW文庫記念札を貼る、自室戸棚貝塚頭骨の位置を整理す、橋田氏来氏編纂欧文雑誌を輯報に合併のことに付てなり　併し森島氏心得居る旨を話したり、六時過帰、第五十三回臨時議会招集

五月四日　　水　曇晴

八、〇五教室、戸棚整頓終る、四時出て柿内

五月五日　　木　晴

親一初端午を精子祝とて二、三近き人々を招く、在宅坊を守る、一〇、一五田鶴孝、悌を連れて来る、信は学校より独り来る、堀越未亡人、本多令嬢、畠山等集る、三時過皆満足して去る

五月六日　　金　晴

昨日坊を抱きたるためか少し腰痛の気味に付静養、Centralblatt 製本出来に付直に歯科病院に届けさせたり

五月七日　　土　晴　夕雷雨

午前在宅、午後きみ子を連れてユンケル家を訪問、昨夏以来論文英訳、独逸文直し謝礼として三越切手二十円及菓子を贈る。これを電車中に忘れ置き、千駄ヶ谷駅にて種々交渉、中野駅に留め置きありとのことに付、これ受取りに行きてユンケル氏宅に到れば夫婦共不在

五月八日　　日　晴

午前在宿、午後独り出て此頃開きたる豊島園に行く、武蔵野線を用ひ練馬駅に降る、園内松山ありここにて葉巻を喫す、五時家に帰る　星来り居る、泊

五月九日　　月　晴

朝純を連れて上野動物園、例の通り大悦び、午後在宅、ユンケル氏去土曜日訪問せし挨拶に来る、小林ちか老母来、

昨夜議会終る、経済界救済の二大案通過、今日閉院式行はる

五月十日　　火　昨夜雨、曇、晴

今村、三宅、豊田及自分四名にて府庁に到り彼の天理教会が近隣に来りたるに付故障を申し立て未だ落着せず、重ねて陳情せり、帰途歯病院に寄る、控へ義歯の小修理成る、島峰氏大阪行き、Biolog. Centralblatt を見て去る、十二時半教室、四時出て柿内

五月十一日　　水　晴

再ひ府庁え行く筈なりしも今村氏来りて其要なき趣に付止む、九、一五教室、女小使小菅に骨洗賃として二円遣る、五時半帰、大山氏招待に応じ七時同邸に到る（タキシイドは柿内より借用）、主賓ゾルフ大使、外にヘッケル、フラウ・パウル、河村伯、林大佐。支那料理、終て夫人の所有品、種々珍らしきもの（髪飾、懐中等）、薩摩製古ガラス品を見る、十一時散す

五月十二日　　木　晴

天気極めて良、精子久しき前より心懸け居たる金森家訪問を決行す　九時皆同乗発す、素子は語学稽古に青山六丁目に降る、純大悦、金森家皆在宅、丁度鉦弥氏も出京中、近き中島家にも挨拶、三軒茶屋にて潤氏方えも寄る、十二時家に帰る、きみ、せい長々の思を果したりとて悦ぶ。三時出て学士院例会出席、九時帰宅

五月十三日　　金　曇

八、三五教室、姥山頭骨（Ｂ２）完全に復旧する欲望を起しこれを継ぎたり略ほ終る、六時半帰

五月十四日　土　雨

八、一五教室、教室同窓会市川に催す由なるも、デンマアク博物館より寄贈の人類学標品展覧に付断る、午後展覧品を見る、デンマルクよりのものはエスキモオ土俗品、デンマルク新石器時代石器類、及松村氏一行が最近採集せる台湾土人土俗器。何れも立派なるもののみにて甚面白し　大山氏来室、アフガンニスタン（ママ）探検に付てなり、これより人類に松村氏を訪ふ、恰も山崎氏来る、四人にて班長其人に付物色、適者困難、山崎氏学術研究会議に依嘱すべし云々、七時過帰宅、雨中星来

五月十五日　日　晴　雷雨

九、一五教室、骨継、平野氏来室、丁度午刻なり、大井女歯校々長先々試むべしと、時に大雷雨となる、雑談四時頃になりても尚ほ止まずカウモリを貸す、其後霽れる、七時出て帰宅

五月十六日　月　晴

八、四五教室、横尾氏え祝として三越切手（十円）贈る、長谷部氏南洋探検に付山崎氏談話の次第を申送る、柴田常恵氏え史跡調査報告二冊其他寄贈の礼葉書を出す。四時半帰りて更衣、中央亭に到る　横尾氏結婚披露、新婦人故斎藤主計少将三女、勝田少将媒酌　集るもの総て三十名計、自分挨拶を述ぶ、八時半帰宅

五月十七日　火　晴

八、四〇教室、骨継、頭二個組立て終る、これにて当分休止すべし、四時過出て柿内、昨日精子等三越え行きて親坊の写真を撮る、一時間製のもの柿内え持ち行く

五月十八日　水　雨

八、五〇教室、宮城県の人千葉林治とかいふ人より渥美郡人骨に付問合せあり簡単なる返事を出す　事務室え行きて昨年十一月徳川侯爵家より銅駝坊石器時代人骨寄附になりたるところ其後音沙汰なき趣き去十四日高木氏より聞きたるに付この件に付質したり、同時にフリードレンデルより申越したる中央未払額のことを伝へたり　福島県の人福田利雄より古墳のことに付質問書来る　小此木氏を推薦しやりたり、六時過帰る

五月十九日　木　半晴

八、一五教室、三時家に帰り庭え出て少し草をとる、これ今年始めてなり

五月二十日　金　晴

午前在宅、午後二時過学士院に到る　授賞式なり、博物館に依り高橋健自、後藤守一両氏に面会、銅駝坊人骨残部受け渡しのことを交渉す　四時半帰る

五月二十一日　土　晴

学士院会員に賜餐、一一、一五出て参内、迎へ自動車二時と命し置きたるも早く済みて松村氏に同乗して一、四五帰宅、庭の草をとる　宮中にて入沢氏に会ふ素純洋行のことを言ひたり　晩三重子来、高田氏小石川病院を止めねばならぬこととなり此度神戸独逸バイエル商会に勤務のことになりたりと　今朝庭にて蟻群の戦争を見る甚興あり

五月二十二日　日　曇

午前丸善に到り書籍庫払の書四種買ふ四、三五円、一〇、五〇教室、時に茨城県文間村の人大野一郎氏立木貝塚人骨持ち来る始め家の方え行きたりと、六時帰

五月二十三日　月　晴

午前純を連れて上野、例の通りブランコ動物園、午過ぎにて帰る、天気好し快、午後高田蒔氏告別に来る、大なる予望を以てバイエル社に赴任するといふ、柿内え行く、六時過帰

五月二十四日　火（曇）雨

七、四五教室、ギーゼレル氏より原稿受取りの返書来る遅くも十、十一月号（第四号）に掲載すべしと。小使中島を銅駝坊人骨残部受取りのため博物館に遣る、この中に彼の大切なる標品「切り目ある人大腿骨」あり　倶進会にてなせる医学追憶談を鉄門倶楽部にと思ひて綴る、六、三〇帰

五月二十五日　水　晴

七、三五教室、追憶談を書く、六時半帰、晩横尾氏新夫人同伴挨拶に来る

五月二十六日　木　曇

七、五〇教室、七時帰、追憶談書き終る

五月二十七日　金　曇雨

八、四〇教室、追憶談清書、六時帰、晩食きみ子と共に高田蒔氏新任地神戸に向て出発を東京駅に送る時に雨降る

五月二十八日　土　晴

八、三〇教室、長谷川氏に歯病院へ譲る雑誌見積書を渡す、坂口康蔵氏帰朝挨拶に来る、追憶談清書終る、四時

帰、信子学校より来り居る　庭え出る

五月二十九日　日　晴

午前信、純を連れて植物園、午後教室、西謙氏来室長談、山村（金沢医専）学位論文虚偽あり云々、家より電話あり星来り居れば帰る方都合よしと、四時半帰、星泊

五月三十日　月　晴

鎌倉行、例の順路、由ヶ浜より七里ヶ浜に出て一昨年十一月きみ同行の際休みたる松林中にて弁当を仕ふ、十二時半鈴木療養所に到る氏在らす、これより江の島へ行く、窟入口まで下る、随分熱し、小舟にて戻る、純、親小土産を買ふ、宇野氏を訪ふ、四、五〇藤沢発、六、四五帰宅、良一よりきみへ手紙「乗りかけた船家中面白くなきは当然云々」

五月三十一日　火　曇晴

七、三五教室、銅、中沢浜及姥山人骨を箱へ入れなどし片付く

六月一日　水　晴

八、四〇教室、午後柴田常恵来室、住居跡談、三時半帰宅　素子純を連れて洋行するに付送別の意味にて桑木家一族を偕楽園に招待す、客夫婦、信、中村夫婦、松沢夫人、末綱夫婦、福岡桑木嬢（これは或雄氏名代の意）、素純精、自分等、四時過同所に到る、先々体裁だけは出来たり百許の散財、八時帰宅

六月二日　木　曇

八、一〇教室、昨日W文庫記念札貼り終る三二〇〇枚許り要したり、W文庫整理、七時過帰宅、純子只今入院せりと、昨日支那料理過食か　今朝下痢発熱、毎度ながら困る

六月三日　金　曇

八、教室、W文庫片付、午後松村氏来室長談、宮坂止める、絵はがき発行に付感を害したるか原因不詳、甲野の苦言か。四時過ぎて病室に純子の様子を見る　最早大元気、安心、六時過帰

六月四日　土　曇

朝純子病室に寄り九時教室、W文庫残部四十冊許製本安川に渡す、午後人類例会、原田淑人氏「満州貔子窩発掘の経過」講演、四時半柿内、三郎氏新潟出講三夜三二泊る、今夜は自分泊る、賢ピアノ信、孝唱ふ、又晩食後は蓄音器を遊ぶなど甚賑かなり

六月五日　　日　雨

十時頃三郎氏帰宅を待ちて大学、先つ病室に到る、今退院するところ、きみ子来り居る、自分は教室十一時二〇、午後二時前家より電話あり足立文氏より電話あり云々、直に帰宅、星来夕刻去る、足立文氏を東京駅に迎ふ　六、四〇着、家に帰りて寛に談話、十一時寝に就く

六月六日　　月　曇

九、三〇足立氏共に出て氏人類教室に自分は教室、午後足立、松村、岡書院主打ち揃て来室、故坪井氏全集編輯のこと松村氏承諾せりと　足立氏上京目的たる本件成功同氏満足、尚誠太郎氏えも話したるところ氏も大に喜びたるよし　足立氏戻りて後種々学談、七時前帰宅、晩食、十時寝に就く、長谷部氏へ手紙を出す

六月七日　　火　曇雨

十時頃足立氏別を告げて去る、終日在家、親坊の相手などして休む

六月八日　　水　半晴

七、三〇教室、六時半帰

六月九日　　木　晴

八、一〇教室、於菟より古稀の祝など話しあり、布施氏の発言とか、絶対謝絶の旨言ひたり　七時帰

六月十日　　金　晴

春期大掃除をなす、親坊を守る、八、四五教室、仙台に催さるる日本学術協会講演会へ自分演題を「人類学上より見たる日本民族」として申送る　四時過出て柿内、昨今両晩素子等桑木に泊る

六月十一日　　土　晴曇

七、四〇教室、午後侍従木下道雄氏来室、日本先住民に付きて御前講義の件、来二十日（月）といふことに決定六時過帰

六月十二日　　日　曇

九、一五教室、解剖学会演説 Fossa praenasalis u. F. subnasalis 要旨原稿仙台布施氏へ送る　四時前出て学士院、院長、幹事、部長改選、十時帰宅　星午後一時頃来りたりと泊

六月十三日　　月　晴曇

八、二五教室、午前後共人類学教室に到り　松村氏に御前講演に付き要する写真を頼み、装飾品借用のことなど話す　五時家に帰り一寸庭え出る

六月十四日　　火　晴

朝紙に台湾阿片特権大正十三より停止のとことと復活したること掲げあり精等喜ぶ。丁度其年より話始まり困難中を経て今日来りたる次第なり、八、四〇教室、講演準備、天覧に供する品物取り揃へ、人類教室に到り写のことを慥かむ　五時家に帰り庭へ出る

六月十五日　　水　晴曇

七、三五教室、講演草稿に付て考慮す、六時半帰

六月十六日　　木　雨

八、四五教室、講演草稿を記す、木川氏に頼みたる写真出来、立派なり　七時前帰る

六月十七日　　金　曇

八、一〇教室、事務に頼み説明札を書きて貰ふなどす、四時去て柿内

六月十八日　　土　晴曇

七、五〇教室、講演準備先づ整ひたり、五時半帰り一寸庭へ出る

六月十九日　　日　曇

九、〇教室、明日の講演に付全く用意を整へ三時去る、直後に星来、庭へ出る

六月二十日　　月　曇晴

七、四五教室、迎への自動車を待つ　九、三〇に到りても沙汰なし、小使を呼ぶ、既に九時前より来り居ると、永井と間違ひたりとか、甚不都合、急ぎ発、九、二〇赤坂離宮に到着、ただ一〇分を要したるのみ、講話の間に到りて持参標本を卓上に並べ、廊下に出て出御を奉迎、珍田侍従長自分を紹介せらる、皇后陛下は時刻に到り出御無かりき、閑院宮載仁親王殿下のみ、他は牧野内大臣、一木宮内大臣、珍田侍従長、奈良武官長始め宮内官二十名計、一〇、〇五講話を始む、時々写真を陛下御前に持ち進みて説明申し上る、特に頭骨脛骨の際は立御になりて窓脇卓まで御出てなり天覧あらせらる、一一、一五「各方面から考慮致しまして私は本邦石器時代民族はアイノであるといふ結論に達した次第でござります」と講了したり、別室に於て尚ほ御質問あり遺物飾物を持参す「小金井は先刻アイノと日本人との間に混血したといふたが何処で如何にせしか、日本民族は何処から来たか」など御質しあり、入御の後別室にて茶菓一折を賜ふ、御下賜品（羽二重一疋）あり　一一、五五離宮を去る、教室に寄りて標本を置き、一時前家に帰る、先つ滞りなく「本邦先住民族の研究」御前講話終り安堵。林町おけいさん

珍らしく来り居る一寸挨拶す、橋本とし子夫人素子に告別として来、二時半出て柿内、賜りし菓子半分持ち行く

六月二十一日　火　晴

七、四五教室、橡堀の人西川善二郎より官費入院頼む云々、六ヶ敷き旨の返事を出す、人類教室へ行き松村氏写真等の礼を述ぶ　六時半帰

六月二十二日　水　曇晴

愈々素子純を連れて渡欧出発の日となれり、九、二〇教室　エッテキング（ニューヨーク）へ論文寄贈の礼を出す三時去て槇町に純子へ水写真など買ひて帰る、夕食をすませ出かける　自分は電車他は自動車にて東京駅、見送りの人々は桑木家関係安東老夫婦其他、此方は平野、橋本、森家、及星氏、純子は喜びはね廻る、八、四〇発車、明日正午伏見丸神戸解纜の筈、見送り呉れたる人々に挨拶し喜美子と帰る、二女中も尋で帰る　精、三は留守居、茶の間にて皆々と話し十時室に入る、家の嫁が孫を連れて欧羅巴見学旅行など想像にも及ばざりき、幸に虚弱なる純子無事に帰るを祈る、好天にて冷

六月二十三日　木　晴

九、〇教室、後一時去て先つ安銀にて一五〇円引き出し之を正金銀に到りて為替を組む300Mark = 150.75Yen（1Y = M.1.99）フリードレンデルへ送るもの、内務省に柴田氏を訪ふ不在、氏昨日来室、氷見町住居址のこと関する雑誌を置きたれば其礼のつもり。歯科病院に島峰氏を訪ふ不在、長尾氏に平野氏女歯校長に愈々昨日とか就任のことなど聞く、これより賀古氏を見舞ふ、二ヶ月程此方寒冒とかにて臥床、併し元気に話す、六時帰宅

六月二十四日　金　晴

前十時より学研医学部会を上野学士院に開く主とし輯報の件なり　昼食し午後三時了る、これより柿内、帰りに安東家へ寄り名刺を置き、桑木にては厳翼氏在宅　六時半帰宅、青木誠氏来

六月二十五日　土　雨

七、三〇教室、輯報抄録の部始めて校正、五時帰、信子来

六月二十六日　日　曇

九、三〇教室、金沢佐口氏へ Cytologische Studien Heft I〔＊文献〕寄贈の礼を出す　四時帰る、星来り居る、三二に本を買ふべしといひて二十円遣る

六月二十七日　月　雨

信を連れて出る、七、三五教室、書肆フリードレンデル三〇〇Mark為替入手紙で書留にて出す、同時にZentralbl. f. d. med. Wiss. Jhrg1915. Zeitschr. f. Ethnol. Jhrg 1926を注文す、又中央、病理、生理、精神病の四ヶ所借金支払依頼のことを書加ふ又精神病科に三宅氏を訪ひ支払残額を、同く病理長与氏に通告す　六時半帰宅

六月二十八日　火　曇

朝きみ子と評判の名作展覧会を見る、十時半帰、是より在宅、親坊の相手をなす

六月二十九日　水　晴曇

八、〇教室、栗山重信氏欧羅巴視察一昨日帰朝せりとて挨拶に来る　四時去て加賀町、孝子咳宜しからずと但し元気よし

六月三十日　木　晴

九時半教室、於菟家に来りて教室経済紊乱、最早遣ひ尽し三四千の負債ありと、実にいやになりたりと、五時家に帰り親坊の相手

七月一日　金　小雨、曇

九、〇教室、此頃は仙台講演準備、六時過帰

七月二日　土　晴

八、四五教室、七、三〇帰、直後星来

七月三日　日　晴　真夏になる

大山氏を訪問す此頃教室へ来訪のところ不在なりしにより答礼のつもり、別条要件なし、十二時過ぎて家に帰る、星氏も出て親坊の姥車、椅子二脚其他土産を買ひて帰る、午後四時頃出て橋本節氏新宅丸山町に訪ふ夫婦共不在、蒸熱酷し、星去る、晩食後三人坊を連れて槇町まで行きたり

七月四日　月　晴、曇　夕立

八、二〇教室、柴田常恵氏来室、内務省の仕事上に困難のよし、材料を置く場所もなし随て調査も出来ず云々

七月五日　火　曇

六、三〇帰、晩谷口腆二氏来、故岸工博士娘、三に如何

九、三〇教室、山本に念速寺へ学会より「志」二円届けしむ、四時去て柿内、ユンケル氏より輯報Abstractsの校正戻る

七月六日　水　雨

八、四五教室、京城岡田信利氏出京来室　土産朝鮮扇子一本贈らる　午後大降雨、室内流る如く雨漏る、営繕掛

りを呼ぶなど到底事出来ず　二時半去て帰宅

七月七日　　木　雨

八、二五教室、六、二〇帰宅

七月八日　　金　曇小雨

九、〇教室、六、二〇帰

七月九日　　土　曇

八、三五教室、三時半帰宅、忠、信来り居る、夕刻賢来る、晩食後星来、賑かなり

七月十日　　日　曇

朝から三児、親坊等庭に出て遊ぶ、十時過柿内両人孝、悌二児を連れて来る、大賑かとなる、十二時食卓に付く十二人、これに親坊も加はり悦び眺め居る、御前講話により御下賜品ありたるを以てこれに充て孫共を集めて悦ばせ度き意を以て催したり、鰻蒲焼を主品とす、ただ純子が居ざるを惜む（昨日シンガホオル安着の旨会社より通知あり）児等大悦、大満足、天候冷、甚快、精子等急に思ひ立ち白山の写真師を呼ぶ、庭にて十三人集り撮影、又一、親子三人写したり、柿内七人二時半自動車にて去る、四時過一氏去る精送り行く、静になる、自分発意の催し誠に予想の通りに済みたり、満足、晩食後きみせいと親坊を抱て槇町まで歩きたり

七月十一日　　月　曇

八、三五教室、六時過帰

七月十二日　　火　晴

今朝紙上にてユンケル氏昨日千駄ヶ谷駅にて卒倒し、容体危篤云々、出がけに千駄ヶ谷の住宅に見舞ふ、夫人より昨夜〇、三〇逝去せられたるを聞き驚愕、池田三雄氏あり、又夫人より容体の詳細を聞く、長与、三田村、尋で柿内氏も来る、一高の方々三名、女婿バウエル外出、帰宅を待つも、昼に近くなりたれば柿内氏自動車に同乗大学に到る　時に十一時五〇、於菟より教室経済乱雑、本年度は費ひ尽したりと、救済の方法なし、学部の問題となりて後とする外なしと話し合ふたり　四時去て学士院出席　八時半過帰宅

七月十三日　　水　晴

九、三〇出てユンケル家を訪ふ遺骸は堀の内火葬場へ送り中二時間半にて焼き終るよし、午刻までには帰る筈なりと、池田泰雄氏あり、史学の今井（登志喜）氏もあり先住民談などす、十一時去て柿内、尋てきみせい親坊を連れて来る、岡田家へ中元挨拶に行きたりと、児等学校

より帰り賑かなり、熱さ強し、四時去て桑木家へ精子のみ寄る　自分等は自動車内に待ち居たり　三田村、長与両氏よりユンケル氏葬式に弔詞を述ることを請はる、承諾す　夜半過まで弔詞を考ふ

七月十四日　木　晴

故ユンケル氏葬式平河町Ｏ．Ａ．Ｇ．にて於て執行せらる、きみ子同行約束の時刻に自動車来ず、甚当惑、辛して十一時到着直に式始まる、一高教師ペツォルド氏故人の履歴を述ぶ、次ゾルフ大使、一高長杉敏介氏、次に自分（独語）、次ドイチェ・フェルアイニグング？〔＊ドイツ協会〕十二時十分式終る　榊の小枝を供へて礼拝す、但し白紙を付けず、これは夫人の思ひ付きなりと式は遺志により何れの宗教にも依らざるものなり、十二時半過帰宅　熱さ酷し午後親坊を相手に休息、晩青木誠氏来、岸家の報告をもたらす、総て「良」なりと、如何？　去十日撮りたる写真出来、甚面白し

七月十五日　金　晴

八、五五教室、医学輯報解剖の部第一巻第一号出来、東京印刷より見本一部送り越す　人類に松村氏に長谷部氏南洋探検費研究会議より幾分の援助を申越したることに付談合、これは到底望無し且つ内地南洋間の船賃を見込み居らざるやの疑を生じたり、長谷部氏へ手紙を出す　六時過帰る

七月十六日　土　曇晴

七、五〇教室、輯報抄録校正、四時去て柿内、晩食後三人にて親坊を連れて槇町

七月十七日　日　晴

九、三〇教室、此頃は仙台講演の準備に専らなるも種々の妨ありて甚捗どらず　六時過帰

七月十八日　月　晴曇

八、二〇教室、六時過帰　ギーゼレル氏より来書、アイノ出自論校正を送りたりと

七月十九日　火　晴曇

八、五五教室、研究会議へ輯報内地発送先を書き送る　長谷部氏より返書あり、発奮禁じ難し断行する云々、快哉。六時半過帰星今来りたりと、葉巻煙草（五十本入）贈らる（二〇、五〇円）中元の意か

七月二十日　水　晴

八、三〇教室、椎木来、鼻、耳患未ださつぱりせずと、秋田氏来室　小学児童計測千四、五百に達したりと、六

時過帰宅

七月二十一日　木　晴

きみ、せい親坊を連れて箱根強羅行、自分送り行く、忠、信も同行の約束なるも発車時刻近きにまだ駅に来ず、如何せしかと思ひ居るところへ来る、七、四〇発車、八、一〇教室、四時過去て柿内、賢坊今日より学校休、六時半帰りて入浴、三と二人の外みよあるのみ甚静、晩度会来

七月二十二日　金　晴

七、五〇教室、六、三〇帰、稀なる熱さ、殊に夕刻になりて酷し

七月二十三日　土　晴

七、五〇教室　A・プレトリウス博士（ハイデルブルク）より手紙来る、大戦の際アントウェルペンにて如何せしか生死の程も明らざりしが、本書に接し深き感に打たれたり、返書は仙台より帰りたる後に延期したき旨葉書を直に出す、六時半帰、きみ子のぶ子を連れて帰り居る、ただ子は残したり、強羅の工合よろしと、昨日は本多子爵父娘の来訪ありたりと、柿内二児大悦、精子満足なるべし、ただ其真なるを祈る

七月二十四日　日　雨

冷、二三日来の苦熱堪へ難かりしが再生を感、九、四〇教室、六、三〇帰、ギーゼレル氏より Abstammung der Aino〔＊論文〕校正到達

七月二十五日　月　雨

のぶ子今朝返へすべし、八、一五教室　長谷部氏より来信、八月十三日門司発南洋に向ふ予定云々　午後隣家豊島氏入院を稲田内科に見舞ふ受持三沢氏より病症を聞く診断未確定せず　ギーゼレル氏へ稿校正と共に手紙を出す　日本人類学に付報告困難のこと　自分石器時代人骨研究のために余暇なきことなど事情精しく書きたり　終日費す、講演草稿更に進まず、七時前帰る、賢坊は女中みよを付て強羅へやりたりと、たけは夕刻帰る

七月二十六日　火　曇晴

八、二〇教室、西謙来室、六、三〇帰、留守中在ボルネオ元島策太郎氏息来訪、彼地鹿頭骨二個贈らる

七月二十七日　水　晴

七、四五教室、林町三回忌のことをきみ子へ電話す但し全く思ひ違ひたり昨二十六日なり、西謙来室、五時半帰、晩きみ子柿内へ三配のことに付相談に行く　谷口より申

込のもの

七月二十八日　木　晴　又熱くなる

七、三〇教室、山越来室雑談、六時半帰、強羅より皆帰り居る、親坊嫌機（ママ）、賢、忠は直接加賀町へ帰りたりと

七月二十九日　金　晴

九時安銀に到り仙台為替六十円、自分研費五十円引き出す、九、二〇教室昼吉田章信氏来室　弁当を共にし計測法に付相談あり　三時過ぎて去る　六時半帰

七月三十日　土　晴

七、三〇教室、五時去て柿内、児皆元気、七時前帰

七月三十一日　日　晴

八、一五教室　仙台講演草稿清書　六時半帰、晩九時足立文氏京都より来着、十一時過まで話す

八月一日　月　晴

午前松村氏来、足立氏故坪井全集のことに付打ち合せ自分側にあり　十時半共に出て大学、足立氏は人類へ自分は解へ、午後足立氏岡書院主を伴ひ来室、柴田氏に編輯長を嘱することを止め岡の方に適当なる人あるを以て仕事はこれにさせて長は松村といふことにしたりと、五時去て家に帰る　足立氏は先に帰り居る　十時寝に就く

八月二日　火　曇晴

午前用意、早く昼食、三人自動車にて一時上野駅発、非常なる混雑、殆ど空席無し、発車の後喫煙室に移る、きみ子と只二人のみ、熱さ案外苦しからず、甚意適す、かかる長旅行は始めてなど話し合ひ甚だ楽なり、白河にて大に冷を覚ゆ、三時半食堂に入り三人水など飲む、七時半夕食（特に洋食を命したり）間もなく九時仙台着、長谷部、木村男也両氏あり、出迎へくれたる保子、厳と桜井龍一共に自動車にて梛野仮寓に到る、十一時過寝に就く

八月三日　水　曇　細雨

九時長谷部氏自動車にて迎へに来る、大学法文学部会場に到る、五百余の坐席ありと、出来上りたるばかりの新築にて甚不快に感す、午前は石川千代松、鳥居龍、建部遯吾、簡単なる昼食、午後松本亦太郎、自分、足立文太郎、自分は「人類学上より見たる日本民族」と題し一時間と十五分許話したり大に疲労を覚ゆ、四時半終り、布施氏自動車にて送りくれたり、これにて先づ此度の本務を果したり、晩食に名物鰻の馳走あり、足立長谷部両氏

自動車にて迎へに来る　三人にて写真を勧めらる、遺憾なるもまた機会あるべしといひて疲労にことよせ断る　十時眠に就く

八月四日　木　晴曇

保子厳案内にて松島見物、八時出かける、電車を用ふ、三十分要す、九時塩釜着、直に神社に参詣、下りて牛石、釜を見て港に到る、汽船既に動く、幸にも乗ることを得たり、航中二回寄る、島々よく見えたり、熱さ強からず心地よし、十二時過松島着、直にパアクホテルに入る、甚佳、五大堂、紀念として四人撮影す、瑞厳寺、新富山えの道を厳間違ひて少し迷ふ　山上眺望佳、丁度晴れて金華山まで見えたり、きみ子と二人だけ観瀾亭を見、これより雄島え行く、保子は直に停車場え行きて休む、電車誠に都合よく間に合ふ、仙台に帰りて家え電報を発し、保きみは土産を買ふなど七時棚野に帰る、厳に送られて十時発車（常磐線）、新城、喜田二氏車にあり　きみ子と保子衰弱の様を見て大に心配し合ひたり、車内客少なきも眠ることあたはず　きみ子平にて茶アイスクリイムなど買ひたり

八月五日　金　晴

八、三五上野着、迎え自動車あり、不眠のため大に疲労を覚ゆ、朝パンを喫し、眠る、昼食を廃し午後も眠る、入浴、晩も早く寝る　旅費総額八十余円、但し内六十円学術協会より受領

八月六日　土　晴　夕刻雨

疲労全く直る、九時半三人にて親坊を連れ柿内、二時半帰宅、四時頃足立氏来、夕食、七時半出立京都へ、自動車を供す

八月七日　日　晴　昨夜雨

九、二五教室、日記整理、留守中に郵船会社より素子純子八月二日マルセイユ着の通知あり、仙台布施氏へ礼状を出す、六時過帰

八月八日　月　晴

星昨日来、皆を連れて村山貯水池を見に自動車にて行きたりと　朝例の通り早く去りたり　八、二五教室、松村氏来室、坪井全集材料全部同家より持ち来りたりと、編纂の基礎方針を定むること容易ならず種々面倒あるべし京都との打ち合せ数回必要なるべし、柴田常恵氏来室岩手県熊穴に付質問あり　同地方殊に北部の洞窟探検を試むべきかなど　六時半帰、谷口腆二来り居る、岸の件、

きみ子応接す

八月九日　火　晴

七、五〇教室、帰京後滞りたる輯報抄録校正、今日終る、六時半帰

八月十日　水　晴

七、五〇教室、田中舘氏依頼の久保朝鮮人計測論文をビアスッチ教授（フィレンツェ）へ送ることを事務へ行きて頼む、四時半去て柿内、児皆元気

八月十一日　木　曇

九、〇五教室、新着雑誌を読む、六時過帰宅、晩於菟来、鯨骨の件は愈々村にてもてあまし沖へ運びて捨るよし就ては明日久里浜へ行きて様子を見ると

八月十二日　金　曇　時雨

強羅行、女中みよを残す但し夜は秦息留守に来ると、全家族出かける、自分と三は電車を用ふ、七、四〇東京駅発、車中込まず、小田原電車混雑、辛ふして坐席を占む、湯本より大に楽になる、新坊（ママ）気嫌（ママ）よし、熱さ案外苦しからず、一一、四〇強羅着、星別荘に入る、建物広大にし心地よし、午後大に雨降る、屋内にあり

八月十三日　土　晴

午前独ケエブルカアにて早雲山に登る、新に開きたる道了尊に詣、徒歩にて降る、午後は皆（三は画具を持て独出る）公園、夜十時頃星来着

八月十四日　日　晴

前きみと宮城野より宮の下へ散歩、きみ満足、帰りは電車、午後驟雨あり　三は夕刻帰京す

八月十五日　月　晴

三時半醒む、四時皆起く、星五時発帰京、皆と箱根芦の湖行、関所に関する古文書陳列館を見る、湖畔の杉並木を歩き神社を詣て同所に憩ふ、坊機嫌よし、二時頃帰着、食事、入浴、寝を求む

八月十六日　火　晴

午前三人にて坊を抱き千条の滝へ行く、後二時より公園にて盆会を期し種々余興あり、宝探しにたけを遣る、皆と様子を見る、平日に比し人多し、夜に入りて明星ヶ岳に大文字の点火、花火あり、甚興あり

八月十七日　水　曇晴

午前精子をすすめて宮城野より宮の下へ散歩、替り相て親坊を抱くおとなし、宮の下にて明日帰宅の電報を発す十一時過ぎて帰れば潤氏夫婦今日来るとの葉書到る、

度々駅へ出迎へたるも来ず、二時頃に到りて二人来着、夕食後皆と鉄道に添ふて散歩

八月十八日　木　晴

朝親坊を抱て駅まて新聞買に行く、潤夫婦は芦の湖へ行く、久米寺とかいふ邸園を見る、支渡し食事、一時強羅発、三時八分小田原発、車中込まず只湯本小田原間のみ坐席満つ、但し熱さなかなか強し、五時二十六分東京着、迎への自動車あり、直に帰宅、精子が前より計画したる強羅行先つ何の障りもなく希望の通りに済みて本人満足、自分等も長年の苦痛稍開きたるかの感あり、厳より松島撮影写真を送り越す、よき紀念なり

八月十九日　金　晴

九、〇教室　呉健氏来室、氏の研究ジンパーチクス（＊交感神経）に付相談あり、自分には最早資格なきことをいふ、氏の熱心尊重すべし、長崎原正氏来、四人計測一万五千に達したりと、これより本調査を纏めると　在ボルネオ元島策太郎氏より来書並に船積証を封入、ダイヤ骨格拾具送ると、其経費二四八二円五拾銭なりと其多額なるに驚く、西山旧研究生一寸来室、五時過出て柿内

八月二十日　土　曇晴

八、四五教室、六時過帰、新坊少し熱あり機嫌少し悪し、晩星来、十一時過まで茶の間にて談話

八月二十一日　日　晴

朝電話にて杉野氏を頼む、早速来診、何も異状なしと、下門歯始めて少し見ゆ、其ためかなどいへり、後薬談、十時去る、十時十五分教室　雑誌を読む、六時帰宅、新坊別に悪くなし

八月二十二日　月　晴

八、四五教室　雑誌読　六時帰

八月二十三日　火　晴

九、〇教室、読誌、六時帰

八月二十四日　水　晴

八、三〇教室、法医三田氏を訪ひユンケル氏へ校正料謝礼のことに付相談、研究会議へ請求書を出す又オドルム氏日本民族はイスレエル民族の支流なるべしといふ論説を同会議へ戻す、午後四時過長谷部氏出京（一昨日）来室、愈々来二十八日神戸出帆、南洋探検に登ると、七時過帰宅　谷口腆二氏来りて帰り去るところ、明後日会合とか

八月二十五日　木　晴

八、三〇教室、四時出て柿内、三郎氏未だ帰らさるも明

日来会を特に頼み、忠、信を連れて帰宅

八月二十六日　金　小雨、曇、晴

暁少し雨降る、午前時々細雨、家に在りて児等遊ぶ、教室行かず、午後大に熱くなる、今日は谷口腆二氏の斡旋にて岸家と帝国ホテルにて会見、両人にて三二を連れて七時前同処に到る、先方は母堂、義兄、当人の三、谷口、三郎氏を加へて総て八人、食事終りて尚ほ屋上に活動写真を見る、九時半帰宅、自動車を供せらる、互に直覚せしところを話し合ふ、如何に成り行くか　星遅く来り今去りたるところなりと　十一時過ぎて眠を求む

八月二十七日　土　晴

九、〇教室、輯報抄録校了、今朝電車にて松村氏の談に Anthrop. Anz.〔＊雑誌〕昨日到着、自分の論文 Abstammung der Aino 掲載ありと　Bestattungsweise〔＊論文、埋葬方式〕は発送の日より彼の地にて発行日まで約五ヶ月を要したりしが今回は四ヶ月半を要したるのみ其速なるに満足　晩星来、十時去る

八月二十八日　日　晴

九、一〇教室、六時帰

八月二十九日　月　曇

九、一〇教室、佐藤三吉氏来室、オドルム氏日本人ユデア族説に付相談、正誤体裁に付相談あり、又精婦人科受診に来りたりとてきみ親坊を抱て来る暫遊ぶ、自動車にて帰り去りたり、事務へ行きボルネオダヤアク人骨荷物着に付其受取り方を頼む且つ林学部長に支払に関し一寸述べ置きたり室に帰れば午刻となる、六時帰宅

八月三十日　火　大雨

暁三時頃雨、朝に至り益々はげし、教室不行、風は強からず、涼しくなりて心地よし、午後降雨少し弱くなりたれば桑木母堂病気宜しからさるよし電話あり依て見舞に行く、同家普請中にて甚乱雑気の毒、是より柿内、賢を連れて三時過家に帰る

八月三十一日　水　晴

九時頃皆と出て三越、親坊誕生に近き紀念写真を精等とらしむ、これより屋上に上るなど十時頃食堂に入る、賢喜ぶ、写真の出来るを待ち十二時帰宅、親写真先つ上出来、秋気候も爽、賢三時過独帰り去る

九月一日　木　晴　秋爽となる

大震災四週（ママ）年、市内相当記念催しあるべし、八時教室、

Anthrop. Anz.〔＊雑誌〕を取りよせて自分のアイノ出自論掲載せられたるを見る、六時前帰宅　きみ晩柿内へ行き岸件相談、養子対研究といふことにて進むべきか

九月二日　金　晴

九、〇教室、製本出来、たまりたる寄贈書に蔵書印を捺す、新潟工藤得安氏来室、石器時代談に時移る、氏も此方面に興味を起したる様子、如何にや六時過ぎて室を去る　晩岡田夫人来訪、千葉医大にて内科教授更迭ある由、清三郎氏希望の件、氏も来る、模様を聞く、兎に角同地へ行きて高橋信美氏に面談することとす

九月三日　土　晴

未明一回強き水瀉、静養、晩七時頃星来

九月四日　日　晴

星午前出て帰る、葉巻煙草七本貰ふ、午後帰り去る、下痢止まず

九月五日　月　晴

静養、下痢止まず

九月六日　火　雨　冷くなる

下痢止らず、あまり長くなるに付松岡氏を頼む、午後来診

九月七日　水　雨

千葉の件来十一日に教授会ありて決定するといふことなるもそれまでに行くこと叶はざるを以てきみ子の名を以て高橋夫人に宛て手紙を出したり

九月八日　木　雨

親坊昨夜数回下痢したりと、今朝杉野氏来診す、尋て松岡氏再び来てくれたり、今晩一回下痢其後なし気分宜し

九月九日　金　雨

便通なし工合宜し、昨日谷口氏より柿内氏が予め述べ置きたる通り承諾の由返事ありて晩にきみ子往きて聞く

九月十日　土　晴

再び非常なる熱さ中秋望月明　朝五時前号砲一発　皇女御降誕、晩谷口氏来、きみより此方諾の旨確答す、これにて三二の前途如何、幸福あれ　精子等は明日親坊の誕生を祝ふとて燕楽軒へ支那料理を注文するなど準備す、星夕到来　親坊腹工合直る

九月十一日　日　晴

朝星外出、戻りて自動車を柿内へ迎へにやる、十時半本田令嬢来、尋で忠、信、孝、悌（賢来らず）来る、皆喜び卓に就く、午後は精子自動車にて本田令嬢及小供を連

れて豊島園へ行くといひて出かけたるも道不明、引き返へして浅草観音へ行きたりと五時頃帰り来る

九月十二日　月　晴　夕立

朝星帰り去る、腹工合宜し、晩大夕立、於菟見舞に来る

九月十三日　火　雨

試に教室へ行く、八時半、Abstammung der Aino 論文別刷四十一部来り居る プレトリウスより出し置きたる葉書の返礼来る　別刷を井、西二氏の机上に置かしむ、十二時過帰りて休む、溜りたる図書に蔵書印を捺す

九月十四日　水　台風の余波にて大豪雨

在宅、谷口氏より電話、来日曜結納云々、午後雨止む、少し庭に出て草を取る

九月十五日　木　曇

八、一五教室、午刻豊島直通氏を病室に見舞ふ、昨日退院せりと　折よく稲田氏に会て病症を聞く胆嚢炎なりと、随分六ヶ敷病気、或は大手術を要するか云々、事務室へ寄りダヤアク骨格受取りを促す　昨日船積証を渡したりと、午後W文庫最後の製本出来したるを検す、病理緒方氏来り同文庫へ案内したり、西氏別刷Abstammung der Aino を贈りたる挨拶に来室　四時半去る

九月十六日　金　曇

八、三〇教室、午後一時半頃大山氏来室、長談、六時過ぎて去る、Abstammung der Aino を送る、晩谷口氏来、明後日結納交換に付打ち合せ

九月十七日　土　曇

七、五〇教室、科学画報とか撮影したり、今朝桑木母堂死去の由電話あり、きみ子早速悔に行く、自分二時頃帰宅、出掛けんと思ひたるも止めて庭え出る、星来

九月十八日　日　雨

午前桑木家へ悔に行く香奠（拾円）、別に良一の分とし花環を供ふ、柿内へ寄る、三郎氏下痢在宿、十二時半帰宅、式書類は星氏執筆　二時半谷口氏式品を持ちて来、三二及両人挨拶す、式品を持ちて去る　夕刻星帰り来る、三丸善へ行く自分の用ふるHaddon: Races of men〔＊文献〕を買はしむ　浅井猛郎氏へなら漬贈与の礼状を出す

九月十九日　月　曇晴

星去る、七、五〇教室、十一時半帰宅、一時きみ子と共に近き蓬莱町真福寺に到る　桑木家母堂葬式なり、二―三時告別式中立礼す、四時帰りて休

九月二十日　火　曇
八、二五教室、江上波夫氏来室、上総熊穴を発掘し人骨出でたりと　午後林学部長に会ひダヤアク骨格代金支払に付懇談、事態容易ならず　六時帰
九月二十一日　水　初めての秋晴
きみ子と共に最初の岸家訪問、山の手線を用ひ、三光町邸に十時着、不図中食の饗をうけて自動車にて送らる二時半帰宅、庭え出て草をとる
九月二十二日　木　曇雨
午前今村家に集まるもの三宅、有田代理、自分、四名にて府庁に到り天理教の件に付陳情、月曜晩に神霊の移式ありて以来、やかましきこと（これは遂に我々の希望を入れず許可になりたためなりと）を述ぶ豊田氏は先に着し居る、十一時半帰宅、午後親坊相手、於菟より電話、ダヤアク骨荷物着のこと　最初の東親のため岸家を招く、支那料理を饗す、五時母堂、厳、嬢着　少し前に田鶴来る、三は人形を買ひなどし丸善へ行きたりとか早く帰りて準備す、油絵、写真など出してもてなす体裁よし、谷口氏急に熱発とか、ため見えざりしは遺憾、八時半散す、夕刻より雨降り出す、皆集りて喜ぶ

九月二十三日　金　雨晴
八、二五教室、中食直に帰宅、精と親坊を連れて動物園、これ初めてなり、晩星来
九月二十四日　土　秋晴　祭日
星氏等全家郊外自動車遊行、中山道浦和にて横道に入り大田窪といふところの農家鰻屋に到る時に十一時半、注文して近処を歩く　親坊を交りあいて抱く　畑道甚快、すすき其他秋草盛り、中食の後大宮氷川神社に詣、公園にて憩む、三時帰途に付く、浦和より別道に入り星所有の地所（二ヶ所全て拾万坪とか）を通りて川口町に到り物産を見て足炉など買ふ　王子飛鳥山を経て五時帰宅、留守中に二女中萩餅を制（ママ）し、これ食し、急ぎ麻布天文台に到る、三二友人に頼み見学するを星、自分も加はりたるなり　星の車を用ふ、技手大脇桓次氏懇切に見せて呉れたり、先土星（サターン）の環を見次に木星（ユピテル）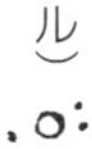の四ヶの月及恒星織女を見る、尚ほ計時室に入り説明せらる、八時半帰宅　晴秋天、総て都合よし、これ以上望み難し星も満足の様子、入浴
九月二十五日　日　晴曇雨
九、四〇教室、三、三〇去て柿内、三郎氏在宅 Abstammung

d. Aino 別刷贈る

九月二十六日　月　晴

朝星去る、七、五五教室、安川に二十冊製本費二十五円十六銭払ふ、中食後人類教室松村、山崎直方二氏えAbstammung d. Aino を送る　塩田外科に宮井政章氏を見舞ふ脱腸手術をなしたりと、西謙一郎氏にも別刷を贈る　八月以来思ひなやみたるプレトリウス博士え詳細なる手紙を書きたり、六時帰　三二始めて岸家を訪問したり、単独にて

九月二十七日　火　雨

子母口貝塚実見、朝雨降るも強て七時前出かける、新丸子に八時着降りて待つ、九時大山氏広瀬氏を連れて来る、子母口まで自動車を用ふ、丘上の貝塚に到る、雨盛に降る、十一時半下の一農家に下り休、弁当を使ふ、大山氏は尚ほ貝塚を検査す、二時頃帰途に付く、新丸子まで歩く、雨中の一里余、渋谷にて別れ四時過帰宅、終日雨止まず困りたり

九月二十八日　水　雨

七、五〇教室　フリードレンデルより去六月二七日差出手紙受領のこと、九月八日付なり、昨夜半産婦人科火災、見舞ふ、損害は一棟の大半、手術室医局等、患者には怪我なし、同所にて偶然三宅鉱一氏より厳学位去十七日教授会にて通過したりと、午後柿内氏来室、折り入つて頼みあり何事かと思へば銀行手形保証をせよ云々、記名したるも印を持合せざるを以て其ため氏は家に寄りきみ捺印したるべし、ダヤアク人骨荷箱を開く、骨格九、頭一、先つ質良、三個許顔面損、外に良猩々頭三個及猪頭二個あり　研生河野通成氏来室　オス・コクシー計測点に付相談あり　六時帰

九月二十九日　木　雨

八、〇教室、江上氏来、洞窟人骨を説明す　輯報解剖学外国発送所追加を調ぶ　なかなか手数を要す　六時過帰　Abstammung d. Aino 別刷三〇部発送の準備了る　留守中産婦人科火災見舞の礼として磐瀬氏来りたりと

九月三十日　金　晴

八、〇教室、発送先調べ、三時去て帰る、庭え出る、晩食後親坊を抱て三人にて槇町を歩く

十月一日　土　晴（昨夜雨）

八、〇教室、発送先調べ、仙台木村男也氏へ論文別刷拾

数寄贈の礼札を出す　四時出て柿内、賢より実竹の切れを貰ふ　パイプを造るため　星来、三今日服部へ行き岸の内情を聞く

十月二日　　日　曇雨

十時前全員出かける、神宮外苑を通り十一時半馬絹松原家に到る、全家驚きてもてなす星は始めてなり　時に少し雨降り出す、持参せる大なる弁当を食す、雨止みたる間に山を歩き栗を落すなど興深し、四時前帰途に付く、甚たのしかりしも天気前回の如くならざりしは惜し　星は独逸大統領ヒンデンブルク八十回誕辰コンメルスえ行く

十月三日　　月　晴

朝服師来冬服注文。八、三〇教室、大竹貫一氏来室本邦に於ける人工体最初の製作者北川なる者越後浦佐の人なるよし始めて知る、同人に付賞牌云々の談あり、松村氏来室台湾土人計測に付学士院に報告原稿持ち来る　午後実竹を以てパイプを作る上出来なり　精子石黒家へ挨拶に行く

十月四日　　火　晴

八、一〇教室、発送先調べ、四時前去て柿内、孝子昨今両日学習院入学のため試験に行く折悪しく気管枝カタルにて発熱、田鶴困り居る　良一等より手紙来、伯林に落ち付きたり、テーゲル湖にての写真送り越したり

十月五日　　水　雨

七、三五教室、輯報発送先調漸く了る　五日間費したり六時帰　ベルリンに人類学研究所新設フィッシャー氏主管理、九月十五日開館せられ人類学者集りて諸氏連名絵はがき到達、喜ばし

十月六日　　木　晴曇

八、〇教室、午後三二動物の人柳田理学士を連れ来る、祖先数代の骨格を研究する機会を自家墓地整理のために得たりと、三時去て家に帰り庭え出る、晩坊槇町散歩上田万年、石原久二氏祝賀のため各五円きみ子に振り替為替を組ましむ

十月七日　　金　晴

午前三宅秀氏訪問、ダヤアク人骨二五〇〇円購入の件、啓明会に於て工風出来ざるかを相談す、大に了解を得たるも其前先以て清野謙次氏に相談を試むることとす、午後は親坊を連れて三人植物園、三時帰りて庭へ出る　今日は近き天理教にて移転祝とかにて多数の人々集り騒々

し

十月八日　　土　曇雨

七、三〇教室、横尾氏アイノ縫合調べ了りたりと、愛知医大桐原真一氏来室血清凝集研究に付談あり　レーチヒ（ベルリン）及奉天倉重四郎二氏に論文寄贈の礼札を出す　六時過帰宅、星来

十月九日　　日　晴

昨夜大雨今朝霽れる、例の通り郊外ドライブ稲毛行と決す丁度京都足立氏より松茸到来、これを以て飯を焚きたり、自分は先つ丹波敬三氏重体のよしに付これを見舞ふ、病室に入る、意識なし、最早今明日かと思はるる状態なり　九時過帰る準備出来居る、十時前出かける、途中親坊の糯（ママ）半を買、おもちやも又中山辺にて道を思ひ違へ且つ稲毛少し手前にて自動車動かなくなるなど一時頃漸く着、海岸小料理店に入る、蛤汁を注文す、風強し、三時発す、鴻の台公園に寄る、松戸を経て千住にて葱を買ひなどし六時前家に帰る　皆々快き一日を暮したり、十四日の月明なり、厳東京え転勤の通知あり

十月十日　　月　晴

七、二〇教室　バトラー（プリンストン大学）、O・シュラギンハウフェン（チユリヒ）へ論文寄贈の礼札を出す、三時半去て柿内、田鶴留守、孝子気管枝炎兎角思はしからす

十月十一日　　火　曇

八、〇教室、宮坂氏来室、杭上家屋の論文を贈らる、ところえ柴田氏来これ亦著述を贈らる、午後松村氏来評議員日取り件其他雑談、今日は人類学者の来訪多き日なりウィンゲイト・トッド（クリーブランド）論文礼書を出す、六時過帰る

十月十二日　　水　曇

八、一五教室、パラオ九月二十六日付（消印二十八日）葉書長谷部氏より受取る　三時去て学士院例会、自分は松村宮内台湾蕃族計測を報告す　九時前帰宅

十月十三日　　木　曇雨

八、二五教室、清野氏へダイヤ人骨の件に付援助を乞ふ手紙、在ボルネオ元島策太郎氏へ人骨到着の手紙、大阪中山福蔵氏へ本件に付来書の返事を出す、レーチヒ（ベルリン）え論文寄贈の礼を出す　六時家に帰る

十月十四日　　金　曇

強羅行、三人にて新坊（ママ）を守り女中みよを連れて一〇、三五

東京駅発車、三二及女中たけ留守居、小田原着前に弁当を使ふ、二等車中自分等のみ、湯本まで車中混雑、新坊大便皆困る、これより車中楽になる、二時頃着、星別荘に入る　独り出て宮城野の先まで歩く、甚快、紅葉早し、稍寒し

十月十五日　　土　曇

午前皆宮下まで歩く、自分は底倉の太閤石風呂といふを見、蛇骨川狭谷にあり奇景賞すべし、帰り電車満員、坊眠る、午後きみ子と坊を抱て公園え行く　晩十時頃星来着

十月十六日　　日　曇雨

きみ子と箱根廻遊、大涌谷を登りて姥子に下る、ここより雨降り始む、道すべりやすくきみ困る、湖尻に下れば非常なる雑沓、時に十二時なるも弁当を使ふ席なし　自分はサンドウヰツチを立ちながら少し食す、其内舟出るといふ、押し合ひて行きたるに如何なる訳か手安く小なるモオタアボオトに乗り得たるに乗客只五人のみ覆なきため甚寒し、きみ困る、雨は殆ど止む、元箱根着、直に自動車に乗る、二時半強羅に帰る、天気思はしからざりしは残念、三二帝展招待日に岸一家を誘ふ筈なるが如何など言合ふ

十月十七日　　月　雨曇　祭日

午前雨、後止む、独歩く、二の平、小涌谷、甚閑静

十月十八日　　火　晴

四時起、星京に帰る、皆は出発の用意、早く昼食し一二、一九、発す、天気よし　車中総て楽、四、一三東京着、自動車迎へ来り居り好都合

十月十九日　　水　晴曇

八、一五教室、留守中大阪中山福蔵氏より松茸贈り越す、其礼を出す　三時去て柿内、忠信を家へ連れ帰るつもりなりしも運動会にて居らず、五時過家に帰る

十月二十日　　木　晴

朝柿内、忠、信を連れて銀座、松屋にてきみ子を合し、児等のおもちやを買ふ出て菓子、独逸店腸づめなど買ひて服部時計店にて忠子に予て女学校に進みたらば腕時計を遣る約束の時計を買ふ（二〇円）、十一時半曙町に帰る、午後は皆庭へ出る、四時人類学教室に評議員に出席、重要件は雑誌発行来年一月より岡書院にて引き受けるの件、承認、七時半帰宅　留守中鈴木孝之助氏来、養子結婚式に媒酌として立合ふの件なりと

十月二十一日　金　晴

忠子学校へ行く、信子自分と共に出る、七、四〇教室、雑誌「鉄門」机上にあり　曽て自分が倶進会にてなしたる談話「日本医学に関する追憶談」掲載。弁当を使ひ帰宅、丹波敬三氏去十九日死去に付悔に行く帰りて庭掃除、孝、悌子遊び来り歓び帰り去る

十月二十二日　土　晴　昨夜雨

八、〇五教室、強羅より帰りて御前講話の概要を書き始めたるも捗取らず　弁当を使ひ帰宅　更衣丹波家告別式、これより直に人類学会年会出席、四時半帰、晩星来

十月二十三日　日　晴

下総東葛飾郡梅郷村山崎貝塚に人類学会遠足会参加、八、四五上野駅発、潤氏を誘ふ、十時半頃貝塚着、好気(ママ)節甚快、会集者七十名ばかり四、五二発車、七時帰宅　星は遊行せざりしと、留守中鈴木孝氏来訪、媒酌承諾を悦ぶと

十月二十四日　月　晴

八、二五教室、三時去て加賀町

十月二十五日　火　晴

天気好ければ書棚の掃除をなす、昼前に田鶴、孝、悌、義(ママ)の三児を連れて来る児等庭にて歓び遊ぶ、二時過帰り去る

十月二十六日　水　晴

稀なる好天に付七里ヶ浜鈴木氏訪問、例の通り由ヶ(ママ)浜を経て七里ヶ浜に出て例小松林にて弁当を使ひ一時前療養院に達す、式に付談あり、氏処有の山林中を歩く

十月二十七日　木　晴曇

在宿書棚掃除、宮坂氏来、愈々計測法に付ての講演を十一月十日頃より実行のこととす　在函館西村安敬氏論文を輯報に掲載せる礼として熊皮寄贈せらる、今日到達、甚立派なるものなり

十月二十八日　金　雨

八、一〇教室、西謙氏人体計測法なる小冊子成り一部贈らる、京都足立氏出京直に教室へ訪はる、ダヤアク人骨の件は清野氏病理教室にて一七〇〇位までは出るよし但しかくするときは人骨は同教室所有となる云々、就ては第二段として清野小金井二人の名を以て啓明会へ申請することを同氏承諾する様足立氏に依嘱す、共に中食す、午後はダヤアク人骨を見などす、若しも七十祝の話出たらば之を制止するの諒解を得たり、学談五、三〇去て赤門にて別る　追憶談別刷三十七部学生持来、足立氏八部

持去る

十月二十九日　土　晴曇

八、一五教室、佐藤三吉氏来室、学士院二部補欠を医より出すべき件、授賞のこと自分三浦謹氏に相談することとす、於菟へ祝を受けないことを尚ほ念を押したり　レフ・シュテルンベルグ（レニングラード）死去の報到達す　午後二時帰宅、既に鈴木夫人、令嬢及哲雄氏を伴ひ来り居る、挙式のことを祝す、腰痛の気味にて静臥す

十月三十日　日　曇雨

横浜港外にて大観艦式挙行せらる、非常なる人手なるべし　午後星来　静養

十月三十一日　月　晴

静養、夕刻桜井時雄氏故ユンケル氏校正謝儀として贈るべき特増額二百円持ち来りくれたり実際は三十七円なり

十一月一日　火　晴

静養　夕三郎氏来、大阪学会留守中頼む云々、三二に関する学的支出のことに付種々談合

十一月二日　水　晴

午後きみ、せい、坊と近き八代家まで菊花を見に行く

十一月三日　木　晴

椰野一家今朝仙台より着京に付きみせい上野駅に出迎、忠、信二児来　きみ三越へ連れ行く、忠は帰り信は泊る、三二岸家訪問、此度大阪学会の序に和歌山へ行くに付てなり、晩谷口氏来、彼の邪魔入る云々こと、一切心配無用、確定なりと、氏不日印度学会へ出張すべし

十一月四日　金　雨　昨夜来止ます

午後二時学士院に到る　腰痛のため自動車を用ふ、故大沢氏補欠に付参考候補者に付懇談会なり、佐藤、山極、荒木、自分の四名のみ、此度は容易なるべし

十一月五日　土　雨　終日止ます

鈴木家結婚に約の如く両人四時半東京會舘に到る、長島式とか、会するもの二十三名、八時半過帰宅、三郎氏大阪生化学会に出発に付三二行きて泊る

十一月六日　日　晴

試みに教室、九、二〇、ヘンケル講師（フライブルグ）論文礼札を出す　二時去て家に帰る、これは先刻鈴木家より電話あり、結婚披露茶会を催すに付出来るならば両人来会せよと突然のことなり、きみ等は星来り松原家へ自動車遊行、自分独り更衣東京會舘に到る　三時少し過ぐ、

来会者四十余名、中村恭平氏あり久々にて談話、五時半帰宅　星氏等帰り居る　夕食、柿内へ泊りに行く、入浴、腰痛別に悪くもなし　早く床に入る

十一月七日　月　晴

八時半頃出て先つ弘田家を見舞ふ　四月十八日とは稍著しく進みたるかと思ふ　談話歩行余程困窮の様なり、これより石黒老人を訪、これは甚だ元気、医学追憶談一部贈る、古きウェーバー解剖掛け図の写を見る　次に千駄ヶ谷にユンケル未亡人を訪ふ在らず、これより教室、時十一時半三時半家に帰りて、第二の実竹パイプ仕上げをなす、夕刻柿内

十一月八日　火　曇

九時千駄ヶ谷ユンケル邸に到る、未亡人に輯報校正として二百円渡す　これより駿河台に三浦謹を訪ひ夫人逝去の悔を述べ来年度授賞候補者に付相談、呉健如何、尚早、京都辻（インネレ·ゼクレチオン、Gl.チレオイダ〔＊内分泌、甲状腺〕)、木村男也（Path. d. peripherischen Nerven〔＊末梢神経の病理学〕）など話に登る、福岡三宅速氏（ガレンシュタイン〔＊胆石〕）に付ては佐藤三氏に謀ることとし別る、次に賀古氏を訪ふ病院大成、大に元気、終りに駕籠町に佐藤氏新邸を訪ふ　三宅の仕事に付ては其核心に付疑あり云々、曙町に到る、一時なり、弁当、休息、五時半加賀町、寒くなる

十一月九日　水　晴

八、三五教室、中沢澄男氏紹介を以て中山昌（明大学生）氏頭骨を持ち来りて石器時代のものなるや否や鑑定を乞ふ、病理緒方氏来室 Bishak: Anoxémie générale〔＊文献〕を見たしと但し見当らず、三田氏来室　Abstracts 料支給のこと、1924 & 1925 のものを支給することとす、三時半曙町、髪を鋏み、五時半柿内

十一月十日　木　晴

八、五〇教室、歯科病院へ雑誌譲り渡しの件請求書として長谷川錧一氏へ送りたり、一時半家に帰り、本田嬢来居、きみ子を連れて日比谷菊花展覧を見る、次に丸ビル内歯に関する展覧会を素見、台湾生蕃人歯頸飾珍、入れ歯師が用ひたる器具、木製義歯、これより三番町に梛野東京転勤となりたるを挨拶、自分はこれより柿内

十一月十一日　金　晴

信同行八、一〇教室、一昨日の中山氏再び来り上齶など見る、江上波夫氏来、洞窟に付記述のため遺物を持ち行

く、京都清野氏よりダイヤ人骨啓明会の方氏連名申立出来ざる旨来書直に挨拶書を出す、六時過加賀町

十一月十二日　土　晴

八、〇五教室、信共出、御前講話を再び書き続ける、午後四時学士院に到る　故大沢氏欠を補ふ候補者医学側より出す　即ち稲田（二二点）、藤浪（一八）足立（一五）森島（一五）三田（一一）されば稲田、藤浪、足立の三氏候補者となる、足立氏結局如何なるか、永年の懸案予望崩れるかもしれず、九時帰、星来、三二も帰り来る、三郎氏今朝帰京の筈、六晩柿内に泊りたり

十一月十三日　日　晴

午前星、親を連れて帝展え行きたり、帰りて皆（三を除く）豊島園に自動車遊行、気候温和、親、小馬に乗るなどす、二時半過帰宅　宮井政章氏病気全快挨拶として名刺を置きて去る

十一月十四日　月　晴

吉祥寺先きの連雀禅林寺え森家墓を此夏移したるをきみ子と始めての墓参として行く、寺婦案内す、住職に会ふ、井の頭公園を一週（ママ）す、好天甚心地よし、一時過帰宅、親坊の相手など、夕刻保子玄関まで来る

十一月十五日　火　曇雨

八、一〇教室、午後五時頃柿内氏来室、長談七時を聞きて去る

十一月十六日　水　雨曇

八、〇教室、プレトリウス博士（ハイデルベルク）より長文の返書到る、十月二十三日付、十二頁、氏が再度アントウェルペンを退去せる、其他戦争中困窮の状況あり　ハイデルベルクに落ち付くまで精しく記述しあり、七十三歳に達せりと、ストラスブルクに於ける学研時代を思ひ起し感深し　午後松村氏を訪ひ計測法講義愈開始すべきこと及それに付談合　三二に計測に用する図二枚頼む　六時帰宅　きみ懇意老婦人数名招きて昼餐を供したり菊花盛り

十一月十七日　木　曇晴

朝大山氏え電話、計測法講義来週月曜日よりと決す、八、一〇教室　菊池山哉氏え「賤民研究」寄贈の礼書、大阪中山福蔵氏えやうかんを送りたる通知書を出す、午後帝展を見る、四時半帰宅

十一月十八日　金　晴　寒くなる始めて霜

八、〇教室、古稀祝に付相談あるとか於菟より聞きたれ

ば早速井上氏に直接絶対に辞退することを懇々話したり然して計画具体化していざ受けないといふことになる結末を確と考慮せられたきことをいひたり、時に島峰氏久々にて来室、横尾、浦二氏歯校の候補談、タ（ママ）ヤアク骨骼歯科校にて引き受けるなど。午後二時過出て歯科病院、島峰氏と対談中牧野忠篤氏来久し振りにて面会、桜井氏に旧義歯の上第一門歯の落離したるを直すことを托す、二、三のラッセンシェーデル〔＊人種頭骨〕に付フォッサ・スプナサリス〔＊鼻下窩〕を検査す、五時帰宅　親坊昨日柿内え連れ行き夕方帰る頃より機嫌悪し、全く腸カタルなりしが今日宜しからず、熱あり、自分帰りたるところえ杉野氏来診す

十一月十九日　土　晴曇

八、〇教室、於菟より昨日謝恩会にて井、西等集り相談の結果古稀祝全く行はざることとなりたりと知らせあり、午後家より電話、親坊宜しからす云々、生化学に杉野氏を尋ね今晩来診を乞ふ　六時帰　杉野氏来診、悪き方にあらずと、星来り九時杉野氏同車帰り去る

十一月二十日　日　晴

親坊宜しき方、十時過星来、午後青山に故中原徳太郎氏告別式に出向、帰途神宮外苑を通り不斗絵画館に入る掲画まだ少なし、日本画一、油絵十二、三枚、これより柿内、五時過帰宅、計測法講義用図二枚三二頼み置きたるもの出来

十一月二十一日　月　曇

七、四五教室、午後人類教室、予て談合せる計測法講義愈実行す、先生体を始む、三時より五時まで、松村、大山氏等十二、三名、六時半帰宅　親坊腹工合宜し、熱なし機嫌よし

十一月二十二日　火　昨夜雨、今朝止む、晴

八、〇五教室、きみ子寄る　親坊の尿を調べるために来りたりと、昼食後林学部長を訪ひダヤアク人骨教室保存したき旨再び話したり他所にて購入する意あることを漏らしたり　六時過帰宅　親坊全快

十一月二十三日　水　晴　祭日

午前十時半頃星来、午後精、親を連れて星出かけたり動物園に行きたりと　自分は庭に出てがくを鋏む

十一月二十四日　木　晴

星朝去る、八、〇教室、八月三日仙台にてなせる講演原稿度々催促あり　今日書留にて出す、午後松村氏来室、

長談、計測法骨の部は精しきを望む云々　六時半帰宅
渥美郡福江町斎藤専吉氏春頃遺物陳列所を建てるに付寄附金のこと申来りたるを忘れ居たるを思ひ出し為替十円組み手紙を書く　明日書留にて出すべし

十一月二十五日　金　晴

七、四五教室、後三時より人類に於て計測法講話、生体の部終る、六時を過ぐ　自室に寄り七時前帰宅、大阪中山福蔵氏より来書、菓子の礼且つ人骨代金支払は二回に分けてもよし云々

十一月二十六日　土　晴

八、一五教室、六、一五帰宅、きみ子岸家訪問、三二鎌倉訪問如何、要領を得ざるも困まる様子なりきと

十一月二十七日　日　晴

朝精と親坊を抱て槇町、一〇、一五教室、一時頃突然星親坊を抱て来室、共に自動車にて家に帰りきみ、せいと共に植物園え行く、天気温和　三時半頃家に帰る

十一月二十八日　月　晴

八、一五教室、第三回講義計測法、三時より六時まで、頭骨終る

十一月二十九日　火　雨

八、三五教室　長谷川老上義歯修理出来持ち来りくれたり　藤井静英氏愛知学長、院長に就任したりとて挨拶に来る　二時前去て青山斎場に到る　安田錐蔵氏告別式なり、同所にて久し振りにて小西信八氏に会ふ又長岡人吉見氏（海軍）とも談す、四時過帰家、「医学追憶談」抜刷包装出来、明朝発すべし

十一月三十日　水　曇

八、〇五教室、法医の宮永氏来室金沢岡本規矩雄氏論文原稿中にヒロチック・インデックス、コレスマチック・インデックス掲載あるも意不明に付質問あり、自分にも不明、午後計測法第四回、三時より五時半まで、頭骨容積、四肢骨、故寿衛造二十四回忌逮夜に付点灯

十二月一日　木　晴

教室不行、きみせい坊と自動車にて銀座松屋、九時前にてまだ開かず、暫時待て入る、五重塔形掛暦独逸え送るため買ふ、十一時半帰宅　午後柿内え行く皆元気

十二月二日　金　晴

七、五〇教室、京都蓑内氏仙台帰途なりとて寄る、クロモゾーメン〔＊染色体〕研究談、医学追憶談一部贈る、H・

フィルヒョウ、ディーク、プレトリウスに五重塔掛け暦を送る又V.D.二氏舞楽絵葉書、P氏え十月二十三日附手紙の返書を出す、郵便局まで行く　六時過帰宅

　十二月三日　土　晴

七、五〇教室、大学復興図書展覧会を一見、長谷部氏南洋探見（ママ）より帰還来室、赤痢及デング熱に罹りたるも割合元気、葉巻五十本入を土産として贈らる、共に弁当を使ふ、午後金沢須藤氏来室　六時過帰　晩青木誠氏来、星同

　十二月四日　日　曇

朝せいと親坊を抱て槇町、鋼編棒買ふ、トルジオンスピンケル〔*ねじれ角〕計測用なり、十一時教室　三二は独鎌倉え行、厳児を連れて突然教室え来、六時過帰宅星は親坊を連れて大学図書展覧、其他方々自動車にて廻りたりと、今夜は泊らす

　十二月五日　月　晴

八、〇五教室、御前講演「先住民族の研究」清書を始む、午後第五回計測法講義三時前五時半過まで、ヂオプトログラフ、ダイアグラフ、パラレログラフ〔*拡大写図器の類〕の用法を示説す、これにて一先終了、六時より諸氏慰労の意味にて燕楽軒にて会食、松村、大山氏始め十一名、これに自分を加ふ九時帰宅

　十二月六日　火　晴

午前三人にて親坊を連れて三越、自分独撮影のためなり、食堂に入る　天候珍らしく温和、親歓ぶ、十二時半帰宅、午後三時出て柿内、田鶴買物に出てあらず、其内帰り来る、児等に精子が買ひ置きたる骰子形のキヤラメルを遣る

　十二月七日　水　晴

七、四五教室、「先住民族の研究」清書了る、六時帰、星来、明朝帰るべし

　十二月八日　木　曇小雨

八、一〇教室、「先住民」事務へ持ち行き更に清書を頼む、六時半帰宅　父上忌日、斎を供ふ、文政十年誕生せられ、ここに百〇一年となる

　十二月九日　金　雨

八、〇教室、姥山人骨を組み立て始む　六時過帰宅

　十二月十日　土　晴雨

朝柿内より電話、田鶴産気を催す、直に自動車を以て児等を迎に遣る、孝、悌来る　信は学校よりすべし、当分

三児を預かる、賑かなることとなるべし、九時半教室　宮永氏来、岡本規矩男より返事来、ヒロチック、コレスマチック・インデックスの説明あり　Folia anat.〔＊欧文雑誌〕に掲ぐるためとかにて写真師来撮影す、二時頃電話にて尋ねたるに田鶴安産、女子とのこと、四時電灯消ゆ、骨継を止めて柿内え行く　時に雨降る、十一時十五分娩のよし、三郎二、三日風邪とかにて在宅、学位論文中化学に関するもの疑わしきもの多し、全く誤りたるものあり、伝研のもの特に甚し云々、六時過去て教室に寄る、眼鏡等を忘れたるためなり　七時過帰宅、入浴の際、滑りて転ぶ、爪（左大趾）をはがす　凶日なりき

十二月十一日　日　晴

精子児等を連れて松屋へ行く、星自動車を用ふ、自分同乗して教室、時に一〇、一五、骨継、五時頃迎により、今日は鶴見総持寺管主葬式え星に同行したりとてきみせいのぶ坊等も車中に居る、大賑かなり

十二月十二日　月　晴

星に同乗し七、四〇教室、弁当中途に金沢古畑種基氏来室　欧州視察談、アムステルダム人類学会に列席、二時去る、六時自動車迎へ来る　学士院例会断る

十二月十三日　火　晴

在宅、信学校、孝悌午前後共庭に出て芝上を滑べり興す親を守りて側にあり、珍しき温和、足趾傷宜し

十二月十四日　水　晴

在宅、孝、悌、親の相手、午後は芝上に在り、入浴、趾傷癒ゆ、第六十九回誕辰とてきみ、せい心を用ひ円版菓子（精子）、鰻、鯛むし、きんとんなど製す、児大歓、六時過星来、葉巻煙草（十二円）贈らる、歯科病院え譲りたる　Biolog. Centralbl., Jahresberichte〔＊雑誌、年刊報告〕価二〇〇九円三二に受取らせ、直に安銀え預けしめたり、昨年来の事、補充六冊郵便焼失など長引き本年五月見積り書を出し漸く片附きたり

十二月十五日　木　晴

星車同乗七、五〇教室、Folia anat. の写真望月のもの出来、又三越のも出来、六時過帰宅電車を用ふ

十二月十六日　金　晴曇

九、〇教室、御進講「本邦先住民族の研究」草案事務に頼みたる清書出来、宮内省侍従職宛に書留にて出す、又事務え写字礼としてしきしま煙草十個入一箱贈る、松村氏来室、平瀬貝専門家の談など　電灯消ゆ五時過帰　ユ

ンケル未亡人留守挨拶に来り長く談したりと

十二月十七日　土　晴

九、一〇教室、長谷川舘氏え雑誌譲り渡し手数の礼として二十円に真綿を添へて贈る、二六記者来、銅像集を作るとかに付故大沢岳氏略履歴を尋ねたり、元島氏ダヤアク人骨に付林学部長に様子如何と尋ねたるに大学の方絶望の由。小使四人え歳暮として三円つつ遣る又小使日向癰にて入院、此頃退院せる見舞として二円遣る　六時半帰宅、星来

十二月十八日　日　雪曇

九、一〇教室、骨継苦心、漸く二個組立終る、四時過出て柿内、産婦児共異状なし、智子（とも）と命名せりと、晩星クリスマスストツキングを買ひ来り　児等に与へ皆大歓

十二月十九日　月　晴曇

一〇、二〇教室。新潟県人関谷某なるもの来り会に寄附云々、謝絶、数日前にも来り、小使等強情の様子なるを以て不在といひたるに付今日又々来る、八幡、大島二氏来室、人類学雑誌発行の件愈来一月より岡書院に移すこと、就ては其覚書に付説明あり　六時半帰

十二月二十日　火　晴

八、三五教室、長谷川氏過分の贈与云々礼をいふ、六、一五室を去る

十二月二十一日　水　晴

十時上野学士院に到る　研究会議輯報主任会なり、午食を共にし一時五十分教室、在ボルネオ元島策太郎氏より来信、タヤアク（ママ）人骨代価仕払は明年一杯にても宜し云々

六時過ぎて室を去る

十二月二十二日　木　曇晴

八、五〇教室、今朝下痢したるも押て骨継、仙台佐武氏より論文数種と共に来書、学士院研究費来年度も申請すと、六時半帰

十二月二十三日　金　曇雨

八、一五教室、骨継漸く半に達したり、七時前帰

十二月二十四日　土　晴風

午前孝、悌を連れて三越の暮の景を見せたり、午後教室六時半帰宅　星来

十二月二十五日　日　晴

九、四五教室、教室寂寞、六、四〇去る、親坊昨夜吐す、今朝も一回これありしが発熱、杉野氏寒冒ならんかと、診断不明、今帰りたるところなりと、星四時半頃帰り来

り、今日は誕生なりとて朝鮮鴨一羽持ち来りこれを料理し晩に食す、又家よりは祝の印に西洋菓子を供す、星も同しく持ち来るなど　柿内児等歓ぶ、家中大混雑なりきと

十二月二十六日　月　晴

親体温三七度、星去る、自分八、四〇教室、午食後安銀に到り昨日研究会議より受取りたる手形三百六拾円を預け四百円引き出す、其内二百九拾五円輯報編纂費なるを以て西氏え森氏の分と合して Abstracts 1925 渡す　大山氏来室、少佐に昇進三聯隊付となりたりと就ては愈研究の余暇なし、軍職を退きたし云々又慶應より史前史講義担任の交渉あり云々　断然職をやめて学究に専心し慶應を引き受けべきを薦む　七時前帰宅、三女児は既に寝る、親坊体昨日に等し

第五十四議会開院式

十二月二十七日　火　晴

八、〇五教室、七、三〇帰、親坊宜し、きみ今日岸に行きて服部から話のこと打ち開けたり

十二月二十八日　水　晴　小雨

八、二五教室、西氏が抄録せる 1926 年論文於菟より請取る　六時半帰、風邪の気味、星来、柿内児孝、悌今日返へす信独り残

十二月二十九日　木　晴

八、三〇教室、午後突然忠、信来室、親坊検便のためみよと共に来りたるもの

十二月三十日　金　晴

九、一五教室、名古屋戸苅近太郎氏来室、来年解剖学会に付話あり　四時前賢坊来、仕事を止めて出かける、神保町にて本（化学書三、八〇）買ひ次に科学画報社に到りて十一月特号を買ふ、これに鳥居氏日本人類学のことを書く、自分の写真もあり、歩きて帝国ホテルに行く、六時半、丁度食堂を開きたるところ、賢始めてなり、七時半食事を終へて銀座を散歩す、なかなか寒し九時半帰る、忠、信は既に寝る、十一時まで談、今日精子心配し親坊を栗山氏え連れ行　診察を受けしに諸器全く異状なしと、食を増す方宜しと安心

十二月三十一日　土　晴

賢、忠、信かるたを取る自分は読む、親坊大に機嫌よし、星午後は工場を休むとて午前中に来る皆共に昼食、賢に星より万年筆を遣る　午後二、二〇教室、札幌クレンプ

氏来室、貸したる Chamberlain: Aino〔＊文献〕を返へす、時に星親坊を連れて迎へに来る、室に入りて泣くクレンプ氏の去るを待ちて共に自動車にて帰る時に五時、柿内三児は帰り去りたり、松原が贈るところの鶏を以て星等と晩食、八時半入浴の後直に床に入る、柿内児等を預かる、星屢々来る特にきみせい忙しく誠に雑然たる歳末なりき併し先づよき年越、夜半不図醒む時に除夜の鐘響く

昭和三年　2588
1928　Koganei

一月一日　　日　晴

六時半起、星早朝郷里え向て出発、迎への自動車途中にて故障を生したりとて咄嗟の間になじみの自動車を頼む幸に間に合ふ。尋で星の車来る、自分はこれを用ひて丸山町橋本家え年賀、玄関にて皆に挨拶す、夫妻義雄春雄に面会、これより団子坂森家に到る、類の方門戸開かず於菟方え行き玄関にて皆に挨拶、次に類方戸を開きもらいて未亡人あんぬ、類に挨拶、帰宅、四十分程費す、皆支渡し居りきみせい、三二等と親坊を連れて九時半出かける、先明治神宮参拝、非常なる人出に驚く、次に富士見町梛野家え寄る、保子、よし江子等に挨拶、玄関にて辞す、終りに柿内家、例の通り雑然、忠子のみ学校より未だ帰らす他児皆居る三郎氏は大学え、十二時前家に帰る、親坊歓ぶおとなし、半日甚都合宜しかりき、昼食潤氏来、一時〇五分教室に到る　四時二十分可なりの強震あり階段を下り玄関前え出る　当直小使中島は疾に出てゐる、六時半室を去る　午後橋本全家及中鶴氏来賀のよし、中鶴氏旧臘海軍を罷め或会社に職を執り居ると

一月二日　　月　曇晴

八、四五教室、寂寞、頭骨拾個組立、六時半過ぎて帰宅、今日は来訪者なかりきと

一月三日　　火　晴

九、〇教室、頭骨組立終りに近づく、六時半室を去る家に帰れば星今帰り来りところなりと　今日は梛野母子、平野勇、三郎氏等来訪ありたりと

一月四日　　水　晴

八、五〇教室、西一寸来た様なり其他至て静、姥山頭骨組立略ぼ終る十五骨中拾個だけ組立得たり　六時四十五分室を去る　精子自動車にて柿内五児を誘ひ浅草観音え行きたりと帰りも送りて十二時帰宅せりと、休中児を遊せたく思ひたるがこれにて事すみたり

一月五日　　木　晴

星親坊を連れて自動車遊行の序に教室まで同乗す、時に九時、今日は教室年始会を催す、午刻顕微鏡実習室に集まる、服部氏斡旋にて博田（ママ）鶏湯煮とか、雑煮、三十余名、

主として井上研究生なり、西氏見えず、会費二円、井に古稀祝とし鴨一対贈与の礼を述ぶ　二時教室を去て青山に大山氏を訪ふ　辞職模様如何を尋ぬ又独逸文訂正者としてフォン・ベーグマン博士に紹介のことを頼む、これより平野家え年始、夫人花子殿のみ在宅。六時過帰宅星今朝直に親坊を送り返へして去りたりと

一月六日　金　晴

十時頃出て柿内、賢、忠、信を連れて出かける、㊀に到り直に食堂に入る　時に十二時半、鰻弁当、すしを食す、龍に関する展覧会あり、出でて大通りを新橋まで歩く、消防出初めにて銀座にて梯子乗りを見る　忠、信始めてなりとて歓ぶ、三時過加賀町え送り五時帰宅

一月七日　土　晴　寒酷し

十時教室　骨継ぎのつづき、七時帰宅、星来

一月八日　日　晴

九、四五全家出かける、西新井大師詣、寒けれども天気好く風なく心地よし、車内は温、帰りは川口え堤上車走、車輪に故障を生す、三十分計費やす赤羽根（ママ）、王子を経て十二時半帰宅、二時教室　肢骨を継ぎ始めたり、七時前帰宅　留守中文郎氏二児を連れて来りたりと

一月九日　月　曇

星早朝去る、八、三〇教室、午刻西氏室に到り　新年賀詞を述ぶ　始終教室え来て居たか、知らざりしといへり、午後仕事の中途谷中斎場え行く　一時間二十分費せり小此木信六郎氏告別式なり　六時に近き頃不意に西川善二郎の使として小女来室、要領を得ざるも官費入院を願ふとか、此人昨年六月盲腸炎にて官費入院を頼み来りたるも断りたることあり、橡堀村島角七の親戚とかいふ人なり、明日返事する旨言ひ聴せてかへしたり　六時半自室を去る

一月十日　火　曇

九、〇五教室、午後二時去て平河町O.A.G.にフォン・ベーグマン博士氏を訪ひ解剖学論文抄録1926の一部を持参独逸訂正を頼む、これより柿内え寄る　賢坊足痛にて学校休みたりと、五時半帰宅

年賀調　葉書　二九五

封筒　四八

名刺　三六

一月十一日　水　曇　昨夜雨

昨日来珍らしき暖気、九、〇教室、福岡久保猪氏え「日

本医学建設者」に関し談話を請はれたるも断り手紙　尤も昨日電話にて断り置きたるも念のため（氏は小此木死去に付急に出京せり）又京都清野氏えダヤアク人骨に関し歯科病院にて購入のこと念のため申し送りたり　六時半帰宅

一月十二日　　木　晴曇

八、五五教室　プレトリウス博士（ハイデルベルク）氏より来書　旧臘送りたる五重塔掛暦受取り、歯科の都筑氏先日帰朝　ディーク教授の写真を届けくれたり　千葉の小池氏来室、西謙氏新年挨拶、山越長七氏来室、故北川のこと尋ぬ又くじらさぐり五十本注文す、四時過去て学士院例会出席、長谷部南洋探検費補十二月中に申出る筈のところ欠席せしため遂に間に合はず、失敗、九時前帰宅、星来、親坊のために小蓄音器を持ち来る

一月十三日　　金　晴

九、〇教室、七時帰宅

一月十四日　　土　晴

八、三〇教室、長谷川保定氏え「追憶談」別刷に手紙を添へて出す　フォン・ベーグマン博士より電話、午食後直にO.A.G.に到る　西抄録独文共訂、三時室に帰る　七時前帰宅　星来り居る、昨日朝香宮殿下工場を御覧あり、今日百円下賜など甚得意

一月十五日　　日　雪晴

九、二〇教室、骨継大仕事なり　懸命の貌なり　七時前帰宅

一月十六日　　月　晴

九、〇教室、七時前帰宅、柿内より出産に関する返へし及謝礼かずかずありたり

一月十七日　　火　晴

九、〇教室　ディーク教授より旧臘葉書の返事及掛け暦受取り来る　七時帰宅

一月十八日　　水　雨

八、二五教室　七時前帰宅

一月十九日　　木　晴

八、四〇教室、午後三時過吉田章信氏来室、七時帰宅、星来

一月二十日　　金　晴

九、〇教室、骨継終りに近づく七時帰宅

一月二十一日　　土　晴

八、四〇教室、プレトリウス博士より Märchen〔＊文献〕

寄贈到達、札幌今裕氏より手宮の如き古代文字の如きもの発見せられた旨新聞に載せられたる切り抜昨日送附、本日礼札を出す、仙台布施氏出京来室、論文出版図版等の用向きなりと　七時過帰宅　星来

第五十四議会休会明けの第一日今日午後一時四十分解散せられたること帰宅して知る、二月二十日愈々普選実行

一月二十二日　日　晴

午前星、精、親坊を連れて自分も同乗　銀座にて親坊の洋服を買ふこれより月島遊行、新永代橋、相生橋を渡る、本所被服廠趾を弔ひ、駒形橋（新設）を渡り大学を通り自分は此所にて降り教室に入る時に十一時四十分　骨継殆ど終結、十二月九日より始め此間三日間教室え来らざりしのみ随分勉めたり　七時過帰宅

一月二十三日　月　晴曇

昨夕谷口腆二氏夫妻来印度出張より帰朝、七宝の土産あり、岸の件は速行然るべしと　林家意企の機先を制する意味に於てのみならず氏自身も大阪医大に転任になり出京は困る故滞京中即ち十日以内に内式を済ませたし云々何れ相談の上此方確答すべしときみいひ置きたりと　此方に別に異存なし今日きみ、谷口え行きて其旨返事すべし　一〇、〇五教室　雑事整理、アリエンス・カッペルス（アムステルダム）、ワーゲンザイル博士（上海ウースン）論文寄贈の礼葉書（アイノ写真）を出す　四時去て柿内、児等皆無事

一月二十四日　火　曇（昨夜雷雨）晴

八、五〇教室　於菟より抄録受取る、直に速達便を以てベーグマン氏え送る、七時前帰宅、谷口氏より電話、内式自分滞京中にといふことは六ヶ敷、厳病気とか　ニユエッセン（ベルテブレーデン、ジャワ）、Passing of the Frisians〔＊文献〕寄贈礼札を出す

一月二十五日　水　晴

三宅秀氏訪問、ダヤアク人骨結局絶望、歯科病院に引き取り貰ふことになるべきを報告し、同時に長谷部南洋研究に啓明会より補助如何を相談す、十一時半教室　H．フィルヒョウより掛暦受取り及年賀葉書到る、三二寄る本を買ふと五円持ち行く　於菟顕微鏡実習新生物の部に付長き相談あり、科学画報社え昨年中にベルツ氏写真を貸したるに今以て返さざるに付催促葉書を出す　七時前帰、星来　今日谷口夫人来、昨日のことに付此方にては三月は困ることをいひたりと、如何取り計らはるるか

一月二十六日　木　晴

八、四〇教室、吉田章信来り本を見る、三時半去て歯科病院、島峰氏にダヤアク人骨引受方を懇談し承諾を得たり六時帰宅

一月二十七日　金　曇雨

親坊相手、服を着更へたるも遂に教室不行、午後三時頃親坊を抱て三人にて槇町まで行かんとせしも雨降り出し途中より返る、一日空に費す誠に珍らしきこと

一月二十八日　土　雨

八、四〇教室　科学画報社ベルッ氏写真昨年末に既に返へしたる趣申来る、取り調べたるも不明に付其旨申送る　札幌八田三郎氏帰朝のよし葉書来、鯨鬚さぐり八十本出来　在伯林良一え漸く手紙を出したり、七時前帰宅、星来らず

一月二十九日　日　曇

在宅、きみ、せい誕生日を合して祝ふとて柿内児等を招く、忠、信は昨日既に来る、孝、悌十時半頃来、すしを製す、新井春氏来訪和服地を贈らる　茶の間にて皆と一所に食す、児等親坊の蓄音器を弄し大悦　三時自動車にて送り返へす、新井氏 Stratz: Naturgesch.d.Menschen〔＊文献〕中に自分のアイノ著述引用しあるを持ち来りて見せくれたり　札幌八田三郎氏え帰朝祝葉書を出す

一月三十日　月　晴

八、三五教室　フォン・ベーグマン氏より電話あり、午後於菟を抄録訂正談合のためO.A.G.え遣る、足立文氏著述を学士院会員推薦のために調べたり　七時前帰宅、星来　小樽牧野まさ子死去の由、香奠三円為替を組む

一月三十一日　火　晴

八、四五教室、七時前帰宅　純子学校のことに付きみ桑木と電話にて交渉、入校時期をはづすため面倒、困りたることとなり

二月一日　水　晴

八、四五教室　モンタンドン（パリ）よりアイノ大著述及外一本贈り来る、於菟顕微鏡実習法に付長談、七時過ぎて帰宅　八時過電報あり在小倉小林魁郎氏より、叔母遂に死去せられたること

二月二日　木　晴曇

八、三五教室、輯報抄録原稿検査　柴田常恵氏来室福岡県浮羽郡小塩古墳より出たる人骨に付談あり　自分方え

寄贈のことに依頼す、四時去て柿内、皆元気、賢信に写真を遣る　六時半帰宅、星来

二月三日　金　曇

昨日認めたる小林悔状今朝拾円券封入書留にて出す　九時教室一時半出て学士院、医の補欠に付て相談、佐藤、石川荒木氏来るのみ推薦候補者前回の通り足立、森島、藤浪、稲田、三田の五氏四時半家に帰る　高橋健自氏の紹介を以て石田茂作といふ人（博物館員）学士員（ママ）え訪れ来り　自分病気に付大学病院え紹介の件なり

二月四日　土　晴

十時学士院に到る　研究費補助に関する委員会なり、例年の通り支出し得る金額と請求額との差甚大にて査定困難午後四時過漸く終る　五時帰宅、星来、三二に頼みて昨日の患者石田氏を塩田外科外来掛り佐々木健業氏に依頼することとして同氏え其旨書き送る

二月五日　日　晴

ダヤアク人骨歯科病院にて購入の件に付島峰氏より来書あり　見積書、請求書等に捺印し郵送す　馬絹村松原家え全家自動車遊行、きみ子弁当を製するなど大さわぎ、十時出かける、車は一時間と十分要したり、食後裏の山に上るなど、二時半発す　帰途星、精子は東片町の笠森借住宅を見る、皆大満足、晩きみ、星と曙町宅地のことに付談したる様なり

二月六日　月　雪（昨夜来終日降る）

八、五〇教室、教室内にて偶然酒井博夫氏に会ふ、卒業試験中に付済みたらば会談を約す　六時半帰　母上忌日、斎を供ふ

二月七日　火　晴

九、四五教室、輯報原稿整理漸く終る　七時過帰宅

二月八日　水　晴

九、〇教室、叔母遺骨三三氏携て十一時半東京駅着に付迎に行く　六時半帰宅

二月九日　木　晴

九、〇教室　於菟より井上又々今年名古屋にて口蓋発生の演説するよし、新らしきことあるか？　其れに付きて吉田三郎氏模型を造らせたり、モデルに井の顔を造り旁に井の胸像が出来たりと　但し石膏にては惜し銅像にしたき希望ありとか　中谷氏来室昨年八月仙台にて講演したる「日本民族」を人類学雑誌に掲載したしと、依りて畑井氏え差支の有無問合せを出す（往復はがき）、六時

半帰、星来

二月十日　　金　晴

八、五〇教室、松村氏来室、輯報原稿抄録の部研究会議え速達にて送る　四時去て柿内、三郎氏寒冒、床中にあり、信子を連れて帰宅、星帰来

二月十一日　　土　祭日　大雪

佐柄木町宮本家昨晩火災のよし柿内にて聞き今朝見舞に行く新井氏が寄せられたる私服地一揃を贈る、隣家より出火したりと五六軒焼く、これより賀古氏を訪ふ　病院の方岩田院長昨年十二月解約せりと、山田に困りたること其他経営難の談あり、雨盛に降り出し尋で雪となる、十一時半帰宅、午後は星と同乗、北島多一氏母堂告別式に同行のつもりのところ日を間違ひ明日のよし、麻布霞町にて星あめを買ひ、大山家に到る、星はこれより代々木駅に近き修養団の会式に行く、大山氏にユンケル記念事業発起人に推すべき陸軍側の人に付相談、酒井博夫のことに付釈明す、氏が軍職を退くことは愈確定せる如し、四時十五分自動車来りたれば辞し去る　これより修養団に星氏をさそひ五時帰宅、天気特に悪しきを覚ふ

二月十二日　　日　晴

九、五〇教室、四時去て学士院、鉄道上の橋、往来止にて大廻りをしたり九時帰宅、入浴、きみせい信、親を連れて自動車にて三越え行きたりと、星は留守居、十二時に帰宅せりと

二月十三日　　月　晴

八、四〇教室、信子共に出る、福岡県浮羽郡山春村古墳より発見せる人骨受領書並に総長謝状を事務室え行きて頼む　西村女医に内耳標本を見せるなど消時、大阪中山福蔵氏えダヤアク人骨歯科病院にて購入のことになるたるに付手紙を出す　六時半帰

二月十四日　　火　雪

九、〇教室、午食後病理え行きユンケル紀念に付長与、緒方二氏え大山氏と会談のことを話す　仙台長谷部氏へ南洋研究費に関し学士院失敗、迂闊なりしこと、啓明会如何のこと書き送る、G・モンタンドン（パリ）えアイノ著述寄贈の礼札を出す　研究会議え輯報解剖学の部内地発送先追加を送る　無上の悪天、六時半帰宅、岸末亡人来訪、新築縮小のこと、林家が服部を介して産のことを式前に決行を忠告（昨夜電話にて）、そのことをきみより話したり、三郎氏に対し虚偽なき旨再び証言せられた

りと

二月十五日　水　晴

九、〇教室、午後吉田章氏来室図書を見る　七時前帰宅、星来

二月十六日　木　曇

九、〇教室　解剖学会規則に付き考慮、六時半帰宅

二月十七日　金　晴

腹工合少し悪し、九、四〇教室、昨日の規則草案に付於菟と談し合ふ　昨夜森家大事件のよし即ちまり書き遺して独り実家え帰り来り、於菟なだめて返へしたるに直に自動車にて再ひ戻りたりと、常軌を脱したることなれば策なし、五時家に帰る

二月十八日　土　晴

九、〇教室、四時去て柿内、児皆元気、星来

二月十九日　日　晴　昨今寒気強し

明日は総選挙に付工場を休むに付今日は仕事するとて早朝出行く、十時教室仙台講演日本民族清書　仙台畑井氏え転載承諾の挨拶はがきを出す、六時半帰宅、尋で星も帰り来る　きみせい親坊を連れて自動車を借り大崎に新井家を訪問したりと　余り鄭重なる接待に大悦

二月二十日　月　晴

始めての普通選挙にて政界緊張す、朝出がけに駒本学校選挙場に寄り社会民衆党安部磯雄に投票し九時十五教室「人類学上より見たる日本民族」原稿中谷氏え送る　ブラック（北京）、アイクシュテット（ミュンヘン）論文寄贈の礼はがきを出す　七時前帰宅

二月二十一日　火　晴

朝於菟まりのことに付来、母子の気勢なかなか盛云々、併し事をなるべく遷延する方然るべしといへり　昨夜来肋間神経痛今日静養す、夕刻与謝野寛来訪今朝まり母子行きて速かに最後の決行に尽力を頼む云々といひたるよし

二月二十二日　水　晴

親坊と遊び遅くなり十時二十五教室、於菟昨日久野木より与謝野え行き一時に家に帰りたりと、如何とも仕方なし母子の望通り決行する外なからん云々、八幡氏来室駒込神明町貝塚より出たる下顎断片門歯の抜除の疑あるもの持ち来り示すつまり疑問なり　二時半去て賀古氏を訪ひまり事件を一通り話す我等と同意見にて急速に解決するに及ばす云々　ところえ長尾来る本件のことなるべき

を察し早々避け去る　五時帰宅星来らず、八時頃於菟来り　自分直後に賀古え行き長尾と同席にて話したるよし亦予約により自家に帰り与謝野と会談、氏本件に付きては一応手を引くといへりと尚ほ今より再び賀古え行き与のことを通し且つ賀え相談することの遅れたるを釈明せしに賀案外明瞭に理したりと、それを我等に知らせるため十時半頃再び来り、愈々速かに決行の外なきこととす又今日四時過於菟賀古え行く前に山田と会談、彼我の意充分了解あり云々　十二時半去る

二月二十三日　木　晴

総選の結果略ぼ決定、政友、民政伯仲、無産八名か

八、四〇教室　度々中止せる齲歯統計に取りかかり今度こそは片けるつもり　七時前帰宅

二月二十四日　金　晴

午前親坊と遊ぶ槇町え行きなどす　午後十二時四〇教室古き寄贈論文整、其一部を製本すべし

二月二十五日　土　晴

八、一〇教室、1926 抄録校正昨日遅く来りこれが初校をなす　午後安田恭吾氏二男（割烹家）を連れて来室、工業クラブの方止めたれば学士会の料理を引き受けたし付ては同会書記長に紹介を頼む云々、自分はあまり同会に疎遠なる故を以て断る、山越長七氏来室　人体模型製作者故北川寛治の履歴に付調べたるものを持ち来る　六時半帰宅、星来、十時頃床に入りて後於菟より電話、荒木来、版権分割に捺印せよ云々但し拒絶せりと

二月二十六日　日　晴

星品川に午食旁遊行の議ありたるも親坊少し風気にて止める、於菟来、昨夜のことを話す、十時半教室　抄録校正　四時過去て柿内

二月二十七日　月　晴

八、四〇教室、寄贈論文整理、永年のこととて夥しい数に達したり約二千あるべし、六時半過帰宅

二月二十八日　火　晴

八、四〇教室、於菟来室第三者として沢崎、虫明に心配し貰ふ云々既に昨夜虫明未亡人に面談意外に穏かなりしと　三時半出て帝国ホテル入沢息結婚披露茶会なり五、一五教室に戻る、五時半西、小池、森氏と共出て小川町多賀羅亭に到る、岡島、新井、望月来り合す、井上氏遅れて来る、解剖学会規則に就ての委員会なり、大体に於て自分が起草せる様にまとまる十時散じたり

二月二十九日　水　晴

八、三五教室、寄贈論文整理、於菟此度のこと新聞に漏れたること話あり、版権は断然維持すべきことをいひたり、午食後柿内を教室に訪ふ　解剖抄録に不明なる点を質すためなり、不在、氏夕刻立寄る、賢、忠、孝、悌寒冒のよし、七時帰宅、星来

三月一日　木　晴曇

九時東京博物館長秋保安治氏自動車にて迎に来る共に同館に到る　メキシコ木乃伊見る、母子？　立派なるもの、館内を一巡し一〇、四〇教室、寄贈論文整理　七時帰宅

三月二日　金　細雨

九時教室、寄贈論文調べ一応終る、今日現在約二〇〇〇（実数一八〇〇位か）七時帰宅

三月三日　土　晴

出がけに千駄木え寄る類画室にて未亡人に会ふ、まり事件に付泣言あり、相愛は飽くまで失はざりし、母親が戻したりと玉誤信す、真源因は玉に異状あること、於菟別居承諾版権分割、玉嫉妬にはあらす、まりふわふわしてゐる、早く再婚させたし　十時四十分教室　西成氏来室 Folia anatomia 六巻一、二号を持ち来る、これは岡島氏が本巻を以て自分本年十二月第七十回の誕辰を祝する意なりと、首に写真を掲けあり　六時半過帰宅丁度星来る

三月四日　日　晴

三二式日一週間に迫る　きみ等忙しせい子の家近きところに約束せりと。一〇、一五教室　寄贈論文整理漸く結了、各小冊六十五、合綴四十三冊、合計百〇八冊製本安川え渡す、不図思ひ立ちたるこの仕業後方の用意かといふ様なる感あり　四時去て柿内、児等皆多少風邪、賢、忠、信は学校え行き得るも、孝、悌床中にあり

三月五日　月　大雪

九、〇教室、抄録初校、森志づ子復籍のことに付横山嘉重区役所え度々足を運ぶ　証人は自分と横山とす、終日雪止まず、六時半帰宅　良一より伯林発最後の手紙来る、自分一月二十八日差出しの返事、きみ、せい等と帰朝後直に別居か、すみ学校、北町との間甚面白からず、自分は星別に住居をかまへ、良一等は曙町え落ちつくものと見なし心底にて北町と応接すべしといへり

三月六日　火　晴

午前親坊と雪などいぢり遊ぶ、十二時五十教室　輯報抄

録初校、了る　名古屋浅井氏え学会に付返事を出す、七時帰宅、星来、転住居容易に決定せず、きみ貸家を探しあるく、三二服部え電話に依り行く又例の通り式前に産のこと確定しおくべしと

三月七日　　水　晴

九、一二五教室、寄贈論文整理、輯報校正にて十日余り費したるが今日は齲歯にかかりたり、併し甚気乗りせず、五時帰宅

三月八日　　木　晴

今暁久宮第二皇女薨去。教室行かず、親坊と遊ぶ、午後は始めて二人ぎりにて槇町まで行く、まだ歩くこと少なく困りたり、皆忙はし　せいは林町え行きて愈々借ることに決めたり、きみは三と三越え行きて買物、今朝岸より電話、巌氏出先よりの電話にて日延べの説を通じたりと　式日は動かさざるも披露は御遠慮申すべきかと心配、本多家え電話にて尋ね又星えも同様、夕刻星来、御遠慮申す方無難と決し岸家と交渉、星より三二え三百祝として贈与、多きに過ぐるも受け置く、披露だけ延ばすことに星氏と相談一決し岸え電話す、延期状文案星作り、印刷、速達発送等同氏引き受く

三月九日　　金　曇

九、〇教室、一時半去て根津天眼寺に到る故小林叔母納骨式なり、親戚集るもの二十四、五人本堂寒し、墓地の方は辞して家に帰る、四時過今日は祝の来客多く忙しかりしと、親坊は祝品を見て大悦び

三月十日　　土　雨、終日大雨

三二は明日の委細打ち合せのため岸え行く、九時五十分教室、東京博物館より本多厚二氏来、ジファルス乾首、メキシコ胎児木乃伊を貸す　齲歯に付て島峰のアイノのものを見る、五時帰宅　谷口氏大阪より今朝着、直に岸家、それよりここえ来りたりと、帰り去るところ岸未亡人の談に巌明日列席せぬとか、するとか不穏のよし、茶の間にて談話、十時室に入る

三月十一日　　日　雨曇

昨夜来雨降りつづく今朝に至りて止む模様、生化学根本来り宛名を書く、星自動車を借り根本を宰領として土産品を贈る、親坊の相手、午後は皆々支渡にかかる、女二人連れ且つ三二手荷物あるため別に自動車を傭ひ二台にて二時二十分出かける、特に此方の室あり、親坊歓ぶ巌氏来る、三時十分式始む、三十分にして終る、これよ

り撮影、時間あまる、食卓を五時半に繰り上ぐ、それまで控室等にて談話、式に列せしもの未亡人、巌夫妻、岸浩二氏、此方両人と星夫妻、柿内、谷口夫妻は媒酌として、星氏ありて坐談の工合宜し、田鶴は星の自動車を借りて智子のためこの間に帰りて再び来る、五時半食、六時半終る、巌氏吐す、八千代子髪等の支渡に時を費し八時過両人鎌倉に向て出発するを送り自分等も帰途につく、七人星の自動車に乗る、帰りて入浴、はつ婆留守居をする、十時過ぎて室に入る、先づこれにて四人の子女悉く配偶定まる、但し過去に於けると同様、前途も予想出来ざるものと観念す

三月十二日　月　晴

昨夜案外安く眠る、星朝去る、きみ子高島屋え行きて贈品を調ふ、自動車を命じ十時共に出、目白に谷口家え礼に行く、夫人に会ひて感謝す、これより山の手線にて市ヶ谷に下り柿内え挨拶、賢学校に入学試験あるため休にて居る、きみ子は去る自分弁当を使ひ二時教室に到る

北海道アイノ椎木繁吉再び出京、前の自動車会社に居るよし　四時去て学士院出席のつもりにて駒込橋に向ひたるも急に意を変へて吉祥寺前に下り帰宅　三二等今日午前鶴見に墓参のよし

三月十三日　火　晴　驟雨

朝柿内え電話、賢来るよし、午前は家にあり早く中食し、賢を連れて出かける、星工場見学、玄関にて星に一寸逢ふ、工場巡見中大驟雨雷鳴、社長室に休憩、これより自動車にて学校の方え行く、大正十三年十月二十三日始めて見たるときは建築未了なりしも全く出来上り宏大なるもの、大講堂椅子二千余、丁度雨止みたれば屋上に登り展望、大工場の大部分休止せるは大に心中安からず痛感に堪へず、これより五反田駅まで自動車、新橋駅にて車を出る、再び雨頻りに降る、当惑、賢は直に家に帰る、自分はエンタクにて四時過帰宅　鎌倉両人より手紙来る

昨日は鶴見花月園に入りたりとか

三月十四日　水　晴

教室行かず、親坊の相手、槙町まで行く、午後も家にあり、三二等熱海に一泊今日帰りえびす新居に入ると、きみ子等三二の荷物を造りて午後星トラックを借りて送り出す、晩星来、於菟一寸来

三月十五日　木　晴

精子等移転の用意に取りかかる、横山、植木屋来る、松

村氏より電話、今日台湾え向け出発すると、九時二十五分教室　抄録第二校正　七時帰宅、在伯林八田善之進氏より来書、素、純写真在中

三月十六日　金　晴

朝三二始めて来る大学え出がけなり、精家具買物に出る、親坊の相手、槇町え行く、午後十二時半教室　抄録校正六時過帰宅

三月十七日　土　晴

午前きみせい金森家訪問、これに同行す、きみは残る、十二時前帰宅　一時二十分教室、齲歯、六時半帰宅、丁度門にて星と合す

三月十八日　日　晴

春らしき天気、星、きみ、せい等出かける、きみ等はえびすの新宅を訪ふとか、星等家具買、自分は九、四五教室　椎木アイノ尋ね来る昨年夏北海道え帰り本年一月帰京、前の自動車の商会に働き居ると、土産として「アイノ」が用ひたりといふ古き漆塗り椀及天目台一組（アイノは「タウキ」（tūki）と称す）持ち来る　一身上大事件起りたりと即ち去十四日商会解雇せられたりと　七時帰宅

三月十九日　月　晴

親坊槇町、せいは金森、保子等の異議ありとて林町居宅約束せるも断る　きみは大崎辺に探すといひて出かける、十一時二十分教室　八幡氏来室、明日より約三日間古作貝塚発掘すると、昨年十一月講演に用ひたる計測器械全部今日返へし来る　四時帰宅、五時前きみ子と共に帝国ホテルに到る、両家慶事披露の宴なり、但し全部岸家負担、総て八十余名、三二同教室員多したために此方関係者多し、谷口氏披露の詞、氏特に大阪より出京、長与氏祝の辞、海野氏静岡より出席、祝の辞、林春断り、真鍋氏出席の筈のところ急差支、食を終り親戚残り談話、十時に近く散す

三月二十日　火　晴

午前せいと親坊を連れ電車にて柿内、せい愈々住居に困り柿内門内の小屋と決しこれを見る、ただ、のぶを連れ自動車にて昼前帰る　午後風強のため家に在りたり　谷口腆二氏今日帰阪するとて玄関まで来る、せいと児等を連れて槇町まで行く

三月二十一日　水　晴風　祭日

風強く外出出来ず、屋内にて児等と戯れる、保子彼岸見舞に来る

三月二十二日　木　晴

八、五〇教室、椎木アイノ来室失職愈々困窮のよし、五円与へてかへす、吉田章信氏来、自分アイノ寄与を見る、西謙氏特に来る　椎木のことを頼む、三二帰りに寄りて二五〇円（星氏が贈れるものの大部）預け去る、六時過帰、きみ子岸え挨拶に行く

三月二十三日　金　晴

九、一五教室、人体模型製作者故北川寛治なる人の履歴を山越に頼みて調べたるものを大竹貫一氏え送る、七時前帰宅、星来り居る　背部痛む

三月二十四日　土　晴　強風

昨夜田鶴子より電話にて門脇の家借用予約者現はれたりと　これにて精子住家又々だめになる　背痛のため在家静養、きみ子は貸家探しに出る、近き曙町内に一軒ありと、精見に行きて異議なしと　夕刻長谷部氏出京来宅、夕食但し氏既に済みたりと　中鶴氏挨拶に来る

三月二十五日　日　晴　午後強

星朝八時過来、借屋見るに及ばずと即ち之れに決定と精子覚悟、星は親坊を連れて動物園えと出かける、自分は電話にて打ち合はせ　長谷部氏と三宅秀氏を訪ひ啓明会より南洋探検補助の件を懇談す、別れて十一時帰宅　畳表替へ混雑、午後於菟来、氏昨日大久保え愈々移転したりと、教室内井上研究生乱脈軽率、就ては規約を設くべしとて案を示す、自分署名は何れでもよし先づ西に相談すべしといひおきたり　四時過星帰来、尋で三二両人正式の訪問、これより集まりて食す、十五軒廻りたりとか、食事を終り早々去る　この月は事々重なり殊に今日は混雑

三月二十六日　月　雨

早朝星去、旅行するよし、保子来、岸え挨拶如何すべきかと、精子引越如何するか自分は八、四〇教室、中泉正徳氏明日出発留学するとて告別、於菟昨日西と会談、氏かかる規約は自分に要なしと、さればこれは成立せず、六時帰宅　精子今日荷物を運ぶ筈なりしも悪天にて叶はす中止せりと

三月二十七日　火　曇

朝精の荷物を運ぶ自分も新住宅を一寸見る親坊全路歩く、これより教室時に十時二十分、桑木厳翼氏玄関まで挨拶に来る　八幡氏来室、来月二十一日人類学例会講演の件承諾す、長谷部氏来室、南洋写真数十枚及、石器、

貝器など見る、ところえ西謙氏来椎木の件モスリン会社病院にて雇入るべし云々　然るに居所不明商会え電話するなど　岡島敬治氏え Folia Anatomia 第六巻々首に自分の肖像を掲げて古稀を祝ひ呉れられたる礼状を出すアイヘル教授（キール）、ドクトル・マイスベルク解剖学教授（バタビア）論文別刷三種寄贈の礼札を出す　六時帰

三月二十八日　水　晴

一〇、〇教室、三栄商会山井兼智なる人丁度来る、椎木のことに付てなり、併し居所不明、氏も位置に付種々心配し、心当りあるよし　五時頃帰宅、晩無線電信良一より、三十一日午後一時着と

三月二十九日　木　晴

せい荷物残部昨今両日にて全終る、せい親と新宅に到る、決してきたなきことなし、心地よし、持ち行きたる弁当を食す、共に本宅に戻りて夕食す入浴、星来親子三人早々去る

三月三十日　金　小雨

早朝星出がけに親坊を置きて去る、後れてせい来る、十時頃三人行く自分は弁当携え、三時自分帰る、保子おはぎを持ちて来る、保子の案内として再ひ行く　郵船え「コレヤ」丸着の時刻を尋ねたるに明日午後一時なりと、賢信迎へに行かずとただ二人のみにて晩食したり、八時過於菟来、千葉にて小池氏と会の雑誌に付相談し其帰途なりと、明日出発名古屋解剖学会え出席すべしと、自分腰痛兎角全く去らす、欠席と決す

三月三十一日　土　雨

郵船え問合せたるに岩壁着十二時─十二時三十分なりと、時刻早くなりたるに付急ぎきみ子と女中みよを連れて出かける、水道橋よりす、十二時桜木町着、コレヤ丸既に第四号岸壁に繋ぎありと、三二両人来る、共に自動車にて行く、船より降る人々頻りなり併し良一等見えず、其中すみ子甲板上に居るを見けたり、頻りに布を振る、階下手荷物検査なかなかひま取る　楼上食堂に入る。桑木四名、松沢二名、京子、厳二名、岸二名、帰来三人、自分等三人、計十七名卓に付く、二時頃なり、留守居せい子え電話にて三時三十分東京駅着と知らせる、自動車四台にて桜木町、二等車内込み合ことなし、三時二十五分着、柿内氏、宮本、大山、横山諸氏あり　せい子も親、信を連れて来る。曙町まで来るもの桑木両所、三二両人但しこれは暫時して去る、小豆飯を炊き、星桑木両家よ

り贈られたる大鯛等を食す。丁度星も来、食事し親坊眠くなり早々去る　今夜十時半西南に向て発すと、入浴、きみと今日の出費を勘定す、三十円余、体裁満点これ以上なし、先々無事に殊に純子帰りて喜ばし

四月一日　日　曇

星え行く、せい親を連れて帰る、両人去る、岡田夫人来祝、午後岸厳両所来祝、移川子之蔵氏欧州視察帰朝来訪、良一等は手荷物到らず困り終日家に在り、夕食しせい親と新居に行く、始めて風呂をわかして入る、泊る

四月二日　月　晴

朝パン喫し親を連れて本宅に帰る。純子北町愛実（ママ）学校入校式なりとて素子連れ行く、良一は帰朝届のため本省え、ふき殿来祝良一等不在、安東老人来祝、午後二時過星宅え、忠、信来り居る連れ帰りて三時を食せしむ　よし江子来祝、せい親も来る、星え行きて夕食、せい鰻を供す、きみ来り自分は共に帰る、忠、信は星に泊る、八時過素純帰り来る、良一は入沢内科会に出席十一時頃帰りたりと

四月三日　火　雨　祭日

朝純を連れて星え、十時三女児を連れて帰る、良一両人は出かける諸方え礼廻りなるべし、女児等は本宅にて昼食す、せいは二女児を連れて帰る　良一等と晩食、入浴、世帯を別にする模様なり、但し皆機嫌宜し、来十五日案内状を良一書くと

四月四日　水　雨晴

朝星え、終日安静、腰痛宜し、午後好天となる、忠は午後帰り去る　信は残る、自分は家に帰りて夕食す（星にて入浴して）

四月五日　木　晴

八時半教室、在宅中の日記を書き輯報表紙の校正などす、三時半去る、腰痛宜しからず、星え寄り休む、すみ来る共に帰りて夕食、良一等牛込北町え移転と決定したり

四月六日　金　晴曇

九、一〇教室、原正氏名古屋解剖学会より出京来室、留学の選に当たりと、次に金沢古畑氏来室、五時去て星え、親食事中、家に帰り入浴、夕食、星え泊

四月七日　土　雨晴　市内桜花六分開く

家に帰りて朝食、良一等今日北町え移ると、素、純早々出かける　タキシイを用ひ手廻りのもの運ぶ、八時五十

分教室　於菟名古屋より帰り学会の模様を報告す、規則改正の件及び雑誌発刊の件、発刊することに決し会費十円、各解剖学教室二部つつ購入（二十ケ教室あるよし）、集会に出席費二円、総て穏当なる決定と認む　椎木来、未だ職なし困窮、弁当を与へ、西謙氏斡旋のことを言聴かせたり　天気好くなり良一等荷物運搬に幸なり　三時去て星え寄る、本宅にありと、家に帰ればきみ後片付けをなし居る、充ち居たる物置等大に疎なるを覚ゆ、せい親去る、きみ子と只二人にて夕食、ここまでずり来りたりなど談す、感深し、九時床に入るきみ湯たんぽを持ち来る

四月八日　　日　晴（昨夜雨）

好天、八時半出て北町に良一等新居に到る、純子はね廻る、平家にて入口の体裁など悪くなし、家古し、縁側先きの便所位置悪し、次柿内、十一時半教室、午後西謙氏来室椎木を病院にて採用のこと愈々引き受け呉れたり　四時過去て星、親在らず、家に帰れば来り居る、せいも次で来る　共に夕食す

四月九日　　月　曇晴

七、二〇教室、島峰氏来室ダヤアク骨格愈支払と決定直接中山福蔵氏え送ることとす、骨格は洗ひて整理することを小使に命す又箱は十一個注文したり　椎木来、時に西謙氏も来る三人にて談合　愈々モスリン会社附属医院小使に採ることに決定、この件は先これにて片付く　四時去て家に帰る　良一純子を連れて来り居る、精親も居る庭にて遊ぶ、良一去て後三二も来る、今日来十五日招きたる人々十人ばかり来客ありしと、星え行き入浴

四月十日　　火　雨

七、五五教室　1926抄録第二校全部終る、四時去て星え寄る親坊眠中　星西南旅行より帰る

四月十一日　　水　晴

早朝星親坊を置て去る、十時教室、午後西村女研究生、京城上田常吉氏、潤氏等来、潤氏にW文庫に教室印を捺すことを托したり　四時半去て星え寄る、連れて家に帰る

四月十二日　　木　晴

出がけに星え、八、一〇教室、大阪中山福蔵氏ダヤアク人骨代金各部省より支払決定のことを知らせる、又宮坂氏え宮原歯の本催促はがきを出す　柴田常恵氏来室地理の文部え移管ぐづぐづのこと　人類学本学年より正科と

なるの件如何、これもくづくづかなど　不図大正二、此頃のことを思ひ起し感慨、三時半岡島氏来室、名古屋に於る学会の意見とし解剖学三教授実現すべき件、先つ東京にて実行せざるは又不都合、井上西の所為甚同僚の希望に反す云々、先当教室両氏の確たる意を聴き質すこととす時に五時半　急ぎ学士院出席、晩餐にコレージュ・ド・フランス教授シルバン・レヴィ（サンスクリット語および文学）列席す、九時半帰宅

四月十三日　　金　晴

親坊え寄る、八、五〇教室、潤氏来W文庫に教室の印を捺す　於菟の談年度末に負債総額一万五六千円なりと、井上更に要領を得ず、学部長に談すべしといひたりと井もこれを停めざりしと、自分は一切をつつまず打開けて部長に告ぐべしといへり又昨日岡島氏が詰問したるに二教授にて出来るといふ様なことをいひ居たりと、四時去て星え、親等を連れて帰宅、夕食入浴し去る

四月十四日　　土　晴

きみ忙はし、精親を連れて来、きみと坊を連れて槇町、くつゴム風船を買ふ、午後一時半出て学士院、授賞式、田中総理、一木宮内、水野文部臨席、近藤平三郎氏賞を受く、四時帰宅、星え寄り休みて帰る　六時半頃星寄る福島土産梨子など置きて去る、きみは明日の相談に星へ行く

四月十五日　　日　晴

早朝星親を連れて来、自動車来るを待ち坊を連れて柿内、良一え行く　自分は星自動車を用ひ十二時前宮城、賜餐、梨本宮殿下台臨、二時帰宅、星皆来、支度、四時出かける、高輪司（つかさ）といふ日本料理屋に到る、岸家族を此方親戚及入魂者に紹介の意味なり、一氏大に斡旋、我一家斯く集ること難きを以て撮影す、田鶴は特に来り撮影の後賢、孝、悌を連れて去る、只義信（ママ）、智子を欠くを惜む、案内の五時半頃より来賓順次集まる、豊島、岡田家始め岸家、自家も加へ総人数三十八と算す、只金森夫人を病のため欠きたるは遺憾、家に帰りたるは九時半なりききみと書斎にて都合よく済みたるを歓ぶ　旭川の人山崎有信氏より故小林虎三郎様写真借用のこと申し来りたるも家に見当らざる旨返礼を出す

四月十六日　　月　晴

星早朝坊を置きて去る、きみ頻りに後片付けをする、精来る、自分は九時二十分教室、椎木来、金田一氏等の薦

めに手安く取り得る運転手免状を取り置くこと何れにしても便なるべし云々　就ては病院小使の方一時延ばしたし云々　岡島氏来室井上面談、教授三人現在の制度にては好まず云々　三時半出て良一方、純子あり、今日学校休みたるも今は機嫌よし、室内椅子テエブルを据へて西洋風に住むつもり、次に柿内皆嫌気（ママ）、帰途三郎氏に逢ふ、三二のことに付度々の時つぶしを謝す、帰りて更衣直に星え、入浴、食事

四月十七日　　火　晴

八、二〇教室、潤氏捺印に来る、去る土曜日にも来りたるよし、抄録校正と歯科病院購入ダヤアク人骨整理に一日を費す　五時去て星

四月十八日　　水　晴

朝星親を置きて去る、庭にて遊ぶ、十時五分教室、研究会議えベーグマン氏え校正料支給を申請す　四時去て星え寄り休

四月十九日　　木　晴

七、五〇教室、Abstracts 1926 校了　宮坂氏来、潤氏捺印来、於菟の談岡島氏西に話したるに教室費逼迫、研究出来ず、それに教授を増すなど不可能云々、先つ経済を改善し而て増すならば森然るべしと、又小池より井上に談し増すことを学部長に言ふべしと井上言ひたるよし午後親きみと来るせい産科にて受診のため、自分共に帰る

四月二十日　　金　雨

朝星親坊置きて去る、九時頃せい来、自分は九時半教室、齲歯統計甚進まず　六時去て家に帰る　小使にダヤアク人骨洗賃として二円遣る

第五十五議会（臨時）招集

四月二十一日　　土　晴

朝星え、共に家に帰りて十時半出て学士院、研究会議総会、午前中に医学部会、要件なし、午餐後総会、西川氏ワルシャワに於て開催の化学の会、空中窒素固定人造肥料製造工場のこと人造絹糸工場のこと及田中舘氏プラーグ〔＊プラハ〕に於て地球物理、測地学会に付広大なる新式観測所の話など面白し、未了なるも五時去て家に帰る、腰痛大に宜し　晩食後泊るつもりにて星え、併し此方極めて無人、女中みよ事ありとて不在、きみ子と新来の女中のみ、再ひ家に戻る

四月二十二日　　日　雨

朝星え、連れて家に帰る、十時四十五分教室、六時半帰宅、せい親入浴し去る　悪天なるに三二両人来りたりと

四月二十三日　月　晴

きみと親を連れて動物園、一時教室、四時前去て良一えすみ風邪最早宜し　今日学校え行きたりと、次に柿内、皆元気

四月二十四日　火　晴

七、四五教室、潤氏捺印、岡島氏昨日来訪自分去りたる後なりし故午食後慶應に同氏を訪ひ井上西到底だめに付これを圏外に置きて行動すべきこと、付ては教室内授業、研究、整頓何れも不充分なることの一部を漏したり三時半室に帰る　五時半去て星え寄り帰る

四月二十五日　水　晴

七、五〇教室、金沢医大堀泰二氏女子医専専任解剖講師就任せりとて来室、終日齲歯の仕事、六時半室を去る家に帰ればせい親居る、即ち今日引き越したりと、予め同居することになるべしと思ひしも星大に急ぎ此頃旅行前に良一を訪ひて談合了解を得たるよし又賑かとなる

四月二十六日　木　晴

朝庭にて親の相手、植木屋来り物置き片付にきみ忙し、十時教室　日本民族論別刷井上氏等教室四名に贈る、六時半帰宅

四月二十七日　金　晴

きみと親を連れて槇町まて遊歩、教室往途人類教室に寄る丁度松村氏在り、一昨日台湾より帰りたりと種々旅行談、教室に到れば十二時、眼鏡を忘れ二時半帰宅、少し庭の草を取る

四月二十八日　土　晴

九、三〇教室、名古屋教授朝川順氏帰朝せりとて挨拶伯林にては良一と同時なりき且ボストンにて落合たりと、潤氏来捺印終る　これにてW文庫先づ終了、午後岡島氏来、昨日林学部長に解剖三教授とすべき件を話したるに情況甚好、大に有望なりと、井上が部長に話したりや否や不明、尚ほ小池より井に談せしむべし云々、山越来プランシュ・オステオメトリック〔*骨計測板〕のことをたずねたり　七時帰宅

四月二十九日　日　晴　祭日

最初の天長節、賑ふべし、親庭にて遊ぶ、星東北旅行より帰り直に寄る。一〇、一〇教室　四時去て良一え、留守、次に柿内、孝、義（ママ）風邪、三郎氏在久し振りにて談話、此

度氏発議成立せし教授、助教授講師会のこと、昨日教授会にて林部長より解剖三教授のこと岡島氏より話しありたる報告ありしこと。八時帰宅

四月三十日　月　晴

星朝去る、八、五〇教室、松村氏来、大山氏を訪ひたること、鳥居原稿押し売り小松破門、小松鉄道省え田沢の代、ダヤアク頭骨修理継ぎ又古作人骨継き、六時半帰

五月一日　火　曇

九、〇教室、古作頭骨組立終る、三時半去て帰宅、五時きみ子と出かける帝国ホテル、上田万年氏息と臼井鉄治氏嬢との結婚披露なり、入沢氏媒酌、岡田良平氏上席、挨拶、九時帰宅入浴、星来、去十五日つかさにて撮りたる写真出来、先つ々々上出来

五月二日　水　雨

星早朝去る、八、二〇教室、姥山頭骨鹹歯を調べる、六時半帰宅

五月三日　木　晴曇時雨

出がけに上田家に挨拶に寄り十時十五教室　古墳人骨歯牙調　六時半帰宅

五月四日　金　晴

八、〇教室、清野、吉田両氏え著書寄贈の礼札、太田孝之氏え大森貝塚記念碑に関し氏が斡旋成功の由来書の挨拶、又此頃佐賀の人相良安道なる人故相良知安先生の息なる由にて自分先頃成したる追憶談中に先生の功績を述べたることを聞きて手紙をよこしたるに付其返事を書く且「鉄門」一部を贈る　六時半帰宅

五月五日　土　晴

昨日星端午鯉、吹きながしを買ひたるを庭に建つ、大阪中山福蔵氏よりダヤアク人骨代金二千五百円領収せる旨通知あり、昨日松村任三氏死去のこと今朝紙上にて知る、出がけに悔に寄る、十時教室　福岡武谷広氏え先頃土産贈与の礼状を出す、七時前帰宅　星来、信子学校より来

五月六日　日　晴

朝星親、信を連れて三越、忠来、柿内風邪とかにて田鶴其他児等来らず、保子少し不快にて来断り、三二両人も来ず、純子来、親端午とて皆々共に昼食、庭に建てたる鯉工合悪し度々星自らも手伝て運転士これを直すなど児等と共に終日庭にありたり　午後珍らしく宇野朗氏来訪、又晩青木誠氏来、「日本民族」別刷一部贈る

五月七日　　月　晴

昨夜十一時五十分五十五議会終る　朝野両党互格にて如何になり行くか更に不明なりしところ鈴木内務辞職のため朝党に都合好く、併し不信任案は上程のままにて終りたり、九時東京駅に桜井錠二氏の出発を送る、ブリユスセル国際研究会議総会出席のためなり　九時四十五分教室。福岡解剖眼科の仕事輯報材料提出電話あり　これに付午後上野事務所に到る二時間費す　六時半帰宅、晩松村家え、香奠（五円）、菓子を供ふ、九時半帰宅

五月八日　　火　曇雨

八、二五教室、二時去て家に帰り更衣、吉祥寺に故松村任三氏告別式に行く、雨中、帰りて親坊と遊ぶ、星来

五月九日　　水　雨

七、三五教室、ダヤアク人骨歯科病院より受取り人来り渡す、六時半帰

五月十日　　木　晴曇

七、二五教室、移川氏より使を以て古エジプト人頭骨を送り越したり　六時過室を去る恰も星親坊を連れて迎へに来る乗車帰宅

五月十一日　　金　曇

八、一五教室、四時岡島氏来室、小池氏より井上に質したるに解剖三教授のこと既に林学部長に話したりといへり云々、今後成り行き如何、一通り手段を執りたる訳なり云々、京城帝大にては最近三教授になりたりと、六時半帰宅

五月十二日　　土　雨

八、一〇教室、大学新聞編輯の人来、日本民族別刷一部与へたり　五時過上野学士院例会サリバンレヴィ（ママ）を客員に推薦の件承認、八時半帰宅入浴

五月十三日　　日　曇時雨

朝星、きみ共に親を連れ動物園、九、四〇教室、六時過帰宅　精子催す気味とて夕食後室に入る（階下）、自分常の如く床に入る　周囲喋がしく眠るを得ず、畠山は既に夕刻来り居る、十二時前自分も起る、星も来り居る日なり、十二時十分男児分娩、異状なし二週間位早きか、佐伯誠一氏既に来り居る、二時佐伯氏去る、皆寝に就く

五月十四日　　月　晴

朝星去る、九、四〇教室、十一時姉崎氏を訪ひ、潤氏の書物奉行調査に付補助費工風の件に付相談、有望、稲田龍吉氏が三百年記念会の理事たることを知る、於菟より

まり縁談、先方は小田正暁氏（小児科）なることを聞く、六時過帰宅、母子共異状なし、今晩は皆々早く休む

五月十五日　　火　雨曇

八、〇教室、一一、三〇帰宅、一時青山会館、徳富猪一郎氏文章四十年祝賀会なり二時半去て神宮参道を歩き原宿より省線にて帰る、親坊を連れて槇町、星来

五月十六日　　水　曇

八、三五教室、於菟来室西が自身関係せる大森の女子医専へ密かに小使に命して屍を送ること井上知りて自分の関係学校へも送るべしとか、歎、ところえ井上氏珍らしく来室、名古屋講演を「日本之医界」に掲載せるを持ち来る、六時過帰宅

五月十七日　　木　曇

八、五〇教室、昼食後歯科病院え行き歯科学報を見るためなるも甚不足、島峰不在、水道橋歯医専に寄る、あいにく休業、空しく三時半教室え戻る、吉田章信氏来室、六時半帰宅

五月十八日　　金　曇

八、二五教室、札幌平光氏来室アイノ　チウペン・アトラス〔＊類型（人体）図〕を促したり　昼食後法医え行き雑誌を見る一件だけ得たり、病理、内科え行く皆だめ、何所も日本雑誌欠本多く不整頓の極、序に稲田氏を尋ねたるに幸ひ居たり潤氏書物奉行調べのことを話したり

五月十九日　　土　晴

鉄門倶楽部熱海え旅行、休業のよし、七時前帰宅

七、五〇教室、平光氏来室明日帰札するよし、午後人類学会例会「古代及び現代に於ける齲歯」講演二時間十五分費す、この題目は甚古きものなるが今尚ほ不備、四時過家に帰り親を連れて槇町、小自動車を買ふ坊悦び帰る、晩星来児に「協一」と命名す

五月二十日　　日　晴

朝星車を以て親を連れ迎へに先柿内、信、孝、悌を誘ひ、北町に純を収れ九時家に帰る、児等庭にて大悦びはね廻る、協一児七屋（ママ）の祝なり、母子共至て無事、折詰の食卓につく、午後風強し　三時自動車を雇ひて返へす

五月二十一日　　月　晴

終日家にあり、庭掃除

五月二十二日　　火　晴

午前きみ子と親を連れて動物園、甚驚、午後は庭にて親坊の相手、掃除、三、八千来、星来、小倉魁郎氏より病

翁様の古き写真到る、これを旭川山崎有信氏え書留にて出す

五月二十三日　水　晴曇

星車にて七、三五教室、福岡大野六郎氏オルビタ〔＊眼窩〕の論文第一校正始めて来る、全日をこれに費す、四時去て純子、皆留守、柿内、六時帰宅

五月二十四日　木　昨夜雨、曇雨

八、五〇教室、輯報校正、中食後上野学士院委員会、第四分科候補五名推選の件、及ひ植物薬園歴史調査費宮家え推選のこと二時半終る、これより御大礼記念博覧会に入る、早二三日にて閉会のよしに付見て置くつもり、入場券は三好学氏より得、五時半帰宅　星遅く来

五月二十五日　金　晴

九時前出て三宅秀氏を訪ふ、長谷部南洋研究費啓明会の模様を確めしためなり、理事会は通過せしよし左れば評議員会の方万間違なかるべし云々、この件は先つ安心。これより石黒家訪問、老人甚元気、種々旧談、長岡鵜殿先生書（軸）を見る、コロンブス米発見図に題すと。大隈相良従兄弟又は再ー、相の妾は浅草仲見世の者、美人、大病院関係の請負師（江戸子）の周旋、隈夫人は旗本（九千石）三枝氏、千住女郎屋に居たと維新の際同家に出入の関係から預かりたるなるべし（女郎であつたとは悪口）相妾隈夫人以前より知り合、その間不和を生し引いて隈相絶交、石黒斡旋相良勲四旭日、石馬車に乗せて拝受せしめ直に隈え行き相を送り込み生計援助を要求、隈歓ぶ、引き渡して独帰る、又鍋島え行き同く援助を要求、両家にて一ヶ月二十八円を扶助し相これを以て終焉、佐賀の三平即ち大隈□（空き）平、江藤新平、古賀一平、一平下顎脱臼、奇談、相良没落は土佐藩の怨、大学別当容堂と激論、容はビリスと親し相は独逸式、後容罷める、これを土藩は相が時の参議江藤新平を以て為したりと認め河野敏謙が落し牢に入れたりと、其頃土藩に判官多かりしと。大野種痘の話、独逸教師雇入れのことに付催促に麻布真福寺公使館にケンペルマンに会談中今日は見せるものありとて新聞をくれたり、これに痘苗をグリセリンにて淡めるの法あり　大野に実行せしめたりと　これより弘田家を訪ふ皆不在、十一時教室、長谷部氏来室、二十九日出帆南洋探検、五時まで談す、京都金関氏来、西氏珍らしくも大ワーゲンザイル（上海）より来書、小笠原島混合民研究、助手を雇たし云々　庭論文別刷を持ち来室、六時

半帰宅

五月二十六日　土　晴曇

八、二五教室、大野論文校正、横尾氏縫合論文出来上り数日前より手元にあるを通覧、未了　六時半帰宅　星来

五月二十七日　日　晴

午前星自動車を用ひ、エビスビイル脇三二新宅を訪ふこれ始めてなり次に岸本家、これ又三二結婚後始めてなり、次に新井春氏を訪ふ、きみ、親同行星は博覧会にて別る　十一時前帰宅、これにて春期訪問一通り終る、一時一五教室　横尾論文通覧、六時過帰

五月二十八日　月　晴

八、〇五教室、横尾氏にワーゲンザイル助手のことを話す、去三月四日安川に命したる製本一〇八冊出来、これを調ぶ　七時帰宅

五月二十九日　火　晴

きみと親を連れて三越、坊の歓ぶ様面白し殊に金魚の沢山あるは珍らしく思ひたり、一時間写真を撮る出来面白からず、十一時家に帰りて昼食し直に眠る、今朝横浜鬼頭英氏夫人死去の電報来、二時頃出て悔を述ぶ、病院まで人車を用ふ、六時半帰宅、星来

五月三十日　水　晴

七、五〇教室、於菟来室西が女医校え屍を送ること井上ぐづぐづ言ひ居るとか　横尾氏ワーゲンザイル助手のこと承諾の確答あり、六時半帰　厳明日出征するに付きみ今日尋ね行きたり保子長岡え帰省中のところ急に昨朝帰京す、先般済南事件の続きなり

五月三十一日　木　晴曇

七、五〇教室　ワーゲンザイル（上海）え助手として横尾氏推薦のことを書留にて出す、仏国人類学者Ａ・Ｆ・ルジャンドル博士松村氏案内にて来室、アイノ出自談、氏夏北海道に行くと、言語の不充分なるを甚惜む。横尾氏縫合論文通覧了りて返へす　六時半帰宅

六月一日　金　晴曇

昨日電話により今日十一時前独逸大使館に到るゾルフ大使に面会、ワーゲンザイルの件なり、助手適任者あること等直に電報を発すと、これより永田町の元牧野家邸前を通る　明治三年自分始めて出京の節住居せる門長屋依然として遺存せるを見る、週（ママ）囲悉く旧態を失へるに反しこれのみ残り居るとは珍奇といふべし、十二時帰宅昼食、

一時二〇教室、東京印刷に大野図版試刷を返へす、六時半帰宅

六月二日　　土　雨

電車故障遂に歩き八時教室、七時前帰宅

六月三日　　日　曇

星親を連れて出る、保子来、長岡え法事を営むため行きて此頃帰りたるなり　九、五〇教室、此頃出来上りたる寄来本の製本に付整理、五時前星親坊を連れて迎へに来る

六月四日　　月（昨夜雨）曇

九、〇教室、製本したる論文を数へたるに今日までのもの総計七五〇種あり未綴のもの約千種以上と仮定すれば現在約一八〇〇種（三月二日日記を参照）　石原喜久氏来室、ハバナ府国際移民会議え出席のところ先月十一日帰朝せりとて煙草談其他長談甚面白かりき、井上氏其間先日日本之医界別刷を持ち来る　七時過帰宅

六月五日　　火　曇

九、〇教室、五時頃星親坊を連れて迎に来る直に帰宅

六月六日　　水　曇

九、〇教室、松村氏来、此頃の台湾計測を学士院に報告することの依来（ママ）、四時去て牛込両家、皆元気

六月七日　　木　曇

九、二五教室、二時半家に帰り庭え出る

六月八日　　金　晴

午前きみ子と親坊を連れて柿内、後一時教室、Disentis-Kreis Märchen〔＊文献〕を読む、六時帰宅

六月九日　　土　曇晴

弘田家を見舞ふ二人共不在、是より上野博物館に高橋健自氏を訪ひ同館処蔵のマレエ頭骨のことを尋ぬ　慥かに文部省え移管せりと、これより浮世絵展覧を見て絵葉書二十枚（三円）を買ふ　外国論文寄贈の返事に用ふるためなり　十二時過教室　横山写真器を持ちて来る、急ぎ弁当を食し一時出かける、永田町元牧野邸門長屋残り在るは余り珍らしきに付記念のため撮影す、現在渡千城といふ人居住、一丁目十六番地とあり、是より尚ほ桜田門を撮り、四時家に帰る、少し庭え出る、早く夕食し、精と親を連れて銀座、新橋より京橋まで歩く、坊の歓ぶ様面白し七時帰、入浴

六月十日　　日　晴

午前星精、親を連れて荒川園え行く、午後は星堀切え行

きて迎へをよこす、自分四時頃親を連れて出かける、車中親あまりおとなし、後に便通のためなりしこと明る、菖蒲花を見るは幾年振りなるか、案外旧態を存す、七時前帰宅

六月十一日　月　晴

八、四五教室、石原喜久氏一昨日ハバナ極上等葉巻二本土産として贈られたり、これを試む少し強し、六時半帰宅

六月十二日　火　曇

九、〇教室、ワーゲンザイルより手紙受取りたる旨返答あり、三時半去て学士院、「松村宮内氏台湾蕃族計測追報」を報告す、八時半帰宅　星来、親坊の砂場出来

六月十三日　水　曇雨

親を抱て槇町、十一時十分教室、七時前帰宅、千葉田口未亡人来訪ありきと

六月十四日　木　雨

九、〇教室　去九日横山が撮影せる永田町元長岡藩邸の写真焼きて持ち来る　極めて上出来、桜田門またよし、好記念なり　西謙氏来室、六時前星親坊来、アイノ油絵二面持ち来る又寄贈論文製本せるもの一部家に持帰る

六月十五日　金　曇雨

九、一〇教室、フィッシャー（ベルリン）、シュラギンハウフェン（チウリヒ）、ウィンゲイト・トッド（クリーブランド）え論文礼札（浮世絵）、フリッツィ（ミュンヘン）え吉川氏より貰ひたる農芸に関する印刷物及葉書を書く　弘田氏寿像除幕式に列す三時東講堂に赴き四時過室に帰る

六月十六日　土　曇雨

十時上野学士院、医学輯報委員会なり、生理学の部に付特に橋田氏の来会を乞ひて氏編輯せる雑誌と愈々合同し氏委員となることに決す　午餐、一時半教室　六時過帰

六月十七日　日　曇

一〇、教室、二時頃家より電話、きみ親坊を連れて来、これより動物園、三時半帰宅、鬼頭英氏夫人死去見舞挨拶に来

六月十八日　月　曇

八、〇教室、三時半去て柿内永田町写真を見せる、次に北町同断、七時帰宅

六月十九日　火　曇

教室不行、十一時半純子来、午前後共庭にあり、純親砂場にて遊ぶ　四時出て純を送り行く、素子不在、柿内え

寄りて帰る

六月二十日　水　雨

八、三〇教室、齲歯論綴り、六時半帰宅、旭川山崎氏へ病翁様写真返戻せられたき旨手紙出す

六月二十一日　木　雨

八、三〇教室、長谷川錧一老Ｗ文庫整理以来教室に来り居りしが愈々二、三日にて辞する決心のよし、親坊迎に来、六時過帰

六月二十二日　金　雨

早朝星車にて親坊共に工場まで行きて後岸家に告別に行く　巌氏夫妻今日出帆米欧視察に登る、九、五〇教室原素行氏秋田私立病院を廃し青島同仁会病院に赴任するよし来室、告別、六時半帰宅

六月二十三日　土　曇

九、三〇教室、三二来室アイノ小屋及プウの油絵二面にニスを塗るこれにて完成、横山に写真の礼として十五円遣る、親坊迎へに来る、六時半過帰宅

六月二十四日　日　曇雨

朝西大久保に牧野家を訪問、忠篤子に久し振りにて面会、永田町旧邸の写真三枚贈る懐旧談あり、十時帰宅　午後二時会社写真師来、合悪（ママ）雨降る庭にて兎に角自分きみも撮影す、協一始めて写す親坊も撮る

六月二十五日　月　風雨、晴

八、二〇教室、午後松村氏来アイノフイルム人類に保管することになりたる挨拶、六時半帰宅、食後親坊を連れて槙町まで行く

六月二十六日　火　曇

九、〇教室　坊迎へに来、六時半帰宅

六月二十七日　水　曇雨

八、〇五教室、四時帰宅、更衣、五時半上野精養軒、弘田氏招待なり、銅像落成、謝意を表するためならん、佐藤三、宮本其他三十余名、八時半帰宅、車を供せらる

六月二十八日　木　曇小雨

八、二五教室、七時前坊迎へに来

六月二十九日　金　雨

八、四〇教室、三二が絵（ママ）きたるアイノ小屋油絵二面壁に懸けたり　故野口英世氏追悼会あるも不行、椎木来、昨日運転手試験受けたりと　合格六ヶ敷、今後の方針に付談あり　六時半帰宅

六月三十日　土　雨

八、五〇教室、六時半帰宅

七月一日　　日　曇

朝椎木のこと星に一寸談したるも模様悪し、これ以上言ふに及ばす、十時半教室　三時半去て柿内、次に良一、この方皆留守なりしも途中にて素子に会い戻りたり　両方え永田町、桜田門絵はがきを遣る

七月二日　　月　曇

九、一〇教室、昼頃椎木来、西謙氏え電話にて明日会合を約し椎木に弁当代として一円遣り返へす　六時半帰宅

七月三日　　火　曇雨

九、一〇教室、午後西謙氏来、椎木も来、相談、運転免状千葉にて出来る筈西氏調べ見ることとす、再び一円遣る食費の道全なきよし　横尾氏フォンタネーレンクノッヒエン〔＊泉門〕論文通見、又ワーゲンザイル氏より同氏宛書信、小笠原島便船外人は乗船出来ざること、独逸大使より日本官憲より許容の通知今以てなきことの二点に付てなり、船の方は明日横尾氏郵船会社に到り質すこととす　親坊迎へに来り七時前帰宅

七月四日　　水　曇

九、〇教室、横尾氏郵船え行きて外人を乗船せしめざる理由を質したるに全く食事のことなりき即ち之を承知にて乗船することとし、直ワーゲンザイル氏え電報を発したりと、大使館え未許可のことに付電話にてたつねたるに甚遅れたるも許可になりたるよし　七時前帰宅

七月五日　　木　曇晴

純子学校十一時引けに付迎へに行き連れ来る　中元のおもちやを沢山遣る、親坊と砂場にて遊ぶ四時過素来るすみ大悦にて去る　自分は庭にて草を取る

七月六日　　金　晴

きみと親坊を連れて三越、坊金魚を見て大悦びにて十一時帰宅、午後は教室、稲田龍吉氏え潤氏御書物奉行に付調査事業の件既に手続済ませたることを書き送る　又旭川市山崎有信氏え虎三郎様事蹟に付試刷送り来り一読上返へす、又長岡有志諸氏に於て虎三郎様記功碑建設の儀に付今朝通知書来りたればこれ幸と思ひて其刷物を封入して送る　西謙氏来室、椎木のこと行き違ひて未定、旧談　三二一寸来、薬学に只今賊あり用心せよ云々　六時半帰宅

七月七日　　土　曇

安銀え行き一〇〇Y引き出し九、四〇教室、椎木来一円やる愈困窮　金田一氏も手を引きたる様子　安川え製本費五十四円払ふ　サイパン島発長谷部氏手紙二通到る、写真プレエトに付行違を生し撮影上支障生ず云々　七時前帰宅　忠、信来り居る　協一宮参りとしてきみせい明治神宮参拝、椰野、良一、桑木、柿内え寄りたりと

七月八日　　日　曇晴

きみ忠を連禅林寺墓参、終日信、親の相手、良一来、伯林新旧地図を比べなどす、午後せいと信、親を連れて槇町、晩食後独銀座を散歩す、九時半帰る

七月九日　　月　曇

八、〇教室、椎木来一円遣る。午後柿内、三二と同車、向島弘福寺に到る、故森林氏七回忌に当る　親戚全部集まる、向島一円大工事中、全く旧態なし、見当たたず、言問橋新に成る、帰りは星車を用ふ、四時半帰宅

七月十日　　火　曇

九、〇教室、椎木来、西謙氏来、千葉の方聞き合せ呉れ、甲種運転手試験願書西氏書きくれ出願の手筈をなす、二円遣す、横尾氏昨日横浜行、ワーゲンザイル五時頃着のよし、独逸大使館より電話あり、W着のことを報す、午後W氏来室、小笠原島研究談の後教室を案内す横尾氏始終側にあり五時去る　親坊迎に来

七月十一日　　水　曇

八、四五教室、午後は水道橋歯科医専え行き歯科学報を見る　五時半帰宅

七月十二日　　木　晴曇

九時水道橋歯校え行き昨日の続きを見る、一時前教室西謙氏来椎木の件、千葉にて長戸路法学士が経営せる学校にて置てくれる様談したりと甚だ幸なることなり　四時過去て学士院例会、八時帰宅

七月十三日　　金　晴曇

八、三五教室、椎木来、千葉行きのことを話す、大喜、家に電話して古衣中食のことをいひきかせ二円持せて去らしむ、長谷川舘一氏来室、解剖学教室の方は愈々本月限りにてやめることとなり井上より別に二ヶ月分（六十円）貰ひたりと、昼食後直に水道橋歯医専に到る今日にて終る、時間あるを以て歯科病院に島峰氏尋ぬ、田中浪江氏あり、故渡辺廉吉、小林虎三郎記念碑の談あり、四時過去て柿内、三郎氏帰り居る、次に良一方え寄る丁度帰りたるところ、六時半帰宅

七月十四日　　土　曇晴

昨日良一方に忘れ置きたる齲歯文献調べ書類を取り旁々行きて純子を連れ帰る、昼食して一時前教室　椎木来、昨日きみ子浴衣、古洋服其他種々遣りたり、荷物二個自分室に預かる、小遣五円遣り西謙氏を尋ねて同行し千葉え行く、長戸路政司法学士の学校に居て運転手免状を取る計画なり、如何　クーレンベック（ブレスラウ）氏え論文礼札（桜田門）を出す、六時半帰宅

七月十五日　　日　晴

一〇、〇教室、久し振りの晴天、愈々真夏となりたり、眼鏡を忘れ不自由、二時半去て帰宅　独親坊を抱て槇町

七月十六日　　月　晴

白服を着る、九、〇教室、午後研究会議よりフォン・ベーグマン氏え贈るべき謝金四十四円小切手届け来る、直に平河町O.A.G.に到り氏に渡す　同時に Nachrichten 第一号欠号せるを貰ふ　四時半過帰宅　昨日足立文氏論文集大冊届く今日手紙来、批評を書け云々　北海道植村尚清氏より桜実を贈り越す、晩これを分けて純子、柿内え持ち行く

七月十七日　　火　晴

九、〇教室　ミュンヘンよりエッテキング、ギーゼレル、モリゾン三氏の連名絵葉書来る　山越氏来、製作せる計測器一組を一見す、六時半帰宅　孝、悌遊びに来りたりと

七月十八日　　水　雨

九時前教室、パンフレット・バインダー大五〇、小二〇部届け来、西謙氏より椎木こと相方工合宜しと電話あり、親坊迎へに来、三二も同乗し五時半帰宅

七月十九日　　木　雨

八、四五教室、六時半帰

七月二十日　　金　雨

九、二〇教室、小冊子整理、バインダー綴り三十冊程、これを親坊迎へに来りたるを以て家に持ち帰る

七月二十一日　　土　雨

星持ち来りたる鮭味よしこれを分ちて純子、柿内両家え持ち行く　雨大に降る、十時半教室、三時半帰宅、和服、きみと出かける、四時半工業クラ部着、内藤久寛氏招待会なり古稀並に金婚に当ると、四百三十名程、講談、操り人形、霊交術、踊り、越後獅子等の余興あり、少し長き過ぐ　七時半食卓、立派なる宴会なり、帰りは星と同車、終日雨

七月二十二日　日　雨

十時教室、小冊子論文整理、七時前帰宅、旭川山崎有信氏え鵜殿団四郎は団次郎なることを申送る

七月二十三日　月　曇

午前親坊相手、午後きみと親を連れて三越

七月二十四日　火　晴

九、〇教室、論文小冊子整理、下登米といふ人来、内地に於て発表せられたる論著全般の目録を製作すると、アイノに関するものに付き尋ねられたり　七時前帰宅、山崎有信氏より病翁様写真修正したるものを送り越可なりの出来なり　法名に付問合せあり、明朝電報を以て申送るべし

七月二十五日　水　晴

八、〇教室、足立氏文集を見る、六時半帰宅

七月二十六日　木　晴

朝保子来、林町忌日に付行くと、九、四五教室、小冊子表紙を附け終る　一〇三許、親坊迎へに来、六時帰宅

七月二十七日　金　曇晴

昨日山崎有信氏より虎伯父擦筆画到着、立派の出来、九、二五教室　六時半帰

七月二十八日　土　晴

一〇、〇教室、旭川山崎有信氏え病翁様擦筆画費用として拾五円送る、午後四時過去て二村家を弔ふ、昨晩二村氏急に死去せられたる旨西成氏より聞き知りたればなり、六時家に帰る　病翁様擦筆画は小林魁郎氏え送る

七月二十九日　日　晴雨

星初め皆と稲毛行、親坊を舟に乗せて一寸出て三浦はまぐり貝を拾ふ、松戸を廻りて五時過帰る　椎木使に出京せりとて寄る

七月三十日　月　雨、冷

十時柿内、弁当を食ふ、二時半帰宅　二村家え香奠（五円）使を以て贈る

七月三十一日　火　風雨嵐

一〇、二〇教室、風雨尚ほ止まず、足立論集の評を書き始む、六時半帰

八月一日　水　雨

九、〇教室、午後三時過去て帰宅モオニングを着し近き原町のキリスト教会に到る故二村領次郎氏告別式なり、直に帰りて親坊の相手　式の帰途於菟寄る、日本医大二

村後継者に付塩田の談ありたりと、横尾は惜しといへり　星来、御大礼に用する大礼服のためにとかいひて九五〇円精子に渡したりとか

八月二日　　木　雨

未明に下痢す、終日静養、水便三、四回、今日も星来

八月三日　　金　雨

終日在家、きみせい明日強羅行の準備に忙し、親坊の相手

八月四日　　土　雨曇

下痢は昨日来止みたるも弱感（ママ）支渡に混雑、社の自動車迎へに来、八、二二分東京駅発すと、丁度雨止みたり、自分は九時半出て良一方え、純等は一寸鎌倉え行き先週土曜日に帰りたりと、松沢児大患、今朝良一鎌倉え見舞に行きたりと、これより柿内、明日信を連れて強羅行の打ち合せをなし弁当を使ひ一時過教室、福岡大西氏え希望に従ひ別刷頁数を一よりと改むべきこと其他申送る、エッテキング（ニューヨーク）、モリゾン、ギーゼレルの三氏にミュンヘンより連名はがきを送り越したる礼札を出す六時過去て家に帰る、始めて電車にて紙入を失ひたるに気付く併し万一机上に忘れ置きたるかと思て直に教室に到る、無し、全くすりに遇いたるなり　中に丁度八六円入れ置きたり、明日の車賃にも差支る故晩食後柿内え、三二持来りたる西洋梨子二個持ち行く、三郎氏睡眠中、田鶴に二五円借、家に帰れば十時に近し

八月五日　　日　雨

八、二二東京駅発、信子は家庭教師に送られて既に来り居る、雨止みて都合よし、二等車人少なく安楽、十時半小田原着、電車故障ありとて発車遅ると、雨盛に降る、乗者益々多し、自分は立ち通す、信子だけは辛ふじて坐す、途中度々停る又車を換へる湯本まで甚困る、これより大に楽になる、雨頻り降り山景全く複（ママ）はる　十二時十五分強羅着、星新坊を連て駅にあり、三郎氏より懐中一個見舞あり　星八時過出発、独逸大使ゾルフを誘ひて台湾旅行のよし、大雨中察せらる、午後家より電話、みよ兄危篤直に去る、留守居に困る

八月六日　　月　雨

昨日来雨一刻も止まず、室内にて坊の相手、きみ子兎に角家に帰りて処理すべしとて八時過はるを連れて出行く、午後は下の家に始めて行きたり、夜に入雨中九時きみ子ちよを連れて帰る　先づ柿内よりきよを頼みはると

二人にて留守居のこととなる

八月七日　　火　雨

朝少し雨止みたる様なるも甚怪し、親、信を連れて一寸公園まで行きたるも直に戻る

八月八日　　水　曇少雨

附近の山始めて見ゆ、午前きみと児等を連れて公園、午後は又々霧雨、外出せず

八月九日　　木　晴

漸く晴、信を連れ宮の下、柿内児等え土産を買ふ　昼前電車にて帰る、午後精二児たけケエブルカアにて早雲山に登る、帰りは歩きて下る、途中児等三時を食す

八月十日　　金　雨曇晴

朝霧雨、十時十一分強羅発、親駅まで来、湯本辺より漸々晴れる、国府津にて弁当、サンドウヰチなど買ふ、信悦び食す、湯本小田原間にて三二行違ふ帽を振る、天気好くなる、但し冷し、新橋にて下り市電にて加賀町え帰る、児等喜ぶ、時に三時、暫時休憩、五時頃曙町に帰る、家には留守居としてきよ（柿内より借る）はる及佐竹爺、岩谷堂小田島禄郎氏出京自分が帰るを玄関にて待ち居たり、宿も取らず今着したりと、共に出て赤門前山元旅館に案内し、これより燕薬軒にて食事、八時半家に帰り、入浴

八月十一日　　土　曇

六時起、甚さびし、九時前出て本郷安銀に到り百円引き出し、教室に到る、小田島氏既に来り居る、人類学教室え連れ行く、氏今晩出発帰郷すと　潤氏来室書物奉行調査費申請手続きに付てのこと　七時帰

八月十二日　　日　晴

珍らしく良く晴れたり、九、五〇教室、大野論文校正これにて㊤まで通見したり　四時前去て番町に椰野え寄る、強羅行のこと、保子同行するよし即ち明後朝新宿にて落合ふこととす、これより柿内、田鶴に髪を鋏み貰ふ借用せる二五円返す、七時半帰、入浴

八月十三日　　月　晴

九、〇教室、賀古鶴所氏より昨日せんべい一鑵贈り越す其礼札を出す、電話にて近海郵船え小笠原島より帰航船のことを尋ねたるところ予定より遅れて明日入港のよし。　安田恭吾氏来室来十九日亡父五十年亡母二十三年の忌法事を執り行ふ旨再び懇談あり且つ戊辰後の談長くなり正午去られたり　福岡進藤篤一氏学生監講習のため出

京来室、社会趨勢問題など長談、四時去て良一方に寄る皆在り、中村小児死去今日告別式ありしと、柿内え、義坊誕生日（満三年）なりとて夕食、後家庭教師指導にて児等遊戯大賑、九時家に帰りたり

八月十四日　　火　晴

六時四十分頃出て山の手線新宿に到る七時十分頃なり、一改札口を出て待つ、七時半に近きも来らず、ところえ偶々小林三三氏来り会す、事柄を話せばそれは場所違ふとて駅表口え案内しくれたり、忠子教師に伴はれて来る尋で保子よし江子に導れて来る　尚ほ十分余時あり　小田原急行乗り場に到る　三二来り会す、正八時発車、坐席を占む、乗客多し、立つもの数人あり、これは急行車にして停車個所五、六　一時間四十分にて小田原着、登山電車込み合はず、楽なりき保子大悦、十一時半強羅着、午後全員先つ公園を歩き牽車にて登り道了に詣で六時頃下る

八月十五日　　水　曇雨

朝保子を案内に忠をも同行、宮城野に下り川に添ふて宮の下に到る、児等に遣る物を買ひなどして電車にて帰る時に雨降り出す、午後は雨のため外出せず

八月十六日　　木　曇雨

朝天気怪しけれど皆と出かけ千筋（ママ）の滝に到る、遊園にて親坊円木に乗るなど突差に保子を芦の湖に案内することとして三河屋前より自動車に乗る　登りは雲深く週囲（ママ）見えず湖に下る頃より晴れ、箱根町まで行き、これより歩きて杉並木を通り神社に詣、饅頭など買ひて前の道を下る、この間丁度晴れて富士頂を一寸見る、保子大満足、小涌谷にて車大混雑次車を待ちて漸く乗ることを得たり、一時強羅に帰る、午後忠、親等公円（ママ）に行く、雨降り出し余興中止、夜に入り益々降る　山の大文字点火も止む

八月十七日　　金　曇晴不定

午前は駅え皆行き切符を買ふ、保精等雑貨を買ふ、午後二時保子忠子を連れて強羅発、湯本に近きトンネル内にて蝙蝠傘を窓外に落す、駅にて偶然同車せる遠藤氏其旨駅長に自分名刺を添へて話す、小田原急行電車に乗り替への際保子の荷物自分持ちたり、総て車中あまり込み合はず楽なりき、五時四十分頃新宿着、市電にて市ヶ谷見附まで来り、六時半ここにて別れ柿内え、七時家に帰りて入浴、食、東京今日度々驟雨ありたりと

八月十八日　　土　曇少雨晴

九、二〇教室、午後三―来室強羅帰途きみせい等鎌倉岸別荘に寄るかの談、横尾氏来室、小笠原島調査大体の模様を聞く先つ都合好く運びたる様なり、日本之医界記者来、五時去て良一方、純子に箱根土産を遣る、次に柿内、孝子第七回誕生日なりと　夕食、九時帰宅

八月十九日　　日　雨

一〇、五〇教室、午後三時半去て水道橋安田恭吾氏宅に到る　父君三十三回忌母堂十七回忌法事、読経、香奠五円供ふ、同家一族と自動車にて上野精養軒、小西信八、福島甲子三氏等あり旧談、八時前帰宅　終日雨降り道悪し、入浴

八月二十日　　月　雨曇

八、三〇教室、中谷氏来室津軽旅行談、家より電話、強羅より皆帰りたりと三時去て帰宅、二週間余の強羅避暑雨天多かりしも二児至て無事

八月二十一日　　火　晴

熱くなりたり昨夕より腰痛の気味、先つ終日静養す、きみは柿内、良一方え行く

八月二十二日　　水　晴

腰痛稍軽快、静養、きみ子腹工合悪し、朝より臥す、午後電話にて近き藤井暢三氏に来診を乞ふ、五時過来、ひまし油を用ふ

八月二十三日　　木　曇

きみ子昨夜数回便通あり、これより快方に向ふなるべし、九時教室　午後吉田章信氏来室、暑中挨拶なり、六時過帰宅

八月二十四日　　金　雨　昨夜大雨

せい子親坊東京駅行自分も同行、星氏台湾より帰京を迎、九、一〇着工合宜し直に帰宅、きみ子腹工合兎角さつぱりせず、十時四十五分教室　横尾氏にワーゲンザイル様子を聞く、縫合論文独逸文に綴りたりとWag.〔＊ワーゲンザイルの略〕氏三時頃来、調査大体の模様を聞く、先々満足のよし、只一家族だけ遂に承諾せざりしよし、島以外横浜、東京、神戸等にも其系統の人々散在するよしにてこれらも尚ほ調査する云々　四時半帰宅、昨夜鎌倉に於て中村道介氏夫妻自殺のことを聞き驚く、取り敢ず鎌倉桑木家宛悔電報を出したりと　良一等は昨日四満（ママ）温泉え行き不在のところ電報に接し帰京直に鎌え行くと夜八時半頃電話あり　中村氏は去九日愛児を失ひ悲哀のあま

り此挙に及びたるものなるべし気の毒千万、星氏来、晩パンフレット題目札をはる

八月二十五日　土　晴雨曇

パンフレット札貼り終る百余部、十一時過出て柿内、三郎足関節を挫き静養のよし、二時教室、六時帰宅

八月二十六日　日　晴

朝親坊と門前え出たるところえ星氏来、坊を連れて上野辺えドライブせし由、自分はパンフレット題目を書く、三時星氏帰る、星ヶ岡の方よく談しくれたりと四時前自動車を借りて先つ教室に到る、尋で横尾氏来、同車平河町パンション・アンテルナショナルにワーゲンザイル氏を迎へ連れて明治神宮を一週（ママ）し再ひ青山通に出て表参道より参拝、W氏も神苑の荘厳なるに深く感じたるが如し。これより星ヶ岡茶寮に到る、六時十五分、尚ほ山王社に参詣し、茶屋に入る、自動車は此処にて返へす　茶料理甚珍らし献立に付きて一々説明す、W氏は勿論横尾氏も始てなり　談多く食事長引く、終て独逸知人え絵葉書を連書すH・フィルヒョウ、フィック、フィッシャー、モリゾン、カイベル、十時に近く出て徒歩平河町に到り別れて自分電車にて帰る、今日は都合この上なく好く甚満足、これ星氏の斡旋なり

八月二十七日　月　曇雨（昨夜雨）

八、五〇教室、於菟名古屋より昨晩帰京せりと、横尾氏挨拶、ワーゲンザイル来、昨晩忘れたるゴルトシュミット氏えの絵葉書を書く　弁当を使ひ雨中帰宅直にきみ子共に青山斎場に到る　中村道介及ひ京子殿告別式なり、親戚側悉く立礼、神式、両故人の意中を思ば哀感殊に深し五十分を費し帰宅

八月二十八日　火　雨晴

予定の通鎌倉岸別荘訪問、悪天大雨中八時半東京駅発車、親坊歓ぶ、大船にて雨止み明くなる、鎌倉着の時は日出て天気模様よし、三二迎へに来る、乗車別荘に入る、十時前なり　庭の芝上にて遊ぶ、午後高時墓詣、八千代子歓待、三二等駅まで送る、桑木夫人あり後片附けすると、此度の不幸事察するに余りあり四時発車、天気よくなりたるは実に意外、車中満員、東京駅に着く頃驟雨、星氏迎に出て居るなど此上なき好都合、雨中六時前に帰宅

八月二十九日　水　雨（度々大驟雨）

八、四〇教室、珍らしく井上氏来、口蓋の論文を持ちて、解剖学雑誌のもの、去四月の学会のもの、即ち同じもの

を三回くれたり　解剖学雑誌第一巻第一号は四月の決議に基き本月発刊したるもの、ただ其継続を祈る、福岡桜井恒次郎氏死去のこと昨朝新聞にて見る、井、森と三人にて弔詞のことに付談、井上氏来室、福岡え桜井氏死去弔のため学部を代表して明朝出発すると、岡島敬治氏来室、明年解剖学会特別講演足立氏断り、舟岡氏に依頼するの件勿論同意したり、解剖三教授の件文部専門局にての意見を質したりと、六時半帰宅　振り替等　12 O.A.G. 本年会費、12人類学会、３五島清太郎氏祝賀、５桜井恒次郎氏香奠計32円を組む

八月三十日　木　驟雨

故桜井氏悔状を出す、一〇、〇教室、於菟福岡空席出来たるに付ての談　新坊（ママ）迎へに来

八月三十一日　金　晴

八、五〇教室、午後二時去て小石川原町一行院に到る佐藤伝蔵氏告別式なり、家に帰りて休、熱さ酷し

九月一日　土　晴

九、〇教室、ワーゲンザイル氏来室、人類学教室え誘ひ松村氏に紹介す　午後山越来、目録出来持来、四時半親坊迎来

九月二日　日　曇

九、一〇教室、六時過帰宅、朝精子親坊を連れて自動車にて三越え買物に行き、帰りに柿内え寄りたりと

九月三日　月　晴　残暑酷し

長谷部氏南洋探検より帰り来室、成績満足、共に昼食をすすめたるも辞し去る、六時帰宅　きみ桑木え不幸見舞に行く

九月四日　火　晴

住家大掃除、八、〇教室、午後西夫人我室え立ち寄る、六時半帰

九月五日　水　晴

九、〇教室、午後吉田章信来、本を見るため、紙巻煙草一箱贈らる、新井春氏来長談憤慨談、六時去る　七時に近く家に帰る

九月六日　木　晴

親一満二年誕生日のため皆三越へ行きて写真をとる、協一も写す　十時過家に帰る　自分これより一時半教室、潤氏来三百年記念会より補助の件に付三宅米吉氏に頼むこととす　足立氏文集評昨日書き終りたれば今日寄贈挨

拶書を出す　四時去て先つ桑木家へ不幸見舞、夫婦共在宿、次に純子へ、純子転びて額に傷つきたり、素子在、両処にて遅くなり柿内へ寄れは早六時に近かし、家より電話ありて親坊迎へに来ると、三郎氏足挫傷宜しからずと、一、親来り共に音羽通を経て六時半帰宅

九月七日　金　曇晴

九時教室、名古屋名倉重雄氏来室 Sulcus praeauricularis oss. ilei〔＊腸骨前耳状面溝〕に付質問あり、午後於菟来室、今井上に会ひたるに福岡解剖候補者談あり、五、六教授（但し進藤氏以外の）より相談あり、長崎高木純、千葉の森田、札幌平光（これは疑問）などあげたりと、於菟自身希望をいひたるに賛成、大に尽力すと、進藤氏へ其通り書き送る、又小山龍徳氏懇書の返事を出す、七時帰宅

九月八日　土　晴

八、三五教室、名倉氏本を見に来る、ワーゲンザイル氏来室、石器時代頭骨を見せ写真を贈る、大阪高木耕三氏へW氏紹介旁斡旋依頼書を出す、潤氏来、書物奉行調査に関する書類持来る　親坊迎へに来る

九月九日　日　晴

朝原町に三宅米吉氏を訪、潤氏図書奉行の件提出方を依頼す　親坊誕生日を祝ふとて純、信、孝、悌を集む、十時過皆来、柿内の三児は星自動車にて迎へたりと、昼食は赤飯、鰻等、親坊も仲間に入り庭にて遊ぶ、日照りて熱し、隣家の息も午後は加はる、四時自動車にて送る

九月十日　月　晴

九、三〇教室、人類教室へ行き足立氏文集評に付相談の末今日同氏よりの申越に従ひ大阪毎日と決し同氏宛送る又京都大礼事務局より度々督促、今日も来りたるに付愈々参列せざることに決定したる旨回答す　六時帰宅

九月十一日　火　晴

今日精子一寸教室へ来京都大礼行きのため大礼服の談

八、三五教室　ワーゲンザイル氏東京に於ける仕事をも終へて愈々明朝出発神戸に向ふとて来室、六時帰宅

九月十二日　水　雨曇

今朝下痢、午後までに五回に及ぶ、在家

九月十三日　木　晴

静養

九月十四日　金　晴

同

同　　九月十五日　　土　晴

九月十六日　　日　晴

五反田に大会の余興あるよしにてきみせい親坊を連れて夕食の後出かける　自分は協坊を守る、腹工合未だ本復せず

九月十七日　　月　雨

昨夏仙台にて講演せる日本民族論校正を送る

九月十八日　　火　雨

尚ほ在家

九月十九日　　水　曇晴

福岡進藤氏より於菟履歴等を要求し来る、夕刻於菟来、井上氏方へも同し様なことを申し越したるよし

九月二十日　　木　晴

午後千葉より椎木来、愈々九月二日運転手試験通知ありたり就いては錬習に金を要す云々　拾円遣したり

九月二十一日　　金　晴曇、大夕立

進藤氏へ於菟履歴及業績を送る、横尾氏縫合の仕事を学士院に報告する旨通知を出す。祭礼にて附近賑ふ、試に親坊を連れて槇町まで行く、素子に会ひて供に家に帰る、夕刻夕立中良一見舞に来

九月二十二日　　土　曇小雨

午前親坊を連れて附近を歩く、下痢止まる

九月二十三日　　日　晴　祭日　小雨ありたり

午後鈴木孝氏珍らしく来訪、星大工を呼び家の模様を換へるとか、三二油絵数枚持ち来り藤島氏鑑査を乞ふと

九月二十四日　　月　雨

腹工合宜しきも天気悪しければ家に在り

九月二十五日　　火　晴雨

午前きみと親坊を連れて動物園、後フランコに乗る、午後牛込の方へと思ひたるも天気悪くなりたれば止める

九月二十六日　　水　曇　急に冷しくなる

十四日間休みて教室へ行く、八時四十分、怠りたる日記を書く、四時帰宅

九月二十七日　　木　晴

秋晴、好き時候となる午前親坊を連れて槇町、午後庭にあり、五時頃新井春氏来、慈大予科敷地（池上辺）に地下壕なるよし（横穴）出現のこと、中に人骨三体ありしよし、床に卵大の石一面に敷きありしなど　上沼部のものと同様と思ふ、又貝塚もあるよし　学生等に試掘せし

むべしと、共に夕食

九月二十八日　金　晴

きみ子と親坊を連八時出て三越、屋上にて休、午後書棚を整理す　秩父宮殿下　御成婚市中賑ふ。進藤氏より来信、森を推薦すべしと

九月二十九日　土　曇

九、〇教室、於菟来室進藤より返事のことを通す、横浜十全病院葛目玄吉氏来訪、鼻に関する角度に付相談あり、石原喜久氏より来朝のモレイラ（リオデジャネイロ）教授同伴訪問のことに付来書の返事を出す、四時去て良一へ二人共不在、良一は伊香保へ素子は品川に会あるとか、純子のみ在り　内藤記念品銀製菓子器を遣る、これより柿内、星工場より帰途寄り同車六時半帰宅

九月三十日　日　雨

九、四〇教室、大竹貫一氏来室、人体模型製作者故北川岸次の功績に対し御大礼の機会に賞表せらるるの件　五時半頃星単独に迎へに寄る、終日悪天

十月一日　月　晴

九、二五教室、眼鏡を忘れ親坊持ち来る、池を廻りなどす、村松氏来　来週出発支那へ旅行すと、平光アイノアルバムの話をなす　氏大賛成出版援助渋沢孫の談、午刻となる、弁当を使ひ直に出、文部省に到る、廊下にて大竹氏に逢ふ　今政務次官に面談したりと、自分粟屋次官に面会し北川賞表のことに付陳述、これより歯科病院に島峰氏訪ふ、教室の内幕談などす、義歯の二歯脱落修理を桜井氏に頼み、これより石黒忠悳先生先達より病気の由に付見舞ふ、快方のよし、若夫人に面会、これより大山氏の許に到る　岸上鎌氏、慈恵大矢崎氏、宮坂氏在り、発掘談、晩餐、十一時半帰宅、余り遅しとてきみ子門前にあり、一時半就眠

十月二日　火　晴

九、〇教室、福岡学部長後藤七郎氏来室、解剖候補談、札幌平光氏へアイノ写真送付に付返事を出す　精子親坊を連れて本郷まで買物に来りたりとて寄る、共に赤門より電車、自分は学士院例会へ出席、時に三時半過ぎなり、藤沢氏衆院議員選挙殊に普選に付統計的講演あり、横尾氏論文は朗読省略といふことにす　八時半帰宅

十月三日　水　曇雨

親坊を連れて動物園、きみせい心配するにより往復共自

動車、坊の歓ぶ様面白し殊に橋上より汽車の出入を見て面白がる、十二時帰宅、時に少し雨降り始む、午後歯科病院、桜井氏より、旧義歯の修理出来、新の造り直しのため石膏型をとる、これより辞書字源を買ひ四時半帰

十月四日　　木　雨

八、三五教室、邦人論文の整理、池田三雄氏渡欧告別来、同氏にユンケル氏記念事業のため拾円渡す　六時帰りかけたところへ星迎へに来る、坊はなし

十月五日　　金　曇雨、急に寒くなる

八時過出て歯科病院、蠟型を合はす、素子来り居る、十時済む、これより弘田氏見舞ふ、先頃夫君を失ひたる一娘（勝田未亡人）に会ふ、去七月十九日更に発作あり、容体重かりしが此頃は大に快方のよし、病床を一寸見舞ふ、これより棚野へ、厳は一泊して直に帰任せりと、小女児容体益重る様子、保子心痛　厳は九日頃には任務を果たし帰京するよし、それまで生かし置きたしなどいへり、十二時半過ぎて教室　J.ニップジャン（バンセンヌ、セーヌ）より Abstammung der Aino 別刷請求し来りたるも最早手元になきを以て断り葉書（アイノ住屋）を出す　又書肆G.フィッシャーより Martin: Anthrop 第二版出版のこと申し来り Folia Anatomica に批評云々、岡島氏へ其趣申送る　フリードレンデルへ本書を早速送るべきことと序に Fürst: Index-Tabellen Zeitschr. f. Ethnol.〔＊文献〕1927 を注文す、今日は教室同窓会を催すとか併し自分は断りて六時帰宅

十月六日　　土　晴

九、〇教室、不図思ひたちて純子迎へに行く、素子不在、すみは午後学校に何かあると、十二時過教室に戻る　午後椎木使として出京したりとて寄る、運転手試験は合格と思ふ云々併し確定は今年末となるよし、かく長くかかるとは意外、小遣とし五円渡す　六時親坊迎へに来、星今夜発信州へ行く　足立文氏より毎日新聞自分批評掲載のもの送り越す、同氏息結婚式不日挙行のよし

十月七日　　日　雨

九、四〇教室、輯報解剖の部第一巻扉、目次、索引作成に付考慮　六時帰宅

十月八日　　月　雨

九、一五教室、人類教室に到り人種アルバムを見る、松村氏明日出発支那へ旅行すと、棚橋源太郎氏来、赤十字に於て精神展覧会を催すに付人種頭骨を陳列したし云々

悪天此上なし午後三時頃より愈台風となり風雨強し、六時過帰宅、星直後に迎へに寄りたるよし、惜し、以後親坊なしには迎へ固く断る

十月九日　火　晴

九時半出て歯院、早くすみて十時十分教室、一時前帰宅、昼食、きみ子と親坊を連れて植物園、ベーグマン氏西氏抄録原文を送る

十月十日　水　晴

余り好天に付又々親坊を連れて動物園（自動車）、前回の通り汽車を見て山手線にて帰宅十一時半、午後十二時五十分教室　望月圭介内務大臣よりモレイラ主賓晩餐会に招かれたるも断り医学会、精神病学会等の同氏招待会も断りを昨日出す　森田秀一氏先頃帰朝のところ今日来室久々にて面会、六時帰宅　此頃は星のために住宅に模様替へをするため庭師来り樹木の植替へなどす

十月十一日　木　晴曇

八、二〇教室、輯報索引タイプライタア、柴田常恵氏来、常陸古墳人骨検査のこと史蹟のこと愈文部へ移管のよし、山越来例の器械写図のこと、故北川の履歴を見せる四時出て良一へ、素純在り　家模様変へのことを話す、次に柿内、賢風邪、最早宜し、六時過帰る　今椰野より電話只今女児遂に死去のよし、厳は一昨日帰京、辛じて間に合ひたりといふべし、良一来、家屋模様変へに付何か不服をいふ　自分死後持ち分不明の様なことありてはならぬ、費用は出してもよし云々　これは星がすると考へてなるべし、決して左様な心配無用なることを言ひきかせたり、九時過きみと出かけ椰野へ悔に行く十一時帰宅

十月十二日　金　晴

九、四〇教室　石原喜久氏来室　モレイラ博士に付種々談あり、京城岡田信利氏来室、イルカ類の歯を研究し居ると、タイプライタア、六時を聞きて室を去る、きみ子は椰野女児葬式に行きたり

十月十三日　土　晴

歯院、新義歯改造成る、十時二十分教室、タイプライタア、きみせいは二児を連れて新井家訪問、心深き待遇をうけたりとて四時半教室へ寄る

十月十四日　日　晴

午前せいと親坊を連れて植物園、十一時家に帰る自分は教室へ行くタイプライタア、六時室を去る、晩保子来

十月十五日　　月　曇
内藤久寛氏を訪ふ、此度歯校官制発布島峰氏校長に勅任せられたるに付旁なり、十時二十五分教室、森抄録をベーグマンへ送る、タイプライタア、六時過帰る

十月十六日　　火　晴
最好天、親坊と動物園、帝展招待日人多し、行きは省線帰りは自動車、一時一〇分教室、タイプライタア、山越技工師来り計測器数種の図をとる、六時打ちて星迎へ、親坊は赤門前車内に待つ

十月十七日　　水　晴雨　祭
皆は鶴見へ行くと、自分は八、五〇教室、索引タイプライタア終る　四時去て柿内、三郎氏金沢学会に今夜出発す白山まで同車

十月十八日　　木　雨
八、一五教室、午食後学士院、候補者五名予選、佐藤、稲田二氏のみ出席、前回の通りに決す　時に二時半頃、これより帝展の絵を見る、四時半帰宅、極悪天

十月十九日　　金　晴曇
八、三〇教室、索引整理、五時半親坊迎へに来

十月二十日　　土　晴曇
午前親坊を連れて上野公園、汽車を見て動物園に入る十一時半帰宅（自動車）、十二時三十五分教室　索引整理未了、六時過帰宅

十月二十一日　　日　雨
人類学会遠足なるも天気悪ければ止める　八、二五教室索引等（Anatomy Vol.I のもの）出来、西氏来室の様子一時隣室賑かなりき、悪天のため電車悪し五十分かかりて七前帰宅

十月二十二日　　月　晴
午前きみと親坊を連れて三越、二親法要準備買物、午後一時十五分教室　輯報 Anatomy Vol.I 〆切り表紙索引等の原稿を印刷に渡す　四時出て良一、柿内両家へ、長岡行き法事のことを知らせる

十月二十三日　　火　曇雨
早朝保子来、長岡行数日間延ばす　午前親坊相手、槇町へ行きなどす、午後一、一五教室、六時過帰宅、親坊迎へに来りたるも去りたる後

十月二十四日　　水　曇雨
八、四五教室、横尾氏縫合独文を見るなかなか六ヶ敷大仕事なり　六時過帰宅

十月二十五日　木　曇小雨

八、二五教室、横尾氏独逸論文容易ならざるに付そのことを同氏に通す　午後三二友人（仙台動物教室）を連れ来り標本室を案内す　六時過帰宅、食後精子と親坊を連れて槇町

十月二十六日　金　曇

史料編纂掛鉄筋新築成り展覧会を催さる　信玄、謙信、信長、秀吉等多し、十時教室、パンフレット・バインダーの価二十五円払ふ　徳川家家扶高木文氏来室、中沢浜人骨は大学へ寄附といふことにせるに今以て音沙汰なきは如何と、これ大正十五年十一月二十二日自分侯爵家に到りたるとき高木氏より貸与といふことを取り消し寄附といふことにする旨談ありたるに付其後寄附手続き済みたる筈のところ昭和二年五月十四日人類学教室催展覧会に於て高木氏より未だ総長の謝状行かさることを聞きたるを以て同十八日事務室へ行きてこれを質し且つ催促したり　借用証書日附は大正十三年十月一日なり　然るに高木氏来室今以て挨拶なしと実に驚くべし、六時半帰宅入浴夕食して書斎に入りたるところへ突然電話にて林町おけいさん重体に付直に来たれと、驚きて直に行く、さしたる状況にもなし　志立医師来りて腎臓患、尿中蛋白ありとか、十時帰る

十月二十七日　土　晴

親坊を連れて例の通り上野公園、往復共自動車用ひず、午後一時過教室、六時親坊迎へに来

十月二十八日　日　曇雨

人類学会遠足、八、四五上野発、初石駅下、東葛飾郡新川村上新宿貝塚に達す、時に十時過、潤氏同行、直に発掘にかかる、昼までに菊地山哉氏形土器其外立派なる極めて小石斧、西村真次氏完全骨器及角（？）製飾物らしき破片、千葉県学部長組完全なる小土瓶等珍品と称すべし、本貝塚を総て落手、少し淡水貝を混す（しじみ）一時過る頃より雨降り出す、早々して引きあぐ、駅にて一時間半待つ、車中非常なる混雑、立ち通したり、五時家に帰る、かかる遠足は困る　椎木昼来りたるも不在のため再び八時半頃来る、千葉長戸路家に居悪し且つ運転手試験成績あまり永くなる故郷里へ帰るとか良案なし、旅費として拾六円遣る、本年三月以来合算すれば四拾九円となる、自分いささか口おしき感あり

十月二十九日　月　曇雨

八、四〇教室、事務へ行き佐藤東氏に徳川家より人骨寄附の件早速済ませべきことを談す、六時半帰

十月三十日　火　雨

九、三〇教室、雑誌を読む、五時半親坊迎へに来

十月三十一日　水　晴

九、三〇教室、事務へ行き十一月十日及ひ十六日京都御苑内大饗宴不参届書二枚書くことを頼む、徳川家より人骨寄附の件は昨年六月十六日附にて総長謝状を送りたりと、このことを高木文氏へ書き送る　二時頃帰宅、少し風邪の気味、星自動車にて上野駅、厳既に来り居る、八、三〇発車、高橋公威氏同車、直に台に上る、寝台は昨朝きみ子買ひ置き下段相対し注文通り

十一月一日　木　晴

案外眠りたり、柏崎を過ぎて起、天候少し不穏の模様、七時半過長岡着、保子等一族、病院長、樹人団理事長松下鉄蔵氏其他出迎、昨夜は雨、今方霰降りたりと、なかなか寒し、徒歩旅館美濃屋に到る、保子の計ひにてこたつを設く、甚暖かし保子きみ子と携へたるパンを食す、十時に近き頃保子博子等衣を更て自動車にて迎へに来る共に安善寺に到る、鳥居せい殿既に在り島角七来、親父を知るものはこの二人のみなるべし　せい殿は八十一歳、角七は七十歳、今日の珍客、読経を始む僧総て六人、昌福寺住職赤柴氏特に列席しくれたり、約四十五分にして終る、墓所に到る、厳撮影す、これより斎につく、精進料理一人八十銭とか、甚佳、僧三人其他総て十五人ばかり膳につく。透氏の計にて二時頃自動車をもつて迎へに来、観光院にて車を下る、鶴見安氏に偶然会す、誠に珍らし、旧福島江は埋めて東に寄り田甫中に更に拡大して移す、此田甫皆埋立地とするとて工事中なり、今朝白四ツ角より栖吉川土手に上る、清水の流るること旧の如し、感深し、旧屋敷の前を過ぐ、隣家の橋本家屋大に模様変り、旧態更になし、旧諏訪堂の杉大木一本尚ほ残りあり、昌福寺椰野家墓に詣、これより自動車にて悠久山公園に到る、松大樹の林旧の如し、虎三郎様記念碑の位置此辺のつもりなりと透氏参道の左に示す、園内を寛に歩き廻る　これより自動車にて戻り、長生橋を渡る、長岡鉄道駅まで行きて引き返へし、公会堂に入る、透の斡旋なるべし、有志者の歓迎会なり、長岡不相応の大建築なり、市長岩田衛、高工校長福田為造、野本

恭八郎（互尊）、今井病院長、山田代議士、田村市会議長、北越新報社長広井一、木村□□（空き）（比企野氏姻戚）、神谷正治、中沢三郎、松下鉄蔵（樹人団理事長）、反町栄一（青年団副会長陸軍中尉）其他総て五十余名。きみ子、厳、賓席に列す、自分の挨拶、きみ子の和歌二首、七時過散会、透氏案内にて隣接せる公園（元宝田石油の地）一巡し宿に帰る、きみ保等諸勘定、贈品荷造り

一〇、〇五発車、宴会に於て臼井健次郎氏（稲垣平助おとな、乃木将軍の従卒たりし人）長岡じんく珍らし。高橋小路の旧宅尚ほ存するも増築模様替へして理髪店となる、自動車ドライブ同乗者透、保、きみの外に反町氏ありたり。珍らしき好天となり、去大正九年のことを思ひ起す、旧十八九日の月東山の上に高く上る、直に寝台に登る

十一月二日　金　雨

九、一〇上野着、先考五十回忌、先妣十三回忌を兼ねて法会をすませ安堵、天気悪し、午後二時間ばかり眠る、住宅増築略ぼ出来

十一月三日　土　晴風　祭日

親坊槇町まで連れ行く、方々へ志を贈るに付手紙を三通ばかり書

十一月四日　日　晴

九、一〇教室、帰郷諸事を記す、大山柏氏来室、洞窟図数枚借り置きたるを返へす、六時半帰宅、星は皆を連れて玉川先きの松原家へ行きたり

十一月五日　月　晴

九、〇教室。十一月十六日京都御苑内饗宴場に於て催さるる大饗第一日の儀及同十七日催さるる大饗夜宴の儀不参の届書二通事務に頼み書きもらい之れを書き留めにして京都皇宮内大礼使典儀部宛にて出す、二時教室を去る、赤門にて金田一氏に会ふ椎木帰郷の話、親坊を連れて上野、動物園次に汽車、はるを携ふ、エンタクにて帰る

十一月六日　火　晴

大礼に付京都行幸七時宮城御発輦。此秋第一の好天、十時三十五分教室　医事新報記者来、北里の伝を書くとか四時去て牛込、良一方皆留守。柿内、孝少し悪し他無事三郎今夜立つて北海道へ行くと、面白からざる用向きのよし、照康氏をトラピストへ入れるのことにてもあるか

十一月七日　水　曇少雨

風邪思はしからす終日在家、名古屋は雨のよし公衆困り

たるべし

十一月八日　木　雨

静養

十一月九日　金　晴

在家、晩まで雨降る、天気追々好くなる、増築十二畳のたたみを入れる　庭先あまりちらかり居るを掃除す

十一月十日　土　晴　大礼

市中飾り付けも未だ見す、星は親坊を連れて出かけたり十一時教室　W文庫最後の整理と思ひて其所へ行きたるに二時頃親坊迎へに来る　是より大通り銀座を経て東京駅前より和田倉門にて花電車を見、二重橋外にて群衆中正三時に万歳を三唱し帰途につく親眠る、三時半帰宅、三二夫婦来り居る。眼鏡を自室に置きわすれたるを取りに行く　晩食後皆々三二夫婦も共に出かける、夜影（ママ）を見といひて

十一月十一日　日　晴

柿内児等に大礼市内装飾を見せるつもりにて午前行き携へたる弁当を食し忠、信（孝は咳ありて止める）を連れて出かける、市ヶ谷より省線、東京駅に下り、丸ビルを通り絵はがきを買ひ和田倉門を入る、恰も市内神社御輿、宮城前へ参入、賑ふ、これより銀座通りへ出てふじやにて三時を食し、芝口より電車にて帰る、丁度保子来り居る、又三郎氏北海道より帰るなど混雑、早々去りて良一方へ寄る皆在家、純子に花電車絵はがき遣る大悦、六時帰宅

十一月十二日　月　晴

午前精と親坊を連れて日比谷の菊花を見る　例年の通り見事なり園内を歩く親坊歓ぶ十一時半帰宅、十二時四〇教室　仙台布施氏海外視察として十八、九日頃出発するとて告別、又氏の教室業績独逸文最近出版の号を自分第七十回誕辰祝賀にウイツドメンすると、W文最後の整理全く了る、六時室を去る　旭川山崎有信氏より幕末血涙史五部送り越す中に虎三郎様伝記並に肖像あり明日十二円八十三銭郵便為替を以て送るべし、この件これにて終結

十一月十三日　火　曇小雨

天気怪しけれど鎌倉行、例の通り由比ヶ浜に出て切り通しを過ぎ七里ヶ浜に出る、突然小野塚氏に会す、岩に腰を掛けて弁当を使ふ　鈴木療養院に到る、暫時して共に出て山腹の村道を歩き片瀬に出、龍口寺に登りて見る、

これより宇野氏を見舞ふ、氏夏以来、老衰増進臥床、藤沢にて長く汽車を待つ、少し雨降り出す　六時家に帰る

十一月十四日　水　晴　大嘗祭

昨夜雨降りしも模様宜し、星主唱にて村山貯水池行、九、四五自動車にて発す、十一時半頃達す、風景よし、散策に適す、一茶店の二階にて弁当を使ふ　山口村千手観音に詣、所沢に到り飛行場の傍まで行きて戻る、再び田無を通る、四時半家に帰りたり、今宵より明晩にかけて悠紀、主墓の儀

十一月十五日　木　雨

出がけに宮本仲氏え血涙史を送る、氏不在、夫人に渡す同家大工事中出入口困難、十一時教室に到る、八幡氏来室、人類学会評議員及年会に付ての打ち合せ　ベーグマン氏より一九二七年抄録原文校正戻る　六時帰る

十一月十六日　金　晴曇

今日昼京都に於て大饗宴第一日の儀、天気如何予報は雨なり、午前きみ子と親坊を連れて上野汽車を見て動物園、十二時家に帰る　一、三〇教室、1927 抄録原稿整理　六時過帰る

十一月十七日　土　晴

京都大夜饗、朝出がけに桜井玄関に名刺を出す、九、三〇教室　抄録手入れなかなか困難　六時半帰　大饗宴第二日及大饗夜宴の儀

十一月十八日　日　曇雨寒くなる

九、二五教室、午後二時半頃星両人親坊を連れて迎へに来る、尿をたれるなど騒ぎ、雨降り天気悪し

十一月十九日　月　雨

九、二〇教室　十月五日フリードレンデルへ注文書を発したる **Martins, Lehrb. Indextabelen**〔＊文献〕等到着、甚歓ばし、科学画報記者来、昨年冬ベルツ博士写真貸したるを紛失したることをなじる　呉健氏来室　ヒンテレ・ブルツェル〔＊後根〕中にパラジンパチウス・ファゼルン〔＊副交感神経線維〕あることをマイクロフォトを以て示さる　六時半帰

十一月二十日　火　晴

八、四〇教室、午後松村氏支那より帰り来室長談、四時出て柿内二人は佐々木家結婚式に列するとて出かける、賢に幕末血涙史を贈る　良一方へ寄るまだ帰らず素子は佐々木家、純一人居る　六時半帰宅

十一月二十一日　水　雨

九、一〇教室　宇野朗氏逝去の電報一〇、三〇家より持来、今日午後片瀬より帰宅のよし電話にて聞き合せたり、六時帰、晩食後宇野家（弓町）へ取り敢ず悔に行く、時に雨止む、読経終りて死者を拝す、これより入棺なるべし、岡田和氏あり、楽山堂院長村上幸多氏、金子魁一氏に当日立礼すべきことを話す、九時帰宅

　十一月二十二日　木　晴

好天に付村山貯水池行、高田馬場西武電車を用ゆ、下池を一週（ママ）す二里位あるべし甚快、五時帰宅、疲れたり、晩食の際弘田家より電話、容体重しと　七時星自動車にて見舞ふ、重体なるも意識あり病床にて少時話す　八時過帰宅

　十一月二十三日　金　晴

午前親坊相手、槇町まで行く、増築完了、十二時半教室人類教室へ行き、柿内古鏡二面持ち行き明日の会に於て鑑定のことを頼む、明日の会には宇野家葬式のため出席出来ざるを以てなり　Anatomy〔*解剖学〕索引校正、五時去て宇野家に寄り明日立礼のことを打ち合す　六時過帰宅

　十一月二十四日　土　曇

八、四〇教室、十一時半家に帰りて十二時半谷中斎場に到る故宇野朗氏葬式なり、一時前より読経始まる、二時より告別式に移る、自分も立礼者に加はる、三時終る、直に帰家温をとる　人類学例会並に総会欠席、原田淑人氏牧羊城発掘の講演ある筈

　十一月二十五日　日　晴

一〇、〇教室、抄録原稿通見、四時去て弘田家を見舞ふ佐藤三氏丁度合す、直に病室に入る、辛うして意識ある様なり、数時間かといふ容体なり、六時半帰宅　モリゾン教授（ミュンヘン）より自分七十回誕辰祝賀の書面到達

　十一月二十六日　月　晴

八、三五教室、十時石原喜久氏誘導にてモレイラ教授（リオデジャネイロ）来室、アイノ、石器時代、邦人頭骨など並べて示す、歯牙変形写真五枚贈る、標本室、W文庫へ案内、十一時過去る、人類教室へ行き松村氏に頼み置きたる柿内古鏡原田氏鑑定を聞き取る、二面共宗時代のものにして真正のよし　西謙氏来室椎木運転手試験落第のこと、十二月四日頃再試験、この度は通過すべし云々、其上にて帰郷せしむべしなどいひ合ふ、山田玉樹氏来、

図館（ママ）開館式に自分の卒業書陳列すべきに付貸与せよと柴田常恵氏香取郡古墳処出の頭骨持ち来る、四時半去て良一方へ、まだ来り居らず、純子明日迎へにくることを略ぼ約束し、柿内へ、三郎氏風邪在宿、学部の嘆息談、古鏡二面鑑定を付して返へす、賢信に戊辰戦争河井伝を遣る　七時前帰宅

十一月二十七日　火　晴　還幸啓

昨夜四時前弘田家より電話、きみ子直に起く、自分は丁度醒めて書見中なりき、弘田氏三時四十五分遂に永眠せりと、生存者中の最旧友を失ひたるなり尚ほ一睡して六時半起く　星氏と共に乗車、七時半頃弘田家に到る、死者に礼す、夫人側にあり、感深、葬儀に付きては主として真鍋氏の指図により唐沢、栗山二氏これに当る、自分も加はることとす、九時四〇教室、輯報索引校正、モレイラ教授のために出したる人骨等を片付く、午後一時より弘田氏を剖検す、長与氏執刀、脳重量一三七〇g、三時室に帰る、図書館山田氏に自分卒業証書を貸す　五時過帰宅、時に七、八分蝕けたる満月東天に昇る、七時半出て弘田家に到る、入棺、移霊祭十時帰宅、還幸の日とて市中更めて賑ふべし

十一月二十八日　水　晴

きみ子午前中に弘田家へ悔に行く筈、八、五〇教室、輯報、解剖、抄録原稿通見、四時半帰りて、更衣（燕尾服）、六時工業クラブ星車を用ふ、ゾルフ独逸大使来月中旬帰国送別会なり、O.A.G.及、D.V.主催、三百名と算す、十時半星氏と共に帰宅

十一月二十九日　木　曇　多摩御陵御親謁

九、一五教室、輯報索引校正、東京印刷をよびて渡す、横尾氏来り曲線用紙に付相談など、遅くなり四時去て弘田家へ、丁度根岸錬次郎氏来り久し振りにて種々牧野老夫人（九十五才）、河井継之助、長岡談、又長与又郎氏も合す、栗山重信氏其他ありて談なかなか盛、六時棺前に拝して去る、星氏自ら迎へに来り　同乗して帰宅　ギーゼル博士（ミュンヘン）より七十回誕辰祝書面到達

十一月三十日　金　晴

正十二時きみと青山斎場に到る、故弘田氏葬式（神式）なり、直に式始まる　弔辞中竹田宮御代拝あり、二時前終る、二時より告別式に移る、三時終る、来弔者一千五百名ばかりとか、これより星自動車にて雑司ヶ谷の墓地に到る　きみ子同行、日暮れて埋葬終り墓前祭に

尋で拝して六時前帰宅、小春の好天なりしは幸なりき
晩床に入りて後福島甲子三氏より電話、虎三郎様記念碑に付てなり、東京にて募集の金額一千円なるもまだ六百円ばかりのよし　尚ほ心配中云々

十二月一日　土　晴

せい親と三越、親の服其他を買ふ、午後一時半教室、三越にて買ひたる1929掛け暦（一個一、三五円）Ｈ・フィルヒョウ、Ｗ・ディーク、アウグスト・プレトリウスの三氏へ自ら局へ行きて出す　六時過帰る

十二月二日　日　曇　代々木に於て大観兵式

一〇、一五教室、三時半去て学士院、ゾンマーフェルト教授（物理）今朝着京したりとて来院、共に晩食、雨降り出し家より迎車をよこす　九時前帰宅

十二月三日　月　雨曇

九、一〇教室、誕辰祝賀に対する謝状に付午後O. A. G.にベーグマン氏に相談のため行きたるも不在にて徒労、二時十分室に帰る　六時半帰

十二月四日　火　晴　大神観艦式

甚温和なる天気に付親坊を連れて上野公園、例の通り橋上にて汽車を見て動物園に入る、往復共省線を用ふ、十二時前帰宅午後一時過大学、先つ図書館を通見す、広大なる建物、三時教室、昨今両日に互り書きたる手紙三通即ちフィルヒョウ、ディーク、プレトリウス氏宛、自分及きみ子写真封入して出す　六時過帰

十二月五日　水　晴

一〇、〇教室、橋田邦彦氏来室、学士院研究費の件、今日直に申請書出すべし、元錦糸病院の人楳本とかいふ人来訪、月刊新聞を出すに付賛成を乞ふ云々、病院は震災後全く困難、高山氏昨年突然死去、閉鎖するわけには行かずとか　四時半せい、親坊迎へに来、帰りて更衣、星車にて六時過帝国ホテル、日本側催ゾルフ大使送別会、約四百名集る、星氏等大に斡旋、九時過散す、尚星氏は大使を帝劇へ案内するとか、自分は同車して直ぐ帰る

十二月六日　木　晴

八、四五教室、島峰氏来室、歯校創立を祝したる挨拶、井上歯校へ往き度き旨懇々話したりと、意中不可解、西謙氏来室昨日椎木運転手試験大失敗のよし、愍むべし、二時帰宅衣を更へて弘田家十日祭に列す四時終り帰りて更に六時上野精養軒に到る、同家より慰労の意味なるべ

し、集る者百名ばかり、九時帰宅、入浴

十二月七日　金　晴

星氏昨夜遅く帰り又今朝五時出発郷里へ行きたり今晩遅く帰る筈、九、五〇教室　四時去て柿内、皆元気、次良一、六時半帰

十二月八日　土　晴

八、四五教室、岡山上坂氏宮中賜宴のため上京、氏の研究生加藤喜雄氏同伴、午後三時過帰宅　先考五十年正忌日に当るを以て一族の小集を催して共に晩食す支那料理、純、信大悦びはね廻る、保子満足、三郎、一、厳、良一等と坐談賑ふ、九時散す

十二月九日　日　曇

一〇、三〇教室　抄録 1927 漸く印刷に渡すべく整理したり　六時親坊迎へに来

十二月十日　月　晴

九、〇教室、岡山敷波氏来室、宮中饗宴に付出京、岡助教授大変物三教授もてあます云々、急ぎ弁当を使ひO. A. G. にベーグマンを訪ひモリゾン教授、ギーゼレル博士の古稀祝賀に対し謝状文案を見てもらい二時過帰室、清書し今日出すべし　橋田氏来、筋線一本の集縮の写真を持ち来る　親坊六時過迎へに来

十二月十一日　火　曇

九、二〇教室、人類教室へ行き古作脛骨疑梅毒性のものを借用す　輯報解剖第四号出来、これを以て第一巻完結、抄録 1927 原稿を渡す、四時去て柿内、良一、何れも無事

十二月十二日　水　曇

八、四五教室、昨日金沢佐口栄氏より Zytologische Studium Hf.II を自分古稀祝賀論文として贈らる　眼鏡を忘れきみ親坊持ち来る　佐口氏へ礼状を書く　六時過帰、星氏今晩大阪へ旅行

十二月十三日　木　曇　東京市奉祝

奉祝に付上野公園への鹵薄拝観にきみ、せい二児を連れて六時前京橋へ出かける、自分八、四五教室、市内は非常なる賑なるべし、Martin 新版を読む、六時過帰

十二月十四日　金　晴

せいと親を連れて松屋、坊大クリスマス樹を見て悦ぶ、午後一、四〇教室、長与氏来室古作脛骨の件、六時半帰

十二月十五日　土　雨

例により輯報編纂委員会、十時学士院に到る、八名集る、

福岡久保氏、札幌今氏、京都森島氏あり、昼食、一時半散、二、一〇教室、人類学会例会欠席　六時半帰

十二月十六日　日　曇晴

故本多忠夫氏告別式（仏）に十時青山斎場に到る、往復車　五十五分費す、十一時二〇教室、六時赤門にて電車七台満員にて待つ　あまり待ちくたびれて春日町を廻る折りしも市奉祝新花電来る　家に帰れば親坊も見たりと十二月十七日　月　晴せいと親坊を連れて三越、食堂に入りて坊菓子を食べし、エスカレエタアを幾回も乗る、午後は安田銀に寄り研究費一〇〇Y引出し、一時五〇教室、西謙氏来、椎木自動車屋へ助手として住込ませ尚ほ授験（ママ）せしむること、氏の学位論文通過せしこと、札幌関場不二彦氏夫人死去の報あり悔状を出す　六時半帰

十二月十八日　火　晴

九、二〇教室、十二円小使四人へ歳暮として遣る、松村氏来学士院研究費申請の件、山越氏来北川贈位に付余談福岡小山氏より昨日自分古稀に付祝電をくれたるに付その礼状を出す　三時半去て良一、もと、すみあり二十五日クリスマスのことを漏す、次に柿内、三郎氏下痢、明日より出勤すと、賢足痛に臥す

十二月十九日　水　晴

九、二五教室、マルチンを読む、六時親坊迎へに来

十二月二十日　木　晴

一〇、四〇教室、マルチンを読む、六時半帰

十二月二十一日　金　晴

午前きみ子と親坊を連れて銀座松屋へ行く、午後一時四〇教室、牧野御母堂九十五才死去の報ありたれば根岸錬次郎氏へ悔状を出す、福岡進藤氏より来書愈来二十二日教授会に上るよし而て候補者は於菟、平光の内なるべし結果如何と　六時半帰

十二月二十二日　土　晴

九、二五教室、マルチンを読　数理統計に苦む　六時帰

十二月二十三日　日　晴

一〇、三〇教室、統計法、三時去て良一方次に柿内、六時過帰宅　福岡進藤氏より電報来、教授候補推薦者の件、電文に誤あるも第一平光、第二於菟と解したり、晩於菟十時頃来宅其ことを通じたり

十二月二十四日　月　晴曇小雨

朝出かけるところへ三二来、痔瘻の様なるよし云々、自

分九、一〇教室　三二来室今見てもらいしに別に心配する程のことになきよし　於菟来室、福岡選に当らざりし談、六時過帰　進藤氏更に来信

十二月二十五日　火　曇晴

昨夜頻りに雨降り今日の天気如何と心配したるに曇なるも模様宜し　幸に星車都合出来たれば九時過出かける先つ純子を誘ひて柿内、義、智におもちやを遣り支度の出来るを待ち十時十五分忠、信、孝、悌を連れて出かける、玄関より車、上野精養軒に到る時刻早し、遊戯場にて遊ぶ十一時半より余興始まる、食堂大混雑、三時に玄関に出る、見たるに三浦迎へに来り居る、安心、三時半過みやげ袋、ゴム風船をもらいて帰途につく、純子を送り込み柿内、五女児の悦ぶ様面白し、予期の通り此上なきよきクリスマスを楽みたり　加ふるに午後は天気よくなりあまり寒くなし、四時半家に帰る　札幌平光氏より来書、福岡候補者に当選せり一応自分の意見を尋ぬと

十二月二十六日　水　曇晴

九、三〇教室、福岡進藤氏へ於菟に付心配くれたる礼状、又札幌平光氏へ四囲の関係からして自から定まるべきこと返書を出す　ベーグマン氏よりO.A.G.の名に於て自分七十回誕辰を祝すべきに付明二十七日又は一月十六日例会に出席する様申越されたるに付明日は差支、一月十六日延ばされたき旨速達にて返書を出す　六時半帰

十二月二十七日　木　晴

一〇、二五教室　又々小使予告せずして自室の大掃除をなす、中止せしめて統計法を読む、プレトリウス博士（ハイデルベルク）より来信、甚友情深し又贈られたるビルダーブーフ（漫画）は二、三日前に到達、四、二〇室を去り家に帰り、五時半頃きみ子と出かける、上槇町支那料理香蘭亭に到る、良一の馳走なり、三二の外素子純子総て六人集まる、八千代風邪にて来らざりしは遺憾千万、一家の団欒甚快、良一の饗応悦深し、家に帰れば十時に近し

十二月二十八日　金　晴

午前親坊の相手、早く昼食し、坊を連れて自分のみにて出、三越に到る　坊屋上にて菓子を食す、帰りは自動車、三時帰宅

十二月二十九日　土　晴　昨夜雨

朝きみ子新聞にて三二借家近火のことを見付け驚きて岸本家へ電話にて尋ぬ、知らざる由早速使をやりて返事す

ると暫して隣家焼失のよし、自分見舞に行く、八千代数日来風邪且妊身（ママ）中この事あり　臥床中玄関にて一寸挨拶し去る　十二時半帰宅、三二来り居る、大騒せしも別に怪我などなかりしは不幸中の幸なりき、午後家にあり、夕刻親坊を連れて槙町まで行きたり　石原喜久氏玄関まで年末挨拶　葉巻五本贈らる

十二月三十日　日　晴

早朝より「ラヂヲ」据付けるとて二人来り作業、星氏は精協を連れて強羅へ行く荷造りなど家中大さわぎ、十二時前出行きたり、午刻過三二来、別条なきよし、自分は預け入れのため本郷へ行く但し銀行は休業（日曜のためなるべし）、教室へ寄る時に二時、日記を書きなどし四時過帰宅、晩食後独出て銀座を散歩す、露店の様など例の通り、十時に近く家に帰る

十二月三十一日　月　曇

親坊一昨夜二回吐す、心配したるも昨日強羅行など混雑せしも機嫌よし夕刻食前に眠り今朝に到る　格別のことなき様なり、十時過出て本郷第一銀に到り精子のもの六五〇円を預け次に安田銀に到る非常なる雑沓に驚く、研究会議よりの全部五四五円預け入れ 1926 抄録料として三〇〇引き出す　十二時前教室、甚寒、三時過ぎて去、良一方へ寄る皆不在花月園へスケエトに行きたりと、柿内へ、孝少し咳するよし他は無事、賢誠にぐづぐづし居て困る、暮中に一日散歩する筈なりしも遂に果たさず、強羅行をすすむれども如何、三郎不在に付よく相談しおくべしといひて去る、五時帰宅、入浴晩食し八時半床に入る。随分事多き年なりき、三二のこと、良一等帰朝尋で世帯を分つ、精子世帯を設け又尋で星と同居、協一出生、秋になりて住居増築模様換へ長岡行などの内に年暮れたりなど思ひつつ眠る

昭和四年　2589
1929　Koganei

一月一日　　火　晴

昨夜よく眠りて除夜の鐘も聞かざりき、七時醒む、九時過ぎ三浦来る星自動車にて九時半出かける　先つ橋本家、夫婦共出るところなりしも一寸上り挨拶す　治春あり、次に谷中於菟方へ、但し於菟既に外出、ふき殿に上りて挨拶、千駄木類方、母堂に玄関にて辞す、これより牛込北町、良一両人共在、桑木家、玄関にて夫人に会ふ、次に柿内、小供学校より帰り皆居る、賑か、賢ぐづぐづ、強羅行だめなるべし、次に梛野家、保子、よ志江子に玄関にて挨拶、これより大崎に新井家、春氏先月教室に於て卒倒したりとか夫人歳末に来りての談なりしが景気甚宜しからざるも起き居たり　ここも一寸上りたり、次に岸本家、上りて未亡人に挨拶若主人夫婦洋行中とてさびし　終りに三二方へ、ここにて自動車を捨つ、時に十二時半、両人共在、八千代子旧蠟近火の障りもなき様子、省線にて家に帰る時に二時、良一純子には坂下にて会ひたり、食事などし桑木氏来賀に挨拶、三時二五教室、少しく統計法を読む　六時室を去る　きみ、親と三人にて晩食　夕刻曇る明日の天気如何と気遣つつ早く床に入る

一月二日　　水　快晴

きみ子荷造、発車時刻不確、駅へ電話するも通ぜす漸くにして明る　自動車払底これまた漸く間に合ひ大騒して出かける、一〇、二〇発車車中追々込む坐席なく立つ人多数、親坊機嫌よし、大船、国府津にて辛じて弁当、コオヒイなど買ふ、坊喜で食しコオヒイを飲む、例の通り小田原電車込む但し坐す、湯本より極めて楽、特等は自分等三人のみ、温し、一点の雲なく、眺極佳、宮の下にて一氏入り来る親悦ぶ、二時頃強羅着、せい子等皆駅まで迎へ、食事して後自分独出て宮城野橋まで往復す、なかなか寒強し、食の後、浴、早く床に入る

一月三日　　木　快晴

午前きみと親を連れて道了権現まで行く、ケエブルカア、雪、つらら、石段の氷など親悉く珍らし、午後せい子宮の下へ買物に行くこれに同行早川に添ふ道路の氷等佳、一氏が昨日この処にて坊に買ひ与へたる長ぐつ小さ過ぎ

たるを取り換ふ、帰りは電車

一月四日　金　曇、時々晴

朝親を抱て駅まで行く、尋で公園へ（はるを連れて）遅れてきみ来る　噴水の氷見事、プウル氷上にて二三の生徒スケエト遊ぶ、親珍らし　午後二時独出て二の平、ここにさいのかみとて小屋を立て門飾の取り除きたるを集めてあり、十四日晩にこれを焼くものなりと、小涌谷駅、宮の下を廻りて四時帰る、大に疲れたるを感す

一月五日　土　快晴

午前一氏催し長尾峠自動車遊行、九時半頃悉皆出かける（女中二名も連れて）宮城野を経て千石原を通る、乙女峠登り口あり、長尾トンネル出て茶屋ありここに休む、寒富士の眺絶佳、一点の曇なし、下を通る汽車見ゆ、御殿場は右に隠れて見えず、十一時半帰る、頂上トンネルより御殿場、宮の下各三里といふ（自動車十九円五十銭）午後きみせい、親、協皆と公園、自分は分れて早雲山に歩きて登る　帰りはケエブルを用ふ時に四時

一月六日　日　半晴、晴

家に帰るため皆荷造りに忙がし、自分は親を連れてケエブルを上下す、上にておもちゃ一個買ひ与ふ、午後一、二五立ち去る、車中我等一団のみ甚楽、二児機嫌よし、湯本小田原間例の通り混雑、小田原駅にて汽車非常に雑沓、別に車台を連結しこれに乗るなどプラットホオムを走る、車中立つ人数人あり、二児気嫌（ママ）よし、五時東京駅着、迎車あり　都合よく五時半家に帰る、この新年旅行先々上々、浴、八時床に入る

一月七日　月　晴

一氏例の通り七時半出勤、曙町老土井子爵死去（ママ）られたるに付留守中頼みおきたる佐竹爺に名刺を持たせて悔に遣る、一〇、二〇教室　於菟一寸来室、日記を記す、一時前去て良一方へ、皆不在、柿内にては孝子麻疹のよし、当分交通を断つべし、家に帰りて親の相手

一月八日　火　晴

親昨夜吐す、機嫌よし、精心配して近き八代氏を頼む、直に来診、心配する程のことなかるべしと、一〇、一五教室　枢密顧問官プロフェッサー・R・フィック博士（ベルリン）より七十回誕辰賀状並に肖像を受取る　十二月二十二日附（消印二十三日）なり、早しといふべし　西氏南頭骨一個得たりとて持ち来り新年挨拶、輯報抄録料（1926年分）三百円渡す（本当は二百二十円）フォン・

ベーグマン氏年賀礼札を出す　六時半過帰る

一月九日　水　晴

九、二五教室、食後井上室へ年始、不在午後は来るとか、名刺を置く　統計法をよむ、六時半帰

一月十日　木　晴

九、四〇教室、井それでも挨拶に来れり、親坊迎へに来、六時半帰、一氏小使四人に一円つつ年玉をやりたりと

一月十一日　金　晴

九、四〇教室　H・フィルヒョウ氏より昨年十二月四日附にて送りたる写真受取り返事、親坊迎へに来、六時半帰

一月十二日　土　晴

九、四〇教室

昨夜年賀調　葉書　二九〇
封筒　四六
名刺　三六

ー・ニップジャン（バンセンヌ、セーヌ）氏へ自分 Abstammung der Aino 論文処載問合来りその返事を出す、五時学士院に到る例会、会員選挙又々だめ、これは動植物がこの分科に入り居るためと思ふ、医学は独立せざるべからず、石原喜久、太田原、故田村三氏共著鼠咬症に対授賞に付故人の取り扱に大議論起る、遅くなり十時過帰宅

一月十三日　日　晴

十時過教室、Martins Lehrb., Literaturverzeichnis〔＊文献〕に数字を書き入れる　四時半頃これ終るところへ親坊迎へに来る、一氏青木誠氏に談ありとて招きて牛鍋を馳走す

一月十四日　月　晴

一〇、〇教室、午後大山氏より電話、原始文化展覧会を高島屋に開催したりと、自動車にて迎へに来、共に行く、杉山寿栄男氏漆器、木器等に付明細に説明せらる、宮坂、甲野氏大に斡旋のよし、五時過家に帰る

一月十五日　火　晴

九、一〇教室、六時半帰、昼保子を招きて馳走したりと

一月十六日　水　晴

九、一〇教室、午後西謙氏来室椎木昨年末運転手試験漸く級(ママ)第の通知一昨日ありたりと、四時帰りて更衣、六時平河町O.A.G.に到る　開会の始に会長ドクトル・フート氏自分七十回の誕辰を祝する詞ありてホーフ〔＊万歳〕を三唱せらる、自分簡単に謝辞を述ぶ、これよりヒン

デル氏 Über die japan "Aufrichtesfeier" (tatemae) u. andere Bausitten 講演あり、後会食、自動車にて九時過帰宅、甚寒

一月十七日　木　晴

九、二五教室　H・フィルヒョウ、R・フィック両氏へ古稀祝賀礼状を出す　又福岡後藤七郎学部長へ平光決定挨拶、大野六郎氏へ論文寄贈礼札を出す、六時半帰

一月十八日　金　晴

九、二五教室、マルチン人類学の批評を書き始む、十年此方の外国信書を少し整理す、六時半帰

一月十九日　土　曇

岸巌夫妻今日米国より帰朝の由、きみは早朝祝品を持て同家へ行く、駅出迎へは略すつもり、九、二〇教室、午後長谷部氏出京松村氏と同道一寸来室、純子来り居る電話により三時半家に帰る、四時半送りて北町へ、良一等在り

一月二十日　日　晴

十一時きみ子と親坊を連れて上野車坂へ汽車見に行く風甚寒　広小路松坂屋へ寄りおもちやを買ひて十二時帰る、一、二五教室　室内寒く堪へ難し四時家に帰る

一月二十一日　月　曇

九、二五教室、マルチンを読む　六時半帰宅

一月二十二日　火　曇

十時半出て歯科病院、義歯の一歯落ちたる直しをたのむ、島峰氏には会はざりき、十二時三十五教室、西謙氏来室椎木合格のこと公然通知ありたりと而して来三十日学科試験を残すのみ、六時過帰

一月二十三日　水　晴

九、四〇教室、親坊迎に来、六時帰

一月二十四日　木　晴

一〇、一〇教室、午後大山氏来訪、愈機関雑誌を発するに決したる報告なりと其他学談、横尾氏来、統計法に付質問つづいて研究談に及び大に奮励を加へたり　六時半帰

一月二十五日　金　晴

九、四〇教室、六時半帰

一月二十六日　土　晴

髪を鋏むつもりのところ器見当らず、床屋へ行く幾十年振りなるか、十一時半教室、福岡小山氏より来信、古稀祝品を贈ると　午後人類学会例会、杉山寿栄男氏「陸奥

国是川村石器時代より新に発見されたる各種木製品に就て」の講演あり、四時教室に戻る　六時上野公園前翠松園（支那料理）に到る、故宇野氏追悼会に付相談、村上氏主催、岡田和、森安、林曄、細野其他総て十二名集まる　期日を二月二十六日とし、発起多数を定む、雑談十時半帰宅

一月二十七日　日　晴曇

昨夜眠甚悪し、女中ちよ昨年夏来りて始めよりきみせい挙動慄るといひ居たるが昨日十五円紛失明かなりしが今朝自分寝床の下にありたりとてはる持ち来る、昨日昼頃三二教室へ寄り八千代子異常の電話によりこれより帰宅するといひて去る、家へこのことを電話し置きたりしところ今朝電話にて尋ねたるに昨夜中一時十分安産云々、星自動車を借りきみ子と九時過出て青山南町沢崎家に見舞ふ、男児、母子共無事大安心、岸母堂、おとわ子あり、沢崎氏に一寸挨拶し十一時帰る　午後柿内へ行く、孝、悌、義、智皆麻疹に罹りために久しく行かざりしも全快のよしに付てなり、児等元気庭にすべり台、ブランコ新たに出来これに遊ぶ、賢は咽炎にて臥し居る最早快、三郎氏帰る、賢に年玉として五円遣る、良一方へ寄る、これより服部家へ厳父死去せられたるに付玄関にて悔を夫人に述ぶ　五時半帰宅

一月二十八日　月　曇雪

八、四五教室、於菟来室教室を分割する話ありとか、困談、又横尾氏前途のこと、歯科希望のこと、午後より雪降る、六時親坊迎へ

一月二十九日　火　晴

一〇、〇教室、六時半帰、小山龍徳氏より祝品菓子器到達す

一月三十日　水　晴

九、三五教室、六時親坊迎へに来

一月三十一日　木　晴

前十時学士院に到る、四年度研究費補助に関する委員会、全十一名集る　自分関係の橋田、松村、柿内・三二、養内皆通過、七時漸く終る　尚ほ第四分科候補者五名新たに選定す但し前回の通り、夕食して九時家に帰る

二月一日　金　晴

九、四五教室、夕刻金沢須藤憲三氏来室　欧州視察（病院改築に付）に出発告別　Abstracts 校正に終日す、七

時帰宅　三二教室へ寄る、児に柿内氏「誠一」と名を選びたりと

二月二日　土　晴

九、四〇教室、弁当を使ひ直に純子迎へに行く皆留守なるも純子せい子遊び居たり、二時連れて曙町へ帰る、純、親二児を連れて槇町まで本を買ひに行く、早く夕食を食べさせ五時半送り行く、良一帰り居る、素子も帰り来る

二月三日　日　晴

九、五〇教室、福岡小山龍徳氏へこの頃古稀祝の意味にて陶菓子器並に菓子を贈り来りたる礼状、又小倉魁郎及ひ文郎氏へ故虎三郎伯父様記念碑を長岡悠久山に建設の事に付き出金勧誘の手紙を書く、Abstracts 校正

二月四日　月　晴

九、五〇教室　プレトリウス博士（ハイデルベルク）より感慨深き返書来、札幌学部長今裕氏来室、平光氏福岡へ転任に付其後任者に付相談あり　六時過帰　親坊迎へに来

二月五日　火　晴

寒気緩む、親坊を連れて三越、水筒を買ふ、帰り自動車、午後は柿内、賢咽炎未だ全治せす床中にあり、田鶴に髪を鋏み貰ひたり、信中耳炎、五時半帰

二月六日　水　晴

祥雲院様忌日保子昼に来るべし、九時二五教室、京都蓑内氏来、研究費通過のことといひたり　ミュンヘン（ハイデルベルク）、フィッシャー（ベルリン）論文寄贈礼札を出す、六時過帰

二月七日　木　晴

九、一五教室、八幡氏来室、姥山人骨記録の件、五時過帰りて更衣（燕尾服）七時前出、星車、O.A.G. 新大使E・A・フォレッチ博士歓迎会なり、八時食卓につく、百二、三十名集る内邦十一、二名、自席パウル・シュミットとフラウ・シュタインフェルトの間、十時半散、赤坂見附下より自動車

二月八日　金　晴

温和、親坊を連れて東京駅、待合室にて十時を食す、巣鴨まて省線にて十一時帰る、午後金森夫人来訪、自分は坊の相手、庭の砂場に遊ぶ

二月九日　土　晴

九、四五教室、輯報資料可知猛男（京都）氏論文通覧、六時半帰

二月十日　　日　晴

九、五〇教室　マルチン書の批評を書く、六時過帰

二月十一日　　月　晴　祭日

一〇、〇教室、親坊迎へに来り五時家に帰る、星氏名古屋へ十時出発

二月十二日　　火　晴

九、三〇教室、午後島峰氏来室　歯校解剖講師井、西両頭に頼むべし而してこれに各従者を附すこととせし云々

四時学士院例会に到る　部会に於て秩父宮殿下を総裁に頂くの件に付各会員の内意如何の懇談、只々恐懼、静かに止む、九時過帰宅　研究費補助橋田五〇〇、松村四五〇、蓑内六〇〇、柿内五〇〇確定

二月十三日　　水　晴

故長井長義氏告別式に青山の邸に到る、これより三二方へ、母子共異状なし十二時帰宅、一時五〇教室、高木文氏来室、銅駝坊人骨借用証書（大正十三年十月一日日付）返戻せらる、これは侯爵家より寄附といふことになりたるためなり、六時半帰宅

二月十四日　　木　晴

九、〇五教室、Martin: Anthropologie 批評を八幡氏へ送る、森来室歯校解剖担任者に付井、西、横、藤並列に付まずいなどいへり、珍らしく井氏来室口蓋転位の立派なる図を見せたり、Anat. Hefte に出すと併しまだ独文は出来居らぬ由、又歯校解剖に横尾を推薦しくれ云々、直接島峰氏に当るを至当とする旨をいひおきたり、神藤純一郎（西氏同級の人）来室　頭蓋骨の厚さを計測するに付書目に付問はれたり　四時去て柿内、次に良一、良は公用にて名阪地方へ旅行

二月十五日　　金　晴

歯科院行、桜井氏欠勤、竹花氏より修理出来居るものを受取る　島峰氏と解剖担任者談、西、橋田、田村、長尾間のごたごた談、西腑がひなきこと、井相手すべき人にあらざること、弁当を使ひ、二時過ぎ帰宅　親坊眠中、醒むるを待ちて出て東京駅、省線、巣鴨を経て四時半帰る（去八日の通り）、三二来り志村老祖母堂死去に付きみ子早速悔に出かける（香奠五円）

二月十六日　　土　晴

九、三〇教室、島峰氏来、西に念を推して井に談判のつもりなるも西不来、直に井に談したるに自分は承諾し且つ横尾非常に誉めて推薦したりと、一時半人類学教室、

例会、佐々木彦一郎氏「人類の気候順応と人口絶滅」八幡一郎氏「敷石遺跡の新資料」の講演あり、四時帰宅
純子来り居る、五時半送り行く　横浜鬼頭英氏此度再結婚し其披露案内ありしもこれを断り祝として三越切手（拾円）送る

二月十七日　　日　晴

九、五〇教室、五時半帰

二月十八日　　月　雨曇

九、一〇教室、於菟札幌不利の電報昨日立花へ来りたるよし、横尾氏歯校へためされつつ教務をとるは甚だ面白からす云々、一時過帰りて更衣、近き蓬莱町の勝林寺に到る　志村祖母堂告別式なり、きみは読経に列す、俵国一氏と立礼者に加はる、三時半帰宅なかなか寒かりき
晩厳来

二月十九日　　火　晴

八、五〇教室、午後島峰氏来、西に井上にも頼みたることと話し釈明したりと、昨日横尾心中を開陳せることを話す、先第一学期には差支なきを以て未定のままに置く云々　姥山頭骨の二、三種を計測す、八幡氏報告のために

二月二十日　　水　晴

朝理髪、十時十分教室、千葉小池氏来、人事録記者来りて自分家のこと明細に記しあり同時に一部（三十円）購入をすすむ断る、六時半帰

二月二十一日　　木　晴

九、一〇教室、Abstracts 校正、三時去て此頃暴漢のため負傷したる井上哲次郎氏を見舞ふ　夫人に会ひて容体を聞く、これより柿内、次に良一、この方皆不在、五時半帰宅

二月二十二日　　金　晴

温和、せいと親坊を連れて三越、午後一時教室、Abstracts 校正、横尾氏に歯校のこと打ち捨おくべしといへり　六時半帰

二月二十三日　　土　晴

九、二〇教室　Abstracts 1927 全部初校了る　六時半帰
岡田夫人来訪ありしと

二月二十四日　　日　晴風寒

一〇、一〇教室、故宇野氏のことを日記などに付て調べる　六時過帰

二月二十五日　　月　晴風寒

九、五五教室、事務へ行き故宇野氏の官歴を調ぶ、三二の誘にまかせ三時過共に銀座の活動写真へ行く、アフリカ猛獣狩、種々な野獣の野棲状態珍らし（獅子、ワニ、河馬、犀、野牛、ゼブラ、カモシカ、ジラフエ、猿、鷹の類）六時過帰宅

二月二十六日　火　晴風寒

九、〇教室、京都苗加寛三氏論文輯報原稿昨日送附、通見、研究会議へ返へす、八幡氏のために姥山人骨を記載す、四時家に帰り更衣、五時上野精養軒に到る故宇野氏追悼会（百ヶ日逮夜相当）登壇焼香、式辞岡田（和）委員長、佐藤（三）、土肥、金杉（英）、小川（劉三郎）氏等、自分は食卓にて追憶談、十時半帰宅

二月二十七日　水　晴

九、三〇教室、宮坂光氏来室、姥山人骨記載、六時半帰

二月二十八日　木　曇小雨

九、〇教室　Abstracts 第二校全部揃へてベーグマン博士へ送る、姥山人骨記載、四時去て帰宅、更衣、きみ子と京橋盛京亭（支那料理）に到る、志村氏祖母堂二七日に当り斎の意なるべし、俵、黒柳、三二等二十名計、八時散じて、十軒店にて純子のためにきみ雛人形を買ひて九時帰宅

三月一日　金　曇

昨夜驟雨あり快、九、二五教室、姥山人骨、六時半親坊迎へに来O.A.G.会費拾二円為替を出す

三月二日　土　雨

九、四五教室、姥山人骨、四時去て純子次に柿内、女児等ひなを飾りて喜びゐたり

三月三日　日　晴風

一〇、〇教室、姥山人骨記載了る、六時帰宅、皆は柴又へ行きたりと

三月四日　月　晴

九、一〇教室、十二時過三二と共に帰る更衣、きみ子と三人出かける星自動車を借る、国道を走り二時鶴見総持寺に到る、岸家三回忌仏事、始めてこの寺を見る　なかなか広大、但し本堂はまだ出来ざるよし、読経終りて墓所に到り五時帰宅

三月五日　火　曇

九、三〇教室、椎木千葉より出京来室、昨日も来京したりと、運転手免状のこと、学説試験来七日補充の意味に

てあるよしこれにて愈々合格となるか、兎に角又々困窮、五円遣る、京都加知氏論文校正始めて来、六時過帰宅

三月六日　　水　曇

九、四〇教室、四時半家に帰り更衣富士見軒に到る　故弘田氏百日祭なり、例により岡田和氏委員長、小児科学会代表唐沢氏、育児会々頭鍋島母堂及び友人として自分の祭辞、食卓、金井延、土肥慶、栗山重氏の卓辞、九時終り、談話、十時家に帰る

三月七日　　木　晴

早朝星福島より帰る、親坊を連れて例の通り丸ビル、丸菱に入りて菓子を食べ、東京駅より巣鴨まで廻りて十一時家に帰る、十一時半教室　加知論文校正　六時半帰

三月八日　　金　晴

断髪、始めて星製バリカンを用ゆ　十一時教室、岡山八木田氏久々にて出京来室、午後松村氏来室、学士院より研究費補助（四五〇）の挨拶　ジヤバ旅行に付種々談し長くなる五時半去て耳鼻に信子病室を見舞ふ、中耳炎にて昨日入院、三郎氏来りゐる、七時帰宅

三月九日　　土　晴　温和

九、三〇教室、信子を病室に見舞、苗加論文組み終り初校全部戻す　弁当、直に北町、純子を連れて一時半帰る、庭に出て遊ぶ、槙町へ行きて二児に絵本を買ひ与ふ、夕食を食べさせ五時半送り行く、柿内へ寄りて七時家に帰る

三月十日　　日　晴

一〇、〇教室、弁当の後信子を見舞ふ、絵本を遣る忠子来りゐる、二時室に帰る、三時半頃星親坊来る、信へ案内す、直に家に帰る

三月十一日　　月　晴

精と親を連れて出かける巣鴨より上野、上野浅草間地下鉄道、これは開通以来始めてなり、堂の横にて親坊菓子を食す、再ひ上野まて地下鉄、これより自動車、十二時少し過家に帰る、二時二十分教室、信病室浅草にてせいが買ひたる小人形を持ち行く、直に自室に帰る　於菟来室、原母堂重患、細君も肺炎入院、大困難のよし、尋で吉田章信氏来室長談、今日は何も仕事出来ざりき、六時半帰

三月十二日　　火　晴

九、二五教室　Abstracts 第二校正ベーグマン氏より戻りこれを見る、弁当、直に家に帰り、更衣、故渡瀬庄三郎

氏告別式に世田ヶ谷三宿の邸に到る、大山氏に会ひ同乗渋谷駅より帰宅、再更衣、四時半学士院例会出席、九時半帰宅、信子今日午後退院せる由

三月十三日　水　晴

一〇、〇教室　Abstracts 第二校正、六時親坊迎へに来

三月十四日　木　晴

九、〇教室、橋田邦彦氏学士院研究費補助（五百円）に付挨拶に来る　田代義徳氏電話にて市会議員選挙に付其候補に立ちたるを以て山越に依頼を乞ふ云々直に山越に電話し承諾を得たり、六時半帰

三月十五日　金　晴

九、一〇教室、魁文両氏へ虎伯父記念碑損金のことを再び言ひ送る、京都足立氏へ大著述出来の来信返事、同時に自分七十回誕辰 Folia Anatomica 第六巻々首の辞に対し感謝状を出す　松村氏来室、人類誌来六月五〇〇号に達するを以てこれを記念号とす就てはこれ寄稿せよ云々

三月十六日　土　晴

市会議員収賄事件に付解散せられたるところ今日選挙、朝出がけに駒本学校にて投票す（長町康夫）、八、五〇教室　ルンドボルクを読む　四時出て良一、皆不在、柿内、信子退院後格別のことなきも兎角はかばしからず

三月十七日　日　晴

星先導鎌倉行、由比ヶ浜海岸に到り砂上に遊ぶ　親坊はね廻る、弁当を食す、午後に至りても風出ず珍らしき好天、五時前家に帰る皆々大満足

三月十八日　月　晴

きみ子と親坊を連れて三二（えびす仮宅）方へ、誠一生後今日は五十一日目なりと、おもちやを良く見る、十二時前帰宅、午後は親坊相手、槇町へ行くなど　小金井家々譜製本出来、これを田鶴、精、三二に分与すべし

三月十九日　火　晴曇、疾風、雨

八、三五教室、苗加氏論文校了、ルンドボルクを読む、親坊迎へに来

三月二十日　水　晴

昨朝榊保三郎氏死去の由新聞にて知る今朝四番地仮寓に悔に行く、序に梛野へ寄る、保子靖国社まで送り来る、是より明治三年秋寄寓せる小松旧邸（現暁星学校）及び二合半坂まで行きて戻り中坂下り稲荷社詣でたり往昔の状態を思ひ起したり、教室に来れば既に十二時を過ぐ、Abstracts1927 第三校正、七時前帰宅

三月二十一日　木　晴　祭日

故榊保氏葬式に青山斎場に到る、読経に陪す、十時終る帰宅、十一時半教室、原正氏洋行に付出京　昨日今日も来宅なりしも会せず、午後教室へ来り漸く面会す、フィッシャー、フィック、フィルヒョウに紹介したり、六時半帰宅　忠子来泊

三月二十二日　金　晴

きみ子と忠、親を連れて三越、午刻前に帰る、午後素子純を連れて来、自分教室行かず、児等の相手、精は忠子を連れて出かける、今年始めて庭へ、殊に増築の廻りを片付く　三二来、生化学助手拝命したいと

三月二十三日　土　晴

九、〇教室、椎木より手紙、今度は愈試験皆済のよし不日免状下付あるべしと、この件漸く一段落、午後西謙氏来室、椎木のこと聞く　又此度送付石器時代人骨は千葉高等女学校長故高野松次郎氏が許にありしものにして東葛飾郡塚田村前貝塚より出たるもの、五時前去て柿内、六時半帰宅、足立氏大著 Das Arteriensystem der Japaner 送付、これを見るに第一巻の首めに自分にビドメン〔＊献呈〕するの辞あり、これ全く知らざりき厚情

三月二十四日　日　晴

足立氏の本に見とれて遅くなり十一時半教室、千葉現高女校長豊沢藤一郎氏へ貝塚人骨送附の挨拶状を出す又足立文氏へ大著受領直感書を出す、六時帰宅

三月二十五日　月　曇

三郎氏賢信と猿橋行、飯田町駅にて落ち合ひ、八、〇六発、十一時二〇分猿橋着、橋まで十一丁、崖上の小店にて弁当を使ふ、断崖の下に下る、鎖に手よる、一奇景たるを失はず、これより大月まで歩く、約一里、途上発電所あり　三時頃の汽車にて帰途につく、六時前新宿着市電にて北町に下る、自分は良一方へ寄る、良一丁度帰り来る、二十七日共に夕食のことを談して家に帰る、今日の散策満足、やかましかりし第五五議会了る

三月二十六日　火　曇雨

歯科病院へ行き上義歯修理代二円二〇払ふ、新校開始の模様を聞かんと思ひたるも川上氏あるのみ、長谷川錧一老人に会ふ氏昨年末に息を失ひたりと、併し比較的元気、これより賀古氏を訪ふ別荘へ行きたりとて在らず十時過教室、三二（薬学内）へ寄り明夕食のことをいひて自室に入る、於菟歯校講師依頼を如何にすべや云々　大森額

田の女歯校を断りて承諾し置くべきことを言ひたり、横尾氏計測方に付度々質問、山越来室、輯報校正に消日、これにて一先済みたり、親坊迎へ七時帰る

三月二十七日　水　雨曇

八、四五教室、札幌平光氏福岡へ転任途上来室、四時帰宅　三郎氏、三二来、星帰る、六時半食事を始む、良一来る、賢信は終に来らず、足立氏大著 Arteriensystem を主として氏の邦文論集供覧、序に自分古稀祝賀集 Folia anat. B2. VI., Arbeiten aus dem Anat. Inst. Sendai 佐口栄氏 Cytologische Studien, Heft II をも見せたく、良一みやげとして葉巻一箱持ち来る、九時散

三月二十八日　木　半晴

暖くなる、せい子と親、協を連れ（女中一）動物園、往復自動車、協は始めてなり、午後は家にありて親の相手

三月二十九日　金　雨

八、五〇教室、午後六時親坊迎へに来

三月三十日　土　晴

朝柿内、悌子を連れて純子方へ寄り二児を連れて家に帰る時に十時を過ぐ　児等庭に出て走り廻る、午後電話あり足立氏出京せりと、尋で来る　研究社主幹二氏を伴ふ、大著に付て四方談、而て継読仕事としてダス・ベーネンジュステム〔＊静脈系〕の問題、これに付きては啓明会に試むべし云々、三宅秀氏の都合を電話にて尋ね、五時半二人出て同家に到り出版費に付親しく話す、七時前帰宅、入浴、晩食、星挨拶、大著各国へ配布方法に付懇談、大公使を、又は協会を介すべしなど十一時を過ぐ、今日は尚ほ外に保子来るなどきみ、せい忙殺

三月三十一日　日　半晴

多摩陵参拝、飯田町にて賢と落ち合ひ、八、〇六発車、先つ参道より参拝す、総て工事終り、壮大、近道を通り浅川町を過ぎ徒歩高尾山、十数年前精子を連れて来りたるときとは大に違ひて進化せり、ケエブルカアを用ふ、山林中に入りて大木の倒れたるに腰をかけて弁当を使ふ甚快、朝曇なりしも漸々晴れる、庫裏は先頃火炎にかかる、見晴し台まで登る、案外遠し、下りは総て歩く、浅川駅まで乗合自動車、四、二二発す、猿橋の通りに新宿より市電にて家に帰る、足立氏は八時過ぎて帰り来る、星、後藤伯との話の模様、明日独逸大使とのことなど話して十時室に入る　福岡小山氏、岡山上坂氏に此頃ようかんを贈りたるに上坂氏より挨拶来

四月一日　　　月　雨

足立星同車出かける、三宅米吉氏より潤氏図書掛り調査補助費確定の電話あり、九、〇教室、加知氏論文校了、足立氏来室、昼食、学談、五時同車帰宅、共に晩食後星氏も加はり著述配布に付相談、十一時過ぎて室に入る

四月二日　　　火　曇雨

信濃町慶應解剖教室に於て第三十七回解剖学会を開く、足立氏と同車九時頃会場着、岡島会頭開会、自分最初の坐長を勤む　京城岡田信行氏より竹箸入れ、上坂氏より葉巻煙草一箱（五円）を贈らる、午後三時過終る、岡島氏室にて暖をとる、甚寒し、車を命し五時青山斎場に到る原素行氏母堂神葬式（香奠五円供ふ）、自動車にて六時半帰宅、東京日々大阪毎日記者来、又報知より電話共に足立氏大著の件、足立氏帰らず

四月三日　　　水　晴　祭日

足立氏今朝帰、自分は車を命し独り会場に到る。足立氏は独逸大使フォレッチと面会のため星と共に自動車にてきみせい等皆同乗、氏を大使館に送りて星は皆を連れて芝公園へ行きたりとか。十一時普通講演を終へ舟岡氏特別講演、午後一時より自分古稀を祝する論文贈与、Adachi: Arteriensystem, Folio anat., Arbeiten aus der Anat. Inst. Sandai, Saguchi: Cytol. Studien 解剖学雑誌第一巻、西氏式を始むる辞、足立氏式辞、自分謝辞、これより普通講演、休憩の後、三時より協議会、四時半終、六時京橋相互ビルヂングに到る宴会、八十余名出席、九時半帰る、足立氏は十一時頃帰る

四月四日　　　木　晴

足立氏九、三〇出発、きみせい親と同車見送る星も来、自分は岡島氏と同車会場に到る、二時頃講演全了、塚口氏の欧米視察談あり医学修業年限のこと要するに日本の四ヶ年は最短し　これより外苑の絵画館を見て散す、車にて五時帰宅、学会の秩序甚調ふ、岡島氏の敏腕敬服。後藤新平氏脳溢血、京都府病院にありとて星氏夜行にて見舞にいく、晩静閑

四月五日　　　金　晴

天好、病翁伯父様記念碑のことに付福島甲子三氏を神明町の居に訪ふ、山口うめ子五拾円、厳拾円、自分五拾円合計百拾円渡す談長くなる、十一時去て柿内、精子二児を連れて来り居る　自分は弁当を食し去て西巣鴨町に坂

内虎次氏を訪ふ、道を違ひて大に迷ふ、懐旧談つきず、長坐、日暮となる、尚ほ丸山町に石川ます子殿を訪ひて今川小路小林居住のことなど尋ね七時過帰宅

四月六日　　土　晴

天気好きを以てきみと親を連れて植物園、午後強風曇、二時教室、二日以来の日記を書く、六時半帰る、教室に於て微生物学総会ありて生気あり。星京都より帰る又明早朝郷里へ行くと

四月七日　　日　雨

出がけに近き斯波忠三郎氏病気（肺炎）を見舞ふ一〇、二〇教室　ルンドボルクを読む、六時半帰、星夜遅く帰京す

四月八日　　月　曇

山崎直方氏重体に付朝大塚の居に見舞ふ、これより番町に土肥氏の病（直腸癌手術後治癒）を見舞ひ、次に岡田和氏邸、両所に面会、故保氏の悔、次に椰野へ寄り山口うめ子捐金受取書を托す　厳在宅、これより靖国神社境内を過ぐ、桜花七、八開き見事なり、一時前教室、京城上田常氏来室、朝鮮人穴居の話　六時帰

四月九日　　火　昨夜雨、曇

九、四五教室、本多厚二氏来室　伴ひ来れる少女のアクロメガリー〔＊先端巨大症〕左の第三及四指巨大、殊に第三太、長、於菟室にて福岡小山氏息に会ふ　長岡松下鉄蔵氏へ虎伯雄叔父のことに付尋ね来りたる返事を出す又福島甲子三氏へ山口うめ子宿所を書き送る　六時過帰

四月十日　　水　晴

せい子親を連れて椰野へ行くに同行、靖国神社に詣、桜花きれいに咲く、堀の土手に登りて眺む、帰りて昼食直に純子の迎へに行き連れ来る、自分又々出て目白に小西信八氏を訪ふ老夫妻共大歓、帰るとき小西氏駅まで送り来る、五時家に帰る　純子去るところ

四月十一日　　木　昨夜雨今朝霽れる

九、四五教室、午後大山氏来室　八戸是川遺跡探検旅行如何の話あり、七時帰

四月十二日　　金　曇雨

一〇、四五教室、午後三時半出て学士院、時に雨降り風あり、自動車迎へに来り八時過帰宅

四月十三日　　土　晴

今朝五時半後藤新平氏京都に於て死去のよし　朝親坊を連れて飛鳥山へ行、一寸花を見て田端を廻り十時前帰宅

一〇、五〇教室　ライヘル（ビルニュス）、ヨヘルソン（ニューヨーク）、エッテキング（ニューヨーク）、マクルア（プリンストン）、シュラギンハウフェン（チユリヒ）、クーレンベック（ブレスラウ）の諸氏へ何れも論文寄贈の礼状を出す、六時過帰

四月十四日　　日　曇晴

九、三〇教室　プレトリウス（ハイデルベルク）氏へ手紙を書く、四時過出て柿内、三郎氏四児を連れて富浦へ行きたりと、家に帰れば丁度星も帰り二児を車にのせて附近を遊行す

四月十五日　　月　晴

せいと二児を連れて植物園、桜花散り始む、一時教室、島峰氏一寸来室、西、森不在にて要務弁せず非常に繁忙のよし、四時半家に帰り更衣、六時上野精養軒に到る、山極勝三郎氏の招待なり、氏が此度独逸ミュンヘン府ゾフィー癌研究賞を受領せるを機として氏に親交あるものを招ねきたるなり十二名とす、八時半帰宅　宮田氏来、隣家豊島夫人来、牧野家との縁談愈々成立

四月十六日　　火　晴

午前家にあり、親坊を連れて槇町まで散歩、午後は後藤伯葬式、精子も行く親坊連れて、星車を用ふ、一時過青山斎場に到る、自分はこれより大山氏を訪ふ、八戸行に付打合せをなす、シュチヘル〔＊彫刻〕、シュピラーレ〔＊渦形紋様〕土器を見る四時過辞し去て上野駅に到り寝台券を買ひ帰宅

四月十七日　　水　晴

親坊昨夕吐したりとか、少し熱もある様なり、十一時教室、二回人類に松村氏を尋ねたるも空し、於菟来室　ラヂウス〔＊半径〕計測法に付相談　プトリーボ（ワルシャワ）氏より自分七十回誕辰祝賀状到る　岡島敬治氏来室、論文を学士院に報告するの件、六時過帰宅　親昼頃四十度近くの熱ありたるよし原因不明

四月十八日　　木　曇　観桜会御断

九、三五教室、於菟来室この年度より教室主任一年交代、教室費は三講座に等分、一般費は各講座より出す、助手、副手、雇も各講座に処属せしむ云々　Anthrop. Anzeiger〔＊雑誌〕に自分七十回誕辰のこと記載あり、事務へ行き佐藤東氏に各国大公使名簿を得ることを相談し直に外務省へ使を遣りこれを得たり、鉄門倶楽部其他の書類を同氏へ送る　医学輯報抄録一九二七年論文のも

の五十九頁に対する校正料八拾八円五拾銭　フォン・ベーグマン博士へ支給申請を発す、四時去て家に帰る　夕刻より雨降り出す　十時前出発盛んに雨降る、上野駅にて二十分待つ、大山氏辛うじて来、寝台に入る向合にて甚宜し

四月十九日　　金　晴

七、三〇起、既に仙台を過ぐ、天気快晴甚爽、朝昼食好し、旅中支出は一切大山氏に任かす、一一、一〇尻内着、泉山岩次郎氏其他出迎、乗り替へ小時して八戸着、自動車にて泉山氏本邸に到る　庭に廻りて休、一二三完全土器など見る、梅蕾まだ固し、一位の木（オンコ）梅の古木あり、沼ありて風景佳、車にて是川村に向ふ一里十丁ありと四時頃字中居泉山氏別邸着、直に邸前の泥炭遺跡次に二丁ばかり離れたる円筒土器遺跡を見る、別邸は岩氏義弟斐（あや）次郎氏居住す、日暮に邸に戻る、発掘に従事する人々は甲野、宮坂、広瀬、中村氏等、外に喜田、杉山の両氏、八畳二間を占む、賑かなること此上なし、入浴、十時過床に入る、大山、喜田氏と同室五氏は隣室に寝る

四月二十日　　土　晴、夕刻より雨

眠宜しからず、終日両所の遺跡地点発掘を傍観す。午後大山、喜田両氏八戸へ講演に行く、自分は大山氏の配慮にてうまく遁れたり。近き清水寺といふ寺（泉山家の菩提所）の妻女及ひ娘達台所其他一切の世話をなす。午後同妻女の案内にて新井田川に魚網を投するを見る、杉山氏及住職等同行、老爺小網只一回投しうごひの尺余のもの拾一疋入る、甚面白し、女はこれを晩の食膳に上すと。これより住職の案内にて橋を渡りて館跡を見る。夕刻より「いたつこ」又「いたこ」（いちこの訛か、巫女のこと）二人を呼ぶこれは泉山氏の思付きなり、何れも盲女、所用の連珠はむろくじを繋ぎたるものにして甚長し　これに天保銭古銭獣の下顎などを交ゆ、縫針に糸を通すこと珍し。先六拾八才の老女始む、「おしらさま」又「おひなさま」（庄内辺にては「おくないさま」といふと）（これは木の人形に幾枚となく布片を着せたるもの、各家に古くからありて代々伝はると、一組二個、二組あり）一対を机上に置く、供物は盆に米をもり、その上に謝儀（一円とか）を載せ外に塩一つまみ、酒ちよこ二つ、燭一対、音は読経の如し、人形各手に捧げてうたう、諸々の神仏を唱へ上げる、人形を下ろして尚ほ十数分、一時間半にて漸く終る。次に五十才位の巫女、髪は小さき「いちよ

うかえし」に結ふ、仏衣を着る、供物等同断、月一日より三十日までの祭神を数へる、諸の神仏を呼びあげること前に同じ、一時間余費す。九時になる、甚空腹、晩食後尚ほ余興として里風の踊りを催す、清水寺妻女胴より上部をござにて巻き下肢より下を現はしござ以下を小女と見せて、これに綱を付けて小女これを引きて御す（猿まわしの如し）、側にて三味線をひきかつぽれ其他をうたう、珍らし。十一時過ぎて眠に就く

四月二十一日　日　雨

昨夕より降りつづく、午前学談雑談、娘等の撮影などあり、昼食蕎麦の馳走ありすしもあり甚佳。午後喜田氏去る、大山、杉山二氏は八戸泉山家へ行く、自分は出土品を精しく検す、六時半両氏帰り来る、杉山氏より八幡馬二個譲り受く、甚奇なり、この製作は是川村字てんぐ沢が本場なりと、館村県社八幡社の祭礼（旧四月十五日今は五月十五日及旧八月十五日）に持ち行きて売りさばくといふ、参詣者玩具として購ひ帰り小供に遣ると、又杉山氏柿の葉「しんじゆ」又は柿の葉おだいろ様（柿の葉人形）沢山集めたりこれを二個貰ひ受く

四月二十二日　月　曇雨雪

眠悪し三時間のみ、九時自動車来、出発、甲野、宮坂、広瀬氏は残る、大山、杉山、中村（これは東京へ直行）同乗、八戸泉山邸に入る、集収品を通見す、夥しきものにして貴重品多し、自動車にて尻内に向ふ泉山氏送る、途中城址あり、尻内にて大山氏斡旋にて寝台券を買ふ但し上下段なりと又盛岡に特製弁当（夕食のため）を注文す、十一時五十七分発車、一時半三戸着昼弁当を買ふ、雪降り出し甚寒し、盛岡にて弁当を受取る、小牛田着のころ雪止む天気模様よくなる、おぼろに月を見る、乗り替へて九時石巻着、寒殆んど堪へ難し、採集家毛利理惣治（資産家にして醤油醸造家）遠藤源七（西洋服店主）出迎、千葉甚旅館に投す、入浴、直に床に入る、杉山氏は親戚に泊る

四月二十三日　火　晴

六時起、杉山氏来、紙上にて去二十一日東京大暴風ありしことを知る。毛利遠藤氏来、皆打ち揃ふて出て遠藤氏服店に到る、器物、店に並べあり。次に長谷部氏仙台より来り会す　毛利氏宅の陳列所を見る、十一時頃両氏の先導にて自動車に同乗出かける、渡波（わたのは）町塩田あり、稲井村は稲井石の産地（ねぶかは石に似たるシーフェル（*

粘板岩〕なり）、同村字沼津の貝塚に達す（到る）時に十二時、石巻より三里余あり、一里余自分のみ人力車を用ふ、これは諸氏配慮にて他は皆徒歩、貝塚は自分等のためにに今朝より青年団及人夫にて掘りつつあり　咄嗟の間に人骨一体発見す、快、これは貰ひ受け手荷物として持ち帰る。青年団員三名は遠藤氏方服師なりと。四時帰途に就く、又々自分独人力車、遠藤店に寄りこれより春日神社公園自動車にて行く　眺望極て佳、桜蕾少しく紅をおぶ、千葉甚に戻る、此一日風ありしも天気好く甚愉快、満月北上川の彼方に登る、諸氏と共に晩食。八時過ぎて発す、長谷部、毛利、遠藤氏等駅まで見送る。小牛田にて半時間待つ、この間に大山氏駅長に談して寝台下段二個を得る

四月二十四日　水　晴風

昨夜稍眠る、七、〇五上野着、大山杉山二氏別れ星親協二児を連れて迎へに来り居る、少し疲を覚ゆ、午後少眠、終日在家。きみ子は豊島夫人と共に富田牧野両家結納交換を務む

四月二十五日　木　晴

きみ子と親坊を連れて三越、午後一、三五教室、留守中新潟工藤氏帰朝ぶどう酒二瓶土産とし贈らる。岡島敬治氏来室　学士院に論文報告の件なり、四時去て柿内、良一へ寄る、七時前帰宅

四月二十六日　金　晴強風

九、二五教室、靖国神社特祭に付休業のよし。午後一、三〇学士院授賞式に参列、四時帰宅、純子来り居る、純親二児を連れて槇町、絵本など買ひ与ふ

四月二十七日　土　晴

強羅行、きみせい朝より仕度に忙はし、九時頃出行く、自分は宮中賜餐、二時帰宅、松原妻女来訪、卵うどなど贈らる、この一部分をも持ち出かける、七時強羅着、途中随分込み合たり、きみ子駅まで来る、星は明日来るよし

四月二十八日　日　晴

昨夜風強かりしも今朝に至りて凪ぐ、皆々女中二人をも連れて出かける　宮の下まで行く、甚快、昼前に帰る。午後は独小涌谷の桜を見に行　一週間ばかり過ぎたり、帰れば星氏来り居る、親坊は公園へおたまじやくしを掬に行きたりと

四月二十九日　月　曇、天長節

午前総員早雲山に登る、道了権現にて休む、これより皆歩きて下る　親坊悦ぶ、昨今両日休つづきて箱根人出多し非常に賑かなり　午後独明星岳に登る大文字までは行かず中段にて戻る、早川及各部落の眺絶佳

四月三十日　火　晴

早朝星氏出立す、皆々荷物を整ふ、九、三〇強羅出発、電車込みあはず、自分は小田原にて別れて熱海、真鶴の次のトンネル最長、三十五分にして熱海着、駅は山手高所にあり、見当たたず、兎に角海岸に下る、河原湯より本通りに出、新かど食堂といふに入り昼食す、親に舟のおもちやを買ひ、漸次登る、鈴木屋は今も名あり、大湯の前を過ぎて気の宮に詣、鳥居前を鉄道線路通る、境内樹木は元のまま、四十余年前の思出深し、これより線路に添ふて有名なる難工事の丹那トンネル入口を見て梅林に到る、記憶更になし、ここにて小憩、帰途につく、字野中の上の道を通りて駅に到る、直に車に上る、二時五十八分発車。六時半家に帰る、親、協門前にありき、星も帰り来る、この小旅行甚快。帰家電車中にて故高橋順太郎氏の親戚の人に逢ふ　熱海へ行きたるは明治二十九年以来のことにて町の様子全く変り今昔の感深し

五月一日　水　小雨曇

一〇、一教室、横尾来室、本年度氏の研究費は井上より出すとか計測器、本の購入に付相談あり、椎木来まだ免状下りぬと、拾円やる六時半帰宅　ワーゲンザイル（上海）氏より七十才祝賀状を見る

五月二日　木　晴

星郷里に不幸ありて早朝出発、自動車あるを以て、皆と出かける、沼津人骨を教室に置き、記念論文集二種を携て新井家を訪問、東京駅前混雑、英国特使殿下御着京のためなり、日比谷公園にて一寸下車、チユリップの花奇れいなり、新井氏在宅昨日も卒倒したりとか気色甚宜しからず、祝賀論文集を贈り少時して去る　恵比寿の三二方へ寄る、折悪く八千代不在、誠一の生長せるを見て十二時帰宅、甚熱し、家譜複製製本全部（六部）共出来これを持ちて午後五時出て柿内へ行き賢に一部遣す、これより良一方へ、皆在宅、七時前帰宅、星遅く帰る

五月三日　金　小雨

八、四五教室、西村女生来室、論文を学士院に報告するの件　於菟及横尾氏へ祝賀論文集各二種贈る、海野氏三

年間大学にて勉学するに付ては三二より或援助を求むるの件、五時過帰宅三も来る、晩電話にて海野氏を呼びきみ子精細なる様子聴きたり

五月四日　土　曇、雨、寒

八、四〇教室、昨日は鉄門クラブ今日は教室開放のため休業のよし、午後は参観者廊下に充つ。三時前出てO．A．G．に寄りベーグマン氏岡島氏論文の通検を乞ふ且つ新潟工藤氏が贈るところのぶどう酒二瓶をW氏に贈る、悪天にて電車困る、四時過ぎて大山家に到る、杉山、宮坂氏在、甲野氏は二十五日帰京熱発病気のよし、明後日晩翠軒にて午餐のことを打ち合せ、六時半家に帰る、晩海野氏来、三年間勉学のことに付談合せり　故浜尾先生紀念会に拾円出金す。徳島古川市次郎氏死去の悔状、福岡大野六郎氏へ贈品の礼状を出す

五月五日　日　晴

節句とて星親坊を連れて出、用を達して柿内、良一へ廻り十一時孝、悌及純を連れて帰る、豊島息も来、直に庭へ出る、縁側にて共に昼食。午後も庭にて遊ぶ、風あり少し寒きも馳けまわる、夕食を済ませ自動車にて送り返へす、皆々満足

五月六日　月　晴

八、一教室、八幡氏をも午餐に加へんと思ひ人類教室に行きたるも在らず　これよりタキシイにて芝虎の門外支那料理晩翠軒に到る時に十一時十五分、十二時前に大山氏始め一同来、直に食卓につく、広瀬中村二氏も心置くことなく誠に愉快、全費三十九円、一時半出て附近の骨董屋に入るなどして別かれ、三時教室に戻る　新潟工藤氏ぶどう酒の礼及帰朝祝賀状を出す　六時半帰宅

五月七日　火　曇小雨

午前きみせい松屋へ買物に行く、親坊を連れて同行、午後一時教室　八幡氏来室昨日行きたるに不在なりしためなり、故宇野氏追悼会に於て述べたる追憶談原稿を訂正して村上幸多氏へ送る、六時半帰

五月八日　水　雨

八、四〇教室　K．プトリーボ教授（ワルシャワ）、ワーゲンザイル教授（上海ウースン）両氏へ自分七十回誕辰祝賀に対する礼状を書く、六時半帰宅、きみO．A．G．にて催さる婦人茶会に出席、素子も行きたり

五月九日　木　曇小雨

九、〇教室、金沢古畑氏出京来室、アイノ其他の血液談、

昼前三二来、照原氏今朝急病にて死去のよしを聴く、午後四時去て家に帰り悔に行くの相談、出て渋谷の旧宅に到る、三郎氏在其他の兄妹にも悔を述ぶること得たるは都合よし、来十二日告別式に参加しあたはざることを述べて去る　七時帰宅、親坊昨日来嘔吐、病症不明　八戸泉山氏、石巻毛利、遠藤二氏へ各「人類学研究」及自分写真一枚つつ贈る、八戸旅行費一切約一〇〇円

五月十日　金　雨

九時半教室、泉山、毛利、遠藤氏へ各謝状を認む、六時半帰宅　きみ子渋谷へ悔に行く（香奠五円）　親坊殆ど全快

五月十一日　土　曇晴

きみ子と千駄ヶ谷にユンケル未亡人を見舞ふ　バウエル氏松本より出京会ふ　きみ故人のために詠みたる和歌数首を贈る、寄宿者団氏これを翻訳すべしなど、茶を喫し去る、帰途外苑を通り十二時帰宅、午後一時半教室。沼津人骨開らきて洗ひ始めたるも終らす、七時帰宅

五月十二日　日　半晴

八、三〇教室、昨日の続き人骨洗、千葉高女人骨共洗了、二時過帰宅　更衣（フロック）三時学士院例会、岡島敬治氏毛嚢筋の量的研究を報告す、四時半牧野家より自動車迎へ、五時学士会館に到る（始めて新館を見る）、富田達氏牧野秀子嬢の結婚式、式は既に済みたり　自分等媒酌の形なるも親戚代として主賓に立礼す、豊島夫婦媒酌として挨拶す、小藤文次郎氏来賓として祝詞、九時帰宅、今日は弔婚重なりたりしも故照康氏落合中居（ママ）に於ける告別式には臨まざりき　星氏精子行きたりと

五月十三日　月　曇

出がけに安銀に寄り二五〇円引き出し十時教室、本郷新聞とかの記者来室長談、購読断る Gesellsch. f. Phys. Anthrop. 1927, 1928, 1929 会費十五麻（七円九十七銭）郵便為替組む　ギーゼレル博士宛送る　これより柿内、三郎氏在宅、三二等来り不幸後始末のよし、啓義氏も来る、良一へ寄り七時帰宅

五月十四日　火　雨

八、四五教室　書肆シュバイツェルバルト（シュツットガルト）へ Anthrop. Anzeiger u. Verhandlungen d. Ges. f. Phys. Anthrop. 注文を発す　六時半帰宅　協一誕生日なりとて菓子を買ひ燭を点す

五月十五日　水　半晴

午前親坊を連れて動物園、小学生徒満つ、橋上にて汽車を見て省線にて帰る時に十二時、午後正金銀行へ行きフリードレンデル払 RM144.80 = 77.32Y 為替を組む、これより青山大山邸、八戸旅行費三拾五円置く、六時半帰宅

五月十六日　木　雨

九、〇教室、京都足立氏へ各外国へ送る部数の確なる数必要のことを申送る、フリードレンデルへ為替を発送す、安川へ製本のため人類学雑誌 Folia Anat. Jap. 其他大小三十余冊渡す　七時帰宅

五月十七日　金　曇

八、五〇教室、西村女生の聴器論文を見る　記述不整に困る、四時去て帰る三二来り居る、明日鹿島香取参詣打ち合せきみ子も同行すると

五月十八日　土　曇

自動車にてきみ子と共に両国駅、三二来り居る、六、四〇発車、佐倉成田を経て九時過佐原着　直に乗合自動車にて香取神社に到る、小一里あり展望台に上りて湖上を眺む、佐原に戻りモオタアボオトを雇ふ他に二組の客ありこれと合す、湖上に出る、十時半頃なるも弁当を使ふ、十一時頃大船津着、自動車にて鹿島町に到る　丘上にあり神社に詣、丘下に清水あり御手洗といふ、参道老杉の並木良し、帰路前の通り狭き水道を通る加藤洲十二橋などあり、いたこ町に上りて町を一見す、佐原に戻りて四、〇五発車、千葉より石原喜久、緒方規雄氏乗り込む　七時両国駅帰着、自動車にて家に帰る、この遠足照らず降らず風なく甚恵まれたる天候、三人にて快喜

五月十九日　日　雨

九、三〇教室、西村女生の論文を見る、五時頃星氏親、協を連れて迎へに来

五月二十日　月　晴

久し振りの好天、精と親坊を連れて植物園、午後一時過教室、西村女生に論文に付種々談、五時去て大山邸に到る、晩食に招かれたるなり、喜田、梅原（此度欧州より帰朝）、八戸泉山岩次郎、慶應の松本、杉山寿栄男、宮坂の諸氏集まる、食後横山重来り合す、九時前散す、大山家新築落成移転中にて混雑

五月二十一日　火　晴曇

午前親坊を連れて日比谷公園、午後一時四五教室　小藤文次郎氏来室、故八杉軍医のことに付石黒氏に尋ぬるの件、丁度石黒家を見舞ふ考の折から直に出向ふ、折悪し

く老先生昨夜来持病の膀胱宜しからず臥床のよし面会せずして去る、これより弘田家を訪ふ不幸此方始めてなり長談、五時半去て柿内、次に良一方へ寄る　七時半帰宅

五月二十二日　水　晴

九、〇教室、人類学雑誌五百号の序文に付考慮、六時親、協、豊島息迎へ来

五月二十三日　木　雨

八、二五教室、序文を書き始む、終日雨、殊に午後雷鳴大雨、西村女生再び論文概要持ち来る、六時親、協迎へに来る

五月二十四日　金　晴

九、〇教室、六時迎へ、豊島、親、協

五月二十五日　土　晴

午前親を連れて独動物園、午後一時一〇教室、序文草稿書了　六時半帰

五月二十六日　日　晴

昨夜雨、今朝好くなる、星氏上州藤岡町へ講演に行くに付皆同行、八、四〇上野駅発、一一、二〇新町着、これより自動車七分にて藤岡に達す　諏訪神社境内にて草上にて弁当を使ふ、掛茶屋なし、併し用品総て携帯したり、車迎へに来る、これより小野村立石寺に僧の作りたる芍薬園見事なる由に付これを見る　星氏講演に行く、茶店にて休息、車にて途中れんげ草見事なるをつみなどし烏川岸に出て新町駅に来り、二、二八発にて帰る、二児気(ママ)嫌よし但しはね廻る、珍らしく好天気なるも暑し　五時半家に帰る皆々大満足。足立氏より電報今日着京すと星氏八時過帰る、九時過足立氏来る、三人にて大著寄贈のことに談合　十二時頃寝に就く、留守中に良一等三人来りたる由、久し振りのこと遺憾、良一著微量定量法第三版を自分七十回誕辰のために献すと悦ばし

五月二十七日　月　晴

十時足立氏と外務省に情報部長斎藤博氏を訪ひ、外国へ動脈著述寄贈の形式に付種々尋ねたるに模様甚よし、十二時前教室に来り共に弁当を使ふ、足立氏尚ほ所要ありて去る。小藤氏来室、去る二十一日依頼の件に付てなり、四時去て石黒家見舞、老回復甚元気、小藤氏依頼の件尋ねたるに精しく話しくれたり、これより小藤氏へ報告のため寄る、不在、柿内、良一方（皆留守）、六時半帰宅、足立氏帰り居る

五月二十八日　火　曇小雨

十時過足立氏と共に大学、氏林学部長を尋ねると、小藤氏来室、昨日石黒老人より聞きたる八杉家のことを話す、満足して去る、人類学雑誌第五百号序文清書、七時前帰る　足立氏夜行にて出発帰落（ママ）

五月二十九日　水　晴

八、二〇教室　新井春氏夫人同行にて来室、真鍋氏の診察を受けたりと、大体の様子甚宜しからす気の毒に感す、自動車を命して去る、六時半家に帰る

五月三十日　木　晴

九、〇教室、学士院記事初校を岡島氏へ送る、三時出て歯科校に島峰氏を訪ひ祝賀論文集二種（Folia. Anat. 及解剖学雑誌）を送る、横尾のことに付井上との談　不可解のところ昨日最後の談にて横が選に当れば西に対し工合悪し選に当らずは自分困る、結極採用するといふ条件なくては推選出来ずといふことなりと、去て賀古氏を訪ひ旧談、七時半帰宅

五月三十一日　金　晴

午前親坊を連れて独三越、帰り自動車に眠る。十一時半教室　西村女生論文訂正、六時半家に帰る

六月一日　土　曇雨

八、〇教室、十一時過ぎて去り純子の迎へに行く、素子在らず、純大悦、午後庭にて遊びたるも雨降り出し室内に入る、賢信久し振りにて来る、神保町にて支那料理を馳走す、八時過家に帰る、星氏斎藤氏に会ひたるに足立書送るの件は一切外務省にて引き受けると

六月二日　日　晴

足立氏え星氏電報、自分手紙を出す、天気良し、星氏先導皆自動車にて出かける、奥州街道草加、越ヶ谷を経て左に入り元荒河畔大戸とかいふところの桜樹下にて十一時なるも弁当を使ふ、親坊等小舟に遊ぶ、帰路は岩槻に出、鳩ヶ谷、川口を経て三時帰宅、皆満足　久しき前に茨城県鹿島郡中山賢次といふ人より「人類学研究」処望し来りたところこの頃自用のもの一部送りたる返事来

六月三日　月　晴

九、二〇教室、西村女生論文訂正に費す、五時一ッ橋学士会館に到る　小野塚総長より大学五十年史編纂に付老輩を集めて旧談を聴取するといふ意味にて招ねかれたるなり、二十余名集まる、懐旧談面白し、十時半帰宅

六月四日　火　晴

八、一五教室、午後柴田常恵氏来室、史跡調査嘱托は昨年十一月文部え移管と同時に罷めたりと　フォン・ベーグマン氏え西村女生の論文訂正のため送る又学士院えそれを報告することを申送る、六時過家に帰る　外務情報部より来信、足立氏動脈配布のこと尽力する云々

六月五日　　水　晴

午前親坊を連れて三二方に到る、児大きくなり元気、八千代子顔面はれたりとて病院え行く、母堂来り居る。午後一時十五教室　四時前出て柿内、次に良一方、六時半帰宅

六月六日　　木　雨

斎藤部長へ挨拶手紙、足立文氏へ書面の次第を書き送る（情報部長書面封入）、十時教室、齲歯に二三日来またまた取りかかる　フォン・ベーグマン氏より校正戻る、今朝足立氏へ斎藤部長よりの書面を封入書出し置きたるも晩尚ほ「日本人の体質」再版のことを申送る

六月七日　　金　曇

八、三〇教室、午後椎木来、二三日前千葉より東京へ転じ、阿佐ヶ谷に住置ありて運転手として市内を稼ぎ廻ると、親、協迎へに来

六月八日　　土　曇、昨夜雨

八、一〇教室、四時半家に帰り更衣、五時過学士会館に到る、土肥慶蔵氏招待なり、百五、六十名集まる、医界の人多し、九時半帰宅

六月九日　　日　晴

星両人親を連れて強羅へと出かける、九、二〇教室、齲歯論、六時過帰る　晩食後独銀座散歩莨葉巻を買ふ、九時半家に帰る、星等も今帰りたるところ、親坊は箱根山中より眠り続けなりと

六月十日　　月　晴

九、〇教室、急ぎ弁当を使ひ去て先つ真鍋氏を教室に訪ふて新井春氏病症を精しく聴く、これより歯科高校に到り長谷川老ありて邦文雑誌を見る　五時家に帰る

六月十一日　　火　晴　暑し

午前親坊を連れて独三越、午後市ヶ谷若松町先きの陸軍々医学校に到る、新築先頃移転せるもの、三木良英医正に頼み邦文雑誌を見る、帰りに玄関にて靴はありたるも杖（三郎氏が米国より贈れるもの）見当らず、柿内へ寄る、三郎氏帰り来る、此度日仏生物学会創立とかにて甚面白からず云々　良一方へ寄る、去八日に新屋に移転

せり桑木家地内なり松沢と隣す、七時半帰宅

六月十二日　水　曇

八、〇教室、再寒くなり家より下着を持たせよこす、午後二時半去て学士院例会、西村女史の論文を報告す、時事、国民記者に西村のことを話す、晩餐に米国カアネギイ研究員五名招待せらる、五時帰宅

六月十三日　木　曇

親坊を連れて上野航空、自動車展覧会を見、次に動物園に入る　十一時過車にて帰る、十二時半教室、研究会議浜利雄書記よりベーグマン氏校正料小切手八八、五〇円送り来る、これを持ちて五時O.A.G.に氏を訪ひ渡す且つ委任状に署名を求む、六時前帰宅、これを速達にて浜氏へ送る

六月十四日　金　曇

八、一五教室、齲歯、六時半家に帰る

六月十五日　土　曇驟雨

十時学士院にて医学輯報定期編輯委員会、重要なる問題なし　午食し去て一時半人類学教室、例会、大山氏「泥炭層の史前学的調査に就て」講演あり、四時過帰宅、純子来り居る、親と両児を連れて槇町精子も行く、純子始めて独り泊る、星は夜行にて越後長岡へ行く

六月十六日　日　晴驟雨

午前、女中に二児を守らせ植物園、昼頃小此木忠七郎氏来訪、台湾紅頭嶼やアミ調査旅行（移川氏と共に）より帰り、土俗談長くなり一時過ぎて去る、児等の相手、夕刻純子を送り行く、良一等在、柿内へ寄り七時過帰宅

六月十七日　月　晴

星氏長岡より帰るを上野駅へ迎、精子二児を連れて自分も行く　家に寄る、星氏は社へ、自分は十時教室　後二時半去て家に寄　服を更へ近き石津利作氏告別式に参、柿内氏同帰りに寄りて暫く話す、庭に出て久し振りに少し草を取る

六月十八日　火　雨

八、一五教室、午後約束の通り稲田氏来室、尋で真鍋氏、医学歴史家正木慶文といふ人来る、主として故青山胤通氏に関する件　其他種々医学史談あり、四時間ばかり費す、七時前帰

六月十九日　水　晴

八、三〇教室、五月十四日注文を発したる Anthropol. Anzeiger und Verhandlungen 昨日到達す、施療制度実

行の事情に付調べようと思ひて学長時代の書類をさがすも見当たらず、親坊等賑かな迎へに来　プレトリウス（ハイデルベルク）より来信、腎臓を切除せりと併し幸に経過良く十七日を経て退院したりと

六月二十日　木　晴

九、〇教室、Anthrop. Anz. 等八冊製本に渡す　午後長谷部氏来室　来二十六日発南洋へ渡航、第三年研究、これにて一段落、七時家に帰る　親坊発熱三九、源因不明

六月二十一日　金　雨

八、三〇教室、京都解剖阪東国雄氏論文三種、三浦久松氏二種通覧東京印刷に渡す　足立氏動脈発送先催促状を出す、七時前帰る

六月二十二日　土　晴

八、四〇教室、石原喜久氏室へ一寸寄る、次嬢縁談しきりに此頃あり、六時半帰

六月二十三日　日　晴

新井春氏を大崎に見舞ふ、三二方へ寄る、誠一異状なし、十二時半帰る　午後は家にあり庭へ出て少し草を取る

六月二十四日　月　雨

八、一五教室、三二来室　今日始めて助手俸給を受取りたりと、六時半帰

六月二十五日　火　曇

九、〇教室、西村論文始校を送り返へす

六月二十六日　水　晴

朝出かけるつもりのところ腹工合悪し、家にありて静養

六月二十七日　木　晴風

在家、中谷治宇二郎氏明日出発渡欧のよし、告別、先つ巴里に止まると

六月二十八日　金　晴風

六月二十九日　土　晴風

吉田章信氏渡欧出発、暇乞、フィッシャー、モリゾン、シユラギンハウフェン、ルンドボルク諸氏へ紹介名刺を書く、田中政友会内閣愈危、不戦条約の方枢密院通過したるも、満州重大事件にて断つ

六月三十日　日　晴風

星皆を連れて赤羽の橋下に遊ぶ、午刻前に帰る

七月一日　月　晴

腹工合の方は宜しきも、少風邪、咳あり

七月二日　火　晴

浜口内閣成立、八時間にして親任式を挙げらる、これはレコオドなりと

七月三日　水　雨

出勤、八、三〇教室、気分宜しからず昼前家に帰る

七月四日　木　雨

天気悪し、在家

七月五日　金　雨

八、四〇教室、五時過帰る

七月六日　土　雨曇

外務省情報部へ行き斎藤部長に日本人種論別刷五十部動脈論要旨挿入、及小酒井氏が持ち来れる三十部（これは特別大臣が要するもの）渡す、同時に小酒井氏を部長に紹介し今後各国へ送るものに受け渡し研究社と情報部間に於てすることとす、直に辞し去り十一時教室、石原喜久氏来訪の電話あり四時過帰宅、牧野息縁談、早く進捗然るべきを言ひたり、純子来り泊る

七月七日　日　小雨

昼食後純親を連れて槇町、中元のもの買ひ遣りたり　二時過精二児を連れて柿内へ行く自分も同行、純子も行く、誠一を除きて孫十人集まりたりなどいへり、四時頃家に帰る　自分風邪さつぱりせず　良一来り診す、格別のこと何もなしと

七月八日　月　曇晴

朝自分だけにて親坊をつれ三越、十時少し過帰る、十時五〇教室　小使四人へ拾二円中元として遣る、午後四時去て家に帰り庭へ出る

七月九日　火　曇

八、〇教室、足立文氏へ動脈三十部（大臣処要）、及日本人体質別刷及要旨各五十部斎藤情報部長に渡したることを申送る、E・フィッシャー（ベルリン・ダーレム）論文寄贈礼札を出す　風邪気分悪し、五時頃家に帰る

七月十日　水　曇雨

家に在り、午後豊島夫人きみ子は牧野石原両家結納交換奔走

七月十一日　木　曇

家にあり、晩足立氏より電話明朝アドレス送り届けると

七月十二日　金　晴　真夏になりたり

早朝足立氏より動脈送り先簿届け来る、小酒井氏を呼ぶ情報部との間のこと一切同氏に一任す、保子来、学士院例会出席、九時前帰宅、往復自動車

七月十三日　土　晴

八、〇教室、五時前家に帰り支度しきみ子と共に出る　丁度星帰り来り自動車ありこれを用ふ、芝公園内水交社に到る、良一の馳走なり桑木夫婦あり、同社の此所に移りて始てなり、庭広く眺望よし、食事の後芝上にて涼を求む甚快、今日非常なる暑なり　九時頃家に帰る

七月十四日　日　晴

早朝保子仏参に来る、九、五〇教室 v.Trauwitz-Hellwig: Urmensche und Totenglaube 一部フリードレンデル＆ゾーンへ注文はがきを出す　六時半過帰

七月十五日　月　晴

九、一〇教室、於菟津和野に鷗外誕生地建碑の件に付行きたるところ帰りて来室、足立文氏へ動脈送り先簿受取り小酒井氏をして情報部へ差出さしめたることを申送る、六時親、協迎へに来

七月十六日　火　晴

賀古氏自分の大学史に関する刷物二種と共に手紙を書く、八、四〇教室　日本之医界記者来室賀古氏のこと話したり　午後四時半去て柿内、三郎氏始皆在宅（賢のみ不在）、此夏は全家族鎌倉へ避暑、来日曜に出かけると、こは大奮発、好き功果あれ、良一方へ寄る皆在り、七時半帰宅、中鶴律夫氏息等を連れて来り居る

七月十七日　水　晴

八、三〇教室、午後弁当を終りたるところへ松村氏来室、ジャワに於て開催せられたる第四回汎大洋学術会議に出張のところ此頃帰朝興味ある談話、四時間の長き亙り五時過ぎて去る　きみ子より女小使小菅へ遣る浴衣地一反渡す

七月十八日　木　晴

八、二〇教室、人類教室へ行きて松村氏に古稀論文集 Folia Anatomica 及ひ解剖学雑誌を贈る、炎天に重き本を二冊抱へて熱かりき、上野図書館へ昨日足立氏来書の趣即ち書物運送のことは外務省にて引き受たるより国際図書の方は一応謝絶する旨を電話す　親、協迎へに来

七月十九日　金　晴

八、三五教室、七時前帰宅

七月二十日　土　曇

朝皆強羅へ行く、九時教室、七時前帰る、夕食入浴甚閑静

七月二十一日　日　晴曇晴

昨夜雨、大に凌ぎよし、九、二〇教室、先頃より齲歯論に従事すなかなか大仕事なり、七時家に帰る　柿内全家族今朝鎌倉へ行く

七月二十二日　月　曇晴

八、一〇教室、七時前帰る、きみ子帰り居る、星も帰り来る

七月二十三日　火　曇晴

野長瀬氏より三二宛来りたる手紙を見る　三二我儘に付岸家に苦情あることに付ての意なるべし、八、〇教室、**Anthrop.Anzeiger** 代払、郵便局へ書肆シュバイツェルバルト（シュツットガルト）宛 110M25Pf. 換算五拾八円三三銭（一麻＝五拾二銭九拾壱）為替を出す　七時前帰

七月二十四日　水　晴

八、一〇教室、五時去て家に帰る、明日強羅行の用意

七月二十五日　木　晴

早朝きみ子と出発、星出勤自動車に同乗、東京駅に到る、七時二〇分とかの臨時車ありてこれに乗る、九時鎌倉着、柿内全家避暑居寿福寺々内に到る、全家族元気、ただ賢今朝東京へ数学稽古に行きたりとてあらず、田鶴全児を連れて共に八幡社に詣、政子の墓へ詣戻りて弁当を使ふ、一二、一二鎌倉発、大船、国府津乗り替へ車中なかなか熱し、三時過強羅着、親協公園へ行きたりとてあらず暫時して帰り来る、入浴、冷、大に凌ぎよし、晩早く床に入る

七月二十六日　金　晴

冷、この地へ来り生き回（ママ）へりたる感あり、午前きみ子と親坊を連れ二女中を従へ宮の下行、途中親手冷水にひたし悦ぶ、早川岩上にて菓子を食す、おもちゃなど買ひて十一時帰る、午後は職人来り畳表を取りかへる、夕刻附近を歩く

七月二十七日　土　晴

昨今両日畳表替へ壁張り家中大混雑、午前親を連れ公園、二女中従ふ、午後家にあり

七月二十八日　日　晴

午前親を連れ駅まで行く、午後夕立、止みて後公園、二女中従、親、協ブランコに乗り悦ぶ、留守宅より転送の山崎直方氏去二十六日死去通知来

七月二十九日　月　晴

午前きみ子留守居し外皆早雲山に登る　親協ケエブルカアを悦ぶ　道了菩薩に登る、本堂は女学生宿泊混雑、林

中にて児等菓子を食、午後は近き初夢の滝まで行く

七月三十日　　火　晴

午前家にあり、午後二児を連れて公園、池畔にて活動写真のヒルムを撮り居る、尋できみ、せいも来る、皆々珍らし面白しとて悦ぶ

七月三十一日　　水　晴

午前精子留守居、きみ子と女中一人従へ千筋滝（ママ）へ行、親水中入り悦ぶ　午後家にあり、強羅へ来りて始めての熱さなり

八月一日　　木　晴

強羅として熱し東京は思ひやらる、午前公園きみ同行、午後家にあり　親玄関脇大岩上にて撮影

八月二日　　金　晴

熱酷し、終日屋内にあり、壁紙張りかへ、廊下ゴザ敷き替へ混雑　晩八時星氏来着皆駅まで迎へに行く

八月三日　　土　晴

大会準備屋内外忙し、晩食後皆公園へ行く、きみせい明日帰京の用意

八月四日　　日　晴

懐中拾円札一枚不足に気付く、昨晩皆公園へ行きたる節少女はるのみ居たるが、如何、この頃五円札一札不足せるもただ怪しと思ひたるのみにて其儘に過しが又この事あり、八時強羅発、途中児等機嫌よし、車中込み合ず、十二時半家に帰る、暑酷し、庭に水をまく　旧階段を除きて模様変へを箱根行前に始めたるも未だ終らず

八月五日　　月　半晴

山崎直方氏死去を大塚の居に悔を述べ九時半教室　留守中輯報校正沢山たまり居たり、三二一寸室へ寄る、六時半帰宅

八月六日　　火　晴

朝八代氏来診親坊便通の度数多き様なるも格別のことなし云々　九時教室、輯報校正　七時前帰　アイクシュテット（ブレスラウ）より来信　自分肖像所望

八月七日　　水　晴

八、一五教室、輯報校正、山越良三来室、六時半帰

八月八日　　木　晴

八、一五教室、輯報校正三日半費したり、七時前帰、星強羅大会を終り帰京

八月九日　　金　晴

八、二五教室、於菟室に来りて雑談、六時半帰

八月十日　　土　晴

七、四五教室、製本大小四十三冊出来、六時半帰、腹工合悪し、夕食を止める

八月十一日　　日　晴

腹工合宜しからす、家にありて静養、大工、庭師、ガラス職等来りて家中乱雑、きみせい二児を連れて三二新宅を訪ふ去九日移転したるなり

八月十二日　　月　晴　大夕立

静養、昼頃三二来り　医学会雑誌全部持ち去る　但し未製本の部を残す、夕刻大夕立、一ヶ月許日照続きのところ誠に気持よし

八月十三日　　火　曇

腹工合全くなおらずもあまり熱くなければ庭へ出て草をとる

八月十四日　　水　晴

八、二〇教室、たいぎに付十一時去て家に帰り休養、熱さに少しく閉口、明日精子と共に強羅行きと決す

八月十五日　　木　晴雨

七、〇発、精子二児二女中を連れ星氏自動車にて見送り諸事世話す　大磯辺より雨降り出す、大雨となる　小田原登山電車混雑、湯本乗り替へまた満員、次の電車に乗る、雨盛に降る、腹工合格別のことなし、夜に入りて大雨に風を加ふ

八月十六日　　金　台風

昨夜より台風となる、未明より今朝三回下痢、尚ほ午前中数回　午後も風強し、旧盆会にて公園に於ては宝探し、大文字点火する筈なるも止む

八月十七日　　土　晴雨

漸く雨止む、午前親を連れて荘を一巡す、午後天気再び不穏、二児二女中と公園へ宝探しに行く、きみ子十二時過来着、夕方より小雨、六時頃星来着、花火あり児等これを見る、大文字点火せるも雨霧のため不成績

八月十八日　　日　雨晴

朝雨降りしも暫時して止む、親坊を連れて公園、歯科中村氏に会ふ　せい子又々下痢す、珍らしく好天となる、星氏は午後大雄山へ行きたり　腹工合思しからず

八月十九日　　月　曇晴

星氏六時帰り去る二児駅まで見送る、昼少前きみ子も帰り去る　せい子下痢宜しからず、午後公園、ツエッペリ

ン航空船着の筈、東京賑ふべし

八月二十日　火　晴曇

午前近き小川に遊ぶ、午後早雲山に登り道了別院まで行く　ツェッペリン昨日着　フリードリッヒスハーフェンより霞浦まで 11000Km 99h40m 費したり

八月二十一日　水　晴

午前公園、午後二児千筋（ママ）の滝、晩駅前にて活動写真あり親坊見て悦びたりと

八月二十二日　木　晴

六時十二分強羅発、二児駅まで来る、藤沢にて降り、江島電車にて七里浜（ママ）に鈴木孝氏を訪ふ幸に全家族あり嫡孫愛らし、これより乗り合自動車にて鎌倉に柿内を寿福寺内に訪ふ、、皆在、たか子二三日来又気管枝カタル、但し格別のことなし、なかなか熱し、パン食し、午後三郎氏、賢、義（ママ）を連れて散歩に出たるも自分休息、四時鎌倉発車、六時前帰宅、昨夜ツェッペリンロスアンチエルスに向つて出発の筈なりしもゴンドラに故障を生したりとかにて止む

八月二十三日　金　曇、冷

夏中家の模様変へ、戸ガラス入れ替へ、畳表替へ、壁少修理等のため混雑なりしが漸く終り諸職人昨日限りにて引き払ふこととなりたり　きみ子早朝強羅へ行く、九時二〇教室　輯報校正　ツェッペリン愈々今午後三時出発したり、四時半去て良一方へ、但し皆不在直に家に帰る、晩より急に冷しくなりて心地よし

八月二十四日　土　曇

星氏と二人のみにて朝食、八、三〇教室　輯報校正　六時半帰る　星強羅へ行、晩三二来る

八月二十五日　日　曇

九、〇教室、輯報校正二日半費したり、又々腹工合悪し六時半帰る

八月二十六日　月　晴

又々熱くなる、午前歯科病院に到り桜井氏新しき方の上義歯にひび入りたる修理を頼み同時に旧き方（大正十五年六月十六日改造せるもの）歯槽萎縮のためぐさぐさになりたるを以てこれが造り直しのため石膏型をとる
十一時教室　輯報校正を東京印刷に渡す、腹工合宜しからす二時去て家に帰る　三二来る、五時頃皆強羅より帰る　星氏迎へに行き共に帰る

八月二十七日　火　晴

大暑、保子来り昼食しゆるゆる休み四時頃帰り去る、三二来　終日静養

八月二十八日　水　晴

少し冷、潤氏来

八月二十九日　木　晴　夕立

午前素子純子連れて来、純子残り泊る、腹工合宜しき方一回も便通なし

八月三十日　金　晴　秋冷

秋らしくなる、すみ親よく遊ぶ、午後石原喜久氏改めて挨拶に来る　式日は十月二十一日に確定せりとか、自分は失敬して会はざりき　柿内全家鎌倉より帰りたりと孝子咳出るよし先づ々々大したことなく避暑を終りたり

八月三十一日　土　晴曇

尚ほ静養

九月一日　日　晴曇

震災七年年目の記念日、時刻に全市黙禱、午後試みに親を連て槙町まで行きたり

九月二日　月　曇晴

外務省情報部より電話、足立氏本愈々発送にかかると腹工合宜し

九月三日　火　晴

せい親と槙町まで

九月四日　水　晴曇

八、四〇教室、先つ腹工合なほりたり、此夏は度々のことにて仕事の上にも大に差支へたり　安川に製本費三拾四円七拾五銭払ふ　学士院へ先月のパス券を返へす　五時半帰る

九月五日　木　雨

昨夜来雨甚快、八、二五教室、雑誌を読、六時半帰

九月六日　金　曇少雨

八、四〇教室、読誌、六時半過帰る、星氏此頃多忙と見ゆ帰り遅し

九月七日　土　曇雨

九、二〇教室、五時帰る純子来り居る

九月八日　日　雨

親坊誕生祝とて柿内忠、信来、終日雨止まず、豊島息も来り皆並んで食事、星も帰り来、午後はきみせい児等を連れて上野松坂屋へ行く、三時頃女児等を車にて送る

九月九日　月　雨

八、五〇教室、フリードレンデルより Trauwitz-Hellwig 到達す（去七月十四日注文）う歯統計のこと、七時前帰

九月十日　火　雨　午後台風雨となる

八、一五教室、歯統計、午後より大暴風雨となり自室内の雨漏り防禦に困しむ床一面水となる、自分居たるを以て辛じて書物其他大切なるものを濡らさざる様なり、七時前帰る、電車工合悪し、雨もほぼ止み、風も大に凪ぐ、歩きたり、星氏は八王子へ講演に行きたり、帰途如何、市中嵐害多かるべし

九月十一日　水　雨

八、四〇教室、うし仕事、プレトリウス博士よりジルス、シュバイツ出し絵はがき来、小川睦之輔氏へ三浦久松氏論文図版に付はがき出す　七時前帰宅

九月十二日　木　雨

九、〇教室、うし統計に苦しむ　七時前帰宅

九月十三日　金　雨曇

八、三〇教室、島峰氏一寸教室へ寄る、七時前帰

九月十四日　土　晴

きみ子と親坊を連れて銀座松屋、食堂に入る　坊歓ぶ、午後家にあり　庭に出て草とり、三二来

九月十五日　日　晴

秋晴好天、きみ子と親坊を連れ、星氏の車に同乗、氏帝国ホテルに降る、これより麻布広尾町三二新築住宅に到る、函館西村氏が贈れる熊皮を新築祝として持ち行く、星よりコオヒイ茶碗、これより大崎に新井春氏を訪ふ、景気宜しからざる様感す、日比谷にて自動車を降り電車にて帰る、坊車中にて眠る、十二時なり、午後家にあり、岐阜の立川ます女来、珍らしきことなり、庭に出て草とり

九月十六日　月　晴曇

歯科病院へ行き十時教室　キルフネル（ベルリン・ダーレム）、Fr・サラジン（ブラジル）、T・W・トッド（クリーブランド）論文寄贈礼札を出す又フリードレンデル Przibram: Bd.VI Zoonomie 注文を発す、足立文氏情報部の様子申し送る　輯報第三稿阪東氏のもの戻したり、六時半帰

九月十七日　火　晴

天爽快、親坊を連れて動物園、午後は庭に出てたり、晩食後独り銀座、葉巻を買ふ、中秋の月朗なり、西郷吉弥氏アムステルダムよりはがき

九月十八日　水　晴

歯科病院、十一時二〇教室、四時去て久々にて柿内、孝、義咳が出るとか他は無事、良一へ寄る、素子は不在、七時帰宅、小林ちか女来る居る

九月十九日　木　曇晴

一〇、一〇教室、於菟来室、輯報校正、これにてII-2先つ了、六時過帰

九月二十日　金　曇

八、五〇教室、六時帰

九月二十一日　土　雨

八、〇五教室、プレトリウス博士へこの春腎臓摘出術を施したるよし去六月来信又この頃瑞西よりはがきを遣したる挨拶、見舞漸く書く　男爵ファン・アイクシュテット博士より自分の写真所望に対し手札型（三越のもの）を送る、新潟工藤得安氏へ無沙汰手紙を出す　六時半帰

九月二十二日　日　雨

九、四〇教室、うし統計甚だ進まず　六時前帰

九月二十三日　月　晴　祭日

朝親坊を連れて巣鴨より東京駅、菓子を食べ丸ビルにておもちやを買ひ十時半家に帰る　途中坊眠りて困る、十一時半教室、三時半帰りて庭に出る、秋冷心地よし、晩十時過ぎて星氏若松より帰る

九月二十四日　火　晴

昨夜来又々腹工合少し悪し、先々用心、十時過情報部に斎藤部長を訪ふ、足立氏本発送のこと着々進捗のことと思ふも念のため挨拶旁々行きたるに意外にも諸費なかなか多額となり日本郵船大阪商船無賃としても尚千余円に登る、就ては情報部より半額出すとしても四五百円不足、これを何とか工風せよ云々、これより東京駅、寝台下段なし故に明晩とし、二枚買ひ、乗車券山田まで十一円、これより歯科病院に寄る時に十二時に近し、桜井氏により旧義歯改造出来、これを合す、工合よし、十五円六十銭払ふ、島峰氏に一寸会ふ、不斗思ひ付きて乗車二枚買ひたるを再び東京駅に到り一枚戻し家に帰れば二時　保子来り餞別などくれたり、腹工合悪き方にはあらず併し用心し午後は家に在り、二児の庭に遊ぶを見居たり

九月二十五日　水　晴

何かと旅行に付用意、情報部より足立氏著書発送見積書来、直に返事を出す、午後庭に出る、幸に腹工合格別のことなし、夕食常の通り、浴、九時前星氏帰宅、自動

車を用ひ東京駅に到る　まだ時間あり、早く乗る、九、五五発車、直に寝台に昇る、眠宜しからす、曙明に起く

九月二十六日　木　雨

人々起るを見て自分も起く、大駅につく降る人多数あり、見れば名古屋なり雨降りて模様悪し、ここにて牛乳二瓶買ふ、携へたるパンを食す、乗客少し、九、一九山田着、乗合自動車（四〇銭）先外宮、五五丁隔て内宮、御幸路を走る、新しき三渡橋を渡り神苑に入る、十月二日遷宮の準備頻りなり、宮殿下御成に会す、橋前にてきみ子土産物を買ふ、これより電車にて二見に向ふ、人車にて岩まで行く、十二時を過ぐ、臨海楼昼食、二見駅に到る、二、二五発車、奈良まで四、〇二銭、亀山乗り替へ、雨盛に降る、七時奈良着、俥、奈良ホテル、室甚意に適す、夕食、あまり宜しからす、冷を命す　十一時寝台に昇る

九月二十七日　金　晴

六時起、七時過朝食、八時二〇分頃出かける、昨日に反し好天となり甚快、公園に入りて大仏に向、山門大修理中、脇より入る、これより順路三笠山に到りて片端の茶店に憩ふ、婦十人子供ありなど話す　裏より春日神社詣、宝物拝観す、なかなか熱し、社殿二個つつ二組並び立つ、屋根正面石段を降り本道を歩く、十二時過浅茅ヶ原小店にて少し食す、さぎ原池を見てこれより博物館に入る、出て円タクを索すもなし遂に大阪電気軌道に到るこれより自動車（一円五十）にて聖務（ママ）天皇御陵を拝観す（南）北に正仁皇后御陵あり、佐保川に向ふ、猿沢池に戻るきみ子わらび粉など買ふ興福寺を見てホテルに帰る、疲れを感す、時に四時を過ぐ

九月二十八日　土　晴雨

大阪行、先京都足立氏へ明日夕刻参着のこと葉書にて申送る　ホテル自動車にて駅に到る、瞬刻のために間にあはず、空しく一時間半待つ、九、四五発車、道明寺国府遺跡を望む、天王寺駅にて降る、時に天気模様悪くなる、少雨落つ又止む、新世界、植物園、公園を通りて後天王寺に到る、雨盛に降り出す、例の五重塔を見、出て茶臼山、雲水をさがして行く、折悪しく雲水は二十七、八両日休業、これより天王寺駅前より市内電車にて堂ビルに到る、地下室にて昼食す時に午後一時、雨のため見物を断念し円タクにて上六の大阪軌道に到る、急行車二、三〇発（四十八銭）、三、〇五奈良着、雨中円タクにてホテルへ帰る、温し氷水を命す、休息、晩食は単独、きみ

子は室にて大阪よりのすしにて済ませたり、入浴

九月二十九日　日　雨

天気模様悪しけれど出かける、徒歩にて公園前にてきみ子土産物買ひ又下駄つま皮をはめるなどし大阪軌道まで行き、ここにて乗合自動車にて郡山を過ぎ法隆寺に到る、正面南、南大門を入る　中大（二王）門にて観覧料各五二銭を払ふ、金堂、大講堂、五重塔、廻廊を回る、二王門を出て子規の碑を見、南大門前にて自動車の来るを待、一一、三五発、薬師寺にて降る、二、三丁小道を行きて門を入る、講堂を廻りてきみ子仏足跡に関する拓本二、三枚買ひ、実物を見る（一人十銭）、出て近き唐招提寺に到る　門現在のものは小なるも礎石残り存して以前大なりしを証す、出れば昔の松並木の残りあり　本道に出て自動車の来るを待つ　雨盛に降る巡査駐在の軒を貸る、大軌のところに帰る、時に二時頃、ホテルの中食時を過ぎたれば一店に入り鰻丼（まむし）を食す（一人三十銭）円タクにてホテルに帰る、休息、氷水、支払（四九円一〇、心付一〇）車を命し奈良駅に到り四、二〇発、五、三六京都着、時に号外の呼声高し田中政友総裁死去　円タクにて吉田足立氏邸に到る、重談、入浴、食事、十一時二階の間に寝に就く

九月三十日　月　雨止、晴曇

十時頃足立氏に伴はれて出、電車にて大学解剖教室に到る、氏の仕事室に入る、学士建立館にて昼食をうく、足立、森島、中西、藤浪、清野、小川、舟岡、金関の諸氏集、旧談最興、四時前吉田山を越へて足立邸に帰る、夫人はきみ子を案内して附近を見せるとて不在なりしも暫して帰、談長、十一時二階に昇る

十月一日　火　曇

八時二人出かける、銀閣停留所より市電にて熊野神社乗り替へ四条大橋降、京阪電車に乗り先つ稲荷に下、不斗東丸の墓に詣、社内に入り鳥居のトンネル往復二筋あるを通りて奥社に詣、本社に戻り正面楼門を出て敷石を下る途中岸、純子、家へ葉書を書く、電車にて桃山に下、御陵参拝、次電車にて黄檗に下宇治黄檗山萬福寺を見る正面南、十二時に近し、門前の普茶料理を食す、支那菜料理甚珍、一時出て電車、宇治に下、右岸を上る、宇治神社（わかいらつこ）に詣、発電所に橋あり、中洲に渡船す、暫く上流を眺む風景佳、左岸を下る、平等院を見、

宇治橋を渡る、電車、京都に帰、七条にて下、円タクにて金閣寺に到る、堂内珍らしき画器物多、庭を歩く、二層楼、池大、奇石数多、滝あり、山を登りてその時代の茶席あり、絵はがきを買ひ、出て乗合自動車にて北野神社前に下、南向、境内広し、建築美、賑ふ、次に平野神社、小にして静、円タクにて足立邸に帰る、五時半、夕食後談話、藤浪氏より萩の餅を贈らる、十二時室に入る

十月二日　水　曇雨　伊勢遷宮式祭休日

夫人の案内にて琵琶湖畔見物、足立氏医専校長として式に臨むため早朝出かける、我等三人自動車にて八、二〇分頃発　元の東海道を走り山科などを経て九、一〇頃大津三井寺に着、寺域広大、右に神社あり、山門前にて下る、本堂南向、石段なかなか高し　眺望よき高台あり、湖景佳、近江富士、遥かに遠く伊吹山、極左に比えい、べんけい鐘は遠く離れたところにあり、山門前に戻りて車にて石山寺に向ふ、市を通り過ぎ勢田川右岩を行く、川（東）に面して山門（二王）あり、門前に下りて進む右に石段を上る、名の如岩石多し　本堂正面南但し縁高く側面より入る、堂内の案内を求む、これは紫式部源氏の間（部屋）を見るためなり、丸柱及けたは古色其当時のものと思はる、其他古建築珍らしきもの多し、月見亭よりの眺望東に向ひ甚だよし　門前に川岸まで広場あり、川の蜆名物のよし、帰途に就く　時に十二時に近し、粟津松並木あり併し川との間に一工場出来景を損す、勢田橋を試み渡る、大小あり、大なる方片側にぎぼし九個あり、旧態を存す、膳所は大津に連なる、午後一時前四条㊅に帰着、昼食、きみ子は土産物買ふ。雨降り出す、併し自動車待ち居り困ることなし、三時足立邸に帰る、氏尚ほ不在なりしも尋で帰り来る、温度下る、神戸より千古氏夫妻児を連れて来着、入浴、全家と共に七時頃自動車にて大学学士館に到る、歓の会食なり、十時邸に帰る　きみ子は手荷物を整ふ

十月三日　木　曇雨

京都出立、足立夫妻見送るとて同乗、出がけに近き藤浪氏方へ挨拶、名刺を置く、駅に到れば清野氏夫妻あり、夫人今日同列車にて東京へ行くと足立夫妻及清野氏に別を告げて一〇、〇五分発車、乗客少なし　自分等は寝台車にて二人のみ、きみ子を先展望車に誘ひて眺む、トンネルを出れは大津、昨日の勢田橋を望む、車中四方山談、時に展望車自分は食堂車へ出る、きみ子は車室にサント

ウヰチを取りよせて食す、名古屋熱田貝塚の辺を望む、三時頃より雨降り始む、沼津を出て薄暮となる富士全く見えず、八時東京着、星夫婦二児を連れて迎へに来り居る、皆々大歓、雨中八時半帰宅、留守中何事もなし、満足この上なし

十月四日　金　大雨

十時半外務省情報部に斎藤博氏に面会し足立氏より預りたる著書送達費不足額五百円渡す、往復自動車、天気悪し児等の相手、疲労を覚ゆ、午後長谷部氏来、去一日南洋より帰京せりと　晩早く床に入る

十月五日　土　快晴

よく眠りたり、八、四五教室、福岡より輯報解剖部の原稿来り居る　四時半帰宅　金森夫人来り居る、又純子もきてゐる、児等庭の芝の上をかけ廻る

十月六日　日　晴

皆自動車ドライブに出かける　自分は九、五〇教室、四時去て帰宅、児等は芝上を走せ廻る、自分は草を取る、純子送りかへす

十月七日　月　晴

八、五〇教室、福岡蓮見氏論文三種通検の上東京印刷に渡す　三時半去て柿内、次に純子皆在

十月八日　火　曇雨

一〇、〇〇教室、寒くなる、四時半帰宅、神戸より三重子出京来り居る

十月九日　水　曇

近所の八代老人死去に付出がけに悔に寄る、八、三五教室、六、三〇帰

十月十日　木　曇雨

八、四五教室、「人類学研究」一部この夏請求ありしを取り寄せるて東大図館（ママ）へ寄贈す、六時半帰

十月十一日　金　曇雨

八、四五教室　ビスフォルメン〔＊咬合形式〕に付て考慮六時半帰る　去五日頃又々二〇円紛失の由、きみ子あまりに不思議に付知合の高木刑事を請ふて調べ中、十一時去る

十月十二日　土　雨

八、五〇教室、三浦謹氏車あるとて学士院行に誘はれたるも家に寄る用あるを以て断る、三時家に帰り足立氏本を持ち車にて学士院、既に京大の方より寄贈になりおる由に付無用となる、足立氏を授賞候補者に推薦す、八時

半帰宅

十月十三日　日　曇

午前後共庭に出て草をとる

十月十四日　月　晴

漸く秋晴、親協（初めて）を（少女まさ介添）動物園、十一時半帰宅、協車中にて眠る、沢男爵夫人息同伴来り居る、午後庭にて草をとる　四時頃小林魁郎氏来、小倉より七年振りにて出京、二三日前来りて終日談し込みたるも自分は不在なりき、泊る　おけいさん来り林町の地所愈々売る約束出来たるよし

十月十五日　火　晴

昨夜電話にて大山家より中食に招ねかる、車にて出かける十時大山邸に到る、ザルモニー博士（ケルン市東アジア美術館）来朝その陪賓なり、研究所は頻りに整頓中、外にベーグマン博士、ニトケ（画家）、甲野、宮坂氏、公爵夫人斡旋をつとむ、三時前辞してドクトル・ザルモニー氏を人類学教室に案内す、松村氏好意を尽す、氏非常なる感謝を以て四時前別れ去る、帰宅、一寸庭へ出る、十三夜の月晴朗

十月十六日　水　曇晴

八、四〇教室　午後四時人類学会評議員会出席　七時半帰宅

十月十七日　木　曇　祭日

九、一〇教室、午後三時去て帰り庭へ出る

十月十八日　金　晴

きみ子と親協を連れて三越、二児別々に写真を撮る、出来上るを待つて十一時半帰、午後庭に出て草をとる、保子来

十月十九日　土　晴雨

八、四〇教室、午後人類学会、柴田常恵氏「埴輪列を伴へる上野国古墳保渡田八幡塚（ほどたやはた）」演説あり、其間渥美郡福江町の人田中為策（老年）小久保憲一なる人人類教室へ尋ね来る、保美貝塚より出たる人骨を持参す、これを貰い受く、両氏を誘ひて自室に来り、貝塚頭骨など見せたり　五時半家に帰る　今日午後二時頃呉秀三氏の名刺を持ちて英国人類学者C・G・セリグマン教授訪れたりと

十月二十日　日　雨曇

九、〇教室、六時過帰る

十月二十一日　月　晴

八、四五教室、九時半頃セリグマン教授来室、石代頭骨

二三を示したり　牧野喜久雄氏と石原きよ子結婚式、豊島夫婦及自分等媒酌、午後二時前飯田町大神宮に到、豊島令夫人同乗二時式始まる、三十分にして終る自分はこれより谷中斎場に故高橋健自氏告別式に行き三時半一ッ橋学士会館に到る、時間余りあるを以て談話、五時より来賓追々来る　例により立礼、六時開宴、豊島氏挨拶す、大橋新太郎、近藤栄一、岸精一など旧知人と談す、九時過帰宅

十月二十二日　火　晴

八、三〇教室　九時頃セリグマン氏来室、石器時代頭、アイノ頭骨其他示す　標本室へ誘ふ、歯変形等写真六枚及紀要28冊の三号を贈る　十時過人類教室へ導く、十一時半別れ去る　午後は保美骨格を洗ふ　全く終らずして日暮る　六時帰宅

十月二十三日　水　曇

八、四五教室、電話にてセリグマン氏と来金曜のこと打ち合せ且つ同日昼食を饗すること取極めたり、骨洗了る、人類教室松村氏に明後日セリグマン氏陪賓として列席することを頼む、内藤家より招かれたることを忘れゐたるに家より電話あり急ぎ五時半家に帰り支度してきみ子と出かける　六時半工業倶楽部に到る、嫡孫久一郎氏結婚披露なり、種々珍らしき人々に会ひたり（大竹貫一、宮岡恒次郎、根岸錬次郎氏夫婦、野本清一氏夫婦など）九時帰宅

十月二十四日　木　晴

弘田家を訪ふ未亡人に会ふ、真鍋夫人七月以来病気重態のよし　これより石黒老人を見舞ふ　本月始めより宿痾宜しからざるよし　若夫人に会ひ容体を聞き玄関にて去る。十一時教室、六時半帰宅

十月二十五日　金　雨

八田三郎氏退職慰労のため五円、長岡悠久山蒼柴神社県社に昇格に付其設備費中へ弐拾円、渡辺廉吉氏記念碑設立費へ拾円昨日きみ子組みたる為替を出す　九、二〇教室、橋田氏来室　Kölliker Gewebelehre〔＊文献〕の旧版を借り行く　自動車は来り待ちゐる、松村氏来、十二時帝国ホテルに到る、セリグマン教授夫婦を誘ひ高輪つかさに到る、日本料理を饗す、両処共珍らしと、通訳川本某も列す、支払総計二十八円八十銭、二時頃終る、松村氏は用事ありてここにて別る、これより青山大山邸に到る　マニュエル・ガミオ氏メキシコ考古学者、小林武

磨同伴者として既に在り、研究室に入りて談なかなか尽きず、客室にて茶菓、公爵夫人外出なりしも戻らる　セリグマン夫人のために乞ふて飾品を供覧　フラウ・パウル入来説明せらるなど集まりの情況望外の好果、四時半辞し去る、ホテルへ送りここにて別る、両処の謝意充分現はる　自分も甚満足、ただ止むことなく雨降りたるを遺憾とす、五時半家に帰る

十月二十六日　土　雨

九、〇教室、四時去て真鍋夫人死去に付悔に行く、六時過帰宅、終日悪天困る

十月二十七日　日　晴

星氏と共に真鍋家弔問、今日告別式に列するを得ざることを謝す、親坊共に食事、弥生町へ廻りて帰宅、星氏二児きみ、少女まさ介添、十時半出かける、珍らしく暖、松戸を経て鴻の台に到る、星氏所用ありて同所に降る、里見公園に入り、弁当、公園の風致甚俗地、前路を戻る四時半帰宅

十月二十八日　月　曇雨

九、〇教室、三二のために九月十六日注文せし Przibram, Zoonomie 到達す　越後浦佐の人井口恒治、堀内秋布外一名来室（昨日来宅せるも出かける際にて断る）大竹貫一氏紹介、北川岸次氏紀念碑を建る件に付賛成を乞ふ云々これを諾す、正木慶文氏来室故青山氏伝記に付て、四時去て柿内、三郎氏九州行留守、良一方皆在

十月二十九日　火　雨

八、三〇教室、連日うし統計　六時半帰宅

十月三十日　水　雨曇

九、一五教室、六時半帰

十月三十一日　木　曇

八、四〇教室、二時去て家に帰り庭に出て草をとりたり、晩食後独出て銀座に到り葉巻煙草二箱買ふ且竹根パイプ二本試に購ひ九時帰宅

十一月一日　金　曇雨

親坊を連れて巣鴨より東京駅に到り例の通り待合室にて菓子を食べさせ丸ビルにておもちゃを買ひ十一時半帰宅、一時教室　昨日フリードレンデルへ Hemmer: Bissarten 注文のはがきを出したり、六時帰

十一月二日　土　曇

八、三〇教室、長谷川錧一氏来室医学輯報を歯校へ送ら

れたし云々　二時半帰宅更衣青山斎場に到る　村上専精氏告別式なり四時過宅　田鶴子実に久し振りにて来る孝子同級生某の葬式吉祥寺にありこれに会葬序なり、晩食後星氏O．A．G．晩餐会へ行く序に親協を連れて出るきみ同行、銀座を廻りて帰る

十一月三日　日　快晴　祭日

久し振りの好天、星氏親協を連れて上野へ、自分は一〇、一〇教室　午刻前星氏皆をつれて迎へに来る、上野支那料理に到り昼食二児大悦び、一時頃皆帰る　自分はこれより上野山内を通り、省線にて大森に到る、佐々木政吉氏を訪ふ不在にて夫人に面会、三時殿村別邸に到る、大森貝塚　プロフェッサー・E・モース氏により発見せられたる記念碑除幕式なり、本山彦一氏が建てたるものにして大山氏斡旋す、四時過ぎて散す

十一月四日　月　晴

十一時出て大山邸に到る、史前学研究所略ぼ整頓せるを以て展覧せしむると丁度長谷部氏出京に付共に食事する意味なり、二時より来観者追々来る自分は辞し去る、五時前隣家豊島両処と共吾両人出かける　高輪つかさに到る、牧野両夫婦、石原夫婦を案内せしなり、総て十人卓に付く、先々滞りなく済みて九時過散す

十一月五日　火　晴

午前親坊を連れて日比谷公園、菊花展覧会を見る、園内を歩く、十二時前家に帰る、好天午後石神井に谷口吉太郎氏を別宅に訪ふ、はからずも夫人今朝死せられ遺骸は目白本邸に移されたりと、これより本邸に到りて弔ふ、腆二氏大阪より出京、四時半家に帰る、きみ子今日弘田家へ悔に行きたり

十一月六日　水　晴曇

八、二五教室、弁当を使ひ帰宅、一時半きみ子と出かける目白谷口邸に到る　夫人告別式なり、岸母堂、三二落ち合ふ、三時半帰宅、一寸庭へ出る

十一月七日　木　雨

八、三〇教室　フォン・アイクシュテット氏自分の写真を送りたる返書来、六時半帰

十一月八日　金　雨

八、三〇教室、午後二時頃三二来室　教室仕事行きづまりの状態、渡航の考、将来永遠覚悟と決心などに付長談五時去る、六時半帰

十一月九日　土　晴

八、四〇教室、四時家に帰る　すみ子来り居る、ふきさん来星商品券五枚引き受けると、岡田夫人来訪、三二来きみ等と茶の間にて昨日の続談

十一月十日　日　雨

九、二〇教室、うし統計漸く結句まで書きたり　七時前帰宅

十一月十一日　月　雨

八、一〇教室、六時半帰

十一月十二日　火　曇

観菊会御断、午前帝展各室全部ざつと通覧、十二時四十五教室　六時半帰

十一月十三日　水　曇

八、一五教室、アイノ頭骨咬合形式調べ中止のところ今日再び取りかかる　午後四時半過三二教室へ寄る、自分帰宅せんとところ一寸話す、渡航のこと柿内氏へ漏らしところ結局賛同よし　匆々家に帰りエンタクを命しＯＡＧに到る、Goldschmidt: Biologische Plauderei 講演あり、氏は先頃再ひ来朝せるなり、終て食事、最近帰朝せる高等工業教授橋本氏に会す、九時帰　於菟よりチエンストア商品券五十円受取る

十一月十四日　木　曇

九、一五教室、斎藤真氏ハワイ外科学会よりオオストラリヤ、ヒリピン、支那を経て帰朝せりとて来室、一時半帰宅更衣、大塚文理科大学に到る　学長三宅米吉氏学葬告別式、三時半帰宅、夕刻三二来る　渡航のことに付談し合ふ

十一月十五日　金　雨曇

八、一五教室、柿内氏十一時頃来室、三二渡航の件師を選択すること極めて大切云々一時去る、咬合調べアイノ略ぼ終る、朝鮮はすみたり　六時半帰

十一月十六日　土　曇

八、四〇教室、午後一時過家より電話、精子昨夜より産気の様なるよし　直に帰宅、親坊の相手、更に進まず常の通り眠に就く

十一月十七日　日　曇晴

精子同様、九時自分親協を連れ（少女さだ介添）日比谷公園、二児面白く遊戯場にて遊ぶ、十一時半帰宅、沢崎氏来り居る先つ安心、午後二時半親坊を連れて出る、坊は純子のところえ行くといふ、これに従ひたるに幸にも皆在たり、五時頃家に帰りたるに留守中沢崎氏遂にピッ

イトリンを注射して分娩せしめたりと、女子、母子共更に異状なしと、安心、星氏も多忙のところ七時過帰り来る、畠山及助手去り看護婦来る、家中静になる

十一月十八日　月　曇（昨夜雨）

八、三五教室　山形県税務署沓沢重吉といふ人より故坪井氏書翰（二条基弘氏宛）真偽問合せ来りたる返事を出す　六時半帰

十一月十九日　火　晴

久し振りの秋晴、親坊を連れて動物園、序に帝展に寄り絵葉書を買ふ、十二時帰　午後一、一五教室、小林魁郎氏来室　長岡より帰りて故郷談、虎伯父記念碑出来せるも除幕式は挙行に至らざりきと　六時半帰

十一月二十日　水　曇

九、一〇教室、支那人頭骨咬合調、弁当を使ひ帰宅更衣谷中天眼寺に到る、魁郎氏出京の折叔母三回忌を繰り上げて行ふと（香奠五円）四時過帰宅

十一月二十一日　木　前晴後曇

午前親坊を連れて浅草、往返共省線、地下鉄を用ふ、午後一時半教室　六時半帰

十一月二十二日　金　曇

一〇、二〇教室、午後一時頃三二来室渡航のことに付柿内氏対心得等二時間余話したり、支那頭骨咬合調了る、六時半帰

十一月二十三日　土　晴　祭日

女児七夜を祝ふとて精子親族の児等を招く、皆差支へて来らず、椰野保子男児を連れて来るのみ、星氏も帰り来り皆食卓につく親協悦ぶ、食後自分は親、協を連れて車にて純子、柿内次に広尾町三二方へ配り物を持ち廻る二時半帰る

十一月二十四日　日　晴

昨日来急に寒くなる、庭芝上霜真白、一〇、〇教室　午後三時半去て柿内、たづ子外出、自動車を頼み忠、信子と共に広尾町岸邸に到る　新築祝の意味なり良一等三人来る、先方親戚合せて二十名計、支那料理、自分今朝来腹工合悪く四回下痢、席に列するも一切食せす、食後活動写真などありしも自分先に去る九時過帰宅

十一月二十五日　月　雨

終日悪天、在宿静養

十一月二十六日　火　曇晴

暁まで大雨なりしも止む、午後二時学士院、授賞審査委

員会なり　足立文太郎氏日本人の動脈系統、小倉伸吉氏瀬戸内海潮流に関する研究、及川奥郎氏小惑星の発見、三件に付審議、足立氏恩賜賞、小倉氏学士院賞、及川氏御成婚記念賞と決定、四時過ぎて帰宅、同所にて岸上鎌吉氏支那四川成都に於て急死せられたことを聞く

十一月二十七日　水　晴

親坊を連れて三越、懸暦二個を買ふ独逸へ送るもの、疲れを感す午後在宿、一寸庭に出て片付けたり

十一月二十八日　木　晴

区会議員選挙、駒本小学に寄り尾崎徳三郎氏（三河屋主人）に投票し十時教室、昨日買ひたる懸暦及帝展絵葉書をフィルヒョウ及プレトリウス二氏発送。三二一来室渡航のこと在留地選択のこと柿内氏に謀りたるに英のホプキンスか独のビーラントかといふ意見にて独といふことに略ぼ決定せるが如し、六時となる

十一月二十九日　金　晴

午前親坊を連れて出かけ一文店から東京駅、待合室にて菓子を食べ省線にて帰る、午後あまり寒くなし　椰野新居を訪問、親坊共に行くといふ、水道橋より省線、阿佐ヶ谷に降り歩き椰野新屋に到る　保子等在宅、屋内未だ充分整頓せず、帰りは駅まで人車、四時半家に帰る　親坊は帰路退屈せる様子なりき

十一月三十日　土　曇雨

九、〇教室、午後人類学例会、四時終りて室に戻る、H・フィルヒョウ、プレトリウス二氏へ手紙を書く　六時半帰

十二月一日　日　晴

一〇、〇教室、咬合調べ、六時半帰る

十二月二日　月　晴

午前親坊を連れて銀座松屋へ行く、午後一二、四五教室、学士院へ足立氏動脈要旨訂正、一九二七年論文抄録料二九五円支給方に付研究会議へ申請を出す、又金沢古畑氏へ論文以前のも一切手元になきこと返事を出す　又アリエンス・カッペルス教授（アムステルダム）、ベナト・ビアスッチ教授（フィレンツエ）、カール・ザーレル博士（ゲッチンゲン）へそれぞれ論文寄贈の礼葉書を出す　六時半帰る

十二月三日　火　晴

九、〇教室、マレエ、ダヤアク頭骨咬合調べ、六時半帰

十二月四日　水　曇

九、〇教室、六時半帰

十二月五日　木　晴

午前親坊を連れて日比谷公園、午後一時半教室、七時前帰

十二月六日　金　晴

九、〇教室、咬合論に付て、三二来室　出発時期に付柿内氏と疎通を欠きたること宮本柿内間の談にて現はれたりとか　六時半帰

十二月七日　土　晴

九、〇教室、午後柿内氏を教室に訪ひ、三二渡航期はオステルン〔＊復活祭〕に彼地着を適当とす就ては後任助手は都合次第にはこばれたし、次に助手の肩書を保有の件これを考慮せられたきことを述べたり、又選師の件は先づビーラントといふことに了解を得たり、傍に信子居る中耳炎のよし、途中にて石原房雄氏に逢ふ、室へ誘い来る、日本人身長、幹長、下肢長の割合談、来一月頃出発欧米視察のよし、次に生理仮教室に橋田氏を訪ふ、所在変りて迷ふ、来年度引き続きて学士院の研究費補助を受けるや否やの件、六時半帰　明八日は先考忌日なるも別に催すこととなし只粗斎を供へたるのみ　精子乳腺化膿、雲野氏斡旋にて外科へ行きて切開す　晩十時過雲野氏見舞ひくれたり

十二月八日　日　晴

午前親坊を連れて省線、東京駅、丸ビル丸菱に入る十一時過帰　午後星車明き居るを以てきみ子二児を連れ豊島息を伴ひて日比谷公園、純子誕生を祝ふに付親行く筈なりしも果たさず　遺憾なりき

十二月九日　月　晴

九、〇教室、三二来室　柿内氏に面談の模様を話したり、六時半帰

十二月十日　火　晴曇雨

午前親坊を連れて三越、東京駅より省線にて帰る、午後は曇る二児を相手に在家、晩雨降り出す、雲野氏来診精子瘡口異状なし

十二月十一日　水　雨曇

九、三〇教室、橋田氏来室来年度研究費補助申請の件、同時に学部内研究生の選択乱脈なること、普通新聞に出る虞あること、種々聞くに堪へざる悪評あること等談あり、於菟来室このことを話したるにそれは井上、竹内のことなるべし云々、三二来室、一昨日自分と会談の後柿

内氏より呼ばれて行きたるに主として妻の妊身中なるに関らず押し切てオステルン〔＊復活祭〕に渡航するは甚不可なることを言ひたりと。日本人の咬合調べを始む、六時半帰

十二月十二日　木　晴曇

八、四五教室、邦人咬合調べ、輯報解剖の部校正、三時半去て学士院、九時半帰宅　時に少し雨降る

十二月十三日　金　曇（昨夜雨）

学士院会員に御陪食仰付けらる、これは始めてなり、学士院創立五十年に相当する意味あるとか、十二時前参内、十二時豊明殿に入る聖上臨御、良精幸にも陛下の筋向に着席す故に親しく御動静を拝することを得たり、東久慈宮殿下其他との御談話の材料は水稲、肥料の高き、運動はゴルフと馬、博物御研究談、顕微鏡下の図のきれいなること、葉山にてこの夏は水泳と採集、珊瑚はイドラ、水泳は自個流、立泳ぎ最得意、原稿を英国へ送りたり、第二のもの不着（但し手紙は着たり）故に更に同じものを送りたりなど種々の御談あり、席は左の通り

土方　小藤　関矢　奈良　殿下　聖上　牧野内大臣　桜井　富井
三上　石川　小金井　横田　斎藤　鈴木侍従長　古市

食後千種間にてカフエ、煙草、会員に拝謁、御言葉を賜ふ、良精には古代先住民の談を聴いた其後新発見でもあつたかと仰せらる。其後主として自説を確めることに務め居る旨申し上ぐ、御記憶の程驚きたり（御前講演をなせるは昭和二年六月なりき）、二時入御。二時半帰宅

十二月十四日　土　曇晴雨

齢七十一になれり、九時教室、邦人咬合調、六時半帰

十二月十五日　日　曇

一〇、三〇教室、邦人咬合調、橋田氏のために研究費補助推薦を学士院へ出す、六時過帰、京橋ホシチエンストア開店せしよし

十二月十六日　月　雨

八、三〇教室、邦人咬合調、六時半帰

十二月十七日　火　曇

八、二五教室、咬合調、七時前帰

十二月十八日　水　晴曇雨

八、四五教室、小使四人え歳末三円つつ遣る、邦人咬合調、六時半帰　神経学会に再、及ひ史蹟等保存協会え退会を申送る

十二月十九日　木　雨曇

九、〇教室、咬合調、輯報蓮見論文校正、六時半帰

十二月二十日　金　雨

八、三〇教室　輯報校正、邦人咬合調、了に近づきたり悪天此上なし帰らんと思ひ居るところへ星親、協を連れて迎へに来る　幸なりき七時帰宅

十二月二十一日　土　晴曇

輯報編輯会議、十時学士院に到る、出席者少なし、佐藤、北島、遠山、橋田、三浦、格別要件なし、出版費の一小部分を会議より出すこととする件位なり　昼食し散す、家に帰りて親協を連れて銀座クリスマスを見せんかと思ひたるも少し風気に付止めて教室に到る、一時十五分なりき　布施現氏来室昨夜帰朝せりと、葉巻の贈品あり、欧州諸教室、学者談、林春の巴里に於ける「ホルモン」に就て仏語講演、山田三良同語のもの不可解の由、島薗伯林脚気も聴講者次第に減じ仕舞には十名許になりたりとか、殆んど三時間して去れり、連名にてアリエンス・カッペルス（アムステルダム）へ絵葉書を出す、六時半帰

十二月二十二日　日　晴

九、四五教室、午後長谷部来室、三時間半学談、氏ミクロネジエル頭骨咬合形式を調べ呉れたり、又教室内満足ならざる点あるよし、布施氏との関係満点とはいひ難し、独立主宰の位地を考慮するなどいひたり。日本人頭骨咬合形式其他の調べ漸く了る、十一日費したり、点検したる頭骨総数約三七〇、記録したるもの一九四個　六時半帰宅

十二月二十三日　月　晴

午前親、協を連れて銀座クリスマス見に出かける女中介添、先松屋に入十時前にてまだ食堂開かず、暫くして入る、二児の悦ぶ様面白し　次明治屋に入る、チエンストアの角より車に乗り十一時半帰る　午後第一銀に到り五百五十円を入れ三百五十四円出す、これは1927論文抄録料なり、一時五〇教室に到り直に西氏に渡す　茅ヶ崎高田畊安氏より重ねて医王祭に招かれたるも断りを出す　四時半去て柿内、次に純子、六時半帰

十二月二十四日　火　晴

九、〇教室、智歯に関すること、七時前帰

十二月二十五日　水　晴

クリスマス祭に付午前先つ純子をさそひ柿内に到り忠、信、孝、悌の五女児打ち揃ふて円タクにて上野精養軒に到る　時に十一時、児等余興に熱す　自分は後方にて葉

巻を喫す、四時過円タクを傭ふて純子を送り、良一在、これより柿内まて歩く、児等大満足、六時家に帰る

十二月二十六日　木　晴

星氏の謀らいにてきみ子と親、協二児を連れて帝国ホテルクリスマス祭に到る　十一時半、食堂開く、席はバルコンの端にて甚だ気楽、食事中児を抱て下の主食卓を眺むるなど、二児悦ぶ、卓上に玩物あり、食終りて休憩室にて児等はねまはる、二時過自動車にて去る、先々上出来

十二月二十七日　金　晴曇

九、〇教室、医事公論の写真師来、仕事着のまま撮影す最後の骨継を始む沼津頭骨よりす　二時半帰りて更衣、故岸上氏告別式に番町の邸に到る　帰りて又きみ子と共に北町良一の許に到る　三二も来る、夕食を共にす誠に楽しき味あり、少し雨降り出したるも止む九時半帰宅、新井春夫人歳暮に来る、容体悪しく水腫を来たしたりと

十二月二十八日　土　曇雨

九、二五教室　日本医事新報写真師来り室内にて撮影す骨継ぎ、七時前帰る

十二月二十九日　日　曇雨

八、四五教室、骨継保美のもの、五時半去て蓬莱町長元寺に小沢義明告別式に寄る　四時過帰宅、　松原夫妻来訪七面鳥二羽贈らる、晩食し六時過去る

十二月三十日　月　雨

九、三五教室　終日骨継ぎ、六、一五室を去て家に帰る純子遊びに来り既に帰り去りたる後

十二月三十一日　火　雨

引きつづき悪天、九、〇教室　引きつづき骨継、ベーグマン氏へ年賀絵はがきを出す、六時室を去る、晩は霽れて星空となり散歩と思ひたるも腹工合少し異常なるを以て止む

昭和五年　2590
1930　Koganei

一月一日　水　快晴

七時起、常の通り、十一時前自動車来、精子と二児を連れて明治神宮参拝、豊島息同行、非常なる混雑、親坊を抱て漸く参拝所の最前に達す、昨日に替り好天児等歓ぶ、自分は青山五丁目にて降り平野家え年賀、勇氏始め皆在宅、女子歯校の談など長くなり二時半エンタクにて帰宅、昼食、四時出て先橋本家え行く、同夫妻義雄、春雄今朝来賀の答礼、是より谷中に於菟方え皆在宅、次に団子坂上類方え、未亡人、類に会ひ、是よりエンタクにて牛込北町桑木家え、星も皆在宅、良一等も来り居る、ゆるゆる話し、最後に柿内、児無事、エンタクにて六時前に帰る、今日留守中に中鶴、於菟、良一其他来賀者多くきみ子忙しかりきと、丁度三郎氏来り居り暫時して去る、入浴、晩食先々無事なる元旦を過したり

一月二日　木　曇晴

一〇、〇教室、骨継第六日目、六時半帰宅、留守中平野勇氏来りたるのみなりきと、協発熱のよし、親も少し風邪の気味

一月三日　金　昨夜雨、曇、晴

九、四〇教室、井上氏来室挨拶珍らしきことなり、今日は教室研究生名刺交換会とか、骨継前貝塚、沼津、保美人骨漸く終了七日費したり願くはこれが最後なることを、六時半帰宅　親協二児共風邪

一月四日　土　曇

九、三五教室、咬合論に取りかかりたり、三時半去て良一方二人共不在純子留守居しゐる、次に柿内児等無事

一月五日　日　晴

九、五〇教室、元研究生外科の服部氏挨拶に寄る、六時半帰宅

一月六日　月　晴

八、四五教室、三二来室独逸語師の件、家に帰り衣を更へ二時過牛込物理学校に行く故中村精男氏告別式なり、これより平河町ＯＡＧにベーグマン氏を訪ひ独語教師推薦を乞ふ、マウ氏宜しかるべしといふ、帰途三宅坂にて奈良地方の図を買ひ四時帰宅　三来り其事を話す

一月七日　火　晴

九、一〇教室、智歯発生上下の差に付て表を製す、六時半帰る

一月八日　水　晴

九、一〇教室、午刻隣室に行きて西氏に新年の挨拶を述べたり、七時少し前に帰宅

一月九日　木　晴

九、〇教室、六時半帰

一月十日　金　晴

八、四〇教室、七時前帰宅、H・フィルヒョウ、プレトリウス両氏より挨拶の書来る　何れも今日受取りたりとて十二月十六日付けなり

一月十一日　土　晴

九、四〇教室、六時半帰宅、年賀札を調べるに次の通り

葉書　三一二

封筒入　三六

名刺　三五

一月十二日　日　雪雨

自動車あるを以て親協を連れて三十分計上野公園をドライブしたり、隣息同乗、これより星氏に同乗して弥生町に氏を置きて自分は広尾町三二方に到る誠坊大きくなり元気よし、これ今年始めてなり、帰りは市内電車を用ふ十二時教室、雪止みて雨となる、四時去て学士院例会、第二部会に於ける授賞投票の結果足立氏42票中可41否1この否1は如何なる意味？　小倉及川西氏全可、九時前帰宅

一月十三日　月　晴

八、五〇教室、午後マウ氏来室、三二を呼ぶ、三人にて話し合い月水金午後六時より七時半までと取り極め明後日より独語の稽古を始めることとしたり　六時半帰る

一月十四日　火　晴曇

九、〇教室、二時半帰宅、親坊眠り居る、急に思を更へて誠一の掛け蒲団出来せるを以てこれを持ちて三二方へ行く、火無し甚寒し　誠坊機嫌良しふとんを置きて去る四時半帰宅

一月十五日　水　晴（昨夜小雨）

八、四〇教室、今日高松宮殿下　御来室の趣昨日林学部長より電話あり、依て御覧に入れる石器時代頭骨など組織実習室へ並べる、西、井上氏もそれぞれ陳列す、その内に御出になり先住民に付て一寸申上たり、午後伊東安

治（昨晩佐々木万治郎氏と共に来訪）氏来室、研究生として勉強し度き志望に付井上氏に紹介を乞ふ即ち名刺に記して渡す、帰宅親坊の醒むるを待ちて出かける、三越に到る　帰りは省線を用ふ、珍らしき暖候にて親歓ぶ

一月十六日　木　晴

八、五〇教室、四時去て牛込、純子元気、Sobotta, Atlas 第三巻を持ち行く、次に柿内、三郎氏腹工合悪しとて臥床、六時過帰宅

一月十七日　金　曇

八、五〇教室、午後新潟工藤得安氏来室、氏昨年四月帰朝此方種々行き違ひて始めて会ひたり、長談、六時半帰宅

一月十八日　土　曇晴

八、四〇教室、午後人類学会例会、長谷部氏八幡氏の南洋探検談、貝斧沢山、小貝円版無数、五時家に帰る。純子泊りに来り居る

一月十九日　日　晴

星氏児を自動車に乗せて出かけるきみ守行。十時教室五時前帰宅、純子は午前に迎へ来りて帰り去りたり

一月二十日　月　晴

九、〇教室、七時前帰宅

一月二十一日　火　晴

九、〇教室、七時前帰宅、第五十七議会浜口内閣により開散せらる（ママ）

一月二十二日　水　晴

九、三〇教室、二三日来 Lundborg: Rassekunde des schwedischen Volkes〔＊文献〕批評を書く　六時半帰

一月二十三日　木　晴

八、五〇教室、午刻大山氏来、二時半去る　六時半帰

一月二十四日　金　晴

九、二五教室、三二一寸寄る、マウ氏に始めて謝儀を持参せりと　六時半帰宅

一月二十五日　土　晴

八、三〇教室　ルンドボルク批評書き了る、四時半帰宅、更衣、虎の門晩翠軒に到る、島峰氏仏事の名目の下に招待せらる（香奠として五円）牧野子爵夫婦、内藤久寛氏夫婦来、久し振りにて柳沢銀蔵氏と懐旧談、十時前エンタクにて帰宅

一月二十六日　日　晴

星氏立川に於て講演のため自動車に行く（ママ）、二児を連れき

み自分同行　九、二〇出かける十一時前立川着（一時間半費す）、これより玉川の橋際の河原に下りて茅の枯れ野にて弁当を使ふ、星氏は講演に行く、自分等はこれより多摩御陵へ行く二〇分ばかり要す、参拝して再び前の河原に戻り二児遊ぶ、二時半講演所に行く、暫時して終る、帰途に就く、二児車中にて眠る、自分は通り塩町にて別れ、岸え行く明日は誠一始めての誕生日なり今朝買ひたる「つみき」を持ち行く、機嫌よし、三二在宅、六時過家に帰る

一月二十七日　月　晴

九、〇教室、午後人類へ行きルンドボルク批評を松村氏に渡す　福岡旭憲吉氏死去に付悔状を書く又熊本山崎正董氏へ熊本医史寄贈礼札を出す　六時半帰

一月二十八日　火　曇雨

午後親坊を連れて三越、帰りは東京駅より省線、午後一時半教室　フィック（ベルリン）、シュラギンハウフェン（チユリヒ）、ビルケ（ロホリッツ、ザクセン州）へ著述寄贈の謝礼を出す　六時半帰

一月二十九日　水　曇

九、〇教室、六時半帰宅

一月三十日　木　晴（昨夜雨）

穏和なる天気、親坊を連れて京橋チエンストアに到る旧臘十五日開店せるもの、始めてなり、下と二階だけ整頓、雑貨を売る　三児のおもちやをそれぞれ買ふ　自分は教室用上靴及毛手袋を買ふ、親に菓子を食べさせ十一時半エンタクにて帰る、午後一時一〇教室、吉田章信氏この頃帰朝来室せるも不在なりき、直に挨拶葉書を出す、四時去て柿内皆無事、最近々怪しき者庭に入り大さわぎをしたりと、次に純子へ寄る良一帰り来る

一月三十一日　金　晴

九、〇教室、長与氏来室、骨質に関する書 Michaïlis: Vergleichende Mikroskop. Untersuchungen an rezenten historischen u. fossilen Knochen. Zugleich ein Beitrag zur Geschichte der Syphilis, 1930 持ち来る梅毒歴史に付て又々模様変はるか、午後足立文氏突然松村氏同道来、氏の出京は主として故坪井氏論集編纂に付ての件なるよし、種々斯学に関する談の後四時過共に去て帰宅、晩食、九時頃星氏帰り来る　共に第二仕事静脈出版に付かれこれと談し合ふ　十時氏去る

二月一日　　土　曇雨
九、二〇教室、六時半帰
二月二日　　日　雪
一〇、〇教室、六時半過帰
二月三日　　月　晴
九、一〇教室、於菟が注文したるハウトファルベンフェヒャー〔＊皮膚標準色票〕最近到達したるを以てこれを検習す　七時帰宅
二月四日　　火　晴
八、五〇教室、六時半帰
二月五日　　水　晴
九、〇教室、三二来室、後任助手の都合上今止めて副手在外研究員として渡航するは如何、自分の意見にてはそれにて宜しかるべしといへり、石原房雄氏欧米視察明後日出発の由来室、京都足立文氏最早帰落（ママ）とし外務省書類を送る　七時帰宅　祥雲院忌日なるも精子腎臓炎など家の内閑ならず保子も郊外且つ胃の工合宜しからずとか
二月六日　　木　大雪
朝星氏出勤と共二児きみ皆自動車に同乗五反田学校まで行き、工場に寄りて帰る、自分はこれより又車にて教室、十時半、Hintze: Farbenfächer〔＊文献〕通読に三、四日費したり、四時頃家より電話内藤久寛氏嫁死去のよし、直に帰り、車を命じ麻布の邸へ悔に行く
二月七日　　金　晴
二児を連れきみと三越、やす子初節句ひな人形を買ふ、食堂に入る、十二時帰る、午後は純子へ行く午前に買ひたる人形を遣る、もと子不在、次に柿内、五時半帰宅
二月八日　　土　晴
八、三〇教室、名古屋斎藤真氏来室、動脈レンゲン（ママ）写真に付新実験談、新潟県医学部生二名来り　医学新潟県人会に出席を促さる、辞退したり、六時半帰　晩良一精子病を来り診す、気管枝炎のこじれたるものならんと
二月九日　　日　雨
九、四五教室、星児等と送りくれたり、六時帰
二月十日　　月　雨曇
九、一五教室、午後山越長七氏来室　ファルベンフェヒャー〔＊標準色票〕を見せたり、六時半帰
二月十一日　　火　晴風霰
午前星二児を連れて出かける自分同行、星日比谷或家に寄る其間車に待つこれより芝公園建国祭式を見る寒風強

し、京橋の店による、次に宮城前を通りて十二時前帰宅、午後親坊を連れて一寸附近を歩く、四時出て柿内、賢風邪にて臥す、日常用ひ居る英語を入学試験に注意する方宜しかるべしと注意したり、純子へ寄る、良一は不在

二月十二日　水　晴

八、三五教室、学士院例会、授賞決定足立氏、小倉、及川奥郎三氏、九時過帰宅、寒風酷し、足立氏へ電話にて知らせる

二月十三日　木　晴

九、〇教室、島峰氏来室　ブレスラウ大学より Dr. medicinae dentariae honoris causa〔＊歯科名誉博士号〕を送らると学部長ドクトル・オイレル氏の書翰を持ち来る、午後研究会議部会に上野へ行く、部員半数改選皆六名共重任、四時帰宅

二月十四日　金　晴

午前親坊を連れて省線、東京駅、マルビル、十一時帰宅、坊電車中に眠り困る、十一時四五教室、午後ジャパン・アドバタイザー記者上野田節男氏来室、足立動脈に付て説明し且つ本を見せたり　1928 論文抄録全部於菟より受取る　六時半帰宅

二月十五日　土　晴

八、三五教室、厳岡山へ出張に付上坂氏へ手紙を出す、午後人類学例会、古川竹二氏ブルートグルッペ〔＊血液型〕演説、四時半帰宅

二月十六日　日　晴

春らしき天気、朝星氏工業クラブへ行くを二児と同乗し送る、帰りて二児を連れて上野動物園女中とみ侍守、親坊かけ廻る、園内大工事中にて甚便ならす、人手多し十二時過ぎて家に帰る　午後二時教室、七時前帰

二月十七日　月　晴

八、四五教室、ブルートグルッペ研究者古川竹二氏来室自分の血液検すAグルッペなり、二時半去てＯＡＧにベーグマン氏を訪ひ　1928 抄録訂正を頼む、これより大山邸直に研究所に入る皆在り、過般のジュフィリス〔＊梅毒〕疑問の古墳骨と持参せる古墳骨、ダヤアク骨と比較す、ジュフィリスにあらず自然腐蝕と断定す、六時過帰宅

二月十八日　火　晴

午前親坊を連れて銀座を歩く、富士屋（マヽ）に入りて十時を食す、パン菓子を買ひて帰る、午後は穏和なる天気に付散歩として馬絹にアウグスト・プレトリウス博士（ハイデル

ベルク）氏一月二十日死去せられたる知らせ来1882ストラスブルク以来の知友、戦争後頻りに通信を回復したりしが遂に去る　松原家を訪ふ、溝の口電車終点松原邸間歩、往復共各二時間十分費したり、六時帰宅

二月十九日　水　曇

九、〇教室　故ドクトル・プレトリウス氏遺族へ悔状を出す、六時半帰

二月二十日　木　晴

衆院議員選挙日、出がけに駒本小校に寄り投票し、八、五〇教室　グスタフ・フィッシャー（ルンドボルク、ラーネンクンデ）へ批評掲載の人類学雑誌二部送る、フリードレンデルへMaurer: Der Mensch u. seineAhnen,Witteck: Die Künstl. Deformierungen d. Zähne〔＊文献〕注文を発す　川上政雄氏来室、生理教室へ隔日に来ると、島峰氏ドクトル・ホノリス・カウザ〔＊名誉博士号〕受領祝賀に付談あり　六時半帰

二月二十一日　金　曇

八、四〇教室、大阪塚口氏へ来四月学会に出席すべきこと返事を出す　橋田邦氏来年度学院研究費四五〇円通過の挨拶に来る　七時前帰宅

二月二十二日　土　晴

九、一〇教室、三二寄室　マウ氏は前に星会社に居たことあるよし　南江堂へ行き独和辞書を買ひたり（八円）、三時半去て家に帰る、純子来り居る、三児を連れて槇町、雑誌など買ひて遣る

二月二十三日　日　晴

九時過星氏出勤に同乗して三児きみ女中五反田学校まで行く、車中大賑かなり、これより三越、直に食堂に入る、雛人形など見る、児等悦びかけ廻る、十二時帰宅、午後は庭に出て遊ぶ自分は葉巻を喫しながらこれを見て居たり、精子の友本田夫人男児を連れ訪来、自分は四時半純を送り行く、良一等不在、直に柿内え寄る、三郎氏在り三二辞職の時期に付談あり、賢信模擬試験を試みて帰り来る

二月二十四日　月　晴

八、三五教室（星車に同乗）午後岡島敬治氏来室　論文二篇学士院に報告の件、六時半帰宅

二月二十五日　火　晴暖

午前親坊を連れて日比谷公園、珍らしき暖気、四月頃の様なり、午後は大崎に新井春氏を見舞ふ、旧臘より工合

悪く引き籠り居るよし、景気悪し、後輩に不満の声を聞くは氏のために甚惜む、自動車をくれたり　これより三三方え寄る誠一嫌（ママ）気よし、五時半帰宅

二月二十六日　水　曇雨

八、五〇教室、七時前帰宅

二月二十七日　木　雪

八、四五教室、七時前帰、星氏大阪より帰る、二児に安楽椅子の土産

二月二十八日　金　曇　みぞれ

九、〇教室、六時半帰

三月一日　土　晴

午前親協を連れて出かける（女中とみ介添）省線にて上野、これより地下鉄にて吾妻橋、川蒸気にて言問に上り墨田公園を見る工事未了堤上大路となる旧態全くなし、言問橋（新しき壮大なる橋）を渡り自動車にて帰る時に十二時、午後一時半教室　六時半帰

三月二日　日　曇

一〇、二〇教室、星氏二児をつれきみ子同車迎へに寄る、国技館に開催せる北海道拓殖博覧会に到る、昨日開会、未だ不備、十二時過帰宅、一時二〇教室　六時半帰

三月三日　月　雨

九、〇教室、六時半帰宅

三月四日　火　曇雨

昨夕刊にて山極勝三郎氏死去のことを知る（但し教室へは事務より名々に剖検のこと通知ありたりと）出がけに取り敢ず西片町同家へ悔に行く、神葬にて神官祭文朗読、火葬場へ出棺を見送り正門前にて表に用ふる紙など買ひ十時半教室　福岡小山龍徳氏手紙を書く（返書なり）六時半帰

三月五日　水　雨

九、一〇教室、午後二時より病理にて長与氏故山極氏剖検及び人物業績に関する講演ありこれを聞く、佐藤三吉、河本重次郎氏来、現教授少なし島薗、石原忍、竹内氏位のもの、六時半帰

三月六日　木　みぞれ

八、三〇教室（星車同乗）、家より電話、小此木たけ子夫人死去のよし、二時星車迎に来り家に帰り、更衣せい子と同家へ悔に行く、丁度神式の儀式に会す終て礼拝し三時過家に帰る

三月七日　金　雪雨

九、〇教室、岡島氏学士院に報告すべき論文二種原稿持来る　弁当、直に帰宅、更衣、一時谷中斎場に到る、故山極氏神祭式に列す、二時終り是より告別式に立礼す、甚寒し、三時終りて帰宅

三月八日　土　雨

九、一五教室、岡島氏論文考究 Haar-Arrektor-Winkel 六時半帰

三月九日　日　曇

十一時頃車用きみせい二児皆と出、銀座松屋直に食堂、京橋チエンストアに寄る、きみ等買物、明日は奉天陥落満二十五年記念に当る、今日軍楽隊市中進行、丁度その通過を階上より見る、二時頃帰宅、自分は弁当を使ふ、四時出て良一方え、皆不在、柿内信、悌寒冒、田鶴も同様、賢無事なるも試験近づく、一寸話して去る

三月十日　月　晴大雨

九、一〇教室、早く弁当を終へて慶應大に岡島氏訪ひ Haar-Arrektor-Winkel 文の尚ほ説明を乞ふ、時に雨降り出しエンタクにて三時五〇教室に戻る　藤田氏（歯校解剖講師）来室、島峰ホノリス・カウザ〔＊名誉博士〕祝賀に付談あり、横尾氏来室、前途に付考慮談、日本医大の位置好しとも思はぬ云々　六時半帰

三月十一日　火　晴風

八、五〇教室、柿内氏来室、故隈川氏十三回忌記念講演会を四月七日催すに付友人として一演を請はれたるも大阪学会及土山墓参の故を以て断る、午後四時過帰宅、更衣、上野精養軒に到る、故山極氏十日祭に招ねかれたるなり、九時半帰宅

三月十二日　水　晴

八、二五教室（星車同乗）後三時去て学士院例会、岡島氏論文を報告す、八時半帰宅

三月十三日　木　雨

九、一〇教室、岡田清三郎氏名古屋医大に赴任すると て来室　島峰氏来室　解剖学講師愈々藤田と決し月棒百二、三十Ｙか　但し内職厳禁云々、就ては森を断る由、又伯林プロフェッサー・ディーク氏招聘の談あり　一週間程前に長文の手紙を出したりと　京大苗加氏論文四篇東京印刷に渡す、六時半帰宅時に大雨

三月十四日　金　晴

春候、新協（ママ）を連れて日比谷公園、午後十二時五〇教室、

六時半帰宅

三月十五日　土　雨曇

朝桑木家へ星氏と共に暇乞に行く　親協同乗、氏今日出発渡欧、ブラッセルに於て万国学士院聯合会に出席、時に雨降る、家に帰り直に教室　時に八、五〇、午後人類学例会、八幡、赤堀二氏の講演あり、四時前自室に戻る、七時前帰宅

三月十六日　日　晴　俄雨

九、一〇教室、一時半帰宅更衣、自動車にて青山斎場に到る　故丹羽藤吉郎氏告別式（神式）、二時半教室に戻る、七時前帰宅時に俄雨にて困る

三月十七日　月　晴

午前親坊を連れて上野公園、動物園、十二時帰宅、午後は歯校に到り竹花氏（桜井氏長く病気引き籠りの由）に修理を頼み、図書に到り長谷川老人に会ふ、雑誌を見て四時去る牛込え行く、良一方素純あり暫く話し次に柿内、寒冒先つ全快、賢今日より一高入学試験始まる

三月十八日　火　晴

八、四〇教室、佐藤三吉氏来室、足立動脈要旨模様替への件（昨日教室、及住宅を訪ねられたり）、三二一寸寄る愈々辞表を出すと又八千子産近つき入院準備出来たりと、江上波夫氏此度卒業東亜考古学会のために一年間北平に在務すると暇乞に来る　七時前帰

三月十九日　水　曇晴

午前歯校え行、川上氏に祝宴のことに談、雑誌を見る、義歯修理成る第二のもの造り直しを竹花氏に頼み石膏型をとる、十二時半過教室　足立氏動脈要旨を編直す、七時帰

三月二十日　木　曇雨

八、二〇教室、要旨清書して速達を以て送る、六時半帰る

三月二十一日　金　晴風　祭日

一〇、〇教室、咬合論に没頭す、七時前帰宅

三月二十二日　土　晴

午前親坊を連れて上野池畔空と海の博覧会を見る、全く春らしき天候、午後一、二〇教室、四時去て柿内、風邪先々皆全快、児等元気賢一昨日一高入学試験了る、結果如何は兎に角無事に授験（ママ）せり、六時半帰宅

三月二十三日　日　晴

朝賢信来、郊外散歩に出かける、新宿より小田急にて座

間に降る　これより徒歩にて戻る　十一時過松林端にて弁当を使ふ　春天甚快、原町田駅に達す、これは汽車線なり小店に休む、近小田急駅に到り乗車、二里計歩きたり、車内往復共立つなかなか混雑、宿駅にて別れ五時帰宅、純子来り居る、児等庭を走り廻る隣の息も来り皆晩食を共にす

三月二十四日　月　晴

今日より震災復興祭始まる、御巡幸、市内雑沓すべし
純子学校に式ありとて星氏送り行く、小林文郎氏より電話、妻女ふく子殿昨夜九時半死去せられたる由、直に悔に行く、碑衾町大岡山始て行きたれば迷ふ、三三氏来り居る、香奠拾円供ふ　十二時帰宅、一男五女あり文郎氏重負察するにあまりあり　気の毒千万なり、潤氏来り居り土山の談あり、一時三〇教室　七時帰宅

三月二十五日　火　雨曇

九、二〇教室、六時過自動車迎に来る、帰りて自分は留守居、きみせいは二児を連れて市内イルミネエシヨン見に出る

三月二十六日　水　晴

復興祭式諸官省学校休　陛下宮城前式場へ臨御あるべし九、一〇教室　不図想起す明治十三年この頃卒業試験済みて茲に満五十年になる　椎木来室、昨日或千葉土木課勤務の人の妻女と出京せりとか、何だか了解し難し　咬合形式論一通り書き終る尚ほ大に訂正増補を要す時に六時半　今日午後皆々は北町をも誘ひて京橋へ種々な行列を見に行きたりと非常なる混雑なりきよし

三月二十七日　木　曇晴

八、四五教室、学士院報告岡島氏二論文校正昨日来、今朝直に氏え送る　三二一寸来室、午後佐藤三氏来室、又々姉崎氏足立論文要旨に付説あるよし、うるさく感す、六時半帰宅

三月二十八日　金　雨

九、一五教室、午後姉崎氏図書館に訪ひ足立要旨に付話したり面白からす、六時半過帰宅

三月二十九日　土　昨夜風雨、曇

九、〇教室、三二に講演表一枚書かせたり、七時帰宅文郎氏妻女初七日に相当、天眼寺読経あり、きみ子参列す

三月三十日　日　曇

一〇、一五教室、大阪学会演説案清書、又塚口氏え手紙

を出す　六時半過帰宅　三日大阪夜行寝台券二枚きみ子買ひ置く

三月三十一日　月　曇雨

午前歯校え、竹花氏蠟型を製し置きこれを合はす、図書室にて雑誌を見る、十二時四〇教室　今朝三二より電話、昨夜三、四〇八千代子安産男子分娩せりと、四時過牛込の方へ行かうかと思ひたるも雨降り出し止める　五時帰宅、良一は今夜行にて大阪え行くと

四月一日　火　曇、寒風

朝星自動車に同乗青山南町沢崎邸に八千代を見舞ふ母子共至て無事、安心、沢崎氏に一寸面談し辞し去る、これより柿内え寄る、三郎氏大阪行、田鶴子にすすめて児等を連れ曙町え来ることとし先つ自分は忠、信、孝、悌を連れてエンタクにて帰宅、時に十時頃なり　昼に近く田鶴義（ママ）を連れて来、昼食甚賑かなり、庭にて遊ぶ　豊島息来、夕刻附近男児二人加はる、大さわぎ、三二来夕食

四月二日　水　曇、寒風

せい子と児等を連れ槇町、各々まり（八個）を買ふ、午後一銀え行き三五〇Ｙ引き出す、一時四〇教室、四時頃帰、三二来

四月三日　木　雨晴

朝天気悪し、二児と遊ぶ、昼頃段々良くなる、午後親坊を連れて槇町、懐中電灯を買ふ、法隆寺用のため、又せいと二児を連れて前の新道など歩く、桜花殆んど満開、種々出発用意、七時前星自動車来、入浴、夕食を終へて支渡し出かける、七、三〇発車、三二フオムで送る、滝氏より紹介状二通宮本氏貰ひくれたるを受取る、八時寝台に入る

四月四日　金　半晴

洗面所水出でず、困る、七、一八大阪着、堂ビルホテルに入る良一は手紙を置きて昨夜行にて帰京せりと、室に入る、洗面、食堂に出て朝食、医学会に出る種々の人々に会ふ、急ぎ出かける　きみ子は片桐家を六甲山荘に訪ふべし、自分エンタクを命す、途中にて故障出来、歩きて医大基礎科教室（中の島）に到る時に九時半、これより聴講、自分十一時過ぎに順来り講演「咬合形式」、終て岡山上坂氏特別講演これにて午前日程了、弁当、午後は第二部と称する実物指示の室にて種々の顕微鏡的、ワックスプラッテンモデレン〔＊複製模型〕、肉眼的標本を

見る　なかなか面白し、休憩の際塚口氏教室の一部を案内す、一部演説を聞く、五時頃全部終了、塚口氏会頭としての辞あり名誉会員のこと、これに金子、奈良坂、自分の三名を指名したいと　これより同氏の案内にて教室全部を見る、氏の説明甚精し、日暮れて辞し去る　斎藤勝寿氏を伴ひ宿に帰り共に食事、十時別れ去るきみ子を待ちたるも帰らぬと思ひて室に入れば既に八時過頃帰りたりと　行きちがひを恨む、入浴、十二時寝台に昇る

四月五日　　土　晴曇　土山行

天気模様好ければ土山行と決し、急ぎて朝食等を終へ駅に到る　時刻間に合はず但し臨時車ありてこれ又辛うして乗込みたり、列車最後の三等車なり、手荷物を最前の二等車まで運ぶ甚混雑、京都にてこれを駅に預け更にきみ子切符（貴生川まで）買ひて乗車、車中にて土山の様子を尋ぬるも明かならず偶々同乗中の人の談により三雲にて下車、乗合自動車（土山まで各一円）にて元の東海道を走る松並木所々にあり、一面菜花黄、水口にて三〇分許停る、粗末なる土製おもちやなど買ふ、十二時頃土山着、常明寺に到る、折悪しく住職不在、一老女人ありて直に迎へにやる、自分等は墓所さがす直に明かる、拝、戻りて携へたる弁当を食す、住職帰り来る三十五才とか若き人なり併し待遇甚好し、堂にて直に読経、急ぎ帰途に就く、二時前の自動車て三雲に戻る、これより妙観寺行、俥を用ふ、各一円五十銭、菜畑中狭き道を行く甚心地よし、十七丁ありと、藤原藤房卿の墓あり、寺夫人のすすめにより堂に上りて茶を喫し絵はがきを貰ひ辞し去る、四、四〇発にて京都に戻り駅に近き物産販売所に入り人形など買ひ、東本願寺に到るも門閉つ、駅楼上にて夕食、手荷物を受取り、エンタクにて足立邸に向ふ、少し雨降る、運転手土地不案内にて大に迷ふ漸く八時頃同邸に達す、相変らす心よく迎へらる、長談、十二時過ぎて二階に上る

四月六日　　日　晴　日叡行（ママ）

六時起、日叡行、十時足立家より供せられたる自動車にて出かける　高野川に添ふて走る、八瀬を過きて大原に到る、京都より約三里三千院に入る、本堂古色あり庭の苔見事、但し堂は近年大修理を加へたもの、ふすまなど新し現代の画家のもの、にじのふすまあり、玉座あり、絵はがきを乞ふ、国宝戸棚、御宸翰等、出て石段を下り後鳥羽、順徳の御陵参拝、木製大原人形数個買ふ、丁度

今日より売出したるものなりと、これより寂光院、入口の道甚狭し尼寺なり、堂宇小なりこれ又大修繕せり本尊地蔵は太子の作なりと四方の丸柱はその当時のものなりと、戻りて登山ケエブルに到る、時に十二時半、終点四明嶽食堂に入りて中食自分はライスカレエきみ子すし、空中ケエブル、珍し、山道を歩きて大講堂、ここにて星二児、すみ子え絵はがきを書、根本中堂、壮大、きみ子は入りて拝す、珍らしきはのき下に雪残りあり、坂本にケエブルにて下る、温度の高きを感す、東照宮橋（石造）この辺桜花見事　日吉大社、三石橋あり、大宮川に架す、水清し、坂本より電車　五時京都三条帰着、橋を渡りぽんと町を通り、新京極に入る、円山公園、桜花満開、かがり火をたく、人出多し、洋食店に入り、八時過ぎて足立邸に帰る、支那奉天解剖家劉氏来り居り面会す、十一時過ぎて階に昇る

四月七日　月　晴曇雨　琵琶湖廻り

六時起、琵琶湖廻り、足立夫人同行、九、一〇出かける、自動車にて九、四〇大津浜着、切符売場に行く、一等売り切れ、並各二円、尚ほ時間あり、一〇、三〇漸く出帆、船内非常なる混雑、数個の団体乗客あり、加ふるに今日は一艘だけなり、自分常に甲板に在り、昼食なかなか六ヶ敷辛してまむし丼を十二時半頃に至りて得たり、味最悪、菓子類を少し試む、一時頃竹生島着、観音に詣、きみ子杓子竹製犬猫など買ふ、ここにて昨日日叡にて書きる（ママ）葉書三枚切手を買ひて投す、時に雨降出したり、二時発、船付き場、観音寺島の南側にあり、船は一週（ママ）して南に向ひ帰途につく　三時半頃雨止む、竹島の東を過ぐ、この小島に五ヶ条御誓文の記念塔あり　沖の島を右に見て長命寺に着く、寺は石段八百の上にありといふ　吾等は下にて船の出るを待ち居たり、六時十分浜大津着直に円タクにて京都に帰り足立邸に入る、三〇分かかりたり、足立氏は荒木氏招待にて不在にて晩食、氏清野、木原二氏を伴ない帰る快談、十二時過ぎて階に上る、今日帰りたるところえ家より電話あり精子より賢信一高に入りたりと　柿内一家満悦なるべし、晩食を終へてきみ子柿内と電話す

四月八日　火　晴、夕刻より小雨

朝岡本、平井両氏来訪、九時半頃出かける、吉田神社に詣、エンタクにて南禅寺に到る、方丈に行きて参観す、小堀遠州が造りしといふ小中庭あり、大小石七、八個置

く、宝物数多、出て亀山天皇の分骨陵参拝、同天皇離宮の庭美し、宝物を置く建物古し、本堂大、大楼門、再ひエンタクにて㊅に到り、昼食、純子服地、柿内女児等の茶に用ふる品々等買ひ、エンタクにて一時半足立邸に帰る、きみ子手荷物を調整す、又小包として家に送るべきものを荷造りす、足立氏学校より帰り来る、自動車にて出かける夫人等に厚く礼を述べて別る　足立氏同車、四時京都発車、少し雨降り出す、六時奈良着、エンタク、ホテルに入る十五号室、昨年の室に同形満足、休息、七時食堂、十時頃寝台に上る

四月九日　　水　晴　　吉野行

六時起、昨夜盛に雨降りたるも今朝止む、八時過朝食、事務員の談に天気大丈夫と、吉野行と決す、エンタクにて出かける、九、三五奈良発王寺乗りかへ、吉野口にて降りこれより電車に乗る　車中満員十二時過吉野着、乗合自動車にて登る、吉野神宮参拝新築成り立派、再同車にて黒門下車、この辺下の千本といふ町に入る、蔵王堂といふ大きな寺あり、大楼門、大本堂、その側に皇居の趾あり、左側に少し下りて亦上り吉水神社あり、上りて拝観す、皇居なり、建物は当時のもの、甚古色あり、宝物数多、頻りに昇り分岐のところにて左道を取り中千本を眺む　中食すし甚悪　これより下りて亦上り前に見ゆる如意輪寺に到る、御陵を拝す、陵夫に尋ぬれば正面北に向ふと即ち京都の方をにらんで崩ぜられたと、尚ほ上りて上の千本に達す、小店に憩ふ、本道に出る、そこに竹林院あり、庭園に入る、佳、眺望極めて良し、町を通り下りて黒門に達、これより吉野駅まで空中ケエブルあり、歩き下る、甚急、電車座席あり楽、橿原神宮前及西大寺にて乗り替へ奈良帰着、エンタクホテルに帰る時に七時、今日の観覧は天気好、桜花満開、予想だもせざりし快、空腹、食事、入浴

四月十日　　木　晴曇雨　　畝傍行

六時起、天気模様良し、八時半出かける、温度高し、外套を用ひず歩きて駅に到り十一日夜行寝台二枚買ふ、九、四二畝傍に向て発車、畝傍に降りて俥を傭ひ、神武山陵を参拝し次に橿原神宮参拝、これは明治創建せらる、御陵は以前は十畳敷位の円塚なりしが明治になりて拡大になりたりと、神宮前より大軌電車に乗る、車掌の指図により乗車したるに大廻りして生駒トンネルを通る、昨日の帰路とは別、二時前漸く奈良帰着、昨年のまむし店に

入りて食す、郵電局に到りて家へ電報を出す、親協への土産を買ひ、三時半ホテルに帰る、休息少し雨降り出したるも歩きて再び出る、正倉院門前を見て大仏に詣、二、三月堂を経て手向山八幡宮を拝しわか草山に到る、雨少強くなる、エンタクにてホテルに帰る時に六時　六甲山片桐夫人より電話あり明日奈良え来ると　十時過ぎて寝台に昇る

四月十一日　　金　曇　昨夜雨

六時起、急ぎ朝食、八時片桐未亡人六甲より来、共にエンタクにて大軌駅に到る、ここより乗合自動車にて法隆寺、正面南より小さき山門を入りて大なる仁王門あり、門前より右に道をとりて東院に向ふ　偶々人に尋ねたるにこの人既に承知し居り管主佐伯定胤氏宛滝精一氏の紹介状を渡す　管主昨日上京せられたるも留守の僧ありと、この人錦の袋に入れたる鍵を持ちて夢殿に案内し扉を開き入る秘仏を拝す、殿の正面南、不開門あり（これは公道に面す）殿の後方に舎利殿、絵殿これは太子御一代の絵なり、これより近き管主代僧来り挨拶す、片桐夫人写真三十余枚買ふ　中宮寺門跡に到るここに真黒の半坐観音あり、東院拝観を終りて西院拝観、これは昨年雨中見たる部分なり、仁王門を入りて正面に大講堂、左五重塔、右食堂、この壁画の被幕は巻き上げてあり　携へたる懐中電灯を以て見る、三面許りは良く保存せらるも、他は損所あり、中に崩れかかりたるものあり、玉虫の厨子あり、宝庫は廻廊の外となる、五重塔に入る、四面に白き鍾乳洞の如き中に仏像数個あり、これにて終る時に一時過ぐ、帰途につく、大軌駅にて片桐夫人に別れ、弁当を買ふ、公園内を散歩と思ひたるも天暗くなりて怪しければ徒歩ホテルに帰り、茶を命し室内にて弁当を食す、天明くなり雨降らず手荷物を整へ、支払五六円七五、別に一〇円給仕手当、五時七分奈良発京都まで停車せず（臨時列車）、楼上の食堂に入り夕食、時あるを以て出て物産販売所に入りて女中等に遣る反物買ふ、八時十分発車、暫時して寝台に昇る

四月十二日　　土　雨　寒し

七、一九東京駅着時に雨降る、星両人三児女中を連れて迎へ来り居る　誠に都合よし直に帰宅、足立要旨に付学士院より度々電話ありきと、今日もあり又使来り案を返へしたり、午後柿内へ行く　三郎氏不在、賢あり田鶴子等に悦を述ぶ　賢同道にて出、良一方へ寄る、素あり、

純子を連れて帰宅、晩早く眠る　賢信一高在学証書に捺印す

四月十三日　　日　曇

良く眠りたり、児等の遊ぶを眺め居たり、午前保子来り長岡へ行くと、悠久山蒼柴神社昇格、虎三郎様記功碑除幕式を来十八、九日に行はると、夕方純子を送り行く良一等不在、柿内へ寄る　三郎氏に祝賀を述ぶ、今日賢制衣出来、写真を撮りたりと　七時過帰宅

四月十四日　　月　曇

午前親協を連れて日比谷公園、自動車にて帰る、午後一、五〇教室、留守中の書類、解剖抄録ウエグマン氏より全部返戻など調べ居るところえ賢信来室、一高の制服制帽、自分は帰宅賢は一高へ寄りて来る、尋で三二来る、三二独和辞書を賢に祝として贈りたり　皆と早く夕食し賢を連れて銀座え行懐中時計を買ひて祝として贈るつもりなり　先つ京橋にて星ストアに入り茶菓を喫し、服部時計店に到る、夜は閉店、少し散歩し、一寸近く開きたる銀座㊊を見る、ふじやにて洋果（ママ）を買ひ帰途に就く、賢に別れ九時半帰宅

四月十五日　　火　雨

朝賢信来、共に銀座へ行き懐中時計を買ふ二二円二〇、これは星と分担のつもり、共に帰宅、昼食、午後三二来、三時半頃二人とも帰り去る、終日雨降り悪天、文郎氏より電話、虎三郎様碑除幕式に長岡へ行くと

四月十六日　　水　晴

八、一五教室、九時半頃賢信来室、入寮届に捺印す、雑談昼となる、弁当をとりて与ふ、二時前去る、暫時して京都足立氏突然来室、医専校長としての用向なりと、伴ひて四時過家に帰る、共に晩食、九時帰り去る

四月十七日　　木　晴

好天に付親坊を連れて上野公園、動物園に入る、午刻帰宅　午後一、四五教室、輯報校正、大阪塚口氏へ挨拶手紙を出す　六時半帰　星氏大阪より飛航機（ママ）にて帰りたりと

四月十八日　　金　晴

九、四五教室　Abstracts 通見、十一時頃足立氏来室、昨日午前発車の際令息かけつけ中止して横浜より戻りたりと、而して徳富氏の斡旋にて今朝小泉策太郎氏を訪問して出版費に付充分話したりと、一時半頃去る今夜行にて帰落（ママ）すると、七時前帰

四月十九日　　土　晴

九、一〇教室、Abstracts 検す、七時前帰

四月二十日　　日　晴曇

終日児等の相手、庭の草を取り掃く、槇町へ行く、五時半学士会館に赴く、柿内氏催、賢信一高へ入学祝意のため招かる伊藤未亡人の外皆此方のもの総て十六名、半数は小供、賑かなり、八時半散す、歓しき会合なりき、小林文郎氏より電話、虎伯父記念碑除幕式に参列　今日帰京せりと

四月二十一日　　月　雨晴

昨日来電車総羅業、今朝試みたるに青年団など乗り組む、乗り替へなし片道五銭、不馴なるところ面白し、第五十八特別議会招集、八時四十分教室、岡島敬治氏別刷を持ちて挨拶に来る教室前にて会ふ　珍らしく井上氏来室何事かと思へば急に欧米派遣、出発するよしAbstracts 検す、六時過帰

四月二十二日　　火　晴

星氏車に同乗して親協を連れて植物園へ行く、新緑、つつじ奇麗なり、昼前に家に帰る、会社従業員数名来りてせい子に面会を求めたりと、十一時半教室、三郎氏来室鉸鏈骨格一具美術学校の名に於て借用のことを井上氏に話したりと、京都人某入墨の錦絵など持ち来り一寸見たり、山上御殿にて井上氏送別会、九時前帰宅

四月二十三日　　水　晴

九、五〇教室、午後四時去て柿内へ、賢帰り居る、授業の模様など談す、次に純子方へ、良一丁度帰り居る、電車便ならず偶々円タクの臨時乗り合にて松住町より北町まで行く

四月二十四日　　木　曇風

学研総会の日を思ひ違ひて上野学士院までむだに行きたり　午後は牛込に石黒老人を見舞ふ、このごろは先つ回復、面談なかなか元気、次に弘田未亡人を訪ふ、これより省線にて信濃町まで行きたるも電車なし由てエンタクにて三二方に到る、折好く在宿　誠一の「あんよはおじよず」にて動き廻る様面白し、エンタクを貰ひて五時半帰宅

四月二十五日　　金　曇風

学研総会、十一時学士院に到る、先づ部会を開き部長、副部長改選、佐藤、森島再選、食後総会、三時半休憩、これより国際会列席せる人の報告ある筈なるも止めて帰

る　三二誠一を連れて来り居る　電車総罷業は従業員側の失敗にて今日解決

四月二十六日　土　晴曇雨

午前親坊を連れて㊙、東京駅より省線て帰る、今日より従業員乗車せるも、乗車賃等は非常時のもの即ち五銭にて乗り替なし、明日よりは常態に復すべし、午後一時教室　京都忽那氏へ輯報校正を送る又足立氏へ授賞式参列者の件に付手紙を出す　六時帰

四月二十七日　日　晴

柿内父子と手賀沼行、八時上野発、両人あらず独乗車、我孫子に降れば両人あり、これより共に子の神権現に到る、良き堂宇なり、下りて渡し舟にて向岸岩井に渡り将門神社に詣、ここに保存しある沼より大正十三年に掘り出したる古き舟を見て又渡りて元の岸に戻る　舟中にて弁当を使ふ、沼岸、田甫中を歩き湖北駅に達し、帰途につく、三時半帰宅、庭に出て児等の遊ぶを見る

四月二十八日　月　晴

九、〇教室、抄録整理、六時過帰

四月二十九日　火　雨　天長節

九、一五教室、抄録整理未だ終らず、六時半帰

四月三十日　水　曇

九、〇教室、故北川岸次記念像の件に付片桐といふ人来室、後日に廻はしてくれといひてかへしたり。奉天工藤喬三氏石狩へ帰省せりとて来室　午後賢信時間の隙ありとて寄る、鉄道乗車券学士院へ返す　抄録略ぼ終る　六時過帰

五月一日　木　曇

九、〇教室、奈良旅行より帰りて見たるプロフェッサー・ペテルマン（同済大学、上海ウースン）氏書面、アイノ心理的研究の件、それ返書に付考案、四時去柿内、三郎氏帰り来り、硯其他数点を買ひたりとてこれを見る、次に良一方へ寄る、食事中、七時過帰宅、井上氏九、四五出発を東京駅に見送る

五月二日　金　雨

八、五〇教室、近年の外国より寄贈の論文整理 Abstracts 1928 原稿東京印刷に渡す、六時半帰宅

五月三日　土　晴

九、二〇教室、元海軍の小林幹氏来室珍らしきことなりプロフェッサー・ペテルマン（同済大学、上海ウースン）氏

へ書面を出す、氏アイノ心理学を研究志望の件に付てなり、三時半去て帰る　純子来り居る、児等を連れて槇町一文店まで行く　夜に入工場従業員六、七名来り精子に面談を求む、刑事高木氏巡査部長巡査来るなど大に心配す、十時頃帰去る、一氏は帰らざる由電話あり

五月四日　　日　晴

児等朝より庭に出る、協一誕生祝と節句を合して柿内児を招く　信、孝、悌来る、庭を馳せ廻る、午後槇町へ連れ行き雑誌を買ひ与ふ　五時自動車にて送り行きたり

五月五日　　月　曇小雨

一氏昨夜遅く帰る、朝一昨日は心配かけたりなど言ひ常の如く出かけたり　九、二〇教室、北平プロフェッサー・ブラック氏へシナントロプス論文礼札を、又名古屋斎藤真氏へ論文礼札を出す、六時半帰、今夜も工場の人々来る怖あり　一氏は在所不明にしたりとて心配す、高木氏を呼びたるもその心配は先不要となりたりとて返へす

五月六日　　火　雨

昨夜十二時頃一氏帰りたりと、ただならざる様子なりと、自分は八時二五教室、二月二十日フリードレンデルへ注文を発したるMaurer: Der Mensch und seine Ahnen〔＊文献〕到達す、此度は長くかかりたり　天気悪し、足立論文要旨独訳苦心、精のこと、近年なき沈鬱なる日なり六時半過帰宅

五月七日　　水　晴

八、四五教室、旅行後漸く咬合にかかる、六時半帰

五月八日　　木　晴

午前新坊（ママ）を連れて動物園へ行く、午後一時教室、八幡氏来　本月人類学会例会に於て咬合形式に付講演を約束す二時半出てＯＡＧに到りベーグマン氏に足立動脈要旨独文を訂正し貰ひ教室に戻りこれをタイプライタアに打ち学士院え送る　六時半帰

五月九日　　金　晴曇

足立動脈宮内省へ献納の件星氏昨日下談済ませたり、今朝小酒井氏え十五部宮内省え送り届けることを電話す、九時教室　午後三時頃足立氏夫婦二嬢来室、昨晩着京せりと、構内を一見したりと、授賞式当日の打ち合せ、著術陳列のこと、宮内省え献納のこと其他雑談、四時過去られたり、其中に三二来る　六時過帰

五月十日　　土　雨晴

昨夜大雨今朝止、八、四五教室、昼弁当時間に柿内氏を

仮教室に訪ひ三二六月三十日出帆郵船にて出発のことに付懇談す、先々大体工合良き模様、千代田生命の大串氏来室、身長、体重等の発育に関する計算上の式に付学士院に報告の件、自分には数学上のこと不可能に付理科の人に相談すべしといひたり、三時前帰宅　足立全家を招き置きたるも老夫婦のみ三時少し過ぎに来宅、土産として自分へ葉巻煙草、きみせいに服地菓子等丁寧なる贈品あり　五時少過ぎて食事を始む、長談、八時過ぎて散す客、主とも満足の様

五月十一日　　日　曇

午前せいと新、協、侍女を連れて植物園、午後、星氏用を兼ねて同乗、新協に上野公園にて菓子を食べながら汽車見て帰る、四時半きみと高輪つかさ到る、足立全家を招く、祝意のつもりなり、客六、主二、八人揃、六時食事を始む、八時過散す、出費総四四円なり、先々満足、九時帰宅

五月十二日　　月　雨

八、三〇教室、午刻足立氏一寸来室来十七日（土）動脈送達に関係せる人々饗応のことに付打ち合せ直に去る、学士院例会出席、足立氏漸く当選す、早く済みたれば食事せずして帰る時に七時

五月十三日　　火　曇

朝足立氏と電話学士院会院当選のこと、十七日饗応のこと　八、四五教室、大串氏論文中村清二氏に相談のため送る　午後三二来室今柿内氏に六月下旬出発のことを言ひたりと、八千代子未だ全くは納得せさるが如し　六時半帰

五月十四日　　水　晴

八、四〇教室、咬合論に関する表を書くことと、指示する頭骨を探し出すことに消時　六時半帰

五月十五日　　木　曇晴

九、一五教室、長谷部氏突然来室、咬合談、上顎が退化に遅れたるは脳の発達に関係するかなど話したり　弁当を使ひ帰宅、更衣、二時学士院に到る、授賞式、受賞者家族の接待員、足立夫人及息夫婦、及川奥郎氏（良吾氏息）、母堂及夫人等の相手をなす、三時式終る、足立、長谷部氏と快談、最後まで残る、四時半帰宅

五月十六日　　金　晴

七、四五教室、十一時帰宅、更衣、宮中賜餐、博恭王殿下御臨席、一、四五帰宅、せいと二児を連れて槇町

五月十七日　　土　晴曇

午前十時足立、長谷部二氏と㊙に会合、三人撮影、これは足立氏祝賀の意味、外に足立氏に於て夫人をも加へて写す、三人は直に帝国ホテルに到る、足立氏が動脈書に関係の人々を饗応せるなり、白鳥情報長代理、田中日露協会、友枝日独協会、森同上、松本帝国図書館長、荒木、長谷部、小金井、小酒井、別府、山本（木版師）、主人足立氏総て十二名、体裁大に宜し、午餐を終へ急ぎて一時半人類教室に到る、講演「咬合形式」二時間費す、四時過帰宅

五月十八日　　日　晴

九、四五教室、六時半帰、留守中足立両所明日出立とて告別に来、又及川母堂、午後は奥郎氏挨拶に来

五月十九日　　月　曇雨

九、〇教室、咬合、七時前帰

五月二十日　　火　雨晴

昨夜星遅く帰り、来客あり、一時半に客去るなど異常、従業員二百許解雇するとか、不穏のことなければとせい子等心配す、八、二〇教室　京都の島崎氏論文四篇原稿三秀社に渡す、従来東京印刷なりしが此度代りて始めてなり、四時去て柿内、次に純子七時帰宅

五月二十一日　　水　晴曇

午前せいと二児を連れて大学、池を廻り、教室へ寄りて帰る、午後は去三月末頼みたるままの義歯に付歯校に到る、桜井氏病気全快出勤、蠟型を以て工合を試む、これより賀古氏を訪ふ長くなり六時半帰宅

五月二十二日　　木　晴

午前は在宅、保子長岡より帰京、祖先の墓整理透氏引き受け呉れる由、近き松原家第三嬢死去に付悔に寄り一時半教室　大串氏来室、数学的論文の件、自分は報告者として不適当なるに付中村清二氏が引き受けくれるや否や謀るべしといひたり、六時半帰

五月二十三日　　金　晴

午前きみ子と親坊を連れ千駄ヶ谷にユンケル未亡人を訪ふ、茶菓を供せられ親坊大悦、十一時半帰宅、午後歯校、義歯未成、雑誌を見る　長尾氏欧米視察より帰朝歓迎会を催さる、幸なるを以てこれに列す、ディーク教授は今秋来朝せらるべしと、六時過帰宅　きみ子今日おけいさんを新居戸崎町に訪ひ安善寺墓地整理のことを話す、権兄の石は建るつもりのよし、先祖の墓は動かすものでな

いとか

五月二十四日　土　曇

八、二五教室、中村清二氏を物理に尋ねたるも不在、三時去て帰る純子来り庭にて皆遊び居る

五月二十五日　日　晴

午前植物園せい子も行く、午後星車あり二時児等を連れて向島大学競漕会え行くせい同行、法工、医理の二レエスを見る　時に小夕立、艇庫新築中なるも最上フオオムに登りて見る、幾十年振りなるか、純、親、協大悦、三時半家に帰り、直に其車にて自分純を送り行く　良一素在宅、次に柿内え一寸寄り六時前帰宅

五月二十六日　月　晴

午前歯校、義歯を合せ、雑誌を見る、十二時半教室、六時半帰

五月二十七日　火　曇雨

九、四〇教室、大串氏論文学士院に報告の件中村清二氏に一応相談　室に帰りて断りの手紙を書く（身長の方はエンピリッシュ・フォルメル〔＊経験則〕に依て合致するも体重胸囲は然らす、材料を集めたるは相当骨折りたべけれと学生試験問題程度のものなりと）朝比奈恭彦氏来室大串氏の件、永年公私の製本を頼みたる安川金太郎死去し嗣子襲名したりとて挨拶に来る、六時半帰

五月二十八日　水　雨曇

午前歯校、義歯改造出来、二十九円六十払ふ、時刻遅くなりたれば雑誌見ずして十一時半教室、六時半帰

五月二十九日　木　晴

九、二〇教室、六時半帰、親協前にゐる、断水のため浴なし、二児を連れて槇町まで行く

五月三十日　金　晴

九、〇教室、午後歯校え行く、義歯磨き上げて工合甚良、雑誌を見る、五時前帰宅、夕刊にて見るに薬会社五百名解雇、不穏のよし、夕刻高木氏来、又高等掛も来、九時頃投石のことなどありたるも其他事なし、十時過二氏去る、星は帰らざることとす

五月三十一日　土　晴

八、二五教室、午後万世橋署巡査来室、椎木自殺を謀り腹頸に負傷、泉橋病院に入院せしめたりと就ては其保証人なる様にとの談、印持合せずこれより家え行くべきことを電話す、大串氏来室長談、体格検査用器新案特許など午後はそれらにて全く費す、六時半帰　今日は終日警

官二名詰め居る、十時過ぎて去る何事もなかりき

六月一日　日　晴

早朝より警護のため一名来、星氏は昨夜帝国ホテルのよし、一〇、二〇教室、咬合論、六時半帰、今日も十時過まで警、何事もなし　親、協少し風邪の気味

六月二日　月　雨曇

早朝より警、八、五〇教室、夕刻になりて西謙一郎氏来室、報知を持ち来り椎木のこと掲載あり、そのこと談など七時去る

六月三日　火　晴

午前東中野に石原喜久氏を訪ふ　近日夫婦南米に向け出発告別のため、十一時半教室、六時半帰、五反田工場に於て争議団の騒擾ありしこと夕刊に見ゆ

六月四日　水　晴

八、三五教室、午後三時半去て五反田の模様視察、甚不穏の様子、工場午前にて三十人許の一団に逢ふ、入口鉄門を閉し、警官五名許守る、見物人多し、これを過ぎて戻る、帰りには入口前人充つ　車人を以埋む一寸往来止るなど甚心配、五時半家に帰る、今日も警官守る、星ホテル、夜に入り万世署より電話、椎木明日退院すると

六月五日　木　雨

八、三五教室、六時半帰、工場の方無事なりしよし

六月六日　金　晴

八、五〇教室、七時前帰、工場なかなか擾し、極赤者が団に加はりゐるため警察が大に力を加へる模様、今日も警官二名詰めゐる

六月七日　土　晴曇

八、〇教室、午後椎木来、一昨日退院したりと、郷里へ帰ることと決心したりと、報知新聞より十五円くれたりと、自分は旅費として二十円遣りたり、自殺を謀り憔悴して杖をつきて漸く歩く、その姿憐むべし、アイノ青年として志気あるものと思ひたるも一女のため挫けたるは遺憾、大正十五年末より今日まで種々心配し遣りたるも無効、大串氏来室、氏が特許を得たる体格早見器を見る六時半帰　星氏九日振りにて帰宅せり

六月八日　日　晴

九、三〇教室　輯報校正に費す　六時帰宅、星氏不帰、晩食後独銀座へ行く、松屋にてきみ子が買ひたる夏帽子少し小さき故これを取り替へ旁散歩したり、洋菓子を買

て帰る

六月九日　　月　雨曇

八、二〇教室、午後五時故山極氏除幕式病理教室に於て挙行せらる自分は列席せざるつもりなりしも緒方氏特に迎へに来る、仕事服のままにて列席したり、六時過帰宅、会社の方擾、警官相変らず詰め居るも家の方は静

六月十日　　火　晴曇

石原喜久太郎夫妻南米ブラジルに向け出発、十時東京駅に見送る　真鍋氏エンタクに同乗　十時一五教室、四時帰、庭え出る

六月十一日　　水　晴

教室不行、児等の相手、庭え出る、杉野龍蔵氏欧米視察この頃帰朝、玄関まで挨拶に来

六月十二日　　木　晴

八、三〇教室、足立文氏出京午後来室学士院例会に初出席すると、自分は遅れて四時過に行く、院長、幹事、部長改選皆再任、九時過帰、星帰宅、今日団と始めて直接会見せりと

六月十三日　　金　晴

親坊を連れて巣鴨、東京駅、丸ビル、十一時前帰宅、直に教室　小使のいふに今椎木来、今日出立するとか、六時半帰宅

六月十四日　　土　晴

きみ、親坊と久里浜行、東京駅にて種々な人々に逢ふ斎藤博氏丁度会し足立本英仏未着のことを尋ぬ、少し行き違あるたるも欠して心配なしと、偶然高田蒔と一所に横浜まで同乗す、汽車は電気機関となり速力はやし、横須賀より浦賀にて乗合自動車、ここより久里浜までまた乗合、十二時金森家に着、夫妻共在宅午後親坊を汀に遊ばせ、於菟別荘など見る、ペルリ記念碑を見戻り四時エンタクにて帰途につく、親眠る、浦賀より新に開通電車にて横浜に到り、六時半帰宅、争議なかなか面倒のよし殊に今日は警戒す

六月十五日　　日　曇

九、四〇教室、足立氏え昨日の斎藤氏に会したること、佐口栄（金沢）、木内幹（函館）、田中敬助（秋田県湯沢町）三氏へ論文寄贈の礼札を出す　Abstracts 1928 初校争議団と警官との間大騒擾ありたるよし、星十時頃鯨岡氏同道帰り来る

六月十六日　　月　雨

八、三五教室、六時半帰

六月十七日　　火　曇晴

八、五〇教室、七時前帰

六月十八日　　水　晴

親、協を連れて動物園、午後は三二方え、二児共元気、次に柿内、良一方と皆廻りて七時前帰、争議団の件は新聞記事差止めのよし、共産の意味によるべし

六月十九日　　木　曇

八、四五教室、於菟来室、まり佐藤彰と婚約の談なり、六時半帰

六月二十日　　金　晴

八、四五教室、六時過帰、星遅く帰る、鯨岡同道、争議終結に近つきたるか

六月二十一日　　土　晴曇

午前親坊を連れて三越、東京駅を経て省線にて帰る、弘田未亡人玄関まて挨拶に来、午後一時教室　椎木函館より手紙よこしたり　六時半帰

六月二十二日　　日　雨、曇

八、五〇教室、六時過帰

六月二十三日　　月　曇雨

昨夜遅く星帰る、今朝の紙上に昨夜警視庁調停課にて会見にて解決したりと（三万一千Yとか）九、〇教室、六時過帰、星八時頃帰る　今日より家の警戒は止めたり

六月二十四日　　火　曇

八、四〇教室　H・フィルヒョウ、クーレンベック（ブレスラウ）、ゾラ・キャサリン・クーパー（セントルイス）、フランクフルト・アムマイン市立博物館何れも論文寄贈の礼札を出す、六時半帰

六月二十五日　　水　曇

午前親坊を連れて銀座、午後十二時四〇教室　六時半帰会社の件今度は社員七十名解雇の方面到、社長を追跡し廻ると星遅く帰る

六月二十六日　　木　曇

八、三五教室、六時半帰

六月二十七日　　金　雨

八、一五教室、午後林春雄氏息の告別式に隣祥院に行きたり　六時半帰る

六月二十八日　　土　曇

学研輯報委員会、十時上野に到る、桜井会長臨席、午後三時となる　家に帰りて児等相手、会社争議なかなか面

倒の様子、精子等心配

六月二十九日　日　雨

九、二〇教室、七時前帰宅、丁度社員四十余名の一団前にあり、自分はその間を通りて入る、家族は隣家に行きたりと、入浴、食事中庭へ廻るものもあり、うるさし、書斎に入る、高等掛りの人瓜生氏来りて散せしむるために女男五名に面会する方宜しからんといふ、諾す、八畳間にて面会、苦状(ママ)を述ぶ、十五分許にて終る、玄関にて尚ほ空腹などいふものあり九頃散す、皆も帰り来る、星も十時頃帰る

六月三十日　月　曇晴

九、〇教室、午後四時去て良一、柿内、六時半帰、会社愈々面倒の様子、大西重役より精子え電話あり、尋でせい星え電話す（工業クラブ）、きみ、せい茶の間にて愁談、末年に尚ほこのことあるか、星十時頃帰り来る　社員二名同伴十二時まで話し居た、自分ふと醒めて時計を見るに十二時、少時して皆寝に就く

七月一日　火　曇晴

八、一五教室、二時過帰宅、熱さ頓に増す、きみと共に学士会館に到る　佐藤彰まり子結婚式、三時式を始め四時前終る、屋上に休、六時食堂に入る、賀古氏隣席、九時帰宅

七月二日　水　晴曇

八、三〇教室、三二一寸室へ寄る、弁当後眼科え行きて石原忍氏に眼鏡を合はせ貰ひ直に池の端え行きて購ふ其間池の弁天また廻る　二時四〇室え戻る　六時半帰

七月三日　木　晴

教室不行、俄かに熱くなる、精子一月以来の気管枝カタル兎角宜しからず午後良一と打ち合せ築地の病院え行く、五時頃良一来り　熱少しあり又精神上の安静も必要に付入院せしむる様にとのこと直にやす子（きぬ介添）を連れて帰り行く、自分は庭に出て草を取る、ところえ社員の解雇せられたるもの三十余来る、庭え廻るものもあり　きみ子は二児を連れて隣え行く、少時し皆去る、駒込警察に居るとか、八時頃高等掛り付き添ひ五名（男三女二）自分に面会を求む直に承諾し玄関にて会ふ、女二名は前の人、男一二名も同様かと思ふ、五六分にて了る、前回の通り困窮のことを星え伝ふべしといひたり、星妻は病気にて医え行き不在、児は家に居ると言ひたる

他は何事も言はざりき。星十二時帰る

七月四日　　金　晴曇

九、五〇教室、家の方如何に思ひ少し早く四時去て帰宅、五時頃社より電話あり、用心すべしと、併し夜に入り別状なし、星社に於て解雇社員と会したるよし

七月五日　　土　曇

星十二時帰る、今朝七時出行く、昨晩は不穏、負傷者三名出したりと紙上に見ゆ、今日は従業員との契約の日なり、きみ子心配、十時教室、家の様子如何と思ひて四時室を去る　家に帰りたるところ今社より電話あり、従業の方支払出来今渡し中安心せよと、きみ頻りに早く精子に知らせたしとて軍医校え電話するも通せず、漸く通して伝へたり　星氏よりも同様の電話あり、二児庭にありて警官と蝶をとり居る　自分出て少し草を取る

七月六日　　日　小雨曇

十一時教室、二時半帰宅、三時過出て荻窪に梛野を訪ふ保子長く胃病宜しからざりしが此頃は先づよしと、帰りは厳同道駅附近石器時代遺跡を見て七時帰宅

七月七日　　月　曇　昨夜少し冷

九、二五教室、弁当を使ひ直に歯校え行く島峰氏に会ふ、長岡行を薦めらる、隆徳院殿忠精公百年祭に付盛大なる式を挙げ記念講演をも開くと、図書を見て四時去る

七月八日　　火　曇

朝真鍋氏より電話、自動車迎へ、九時出て同氏邸に到る、芝といふ人あり、薬社重役なり、社の窮状を精しく述べ潰れる外なし、救済は一途あるのみ即ちアルカロイド権利を元として別に社を立ること、これ星容れず、精神異状、警庁より警部某真鍋を問ふ、大人物なることを説く、ために拘束を暫時延ばす、親族より鑑定を申出れば都合よし、負債、窮困に付種々談あり、十一時帰宅。三二来り居る。午後一時過精子退院帰宅、きみ子に一通り話す

七月九日　　水　曇

不斗醒む、一時なり星帰り来る、常の通り早く出て行く九、三〇教室、弁当を使ひ急ぎ歯校へ行き雑誌を見、五時半帰　精子午前真鍋氏を訪問、非常なる好意を以て面会しくれたり兎に角星に面会すべしと、晩独り銀座を散歩す興なし、甚冷、竹根パイプ三本買ひたり

七月十日　　木　雨

昨夜九時半星真鍋邸え行き中村文学士列坐長談、十二時半帰宅せり　九、〇教室　弁当、急き歯校え行、雑誌を

見る　五時前帰宅

七月十一日　　金　曇

八、四〇教室、於菟室に来り長々話す、午後四時帰宅、きみ子共に芝水交社に到る　良一催し三二送別の意味、桑木、太田、上田各夫人、三二夫妻総て拾人、食後庭芝上にて談、九時半帰宅、星十一時過帰る　蒸熱し

七月十二日　　土　曇晴

一〇、〇教室、午後岡島敬治氏来室、足立授賞のこと Folia〔＊欧文雑誌〕に掲載の件に付相談あり、四時過去て学士院、珍らしく早く終り八時半帰る

七月十三日　　日　晴

頓に熱くなる、午前は竹根パイプ三本の仕上げ、午後熱さのため在宅　四時過せい共二児を連れて槇町、星珍らしく早く八時頃帰る

七月十四日　　月　晴

星早朝三軒茶屋金森を訪問せりと愈々全く行きつまりの様察せらる　真鍋の方だめのよし、困つたことになりたり、七十三才にて又このことあるか　九、〇教室 Abstracts 1928 初校全部漸く終る　四時去て柿内、無事、来二十日頃久里浜え全家行くと、良一え寄る　当直にて不在　自製竹根パイプ遣る、額田氏著書持ち行く、又額田氏え寄贈礼札を出す、六時半過帰宅、星十二時近くに帰る

七月十五日　　火　晴

今日は星重大日なるべしと察するが如何、九、〇教室、六時半帰宅　会社の方行きつまり幾何にても金作せよと、きみ三二方へ行きたりと、三二五百円持ち来りきみより三百合せて八百遣りたりと併し社員全部和睦を得たりとか又破滅の怖はなしと

七月十六日　　水　晴

星二時半帰る尚ほ伴ひたる社員と話したりと今朝七時出かける。大山氏と電話、この方より行くこととし九時出かける、炎熱酷し、十二時半教室、四時頃家より電話、社の大事かなど思ひたるに三二別宴のことなりき　婦人科安井脩平氏帰朝挨拶名刺を置く、六時半帰　星珍らしく八時前に帰る

七月十七日　　木　曇晴

一〇、四〇教室、二、四五家より電話、直に去る、家に帰れば皆隣へ行きたりと、警官二名居る、暫時して皆戻る、解雇社員又三十名許社へおしかけたりと、併し家の方は

何事もなし、十時頃星も帰る

七月十八日　金　晴

星六時半出行、八､三〇教室、三時半帰宅、今解雇社員二名来りと併し皆不在といひたらば去りたりと、五時前きみ共に親坊を連て出かける、アウト、親大悦、田町つかさに到、時刻少し早し、近き雑誌店にて児等に遣る絵本を買ふ、集まるもの三光町三、広尾町三、柿内一、良一等三､三二送別の意味なり、九時過エンタクにて帰る、会社のことにて平安ならざる中に先々この一事済みたり、三郎氏風邪とかにて欠けたり

七月十九日　土　雨

九､一五教室、横尾氏ダヤアク骨格仕事出来上りたりとて持来る、浩瀚なるもの、学位論文とすることなど話す、六時半帰宅

七月二十日　日　曇小雨、冷

九､五〇教室、二時半去て帰り庭え出る

七月二十一日　月　曇

九､〇教室　ベーグマン氏え Abstracts 1928 第二校正前半を手紙を添へて送る　フィッシャー（ベルリン）え論文寄贈の礼を出す　七時半帰宅　会社より電話にて今日支払ふ約束の金出来ず社長処在不明　解雇社員三十余名社え詰めかけ不穏のよし、本郷の方へ行くもしれず用心せよと、十時過ぎて終に来る三十名許とか自分は常の通り書斎室に入る　社長処在帝国ホテルと明りたりとて皆去りたるは十一時半なりきと

七月二十二日　火　曇

昨日社長解社員ホテルにて会見のこと朝日紙に出て居る、解散したるは三時なりとかきみせい其甚不手際なりしことを心配す、自分も沈うつ、児の相手、三二来フィルヒョウ氏え贈る鼈甲紙刀を買ひ来る（四円四五）昼食後教室　時に一時、六時半帰宅

七月二十三日　水　晴　蒸熱

星昨夜遅く帰る、朝刊紙に解社員に五千払ひたりとあり九､〇教室、アドウアタイザー新聞社え貸したる日本民族論の催促を出す　六時半帰

七月二十四日　木　曇晴

九､二〇教室、六時半帰、星珍らしく早く帰り、二児を入浴せしめたり

七月二十五日　金　晴

朝新井夫人より電話、昨日東京病に入院せしめたりと、

炎暑中九時頃出て新井氏を病室に見舞ふ、直感的に容体甚宜しからず昨日尿毒症状を現はしたりと去て愛宕山トンネル見て市電にて三二方に到る十一時頃、三二も帰り来る、昼食を共す、二児成長の様を見、三時になる、三二と共にエンタクにて帝国ホテルに到る、星氏慰安会なり、新渡戸、入沢、真鍋、森、高楠其他学者諸氏主催演者入沢、森、上野（N、Y、新聞時代の知人とか）、友枝、高楠氏、代演者（万歳を唱ふ）、柄木栄養研究等の諸氏、六時散、四十名許なるも何れも全別方面の人々なりき、エンタクにて帰る

七月二十六日　土　晴

重役中の関係六ヶ敷模様、九時教室、アドウア新聞社より論文返し来る、軽井沢マンローー氏来信、足立文氏へ手紙　六時半帰

七月二十七日　日　晴

柿内全家久里浜に夏住せるを訪ふ十時前出かける湘南電車を用ふ　十二時過達す、三二は丁度去るところ、マンローー手紙を賢読む、解することを得、英語なかなか上達、於菟家族も避暑、金森家へ挨拶　鉦弥氏在り、五時半バスにて帰途につく、今日電車非常なる混雑、乗継ぎうまく行かず家に帰りたるは九時過なりき

七月二十八日　月　晴

九、一〇教室、きみ同道新井夫人来室、容体甚悪しき、後事に付話をマンローー博士（軽井沢）え返事を書く又金田一氏アイヌ研究を贈るべく包装したり　六時過帰

七月二十九日　火　晴　午後夕立

松村氏車中にて会ひ共に人類に到る長談　十一時教室三二紹介のためフラウ・マーチン・オッペンハイム、モリゾン、ギーゼレル、H・フィルヒョウえ名刺を書く、六時過帰り親協を連れて例の一文店へ行く

七月三十日　水　雨

社愈々六ヶ敷模様、昨夜十一時頃星帰り、前より待ち居たる腹心社員二名と話し二時過になりたりと、九、一〇教室　慈恵大林礼氏来室新井氏胸像を作ることに急遽決定したりとそれに付種々談あり　四時半帰宅、皆入浴、七時半エンタクにて皆と出かける、三二等は既にあり、時間あり、二児に菓子をやる、星氏も来る、良一等三人も来、八、二五雨中発車す、明日午後三時榛名丸神戸出帆の筈直に雨中帰る二児大悦

七月三十一日　木　不穏、屢々驟雨

朝精子明治神宮参拝したしと、二児を連れて九時出かける、十一時帰る　幸に雨に遇はざりき二児満足、午後三時谷中天眼寺に到る　小林三三氏葬式、納骨、初七日に相当する由、親戚十六人許集る、四時過帰

八月一日　金　天候不穏、時々大雨

昨夜も星十二時過帰、九、〇教室、この三日許シナナントロプスの論文を読む、五時半帰

八月二日　土　雨

九、一五教室、六時半帰

八月三日　日　晴

午前四十分間許二児自動車ドライブ、上野公園、十一時帰りて昼食、十二時半教室、六時半帰る、今日は星社員拾数名を集めて相談し大に混雑しよし

八月四日　月　晴

九、一五教室　横尾氏室、ダヤアク仕事に付長談、二時弁当を使ふ　六時半帰

八月五日　火　晴

九、〇教室、四時半帰る、樺太むつ子久々にて出京、今日やす子と共に来り居る筈のところ既に帰り去りたる後なりき

八月六日　水　晴

気分悪し家にありて静養、午後体温三八、三但し他に何の徴候なし　夕刻柿内母堂十三回忌送（ママ）夜に行くつもりなりしも断る

八月七日　木　晴

在家、午後体温三八、四時頃良一来り診す、何事もなし

八月八日　金　雨曇冷

昨夜大に雨降る、凌ぎよし、体温平

八月九日　土　曇冷

星会社稍々落ちつきたる模様、早く帰り児等自動車にのせるなど　きみせい久し振りに二児を連れて三越へ行きたり午刻近き頃大悦びにて帰り来る

八月十日　日　晴

また熱くなる、自動車あるを以て東京病院に新井氏を見舞ふを主として二児を連れきみ同行、自分は病室に氏を見舞ふ細君あり、他は芝公園に待ちゐる、十時半帰宅、星氏珍らしくも終日家に居たり　夕食後児等を連れて槇町まで行くなど殆んど始めてのことか

八月十一日　月　晴

九、三〇教室、輯報校正に費す、ベーグマン氏え抄録後半分を送る　気分尚ほ宜しからず、尿少し濁る、五時帰宅

八月十二日　火　晴

八月十三日　水　晴

両日共在家、素子純子を連れて来る、純子は残る

八月十四　木、十五　金　晴

八月十六日　土　晴

朝素子純子の迎へに来

八月十七日　日　晴

朝自動車あるを以てきみと二児を連れて三二留守見舞に始めて行く、帰りて自分は久々にて教室、時に十一時、抄録校正に費したり　六時帰、昨日来寒冒のため音声嗄れたり

八月十八日　月　晴

九、〇教室、六時半帰宅

八月十九日　火　晴

朝二児を連れて槙町、協一につみきのおもちやを買ひ与ふ、十時半教室　六時帰宅

八月二十日　水　晴

九、〇教室　マンロー博士より挨拶手紙来、六時帰、松原夫妻来居る

八月二十一日　木　曇晴

九、三〇教室、六、〇帰

八月二十二日　金　晴

八、二五教室　午後福岡進藤氏来室、六月西洋視察より帰朝、種々欧州談あり、六時帰宅　風邪の気味にて気持悪し

八月二十三日　土　晴

椰野よりの知らせに樺太大泊にて野明氏突然死去せしよし　むつ子出京中のところ厳同道にて早速出発せる由取り敢へずきみ子椰野へ様子を聞きに行く　自分在家静養

八月二十四、二十五、二十六日

在家、少しく熱ある感、二十七日は急に冷しくなりたり、二十八日　同断

八月二十九日　金　晴

西氏より手紙、エリオット・スミス氏来朝のこと長与氏より談あり　自分より交渉する様云々、午後体温三八、七

八月三十日　土　晴
良一来診、三八、四
八月三十一日　日　昨夜雨、晴
賢信見舞に来、体温三八
九月一日　月
三郎氏見舞、体温三七、六
九月二日　火
良一来診、体温三七、九
九月三日　水　晴
体温三七、八
九月四日　木　晴
体温三十七度以下
九月五日　金　晴
俄かに冷しくなる
九月六日、七日　冷
九月八日　月　晴
小使山本見舞に来
九月九日　火、晴
和田昇一氏来訪、きみ子え一書を贈らる、共にすしを食す
九月十日　水　晴
素子見舞、西氏見舞、良一来診
九月十一日　木　晴
久し振りにて試に附近を少しく歩く
九月十二日　金　晴、夕刻大雷雨
精子と二児を連れて白山神社まで行く、西氏より長与え宛てたるブラック書翰を送り来る
九月十三日　土　晴
昼賢信来、純子来り泊る
九月十四日　日　晴、夕刻雨
九月十五日　月　雨
午前児等を連れて精と神明社祭礼参詣、午後庭え出る
夕刻松村氏を訪ひエリオット・スミス来朝の件に付相談、星氏五、六名集めて晩食
九月十六日　火　雨曇
夕刻松村氏来、自分よりエリオット・スミスえ北平え向け書面を出すこととす
九月十七日　水　雨
星氏昨夜不帰、小林文郎氏三女死去今日告別式なるも自

分等両人共風邪、故にきぬを大岡山まて遣る
彼のやかましきロンドン軍縮条約に付政府枢府相対立の件愈行きつまりて枢府俄然譲歩政府勝

九月十八日　木　雨

九月十九日　金　雨

夕刻於菟見舞、共に晩食す　京ビル大事件、失か

九月二十日　土　晴

久し振りて午前教室え行き、エリオット・スミスえ北平気付けにて手紙を出す十一時半帰宅、午後庭え出る、少し疲れたるか、但し障りたる模様なし

九月二十一日　日　晴

午前精子と二児を連れ白山社祭に詣、午後庭え出る　風邪頑固

九月二十二日　月　曇雨

午前親坊自転車、他は歩きて曙町内を一週（ママ）す、解雇社員争議愈解決したりとて挨拶に来る

九月二十三日　火　晴

午前せいと二児を連れて三越、食堂、二児の喜ぶ様面白し、東京駅に到り省線にて帰る、午後庭え出る、別段障りたる様なし

九月二十四日　水　晴　祭日

午前後共庭に出る、心地よし、風邪先づ宜し

九月二十五日　木　晴　小夕立

午前二児を連れて上野公園、動物園十二時前帰、午後庭え出る、きみは桑木家寄る厳翼君シベリヤにて発熱云々紙上に見えたるも格別のことなき由安堵、荻窪椰野へ野明むつ子に悔に行香奠を供ふ（五円）

九月二十六日　金　雨

桑木氏今朝帰朝せらる星氏東京駅に迎へたり　午後柿より電話、〇時何分とかに田鶴安産、女子分娩せりと、きみ子見舞に行く

九月二十七日　土　晴

午前二児を連れて上野動物園、午後芝上にありき　ディーク教授今朝神戸着のよし夕刊に見ゆ

九月二十八日　日　晴

午前親協を連れて日比谷公園、午後精子柿え見舞に行き信、悌二児を連来る　女児禮（あや）子と命名せられたるよし、岐阜武山定雄氏より再び香魚を贈り越す、三二より巴里発（九月八日附）葉書到る

九月二十九日　月　晴

午前せい同行親協植物丁度悌子学校休とて昨日より泊り居たり

九月三十日　火　晴

九時頃教室え行く抄録校正、十二時帰る、午後芝上、小石を三四回投げたりとて皆々怖る、三二より伯林発葉書到る　今夜半第二回国勢調査

十月一日　水　晴

三鷹森家墓参、きみ子と親協を連れ出ける、寺にて弁当を　午後二時頃帰宅　栗枝の実の付きたるものすすき穂など持ち帰る　社員一部の不平者不穏のよし警官来る、八時頃拾数名来、警官応接す

十月二日　木　曇雨

柿内女児七夜祝とて午後四時出かける、久し振りなり、母児共異状なし、夕食赤飯折詰、客は伊藤小堀両夫人のみ、八時エンタクを貰らいて帰る

十月三日　金　雨曇

教室え行く、久しく滞りたる輯報抄録を三秀社え戻す昼帰宅

十月四日　土　晴

きみ同行親協を連れて隅田公園、省線、地下鉄を用ふ、一銭蒸気に乗る、長命寺桜餅にて児等食す、言問橋を渡り観音に入る中店にて小玩具を買ひ円タクにて帰る、午後は芝上にあり　純子来り泊る

十月五日　日　晴

弁当用意、きみ子せい子三児皆小台行、女中きぬ案内とす　即ちその宿元一寺院に立寄るつもりなり、飛鳥山より小台渡を渡り寺に到る時に十時頃、大勢にて出て放水路にて遊ぶ、いなごなどとる、寺のもてなし甚よし、皆々満足、二時去て家に帰る

十月六日　月　晴

教室、井上氏帰朝面会、再度も来室、長談、一時を過ぐ変つた人なり、久し振りにて教室で弁当を使ふ、四時半帰宅

十月七日　火　曇

昨日在北平エリオット・スミス氏より返事あり　二十三日天津発二十七日横浜着の報あり、出掛けに松村氏え寄り相談、教室にて西氏にも相談、自分より兎に角スミス氏え二十九日（水）は講演及晩餐に当てられたき旨の書面を出す　五時帰宅

十月八日　　　水　晴

午前親、協日比谷公園、午後一時教室、直に稲田内科に到り豊島氏見舞、幸稲田氏ありて病症に付親しく質す、重症、回復の見込なしと、病室に寄らず去る、丁度新築に移り病室整理中にて混雑、自室に戻れば歯校島峰氏より電話、丁度今ディーク教授歯校に在る由に付直に出向ふ、来朝の悦を述ぶ互に旧談興深し　四時前帰宅

十月九日　　　木　晴曇

九、〇教室、五時過帰

十月十日　　　金　雨曇晴

朝社員来りたりとて騒し、九、四〇教室、午後二時過去て牛込方面行、桑木家に寄り此頃帰朝せられたるに付挨拶、種々の談中古書に付話あり、素子純子等も来る、次に付柿内、田鶴は昨日床を挙げたりと母子共無事、六時帰宅

十月十一日　　　土　曇

九、五〇教室、山越長七氏来室雑談　氏の談に名古屋佐藤亀一氏厳父死去のよしに付悔状を書く　井上氏帰朝歓迎及新博士拾名の祝賀を兼ねて晩餐会催さる、五時過諸氏と共に出かける、芝橋附近支那料理雅叙園に到る、集るもの教室前現研究生職員等七拾名許、自分歓辞を述ぶ、建築設備立派、井上、於菟と共にタキシイにて帰る十一時に近し

十月十二日　　　日　晴

午前二児を連れて上野公園動物園、十二時に近く帰れば星氏帰り居り　これより自動車ドライブ、全家出かける板橋を経て戸田橋を渡り堤上の草原にて皆々弁当を使ふ、星氏漕ぎて小舟に遊ぶなど甚快、川口、赤羽を経て三時過帰宅、晩足立氏出京来訪、静脈系統出版費に付種々相談　明日三宅秀訪問を約束し九時半去る

十月十三日　　　月　晴

電話にて打ち合はせ足立氏と共に三宅秀氏を訪ふ、好意的なり、啓明会に申請の手続きなすこととし　十一時半教室、足立氏直にこれより同会事務所（海上ビル五階）え行く　午後松村氏来室、西氏と共にE・スミス氏来朝に付其講演及び待遇方に付相談、足立文太郎氏幸来り合す、先つ医理両学部の名義をかりて講演を催すこと、晩餐は有志者とし二十名以内ならん聴講者一〇〇名に達すればよいなど、三時半散す　四時過去て学士院例会、食堂にて海外会員帰者四名桑木、立、田中舘、今村氏談話

あり、中に立氏の国際法編纂委員の問題即ち移民国籍のこと、在住外国人に対する損害賠償のこと、領海哩数のことの三件に付ての談面白し、九時半宅

十月十四日　　火　晴

朝桜井氏を訪ひＥ・スミス歓迎に付話すところあり、好んで出席すると十時過教室、豊島氏危篤のよしに付直に稲田博病室に見舞ふ　意識不明全くアゴニイの状態、気の毒の至、四時家に帰り庭に出る、豊島氏自分が見舞たる後間もなく死去せられたるよし、直に本宅送り帰られたり、きみ子晩取り敢ず悔に行く

十月十五日　　水　晴

朝星車に同乗新井氏を東京病院に見舞ふ、夏よりは様子よし併し言語甚明瞭ならず、夫人は右乳腺下に腫物あり痛むとか、家に帰りてより教室に行く時に十時半　西氏来室、総長午餐約拾位、記念品五拾位とか、六時前帰宅晩隣家へ悔に行く、星氏大阪え行く

十月十六日　　木　晴

午前親、協を連れて雑司ヶ谷え散歩、興少なし、午後大学、人類松村氏不在、教室、井上氏にＥ・スミスのことを話す、六時帰る　晩豊島家通夜なるも自分は暫時して辞し帰る

十月十七日　　金　晴　祭

八、〇教室、一一、三〇帰宅、豊島氏葬式に青山斎場に到る　きみ同行、二時過帰宅、金森夫人来、星のこと心配してなり

十月十八日　　土　昨夜雨、曇晴

八、一五教室、六時帰宅

十月十九日　　日　晴

朝星車にて皆同乗、会社まで送る、昨日より改め星協力組合とするとか紙上に見えたり、休日なるも大建物何となく淋しく感す、これより三光町岸家え挨拶、玄関にて辞す、次に広尾、母堂あり、二児共元気、菓子をたべ庭え出る親協かけ廻る、これより品川埋立地にて海を見二児歓び馳せ廻る、十二時前帰宅　エリオット・スミス氏手紙北平より達す、京都え寄る、就ては二十九日講演は六ヶ敷云々、直に松村氏を訪ひそのことを通す、庭え出る　裏通りの垣根トタンに改む、晩は星氏と共に神宮外苑青年会館に到る　田中舘氏ロオマ字謝恩会なり、一三〇名許集る、十時帰宅

十月二十日　　月　曇

八、四〇教室、松村氏来室西氏三人Ｅ・スミス待遇に付

相談、三人にて午刻集会所に小野塚総長に面談、三十一日と改めたること、午餐人数のこと、記念品五〇円少きこと但しこれは致方なし、京都舟岡氏へスミス教授え伝言のこと、日本食の催し有無のことに付手紙を書く　本件にて終日したり、六時家に帰る時に大雨

十月二十一日　火　大雨、嵐

昨夜風雨強し、星車同乗八、一五教室　午後人類学会評議員会出席、六時過帰宅

十月二十二日　水　晴

午前せい子と親、協を連れて三越、省線にて帰る、午後は庭に出る

十月二十三日　木　晴

靖国神社大祭にて良一、すみ子休に付ゴルフに行くと誘はる　早朝北町に寄る共に新宿より京王電車にて平山に降る（八王子の手前）山上のクラブハウスに到る、良一素子はゴルフを遊ぶ　自分は共に歩きてこれを見る山中を上下す、好天甚快、一週（ママ）して十二時過ぎてクラブに戻り、弁当、午後両人は尚ほ一回試むと自分はすみ子と玉川原にて遊ぶ、四時発して帰途につく

十月二十四日　金

八、一〇教室、咬合講演に用ふる頭骨取り集む、法医宮永氏より板橋在赤塚村より人骨発掘せられた旨警官千倉長太郎氏来りて報告せられたるよし　直に行きて談を聞く、横穴なるべし、人類の八幡氏を呼びて談合、同氏出張、調査のこととす　京都舟岡氏よりE・スミス接待に付返事来る、西、松村氏と談合など忙しく終日す、六時過ぎて室を去る

十月二十五日　土　曇雨

前十時上野学士院に輯報編纂会、午食を共にし一時半教室　人類学会年会なるも欠席、西村真次氏えE・スミス講演のことに付書面を出す　六時半帰　純子来る

十月二十六日　日　曇晴

九、〇教室、明日講演用表一枚書く、なかなか労、六時過室を去る

十月二十七日　月　晴

八、三〇教室、五時半帰宅夕食、七時前一ッ橋歯校に到る、咬合形式に付講演、二時間費す、先つ無事に終りたり、ディーク氏列席、氏も一席演する筈なりしも時遅くなりたれば次会に延す、十時半帰宅　今夜ロンドン軍縮定約（ママ）に付日、英、米間の電話放送あるも自分は十一時前

に就眠

十月二十八日　火　晴

九、〇教室、西氏とスミス氏饗応を神田川鰻店と極める水道橋歯校の人来り昨晩講演筆記を歯科学報に載せると午後大山邸に到りスミス氏来朝に付話す甚好意あり、四時半帰宅

十月二十九日　水　小雨晴

八、三〇教室　星車を用ふ、西、松村二氏来室尚ほ種々談合、京都舟岡氏より電報あり三十日午後一時発車にてスミス上京、松原理学部長来室、西氏と度々往来、西村真氏え通知などうるさし　六時半帰

十月三十日　木　曇

朝不満社員五十名来騒々し、九、二五教室、舟岡氏より電報、日本食は饗せずと、西氏スミス記念品に付奔走、七宝花瓶（一〇〇円）と決す　六時過帰宅

十月三十一日　金　悪天、但し晩は好くなりたり

昨夜来風雨、今朝に至て止む、八、二五教室、西、松村、望月及□□（空き）氏等自室に集まる、十時過帝国ホテルにエリオット・スミス教授を訪問す、昨夜着京、六十才の白髪緒顔、無髯、無鏡、沈着、暫時談話、慶應の□□（空き）通訳、明後日貝塚発掘視察希望の趣に付大山氏と電話す　西氏と共に教室に帰り、準備、十二時大講堂に到りスミス既に来り居る、小野塚総長室に入る、これより会議所に到り十二時半食卓に付く、十四名、自分は室に帰る、人類教室等を案内して解剖教室に来る筈、三時講演を始む、エピデアスコープ〔＊実物投影器〕を用ふ、一時にて終る、五島清太郎氏の発言あり、松原行一氏謝辞を述ぶ、教室内をざつと見て自室に来、歯加工の標品を示す、桜井氏臨席、五時松村氏ホテルえ送り行く　吾々は教室より六時半神田川に到る、七時スミス氏尋でディーク氏来着宴を始む、九時散す、混雑のところえ仙台佐藤彰氏出京挨拶

十一月一日　土　晴　神宮鎮座十年祭第一日

午前親、協を連れて槇町、庭に出る、午後も同断、晩佐藤正郎氏二男正司氏と狩野□（空き）次氏長女都（みやこ）嬢と結婚披露式に招ねかれ五時半過きみと工業クラブに到る、六時開宴、自分は媒酌者若槻礼二郎氏の隣に坐す、六拾名許、八時少し過家に帰る

十一月二日　日　雨

スミス教授大山氏催し真福寺貝塚発掘見学の筈なる悪天にて止むべし　西村氏同行の予定、きみせいは三越え買物、自動車あり　二児歓び行く自分同乗して教室に到る、九、四五、六時過帰宅

十一月三日　月　曇晴　祭日

終日家にありき、午後精子自車にて三児を連れて明治神宮参拝、非常なる人にてとても拝殿に達することを得さりきと、午前後共庭に出

十一月四日　火　晴

親、協を連れ槇町、花電車絵はがき買ひ与へ、肴町通りて花電車を見る二児大歓、十一時二五教室、教室前にて井上氏に遇ふ、郷里にて遅くなり失礼したりと挨拶す、咬合仕事に付き遅くなりて急ぎエンタクにて大山邸に到る四時を過ぐ　スミス教授、西村氏既にあり、先つ茶菓、次陳列所、夫人出て大に斡旋、貴重装身具、古錦絵、束帯等種々なものを供覧、七時食卓につく、宮坂氏列席す、終て雑談、款待を極む、九時半散す、電車、十時半帰宅

十一月五日　水　晴

不平のもの六七人来れり、自分は九、三〇教室、昨日プルツィブラム書のつづきフリードレンデルより送り来りたるも直にミュンヘン三二え送る　六時過帰宅

十一月六日　木　晴

親、協を連れて日比谷公園菊花展覧を見る、午後荻窪に梛野を訪れ、野明むつ子に直接悔を述ぶ、六時帰宅

十一月七日　金　晴

九、五〇教室　エリオット・スミス教室謝状をよこす、昨日出帆せし筈　三時去て加賀町、次に良一方、両人共あらず純子独り居る　六時前良一帰り来る、来十二月呉え転任となるべしと

十一月八日　土　曇晴

八、二五教室、六時半帰宅

十一月九日　日　曇（昨夜雨）

親、やす誕生日をせい子祝ふとて柿内女児信、孝、悌、及純子を招く、皆歓び遊ぶ　午後芝乾きたれば庭に出る、又自動車にて上野公園を遊走す、四時自動車にて送りかへす、夕刻より雨

十一月十日　月　晴曇

西村真次氏え故久保氏朝鮮人論文（紀要）を送る　午前独帝展を通見す、一、〇教室、四時半帰りて更衣、六時芝紅葉館に到る　榊順次郎氏が往年令息伯林にて死去せ

られたる際非常なる好意を以て始末されたるプロフェッサー・ディーク氏を招ねきて小宴を催されたるなり、陪賓とし山県公爵、福士政一、島峰の諸氏あり　榊夫人案内にて京都行のことを談し合たり　十時過帰宅

十一月十一日　火　曇

一〇、教室、暫して足立文氏来室、学談、雑誌を見るために来りたるなり　共に弁当を使ふ、午後松村氏来室、支那に関する旧石器時代発見者リサン（仏人宣教師地質学者）来京、土曜日人類学会にて講演の筈就ては其司会者たらんことを請はる、然るに恰も京都行に付辞退す、台湾生蕃暴動に付長談、足立氏五時去る、六時帰

十一月十二日　水　晴

午前親坊を連れて動物園、午後は教室行かず　四時出て学士院例会出席、京都行パス券受取る（昨朝請求）、九時帰宅

十一月十三日　木　晴

八、三〇教室、午後田代義徳氏来室　H. Virchow: Fuss der Chinesinnen〔＊文献〕を貸す、四時前去てO. A. G. にフォン・ベーグマン氏を訪ひ輯報抄録 1928 修正謝金一四〇円手渡す

十一月十四日　金　晴

九、〇教室、本日午前浜口首相東京駅にて襲撃せらる、谷中にて解剖祭あるも欠席　C・フィルク（ルンド）、クーレンベック（ブレスラウ）、E・フィッシャー、チルデズリー（ロンドン）、クーパー（セントルイス）、W・トッド（クリーブランド）、ビルケ（ロホリッツ、ザクセン）、シュラギンハウフェン（チユリヒ）の諸氏え論文寄贈の礼状を出す　四時去て帰宅、入浴、夕食、八、二五東京駅発、暫して寝台に登る

十一月十五日　土　晴

七時京都着、駅階上にてパン、コヒイなど食し、急ぎ都ホテルに到る、ディーク教授及豊田氏既に昨夜来泊のことを帳場にて知る　氏の隣室 No.405 室に入る、洗面更衣（モオニング）、談話室に出るに豊田氏あり、九時榊夫人自動車にて迎へに来る、ディーク氏も出て来る　五人揃ふて出かける、先つ御所、内匠寮出張所長植松子爵並に令嬢に紹介せられ、拝観者帳に記名す位階勲等を書く、これより子の案内懇切、明治天皇御学問所、清涼殿、紫宸殿これは昭和三年今上陛下御即位のところ、子爵の精はしき説明あり。これより車一台増し子爵等と共に修

学院に向ふ、上中下の三御茶屋に分る、先上より見る　総て紅葉絶佳、もみぢ谷、池あり、橋あり、中に下りて昼となる、庭にテエブル椅子、弁当の用意調ふ、これ皆榊夫人の心尽しなり、接して台林院といふ尼寺あり、下御茶屋を見て去る。これより二条離宮に到る　これは豊公を加味して徳川の設計なり、一見して御所の質素なるに反してその壮大華麗なるを感す、大見付門あり、桃山より移したる大美なる門あり、殿内総て金箔、ここにて三時頃となる、植村氏等に別れ、榊夫人の案内にて醍醐寺に向ふ、先つ三宝院、巧緻なる庭あり、大石無数、中に土佐より運びたるものあり　寺僧特にこれを指示す、穹窿強き土橋あり、五重塔は名高し、次に伝法院、これは大阪の富豪山口某寄進したるもの、辛うじて完成す、最早黄昏となる、六時頃ホテルに帰る、榊夫人ここまで送りくれらる、七時過D氏と共に三人食卓につく、疲労のためかD氏気分悪しと、吾々も疲る、少し食て室に入る

十一月十六日　日　曇小雨

早朝ディーク氏出発の筈、八時頃足立氏来、共に朝食、午後参邸を約して去る、十時頃出て徒歩　智恩院（ママ）円山公園を過ぎて高台寺に入る　寺内及宝物（秀吉関係）を一見し臥龍廊下を登りて古き堂を見る　寺の位置閑雅。これより清水観音に向ふ　偶然榎本与七郎氏に遇ふ、観音に詣、恰も期節（ママ）の紅葉佳、下りてエンタクにて(大)に到る　十二時半、食堂に入る、きみ子は土産など買ふ、自分は出てエンタクにて帝大本部に到る、時に少し雨降る、時刻早し知人追々来る　前総長荒木寅三郎氏寿像除幕式なり、自分幸ひ在落中（ママ）に付列席したり、二時式始まる、終て休憩所にて茶果、旧知の人々と談　足立、清野二氏と足立邸に到る、きみ子は既にあり、神戸に居る医学士安藤氏夫妻来訪中、足立夫人の心尽し夕食の馳走になり九時頃清野氏同乗ホテルに帰る。入浴、後室に入る

十一月十七日　月　晴

家え電報を発し、幸に天気好ければ出かける、蹴上げ終点より市電にて四条大宮に到り、これより嵐山、愛宕登山切符（一円）を買ひて先つ嵐山に下り大悲閣に登る、舟にて渡月橋に下り小ごう墓に詣　愛宕電車に乗り終点清滝に下る、食堂に入りて定食及親子丼を食す　清滝川に添ふて人家あり、二三丁歩きてケエブルカアにて登る、快、終点にホテルあり、少し歩く、眺望佳、京都市、東山、

伏見市、桃山を遠く望む、近く嵐山、保津川。愛宕山には紅葉少なし。四時前ホテルに帰る、茶果を喫す、車を命し六時出発す、駅楼上にて夕食、鰻丼、これより物産売場にてきみ子尚ほ土産物を買ふ、駅待合室に入る。清野氏夫妻見送りとて来、柿果を贈らる、又足立夫妻も見ゆ、両氏好意過分なるを謝す、八、一〇発車、暫して寝台に上る

十一月十八日　火　晴

七、一五東京着、あまり早ければ如何にと思ひたるに星夫妻親、協迎へに来り居る、家に帰りて好果を歓ぶ。疲労を覚え終日ぐづぐづして家にあり　晩早く眠に就く

十一月十九日　水　晴曇

九、四五教室、於菟よりワルダイエル文庫を本館に移すの談あり、異議なきことを答ふ、三時去て純子え寄り大ゴムまりを遣る、次に柿内、賢信居る、六時帰宅

十一月二十日　木　雨

悪天なるも出かけ七里ヶ浜に鈴木孝氏を訪ふ、元気、二時間余雑談、五時帰宅、終日雨降りたるも大して困ることなかりき

十一月二十一日　金　曇晴

九、二〇教室、大学五十年史編纂掛え行き今日賀古氏電話　薬学のことに付尋ねたり、午後橋田邦彦氏来室、生理目下新築教室え移転中、輯報のこと、学士院研究費補助（六年度に於ける）のこと　H・フィルヒョウ氏三二種々世話になりたる礼状を書く、仙台矢部氏え松本著述送附の礼札を出す、六時帰

十一月二十二日　土　晴

昨夜十時頃星帰宅の際カバンを持ち去られたりと、石原姉妹、豊島夫人来、昨夕牧野件に付長々と相談先つおさまる様に談しまとまりたりと、九時四〇教室、鉄道パス返す、咬合論筆記（十月二十七日）を通見す、三時半帰宅

十一月二十三日　日　晴　祭日

良一呉え転勤の筈に付送別の意味にて親戚集まりて昼食す、保子早く来る、十一時半皆々芝晩翠軒（支那料理）に到る、柿内夫妻児六人総て八人は既に来り居る、良一等三人、桑木家二人（主人及息）、岸八千代子、於菟、保子、星夫妻二児、自分等総て二十二人意外の賑か、児等は皆大歓、二時頃散す、これより徒歩日比谷公園に入る、三時過ぎて市電にて帰る、先々上々

十一月二十四日　月　晴

十時教室、椎木アイノ又々出京、土産物（果物）教室に置き去りたり　永々預り置きたる手荷物持ち去る　小使の談に大阪え後静岡え行くとか、午後せい子親坊を連れて本郷へ買物に行きたりとて寄る、秩父宮殿下大学御見学、教室えは三時半過、多数士官同伴、例の加工歯頭骨を御覧に入れたり　咬合筆記訂正し藤田氏に手交す三二ミュンヘンに落ち付き自分始めて手紙を書、きみ子のもの同封出す　六時過帰宅

十一月二十五日　火　晴

皆々三児を連れて三越、三児の写真を撮る、また全六人の一時間写真をとる　食堂に入る、精子は他に買物ありとて別かれる、これより東京駅、省線、巣鴨にて下車の際手荷物を忘れ、これがため三十分許費す、一時前帰宅、三時独り出て広尾に到る、大ゴムまり持参、無事、自動車を貰られ〔ママ〕て六時前帰宅、明治節御召状に対する御断り書式部職に達し居らざる件に付先達てより式部職より交捗あり、この方にては召状送附と共に断り書差出したるなり、きみ学士院に到り話したるも要領を得ず、晩侍従本田子爵に電話にて話し子引きくれたり本件は先つこれにて解決、安心、牧野石原両家間結婚に付て甚面倒なる模様

十一月二十六日　水　曇

曙方四時頃強き地震あり、九時教室、山本たち子死去、八十余歳の高齢、最後の従姉なり、香奠三円贈る、病室に長与又郎氏を見舞ふ　胃酸過剰とか、先達二回卒倒せらるなど、面会謝絶、橋田氏来室学士院研究費申調のこと、六時過帰宅、石原姉妹来、隣家夫人も来り　きみ子と十時半まで談、牧野家のこと殆んど絶望か

十一月二十七日　木　晴

良き小春日和、親協を連れて上野動物園、往復共省線、午後二時半教室　五時半帰宅、夕食、口空〔ママ〕病学会例会出席、七時お茶の水に最近移りたる校舎に到る、左の講演ありたり　ディーク教授人類下顎小臼歯解剖学的生理学的特異性に就て Über die Anatom. u. physiol. **Besonderheiten d. unteren Prämolares des menschl. Gebisses**　笹野栄氏顎骨に於ける「エキソストーゼ」「ヒペルオストーゼ」に就て　十時帰宅

昨朝の地震は意外にも北伊豆、箱根地方大災害、其惨状の報続々伝はる

十一月二十八日　金　晴
十時教室、六時半帰宅

十一月二十九日　土　晴
一〇、二〇教室、三時帰宅純子来り居る、児等を連れて槇町え行き本など買ひ与ふ

十一月三十日　日　晴曇
午前星自動車にて児等を連れ上野動物園、純、親のはね廻ること盛なり　十二時前帰宅、自分は星車にて東京病院に新井春氏を見舞　二時半帰る、良一夫妻純子迎旁来る、夕方自分独銀座え葉巻煙草（五円）買に行く　雨降り出す急ぎ六時半帰宅

十二月一日　月　晴曇
午前賀古氏を訪ふ、医学薬学に関する史談、十二時半教室、午後本郷郵便局え行きフリードレンデル＆ゾーン（ベルリン）RM155.15（邦貨75円13銭）書肆シュバイツェルバルト（シュットガルト）25.85RM（邦貨12円51銭）為替を組む　六時半帰

十二月二日　火　雨
八、四五教室、六時半帰

十二月三日　水　晴
せい子と親、協を連れて銀座松屋に行く、食堂に入る、十二時半帰る、独逸え送るカレンダアなど買ひたり、午後三時出て牛込え、良一不在なりしも暫して帰り来る、愈明日出発すると、次に柿内、皆無事

十二月四日　木　晴
児等の相手、親自転車にて附近を廻る、早く昼食し皆と出かける、良一呉え向け出発を見送る、一時（特急）発車、これより丸ビルに入る、児等大悦、二時半帰る　Ｈ・フィルヒョウ（ベルリン）、三二（ミュンヘン）えカレンダア及クリスマスカアドを送る、京都望月淳一氏死去に付悔状を出す

十二月五日　金　曇雨
八、三〇教室、安田恭吾氏来室、元気、丹波敬三氏後継者のこと、藍新（ママ）製法の特許のこと、其他長談、午刻去るエッテキング（ニューヨーク）より Craniology of the North Pacific Coast 大冊寄贈の礼及 D.Black（Peiking）A second Sinanthropus Skull 論文の礼を出す、書肆フリードレンデルえプルツィブラムの書今後不用の断書を出す

十二月六日　　土　雨

授賞委員会十時学士院に到る自動車、妹沢克惟氏地震波の生成伝波…恩賜賞、三宅速氏胆石、増本量氏強磁性元素及び其の合金…共学士院賞と決定し十二時半散会、自分委員長、桜井院長臨席、一時過教室に到る、暖房なし、ガスなし室内寒し、直に家に帰りて弁当を使ふ

十二月七日　　日　晴

昨日に反し好天となる、八時半自動車、親、協同乗、柿内に到り賢信を誘ひ皆と別れ新宿に到り京王電車にて関戸に降り、先頃開園せられたる　明治天皇聖蹟記念館に到る、山頂にあり、眺望佳、小春日和、快、弁当を使ふ、下りて歩き百草駅にて帰途に就く　賢信大満足、四時家に帰る、鈴木孝氏来、歓談

十二月八日　　月　晴

九、〇教室　北海道白老郵便局長満岡伸一氏来室、白老にアイノ博物館建設の企図あり、自分素より賛成、就てはそれを書翰の形式にて認めくれと、承諾、アイノに付長談、弁当を供す、二時頃去る　於菟来り明日大宮在へ移転すると　井上通氏母堂死去せられたること今日聞きたれば直に悔状（郷里宛）を出す　六時半帰宅、石原家荷物運賃先払にて送る旨申来りたりと　石原家より電話あり、きみ隣家え行く、如何に取り計ふかなど困り居る

十二月九日　　火　雨

朝電話山本八治氏自動車にて迎へに行く、新井春氏胸像型一見のためなり、暫して同子来、直に共に谷中に彫塑家堀進二氏アトリエに到る、大体に於て型佳、教室に到れば十一時半、故大沢氏未亡人来り居る西氏室にて談話、十二時半去る、小使山本自分の写真を引き延ばし額にしたりとて示す　松村瞭氏来室、支那発見の化石第一門歯を持ち来り鑑定の相談、人類に非らざることは慥なるも、類人猿か等は考慮せねばならぬ旨を述ぶ、シナントロプス等長談三時去る、六時帰　きみ子中野に石原家を訪、荷物受取り方に付談合但し別に良き仕方もなし

十二月十日　　水　晴

九、三〇教室、六時過帰宅、留守中牧野夫人来、破談の件

十二月十一日　　木　曇雨

きみ子今日中野に石原家を訪ふべし、自分は石原家のために又清子さんのために飽まで受け身に立ち何とか止りたい心底なるも遂に追出されたる形になし置くべしと言

ひ含めたり　九、一五教室、六時半帰

十二月十二日　金　晴

朝素子より電話、昨夜二時半頃牧野菊之助氏邸より出火全焼隣家も焼失のよし、即ちきみ子豊島家え行く、同家にて既に知る且つ夫人及ひ女中一人焼死と、自分は取り敢へず八時過出て見舞に行く、先良一宅に到る、これより牧野家焼跡に到る　警官検視中、避難所堀家に到る主人公は鎌田家に居よし、これに到る、負傷は仮りに手当しあり、息幾久男氏鎌倉より来る、負傷手当に付談始まり、大学眼科の人を招くこととし自分電話す、大根田（内科）岩本（眼科）二氏も来る、大学よりは森永友恭氏来、協議の結果眼球の損傷は極めて軽度、むしろ火傷のために青山外科を適当とし、病室等のことは森永氏引き受けくれたり　時に昼となる、柿内え行きて弁当を使ふ、一時半頃鎌田家に寄る既に大学病院に向け出発のよし自分はエンタクにて行く青山外科に到る　青山氏一応診察の後病室に入る、偶々田村全宣氏に遇ふ又今村次吉氏あり　夫人盲腸炎手術を受けたりと、これより教室時に三時半、休息、五時学士院に到る、部会に於て自分委員長として妹沢、三宅、増本三氏授賞可決のことを報告す、九時半帰宅

十二月十三日　土　晴

天気温和、親、協二児を連れ銀座松屋に到る、星車に同乗、二児クリスマス飾り付けを悦ぶ、おもちやを買ふ、食堂に入る、十一時半帰る　午後人類学例会、宮内悦蔵氏台湾見聞談、終て教室え寄る、六時家に帰

十二月十四日　日　曇

親、協は素子方え遊びに行く、きみ子は牧野家（新借家加賀町）え悔に行く（香奠五円に菓子を添ふ）、自分十一時教室、昼後牧野氏を病室に訪ふ来客あり面会せざりしも医局にて容体を聞くに火傷も軽度のものなりと眼科え寄り森永氏に挨拶を述べ、室に帰れば家よりの電話にて純子方え親、協の迎へに行き、四時エンタクにて帰る

十二月十五日　月　晴

九、四〇教室、白老満岡伸一氏依頼の博物館創立賛成の意を記述し送る、六時半帰

十二月十六日　火　晴

九、三五教室、井上氏母堂死去に付帰郷のところ帰京せりとて来室　昼頃牧野氏を病室に見舞ふ、丁度石原教授

眼傷診察中、青山教授一寸挨拶す。夕刻山本八治氏より電話、明日新井春氏銅像土型を再び検すべしと、新井容体悪し四、五日来全く餌養物をとらす、意識なきよし、赤門前にて靴を買ひ六時過帰

十二月十七日　水　晴

十時前山本氏車を以て寄るこれより谷中に堀塑像家に到る　修正したる新井氏像再検、三人意見一致しここに決定す、これより共に東京病院に病床に見舞ふ、意識不明、夫人傍にあり、最後の訣別と思ひて去る、解剖教室に一寸寄る、独り前の車にて帰宅　一時に近し、午後親坊を連れて省線、上野松坂屋に到る、屋上遊戯場にて遊ぶ、食堂に入る、三時半帰宅

十二月十八日　木　晴

九、〇教室　Cordier: Bibliotheca Japonica 大岡山書店より送り来る　価弐拾円早速振替にて払ふ、六時過帰

精子工合異常、沢崎え行きて施術、晩やす子を女中きぬ送り行きて泊る、星遅く帰る、皆寝につきたるは二時なりきと

十二月十九日　金　晴

やす子帰り来る、別状なしと、自は第一銀え行き昨日受領の七二三円を預け入れ別に四四〇を引き出す、精算の上四六五円は於菟抄録 1928 謝金、自分のもの二五八円なり　三時半去て牛込、素子留守、純子霜解けの庭にて遊びゐたり、柿内孝子床中にあり、六時帰宅

十二月二十日　土　曇

九、四〇教室、六時半帰る

十二月二十一日　日　晴

午前親協を連れて㊙、きぬ侍す、昼食、店内大雑沓、エンタクにて帰る　時に一時過、午後三二留守宅え歳末、二児えおもちやを遣る、誠一は歓びもてあそぶ、四時帰る

十二月二十二日　月　曇雨

九、三〇教室、小使四人え各三円つつ歳末を遣る　六時帰

十二月二十三日　火　晴

九、一五教室　ミユンヘン・ズルツ社書肆え拾種の小冊子注文書を発送す、六時半帰

十二月二十四日　水　晴

近き五十嵐医学士告別式に吉祥寺に寄り十時二十教室、午後二時過家に帰り親坊を連れて出かける、省線にて東

京駅に降りマルビル間宮書店にて小冊子表紙五十部買ひ、三共茶店に入る菓子を食べさせ四時過家に帰る　明日の精養軒クリスマスは孝子風邪のため柿内児全部断りに付止めることとす
第五十九議会招集、明後二十六日開院式の筈、一月休会明けに浜口首相出席出来るや否や疑はし

十二月二十五日　木　晴

純子素子送りて来、児等庭え出てはね廻る、霜どけにて泥だらけとなる、早く昼食し星車にてせい子と児等連れて出る　芝離宮公園に到る、純親馳け廻ること甚だし、人少なし、これより銀座松屋に到る、人を以て埋む、二階欄杆より雑沓の様を眺む　四時過帰宅　純子を連れ星車にて東京駅、良一呉より四、五五着を迎ふ、北町え送り自分電車にて六時過帰宅

十二月二十六日　金　晴

きみ子共に十時青山斎場に到る牧野夫人葬式、式場の寒さ堪へ難し幸に二十分にて終る、十一時帰宅、十一時四〇教室　金沢佐口氏より Zytologische Studien IV〔＊細胞学研究論文〕（大なる論文）を送り来る直に謝礼を出す、六時過帰宅

十二月二十七日　土　晴

一〇、〇教室　フィルヒョウ氏手紙到達、先月二十一日出したるものに返書、アリエンス・カッペルス教授よりクリスマス葉書来、二時過帰宅協眠中、親を連れて出かける、上野松坂屋に入る、早く晩食し独散歩、丁度鉄道省出火、銀座を歩き葉巻煙草（五円）を買ひ八時半帰宅

十二月二十八日　日　晴

一〇、一五教室、六時過帰宅

十二月二十九日　月　雨曇

九、一五教室、六時過帰宅

十二月三十日　火　晴

賢信来、十一時過連れて出かける、京橋相互ビルジング六階東洋軒にて昼食、これより徒歩銀座を過ぎ芝離宮公園まで歩く　ここには全く人なし寒むけれども甚閑静、出て埋立地をも歩き、浜松町より省線にて四時頃帰家、純子来り居る、良一夫婦来りて荷物残部を預け昼食し去りたりと、賢信晩食し帰り去る

十二月三十一日　水　晴

児等の遊び戯ぶれるを眺める、昼は良一夫婦来り共に食事す鰻をとりたり、三時頃帰り去る、今晩出発の用意を

すると　晩九、四五良一等出発を東京駅に送る、桑木一家、星、賢信等見ゆ、自分はこれより独歩きて京橋に到り、露店にておもちゃ大形電車三個買ふ　なかなかかさ張り重し、電車にて帰る、七八日頃の月さえ渡る甚寒し、十一時頃なり、入浴、除夜の鐘をききつつ一時頃眠る、咬合論和文完成せずして年を越したり

昭和六年　2591
1931　Koganei

一月一日　木　曇雪

七時過起、午前は潤、厳、中鶴、桑木氏など年始に来りぐづぐづ消光　親、協、昨日買ひたる電車を歓びもて遊ぶ、午後一時四十教室、甚寒静、二時半頃より雪降り出し真白くなりたり　フラウ・ユンケルより年賀状来りたれば返礼を出す、六時過帰宅時に盛に雪降る、例年の通り橋本四人来賀ありしと

一月二日　金　半晴

雪三、四寸積もる、親協と雪の庭え出る、達磨を造る、十時半星車にて全員出かける、上野公園、厩橋、吾妻橋を経て十一時四十五教室に到る、教室諸員の年始会なり、顕微鏡実習室にておでんを食す、三十四、五名集る、教室の万歳を唱へて一時半散す、井上氏は忌中にて欠席、六時過帰宅

一月三日　土　晴

良一本年四十二才厄年に付厄除けのため川崎大師え参詣し札を貰ひくれとの頼に依り出かける、水道橋より省電、川崎より乗合自動車これは満員困る、三十分待ちて札を貰ひ、帰りは京浜電車にて品川乗り替へ、省線、水道橋より市電に乗れはきみ子居る、賀古鶴所氏一日午後急病にて死去のよし　電話ありたれば直に行きてその帰りなりと驚く、一時前帰宅　夕刻橋本家え年賀に行く、在宅、春雄ゆき江子も在り

一月四日　日　晴

星自動車を借り九、四五出かける、千駄木森玄関にて未亡人に挨拶、小川町賀古病院え悔み弓絃氏に弔辞を述べ香奠（拾円）を供ふ、東京病院に新井氏を見舞ふ、夫人も在り、昨年末と格別変なし意識は反て幾分か良か、自分を見てわかる様なり、三光町岸家未亡人ただ独り留守居、広尾三二方八千代子墓参不在二児居る　大電車のおもちや悦ぶ、青山南町平野家、勇氏不在他は在宅、柿内皆在食事中、終りに石黒家玄関まで、老人膀胱患少し悪きよし、一時半帰宅これにて今年の回礼を済ませたり、後在家

一月五日　月　晴

中食を急ぎきみと一時賀古病院に到る、告別式、読経に列す　二時精子告別に来、共に帰る自動車中に親協居る
午後牧野幾久男来、嫁きよ子愈々離婚と決心の旨を告ぐ
夕刻星氏に誘はれ日本橋花むらといふ天ぷら屋に到り晩食、全家の集まり二児大悦　六時帰宅

一月六日　火　雨

八、五〇教室、六、三〇帰宅

一月七日　水　曇

九、三〇教室、六時過帰、ただ、のふ、たか、てい等午後来りたりと、暫くして帰り去る、今日午後故賀古氏吉祥寺に納骨、きみ行きたり

一月八日　木　雪

昨夜来大に雪降る、一〇、一〇教室、六時過帰、終日雪降る

一月九日　金　小雪曇雨

九、二五教室星車同乗、午後井上母堂告別式に近き新花町の寺まで行く最悪天、六時帰、小笠原金三郎去七日死去の報知あり

一月十日　土　曇

九、〇教室星車に同乗　午後吉田章信氏来室、長談、欧米視察帰朝以来始めてなり、六時過帰

一月十一日　日　晴

星青山斎場告別に行くと親協共に同乗、これより明治神宮参拝、次に新宿(越)に入り食堂にて菓子、帰途、一直線に新宿の通りを走り麹町通り疾走中不図自動車の戸開き親坊墜落す、星氏かけ行きて抱き上ぐ　自分もかけ行く坊泣き居るを以て先つ負傷の度を見当す、顔面血だらけ、兎に角大学医院に行くことし塩田外科医局に到る　当直の人早速診し一応手当をなしくれたり、負傷は先つ表面的のもの深き心配はなしと、家に帰れば一時を過ぐ、驚愕、全く親坊開閉器を弄びてゐる中ちに戸が開きたるなり、帰りて後四回ばかり吐す、夜に入りて近き矢代(ママ)氏来診を乞ふ、丁度星氏薬業者十二三名呼びて牛鍋の食酒など大に雑然たり、又稀なる寒気、十時過ぎて散す　親坊稍静かに眠りゐる、自分も十一時過ぎて眠に就く

一月十二日　月　曇晴

一〇、〇教室、親坊昨夜静かなりき、一昨晩年賀札を調べたるに

はがき　二六二
書簡　一一一

名刺　　二六

昼食時間に塩田外科に到り昨日の礼を述べ、蜜柑二箱（三円）を医局え贈りたり、京都足立氏来室、自分は学士院欠席　四時去て帰る　丁度雲野氏来診中、親坊大に元気付く　晩又々星拾余名会食す

一月十三日　　火　晴

一〇、一五教室、六時半帰、今晩も拾数名来、但し食事はせず、夜遅くなり三時去りたりとか、女等迷惑なることと思ふ併し組合のことうまく行けば結構なるが如何、親坊追々良し、顔面の腫は反て増す

一月十四日　　水　晴

十一時教室、六時半帰、牧野菊之助氏挨拶に来られたりと　一昨日より出勤せりと、今日組合の人も来ず静かなりき

一月十五日　　木　晴

一〇、二〇教室、六時半帰、良一より広島にて買ひたりとてきみ子還暦祝とて黒柿茶簞笥を送り越したり

一月十六日　　金　曇晴

九、三〇教室、京都足立氏え動脈批評掲載のＯＡＧ Nachrichten〔＊通信〕三部送る　三時半去て柿内皆無事、星六七人を招き晩食　良一が送りたる牡蠣を用ふ

一月十七日　　土　晴

九、三〇教室、ドクトル・クーレンベック（ブレスラウ）氏え年賀の返礼を出す、六時帰

一月十八日　　日　晴曇

一〇、五〇教室、三二え精しい手紙を書　きみ子のもの同封　六時過帰宅、今日も四五人星客あり

一月十九日　　月　晴

九、四〇教室、新井春氏銅像出来のよし夫人来宅謝状文案に付相談の趣電話あり、事務へ行きて二三貫ひて送りたり　ドクトル・H・クレート（ベルリン）へ論文寄贈謝礼、C・フォン・ベーグマン氏へ OAG Nachrichten 送附の礼且つ日本書批評を書くこと承諾の旨返事を出す、六時過帰宅

一月二十日　　火　晴

せい子親協を連れて三越、自分も同行、食堂、出てはい原にて西洋紙大版を買ふ論文草稿用、十二時過ぎて帰り、午後二時教室　六時半過帰宅

一月二十一日　　水　晴

九、四〇教室、咬合論独逸文を書き始めたり　六時半帰

星客三十名許あり大さわぎ

一月二十二日　木　晴

九、三〇教室、六時帰

一月二十三日　金　曇晴

九、一五教室、午後松村氏来室、明石海岸に於て旧石器時代遺跡らしきもの発見せられたりと、六時過帰

一月二十四日　土　晴

九、〇教室、山越長七一寸挨拶に来室、午後人類学会、横尾ダヤアク骨格研究を報告す、六時過帰、星又々二十五六名客あり

一月二十五日　日　曇

十時前全家星車にて出かける、愛宕山に寄り大崎工場まで行き星氏降り、後皆三越に入り食堂にて児等昼食、教室にて自分降る　時に十二時半、弁当を終りたるところへ大山柏氏来室長談、山川健氏耳鼻科に入院のよし、六時過帰

一月二十六日　月　曇

十一時前歯校（此度お茶水へ引越したり）にディーク島峰両氏を訪ひ　柿内家催しの能楽に行くや否や打合せのためなり、十二時半教室、六時半帰

一月二十七日　火　晴風

山川健氏耳鼻に入院中胃潰瘍を起し重患に付見舞ひ九、三五教室、六時過帰

一月二十八日　水　晴

九、三五教室　プロフェッサー・セリグマン（ロンドン）へ年賀返事を出す

一月二十九日　木　晴

九、三〇教室、西氏より抄録1929受取る直にベーグマン氏え送る、四時去て柿内、きみ子還暦誕生日、帰途アメリカンベーカリーえ寄りたるも菓子無し空しく帰る

一月三十日　金　晴

一〇、一〇教室、柿内家追善能にベーグマン氏出席を促すため度々電話す、六時過帰

一月三十一日　土　曇

九、二〇教室、一時帰宅、賢信来り居る、昼食夕食し九時四〇帰り去る

二月一日　日　曇雨

午前せい自分親協を連れて一高紀念日え行く賢信より入場券を貰ひ置きたり、非常なる人出なり、飾り付けを見

る困難、親歓ぶ十二時帰宅、午後雨降り在宅、青木誠氏来星氏親幼稚園にやるの可否相談のためとか、晩食し十時前去る

二月二日　　月　晴

九、四五教室、六時過帰

二月三日　　火　曇

右肩痛、又腰も痛し在宅

二月四日　　水　曇
二月五日　　木　雨
二月六日　　金　雪　同様在家
二月七日　　土　晴
二月八日　　日　晴

柿内大人十三回忌追善能催、午食直にきみ子せい子と出かける、ディーク氏来観の約束あるに付押して行きたり喜多舞台（四ッ谷）に到れば一時前なるもディーク氏既にあり、題「自然居士」三郎氏「シテ」勤む、昨年来の錬習のよし、二時半これを終へＤ氏去る　自分もせい子と共に帰宅、　山本八治氏氏の尽力により新井氏寿像出来しその挨拶に玄関まで来る

二月九日　　月　晴曇

二月十日　　火　昨夜来雪終日降りつづく

二月十一日　　水　晴

珍らし大雪六七寸積る、星客昼二十名許、三人去りて他は尚ほ夕食、十一時まで、自分等は昼食を終へ親協を連れきみ子と自動車にて遊走、上野公園より昭和路を通り芝口よりひき返へし帰る

二月十二日　　木　曇

寒酷し、学士院欠席、晩九時頃足立文氏来、今帰途なりと　今日出版費一万五六千は出来たりと服部報公会の方なり　十時車を供し去る

二月十三日　　金　曇雪

寒酷、午後雪盛に降る、五時車を命し柿内、読経に列す、斎食、小堀氏と明治初年頃の東京の談、九時車を命し帰る　雪深く市内電車殆んど止まる、車坂を登ること出きず、坂下にて下る

二月十四日　　土　曇雪止む

二月十五日　　日　晴曇

午前きみ子柿内家読経に護国寺へ行く

二月十六日　　月　曇

午後皆と自動車にて柿内家を訪ふ

二月十七日　火　曇、小雪
すみ子等より手紙来、直にはがき返事を出す
二月十八日　水　曇
二月十九日　木　曇
二月二十日　金　晴、珍らしく春らし
二月二十一日　土　曇
又々寒し　中泉夫人嬢を連れて来、自分は失敬す、親協嬢と面白く遊ぶ、夕食し去る
二月二十二日　日　雪
朝より雪終日止まず、午後きみせい二児を連れて三越へ行きたり
二月二十三日　月　曇
午後試にせいと三児を連れて槇町まで歩きたり
二月二十四日　火　晴
丁度三週間休みたり、この間天気も悪く、寒さも酷しく、肩痛格別のことなきも同様、漸く軽くなりたる様に付試に教室へ行きたり時に十時四〇、昨日輯報原稿京都より来、原守蔵氏二種、其外郵便物あり、旧臘十二月二十三日ミュンヘン書肆へ注文せしもの一部到達す　六時半帰
二月二十五日　水　晴
今朝電話あり新井春次郎氏五時半死去のよし、星車に同乗九時東京病院に行き死者に最後の面会、夫人に悔みを述ぶ、門下諸氏あり、屍は大崎の邸に帰へらる入院丁度七ヶ月になる、自分は十時教室　最旧友人を失ひたるを悲む、輯報原稿原守蔵氏のもの検査に終日す　六時半帰きみ子午後新井邸へ悔に行く、且つ金森息重体のよしに付小石川病院へ見舞に寄りたりと
二月二十六日　木　晴
一〇、一〇教室、午後精子買物に行きたりとて親協を連れて自室へ寄り菓子をたべて去る、横尾氏来室長談、七時半帰宅、電話あり金森息遂に死去のよし気の毒千万、老夫婦の愁傷察せらる　エリオット・スミス（ロンドン）氏論文寄贈礼札を出す
二月二十七日　金　晴
九、四〇教室、輯報原稿原氏のもの二種三秀社え渡すエッテキング（ニューヨーク）、アリエンス・カッペルス教授（アムステルダム）二氏え論文寄贈の礼を出す又北海道白老満岡伸一氏えアイノ絵はがき寄贈の礼を出す　二時半精子自動車にて迎へに来る　これより共に大崎新井家え悔、香奠拾円供ふ、星は果実籠、夫人案外元気、足

立氏京都より弔のため上京せりと三十分余にて去る　次に市外中里に金森家悔、香奠拾円及果実籠を供、星は花環（二十円）、老夫婦これまた元気、五時半家に帰る

二月二十八日　土　小雪

九、一〇教室、寄贈書をとぢるために整理したり　六時半帰　小使日向脳溢血にかかり久しく欠勤、見舞として五円遣る

三月一日　日　晴風

十二時前全家出かける　親協も同乗、中里金森家息葬式なり　読経は既に済みたり告別式を果たす、厳に会ふ、これより愛宕下青松寺に新井家葬式に赴く　これまた読経終る、焼香しきみは告別式に残る二時半前帰る、三時半きみも帰る、葬式両家重なり双方とも不充分遺憾、寒気酷し

三月二日　月　晴

九、〇教室、安川え製本三五冊渡す　孫に当るもの受取りに来り　種々追憶談、今日も論文整理に費したり　七時帰家

三月三日　火　晴

午前せい子と親協を連れて三越、例により食堂、帰りは東京駅より省線、巣鴨を経て一時帰宅、夕方自動車にて独り広尾町岸家を訪ふ、誠、敬共無事、晩は星客二十名許、甚賑か、十二時散す

三月四日　水　雨

九、一〇教室、午食時に塩田教授を会議所に尋ねたるも不在、又外科に行きたるも同断、医局にて佐伯重治氏に新井未亡人乳癌手術のこと委細話し且つ頼みたり、C．フォン・ベーグマン氏え森氏が抄録せる部分を速達にて送る、原氏第三論文原稿三秀社に渡す、六時帰家、新井家え外科都合のこと電話す

三月五日　木　晴風

九、一〇教室、橋田氏え学士院研究費補昭和六年度四百円と決定せる旨申送る、六時半帰家

三月六日　金　交晴曇

八、五〇教室、島峰氏一寸来室新井春氏の骨標本に付ての尋ねあり、六時半帰家

三月七日　土　雨

九、〇教室　弁当を使ひ直に帰宅、天気良くなり温くなりたれば親協を連れて出かける、省線、地下鉄にて吾妻

橋、これより隅田公園を歩きさくらもちにて三時を食しまた同し道により帰る

三月八日　日　晴

星車を用ひ大崎に新井家を訪ふ、私有標本多数あるよし一時帰宅、せい子と三児を連れて出かける　王子より豊島橋を渡り小台の珠明院（女中きぬの宿元）に寄り休憩、堤上にてつくしを探す　二児馳せまわる、帰りは千住を経て五時帰家

三月九日　月　晴

九、一〇教室、昼頃歯校に島峰氏を訪ひ新井骨標本に付談、ディーク氏に面談一時教室に帰る、橋田氏学士院研究費を得たる挨拶に来室　六時半帰家　今日きみ土井家事務所え行き種々様子を聞きたり、公証書は九月四日？とかの日附の由、如何なり行くか

三月十日　火　曇

一〇、一〇教室、新井未亡人塩田氏診察を受け帰りに寄る、十三日に入院すると、骨標本の件はなるべく其前に片付けたきことを話す　藤田氏にそのことを話し兎に角十二日に行きて調べることとす　松村氏来室、日本最古文化研究費補助を有栖川宮記念奨学費より仰ぐの件　六時半帰

三月十一日　水　晴曇

九、〇教室、足立氏出京来室、六時半帰家

三月十二日　木　晴

九時藤田氏自動車を以て迎へに来る直に大崎新井邸に到る、未亡人の案内にて蔵内に入り骨標本を調べる、皆持ち下して縁側に並べる　案外数多し頭九〇、骨盤一二一其他、昼になる、持ち行きたる弁当を食す、トラックに積み、一ッ橋の方に運ぶ自は家に帰る二時半　協風邪、親附近自転車にて歩く、四時出て学士院例会、松村氏所望の石器時代文化研究費七百円申出る、八時半帰宅

三月十三日　金　晴

一〇、二五教室、午後二時歯校に到り島峰氏と会談　新井氏標本全部二五〇〇円にて購入快く承諾しくれたり、ディーク氏とレントゲンアウフナーメ〔＊レントゲン撮影〕、島峰氏快諾、これより同道教室に誘ひ歯標本を示す其他雑談五時去る、六時帰家

三月十四日　土　晴

九、四〇教室、レントゲン撮影すべきI、P欠失標本を取り揃へる、午後四時歯校へ持ち行く　ディーク氏と種

談、同氏撮影を試むる由話し合ひて五時過帰宅

三月十五日　日　晴

無上の好天、午前親坊自転車にて町内歩く、協一寒冒同し様なり　午後一時過自動車にてきみと親坊を連れて出かける　荻窪に梛野を訪ふ保子厳在り他は皆外出、これより赤坂丹後町に足立文息の寓を訪ふ、文氏風邪如何と思ひてなり最早快方、報公会より補助額一七五〇〇円と確定せる通知只今来れりとて歓び居たり　四時半帰宅

三月十六日　月　晴　無上の好天

柿内へ行き、賢忠を連れて出かける、市ヶ谷より省線、横浜より湘南電鉄、金沢八景にて降る　近き九覧亭に登り休憩、時に一時頃弁当を使ふ、夏島附近を埋めて飛航（ママ）場となし大に風景を損す　これより海岸に到る、戻りて乗り合自動車にて杉田に到り梅林を見る、これより横浜市電にて桜木町より帰る　六時前帰宅、二児満足

三月十七日　火　曇

九、〇教室、午食後塩田外科に新井未亡人入院せられたるを見舞　骨標本決着のことを漏す、次に稲田内科に山川健次郎氏を見舞、一寸面会す、六時半帰、星急に三十名の客牛鍋会、家中大騒

三月十八日　水　曇晴、昨夜雨風、今朝止風

九、三〇教室　権兄、友人寺沢正明氏三男久保田達三なる人教室へ尋ね来る　正明氏孫正一氏此度昭和医専入学志望に付岡田校長え紹介を頼む云々　六時半帰家

三月十九日　木　曇

九、三〇教室、六時半帰、少し気分悪し

三月二十日　金　雨晴

在家、静養

三月二十一日　土　晴極上

在家

三月二十二日　日　晴　極上

昨今共児等風気味協は宜きも親熱あり、鳩子同遍　井上康平氏帰朝せりとて使をよこす

三月二十三日　月　晴

朝出かけるところえ和田昇一氏来訪明日出発支那え行くと　十一時過教室　1929抄録前半ベーグマンより戻る　午後島村孝三郎氏来室、東亜考古学会支那探検に付体質学者必要、適任者なきか云々、横尾氏意中の人なることを漏す　五時半帰家　少しく気分悪し体温を計る三七、八あり

三月二十四日　火（昨夜風雨）強風晴曇
風邪の気味、在家、体温三七、五
三月二十五日　水　晴
在家、午前後共児等の庭に遊ぶを見、砂場へ砂を入れたり　午後文郎氏久し振りにて来訪、体温三七、五
三月二十六日　木　晴風
三月二十七日　金　曇
せい子親坊を連れて新井夫人入院を見舞ふ、手術甚好成績の由、尚ほ体温三七、四あり
三月二十八日　土　晴
柿内女児四人遊に来る大賑か、午後せい子と皆を連れて槇町、絵本など買ひ与へたり、三時前自動車にて送り返へす、今日三七、〇
三月二十九日　日　晴
良一等一〇、〇呉より着京の筈に付、自分は早く親協を連れて出る　遅れてきみせいも来る、桑木、松沢夫人も見ゆ、丁度十時着、車あり直に帰宅、大賑かとなる、午後一時過星車あるを以て良一等きみ親協出かける　千住より向島に到る、昨日隅田公園開園式あり　今日も賑ふ、言問に入り菓子をたべ、堤上を歩くなかなか雑沓、児等大悦　言問橋より車にて是より牛込北町桑木家に到る、不在、安東家へ行くとてその近所まで行き良一二人は降る、残りは曙町に帰る、時に四時前、純、親、協悦びはね廻る
三月三十日　月　曇
人類教室に寄る松村不在、一〇、〇教室、松村氏来室東亜考古学会のことを尋ぬ、抄録1929原稿整理を始めたり　四時半帰宅、星氏の馳走にて麻布南甫園（支那料理）に到る良一等三人及びせい、親、協（女中とみを附す）自分等二人皆々満足、八時半帰宅　星氏多忙にて見えざりしは遺憾
三月三十一日　火　曇
気分宜しからず在宿、午後高歯校事務員新井標本代金二五〇〇円及自分へ謝儀として一〇〇円持ち来り受取るきみ子直に病院に夫人を訪ひ渡したり又新井家より藤村ようかんを贈らる、夕刻体温三七、五　良一ゴルフ
四月一日　水　雨
在家、良一は学会、すみ子昨夜来少し熱あり、床中にて遊ぶ　自分は熱なし入浴、保子来、むつ子愈長岡え移住

したりと

四月二日　木　晴

十一時出かける、高歯校に寄る　長尾、金森、川上氏等列坐、口腔学会へ金一〇〇円寄附を手渡しす、十一時半教室　北海道白老満岡伸一氏へ海苔（一、五〇）を送り出す　六時過帰宅、純子まだ少し熱あり

四月三日　金　晴

純子北町へ行く、午前は家にあり昼食、一、一〇教室、六時半帰、純子は北町に泊る

四月四日　土　晴

九、〇教室、五時前帰り、更衣、学士会館に到る、口腔病学会大会に尋で島峰氏ブレスラウ大学より受領せる名誉学位祝賀会なり　ディーク教授、長岡老友（柳沢、田中、川島、土屋の諸氏）其他二百余名、ディーク自分賀辞を述ぶ、十時家に帰る　村上勇雄氏死去、吉祥寺告別式ありたるも代人を遣りたり　純子熱も格別のことなき模様、八時二十五発にて呉へ帰りたり

四月五日　日　曇雨

九、三〇教室　Abstracts 整理、六時半帰る

四月六日　月　晴

せい子自分児等皆連れて動物園、やす子は始めてなり、まさ介添、桜花四分許開く、雑沓せず、十二時過帰る、午後二時教室　六時半帰る

四月七日　火　晴曇

柿内より電話により親協を連れて三人とも出かける　先解剖の自室に入り菓子など食させ生化学教室新築に到る田鶴七児を連れて来る大賑かなり、三郎氏各室を一々案内す、なかなか時を要す　十二時半辞し去る、自分は教室に戻る、六時半帰

四月八日　水　晴

昨晩寺沢氏弟大久保来、寺沢正一氏の昭和医専入学のことに付来りて再び依頼、きみ子今朝岡田へ行く、九、五〇教室　六時半帰

四月九日　木　晴

八、四五教室、Abstracts 1929 原稿ドルックフェルティヒ〔＊校了〕となる、於菟来室長談、七時帰宅、地質の富田氏上海へ赴任出発をきみ子東京駅に見送る

四月十日　金　晴

午前皆植物園に行く、桜八分開、十二時過ぎて帰る、午後三時独出て岸へ行く二児共無事、晩精子沢崎へ行き手

当を受けたり　十一時過帰りたりと、又宵にはこの頃解雇せる十余名の不正社員来るとか警官五名来など

四月十一日　土　曇雨

八、五〇教室、午後三時過於菟来室、原素行氏令弟同道帰宅　きみ子雑談、新井家養子の心座もあり四時半去る、寺沢家親戚大久保某昭和、日大医専、日本医大悉く入学出来ざりしよし気の毒、賀古家より鶴所氏遺物とて硯一個送りこす

四月十二日　日　曇

九、二〇教室、星社員先月十二名解雇せられたるものの内二名教室へ尋ね来る、生活に困る事情を述ぶ自分は何も言はず只来訪せられたることを伝へる旨を述べたりパンフレット・バインダー十五冊此頃中より徐々に手を付け置きたるが今日全く出来上る　六時半帰

四月十三日　月　曇

八、五〇教室、昼頃病室に新井未亡人を見舞ふ手術後経過宜し近日退院なるべし、井上氏ガウメンウムラーゲルング〔*口蓋（側）転位〕に付昨年アムステルダム解剖学講演したる別刷自室へ持ち来る　四時出て学士院例会出席、足立氏静脈出版費三菱の方よりも出るとこれにて大体足ると、九時半帰宅

四月十四日　火　曇（昨夜雨）晴

九、〇教室、今朝解雇員数名門前に居たり、慈恵大の林礼氏一寸来室、弁当を食し帰宅、天気好くなりたれば親、協を連れて三越、きみ子同行

四月十五日　水　曇

九、〇教室、午後島村孝三郎氏来室、北支探検実行すると、六時半帰　食後東京駅に到る、横手上海科学研究所長として赴任せられるを送る　九、四五発車、入沢氏序に欠上肢者ウンタンのことを尋ねたるも知らずと

四月十六日　木　晴

九、五〇教室、六時過帰

四月十七日　金　晴風

せい子等久里浜へ行く荷造りなど忙し、自分は八、五〇教室、六時半帰　夕食ただ独淋し

四月十八日　土　曇

八、三〇教室、午後二時より解剖教室にてディーク教授の歯科に関する講演あり、島峰、都築、林学部長、稲田、西の諸氏あり、終て自室に於て雑談　老川氏（伯林に長年居たる人）来り合す、四時過ぎて散す、家よりの電話

により帰る、きみ子親坊を連れて帰り居る、坊久里浜風寒のためいやだと

四月十九日　日　晴

天気よし、星氏親坊を連れ久里浜へ出かける、中途より戻り自分も行くこととし八時半出かける、自動車、方々にて買物し、横浜山の手を通過す、震災後始めてなり、そのさびれたるに驚く樹木なし、草原となり居る、本牧、杉田、金沢等甚心地よし、横須賀、浦賀を経て十二時過久里浜森別荘に着、児等よろこびはしやぐ、昼食し、皆海岸に出る、金森家に挨拶、茶菓の饗応、児等大悦、親坊帰らぬといふ自分も泊ることとす、星氏は夕食し五時去る、晩早く寝につく

四月二十日　月　晴

六時皆起、天好、此頃大潮なり、岸に遊ぶ児等興す、午食、自分十二時半出発、三時帰着、休、六時出て大山邸、ヘルベルト・キューン教授（ケルン、プレヒストリッシエ・クンスト〔＊先史時代文化〕）来朝、紹介せらる公爵夫妻、フォン・ベーグマン博士列席、主賓夫妻の望により日本料理の馳走、長談家に帰れば十二時過ぐ

四月二十一日　火　晴

八、三〇教室、横尾氏度々来室蒙古探検五月下旬に出発のよし、計測法に付質問など、午後薬社の解雇社員又々二名来室、困状を述ぶ。四時室を去て久々にて柿内を尋ぬ、皆無事、六時半帰宅

四月二十二日　水　曇、昨夜雨

九、〇教室、塩田氏婿服部氏上海の或病院に赴任するとて来別　十二時半会食所、小野塚総長よりディーク教授を午餐を饗すその陪賓として列席、外に島峰、林学部長、塩田、島薗、永井、井上、都築等、終て大講堂、図書館をざつと見て去る、二時半室に戻る　四時半帰宅、学士院パス請求を出す、呉へ旅行二十七日と決しきみ子と打合す、島峰氏は同日夜行九、四五発、自分等も同車なるべし

四月二十三日　木　晴

天気模様よし久里浜行、七、四五出かける、一〇、一五着せい子のみあり児等は海岸にありと直に共に行く、児大元気、午後も海岸、横須賀より戸田（本田）婦人せい子を訪らる、昼食皆海岸へ行く、多数の人海岸にてまでがひを取る様面白し、皆々試む、六本採る、入浴、晩食、七時半床に入る

四月二十四日　金　曇少雨

午前皆と住吉神社詣、漁村を通りて帰る、午後は親坊を連れて海岸にまてがひ取り、親二本取る大悦、せい子協を連れて来る、自分は三時過去て帰る、東京駅にて寝台二枚買ひて六時半帰宅

四月二十五日　土（昨夜雨）晴風

きみ子は旅行用意、職人等来り居る、忙しく久里浜へ行く　自分第十三回学研総会（学士院館）に十一時出席、先部会要件なし、午食後総会、学術研究振興に関する建議案に付諸氏説ありやかまし、休憩となりたるを以て去る、旅行パス券受取る、四時一〇教室、五時半歯校に島峰氏を訪ふ、これより共に雅叙園（支那料理）に到る氏の先達の祝賀会に対する謝意なり　ディーク氏始め校の諸氏三十名許、島峰始諸氏の隠し芸などあり興多、十時半帰宅、入浴、星方に昨夜の人また泊る

四月二十六日　日　晴

十一時前教室、リヨンドゲン影写をディーク教授に頼むため下顎三十個取り出すなど六時半帰宅、今昼星氏十数名の客ありきと、負傷、八代診断書のこと

四月二十七日　月　曇晴風　呉行

九、〇教室、先日の頭顎骨リヨントゲン影写済みたるを取りに又下顎三十個そのために持ち行くことを動車にて往復す、安川製本全部出来受取る、於菟来室　千駄木森家に付困談、まり佐藤六ヶ敷由、家より電話に依り十一時半帰宅、皆久里浜より帰る、精子保養の件は先づ片付く、親坊附近を三輪車にて廻る、入浴、夕食、児等眠る、徐々支渡、星氏帰宅、九時前出かける　星氏衛者と同行、九、四五発車、島峰氏見当らす、寝台に入る

四月二十八日　火　雨晴

五時半醒む、名古屋なり、七時頃食堂にて朝食、雨降り居る、島峰氏あり、十時半頃神戸、ディーク氏乗り込む、車中にて雑談、共に昼食、天晴れる熱くなる、福山にて久松城を望む、なかなか熱し、D氏島峰に挨拶　四、五三海田市着乗り替へ呉線に乗る、小屋浦にて素子、すみ子迎へ、すみ元気、五、五二呉着、良一出て居る、自動車にて山腹の寓に入る、眺望よし、皆悦び合ふ、十日頃の月おぼろに見ゆ、九時快く床に入る　すみ子我々両人の間に置く

四月二十九日　水　雨　天長節

六時過起く、天気模様悪し、良一、すみ子は式に出かけ

る　良一等奮つて十一時頃雨止みたれば弁当を携て出かける、広島のりかへ、車中にて食す、宮島、連絡船、厳島、雨降り出す、干潮にて大鳥居まで行く、きみと二人だけ社殿を拝観す、出れば盛に雨降る、大元公園宮島ホテルに入り茶菓を喫す、佳、楼上老樹を望む景甚よし時に雷鳴大雨、小止みを待ちて出て歩き、紅葉谷公園を見、ここに岩惣旅館あり、土産おもちやなど買ふ、親協へ絵はがきを出す　桟橋に戻り帰途につく、大鳥居、社殿は北西に向ふ。電車にて己斐（こひ）に到り汽車、広島のりかへ、呉線にて八時頃呉帰着、自動車にて寓に帰る、天気悪しかりしも誠に味深き催しにて良一素子意を尽す

四月三十日　木　晴

良一は靖国神社例祭に付休暇但し式ありて出かけ十時頃帰る、すみ子は午後二時帰る　これより音戸瀬戸見物に皆出かける、市外まで電車、ここにて小汽船に乗る、甚粗末、併し面白し、軍港を左に見て進む、四〇分許にて瀬戸着、町を通り過ぎて始めて海峡を望む、尚ほ不動堂に登りて眺む快、大なる食店に入る、生洲の魚珍らし、鯛を料理せしめて試む、瀬戸を渡りて警固屋町より乗合自動車にて鍋町を過ぎ人家長くつづく、七時頃呉帰着、尚ほ市中を歩す、なかなか賑か、入浴、九時半床に入る

五月一日　金　晴（昨夜雨）

在ミユンヘン三二え良一等と絵はがきを書く、休養、昼はすみ子食事に帰る、二時過すみ子学校より帰る、四時頃素子等散歩に出かける　近き公園より工廠水道水源地に到る　二河（にこう）川に添ふて登る、道路良、風影（ママ）佳、松樹多し甚心地よし、五時半帰れば良一も帰り居る

五月二日　土　晴冷

すみ子は当番且つ来五日運動会とて帰り遅し、良一も三時半頃漸く帰る、急ぎ皆出かける、伊予道後温泉行、吉浦より乗船四、四〇出帆、第十二相生丸とか、清潔一等（三円三〇とか）天気極上、鍋を経て、また昨日の音戸を通て出れば内海大小島の風景佳、日入、月出（満月ならん）を望む、六時船中にて携へたる弁当を食す　七、五〇高浜着、電車（四五分許要す）、九、〇道後着、九時に近し、鮒屋旅館に入る、室広且つ上等、直に寝具の用意をなさしむ、すみ子平日より遅くなり催眠、宿の衣を着る　自分独り一段高き小室を占む

五月三日　日　晴

六時起案外眠りたり、皆と共に入浴に出かける、浴場は離れて町内にあり、自分も試む、建物大、浴清、設備特種、涌田医学士に会す、宿に帰りて朝食、終へて支渡し宿料支払を済ませ去る、公園に登る、電車、松山市に到り城山に登る、登り意外に労す、城の構珍らしくよく保存せらる他に例なし、天守閣に旧武器陳列あり、眺望よし、なかなか熱し、下りて電車高浜帰着、楼上にて昼食、十二時過ぐ、二時五〇出船、天気この上なし　瀬戸内海の風光をながめ三時過茶菓、又音戸を通り吉浦帰着、乗り合自動車非常なる混雑、六時過寓に帰る、甚稀なる快、入浴、食後、良一等と懐談、四〇円渡す

五月四日　　月　晴

早朝駅に到皆見送る、七、三一発、海田市乗りかへ、岡山にて弁当を買ひ食す、福山、岡山、姫路の天主閣を望み、四、一八明石に下る、先つ人丸山に登る淡路島のながめよし、これより海岸に出る、電車、須磨に下る、三十一年前に見たる様と比すべくもなし人家多し海岸に出、小店にて茶をのむ、六、一四汽車発す。大阪にて食す自分又々サンドウキッチ、喜美子のすしなし、八、四八京都着、きみ眼鏡紛失など駅にて時を費し九時半足立邸に入る、夫人例の如く迎へらる、氏宴会より帰り来る、入浴、一時過就眠

五月五日　　火　晴

五時半起、昨夜の夕食きみ子自分も不完全なりしが朝食甚よし　きみ子は御所拝観のため御所内の植松子爵邸を訪問、自分は午前中足立氏と談話、きみ子一時過帰り来る、昼食、足立氏と共に自分は府立医大訪問、赤座、島田に面会直に帰邸、五、二六京都発、六、二〇奈良着、奈良ホテルに入る、階上室明きなし、下室59号に入る、晩食、十時床に就く　星、呉、柿内、岸へはがきを出す

五月六日　　水　晴

九時頃出かける、公園内をぶらぶら歩き若宮神社にてきみ子神舞の絵はがきなど買ふ、春日社を経て若草山に到る、茶店に休む、これより自分は山に登る、なかなか労す、きみ子筆墨など買ふ、午刻となる、すしを以て昼食とす、奥山廻り乗り合自動車（一人八十銭）にて春日山を廻る、途中鶯滝を見るために歩きて下り又上る大原橋にて車を待つ、このところ清き谷川に添ひ深林甚佳、次に新薬師寺に寄る、中学生の一団来り、寺に付説明を傍聴す、国宝古刹、本尊薬師、十二神将けつ作、小道を通

りて直に公園に入る、道を間違へて鹿収容所一週（ママ）したるも可笑、尚ほ園内をゆるく歩五時半ホテルに帰る

五月七日　木　晴

朝食堂にて佐藤達治郎氏に会ふ　朝食後出かける、大軌電車にて西大寺を一見す、えはがきを買ふ、建物は古色を見ず、これより歩きて孝謙陵参拝、田甫中の日光熱し、次に神功陵、平城駅より奈良に帰る、公園を歩き十一時半ホテルに帰る　氷水を命す、きみ子手荷物を片付く、昼食、ウエランダにて池を眺む　縁先に多数の鹿集まる、四、一二奈良発、宇治下車のつもりなりし止めて京都まで行く、本願寺を一寸見て物産館に入るきみ子色々土産物を買ふ　自分は休憩室に休む、食堂に入りきみは少し食す、自分は食欲なし、三時間余時あり、駅待合室に居る、九、四五発、直に寝台に入る

五月八日　金　少雨、曇晴、帰京

珍らしくよく眠りたり、八、三〇着、星全数出迎ふ、曙町に帰る、この旅行大満足を以て了る、疲労を覚ふ、朝食後、眠を求む、昼食せず午後は天気よくなる

五月九日　土　曇雨

天気悪し終日家にありき、寒きこと珍らし

五月十日　日　曇

邦文雑誌一昨年来のものを整理す、午後自動車あるを以てきみ子と親協を連れて出かける、先つ柿内、児等全部居るのみ三郎氏両人不在次に岸、二児無事、池のめだかをしやくるなどす、次に新井家を見舞ふ　未亡人退院後順当、帰途二児共眠る五時家に帰る

五月十一日　月　曇雨

午前赤坂仲の町に牧野菊之助氏を訪ふ石原家との破談の件に付てなり、還籍の手続き及ひ最困難なる慰安金のこと、氏より五百位かと切り出したるに付自分は五百千の間かといひ尚ほ考慮すべしといひて別れたり、午後二時学士院、松村八幡二氏石器時代文化研究費補助に関する委員会なり　佐藤部長の外佐々木忠、中村清二、足立文及自分、金額七〇〇を一〇〇〇に増すこととす四時帰宅、松村氏を呼び其のことを話す

五月十二日　火　雨（無上の悪天）

八、五〇久し振りにて教室、島村孝三郎氏来室　支那文化研究所の題目中に北京（人文科学的）の勿論上海（自然科的）にも人類学を欠くは甚遺憾云々、自分も困惑に付入沢、林両氏に篤と話すべしといへり　ヘラルド（印

刷）社員来　Abstracts 1929 原稿を渡す、午後足立氏来室。午後四時過教室を去て学士院例会、松村、八幡研究費の件二部を通過、終れば六時を過ぐ、家より迎の車にて星ヶ岡茶寮に到る、榊家催ディーク氏送別宴なり外に島峰氏、老川氏夫妻自分、主人側三人、珍寄なるものばかりにて困る、十時散、車を供せられ雨中帰る

五月十三日　水　雨曇

午前安田恭吾氏を訪ひディーク氏へ記念として送る品物に付相談、幸歌麿扇面懸け額あり甚適当と思ふ、十一時教室、顎のレントゲン像を見る、六時ＯＡＧに到る Dieck: Über sog. Haarmenschen u. verwarte Anomalien etc. 講演あり、夕食、集者少なし、九時帰宅、安田氏額を持ち来る

五月十四日　木　晴

星自動車の戻るを待ち十時出かけ大森ホテルに到る　ディーク氏在宿、記念として歌麿扇面額を贈る、これより共にお茶水歯校まで来り自分は別れて安田へ寄り恭吾氏に三五、三〇円渡す、十二時半帰宅、二時学士院授与式に参列、医学側にては三宅速氏賞を受く四時前帰宅、親協を連れて附近を歩く

五月十五日　金　曇

朝松村氏来宅、第五回大（ママ）平洋学術会議（カナダ）来年開かるることに付てなり、十二時前参内、賜餐、閑院宮殿下御臨席　二時過帰宅　出発十一時半迎へ一時半を適当とす

五月十六日　土　昨夜来大雨、午後晴

九、一五教室、松村氏来室、大（ママ）平学会に人類学代表者に相談、午後人類学会例会出席、江上波夫氏蒙古旅行談、四時半室に戻る　六時半帰宅

五月十七日　日　晴

朝牧野菊雄氏来訪、離婚書に証人として調印の件、又きよ子衣服火炎にかかり残存せるものを持ち来る、後きみ子とこれを見て同情深し、協一誕生日を祝ふとて柿内一族を招く、精子等心を尽す、昼に近く田鶴六女児を連れて来る、大賑か、午後自動車にて日比谷公園、児数七、三時半帰りて菓子、尚ほ庭に出て遊ぶ、四時半帰り去る、皆々満足

五月十八日　月　曇晴雨

八、〇教室、Abstracts 校正始めて来、送り返へす、午後P_2欠m_2残存レントゲン影あるものを鑿り出して試む、

併し歯牙は吸収せられたるものの如し、六時半帰

五月十九日　火　晴

八、二五教室、ミュンヘンより十五日に帰朝されたる富山薬専野口敬身氏来室、三二の状況に付談話せらる、午食後直に高歯校え行く、ディーク氏あらず島峰氏あり、共に学士会館に到るここにもD氏あらず　歯校に戻る、漸くD来る、Pレテンチオン〔＊停留、鬱滞〕の疑あるm^2残存の下顎を示す、D島と三人撮影す、下顎三十個のレントゲン出来、車を頼みこれを教室え持ち帰る時に三時半、輯報校正繁し　六時過帰　井上康平氏学位受領のこと紙上に見たるに付祝品を贈る

五月二十日　水　晴

思ひ立ちて七里ヶ浜に鈴木孝氏訪問、きみせい親協同行、八時半出かける、藤沢より小田急（始めて）にて江の島、舟にて窟に到る大干潮岩上にて弁当を使ふ、晴静天甚快、皆歓、帰りも舟を用ふ、鈴木療養所に到る、氏去一月大喀血したりと今は廻復、鎌倉を経て五時帰宅　鈴木氏喜字祝と思ひて坐蒲団を贈りたるもそれは昨年なりきと、全く思ひ違ひたり、併し品物は恰も到達し居たり

五月二十一日　木　晴

八、三五教室、於菟より名医大浅井佐藤両氏に付解剖会有志として陳情書を出すの件、講義援助に行きたる西氏帰京し来室相談の結果、両氏に於て文案起草のこととす、自分は早く弁当を使ひ十二時前東京駅、ディーク島峰両氏出発を見送る、港行臨時列車に乗る、龍田丸に登る大混雑、二時半下船、三時出帆を待たずして去る四時過帰宅

五月二十二日　金　雨

早朝争議数名来り邸の周囲にて怒号するにより醒む、八、三五教室、午後人類の大島氏来室、明石より出たる旧石代の疑ある寛骨を持ち来り邦人のものと比較す、六時過帰

五月二十三日　土　晴

早朝廻り喧嘩、これで四日つづくと、今日は殊に甚しき様なり、困りたることなり　八、一五教室、レントゲン撮影のため出したるＩＰに関する標本原位置に復す、下顎M_3欠レントゲン像を通見す　六時半帰宅

五月二十四日　日　晴

今朝も争議来る但しあまり騒々しからず、午後は車あるを以てせいと三児を連れて銀座富士や（ママ）にて菓子を食べさ

せ日比谷公園に入る

五月二十五日　月　晴

八、三〇出て慶應解剖教室に到る、岡島氏未だし暫く待つ Anat. Anz. を見る午刻に近し、岡島氏に Folia anat.〔＊欧文雑誌〕発行費中え寄附として金百円贈る封書として渡し去る十二時半教室　横尾氏長談、近々仮移転を始めるよし、六時半帰

五月二十六日　火　晴

午前親協を連れて動物園、午後一時半教室、移転すべき旧細菌教室の自室に充てられたるものを見る、岡島敬治氏態々寄附金の挨拶に来室、輯報校正、六時半帰

五月二十七日　水　晴

さしもやかましかりし官吏減俸の件昨日閣議にて決定六月一日より施行のよし　今後尚ほやかましきことなるべし、八時二〇教室　仮に移るべき自室を横尾氏等と共に一見す、棚を取り付けることなどはなす　午後松村氏来室、第五回大平洋会議（カナダ）の件、長雑談、四時去る、六時半帰、官吏減俸勅令漸く出たり

五月二十八日　木　晴風

朝桜井氏を訪ひカナダ会議本邦代表者に付尋ぬるところあり、又松村氏え寄りそのことを通じ、九時半教室、四時出て柿内、六時半帰宅

五月二十九日　金　晴　昨夜大雷雨

午前せい子と二児を連れて三越、午後一時二五教室、於菟より解剖学会々員有志として名古屋へ浅井佐藤両氏のために名誉云々進言の件に付全官公私立大学へ問合せたるに悉く賛成の返事ありと但し、台湾だけは未だし、六時半帰宅

五月三十日　土　半晴

午前上野学士院、輯報編纂委員会、京都岡林氏始めて出席、長崎医大小野直治氏論文印刷費全部学研にて負胆の件可決せらる、これは新例なり　午食散会、一時半教室西、森、望月（井上欠）三氏自室に集り森望月二氏名古屋浅井佐藤両氏のために明晩出発藤井学長に有志者として希望意志を陳ることとす　ビルケ（ロホリッツ）氏論文寄贈の礼札を出す　仙台長谷部氏えカナダ大平洋学会え論文提出勧誘の手紙を出す　六時半帰宅

五月三十一日　日　曇晴

昨日昼頃突然執達吏等四名来り、せいは隣家え行く　きみ応接したりと、即ち星只今破産宣告あり芝商事関係の

件、朝日夕刊に出て居る、星個人財産を差し押へ封印したりと、最も珍奇なるは財物の殆んど0なること、吏員も驚きたるべし、星八時半帰る、格別意に介せざる如し。午前家にあり、午後星車にて本を教室え持ち行く又持ち帰る、二年間の雑誌を整理す

六月一日　　月　曇晴（驟雨）

八、〇教室　レントゲンのために出したる下顎を旧位に復したり、六時半帰宅

六月二日　　火　晴

八、二五教室、於莵今朝帰る、名古屋に於て先つ藤井学長に（小児科にて、役室は助手団占領せるために）会ひ一通り此方の意を述べたりと、騒動は案外強勢なりと、学生も終に休課せりとか西氏には会ず講義如何は確と知らぬ云々、弁当を使ひ直に帰宅　親協を連れて（まさ侍）芝離宮園に到る帰途銀座にて葉巻煙草を買ひ五時家に帰る

六月三日　　水　晴

今朝新聞広告にて森永友泰氏死去を知る、麻布龍土町に惜に行く　果物一籠を供ふ友健老人に会ふ八十五才なり気の毒千万なり、帰りて更衣十二時前教室　西氏来室、名古屋の様子甚険悪のよし、月火両日とも先休講の状態佐藤氏は昨日も面談西氏に講師を辞すべきことを勧告せしよし　これにて三回に及べりと、氏も困り居る様なり、望月森両氏来室　名行の情況を有志者に報告するの草案に付相談あり　京都岡本梁松氏来室種々追憶談など、六時半帰宅

六月四日　　木　晴

八、一五教室、愈々昨日より教室仮移転を始めたる様なり、今日於莵室のものを運ぶ、図書室は鉄骨の棚を取りはづすなど大さわぎなり。横尾氏来室蒙古旅行に付種々談し遅くなり七時半帰宅

六月五日　　金　晴

親協を連れて小台寺院（女中きぬ宿元）え行く、めだかを掬ひなど二児馳せまわる、なかなか熱し、三時帰宅、四時過出て京橋木挽町南病院に到る、片山国嘉氏入院のこと岡本氏より聞知りたるにより見舞、院長南氏始め緑川、松島、蒲生諸氏に会ふ、胃癌と確定せるよし、睡眠中に付醒むるを待ちて一寸会ひて去る、数年来失明のところ此度はこの病にかかる気の毒に堪へず

六月六日　　土　晴

八、一五教室、去る三日頃よりAnatomy vol.II（輯報）のインデックス作成タイプライタアを始む又校正忙し、六時半帰

六月七日　　日　晴

九、三〇教室、十一時前家より電話あり三児迎へに来り帰る、全家出かける赤羽根（ママ）に到る、橋を渡り草原にて弁当を使ふ、帰途製氷所及び菓子製造所（パッフト・ライス）を見て三時帰宅

六月八日　　月　雨

八、一〇教室、終日タイプライタア、六時半帰宅　昨日午前牧野菊之助氏来訪、石原家との縁組破談、慰安として五百円持参　自分は教室へ行き不在、きみ受取り置くこれにて終結

六月九日　　火　晴

七、三〇教室、自動車二児同乗、午後東京博物館の本多厚二氏来室、先住民骨格出品のことに付話あり、六時半帰宅　きみ子石原家を訪問、昨日の金を持ち行きて渡す

六月十日　　水　晴

午前石黒家訪問、恰も出勤のところ老人に会はず玄関にて去る　次に弘田未亡人を見舞ふ四国旅行談あり、十一時半教室、於菟来室名大の件浅井佐藤両氏に名誉的のことに付談あり　又井上より名より上京した某に浅井の意を伝へられ手紙出したりとか就ては小金井も出す様にと語ありしとか於菟言ひたり、六時半帰

六月十一日　　木　曇雨

七、三〇教室、二時半帰宅家にありき

六月十二日　　金　雨

七、四五教室、横尾氏今晩出発蒙古探見（ママ）旅行に上る来室別　午後足立文氏来室、三時共に出て車、学士院、八時帰宅、終日大雨

六月十三日　　土　晴

九、〇教室、索引製作タイプライタア　六時半帰

六月十四日　　日　晴

午前せい子三児を連れて植物園自分同行、午後は家にあり、保子来

六月十五日　　月　曇

七、四〇教室、川上政雄氏来室　う歯講演は十月とすることとす　六時半帰宅

六月十六日　　火　曇

八、〇教室、輯報索引製作、六時半帰る、移転のためさわがし　家に帰れば星来客二十名許夕食

六月十七日　水　曇雨

八、三〇教室、愈々明日より自室のものを運ぶ順となるその準備をする、きみ子来りて大に働く、索引タイプライタア、二時半去て家に帰り更衣、青山斎場、北里氏告別式、往復共雨盛に降る、四時過家に帰る、晩九時過可なりの強震あり、室外まで出る、きみ子も同く出る　新(ママ)協等よく眠りをる

六月十八日　木　曇

八、三〇教室、自室移転、既に運搬を始めゐる、更に旧細菌教室自室に到る、きみ子十時頃来り助く、午前中に大部分運ぶ、きみの計にて人夫等小使等に午後休憩時にとていなりすし（三円）をやる又小使四人に特に五円遣る、午後は物の配置、特に石器時代頭骨を順序を並て戸棚内に納む、きみ大に働く、自分は労働困る六時共に去る、白十字にて菓子を買ひて帰る、明治三十九年新築成りて移りたる解剖学教室を去りたり

六月十九日　金　曇

八、三〇教室、午後きみ子来、室内整理を助く、石器時代人骨箱百余個の置場は河合助手相談の上適当のところに置くこととす又人類計測器は横尾助手室戸棚に入れる、其他は悉く自室に納む、大体終りて五時半去て共に帰宅

六月二十日　土　曇晴

八、二〇教室、午前は机上の書籍整理、これにて先つ移転仕事済みたり、午後輯報索引タイプライタア、四時去て柿内、児等皆あり無事、茶の稽古中、六時半過帰宅

六月二十一日　日　曇晴

昼夕共星来客食事、午後せい子共に三児を連れて出かける銀座松屋に到る　大混雑直に出て富士屋(ママ)にて児等食す、これより芝離宮苑に到る、五時前帰宅

六月二十二日　月　晴

七、五〇教室、タイプライチング、自室戸口に近きところの床板を張る　非常にやかまし、タイプライタアは丁度適当しく、山越長七来訪　六時過帰、石原きよ子殿来り居る

六月二十三日　火　晴

八、四〇教室、午後きみ子親坊を連れて手助に来る、外物置より貝塚人骨の箱を運ぶ、これを順序を立て整頓す

なかなか労働なりきみ子大に働く　六時帰宅

六月二十四日　水　晴曇雨

昨夜親坊熱発す源因不明、九、二〇教室、室内小整理、五時過帰

六月二十五日　木　雨

八、四五教室、五時帰宅、協を連れて槇町え、雑物を買ひ与ふ、親同様なり床中にてはね遊ぶ

六月二十六日　金　曇

八、三〇教室、午後川上政雄氏の案内にて森本千之助老医来訪、息の墓改葬の際一骨片出、これが獣なるか、人骨なるかの鑑別を乞ふ、獣の肢骨なること明かなり氏満足して去る、六時帰宅

六月二十七日　土　晴

九、二〇教室、長崎高木氏方小野氏論文第二原稿到達、六時過帰　星客二五名許、親坊最早何ともなき様なり

六月二十八日　日　曇晴

午前星両人きみ子三児を連れて出かける、自分は家にありき、午後は山川健次郎氏告別式に伝通院に到る星氏同行、晩又々星客十余名、急に熱くなる

六月二十九日　月　晴

八、一五教室、松村氏を尋ね明石旧石器踏査の模様を聞く、判断容易ならず、午刻室に帰る、午後川上夫婦来室Mの根数増加の歯多数持ち来り示さる、輯報解剖第二冊第三号中京都太田氏論文四種附属図版を製本の際脱せるを学研と電話にて始めて知る、ヘラルド社員来室など事多し且つ校正忙はし　七時前帰宅

六月三十日　火　晴

七、四〇教室、長崎高木氏え第二論文費支出されたき旨書面を出す　又同時に第一論文校正を送る。京都太田四論文附属図版五枚は全く三秀社が製本の際脱したるものなること明かになる　午後家に帰り親協を連れて三越え行く二児の歓ぶ様面白し

七月一日　水　晴曇

八、〇教室（親と自動車）昨日シュラギンハウフェン（チユリヒ）、ワーゲンザイル（上海ウースン）論文寄贈礼札を出す、六時半帰

七月二日　木　晴

八、〇教室　フィック（ベルリン）、ルンドボルグ（ウプサラ）、ブラック（北平）三氏え著述寄贈の礼札を出す、六時過

帰

七月三日　金　晴

きみ親を連れて千駄ヶ谷にユンケル未亡人を訪問す恰もバネル氏松本より出京せりと、明後出発賜暇帰国すると、エリダ嬢学校より帰り来る　親坊おとなしく嬢と遊ぶ、茶菓の馳走あり十一時過辞し去る　これより外苑絵画館を見、エンタクにて帰宅十二時過、なかなか熱し、午後在宅

七月四日　土　晴　夕立

八、二〇教室、六時半帰　時に雨稍止む

七月五日　日　晴

午前全家動物園、午後は自分親協を連れて赤羽の橋向ふの草原にて遊ぶ三時帰る、終日児等と戯る

七月六日　月　雨

八、一〇教室、六時半帰

七月七日　火　雨

八、〇教室、三児車にて送る、六時半帰

七月八日　水　雨曇

七、五〇教室　昨日の通り三児送る、午後賢信昨日試験すみたりとて教室え来る、家に帰りて皆々賑かに遊ぶ、十時帰り去る

七月九日　木　曇雨

八、一五教室、六時半帰宅

七月十日　金　雨

九、一〇教室、小使四人え中元三円つつ遣る、六時過帰

七月十一日　土　雨

自室ガラスを拭ふに付仕事出来ざるを以て教室行かず、終日家にありて児等と戯る

七月十二日　日　雨

十一時半教室、直車迎に来、星案内全家出かける、麻布材木町南甫園にて昼食、二児歓びはね廻る、銀座伊東屋に入る四時帰る、小林ちか子来り居る、在ミユンヘン三二より長き手紙、当地滞在は二年間とビーラント教授に通告せること、後伯林一ヶ年位、妻渡欧のことなど、在ブラジル石原幾太郎氏来書きよ子離縁に付仲介者にまかす云々

七月十三日　月　雨

八、〇教室、四時去て学士院、珍らしく早くすみ八時頃帰る

七月十四日　火　雨

八、四〇教室、六時半帰

七月十五日　水　雨

九、五〇教室、六時半帰

七月十六日　木　曇

九、一五教室、六時半帰

七月十七日　金　曇晴

きみせい二児荻窪に梛野家を訪ふ、保子元気、弁当を使ひ、去て吉祥寺まで行き、動車にて三鷹禅林寺に到り鷗外氏墓詣で三時半帰宅

七月十八日　土　曇

八、〇教室、校正全部小包にて大阪原守蔵氏に送る、森氏来室千駄木未亡人軽き脳溢血のよし但し医師林氏よりの知らせなりと、七時過帰宅

七月十九日　日　晴　突然熱くなる

九、五〇教室、輯報Anatomy編纂大仕事なり、去二月末原稿を受取り五月中旬より殆んどこれにかかりきりなり　併し大部分は了りたり　今日も終日これに費す七時去て家に帰る　星五十三名とかの人を集め夕食、今大部分帰り去りたるところ、跡片付け最中、非常なる混雑にてありしと

七月二十日　月（曇）雨

九、一〇教室、六時半帰

七月二十一日　火　曇雨

せい子と二児を連れて三越、土用入りなるも甚冷、昼食せしむ、一時帰宅往復共雨に遇はざりき、三時過出て柿内へ、明日全家出発富士麓山中湖畔に避暑すると、整荷最中、車にて雨中六時過帰宅

七月二十二日　水　雨

八、四〇教室、六時半帰宅

七月二十三日　木　曇

八、二五教室、ワーゲンザイル氏帰国の前に京都へ来りたりとて足立、木原氏連名葉書来る、六時半帰

七月二十四日　金　曇

八、二〇教室、三宅鉱一氏米国プロフェッサー・ロスウェル・H・ジョンソン氏を伴ひ来訪某氏通訳、優生学者なり　日本民族成立、アイノ起原など種々質問あり、石代頭骨アイノ頭骨など示す十二時去る、弁当を使ひ直に帰宅、親協を連れて出かける、まさ侍す、不忍池より動物園、四時半帰

七月二十五日　土　曇

八、〇教室　三児車にて送る、於菟来室まり戻り居ることと岡田より話ありたりと、又まり借家して別居しゐるよし、六時半帰

七月二十六日　日　曇晴強風

午前星同車新橋駅、是より芝埋立地に到り海岸を一寸眺む風強し　一寸公園に入り前駅にて星氏を誘ひ帰宅、午後きみ子共に二児同車、岡田家え寄る自分は車中に待つ、これより日本橋西川にて自分の蚊帳を買ふ。中食は十五六名、夕食は七八名。昨日大審院より破産の却下の通知あり　これにて確定の筈と思ふ　今後如何当人別に異状なし

七月二十七日　月　晴

八、〇教室　三児車にて送る、六時半帰

七月二十八日　火　晴

八、〇教室、六時半帰

七月二十九日　水　晴

八、一五教室、六時半帰

七月三十日　木　晴

七、五〇教室、教室小使日向孫一郎勤務満二十年を祝ふため拠金のところ今日結末四五〇円同人え贈る且つ赤前のハイジンと云ふ西洋料理にて午餐を共にしたり、他の小使山本、中島、小菅（女）を始め三教授、助手副手、又偶然千葉の森田氏十六人ばかり、二時室え戻る、味深き集まりなりき　五時過帰宅、更衣、六時学士会館に到る、故緒方氏十三回忌に当ると遺族より招ねかれたり、四〇名許集る　桜井錠二氏始め自分田代義徳氏の挨拶を以て終る、九時過帰宅

七月三十一日　金　晴

親協を連れて隅田公園散歩言問にて食べさせ午刻帰宅なかなか熱し　午後は家にあり、女子国文教科書にきみ子の文掲載あり、きみ子満足

八月一日　土　晴

七、三五教室、本郷郵便局に到り Beiträge f. Physische Anthropologie〔＊自然人類学会費〕1930, 1931, 1932 三ヶ年分会費、15Rm.（7円26銭）書肆ヅルツ（ミユンヘン）Rm. 24.70（11円96銭）及びO. A. G. 本年度会費拾弐円を出す、混雑、四十五分費す　四時半三児迎へに来、室内賑か

八月二日　日　晴

土用らしき天気、九時半全家出かける、月島に到り海水浴場を見る、小機舟にて台場に渡る、弁当、熱し、追々人々の来り集まるもの夥し、月島に戻り二時半家に帰る

八月三日　　月　晴

九、三〇教室、六時半帰宅、晩食後槇町へ行き昭和大礼要録発行になりこれを買ふ

八月四日　　火　晴

晩夕刊に安東夫人逝去を知る今日午前悔に行く、神式なり　霊前に五円供ふ　その他家にありて児等の相手

八月五日　　水　晴　強羅行

午前家にありきみ子は手荷物調など忙し、昼食、安東家え告別式に両人行く、二時よりなるも汽車の都合上早めて名刺を出し帰りて直に支渡、親協喜び出かける精子送る、女中二人二、三〇発、熱さあまりきびしからず、小田原湯本の乗りかへ都合よく五、三〇強着、田中屋主人駅にありて荷物の世話をなす、留守婦しきりにきみに苦情談をなす、浴、児に携へたるすしなど食べさせ眠につかしむ、蚊一、二あり帳を用ゆ

八月六日　　木　晴

朝両人親協を連れて公園、二児岩に上りよろこび遊ぶ十時帰りて少し食し室にあり、昨年春京都稲荷にて求めたる鳥居二個を親切いなりに供ふ、午後自分は家にあり

八月七日　　金　晴

朝急に思ひ立ち山中湖畔に柿内全家別荘を借り避暑し居るを訪ふこととす、強羅を八、三五発車、小田原に下り国府津にて乗りかへ御殿場下車偶々国府津御殿場間は乗車券に含まれ居らざることを気付き其間の賃金一円十四銭払ひなどする中に乗り合自動車既に出車す、一時間半間ありと駅休憩所に入る徒然、午刻に近く弁当を使ふ、偶々乗合車出来たりとてすすめられ十二時半頃発す、車台悪し、満員以上、困、須走を経て籠坂峠を登る、富士雲中にあり、途中にて下車、炎天陰なき原を歩くこと三十分ばかりにしてホテルに達す、二時頃漸く柿内荘に着く、あいにく三郎氏賢信は東京え行きたりと、他は皆元気、富士登山談、此辺落葉松地帯、二時間ばかり居て去、帰途はバス社営のもの門前にて呼び止めて乗る、峠下りは景佳、御殿場にて一時間待ち、バスにて宮の下、長尾峠佳、富士全く晴れ太陽山背に没す、強羅に帰れば八時。きみ子留守中のこと、番人面白からず明日は人来るに付室を明け

よとか、兎に角明日帰京と決す

八月八日　土　晴

五時起、皆支渡に忙はし、自分二児を連れて駅え切符買に行く尋で皆来る　七、五二発車、湯本、小田原乗り替へ都合よし、列車乗客少く甚楽、二児気嫌（ママ）よし、アイスクリイム大よろこび、十一時東京駅着、精子迎へに出てゐる、アウトにて十一時半帰宅、休、暑酷し三一度を越す

八月九日　日　晴

九、二〇教室、輯報抄録、索引校正、福岡小山龍徳氏え度々来信に対し且つ最近には暑中見舞に令息在外研究員拝命の由に付祝賀旁返事を出す、六時半帰宅　昨日星氏社員拾名率ひて強羅え行きたりと　留守中小林文郎氏来訪、小林幹氏六月下旬脳溢血、板橋の脳病院小使勤務中、文郎氏等種々工風の末遂に行路病者として養育院に入れたりと、親戚中にかかる人を生したりとは嘆

八月十日　月　晴

九時過教室、六時半帰

八月十一日　火　晴

九、〇教室、六時半帰

八月十二日　水　晴

九、〇教室、六時半帰、夜に入り夕立

八月十三日　木　晴

九、〇教室、六時半帰

八月十四日　金　晴

九、一五教室　安川え製本費二十五円払ふ、長崎小野氏論文校正全部高木氏え送る、六時半帰

八月十五日　土　晴

九、〇教室、六時半帰

八月十六日　日　晴

九、一〇教室、六時半帰、星二〇名計の夕客あり　きみせい二児を連れて新井、岸両家、桑木え暑中見舞え廻る

八月十七日　月　晴

八、三五教室、六時過帰

八月十八日　火　晴

八、一五教室、六時半帰

八月十九日　水　晴

九、三五教室、六時半帰

八月二十日　木　晴

八、三〇教室、六時半帰

八月二十一日　金　晴

八、二五教室、きみ子早朝山中湖畔柿内を訪ふとて出行、六時半帰宅　岐阜武山定雄氏本年も見事なる香魚贈り来る

八月二十二日　土　晴

朝於菟児を連れて武山氏より送り来りたる香魚受（ママ）り来

在家休養、きみ子八時頃帰り来る山中柿内別状なきよし

八月二十三日　日　晴

星早朝塩原え行く、車あるを以て全家出かける不忍池蓮花を見て三越、食堂、なかなか熱し、十二時前帰る　福島甲子三氏より求志堂遺稿処望に付一部送る

八月二十四日　月　曇　晩雨

在家、晩松原氏来、米産佳メロン一個贈らる、夕刻急に冷くなる

八月二十五日　火　雨

冷、心地よし、八、三五教室、福岡小山氏息米国留学明後日出発するとて挨拶に来室、輯報校正、ベーグマン氏抄録第二の部分を送る　六時帰

八月二十六日　水　晴

九、二〇教室、午後原正氏欧米より帰朝来室、留学中研究の模様に付談　特に二論文（指文（ママ）及クラニオ・ファチアル・インデックス（＊頭蓋幅指数））のこと其他諸解剖家のことなど四時まで話したり、六時半帰

浜口前首相午後三時遂に逝去、米夫妻飛行家北帯を経て今夕入京

八月二十七日　木　晴

九、〇教室、輯報初校全部了る、後ただ第二、三校少しく残るのみ六時過帰

八月二十八日　金　晴

きみ子付きそへ三児送る八時三五教室、熱さ酷し、六時帰

八月二十九日　土　晴

八、二〇教室、小使山本の娘今朝死亡せしよし香花料五円遣る　Abstracts 1929 校正末部をベーグマン博士え送る、六時半帰

八月三十日　日　曇晴

昨日来冷、在家、午後三児を連れて芝離宮公園、四時過帰宅、星昨今晩共客あり、夜遅くなるその精力絶倫　横尾氏より探検旅行中、内蒙林西出（八月十一日）手紙到、先々徒労ではなきよし

八月三十一日　月　雨

八、一〇教室、六時過帰

九月一日　火　曇晴

九月二日　水　曇

八、三〇教室、震災八周年記念日、六時過帰

九月三日　木　曇

八、三五教室、岡山八木田氏出京来室、六時半帰

せい子買物ありとて松坂屋え自分も児等と行く、午後在家、一寸庭え出る

九月四日　金　曇

七、五五教室、六時半帰、製薬社又々七十名許解雇せしよし　きみせい騒議のことを心配す

九月五日　土　晴

八、一五教室、横浜独逸領事館よりミユンヘン書肆ヅルッ請求書をよこす、直に支払済の旨返事を出す　横尾氏蒙古探検旅行より昨日帰京せりとて来室　長々と旅行談を聞く、六時半帰　せい子協、鳩を連れて久里浜え行きたり、騒議を避ける意味なり　親は昨夜来熱発、残り静養

九月六日　日　曇　夜に入り雨

早朝解雇員十名許来る、格別のことなく去る、自分在家終日親の相手、屋代氏来診、全く咽頭炎と決す、星氏終日家に在り珍らし

九月七日　月　雨曇

八、一〇教室、六時半帰

九月八日　火　晴

八、二〇教室、程なく柿内氏来室、此頃公の問題となり居る教育制度に付氏の意見ありこれを如何なる方法を以て発表すべきか云々　氏は選狭の範囲か云々、自分は抽象的のものとすべきを述ぶ　午刻去る半日費したり、五時半去て槇町にて絵本を買ひ帰る　親まだ熱あり

九月九日　水　雨

朝門扉に楽書あり、解雇員の行為なるべし不快　九、〇教室、社員の解雇せられたる六十名許の代表として二名来り　陳情三十分にして去る、六時半帰る、先刻家の方えも六人来り中に庭師もあり電車代を遣りたりと、星帰途品川八ッ山にて待ち伏あり騒しきことあり、星も帰り来る、護衛者警官数名来る、門扉はあく洗をす併しなかなか消へず、読み得ざるまでになりたり、親坊下熱の様

九月十日　木　雨晴

九、〇教室、緒方知三郎氏来室、卒業二十五年になるを以て級会を催すと又記念写真帳を作ると、午後家より電話、解雇員教室え来るやもしれぬと、よつて三時前去て柿内、児全部あり元気、六時帰る　親坊熱なし、星早く帰る、坂下に数人待伏せし居ると、十時門扉をたたくなと穏かならず

九月十一日　金　晴

又熱くなる、八、四五教室、六時半帰、晩厳小林由う子を連れて寄る

九月十二日　土　晴

熱さ酷し在宿、親坊右示指少し化膿、塩田外科松倉氏来診　星大阪え夜行

九月十三日　日　晴

在宿

九月十四日　月　曇

九、〇教室、島村孝三郎氏来室二、三日前に帰京せりと、横尾氏を呼びこの度旅行は先つ成績満足といふべしと談合せり、緒方知氏来室自分の写真を貸す、六時過帰　星大阪より十時頃帰る、甚騒々し、一時過ぎて眠る

九月十五日　火　曇

八、二〇教室、松村氏来室在巴里中谷治宇二郎氏巴里博物館と連合日本極北考古学的研究を企図し発掘し、出土品は一部仏国搬送、弁宜上東大副手東北大嘱托云々の件松村氏憤慨長談、時にきみ親坊を連れて寄る外科え指繃帯換へに来りたるなり、福田邦三氏留学のところ帰朝来室　アイヘル（キール）、アベル（ウィーン）文書寄贈の礼札を出す、長崎高木純氏小野氏論文印刷費第一は全部、第二は半額学研にて負坦のこと申送る、六時過帰

九月十六日　水　曇（小雨）久里浜行

社争議この度のもの昨日片付きたるよしに付久里浜行き、十時前両人親坊を連れて出かける、湘南電車を用ふ、横浜乗り継ぎ等都合よく浦賀にて乗り合自動車まつ、久里浜橋修繕中に付ここにて下る　午後一時森別荘に着、昼食、協一、鳩子眠り醒め、賑かになる、皆々海岸え行く暫く遊びて帰る、入浴

九月十七日　木　曇少雨あり午後晴

早朝附近散歩、、午後精子鳩子を連れて帰京、地引網老爺の案内にて北方海岸岩上に遊びあさり貝を取る、親協大悦、帰りて直に晩食に供す

九月十八日　金　曇　晩雨

附近川の辺を歩く、午後は住吉神社の岩に遊ぶ獲物なし、入浴

九月十九日　土　晴曇少雨

朝海岸、みよ女横須賀より来る、老爺東京日々の号外持ち来る　始めて昨夜半奉天に於て日支兵衝突、支兵鉄道爆破が源因のことを知る尋で東京朝日のやや精しき号外来る、当分騒がしきことなるべし　午後畑中歩く

九月二十日　日　晴

十二時前精子鳩子を連れて自動車にて迎へに来る、賑か、皆々荷物を整ふ、一時一五出発、三崎へ廻るつもりなりしも直に油壺に到る、実験所を見る、精子は曽て星と自動車にて来りたることあり　思ひ起したるならん　なかなか熱し、半島ドライブ快、逗子え出る筈なりしも横須賀に出たりこれより順路を走る、三児共睡る、横浜にて醒む、駅食堂に入りてアイスクリイム食べて皆悦ぶ、五時半帰宅、星客二十名許あり混雑、先々この度はこれにて片付く

九月二十一日　月　曇晴

八、四五教室、島村孝三郎氏来室、横尾氏を伴ひ外務省文化事業部え挨拶に行くと、京都足立氏え外務省情報部長白鳥氏より動脈運賃精算書を送り越したを転送すベーグマン氏より Abstracts 中部第二校漸く戻る　午前十一時二〇強震あり、埼玉、群馬被害多し、死傷あり

九月二十二日　火　晴

九、五〇教室、ヘラルド社員秋本といふ人別刷表紙持ち来り　氏の両親金婚祝品とかの焼き物を贈らる、下瀬謙太郎氏来室、祖先調べの談あり、六時帰

九月二十三日　水　晴

好天、全家三越え、自分冬帽子を買ふ（十一円）、午刻帰、午後在家、庭え出る

九月二十四日　木　晴　祭日

全家アウトにて出かける、浦和在大田窪鰻を食す、先年行きたりことあり途中に大に開け人家多し、すすきの穂など取る、大宮公園裏の於菟新住宅を訪ふ、大社に詣で五時帰宅

九月二十五日　金　晴

八、三五教室　Abstracts 1929 最後の校正をヘラルドえ送りたりこれにて当分は輯報片付く　六時半帰

九月二十六日　土　曇雨

八、三〇教室、午後人類学例会、横尾氏蒙古旅行談、六

時過帰

九月二十七日　日　雨曇

九、五〇教室、三時去て柿内、五時半帰宅

九月二十八日　月　晴

保子長岡より帰り来、昼食、書棚大掃除二ヶ年怠りたるがきれいになりたり

九月二十九日　火　曇雨

午前親協を連れて動園、山王台広小路より市電にて帰る、午後在家　庭に出たるも雨風となりたり

九月三十日　水　曇晴

八、二〇教室、六時過帰

十月一日　木　曇

九、〇教室、三時去て帰り庭え出る

十月二日　金　曇

八、二五教室、六時半帰

十月三日　土　晴

八、二五教室、二時半去て帰、庭え出る

十月四日　日　雨

新(ママ)、鳩二児の誕生を合せ祝ふ、星三児を連れて買物に出る、帰りて自分新協を連れて柿内え迎へに行く　信悌二児来る、悪天屋内にて遊ぶ　三時過ぎて送り返へす

十月五日　月　雨曇

八、三五教室、歯科学会講演用齲歯統計表二枚書く、大仕事なり　六時過ぎて室を去る

十月六日　火　曇雨

八、三五教室、昨日のつづきの表書き終る、事務室の成川書記来り大正七年頃医学科課程改正のことに付き質問あり、自分が主してそれにあづかりたるを以て書類を保存し置きたり、これを持ちて事務え行き渡したり、六時半帰

十月七日　水　雨

八、三五教室、西謙一郎氏久し振りにて来室世間不景気談　七時前帰宅

十月八日　木　雨晴

八、三〇教室、六時半帰

十月九日　金　雨

九、二〇教室、小児頭骨に就て咬合形式を調べるため標本室に入る、狭く身動きつかず、暗くして且つ移転のために標本乱雑、一生中にかかる困難に度々出会ひたりと

は歓極。下瀬謙太郎氏来室先日の下瀬性談、六時半帰

十月十日　　土　雨

八、四五教室、六時半帰

十月十一日　　日　曇

午前全家上野松坂屋行、ナポレオン展覧会、午後庭え出る

十月十二日　　月　晴午後曇（久し振りの秋晴）

朝一ッ橋歯校分室え書物を見に行きたるも記念日にて休業徒労、九時半教室、かねて行きなやみ居たるもふるって田代病院え三輪徳寛氏M3に関する論文医事新聞第61号に出て居るといふを見に行きたり、ところがこの号は明治十五年にして氏卒業以前なり且つ見当らず、号数間違なるべし、一時前室に帰る　足立文氏一寸来室、学士院例会、九時過帰

十月十三日　　火　雨

八、一五教室、非常なる大雨、六時過帰

十月十四日　　水　快晴

漸く晴れたり、午前新、協を連れて日比谷公園、午後庭にあり　五時きみ同道出かけ学士会館に到る、隣家豊島氏一週忌に当る斎なり、七時半帰宅

十月十五日　　木　晴

午前せい子共に三児を連れて植物園、午後庭にあり

十月十六日　　金　晴

八、二〇教室、八幡氏来室人類学会年会に付打ち合せ、早く弁当を使ひ一ッ橋歯校分室え行雑誌を見る四時閉つるに付去る　晩星大客

十月十七日　　土　晴雨

十一時皆（きみ子留守居）出かける　玉川原に到り舟上にて弁当を使ふ児等大悦び三児素足になりて川に入る、二子に廻り遊園に入る時に少し雨降り始む、三時家に帰る

十月十八日　　日　昨夜来雨、曇

八、三〇教室、桜井勉氏出石町に於て九十二才の高令を以て逝去せられたるに付悔状を出す、二時帰宅、アウト都合よきを以て広尾え久し振りにて行く、誠一切りぬき絵を悦ぶ、四時帰、又々星客

十月十九日　　月　雨、曇

日光行のつもりなりしも悪天のため止める、九時教室、井上氏始めて自分引き移りたる室に来、横尾学位論文副審査となることを要請、勿論承諾、四時五五東京駅に島

峰氏帰朝を迎ふ

十月二十日　火　快晴　日光行

無上好天、日光行、三児上野駅まで送る、八、二〇発、車内閑静、宇都宮出て食堂に入り少し食す、一〇、五〇日光着、金谷ホテルに入る二階北向室、社の杉森を向に大谷川の音聞ゆ、庭に出て大黒山に登る眺望よし、十二時食堂に入りプツヂングなど少し食し一時出かける　例順に三仏堂、東照宮、奥院まで上る、出て突然きみ子吐す且つ激しき腹痛を訴ふ、あらめ石前にて暫時休、やや軽快、二荒社を経て大猷院廟を見る、終りに宝物館（近年出来たもの）を見て四時過ホテルに帰休、七時夕食、自分食欲更になし、極く少し試みて後休憩室にて、すみ子、賢信、親、協えホテル絵葉書を出す、室に入り九時床に入る

十月二十一日　水　晴曇

腹工合少し悪し、きみ子も同、オオトミイル少し食す、出て乗合車を待つ　きみ児等に土産品を買ふ、九時中禅寺え向て発す、満員究屈（ママ）、馬返しにて乗りかへこれより小型車にて登る、華厳滝、エレベエタアにて下り眺む、尚ほ近く進むべく試みたるも水多涌き出て難、きみ足袋をぬらすなど、止めて尚ほ白雲滝を見て再ひ上り、上より滝を見る、中禅寺まで歩く、神社まで行きて戻る、小屋にて憩ふ、炉辺にて温る、老人ありて色々談す、中食時なるも二人共食せず、十二時半バスにて帰途につく、含満淵にばけ地蔵を見て徒歩ホテルに帰る、三時茶菓、家に帰ることとす、ホテル一泊食付二五円、三三え葉書を出す、四、二〇日光発、時に少し雨降り出す、七時帰宅、三児共まだ起き居たり

十月二十二日　木　快晴

九、二五教室、二時半帰宅、庭え出る

十月二十三日　金　快晴

せい子と親協を連れて井の頭公園行、池上にボオトを漕く　二児大歓、杉森内にて弁当を使ふ、三時家に帰る、八千代子誠一を連れて来る、次に保子来

十月二十四日　土　晴

十時上野学院、輯報編纂（ママ）委員例会、主題雑誌略字の件、出席者、佐藤、森島、久保猪、今及自分のみ、午食し一時教室、足立文氏来室長談、横尾氏ダヤアク論文印刷出来、今日教授会に上る筈　人類学会年会なるも足立氏来、欠席、六時過帰、客二〇名許

十月二十五日　　日　晴

午前庭にあり、午食全家自動車遊走、隅田公園、向島側を歩す　千住を通り放水路堤上にて児等三時を食す、王子を経て三時帰宅

日支満州事件国際聯盟にて愈日不利（1日13諸国）と決定

十月二十六日　　月　雨

九、〇教室、六時過帰る

十月二十七日　　火　晴

八、三〇教室、午刻生化学教室に到り柿内氏に英文質問、入口にて林学部長に逢ふ　支那に関し人類学的研究のことを話す、川上政雄氏来室、ディーク島峰と写したる写真持来、六時過帰

十月二十八日　　水　晴

小春日和、午前庭にあり、午後親、協を連れ不忍池より動物園に遊ぶ

十月二十九日　　木　快晴

午前せい子共に三児を連れて芝離宮公園、午後庭にあり、がく一部つむ

十月三十日　　金　快晴

「朝日」に会社破産判決のこと出る、先般は個人、今後成り行き如何、予想中の最悪結果に到りたる訳なり、九、〇教室　越後三条の新聞記者西脇某来室寄附のこと、昨日留守中福田邦三氏来宅、名古屋医大に赴任すると、倫敦土産など持ち来、今日又教室え告別に寄る、六時半帰

十月三十一日　　土　晴

八、五〇教室、四時去て柿内、五、三〇帰る

十一月一日　　日　晴

一〇、〇教室、悶々、教室閑静、六時少し前自室を去る

十一月二日　　月　晴

朝駕籠町まで行き三児に花電車を見せてやる、十時教室六時過帰

十一月三日　　火　晴　祭日

朝三児を連れて三十分間アウト遊走、上野を廻りて帰る、十時教室　六時帰、晩きみ子と住地に付少しく談す

十一月四日　　水　晴

九、二五教室、安田恭吾氏来室、江戸図を持ち来る、丁度自分所有のものと同一なり、片山国嘉氏昨夕死去、午後二時より病理にて剖検、これに列す、三時室に帰る、

六時帰宅

十一月五日　　木　雨

朝土肥慶蔵氏重体を番町邸に見舞ふ、人々多数集まり居る　病床に到り親しく告別す、二回固き握手す、九、四五教室　朝日新聞記者来室故片山氏のことに付話したり、五時半帰宅　入浴、晩食後牛込筑土八幡町片山邸に行く、通夜に当る、読経あり、九時半辞し去る　今日三輪氏えM3論文を返したり

十一月六日　　金　雨

八、二〇教室、午後一時愛宕下青松寺に到る、片山家葬式に列す　二時読経終る、自分は辞し去る、土肥氏今朝六時逝去、午後三時半剖検、これに列す四時半室に帰る

書物十六冊製本に渡す　大雨中六時帰宅

十一月七日　　土　快晴

午前きみ子共に親協を連れて日比谷菊花を見る、午後庭に出てがく等をつむ　これにて冬に向ひ庭の仕事片付く、保子来るその元気を喜ぶ

十一月八日　　日　快晴

児等と庭にあり、午後二児を連れて吉祥寺内を歩く

十一月九日　　月　晴曇

八、五〇教室、昨日呉良一より手紙、軍医大佐に昇進したよし且つ第一艦隊軍医部長として乗艦、近日皆に出京するよし申来る　ミス・マルビーナ・ホフマン邦人二名同道来室　エリオット・スミス教授の紹介状持参、フィールド博物館（シカゴ）の役員、彫塑家なり、アイノの塑像を造りたしと、その方法に付相談、午後O．A．G．に到りベーグマン氏に抄録校正料一一〇円券渡す　二、四〇教室に戻る、赤門前の写真師市川を呼びてアイノ写真六枚の復写を頼むミス・ホフマンの所望なり　六時帰り入浴、晩食、番町土肥家弔問、香奠五円供ふ九時過帰宅

十一月十日　　火　晴

八、四五教室、早く弁当を使ひ青山斎場に到る土肥家葬式なり　実に大家式なり、一、四五教室に戻る、六時帰、晩緒方規雄氏来訪　リケッチア発見、授賞のこと、甚面白からす感す

十一月十一日　　水　晴

会社騒がし昨日芝え数百名押しかけたりと、八、五〇教室、六時小川町たから亭に到る島峰氏帰朝歓迎会なり、十時半帰宅

十一月十二日　　木　晴曇

社破産争議面白からぬ様子三人心配、九、四〇教室、足立氏来室　五時学士院例会出、九時半帰宅

十一月十三日　金　晴

十時過せい子用達にとて二児を連れて出かける三越に入り児等中食、後屋上にて遊ぶ、二児帰宅在家、庭を少掃く　土肥健男氏不幸に付て挨拶来

十一月十四日　土　雨

八、四五教室、六時過帰

十一月十五日　日　晴曇

午前星、三児、きみ自分同乗、星を土橋送りてこれより山王氷川神社、児祝日大混雑、詣を止めて明治神宮に到る　ここまた人多し、廻りて裏より入りて参拝す、天晴、気暖児等大悦、十二時前帰宅　午後渋谷氷川町に柳沢銀蔵氏見舞ふ、氏去八月脳溢血にかかり臥床、四時帰家

十一月十六日　月　曇

午前上野帝展を瞥見す、絵はがきを買ふ、十一時四五教室　午後額田晋氏来室学士院研究費申請の件なり、在ミュンヘン三二え種々思ひつきたる重要なること書きたり、報知記者某来、ホフマン女史のモデル云々に付談あり　Ｈ・クレート（ベルリン）論文礼札を書く

十一月十七日　火　晴

九、三〇教室、三時去て柿内、三郎氏風邪在宅、五時過帰る

十一月十八日　水　晴曇雨

九、〇教室、不斗散歩を思ひ立ち一時家に帰る、天曇り都合も悪し、せいと三児を連れ吉祥寺内を歩く

十一月十九日　木　晴曇

八、二〇教室、六時過帰

十一月二十日　金　晴

九、〇教室、薬社なかなか六ヶしき様子、六時過帰

十一月二十一日　土　曇雨

八、四五教室、新潟川村麟也氏英文原稿昨日送り越したるに付輯報に掲載然るべきや問合せ手紙を出す　家より良一家族今着したりと電話あり直に帰宅、賑か。四時頃良一等桑家え赴く、自分は岸家を見舞ふ敬次腹工合兎角（ママ）思はしからず、六時帰宅、雨本降りとなる

十一月二十二日　日　晴曇

星車に児等皆同乗五反田駅に到る　星氏ここにて降り、引き返へして動物園に到る、丁度動物祭にて園内大雑沓、余興あり、一時家に帰る、附近にてゴム風船など買ふ庭

にて遊ぶ、夕刻良一等も買物して帰る、晩大賑か

十一月二十三日　月　曇雨

皆それぞれ出るに付自分は八時四〇教室、四時帰りて五時半皆と出かけ南甫園に到る、良一等出京の機会に集まりて食事、良一はゴルフより素、純は桑木夫(ママ)と共に来、豊島未亡人共行、星氏丁度来総て十一人、柿内、岸は不来、雨降りて天気悪きも皆満足、八時帰宅

十一月二十四日　火　曇

十一時五〇教室　フィルヒョウ氏えウンタンのことに付、ディーク氏え帰国後始めて手紙を出す、於菟来室あんぬ子、類二人にて昨日仏国え向け出発したるよし、又名古屋医大解剖の位置新たに詮議中の談あり　六時過帰宅、素子純子は北町に泊る、名古屋佐藤亀一氏より於菟の件に付問合の手紙来

十一月二十五日　水　曇

九、三〇教室　ワーゲンザイル教授（ボン）論文礼札を出す　新潟松平氏の輯報原稿へラルドえ渡す、故土肥氏主宰雑誌記者来室哀悼辞筆記を検す、六時前帰る、良一等皆帰り居る、賑か　八千代子二児を連れて来りたりと

十一月二十六日　木　晴

良一等出立に付その用意、家中動く、児等は庭に遊ぶ、田鶴子来早く昼食、十二時過皆出かける、車二台、一時発車、気嫌(ママ)よく立ちたり、これより丸ビルに入り二児にかるたを買ふ、二時半帰宅、自分は庭に出枯枝などつむ

十一月二十七日　金　曇

八、四〇教室、六時帰

十一月二十八日　土　曇雨

九、〇教室、柿内氏能舞、招かれたるも不行、きみ子は行くべし　新潟川村氏へ写真図折れ目あること及著者姓名のことに付葉書を出す　六時過帰る

十一月二十九日　日　晴

せい子の意により三児を連れて明治神宮参拝、午刻帰宅、後一時教室、名古屋佐藤氏え森名大のことに付問合せの返事を出す、六時半帰

十一月三十日　月　晴

一ッ橋え行き歯科書を見る、四時去て帰れば足立文氏先刻来り待ち居る、晩食、八時過去る

十二月一日　火　晴

せい子と親協を連れて三越、面白く遊ぶ食堂に入る一時

過帰、直にH・フィルヒョウ、W・ディーク及三二え五重塔カレンダアを送り出す　三時教室、横尾氏蒙古写真出来たりとて数拾枚示す　六時過帰　牛込小松祖母殿七回忌繰り上げに付きみ子出向く仏前え三円供ふ　岡田家より電話、まり佐藤家今日愈離婚と決定せりと

十二月二日　水　曇

九、二〇教室、午後一ッ橋歯校行、書誌を見る　四時過帰宅

十二月三日　木　晴

九、〇教室、午後一ッ橋、四時半帰宅、社員五、六名居る、食に困ると、きみ子困りて車賃を与へて帰したり

十二月四日　金　晴

八、四五教室、午後一ッ橋、五時帰宅、BNA於菟より得て良一え送る

十二月五日　土　晴

社の模様益々悪し困りたることなり、九時教室、午食後松村氏入院を外科病室に見舞ふ、痔及ポリイプの由、経過宜しと　六時半帰

十二月六日　日　晴

親、協を連れて銀座松屋行き、まだ混みあはず面白遊ぶ、少し早きも食堂に入る、十二時帰宅、一時教室、六時過帰

十二月七日　月　晴

九、〇教室、漫画家来室自分を画く、午後一ッ橋、五時前帰宅　海野秀平氏来り居る、社員負傷せる診断書の件、金森夫人社破見舞として来

十二月八日　火　晴

九、〇教室、大沢ユリヤ未亡人礼拝に来りたりとて寄る種々一族の談あり、小春の好天なるにより一時過帰宅、親協を連れて日比谷公園え散歩四時帰宅、海野氏再ひ来、父上忌日なるも別にかはりたることせず

十二月九日　水　曇

九、〇教室、山越長七氏室え寄る、午後一ッ橋行、五時前帰

十二月十日　木　晴

九、〇教室、午後一ッ橋、五時前帰宅

十二月十一日　金　曇雨

昨夜来愈々若槻内閣危し、民政々友と協力内閣か。九、三〇教室、歳末として小使四名え三円つつ遣る、午後一ッ橋、時に雨降出す、車て四時半帰、若槻内閣総辞職、

安達内相の協力内閣説が直接の原因、巴里聯盟理事会にて大体日本有利に決定

十二月十二日　土　曇

九、三〇教室　額田晋氏来室学士院補助申請の件　岡書院主茂雄来室人類学大系出版のことに付懇望あり　学士院例会、額田氏の書を出す　九時帰宅、今号外出て犬養老に下命

十二月十三日　日　小雪曇

やはり政友単独内閣、協力内閣失敗、十一時教室、三時去て柿内、児全数無事、三郎氏は北え行きたりと、六時前帰宅　内閣更迭政友となり星都合よしとて社員三十名計集めて昼食したりと

十二月十四日　月　晴　寒急増

午前せい子と三児を連れて銀座松屋、クリスマス飾りを見せる、一時帰宅、二時教室、小使小菅の夫病気、見舞として鶏卵を遣る、六時過帰

十二月十五日　火　晴

八、五〇教室、午後一ッ橋、これにて歯関係文献一応調べ了る　三時四五教室え戻る、六時半帰宅

十二月十六日　水　雨

九、三〇教室、六時過帰、独和辞書紛失す甚奇

十二月十七日　木　曇晴

一〇、〇教室、せい子親協を連れ本郷え買物に行きたりとて室え寄る　菓子を食べて去る、六時過帰

十二月十八日　金　晴

せい子三児三越、食堂、一時帰る、午後青山に大山邸を訪、無沙汰見舞なり、五時帰宅

十二月十九日　土　晴

八、三五教室、新潟松平論文初校来、大阪原守蔵氏え原稿を小包にて送り返へす、六時過帰宅

十二月二十日　日　曇

一〇、一〇教室　三児送り来る、六時過帰

十二月二十一日　月　晴

九、一五教室、六時過帰宅

十二月二十二日　火　晴曇雨

出かけに本郷第一銀え行き学研手当七百拾円を入れ、四百円引出、南江堂に寄り独和辞書買ふ（八円）、十時教室、丁度小使山本標本戸棚掃除中その中段より落ちたりとてさはぎゐるところ、手当の中三百六十五円は抄録謝儀に付西氏に渡す、三百四十五は自分の分なり。長与又郎氏

長く病気のところ出勤せりとて挨拶に来、学者の手蹟書翰などの談あり、学研え手当領収書を出す、山本を家へ送るためにエンタク料（一円）遣る　五時家に帰り更衣、六時虎の門華族会館に到る、東亜好古学会々長細川侯爵の招宴なり、岡部子爵、加藤（地質）、原田淑、島村孝、内蒙古探検団諸氏十三四名、食後蒙古にて採りたる活動フイルムあり　九時半散す、時に盛に雨降る

十二月二十三日　水　曇晴

九、三〇教室、橋田邦氏来室挨拶、六時過帰

十二月二十四日　木　晴

第三回目のクリスマス飾見に親、協を連れて上野松坂屋、せい子同行、屋上にて遊びゐる間にせい子買物し食堂に入る、これより不忍池に散歩、根津より乗合自動車にて帰る時に一時半を過ぐ、昨今きみ曙町地所の件年内に片付けたしとて大に務む、今日勧業銀行員来り種々談し合ふ。自分二時二〇教室、五時過帰

十二月二十五日　金　昨夜雨、今朝曇、雨

良一家族今朝八、三〇着の筈、我々両人親協を連れて出迎ふ、北町え送り純子を連れて帰宅時に九時、自分十一時教室　新潟川村氏え松平論文第二校正及写真原版等小包を出す　福岡平光氏来室、長談、五時自動車迎へに来、純子等皆あり、良一来晩食す

十二月二十六日　土　晴

九、三〇教室、長与氏来室、ワルダイエル先生の書簡手に入れたりとて数種持ち来りて示す、中に 5. Sept. 1920 伯林臨床家某に宛てたるものあり　容体を精細に述べたるもの 23. Jan. 1921 逝去前四ヶ月余の末期に認められたるものらし感慨深し、五時半帰、晩素子純子来

十二月二十七日　日　晴

一〇、〇教室、長与氏のためにワルダイエル先生の手紙をざつと調べたらば三十四五通あり、安川え製本費拾参円二五払ふ、五時半帰宅

十二月二十八日　月　雨晴

九、〇教室、弁当を使ひたるところへ家より電話、天気好くなる、直に帰宅　良一純子を連れて来り居る、良一は雑物を北町え運ぶと、自分は純子、親、協を連れて動物園え行く　まさ侍す、不忍池畔を歩き四時過帰宅　純子泊る

十二月二十九日　火　晴

中食直に精子共に純を送り旁親協を連れて北町え、良一

素子荷物片付けに忙し、次に柿内え、三郎氏始め皆在宅、児等元気再び北町え寄りて親協を連れ四時過帰宅

十二月三十日　水　晴

九、〇教室、五時半帰

十二月三十一日　木　曇

九、一〇教室、横尾氏のダヤアク独逸文に悩む、又々咬合形式論完了せずして年を越す、四時半過ぎて室を去る良一等来一所に食事す狭き茶の間満員賑か、八時去る、九時前床に入る

昭和七年　2592

1932　Koganei　良精満七十三

一月一日　　金　晴晩雨

七時起く天よく晴れてゐる、工場昨日より作業を始めたりとか、今年はどうやら行けばよいがと思ひつつ児等と戯る、十一時前教室　六時過帰宅、留守中橋本一族始め来客ありたりと

一月二日　　土　雨追々霽れる

午後は好天となる星車を以て年始廻りに出かける親坊同乗す、先つ橋本家、ここは玄関にて辞す、次に団子坂上森家、未亡人玄関に出て挨拶、次に三光町岸本家、未亡人主人夫婦玄関にて辞す、次に広尾岸、誠一、敬次先つ（ママ）無事、持ち行きたおもちやを喜び弄ぶ又小鯉、鮒（松原よりよこしたるもの）を池に放つ、親坊菓子をたべなどす、次に青山南町平野家え寄る、次に柿内、上りて休む、全家族あり、信子中耳炎にて臥す但し軽し、終りに桑木家に寄る　主人夫婦に玄関にて祝詞を述ぶ、良一等は曙町え行きたりと、帰途石黒家へ寄る老人寒さに当り少し工合悪しと、四時家に帰る　純子来り居る、八時過良一来り純子帰り去る

一月三日　　日　晴

寒さ薄し、好天、午後きみ子と親坊を連れ明治神宮参拝協一少し風邪の気味にて家にあり、千駄ヶ谷口より入る、なかなか賑ふ　びらびら風船など買ひて帰る、連日社員六七名来り食す、台所忙し、午前雲野氏息を連れて来、又中鶴氏来、夕刻鈴木哲雄氏夫妻二児を連れて来

一月四日　　月　晴

九、〇教室、横尾氏来室　ダヤアク頭骨独逸文このまま独逸人に訂正を頼むは六ヶ敷を以て返す、西氏挨拶に来室、六時過帰る　協一二三日来少し風気

一月五日　　火　晴

九、一五教室　家より電話、良一等来りたる由、弁当を使つて帰る　良一屋え上りてたこを揚げる、児等大喜び、協一風気、四時頃純子単独にて北町え帰る、自分は親を連れ槇町にて絵はがきなと買ひて遣る　晩九、四五分良一等出立を東京駅に送る

一月六日　　水　晴

九、二五教室　H・フィルヒョウ氏より旧臘贈りたるカレンダアなどの挨拶来、エッテキング（ニューヨーク）、ブラック（北平）え著述寄贈の礼を出す、又C・フォン・ベーグマン、フラウ・ユンケル、クルト・マン氏え年賀の挨拶を出す　マン氏弘前高校の雇教師となりたるよし　六時過帰

一月七日　　木　晴

九、〇教室、六時過帰

一月八日　　金　晴、昨夜大雨

九、〇教室、昼時に井上氏室え新年挨拶に行く但し不在、後に自室え来　図書館え行ききみのために和書を借る、なかなかかさばりて重し、きみを呼びよせて渡す、六時過帰る、槇町にて絵本を買ひ協一風邪を慰む　晩星氏帰り来り今日観兵式より還御の際桜田門外にて一鮮人の不敬事件突発せりと、号外も来る、驚く

年賀調べ

葉書　二七五

封筒　三二

名刺　三〇

一月九日　　土　晴

八、四〇教室、長与又郎氏来室、氏にワルダイエル先生書簡（ディーク、島峰のこと、島峰氏を伯林大学歯科の助手に任命するの件、就ては留学延期せざるべからざるの件）及びシュバルベ教授の書簡を贈る又長氏よりワルダイエル先生の病床中の書簡精しく容体を述べ同僚臨床家に宛てたるもの惜しいことには其誰なるか不明、それを貰らひたり、なづかしき談をしたり　H・フィルヒョウより極めて精細なる手紙（昨十二月九日附、案外遅く到達）来、郊外移転、小住宅のことなど　二時帰宅更衣、市ヶ谷柳田直平氏夫人告別式に行き、柿内え寄る、賢と明治初年自分が出京せし頃の談をする、五時過帰宅

一月十日　　日　晴

午後親、協、鳩を連れて明治神宮参拝、今日は昼より星客あり、晩は四十名計の飲食、大さわぎ、自分は食後銀座散歩、八時半帰る

一月十一日　　月　晴

九、〇教室、佐々木忠次郎氏夫人告別式に青山斎場に行く、二時出てアウトにて往復す、六時半帰宅

一月十二日　　火　晴

昨夜六名の泊り客あり、九、〇教室、午後山越長七氏来室新年挨拶、西氏より1930 Abstracts 原稿一部受領　五

時前学士院例会出席、九時帰宅、於菟来り居る直に去る

一月十三日　水　晴

珍らしき暖気、親協を連れて日比谷公園散歩、午後二時教室　六時過帰

一月十四日　木　晴

九、一〇教室、六時過帰

一月十五日　金　晴

八、三〇教室、六時過帰

一月十六日　土　晴　夕刻雨となる

九、〇教室、六時半帰　時に雨降る

一月十七日　日　晴

一〇、一五教室　三児アウトにて送る、五時過星氏三児を連れて迎に来る

一月十八日　月　曇晴

九、〇教室、三児送り来る　六時過帰、やす子、金森夫人、ひろ子、ゆう子来食事中、良一より返事、曙町地所に付てなり

一月十九日　火　晴

昨日良一よりの返事に勧業銀より地所抵当借り入れの件に付借主をきみ子の名にせず良一とすべきであり、星支払は星より負債といふことにすべきであるとの考に付今日きみ子より返事を出すべし　九時教室、午刻独逸人E・ハリール来室、この頃来りたるも不在なりき、語学教師なり田代義徳氏紹介持参、一時間話して去る　午後青山斎場に福原鐐二郎氏告別式に往復す四十五分費す、六時過帰

一月二十日　水　曇

八、四五教室三児送る、午後五時半帰宅、晩食、七時御茶の水歯高校、口腔病学会例会、齲歯統計に就き演説す一時間半を費す九時半帰宅、寒強し月朗える

一月二十一日　木　晴

星氏三児を連れて送る九時教室、予て長与又郎氏の強望により折り帳に書すべきところ困りたる後遂に今日試みたり「真理」と書きたり、そのいたくにじみたるは一層見苦るしくなりたり　六時半帰、第六〇議会解散

一月二十二日　金　晴

午前親協を連れて三越、東京駅より省線にて帰る、時に十二時半　午後二時教室、長与氏え折り帳を返へす　西氏抄録1930一部ベーグマン氏え送る、気分少し悪し五時家に帰る

一月二十三日　　土　小雨

鬱陶しき天気、腹工合少し悪し静養、晩十二名星客あり

一月二十四日　　日　晴

保子、ひろ子、ゆう子来、昼食、星客もありなかなか混雑、午後三児を連れて芝浜えドライブ、親坊車中にて上唇を少し打ち切る、三時帰宅、再び三児を連れて出て附近にて凧など買ふ

一月二十五日　　月　晴

九、二五教室、小使小菅の亭主死去の由、香料五円遣る、義息礼に来る、六時過帰、星十時過客六名伴ひ帰る食物を出すなど

一月二十六日　　火　曇晴

九、〇教室、三児送る、於菟来室独逸文を直す人の件八リールを紹介す、長与氏来室自書の挨拶なり、六時半帰

一月二十七日　　水　晴

九、一五教室、六時半帰

一月二十八日　　木　晴

九、〇教室、午後一ッ橋歯校、文籍の残りを見る、四時帰宅、皆留守鳩子独り居る、尋で皆帰る　柿内え行きたりと

一月二十九日　　金　晴

九、〇教室、三児送り来る、六時過帰

一月三十日　　土　晴

九、一〇教室、六時半帰

一月三十一日　　日　晴

星カステラを要するのでこれを買に麻布まできみ付きて行く帰途赤門にて降る、教室十一時半　三時半去て柿内、三郎氏帰り来る、児等皆無事、次に素子純子帰り居るかも知れずと思ひて寄る、戸閉づ、桑木え寄る玄関にて夫妻に面会、先刻電報来、明日午前十時東京着といふ、六時帰宅

二月一日　　月　晴

きみ子は東京駅え素子等の迎へに行く、自分はせい子と親協を連れて一高紀年日（ママ）え行く、飾り付け見て歩きて帰る、時に十一時過なり純子来り居る相変らず元気、これにて一ヶ年の後再び東京住居なりたり、良一は艦隊巡航に付当分所在不定、自分直に教室え行く十二時に近し、六時半帰宅、平野夫人死去のよし　きみ早速出行きたりと

二月二日　　火　晴

九、三五教室、足立文氏出京一寸来室、三時去て青山斎場え、穂積未亡人告別式に加はる、きみをも兼ぬ、これより平野家え悔に行く、香奠拾円供ふ、五時帰宅

二月三日　　水　雨晴

九、〇教室、六時半帰

二月四日　　木　晴曇

八、四五教室、十二時過帰宅、支渡両人出かける高輪泉岳寺に到る　平野夫人葬式に列す　本堂寒さ強し門前にて児等におもちやを買ひ三時半帰宅

二月五日　　金　晴

九、三〇教室、六時過帰

二月六日　　土　晴

九、〇教室、六時過帰、今日保子同道小林ゆう子来る、当分寄宿する筈、母上忌日なるも別段更りたることなしただ香花を具へたるのみ

二月七日　　日　晴

北町純子え行く、良一は上海え航したるよし併し直ぐ佐世保え帰航する　上海大騒乱となり愈々陸軍を送る、その輸送のよし、弁当を使ひ純子を連れて一時前帰る、一時半児等皆連れてきみ同行自動車遊走、西新井大師詣、風寒し、児大喜び、三時過帰る、晩星客十二三名

二月八日　　月　晴

九、〇教室、六時半帰

二月九日　　火　晴曇

九、三〇教室、六時半帰、井上前蔵相駒本学校にて遭難

二月十日　　水　雪曇

昨夜雪、今朝止、一〇、〇教室、六時半帰

二月十一日　　木　曇寒　祭

市中建国祭にて賑ふべきもこの冬初めての寒さ終日家にありたり児等の相手、星昼晩共拾余名の客あり

二月十二日　　金　晴

好天となりたりせいと三児を連れ三越、皆大喜、ひな人形を見、食堂に入る　十二時半帰る、家にありて児等庭に出て遊ぶを見る、四時出て学士院例会、額田晋氏七年度研究費補助四五〇円確定、授賞者決定、偶々仙台神津氏今日会員に推薦と授賞と共に決定、大に議論起り、来月審議することとなる、故山極氏恰も同一の事情にてこれは前例となりゐる訣なり　九時半帰宅

二月十三日　　土　晴

八、五〇教室、ゆう子三児送る、六時半帰宅せい子今日会社破産取り消しとなりたるを告げる　星氏も尋で帰り来る共に歓ぶ、どうぞ今後は順調にと願ふ、客十四五名あり

二月十四日　日　雨

星氏大森の名門弁護士方え礼に行く共に三児を連れて出かける　児等ドライブ大歓、途中所々に買物などし十二時半帰宅、晩には社員五拾名計招きて祝ふとてきみせい忙し、買物に行くとて又々親協自動車に同乗自分教室にて降る時に一、五〇　在京城岡田信利氏死去の悔状、京都平井毓太郎氏学士院賞授与確定に付祝詞、額田晋氏研究費補助四百五拾円許可になりたる通知の書面を出す六時児等揃ふて雨中迎へに来、来客騒がし

二月十五日　月　曇

八、五〇教室、去七日送りたる抄録　ベーグマン氏より戻る、六時過帰

二月十六日　火　晴　昨夜雨

九、二〇教室、六時半帰

二月十七日　水　晴

八、四〇教室三児送る、額田晋氏来室研究費許可の挨拶

五時半帰、七時半平河町O. A. G. に到る、服装タキシイド、永年の会長ドクトル・フート帰国に付アプシーツエッセン〔＊送別会〕、集同者百五六拾名、十時半帰、寒、会社なかなか騒がしきよし、重役志村ひどく撲られたるなど拾数名集まりて相談

二月十八日　木　晴

九、四〇教室、六時過帰

二月十九日　金　晴

教室行かず、昼食を終へ親、協を連れて出かける（まさ侍）芝公園、丸山え登るなど二児活動、弁天にて三時を食し歩きて愛宕山え行く、トンネルを通る、山上に登る、自動車にて帰る、会社愈々工合よしと皆々歓ぶ、拾余名の来客あり

二月二十日　土　晴

総選挙、出がけに駒本学校に寄り投票、政友、民政共に意に満たず安部磯雄に入れたり、九、二〇教室、一時半より人類学会例会、松村氏周口店人類、梅原末治氏殷墟出土の白色土器、後蒙古活動写真、五時帰宅、二拾名計の客あり

二月二十一日　日　晴

風寒、午後全家車にて渋谷某家に星降る、これより丸ビルに到り買物し、駕籠文化村に秋山某家に到り星会社管財のことに付尽力したる人にて精子自分も礼を述ぶ　主人在宅玄関にて面会、和解云々の談あり三時過帰宅、星明治神宮参拝に行く　自分は柿内に下る　三郎氏は沼津え行きたりとか、暫して帰り来る、五時半帰宅

二月二十二日　月　晴

八、五〇教室、六時過帰

二月二十三日　火　晴

親協を連れて日比谷公園、百科店美満津（ママ）に入りおもちゃを買やる　大歓十二時半帰、一、四〇教室、六時過帰

二月二十四日　水　晴

一〇、〇教室、横尾氏ダヤアク独逸文訂正三日計試み今日対坐にて種々談合せり　これがものになるや否や　福岡平光氏手紙を出す　六時半帰、ふき子さん来、星客拾数名

二月二十五日　木　雪

午前学士院に於て参考候補選定会、呉秀、森島庫、三宅速、佐々木隆、三田定五名、十二時前教室、昨日佐藤三代吉といふ名を以て父三吉喜字祝に相当するとてふくさ扇子を送り越したり今日佐藤氏に尋ねたるもさることなしと且つ氏今年七十六才なり、不審、六時半帰宅盛に雪降る

二月二十六日　金　晴

大雪五六寸積る、児等庭に出て雪達磨を造るとてはね廻る　自分も出て大なる達磨を造る、一〇、四〇教室　於菟来室　まくす武蔵高等へ入学叶ひたりとて悦びゐたり、六時過帰

二月二十七日　土　晴

九、〇教室、三、三〇去て純子へ、但し両人共曙町へ行きたりと、柿内へ一寸寄りて五時家に帰る

二月二十八日　日　晴

三児を連て一文店、午後一時教室、六時過帰

二月二十九日　月　晴

九、一〇教室　エッテキング（ニューヨーク）、シュラギンハウフェン（チユリヒ）、レーティッヒ（ベルリン-シャルロッテンベルグ）著述寄贈の礼札を出す、六時半帰　佐藤三吉喜字祝の件岡田家へ電話にて質したるもさることなしと、甚奇、同名異人か

三月一日　火　晴

せい子と三児ゆう子を伴ひ三越、十二時過帰る、一、四〇教室　六時半帰、星三十名計の客あり、富田氏上海より来り来訪

三月二日　水（曇）晴

九、〇教室　児等送る、京都舟岡氏出京来室学談、六時半帰

三月三日　木　晴

きみ子の本のために図書館に寄り九、四〇教室、昼食後再び行く、きみの望む書なし、偶々姉崎氏に逢ふ予て頼まれ居たる潤氏著述の序文のことを話す承諾は得ざるも尚ほ心配すべしと、六時半帰

三月四日　金　晴曇

春らしくなりたり、一〇、四〇教室、午後麻布鳥居坂町実吉安純氏告別式に往復す、恰も出征を祝すとて飯倉片町両側に学校生徒其他の人々並ひ居る。今朝の新聞にて上海休戦となりたり　六時半帰

三月五日　土　晴暖

午前三児を連せい子も共に動物園往復共自動車十二時過帰宅　きみは石原喜久家訪問、氏夫妻この頃ブラジルより帰朝せられたり　自分は午後大山家訪問のつもりにて電話にて問合せたところ既に行くとて出かけられたるよしに付直に教室え行きたるに曙町え行かれたりとのこと暫時して氏来室　Congrès international préhistorique et protohistorique〔＊先史および原史国際会議〕本邦役員に付ての相談、大山氏名誉委員、浜田、梅原二氏委員といふ先方の指名を如何すべきか…、足立文氏来室三人にて談　大に面白くなり、中谷帰朝困、病、宮坂仕事散漫、六時近く去

三月六日　日　晴

純子雛祭に親、協行く自分も共に行きて弁当を使ふ、柿内え寄る　甲野棐氏病気を見舞ふ、夫人に面会、勇氏もあり、肋膜炎とか　三時帰りて直に自動車にて広尾岸え行二児共元気、帰りて又直に更衣自分きみ晩翠軒に到る、平野招待、亡夫人三十五日当ると、三輪（石鹸）と小林（海軍医官）との間に坐す、九時過帰宅

三月七日　月　曇雨

九、三〇教室、東洋大学生森清正巳氏井上哲次郎氏の名刺を持ち来室、岡山県古墳より出たる人骨顔面部を寄附せらる　午後五時半頃長尾美知氏来室故精一氏亡後三十年になるよし付ては故人の伝記編纂に付談あり、三番舎

同盟、玉振社のことなど話したり六時半氏去る　七時帰宅時に雨降る

三月八日　　火　曇晴

八、五〇教室、午後長谷部氏出京来室久々にて談数刻、六時共に室を去る

三月九日　　水　晴風

賢信久し振りにて来る、教室不行、散歩でもと思ひたるも寒風強く外出せず終日家にありたり、星客二十余名、今日満州国建国　昨日足立氏教室に見えたるよし不在なりしは残念

三月十日　　木　晴

九、二〇教室、故長尾精一氏に関する懐旧談草稿美知氏え返送す　昼は松村氏に招ねかれて長谷部氏と門前の鉢乃木にて食事す　これより八千代子の独仏語のことに付弥生町にマルカルト嬢を尋ぬ、嬢の帰宅を待つ間に根津神社まで散歩す、要件に付話し合ひ教室に戻る　時に三、四五　六時半帰

三月十一日　　金　晴

九、〇教室、春日よりに付弁当を使ひ直に帰宅、親協を連れて出かける　巣鴨より上野、地下鉄、浅草、隅田公園、言問、一銭蒸気、松屋（これは開店以来始て）屋上空中ゲエブル、二児珍らしく大喜、四時半帰宅、八千代子解剖教室え、自分不在に付曙町え寄りたりと　晩きみ曙町宅地に付先般来心配しゐるところ追々切迫、良一本月中旬会議のため出京の心算なりしも上海事変のためそのこと叶はずと今日手紙あり、きみ北町え出向き素子に質したところ、良一は払ひたし損をしても払ふと、その意如何、或はやはり地所によつて幾分の利を得たきにあるか、又は星に悪感を持つか、良一がかかる考を持つは遺憾

三月十二日　　土　曇雨

九、〇教室、午後一、三〇人類学会例会、後藤守一氏静岡県下遠江古墳発掘長谷部氏南洋土人研究、五時半虎の門外晩翠軒に長谷部松村二氏を招く（一〇円六五）、八時過帰宅、昼頃より大雨止まず

三月十三日　　日　晴暖

午前三児を連れて北町え純子の迎へに行く、午後は星車にて江北の放水路土手に遊ぶ、つくしを取り児等はね廻る、ゆう子、千城同行、純を送り五時帝国ホテル、徳富蘇峰氏古稀祝賀会さすが盛大なり、九時半帰る、今日小

林文郎氏妻娘の三回忌読経にきみ行く

三月十四日　月　曇

約束の通りマルカルト嬢を誘ひて広尾岸え行く時に十時少し前、母堂もあり、それぞれ紹介し謝儀は大約一時間二円とし一週二回。一〇、四五教室、足立氏昨晩出京したりとて来室今晩又々帰洛すると氏主宰する学校のためなるよし、六時過帰宅

三月十五日　火　晴曇

会社最後の争議昨日解決したりと皆々歓ぶ、一〇、〇教室　井上氏一寸来室、故田口氏、銅像移転に付て、六時過帰

三月十六日　水　晴

好天、賢信に電話したらば来るといふ、弁当用意親坊を連れて村山貯水池行、高田馬場より貯水池に到る南岸を歩く、林中にて弁当を使ふ　蘭の花見事に咲く　賢、親これを掘ること数株、甚快、小店に憩ふ　帰りは武蔵野線を用ふ、池袋を経て五時前帰宅、賢信満足、晩食し蘭を持ちて去る

三月十七日　木　晴

八、五〇三児送る、六時半帰宅

三月十八日　金　晴

一〇、〇教室、六時過帰

三月十九日　土　晴

午前親協を連れて芝離宮公園、午後一時教室、六時半帰

三月二十日　日　晴風

十時頃星全家と自動車ドライブ甲州街道を進む、親坊吐すなどあり、玉川に近き一家に休み弁当を使ふ寒風強し三時帰宅、きみ子大久保家に行き熟談、良一の誤解、自分両人に対する信用不足は甚遺憾

三月二十一日　月　晴　祭日

一〇、二〇教室、三時過去て柿内、次にすみえ、六時帰宅

三月二十二日　火　晴

八、四五教室、呉秀三氏入院を見舞ふ、重体、尿毒症、意識不明、但し今丁度少しく醒めたるよしに付強て面会はせざりき、これより内科図書室、次に病理、十二時半教室え戻る　午後は図書室にありたり甚寒し、六時半帰

三月二十三日　水　晴　夕刻雨

九、一〇教室　郵便局に行きフリードレンデル、書肆シュバイツェルバルト（シュツットガルト）郵便為替を組む

RM88.05 ＝ 66Y20 銭、前回に比すれば金輸出禁止のため二四円程損をしたる勘定となる、歯科教室え寄り本を見る　福岡平光氏指導椎名順二氏論文原稿昨日到達、これを通見す　於菟来室、此頃教室顕微鏡標本製作者井上武雄なる者ワルダイエル文書中より四十余冊盗み其他紛失本数種あること古本屋側から発覚したること談あり

三月二十四日　木　昨夜雨雪、曇

八、四五教室、都築氏歯に関する雑誌を自ら持ち来りて貸しくれたり　六時過帰宅

三月二十五日　金　曇（昨夜雨）

八、三五教室、六時半帰宅

三月二十六日　土　晴

九、〇教室、呉秀三氏を病室に見舞ふ昨夜三、四〇遂に死去せられたり、また一人旧友を失ふ、益々寂を感ず　午後病理にて故呉氏剖検に一寸列す緒方執刀、三時室に戻る　宮本璋氏来室厳父著佐久間象山一部贈与せらる、六時半帰宅

三月二十七日　日　晴強風

午前在宅、ひろ子等来、午後一時教室、三時半三児だけにて迎に来る　上野公園を廻りて帰る

三月二十八日　月　曇風雨

八、五〇教室、六時過帰宅、浴後駕籠町呉家に弔問、十時帰る

三月二十九日　火　曇晴

八、三五教室、名古屋斎藤真氏来室　義雄のアルバイト立派なるもの出来たりと、十二時半出て青山斎場、呉家葬式読経に列す、二時十五教室に戻る、六時半帰宅

三月三十日　水　晴

純子迎へに行き連れ来り、せい共に児等を連れて植物園、おたまじやくしを取りて歓ぶ、十二時半帰る、午後は庭にて遊ぶ、純子夕食自分送り行く、柿内え寄り、義信（ママ）御茶水小学校入学、智子同幼稚園入を祝ふため本など持ち行く、また孝子悌子等にも小品を遣る、七時前帰

三月三十一日　木　晴

八、四〇教室、五時帰宅、小林ゆう子結婚式、きみせい共に五時半学士会館に到る、末広夫妻、小林夫妻、厳夫妻等あり、俵氏主賓として挨拶を述ぶ、俵氏に志村前途のこと、九時半帰宅

四月一日　金　晴

親協を連れて上野池畔発明博に入る、興少し、十二時帰宅　午後庭に出て草を取る　今年始めてなり、末広新郎玄関まで挨拶、五時半きみ共に日比谷支那料理に到る、小林家よりの招待なり　橋本夫妻来、九時過散、龍蔵氏夫妻大悦なるべし

四月二日　　土　晴

十時半柿内、信、孝、悌を連れて出かける、円タク、銀座松屋、昼食、服部時計店にて信子腕時計（一〇、五〇円）を買与ふ、女学校進入の祝なり別に置き時計の景品あり、慢歩、新橋に到る、芝離宮公園に入る皆始めてなりとて悦ぶ、省線にて市ヶ谷に降る、三時前加賀町へ帰る、四時過帰宅

四月三日　　日　晴　祭日

星氏親協を連れて明治神宮参拝、社員三十余名同列自分も同行、十二時半帰宅、午後星車を用て岸、誠坊元気よし、糸桜略ぼ開きたり

四月四日　　月　曇晴

松村氏病気引き籠り中の見舞旁ファン・シュタイン・カレンフェルス（バタビヤ）氏来着に付打合せのため寄る、玄関にて細君に会ふ、風邪とか、朝少し体温昇るとか、面白くなき容体なり、八時五〇教室　額田晋氏え研究費補助請求方に付書を送る、六時過帰　親坊今日より幼稚園え通ふ

四月五日　　火　曇雨

一〇、〇教室、志村繁隆氏来室、此度師俵氏隠退、後方後輩のために頓に心配しくれざりし云々非常に困難、自分は俵氏も言へる如く前途有望なるべければ研究室にて実力を養ひ置くべしといひをきたり二時間途話（ママ）して去る、この間福岡武谷広氏来室　今日氏の級卒業三十年祝賀の宴を開く自分出席せぬは甚遺憾なりと、四時過青山穏田大山邸に到る、ファン・シュタイン・カレンフェルス（バタビヤ）考古学者にして予て外務、文部を経て来朝のこと通知ありたるところ今日大山家訪問に付自分も招ねかれて行く、体軀巨大、フォルバルト〔＊髭面〕、五十四五歳位、軽快なる人、七時半食卓、東京日日記者大塚氏列す　十一時帰宅

四月六日　　水　曇

八、五〇教室、九、〇約束の通りファン・シュタイン・カレンフェルス氏来室、アイノ及び他人種との比較写真、貝塚頭骨など示す尋で人類学教室え案内す　松本信広氏

来る、十二時前去る　仙台長谷部氏えシュタイン氏来朝のことに付手紙を出す、三時半帰宅

四月七日　木　晴曇

九、一〇教室、六時半帰

四月八日　金　雨

八、四〇教室、きみ子図書館の本を借用の件に付来室、六時半帰

四月九日　土　晴

八、五〇教室、きみのために図書館え行く、十二時帰宅、午後親協を連れて三越（まさ侍す）九時頃床に入りたるところえ末広家より電話、恭二氏急性肺炎にて八時遂に死去せられたる由、驚愕、きみ子と共に駕籠町邸に急遽赴く、大混雑、ゆう子勝手にて何かと働きゐる　自分は十一時帰宅、きみ子は残りゆう子を助く十二時帰る

四月十日　日　晴風

三児を連れて北町え純子迎へに行く　暫く遊び帰りてせいと四児を連れ江北の例の寺に到る時に十二時、きぬ侍す、食後堤上にて三二より送り越したる独乙凧を挙げる児等大喜び、親坊これを放ち、逐ひかけるなど騒ぐ　つくし、つばななど沢山取り、三時家に帰る、飛鳥山花開く、人を以て山を埋む、自動車にて純子を送りせい同行、柿内を訪ふ、三郎氏宅にあり　京都にて足に損瘍したりとか床中にあり、八千代子渡欧のことを漏らす　五時家に帰る

四月十一日　月　晴

親坊を幼稚園まで送り九、一五教室、潤三郎氏午前午後二回来室　きみ子用書「台記」の件なり、六時過帰り浴、夕食、末広家通夜、九時同家え赴く、鶴蔵氏今日着京、自分は十時辞し去る

四月十二日　火　雨

末広家葬式、午前きみせい共に青山斎場、十一時半読経終る十一時帰宅、午後三時半駿河台日仏会館に到る　シュタイン・カレンフェルス氏携帯せる瓜哇島其他の石骨器を指示す、五時帰宅、鶴蔵夫妻在り夕食し去る、悪天、学士院例会断る

四月十三日　水　晴

親坊を送り九、一〇教室　山越長七氏来室　エエビイ脳模型を西氏が改良せるもの及ひ西氏考案模型を発売せりと　アリエンス・カッペルス（アムステルダム）、ウィンゲイト・トッド（クリーブランド）、シュラギンハウフェン（チ

ユリヒ）、フラウ・サラジン（バーゼル）四氏え論文寄贈の礼を出す　長谷部氏シュタイン・カレンフェルス氏五月二日仙台出向のことを知らせる

四月十四日　　木　晴

九、四五教室、長崎小野直治氏輯報原稿昨日届け来る、今日これを一応見てヘラルド社え渡す、柴田常恵氏久し振りに来室、官幣大社安房神社境内より人骨出てたるよし、これが先住民族のものか否か鑑定を乞ふと骨は近日送り届けると、長談四時半去る　六時過帰宅

四月十五日　　金　雨

少し風邪の気味且つ悪天旁在宅静養

四月十六日　　土　晴

静養

四月十七日　　日　晴

気分宜し、三児を連れ星車にて純子迎へに行く　十一時帰りて直に星両人と児等を連れて出かける、弁当用意、先つ大森に弁護士二家星氏訪問、その間吾等は待つ、これより品川埋立地に到り海を眺めなから自動車の陰にて弁当を使ふ児等大はしやぎ時に一時頃、三時半帰宅、尚ほ曙町内を自転車を以て遊ぶ　夕刻素子迎へ来る、末広恭雄氏不幸に付玄関まで挨拶に来る

四月十八日　　月　曇

十時上野学士院会館、学研総会なり、午前は医学部会、補欠として福岡久保猪之吉氏を推薦することに一致す外に要件なし、十一時半教室、午後の総会欠席　札幌山崎春雄氏え本年夏解剖学会に於てアイノに関する講演要望せられたるに付其謝絶手紙を出す　六時半帰、寝台をきみ買ひ置く

四月十九日　　火　晴曇　奈良京都行

一〇、〇教室、長与又郎氏又々島薗内科え入院せるを見舞ふ　案外元気にて談話するも容体甚面白からす胃潰瘍にて出血止まず昨日は二回輸血せりと受持助手森田氏に付種々症状をきく　田代義徳氏え H. Virchow: Fuss der Chinesischen 返却を催すはがきを出す、三時半帰宅、児等の相手傍ら用意し入浴、食、星氏帰る、車にて出かける、九、二五東京発、直に寝台に登る

四月二十日　　水　晴曇

岐阜にて醒む稍眠りたり、天気よし、朝食八、一三京都着、ステエシヨンホテルに入る、十時出かける、駅前より市電にて泉涌寺に到る孝明天皇陵参拝其外数多の御陵あり、

閑静にして甚快、これより細道を上下山越して東福寺に到る、山門古色あり本堂建築中、通天橋甚奇、下を流る川水甚清し両岸もみぢ多し、下りて市電にて㊇に到り中食、エンタクにて神楽岡足立邸に到る、氏不在、細君と談話中帰り来る　氏東京滞在中例の眩暈症を起し又医専の事件のため景気宜しからず、四時辞去、次に堺町通り三条上る猪子止戈之助を訪ふ、数十年振りにて面会、懐旧談、市電にてホテルに帰る、明日観光立案のため駅前の案内所え行く　夕食、七時過室に入る、入浴、十時床に入る

四月二十一日　木　曇、時雨、晴

天気穏ならず、九時半出かける、エンタクにて御所内内匠寮出張所に到り拝観手続をなし先つ仙洞御所に到る、建物は内部西洋風に改められ見る要なし、苑内を案内せらる、池を廻る大樹茂る但し市内の雑音響く、市電にてホテルに帰る十二時に近し、晴雨甚不定、昼食、一時頃再出る、エンタク（一円）にて桂離宮に到る、家屋工風をこらす庭と共に小堀遠州の苦心よりなると、庭珍奇をこらす、二十余基の石灯籠皆甚低し、形各特奇、茶席三ケ、細川所長心得に挨拶す　乗合自動車にて七条大宮に戻る時に四時頃天気模様よくなる、不斗思ひ付きて二尊寺行、四条大宮まで市電の嵐山まで京阪電車、地下部始めにあり新線路なり、桂川を経て嵐山右岸終点下る、桜花まだ咲き残る、人出案外多し、渡月橋を渡り、電車にて釈加堂に下り、通りぬけて二尊寺に到る定家の史跡なり、ここにて偶然京都の石川日出鶴丸氏に会す、小楠公首塚を見て電車にてホテルに帰る時に六時半、きみ孫等に葉書を書く、夕食、入浴

四月二十二日　金　晴

天気良し、二人別に出る、自分は大学行、諸氏を訪問す、解剖小川、舟岡両氏寒冒欠勤、木原氏あり足立氏丁度来る同氏の室新築の部にあり甚立派、森島氏不在、藤浪氏不、清野氏あり、石川日出氏不、正路在。足立、清野、正路三氏と共に考古学に浜田氏を訪ふ不、島田氏在、会食など切なるすすめありたるも辞退し市電にてホテルに帰る時に十二時過ぐ　中食、支渡、払ひ三十二円六四、汽車に乗り遅れたるやに思ひ違ひて大あわて、駅に馳けつけ辛うして間に合ふ、一時四〇発車、宇治に下車し、橋を渡り右岸を上る、彼所此所に腰をおろして眺む　桜花見事、これは全く予想せざりき、興聖寺に登る、長参

道並木の味深し、舟にて島に渡る、尚ほ左岸を少し上りて戻る、平等院を通りてきみ土産を買ひなどして五時一五宇治発車、六時奈良着、ホテルに入る、食後間もなく自分は床に入る

四月二十三日　土　雨

予期の通り二階北側の室にて窓より公園を望む、快、きみ子は独り出行く、大阪谷口腆二氏天然痘病源発見のこと昨夕刊にて知る、その祝書を認む、きみ子十二時帰り来る、昼食、休、雨止む待、三時過出て博物館、正倉院御物古裂（ふるきれ）陳列あり、千年以上の絹、麻織物珍らし大抵はぼろぼろ、つづれ錦、中に割合よく保存せられたるもあり、公園内を歩き六時ホテルに帰る、在ミュンヘン三二及在巴里杏奴、類えホテル絵葉書を書く、九時眠に就く

四月二十四日　日　雨晴風

朝雨、不定時に止む、道明寺行と思ひて俥にて奈良駅に到る　王子辺不通、已むを得ず大軌を用ひ薬師寺え行く、三重塔を眺む　なかなかあきず次に唐招提寺を見て帰途につく前回よりは天気よきも時に雨落つ、乗合自動車にて奈良に帰る時に十二時、一食堂に入りてすしを食す、歩きて転害門を一見するため門に到れば目下頻りに修繕中にて失望、これより大仏堂の後、東大寺講堂跡の礎石に腰をかけて休む、よき松原なり、二月三月堂、八幡を経て三笠山下に休む、日曜日且つ花見気分ありて人出多し、商品陳列所に入り、四時ホテルに帰る、午後は霽れたるも風強し、疲労覚ゆ、二階にて外国雑誌を見る、夕食後独り浴、早く寝に付く

四月二十五日　月　曇晴

朝食、支渡、払五九円八〇、九時奈良発車、京都にて三〇分計待つ　きみは買物に行く、自分は待合室にあり、家え電報を出す、十時三〇発車　車中より風景を眺む、格別退屈せず、天気段々良くなる、対坐せる乗客副島八十六なる人と名刺を交換す、青山、鷗外などよく知る且自分の「アイノ、コロボックル」のことなどを話し世間広き人なり、又三宅といふ独逸に六年間居た人近日又々独逸え行くと、富士の眺めよし、国府津にて暮る、八時二五東京着、誰も居らぬ、手荷物未着、自動車にて帰宅、玄関にて精子今朝再び社破産のことを告ぐ、予想の通り保養を了りたるもこのことあり、如何、入浴、食、大に疲労、直に床に入る

四月二十六日　火　晴

午前なすことなく家にあり、午後協を連れて幼稚園に親の迎へに行く、晩は早く眠に就く

四月二十七日　水　晴曇

靖国神社臨時大祭、休日、良一去二十四日着京、休暇を得て上陸、但し五月初めに軍医長会議ありと、今日すみ子を連れて来る、延ばし置きたる地所の件要領を話したるところ大に了解し、勧銀及土井家に対しきみ子の名を以てすることとす、鮮満の土産（葉巻其他）を持ち来る尚ほ其外に百円両親に贈ると、戦時手当等算外の収入に基く、両人保養旅行に充つべしといひて喜んで受納したり、昼食し去る、純子は残りて児等と庭にてはね廻る、夕刻自分送り行く、且つ桑木家玄関に寄り去二十四日令息信氏婚儀の祝詞を述べ自分等不参を詫びる　星氏社破産に付忙しき様子なり

四月二十八日　木　曇　昨夜雨

九、四〇教室、午後京都蓑内収氏来室、クロモヅオメン談、時に時刻迫り横尾を伴ひ出かける駿河台日仏会館に到る五時よりシュタイン・カレンフェルス氏講演「日本と爪哇の史前に於ける諸関係に就て」あり松本信広氏通訳、七時終る、和蘭公使館員スネッテン（めがねなし、ひげそる、脳天少しはげている）を面識す、七時半帰宅、時に雨降る

四月二十九日　金　晴　天長節

松村氏病気を見舞ふ且つファン・シュタイン・カレンフェルス氏大学側の待遇に付相談　学者個人間の友誼にて宜しかるべしとす、九時二〇教室、長谷部氏えSt.氏待遇上に付問合せ来りたる返事を出す、弁当を使ひ帰宅、三児を連れて植物園、四時半帰宅

四月三十日　土　曇

一〇、一五教室、靖国神社例祭親坊休、柴田常恵氏依頼安房神社境内所出人骨を取り出し見る　六時半帰　昨日上海に於て日本代表爆弾にて負傷

五月一日　日　昨夜雨、今朝晴、暖

俄に熱し、星氏二児に自転車を買ひ来る　大悦にて乗り廻る、午後独り出て荻窪に椰野を訪ふ　保子先達てより胃痛のところ昨日来宜しき由併し景気悪し、次に宮本仲氏を訪ふ象山伝贈与の礼旁なり　七時帰宅

五月二日　月　曇晴

九、〇教室、安房神社人骨調査、四時半去て家に帰る

きみせい自三人六時富士見軒に到る　五十川捨造金森輝子結婚式宴会、来集者八十余名、九時半帰る

五月三日　　火　晴

八、五〇教室、安房人骨調、三時半去て柿内、次に良一、これは両人共不在純子のみ居る

五月四日　　水　晴

好天七里ヶ浜行、せい、協を連れて出る、江の島に下り長桟橋を渡り小舟にて窟に行かんと思ひしも途中岩上に好き休憩所あり　これに入りて弁当を使ふ時に十二時、静かにして眺めよし、鈴木療養所に到る、氏元気、七十九歳なりと、再び藤沢経て帰る、六時、協大満足、きみ子は地所の件に付興銀と区役所の間を度々往復したりと　なかなか手数のかかると両人驚く

五月五日　　木　晴

八、四五教室、午刻病理え行きて緒方氏に長与氏の容体を聞く　昨日午前手術したりと、潰瘍のみにて癌ではなきよし、吻合を施したりと　六時過帰宅

五月六日　　金　曇晴

九、〇教室、五時帰り一寸庭え出る

五月七日　　土　晴

八、五〇教室、十一時半帰宅、門口にて親坊幼稚園より帰り来るに合す、これより皆々支渡、出かける、三児歓あまつて皆一回つつ泣く、十二時半上野精養軒に到る、暫くして良一等、一時柿内来、総数十六人、柿内田鶴、忠、信、孝、義信（ママ）、悌、智、良一等三人、自分等六人、女中まさ侍す、孫十人集まる（賢等四人欠）、食卓にて児等おとなし、出て皆揃て動物園に入る、裏門を出て別れる、純子は共に曙町、時に四時十五、今日催しは天気よし、柿内にて三郎氏山中湖え行きて終日不在なる故に田鶴出ること出来、総て今朝決定したることとなり、実に全く予想せざりし快、庭に出て芝中の草をとる、晩良一純の迎へに来る

五月八日　　日　曇雨

一〇、三〇教室、今日は大学開放のよし構内人多し　午後雨降り出し参観人は困るならん、昨日の天気は実に恵まれたり　雨中星氏三児を連れて迎へに来る、五時過帰

五月九日　　月　曇

八、四五教室、人類教室に到り大島改須田氏に安房神社上顎歯列撮影のことを相談す　六時半帰

五月十日　　火　曇晴

八、三五教室、一時過帰宅、二時学士院、授賞式なり、金田一、平井氏其他、三時帰宅、庭え出る、暮方三児を連れて附近を歩く

五月十一日　水　晴

午前家にあり、正午参内賜餐、梨本宮殿下台臨、二時過帰宅、桜井院長同乗、三時過せい子と三児を連れて広尾に岸家を訪ふ、誠、敬元気、五時帰宅、永年未決定なりし曙町住地の件今日きみ子一日がかりにて富士見町登記所に於て土井家代人（真野とかいふ人）興業銀行代人と落ち合ひ取り引きをすませたり、要は勧銀より壱万五千円借り入れ、これを土井家え払ひ込む、尚ほ不足六千円は土井家に借金となる、両々に対し地所家屋を抵当とす、今後成行き如何この地に終り得るか

五月十二日　木　雨

八、四〇教室、弁当後長与氏を青山外に手後（ママ）始めて見舞ふ、病床に一寸様子を見たり、次に耳鼻に入沢達吉氏を見舞ふ、強鼻出血のよし、四時過去て学士院例会出席、八時半帰宅

五月十三日　金　晴

八、三五教室、きみ室え寄る銀行より大久保家え礼に行くと教室に寄る　宮本仲氏著「象山」の伝に付デヂカチオン〔＊献呈〕錯誤、六時過帰宅　親坊幼稚園始めての遠足、動物園え行きたり

五月十四日　土　晴

きみと親を連れて江の島行、先日の小店にて弁当を使ふ、これより小舟にて窟に廻る岩上にて遊ふ、照らず風なく坊大悦、再び快を繰り返へしたり、五時家に帰る

五月十五日　日　晴

家にありて児等と戯る、午後庭に出て草をとる、五時頃星氏帰り来り三児を連れて買物に出る自分同行、大通り銀座辺を廻りて帰る晩良一等三人来、談話中号外来、犬養首相壮漢のピストル二発に倒れたり、近頃政界甚不穏、陸海軍々人なり、先般の血盟団と関係あると思ふ　九時三人去る

五月十六日　月　晴

紙上騒然、九時三五教室、三時半去て良一寓え皆在宅、良は明日出発帰艦（呉）すと、次に柿内え一寸寄る

五月十七日　火　晴

九、〇教室、午後一時良一呉え向け出発するを見送る、きみ協と共に帰宅　庭え出て草をとる

五月十八日　水　晴

親を幼園に送りて九、〇教室、内務省の大場磐雄氏来室これより安房神社洞窟調査に出張する由、人骨其他同遺跡に付談話学士院え乗車券を返へす、中谷治宇二郎氏巴里より帰朝のよし通知ありたれば返事を出す、木川半之丞氏安房神社人骨撮影依頼のため葉書を出す　六時半帰

五月十九日　木　晴

八、三〇教室、六時過帰

五月二十日　金　晴

九、一五教室、和蘭公使より招待に応じ午後一時芝栄町公使館に到る、主客総員十二名卓につく。シュタイン・カレンフェルス氏滞在中関係したる人々なり、興味深し

赤星　大山　公使　武藤　松本

スネッテン ——— ベリエン

ボーター　和服　シュタイン・カレンフェルス　小金井　石丸

三時家に帰る、三児を連れて槇町を歩きおもちゃや鉄砲など買ひ与ふ、庭に出て草をとる

西園寺公昨日出京、組閣問題愈六ヶ敷、重大、自分は超政党内閣に傾く

五月二十一日　土　晴

八、二五教室、木川氏来室　抜歯上下顎を撮影す、弁当を使ひ去る　自分も帰宅、せい子共に三児を連れて三越、帽服など買ふ間屋上にて遊ぶ

五月二十二日　日　昨夜雨今朝止、晴

星車を以て三児を伴ひ柿内え迎へに次に純子を乗せて十一時過帰る　今日はせい子協一の誕生を祝ふ、忠、信、孝、悌、純子集まる、食事の後庭え出てはね廻る、自分は五時青山大山邸に到る　シュタイン・カレンフェルス氏滞在中得たる経験を加へて史前学に関する講演あり　ベーグマン氏通訳す終て送別の意味にて支那料理の馳走あり、拾人卓に付く　丸藤慎一氏写真術に特に堪能なる人又慶應教授橋本増吉氏をも知りたり

ベーグマン　スネッテン　丸藤　中根

主人 ——— 甲野

シュタイン・カレンフェルス　小金井　中沢　田沢

十二時過帰宅、中沢氏同乗したり

今日午後大命斎藤実子爵に降りたり、愈党外内閣組織せらるることとなる

五月二十三日　月　曇

八、三〇教室、三時家に帰りて庭え出る

五月二十四日　火　晴

八、三五教室、千葉小池敬事氏来室、来月出発渡欧視察のよし、四時帰宅庭え出る

五月二十五日　水　晴曇雨

八、四五教室、柴田氏が送り越したる安房神社人骨昨日を以て調べ終り不斗過去の探検旅行のこと憶ひ起し終日す、六時帰

五月二十六日　木　曇晴

八、四〇教室、四時半帰り庭え出る

五月二十七日　金　晴

九、〇教室、協一弁当を持ちて来、池を一週（ママ）してかへす二時去てきみ子親坊を携てユンケル未亡人を訪問す、茶菓のもてなしあり親坊大悦、四時半帰宅、五時半独り学士会館に到る　工学部諸氏催し故末広氏七七日相当追悼会なり、会するもの百六七拾名、諸氏追憶演説あり十時帰宅

五月二十八日　土　曇雨

十時学士院に到る　輯報編纂主任会なり午食、二時前教室、六時帰、親一咽痛にて床中にあり

五月二十九日　日　晴

終日在家、親坊快方、八千代子誠坊を連れて来

五月三十日　月　晴

八、二〇教室、弁当後耳鼻病室に入沢氏を見舞ふ、中耳炎少し残るのみ全快も近かるべし、一寸面会したり、病理に寄り長与氏の容体を聞く、先週に退院したり、手術の結果先々良、四時半帰り一寸庭え出る

五月三十一日　火　晴曇

一〇、〇教室、五時帰り庭え出る

六月一日　水　雨

八、三五教室、犬養内閣事変の後斎藤挙国新内閣のもとに今日臨時議会開院式を挙げらる、六時帰

六月二日　木　晴

八、〇教室、四時半去て市ヶ谷に安東貞美氏永く病褥にあるを見舞ふ、柿内、すみ子え寄り七時前帰宅

六月三日　金　雨

八、二〇教室、大場磐雄氏来室安房神社遺跡発掘の模様を話す、人骨数拾体出たりと、小玉貝輪、遺物甚少、六

時過帰

六月四日　　　土　雨

八、一五教室　大雨中児等車にて送る　六時過帰

六月五日　　　日　雨

一〇、三〇教室、純子来の電話あり三時帰宅、児等のはね廻るを見る　晩食後純子を送り行く

六月六日　　　月　雨

八、二〇教室、昨今仏文咬合論苦読、六時帰

六月七日　　　火　雨

八、一〇教室、六時帰

六月八日　　　水　曇

親を幼稚園に送り九、一五教室、二時半帰りて庭え出る

六月九日　　　木　晴

八、〇教室、人類え行き雑誌不足号を貰ふ　松村氏先つ回復出勤し居たり、五時帰りて庭に出る

六月十日　　　金　曇

多勢車にて親坊幼稚園、八、五〇教室　安川え製本十八冊渡す　四時半帰り庭え出る　星六拾名の客あり家中大騒ぎ、晩独り銀座散歩、十時帰り、恰も活動写真の余興中

六月十一日　　　土　晴

九、〇教室、二時帰り庭え出る、厳来り共に夕食す

六月十二日　　　日　晴

午前家にあり、午食後星氏同乗、きみと二児を連れて先つ大崎工場に星を送り、これより洗足池畔を経て大岡山に潤三郎氏新住宅を始めて訪問、志づ子さん不在、帰途五反田より山の手線にて四時過帰　庭え出る

六月十三日　　　月　晴

八、一五教室　Ｈ・フィルヒョウえ手紙文案数日かかりて草し終る　四時半去て学士院、バチエラア氏えアイノ語研究に対し宮家授賞確定、九時帰宅

六月十四日　　　火　雨曇

八、二〇教室　Ｈ・フィルヒョウえ手紙、Ｖ先生所用アルヒフ〔＊文庫〕の件、フォン・ワルダイエル・ハルツ先生手紙の宛名は誰なるかの件、六時過帰る

六月十五日　　　水　曇

八、二〇教室、四時帰り、五時東京會舘、長尾精一氏三十年祭、式後晩餐、数氏の追憶談あり自分も一言述ぶ遅くなり十時帰宅

六月十六日　　　木　雨

八、一〇教室、六時過帰、ゆう子久し振りにて来り居る

六月十七日　金　曇雨

八、〇教室、六時過帰

六月十八日　土　曇

八、〇教室、弁当を使ひ二時家に帰る丁度大阪谷口腆二氏来訪　この出京の原因は痘病源発見に付北研助川某との関係に就てなり　優先権は全く問題にならざるよし今土浦（助川氏病院）まで行きたるも全く徒労その帰りがけなりと、八千子渡航のこと、三二出発前に五年位云々、三〇万は全部信托云々、素子純来

六月十九日　日　晴

入沢氏鼻血全快の後盲腸炎のよし昨日谷口氏より聞きたれば様子如何と思ひて荻窪の邸に見舞ふ、次に椰野え寄る時に十二時携へたる弁当を食す三時前帰る、庭え出る

六月二十日　月　晴

八、一〇教室、三時半帰り庭に出る、昨日谷口氏柿内訪問、八千子渡航のことを話したるに大反対のよし田鶴子より電話ありたるよし

六月二十一日　火　曇雨

八、一〇教室、マンロー氏より来信、貝塚頭骨写真の件、木川氏へ早速その依頼を出す、六時半帰

六月二十二日　水　曇

八、二〇教室、六時過帰

六月二十三日　木　曇

八、〇教室、六時過帰

六月二十四日　金　曇

八時教室、午後慶應の橋本増吉氏松本氏同道来室、橘郡玉川附近（新丸子）遺跡出土人骨携帯、其鑑定を乞はる、風化甚だし、併し石器時代式にあらず　五時帰り更衣、六時赤坂幸楽に到る、去る三月来任せる歯科教師マイエル教授歓迎会、牛すきやき晩餐、十時帰宅

六月二十五日　土　晴（雨）

八、〇教室、午後大夕立あり、四時半家に帰る、艦隊直江津入港し良一午後九時半上野着に付きみ子と両人迎へに行く、北町まで送りて十時過家に帰る　星大客

六月二十六日　日　晴

午前十時せい子共に三児を連れて三越、食堂に入る後屋上にて親協わく登りに余念なし一時過帰る、良一より電話にて水交社にて晩食すと、庭に出る、きみ共に芝公園水交社に到る食前後芝上にて談、甚心地よし、エンタク

にて送りくれたり　九時半帰宅、入浴

六月二十七日　月　曇雨

七、五〇教室、午後木川氏来、マンロー頭骨を撮影す
大場氏同道安房神社禰宜岡島三千三郎氏外一名洞窟所出人骨拾箱持ち来る、四時去て帰る　良一一寸来りたりと
晩良一上野駅発、直江津碇泊那智え帰艦す、きみ子見送る

六月二十八日　火　晴

午前柳沢銀蔵氏渋谷に見舞ふ星車同乗、きみ同行、鷗外額のためなり、十一時半帰宅、午後在宅、庭え出る

六月二十九日　水　曇

八、〇教室、四時去て柿内、次に純子え寄り六時帰る

六月三十日　木　晴

八、〇教室、四時過帰り庭え出る

七月一日　金　雨

八、〇教室、長崎小野直治氏え輯報校正全部揃へて送る
六時半帰、星税滞納の関係、収容問題如何になりゆくか

七月二日　土　雨

八、〇教室、六時半帰

七月三日　日　晴

純子来、親坊先達より咳あり、午食後星車にてせい同行、銀座伊東やに到りせい児等文具を買ひ与ふ、帰れは杉野夫人息来り居り　庭にて遊び廻る

七月四日　月　晴

八、一五教室、在軽井沢マンロー博士依頼の頭骨写真昨日木原氏持来り今日送る、小使四名え中元三円つつ遣る
山形県花沢町歯医横山正人氏統計引用のことに付書面を出す　山越長七氏来訪長談、六時過帰、晩海野秀平氏来訪、血色宜しからす近日レントゲン療法を開くと

七月五日　火　晴

八、〇教室、四時過帰、庭え出る

七月六日　水　晴（少雨）

八、〇教室、愈社長呼び出しとか先日来の贈賄問題如何
五時前帰宅、午後留置となる社員衣服など取り来りたりと、晩社員六名来、十二時頃寝に付く

七月七日　木　曇雨

八、三〇教室、六時半帰、田口つる子殿来訪のよし、素子見舞に来その外見舞客等混雑せしよし

七月八日　金　曇雨

せい子弁護士連え挨拶に廻る自分同行、自動車来十時半出る　神田橋花井、芝手代木、麻布笄町細川潤一郎氏、大井町名川両家の五家え、帰途は五反田より省線、巣鴨にて盛に雨降るエンタクにて二時帰宅、午後は児等のはね廻るを見て暮す

七月九日　土　曇晴

八、五〇教室、花沢町歯医横山氏より返事来、四時過家に帰り庭え出る

七月十日　日　晴曇

午前三児を連れて槇町え行き中元としておもちやを買ひ遣る　午後家にあり、庭え出る、せい子午前午後真鍋、川村、杉山家廻る

七月十一日　月　雨曇

八、二〇教室、軽井沢マンローー博士より頭骨写真受取り来石器送附、謝状を出す、六時半帰、社員遅く来り報告、七ヶ所とか訪問、模様は良き方なりと十二時過まで居たり

七月十二日　火　曇

八、二〇教室、足立森島両氏来室、咬合論一応終る　これより少し文籍を補ひ独訳、五時前学士院例会、珍らしく早くすみ八時帰宅

七月十三日　水　晴曇

午前独り三光町岸え中元挨拶、玄関にて未亡人八千子渡航に付熱心に述べらる、次に広尾、不在、直に去る、十時半帰る、午後家にあり、庭え出る

七月十四日　木　晴

八、二〇教室、長崎小野直治より輯報校正戻る又ヘラルドに送る　四時半帰りて庭え出る

七月十五日　金　雨

八、〇教室、二時家に帰る、親発熱扁桃腺炎、一寸庭え出る、大雨

七月十六日　土　雨

八、〇教室、午後四時去て柿内、二十一日二日には全家族山中湖畔新別荘に避暑するとて其準備、片付け物等混雑、次に純子え、親坊見舞を買ふため純子一文店え案内す　星今日にて満十日となる帰宅のことと予期したるに反し起訟（ママ）となりたり

七月十七日　日　雨

九、四〇教室、四時帰る、社員十二名集り食す、九時過去る　後弁護士花井忠氏来、明日星に面会すると

七月十八日　月　曇

安田恭吾氏を訪ひ　Ｈ・フィルヒョウ八〇回誕辰に贈るものに付相談、小判は得安しと二十二三円位か、これより三越え行きて奈良彫人形如何と見たれとも思はしきものなし、十二時教室　横尾ダヤアク論独文の一部修正、共談す、なかなか満足し難し、七時半帰

七月十九日　火　曇

八、四〇教室、再び咬合論独訳にかかる　五時前帰、親、鳩扁桃腺炎　きみ子三光町岸訪問、八千子航の件、柿内極難

七月二十日　水　曇

八、三〇教室、六時半帰、柿内全家明日山中湖畔え避暑すと

七月二十一日　木　曇晴

九、一五教室、於菟担任抄録 1930 大部分昨日受取り今日ベーグマン博士え送る、アリエンス・カッペルス（アムステルダム）氏より来信、解剖学雑誌並に神経学雑誌上、脳に関する論文掲載せる号を所望、これ探し出しなどするところえ安田恭吾氏来室、印籠其他数点持ち来る甚面白し、長談、四時去る、五時前帰る、晩食後安田え行き印籠と決定し二十五円渡し九時帰る、熱さ酷し十一時床に入る

七月二十二日　金　晴

八、二〇教室　アリエンス・カッペルス教授え昨日来信により論文二種及ひはがき出す、長崎高木純五郎氏来室、札幌解剖学会出席途次なり　工学部山内教授案内にて八ンス・リスト工学博士（工学者）及び特にＡ・ワルダイエル博士（同済大学解剖学教授）に教室図書室及標本を示す、氏大Ｗのグロスネフェ〔＊甥・姪の子〕なり、Ｗ一族の談あり、五時帰

七月二十三日　土　晴

八、三〇教室、抄録西氏の分通見す、六時半帰

七月二十四日　日　晴

親協を連れて朝一寸附近え、他は在宅、二三日来暑酷し

七月二十五日　月　晴

八、二〇教室、足立文氏より Venensystem: Einleitung〔＊文献〕送り越す、これ一読するに甚だ立派、直に返送す、六時過帰　社弁護士諸氏及社員八九名集り食事、相談

七月二十六日　火　晴

朝全家明治神宮参拝、十時過帰る、酷熱在宅、午後きみ山本一郎氏葬式に行く、良一昨夜帰宅せりときみ序に寄りたり

七月二十七日　水　晴

朝親を連れて良一方え、明朝帰艦すと、十時帰り、十一時教室　六時帰宅

七月二十八日　木　晴

八、三〇教室、安田恭吾氏来室、印籠代二十五円の受取り書を持ち来り長談、六時過帰る

七月二十九日　金　晴

八、一〇教室、六時過帰

七月三十日　土　晴　祭日

八、一〇教室　六時過帰

七月三十一日　日　晴

朝児を連れて花火買に行、一〇、一〇教室、六時過帰

八月一日　月　晴

親協を連れて銀座行、松屋屋上にて少し遊び降りて葉巻煙草を買ひ富士屋（ママ）アイスクリーム食べさせ帰る、入沢達吉氏全快転地療養すといひて玄関まで挨拶に来る、十一時四〇教室　長崎原正氏来室、札幌学会帰途なり、在独中の仕事二論文別刷贈与せらる一身上の談あり、六時半帰

八月二日　火　晴

九、〇教室、六時過

八月三日　水　晴

八、四〇教室、六時過帰

八月四日　木　晴

八、二〇教室、ヘラルド社秋本氏来り英文支那事変の本をくれたり　原正氏来学談、六時過帰

八月五日　金　晴風

八、一〇教室、六時過帰

八月六日　土　晴

八、一五教室　ターナーの咬合の鉗子鋏状に就ての解説を翻訳しこれを記載すると昨日来苦心、未了　六時半帰

八月七日　日　晴

終日在宅、午後庭え出る

八月八日　月　曇晴

八、教室、横尾札幌学会より帰り来室、原正氏今日帰崎するといひて一寸来、六時過帰

八月九日　火　晴

八、一五教室、六時過帰

八月十日　水　晴

八、三五教室、六時帰

八月十一日　木　晴

八、二〇教室　H・フィルヒョウ氏え第八十回誕辰（九月十日）祝賀手紙を出す、R・フリードレンデル&ゾーンえBluntschli: Das Gebiss des Menchen...〔*文献〕注文を発す、五時半帰宅

八月十二日　金　晴

八、〇教室、六時帰

八月十三日　土　晴

八、三〇教室、六時過帰

八月十四日　日　晴

終日在家、夕方庭へ出る、児等はね廻る

八月十五日　月　晴

七、四五教室　在ミュンヘン三二へ久し振りにて手紙を書く、佐藤忽一氏へ暑中見舞返事を出す、六時過帰

八月十六日　火　雨

久し振りにて濡る、八、四〇教室、六時帰

八月十七日　水　曇晴

少し冷、親協を連れ上野松坂屋へ、樺太博覧会あり、トナカイ、オットセイなど見て児歓ぶ、アイスクリームを遣りこれより不忍池を通り十一時帰る、午後家にありて庭へ出る、良一今日艦横須賀に入り帰宅の筈

八月十八日　木　曇、夕立

午前午後共庭へ出る、夕刻大夕立、止で良一等三人来、夕刻、児等花火を弄し歓び遊ぶ、暑中休旁良一本月中滞京

八月十九日　金　曇

九、〇教室、六時過帰、ゆう子源坊（ママ）来り夕食

八月二十日　土　晴

八、三〇教室、六時半帰

八月二十一日　日　晴

終日家にあり只夕刻三児を連れて槇町まで雑誌など買に行く　庭へ出たるも熱さ酷し

八月二十二日　月　晴

良一案内にて軍艦那智見物、親を連れて両人早朝出かける八時過横須賀着、良一等を待ち合す、松沢、久雄二氏来八時半ランチ出る、外港碇泊の那智に着、良一室にて

休憩、尋て艦内を巡見す、親ことごとに珍らしく感す、艦橋に登る、一時間余にて終る、甲板其他にて休む、昼食、一時過ランチ出る、良一等は逗子に下る、東京駅にて少し雨降り出す、自動車にて帰る　時に三時、東京は大夕立なりしと

第六十三臣救臨時議会招集せらる

八月二十三日　火　曇晴

八、〇教室、六時帰る、きみ子金森夫人病気重体のよしに付久里浜へ見舞に行く鉦哉氏も病気のよし　議会開院

八月二十四日　水　晴雨

早朝きみ山中湖に避暑中の柿内訪問に出行く　八、二〇教室、六時帰

八月二十五日　木　雨晴

八、四〇教室、六時帰

八月二十六日　金　曇雨

八、四〇教室、午後緒方安雄氏同道在ホノルル米国人レッサ及びローゼンタール博士来訪、L氏人類学専門、北海道へ行きてアイノを見学すると、R氏病理学者、石器時代、アイノ頭骨を供覧したり、四時家に帰る、雨降り出して庭へ出ること出来ず　晩社の人六名来り食す

八月二十七日　土　曇雨

八、二〇教室、弁当を終へたるところへ家より電話、すみ子来りたりと一時半帰る、少し庭へ出る、晩良一来純子泊る、静かになりて後三人社のもめること、差しせまりたることなど、兎に角星本月中に帰宅のことは信して可なりとす

八月二十八日　日　雨

一〇、一五教室、四時帰宅丁度純子去るところ

八月二十九日　月　曇

九、〇教室、四時家に帰り庭へ出る

八月三十日　火　晴

八、五〇教室、四時帰り庭へ出る、晩安東家へ悔に行く、良一は今朝帰艦せりと

八月三十一日　水　晴

午前親坊を連れて岸訪、二児共元気、八千代子は九月二十一日神戸出発のよし、午後一時青山斎場、安東貞美氏葬式（神式）、きみせいも行く、二時過帰る、甚だ熱さ強　星帰宅当らざりき、事情甚解し難し

九月一日　木　晴

八、〇教室、大震災九周年、その当時丁度埋葬状態独逸文半ばでありしが今は咬合論独訳半ばなり感深し　四時過帰り庭へ出る

九月二日　　金　晴

八、〇五教室、六時過帰る

九月三日　　土　晴

八、〇教室、六時半帰る

九月四日　　日　晴

終日在家、午前午後一寸庭へ出る

九月五日　　月　晴

八、一五教室、午後一時橋田邦彦氏来室　ただ挨拶なるべし円下落、各大学書籍機械購入大恐慌談、学術研究費に関し多大御下賜金ありたること陛下の自然学に御興味を有せらるること、つづいて自分が曽て御前講義を申上げたることなど話したり、四時半帰り庭へ出る

九月六日　　火　曇

八、二〇教室、フラウ・ドクトル・チルマン教授（ケルン）より来信（七月二十日附甚遅着）これは故ワルダイエル‐ハルツ先生の手紙を長与氏より自分の手に入りたるものの、先生が健康状態を精細に或る医師に報告したるものなるも宛人が何誰なるか不明に付Ｈ・フィルヒョウ氏へ去六月十四日附を以て問合せたるところ同氏より更にＷ先生の娘チルマン夫人へ申し送りしにより夫人より当該医師はザニテツラート〔＊衛生顧問、医師の名誉称号〕・ワグネル博士（ベルリン）なるよし且つ昨年死去せりとのこと判明せり　四時半帰り庭へ出る、少し雨降り出す　七時頃愈星氏出所したりと、社へ寄り八時頃帰宅、十四五名集り食す、さて今後如何

九月七日　　水　雨曇

八、三〇教室、四時前去て久々にて純子、次に柿内、皆無事ただ孝子少し持病、六時半家に帰る、赤飯を焚き祝、六十名集り大混雑、十二時近く去る

九月八日　　木　雨曇

車にて親幼稚園に送り八、三〇教室、六時帰る　那智神戸碇泊の暇今午前帰宅せりとて晩純子等を連れ来

九月九日　　金　曇、大雨

八、二〇教室、六時過帰

九月十日　　土　晴

八、三〇教室、二時帰、庭へ出る

九月十一日　　日　雨

午前長与又郎氏を麻布市兵衛町に訪ふ、胃手術後攻果甚佳、共に歓、ワルダイエル手紙宛名医師はザニテツラート・ワグネルなることフラウ・チルマン教授よりの書翰にて明りたること又フィルヒョウス・アルヒフ、ペルゼンリヒ・エルアイグニス〔＊個人的なこと〕のことなど話す、帰途大雨、午後三時過せい子と真鍋家へ礼に行く　三児同行、玄関にて辞すつもりなりしも丁度氏在宅遂に上る、弘田未亡人も出来る、これより銀座え行き葉巻を買ひ又西洋果子を買ひて帰る、終日大に雨降る

九月十二日　月　雨

八、〇教室　三児送り来る、去七月二十一日附を以てアリエンス・カッペルス（アムステルダム）へ送りたる脳に関する雑誌の受取り謝状到達す　六時帰、留守中八千代子来り、三光町母堂今尚ほ臥床　出発迫り甚た困り居る、きみ二児を預ると断言したりと

九月十三日　火　雨曇

八、〇教室、星同車、二時半帰りて広尾へ電話にて聞き合す　八千代子谷口氏大阪より出京来談のよしに付三光町へこれより行くところのこと愈々出発と極めるべし、庭へ出る

九月十四日　水　雨曇

八、〇教室、家より電話、十一時帰宅、大阪谷口腆二氏来　八千代子愈渡欧同行談、天然痘、水痘病源体益景気よし云々、中食し去る、時に雨降る、其間に庭へ出る

九月十五日　木　雨

八、一〇教室、満洲国承認日、フラウ・チルマン教授（ケルン）へW先生主治医通知に対し謝状をビルケ（ロホリッツ）シュラギンハウフェンへ論文寄贈礼札を出す、又岡山上坂熊勝氏へ梨子贈与の礼を兼ね氏昨年引退、軽き脳溢血見舞手紙を出す　四時半帰宅門前にて児等に会す、これより神明社祭を見、参詣して帰る

九月十六日　金　雨

八、〇教室、六時過帰、連日悪天困る

九月十七日　土　雨

八、〇教室、六時半帰、星客二十名計、十二時まで騒々し

九月十八日　日　晴

久し振り晴、又久し振りにて自動車ドライブ、星大磯に尋ねる人ありとてこれに向ふ、九時発す、十二時前海岸漁舟の間にて弁当を使ふ風強し、帰途に就く、藤沢より

片瀬に出て七里浜（ママ）に出て砂上に休、食す、児等徒跣にて白波に入り歓び遊ぶ　鎌倉大仏にて下りこれに詣で逗子、金沢を経て六時前家に帰る皆々満足、ただ会社前途よければと祈る

九月十九日　月　晴　愈々秋になりたり

広尾岸へ暇乞に行く、H・フィルヒョウ氏へ贈る「印籠」を托す、純子へ寄る、十時家に帰る、午後純子、祭りにて学校休、児等と庭へ出る素子来、夕食し去る

九月二十日　火　晴

学士院の貴族院議員選挙日、九時過投票、九、五〇教室、H・フィルヒョウ氏より詳細の返事手紙来、感深し、八月十六日附なり大に延着す満州大洪水のためなるべし、ハリール氏来訪長談、三時帰る、保子来り居る、八千代子二児を連れて暇乞に来るなど賑かなり、自分は庭え出る

九月二十一日　水　晴

八、〇教室、三時半帰る、三児を連れて白山神社に詣、帰りて庭へ出る

九月二十二日　木　雨

八、一五教室、五時半帰り夕食、六時半星全家族と出かける、先つ銀座にて星一寸買物し東京駅に到る、八千代子欧州へ出発見送りなり　まだ誰も居らず、発車少し前に漸く来る、七、三〇発す、桑木夫（ママ）、素子も来る、マルカルト女史同車弥生町にて別れ八時前帰宅、又々二十名計の客あり、終日悪天　きみは午後より岸へ行き二児を守る

九月二十三日　金　雨曇　祭日

九、二〇教室、午後三児迎へに来り二時過帰る、庭へ出る雨降り内に入る

九月二十四日　土　曇

七、五〇教室、安田恭吾氏来室、長女富田夫人癌に罹り望なし　就ては死後剖検、骨格寄附等に付相談あり大に結構なることをいひたり　午後人類学会例会、大場磐雄氏安房神社洞窟遺跡に付講演あり、四時半帰宅一寸庭へ出る

九月二十五日　日　晴曇

岸留守中二児を預かるつもりなりしが今日愈きみ子誠、敬二児看護婦付添、来る　自分等弁当用意入れ替はりて出かける、馬絹松原屋敷へ栗ひろひといふ催しなり　三軒茶屋松原氏を誘ひ、十二時過着、食事、裏山へ登りす

すき穂などとる、四時帰宅庭へ出る、五児芝上に遊ぶ、大賑かとなりたり、当分この情況なるべし

九月二十六日　月　秋晴

教室不行、午前児等を連れて吉祥寺内散歩（親は幼稚園）きみ子来る、田鶴子珍しく来、庭にて遊ぶ、誠、敬共にはね廻り気嫌（ママ）よし、先つこの点は安心

九月二十七日　火　晴

七、三〇教室、三時家に帰る、五児庭にて遊ぶ、晩野長瀬氏来訪自分は会はざりき

九月二十八日　水　雨

六、五〇教室、六時過帰、誠、敬大に慣れて面白く皆と遊ぶ

九月二十九日　木　雨曇

八、〇教室、二時帰り庭へ出る、きみ子は五児を連れて附近散歩

九月三十日　金　雨

七、五〇教室、五児送り来る　H・フィルヒョウ氏八十回誕辰を祝する手紙瑞典メトレに於て受取りたりと謝礼来る　小使中島在職二十年慰労会に参拾円出金として助手河合氏へ渡す　六時過帰

十月一日　土　晴

郡部を市へ編入、大東京市誕生の日、市中殊に旧郡部の賑ひ盛なり、朝五児を連れて一文店、旗など買ひ与へ大歓、皆庭へ出て遊ぶ、夕食後自動車にて五児を連れて出かける、精、看護婦同行、須田町にて花電車を見て大歓、銀座通りを経て七時過帰る本郷辺驟雨ありたるも困ることなし

十月二日　日　晴曇

朝自動車にて出かける三越にてせい子五児の冬帽子を買ふ　これより動物園、誠、敬は始めてなり、十一時過帰宅、午後は庭へ出る　夜十時過号外来る、所謂リットン報告書発表せらる、昨年九月十八日鉄道破壊は自衛の理由にならぬ、殊に満州国建設には邦軍部が計画したりとの二点が問題なるが如し

十月三日　月　晴雨

七、五〇教室、三時帰り庭へ出たるも雨降り出す

十月四日　火　雨

八、〇教室、六時過帰

十月五日　水　晴

七、三〇教室、三時帰り庭へ出る

十月六日　木　秋晴

八、〇教室、二時半帰る、児等支渡して待ちゐる、直に出かける、純子方にて裁縫女来り　精子は先に行きてあり、五児の寸方（ママ）を測り、三時を食べて四時前帰る直に庭へ出る

十月七日　金　晴

七、四五教室、二時家り（ママ）五児を連れて植物園、総て九人、児等歓びはね廻る、五時前帰宅

十月八日　土　晴

朝出て先つ原町に岡田良平氏を訪ふ、かねがね思ひ居たるに漸く果したるも不在、これより牛込石黒忠悳氏を見舞ふ丁度採尿中にて見会出来ず、次に柿内、賢信学校演習中とて在宅、次に純子、十一時引けて帰る、直に連れて帰宅昼食、庭え出てはね廻る、純子四時帰り去る、庭の草本年は例年よりは余程多くとりたり

十月九日　日　雨曇

星早朝福島、長岡旅行より帰る、九時教室、三時前家に帰る、天気思はしからざるも自動車にて出かける、赤羽に到り橋を渡り河岸草原にて菓子を食べ小舟をながむ幸に雨降らず　殊に誠敬面白く遊ぶ五時家に帰る、二十五名客、混雑

十月十日　月　晴

八、〇教室、五児送る、午後松村氏来室　バチエラア氏昇勲の件（現四等）に付著述の相談、三時前帰宅、直に庭へ出る、星氏晩関西地方へ出発

十月十一日　火　晴

七、四五教室、大槻菊雄氏帰朝昨日挨拶に来りたるも不在、去八月十一日フリードレンデルへ注文したるBluntschli: Das Gebiss... 論文原物得ること出来ざるによりフォトコピーとして送り越したり同書肆は五十余年来の関係なるが其忠実なること甚だ満足、三時前帰宅親のみ家にありきみ子他の四児を連れて広尾へ行きたり

十月十二日　水　晴

八、〇教室、午後足立文氏来室、三時半共去て学士院例会、九時過帰宅

十月十三日　木　晴

八、一〇教室、二時半帰、五児一文店、庭へ出る、今年は例年になく草を取りたり、来年は少なき筈なるも如何

十月十四日　金　曇

八、四〇教室、大槻菊雄氏来室、先日帰朝来訪の折は不在なりしが今日は独逸談、ミュンヘンにて三二に会ひたること、次に島峰氏来室、久し振りなり　安房神社境内人骨拾四箱開き始めたり、四時半人類教室、学会評議員会なり、終て雑談七時半帰宅

十月十五日　土　雨

八、四〇教室、骨箱開き終る、六時過帰

十月十六日　日　雨

甲野棐氏去十四日死去、今日午前悔に行く、午後一時教室　六時過帰

十月十七日　月　快晴

八、三〇教室、弁当を使ひ帰宅、庭にありたり

十月十八日　火　晴曇

早く昼食し十二時甲野邸に到る読経に列せしためなり併し都合により繰り上げたりとて済みたる後なり喪主未亡人に会ひ焼香して帰る時に十二時半過、在宅児等一文店、親坊少し風邪の気味、絵本を買ひて遣る

十月十九日　水　曇

八、一五教室、六時過帰

十月二十日　木　晴

八、一〇教室、午後神戸高田蒔氏来訪、久し振りにて長談、五時四児（親坊耳下腺炎にて加養）迎へに来りたり、星氏地方巡回終り帰京

十月二十一日　金　雨

八、二五教室四児送り来る、巡査四名来りて安房人骨整理の邪魔をする　午後は安房人骨を継ぎ合せの必要ありてこれをなす、爾来このことなきつもりなりしも又々これを生じたり、六時過帰、星客あり

十月二十二日　土　曇

輯報編纂委員会、十時学士院に到る、昼食、教室へ一寸寄り人類学会例会、宇野円空氏農耕と首狩りに就て講演あり次に杉山寿栄男氏アイノ、イクパシユイに就て説明あり、氏八百本計集めたりと、その三分の一程持参せらる、実に大なるコレクシヨンといふべし終て年会、五時過帰宅　星客あり

十月二十三日　日　曇

終日親坊の傍にあり、耳下腺炎これより回復に向ふべし、午後きみ子自動車にて麻布まで注文のカステラ受取りに行く親坊同乗、帰途柿内玄関まで、きみ子が造りたる菊一鉢贈るためなり　晩星客四十名計

十月二十四日　月　晴

八、四〇教室、於菟より抄録残部受取る早速フォン・ベーグマン博士へ送る、午後入沢達吉氏盲腸炎手術のため入院せるを見舞ふ　三藤三吉来り合す、これより三時半上野学士院に行く、医学側補欠候補者談合　五時過帰宅

十月二十五日　火　晴曇

千葉行、大正十四年神戸村より出たる人骨解剖教室に保存　これを再び一見するためなり、森田氏、鈴木氏に挨拶、小池氏在外中に付氏の室に於て検す、弁当を使ふ際に学長高橋信美氏来り会す、故大沢氏死去後本年は第十三年目になるを以て追憶のことを催したき談起る、帰京の上直に相談、発起すべしといひたり、尚ほ骨残部を検し三時半去る、六時帰宅、親坊快方、星夜行にて大阪へ

十月二十六日　水　晴　寒くなる

八、一五教室、故大沢岳氏追慕のことに付井上、西、森、横尾、河合の諸氏と自室に集まり相談す、鵠沼三輪徳寛氏へ発起として承諾せられたき旨手紙を出す、ブラック博士（北京）へ論文礼札を出す、奉天工藤喬三氏来室、此度欧州出張のよし告別、三時帰り庭へ出る、親坊全快

十月二十七日　木　晴曇

八、〇教室、二時過帰り五児を連れて日比谷公園、きみ子同行、同勢九人なかなか賑かなり、星氏本日帰京

十月二十八日　金　晴

七、四〇教室、三時前帰りて庭へ出る

十月二十九日　土　曇

七、四〇教室、三時半去て、柿内、次に純子、六時帰宅

十月三十日　日　曇

五児を連れて例の一文店、午後一時芝明舟町荒木三雄氏告別式に参加直に帰宅、庭へ出る、夕刻小林文郎氏文子嬢を連れて来訪、嬢婚約整ひ来三日式を挙ると、宴に列することを逑（ママ）めらる　丁度明朝出発安房旅行のつもり、如何すべきか、困る、共に晩食

十月三十一日　月　雨

昨夜来雨、出発見合せ、七時半教室、六時過帰宅

十一月一日　火　半晴　房総旅行

七、四〇両国駅発、星氏全数見送るとて来る、岸二児はまだ眠り居たり、車中甚閑、千葉より我等のみ、一一、〇四北条着、海岸ホテルに入る、最上室に案内す、建物

古くなり修繕行き届かす、他に客一人もなし甚閑静、直裏海岸に到る、戻りて軽き昼食をなす。安房神社参拝、二里半ありと、乗り合自動車を用ふ　社務所に到り宮司稲村真里、禰宜前田勝也二氏面会、遺物一覧を乞ふ、一個の完全土器及び破片数個、小玉三個、発掘地点に案内せらる、参籠所に貝輪の夥しき数及魚獣骨数拾個、今日は恰も人骨慰霊祭を執行せらるるよしにて是より式開始のよし、故岡島禰宜宅にて準備整ひたりと、自分にも参列を求めらる、乞ふて玉串を捧げ参拝し辞す、乗合自動車まで禰宜、助役その他送らる、五時頃ホテルに帰る、簡単なる晩食、適す、三人入浴、早く寝台に昇る

十一月二日　　水　雨

天気模様甚悪し、鉈切り神社を断念し、九、〇北条発小湊に向ふ　今朝誉田駅に於て客車、貨車衝突のため不通となりたり但し午刻までには開通するかと、車中盛に雨降る、一〇、二〇小湊着、雨中誕生寺参、自動車を用ふ、これより同じ車にて農林省水産実験所々属水族館を見る、館仕人案内甚懇切、駅に戻りて少時休息、二、二一発、勝浦にてすしを買ひ昼食とす、誉田開通、遭難場所尚ほ片付中、親坊機関車の損じたるを見て驚異を感す　四時二〇両国帰着、円タク帰宅、今日の悪天甚遺憾、全消費参拾壱円　良一今日呉より帰京せりと

十一月三日　　木　晴　祭日

終日五児の相手、午後二時皆出かける、きみ子留守居、会社稲荷祭なりと、星氏執務室に於て休、暫時して去る、帰途宮城前にて下車、二重橋、楠公像、四時家に帰る、晩星氏四十余名の客あり

十一月四日　　金　雨

七、四〇教室、フォン・ベーグマン氏より1930抄録末部戻る直に原稿整理にかかる、八幡氏来室、姥山人骨に関する仕事愈々出版することとなり校正を持ち来る、六時過帰る

十一月五日　　土　晴

協今朝耳下腺炎となる親より伝染したるもの、七、三〇教室　森田氏千葉より出京、共に弁当を使ふ、井上、西両氏秋休のためか欠勤なるも森、横尾氏と集り故大沢氏記念会に付詳細相談取り極めたり、安川へ製本費拾四円二〇払ふ　六時過帰宅、敬二も耳下腺炎の気味なり、又親坊少下痢

十一月六日　　日　曇雨

午前誠一、やす子を連れて槇町、親、協、敬へそれぞれ玩具を買ひ遣る、終日児等の相手、庭へ出て萩を鋏む雨降り出す

十一月七日　月　曇

石原喜久太郎氏退職慰労会に拾円出す　七、三〇教室、午後岡山上坂氏来室、観菊会列席のため夫人同伴出京せりと、小脳溢血は殆んど回復したりと、今曙町宅を訪れたりと　六時過帰

十一月八日　火　晴

八、一五教室、午後帰りて庭へ出る　がくを鋏む、これにて冬支渡終る、誠一も耳下腺炎、但し気嫌（ママ）よく遊びゐる、罹らぬ者はやす子のみとなる

十一月九日　水　晴　俄に寒くなる初霜

八、〇教室、四時少し前去て柿内、次に良一、艦隊演習終て去る　二日出京後始めて会ひたり、呉病院勤めと内定、住宅のことすみ子学校のこと等に付心配し居たり賢信原町まで来りたりとて遅く寄る十時半なり、十一時エンタクにて帰らしむ

十一月十日　木　晴

七、三五教室、歯校のマイエル教授来室、石代人の歯など示す　東京朝日記者渡辺紳一郎氏来訪、安房神社人骨の話をする　六時過帰る

十一月十一日　金　晴

七、四〇教室、人類教室へ行き宮内氏に姥山人骨校正を渡す（松村、八幡両氏共病気欠勤）、Abstracts 1930 原稿整理了る　ヘラルド社へ渡す、午後四時頃足立氏来室、丸の内会館にて晩食、岡島敬治氏と三人、談興深し、両氏家まで送りくれたり、時に十時、足立氏饗応なり、星氏帰り茶の間にて強制和議の話

十一月十二日　土　曇

きみと三児を連れて日比谷菊花を見る、誠、敬耳下腺炎未だ全く去らざるを以て止む、帰りて直に教室時に十一時少し過ぐ　四時過去て学士院例会、会食にソウヰエット露国北氷洋探検隊員拾余名招待、食後団長シユミット博士及ひ学術長航海講演あり　小野氏通訳甚興あり、二ヶ月にて白海よりベエリング海峡に達したり、レエナ河上流大森林、大宝庫のこと、推進器を二回まで損じ、進航不可能となりたること、船上あらゆる布を以て帆を造りたること、ソウヰエット政府が北氷洋探検に五百五拾万金ルウブル支出したること、八回の隊を派遣したるこ

と、その第八回が今回のシビリヤコフ（Sibiriakov）号なること――、十時半帰宅

十一月十三日　日　曇

終児等の相手、午後町内を自転車にて遊回、一文店

十一月十四日　月　雨、嵐

親、協、やす子車にて送る、八、一五教室、瓦斯出です、小使火鉢を持ち来る、室内一三度、寒し、仮顕微鏡実室バラックにて安房人骨計測、風を交へたる雨中困る、午刻室に戻る漸くガス出る、温たまりたり、午後も計測、嵐となるその中六時過帰る

十一月十五日　火　晴

今朝に至て雨止む風尚ほ強し、八、五〇教室、安房神社人骨計測了る、昨日来の暴風にて戸をはづし雨吹き込みて骨を浸す　入沢氏へホフマン、ウエルニヒ、ミユルレル先生方の写真に付来書の返事を出す、六時過帰る

十一月十六日　水　曇雨

八、一〇教室、七時過帰

十一月十七日　木　快晴

強制和議決定の日、昨夜一時過ぎ帰り、今朝も早く出かける　六ヶ敷模様、せい子等悲観、八、一五教室、二時過帰りて庭へ出、此頃の暴風の落葉を掃く、和議の件十二月八日まで延期となる、晩弁護士及部長等五十名計集まる、自分一寸挨拶す、十時散す

十一月十八日　金　曇少雨

八、〇教室、弁当を使ひ帰り更衣、上野へ、帝展早仕舞になるを以て序にこれを一見す、柴田常恵氏に会ひ、安房神社人骨のこと話す一部大切なる分を止め置き他の大部分を返還することの希望を述べる、四時半精養軒に到る石原喜久太郎氏還暦祝、退職慰労の会合なり主賓夫妻にはブラジルより帰朝後始めて会したり　九時半帰宅、入浴、今日も星氏社員を主とし五十名集まり飲食す、十一時散す

十一月十九日　土　晴

八、一〇教室、弁当後直に去て良一、皆不在直に帰りて庭へ出て檜枯葉を掃く、五児共皆風気なり

十一月二十日　日　曇

昼中在宅、五児寒冒、三ヶ所に分居、多事、午後庭を掃く、これにて全く冬の支度済む、晩食後独銀座へ行き伊東屋にて五児の絵本を買ひ、葉巻煙草を買ひて九時過帰宅、星客七名計晩食す、入浴

十一月二十一日　月　晴

九時教室、午後松村氏来室姥山報告書に自分の名を並べることを承諾す、長談、長崎高木氏より小野論文原稿送附の手紙来、大野書記と共に秋本へラルド社来直に原稿を渡したり、四時去て良一へ、不在、待つ、帰途素、純と途中にて逢ふ、二十三日出発呉へ帰任すると、五児風邪先つ同辺

十一月二十二日　火　晴

八、二〇教室、学士院へ房総パス券を返す、フォン・ベーグマン博士へO.A.G.記念冊に論文掲載のこと申来りたるも適当のものなき旨返事を出す　西氏より人種の身体変形に関する図画写真を請はる、数種を貸す　六時過帰

十一月二十三日　水　晴　祭日

九、三〇教室、弁当直に東京駅、良一呉へ出発午後一時、これより丸ビルにて児等へ見舞おもちやを買ひ二時過帰宅、五児の風邪思はしからず　星客あり、家中混雑

十一月二十四日　木　曇

八、四〇教室、六時帰

十一月二十五日　金　曇

八、三〇教室、京都宮崎氏（木原氏教室）論文二篇昨日到達　今日通覧、直にヘラルド社へ渡す、六時帰る、五児の寒冒尚ほ同様

十一月二十六日　土　曇雨

九、〇教室、入沢達吉氏来室　ホフマン教師の写真持来る又ヒルゲンドルフ・フンク教師のも示さる、名古屋奈良坂氏へホフマン写真所持せらるるや問合手紙を出す、六時過帰

十一月二十七日　日　曇雨

午後一、一〇教室、六時帰、車迎に来

十一月二十八日　月　曇

八、三〇教室、五児送る、風邪皆快方併し咳止まず　三時過去て柿内、無事、次に良一方、良一明日午前着京のよし　転任受令のため

十一月二十九日　火　晴

八、四〇教室、安房人骨精励、五時過星氏独迎へに来る

十一月三十日　水　晴

八、二〇教室、午後一時過賢信来室、これより散歩、飛鳥山より乗合自動車にて荒川堤まで、これより放水路堤を歩く天気よし快、新渡しといふを渡り、電車飛鳥山を経て五時曙町に帰る夕食、星自動車にて満足し帰り去る

十二月一日　木　曇雨

八、二〇教室　五児送り来る、六時帰

十二月二日　金　晴

八、三〇教室、午後安田恭吾氏来室、稔氏樺太油絵神宮の絵画館に掲るもの出来上りたるよし供覧案内、長談、同郷人の噂ばなし半分不可解、六時過帰　晩良一等三人来る

十二月三日　土　晴

八、一〇教室、五児送る、六時帰

十二月四日　日　雨曇

一〇、三〇教室、五時帰、親坊昨日来耳痛にて臥す

十二月五日　月　雨

九、二五教室、間もなく岡山上坂出京来室、共に昼食、千葉小池氏西洋視察帰朝始めて来室、明年解剖学会特別講演の談ありたるも北海道を断りたる故を以て断る、森田秀氏来、井上氏室にて宴会のことに付相談、四時過よりぽつぽつ参拝者あり、未亡人始め乾、千葉より見ゆ、自分は河合氏と共に飾花籠一対を持ち行くところへ柿内氏来、同車学士会館に到る、集るもの親戚側二十三名、一般会員四十名計、撮影して食卓に就く、食終りに自分挨拶す、玄氏答辞あり、これより追慕談に移る、自分これを始む、先林春雄学部長、三輪徳寛、芳賀栄、上坂熊、近藤次、岡田和の諸氏を以て終る、先づこの追慕会終りたり、雨中於菟とエンタクにて帰る十時半

十二月六日　火　雨

九、〇教室、ユリヤ未亡人教室へ挨拶に来らる、六時帰る　昨晩良一呉病院内科部長に転任に付事務引き渡し帰任したり　安田稔氏樺太絵画見物に行く筈なりしも全く忘れたり　宇野俊夫氏夫人、ミュルレル、シュルツェ両教師の写真を持参し呉れらる　素子百円持ち来りたりと、これは年末賞与の一部なりと

十二月七日　水　雨

八、三〇教室、四児送り来る、親坊未だ全快に至らず入沢達氏へ教師写真のことに付葉書を出す、六時家に帰る

十二月八日　木　晴

八、三〇教室、四時去純子へ、素子に歳末の礼をいひ、二人の心懸に大に満足のことを話したり、次に柿内皆無事、六時半帰る　強制和議の定まる日なり先つ結果よし

と、七拾余名集り居る、家中満つ十時過ぎて散す　三二等より葉書手紙伯林にてH・フィルヒョウ氏訪問せりと

十二月九日　金　晴

八、三〇教室、新潟竹山正男氏母堂逝去悔状、安田恭吾氏へ稔氏大作見に行かざりし詫、北越医学会雑誌欠号送与札葉書を出す、二時過帰りて児等の相手

十二月十日　土　晴

星昨夜一時半帰り昨日勘定したるに和議の金額不足とか、喜（ママ）憂更に定まらす、昨夜きみの談に家計は約一千円程喰ひ込みたりと　八、三〇教室、午後一時過星氏寄る共に谷中斎場に到る、柳田直平氏告別式、是より直に青山斎場、阿久津三郎氏告別式、途中別れて自分は日比谷公園より市電にて帰る

十二月十一日　日　晴

終日五児の相手、純子誕生を祝ふに付夕刻祝品を持ち行く　星客二十名計

十二月十二日　月　晴風雨

八、二〇教室、五児送り来る、小使四人え歳末として参円つつ遣る、島峰氏来室、愈宏大なる校舎及び附属医院確定せりと来年四月より学校の方工事を始むと　額田晋氏来室学士院研究費補助継続の件　五時前学士院に到る、九時帰宅

十二月十三日　火　晴

九、一五教室、額田氏研究費補助推薦書学士院へ送る午後柴田常恵氏来室、安房神社人骨の最必要なる小部分を保存することは差支なかるべしと、種々学談、ところへ松村氏姥山報告印刷成り持ち来る、京都清野研究室論文全集大巻六冊届け来る、直に謝札を出す、六時過帰

十二月十四日　水　晴

八、三〇教室、五児送る、十一時きみ教室へ寄る今朝の模様にては愈々会社六ヶ敷状態なりと、又貸家更に一軒明くと、秋以来五児交々殊に新坊（ママ）の風邪、寒けれども天気最上、自分今日満七十四歳となれり　六時過帰

十二月十五日　木　晴

八、一〇教室　五児送る、六時過帰

十二月十六日　金　晴

八、二五教室、一時半帰る、児等に銀座を見せるためなり、敬は護婦連れて出かけたり四児を連れて精と出る松屋に入る久しぶりにて悦ぶこと殊に甚だし、食堂にて皆満足、四時帰る、きみ子三光町え行きて二児に付談合、年末混

雑且つ会社大事件に際し二児等の居るを好まず、一先づ三光町え返へすべし

十二月十七日　土　晴

八、一〇教室、五児送る、六時帰

十二月十八日　日　晴

五児を連れて槇町まで散歩、十一時一〇教室　ウェニンゲル教授（ウィーン）へ論文三種寄贈の礼札を出す、六時前三児迎へに来る、誠一敬二は音羽子迎へに来りて一と先三光町へ連れ行きたり

十二月十九日　月　晴

八、〇教室、六時帰宅、少し風邪の気味

十二月二十日　火　晴

在宅加養、学研より一五〇円手当呉れたり、本年は抄録遅れて目下校正に漸くとりかかる様にて頁数決らず　西森両氏の分延ばす、千葉高橋夫人挨拶に来る　玄関にて失敬す

十二月二十一日　水　晴

風邪は軽度の様なり、午後おもちやを持ちて三光町へ行く　誠、敬先つゝ元気、病母堂にも一寸会ふ

十二月二十二日　木　晴

愈々破産決定の日、せい子等悲観す、併し到底さつぱりとはゆかぬ　当分ごたごたと日を送ることなるべし、二日休養し、今日教室へ行く時に九、三〇　午刻帰宅、今昼小使中島在職満二十年祝として寄附金募集のところ五百余円集りその贈与式を行ふところ風邪気分悪しためにに帰る、故鈴木文太郎氏十三回を繰り上げて来二十四日京都に於て催さるよしに付香花料として三円送る　会社強制和議不成立のよし、晩客七拾余名、会社は直に抗告したりと

十二月二十三日　金　晴

午前駿河台に入沢達吉氏を訪ひミュルレル、シュルツェ、キルゲドルフ、カヒウスの写真持参、帰宅静養、晩星客二十余名

十二月二十四日　土　晴

在宅、午後保子来、電車中にて紙入をすりにとられたりと、二拾余円在中なりしよし気毒、見舞として拾円贈りたり

十二月二十五日　日　晴

在宅、児等の相手をしながら静養、抄録校正、クリスマス歳末甚だ陰鬱、素子純子は一昨日急に呉え行きたり

十二月二十六日　月　曇
在宅、夕刻石原喜久氏来訪、歳末挨拶の意味なるべし
十二月二十七日　火　雨
十二月二十八日　水　曇
十二月二十九日　木　雨
この三日間家にありて児等の相手、天気悪く寒し、風邪の方は漸々宜し
十二月三十日　金　雨曇
朝天候甚悪し、教室行かず、午後は雨止み天気模様よくなる、晩食後独銀座へ漫歩、来年の日記帳その他小買物をなし九時帰宅
十二月三十一日　土　晴
九、〇教室、フラウ・ユンケル、ベーグマン、クルト・マンえ年賀状を出す、又フラウ・ユンケルえクリスマス菓子贈与の礼札を出す　年来目論見居たる論文一も完成せずして年を越すこととなりたり即ち齲歯統計、咬合形式独逸文及邦文、安房神社洞窟人骨、長骨長と身長との比率、抜歯風習の民族的関係。此中来年中に幾個完結するか、二時家に帰る、三光町え自動車都合よきに付直に自分行くこととす、誠敬に遣るべき料理を持ち行く　四時前家に帰る　精子関節痛増進、海野秀平氏方え行きて診察を受けたるところ扁桃腺炎より来れるリヨウマチスなりと

昭和八年　2593

1933 Koganei　満七十四

一月一日　日　快晴

七時起、丁度陽光窓を射る、児等大嫌（ママ）気、ただ精子臥し居る、食後三児を連れて槇町、羽子板凧など買ふ、天晴れ無風この上なき日よりなり、星氏珍らしく閑、午後は共に三児を連れて出かける、先つ大崎工場に到り稲荷社に詣でこれより柿内え、皆上りて三時を食す、児等皆無事なるもただ孝子今日学校式中卒倒したりと、次に桑木家玄関にて辞す、次に橋本家不在、終りに団子森家、玄関にて未亡人及まり子に挨拶、槇町にて星氏親坊下車、飛行機凧を買ひて帰る、丁度賢信来り居る、暫時にして去る、三光町及平野は忌中に付遠慮したり　年賀の人々は潤、桑木、厳、橋本四人。

一月二日　月　曇

星氏在宅、精子海野え受診、車あるも天気思はしからず寒し、自分は午後一時四五教室、六時帰

一月三日　火　晴

好天、星氏共に三児を連れ二女中侍し荻窪に梛野家え年始十時過発す　十一時過達す同家を賑はす、携へたる弁当を食し向の明（ママ）地にて持参の凧を上げる、よく上る大悦び飛行機、西洋、普通凧、厳が長岡より取り寄せたるものなど、三時を食べ辞す、星氏入沢家へ寄り四時帰宅

一月四日　水　曇晴曇

昨夜桑木よりの電話にて十時良一等三人呉より着京よし（ママ）に付きみ子と三児を連れて迎へに行く、直に家え帰り、自分は十一時教室、丁度玄関にて井上氏に逢ふ年賀を交換す、午後横尾来室、又西氏来り挨拶す　五時少前三児迎へに来る

一月五日　木　半晴

午前きみと三児を連れて三越、昼食を食べさす、大歓び、帰りがけに桑夫人すみ子を連れて来るに逢ふ、一時帰宅、二時すみ子来、児等庭へ出て凧上げ、尋で内に入り賑かに遊ぶ様を見る、良一素子来、晩食

一月六日　金　雪雨

八、四〇教室　三児送る、歯科解剖藤田恒太郎氏独逸留学来九日出発の由暇乞に来、午後入沢氏来室、ウェルニ

ッヒ教師引き延し写真出来上りこれを示さる立派なり、其他昔の教師の写真に付談を交す　三時去て日々新聞社に到る、故本山彦一氏告別式、悪天、四時前帰る

一月七日　土　曇晴

八、二五教室、三時去て柿内、次に純子、両人不在なりしも純子昨日来咽痛にて床に居るも今日は大に快しと、しきりに手風琴を遊ぶ、良一等も帰り来る、厳翼氏来る、良一は明日出発すべし、雑家具今日曙町へ一部持ち行きたりと　六時帰宅、六十名の社員来り飲食、新年会の意味なりと、十時まで騒々しかりき

一月八日　日　晴

午前三児を携て隅田公園、きみ同行、風なく寒からず甚快、帰りて急ぎ昼食、東京駅、きみ子三児、久雄、もとすみ、見送り、良一一時特急にて発す、昨年夏以来度々帰京せるも此度は先つ当分このことなかるべし　帰りて終日児等の相手、午後は風生したれば外出せず

年賀調べ

はがき　約二七六

封筒　四七

名刺　三六

一月九日　月　晴

八、四〇教室　三児送る、顕微鏡実習始まるに付其室に並列し置きたる安房神社人骨を片付ける、東大五十年史に付ミユルレル、ホフマン両教師写真像に名が転倒してゐること其他の誤に付其掛りえ行きて談したり、日本大学伊沢好為氏来室指導のもとになりたる松尾氏論文に付その独逸文体の宜しからざることを談じたり　塩田氏を外科教室に尋ねミユルレル、シユルツエ両教師の写真を渡す　入沢氏え五十年史のこと並に塩田氏に面会のこと書き送る　六時半帰

一月十日　火　晴

八、二五教室　三児送る、六時前帰宅、森志づ子年始に来り居る

一月十一日　水　雨

八、二五教室、星車、児等天気悪ければ送らず、午後山越長七来室、例の通り程々の話あり、六時帰

一月十二日　木　曇晴

八、三〇教室　三児送る、足立氏出京来室、四時半去て学士院例会、九時帰宅、入浴、社員三名計徹夜書きものす

一月十三日　　金　曇

八、四〇教室　クーレンベック（ブレスラウ）へ年賀札の礼を出す、六時帰

一月十四日　　土　晴

八、四五教室、安房神社人骨漸く書き終りたり、三時去て銀座へ、田鶴子より頼まれたり眼の動くキユピイ人形をさがすもなし新橋まで行く、よき人形二個（一、三〇、一、〇）買ひて柿内、孝子又々持病、他は無事、純子へ寄る、六時過帰宅、きみ子親坊学校のことに付奔走、教室へ寄りたるも自分は去つた後なりき

一月十五日　　日　晴

愈々寒酷し、親坊独り青木誠四郎氏方え行く、協、鳩子を連れて附近まで、午後は車あるを以て三光町え、誠、敬嫌気（ママ）

一月十六日　　月　晴

八、三〇教室、五時山上会議所に到る、故大沢謙二氏追慕会なり、五十名計集る、十時帰宅、入浴、星氏夜一時半頃帰宅、会社営業継続の件六ヶ敷のではないかと察せらる

一月十七日　　火　曇みぞれ

八、五〇教室、三児送る、一時去て芝巴町寺院に到る石垣きよ子告別式なり　きよ子は義光氏及び金森夫人の母堂なり　二時少し過家に帰悪天厳寒この上なし　きみ子は親坊を連れて大塚附属小学へ入学試験を受けにゆく

一月十八日　　水　晴

八、四〇教室　三児送る、午前に日本大学解剖の松尾久朗氏輯報論文訂正して持ち来る、星三児を連れて迎へに来る六時過帰

一月十九日　　木　曇

八、三〇教室、三児送る、午前日大松尾氏昨日失せる挿図二二枚持ち来る、これを通覧す、安房神社人骨論清書を書き始めたり、六時帰る

一月二十日　　金　曇

八、三〇教室　三児送る、松尾氏原稿へラルドに渡す、抄録校正直にベーグマン博士氏え送る　大場氏へ神社洞窟人骨調査出来上りたる旨申送る　六時過帰

一月二十一日　　土　曇

八、三〇教室　三児送る、安房人骨清書に終日す、六時過帰

一月二十二日　　日　雪

昨夜来雪、盛に降る、降雪中全家自動車にて雪見、上野公園を廻り自分教室、時に一〇、一五　三時過帰る、素子純子今来りたりと、庭に出て雪上をすべるなど賑かに遊ぶ、自分夕食半ばに自動車にて三児と送り行く

一月二十三日　月　晴

八、一五教室、三児送る、六時過帰、故青山氏十五年祭なるを全く思ひ違ひをなし二十六日として返事を出さんとして始めて気附き遺憾

一月二十四日　火　晴

八、三五教室、三児送る、親大塚附属小学入学の件昨日だめと明かる、その理由に付きみせい種々想を回らしゐる　安房神社人骨論清書完了　五時帰宅　親坊大塚入学絶望の源因（ママ）甚だ面白からす

一月二十五日　水　曇

大山氏訪問十時青山同邸に到る　安房神社人骨論文故本山彦一翁追悼文とし史前学雑誌に掲載の件大山氏大歓迎、昨年杉山氏が陸奥是川村中居にて発掘せる人骨細砕役立たずとのことにてその儘になし置きたるを念のため見たるところ果して上顎犬歯抜去せるもの一例見付けたり歓ばしR.R.Schmidt, Die Diluviale Vorzeit Deutschlands〔＊文献〕を瞥見す、又シュタイン・カレンフェルス寄贈の石器を見たり　十二時半教室　六時過帰宅　昨日きみ子に命し故山川健次郎氏故末広恭二氏記念事業に各五円つつ又中野鋳太郎氏在職二十五年祝賀のため三円出す　昨夜在ロンドン八千代子より電報、早速帰朝（谷口腆二氏と共に）するよし　在佐倉内藤家内孝子及内藤つねの名を以てふみ子昨日死去せし旨知らせあり、大正六年家出事件以来消息全く絶へ居たるもの、如何に取扱ふべきか

一月二十六日　木　晴

八、三五教室　三児送る、福岡進藤篤一氏出京来室、小山氏老衰臥床其他友の消息談、午後足立文氏突然来室、サンスクリット学者渡辺海旭氏死去　遺志より病理解剖を執行するに付相談共に病理へ行き鈴木助教授依頼、快諾、明朝執行と決定、別る、吉田章信氏久し振りにて来室、体育談、六時帰、食後きみ親共に東京駅、素子純子愈呉移住、八、一五発車見送る、帰りて入浴

一月二十七日　金　晴

八、四〇教室、三児送、足立氏既にあり、故渡辺海旭師（ママ）剖検病理に於て九時より執行これを陪観す、十一時室に

戻る、午後三時半精子親坊を連れて来室、お茶の水校入学試験の帰りなり、大塚の方模様などからして多分だめなるべし　明朝張り出すとのこと　菓子をたべ共に帰宅時に四時半　佐倉孝子宛ふみ子香奠三円にきみ悔状を添へて遣る

一月二十八日　土　晴

八、五〇教室三児送る　フォッサ・インテルコンヂラリス〔＊顆間窩〕幅位に付石時代、アイノ、日本人間の差違問題に付考察、家より電話、直に帰宅、時に四時、足立夫人来訪、尋で文君も来、久々にて四方山談、晩食、星氏も帰り来るこれまで十五名の客あり、大混雑、星氏足立氏へ額を贈るなど、十時星車にて送りたり、入浴など十二時過眠る親坊お茶の水校三部入学出来たり

一月二十九日　日　晴　厳寒

十一時半精子と三児を連れて三越、直に食堂、一時半帰宅、午後三時出て柿内、異状なし

一月三十日　月　晴

八、四〇教室、三児送る、きみ子が久しく借り置きたる「台記」山田氏宛にて図書館へ返へす、ヘラルド社抄録校正刷一―三二頁の分ベーグマン氏電車内にて紛失せし由に付再刷送附方をヘラルドへ依頼す　動物学会々費昭和七年一月―十二月分六円郵便為替にて其券を送りたり　六時過帰

一月三十一日　火　晴

八、三〇教室、一時出て先つ大山研究所に到り原稿の訂正をなし、田沢甲野氏と雑談中大山氏来る　ウォレス歯に関する本を借り辞して青山斎場に故田中宏氏告別式（神葬）に参し二時四〇教室に戻る　昨今両日大腿骨髁間窩幅径日本人のもの二十五本（男）測る　六時半帰る

二月一日　水　晴

八、四〇教室三児送る　ベーグマン博士へ校正紛失の分再刷して送る　アイノ大腿骨二十五本の髁間窩計測、早速平均数を算出したるに予想の通り日本人アイノ間に著しい差ある、尚ほ石時代人骨如何、甚だ興味あり　入沢氏来室、元独逸教師等写真談　六時半帰　会社営業昨日限りのところ継続といふことになりたりと

二月二日　木　晴

八、二五教室　三児送る、終日輯報抄録校正、星氏独逸へに寄る　六時帰宅

二月三日　金　曇晴

八、四〇教室、午後片山国幸氏室　外国人等の写真持ち来る　其中にチーゲル教師の写真ありたりこれを借用す、其事を入沢氏申送る　終日石時代大腿骨に付フォッサ・インテルコンヂラリスを計測す　六時星氏三児を連れて迎へに来る　小使四人に一円つつ遣りたりと

二月四日　土　晴

八、四〇教室　三児送る、石時代大腿骨髁間窩測り終る、積み畳（ママ）ねたる骨箱を一々動かすことなかなか労なり　午後はこれが計算をなす、石時代とアイノとは全く一致するも日本人とは大に違ふ、但しブライテ・デル・ガンツエン・コンヂレンフレッヒェ〔＊顆面全体の幅〕区々なりこれは石代人の骨に風化ありて尺度が正確ならざるためか？　六時過帰

二月五日　日　晴

星氏会社の状態幾分か小康を得たるため三児の誕生祝を名として近親を饗するとて自分三光町え誠、敬を迎へに行く　全家午刻晩翠軒に到る　自動車満員の有様　末広若夫婦来、児等歓びはね廻る、三時前帰宅、児等遊び廻る様を見る　四時半誠、敬送り返へす　三二より一月十六日付手紙来、八千代子十二日ロンドン出帆、ハーリントン教授の許にて仕事を始めたりと

二月六日　月　晴

八、三〇教室　三児送、抄録校正、六時三児迎に来る　星客六名

二月七日　火　曇晴

三児送る一丁目までガソリ入（ママ）れに行き八、四五教室、終日抄録校正　六時去て家に帰る

二月八日　水　晴

八、四〇教室、三児送る、抄録校正の大部分をヘラルドへ送りたり、フォッサ・インテルコンヂラリス白人にては日本人の如く広し、併しオオストラリヤ人、マオリはアイノの如く狭き様なり　六時家に帰りて、食後独り銀座へ散歩旁葉巻煙草を買に行く、児等へ路店にて切りぬき鋏など買ふ、満月明、寒からず良き漫歩なりき

二月九日　木　曇晴

八、四〇教室、三児送る、輯報本文校正、ヘラルド社を呼び談合、六時過帰る

二月十日　金　晴曇

八、四〇教室、親、協送る、やす子腹工合少し悪し、午

後松村氏来室、珍本蝦夷生計図説を教室にて購入せりと、四方山談、六時過帰る

二月十一日　　土　曇

十一時過親坊幼稚園式より帰るを待ち全家自動車にて出かける、九段より宮城前日比谷公園を廻りて帰る　人出なかなか多し、一時前帰りて食事、一時四五教室　六時星氏出先より迎に寄る共に帰宅

二月十二日　　日　曇

一〇、〇教室、六時星氏三児を連れて迎へに来る

二月十三日　　月　晴

八、三五教室　親やす送る、弁当を食べ上野学士院に到る、学研医学部会、議員の半数改選、自分等再せらる、チーゲル教師写真を携へ佐藤氏等に見せる　三時より学士院例会、授賞者決定、授賞のこと先月二十二三日頃読売、国民両新聞に掲載せるよしにて其出所不明、八時半帰宅、桜井夫人今午前死去せられたるよしに付玄関まで悔に寄る　額田晋氏研究費補助は出来ざりき　星氏満州国へ向け夜行にて出発、入浴、きみの談に先月三十一日以後の模様良きか云々

二月十四日　　火　晴

親坊幼稚園へ送りながら九時四〇教室　チーゲル教師写真を入沢氏へ送る　額田晋氏へ研究費補助通過せざりしことを通知す　一時半室を去る、丁度時刻に付幼稚園へ廻る　きみ子迎へに付来り居る、帰りて三児三人出かける、上野松坂屋に入る食堂、屋上動物児等歓ぶ様面白し　五時前帰宅　晩食後桜井家へ更めて悔に行く主人に面会、きみ子は午前に行きたり霊前へ五円供ふ

二月十五日　　水　晴

八、四五教室、十二時半帰宅、一時桜井家告別式（神式）に加はるきみ同行、二時過三光町岸家見舞、二児幸に元気、三時を食べるを見て四時半帰宅

二月十六日　　木　曇

八、四五教室、千葉小池氏来室、卒業二十年祝として同級会を催すに付出席を求めらる、これまで一切謝絶したを以て此度も断る　長崎小野直治氏論文校正を高木氏宛、京都宮崎洪氏論文二篇校正を木原氏宛発送す、終日輯報校正、六時半帰

二月十七日　　金　雪

八、三〇教室、輯報校正二回速達にてヘラルドへ送りたり　終日雪降りて寒し　六時室を去る

二月十八日　　土　晴

八、三〇教室　学士院記事其他製本を安川へ渡す　小池氏紹介桑名龍太郎氏輯報原稿を持ちて来る、六時過帰

二月十九日　　日　晴

寒さ強きも天気良し、総員支渡し出かける、三越、親坊校服注文などし食堂に入る、ひな人形を見て一時半帰宅、きみは三光町岸へ赴く、自昼食の後児等の相手をなし葉巻を喫す、三時過柿内、珍らしく三郎氏在家、賢信風邪にて臥す　試験に障りなければと心配す

二月二十日　　月　晴

八、五〇教室、抄録大部分校了となる残るところはベーグマン氏のもとにあり　額田晋氏来室　研究費通過せざりしことに付ての談、五時半帰宅、晩食後お茶の水歯科学会に出席、N・メンゲス博士にホフマン教師写真等のことに付談、同氏の琺瑯質組織の講演並に金森氏義歯に関する一手術例の報告を聞きて九時半帰宅

二月二十一日　　火　晴

八、三五教室　ベーグマン氏より抄録校正後半分戻る直にヘラルドへ送る　六時過帰宅

二月二十二日　　水　晴

八千代子帰朝、午前九時東京駅に迎へたり　きみ子同行、野長瀬氏神戸まで出迎へたり誠、敬二児来り居たり先づ八千代子欧州観光の件終了、九時半教室

日支事変「ジユネエブ」国際聯盟に於て最悪の結果となれり　聯盟脱退愈々昨日廟議決定

「大腿骨髁間窩の人種的差異に就て」論文一応書き終る、六時過帰

二月二十三日　　木　晴

八、三〇教室　二時半去て青山斎場に故三輪徳寛氏告別式に陪す、途中にて自動車ガソリン尽きて動かず二丁余押し行など併し間に合ひたり、三時半帰宅　児等を連て一文店まで行く、帰朝祝としてカステラを贈りたりと

八千代は不快にて三光町に臥し居ると

二月二十四日　　金　曇雨

八、三〇教室、六時過帰宅

二月二十五日　　土　晴

昨晩ジエネエフ聯盟議会に於て正式に評決、四二に対する一（一票棄権サイアム）即ち全会一致を以て反日、

八、〇教室　エッテキング博士（ニューヨーク）論文寄贈礼を出す　弁当を使ひ帰宅、二時半せい子同道親坊を連

れ四ッ谷喜多能舞台に到る、柿内一家あり、孝子悌子の仕舞を見るためなり、両児感心によく舞ひたり、終りて尚ほ三郎氏のを見るべく待つもその番来らずあまり遅くなるを以て去る、六時に近く家に帰る

二月二十六日　日　晴少曇

午前児等と附近歩親協は自転車、一氏満州国より帰京、せい子児等共に五時東京駅に迎ふ、社員多数出迎ふ賑かなり、帰宅、児等に満州国々旗の土産、大歓、自分へは葉巻煙草沢山、早々きみ子と東京會舘に赴く、与謝野寛氏還暦祝なり、余興長きに過ぐ、八時食卓につく、徳富蘇峰氏の賀詞あり其他数名、なかなか終らず十時辞し去る、会するもの二百五十名計　甚だ寒し、入浴、十一時過就眠

二月二十七日　月　晴

八、三〇教室　三児送る、京都赤堀英三氏大論文原稿ヘラルド社へ渡す　六時過帰宅

二月二十八日　火　雪曇晴

八、三〇教室、この頃髀間窩ｅｗｍ等の計算、煩はし、三時半帰宅、これより小石川石切橋小松茂治氏方へ悔に行く　先日おはるさん死去せらる霊前へ五円供ふ　神葬（金光教）のよし

三月一日　水　曇

八、三〇教室　三児送る、京都蓑内氏来室、三月末出発、欧州留学すると、露国に在留出来ればよいがこれは六ヶ敷とか、ツェルフィジオロギー、ゼロロギー、ゲネチッククルツール〔＊細胞生理学、血清学、遺伝学〕等学談尽きず、長くなり六時打ちて去る　六時半帰

三月二日　木　曇

八、四〇教室　三児送る、三時半去て柿内皆無事、五時帰宅

三月三日　金　曇

今晩二時半、劇（ママ）震あり眠を驚かす、東北地方被害ある模様、八、五〇教室　六時帰宅、三陸震災津浪殊の外甚し

三月四日　土　曇

八、二〇教室、午後一時過電により家に帰る　せい子三児を連れて柿内へ雛人形を見に行く自分同行、自車にて裁判所を廻りて行く、五時帰宅、岸家七年忌とてきみ子鶴見総持寺へ行く、日暮に帰る

三月五日　日　雨曇

悪天、十一時過教室、午後一時三児迎へに来、家に帰りたるところへ谷口腆二氏来訪帰朝後始めて出京、三二のことに付種々配慮、一昨日先つ柿内氏を訪ひ、三帰朝の上は教室にて使ふや否に付種々対話の結果使用せずとの確答、次に長与又郎氏に会ひて相談に及びたるところ大に承引、癌研究所の方に使ふべしとて同氏引き受けたりと谷口氏もこれにて安堵したりと自分両人もここに於て安心したり、谷口氏の骨折深く謝するところなり、せい子は三児を連れて銀座へ親坊のランドセルを買ひに行き絵はがきアルバムなど持ち帰りて大歓

三月六日　月　曇

八、三〇教室　輯報抄録 1930 試刷完結に付西、森両氏及ベーグマン氏に対する謝金請求を出す、六時過帰

三月七日　火　晴　昨夜小雪

九、〇教室、在ロンドン三二へ癌研のことに付昨日手紙を書き今日出すべし　午後名古屋斎藤真氏来室、来二十一日出発欧米視察の由、種々研究談殊にトリウム塩コロイド注入によつて生体に於てリンフゲフェーセ（＊リンパ管）をX線にて撮影のこと橋本義雄コロイド手術のことなど永々話したり　六時過帰

三月八日　水　雪　午後止

八、三〇教室　三児送る、フォッサ・インテルコンヂロイデア論説清書を始めたり、六時過帰　三十五六名の星客あり　八千代子帰朝早々風邪のところ今日来、小猩々頭骨一個贈与せり面白し

三月九日　木　晴

八、三五教室　親独送る　髁間窩論清書了る、三十日計全くこれに費したり　六時過帰　田鶴子久し振りにて来訪せりと三二、三郎氏間のことを心配してその話のためなるべし　星客二十五名計

三月十日　金　曇

八、五〇教室、三児送る　髁間窩論の独文摘要を書く、六時過帰

三月十一日　土　雪　午後止む

三寸計雪積る、八、五〇教室三児送る、咬合形式論文独訳に三度び取りかかる　安房神社人骨及髁間窩論のためのに殆んど五ヶ月費したり、尤もこの間輯報の仕事殊に抄録印刷等ありたり　千葉鈴木重武氏来室、輯報原稿持ち来る、六時過帰宅

三月十二日　日　晴

親坊少し風邪終日在家児等の相手

三月十三日　　月　雪　午後止む

又々昨夜来雪、八、四〇教室、四時過去て上野学士院例会出席、珍らしく早く済み八時前帰宅

三月十四日　　火　晴

八、一五教室　やす子のみ送り来る　仙台長谷部氏出京来室、種々の仕事談、南洋土人論大に進捗したるよし愉快、自分の髁間窩論、咬合論其他、昼食を共にし二時過去る　六時過帰、ＯＡＧ会費九円払ひたり

三月十五日　　水　晴

八、三〇教室、六時過帰

三月十六日　　木　曇雨

八、五〇教室　三児送る、入沢氏へホフマン教師写真今一枚所望の手紙を出す、これは其息へ贈る目的なり、髁間窩論原稿於菟に渡す　雨止みたれば四時過去て柿内へ、賢昨今両日にて試験済みたる筈様子如何と思ひてなり、不在、暫して三郎氏共に帰り来る、先づ故障なくすみたりと、遅くも二十日にはわかると

三月十七日　　金　晴

八、三〇教室、親鳩送る、長谷部氏来、共に中食種々面白き談、明日帰仙すると、六時半星氏独迎へに来

三月十八日　　土　晴

八、三〇教室　三児送る、昼食直に去て上野科学博物館に到る同館及動物学会共同催、此度来朝せる独逸ハアゲンベツク動物園主講演及映画あり、猛獣訓錬法等甚面白し　帰途鉄道上の橋を渡り上野広小路まで歩き四時過帰宅

三月十九日　　日　晴

午前親坊を連れて二人限りにて出かける　上野駅より地下鉄にて浅草に到る　観音堂に上る堂大修繕漸く成る、これより乗合汽船にて言問に到り堤上を歩き児等玩具を買ひエンタクにて十二時過帰る、社の客あり混雑、午後三時過親を連れて広尾岸家を訪ふ八千代子帰朝後始めてなり、誠、敬甚だ嫌気（ママ）、四時半帰る

三月二十日　　月　曇晴

協並に親風邪、早朝八代氏来診を乞ふ、九時教室、九時半頃理学部事務室え行き賢入学如何を尋ねたるも未だ決定せずと、午後二三時頃発表せらるべしと、四時過生化教室に到る、三郎氏講演中にて不在、賢は掲示を見に行きたりと、四時四五頃賢来り今見て来たと、大方大丈夫

とは思ひ居たるも、発表までは気にかかりたり、先つ安心、直にきみ子へ電話す、六時過帰

三月二十一日　火　晴風　祭日

海野秀平氏来訪長座、午後三時頃出て柿内へ歓に行く三郎氏も在宅、皆々元気、自分咽喉少しく異常を感す五時頃帰宅

三月二十二日　水　曇

きみ体温高し、自分も風邪の気味、在宅、福岡小山龍徳氏死去電報あり直に弔電を出す

三月二十三日　木　雨曇

休養、午後三八度五分あり　星氏珍らしく休養、ただやす子独り無事なり

三月二十四日　金　雨、曇、晴

午後八代氏来診、自分も見て貰ひたり

三月二十五日　土　雨

星氏今日は外出せり、他は皆宜くない、良一より電報、明日出京すると　鳩子を除き全家風邪、珍らしきことなり

三月二十六日　日　雨曇

きみ子やす子を連れて良一を迎へに行く、良一早速皆を診察す　容体皆同一、午後は三人共牛込へ、もと、すみ泊る、良一は帰り来る

三月二十七日　月　雨

終日悪天、寒、鬱陶し、日本は愈今日聯盟を脱退す

三月二十八日　火　曇

昨日義歯を損す門歯一本脱離す、金森氏え送りて修理を頼む　今夜星氏大阪へ出発す

三月二十九日　水　晴

寒冒全治とはゆかすが試に出かける時に九、三〇、仙台布施氏出京来室　久々にて談多し十一時去る、輯報校正たまりたるを処理する、気分甚だ悪し三時家に帰り休む親協は宜しき様なり　橋本治雄此度千葉医大卒業挨拶に来りたるよし　義歯修理出来、工合宜し　良一はゴルフへ行きたりとか遅く帰る

三月三十日　木　晴

午前中は児等庭にて遊ぶを見る、素、純も来る、午後星氏帰る（大阪よりは今朝帰りたり）、皆々三越へ行くとか出行く、自分兎角気分宜しからず、C・フォン・ベーグマン氏抄録 1930 修正謝金一三二円小切手書留にて送る

三月三十一日　　金　雨

終日悪天、良一等困るそれでも出かけたり、晩良一だけ京都内科学会へ出発、純子独り曙町に泊る

四月一日　　土　晴

今日はこの度賢信大学へ進入祝として学士会館にて昼食に招ねかれ児等楽に待ち居たり幸に天気良し十二時前に到る、皆揃ふ二十名伊藤、小堀夫妻あり　孫児十二名集まる、岸誠、敬を欠く、皆々大歓、食事終て屋上にて遊ぶ三時帰宅、親坊気分悪しと自分も同様、床を並べて休む、少し障りたるか、晩素子純子出発、精子自動車にて送る

四月二日　　日　晴

田鶴子忠子を高しまだ振り袖の大正装にて写真を撮りたりとて寄る　昼に近し　皆々珍らしく思ふ、衣を更へて帰り行きたり、自分親一容体宜しからず　解剖学会欠席のことを千葉小池敬事氏へ申送る

四月三日　　月　晴曇

福岡故小山龍徳氏のために香奠五円送る　自分親共宜しからす午刻三八度五分あり、午後も同断、遂に橋本氏の来診を乞ふ、これは誠に珍らしきことにて始めてなり、先つ安静第一、次に八代氏来診親坊麻疹とのこと、自分に注射を施す、看護婦を雇ふ

四月四日　　火　雨

終日悪天、午前八代氏来診、第二回注射、親坊熱高し三九度位　夕刻八代氏再び来、第三回注射、自分体温三七度に達せさりき

四月五日　　水　雨曇雨

午前八代氏来診、第四回注射なす、保子来伊勢奈良京都等厳共参詣昨日帰りたりと大歓、ベーグマン氏手当受取書学研へ送る　夕刻八代氏来、第五回注射

四月六日　　木　曇

午前長崎原正氏病気見舞旁来訪、名物カステラの贈り物あり　午後八代氏来診、第六回注射、親坊昨日より体温下る

四月七日　　金　曇

曙町住福島尚純氏死去に付悔として名刺を遣る、夕刻八代氏来診、最早ラッセルなしと

四月八日　　土　曇

親坊お茶水校始業式なるも精子だけ行きたり、協、鳩子

は吉祥寺の花祭を見に行きたりとよろこびゐる　夕刻八代氏来診、親坊追々快方、体温三七度五六分

四月九日　　日　雨

星客昼晩共あり但し晩は早くしまひたり、看護婦は晩帰へしたり丁度七日間なり、今日は八代来診なかりき　京城上田常吉氏学会のため出京見舞ひ呉れたり　新井未亡人より見舞の使あり

四月十日　　月　雨曇

陰鬱なる天気、協一昨夜来発熱、今朝八代氏来診、麻疹なるべし　精子の血液を注射す　親坊熱なし、併し床中にあり　自分始めて入浴を試む、甚だ心地よし

四月十一日　　火　曇

ただ鳩子のみ元気、終日ぐづぐづ暮したり

四月十二日　　水　曇（雨）

生化学の横山見舞に来、今朝より鳩子も熱あり、午後八代氏来診、協鳩共麻疹なるべし、予想の通り三児共罹りたり、自分は試に一寸庭へ出て少し草を取りたり　夕刻雨降り出す

四月十三日　　木　曇

終日陰鬱なる天気且つ寒し、終日児等の相手、親坊は漸々回復すべし　協、鳩幾らか熱ある様なるも未だ発疹せす

四月十四日　　金　曇

朝八代氏来診、協、鳩共愈々麻疹と決定す、星氏急に夜行にて京都大阪へ

四月十五日　　土　曇雨

天気陰鬱終日児等の相手、柿内あや子も麻疹のよし、去一日伝染か

四月十六日　　日　曇

桜花満開とか、陰鬱、星氏朝帰る、協一は快方、鳩子今日頃頂上か　鈴木孝之助氏より両人晩翠軒に招ねかれたるも断る　八十才祝の意味か　長崎原正氏帰任するとて来、玄関にて失敬したり、クラニオ・ファチアル・インデックス〔＊頭蓋幅指数〕問題に付来夏出京、日本小児頭骨及びアイノに付調べたし云々、子女教育上家困難、収入増殖に付談あり

四月十七日　　月　曇

三月七日差出癌研のことに付申送りたる返事三二より来、当人大体に於て勿論歓びゐるも研究問題範囲に付心配の点もある　午後八代氏来診、協は体温三七度以下、やす子今日頃頂上なるべし

四月十八日　　火　晴

久し振りの天気なり、独逸東亜細亜協会創立六十年紀念会に於て自分を名誉会員に推選したる旨会長マイスネル氏の名を以て通知あり　尋で証書到達す　この中にフロレンツ氏に属するウルクンデ〔＊証書〕が誤て重ね入りおるために同協会より使人来るなど、午前きみ子共に親坊を連れて試に槇町より吉祥寺内を歩く　自分これまでになき弱味を感す　やす子体温下る

四月十九日　　水　曇

午後少し庭へ出でたり　協は快方、鳩子も下熱、於菟来、解剖学会創立当時の談など、学研より電話あり、輯報のこと

四月二十日　　木　雨

午前きみ共に親坊を連れて三越、屋を一周して五月人形を見る　きみ種々買物す、雨降り出す往復共エンタク、十一時帰る　観桜会なるも悪天

四月二十一日　　金　半晴

午前庭へ出る、稍心地よし、午後は屋内にて児等の相手きみ子午後橋本へ来診の礼に行く（拾円券及菓子）

四月二十二日　　土　曇、雷驟雨

親坊始めてお茶水校登校　せい子自分共に出かける、七、三五教室、丁度全一ヶ月休みたり、溜まりたる郵便物整理、アリエンス・カッペルス教授（アムステルダム）、工藤喬三氏連名絵はがきルンドボルク教授（ウプサラ）より大著述 Race Biology of the Swedish Lapp などあり　長崎高木氏へ岩田氏論文校正刷を送る　大学図書館より自分の卒業証書を借用したき旨申来りたるところいつぞや山田珠樹氏へ渡したるままになり居るに付其ことを山田氏へ申送る　学士院へ房総鉄道乗車券を返へす、これは不快のため一回も用ひざりき北越医学会より自分写真所望に付これを送る　製本拾数冊出来これを整理など終日す、大雷雨ありたるも六時半帰宅の頃は霽れたり

四月二十三日　　日　晴曇

星氏下高井戸満蒙義塾といふに人を訪問するに付九時過全家同乗ドライブ　久し振りのことなり鳩子麻疹も先づ全快、十二時少し過帰る　午後は曇り風冷、鈴木孝氏夫妻来訪

四月二十四日　　月　曇

学術研究会議総会なるも断る　八時前教室、親せい同行安房神社宮司稲村真里氏家へ尋ね来りたるも出かけたる

後なりしを以て教室へ来人骨談、独逸東亜協会此度名誉会員に推選せられたる謝状を出す　二時半帰宅庭へ出るつもりなりしも風強く止める

四月二十五日　火　晴曇

天気良し協一を連れて植物園、おたまじやくしを採て歓ぶ、十一時帰れば田鶴子あや子を連れて来り居る、親坊も帰り来る、田鶴昼食せず去る　午後は曇る、庭へ出る

四月二十六日　水　雨

七時半教室、きみ親を送る、同道、暫して大雨となるシュラギンハウフェン教授（チユリヒ）論文多数寄贈の礼を出す　六時帰宅

四月二十七日　木　晴

支那事変戦死者合祀靖国神社臨時大祭に付諸学校休業、早朝七時前自動車にて星きみ三児自分出かける　先つ靖国神社参拝、楽に拝することを得たり　併し来詣続々増すのみ、これより明治神宮参拝、星氏陸相官舎へ寄り帰宅　せい子沢崎へ入院日数かかるよしなり、午後星氏共に親協を連れて出かける先つ丸善に到る、次に三越、次に東京駅前の大なる焼物露天に到り植木鉢を買ふなど、次に高島屋百貨店に到るこれは新築出来て始めてなり二児三時を食べ三時前帰宅、庭へ出る　自分大に回復したる様感す　末広ゆう子来

四月二十八日　金　晴曇驟雨

親坊学校送り星氏共に車にて出る湯島にて下る、時刻早きを以て神田明神に詣て、聖橋を渡りなどして学校教場まで行く、曽て柿内の賢信を同校へ送りたることを思起し感深し、八時教室　アリエンス・カッペルス（アムステルダム）、ルンドボルク（ウプサラ）両氏へ論文別刷、ラッペン（＊ラップ人）に関する大著述寄贈の礼を出す、片山国幸氏へチーゲル教師写真借用せるを返却す　風邪のため中絶の咬合論独逸文漸く取りかかる　金沢古畑種基氏カナダに於て開催第五回汎太平洋学術会議委員として派遣せらるに付五月二日出帆のよし告別として教室へ寄る　六時過帰

四月二十九日　土　快晴

午前親協をつれ附近散歩、午後きみ共に三児を連れて植物園

四月三十日　日　曇小晴

午前きみ共に三児を連れて銀座松屋に到る親雨外套を買ふためなり、名々へ玩具を買ひ与へ早く食堂に入り昼食

をやる大歓、一時帰宅、児等の相手　風強し一寸庭へ出る

五月一日　　月　昨夜雨、曇晴

親学校送り、七、五〇教室、幾石敏夫氏学位論文別刷出来たりとて来室　賢信授業終り帰途室へ寄る　六時過帰る

五月二日　　火　半晴

親送り八時前教室、千葉小池氏来室桑名論文愈々印刷に附すること　医科二年生某横尾氏伴ひ来る貝塚発掘に趣味あるよし、鯨椎骨持ち来る　午後賢信外来診察所新築落成参観したり　六時過帰る

五月三日　　水　雨風

親坊学校遠足の予定なりしも悪天にて常の通り学校へ、車にて共に教室時に七、三〇、稀なる悪天、賢信昼休に室へ来りて弁当を使ふ　Ｇ・Ｌ・ゼルクサ教授（ナポリ）へ論文送附（田中舘秀氏に托して）の礼を出す　高等歯校Ｗ・マイエルへホフマン教師肖像掲げられたることを通知す

五月四日　　木　晴

親坊送り七、五〇教室　末広恭雄氏来室論文別刷をくれたりき　二時過帰りて三児を連れて日比谷公園へ散歩

五月五日　　金　半晴

親坊送り七、五〇教室、福井の人橋倉武といふ人よりアイノ毛髪殊に陰毛に付問合せ書面来りたるも病中にて打ち忘れ居たるに催促し来りたりたれは返事を書く、二三の文献を挙げたり　長崎高木純氏より岩田氏論文印刷暫時見合せよとの電報来　二時半帰宅、庭へ出る、学研事務所より電話あり、岩田氏よりは論文別刷早くといふ電報ありたりと　高木岩田の間何か感情の相違ありたるか

五月六日　　土　晴

今日明日大学解放、珍らしき好天、協やすを連れて出かける、巣鴨、上野より地下鉄、浅草より蒸汽、向島堤上を歩く甚快、松屋屋上空中ケーブルなど二児大歓、十一時過帰る、午後は庭の芝上あり　せい子退院帰宅す

五月七日　　日　晴

九時教室、自室の前解剖標本縦覧者長列をなす、好奇者多きものなり　二時前星氏迎へに来、きみ子及三児あり、下高井戸行き、星氏二家を訪問す（右系の人とか、拘留中のよしその見舞なるべし）これより八幡社内にて休憩

ふ、前に竹藪あり、筍を掘り、野菜物の苗をもらいなどして四時過帰宅、庭へ出る、苗物を鉢に植えるなど

五月八日　月　晴

親坊送り八時教室、午後入沢氏来室、ミユルレル教師送別の其当時の学生全部写真持ち来りその中氏名の明るものを調べるため。長崎高木氏より岩田氏論文表題訂正の件申し来り幸に間に合ひてその通りになしたる旨返事を出す　六時帰宅

五月九日　火　晴曇

大山氏を訪ふ満蒙探検に関して横尾氏推薦のこと、十時教室　親坊学校始めての遠足、大磯行のよし早朝出行く午後松村氏来室、来年は人類学会五十年紀念のため出版物を発行することに　昨日評議員会にて議決せる旨の知らせあり其他の談、次に京都赤堀英三氏来訪、輯報に論文掲載に付詳細の談合、尋で人骨、日本人合成談など二時間余話し四時過去る　五時帰宅すれば驟雨あり、親坊も丁度帰りたるところ、雨に会はざりしは幸　星客二十数名あり

五月十日　水　稍晴、午後雷雨

親坊送り、七、五〇教室、午後又赤堀氏長談、天気模様穏かならす　六時家に帰る　足立文氏出京来、共に夕食、九時半去る（万平ホテルに宿すと）　故渡辺海旭氏追善会に明日招かれたるも辞す

五月十一日　木　晴

星氏飛行機にて満州え向け早朝出発す、親坊送り、七、五〇教室　午刻帰りて中食、二時学士院授賞に参列、辻二郎、鈴木文助、石本巳四雄、草野俊助、小口忠太、古武弥四郎、野村博氏の七氏受賞者あり、第一部には本年はなかりき、四時前帰宅、一寸庭へ出る併し風強し

五月十二日　金　晴

宮中に於て午餐下賜、星氏自動車を用ふ、梨本宮殿下御台臨　二時過帰宅、せい子は協を連れて久里浜金森家へ見舞に行く、きみは柿内へ行く、親は家にありこれが相手をなし休憩、四時半きみ帰らざるも出かける　学士院例会、七時半帰宅

五月十三日　土　晴

親坊送り八時前教室、午刻賢信来室、これより家に帰ると、弁当を取り寄せ共に中食して連れて二時頃家に帰る、三時菓子食しなど夕食前に帰り去る、早く寝に就く

五月十四日　日　晴　九州呉旅行

午前せい共に三児を連れて三越（りん侍す）、自分旅行案内所にて長崎旅行の模様を尋ぬ、なかなか混雑、時を費す、きみ子の分は廻遊券と決す、これを製するに時を要するを以て頼みて自分屋上に到る　児等待ち居る、丁度今日は三越献納飛行機命名式にて屋上飛行し来る時刻なりと、十二時頃来るを見て直に食堂に入る、非常なる混雑、これより案内所に再び行きて券を受取る　きみ子の分回遊券五八、三〇（二、〇急行券）自分神戸別府船賃一八、〇計七六、三〇円払ふ、一時頃帰宅、何かと旅行に意を用ひ児等相手、入浴、夕食、児等は就眠、九時二五東京発、寝台に昇る

五月十五日　　月　雨

不眠、始終汽車の轟々を感す、名古屋にて天しらぐ、五時洗面、時に雨降り出す天気模様甚悪し、七時大津辺にて朝食、九時四〇神戸着、三の宮にて降る、車中及駅にて種々尋ぬるも甚だ判明せず、六甲ホテルと、六甲山ホテルと二様あり云々、乙まで自動車六円などいふ、兎に角高田家へ行くこととす、瓦木材阪急経営住宅地まて車賃四円ときめ出かける　雨中大国道を走る、車掌不案内にて迷ふ、漸く高田家に到る、時に十時頃三重子今外出のところ幸に会す、突然のことにて歓待、蒔氏をバイエル会社に電話して呼ぶなど一家を大にさわがす、昼食の饗応を受け、六甲山ホテルに泊することと決し四人共に出かける、阪急電車にて六甲停留所に降る　蒔、三重子手荷物二個を担ふなど気の毒千万、蒔氏処用ありて再ひ会社へ行く、三重子は共に先つ自動バスにて昇り、次にロープウエー（空中ケーブル）にて終点に達す、直にホテルに入る、時に三時頃、茶菓を饗しなどして三重子去る、天ますます悪、雨盛に降り濃霧の中に包まれ週（ママ）囲全く見えず　呉純子えはがきを出す、夕食、入浴、寝台に昇る

五月十六日　　火　雨濃霧

五時半醒む、天候昨日同様、屋内に籠る、昨夜眠良、霧昨日よりも深し　朝食後室内又はサロンにありぐづぐづ、昼食はカレーライス、きみ子はチキンライス、二時頃高田夫婦訪来る、支払一五円三五、ホテルを出る、ロープ及バス昨日の通り六甲停留所に下る、阪急電車終点より、タクシー、三重子にはここにて別れ蒔氏同行、商船波止場に到る、ここにて諸事打ち合せ、蒔氏別れ去る、両人出て市電にて楠公社詣、これより市電にて布引滝観

覧、昔時と大に異なるを感す、水を水道に用ふ川上の茶屋荒れた様甚さびし、市電にて三越前下りこれに入り夕食す時に五時、これより波止場に到り一甚粗末なる旅宿に入り休憩、時到るを待つ、終日雨盛に降る、本船すみれ丸（一七〇〇頓）に乗り込む、船室良快感、十一時頃寝台に上る

五月十七日　水　霧、曇、雨

眠悪し、終夜機関の音を聞きたる心地す、農霧のため時に汽笛をならす、船を止めたることもあり、五時起れば霧甚深し、位置を尋ぬれば小豆島（しゃうど）を過ぎたるあたりなりと又濃霧のため六時間程遅れたりと、四方何も見えず、十時頃薄日さす、島に小舟などあまた見える様になる、中食は日本式なり、自分パンを注文す、一等乗客一五人とか　午後一時高浜着、一昨春良一等と道後行の節待合所二階にて昼食したることを思ひ起す、船長の談に昨日昼大阪神戸出帆せしむらさき丸濃霧のため高松入港困難、この港濃霧のとき入るは特に難所なりと、本船の後方に見えるが即ちそれなりと、前後全く転倒したるわけなり、かかること稀なることにして昨年は二回ありしとその処置として高浜にて乗客其他総て本船に移し紫丸は高浜より大阪え帰航するよし、桟橋両側に船をつなぎ、その混雑非常なりき、二時一五高浜発す　天気良くはなきも稍々内海の風光を眺め得、三時四五長浜着、ここは船を止めはしけにて乗客昇降す、直に発す、日暮る頃西の方天気模様よし、七時別府着、時に雨、波止場混雑、殊に二隻分の乗客のため甚だし、亀の井の者出てゐるにより兎に角乗車、ホテルに入る、船中にて夕食をすませたれば且つ浴の要もなければ就眠　船は午後二時着の筈なりしもつまり五時間延着、船中にて書きたる絵はがきを出す

五月十八日　木　雨

午前地獄巡り、バス、坊主、八幡、海、血の池地獄主なるもの。八幡―に鬼骨の化石あり、海―にてきみ湯かた地数反その外買ふ、血の池―を以て終る、海岸を走りて十一時過ホテルに帰る二時間余費す、女車掌の説明甚奇、室内にて休む、昼食、午後は雨降る、已を得ず内にありて休む、夕食後、サロンに於ける某の唱歌、ダンスなど明早朝出立の心なるを以て宿料勘定なす三〇、九五円、入浴を試む、熱くして入ること叶はず

五月十九日　金　晴

三時醒む、五、二五別府発車、朝霧深かりしも段々はれる、車掌に阿蘇登山のことを問ふ、親切に教へくれたり、又長崎よりの寝台心配しくれ料金を払ひて仮券を得たり、これは誠に好都合なりき、山は昨夜四時頃より鳴動を始め登山甚面白しと。竹田町は広瀬中佐の生地、公園に銅像あり、前駅より乗り込みたる女学校生徒のため二等車一ぱいなりしもここにて下る、右に久住山、左に祖母山を望みつつ坊中着　登山バス直に発す(各一円)、時に九、二五、晴朗、快、終点にて外套など総て預け、きみは草履にて火口に達す、なるほど鳴動す、帰途につくや否や山霧に包まる、丁度幸なりき、二五分にして下る、二時間余費す、十一時発汽車に間に合ふ直に発車、十二時半熊本着、熱さ甚し駅前食堂にて昼食、自分は別府ホテル製サントウヰツチを朝と分けて食す、きみはカレーライス、二時半熊本発、四時三角着　島原行汽船は六時発なりと、待合所に入る、甚粗末、但し海の眺め甚よし、ただ目前に数隻の小舟あるは目ざわり。六時三角出帆、一等室はなしと、かばん提け具を損す　乗船の後事務長談合。板上冷快、有明湾を走る、内海の景に似たり、一時間余にして島原着、バス混雑、貸し切りとかにて他の三人と共に発す（一人一円、この間きみの廻遊券は用ひざりき）、八時半雲仙着、町内甚賑か、雲仙ホテルに入る、夕食、室粗末、入浴

五月二十日　土　雨

又々悪天食前室内にて日記を書くなど、十一時頃自動車を命じゴルフリンクまで行き山中に繁殖せるきり志まを見る、昨夜通りし島原道側にあり、町の入口に古地獄あり　昼食後雨止む、出て附近を歩く、近きところに噴出するところあり、これ又地獄なり　三時バス来、下山途中格別つつじなし、三、四〇小浜着、四、一〇小浜発、雲仙諫早間バス一円五〇、海岸を上下し走る、千々石(ちぢわ)町あり、ここは橘中佐の古郷なりと故に千々石浦を橘湾と称するといふ、次に愛野(あいの)村と云ふを通り五時半諫早着、一時間待つ、七時半長崎着、雨小止、車を命し諏訪神社に詣、石段なかなか労、市中を眺む、戻りて駅楼上の食堂に入り夕食す、清、静、好感、駅前の店にて純子へ菓子など買ふ、待合室にて時を待つ、十一時発車、寝台に昇る

五月二十一日　日　晴

五時醒む、博多を過ぎしあたりなりと、製鉄所の煙突を左に見つつ七、四七門司着、始めて連絡船にて関門を渡

る、渡航者案外多し、等級の別なし、駅前広き現代的道路あり、菓子など買て、山陽ホテル地下食堂に入りて朝食、長崎駅上の食堂に劣る且つ狭し、九時発急行にて下の関発車、車中に門司鉄道病院医学士木口三郎氏あり、三田尻辺より内海島々のながめ良くなる、午刻食堂に入る、車中冷甚快、海田市乗り替へ、小谷浦に良一等出迎ふ、二時四七呉着、良一住居に入る、日曜にてすみ等皆々と雑話、入浴、食、八時頃寝に就く

五月二十二日　月　晴

昨夜熱七時起、良一純子八時出行く、午前素子案内市中を歩く　午後は家にあり、天気静冷、良一五時過帰宅す、純子六時半頃食事中帰る　入浴、催眠

五月二十三日　火　晴

六時起、静なる気象、良一純出行く、九時過きみ子二人出て先つ駅に到り寝台券を買ふ、これより海軍の軍需部に入り、軍港を眺む。大演習のため全艦隊在港、次に市内に入り百貨店にて親協に遣る潜航艦を買ひ十一時頃帰る　純子昼食に帰り素子と四人にて昼食の後、純子の学校より帰るを待つ即ち二時半帰る　これより四人にて出かける良一等の前の住居前を通り公園の側を通り水源池えの谷を歩く、前回散歩したるところ更に快、川中巨石実に壮、暫時石上に休み葉巻を喫す、帰途公園内にて良一に会す、帰りて晩食の後団楽（ママ）、九時自動車来り皆出かける、九時四〇良一等に別れ発車、二泊の間互に極めて愉快、海田市十時三四発、直に寝台に昇る　良一より星へ酒三瓶を贈るこれを手荷物とすること叶はず通運にて出すなど

五月二十四日　水　晴

明石辺にて醒む、八時京都着、ステーションホテルに入る、朝食を喫し支渡して修学院拝観に出かける、市電を用ひ次に比叡山行電車に乗り替へ、修学院前にて下車、院内閑静甚風致あり併し前回の紅葉時の如くならざる感あり、徒歩道程八丁計ありと、この間なかなか熱し、出町柳に戻り、不斗下賀茂神社詣を思ひ立ち、これに向ふ、既に一時を過ぐ、一料理店に入りて昼食す　糺森中にありて甚静、昼中「ふくろ」鳴く、森神々し、序に上賀茂をも参詣することとしバスにて行く、この方は下に及ばざる感あり、帰途は「バス」にて駅まで直行、賃十銭案外安し、駅に入りて寝台券を買ひホテルに帰着、疲労、夕食後サロンにて休息、葉巻、室に帰りて入浴

五月二十五日　木　晴

静なる天気、九時前出かける、市案内所に到り種々尋ね市電を用ひ彼の歌の中山清閑寺に向ふ、電車を渋谷通り停留所にて下り徒歩、徐々に昇る、細き道に入りて静かになる寺の築物甚小、位置極て佳、名の如く甚清閑、庭に粗末なる椅子テーブルあり、休憩、喫煙、接して六条、高倉二帝の御陵あり。細道を通りて清水観音に到る、堂に登らずして電車通りを下り、市電にて大丸に到る、午刻に近し、鳩子への傘其他を買ひ食堂に入りて中食、四条烏丸まで歩き市電にてホテルに帰る、きみ手荷物を整ふ、下りて支払をなす、サロンにて休息、時間あるを以て東寺に詣す、大寺院なるも格別のことなし、本堂の一は建築中なり、只五重塔は国宝にて大なり、これより市電にて足立邸に向ふ　銀閣寺道にて下り四時頃同邸に達す、氏不在なりしも暫時して帰り来る、老耄注意のことを約す、夕食、両処の駅まで送ることを謝し、車を供せられ、ホテルに寄りて手荷物を取り駅に到る、九時四五発車、直に寝台に昇る

五月二十六日　金　晴　帰京

稍々眠りたり五時頃醒む、沼津のあたり、富士の眺甚佳、冷心地良、八時三〇東京駅着、星全族出迎くれたり、親坊学校、家に帰りて手荷物を開く　協、鳩大歓、自分疲労を覚へ少しく眠る、十二時半親坊帰る、児等の相手をなし日暮る、夕食、入浴、早く寝る　旅行二八〇要したり

五月二十七日　土　曇小晴

午前は家にあり、十一時過親坊の学校帰りを協鳩を連れて吉祥寺前まで迎へに行く、午後は柿内へ、みやげものなど持ちて借りたるかばんを返しに行く、帰りて庭に出て少し草を取る　児等馳けまわる、晩早く寝る

五月二十八日　日　晴

星氏の意により全家ハーゲベックサアカス見物、九時半出かける、芝浦埋立地婦人小供博覧会場内にあり、非常なる人出なり、サアカス満員、十一時開始、ラクダ、オツトセイ、白熊、虎、獅子等動物の芸最珍らし、三児共おとなしく、面白く見て居る一時半終る、出てきみ子四ッ谷塩町北能舞台（ママ）へ送り他は家に帰り昼食し、三児は留守居、自分精子と能へ行く、柿内家催しなり、女児の分既にすみたる後、三郎氏シテ邯鄲を見る一時間余、四時半終りきみ、せい共に帰宅、星氏帰り居る　三児おとな

しく留守居したり、久し振りにて皆共に夕食、入浴、早く室に入る

五月二十九日　月　晴

親坊学校送り、七、四五教室、旅行中溜り居たる輯報校正（桑名氏論文）、於菟横尾来室、六時過帰宅

五月三十日　火　晴

皆同車、七、四〇教室、桑名氏論文校正一束まとめて同氏へ送る、六時帰る

五月三十一日　水　晴

親同乗、七、三五教室、午後入沢氏来室於菟も来り　疎外談などもありき　横尾氏ワルダイエル書籍整理一先つ終りたと報告す、転て同書の来歴等他学研などに関する長談、六時過帰

六月一日　木　晴

江の島行、せい子協坊同行、岩の上にて弁当を使ふ、小舟にて往復す、七里ヶ浜に鈴木孝氏を訪問、往返とも藤沢を経る、六時帰宅

六月二日　金　曇

親坊共出て自分赤門にて下る、昨日も親往きも単独にてなしたり、七時三〇教室　大場磐雄、安房神社宮司稲村真里両氏へ人骨別刷各五部書簡を添へて送る　千葉鈴木重武氏論文挿図整頓なかなか手数を要したり　六時半帰宅

六月三日　土　晴

七、二五教室、親坊赤まで同行　九州旅行にて休止したる咬合論独逸文に漸くとりかかる　三時帰りて雑誌など少し整理す

六月四日　日　晴

去一日日支休戦となる　昭和六年九月十八日より今日まで引きつづき国民不安なりしが先づ一段落付きたり

星氏小閑、十時前自車にて全家出かける新宿三越にて雑菓子を買ひ飯能に向ふ　荻窪、田無、所沢を経て十二時半飯能着、天覧山下の茶店にて弁当を使ふ、皆々山頂まで登る、眺望佳、歓、快、三時去る、車中三児共眠る、五時前帰る　皆大満足

六月五日　月　晴

近き松原行一氏母堂死去のよし紙上にて知る、出がけに悔に寄る、親同行、七時二五教室　午前早く本郷郵便局へ行き　フリードレンデル RM7.75　書肆シュバイツェル

バルトRM47.30為替を組む、邦貨67.13円、即ちRM1＝Y1.21.9512実に驚くべき相場にして書籍購入困難なり　京都岡本梁松氏来室、本邦に於ける独逸医学の発端の話など長談、三時過家に帰る、庭へ出る、夕食後独銀座散歩、書翰紙など買ふ　星客二十名許

六月六日　　火　晴

自動車にて親学校送り、七時三〇教室、家に置くべき本を運ぶ　午後二時家に帰り更衣、青山斎場、松原行一氏母堂告別式なり、三時帰りて庭へ出る、親、協（協は幼稚園）帰り居る

六月七日　　水　雨

七、三〇教室　親同車　十時安房神社主典小沢恭治氏外二名来室、人骨受取りのためなり、悉く一個の大箱に詰め荷造りをなす、自動車にて来れり、運転手等をも込めて五名へ弁当を供す十二時半去る、今夕帰着の上納骨し祭典を行ふ準備をなし居るよし、昨年四月十四日柴田氏が来室以来の安房神社洞窟人骨の件は全く片付きたり、始終共都合よく殊に今日骨渡しの工合甚宜し大に安堵したり、上下顎抜歯の写真は昨日副手浦良治氏に依頼して見事に出来たり　入沢、塩田両氏より依頼のミュルレル教師送別記念写真、教師を中心に当時の生徒全部を容るるものに付姓名の明るものを考察す、案ずるに明治七年に撮影せるものなるべし、自分は参加したる覚なし、六十年前記憶甚だ怪し　三時頃大山柏氏来訪、横尾氏を紹介す先頃頼み置きたる満蒙探検団中に横尾氏を加ふることに付簡単履歴を要すること、研究所員甲野勇氏づぼらにて困る　約束の土器編年論文如何しても出さざるよし、絶縁と決心したりと、同氏行儀に就て面白からぬことありと、丁度ミュルレル教師送別写真を見てゐるところにて独逸医学の始め談など、六時半去る

六月八日　　木　雨曇晴

三人同車、七、二〇教室、小使小菅今来りたるところ、中島の娘昨日自殺したる話を聞く、香花料五円托す、山本息、ヂフテリヤにて長く入院、日向は長々の病気欠勤、小菅は長く病気なりしも漸く此頃出勤したり、手不足この上なし　十時過歯校プロフェッサー・ウィルヘルム・メイヤー氏来室予め打ち合せおきたる通り医学校教師ホフマン氏真影大額内科に掲げられたるに付案内したり、又同教師写真一枚在ブレスラウ子息に贈るため托したり　ヘラルド社へ桑名校正、鈴木重揷図変更、長崎小野氏論文原

稿を渡す　三時去て家に帰る　保子ゆう子来り居る、庭を掃く

六月九日　金　晴

七、三〇教室　親同車、三時帰宅、精、親、協共に出かける、千駄ヶ谷にユンケル未亡人を訪問、精協は外にて待ち居る、親相変らず茶菓の饗応を受く、帰途自分は飯田橋にて下り石黒老人を見舞ふ、折悪しく又々手当中のよしにて面会せざりき　五時過帰る

六月十日　土　晴

七、三〇教室　親同車、浦氏へ顎骨影写の謝儀として五円贈る　四時帰宅、庭へ出る

六月十一日　日　晴

午前せい及び三児同車、先星氏を会社へ送りこれより、広尾岸へ今日協一誕生祝日とするに付菓子を持ち行く、次に柿へ、この方謡曲稽古中、賢に会ひて去る　午後は庭掃除、夕食には菓子に蠟燭をたて皆々歓ぶ

六月十二日　月　晴

親、鳩同車、学校まで行き、七、三〇教室、午後入沢達吉氏来室、ミユルレル教師送別記念写真中姓名の判明せる人々に付き話す、其外旧知人談、特に杉田盛氏息学士となり、ビール会社重役某が報恩のため留学、病院設立まで面倒を見たるに不幸デメンツにかかりたりと　四時過去て学士院例会出席、院長幹事、部長改選、総て従前の通り再選、八時半帰る

六月十三日　火　晴曇

七、二〇教室、親同行、ミユルレル送別記念写真塩田氏へ返へす　六、三〇帰宅

六月十四日　水　雨曇

親学校まで、やす子同行、七、三〇教室、六時過帰

六月十五日　木　雨

七、三〇教室　ユンケル夫人へベンテの本を送り呉れたる礼状を出す　潤三郎氏来室、愈々書物奉行の本近日発行になるよし、其広告刷り物を持ち来る、永々如何と思ひ居たるこの件これにて片付く歓ばし　六時帰宅　星氏晩九州へ向け出発、八千代子二児を連れて来りたりと

六月十六日　金　雨

親同行、七、三〇教室、六時帰る

六月十七日　土　曇

七、三〇教室、三時家に帰り庭へ出る

六月十八日　日　晴

協一少咳あり　皆終日家にありたり

六月十九日　　月　　晴

七、三〇教室、六時帰宅

六月二十日　　火　　晴

七、三〇教室、歯高校アルバムを製するためとて自分の写真を撮る　安川へ製本費拾四円七〇払ふ、学士院へ九州旅行パスを返す　六時半帰

六月二十一日　　水　　曇小雨

七、三〇教室、午後一高生三名来室、加曽利貝塚発掘人骨一体持ち来り一覧す、特別なるものではなし、女子なるべし、齲歯多し　大山氏来、横尾氏満州探検のこと、今一回班には加入出来ず、但しこれは予備的の仕事、第二回以後は反て大切なるべし云々　六時過帰宅

六月二十二日　　木　　晴雨

七、三〇教室、1931抄録西氏担当の分フォン・ベーグマン博士へ訂正依頼　桑名氏論文に付へラルド社員同道来室、栗山重信氏来室、本年は故弘田氏満五年祭に相当するを以て何れ祭式を催すべし就て懐旧談を望む云々

十二時帰宅、時に雨降り出す、親坊は帰り居る、協坊帰り来る、今日鉄道博物館を見せるつもりなりしも天気悪くなり困る、併し児等なかなか承知せず、雨中せい（りん侍す）共に出かける、児等珍らし歓ぶ、マルビルまで歩き地下室にて食、五時前エンタクにて帰る

六月二十三日　　金　　雨

七、二〇教室　咬合独逸文先づ一通り書き終りたり尚ほ再検訂正補を要す　六時帰宅、今朝星氏帰宅、晩家にて食事、十時頃信州に向け出発したりと

六月二十四日　　土　　雨

七、二〇教室　午後千葉鈴木氏来、輯報論文のこと要件にあらす　三時半より故浜尾先生銅像除幕式に参列、四時半室に戻る　六時過帰宅

六月二十五日　　日　　晴

終日家にありたり、午後は庭へ出る

六月二十六日　　月　　晴　　熱くなる

七、二〇教室、午後学研書記大野来室、国府田敏一氏原稿二篇持ち来り　序に長崎高木氏申来の出版費学研にて負担の件に付話したり　六時過帰る

六月二十七日　　火　　晴

七、三〇教室、輯報解剖学第三巻完結するに付ては其インデックス作成タイプライタアを始む　六時過帰

六月二十八日　水　晴雨

七、二五教室、昼賢信来室共に弁当を使ふ、長談四時近くまで居たり　学門研究上自分の経験談をしたり　国府田氏原稿二篇ヘラルド社へ渡す　六時過帰宅　透氏よりはがき来、墓所整理着手のよし、権兄遺骨は石塔の下でなく脇にありたりと、その処分はただ在所分明を旨とすと返事する様きみ子に話し置く

六月二十九日　木　雨

七、三〇教室、午刻賢信来室昨日インキを忘れたる旁なり、共に弁当を使ひ二時前去る、読売新聞記者某来り感想はなどいへり　終日インデックス作成タイプライタアに疲れを覚ゆ　六時過帰　晩星氏信駿旅行より帰る又々明晩発するよし

六月三十日　金　曇晴

七、三〇教室、横尾氏 Journ.of Anatomy 1932 を持ち来りフォッサ・インテル・コンヂロイデアに関する自分の説に類似のことあるを示す、四時帰宅一寸庭へ出る　邸週（ママ）囲板塀新たに設ける先日来工事中のところ落成す

七月一日　土　晴

七、三〇教室　ハリール氏来室、昼弁当終らざるに話し込み二時半去る　輯報第三巻の扉内容など作製　長与氏来室、三二こと愈々癌研究所化学部に任用す云々　ヘモテラピー〔＊血液療法〕、セロヂアグノスチック〔＊血清診断学〕などの模様を見学すべし殊にロンドンには数個処あればよく見学すべし　癌問題に直に着手するには及ばず基礎を確にすべし云々、先づ三二帰朝後の仕事室は出来たるわけなり歓ばし　六時半過帰

七月二日　日　晴

椰野透氏より墓所整理愈六日頃には落成すべきに付法養差支なき旨報知あり、午後三時過親坊を連れて荻窪椰野へ行く、なかなか熱し、保子と相談、この際長岡行決行、本件終局とする方宜しかるべしと取り極め、六時過帰宅

七月三日　月　曇

七、三五教室、弁当終らさるところへ松村氏来室、ソブエット、ロシヤより人骨交換申込の件、大使館員と直接談合のこととす其他雑、二時半去る　輯報第三巻索引タイプライタアだけ終る、これより整理、六時半帰

七月四日　火　曇少雨

七、三〇教室、六時過帰、長崎原正氏夫人来り居る、家

計上困難なるよし夫人は去四月以来在京、高女に在職せるよし

七月五日　　水　曇晴

七、三〇教室、午前十一時頃松村氏案内にてシロコゴロフ氏（ブロンド、円顔、五十才位〔＊欧文判読できず〕）来訪　快感、目下北平に居住のよし、単に観光のためなるべし、南支人七、八千名計測せりと　六時過帰　＊木川半氏へ顎骨撮影の礼（五円）出したる筈

七月六日　　木　晴

七、三〇教室、ハリール氏又今日も来室、独逸文直しの仕事なく困る様子なり　二、三日はインデックスのａｂｃ別けにて日を暮す、面倒くさきことこの上なし　六時半帰る、岡田夫人来訪、久々にて面会せり、きみ棚野へ行く、行き違ひに保子来り十六日長岡行きと極めたるよし

七月七日　　金　曇

七、三〇教室、午後大雷雨あり、六時半帰　＊この日為替を組む

七月八日　　土　晴

七、三〇教室、インデックス原稿漸く結了、四時去て柿内へ行く、空模様怪し匆々にして去る五時半帰宅、大夕立、長岡透氏出京来訪（不在中）

七月九日　　日　曇雨

五時頃起く、星氏早朝帰宅、又々直に高崎へ向け出発、午前全家出かける、銀座松坂屋に入る、早く児等に昼食を食せ十二時少し過帰宅　午後きみせい方々へ中元配りに出かける、自分庭へ出る　三児も庭にて遊ぶ、皆共に入浴、大賑かなり、夕刻きみせい帰る　＊この日出す

七月十日　　月　晴

七、三〇教室、薬理学に林氏を訪ひ横尾氏蒙古人研究に付懇談　早く弁当を使ひ湯島歯校へ島峰、長尾、金森氏等昼食中にて種々談　義歯小損の修理を頼む、一時丁度自動便あるを以てこれにて一ッ橋第二院に到り雑誌を見る、四時半帰宅、児等大観音へとて悦び出行く　晩遅く星氏帰宅、これにて巡回は終りたりと

七月十一日　　火　晴

七時半一ッ橋歯校に到り雑誌を見る、十二時半教室　中元として小使四人へ三円つつ遣る、五時半去て湯島歯校に到る　義歯出来せるを受取るため、幸に檜垣氏に遇ひて要をはたしたり　六時半帰宅

七月十二日　水　晴

七、三〇教室、在ロンドン三二へ長与氏来談のこと、愈位置決定して安心のこと等手紙を書く　午後八幡一郎氏来室、熱河探検団員とし愈来二十三日出発のよし告別、四時半去て学士院例会出席、総、部会共甚だ簡単、八時前帰宅、児等まだ起きてゐる、ゆう子来り居る　星氏一時に帰りたりと、強制和議の件六ヶ敷か　今日は来訪者多く非常に混雑せりと

七月十三日　木　晴

七、二〇教室、午後南洋学術探検隊長関田由若なる人来室、事業に付その顧問になれといふ、全く責任なきものといふことに付記名したり　六時半帰

七月十四日　金　晴

七、二〇教室、義歯修理代金四円集金郵便来りたれば払ひたり　六時半帰宅、途上松村氏に会ふ、ハルピンに於ける旧石時代化石獣骨に付談あり　寺泊に於て千鳥子急病にて死去のよし龍蔵氏重患中　後方難渋なるべし気の毒千万、保子は早々今朝出発赴きたりと自分等長岡行は透氏の電報により十七日に延ばす

七月十五日　土　晴

七、二五教室、午後直良信夫氏来室、始めて面回（ママ）、去六月下旬満州国ハルピンに於て、旧石時代遺跡を発掘したる人、八幡、宮内二氏案内、横尾氏又江上氏も丁度来る、盛に発掘苦心談、携へ来れる鹿角に痕あるもの及び石片五個、殊に鹿角は真正疑なし、甚珍らし、重要なる発見なり　六時過帰る、森静子来り居る

七月十六日　日　小雨

午後皆自動車にて柿内（きみ子は旅行支渡のため留守居）、三郎氏不在賑かなり、三時を食べなど、その中星氏用達して寄る、四時過帰宅　庭へ出んと思ふも終日霧雨降りて困る

七月十七日　月　晴　長岡墓参

九時上野発車、段々熱くなる、高崎を過ぐる頃より愈々熱し、車内32度、湯檜曽手前の駅にて電気機関車を附す、ロープを描きてトンネルに入る、急に冷、25度に降る、心地よし、14分許かかる、越地に於ては雨降りたる模様、第二のロープは気付かさりき、塩沢、六日町など往時の駅を通りたるも旧状不明、二時四三長岡着、保子、松子、博、むつ、はつ子、うめ女等出迎、透氏宅に到り休憩、四時安善寺着、透、保子、博子、陸奥子、列席、先づ墓

所に到る、設計は透氏に一任したるもの、中央に合葬主墓石、左に権兄、右寿衛造、甚満足、透氏に自己最後仕事を果たし得たることを感謝す、本堂に入り住職に挨拶、四時一五読経を始む、尚ほ墓前経、後きみ子鳥居れん子実家渡辺家の詣、五時終了　これより透氏案内にて自動車にて悠久山行、虎伯父記念碑を見るためなり　鵜殿、河井、山本、三島の諸先生碑あり、鵜殿先生のものは杉林中にあり、三島先生のは裏山にあるを以て行かず、渡辺廉吉氏最立派（総費一万円に近しと）栖吉川土手を歩き、西陽甚熱し、元諏訪堂の杉大木一本中学校柵内に残り存す、今朝白を通る、元の住地殆んど不明、福島江の位置変更せらる　元の畷を横断す、田畝の大部分埋められ宅地となる、高橋小路の旧宅依然として尚ほ存す　透氏宅に帰りて休む大に疲労を覚ゆ、法食の意味にて常盤楼に到る、透氏始め保子、松子、博子、陸奥子自分等七名会す、食事の後透氏計にて妓五名小妓二名を呼びて歌舞せしむ、甚珍、最後に長岡甚句を踊る、やす、まつ、ひろ之に加はるなど　透氏宅に戻り支渡し駅に到る、保子、むつ子、はつ子夫婦、故馨氏娘伊豆子見送る　十一時半発車、小千谷にて博子に別る　げん坊迎に出て面会す、げんは今年金沢高校に入りたり、時に十二時直に寝台に昇る、下段なく止むを得ず上段これ両人共始めてなり　墓整理二百円として透氏に渡す其他の費用百円

七月十八日　火　晴

六時半上野着星氏全家迎へに出て居る、自分は休む、午後親、協を連れて附近にて箱庭道具を買に行きたり、星客八十名許あり、強制和議大に好況なりとて歓ぶ

七月十九日　水　晴

八時半教室　親、鳩送り来る、横尾氏室、昨日大山氏紹介を以て鈴木修次なる人来、ニウギニヤ検団に付大山氏其会長のよし、ニウギニヤに関する図書、人類学教室、地理地質教室との了解に付てのことのよし、入沢氏来室、ミュルレル教師を中心とする古き写真を持ち来る二十名計の人々なるも知る人少なし当時の職員なるべし、スクリバ教師の息より近藤次繁氏へ贈られたるよし　家より電話あり五時去て帰る賢信来り居る、ゆう子もあり　賢夕食し十時前去る

七月二十日　木　晴

七、三五教室、三児送る、親、協今日限りにて夏休となる　フィック教授へ論文寄贈礼札を出す　六時帰る　暑

気愈酷し

七月二十一日　金　晴

七、四〇教室、三時頃家より電話、両国川開き花火見物に行く帰宅せよと、四時前帰る、夕食早くすませ五時前全家出かける築地より小舟、会社の人々も同行なるもこれは別の舟、七時より打ち上ぐ三児おとなしく見て居る川は舟にて満つ、熱さ特に酷し、十時に近く家に帰る、誠に珍らしきことにて皆々始めてなり、入浴、縁側にて涼む　透氏墓所整理費明細書来る

七月二十二日　土　晴、雷、曇

八、〇教室　学士院へ乗車パス券を返へす　輯報第三巻インデックス校正に終日費す　六時過帰る　明日強羅へ行くとか

七月二十三日　日　晴

星全家族強羅へ向け出発、大騒ぎなりき、六時半出行く十時過教室　突然工藤喬三氏来室、欧米視察、米を経て二十日に帰朝せりと　六時過帰る、晩食二人のみ静かなり

七月二十四日　月　晴　熱さ堪へ難し

タイプライタア用紙を買ひ八時教室、午後橋田氏一寸来室、我大学に於ける生理学の歴史を調べると、六時過帰

七月二十五日　火　晴

七、四〇教室、家より電話、強羅にて協一腹悪しと星氏今朝帰りて電話せりと　きみ子今日出向ふかとか言へり、ヘラルド社使二回往復し輯報第三巻インデックス校了し、これにて完結したり　六時過帰　星氏九時頃帰宅今日の裁判胃腸薬の件条件付きになりと即ち六ヶ月の後完全に此方へ帰権するがそれまでは先方にて製造することを得るとか、全不可解

七月二十六日　水　曇

昨今の熱さ堪へ難し、七、三〇教室、六時帰、昨日の通一人夕食

七月二十七日　木　曇雨

早朝強羅よりせい子電話す　親坊昨夜発熱、他の二児も状態宜しからず自分に直に今日来るやう云、星氏もその意なり、自分もそれに決め時計を見る八時、八、一五急行あるこれに間に合ふべく出かける、念のため新橋駅にかけつけたり、星氏乗り場まで荷包を持ちて来るなど間に合ひて発車す、車中あまり混み合はず、昨日に反して冷、心地よし時に雨降る、十時頃小田原着、箱根電車

市内楽、湯本よりは甚空、十一時少過強羅着、荷包を提げて別荘に入る時に雨降　親坊も玄関へ出来る他の二児もはね廻る　先つ格別のことはなき様なるも、皆大腸カタルの気味にて度々便通あり且つ親咳あり　せい子は午後帰京す、皆屋内にて遊ぶ、晩入浴九時床に入る蚊帳を用ひず甚冷

七月二十八日　金　雨甚冷

三児共同し容体なり、親の咳同様、家は全く雲中にありて週囲（ママ）見えず　午後より段々霽れる、前に出でなどす、午後四時過精子帰来る、ただ児等の相手をして日を暮す

七月二十九日　土　晴

四時半醒む、天気よし、爽快、児等の容体同し、星氏社員三名伴ひ午後九時頃着、今日は一歩も屋外へ出ざりき

七月三十日　日　晴

午前独公園より偏道を歩きたり、午後大に夕立す、夕刻止む

七月三十一日　月　晴

よく晴れたり、星氏宮の下へ行く、親、鳩近きところの長きささ竹とる、協扁桃腺炎なり医を昨晩呼びたりなどしたり今朝は機嫌よし　きみ子大腸カタルの気味にて終日臥す、リチネ油を内服せしも例の通り効果明ならず

八月一日　火　晴

天気模様よければ山中に柿内家を訪こととし七時半出かける、宮の下よりバス長尾峠を越す富士の眺甚よし御殿場にてバスを換へ須走を経て籠坂峠を登る、山中ホテルにて空自動車ありこれにて中野村字平野別荘に向ふ天満宮社脇にて直にわかる、十一時に近し、皆々無事なるもただ孝子のみ二三日来例の持病起りたりと、荘は昨年新築したるもの富士の眺望よし、携へたるパンを食し、庭に出て風景を眺む、柿内氏モータアボートを用意し呉れ三時頃辞す、三郎氏始め六児これに乗りてホテルまで送り来る、湖上甚快、四時前バスにて帰途に向ふ賢信御殿場まで見送ると言ひて聞かず、このバス山中村まで行きて御殿場に向ふ　峠を下眺例の如くよし、御殿場にて賢強羅へ電話するなど、別れて五時一五バス動く、宮城野橋にて下り坂を登りて帰る、七時に近き頃なり、皆は賢の電話により駅へ出行きたりと、この遊行天気良、冷、甚快　児等の病先つ全快、きみ子今日は既に働きゐる、然るに精子下痢すと　星氏は今朝帰京す

八月二日　　水　曇雨

せい子臥床、午前公園、午後雨降り屋内にあり

八月三日　　木　雨　甚冷

終日雨、屋内より一歩も出ず、児等は時に下の家へ行きなどす　きみ子は今朝帰京す

八月四日　　金　雨曇

午前中雨、午後三時頃雨止みたれば三児を連れて宮城野橋まで散歩、一社員及りん同行、せい子中途まで迎へに来る、ヤマカガシの大なるが大ガマをのむ様を見て児等珍らしく感す　夜九時頃星氏来羅

八月五日　　土　晴雨

天気よし但し急に熱くなる、八時半皆宮の下行、堂ヶ島に下る、河辺の公園にて休み居る中、せい、星、社員来る、温泉、プールありてこれに入浴、児等大にはしやぐ様を見て居る、ここに「ケーブルカー」新設せらる、これにて昇る、電車にて帰る昼に近し、午後夕立　四時頃きみ子東京へ用達しに行き雨中帰り来る

八月六日　　日　雨

今年は山中雨多し今日また雨、終日屋内にあり

八月七日　　月　雨

早朝星氏雨中京に帰る、ドルメン読みなど屋内にあり、児等は下の家にて遊ぶ　夕方になりて稍々止む皆公園へ散歩帰りて夕食

八月八日　　火　晴

珍らしく雨天の後今朝はよく晴れたり、皆にて千条滝行、小涌谷まで電車、これより徒歩、社員千田氏同行、皆々大はしやぎ、遊園地にて遊ぶ、きみはやす子を連れて電車にて帰る、他は歩く二の平を経て十一時半荘に帰る、午後は千田氏独明星岳に登る、縁先より氏の昇る様をよく望み得るを皆々興す、大字中を歩くところなど明かなり、白布を竿の先に附して振る、時刻を測りて坂の中途まで迎へ行く、登り一時間要したりと、晩は花火をもてあそぶ　末広恭雄氏より鰯その他魚と地震の関係に付きての論文別刷送り来る、社強制和議成立内定せりとの電話ありたりと皆々歓ぶ

八月九日　　水　薄雲晴

午前荘地の最偏を登る道路設経（ママ）あるも人通りなし　最高点まで上りて戻る　公園を経て帰る、夕刻は附近鉄路に添て歩く、今日はなかなか熱し　今日より三日間関東空中防護灯火管制とて夜に入りては消灯

八月十日　　木　晴

午前は別条なし、午後三時後早雲山登り、千田社員ふみ伴ふ、行きはケエブルカア下りは徒歩、今日は可なり熱し

八月十一日　　金　晴曇

大涌谷行、八時半出かける、親協に千田社員従ふ、早雲山駅より徒歩登る、快、二児大元気、自動車道新設工事中、来る人なし行く人少しあり併し我々は遅し皆々追ひ越さる、十時頃達す此処彼処にて休み且つ噴出の様を見る二児甚だ珍らしく感す、硫黄、明礬（みょうばん）など採集、冷、甚心地よし、十一時となりたるを以て頂上を発し帰途につく、二児殊に協よく歩く、十二時早雲山駅に帰着、十二時半過荘に帰る、星氏五時半来、皆駅まで出迎ふ

八月十二日　　土　晴

午前公園を歩きなど、午後は社員五十余名来着のよしに付皆々四時過迎へに坂途中まで行く、宮城野橋にて自動車を降りて一同登り来る、荘前にて一同社歌をうたひて荘に入る大賑かなり、食後駅まで行き夜景を見たり

八月十三日　　日　晴

社員皆芦の湖へ出かける、自動車二台は東京より借り切りたるもの　きみ子山中湖畔柿内別荘へ行く、自分親、協を連れて宮の下まで同行、千田氏所要あるを伴ふものなり、帰途底倉より太閤石風呂を見ることとし河辺を上下して之を見る、なかなか熱し汗流る、木賀にやす子女中りんに誘れ会す十時半荘に帰る、午後四時頃社員団帰京出発を送る、稲荷社前にて撮影、唱歌、賑かにして景気よし、坂の中途まで送る、小驟雨あり

八月十四日　　月　晴

星氏早朝帰京す、自分等は芦の湖巡り、せい三児及千田氏出かける、宮の下より「バス」宮城野、仙石を経て原及長尾峠を望みつつ湖尻に達す、これよりモーターボートにて湖を渡る　児等珍らしく感す、冷、快、箱根町に降り、これより徒歩、例の杉並木を通り、神社に詣で、十一時四〇元箱根バス発す、小涌谷に降り十二時半荘に帰る、女中二人は別に大涌谷見に遣る、これは既に帰り居る、昼食の用意も出来居る、食事中きみ子も山中より帰る　今日はなかなか熱し、午後驟雨あり

八月十五日　　火　晴

昨夜雨降る、午前別になすことなし、午後二時せい子やす子を連れて帰京す　親協を連れて公園散歩　プールの

水泳を見などす

八月十六日　　水　晴雨

時に雨降る、午前は屋内にあり、午後雨止み一寸駅辺まで行きたるも公園宝さがしは日延のよし　但し大文字焼は執行すると、併し時に雨霧、六ヶ敷模様、夕刻二児は花火を弄し大文字点火を待つ、花火打ちあげあり、霧深くなる、眠を催し床に入る、遂に点火なかりしよし

八月十七日　　木　曇晴

朝入浴、きみ出発準備をなす、午食後親、協千田氏に連れられ公園に於ける宝探しに行く、二時皆々出発、車中非常なる混雑、幸にて乗る、熱さあまり強からざりしはまだしもなりき、小田原発汽車に乗るこれは又甚空、二女中は隣接三等車に乗りて二児始終往復す、大船にてアイスクリームを与ふ　東京駅に星氏自ら迎へくれたり、五時四五曙町宅に帰る、先つ強羅避暑滞りなく終りたり星氏は夕食後直に台湾へ向け出発す

八月十八日　　金　晴　昨夜雨

八、〇教室、不在中の郵便物を調ぶ、ブレスラウクーレンベック氏藤田氏其他連名葉書来、Gesellsch. f. Phys. Anthrop.〔＊自然人類学会〕は本年 Wiener Anthrop. Gesellschaft〔＊ウィーン人類学会〕と聯合開会の予定なりしも独逸関係この頃六ヶ敷状況に付に延期するの通知なり　これは「ナチス」問題のことなり　鈴木重武氏論文輯報校正を以て終日す　六時過ぎて帰る

八月十九日　　土　晴

七、五〇教室　今日も鈴重論文校正に全く費したり、帰途これを千葉鈴木氏へ出す、又抄録 1931 於蒐担任の分（未完）ベーグマン氏へ送る、六時帰

八月二十日　　日　曇晴

九、一〇教室、咬合独文、六時帰る

八月二十一日　　月　晴

親坊歯交換のためお茶水病院へ連れ行き下門歯二本抜く、家まで送り直に教室時に十時半、昼頃長崎原正氏来室、死刑囚頭骨論独逸文通覧を依頼せらる、其他四人体質研究談、龞甲小煙管贈与せらる　渡欧、研究上現職を辞して出京したし云々の話あり別に深談に入らず　六時帰宅

八月二十二日　　火　晴

七、三五教室、六時過ぎて帰る

八月二十三日　　水　晴

七、五〇教室、始めて本論のタイプライターを試みたり、六時過帰

八月二十四日　木　晴

八、一五教室、文部省石丸氏より電話、静岡県鈴川より一里許の愛鷹山麓古墳を発きたるに種々の遺品あり其鑑定を乞ふ云々　尋で某氏遺物持参小泉又市氏添書あり、遺物を見るに管玉、小玉、刀剣、鎧など其他は見ざりき人骨なければ人類学教室へ紹介したり、於菟に医専解剖担任者のことに付尋ねたり、差向望なし　末広恭雄氏来室、一身上の大問題、即ち現位置面白くなし寧ろ再ひ学生となり医学全科修得すべきか云々、其不可を解説しいつそ現職を辞して農科水産教室研究生となる方利あるべしと言ひたり

八月二十五日　金　晴

八、一五教室、六時帰

八月二十六日　土　晴

八、一〇教室、図書室にて文籍を見たり　六時過帰

八月二十七日　日　晴

終日家にあり、熱さ強し、四時頃より久しぶりにて庭に出て草を取りたり

八月二十八日　月（曇）晴

七、四〇教室、終日タイプライタア、九枚打ちたり、六時過帰

八月二十九日　火　晴

八、〇教室　タイプライタア、なかなか骨折、辛して十枚打ちたり、六時半過ぎて帰

八月三十日　水　晴

八、〇教室、六時過帰

八月三十一日　木　晴

七、四五教室、六時帰　二木謙三氏退職慰労に五円出す

九月一日　金　晴

七、二〇教室、親学校始まる、協は今日より幼稚園へ行く　千葉鈴木氏校正漸く戻る、直に見てヘラルドへ送る　震災十週(ママ)年となる、本所記念堂にて祭式あるよし　原正氏来室、今日司法省へ行き其結果少許（三四十円）は心配すべと(ママ)、息四人あるよし　養子問題を考慮すべきことをすすめたり　六時過きて帰

九月二日　土　晴

七、三五教室　親同行　昼頃山越長七氏来室雑談、六時

半帰る

九月三日　　日　雨晴

午前親坊を連れて広尾岸を見舞ふ、二児共元気、車を供せられ十時半帰る時大雨、蒸熱、夕刻庭へ出て草をとる

九月四日　　月　雨晴

昨夜大雨、風を加ふ、七、三〇教室親同行、六時半帰学士院へ乗車券を返へす

九月五日　　火　晴　昨夜強風

七、三〇教室、横尾氏明日より新郷貝塚発掘する由　午後四時頃皆々教室へ寄る、これより東京駅、星氏台湾より帰京を迎ふ、多勢迎へに出て賑かなりき、秋景を催し甚爽かなり、晩十六日の月朗

九月六日　　水　晴　秋冷

七、三〇教室、原正氏帰崎告別、四時帰りて庭へ出る、急に冷しくなりたり　星客七十五名とか、大混雑

九月七日　　木　晴

七、三五教室、午前栗山重信氏来室　故弘田氏五年祭に付故人のことに付追憶談をなす　四時過帰りて庭へ出る

九月八日　　金　晴

七、三五教室　ハリール氏来室　例の通り雑談　四時過帰りて庭へ出る

九月九日　　土　晴

七、三〇教室、タイプライタア大に捗取る、四時頃星氏独迎へに来る、帰れば門前に児等待ち居る、親坊誕生祝の意味にて上野精養軒にて晩餐　保子午前より来り居る厳迎へに来り居る　精子の意により両人も共に招きて自動車満乗、児等歓ぶ様面白し、帰途は須田町辺を廻り水道橋まで保子等を送り七時半帰宅、会社影気（ママ）持ち直し旁の催しなるべし

九月十日　　日　晴

九、四〇教室、星全家は会社まで行くとて赤門まで同車四時帰宅、全家不在、きみは橋本新住居（牛込袋町）訪問、他神宮プール水泳を見に行きたりと暫して帰り来る

九月十一日　　月　晴

八、三五教室、賢信来室、共に弁当を使ひ、二時半まで談して去りたり　咬合独逸文タイプライタア終りたり85頁あり、書目をあますのみ、永年の苦心愈々ものになるか　六時過帰る

九月十二日　　火　曇

七、四〇教室、独逸文咬合論整頓し早く弁当を使ひ十二

時半お茶の水歯校に到る幸にマイエル氏在り　訂正を依頼す快諾しくれたり、島峰氏と同車、一ッ橋に到りて一寸書物見る二時半教室に戻る　六時過帰る時に少し雨降る　林春雄氏二十五年祝賀に拾円出す　今日愈製薬会社強制和議発表、数日前よりその準備中なりしが、自動車五十余台行列宮城前より明治神宮に参拝し社に帰りて祝賀を催したりと、精子三児を連れて参賀、八時半大歓にて帰り来る、先々これにて数年来不安なりし会社これより営業安定したり

九月十三日　水　曇晴

七、四〇教室、今日早速男爵フォン・フェルシュネル教授（ベルリン・ダーレム）へフィッシャー教授六拾回誕辰祝賀論文に咬合論を以て参加すべき返事を出す　レオポルド・ミユルレル教授の筆になる Tokyo Igaku を読む、氏が明治四年来朝当時の医学状況を記述せるもの、懐旧甚興味あり　午後入沢氏来室、鷗外全集収遺（ママ）を発行すると、就ては柳沢銀蔵氏所蔵額を扉に載すると、与謝野忌慢を極めたる談あり、入れ代はりて医事新誌記者鈴木要吾氏来室、明治初年医学懐旧談等長くなり六時去る　ＯＡＧ会費四、五、六、七、八、九月分を出す

九月十四日　木　晴

七、四〇教室、所告の如く十一時頃露国書記官ガルコビッチ氏来室モスコウ人類学博物館プリセツキー教授と邦人骨格とブルヱード人骨格との交換の件、胎児とコーカスネアンデルタール式頭蓋模型との交換の件、十二時去る　四時帰りて庭へ出る

九月十五日　金　雨曇

七、四五教室　四時帰りて庭へ出る

九月十六日　土　晴

七、四〇教室、抄録 1931 整理、電話ありて三時帰宅、早く夕食し皆々大崎学校の方へ行く、大講堂にて此頃行ひたる祝賀の模様を活動写真としてこれを見せると、近所の小児少し入りまぢりたりとて巡査の小言ありなどして九時過帰宅

九月十七日　日　晴

秋らしくなる、八時半全家出かける、星氏鵠沼に在る人を訪問す、十二時頃江の島桟橋登り口の掛け茶屋に入りて弁当を使ふ、人々あまりなし、閑。児等は波汀に遊ぶ、帰路は片瀬、大船間のバス会社専用の路を走る、甚快、鎌倉に出て星氏海岸バラックに寄る、横浜を経て五時半

帰宅　今日は桑木家母堂七年忌法要、斎（学士会館）あるも断りたり

九月十八日　月　晴

七、三五教室、午前産科磐瀬氏を訪ひてモスコウ博物館との交換品として胎児斡旋を懇望す　三時家に帰る

九月十九日　火　晴

七、四〇教室、星氏教室へ寄り真鍋氏欧米視察出発を東京駅に見送る、九時半教室に戻る、往復共星車を用ふ

午後井上氏珍らしく来、米国フイラデルフイアよりアイノ頭骨とインヂアン頭骨交換を八津氏を以て介せらると、アイノ得ること六ヶ敷きことを言ひたり　四時家に帰り庭へ出る大に冷しくなりたり

九月二十日　水　雨

七、四五教室、ディーク教授よりブレスラウから日本文自書の絵はがき来　六時帰宅

九月二十一日　木　雨

八、〇教室、午前仙台布施氏出京来室、振興会委員の用向なるべし横尾氏の満州研究に付説明したりまた横尾氏も来り目的等述べたり　柴田常恵氏へ新郷貝塚人骨に付手紙を出す　先日来風邪の気味なりしが気分悪し　二時頃帰宅臥床

九月二十二日　金　晴

静養、布施氏教室より電話、昨日の振興会審査会の模様報告、午後橋本節斎氏来診、安静必要、水泡音細管にまで及ぶ、但し軽度、体温三七度五・七分

九月二十三日　土　晴　祭日

午前児等両親と自動車ドライブ、萩のもちを製す

九月二十四日　日　晴

午後児等は両親に連れられ中野より堀の内祖師堂附近にてすすき穂沢山採りて四時頃帰りたり

九月二十五日　月　晴

親、協の留守中はさびし併し十二時前に帰り来る

九月二十六日　火　晴

親坊今日より弁当

九月二十七日　水　晴曇

午後ゆう子赤児を連れて始て来る夕食し去る

九月二十八日　木　曇昨夜少雨

午後試に庭へ出て少し草をとる、入浴

九月二十九日　金　曇

午前庭に出て少し草をとる

九月三十日　　土　晴
午後於菟見舞として寄る、小使日向孫市郎死去に付香奠五円托す

十月一日　　日　晴
午前車あるを以てきみと三児を連れて上野学士院前の橋にて汽車を眺む　松坂屋々上に登る　午刻帰る、午後自分庭にあり

十月二日　　月　曇晴
七時半試に教室に到る、眼鏡を忘れ、協鳩持ち来りたれば共に家に帰る　長岡蒼柴神社修繕費中へ五円送る、庭へ出る

十月三日　　火　晴
久し振りにて昨夜雨降る、今朝はれる、親坊遠足中山道上尾へ芋掘とか歓び出て行く、自分七、五〇教室、柳沢銀蔵氏へ鷗外額の写しを拾遺の巻頭に載するの諒承を得たき旨の手紙を出す　四時過帰宅庭へ出る、親坊の迎へに行きてきみ児等帰り来る

十月四日　　水　晴
七、五〇教室、六時帰宅気分悪し体温を計れば三七、二度あり

十月五日　　木　晴
家にありて静養

十月六日　　金　曇雨
協一幼稚園遠足会なりとて豊島園へ行く、自分は庭へ出ざりき天気模様悪し　二時頃より雨少し降り出す、三時前に協帰り大歓び

十月七日　　土　雨曇
午後雨止みたる間を見て庭へ出る、柳沢銀蔵氏承諾の返事来

十月八日　　日　雨
終日雨止まず

十月九日　　月　雨曇
七、五〇教室、台北移川子之蔵氏夫人死去悔状を出す、千葉の鈴木重武氏へ論文印刷費半額一六四円四一銭負担せられたき旨申送る、松村氏来室人類学会総会の件　四時帰る

十月十日　　火　晴
七、四五教室、午後二時半帰宅、自動車あり、児等を連れて三越、きみ子同行　十和田湖旅行に付案内所にて尋

ぬ、四時帰宅一寸庭へ出る

十月十一日　木　晴曇

八、一五教室、三時過帰りて庭へ出る

十月十二日　木　雨曇

八、〇教室、佐口氏論文を取り集めたるを検読す、午後三時頃足立文氏来室、佐口プライスに付相談、来月まで熟考することとす、四時共に出て学士院例会、六時部会終る、家より車迎来る、足立氏共帰宅、晩食、九時半去る

十月十三日　金　曇雨

七、三五教室、横尾氏満州探検旅行振興会より援助の通知ありたりと　咬合論邦文清書を少し始めたり　午後天谷千松氏告別式に谷中斎場に到る、三時帰宅

十月十四日　土　雨晴

七、五〇教室、ロシヤ大使館書記官ガルコビッチ氏来室、この度帰国する由　就ては標本交換の件は今後アンドレーエフ書記引きつぐ旨申され同行のＡ氏を紹介せらる、胎児は四個採り集めたればこれだけ直に送ることとす十一時去る　三時帰宅庭へ出る、三児きみ子に連れられ白木屋幼稚園活動写真を見に行く

十月十五日　日　半晴

三郎氏名古屋学会に赴き留守に付柿内全家招く、十時半田鶴子全児（賢を除く）を連れて来る、大賑か、食後皆庭へ出て遊ぶ、そのはね廻る様を見る、二時半菓子を食べて去る、皆々満足

十月十六日　月　雨曇

親坊神宮外苑にて運動会なるも悪天、但し出行きたり、八、一五教室　六時帰宅、運動会は雨稍止みたるもなかりきよし早く帰りて帝展招待日に行きたりと　医事新誌社へＷ先生自分共撮の写真を貸す

十月十七日　火　晴

好天、十時半全家出かける、青梅街道保谷村にて車を止め一農家に談し　いも掘ることとし先つ新しき稲荷社に詣で、境内芝上にて弁当を使ひ後薩摩芋を掘る　次に里芋をもほりて帰途につく、二時半帰宅児等大満足、庭へ出る

十月十八日　水　晴曇

七、三五教室、岡山上坂氏出京来室、氏女婿後妻を迎へたる式に臨席のためなりと、梨子五個贈られたり、千葉鈴木氏来室、輯報掲載論文出版費の件、これにて完結、

六時前帰

十月十九日　木　雨

悪天、七、四五教室、親同行電車込み合ひ困る　井上氏来室、自分の歯科学校のために撮影せるものを托されて持ち来る、来年学会に於て特別講演云々の談ありしも断る　午後柴田常恵氏来室曽て埼玉県庁にある新郷貝塚所出人骨横尾氏調査希望の旨申送りたるところ差支なき旨承諾せらる　四時半人類教室、学会評議員会、雑誌岡書院にて発行のところ謝絶の由にて又々本会にて引き受けることとなる、五十年記念論文発行の件、雑誌目録先以て著者目録編纂のこと、これは須田氏担任のこと等、七時半帰宅、雨中困る、家にて帰り遅きため大に心配したりと

十月二十日　金　雨

七、四五教室、六時半、1931抄録原稿整理甚うるさし、終日大降雨

十月二十一日　土　晴

七、三五教室、弁当を使ひ帰宅、三児を連れて上野科学博物館へ行く、これ始めてなり　帰りは省線による、少し雨降り出したり

十月二十二日　日　晴

昨夜雨なりしも今朝快晴となる、午前庭の芝上にあり、早く中食し全家自動車にて出かける、星荒木陸相、及台湾司令官に油絵一面つつ大将に昇進祝として贈る　これを初め大臣官舎、次に大森の邸に持行く、大森埋立地にて海を眺める　これより羽田飛行場へ行き見る丁度一隻着陸したり、次に穴守稲荷へ寄りて帰途につく　四時帰宅庭へ出て芝中の草をとる、今年はよく草をとりて殆んど見当らさるまでに少くなりたり

十月二十三日　月　晴曇交々

親坊大塚にて運動会、自分独七、三五教室　1931抄録原稿整理漸く終る　六日計費したり　六時過帰る

十月二十四日　火　晴

八、〇教室、三児送る、膝掛毛布教室へ持来る、1931抄録ヘラルド社へ渡す　ガルコビッチ露国書記官明日出発帰国に付モスコウ博物館と交換標本の一部として胎児四個今日同大使館へ送る　弁当を使ひ直に帰宅　親坊学校休み、きみと共に荻窪に梛野を訪ふ保子元気、暖き小春日和、夕刻帰

十月二十五日　水　晴

七、四〇教室、三時帰り庭へ出る、明朝日光行の用意をなす

十月二十六日　木　晴曇　日光行

精子同行日光行、車あり上野駅、八、二〇発車、一〇、四〇日光着、直に貸し切り車にて中禅寺に向ふ（８Ｙ）途中剣ヶ峰にて下車般若方等二滝を眺む、この辺紅葉最見頃なり、十二時少し過ぎレエキサイドホテルに入る、昼食中みぞれ降り出す　暫時して止む、出かける、先づ華厳滝を見る、次白雲滝、これより戻る、新しき橋ありこれを見て居れば側より明智平登りをすすむ、バス往返特に割引きにて一人25銭なりと、これは最近ケエブルカアに災難ありて不通となり、それがためなりとこれに乗る、専用道路を走る十分にして達す、眺望佳、尚ほ空中ケエブルの出来上り試運転中にてその上駅に登れば更に眺めよしと、時に少しみぞれ降り出したるも小道を登るなかなか大儀、遂に達す、意外にも四方の眺め絶佳、湖、滝を廻り見る、大に疲労を感す、併し精子に見せたく思ひて湖畔を歩き、中宮祠に詣で引き返す、天気模様よし、大に寒さを感す、日暮る、七日頃の月朗、五時半ホテルに帰る、暖炉にて暖まる、七時夕食、学生習学旅行多し各旅宿何れも混雑、ホテルにも数組の女校、小校の生徒泊る、賑かなり九時過寝台に上る

十月二十七日　金　晴

六時起、天気最上、七時朝食、出て立木観音詣、往復三十分、自動車待ち居る　ホテル勘定19Ｙ外に２Ｙ、八、三〇発す、休みなく走る35分にて日光帰着、これより順次見て廻る、自分は所々略したり、十二時少し過ぎ覚満淵に到り茶店に休み、昨日携へ来れる弁当を食す、店婆この地の変遷など語る、神橋に戻り精子児へおもちやなど買ふ、時間あるを以て霧降り滝見物を思ひたちバスに乗る　往復一人45銭、10分にて達す　但しこれより尚ほ山道数丁上下す、旅行終りに疲れたるところ殊に大儀に思ひたり、駅に到りて休む、四、一五発車、七時前に帰宅　児等まだ起きて居る、精子大満足、入浴、食、九時寝に就く　費Ｙ51

十月二十八日　土　晴

輯報編纂委員会、十時学士院館に到る、出席者佐藤、森島、三浦、橋田、嘱托委員森、土井保（外科）市川篤二（皮膚）の八名　午後一時半教室、五時帰

十月二十九日　日　晴曇雨

午後庭へ出る、萩其他を切り冬の用意出来たり、きみ子が造れる菊花きれいに咲き始めたり、夕刻星帰り来り、全家出かける、山王ホテルに一寸寄り、これより夕食を探し遂に日本橋花むらといふに入る、七時過帰宅、時に雨降り出す

十月三十日　月　雨

七、五〇教室、今田見信（日本之歯界発行者）来室明日のマイヤー教授送別会に於て自分に記念書幅に題辞を書くことを乞はる、迷惑なることを言ひ置きたり　午後赤堀英三氏来室、輯報論文題目訂正の件、併しヘラルド社へ電話にて尋ねたるところ既に印刷済の由に付元のまゝとすることとす　長談四時去る　三児迎に来り五時帰宅、星氏夜行にて大阪へ出発

十月三十一日　火　晴

七、四五教室、島峰氏一寸来室、Anat.Ber.〔＊文献〕を大体通見したり、そのためついうつかりして時刻遅くなり、五時十分前家に帰り、更衣、丁度社の自動車来り急ぎ山王下幸楽に到る　歯科医諸氏の催しマイエル教師送別会なり、日本料理、会するもの二十五六名、自分独語別辞を述ぶ、また乾盃す、十時前帰宅

十一月一日　水　晴曇

星氏早朝帰宅、新坊（ママ）玉川へ校外教授なりと、自分社車にて七、四五教室　九時半頃出て水道橋に安田恭吾氏を訪ふ　マイエル氏謝儀を兼ね餞別として贈る物相談のためなり、但し不在、不斗思ひ立ちて久し振りに柿内へ行く、ただ田鶴子禮子のみあり、再び安田へ寄る帰りて在り、印籠を頼み十二時半教室へ戻る　六時帰宅

十一月二日　木（昨夜大雨）曇晴

八、三五教室　マイエル氏来室、論文通見済み、持来る、大なる直しなしただ小文法の間違に止る、先々一段落、昼に近し賢信来り弁当を使ふ、続て南洋探検隊長関田由若及び同会員鈴木修次氏来訪等種々の事多し　二時半帰宅、児等門前にて自転車を弄ぶ、町内を廻り一文店に寄り帰る

十一月三日　金　晴　祭日

朝香宮妃殿下薨去、宮中宴会等御止、親協それぞれ式に行きて帰るを待ち十時半出かける、製薬会社強制和議成立大祝賀なり　星氏早朝出る、十一時式場大講堂に達す、直に式始まる、十数名辞あり、十二時過ぎて終る、これ

より弁当その他の配布、気球を揚げる、屋上日向にて弁当を使ふ、三時過より再ひ講堂に入る、二人の辞ありて余興として映画あり、児等悦ぶ、寒し、四時過ぎて去る、先づ都合よく盛大にてありき

十一月四日　土　晴

七時五〇教室、安田恭吾氏来室、頼み置きたる印籠数個持来、其中より鼈甲法師刻付金蒔絵、根付寝黒蝙蝠変形（三十八円）を選びたり、長談　赤堀氏来り吉永論文一篇貸す、四時帰りて安田へ行き印籠代を渡す

十一月五日　日　晴

十一時半全家ドライブ、板橋方面へ向ふ、立派に出来たる国道を走る甚快、浦和に近き路傍の杉林中にて弁当を使ふ、これより浦和入口の昭和園別所沼を見て引き返へす、環状道路竣功（ママ）に付其一部を廻る、飛鳥山より三河島、白髭橋を渡り亀戸、深川に入りて引き返へし、向島言問にて児等しるこを食す　偶然家へ電話すれば杉山老人急性肺炎なりと、星氏驚き直に自動車を走らす、他のものは隅田公園を歩きエンタクにて帰る　時に四時頃なりき

十一月六日　月　雨

八、二〇教室、午後八幡氏来室、先月熱河探検隊帰京のところ今日会す　旅行大体の談あり、三時過出て御茶の水高歯校にマイエル氏を訪ひ訣別且つ謝儀として印籠を贈る、訣別し四時室へ戻る　六時過帰

十一月七日　火　晴曇

八、四〇教室、弁当を使て直に生化学に柿内氏を訪ひ三二年内に帰朝すべきこと、癌研究所化学部に勤務すべきこと報告す、大に悪感をもつ、今始めて帰朝のこと（他よりは反て一ヶ月程前に聞きたりと）又癌研のことも知らず、誰からも相談なし、教室内秩序のため学問上の関係は全く絶つ但し個人関係は別、要するにこの件に付氏を無視したり云々と、一時間四〇分話したり　六時帰る

十一月八日　水　晴

八、三五教室、咬合独文直しを通見す、六時帰

十一月九日　木　曇雨

八、三〇教室　午後杉浦嬢に咬合独文タイプライタアを頼む、六時帰

十一月十日　金　晴

八、三〇教室、足立文氏へ佐口氏論文の件に付手紙を出す　二時半帰、三児を連れて日比谷公園、きみ子は良一来るに付女中侍す、菊花例により立派、五時前帰宅、良

一来り居る、此度東京（目黒）へ転任、準備のため出京せり、桑木氏二三日前に卒倒せしとか、良一晩食後見舞ふ

十一月十一日　土　昨夜雨、曇、雨

良一午後一時呉へ出発、十八九日頃は家族着京の予定、八、二五教室、午後於菟来室、教室内の問題として西が千葉の鈴木をエントビクル・メヒャ〔＊発生機構学〕講師として聘したきこと長与学部長に提案したりと、然るに井に謀ることなかりきと　只後にこれを告げたりと、井素より不同意、井より於菟に話しありしと、於菟よりは賛非（ママ）言ひ悪し依て自分は尚ほ大切なることは教室の授業力を増すことであると言ひたり、入沢氏来室 Müller: Tokyo Igaku〔＊文献〕を返却したり　昨今日佐口論文を見る、六時帰る

十一月十二日　日　晴

九、三〇教室、佐口論文読、六時前帰宅、今日児等何所へも行かず

十一月十三日　月　晴

八、三〇教室、佐口論文読、十一時過足立氏来室（時に賢信来直に去る）相談の結果愈提出することとす、氏三時前去る、自分四時頃学士院、佐口提出、説明拙、石川池野の質問に長岡の言あり、兎に角審査委員に附することとなる、仏国前文部大臣、日仏会館長各婦人総て九名来賓あり、家より迎への車あり、九時半帰宅

十一月十四日　火　晴　旅行

不眠、八、二五教室、佐口氏へ業績の要項を箇条書として来二十日までに送附ありたき旨手紙を出す、長崎小野直治氏へ輯報校正の大半を送る、弁当を使ひ一時過帰る佐藤三吉氏明十五日喜祝の筈に付昨日祝として坐蒲団を贈り今日訪問したり　但し不在直に帰宅、児等の相手など、入浴、児等就眠の後社車にて発す、女中一人病気留守中少し不安、一〇、一五（鳥羽行）発車

十一月十五日　水　曇雨

七、四三亀山着、駅より少しはなれたる料理屋にて携へたる朝食をとる、案外きれいなる室にて心地よし、九、一七省営自動車発、関地蔵前を通る、坂の下から鈴鹿峠となる、快、景勝、頂上トンネル、田村麻呂神社あり、一〇、二一土山着、常明寺に到る読経、墓所にて少し雨降り出す午刻となる、一室に案内せらる、清潔心地よし、携へたるパンを食す、きみは亀山にてすしを買ひた

り、炉あり足を暖む、大に歓待せらる、二、一〇土山発す、雨降りて困る　駅まで寺男送りくれたり、三雲より汽車、四、二京都着、雨中ステエシヨンホテルに入る晩食、入浴、暫時して寝に就く

十一月十六日　木　曇晴時雨

天気模様甚面白からす、濃霧、併し温度下り良くなるべしとのことに付所謂三尾遊行と決し十時頃出かける、昨夜きみ子が市案内所へ行きて指示くれたる通り市電にて北野七本松、ここにてバスに乗り替へこれは高雄まで、途中故障を生、他車台に替へ十一時頃達す、これより坂を下り谷川なる清滝川に赤塗り橋あり、紅葉きれい、これより対岸を登る、途中眺め良、一掛け茶屋にて弁当、これは出がけに丸物百貨店によりて買ひたるすし一折、二人にて食すこれより下りて左岸を歩く甚快、槇の尾、一寸寄る大槇二本あり、これより栂の尾に進む、途中菊花展覧所あり、赤橋を渡り、高山寺に登る、石水院といふあり、これは保護建築物なり縦覧は各自の志によるとあり、自分等二十銭を納めて上る、縁側よりの眺望絶佳、温和なる形の山々を以て廻らす故に青垣山の名あり、院前に古栂二本あり、下りてバスにて帰途に就く、時に時雨あり、其他時に小時雨ありしも別に困る程にあらざりき、四時過ホテルに帰る、夕食足立家と電話す、入浴

十一月十七日　金　晴、時雨

天気良、十時頃出かける、案内所に相談、先つ㊀に到りて児等への土産物など見、足立家へ祝とし五円券を買ひ、サントウヰチなどを用意して㊀前よりバスにて永観堂へ行く、大寺院、僧等懇会とかにて紅白の幕を張る多宝塔に登る、眺めよし、紅葉の名所なり、甚清静、次に若王子、これまた紅葉の名所、茶店にまで登りて眺む、弁当を使ふ、これより徒歩、黒谷（本堂三重塔、周囲石塔無数）次に真如堂を経て吉田山神楽岡足立邸に到る　時に午後一時、文二郎氏婚約斉ふたるを祝す、木原卓氏夫人偶々来り会す、三時半辞し去る、四時発車、五時少過きて奈良着、ホテルに入る、十八号室、例により快、六時半食堂に入る、十時過寝台に登る

十一月十八日　土　晴

天気よし、大阪行、九時頃ホテルを出て大軌に到り電車にて鶴橋乗り替へ城東線（省線）、大阪駅に下り、ここにてきみ公衆電話を用ひ谷口家へかけるも通せず、これより徒歩堂ビル前を過ぎ（この辺道路大改修）、中の島

公園一見、難波橋、天神橋にて暫時休み、天満宮に詣、その道天満市場にて甚悪、不潔、エンタクにて阪急に到り、急行にて桜井停留所に下り、近き谷口家を訪ふ、夫人在宅、種々談あり、醼二氏へ電話、嗜眠性脳膜炎病原発見に付其報告準備のため何分にも手放すこと出来ず云々、帰途は大阪駅よりバスにて上六大軌電車にて四時半過奈良帰着、徒歩ホテルに帰る、晩食、室内暖房過度、ヴェランダに出て冷む、時に雨降る、入浴

十一月十九日　日　晴、時雨

天気よし、九時頃出かける、ゆか橋にて時雨、きみ子は駅へ寝台券のためゆく自分は引き返へしホテルヴェランダにて葉巻を吸ひ新聞を見る、十一時きみ帰る、直に出て公園、新設万葉植物園に入又時雨、若草山に到れば天青し、台に腰をかけ眺むすしを食す、手向山八幡を経て、きみ筆墨を買ふ、大仏門を出て博物館脇にて仏像絵はがきを買ひ三時ホテルへ戻る、手荷物を整ひ、勘定（三五・六〇）

四、一四奈良発五時京都着、五時間の暇あり、百貨店にて土産物買、ホテルにて夕食、一〇、一〇京都発

十一月二十日　月　晴　帰京

眠良、富士麓にて起く、九、〇東京着、星氏やす子を連て出て呉れたり、直に帰宅、せい子腰痛にて困り居る、良一等昨日着京せりと、もと、すみは北町に泊る、昼頃親、協帰り来る、おもちゃ大悦、布施氏出京のよし教室より電話あり、珍らしく坂内虎次氏より電話あり尋で来訪、夫人病気に付相談　やす子ゆう子来るなど混雑、又夕刻良一等来り晩食、もとすみ去る、すみ子は今日はや愛実（ママ）学校へ行きたりと、疲れたり八時床に入る。昨日鈴木孝之助氏来訪のところ丁度良一在宅会したりと　費一六一Y

十一月二十一日　火　晴

早朝長谷部氏今上野着したりとて曙町へ来訪、自分出かけるところなりしを以て共す、良一同乗赤門にて下車、八時半教室、学談、九時半去る、布施氏より電話（昨朝も電話ありしと、但し自分未だ帰宅せざりき）。暫くして布施氏来室。振興会委員会のため出京、氏は留任の仲間なりと、額田女子医専解剖主任に付林学部長より仙台小川助教授を推薦したいとかにて昨日額田氏より布施氏相談ありたりと　併し布施は小川氏横尾の二年後なるを以て小川を同時東大の講師とするは如何ものかといひ置

きたりと、佐口業績談、弁当を共にし一時去、また横尾、於菟一寸来室　佐口氏より書面到達、これを頼りに読み味ふ　五時半児等迎に来る

十一月二十二日　水　晴

八、二五教室、九時頃足立氏の書面により金沢佐口氏出京来室、細胞論に付説明を聞く、弁当を共にし二時半去る、足立氏へこの事を申送る、六時帰

十一月二十三日　木　晴　祭日

九、〇教室、星氏鳩子誕生を祝ふとて十二時迎へに寄る全家、銀座交詢社へ行く　食後屋内を見る、これより不二屋（ママ）にて菓子を買ひ三家へ分配す、先つ岸家、次に目黒え海軍共済病院良一官舎、一寸上る、荷物整理に付混雑中、次に柿内家、三時十五分教室に戻る、星氏単独迎に来五時半帰

十一月二十四日　金　晴曇

八、三〇教室、島峰氏来室マイエル出発のこと、ディークより長文の手紙、ゴリラ頭骨のこと、佐口論文審査要旨清書したり、六時前帰

十一月二十五日　土　晴（昨夜雨）

八、三〇教室、要旨通見、速達にて学士院へ送る、長崎小野氏論文初校を送る　星氏迎に寄る　五時半帰

十一月二十六日　日　晴

午前庭に出て松の枯枝を切る、午後自動車ドライブ、二時頃出かけるきみ子留守居、西武線を添ふて川越街道を走る、白子を経て膝折まで行く、途中白子神社の山にて遊ぶ　膝折に新らしきゴルフ場あり、五時前帰

十一月二十七日　月　昨夜来雨、午後晴

八、三〇教室、長崎高木純五郎氏へ論文出版費に付別に名案なきこと、福岡平光氏へ露西亜文雑（アイノに関する論文あるもの）贈進差支なきこと手紙を出す　ヘラルド社へ松尾、国府田、大久保の三原稿を渡す　赤堀英三氏来、大山研究所入所の件　咬合独逸文最後の通見を始む　六時過帰

十一月二十八日　火　晴

八、三〇教室、松村氏来室、若き同人の噂話、赤堀の態度不定、名誉心深し、学位のこと、大山研究所を望むは実に意外云々、佐口氏より細胞論補遺書面来る、輯報校正等にて終日す、佐口氏へ首肯的リテラツール（＊文献）を示されたき旨手紙を出す、星氏迎に来るも手紙書きかけたるところにて断る、尋で協、鳩更に来る　六時前帰

る

十一月二十九日　水　晴

八、二〇教室、午後宇野円空、松村両氏来室、来年七月三十日ロンドンに於て第一回International Congress of Anthropogical and Ethnological Sciences〔＊人類学および民族学国際会議〕開催に付日本も加入の件に付相談、両氏より先方へ学研宛にて照会ある様返事を出すこととす　二時半去て中目黒に良一官舎を訪ふ、純子学校より帰り居る、四時半良一も帰り来る　良一同道技術本部を通りぬけてえびす駅より省線にて帰る　新（ママ）、鳩坂下に迎に出居たり

十一月三十日　木　晴曇

八、二〇教室、咬合最後通見に終日す　六時半帰る

十二月一日　金　雨

八、三〇教室、西提案エントビクル・メヒャニク〔＊発生機構学〕講師（鈴木重武）の件に付於菟井上と話したりと井全く圏外に置く外なし、先日言ひたる通り其問題あり　寧ろ教室レールクレフテ〔＊教員〕充実することが先決問題なりといふこと今日長与学部長に談すと於菟いひたり　咬合最後通見略ぼ了る　六時帰

十二月二日　土　晴

八、三〇教室　於菟来室今長与学部長に面会、教室授業力増加すべきことを話したるに大に了解を得たりと、エントビクル・メヒャニク講師のことは既に前に西引つ込めたりと　咬合論独文通見了り包装して自ら本郷郵便局へ行きフォン・フェルシュネル氏宛書留（三六銭）にて出したり室に帰れば二時なり、約七年の労、これを以て七十五歳にして尚ほ仕事に堪へ得る証標となるか？　又フォン・フェルシュネル氏へFischer-Festschrift〔＊論文集〕に掲載依頼の手紙を出す、学士院へパス券を返へす六時過帰る

十二月三日　日　晴

親、協殊に協風邪の気味、自分独三越へ行き五重塔型暦二個買ふ、序に大東京図、児等に見舞を買ひ十一時帰る、午後二時出て柿内、児等皆元気、三郎氏能楽、京都小土産を贈る　夕刻純子等三人来る児等へ土産軍艦模型などあり、晩食せずして去る　暦をH・フィルヒョウ、W・ディーク二氏へ送る

十二月四日　月　晴

八、一五教室　候補七名の授賞要旨案を読みなどす　六時帰る

十二月五日　火　晴

八、四〇教室　フォン・フェルシェネルより Fischer-Festschrift に付第二の告知書到達　ブラック（北京）、ワーゲンザイル（ボン）、アベル（ベルリン・ダーレム）三氏へ論文寄贈礼札をディーク氏へ邦字絵葉書の礼及五重塔暦を贈りたるはがきを出す　六時帰る

十二月六日　水　昨夜雨、曇晴

八、四〇教室、午後一時半学士院、授賞審査委員会なり、佐口氏なかなか面倒、石川池野不服、遂に撤回の已むなきに至る、遺憾千万、七時帰宅、協一熱高し　八代氏二回来診せりと肺炎の虞ありと、眠悪し

十二月七日　木　晴

八、三〇教室、午後二時帰宅、丁度星氏帰りてこれより工場へ行くと、これに同乗し広尾へ行く八千代子不在、二児ありてこれと遊ぶ、関西土産おもちゃを遣る、その中八千代子帰り来る、三二浅間丸にて来十五日横浜着の旨今郵船会社より通知ありたりと、四時半帰　於菟来、団子坂貸家漸く空きたりと、総計三、五〇〇円以上の損害なりと、気の毒千万、意外の事を生ずるもの、世相の歎。共に晩食

十二月八日　金　晴

協、親寒冒、家中混雑、大山邸訪問、小件の外、所内全く服心に限ること、編年問題以外に亘らざること、所員に不足なきこと（即ち赤堀不要）、慶應に学生（特志来年三月卒業）あること、学位問題等、一時半帰宅、三時頃再び出て目白に坂内虎次氏を訪、先日の答礼なり、森田正馬なる医博は如何といひたり、坂内氏案内にて小西信八氏を訪ふ、案外遠し前谷口吉氏住宅の向なり、老夫婦非常の悦、五時半帰宅

十二月九日　土　雨

九、〇教室、賢信来り弁当を共にす、腹工合少し悪しとて「ジヤムパン」二個を供したり　終日悪天、五時帰宅

十二月十日　日　晴

温暖なる好天、三児共寒冒、きみせいも同断、自分も風気、終日家にあり

十二月十一日　月　晴曇

九、三〇教室、クーレンベック氏来室、氏は 1927 帰国せしがブレスラウにてプリバトドツェント〔＊非正規の講師〕

となり種々仕事を発表し、工合良きことと思ひ居たるところ現政ナチスに慊らず再び来朝せるもの独逸学者困窮の話など　一時松村氏来室、邦人身体構成研究に対し学士院より研究費補助七〇〇円申請の件　其他四方山話、中谷病気重体、赤堀大山研究所を望むは愈々意外「カムフオラアジ」なりと　三時去る　H・フィルヒョウ氏へ手紙を出す　五時半帰宅

十二月十二日　火　晴

少し風気に付在家、午後珍らしくも京都松浦有志太郎氏来訪、近年は主として禁酒、玄米宣伝に力を入れてゐると　晩星客あり、後活動写真あり児等悦びて見物す

十二月十三日　水　晴

九、〇教室、二時過帰宅、荻窪椰野へ行く、保子兎角胃痛を疾し如何と思ひてなり、格別悪といふ程にもらす、床はしきありも立ち居定りなし、五時半帰宅　広尾岸より電話あり浅間丸明日午後四時着横とか

十二月十四日　木　晴

午前家にあり、児等風邪も先つ終末、無上の好天、自動車貸しくれたり、午後一時きみ子と出かける、児等共にせざるを惜む、二時少し過岸壁に達す、浅間は既に繋留に近し、彼是と探すも誰も見当らず、自分等二人のみ、甲板上に三二を見付けたり、其内に良一夫妻来、次に岸族、二児も来、三二は既に船より出て居る、税関手続きは船中にて済ませたりと、混雑せず、船内を見物などし、四時頃出かける　五時過帰宅

十二月十五日　金　晴

八、三〇教室　赤堀氏来室、大山研究所にては差向き仕事する人を要せざる趣を話したり　家より電話、四時半帰る、五時頃三二来、布哇にて買ひたりとて葉巻持ち来る、西洋談、星氏も帰り来る、九時去る

十二月十六日　土　晴曇

八、三五教室、輯報殊に抄録の校正非常に立て込み数日来これに従事　六時前帰る　輯報手当二〇〇円受領、本年は減額の由、西、森抄録は学研と直接

十二月十七日　日　昨夜雨、晴

星氏常の通り会社出勤十一時頃自動車戻る、早く昼食し皆出かける先つ社へ行き、星氏告別式に参加する要あり共に牛込まで行きて再ひ社へ戻り、これより車をもらいて銀座松屋に到る　クリスマス景気賑か、大混雑、三時食堂に入る、児等それぞれ玩具を買ひ四時半家に帰る

皆々大満足、自分少し風気、夕食、床に入る、体温三八度あり

十二月十八日　月　晴

親、協は風邪全快として校、園へ、自分静養

十二月十九日　火　晴

在家静養、人類学会評議委員会（来年四月大会開催の件）断り欠席す　夕刻三二来、一昨日良一と会談、良一は穏健なる意見にして強てこの際手段をとるべしとは言はざりきと、又田鶴子は恰も中間に立ちて非常に心痛し、長文の手紙を三二へ贈りたるよし、誠に気の毒至極、併し自分は差向手を付けず黙して暫く成り行き見るべしといひたり、夕食せずして去る

十二月二十日　水　晴

八、四〇教室、抄録校正、気分全く平常ならぬ感あり、小使四名へ歳暮として三円づつ遣る　二時半帰る、体温三六、七

十二月二十一日　木　晴

八、四〇教室　二時過帰る　協一又々昨夜来発熱、親、鳩子を連れて銀座（りん侍す）、伊東屋に入りて日記帳其他を買ふ、児等にも絵本など与ふ、地下室にて三時を食す　四時帰宅往返共エンタク

十二月二十二日　金　晴

九、〇教室、賢信来、共に弁当を使ふ、ドクトル・グンデルト氏より Abstammung der Japaner〔＊日本人の出自〕の問題に付ての来信に対し返事を認む終日費す　六時半帰る　協一又々発熱のところ今日は平温元気よし

十二月二十三日　土　晴

今朝六時三九分　皇太子殿下御降誕、九時出かけ宮城に参内記帳、東車寄大混雑、次に赤坂大宮御所に参賀、十時帰宅、直に星共に出て十時二五教室、ベーグマン氏へ抄録第二校前半を送る、校正に終日す　六時帰

十二月二十四日　日　晴

午前児等と戯る、親、協先つ平温、やす子を連れて槇町まで、ゴム風船、羽子板など買ふ　午後目黒に純子を訪ふ、クリスマスを祝ふと、岸全数外に久雄氏のみ、六時前帰る

十二月二十五日　月　晴　祭

全族会合、支那料理昼食、二十名以上の見込、十一時頃より追々来る　岸四、良一等三、柿内八名（あや子風邪にて欠ける）、外に於菟二人、厳、潤氏、曙町七、総

計二十六人卓に就く、十畳八畳を打ち通して満員、十二時半頃食事を始む、児等の歓び食べる様面白し、終て庭に出て星氏が呼ひ置きたる写真師撮影す、別に家族別のものを撮る　即ち岸、星、小金井の三種、柿内先つ去る、他は庭にて遊ぶ、天候此上なし、五時に近く皆去る、ただ保子が見えざりしは残念、かかることが年をとりては無上の快楽なりときみ子と話し合へり、この費全部（八〇円計？）星氏負担、入浴、食、室に入る　グンデルトより問合せの返事に対し謝状来

十二月二十六日　火　晴

八、三五教室、早く弁当を使ひ歯科新外来へ雑誌を見る必要ありて行きたるも図書は旧外来診察所内病室の方にある趣に付これへ行く、三時半室に帰る、輯報校正　六時過帰る、今日贈賄罪判決あり、三〇〇〇円の由、不服の様子

十二月二十七日　水　晴

八、四〇教室、きみより預りたる二〇〇〇円於菟に渡す小使小菅女へきみよりの下駄を遣る　二時過帰宅、更衣、青山斎場に到る、藤沢利喜太郎氏葬儀告別式、久し振りにて根岸錬次郎氏に会ふ、四十分にして家に帰る　野明むつ子長岡より出京来り居る

十二月二十八日　木　曇

八、五〇教室、咬合邦文清書に再び漸く取りかかる　六時帰宅

十二月二十九日　金　晴（昨夜少し雨）

親王殿下御命名式、市内奉祝賑ふべし、八、五〇教室三児送る　一時過三二来室、今長与邸へ寄りたりと、又病理教室にて癌研役員集合に付之に列席すべしとのことにてこれよりそれに行くと、せい子三児を連れて迎へに寄り、これより自動にて市内の賑ふ様見物、日比谷より銀座を通り三時帰宅

十二月三十日　土　曇

八、三五教室　咬合邦文清書　六時帰

十二月三十一日　日　昨夜雨、晴

八、四五教室、三時半頃三児迎へに来りたり、咬合邦文三分の一清書して年を越す、入浴、平日の通り室に入る

昭和九年　2594
1934　満75

一月一日　　月　晴

七時起、午前中きみせい旅行支渡に忙はし、星氏社へ行き十時頃帰り、手荷は東京駅へ運転手神野を遣り乗車券を買ひて預け、自分は親坊を連れ女中りんを従へ十一時前エンタクにて出かける　坂下にて橋本一族に会ふ、賀辞を交換し別る、十一時二五発車、横浜十二時親坊にサンドウヰチを買ひ与ふ、車中心地よし、国府津乗りかへ、小田原電車あまり込み合はず、登山電車、我等二人のみ、甚快、二時三五強羅着、荘に入る、他は予想の通り未着、暫時休み、迎へにとて出かけんとすれば門前に自動車着、案外早かりき、児等大悦大賑か、なかなか寒し、夕食後尚ほ児等はね廻る、十四日頃の月朗、七時半室に入る

一月二日　　火　晴

午前公園散歩、午後二時半頃出て宮の下行、三児面白く歩く　運転手神野、りん従ふ、案外早く達す、駅に到る、次の電車にてきみ子来る勘定なり、待つ間もなく着車、乗り込めばきみ子居る女中秀従ふ児等大悦、強羅に降れは星氏両人も来り居る、賑かになる、食後、入浴、七時半室に入る

一月三日　　水　晴

午前自車にて長尾トンネル行き、親、協を連れて先発宮城野にて乗車、走行甚快、頂上眺望亭にて富士を眺む、六合目あたりより上部頂上は少し雲あり、風寒し、十一時帰る、三児共に宮城野橋にて降り、歩く神野は直に社員のために運転して芦の湖へ行く、午後も又行きたりと午後は屋内にあり特に寒を感す

一月四日　　木　晴

午前ケイブルカアにて早雲山道了まで登る、例の通り眺望佳、殊に晴れて海をへだてて房州を見る、降りは徒歩、新（ママ）、協勢よく歩く、女中二人は先に昼の支渡のため急き帰る、帰りて直に昼食、暫時休む　午後芦の湖行、星氏一人留守居、二時頃車にて出かける、緒宅運転す箱根町まで行きて引き返へす、杉並木を歩く、富士山よく晴れて見ゆ、親坊これを写生す、権現前にてせいまんじうを買ふなど、三時五〇帰途に就く　四時三〇荘に帰る皆々

大満足、晩食後親坊絵日記を書く、入浴

一月五日　　金　晴

前十時頃星氏三島へ行くとて自車にて出で行く、午後二時過親協を連れ散歩に出かける女中りん侍す、宮城野橋に降りこれより向山登りと決す、橋より直に小道を登れば一小農家に入る、家人の許を得てこの家を通りぬけて堂ヶ島道に出る　竹藪中に道しるべありこれより小道を登る　自分なかなか大義を感す電柱まで登り愈々労極り止む、親協平気、この所にて休み、二児菓子を食べ水を飲む、降りは楽なり、四時前帰る、きみ子迎へに出て居る、星氏帰り居る

一月六日　　土　晴

朝食後きみせい子等帰京荷造りに忙し、十時五五自動車にて出発、全家七人同乗、女中りん、ひでは汽車、十二時前国府津着、駅にて星氏弁当など買ふ、海岸砂上にて昼食、天候温和甚快、丁度報知新聞催諸大学マラソン競争（東京より箱根町まで）に出会ふ、沿道賑はし、児等興す、藤沢遊行寺に寄る、星氏児等本堂建築に寄附などす、東海国道ドライブ甚愉快、三児共大元気、三時四〇無事帰宅、皆々大満足、星氏に深く謝す

一月七日　　日　晴

早く昼食し、星氏車を借り年始廻り、せい子三児共に出かける、先つ団子坂森家、未亡人、まり子殿に玄関にて挨拶、次に三光町岸家、表門締り居る、勝手口より入る、在宅のよし、光江子未亡人に玄関にて面会、音羽子夫人は不例のよし、次に広尾岸家、三二始め皆在宅、上りて暫く談、次に純子へ寄る、上りて児等悦び遊ぶ、良一は不在なりしも帰り来る、余り面白く遊びゐるに付、置きて自分独り去り柿内家、田鶴子及小さき児等居る、直に去る、桑家は玄関にて厳翼氏挨拶、次に白銀町に橋本家新仮居を訪ふ皆不在、これより大塚駅に到りて車をせい子迎のため去る、小松春三氏方へ悔に行く、去る二日長子老未亡人死去せられたる通知、昨日帰りて知りたる次第なり、丁度茂治氏夫妻、晃氏夫妻来り居てそれぞれ悔を述ぶ、エンタクにて四時半帰る

一月八日　　月　曇

八、二〇教室　弁当後新年挨拶のため井上室に訪ふ、不在に付名刺を置く　次西氏在り、賀詞を交換す　於菟来室教室助教授増員のことに付長与学部長より西氏へ談ありたるよしにて西氏より於菟に話したりと、西の魂胆測

るべからず　鈴木、藤田などと言ひ出しはせぬか、井上全々だめ、兎に角注意を要す、六時帰る

一月九日　　火　晴

八、四五教室

年賀調べ　　はがき　　約二六〇
　　　　　　封筒　　　五二
　　　　　　名刺　　　二六

午後川上政雄氏来室、不斗一家一族運に向ひたることの話あり、美術愛玩味より種々感想談長くなり五時半去る六時帰宅

一月十日　　水　曇

電車工合悪しエンタクにて親坊学校にて送る　九時教室三二来室、今佐々木隆興氏面会したり、共に弁当を使ふ、仕事開始の準備、予算、寄附額などの話、これより病理に癌研事務員を訪ふとて一時半過去る　二時過出て荻窪に棚野を訪ふ、保子格別悪しといふにあらざるも衰弱の模様、五時帰宅　三二来り居る、夕食せずして去る

一月十一日　　木　晴　昨夜雨

八、四〇教室、午後松村氏来室、来四月大会の機会に日本民族其他の計測事業に付提案の件、種々談合の結果、事業準備の懇談程度に止める位とする　雑談三時半去る六時過帰、星七十名計の客あり

一月十二日　　金　晴

八、四〇教室、学士院欠席、昨今頻りに咬合邦文清書六時過帰

一月十三日　　土　晴

八、四〇教室、五時頃星氏迎へに来帰る、皆工業クラブとかに活動写真ありこれに行く　自分は家にあり、八時半児等大悦にて帰り来る

一月十四日　　日　晴

九、五〇教室　ベーグマン氏母堂逝去の由に付悔状を出す、咬合邦文清書　六時帰る

一月十五日　　月　晴

八、三〇教室　賢信来りて弁当を使ふ　六時帰

一月十六日　　火　曇（雪）

八、四〇教室　フォン・フェルシュネル氏より返事来、十二月二十二日附、原稿受領、印刷に送りたりと Fischer-Festschrift に寄与せるに対し深く感謝す云々　六時帰る時に少し雪降る

一月十七日　　水　晴

八、三五教室　午後額田晋氏来室論文二篇贈らる　六時帰

一月十八日　木　晴

八、三〇教室、六時過帰、留守中石原喜久氏来訪ありきと

一月十九日　金　曇雨

八、三〇教室、星迎へに来り六時家に帰る盛にみぞれ降り寒し

一月二十日　土　晴

八、三五教室　咬合邦文清書完了尚ほ見返へしを要す、六時三児迎へに来

一月二十一日　日　晴

午前十時皆出かける（きみ留守居）越中島先きの埋立地に到る、飛行錬習盛に行ふ　広き原にてたこ上げに甚適す、携へ行きたるたこよく上る親協興す、十二時過帰宅午後二時過星氏社へ行くに同車、純子へ、併し純子は友だちのところへ行きたりと　良、素あり、共に出て目黒不動へ詣、誠に久しき以前のことにて殆んど旧状なし、次に新大道路に面したる大鷲神社へ詣、これまた昔来りしことあり、これより目黒駅まで歩きたり、この辺全く旧態なし、駅にて別れ、五時前家に帰る

一月二十二日　月　晴

八、三〇教室、六時帰る　佐伯憂子未亡人久し振りにて来訪、また岡田夫人も来りたりと

一月二十三日　火　晴

八、三〇教室、午前緒方規雄氏来室、明後年は実母五十年忌になるか明後年は多分欧米視察不在なるべければ来年法会を催すべし云々又例の恙虫の件、これには引つかかりありて差向き六ヶ敷しことをいひたり、六時帰

一月二十四日　水　晴

八、二五教室、午後三二病理へ来りとて寄る、研究上の談、自分が学生時代より精神集中主義を固く執りて今日に及びたること尚ほ外に咬合論を独逸へ送りたることなど話したり　今日は曙町へは寄ずといひて去る　咬合邦文漸く通見了る　六時帰

一月二十五日　木　晴

八、四五教室、咬合論邦文原稿解剖学雑誌に掲載のため於菟に渡す・三二来室弁当を使ふ、三時過去て柿内、二三児寒冒

一月二十六日　金　晴

八、三五教室　午後山越長七氏挨拶に来る　永々休止せる齲歯統計に取りかかる　生理の橋田氏帰りがけに寄る　六時過帰

一月二十七日　土　晴

八、三〇教室　ボイス教授（グラスゴー）、ウィンゲイト・トッド教授へ論文寄贈礼札を出す　六時過帰る

一月二十八日　日　晴

全家熱海行、八、一〇東京駅発、一〇、〇熱海着、星氏三児を連れて杉山老を見舞ふ、駅に近きところ、自分等三人は海岸に下りて待つ、舗装道路修築中なり　以前小松仮屋の在りたる辺なるも全くかげなし、皆合して車にて梅園に向ふ、園奥の小店に上りて携へたる弁当を使ふ、梅花盛り、珍らしきことには昨日雪降りとて彼処是処白し、帰り歩く、親坊丹那トンネルを写生す、来の宮に詣、老大楠あり　万人風呂といふにて休、三階小室に入る、歩きにて駅に到る、三時半頃発車、車中にて栗山重信氏に逢ふ、六時過家に帰る、皆大満足、きみ、せい始めてなり　留守中鈴木哲夫氏夫妻児を連れて来訪、七十七を祝ふとか、好意ありがたし

一月二十九日　月　晴

八、三〇教室、金沢佐口氏へ詫手紙を出す、う歯仕事捗取らず　六時過帰る、長岡棚野透氏出京来り居る共に晩食し八、〇去る

一月三十日　火　晴

八、三〇教室、横尾氏来室　日本人体格計測に付色々談あり、シュバイツェルバルト書肆より Fischer-Festschrift 校正刷独文咬合論到達、一月十日附けなり　赤堀英三氏来室、論文別刷外国へ送るケ所のこと、六時過帰る　塩田教授慰労会に拾円出す

一月三十一日　水　晴

八、三〇教室、咬合独文熱心に校正す　六時過帰

二月一日　木　晴

八、三〇教室、三二来室弁当を使ふ　古市公威氏告別式に青山斎場に行き一時間にして教室に帰る、独文校正、末広恭雄氏来室、小別刷贈らる　丁度校正中の独文を示し大に奮励すべきを説きたり　六時過帰

二月二日　金　曇小雨

八、四五教室　咬合論独文校正完了、包装して自身郵便局へ行き書留にて出す（三十六銭）二時過室に帰りてが

つかりしたる様感じ休息、これにて別刷一二五部（七五は無代、五〇特に注文）到達を待つのみとなれり　六時帰る時に小雨、星氏台湾へ旅行

二月三日　土　雪

昨夜来盛に雪降る、親坊昨日来寒冒、九、〇教室　輯報原稿松尾久朗二篇小松英夫二篇小野直治一篇計五件ヘラルド渡し　六時帰宅、時に晴

二月四日　日　晴

天気良きも寒し　親、協風邪好きも終日家にありたり、三二在欧中画きたる絵十数枚持ち来りたり、昼食し去る

二月五日　月　晴

八、四〇教室　ベーグマン博士より抄録 1931 前半漸く戻る直にヘラルドへ送る　六時帰

二月六日　火　晴

親学校へ共に八、四〇教室　此頃は齲歯論勉強、組み立てに付改めるなど苦心、六時帰

二月七日　水　晴

八、三五教室、午後松村氏来室、本年七月倫敦に於て開催せるる　Congrès International des Sciences Anthropologiques et Ethnologiques〔＊人類学および民族学国際会議〕の件本邦も無論加入すべく第一回にもあり同氏出張のこと大に勧誘したり　長談三時過ぎて去る、三二一寸室に寄る　学研輯報整頓の件　六時過帰

二月八日　木　晴

八、四〇教室、午後横尾来室　満州探検費申請に付相談、教室萎靡状態に付憤慨談あり　六時過帰　きみ子麻布飯倉に鈴木家訪問、先日哲夫氏来祝の礼なり

二月九日　金　晴

八、四〇教室、午後赤堀氏来室、論文を外国へ送名宛アドレス調べ大に時を費す　六時過帰

二月十日　土　晴

八、四〇教室、六時過帰

二月十一日　日　晴　祭日

紀元節本年は特に賑ふべし、午後一時教室　輯報抄録校正　六時前帰　三児共少し風をひき、今日は皆屋内にありき

二月十二日　月　晴

八、二〇教室　抄録校正、三二来室弁当を使ふ、大阪谷口氏へ帰朝挨拶のため金曜夜行にて出向昨日夕刻帰京せりとこれにて谷口氏に対する義理は済みたり　藤沢利喜

氏死去に付貴院議員補欠選挙、一時半上野学士院に到り投票す　長岡半太郎氏に入れたり、少し風邪の気味にて気分悪し直に帰宅、親協も二三日来家にありて養ふ

二月十三日　火　曇晴

静養、親協も家にあり

二月十四日　水　晴曇

午前日蝕、東京は三分ばかり、児等は珍らしく感じこれを見る、南洋は皆既、天気上々なりきと、ヘラルド社より抄録前半校正持ち来る　これは校了として直に返す

二月十五日　木　晴

浜田玄達氏二十年祭とかにて案内を受けたるも断る、八、四〇教室　Abstracts 校正第二部をベーグマン博士へ送る、十一時半帰り静養、三二来りて昼食、午後児等ひな人形を飾るなど

二月十六日　金　晴

八、四〇教室　親今日より学校へ出る、露国大使館一等書記官アスコフ氏来訪、先般モスコウ博物館と交換の約束をなせる日本人骨格二具及胎児六個（内四個は先に送り済）を渡す　先方よりはブリヤート骨格一具及コオカス山麓より出土せる頭蓋模型の寄贈を受る筈、本件はこれにて此方は片附く又プリセツキイ教授（ソヴェート聯邦国立人類学博物館、モスコウ）宛書面を出す交換品渡し済のこと、対品期待のこと　六時過帰る

二月十七日　土　晴

八、四〇教室、兎角少し風邪の気味、四時前帰宅

二月十八日　日　晴

朝星氏台湾より帰京、せい子三児を連れて迎へに行く、土産物、キナ木、賑かなり、頭骨一個これは蕃人ならば甚貴し、午後三時頃岸全家四人来、珍らしきことなり、夕食し、おもちやを貰ひ自動車にて歓び帰る　星十五六人の客ありなど混雑

二月十九日　月　晴

八、三〇教室、三二来室弁当を使ふ、輯報抄録校正、五時帰宅

二月二十日　火　晴

親坊学校送りながらきみと広尾岸へ行く、三二旅行中各地にて集めたる記念品其他所々にて画きたる絵などを見る　十一時過帰る、やす子を連れて一文店まで行く　午後在宅、三光町音羽夫人先日愛児病気入院を見舞ひたる挨拶に玄関まで来る

二月二十一日　水　晴

八、四〇教室、午後島峰氏来室、久々にて四方山談　三時家に帰る

二月二十二日　木　晴

八、三五教室、於菟に塩田隠退、都筑後継により歯科教授遊空となる訳、就ては此機会に解剖三教授の件を井上西両氏より強て発言させては如何といひたり　午後突然島峰氏来り　千葉真一、佐藤達次郎氏の意を受けて自分を慰安のために招待したし云々予ての通り謝絶したり、其親切実に辱なし　三二来室、ザンデルス独逸辞書を買ひて持ち来る又アイノ油絵二面の額縁を注文したりと五時過帰

二月二十三日　金　晴

八、三五教室、この頃は頻りに齲歯論片付けに勉む　六時前帰る

二月二十四日　土　晴

八、二五教室　河本禎助氏来室久し振りなり　来四月医学大会に付会場のことに付差支を生し、共に人類学教室に到り松村氏と談合、遺憾ながら都合出来ざりき

午後松村氏来室　Congrès International des Sciences Anthropologiques et Ethnologiques〔＊人類学および民族学国際会議〕の件本邦委員四名推選の件、体質の方長谷部、松村、土俗の方移川、宇野と申送ることとす、六時前帰　鳩子一昨日高女子幼稚園授（ママ）験のところ許可の通知ありたりと皆々悦ぶ

二月二十五日　日　晴

午前十時前全家出かける自動車遊走、日本橋にてすしなど買ひ向島寺島町に野長瀬工場を探す、漸く見付かりしも住居は中山の由、これより鴻の台へ午刻となる、古寺院取り毀したる跡の草原にて弁当を使ひ、台上の公園にて一寸眺め、これより市川中山に向ふ、法華経寺脇野長瀬家に到る、星、きみは入る　自分等は寺の方へ行く、帰途亀戸天神社に詣て四時頃帰

二月二十六日　月　曇

八、三〇教室、三二来室弁当を使ふ、額縁代拾二円渡す、二時過車迎へに来、二時出て参内、皇太子殿下御誕生御祝宴第三日、二重橋前広場自動車を以て満たす一時間半待つ四時前漸く橋を渡る、正車寄より入る、牡丹の間、竹の間にて御祝酒寒料理を賜る、記念御盃を用ふ、草々にして去る、坂下門を出る　四時一五帰　三二来り居る

二月二十七日　　火　曇晴

八、三五教室、九時頃長谷部氏来、昨日御祝宴に出京せりと、長談十二時に近く去る　西村庚子研究生来室、旧臘宮川彪氏と結婚せりと　四時帰る

二月二十八日　水　晴

八、三五教室、於菟にきみ子より預りたる百円渡す、第三教授井上に話したるに長与学部長にいふと但し甚頼み少なし、西は二教授にてよいといふ説なりと、又横尾氏にも言ふたり、井、西へ試むと　抄録校正に費したり横尾氏来、尚ほ大に励ましたり　六時過帰

三月一日　　木　晴

八、三五教室、大学記念日　午後三時過去て柿内へ　三郎氏不在、賢咽痛にて臥床　五時半帰

三月二日　　金　晴

八、四〇教室、アイノ額縁二個届け来る　直に嵌込む、全く出来上りたり　横尾氏来室　長与学部長に教室の実況二教授の態度委曲開陳したりと　二時家に帰りせい子共に三児を連れて三越、ひな人形を見る、食堂に入る久し振りなり　四時半過帰る

三月三日　　土　雪

八、三五教室　三二室へ寄る今宮本璋氏を病床に見舞ひたりと、腹膜炎と決定し昨日午後開腹術を行ひたりと、重態の由　ソヴヱート大使館より論文四種送り来る、直に礼札を出す　六時帰宅

三月四日　　日　霧晴

異例の寒、家にあり、午後親協を連れて附近を歩く、横尾安夫氏来訪、福士氏に会ひたりと、教室振興の話、緒方知福士間の談に森研究事業不充分と説

三月五日　　月　晴

八、三〇教室、抄録校正一応終る　四時帰　稲田教授退職慰労のため拾円出す

三月六日　　火　晴

八、一五教室、横尾来室西長与に昨日会したりとて其模様を伝へたりと即ち教授、助教授は六かし併し講師ならば四月からでも出来るとか、長与が森、横尾に対する言とは一致せざるところあり云々　六時帰

三月七日　　水　晴

八、四〇教室　この頃は齲歯統計をまとめるに従事　六時前帰

三月八日　　　木　曇
八、三〇教室、六時帰
三月九日　　　金　晴
八、三〇教室、横尾来室教室振興の件、学部長が小池、布施、長谷部の局外者の意見を聞く可なること　一時半帰宅、親坊帰りゐる。三児を連れて槇町散歩、絵本を買ひ与ふ
三月十日　　　土　晴
八、三〇教室、賢信来りて弁当を使ふ　於菟来室、去日曜に西宅へ行きたり　其結果西この月曜に長与部長に会たり、其様は横尾より聞きたる通り、又於菟福士に面会せしことなど　六時過帰る
三月十一日　　　日　晴
午前星氏熱海行、自動あるに付皆三越行、児等昼食せしめ一時過帰る　純子より電話あり、せい共に行く、純子昨日府立女師範附属高女（小石川）入学試験すみたり何卒合格を祈る、元気に遊ぶ、外へ出て山に登る、終に親坊泥沼へ落る、泥だらけになる、四時半帰宅
三月十二日　　　月　曇、みぞれ、雪
八、三〇教室、四時半去て上野学士院例会出席、八時半帰宅時に雪降る
三月十三日　　　火　曇雨
八、三五教室　三二午後来室、レンブラントの油絵「解剖」の写真を持ち来りこれを掲げる、雨中六時前平河町O．A．G．に到る、久し振りにて出席、三二入会申込む、大使始めて臨席フォン・ディルクゼン博士に紹介せらる、総領事オールト博士近日帰国に付送別を兼ぬ、**Dr. Grundert: Der japanische Volkscharakter** の講演あり　八時に近く食卓に付く、大使及夫人の向側、ハルピン領事バルツェルの隣席、十時散会帰宅、入浴　純子第二高女校入学合格、甚歓ばし母子来りたりと、柿内孝子は漏れたるよし気の毒、併し大なる希待（ママ）はせざりし由
三月十四日　　　水　曇
八、三五教室　賢信来室弁当を使ふ　三時去て中目黒に純子入学歓に行く、家庭教師二名来り居る、純子良一帰り来る、師の二女慰労の意味にて饗応すると、自分自動車を貰ひて六時帰宅
三月十五日　　　木　晴、昨夜雨
八、三五教室　五時半帰宅
三月十六日　　　金　晴

八、三〇教室　三二弁当を使ひ去る　少し風邪の気味、三時帰る、三二来り居る　長与学部長よりビーラント共著論文を出せと、或は学位の件にてはなきか

三月十七日　　土　晴

在家、静養のつもり児等と戯むる

三月十八日　　日　晴

温暖、児等始めて庭へ出て駈け廻る、末広夫婦女児を携て来る、葉巻煙草五本贈らる好意を感す、京都へ電話せりと伯父への要件のよし

三月十九日　　月　晴

好天、親坊学校休になる、連て出かける、市電にて浅草に到り、観音堂に詣で地下鉄にて銀座まで行く　この頃開通、始めて試む、地下街を歩き松屋に出て屋上に休む、快、エンタクにて十二時家に帰る、協一はまだ幼稚園あり　午後は児等庭に遊ぶ自分も始めて出でたり

三月二十日　　火　晴

星氏車に同乗、柿内へ、孝子この度水道橋桜陰高女入学せり　例により祝として連れ出る　忠子悌子同行、銀座服部時計店に到り腕時計を買ひ与ふ（一三円二〇）、これより地下街を歩き昨日の通り松屋に出て屋上に憩ふ無風暖和、悌子に本を買ひ、食堂に入る、十二時前加賀町に帰る、自分直に去る、午後は庭にあり　晩八時頃名古屋奈良坂源一郎氏逝去のよし佐藤亀一氏電報来

三月二十一日　　水　強風雨を交ふ　祭日

朝奈良坂氏悔電話を発す、悪天、十時教室　抄録最後の部分ベーグマン氏より返送、ヘラルドえ送る　これにて1931年分先々終る　四時前三児雨中迎に来り帰る　晩学研えベーグマン氏え修正料一六九、五〇（一七〇）円支給申請を出す

三月二十二日　　木　晴

柿内と電話にて打ち合せ、皆来る由に付自分在宅、十一時頃忠、孝、義信（ママ）、悌、智来る、遅れて田鶴子禮子を連れて来、昼食大賑、少し寒きも庭え出て駈け廻る、三時を食べ四時頃帰り去る、愉快を感す

三月二十三日　　金　晴

八、三〇教室　親坊お茶水通は今日最終なるべし、四月新学年よりは大塚新校舎に移る由、ソヴエート聯邦大使館を経てProf. Volobiev: Anatomy of man, vol. I 贈り来る　横尾氏来室、今日長与学部長に会ひて再び教室のことに付話したりと、又緒方知教授にも委曲話したりと、

緒方氏より井、西各別々教室のために和合尽瘁すべきことを進言したりと、井福士氏を呼びて不平の数々を漏したりと　林春雄氏来室、四月医学会を機会に同窓会を催すに付列席せよ云々　去て原町に岡田良平氏病気重体のよしに付見舞のつもりにて行きたるに今朝既に逝去せられたりと、田所、松浦二氏あり読経中、その終るを待ち夫人に悔を述べ五時前帰宅

三月二十四日　土　晴曇

八、二五教室　Abstracts 1931 全部校了　ソヴエート大使館及びL・チェルニャフスキー（モスコウ）へ Volobiev: Anatomy of man〔＊文献〕寄贈の礼札を出す　四時去て帰る

三月二十五日　日　晴薄曇

午後二時前全家出かける、皆は神宮外苑にて下る自分青山斎場に故岡田良平氏告別式に焼香し、外苑に待ち居たる皆と合し、これより環状道路を走り飛鳥山より赤羽根（ママ）に到り、橋を渡り例の草原にて遊び四時半家に帰る

三月二十六日　月　晴

午前児等の相手、午後二時頃純子素と共に来、これより銀座、精子三児同行、服部時計店にて純子第二高女入学祝として腕時計を買ひ遣る、これより地下街を歩き松屋に入る、非常なる混雑、伊東屋にて児等菓子を食べ、色々買物、児等歓、五時家に帰る

三月二十七日　火　晴薄曇

八、五〇教室、十一時半帰宅、早く昼食、皆出かける、星会社催キナ材料展覧会に工業クラブに到る、これより丸ビルより日比谷公園まで緩歩、公園に入らずして電車にて帰る、晩は星客数十名あり

三月二十八日　水　曇

精子等の催にて一族鎌倉行、柿内不行、純子等三人（松沢女児を加ふ）、岸四人、曙町六人、天気模様宜しからす併し予報は雨降らぬ見込みといふ　九時半多人数乗り社自動車にて出かける、広尾へ寄り皆と合し横浜より山手道を通り十二時半海岸に達す、星社荘に入りて先つ弁当を使ふ、これより児等海岸を馳せ廻る、風なかなか寒し、早々引きあけて八幡社詣で帰途に就く　海岸道金沢を経る、車中往復共大賑か、中目黒、広尾を通りて六時帰宅

三月二十九日　木　大雪　昨夜より雨雪

八、四五教室、仙台布施氏出京来室せられたるも失敬し

たりしが今日来室　種々振興会委員会の模様に付談あり、横尾の分は全部通過、外に解剖に関しては京都府立医大勝氏の細胞物理的研究通過のよし、アイノ全般研究問題に付小委員会の組織に付あきたらざること、嗜眠性脳炎に付ても同様なること　十二時近く去る　五時半去て外へ出れば珍らしき大雪、随て寒さ強し

三月三十日　金　晴

八、三〇教室、小使山本昨夜当直中より強頭痛とかにて今島薗内科へ入院したりと　中島の息この度昭和医専を卒業したりとて挨拶、祝として二円遣る　福岡石原誠氏来室、久し振りにて四方山の懐旧談　六時過ぎて帰る

三月三十一日　土　晴曇

八、三〇教室、三二来弁当を使ふ　始めて癌研より手当ありたりと、午後京城上田氏出京来訪、殊に鮮人計測談、尋で長崎高木純氏来、何れも学会のため出京せらる、六時家に帰る

四月一日　日　雨

第九回日本医学会東大内にて開会、雨中三児を連れて上野松坂屋え行き、解剖教室にて自分降る、長崎原正氏一寸来室、時に十二時　午後人類学会五十年記念会（正門内）に出席、五時過家に帰る皆の勧めにより純子入校内祝なりとて良一等より宝塚劇場切符を贈りたるに付きみ子共に六時出かける、桑木松沢家総て席にあり、始まりたるところ、「レウユウ」といふもの始めて見たり、終る前に去て九時半家に帰る、入浴

四月二日　月　晴風

三宅速氏来訪、暫時懐旧談　第四十二回解剖学会に上野科学博物館内会場に到る九時半頃なり　一時頃家に帰りて昼食し、二時頃人類学会第二日出席、五時前一寸教室に立ち寄る、六時家に帰る

四月三日　火　雨、寒

九時半上野学会出席、十一時半演舌終り博物館大玄関にて記念撮影、民国重要人物、金沢医専卒業湯爾和氏父子及北平大学医学院教授鮑鑑清氏列席、午後一時開演、島田吉三郎氏人脳特別講演を聴き三時家に帰る　純子午前に帰り去りたりと、児等と戯る

四月四日　水　晴

九時過学会出席、鮮人セプランス医専教授崔氏のExperiments on the inverted vesicle の演説興味あり殊

に氏の日本語に巧なること感服の外なし、後に尋ねて鮮人なることを始めて知りたり、午後小川親之輔氏特別講演あり、次に西氏筋の表情、横尾氏蒙古の風俗映画あり、四時帰宅　足立氏著Venensystem der Japaner I Hft. 送附せらる

四月五日　　木　曇

九、一五教室、日本医学会閉、上田常吉氏来室頭計測に付長談　午後一時きみ子純子、親、協を連れて来室、純校服着用の態を見せるためなりと、星製薬陳列所を見て去る　六時家に帰る

四月六日　　金　曇、雨、雪　強羅行

朝愈々強羅行と決し、きみせい荷物携帯品に忙はし、九、三五東京駅発車、星氏駅まで送り来る、女中りん侍す、天気怪し、大船にて鯛めしを買ふ、親、協歓びはしやぐ、国府津辺にて雨となる、湯本にて三〇分待つ、登山車中にて児等弁当を使ふ車中我等のみ甚閑、汽車中はよく暖まり居りしも、寒酷し、宮の下辺より雪となる昨夜来の雪にて山々白し、一時過強羅着、荘に入る、留守番爺等よく掃除して気持ちよし、自分はこたつにて暖をとる、児等は下の家にて走せ廻る　家へ安着を電話す、せい子不在なり、晩食後児等浴、自分浴せず　八時頃寝具に入る

四月七日　　土　晴

寒きも昨日に更り晴天、皆公園を歩く、下の家にて爺稲荷の諸道具を見せる　午後は皆宮の下へ散歩、四時帰る、晩食後下の家にていなりの灯籠を点するなど　八時床に入る

四月八日　　日　晴

昨日よりは温度昇る、親協を連れて出かける、二の平より下る、快、例の坂道を上りて十時荘に帰る、きみ等手荷物を整へ、早く昼食し、一二、〇七強羅発車、小田原にて途中下車し旧城内の桜を見る二、三分開く、人手なかなか多し、暖、駅に到りて一、四〇発、車中二児元気、国府津にてアイスクリイム食べなど、三時半頃東京着、大勢迎へに出て居る　せい、三二、純、誠、敬、大賑、三二等に別れ、残りは曙町に入る、良一来り居る暫時して純子を連れ去る、星五、六名の客あり、晩早く眠る　この小旅行面白く了る

四月九日　　月　曇晴

親坊二年の学年始まる、鳩子幼稚園、共に大塚新校舎な

り、自分八、三〇教室　賢信昼来室弁当を使ふ、原正氏今日帰崎するとて来室、隠退後相当の位置に付談あり、又医大に起れる学位事件に付内情の話など　奈良坂源一郎氏死去対し香奠五円贈る　小使山本の男この度早稲田予科及専門部共に級第（ママ）したりとて来室、其何れかを選定すべきかの問題、自分は父病中にもあり、早く世間に出て自立するを可とする、専門部に入るべきを言ひ聞かせたり　六時前帰る

四月十日　火　晴

七、四五教室　六時過帰る

四月十一日　水　曇

七、四〇教室、於菟一寸来東照宮三百年祭記念会より研究費七〇〇円補助せられたりと、賢信来り弁当を使ふ　午後島峰氏来室、この度都筑外科へ転し、歯科後任問題に付、長与より相談ありしこと、大阪弓倉を推薦したるにそれは困る、遂に金森を遣ることに決定せりと　三時半去て柿内、児等皆元気、賢信も帰り来る　日本民族構成談長くなり六時半車を貰ひて去る

四月十二日　木　晴

七時三五教室、横尾氏来室北満探検旅行に付種々談あり四時半去て学士院例会出席、珍らしく早くすみ七時過帰る

四月十三日　金　曇雨

七、四〇教室、終日輯報校正に苦む　六時家に帰る雨盛に降る

四月十四日　土　晴

七、三〇教室　今日も校正、弁当を使ひ家に帰る、少し庭に出る、協、鳩を連れて附近を歩く

四月十五日　日　曇

精子主張稲毛潮干狩、広尾四人来、星自動車にて全家出かける時に九時半　十一時稲毛着、一休憩所にて直に弁当使ひ、海に下りて貝を拾ふ、自分は留守居して葉巻を吸ふ、児等大満足、二時半帰途に就く、飛行機の昇降するを見て四時家に帰る、岸一家車の帰りにて送り遣る

四月十六日　月　雨

七、三五教室　輯報校正なかなかうさし（ママ）、長崎小松へ第二校を送る　これにて第四巻を締め切ることとす　学研よりベーグマン氏抄録修正料一七〇円券を受取る　川上政雄氏来室来二十四日謝恩のため招待したし云々、応諾の旨答ふ　四時半家に帰り、服を替へ、五時半学士会館

に到る　両人にて横手、末広両家婚儀披露の宴なり、九時前帰る、終日雨降り悪天

四月十七日　　火　晴

七、三〇教室、午後O. A. G.に到りベーグマン氏に面会、金券を渡す、本月末に出発帰国、十月には再び帰り来ると、不在中独文修正を依頼する人に付相談　ネッケ氏宜しからんと、出れば丁度　皇太子殿下始めての御外出、大宮御所へ行啓あらせられ御帰りとて警戒厳し、三宅坂桜並木満開きれい、市電にて三時過家に帰る、児等庭にあり自分も出る　晩川上政雄氏来訪、饗応は二十日としたしと

四月十八日　　水　晴曇

七、三〇教室、四時家に帰る、保子来り居る、せい子明晩発車京都行を決す

四月十九日　　木　晴　京都行

七、三五教室、三時家に帰り、きみせい総て用意すれば自分はなすことなし、庭え出る　児等かけ廻る、早く入浴晩食、児眠に就く、東京駅に到り九、二五発車

四月二十日　　金　晴曇

五時醒む、稍眠りたり、米原着のときなり、車中にて欧米に二十年居たりといふ商人と話す、葉巻煙草一本貰ふ、食堂車に到り朝食、八、〇五京都着、ステーションホテルに入る、尋て出てせい子はバスにて見物、自分は足立家を訪ふ、主人在宅、例により四方山談、昼食、二時辞去、博物館を見る、四時ホテルに帰る、時に少し雨降り出す、駅へ行きて寝台券、乗車券を買ふ、せい子なかなか帰り来らす、足立家より電話あり　せい子を都踊り見物に誘はる、未だ帰らず大方疲労なるべきを以て謝絶す然るに六時頃帰りたりと自分を待ち居たりと、夕食、入浴、盛に雨降る、九時頃眠に就く

四月二十一日　　土　雨、曇

六時醒む、雨、朝食、観光に迷ふ、せい子独出て㊅に行き買物、十一時頃帰り来、自分はサロンに居たり、相談の結果、出ることに決し、雨殆んど止む、ホテル支払、手荷物駅預けとす、嵐山へ向け出かける、雨止む、保津川濁流桜花大部散る、大悲閣まで登りて引き返へす、四条大宮に戻り京阪食堂にて食す、三時頃宇治に向て行く、前回の通り右岸を上り興聖寺に到る、舟にて島に渡る増水、流れ激し、島にて上流を眺む、平等院を見て帰途に就く、日暮となる　戻りて四条を歩き、新京極を一見す、

駅に到り楼上にて食事、時に八時半を過ぐ　九、四五発車、これにてせい子京都見物終る、満足、沼津を過ぎて醒む、富士の眺よし

四月二十二日　日　晴

八、三〇東京着、予想の通り皆迎へに来る、家に帰りて土産品を開く、午後自分疲労、二時間眠る、大に回復、良一等純子来、大賑か、親粗末なる日本刀の玩不満足、槇町へ行きて新定の太刀形のもの買ふ（一円二〇）、親協大歓、庭にて遊び廻る、純子等夕食して去る、入浴、早く眠に就く

四月二十三日　月　晴

七、三〇教室　弁当を使ひ帰り、きみせい同行三児を連れて銀座伊東屋に行き、親坊絵の先生催し児童絵の展覧を見る、「親一のかほ」掲げあり、松屋に入り五月人形を見、食堂に入り五時家に帰る

四月二十四日　火　雨

七、四〇教室、六時過家に帰る

四月二十五日　水　晴

七、四〇教室、四時家に帰り庭へ出る、松原伝吾氏来

四月二十六日　木　晴

七、三五教室　アリエンス・カッペルス（アムステルダム）、ワーゲンザイル（ボン）へ論文寄贈の礼絵葉書を出す、四時過家に帰り庭へ出る

四月二十七日　金　晴

靖国神社臨時大祭、学校休み、純子八時過来る、郊外ドライブと決し、九時過自動車にて出かける、赤羽橋を渡り上流に向け行く堤にて車を下りれんげを採る、純子始め児等大歓かけ廻る、花を沢山とりて戸田橋に出て国道を走り、大宮手前別所池といふに到り芝生に携へたる蓙を敷き弁当を使ふ、無風静閑、甚快、一時帰途につく、靖国神社へ参詣し三時家に帰る、庭へ出る、夕食、純子女中送り行く

四月二十八日　土　晴

七、三五教室、赤堀英三氏明日出発支那北平天津に於て考古学研究の由　午後一旦家に帰り髪をつみ、衣を更へ再び教室、五時頃橋田邦彦氏来室、島峰川上氏来、四人車にて品川の先き鮫津（ママ）料店川崎屋に到る、川上氏特別なる饗応なり、宇田女子歯科医専校長既にあり、総員五名卓に付く、懐旧談、世間談十時散す、島峰氏坂下まで同車十一時帰宅

四月二十九日　　日　晴雨　祭日
午前親、協学園の式に出る　自分鳩子連れて協を送り附近を歩き迎へ行く　協を連れて帰る　親も尋で帰る、庭へ出る、午後雨降り出す、末広若夫婦来、別居問題及研究問題、水産試験所を辞す云々

四月三十日　　月　雨　靖国神社例祭
児等学校休、天気悪し、自分八時一〇教室　モスコウ博物館長プリセツキイより来信（返書）（四月十日附）金森虎男氏医学部教授に転任挨拶に来　六時前帰る

五月一日　　火　晴
七、三五教室　六時帰る　金森夫人来り居る、永々病気なりしが全快のよし

五月二日　　水　晴
七、三〇教室、家は定期大掃除、六時前帰る

五月三日　　木　晴（昨夜雨）
八、〇教室　齲歯論仕上に腐心　ワーゲンザイル氏より論文二部分配のことに付書面来る、行き違ひて井上、西へやりたるは遺憾、六時過ぎて室を去る

五月四日　　金　晴
七里ヶ浜に鈴木孝氏を見舞ふ、十時過達す、きみ子同行、弁当を携へ行きたるも時刻中食時になり、馳走になり、これより氏の案内にて山林中を歩く、無上の好天、快、日蓮聖地を見て行き合ひ橋に出る、氏に別れ帰途に就く四時帰宅、庭へ出る

五月五日　　土　晴
七、三〇教室　独逸大使館より電話、ワルダイエル先生の甥なる新聞記者とか来朝、自分に面会したしと、其日時を打ち合す、即ち来月曜午前十一時半とす　於菟来室、教室振興の件、学部内一般了解、井上は全く圏外に置きて西等と共同といふことに一段落したりと　三時家に帰る　星氏台湾より帰京晩精子共に親協を連れて東京駅に迎へに行く

五月六日　　日　晴
午前家にあり、午後会社へ序ありせい子共に三児を連れて出かける　先つ広尾に寄り星氏土産物を贈り、良一方へ行きて児等遊ぶ、自分少し気分悪し、体温を計れば三七、四度あり　夕刻家に帰り休む

五月七日　　月　晴
在家、ワルダイエル先生の甥なる人に面会の約束なりし

も帝国ホテルへ電話にて断る　午後体温三八、三度

五月八日　　火　晴

体温三七、四度　外に全く異状なし、静養

五月九日　　水　晴風

三六、八度　せい子親協の自転車を買ひに銀座松屋へ行きたり

五月十日　　木　晴風

三六、八度　明十一日学士院授賞式、明後日賜餐並に例会総て出席せざる旨届け出す

五月十一日　　金　曇

三六、八度　小千谷小林鶴蔵氏危篤の由にて恭雄夫婦午後出発すべしと電話あり

五月十二日　　土　曇

先々回復、軽き流寒にてありしならん、午後庭へ出て草を取りなどす、入浴

五月十三日　　日　雨

終日大雨、家にて児等と戯る、鶴蔵氏死去の知らせ来る直に悔み電報を出す

五月十四日　　月　快晴

七、二〇教室、丁度一週間休みたり　小使山本一ヶ月半病気欠勤のところ今日出勤したりとて病中見舞等の挨拶す　横尾氏来室　西氏より講師となることに付て談ありしと、三時半帰り庭へ出る

五月十五日　　火　晴

協一漸く直りたるところ、親、鳩風疹、せい子も罹り最も甚し、八、〇教室、三時帰宅　電話にて独逸大使館とブロジウス氏面会のことを打合す、恭雄氏来訪、昨夜小千谷より帰京せりと、鶴蔵氏臨終の談など又碓居氏より西氏へ紹介を貰ひたいと但し未だ西に面会せずと、独逸抄録を通見す

五月十六日　　水　晴

昨日打ち合せの通り十時過帝国ホテル、ハンス・ブロジウス氏に面会、氏はワルダイエル先生の甥にはあらずパテ〔＊洗礼の名づけ子〕にて親しく交れり、フォン・ボーニン未亡人紹介なり、先生家族談、二男二女共皆健在、明日市内案内することを約し十二時前帰宅　良き天気、在家、児等と戯る、庭へ出る

五月十七日　　木　晴

朝星氏と同乗、大崎学校まで行きこれより自動車を借り、岸へ寄り三二を連れて九時ホテルに到る、偶々高田蒔氏

に会ふ、バイエル商会代表者Ａ・メルテンズ医学博士に紹介せられ暫時談話、ブロジウス氏出来る、これより出かける、先つ神宮絵画館を見て、神宮参拝、これより本所震災記念塔を見て帰途に就く、三二途中にて別る、十二時少過きてホテルに帰る自分直に帰宅　午後在家　児等及びせい子風疹先づ快方、会社人四五人来り屋根ブリッキ部ペンキを塗る、三児を連れて槇町へおもちゃ買ひ、庭へ出る

五月十八日　　金　　晴

八、三〇教室　於菟より Abstracts 1932 原稿受取る　田代義徳氏へブロジウス氏へ紹介名刺封入手紙を速達便にて出す　大場磐雄氏より洞窟住居に付発表するに付異存なきやの来信に対し異存なき旨返事す　四時家に帰る、小林文郎氏来り居る、久し振りにて種々家庭談、六時帝国ホテルに到る文郎氏同乗、ブロジウス氏を誘ひ星ヶ岡茶寮に到る、日枝神社に参詣し寮に入る、皆既にあり、星氏斡旋、佐藤三吉、桑木厳翼両氏の外良一、三二総て七名、卓に就く、九時半過ぎて散す、星氏高木写真師へ寄り記念撮影す四名、十時帰宅、ブロジウス接待先つ都合よく済みたり、氏は明晩出発関西へ向ふよし

五月十九日　　土　　晴

星氏斡旋にて今日ブロジウス氏頭山満氏と会見するよし、田代氏へ会見時の都合出来ざる旨電話す、八時一五教室　Ｅ・フィッシャーへ来六月五日第六十一回誕辰に付賀状（昨日ブロジウスに一寸見て貰ひたるもの）を出す　齲歯論漸く通覧し了る　四時帰宅庭へ出る

五月二十日　　日　　晴

咬合論邦文校正をなす、午後は三児を星氏連れて赤羽根（ママ）原へ自転車乗行きたり　自分精子二人は柿内催能に北舞（ママ）台へ行く柿内氏「巴」を演す、次に孝子信子、次に忠子悌子、柿内氏「土蜘蛛」は見ずして四時家に帰る、尋で児等も帰る、庭へ出る

五月二十一日　　月　　曇雨

七、三〇教室　午刻高歯校に到りネッケ氏に面会、1932 抄録全部持参、独文修正を依頼す、快く承諾しくれたり、校長室にて島峰氏に挨拶　一時室に戻る　咬合邦文校正六時前帰宅

五月二十二日　　火　　曇雨

七、四〇教室　千葉森田秀一氏来室、植物学の牧野富太郎氏に紹介を依頼せらる　直に名刺に書く、咬合校正全

部了る、鼯歯論清書を始む　六時前帰る

五月二十三日　水　曇晴風

七、四五教室　四時帰宅、留守中佐藤三吉氏挨拶来、親鳩を連れて槇町　協兎角回復せず又々発熱、見舞とて本を買ふ、庭へ出る

五月二十四日　木　曇驟雨

川上政男氏夫人死去に付悔に行く丸山町なり、鈴木、川島良太郎二氏あり　八時二〇教室　六時半帰宅

五月二十五日　金　晴

七、三五教室、弁当メガネ忘れたるを持ち旁きみ来室、旅費を引き出す　三時前青山斎場に到り川上氏夫人告別式なり、了りて落合火葬場まで行くことになり親戚方と共に自動車にて行く、始めてなり、電気火力なりとかいふも重油のよし　休憩所にて談話、一時間二〇にて終共に骨揚げ（ママ）をなし小石川丸山町の同家に行き、読経に列し七時前帰宅、星氏夜行にて信州松本へ出発す

五月二十六日　土　曇晴　十和田湖

十時上野学士院会館、輯報編纂委員会なり、仙台井上嘉都治氏久し振りにて出席、一時四〇教室、三時半帰宅、素子純子来り居る、親坊も帰り、協一先つ快、児等門前にて自転車を弄す、庭へ出るなど、入浴、晩食、彼れ是れ九時過支渡し坂下より自動車にて上野駅に到る、天晴月明、十時十和田湖に向け発車、直に寝台に昇る

五月二十七日　日　晴曇

稍々眠りたり五時半頃醒む、珍らしき晴天一片の雲なし、暫時して米沢着、糠野目、赤湯、上の山七時山形着、六十七年前慶応四年これ等の地を通りたるを思ひ出す、携へたるパンを食し、食堂車に行きてカフエエを飲む

新庄にて田宮衛生教授降車す　氏は上野より同車したるなり、十二時頃秋田着、ここにて列車を組み更へる、乗車場を変へるに橋を渡るなどす、八郎潟畔を走る食堂に入りて昼食す、最後の車台より最前まで通り過ぐ、三等寝台を見る二時頃大館着、ここにて下車、秋田鉄道電車に乗り替へ、自分切符を買ふ（きみは通し切符あり）橋を渡り売場まで行く、車賃毛馬内まて七十四銭のところ一円にて釣り銭なしとて切符買ふこと出来ず、奇、兎に角乗車し車内にて弁す、車内満員、京都女学生等三十九名の団体とか、二時半頃大館発車　一時間許にて毛馬内着、これより乗り合、女学生同乗満員、極めて窮屈深山景甚佳、五時少し過休屋世界公園館といふに着、終日山々

に赤きつつじの花盛り、また桜花、桃など咲き残りあり殊に湖畔は盛りといふべし、米沢辺よりは白雪の残りたる山々を眺む。旅宿大なるも甚だ粗末、殊に室然り。意外寒し、入浴せず、十時就眠　一婦土地産物を持来りて買はんことを勧む、きみおもちゃ類、燻ますなど買ふ

五月二十八日　月　晴

四時醒む、稍々眠りたり、八、二〇遊覧船発す、昨日の女学生同乗、満員、賃往一、二〇円、復七〇銭、舳に坐す、天気この上なし、中山、御倉の二半島を巡る、精しく景勝を味ふ、桜少なし、つつじ多からざるも咲く、花は普通のより小さく赤色も関西のものに似たり、占場(うらないば)奇なり、九、五〇子の口着、四、五〇分待つ、附近を眺む、復りは乗者少なし再び前の通り巡覧、十二時前宿に帰着、昼食、休、散歩に出て十和田神社に詣、温くなりたり、帰途一農家の庭に二、三本の桜樹満開の花見事なり宿に帰りて休、又出て他の方を歩く、偶々小なる山道に入る旅館飲用水源に到る、処女林中を歩く甚快　五時半宿に戻る、入浴、九時頃寝に就く

五月二十九日　火　霧、曇、小雨

四時半醒む、朝食せず、五時半自動車発す、古間木まて十二円、眺望台にて下車したるも濃霧のため見えず、原始林間の道を走る、甚静、且つ甚寒し、宇樽部は小部落、三十分にして子の口着、これより奥いらせ渓流に添ふて下る、森林趣あり大滝あり、大石板あり、特景は焼山にて終る、三本木を経て八時古間木着、きみ駅前にて竹輪かまぼこ、貝肉など買ふ、汽車、寝台を買ふ、八、二七発、携えたるにぎり飯を食す、尻内にて茶牛乳など買ふ、昼盛岡着、「サンドウヰチ」なし寿しを買ふ、これを昼食とす、車中の人の話により平泉に下車、時に少し雨降る、自動車を雇ふ五円とす、前回見たるもの、中尊寺境内にてきみ小鉄瓶其他みやげを買ふ、義経堂に登る、人なし、これより毛越寺、池、礎石、達谷窟、厳美渓の奇流を見て六時半　一の関着、駅にて二時間計待つ徒然、食事するところもなし。八、一七発車、直に食堂に入る、混雑、洋食、九時半寝台に昇る、空席多数あり

五月三十日　水　晴

五時起、快晴、心地よし、良く眠りたり、六、五〇上野着、星全家迎に来り居り、直に家に帰る、児等歓、協格別のことなきも家に居る、親は父兄会とかにて遅く出る　せい、やす尋で出行く、於菟より電話、千駄木未亡人、脳

溢血発作軽からざるよし　きみ直に見舞に行く、昼頃帰り来る、親坊も帰る、終日児等の相手

五月三十一日　木　晴曇

八、三五教室　鼸歯論清書了る　六時帰る　晩星氏大阪へ向け出発

六月一日　金　曇午後大夕立

六月二日　土　晴

七、三五教室　六時過ぎて家に帰る

七、四〇教室、二時半去て久々にて柿内、三郎氏上の三児を連れて能へ行きたるよし　他は在り　四時過帰宅、庭へ出る

六月三日　日　曇雨不定度々驟雨

午後広尾岸へ行く、十和田土産二児にやるなど、巌氏米国より帰朝来り居る、四時帰宅、巌氏玄関まで挨拶に来られたりと、終日児等家にて遊ぶ　星氏十時頃大阪より帰りたりと

六月四日　月　曇

七、四五教室、鼸歯論原稿を持ちて人類教室へ行く、新館に移転、片付け中、八幡須田氏に渡す　余り永年を経て特種の感あり、これより南江堂へ行きて戸張著独和大辞典を買ふ（拾円）、二時半去て帰る、庭へ出る　保子来り、近日長岡へ行くと

六月五日　火　曇晴

東郷元帥国葬儀に付諸学校休業、午後星両人三児を連れて自動車にて出かける自分同乗　純子来新宿通、甲州街道両側人を以て満、調布手前にて下車、一農家の前にて多摩墓地へ向ふを見送り帰途に就く、新宿にて純子降る四時半帰宅

六月六日　水　曇

七、四〇教室、松村氏来室、尋て数年前に三二が画き置きたるアイノプウ及ヌサ二面の油絵を人類学教室新築へ移転祝として贈る、行きて松村氏に面会、静岡伴野秀堅氏七十九歳にて死去せられたる由新聞広告にて知りたるを以て悔状を出す　賢信来り弁当を使ふ　五時去て柿内へ、母堂十七回忌法要、但し繰り上げ、既に読経始まり居る、八時半帰る

六月七日　木　曇晴

七、四五教室、松村氏アイノ油絵の挨拶に一寸来室、二時半帰り、一寸庭へ出る　四時きみと共に出て中目黒良

一方へ、素子料理方を修得しこれを試むとて招ねかれたるなり　食品数種、素が苦心せるもの、興深し、帰りはえびす駅まで皆送り来る、八時半帰宅　きみ今日橋本家を見舞たるに節斎氏寒冒後回復宜しからずと

六月八日　金　晴

七、二〇教室、宮原虎氏へ久しく借用し居たる歯科の雑誌一冊手紙を添へて返却す、三時帰りて庭へ、夕食後銀座へ行き露店にて杖を買ふ（八〇銭）

六月九日　土　晴　夏らしく熱くなる

七、四〇教室、来十三日ソヴエート大使館より招待せられたるも断りを出す　この頃は毎日輯報第四巻索引成作タイプライタア　三時去て帰る、協一誕生日祝をするとてせい子等用意、庭へ出る、岸二児を連れて来、純子等三人、夕食賑か、日暮より会社の人々活動写真具を持ち来り始む、矢野家の子供達、豊島家老夫等来、小き小供等睡くなり可愛相、九時散す、皆々満足、独逸ナチス五月一日大会の様珍らし、トーキーといふもの自分始めてなり

六月十日　日　晴

終日家にありき、午後庭へ出る

六月十一日　月　晴曇

七、三〇教室　四時過帰る、親坊少しく寒冒

六月十二日　火　曇

八、一五教室、五時学士院例会出席、八時前帰家

六月十三日　水　小雨曇晴

八、〇教室、輯報解剖部第四巻索引表紙等のタイプライタア了る、これよりその整理、四時前帰宅、庭へ出る、久々にて高田はる子さん来訪

六月十四日　木　曇晴

七、四五教室　四時帰り庭へ、胃腸薬判決、極めて満足のよし、当人非常なる喜びなりきと

六月十五日　金　晴

星氏朝満州国へ向け出発、例年の通りユンケル夫人訪問、きみ協一同行、夫人来二十一日エリダ嬢を伴ひ帰国の由、一ヶ年の見込なりと、茶菓の饗応、協大悦、帰途自分は飯田橋にて降り石黒忠悳老を見舞ふ、久し振りにて面会、九十歳の老人談話明確、ただ歩行は困難なりとて側人の助けを得て書斎に出て来られたり、午後一時帰宅、在宿

六月十六日　土　大降雨

七、三五教室、六時過ぎて帰る

六月十七日　　日　晴

午前全家三越へ、きみせい種々買物をする、食堂に入る、十二時半家に帰る　午後は庭へ出るなど

六月十八日　　月　晴

七、二〇教室、長崎原正氏来室、曽て談ありし現位置を去るべき時期に付考慮中のところ昭和医専如何云々再び懇談あり　十和田湖パス券学士院へ返送す、四時家に帰り庭へ

六月十九日　　火　晴曇

七、二〇教室、午後松村氏来室、人類教室歴史に付種々談あり、今度新築成りたるに付既往を調べて記録するためなるべし　四時過帰り庭へ

六月二十日　　水　雨

大雨にて児等学園行き困る、七、五〇教室　二時家に帰り更衣青山斎場に到る　古在由直氏告別式なり　大雨中にて困る

六月二十一日　　木　雨晴

七、三五教室　輯報解剖部第四巻表紙索引等完了、休みたる日を除きて十三日費したり、四時過帰り庭へ　六時頃足立氏来訪、共に食事し雑談　出京主用は台湾に帝大医学部設置せらるとのこと就ては現助教授金関氏を推薦したし云々其手段として準備委員の一人たる三田定則氏に面談しくれまいかとのことなるも自分は全く隠遁生活を実行し居り迷惑なるをいひたり、十時去る

六月二十二日　　金　晴

七、四〇教室　索引其他の原稿をヘラルドに渡す、原正氏来室身上談中足立文氏来、共に弁当を使ふ、川上政雄氏不幸後始めて来室、来二十五日法養に出るやの件、応諾のこととす　四時帰りて庭へ

六月二十三日　　土　晴

朝岡田和一郎氏を訪ひ原正昭和医専の件、氏に於て考慮の余地あるが如し懇々依頼す、夫人にも面会、九時過教室　京城医専教授小川蕃氏及林昌薫氏へ贈るべきオイヌーヘン〔＊去勢された男〕に関する論文二篇ワーゲンザイル教授の依頼に依り書留にて出す　外国寄贈論文の整理など、三時家に帰る

六月二十四日　　日　曇

午前後共庭へ児等馳け廻る、午後中鶴律夫氏来、火災保険の件旁なり

六月二十五日　　月　曇雨

七、四〇教室　横尾氏明日出発満州民族研究　杏林社へ咬合論邦文別刷七五部代金拾壱円五九銭払ふ　南洋学術探検会鈴木修次なる人来室　マシュー・スターリングなる米人ニューギニア探検の件に付尋ねらる　尚ほ松村氏へ紹介す　寄贈論文整理、四時半帰り、赤坂あかねといふ支那料理に到る、わかり悪きところにてエンタク大に迷ふ、川上政雄氏夫人三十五日忌なり　親族の方々始め三十余名集る、柳沢銀蔵氏あり久々にて雑談、九時半帰る　星氏満州より帰る　ネッケ氏より Abstracts 1932 修正戻る

六月二十六日　　火　晴

七、四〇教室、原氏来室、岡田氏と会談のことを通す、四時家に帰り庭へ

六月二十七日　　水　晴　急に熱くなる

七、三五教室、午後四時前出て中目黒へ、純子帰り居る、ヒヤノひくなど、七時前帰る

六月二十八日　　木　晴

七、三五教室　四時過帰る

六月二十九日　　金　晴

七、四五教室、四時半帰る

六月三十日　　土　曇小雨晴

七、三〇教室、京都田島錦治氏死去に付悔状を出す　四時半帰る　星氏夜行にて平え向ふ

七月一日　　日　晴

児等家にて遊ぶ　末広ゆう子来

七月二日　　月　雨曇

早朝星氏平より帰宅、八時教室、車にて製本すべき書物を教室え持ち行く　安川え本年分製本二〇冊渡す　六時を聞きて去る　星氏晩又々福井県え向け出発

七月三日　　火　晴　夏となれり

出がけにお茶水高歯院に到り義歯門歯一本欠の補綴を頼み九時教室　於菟来室、原正氏昭和医専の件は岡田氏より談あり当分現状のままにして置くとのこと　四時前再び歯高院に到る　義歯修理出来、桜井氏に謝し四時半家に帰る、庭え　晩原氏え報書を出す

七月四日　　水　晴

七、四〇教室、午後一時半頃原正氏来室、昨夜出したる手紙はまだ見ざるよし、昭和医専のこと話したり、明日出発帰崎すると、今号外にて内閣組織大命岡田海軍大将

に降りたるよし、思ひ切つたる断案、世間予想せざりきワーゲンザイル教授（ボン）え別刷送り宛思ひ違ひたることに付葉書を出す　四時去て帰る　金森夫人来訪中　晩星氏旅行より帰る

七月五日　　木　晴

七、五〇教室、去二十三日附を以て送りたるワーゲンザイル論文京城小川蕃氏より受取りたる旨の報あり　書肆シユバイツエルバルト（シユツツツトガルト）より咬合論別刷六月十二日附を以て同時に発送せる旨通知書到達す　Abstracts 1932 ネッケ氏が修正せるものを見始める　五時半帰る

七月六日　　金　晴

七、四五教室　故藤沢利喜太郎氏記念事業に五円出す　六時帰る

七月七日　　土　晴

七、五〇教室　Abstracts 1932 昨今その整理に従事す　五時帰る

七月八日　　日　晴

久し振りにて全家自動車にて出かける横須賀三笠艦見学、児等珍らしく感す　自分も始めてなり　当時を偲びて感深し、これより浦賀手前の馬堀といふ海水浴場に到る浴者夥し、屋に上りて携へたる弁当を使ふ、熱さきびし、星氏三児を連れて海水に入る横浜にて買ひたる水着、浮き袋輪大悦び、帰途横浜百貨店にてアイスクリームを食べ、五時家に帰る

七月九日　　月　曇

故鷗外居士十三回忌に想当、きみと共三鷹の寺に到る、読経に列し、十二時半帰る　午後家にあり　親坊腸を損す昨日海水に入りたるためか

七月十日　　火　晴

八、五〇教室、四時過去て肴町に下り親坊のおみまひを少し買て帰る甚熱し　三二一寸来れり

七月十一日　　水　曇少雨

八、二五教室　山越長七氏来室満州旅行談、色盲錬習法の話など　六時家に帰る、保子長岡より帰り尋ね来りたりと、其他来者多かりしよし

七月十二日　　木　雨

真鍋嘉一郎氏欧州視察中ヘルシンキ発（船中にて認めたるもの）手紙来、日本学況認識不足なること基礎学は兎に角臨床発表少なきことなど、別にローカルアンツァイ

ゲス〔＊地方新聞〕の切り抜き　ブロジウス氏通信　星岡（ママ）饗応のこと掲載のもの　八、〇教室　小使四名え中元として三円つつ遣る　於菟来室　自分七七の齢を期して銅像を作る計画ありとか　Abstracts 1932 の分原稿整理漸く了る　天気悪し学士院例会出席せず　五時室を去る

七月十三日　金　雨　甚冷

七、四〇教室　Abstracts 1932 原稿をヘラルドに渡す於菟度々来室愈八月台湾え研究旅行に出かけるよし、種々相談あり、皮膚色、紅彩、毛色、爪形など、問題面白からず、切に成績あれがし　五時帰　在ハムブルグ原震吉氏死去せられたるよし電報来りたりと

七月十四日　土　曇　甚冷　強羅行

七、三五教室、一時半頃親協迎へに来る帰りて強羅行き全家出かける　二、三〇東京駅発車、小田原より自動車、遊走快、但し開放車にて風寒し、五時強羅着　児等はしやぎ廻る、夕食鳥肉甚佳、食後駅まで遊行、寒し、気温一六度

七月十五日　日　曇

五時醒む、朝食後皆々宮城野村行、村社諏訪神社に詣、石段九七ありとか自分も昇る、雨降らず、冷、心地よし、帰りて休、昼食、徐々用意し、二時一七、強羅発きみ子、親学校のため共に帰る、他は明日帰るべし、五時曙町帰着

七月十六日　月　雨曇

七、三五教室　山越の紹介名刺を以てライオン歯磨研究所員医、歯科医佐藤昌二氏来室、よはひ草全部贈らる、石時代頭骨を示す、写真二枚贈る　五時帰る　せい子等今朝強羅より帰りたりと

七月十七日　火　曇

親坊大塚学校送り協、鳩同乗七、四〇教室　五時帰、晩三二メロンを持ち来

七月十八日　水　雨

親坊の学校を廻りて七、四五教室　賢信来室、昼食し、二十一日に山中湖荘へ行く　荷物を整へねばならぬと言ひながら三時まで話し居たり　森永友健氏より「仁寿」と書したる扇子を贈り越し礼状を出す　五時帰

七月十九日　木　晴

熱くなる、午前家にあり、親学校授業なし、早く昼食し、せい子三児共に中目黒へ行く、純子も家にありて児等遊び廻る、五時過良一帰り来る、社車迎へに来るを待ち

六時半家に帰る

七月二十日　金　曇

親坊学校終業式、午前柿内へ、明日より全家山中湖畔別荘へ行くと　午後は家にありて庭へ出る、於菟来り台湾研究旅行に付相談、共に晩食、草取りのため腰痛を感す

七月二十一日　土　曇雨

甚冷袷を着る、腰痛宜しからず在宿、今日より学校休、親も家にありて賑か、八千代子腰痛見舞なりとて玄関まで来る

七月二十二日　日　曇小雨　冷

星氏先導にて上野精養軒に到り昼食、三児大悦、後隅田公園にドライブ白髭橋を渡り右岸プールを見て帰る

七月二十三日　月　雨曇

終日在家　児等はね廻る、きみ広尾及三光町へ行く

七月二十四日　火　曇小雨

冷、腰痛格別のことなきも在家、養

七月二十五日　水　曇

三児を連れて丸ビル内東郷展覧会見物、星氏出社途中まで同車、せい子後より来る、午後自分独広尾へ行く誠、敬元気

七月二十六日　木　雨

在家、親坊少しく腸を損す、井上哲次郎氏より電話、小林虎と伯甥関係に付質問あり

七月二十七日　金　曇

在家、庭師芝を刈り始む、故大谷周庵氏告別式青山にあるも腰痛のため止めたり

七月二十八日　土　晴曇

熱くなる、岡山上坂熊勝氏死去のこと今朝紙上にて見たるを以て弔電を発す　午後三児を連れて槙町まで行きおもちやを買ひ与ふ　中鶴律夫氏来家屋保険の件、三二一寸来る

七月二十九日　日　晴

非常なる熱さ計器三三度を示す（紙上にて三四、三度とあり）親坊少し工合悪し、協鳩は庭にて大ゴム管を以て水をまく

七月三十日　月　曇

又々今日冷、三児送り七、三五久し振りにて教室Dr. Wittek (Zahnarzt in Peine): die Künstl. Deformierungen der Zähne bei den wilden Völkern. Dissert. Breslau 1924到達す、これは20/II 1930フリードレンデルへ注文し

たるものにして書肆が著者と交渉したるも余本なく得ること叶はざりしが、この度著者よりタイプライタア（Schreibmaschinenexemplar〔＊タイプによる書籍見本〕）として贈り越したるもの、書肆の懇切なる手数及著者の厚意実に深く感す、郵便消印 10.7.1934 四時過家に帰る

七月三十一日　火　雨

又々冷気となる、八、一〇教室、五時帰る

八月一日　水　雨

実に珍らしき冷気、明治三十八年此方のことなりと、児等は毛糸の上衣を着る、昨日は一九、九度　七、五〇教室三田定則氏来室、台北に帝大医学部新設せらるるに付解剖教授に於菟を選定する考なるが如何との談、自分に於て毛頭異議なき旨答へたり、第二教授は京都金関氏のつもりなりと、日新医学社員来り医事公論のために撮影し去りたり　W・マイエル教授（ブレスラウ）より来信（七月八日附）、数月前に安着したりと　ビテックの論文寄贈は全く氏の斡旋なりしこと。家より電話、弁当を使ひ帰る　純子来り居て皆庭へ出てはね廻る、夕食し独り帰り去る　於菟来り　杏奴結婚談、画家にして藤島門下の由、又今日三田氏面談、台湾帝大の件、於菟勿論受諾の意あり　速にその旨返答すべしと

八月二日　木　晴

八、〇教室、図書に行きたるに Fischer-Festschrift, Zeitschr. f. Morph. n. Anthrop. Bd.34 あり、自分の論文を見る　於菟来室、氏計測器を新に考案作成して示したり、五時前帰る

八月三日　金　曇晴

八、〇教室　於菟来室、西、井上の諒解を得て昨日応諾の旨三田氏へ返答したりと、岡山上坂家へ悔状に香奠を添へて贈る（五円）

八月四日　土　晴

七、四五教室、ソヴエート大使館へ横尾氏依頼の雑誌三種処望書を出す、五時過家に帰る　晩星氏が新戸辺未亡（ママ）人のため画かせたる栖鳳の家兎画を眺む　なかなか熱し

八月五日　日　晴　強羅行

午前家にあり　きみ、せいは強羅行荷物を整ふ、午後二時半東京駅発星両人見送る、自分等両人三児を連れ女中二人侍し車中随分賑かなり併し乗客あまり込まず、程ケ（ママ）

谷辺にて親坊鼻出血、大船にてアイスクリイム、小田原より先きの車を如何すべきか心配せしも普通の如く市内を過ぐ、湯元より冷しくなり登山甚快、五時過強羅着爺等迎へに出て居り都合よし　荘に入り児等はね廻る

八月六日　　月　晴

六時前児等皆起、午前公園まで行く、プールを見、蝉を一疋取る、陽熱なかなか酷し、午後は親、協を連れて近き滝まで、天気珍らしく良し、東京の熱さ思ひやらる、強羅は凌ぎよし、閑静誠にのんびりと日を暮す、夕刻親鼻出血　良一誕生日に付皆々寄せ書き祝札を書く

八月七日　　火　半晴

児等五時に皆起、終日児等の相手、午後皆公園へ散歩　晩星氏台湾へ向け出発の筈

八月八日　　水　曇

八時半頃せい子来る、杉山家の人々来遊の由、下の家に引越す、児等手つだへするとて騒ぐ、少し風邪の気味、用心し居る

八月九日　　木　曇、昨夜雨

午前皆早雲山に登る、道了に詣で影勝（ママ）を望む、冷快、午後家にあり　大雨、夜に入りても降る

八月十日　　金　晴曇

午前協、やすを連れて千筋（ママ）の滝行き三河屋庭に遊ぶ　小涌谷往復電車冷しく心地よし　帰りは少し熱くなる　午後家にあり

八月十一日　　土　曇　昨夜雨

女中まつ早朝東京へ帰る又尋でひで来着、終日屋内にあり　夕刻になりて社員数名家族を連れ来遊、夜になり東京杉山老人持病よろしくなき模様とか、娘さん急に帰京

八月十二日　　日　晴

来羅以来始めての熱さ、東京の熱さ思ひやらる、山には珍らしき晴天なり、夕方皆々公園に散歩

八月十三日　　月　晴

昨日の通り熱し、午前親、協髪をつむ、夕刻皆宮城野坂道散歩

八月十四日　　火　晴

昨日より一層熱く感す、夕刻皆ケーブルカア北側別荘地散歩　ギルバート・リッグ（メルボルン博物館）より手紙及数枚の豪州人頭骨等の写真到達す

八月十五日　　水　晴

昨日よりは温度少し低し、屋内にあり、児等早朝稲荷社

に詣、夕食後爺の案内にて近き谷川へほたるとりに行く、二疋とり児等大悦

八月十六日　木　晴曇夕立

例年の通り強羅祭日、午後公園にて宝探しの催しあり児等歓び出行く　自分も園入口まで、雷鳴夕立、傘を持ち行くなど、夜に入り大文字に焚火、幸に雨止み、きれいに見えたり、花火、児等大満足にて九時眠に就く　西成甫氏タンドレル本日来朝の葉書来

八月十七日　金　曇霧

霧深し、午前独り宮城野橋まで往復、十一時頃社員数名来着千田氏もあり児等大歓

八月十八日　土　曇

山中湖畔柿内家別荘訪問、七時発、自動車、全六人の外社員千田氏同行　長尾峠、御殿場、須走、籠坂峠、途中雲にて富士見えす、山中湖に近きところにて自動車行き合の際この方のもの車輪めり込みの件あり、皆々歩きて湖畔まで行き会社事務所にて千田氏引き出し方談合、数名の人々、トラックなど行きて引き出す、車の損所は幸になし、一時間半計り費す、この間我等湖畔に待つ富士よく現はる、十一時過ぎ荘に達す、携へたる弁当を食し、皆々外へ出て湖畔に遊ぶ、大勢賑か、日光現はれ熱し、三時辞し去る、帰途ことなく、速く五時半荘に帰る、西成甫氏よりタンドレル教授（ウィーン）氏滞京時短きため歓迎会は催さざるよし葉書来

八月十九日　日　曇

午前は附近を少し散歩、午後きみ、千田氏等三児共に出て徒歩　小涌谷より千条滝に到り帰りは電車を用ふ、非常なる混雑

八月二十日　月　曇晴　強羅発

五時起、きみせい等出発準備に忙し、七、四三星動車にて発す、きみせい自分三児、冷、霧雨ありしも下るに従て止み天気追々よくなる且つ温度昇る、山を下れば晴となる、大磯高麗山下にて車を止め小憩、余り熱くなく車走心地よし　児等元気、十一時二〇帰着、三時間三十七分かかりたり、別に列車にて女中りん、ひでも直に帰る、児等はね廻る、午食後郵便物整理、小休、庭へ出て水を撒き草を取るなど

八月二十一日　火　晴

協幼稚園始まり出て行く、九時一〇教室、E・フィッシャー（ベルリン・ダーレム）より賀状に対する謝状来、期

待したるビスフォルメン〔＊咬合形式〕別刷今以て到達せず、一時前帰る、なかなか熱し、四時過せい子共に三児を連れて銀座松屋に到り親協の上靴を買ふ、不二やにて菓子を買ひ六時前帰宅、星四郎氏満州へ学生団見学旅行附医師として行き、帰りたりとて来る夕食し去る、三二一寸来

八月二十二日　水　晴

八、三〇教室、長崎柏村淡水氏論文校正著者へ送る　仙台布施氏へ燻鮭贈与の礼状を出す　帰宅せんとするところへ松村氏来室、齲歯論中に石器時代を「石時代」としたる点に付念を推さる、其他四方山の談、六時半を過ぎて家に帰る　留守中平野勇氏来訪、緩談のよし

八月二十三日　木　晴曇

八、三五教室、午後メルボルン博物館関係の人ギルバート・リッグ氏来室　アイノ頭骨と豪州土人頭骨と交換の件、結局模型といふことに話し合ひたり、四時半帰宅庭へ出る

八月二十四日　金　曇晴

八時前教室　特に熱さ酷し　四時半帰る時に少し雨降る、灯火管制予行とて、電灯を消す、先達強羅にて児等の公園にて遊ぶ様を活動ヒルム撮りたるを社員持ち来りて映す、親協大悦、やす子眠る、九時半終る

八月二十五日　土　曇

八時前教室、四時半家に帰る、門前に三児の外純子、誠、敬自転車などにて遊ひ居る　素子、八千代子来は全く偶然のことなりと、癌研三二へ電話す、六児集まりて庭をかけ廻る自分も出る、晩食賑かなり八時過ぎて去る

八月二十六日　日　曇晴

午前家にあり、午後せい子共に三児を連れて久々にて動物園へ行く、新に「ジラフエ」来園後始めてなり、なかなか熱し且混雑す、松坂屋にて三時を食し五時帰宅

八月二十七日　月　晴

八、〇教室、午後ふき子さん教室に一寸来りたりとて寄る、製本全部出来　四時半帰り庭へ出る

八月二十八日　火　晴

八、〇教室、待ち居たるビスフォルメン別刷一二五部小包二個として漸く到達す　曙町々会加藤とかいふ人来室、京都東寺石たま垣一本寄附云々　何れ考へたる上にてといひて確答せず帰へしたり　四時半家に帰る、庭へ

八月二十九日　水　晴

八時前教室　輯報1932抄録校正　四時半過ぎて帰る、庭へ

八月三十日　木　雨曇

七、五〇教室　五時前家に帰る、皆庭にて草を取り居る自分も出る　夜に入り大に雨降る

八月三十一日　金　雨曇冷くなる

八、三〇教室、本郷郵便局へ行き書肆シュバイツェルバルト（シュツットガルト）へRM69.55為替を出す即ちRM50.50　別刷別注文50部代価、19.05 **Anthrop. Anzeiger, Jhrg. XI**（1934）の代価なり　1M＝1円36.0544の相場なり　邦貨にして94円62なり昨年より一層高くなりたり、為替料60銭　学士院へ乗車を返へ〔ママ〕す五時家に帰る

九月一日　土　曇大雨

八、〇教室、親学校始まる、独文咬合表に数字一個誤植ありこれを直す　大震災十一週〔ママ〕年其時刻にサイレン、又今明は防空演習、夜に入りては灯火管制、五時家に帰る、豪雨演習困難なるべし、度々サイレン響く、九時過せい子共に坂下まで様子を見に行く、闇黒、電車前灯を覆ひ極弱、バスは小青灯二個のみ、乗者少なし、往来人また同し

九月二日　日　曇

終日家にあり、午前午後とも庭へ出て草を取る

九月三日　月　雨

七、四〇教室、八幡氏来室　齲歯論校正持ち来る、終日悪天、六時前帰る

九月四日　火　雨

七、三五教室　齲歯論校正済、八幡氏へ送る　別刷贈り先を調べる煩はし、六時前帰宅

九月五日　水　曇

電気局経済整理問題に付全市電バス罷業、臨時員運転するも車数大減交通困難、親坊大塚学校へ歩きて行く、自分は幸にも吉祥寺前にて丁度電車来る、満員辛して乗る、七時五〇教室　井上、西、森、横尾、河合五氏へ別刷四種配る　弁当眼鏡を失念したるにせい子やす子を連れて買物旁持ち来る　河合直次（医博、外科）氏長崎医大へ赴任するとて来室告別　電車悪し徒歩四時半家に帰る、三〇分かかりたり、一寸庭へ出る

九月六日　木　雨曇

吉祥寺より肴町まで歩きこれより電車、八、〇五教室、仙台布施氏来室、振興委員として出京の由、研究委員の効果如何即ちアイノ研究問題、脳脊髄膜炎、赤痢問題等、永井、林、宮川それぞれ自身研究者として疑なきか、種々四方山談、共に弁当をつかひ去る、ビスフォルメン其他の論文別刷を贈る　四時帰宅　庭へ出る皆も出る

九月七日　金　曇

皆坂下まで行く　親は電車に乗る　自分バスを待つ、七、二五教室　長崎柏村淡水氏へ挿図修正に付ては原図必要に付其送付方申送る　四時去て家に帰る

九月八日　土　曇

七、三五教室　寄贈論文製本したるものに札を貼りなどす　四時過ぎ帰りて庭へ出る

九月九日　日　曇晴強風

台風来るといふ予報なりしも暴風に到らず、午後は晴となる、時に驟雨あり蒸熱堪へ難し　午後鈴木孝之助氏来訪、相変らず元気なり　晩食後児等を連れて坂下辺の祭夜景を見る

九月十日　月　晴曇

七、三〇教室、四時半帰宅、ゆう子児を連れて来り居る

九月十一日　火　晴

七、二五教室　四時半帰る　三二来咬合其他の別刷遣る

九月十二日　水　晴

七、二五教室　午後三時頃三児迎へ来り帰る　星氏台湾旅行一ヶ月余にして今朝帰る、大幾那林非常に都合良かりきと　晩客数拾名、台湾の活動映画あり

九月十三日　木　晴

車にて大塚学校廻り七、五〇教室「齲歯の統計」別刷五〇部人類学会より受取る、四時帰り庭へ出る

九月十四日　金　雨曇

大塚廻り八、〇教室　齲歯論通読したり、一ヶ所も誤植なし　甚満足　四時帰りて庭へ出る

九月十五日　土　曇小雨

大塚学校廻り七、五〇教室、人類教室に到り松村、須田、八幡、宮内の四氏へ別刷五種を贈る、皆不在、小使に托し去る、これより生化学に柿内氏を訪ふ　試験すみたるところ、ビタミンB談、飽迄継続すると、別刷五種贈る、明晩出発京城学会に赴くと、十時半自室に帰る　二時半室を去てエンタクにて中目黒良一方へ行く　純子生憎同級会なりとて不在　素子より上高地の談を聞くなど、三

時頃去て広尾岸へ寄る、二児少しく咳するとか併盛に活動す、五時半自動車にて帰宅

九月十六日　日　晴

午前少し庭へ出る、今日親坊誕生祝とし星氏馳走、十二時前上野精養軒に到る、一時に近く卓に付く、全家七人の外良一等三人、末広二人、三二、石原幼稚園先生、終て池に面し談話、星氏きみ子帰宅　児等良一等動物園に入る人出多し、なかなか陽光熱し、四時半エンタクにて帰る　皆々大満足

九月十七日　月　曇小雨

穏田に大山氏を訪ふ別刷五種を贈る、池上氏へは四種、クロノロジーの仕事一区切りとすることを望む旨を告ぐ、弥生式の台湾、「インドシン」の方に関係あるかの談あり　十一時半教室　松村氏来室、齲歯論頁数規定超過の分は弁償するに及はずと決定しあるよし　ただ別刷特別注文の分二十部に対し六〇残渡したり　ネッケ氏Abstracts 1932 第二校正通見のために送る、生理永井氏へアイノ調査第一報告をざつと見て返へす、風邪の気味にて気分悪し三時過ぎて室を去る　臥床、体温計れは三八、一度あり

九月十八日　火　雨

在家静養　市電、バス員今日より乗車但し乗車賃まだ五銭均一

九月十九日　水　曇雨

在家、腸工合も少し悪し、市電、バス運転全く平常に復す　星氏せい子協鳩を連れて強羅へ行く、二、三〇出行く時に大雨

九月二十日　木　雨

曙町辺氏神祭礼なるも悪天。午後小千谷より博子出京したりとて保子同道来、ゆう子も来。厳に別刷五種遣る、末広氏には齲歯論を贈る。親坊独りさびし、雨中槇町まで御輿見にとて出行く

九月二十一日　金　台風

親坊大雨中学校へ出行く　昼頃雨一時止むも風最強、親の返へり心配、女中をやるも行き違ひて一時半頃帰り来る、同級児のエンタク同乗したりと　強羅の様子如何と心配するも家の電話不通。阪、京、神の暴風雨損害莫大なりと号外報す、夕刻風止む、晩食後きみ親共に坂下まで祭の模様を見に行きたるも淋し、十三日の月朗。風邪、腹工合共宜し

九月二十二日　土　曇　強羅行

関西暴風害愈甚大。午前 Abstracts 1932 校正などす
星氏急に今朝帰京、会社より電話にて午後共に強羅へ行
く打合せあり　一時二五東京駅発、星氏品川にて乗り込
む小田原より自動車、三、四五分強羅着、即ち東京より
二時間二〇分、小田原強羅間三〇分、これ最短時間なる
べし、大賑か児等と共に附近にて山栗を拾ふなど

九月二十三日　日　快晴

稀なる好天、大涌谷行　きみ親、協と出かける、快々、
頂上の茶店に休む、眺望地点に立ち芦の湖、長尾峠、愛
鷹山、富士の眺絶佳、人出なかなか多し、帰途一茶店に
憩ふ、一時半荘に帰る、星氏せい鳩を連れて宮の下へ行
きたりとて不在、暫時して帰り来る、荘爺の案内にて閑
院宮家別荘を拝観す、入浴、夕食後中秋朗月を観る、今
日の保養感深

九月二十四日　月　晴

午前全家道了参詣、帰りは徒歩、森林中児等歩き廻る、
山栗を拾ふ　すすき其他の野実、花などとる、星氏所有
地二、三を示す、十二時過ぎて荘に帰り昼食、支渡、我
等三人二、〇六発車、小田原列車なかなか混雑、福島甲
子三氏に会ふ、車中四方山談中東京駅着、エンタクにて
五、四五曙町に帰

九月二十五日　火　曇

早く親共に出かける、七、三五教室、十八日この方の日
記を書く　日本医事新報社とかいひて来り撮影す、須田
昭義氏来室　人類学会大会の件に付打ち合せ　五時半三
児迎に来り帰宅皆午前に強羅より帰りたりと

九月二十六日　水　雨

七、五〇教室　Abstracts 1932 校正第一回了る終日悪天、
六時星氏迎に寄　大雨帰宅、社関係強請者玄関に来り容
易に去らず女中困る

九月二十七日　木　快秋晴

七、二〇教室　弁当を終りたるところへ於菟来室、二十
日に台湾より帰りたりと先つ希望通りの視察は出来たる
よし、横尾声望宜しからざることなど。ところへ松村氏
来、五十年記念会を機会に人類学会規則を改正するの案
に付て談あり、名誉会員の条項を設くるといふことに就
自分意を述ぶ、また会長を置に時期に達せざるを以て幹
事長とする云々　三時去る、これより家に帰り、昼田鶴
来りたりと、庭へ出る、良一来、夕食頃三二来、三児が

準(ママ)次来りたりとは珍らしき偶然なり

九月二十八日　金　快晴

親坊登戸へ遠足とて出行く、七、三五教室、弁当を使ひ直に上野学士院に到る、来年授賞者に付相談会なり、三宅秀、三浦謹、荒木、森島、秦、稲田氏出席、医学に関しては授賞目的物なしと決す、三時半帰宅、庭へ出る

九月二十九日　土　晴

七、二五教室、横尾氏来室、昨日つばめ号列車にて満州国研究旅行より帰京したりと、目的に付ては結果極めて満足、土産としてビゼナロックと称する葉巻煙草一箱贈られたり　於菟来室台湾助教授人選に付種々談あり、現教室内にては井上系小河原、西系浦、又東北の小川助教授（東大出身）三人中かなど、又受持研究生中立花はよしとして□□(空き)に困る云々　三時去て久し振りに柿内へ行く

九月三十日　日　曇小雨

午前は家にありて輯報　Abstracts 第二校正これにて 1932 分先々片付く、午後はせいと三児を連れて中目黒良一方へ行く、金森夫人来訪、又三二も来り皆同乗、それぞれ途中にて下車す、素子留守、良一在、児等大はしやぎ、四時半帰宅　時に少し雨降る

十月一日　月　晴曇

七、三〇教室、午後坂井某来室、「越佐名士伝」を出版するとかいひて金五円出すことをうながす、断る　四時半人類学教室新館、創立五十年記念会の催しあり即ち十月十二、三、四日。又此際規則改正の件、東京……を日本……とする件、否、名誉会員設る件否、幹事長を総務幹事の名称のもとに新設の件、可、家に帰れば八時を過、家にて帰り遅きを心配したるよし

十月二日　火　晴曇

七、一五教室、医学部事務へ行き長与学部長に別刷五種を贈り松香先生遺稿贈与の礼状を添ふ、Minerva〔＊雑誌〕1933,1934 を借用す、耳鼻に増田教授を訪ひ星氏診察のことを依頼す　二時半帰りて庭へ出る

十月三日　水　雨

七、四〇教室、急ぎ弁当を使ひ東京駅に到る、良一大演習参加のため一時佐世保へ向け出発す、旅行案内所に到り阿寒湖観光の模様を聞く、これより精子共に三越に到り尚ほ北海道旅行に付聞質す、地図を欲したるもなし

自分は先に帰る　三児共既に帰り居り、戯る

十月四日　木　雨

七、三〇教室、午後一時星氏増田教授の診察を受るとて寄る、六時前帰宅　晩斯波忠三郎氏死去に付悔に行く、一時間にして帰る

十月五日　金　曇雨

七、四〇教室、論文別刷大学内に配る、宮本氏早速挨拶に来る、五時半帰

十月六日　土　雨

七、五〇教室、昨日横尾氏此度講師になりたる祝として三越切手拾円贈る　ビスフォルメン〔＊咬合形式〕別刷外国送り名宛七〇枚書く　五時過帰る

十月七日　日　雨

連日悪天、午後二時青山斎場、故斯波忠三郎氏告別式、星氏共に自動車にて大雨中誠に好都合、三時過ぎて帰る精子三児を連れて銀座まで買物に行く　今朝より市電車、バス共再ひ罷業、非常時運転となる　晩原正氏夫人来訪、夕食時なり、正氏過飲卒倒せりとの電話により急に長崎へ帰ると

十月八日　月　雨　台風模様

七、四〇教室、雨中重荷物あり電車悪し困難、ビスフォルメン別刷七〇部外国へ発送す（郵税一部六銭）包装は完全且つデヂカツィオン〔＊献辞〕を書く　新潟工藤得安氏出京来室、来年七月新潟に於て解剖学会開催に付標本の陳列に付談あり　石器時代歯変形でも出すかといひたり　五時過帰る

十月九日　火　快晴

久し振りにて朝晴れたり、大塚廻り自動車にて七、五〇教室、輯報Ｖ-№２の表紙原稿並に国府田-大久保論文を校了送るなどし掛替へ義歯を忘れたるを以て家に帰り佐々氏玄関にあり　同窓会に出席を請はる、失敬ながら辞してお茶水歯病院に到る　桜井氏病院引き籠り中に付竹花氏に下門歯一本かけ損したる修理を頼み十時二〇教室に戻る　立体写真保存会とかの人来訪、暫時旅行不在なる旨を言ひたり　日大歯科の国府田氏輯報論文に付来室既に今朝送りたる旨且つ校了として宜しかるべき旨を述ぶ、三時過ぎて去り歯病院に到り下義修理（ママ）を竹花氏より受取り（二円二〇）四時過家に帰り庭へ出る、きみ北海道旅行切符買ひ其他用意をなす

十月十日　水　晴　北海道旅行

午前家にありて旅行準備、学士院乗車券間に合ふ、二時児等学校より帰り来り皆自動車にて見送る、素子は別に駅に来り居る、児等活動　三時三五上野駅発す、別に興もなく日暮る、食堂車には定食日本風きみはこれを取る、自分定時過るを待ちて洋食を注文す、八時少し過る頃寝台に昇る

十月十一日　　木　曇雨晴

古馬木閣中過ぎ浅虫に近き頃起く、雨降り出す　六、二〇青森着連絡船津軽丸（三、五〇〇頓）七、一〇発す尚ほ雨降る、漸々霽れる天気模様よくなる日光さす、風なく波静快絶、船中にて朝食（オムレツ、パン）きみは日本食、船員船中を案内す、殊に貨車引入れの模様を見るなど十一時四〇函館着、駅食堂にて昼食、自分はランチ（一円一〇）、きみ日本食、十二時三〇発、愈好天気となる、大沼公園、その他紅葉、美、駒ヶ岳の眺、明、其形の段々更る様面白し、沿線鰯の乾したもの夥し　長万部にて列車を室蘭行と札幌行を別つ、車掌より阿寒湖見物の精しき説明を聞く、しりべし山を望みつつ日暮れて余市を過ぎ、東京より同車せる鉄道省員夫婦よりも種々様子を聞く、七時二〇札幌着、鉄道員の勧めに随ひ敷島屋といふ新旅館に入る、三階八畳室及附室、静にはある、日記など十時過ぎて床に入る

十月十二日　　金　快晴

良く眠りたり、六時前起、九時頃出、先つアイノ製品店に到り盆等十五六円買ふ、小包として直に送ることを命す、これより市電車にて豊平橋を越し定山渓電車駅まで行く、これより渓に向て発、途中林檎畑実の沢山付居るを見る、真駒内種畜所の牧草原を過ぐ　但し牛馬出居ず、川に添ふて登る、紅葉見事、五〇分経て渓に達す、下流の方美れい（ママ）、釣り橋二あり、十一時半右岸岩上を選び携へたるパン等を食す　下流正面に山あり眺最佳、ふき杖珍らし一本買ふ十二時半帰途につく　電車駅にて不斗思付き折り本二冊買ひて親、協のために記念スタンプ押す、札幌駅に到りて同しく捺す、明日の急行券を買ふ、百貨店五番館に入り湖廻り案内図を求むるもなし、自分手袋を買ふ、市電にて帝大正門を見てこれより植村尚清氏を訪ふ、アイノ頭骨のことを頼み六時宿に帰る、純、親、協、鳩、広尾へ絵はがきを出す

十月十三日　　土　快晴

四時半醒むこれより眠るを得す、六時起、支払十六円、

茶代等五円、七、五〇札幌発、時に植村氏見送る　旅行用地図を呉れらる、深く感謝し別る、車中にて蜂須賀農場長前田なる人と親しく談話、平野勇氏の親しき人、甚快活　滝川にて下る、これは旭日川釧路分岐点、石狩平野を走る格別興なし　下富良野より漸々山地となる、紅葉賞る程にはなし、右に芦別岳、夕張岳の連峰を見、左に富良野岳、十勝岳、これには頂上白雪あり、砂糖かぶ、製紙用木材夥し、明治製糖会社工場あり、国境狩勝峠トンネルあり、十勝平野となる、水田多きに驚く、四十七年に来りたる伏古別、オブヒロ、ヤムワツカなるアイノ部落の駅名あり、懐旧禁し難し、太陽没して四日頃の月実に明なり白糖などを過ぎ、車食堂にて夕食、七、三三釧路着、乗り替へて七、五〇弟子屈に向つて発、九、五五弟子屈着、長生館に投す、日記、十二時寝に就く

十月十四日　　日　薄曇

五時醒む、自動車を命す、全部週遊三〇円、八時出かける、先つ摩周湖に向ふ、幸に湖上純みて周囲の連山を望む、展望台にて眺む　近く摩周岳、遥かに雄阿寒、尚ほ遠く雌阿寒岳を望む、前道を戻る。次に硫黄山、川湯に向ふ、硫黄山壮観、車を下りて、噴出口を見る、一面にハヒマツ、イソツツジ生へている五月頃白花咲くと、山の上の方にはトドマツ、ナナカマド赤色、ウルシ赤色あり、近く川湯といふ温泉ありセセクベツといふ湯の川といふ意義、湖畔に仁伏温泉あり、砂湯は岸の砂中に涌く、砂に手を入れれば熱し、アイノコタンにて運転手の案内にて一アイノ小屋に入る、弟子屈生、十数年前に此地へ移る、弟子勘助アイノ名カムイマ熊をやいたといふ意義、七十歳、風彩立派、模範的アイノなり、右眼盲、左視力極弱、色々熊を取りたる談など、摩周湖はウエニトウといふ悪い湖の意義、オホホホーオホツクセくま取つて来やとい意、オノノノー……熊取て歓ばしい意、小供に菓子を遣る、二円遣る、宝物二、三あるのみこれを見る、別れに際し紀念品としてイクバシユイ一本くれたり、快極、屈斜路ポント（人家案外多数、四十七年前此地へ来りし時はアイノ部落なりし）、オサツベ川あり（これはパンケ湖よりこの湖にそそぐ川）、十一時半和琴半島温泉に達す、野温泉に僅かに屋根を附したるもの、これより美幌峠、頂上釧北国境、展望佳、遠き山々は霞むも湖の眺壮大、風強し、運転手はラッパ工合悪きを直すに苦しむ、直らず、危険なるもそのまま下る、屈斜路二時過帰着、一小

屋に入りて中食、運転手はラッパを直す、三時発す、公園区に入りては自然林、山道を昇る、快、双岳台に車を止めて雄阿寒岳を望む、同岳を右に見つつ双湖台に到る車を出て展望台に昇りてペンケトウ及パンケトウの一部を眺む　これより漸々下りて湖畔に着、阿寒湖荘に入る四時半、家屋新しく清潔、平屋湖に面したる室、屋外に出て湖を眺む、疲を覚ゆ　八時附属寝室に入る

十月十五日　　月　雨

六時起、雨、屋内に籠る、終日雨止ます、国立公園の事物を案内図等により調べる、全く休養

十月十六日　　火　晴

吾々の室は湖に面し西に向ふ、フップシヌップリといふ形よき山を望む、その後に雌阿寒の頂上少し見ゆ、八、四〇遊覧船出る、我等二人のみ、甚楽、先北方に進みて芽生の岸に船を付く、このところ、彼の珍奇なる「まりも」あるところ、テニスまりの大さより段々小さきもの水底一面にあり緑色奇麗なり、機関手二、三取りあげ手に取りて見る、その質、裂きて見るに毛布の如し、標品とし三個採取、これより東岸うねうねせる岩、とど松、かば、紅、黄、緑を眺めつつ、滝の口に上陸、水門あり、阿寒川口なり、少し歩きて自動車道まで行く、即ち一昨日見たる滝見の橋のたきとなるわけなり　終にボッケといふ泥泉噴出所に上陸、別府温泉の坊主地獄の如し、丘上に展望台あり、このところ数ヶ所より噴煙す、汀に湯涌くところ数ヶ所あり（前に船よりもこの様な所を見たり）、十一時宿に帰る、二時間余費す。これより附近を歩く、路傍の大なる「ふき」一本見本とし切る、小学校の児等運動場に出て居るを見る、この地三八戸ありと、内旅館四。宿に帰りて中食、午後は室内又はブエランダにて湖を眺む、風寒し、これより北見相生に向ふ、小丘上に阿寒湖社に詣、その後にある湯源を見る、五時乗合自動車発す、乗客他二人あり、湖に添ふて走る　段々暗くなる、森林中、釧北峠にかかる、頂上国境、北見国に入る、六時前に相生着、駅長寝台のことよく取計くれたり、最閑駅の一なるべし、但し電灯、六、三〇発車、七、四九美幌着、乗り替へ、寝台上下段、食堂なし、弁当もなし　この地四十六年前に来りたるところ、野付牛、稍々大なる駅、弁当、すし、牛乳を買ふ　十時過ぎて台に昇る

十月十七日　　水（曇）晴

眠時五時間に足らず、岩見沢午前五、三九着、乗りかへ、

長万部行、普通列車、車中にて弁護士瀬下（せしも）氏に会ふ、佐渡の人、朝食に困る、弁当は売りサンドウヰチなし、牛乳二合を以てすます、九、〇五登別着、乗合自動車満員三人計立つ、窮屈この上なし、二〇分にして温泉に達す、旅館との連絡悪し、電車は廃毀せらる、滝本館に入る、今日は婦人会、赤十字の会とて人多し　館は前回に比し増築、拡大、室は地獄の方に向ひ眺めよし炉あり　出て地獄を見る好天気、紅葉は少し早し、帰りて昼食、きみは阿寒湖にて腹工合を損しかゆを命す、自分は「パン」「カツレツ」。自動車を命し、発す、降りは楽快、三、四三登別発、再ひ瀬下氏に合す、車中海の眺天気と共に佳、鉄省役員同乗、後に虻田駅長なるを知る、寝台のこと週（ママ）旋、五、三五虻田着接続電車あり、六時頃洞爺湖着。観光ホテルといふに入る、星空、月朗、かすかに湖を見る、入浴、男女を別つ、男浴槽岩石を以て造る、極透明、室は湖に面し眺よし、室に附属眺室ありて椅子テーブルを置く

十月十八日　木　晴（雨）

六時起床、天気晴静、蝦夷富士を正面に見る、頂上雲に覆はる、既に雪白し、入浴朝食を終へ明治四十三年噴出したりといふ近き火口へ行く、自動車往復一円、火口摺鉢形、今は沈静して底に芽生ず、只数ヶ所に蒸気を噴くのみ、これより徒歩少し登りて展望台、影（ママ）勝、戻りて附近を歩く　路傍に虎杖（いたどり）沢山あり、その大なるもの一本見本に採る、遊覧船（三円）を命し中島に到る、瓢簞島といふに観音堂ありこれに詣、森林中に木賊（とくさ）一面に生す、一時間を要したり、宿に帰りて休、十一時半頃出て徒歩駅に到る、一二、一〇電車発す、湖畔を登る眺よし、二〇分にして虻田着、昨晩同駅長が取り計ひくれたる寝台券を受取る、一二、四三虻田発車、食車に入る長万部辺より雨となる、四、四〇函館着。連絡船翔鳳丸、出帆の模様を見て室に入る、待合所大混雑、食堂に出て夕食、きみ一昨日来腹工合を損せしところ、飯を少し食して後吐す、絵はがきを買ふなど、一〇、〇青森着、雨止み。月星明かなり、きみ土産林檎を買ふ、一一、〇発車、直に寝台に入る、きみ上、自分下

十月十九日　金　晴

六時洗面、絶好の小春日和、二、三〇上野着、星氏両人やす子を連れて迎へに出てゐる、親協は運動会にて来らす、北海道旅行大満足を以て了る、親協帰る、荷物を開らきてはしやぎ廻る。疲労、早く眠を求む

十月二十日　　土　曇晴

親、鳩くたびれ休、協幼稚園より早く帰る、日記を補書、終日家にありたり

十月二十一日　　日　快晴

終日家にあり、午前星氏二人三児を連れて買物に出かける、きみ子は緒方家訪問規雄氏星四郎氏研究生として規雄氏教室に於て仕事することを依頼の件、八千代子二児を連れて来、星氏に告別のためなるべし、きみ子帰り来る、誠、敬庭に出て馳け廻る、庭にて中食、二児大悦、星一家も帰り皆庭にて食事す、午後自分草を取る

十月二十二日　　月　快晴

七、三五教室、Abstracts の校正ネッケ氏より戻りたるものを見て第五巻第二号表紙校了としてヘラルド社へ送る、二時半帰りて庭へ出る

十月二十三日　　火　雨

靖国神社例祭にて児等休、自分も教室行かず、午前柿内へ土産など持ちて行く　雨降り出す、車にて帰る、桑木夫人、素子来り居る、午後は児等の相手　晩三二来

十月二十四日　　水　雨

七、四〇教室、星氏共に親坊学校廻り　Abstracts 1932全部校了、寄贈論文の整理など、五時家に帰る、大客、六十余名、十時皆散す

十月二十五日　　木　曇雨

論文別刷内国配送準備、星氏米欧視察とし出発、せい子等忙し、十時半中食、きみは親、鳩学校へ迎に行きて駅へ行く、自分は東京駅行社員多数、其他見送り人多し、良一等、田鶴子、三二八千代子皆見ゆ、一二、三〇横浜港列車発す、車中混み合はず、本船龍田丸に入る、船内見廻る、度々撮影す、下船、三、一〇本船動き始む、最後訣別の徴として船陸間の紙筋数百本三児も各紙条を手にす、船の港口に到るまで見送り、これより自動車にて帰途に就く、日村氏同乗、会社に寄り五時帰宅、年末星氏無事帰朝を祈る、皆々早く眠を求む

十月二十六日　　金　曇

八、〇教室、午後宇野円空、石田幹之助両氏来室　民族学会創立に付理事に加はることを勧誘せらる、発起人には加はるも理事は固辞したり、三時帰る

十月二十七日　　土　曇

十時学士院会館、輯報編纂委員会、例会にして格別のことなし、午食を共にし一時帰宅、精子三児を連れて見送

りの重なる人々へ礼に廻る、最後目黒へ寄り日暮に帰る

十月二十八日　日　快晴

論文別刷内国発送準備成る、七八部（但し三部未送、宿所不確のため）午後は庭にあり、良一帝展へ行くとて寄る

十月二十九日　月　晴

親、鳩は大塚女師校へ行啓あるとて出行く、八時教室、三時帰りて庭へ出る　時々曇りて少し寒し

十月三十日　火　晴

親学校疲れ休、きみ子と親協を連れて七里ヶ浜鈴木家訪問、新宿より小田急電車を用ふ、十二時半江の島着、高台の見晴しよき小店にて弁当を使ふ、小舟にて廻り窟に到る、旧窟に詣、新にトンネルを造り小窟に達す、これより舟にて戻り、鈴木家に到る老夫婦共あり、暫時して去る、藤沢より省線、六時家に帰り二児大満足

十月三十一日　水　晴

八時教室、二時半帰りて庭へ出る

十一月一日　木　曇雨

七、三五教室、午後松村氏来室、人類学会五十年記念大会を去十二、三、四日に亙り催したる模様を聞く、自分北海道旅行中にて列席せざりしを遺憾とす　第一日（十二日）朝講堂にて講演会に臨むべく長谷部氏と同乗自動車にて疾走中和田倉にて正面衝突し、打撲瘍を松村氏は尚ほ額部裂傷を受けたるなど不祥ありしと併し長谷部氏兎に角講演を果したりと、評議改選の件自分指名と決したるよしに付形式上これを定む長談、札幌植村尚清氏へ挨拶書、関場不二彦氏へ高田家に縁組祝並に記念品贈与の礼と同時にアイノ頭骨斡旋方依頼の書面を出す　六時前帰る

十一月二日　金　半晴

昨夜大雨、今朝止む、八時半教室、十時半迎者来り銀座資生堂に到り立体写真を撮る　これは請に応したるなり、序を以て白木屋に於て開催せる新興独逸展覧会を一見し十二時半室に帰る　仙台小川鼎三助教授来訪、学生見学旅行指導し来りたりと　二時半帰る

十一月三日　土　晴　祭日

早く昼食しせい子共に三児を連れて大崎工場内稲荷社へ詣、時に電話あり、岸一家曙町へ行くと、然らばこれより自動車にて迎へに寄ることとし、岸へ寄りて皆同乗、

曙町、時に二時過、児等庭へ出て芝上はね廻る、夕食し大満足にて七時頃去る　札幌植村氏より書面来、アイノ頭骨にて尽力す云々　此方より挨拶書を出し置きたるは宜しかりき

十一月四日　　日　曇晴

早く昼食し三児を連れて日比谷公園、女中りん侍す、人出多し、菊花陳列を見る、百貨店みまつに入りて食堂にて三時を食べる、三時帰宅

十一月五日　　月　晴

朝出がけに神明町に福島甲子三氏を訪ふ、この頃教室へ来訪ありしも行き違ひにて自分不在なりしためこの方より訪れたるなり、長岡旧事に付ての談殊に虎三郎伯父に就てことなりき　九時半教室　咬合論解剖学雑誌掲載超過頁数に対しその印刷費九拾八円九拾銭森氏に渡す、二時半去て本郷にて毬藻を畜へるガラス器を買ふ、四時帰る

十一月六日　　火　晴曇

親坊遠足、中央線よせへ行くとて元気出行く、七時五〇教室、三時帰宅　保子来り居る　暫時して去る、せい子新宿まで親の迎に同道、自分庭へ出る、これにて本年は止舞ならんか（然らす）

十一月七日　　水　雨曇

八、〇教室、寄贈論文を整頓、室内にて置き換へなど六時帰

十一月八日　　木　快晴

七、三五教室、山越長七氏来室この度航空者体質検査に就て海軍より指定工場とせられたること、其他精密機械に付得意の報告　二時半帰宅　庭へ出る　五時半東京會舘に到る、岡田和一郎氏孫嬢と坂田家と結婚式披露なり九時半帰宅

十一月九日　　金　快晴

八、〇教室、間宮商店へパンフレット・バインダー代五、四〇円払ふ　二時半帰りて庭へ出る

十一月十日　　土　快晴

七、四五教室　W・マイエル教授へ来書の返事、Wittek's Dissertation〔＊ビテックの学位論文〕送附の礼同氏へビスフォルメン〔＊咬合形式〕論文贈呈依頼の件、ホフマン先生略伝期待のこと。ブルーノ・エッテキング博士（ニューヨーク）へ連署絵はがきの礼札、学士院へ職員録入用のこと、北海道旅行乗車券返却、二時半帰る　児等門前

にて自転車を遊ぶ　田原国一氏夫人告別式に駕籠町邸へ行き帰りて自分庭へ出る、これ最後なるべし　会社より星氏出発当時の活動ヒルム出来、これを見せるといふ、純子、岸へ電話するなど、早く夕食し待ちゐる、六時頃より始む、児等大悦、終て尚ほ茶の間にて児等絵を画くなど、岸全家明日のドライブを約し去る

十一月十一日　日　快晴

社車来るを待ち九時過皆出かける、広尾へ寄り岸一家を迎ひて松原伝吾氏野荘馬絹に向ふ　直に芋畑にて掘り始む、児等歓びはね廻る、松原氏来着、昼食後も山林中を走け廻る、二時半松原氏に篤く礼を述べて帰途に付く広尾へ送り四時前に帰宅、自分少し腹工合悪し、入浴直に床に入る

十一月十二日　月　快晴

八、二〇教室、三二一寸寄る、病理に頼み置きたる人胆汁材料を受取るため、ビテック教授へ贈るビスフォルメン一部Ｗ・マイエル教授宛発送　ワーゲンザイル（ボン）氏へ Annotations Zoolog. japan. 欠号の部動物学会より直接発送すべきこと、Ｗ・ディーク（ベルリン）氏へ藤田と連名はがきＤ氏日本文、藤田氏独逸文のもの挨拶を各出す　五時上野学士院例会出席、腹工合悪し食事せずして七時帰宅

十一月十三日　火　曇

家にありて静養

十一月十四日　水　晴

同様

十一月十五日　木　晴

同様、ビスフォルメンをレマーネ教授（キール）へ送る、森杏奴子結婚式に付押して十時飯田町大神宮式場に到る、十二時前帰宅、午後大阪ビルに於て茶の会あるもこれには行かざりき

十一月十六日　金　快晴

親坊学校保証人会とて精子大塚へ行く、親早く帰る、昼食後きみ子買物旁親を連れて出かける、電気博覧会を見たりとて大悦にて帰り来る

十一月十七日　土　晴

鳩子誕生日を祝ふとてせい子等奔走、午後三時過より招ねかれたるもの追々来る　柿内四人、良一等三人、岸四人、幼稚園保母石原女史、食事後児室内はね廻る、八時半去る

十一月十八日　日　晴
午後精子三児を連れて植物園へ行く小春日和
十一月十九日　月　曇
一昨日午前便通以後なし、先つ回復
十一月二十日　火　晴
京都藤浪鑑氏死去せられたるに付悔状を出す、午前快便通あり　午後単独日比谷公園へ試に散歩、まだ菊花ありこれを見て帰る
十一月二十一日　水　晴
試に教室行、八時一五、薬理の東氏来室、チヤンピオン懐旧会愈々来二十六日と決したるを以て出席を促さる自分近頃腹工合を損し旁失敬する旨を述ぶ　欧羅巴殊に独逸よりビスフォルメン挨拶続々来る　就中H・フィルヒョウよりの長文のものは家族のことなど精し、手蹟に付て見るに大に老ひたる様なり八十二才なりと　二時半帰宅、一寸庭へ出る、親坊の学校友五、六人来り芝上馳せまはる
十一月二十二日　木　晴
八、五〇教室、挨拶として寄せられたる多数の殊に独逸の論文を読む　五時半帰宅　社員六拾名計来り飲食す、昨日始めてキナ皮台湾より到着　明治神宮へ奉供式及びキナ製造式都合よく済みたりと、活動写真あり　児等悦び九時となる
十一月二十三日　金　快晴
九時半社車にてせい明治神宮参拝自分も行く、これよりせい子頭山満、望月圭介両家へ礼に寄り柿内へ一寸寄る、皆不在田鶴子は児を連れて動物園へ行きたりと、賢信、忠子のみ留守居、十二時半帰る　午後は庭へ出る、今年は案外遅くまで庭へ出たり
十一月二十四日　土　晴
八、二〇教室、午後横尾蒙古談　五時少し過帰る
十一月二十五日　日　曇
自分共に精子三児を連れて出かける、巣鴨より渋谷に到り、駅前の犬銅像を見て新に開きたる東横電車経営百貨店に入り食堂にて児等昼食、これより中目黒良一方へ、自分は携へたる弁当を食す、純子等皆一同出て新設広尾の有栖川宮記念公園に入る、エンタクにて三時少し過家に帰る
十一月二十六日　月　雨
八、二五教室、末広恭雄氏来室、愈々西研究室にて仕事

することとし今西氏の許より帰るところなりと、又三田教授に会ひたしと名刺を遣る　五時家に帰る　ベルデマン教授（アムステルダム）及石原喜久、大串菊二氏へ咬合論を送る

十一月二十七日　火　曇雨

八、二〇教室、四時半帰

十一月二十八日　水　晴

八、二〇教室、早く弁当を使ひ湯島歯校に島峰氏を訪、札幌関場氏親書を以てアイノ頭骨一個受領の件、島峰氏快く承諾す、而も本校にあるよし早速其在室に到りて一個選出す、下顎なし、一時去る、鼻喉カタルの気味にて気分悪し家に帰りて静養

天災に関する臨時議会始まる

十一月二十九日　木　晴

在家、田鶴子来りて昼食し去る、夕刻珍らしく土田好子さん訪来る、夕食し九時過まで居たりと幹氏四年前脳溢血に罹る、見舞として五円贈る

十一月三十日　金　晴

在家

十二月一日　土　晴

試に教室行、八、五〇、気分思はしからず午刻家に帰る

十二月二日　日　晴

絶好の天気、きみせい三児を連れて出かける

十二月三日　月　曇

在宿、親坊愛宕山へ校外教授とて出行く、夕刻協一幼稚園友四五人来り芝上馳せ廻る

十二月四日　火　曇雨

きみせい買物に出る自分も共に行く、先つ三越に到る例の五重塔カレンダアなし、地下鉄により銀座に到り松屋に入る、暦ありこれを二個買ひて自分はこれより教室に到る、時に十一時半、少し雨降る　H・フィルヒョウへ手紙を書く　ヂルビアレ・メンシエン〔＊洪積世人〕の咬合に付この頃注意し来りたる弁解、又同氏及びディーク氏へ送るカレンダアに付準備、札幌関場不二彦氏へアイノ頭骨一個島峰氏より領収せること及び感謝の手紙を出す　六時家に帰る時に盛に雨降る

十二月五日　水　雪曇

昨夜来雪となる、今朝白し、親坊測りて七センチありと午後親等学校より帰りて庭へ出て大雪塊を作るなど馳せ

廻る　夕刻三二来る　終日家にあり寒さ強し

十二月六日　　木　晴

午前小松茂治氏夫人来訪、来十三日長女殿結婚式に是非列席を乞ふ云々態々頼まれたり、ネッケ氏1932抄録修正謝儀金百参拾八円学研より来り居るに付電話にて尋ねたるに只今講義中、十二時に終ると、直に行く、間違にて出勤日にあらず、島峰氏に会ひて托す　一時半帰る親学校より帰り気分悪しとて側に蒲団をしき体温を計れは三七、二あり

十二月七日　　金　曇

在家、親坊も休み蒲団を並べ敷く、素子荷物を沢山持ち来る　自分へは喜字祝として羽根敷蒲団くれたり早速これをしく甚工合よし、三児其他へはそれぞれ歳末として贈り物あり、協、鳩帰りて大悦び、親体温三七、四あり夕刻良一来り診察す、自分格別のことなし、親坊も意にかける程のことにあらずと

十二月八日　　土　曇

親今日も休む、馳け出して床中に居らず、三七、一　先考正忌日、膳を供ふ

十二月九日　　日　快晴

終日児等と戯る、午後三児を連れて槇町一週（ママ）す

十二月十日　　月　晴

在家、親坊も学校欠席　午後雲野秀平氏来訪、三二、友人深見輝夫（朝鮮元山）、渡会陸二、成田竹蔵（二氏共豊橋）、松岡精二（弘前）、赤尾晃（京城）、比企野千代四の諸氏を代表し自分喜寿祝としてラクダ毛織シヤツを贈らる　年寄り防寒の意味なるべし、前途ある諸氏の深き情を感して余りあり　学士院例会断りを出す

十二月十一日　　火　晴

在家、親坊も学校欠、福岡進藤氏より長崎原正氏久留米医専へ推薦した云々来書　夕刻松原伝吾氏来自分は失敬したり、三二一寸来る　ネッケ氏より謝金請取り書島峰氏送りくれたるに付学研へ送る

十二月十二日　　水　曇晴

自分、親在家、名古屋浅井猛郎、佐藤亀一両氏へ病気（両氏共脳溢血）見舞状を出す（藤村羊羹相添）、岡田和子殿玄関まで挨拶　弘田未亡人来訪、長崎原正氏へ進藤氏推薦に従ひ久留米医専教授快諾希望を申送る又進藤氏へ其趣を返事す

十二月十三日　　木　晴

試に出かける、一〇、三〇教室、外国郵便物などあり、二時半帰宅

十二月十四日　金　晴

親坊尚ほ休む　九時教室、昼に近き頃良一教室に来る於菟に要事ありと即ち骨格一具軍医学校にて入用のよし於菟快諾したり、急ぎ去る　入沢達吉氏来室、伊豆下田の眼科医村松春水といふ人、此夏北海道網走に滞在中アイノ骨格多数同所にあるよし処望ならば同氏目下近き巣鴨町に息の家に居るを以て直接談合然るべし云々　また種々の話あり、先月九州を観光したりと　五時家に帰る今日は自分七十七才（第七十六回）誕生日なりとて喜字祝とし贈品あり即ち佐藤三吉氏自身訪問せられ美麗なる「クッシヨン」、三光町岸家より鰹節大箱、広尾岸より蒲団二枚、柿内よりドテラ（目録）、又豊橋成田竹蔵氏より祝電、京城赤尾晃氏賀状あり、素来りて手製の料理を持ち来る特に苦心せしものなるべし、偶感に打る

十二月十五日　土　晴曇

昨日入沢氏が紹介せる村松春水氏巣鴨町三ノ廾八村松円之助を訪ふ　アイノ骨十一個網走の一寺院にあるよしにて氏来春再び同地へ行く筈に付引き受けて斡旋すべきこと承諾せらる、談中自分等が阿寒公園観光中恰も網走に滞在中なりし、よしなきことなり、集収のアイノ器物、石器等を見て去る、駕籠町に佐藤三吉氏を訪ひ祝賀並に賀品を受けたる礼を述べ、近き入沢氏を訪ひ村松氏に面会せる顛末を報告し十時半家に帰る、桑木家より賀品四布こたつ蒲団到来

十二月十六日　日　晴

喜字を祝ひ呉れたり方々へ礼に廻るつもりにて会社の自動車を借りて十時出かける先つ三光町岸家へ、巌氏不在、夫人に玄関にて面会、次に中目黒良一方、良一ゴルフへ行き、純子ピヤノ稽古よりまだ帰らず素子のみあり、次に広尾三二方、二児へ小さき懐中電灯を遣る、大歓、次に柿内、丁度昼時刻となる皆在宅、次に桑木家、巌翼氏に玄関にて礼を述べ去る、序に真鍋氏外遊帰朝後未だ訪問せず、ここに寄る、弘田家に一寸この頃来訪の答礼且つ故人霊前に拝し去る時昼過ぎ食事旁外遊中の興味深き談話のため強て留められたるも辞し一時半帰宅　午後家に在り

十二月十七日　月　晴曇

九時教室、六時帰宅

十二月十八日　火　晴

八、三〇教室、午後三時帰宅、気温暖、三児を連れて銀座歳末景気見物女中りん侍す、松屋に入る、絵本を三児に遣る　往復エンタク

十二月十九日　水　晴

八、四五教室、論文（咬合）受取り謝状数通来る、五時家に帰る　学研より輯報手当七百八拾円券到達

十二月二十日　木　晴

八、四五教室　橋田邦彦氏来室、儀礼的意味なるべし、多数の教授停年に達する云々、現行六十年如何の問題談など　三時帰宅、純子学校都合よき日に付帰りに寄る、良一素子遅く来る　序なれば広尾も呼ぶ、六時に近皆揃ふ、食卓につく、大賑か、食事六児はね廻る、全く予期せざりし集まりなりき柿内を欠く遺憾、九時散す

十二月二十一日　金　晴

九時教室、賢信久々にて来室　弁当を使ふ、長談四時半去りたり　山越工作所員来り横尾と談合模型製作のためアイノ頭骨一個渡す

十二月二十二日　土　曇

八時半教室　東京府史蹟等調査員矢口貢氏来室、此度世田ヶ谷区より出せる人骨を持ち来る、玉川辺にある普通の横穴なり　石塊敷きありたり、副葬品全くなしと、感謝し受取り置きたり　四時帰宅　三児を連れて槇町まで行き　クリスマス樹飾り具を買ひ大歓、帰りて樹にさげ精子買ひ来りたる豆電灯を点するなど

十二月二十三日　日　晴曇

終日外出せず　協一少し風気

十二月二十四日　月　晴

八、四五教室、女小使小菅へえりまきをきみ子より贈る、五時家に帰る　親坊学校終業式に出て帰りて寒冒少し熱あり　協と二人床にあり

十二月二十五日　火　小雨曇

終日家にあり、親協少し風を引く

十二月二十六日　水　快晴

九、一五教室、井上研究室小山邦夫氏頭神経分布論別刷持ち来り贈らる　午後三時去て銀座へ行き手帳一冊買ふ、露店の小おもちや数種買ひて四時半家に帰る　親協床中にあり　三二一寸寄る

十二月二十七日　木　晴

九、一五教室、横尾氏来室、日本人解剖学の講義をする

かの談あり　五時前帰宅、やす子も少し熱あるとか、三児共床中にあり　在独フラウ・ユンケル（ドレスデン）よりクリスマスカアド呉れたるに付返事を新年賀詞として出す、札幌宮崎彪之助へ学研費補助に付来書に対し返事

十二月二十八日　金　晴曇

九時教室　横尾氏来室　来年度に於ける満州民族研究費振興会に申請に付西氏一部加はりたしとか申居る由　如何に取りなすべきか、研究に加入するわけにはなきよし、兎に角林春雄理事にも談すべし云々　京城赤尾晃氏突然出京来訪、久々にて暫時会談、蚕に付研究し居る由、五時過帰る

十二月二十九日　土　雪

九、二〇教室、終日寄贈の論文を読む　五時帰宅　雪天寒し

十二月三十日　日　晴

午後二時出かける、先つ愛宕下青松寺に佐々木政吉氏夫人告別式に臨みこれより東京駅に到る、星氏米欧視察より帰朝を迎へる、他は皆既に来り居る、児等歓び馳せ廻る。二時二五着車、社員多勢出迎大賑なり星氏は社員数名を連れ宮城を拝し明治神宮参拝、会社へ寄ると、自分等宮城前より帰途につく、自分水道橋にて下車し安田恭吾氏を訪問す、これは喪中に付欠礼云々のはがき来り気つかはしく思ひてなり　全く去九月細君死去せられたるよし、悔を述べ予め用意せる香奠（三円）供へ五時帰宅、晩星氏帰宅土産物をひらき児等大悦、大はしやぎ、先つ無事に帰朝皆々大安神（ママ）

十二月三十一日　月　雨

終日外出せず、持ち帰りの品々をひらき見て児等はね廻る、自分へは独逸葉巻煙草二箱、午後は星氏諸方挨拶廻り精鳩同行、親、協家にありてメカーノ（＊玩具の一種）に熱中す、懐中時計名々（ママ）にあり、外国貨幣新坊にとて多数あり、ソヴエート大使館一等書記官アルカディ・アスコフより露酒三壜並にカビエル（＊キャビア）一罐の贈品あり、その返礼として寒椿一鉢贈る、これは星氏序ありて三越にて買ひ、同大使館まで送り届けて呉れたり、買九円なりきと　終日雨降りて寒し、十時床に入る

昭和十年　2595（明治68）
1935　77

一月一日　火　晴　温和なる天気

八時起、昨夜大に雨降る、今朝霽れる、例年の通り橋本一家揃ひて年始、義雄のみ欠、これは今日静岡より着京すと、なかなかゆるゆる談話、午刻過ぎて去る、時に平野勇氏玄関まで来、急ぎて昼食、潤氏来、強羅に向て発す、きみ子は明日とす、二時一〇東京駅発、二等車満員乗ること出来ず後方の三等車に空席ありこれをとる、小田原より自動車、四時一五強羅星別荘着、甚早し。児等活動、協一露酒（ソヴヱート書記官アスコフ氏より贈られたるもの）を口にしたりとて気分悪しとて臥す　醒めて夕食したり、浴、八時頃床に入る

一月二日　水　晴

寒し八時頃床を出る、午前は星氏児等を相手に書き初めなど　午後皆散歩に出かける　社員千田氏及少女同行、宮城野村村道を歩き登る、諏訪神社に到りて引き返へす、四時頃帰る、きみ子四時半着、大沢岳氏未亡人の柿内宛手紙を持ち来る　未亡人昨年四月以来病気のよし　晩食後児等下の屋へ行く　活動写真ありと

一月三日　木　晴

十時半頃皆出かける徒歩二の平より暫く線路をつたいて山小道に入る、甚閑なる道意に適す、橋を渡りて宮の下に近き大道に出る、富士屋グリルに入る、時に十二時、食味良、清潔、後売店に入る、出て徒歩順路荘に帰る時に三時半、少し疲れたり、休　晩食後下の屋にて活動写真あり皆行く、キナに関する明治神宮奉納、宮内省献納、初荷陸上げ、製造開始式、星氏不在中曙町にて社員会食、星氏帰朝東京駅出迎の景、強羅稲荷神祭礼の状況など七時半終る、入浴

一月四日　金　晴

午前屋にあり、天気よきも風あり、午後は皆出かける社員も同行道了別院に登る、院に上り茶菓、上下共下半分歩く　三時半帰る

一月五日　土　曇

散歩日和にあらず屋内にありたり、午後少し霰降る、下の屋にて児等馳せ廻る、夕食後下の屋にて爺の催しにて

新年稲荷祭を行ふ、提灯を点しなど余興として爺の芸を種々なす、八時終りて上の屋に戻る、如何なるわけか湯ぬるくして入ること叶はず

一月六日　日　晴

天気よし寒し、午前親、鳩を連れて単独にて一寸公園散歩帰りて早く昼食、きみせい等荷物を調ふ、一時過出発、社員千田氏父女も同行、小田原より三等車を選ぶ、車満員、途中乗客は立つもの多し気の毒　四時二〇頃東京駅着、星車迎へに来り居り直に帰宅、強羅の新年皆満足、殊に星氏は米欧旅行より帰朝、よき安息にてありしなるべし

一月七日　月　晴

午前家にあり、三二来り昼弁当を使ふ、午後二時過ぎて出かける先つ大塚仲町に橋本家へ年始、この度病院内に住宅を新築し移居せらる皆在宅　龍雄も挨拶に出るこれも院内の家に居る、これより加賀町に柿内家へ年始、三郎氏は能発会とかへ行きて不在、他は皆あり　次に桑木家へ寄る厳翼氏あり一寸上りて挨拶、夫人寒冒のよし息信一氏旧臘退院後順当に快方のよしエンタクにて五時帰宅

一月八日　火　晴

三児共校園始業、自分八時三〇教室、西氏来室挨拶、次に横尾氏、次に井上氏、自分胸像の件に付正式に報告あり、自分簡略なる立体写真像希望の旨を述ぶ、クーレンベックに面倒を見てやりしこと、西と素遠（ママ）なること、西の研究室よりも自家の方業績多きこと等久し振りに長談、午刻となる。午後於菟来、胸像は美術に頼むことに決定し居る云々、井上の意をうけてのことなるべし、自分は重ねて立体のことをいひおきたり　フォン・ベーグマン氏より一ヶ月前に日本へ帰りたりとの手紙、ネッケ氏より年賀の手紙あり各返事を出す。四時三児久々にて自動車にて迎へに来る、直に帰宅

年賀調べ　はがき（喪中欠礼を含む）　約三〇〇
　封筒入　三八
　名刺　三八

一月九日　水　晴

八、五〇教室、午後於菟来室、台湾にて得たる皮膚、毛色等の材料整理に付相談　四時半帰宅

一月十日　木　雨

天気悪し　電車故障ありたるためか乗ること出来ず、エ

ンタクを選む、八時四〇教室　横尾氏来、学生鈴木が貝塚人食人の風習に付論文を書きたる話　三時頃家より電話、札幌植村尚清氏来訪の由、直に帰宅すれば教室の方へ行かれたりと、これは小使電話の間違にて待居る中氏再び来、去十月頼みたるアイノ頭骨に付談あり

一月十一日　金　晴

車にて大塚廻り八、四五教室、横尾氏来室、学生鈴木氏は食人の問題にはあらず、動物の骨髄を食したりとの説なり云々　五時過ぎて帰る

一月十二日　土　晴

九、〇教室、二三日を費しピリエ氏寄贈の論文（仏文）を読む、これを咬合論に引用し得ざりしを憾む　五時学士院例会出席、八時過帰宅

一月十三日　日　晴

小西信八氏へ「また一里近くなつたか云々」のはがきに対し返事を出す　星氏自分の喜字を祝ふとて一族集同工業クラブにて昼食す、この方は揃つて十一時半同所に到る、集まるもの内7、柿内9、岸4、良一3、潤2、於菟2、松原2、平野勇、比企野千代四、中鶴律夫の諸氏外に会社側日村、谷村（大阪）二氏総員三十四名、十二時四五卓に付く、卓上に巻煙草型箱入菓子、キナ木製盃外にキナ杖、食後控室にてコーヒー、談話、撮影、尚ほ談笑の中に散す、四時帰宅、孫十四人全部揃ふ、妹保子寒中小恙のため見えざりしを憾む、自分満悦、星氏に深く感謝す

一月十四日　月　晴曇

八、四〇教室　昨日の方が天気良かりき、於菟挨拶に来る、島峰氏去十二月三十日に台湾より帰京せりとて来室、葉巻煙草一箱（十本入、ガラス筒入、非常に上品らし）贈らる、吉田章信氏来室著書体力標準表一部贈らる　五時帰宅

一月十五日　火　雨

車にて八、一五教室　雨中四時半帰宅、石垣光義氏葬式にきみ子芝伊皿子まで行く

一月十六日　水　雨

車にて親協共に先きに教室、八、三〇　井上氏来室胸像の件は事務に於て既に通知発送せられ彫塑家堀氏へも交渉したりとか自分はそれまでに進捗し居ることならば亦何も言はぬと言ひたり　モンターギュ・コフ（ワシントン）氏論文礼札を出す、陸奥野辺地沓沢重吉といふ人より古

墳人骨に付其鑑定方を申越さる、その困難なる旨を返事す　六時帰る　社員某の結婚式を家にて挙るとて混雑客二十名計、八時頃散す

一月十七日　木　晴

八、五〇教室、三時半去て中目黒へ、純子丁度学校より帰りたるところ、良一も五時前帰る、五時半去て家に帰る　自動車にて送りくれたり

一月十八日　金　晴

良一より取り戻したる咬合及び齲論を東京歯科医専遠藤至六郎氏へ送る　八時五〇教室　午食後薬理学教室に到る　横尾氏が撮りたる蒙古活動写真を見る　五時過帰る

一月十九日　土　晴

八、三〇教室　読売新聞社員来室、自分寿像のことに付尋ね、年令、経歴など一寸質し撮影し去る　五時帰る、星客二十名計あり　読売夕刊に自分の影像及ひ記事ありとか但し見ず

一月二十日　日　晴

午前より晩まで星氏客あり　昨日と合して延人員百何名とか　自動車あり午後きみ子共に三児を連れて出かける、三光町岸へ寄る、母堂この頃鎌倉より出京のよし、きみだけ玄関にて挨拶す但し皆不在、これより広尾へ行く、母堂ありその他皆在宅、五児集まりて暫く遊び四時帰宅

一月二十一日　月　曇晴

星氏早朝北海道へ向け出発、八時三五教室　仙台布施氏出京来室、振興会の用向なり、横尾氏及宮崎彪之助氏のことを話したり、自分のこと及び写真読売新聞一昨日夕刊に出て居るとの話、自分は未だ見ずと言ひたるに切り抜きありとてくれたり　札幌児玉作左衛門氏来室昨夏アイノ骨格発掘、百数拾体得たること　研究上の問題としては頭蓋腔の模型を製作しそれに就て研究するは一新問題なるべく従て効果あるべきことをいひたり　五時帰

一月二十二日　火　晴

八、三五教室　横尾氏来室蒙古旅費申請のこと　井上氏同道彫塑家堀進二氏来室佐藤東氏あり、胸像の件に付き始めて打合せをなす　五時帰

一月二十三日　水　晴

八、三五教室、五時帰

一月二十四日　木　晴

八、三五教室、此頃は頻りに読書　五時帰

一月二十五日　金　晴

八、二五教室　横尾氏来児玉氏がアイノ人骨を研究せぬかといひたりとか　五時帰る　食後自分せい子三児を連れて上野駅に到る星氏北海道旅行より帰京　七、〇五着直に家に帰る

一月二十六日　土　晴

八、二〇教室、於菟に去る十三日撮りたる全家族の大写真を贈る　三時教室を出て柿内、これまた同写真を持ち行く、時に曙町より電話、精子より協一女高師小学第三部入学確定のこと柿内へ知らせたるもの　五時家に帰る、皆々歓び居たり

一月二十七日　日　晴

星氏杉山氏見舞として熱海行、皆々同行、車中にて昼弁当を使ふ　十二時熱海、三児は杉山家へ、きみせい子自分は歩き海岸に下る、この上なき好天温和、方々に梅花咲きゐる、駅に戻りこれより三島行き、名高き丹那トンネルを始めて通る親坊携たる時計を見て九分かかりたりと、三島神社参拝、帰途につく、星氏先に杉山氏不在なりしため熱海にて下車、他は直に東京に帰る、五時半着、銀座を廻り精子誕生日なりとて西洋菓子を買ひて帰る

一月二十八日　月　晴

八、三五教室　五時前帰　きみ子忠のために長岡家訪問

一月二十九日　火　晴

八、二五教室　横尾氏縫合論独訳なかなか困難、四時半帰宅

一月三十日　水　雨

八、三〇教室、四時帰

一月三十一日　木　雨曇晴

八、二五教室、四時過帰

二月一日　金　晴曇交

八、二〇教室　午後一時横山健堂氏来室、戊辰役談、長岡に関すること、北海道開発の話、シコタン島土人ストロッフ、ヤアコッフ明治三十三年に出京のこと、これは始めて聞きたることにて甚珍奇に感す、其他種々方面の談尽きず、四時間に亙る、五時去る、五時半帰宅

二月二日　土　晴曇

八、三〇教室　大阪実験治療記者某来室、何か稿を望む但し断る　四時半帰る　金森いくさん来晩食　良一来り居るこれは食事せずして去る

二月三日　　日　雪

昨夜来雪、寒強し、一〇糎つもる、午後親坊庭に出雪だるまを造る　厳来、分家のこと。河合直次氏母堂死去悔状、桂栄三郎氏此頃来訪自分は教室へ行きて不在、其節千葉名産数種贈与せらる、喜祝の意味なる由、礼状を出す

二月四日　　月　晴

車にて大塚廻り親坊を送り八、三〇教室　四時半帰る

夕食後親坊節分とて各部屋に豆を撒きふらす（ママ）

二月五日　　火　晴曇

八、三〇教室　この頃は毎日横尾氏縫合論独逸文を検す

五時帰

二月六日　　水　晴風寒

星氏せい子を連れ郷里へ墓参とて早朝五時半出で行く、親協起きてさはぐ　八、二〇教室　五時帰り児等の相手、晩皆早く寝

二月七日　　木　晴、寒

八、三〇教室　午後縫合独文横尾氏と共に検読す、四時自動車迎へに来る、家に帰りて親坊鳩子を連れて上野駅へ、星氏及せい子の帰るを迎ふ、延着して五時四五頃着、協一は少し風気のため行かず

二月八日　　金　晴

八、二五教室　午後横尾氏論文検討　五時帰

二月九日　　土　晴

八、二五教室、午後二時前星氏車にて迎へに寄る、共に青山斎場に到る　一月十七日台北にて死去せる石川千代松氏告別式なり、共に家に帰りて自分は家にありき

二月十日　　日　雨

午後一時半四ッ谷喜田（ママ）能舞台に到る　柿内氏催し演芸会なり、先つ柿内氏「シテ」安宅、次に休憩の後山婉（ママ）、終りたるは六時を過ぐ、せい子中途より来る　長与総長、穂積、林春雄、栗山、岡田（和）夫妻其他見えたり　此度は充分に見たり、賢信始め児全数あり、大人の十七回忌追善の意味なり

二月十一日　　月　晴曇

親坊学校式あり、協、鳩家にあり、純子学校より直に来る、庭の芝上に跳ね廻る　午刻良一夫妻来純子共帰り去る、後きみせい児全部自動車にて出かける（星氏は熱海行）、柿内へ行く、これより自分児等を連れてドライブ、三児の外信、悌、義信（ママ）、智を乗せて日比谷辺より銀座、

日本橋大通りを経て上野公園を通りぬけ、本郷通り、靖国神社を廻りて柿内へ戻る、皆々三時を食す、孫児十一人、大賑か、これより東京駅へ星氏迎へに行く、空し、四時過曙町に帰る（きみ子先に電車にて帰宅）森静子来り居る　せい子等は再ひ東京駅へ迎へに行きたり

二月十二日　火　雪雨

八、四〇教室、終日雨頻りの雪但し積らず、学士院例会悪天に付欠席五時帰る、晩鳩子発熱医師を呼ぶなど騒ぐ

二月十三日　水　晴

八、五〇教室、京都足立氏今朝電話あり、十時頃来室一時間許話して去る　咬合論等に関する話は一切出ず　午後横山健堂氏岡落葉氏を伴ひ来室、先日話ありし色丹島、「ヤアコップ」の写真を見せられたり、岡氏は彼の大シイボルド先生の長崎在留中大に助力したる人の曽孫なりと、四時半過ぎて去る、大急ぎにて柿内へエンタクにて走せ行く、読経終りたるところ、斎食、西洋弁当、児等と戯むれる、八時前車にて帰宅、児等まだ起きゐる、鳩子へ柿内より貰ひたるおもちや遣る発熱は格別のことなき模様

二月十四日　木　晴

一〇、一〇教室、護国寺読経へは精子行くこととす　午後横尾氏第三回縫合論検討、八幡氏来り曽て和田僴氏が贈りしところの北海道石器に付質問あり後自分人類へ行きて実物を見て説明す、五時帰る

二月十五日　金　晴

八、二五教室、横尾氏論文第四回協検　四時帰

二月十六日　土　晴

八、三〇教室　C・フィルスト（ルンド）氏へ大小論文四種寄贈の礼を出す　四時帰　親坊学校より帰り発熱

二月十七日　日　曇小雨

橋本、斎藤両家結婚式、午後二時きみ同行、学士会館に到る、義雄斎藤嬢婚約斉ひ岡田和一郎氏夫妻媒酌、二時半式始まる三時終る、これより休憩室にて談話、神戸高田夫妻出京、多数の珍らしき人々に会ふ、八時半帰宅親坊体温三九度ありたりと、まだ起き居たり、会社人々七〇名許の客あり　星氏十時発大阪へ赴くなど混雑

二月十八日　月　曇晴

九、〇教室、四時半帰宅、高田蒔氏夫妻来り居る、医史談など、暮方墓参するといひて去る、親坊尚ほ熱あり、協鳩は最早良き様なり

二月十九日　火　晴
早朝星氏大阪より帰る　八、四五教室　留守中義雄夫妻挨拶に来りたりと

二月二十日　水　晴
八、二五教室　午後千葉小池氏来室　四時半帰

二月二十一日　木　晴
八、三〇教室　横尾氏縫合独逸文に苦心　四時半帰

二月二十二日　金　曇雨
九、〇教室　午後一時過約束の通り彫塑家堀進二氏来り共に土橋江木写真師に到り胸像作成のため撮影す　二時半帰宅時に雨降る

二月二十三日　土　晴
八、三〇教室、協鳩送る　稍春らしき期節（ママ）となるも尚ほ寒し　四時半帰　土田好子来り居る、夕食、幹氏身体だけは良きよし

二月二十四日　日　晴
全家自動車遊走、月島埋立地探検、海を眺む、市庁舎建築地、来昭和十五年（紀元二六〇〇）万国博覧会敷地などあり、偶市塵芥焼却所を見学す　始めてにて興深し、大炉筒四本外に離れて一本あり、塵芥を市内より舟又はトラックにて運び来り、最上階に引き挙げ、量を計りて段々に竈に入れる、所長の案内甚懇切、これより帰途つく、再び永代橋を渡りて築地辺を走り日本橋にて食品を買ひ十二時半家に帰る、寒からず、快、午後独り柿内へ行く、三郎氏児等を連れて神楽坂へ行きたりと、孝子少しく風気、賢信と謡曲談、三郎氏等帰り来る、四時半帰宅

二月二十五日　月　曇（昨夜小雨）晴
八、二五教室　五時過帰　Chiba Jiho といふ雑誌世界探検家号にマルチン・ハイドリヒといふ人の文中に自分ことあり又写真を掲ぐ

二月二十六日　火　曇雨
八、二五教室、三児にて送る　五時帰る、平野勇氏北海道蜂須賀農場長前田氏（昨年旅行中汽車中にて偶然話しかけたる人）を同道来り居る　再会挨拶中草々帰り去る

二月二十七日　水　雨曇
八、三〇教室、三児共送る、四時半帰

二月二十八日　木　晴
八、二〇教室　協親送る　三時教室を出て丸善書店に到り　Sammlung Göschen: Hoernes Archäologie を一冊

買ふ　Haushofer, Japans Werzeug はなかりき四時半帰

三月一日　　金　曇晴

紀念日なり、九時教室、午後南洋学術探検隊長関田由若氏来室、古き大なる動物の頭骨一個持ち来る、今動物教室へ行き田中稲穂氏に鑑定を乞ひたるにマナティー、シー・カウ海牛なるべしと、これは熊本藩士三好家に古来伝はりたるものなりと、但し化石にはあらず、五時帰

三月二日　　土　晴

八、二〇教室、於菟来室、事情談、台湾助教授候補者第一として仙台小川助教授に交渉したるに研究上の理由にて断りたり併し尚ほ薦めるつもり、台湾に於て於菟に満足ならざる批評あるよし、該総長幣原より三田予定学部長に話しありしと三田より井上へ話ありと井上より聞きたりとのこと、これは西の隠謀（ママ）かなど、ふき子夫人顕微鏡標本製作方法錬習中とか、彼地にて於菟の助手として力を添へるつもりの由　弁当を使ひ直に帰りて再ひ出て荻窪椰野に到る、保子寒中自体工合申分ありしがこの三四日は大に宜しと、五時過家に帰る　雛祭とて客間にて晩食す児大歓、三二来誠、敬麻疹なるべしと

三月三日　　日　曇

午後せい子三児中目黒良一方へ行く、山に登りて遊び、三時を食し帰る

三月四日　　月　晴

八、二五教室　島峰氏より電話あり　プロフェッサー・ドクトル・W・ディーク氏伯林に於て本月一日に死去せられたるよし電話ありしと　自分稀なる親しき長年の友なり、痛惜早速夫人に悔状を出す、在布佐大沢ユリヤさん既に長く健康勝れざる趣柿内より承知、見舞状を出す同時に幸ひ北海道前田氏贈るところのものを小包にて出す

三月五日　　火　晴

八、二五教室、ふきさん標本作成に毎日来るといひて室へ寄る、五時半帰る

三月六日　　水　晴

地久節児等休、三児を連れて十時頃出かける　女中りん侍す、久々にて動物園に行く丁度餌を遣る時刻にて児等面白く見る、北風寒し、これより昼頃松坂屋に入り昼食、一時エンタクにて帰る、これより児等の遊び戯るを見る厳より電話あり新京衛戍病院長に転任の内命ありしと

三月七日　　木　晴

八、三〇教室　長崎清水由隆氏本省に要事ありて拾余年ぶりに出京したりとて来室、原正氏談、この学年境に罷めるかなど、態度異常かの話もありとか　於菟台湾よりのとて葉巻煙草並にからすみをくれたり　四時半帰

三月八日　　金　晴

八、二五教室、仙台布施氏来室、振興会のため出京、横尾、宮崎（札幌）、緒方（千葉）、古畑（金沢）等通過の由、助教授小川鼎三氏帝国女子医専主任のことに付種々話あり、氏の前途に付考慮心配。学位に付てはけしからぬ風説あり或助教授実話、五〇〇失つたと　宮崎氏へ研究費通過のことを申送る　横尾氏来室、愈々来学期より講義を始むと、骨論等の外、人類学のもの　六時帰宅三二来

三月九日　　土　晴

八、二〇教室、於菟に昨日布施談小川のことを知らせたり、弁当を使ひ直に帰宅　独り広尾岸へ行く、丁度赤十字平野忠七氏来診中敬二急性結膜炎とか、尋で平野氏同僚眼科専門の人来る、家庭教師石原女史来など混雑　五時過家に帰

三月十日　　日　晴

奉天会戦三十年紀念日市内種々の催しあり、星客午前より晩まで二十余名あり、保子来、異例の暖気にて児等庭へ出て遊ぶ自分も出る　今年始ての草とり　午後自動あるに付先つ保子を新宿まで送る　きみ三児これより青梅街道を走る、別に目的地なし運転手下りて質せば井の頭に近しと、よつて同公園に入る児等渇を訴へる、茶店て息ふ、人出非常に多し　四時半家に帰る

三月十一日　　月　晴

八、二〇教室　長崎原正氏来室、学術取り調べの名義にて出京せりと、愈々辞表を出したりと、久留米医専を謝絶したるは仕事の都合上東京方勝ると、併し東京にて医専は六ヶ敷、司法省の方を試むとか（恩給は一二七〇位の由）　五時前帰る　留守中原氏来訪、からすみの贈品あり

三月十二日　　火　晴

八、二〇教室　二時前帰りて更衣青山斎場、小藤文次郎氏告別式なり　二時半帰りて在家、学士院例会断りたり

三月十三日　　水　晴

八、二五教室、二時半帰りて庭へ出る、植木師来り楓木

植へ替へるなど

三月十四日　　木　晴

八、二〇教室、五時帰宅、六時日比谷山水楼に到る、厳この度満州新京衛戍病院長に転任留別旁招ねかれたるなり外に橋本夫妻、金森夫妻のみ　保子より懇なる挨拶あり保子の幸福長かれと祈る　九時過帰る往復とも星車

三月十五日　　金　晴

八、二五教室、きみ子於菟に用事ありとて一寸室へ寄る午後二時去て平河町ＯＡＧにドクトル・フォン・ベーグマン氏を訪ふ、氏独逸より帰京後始めて面会、独逸近況談、ナチス前途有望、**Abstracts** 1933 西氏担当の部分修正を頼む、三時半帰宅、縁先あまり乾きたるに付水を撒く

三月十六日　　土　晴雨

八、二五教室　午後一時半上野学士院に到る　学研医学部会、藤浪鑑氏補欠選挙なり、京都平井毓太郎氏と決定、甚だ簡短、三時半帰宅時に通り雨降る

三月十七日　　日　晴

午前少し庭へ出る、児等は両親に連れられて銀座へ買物、午後自動車あり　きみ共に親、鳩を連れて荒川放水路へ遊行、つくしを取り凧を上げる（三二が「ミユンヘン」より送りしもの）（協は少し気分悪しとて家にあり）、帰路飛鳥山に寄りて四時帰宅、純子両親と共に帰り暫時庭にてはね廻る、夕食せずして去る

三月十八日　　月　昨夜雨、曇

議会にて美濃部　天皇機関説に付やかまし、宮入慶之助氏これに関る印刷物を送り越す

三月十九日　　火　雨、曇、晴

八、二〇教室　五時半帰

三月二十日　　水　晴

八、三〇教室、二時半帰り児等の相手、純子病気（腹痛）の由せい子見舞に行きたり、病症明かならず

三月二十一日　　木　曇、雨、雪　祭日

八、三〇教室　長崎小松英夫氏原稿二篇あり直にヘラルドへ渡す　二時帰宅、甚暖、三児を連れて植物園、外套を用ひず、おたまじやくしを取るなど、きみ子中目黒へ純子見舞に行く、体温三九、四ありと入院せしよし　晩きみ子与謝野氏病気慶應病院に入院の由にて見舞に行く

純子を松濤病院に見舞ふ、体温三七、〇、昼食、午後も体温同様、きみ車にて来る、共に三時半帰宅、三児終日家にありて遊ぶ、寒さ強し、雨雪となる

三月二十二日　　金　雪曇晴

雪二寸程積る、珍らしきこと、寒強し、八、五〇教室

原正氏来室、司法省の方嘱託有望の由、百円位とか何卒成効を祈る

三月二十三日　　土　晴

八、三〇教室、午後甲野勇氏来室、ドルメン編輯部金城朝永氏同伴雑誌原稿の件なり、制限なしに何か考へおくべしといひ置く　一月二十九日頃より掛り切りなりし横尾縫合論独逸文先つ一応まとまりたり　これより尚ほ再検を要す　五時帰る

三月二十四日　　日　雨

終日悪天、屋内にあり、星両人は三児を連れて午後出て訪問の後三越へ行きたりと　親坊は午前学校に終業式ありて行く、これより皆休となりたり

三月二十五日　　月　晴

八、二〇教室、弁当を使ひ二時頃家に帰る　児等今日より学校全く休となる、天気良きも風強し、屋内にて遊ぶ、三二来

三月二十六日　　火　晴

在家、純子全快、素子連れて来、田鶴子偶然児等を連れて来るとの電話あり、信、忠、悌、儀信、智、禮の六児来る、昼食大賑か、午後風強きも皆庭に出て遊ぶ、四時頃皆帰り去る　与謝野寛氏今朝遂に死去の由、きみ子取り敢ず荻窪へ行く

三月二十七日　　水　晴

風なく全く春候、教室行かず、午前は児等と共に庭にあり　精子は会社関係女子医専のことに額田家訪問、きみ子は午後与謝野行く　自分は三児を連れて浅草（女中りん侍す）松屋に入る、空中ケエブル、まめ汽車など児等興す、観音に詣で四時半家に帰る　奉天ヤマトホテル支配人寺沢氏息其他を連れて来訪

三月二十八日　　木　曇

八、三五教室、三児送り来る、午後駿河台文化学院に故与謝野氏告別式に参加これより急き東京駅に到る　厳新京へ赴任、三時発車、これより皆共に帰宅　原正氏玄関まで来訪、四人調査に関し今日司法省嘱託俸給百、助手二名（四人）を附することに確定せりと、氏のことこれにて一段落大に安心す

三月二十九日　　金　雨曇

八、〇教室　長崎小松氏論文校正を書留にて出す　弁当

を使ひて目黒純子へ行くせい子三児を連れて午前より来り居る、児等山へ登る親坊泥土だらけになる、児等共に附近を散歩す、祐天寺詣、政岡銅像ある寺などを見帰る、夕刻星氏会社より寄る、自動車にて六時前帰宅

三月三十日　土　雨

八、四〇教室、小松論文校正、横尾論文共に検討、五時帰

三月三十一日　日　雨雪

終日在家、悪天、三児は星氏連れて出かける新宿三越にて星氏或人訪問中待ち「まり」を一個買ひてやす子に持たせ待ち居たりと自分へは葉巻一箱（五〇本入）をおみやげとて帰り来る、午後も出て行く、三二誠、敬を連れて来る、誠明日より学校へ行く、休み今日限りなれば連れ来りたりと、皆々賑かに三時を食べたり

四月一日　月　雪晴

昨夕刻より雪となる、今朝止む、二寸計積もる、珍らしきことなり、児等早速庭へ出雪塊を造る、自分は八時一五教室　長谷部氏来室、去る二十七日来訪せるも自分不在なりき由、岡山まで行きたりと、即ち敷波氏隠退の後任者に就ての件、仙台助教授池田氏を推薦せるも六ヶ敷と、緩々話し十二時近去、午後は横尾氏来室、解剖学雑誌独逸訳、論題独文等に付相談大に時を消す　五時前家に帰る

四月二日　火　晴

午前せい子共に三児を連れて銀座松屋へ、児等のものを買ひ、食堂に入り昼食、一時頃家に帰る、午後は風寒きも庭へ出る

四月三日　水　晴　祭日

午前庭へ出、志村正隆氏来室、きみ応接、氏に帰する講座新設のこと長与総長へよろしく推薦の辞を頼むと、昼弁当を供す、午後星氏先導、築港落成に付港祭を芝浦埋立地に見物、非常なる人出なり、是より銀座高島屋に入る、食堂混雑のため直に去て松屋に入る　辛して席につく、帰途は上野公園を廻る、桜花一分咲く、三時過家に帰る　晩星氏精、児等を連れて会社煙突にイルミネイションを取り付けたるを見分するといひて出かける　W.ディーク教授死去の通知遺族より到達

四月四日　木　曇雨

八、三〇教室、小使中島の息好男陸軍三等軍医に任命せ

られたりといひて挨拶に来る　三時過去て広尾岸へ二児小自動車おもちや歓び遊ぶ　五時帰宅、時に雨降り出す星両人三児を連れて横浜へホスケン夫人着を迎へに行き十時元気にて帰り来る

四月五日　　金　雨

八、四五教室　横尾氏縫合論独逸文書き終り氏に渡すアリエンス・カッペルス（アムステルダム）、ゾフィー・エルハルト二氏へ論文寄贈礼札を出す　五時帰

四月六日　　土　晴曇雨

教室不行、朝児等満州国々旗を立てるとてさはぐ、棹先の金の珠を損じたりとて三児のみにて白山まで買に行く、三児を連れて槇町へ絵はがきを、これに紀念スタンプを押すとて郵便局へ行く、保子来、十日頃に越後へ行くつもりなりと　午後は庭へ出る、天気曇る、満州国皇帝御着東京駅辺は雑沓なるべし　夕食後児等坂下まで花電車を見に行く、夜に入る雨降る

四月七日　　日　曇晴

午前庭へ出る、午後は中目黒海軍技研花見のよし電話あり直に精子共に三児を連れて行く、構内花満開、余興などあるも混雑せず、甚快、実験用の池あり　潜水艦展望塔は珍らし、無線電波にて旗を上下し、ネオン灯を点滅する装置などを見る、四時官舎に帰り児等菓子を食べ、社車迎へに来五時家に帰る

四月八日　　月　晴曇

協一今日始めて登校、早朝よりはしやぎゐる、八時一五教室　山形県尾花沢歯科医横山正人氏来室、歯数増減談、其他異形例に付長談、弁当を供し一時過去る　名古屋青井東平氏よりM_4のM_3と癒着せる一例報告文寄贈に対し礼札を出す　二時半帰る　きみ共に三児を連れて吉祥寺花祭詣、一寸庭へ出る

四月九日　　火　晴曇雨

協一勇みて学校へ行く、七時四〇教室　寄贈論文整理五時過帰

四月十日　　水　雨

七、四〇教室　今日も終日寄贈論文整理　五時半帰る

四月十一日　　木　晴曇雨

七、三五教室　論文残部整理終る　五時前帰る

四月十二日　　金　雨曇晴

牧野忠篤子昨日薨去、午前西大久保邸へ弔問、橋本圭氏、川島良氏あり　夫人に悔を述、霊前へ香奠拾円供ふ、十

時過帰宅、更衣、十一時教室　寄贈論文に表紙を附す、午後二時半頃賢信来、寄贈論文を前にしてこれが自分長年世界学者に互し常にコルレスポンデンツする結果にして誇とするところ、自分の所有物中最大切なること、Martins Lehrbuch〔＊マルチンの教科書〕などを示して終生学に従事するを説て大に奨励したり、四時四五となり賢は区役所の大切なる要を逸し自分急ぎエンタクにて上野学士院に到る、この例会に於て奇なる事件発す、即ち東大教授田中耕太郎氏に恩賜賞授与　本日総会にて決定するまでに進行したるに急に取り消すことになる、其理由は同氏が上智大学教授たりしことに就て右傾より問題とされゐるためとか、現時社会の風潮美濃部憲法学説が問題になりゐなど関聯してこの奇なる処置に出てたるもの、形式は本日出席者四十数名が投票を撤廻［ママ］し、ために点数不足となるといふ訳なり、遅くなり自動車来、十時家に帰る

四月十三日　土　晴

七、三〇教室、二時半帰りて庭へ出る

四月十四日　日　晴

久し振りに全家自動車にて出かける、九時四五、甲州街道を走り八王子を経て多摩御陵参拝、これより高尾山下を通りて大垂水へ行く　掛け茶屋に下りて休む時に一時過、弁当、桜は至るところ満開、眺望佳、児等すみれ花を取るとて山へ登るなど帰途調布町より遠からざる深大寺といふに詣、境内広く閑静、四時半家に帰る　皆々大満足

四月十五日　月　雨

七、三五教室、十一時半帰宅、昼食更衣、一時青山斎場に到る、牧野家葬儀に参加、二時終る、家に帰る、晩小林ちか子筍［ママ］子を持来

四月十六日　火　曇

七、三〇教室　五時帰

四月十七日　水　曇雨

七、三〇教室　「医事衛生」記者来室　京都加門桂太郎氏去十五日死去せられたることを知る、氏に付き尋ねらる併し知れること少なし　四時半帰

四月十八日　木　晴

七、三〇教室、二十一年北海道旅行記を試に書く小樽のことなかなか面白し　三時帰宅庭へ出る

四月十九日　金　曇

七、三五教室　安川へ製本拾八冊渡す　横尾氏来室、縫合論独文マルカルト嬢の修正を得たりと　五時前帰る

四月二十日　土　晴

七、三五教室、1933 Abstracts 於菟担当の部ベーグマン氏へ送る、三時帰りて庭へ出る

四月二十一日　日　晴風

午前柿内、三郎氏始め皆在り、児等へ小おもちやを遣る午後せい子導植物園、女医学生同行、人出多し、児等おたまじやくしを採る、帰宅すれば純子等三人来り居る、又庭を馳け廻る

四月二十二日　月　晴風

学術研究会議総会、十一時学士院会館に到る、医学部々会出席者佐藤、森島、井上（嘉）、平井毓（新議員）、北島、久保猪、三田、三浦、小金井、午餐、午後総会、二時半諸国際会議中去る、不斗隣の精密機展覧会を覗く、四時帰宅　故加門桂太郎氏悔状を送る香奠五円供ふ、星氏旅行　高田蒔氏へ氏発見の反応に付井上、平井氏大に賞賛せしことを此頃寄贈の単行本礼を兼ねて手紙を出す

四月二十三日　火　晴

七、三〇教室　三時帰りて庭へ　観桜会なるも不参

四月二十四日　水　晴

七、三五教室　三時半帰　庭へ

四月二十五日　木　晴

七、三〇教室、横尾氏独文縫合論最後通検　三時半帰りて庭へ

四月二十六日　金　晴

七、二五教室　横尾氏原稿（一月二十九日を見よ）モリゾン（ミュンヘン）氏宛発送又手紙を出す四時帰る、星氏帰京に付皆東京駅へ迎へに行きたりと、庭へ出る

四月二十七日　土　晴

七、三〇教室、三時半帰、三二来、胆汁酸家兎に於ける新種に命名のこと　Lago……, λαγως=Hase〔＊うさぎ〕適当ならんといひたり

四月二十八日　日　晴曇

逗子行星氏訪問すべき人ありとて親、協、自分同行、せいはやす子少し工合悪し、きみは与謝野法事、海岸掛け茶屋にて休、二児水中を歩くなど、面白く遊ぶ、列車にて買ひたる弁当を食、星氏も来る、海岸にてゆるゆる遊ぶ、帰りは駅まで歩く円覚寺下車、本堂なし寂し、横浜乗りかへ、五時半家に帰る

四月二十九日　月　曇雨　天長節

八、四〇教室、二児は学校式へ行く　長崎小松英夫氏輯報論文校正　星両人三児を連れて電気掛け時計を買に行きたりとて雨中迎に寄る　四時過帰宅

四月三十日　火　驟雨

八、三〇教室、長崎原正氏愈解職、東京へ移住すと五時過帰る　きみ子今晩出発の用意し汽車切符も買つてあり、入浴、晩食の後自分の準備をなす、児等眠に付く、星車にて発す、十一時発車、直に寝台に上る（木曽川下り、琵琶湖ホテル）

五月一日　水　晴風寒

六、四七名古屋着、案外眠りたり、駅に近き柳橋、電車駅に到る、車賃往復（舟賃を含む）一人一円七十銭、ライン遊園地にて下車（今渡（いまわたり）まで行くに及ばすと車中にて教へくれたる人あり）、バスありこれを用ふ、遊園地に北陽館といふ大なる料亭あり、川の断崖上より眺極佳、小茶店に休、携へたるパンを食す、風寒、河原に下りなどす、出舟場に到る、十時頃舟漕ぎ出、奇岩多し、犬山橋にて終り上陸、小店に入り少し食す、十二時過出て犬山城に登る、天主閣を見て再び橋に戻る、児等へ土産など買ふ。名古屋帰着、時間あり、城閣見学、バスを用ふ、帰りは自動車、五、〇六名古屋発車、乗客多し、七、三八大津着琵琶湖ホテルに入る、昨年十月末開業、設備新しくさつぱりしてゐる、夕食また佳、疲、入浴せず、十一時寝に就く

五月二日　木　晴驟雨

九時頃出かける、唐崎松に到る途中驟雨に逢ふ、畑中の納屋に避け、主来り甚だ親切、種々この辺の談、松は数年枯死、エンタクを談し、或一婦人児を連れてバスを待ち居たるも来らず困り居るを同乗して浜大津まで行く、ここにて小店に入り少しく昼の食を取り、これより電車にて南滋賀停留所に下りこの村にあるといふ滋賀の宮（天智天皇）趾を探る、一寺院に大なる礎石あり　一農夫の案内にて或農家に到りぬのめ瓦数箇を見る次に一家に到り手洗石として用ひて居る大礎石を見る。これより又電車にて石山寺行き、戻りて錦織といふにて下り畑中を歩きてホテルに帰る、隣れる水源地を見る、これは大津市上水道の湖水をポンプにて汲み上げるところ、夕食、入浴、十一時過ぎて眠に就く

五月三日　　金　晴

支払、自動車（三円五〇）を命し九時半出発、十時過京都ステーシヨンホテルに入る、小憩直に出かける、保津川下を試む、駅案内所に到り尋たる上切符を往返舟賃も含み一人二、〇三円、一〇、五五発車十一時半頃亀岡着、保津出舟場まで人力車但し三丁許ありと（一人二十五銭）、携へたる弁当を食す、一時発、定員十人のところ八人乗る峡渓、岩甚風致あり、天気上々、嵐山館にて終る、四里ありと、一時間四〇を要す　これより徒歩、橋を渡り亀山公園に登る、公衆腰掛にて休み、葉巻煙草を喫す　天龍寺境内に木戸を開きて入り庭園を見る、出て南門を入り、大門を出て嵯峨駅に到る、六時過京都駅帰着、ホテルに帰りて休息

五月四日　　土　晴

九時過出て紫野大徳寺へ、広大、昨秋風害の跡を見る即ち松のここかしこ枝を損するもの多数あり、法堂天上に龍の画名高し、次に花園妙心寺に到る、これ又大、これより四条烏丸にて電車を下り㊅に入る時に一時、昼食、きみ児等への土産（ミツト、まり）其他の買物、ホテルに帰り、支払、手荷物のことを命し、自動車にて神楽岡足立邸に到る、清野謙次氏来。同氏の饗応にて自動車にて桃園とかいふ支那料理に到る　清野夫婦の外足立夫婦、足立長嬢、二女新夫婦、及三宅宗悦氏総て十人、歓談、時刻を計り京都駅に到る　足立夫婦、清野夫婦見送り厚く謝し告別九時一五発、直に寝台

五月五日　　日　晴

七、三〇東京着、星全家迎へに出てゐる、自動にて帰宅、おみやげ大悦、自分は疲を感す、終日ぐすぐす暮す、少し眠る、星氏は児等を連れて午後ドライブ

五月六日　　月　晴

七、三〇教室　此旅行出発の際札幌植村氏より送附の「アイノ」頭骨到達せるも其儘受取のみ出し置きたるが今日教室へ持ち行き開きたり、顔面右側欠、女、謝状を書く不在中カール・M・フュルスト教授（ルンド）四月十二日死去の訃報来り居る弔詞を書く　四時帰る、三児共在らず　近きところに絵の先生出張することになり今日始めて行きたり、庭へ出る

五月七日　　火　曇（昨夜雨）晴

七、三〇教室、四時過帰宅、保子来り居る、長岡より去三十日帰京せりと

五月八日　　水　晴
七、三五教室、四時半帰る、庭へ出る
五月九日　　木　晴
七、三〇教室、明治二十一年北海道探険旅行日記一応書き終る　四時半帰る
五月十日　　金　晴曇
七、三五教室　四時過帰り庭へ
五月十一日　　土　曇
七、三五教室、五時過帰宅、星客十五、六名あり
五月十二日　　日　曇
午後目黒に良一方へ行く皆家にあり、六時前帰宅
五月十三日　　月　小雨曇
七、三〇教室、弁当を使ひ帰宅、二時学士院授賞式、岡田、牧野、湯浅、松田の大臣臨席、受賞者三名、医科なし三時半帰宅、森於菟細君来り居る
五月十四日　　火　曇
七、三〇教室、十時半帰宅　隣家豊島未亡人来り居る在上海富田氏夫妻居り合悪し云々　宮中賜餐、星自動車借用、高松宮殿下御臨席、二時過帰る
五月十五日　　水　曇雨風
七、二五教室、四時半帰る時に風雨強し、後止む、六時東京會舘に到る　故牧野子爵五七日忌日に当り招ねかれたるなり、長岡旧知人数名に逢ふ、九時過帰宅
五月十六日　　木　晴
七、二〇教室　比企野千代四氏来室昨日学位論文通過したりと　四時帰り庭へ出る
五月十七日　　金　晴
親、協千葉県八幡海岸へ遠足、早朝精子両国駅へ送り行く、自分は七里ヶ浜に鈴木孝氏訪問、江の島へ寄りまだ早きも例の見眺（ママ）しにて弁当を使ふ、小舟にて窟へ廻り、是より鈴木療病院、時に一時半頃、同氏無事　主として懐旧談、鎌倉を廻りて五時過帰宅、天気上々、親、協帰り居る、あさりを各六、七十箇拾ひたりと、大歓
五月十八日　　土　曇雨
七、三〇教室　ウィンゲイト・トッド（クリーブランド）、アレックス・ハードリチカ（ワシントン）両氏論文多数寄贈の礼札を出す　四時過帰宅　協一誕生日を祝ふとてせい子等奔走、柿内は忠子一人、良一等三人、三二等四人集まる、児等歓びはね廻る、星氏早く帰り来る、天気悪しきも自動車にて往返は困ることなし、八時皆去る

五月十九日　　日　晴

自動車ドライブ、九時頃全家出かける、玉川原に到る、日活撮影所あり、宏大、これを一寸覗く、理事者星氏の知人、河原にござを敷き弁当を使ふ　児等は川に入り遊ぶ、近き田甫にてれんげ花を取る、三時家に帰る　庭へ出て草取り

五月二十日　　月　雨曇

七、三〇教室、二時過帰宅、椰野よし江子新京厳の許へ行くとて告別に来る、きみと昔北海道旅行日記読合はせをなす

五月二十一日　　火　曇　大驟雨

八、〇教室、旅行日記の清書を少し始む　五時半帰

五月二十二日　　水　晴、大雷雨

七、四五教室大塚廻り、午後又今日も大雷雨、昨日のよりも強し、停電、暗くして仕事出来ず甚困却す、児等学校帰りの時刻如何せしか　五時帰

五月二十三日　　木　晴

七、三五教室、北海道旅行日記清書了る　六時前帰宅星氏考案主催にて頭山杉山両爺のために金菊祝賀の宴を催したりと精子も行きたり

五月二十四日　　金　晴

七、三〇教室「四十八年前の思ひ出」原稿を書留にて札幌児玉作左衛門氏へ送る、四時頃帰宅

五月二十五日　　土　晴

十時上野学士院、輯報編纂委員会、佐藤、磐瀬、森島、三浦、久保、平井、三宅、今、佐伯誠一、高橋明、小金井の十一名、昼食し散ず、帰宅、再ひ出かけ、牛込に石黒忠悳氏を見舞ふ、面会す、尿は一滴も出す、一日十回位カテテルを用ふと頭脳は明、ただ手振ひ手紙を書くこと出来ずと、九十一歳、元気、これより柿内、賢の他児皆在、帰途水道橋にて電車を待ち居るところへ星氏通りかかり共に帰る、星氏今晩出発北海道へ旅行、ホスケンさんに同行のよし、せい子児等上野駅見送り、八時頃会社活動写真掛り来り金菊祝賀会のヒルムを映す児等悦、九時止舞ふ

五月二十六日　　日　晴

午前児等夏支渡買物旁全家三越へ行く、昼食、午後は庭へ出る　椰野よし江子新京へ向け出発、きみ、せい見送る、曙町大掃除、昨日今日にて終る

五月二十七日　　月　晴

海軍記念日、親協運動会、七時二〇教室　Abstracts 1933の調整を始む　四時半帰　此頃読売新聞に自分像並に記事ありしが二十五日のJapan Times送り来るこれにも記事あり

五月二十八日　火　晴

七、三〇教室　四時過帰りて庭へ出る

五月二十九日　水　曇雨

七、三〇教室　五時過帰宅、北海道旅行中の星より送り来りたる北海タイムス新聞に自分の記事並に肖像掲載ありしとせい子いふ　三二来

五月三十日　木　晴

七、二〇教室　横尾来室愈来月曜に蒙古探険に出発すと　四時帰宅、きみ共に芝公園水交社に到る、良一我等及桑木氏（夫人病気）を招き饗す、特別料理なりと、社の本建築成りて始めてなり、快、九時帰

五月三十一日　金　晴

七、三〇教室　札幌児玉氏より旅行記原稿返戻せらる早速「ドルメン」編輯掛り金城氏に渡したり　四時過帰りて庭へ　星氏北海道より帰京、児等上野駅へ迎へに行きたり

六月一日　土　晴

七、三〇教室、小使山本還暦とて教室員祝へ遣ると、自分五円昨日河合氏へ托す　藤田恒太郎氏一昨日独逸より帰朝せりとて来室　三時帰宅、久し振りにて広尾三二方へ行く、二児へ各ミット、ボオルを遣る　折り悪しく先生来教中、五時過帰宅、良一来りたりと北海タイムス自分のこと掲載の切り抜きを持ち来る

六月二日　日　晴

九時半頃皆出かける、丁度山崎女医生来り同行、自動車満員、横浜到り、ニウグランドホテルに星氏ホスケン女史訪問三児共に入り行く、自分等は海岸にて待つ、この頃閉終せる博覧会跡なり、その片付け中、これより本牧三渓園に行きて弁当を使ふ、なかなか熱し、児等海浜にて遊ぶ　帰途野毛山、伊勢山へ寄る、野沢百貨店にて児等アイスクリイム　五時前帰宅

六月三日　月　曇

七、二五教室、横尾来室今日午後満州国へ向け出発す　五時過帰

六月四日　火　雨

七、二五教室　医師土岐龍太郎といふ老人（七十一）来室　折り帳に揮毫を求めらる、紙片に署名して贈りたり　午後教室元研究生河野氏同伴にてレコード会社藤倉といふ人の夫人及一名洋装夫人来室、自分のレコード云々の談あり　五時帰

六月五日　水　晴

七、三〇教室、きみ子昼頃モオニング服を持ちて教室に来り、着替へて車にて工業クラブに星氏を誘ひ中野へ行く、田原良純氏告別式なり、帰途大塚学校に親坊を迎へ三時家に帰る星氏再び会社へ行く　庭へ出る

六月六日　木　晴

七、四〇教室、午後山越長七氏来室、息告別式の挨拶、於菟にAbstractsの不明の点を質す　午後モオニング服取り寄せ四時お茶水歯校に到る、プロフェッサー・ディーク氏百日に相当、追悼会、島峰、口腔学会代表、豊田、藤田、日本歯校（中原氏）等の辞　最後に自分、友人として独逸にて述ぶ、六時半終る、これより日比谷山水楼に到る島峰同車、会するもの三十余名、D氏記念する活動ヒルム映す、十一時帰宅

六月七日　金　曇

七、三五教室　Abstracts 1933原稿ヘラルドへ渡す　五時前帰

六月八日　土　晴

七、三〇教室、三時帰宅　庭へ出る

六月九日　日　晴

午前午後も少時庭へ出る、純子昼過ぎて来る、児等大にはね廻る　星氏四時頃帰り来る、これより皆揃つて虎の門晩翠軒に到る、児等賑か帰りは純子を中目黒に送る、上りて暫時談す、良一より入沢達氏伝言なりとて村松春水老人のこと、七時半帰宅

六月十日　月　曇晴

七、三五教室　北海道網走町米村喜男衛といふ人より自分が昨年旅行せしこと新聞にて見たるがアイノ人骨（大人一、小児一）道路土工の際出土し共同墓地に埋めあり、研究資料として入用なりや云々の来書に対し返事を出す　五時家に帰り庭へ出る

六月十一日　火　曇晴驟雨

七、二〇教室、義歯修理を今朝使を以て歯校桜井氏に頼み置きたるを出来の筈に付三時過同校に到る、同時にホモ・モンステリエンシスのディーク氏が贈れる上下顎石膏

模型同校にあるものと比較する要あり、教室のものを持ち行く、島峰氏丁度在室、新旧両模型を仔細に比較したり、これより医院に到り桜井氏修理義歯を験し、去る、四時帰宅、時に驟雨

六月十二日　水　晴

七、三〇教室　ミルズ・ヘルマン（ニューヨーク）より咬合論文所望し来りたるも余冊なきを以て断り状を出す四時少し過学士院例会、原田氏発掘滝氏報告楽浪土城、西紀前一〇八年、塼敷歩道、建築物の破壊（屋根瓦、塼、礎石、文字ある瓦）、封土（全く封臘の方法）など面白し、八時帰宅

六月十三日　木　晴

七、四〇教室　ヨンヘ・コーヘン博士（アムステルダム）へ手紙を出す　四時帰宅庭へ出る

六月十四日　金　晴

七、三〇教室　レコオド（録音）準備、其他 Abstracts 1933 校正を始む　四時家に帰り庭へ出る、三二来

六月十五日　土　晴

七、三五教室、本郷郵便局へ行き Gesellsch. Phys. Anthrop. 会費 1933, 1934, 1935 三ヶ年分 RM15、邦貨弐拾壱円四十二銭及 Anthrop. Auz. Bd. 1935 の代価 RM19.05 邦貨二十七円八十五銭払ふ　後に勘定を間違たりとて電話あり、小使を遣る六十四銭戻したり　四時帰宅庭へ出る、星氏大阪へ出発、三児を連れて槇町夜店へ散歩　満月甚朗

六月十六日　日　晴風

「思ひ出」校正ドルメン編輯部へ戻す、全く外出せず児家にて遊ぶ　午後庭へ出る

六月十七日　月　晴風

七、三五教室、午後足立文氏来室、三時共に学士院会館に到る、故藤浪氏補欠参考候補者名選定の件、佐藤、足立、荒木、秦、宮入氏出席、佐々木隆、長与、三宅速、平井毓、林春の五氏を選定し散す　足立氏同道帰宅、時に細雨、共に晩食、八時去る

六月十八日　火　晴

七、三〇教室、学士院より使、候補者略歴業績を渡す、Gesellsch. Phys. Anthr. 会費振替口座無効のため小使を遣り宛名をシュルツ博士と訂正せしむ　午後三時於菟同道去て千代田証券ビル内レコオド会社に到る、新潟第四十三回解剖学会のために「石時代人の人骨指示」説明

を吹き込む、四時半帰宅、破格の熱さ三〇、五度

六月十九日　水　晴

七、三五教室、四時半帰り庭へ出る

六月二十日　木　晴

七、三〇教室、新潟県出身元力士とか、満州事変、手負傷、両足不自由助力を乞ふ云々一円車代を遣りたり　午後二時過きみ協一を連れて来室、銀座松屋へ夏帽子を買に行く（十五円）、伊東やに寄状袋など買ふ、二時半帰る、庭へ出るなど

六月二十一日　金　曇雨

七、二五教室　アドルフ・H・シュルツ助教授（ジョンズ・ホプキンス医学校、医学・人類学、ボルチモア）へ歯に関する論文三種寄贈の礼並に所望せられたる自分論文別刷の残余なきを謝する手紙を出す　学会供覧のためアイノ頭骨肢骨を選出し洗ひなどす

六月二十二日　土　曇

七、三〇教室　長崎高木純五郎氏来室、欧州視察出発告別、論文別刷出来間に会ひて満足せらる、午後一時半明治生命館に到る　プロフェッサー・ウィルヘルム・シュミット（ウィーン、Anthrops 編集者）氏の講演 Eine allgemeine Einführung in die neue Methode Japans ethnologische Position festzustellen 聴講のためなり、終てアイノ生活の映画及アイノゆうから蓄音機あり、四時半帰宅

六月二十三日　日　曇

会社の牛久分工場開場式、八、四五全家自動車にて出かける、我孫子にて一寸下車、星氏知人を訪問す、十一時工場着、これより霞浦飛行場に到りて一料理店に上りて弁当を使ふ土浦にて本道を牛久に戻る、二時頃式始まる、終て直に帰途につく、六時家に帰る、雨降らす熱くなく甚楽なりき

六月二十四日　月　雨

九、〇教室　五時少し前帰宅

六月二十五日　火　曇

八、〇教室　この日曜に小使山本還暦の内祝をしたりとて礼に来室　五時家に帰る、児等在らず星氏多摩墓地へ連れ行きたりと

六月二十六日　水　曇

七、二〇教室　五時前に家に帰り庭へ出る

六月二十七日　木　晴曇

七、三〇教室、宮本仲氏へこの頃来書挨拶を出す　新潟学会に供覧のため石時代人骨、アイノ人骨荷造りを於菟と共為す　五時前帰りて庭へ　三二来る水素イオン記号pHを正しとす約等し記号≒其他

六月二十八日　金　雨晴

七、三五教室、四時帰宅、保子博子来り居る、ひろ子は此度東京住居となりたり　先達て来りしも自分留守なりき、一息子の源椽（ママ）胸の病気発し金沢高校より出京橋本小石川病院に入院とのこと、両人心痛、察するに余あり、「四十八年前の思ひ出」ドルメン掲載のもの来る

六月二十九日　土　晴曇風

七、三〇教室　エジソンレコオドへ去十八日行きて吹き込みたる録音板出来、於菟より二枚受取る、二時半去て柿内へ、賢帰り居る、田鶴、賢両人に源椽（ママ）罹病のことをいひて大に警告したり、携へたる自分レコオドを試む音色異なり若き様に感すと、懐中及眼鏡を忘れて教室に置きたれば帰途立ち寄りてこれを収めて四時半家に帰る、レコオドを試む児等も若き声などいへり、晩食後三児を連れて槇町へ行きたるも天気模様悪し、露店なし京都大阪、九州大水害

六月三十日　日　曇雨風

午前星二人児等を連れて神宮絵画館へ行く　午後中鶴律夫氏来、夕刻皆上野精養軒へ行き夕食すと自分も共に行きて皆食卓につくを見て去り田端自笑軒といふに到る、緒方規雄氏が大人十七回忌、生母堂五十回忌法養のためなり、四十人許集まる　料理は茶会席にて自分甚困る、十時に近く家に帰る

七月一日　月　曇

七、一五教室、賢信久し振りにて室へ寄りて弁当を使ふ最早講義は止舞になりたりと、少しく休養す云々、共に家に帰り庭へ出たりなど、夕食し去る　星氏大阪へ向け九時出かける

七月二日　火　曇

七、三五教室、三時過帰宅、新潟学会工藤氏電報あり、不参失敬の返電を出す、庭へ出る

七月三日　水　曇晴

七、三〇教室、新潟学会今日より三日間開会　午後四時帰りて庭へ

七月四日　木　曇、豪雨

七、三五教室、昼賢信来室、弁当を使ふ、在北海道二風谷マンロー氏よりの手紙を読むなど、大豪雨中三時去てエンタクにて家に帰る、賢は上野展覧会を見に行くとか新潟工藤氏より学会特別講演として自分の供覧を以て充てたいの電報来。ドルメン別刷「四十八年前の思ひ出」五部札幌児玉氏へ送る

七月五日　　金　晴

七、二五教室　医事衛生記者塩沢某氏来り逸話写真とかいふ。エジソンレコード社員来室内務省届のため原稿を要すと併し於菟新潟へ持ち行きて手元になき旨を答ふ四時家に帰る、庭へ出る、三二来、数年前に貸したる解剖書及頭骨諏訪氏より返へしたる示す

七月六日　　土　晴雨

早朝昨日の塩沢氏来、「思ひ出」の別刷を贈る。七、二〇教室　北海道沙流郡二風谷N・G・マンロー氏よりこの頃手紙来り　火災に罹り丸焼となり書籍其他一切焼失、就ては三ッ沢頭骨写真再び所望し来りたり　其の返事を出す　今日午後より明日にかけて東京、横浜、川崎の三市防空演習。四時過帰宅　於菟新潟より帰りたりと電話あり　晩灯火管制全く暗黒、雨盛に降る、演習のために遺憾千万

七月七日　　日　曇

きみ子は与謝野仏事とて鎌倉へ行く、十時頃星氏先導出かける、上野博物館に到る、久し振りなり、これより四ッ谷簞笥町に到り三児に各書物箱を星氏買ふ、十二時工業倶楽部に到り昼食、二時家に帰る　自分は庭へ出る

七月八日　　月　晴

七、三五教室、於菟新潟より持ち帰りたる標本元位に復す　破損全くなし甚満足　小使四名へ三円つつ中元を遣る　於菟来室新潟学会談　寄贈論文整理　五時室を去る留守中来客多かりきと、野長瀬夫人来り　宮田牧野間のこと、六ヶ敷こと

七月九日　　火　晴曇

七、二〇教室　三時家に帰　庭へ出る、八千代子誠一を連れて来、中元挨拶、三児はホスケン夫人見舞のため横浜へ行きたりと

七月十日　　水　晴

七、三〇教室　橋田邦彦氏挨拶に寄る「思ひ出」別刷贈る　末広恭雄来室、南方へ出張したりきと氏にも贈る四時半帰宅庭へ出る

七月十一日　木　曇、冷

七、二〇教室、三時過帰りて庭へ、甚だ冷し

七月十二日　金　曇甚冷

自車大塚廻り七、四五教室、少し早く四時過学士院、丘浅次郎氏「発生及遺伝に就ての新説」を聞きたるも耳の遠いため解からす、七時半帰る、今日は甚多数の来客ありてきみ困りたるよし

七月十三日　土　曇冷

七、二五教室、三時前家に帰る、庭へ出る、星氏福島県平へ旅行　児等上野駅へ送り行きたり

七月十四日　日　曇晴

きみせい三児と出かける、三越に入る、日本橋にてすしを昼食とす、これ徒歩高島屋に入る、屋上まで上る、自分児等殆んど始めてなり、出てバスにて銀座、菊水にて葉巻二箱（十円）買ふ　星より中元贈品なり、不二屋（ママ）に入りアイスクリイムなど食し二時半家に帰る　庭へ出る

七月十五日　月　晴　熱くなる

七、二五教室　Abstracts 1933 初校全部終りたり　四時過ぎて帰る　非常なる熱さに弱はる　一寸庭へ出る　星氏平より帰京　児等迎へに行く

七月十六日　火　曇晴

七、二五教室　四時半帰り庭へ、晩十六夜の月朗

七月十七日　水　晴雷鳴

七、三〇教室、五時前帰る

七月十八日　木　曇

甚冷、七、三五教室　午前きみ子来室電気足炉下敷布団修繕のためなり、又小菅女小使に例により中元を遣る、又於菟にレコオド三枚頼みなどして去る、午刻賢信来弁当を使ふ　二時過去て柿内へ行く、来二十一日全家へ山中湖畔別荘へ避暑の筈、四時帰る　親協学芸会とか

七月十九日　金　曇

親協学校休、自分も教室不行、午前庭に出る、庭師芝を刈る、午後独り中目黒純子へ、北海道へ良一公用ありと、素子等も同行するよし、旅行談、良一遅く帰り来る、暫時話して六時過帰宅　ホスケン夫人出帆帰米する由、せい子児等横浜見送り九時過ぎて帰り来る　杉山茂丸翁今午前死去など星氏多忙

七月二十日　土　曇

七、四五教室、病理にて杉山翁剖検ありこれに陪席す、九時半過ぎて緒方知教授執刀にて始まる、心臓肥大、腎

片側委縮、脳重量1555g、頭週囲565（ママ）　長径200　幅186mm、十一時二〇室に帰る　輯報Anatomy, Vol. V完結に付これに関するタイプライタアを始む　五時帰宅　親協学校今日限りにて夏休となる

七月二十一日　日　晴　熱くなる

午前巣鴨に村松春水翁を訪ふ、網走アイノ骨格の件に付てなり　緒方規雄氏欧米視察出発、星全家見送る自分は失礼したり、在宿、庭へ出る

七月二十二日　月　晴

七、五〇教室　タイプライタア　昼帰りて食事、暑強し、そろそろ支度し芝増上寺、故杉山翁告別式三児も行く、せい子は前に行きて読経に陪す　三時前帰りて夕刻庭へ出る

七月二十三日　火　晴

七、二五教室　一昨日約束の通り村松春水翁令孫（日本医科大学生）を伴ひ来室　石時代人頭骨アイノ頭骨などを示し説明す、一時間半許居て去る「思ひ出」一部贈る　三時家に帰る暑酷し　純子来り居る児等はね廻る、一寸庭へ出る、良一来る、北海道出張の公用ある由にて家族を連れて行くと、地図等を貸す、夕食し星氏車にて帰り去る

七月二十四日　水　晴

八、〇教室　ソヴエート大使館アスコフ氏へモスコウ博物館との交換品ブリヤート頭骨其他同館に到着せるや問合せ手紙、プロフェッサー・フォン・アイクシュテット（ブレスラウ）氏へ去四月来書の返事（Zeitschr. f. Rosenkunde〔＊雑誌〕紙上に論文掲載勧誘の件）を出す、五時家に帰る、きみせい両人明日強羅行準備に忙はし、今日は始めての熱さなりしも夕刻急に涼しくなる

七月二十五日　木　小雨、曇　強羅行

五時起、なるべ（ママ）早くといふて出かける　七、一五の列車のつもりなりしも、意外にも冷気にて児等の衣を取りに戻り再び来る、故に次の列車（八、一〇）を用ふ、せい子は家の都合のために止る、車中甚凌ぎよし　十時半少し過ぎて強羅着、山は霧深し、甚冷、午後三児を連れて公園まで散歩女中両人侍す　夕刻入浴、晩食、早く寝に就く

七月二十六日　金　曇、甚冷

五時起、親一父上に葉書を出すとて早朝駅まで行く、親、協修学の後早く昼食し、全員宮城まで散歩、早川の流れ

整理し三段の滝を造る工事完成、三児駈け廻る、三時荘に帰る、夕食後児等花を遊ぶ、時に霧深し

七月二十七日　土　晴冷

五時起、親、協学修、稲荷詣など、九時頃皆出かける、小涌谷まで乗車、千条の滝へ行きて三河屋庭園に遊び徒歩二の平を経て午刻前に荘に帰る、自分疲を感す、児等共に入浴　昼食、休息、眼鏡を協一と戯れ中損す

七月二十八日　日　晴

格段なる散歩せず、午前近き川にて児等日光浴とて遊ぶ、午後は公園に行く、プール、猿、ブランコなどにて長く遊び帰る　星氏今日福岡（故杉山翁の葬儀）及台湾へ向け出発　精子夕刻強羅来着、皆々駅へ迎へに行く

七月二十九日　月　晴

快晴、避暑気分になる、午前午後ぐづぐづ暮す

七月三十日　火　晴

午前早雲山行き、自分駅脇の茶店に憩ふ、やす子共に待つ、今日はなかなか熱し、荘に戻りて浴、きみ子女中きみを連れて帰京、月末支払等のためなり　暑酷しきため午後屋内にありき、夕食後駅の辺まで行く

七月三十一日　水　晴

好天なるも熱さ酷し、午前親、協先生方及び学友へはがきを出すといひて郵便局まで行く、協一スタンプ帳を買ふなど　午後屋内にあり、夕食後児等稲荷へ行きたらば丁度きみ子ゆき女を連れて帰り来る、曙町異状なし

八月一日　木　晴

今日も暑酷し、屋内にあり只午後四時過公園まで散歩児等長くブランコに遊ぶ　星氏今日台湾へ向け門司出船の由電報ありしと

八月二日　金　晴

暑酷し終日屋内にありて暮す、ただ夕刻近き川まで皆と行く

八月三日　土　曇

暑気少しやはらぐ、午後予て考へたる宮城野より堂ヶ島まで早川左を歩くことを試む、親坊を連れりん女侍す、歩けばなかなか熱し向山々麓を廻る新らしき道を行く先年迷ひて覚えたる畑に至りて道絶ゆ、畑に仕事し居たる老婆に尋ぬ、これより先き道なしと　即ち引き返へし右岸を宮の下に到る、駅にて協鳩を連れたる精子に折り好く落ち合ふ、共に三時半荘に帰る、宵に雷、雨あり甚快

八月四日　　日　曇

雷雨の後冷しくなる　午後児等弓矢を造るなど、親坊矢の竹を取るとて近傍に探す　星氏台湾安着の電報来

八月五日　月　濃霧、雨、冷

終日濃霧四囲全く見えす、午前床屋へ行く、親協自分髪を剪む、午後せい子児等を連れて千条の滝、社員千田氏同行、自分も共に出かけたるも中途より引き返へし小涌谷より電車にて帰る　四時頃より雨降り出す、夕刻より豪雨頻りなり

八月六日　　火　曇

午後皆々近き川にて遊ぶ、竹にて山駕籠を造るなど　夕食後附近林中を通り箱根土地の方まで行きたり

八月七日　　水　半晴

静なる天気、冷、午後皆出かける、公園上よりケーブルカアにて早雲山、見晴しよきところにて眺めこれより新自動車道を下る　親、協、蝶を取る、四時半荘に帰る　快散歩

八月八日　　木　半晴

午前屋内にあり、高松豊吉氏夫人死去のこと紙上告知にて知りたるを以て早速弔電を送る、甚冷朝一九度、午後親坊を連れて出かける、女中ゆき侍す、二の平駅より線路をつたひ間道を宮の下へ、これより堂ヶ島に下る遊園にて憩ふ、晴れ来りなかなか熱し、ケーブルカアにて登る、山駕籠の模型を買ふ、ホテルグリルにて親に菓子水を与ふ、親所々にて紀念スタンプを押す、徒歩常道を荘に帰る時に五時良き散歩なりき

八月九日　　金　晴

冷朝二〇度、散歩せず屋内あり、川上政雄氏より今日訪問すべしとの電報あり、夕食を終へたるところへ来着、今日歯校新築竣工式ありてために遅れたりと、要件はこの度再婚の約なり、来二十七日式を挙るに付ては仲人として立合ふ様にとの懇請なり、これを諾す、これを島峰氏に告ぐる要ありとて匆々六時半発車帰京す、晩下の屋にて活動写真の催あり児等悦ぶ、九時過ぎて室に入る

八月十日　　土（曇）雨

朝二〇度朝より雨降り始め終日止まず、屋内にありて児等の相手

八月十一日　　日　雨霧

終日雨盛に降り霧深く甚陰鬱、屋内にあり

八月十二日　　月　曇

午前は児等近き川に遊ぶ、水量多く児等面白く遊びたり午後は皆宮城野早川新堤上を遊歩す、曇り居たるも冷しくして快、晩は鈴木氏はフキルムを上の屋に持ち来り活動映画、旅順攻戦、日本海々戦、杉山翁福岡に於ける葬儀等児等大歓、九時終る

八月十三日　火　曇霧

終日鬱陶敷、午後暫時公園及附近を歩く

八月十四日　水　濃霧小雨

一七度寒を感す、一歩も屋外に出ず、児等の相手

八月十五日　木　雨濃霧

一五度寒冷、朝細雨中やす子を連れて近き川まで行きたる外屋内にあり竹細工などす、降雨一寸も止まず、午後五時頃千田、神野氏等東京より自動にて来る、滞まりたる郵便物を持ち来る、岐阜武山氏より例年の通り見事なる香魚を贈り来りたるを持ち来る早速味ふ

八月十六日　金　雨

雨盛に降り続く、一五度、昼中児等の相手、徒然、夕食中俄に雨止み、天晴れかかる、明日は東京に帰るべしとてきみせい手荷物を整理などしたるも或は延ばすか、食後皆々駅前に到りみやげものを買ひなどす

八月十七日　土　晴、後曇雨も少し降りたり

漸く霽れたり、爽快、九時自動車にて出かける我等の外に横須賀の学校訓導松山氏同乗、二の平を経て箱根に向ふ、六地蔵に止め車を下り大岩に彫刻せる地蔵を見る、芦の湖手前湖畔に眺望よき権現あり、車を下りて詣、相模湾を眺む、児等スタンプなど、これより町を通りて東海道を走り、見晴台即ち徳川将軍紀念碑、太閤兜石などあり、ここにて弁当を使ふ、駿河湾の眺望佳、三島町、沼津見ゆ、愛鷹山頂上雲にかくれ、富士は見えず　これより引きかへし元箱根より湖畔を走りて湖尻に到る、仙石原宮城野を経て二時半強羅に帰る、児等は直に公園へ宝探しありとて行く、今日は昨日雨のため延びたる強羅年中行事の催しあり向山大字に点火あり

八月十八日　日　晴　帰京

九時皆自動車にて発す（女中二人は電車）、藤沢より鎌倉に向ふ、十一時由比ヶ浜星会社合宿所に到る、弁当を使ひ、児等海に入るなと大悦び、二時半出発、四時半過ぎ帰宅、この夏の避暑強羅無事了る

八月十九日　月　曇晴

八時半教室、外国郵便物数種あり、ベーグマンより抄録

第二部分の校正来り居る　抄録校正、五時過家に帰る

八月二十日　火　晴

七、四五教室、索引作成タイプライタア、午前村松春水大人来室、網走より返事あり　人骨は茶毘に附したりと云々兎に角望なし、名寄町高女校長矢口親六なる人を推薦せらる　五時室を去て家に帰る　熱さ再び強くなる

八月二十一日　水　晴

七、二五教室　杉野龍蔵氏養母堂（故田口教授娘）死去、今日東本願寺に於て告別式のよし　きみ子参行すべし家より電話、三時去て帰る　素子純子あり北海道旅行談、児等庭馳け廻る自分出る、夕食せずして去る、長岡のむつ子来り夕食す、近日長岡へ帰るよし、今日はなかなか熱し

八月二十二日　木　晴　熱し

七、四〇教室、終日タイプライタア、五時過ぎて去る、門前にてせい子等に逢ふ　電報を打ちに行くと、夜九時頃台北星氏より返電来、往復三時間半その早きに満足

八月二十三日　金　晴　暑甚へ難し

七、四〇教室　八幡一郎氏来室。満蒙調査報告一部贈らる、最近越後へ研究旅行したりと　タイプライタア　五時過ぎて室を去る　親坊少し熱発したりとて床中にあり

八月二十四日　土　晴

七、二五教室　タイプライタア　五時過ぎて家に帰る、三二一寸来

八月二十五日　日　晴曇

早朝川上政雄来訪、結婚儀式に付打ち合せのためなり、午前午後共庭へ出る、暑さ酷し

八月二十六日　月　晴

早川上氏案内にて高畑家母嬢来訪始めて対面、九時十分教室　Abstracts 第三校正了　タイプライタア　五時前帰宅、きみ同道芝水交社に到る　良一催し晩餐、せい子三児を連れて中目黒へ行き純子等と共に来り居る、児等大歓び庭芝生の上をはね廻る、食甚適す、後屋上にて涼をとる、快、八時家に帰る

八月二十七日　火　曇雨

七、四五教室　タイプライタア　三時前帰宅　川上政雄氏　高畑すて子嬢結婚式に媒酌人として立ち合ふ、きみは高島屋へ新婦支渡所に出向く、自分は政雄氏迎へに寄り三時半儀式所青山神宮橋際大礼会館といふに到る、先方も尋で来る、四時半式終る緩々宴会所芝紅葉館に到

る、時に余裕あり庭へ出でなどす、六時頃宴を始む、総て二十余名、十時帰宅、暑酷

八月二十八日　水　曇小雨

七、四〇教室　横尾氏蒙古探検旅行より昨日帰りたりとて来室　五時帰りて庭へ出る　児等其他も出て草を取る

八月二十九日　木　風雨

台風、強度にはあらす　八、〇教室　タイプライタア五時家に帰る時に風大に弱くなり雨止む

八月三十日　金　晴

空色秋らしくなりたるも尚ほ暑強し　九、〇教室、タイプライタア一応終る　千五六百枚なるべし　これより索引調整、全十日間を要したり　五時過家に帰る

八月三十一日　土　雨曇、冷

児等夏休終る学校用品二三を買ふため皆出かける、銀座伊東屋に入る、次に松屋にて遊覧、食堂に入る昼食、一時前家に帰る時に雨降る　児等屋内にて遊ぶ、自分独り四時出て柿内へ行く、昨日山中の荘より帰りたりと、皆在り、三郎氏疲れ旁腹工合少し悪しとて臥す、六時前に家に帰る、三二来る、赤尾晃氏に付談、京城大位置面白からず、中村拓氏が講師より教授となり（佐藤教授（京大出）医専の校長専任となりたるため）、これとの間平（ママ）かならず、このとこ自費を以て留学する云々　俄に冷くなりたり

九月一日　日　雨　冷

震災十三年目の記念日、天気悪し終日児等の相手、夕刻赤尾氏来　京城帝大位置の面白くなきことに付種々談あり、来二十日出発独逸留学の由、告別、同時に末広恭雄氏来

九月二日　月　雨冷

七、四五教室　索引整理　五時家に帰る

九月三日　火　雨

親協平常の通り学校へ行く　七、四〇教室　横尾氏縫合論文 Anthrop.Auz. 校正来、通見す　人類須田氏来室骨片継ぎ合せの件　五時過帰る

九月四日　水　雨

七、三〇教室　Abstracts 原稿整調なかなか煩はし　五時過きて家に帰る

九月五日　木　小雨

七、二〇教室、四時過帰

九月六日　　金　曇

七、三〇教室、仙台布施氏今朝着京せりとて来室、振興会委員会のためなり、氏此度制規により退職に付ては後継者として長谷部、八木の二氏を候補者として推薦すべしと、長谷部に付種々談あり、済政不良のこと、この八月満州へ旅行のこと、旅費に無理算段ありしこと、授業整はざること　学生出席せざること、南洋仕事の長引き過ること　横尾氏満州土産として葉巻一箱贈らる、四時前帰りて久し振りにて一寸庭へ出る　在満厳より進級（一等軍医正）記念写真を送り来る

九月七日　　土　霧、晴、暑

七、二五教室、三時過帰りて庭へ、暑強し

九月八日　　日　晴

午前岸へ、母堂あり、誠一扁桃腺肥大の除去手術を受るため今日午後赤十字病院へ入院するよし　午後は家にあり、夕方になりて庭へ出る

九月九日　　月　晴

七、三〇教室　三時半帰りて庭へ　夜十二日月明かなり

九月十日　　火　晴雨

七、一五教室、ソヴヱート大使館より電話あり　交換標本到着せりと尋で館員（邦人）持ち来る、大小四箱あり、此方よりは去七月二十四日書面を出し置きたるに漸く昨日到達せりと、税関に長く留め置きたりとか、五時過帰宅

九月十一日　　水　曇小雨

七、三〇教室、輯報第五巻索引漸く完了二十三日許かかりたり　五時帰宅　俄かに冷くなる、故牧野忠篤子長岡へ分骨費中へ拾円出す

九月十二日　　木　曇

七、二五教室　原稿をヘラルドに渡す　一時半家に帰り再び出て荻窪に梛野を見舞ふ保子異状なし、ひろ子に現（ママ）椽病気の模様を聞く、保子に厳昇進の祝辞、すすきをもらいて四時半帰宅　児等十五夜月光などと騒ぐ、但し曇りにて月見えず

九月十三日　　金　曇小雨

七、三五教室　ソヴヱート交換標本を開く　三時前帰宅、保子ひろ子ゆう子等来り居る、庭へ出る　小雨降り出す直に入る

九月十四日　　土　曇小雨

七、二五教室　ソヴヱート大使館書記官アスコフ宛にて

モスコオ博物館との交換品ブリヤート骨格一具頭二箇及ポドクムスキー化石頭蓋模型受領書を出す　名寄高等女学校長矢口親六氏へアイノ頭骨懇請手紙、入沢氏へ村松春水老人アイノ頭骨関係徒労云々手紙又ヨンへ・コーヘン（アムステルダム）へ絵はがきの礼札を出す　五時雨中家に帰る

九月十五日　日　曇　寒冷

せい子やす子を連れて星氏台湾より帰るを迎へに門司まで行くとて準備す　午後二時前に皆々出かける　三時特急一等車にて出発、時間充分あり皆々車内展望台など見る、これよりマルビルにて親、協菓子を食べる　社員日村氏等も喫茶、四時家に帰り一寸庭へ出て草をとる

九月十六日　月　曇

七、二五教室、図書掛杉浦嬢本月限り退職の由にて後任者を連れて来室、午後三時前に帰り一寸庭へ出たるも寒し　三二来、親坊鼻出血

九月十七日　火　曇雨

七、四〇教室、一時去て青山斎場、故富井政章氏告別式、三時家に帰る、雨中困る、八千代子誠、敬二児を連れて帰り菓子を食べ悪天中帰り去、夕刻三二来

九月十八日　水　雨

星氏等七、一六品川駅着に付自分独り雨中迎へに行く、せい子始めて門司まで行き、瀬戸内海を航したり　やす子気嫌（ママ）よし　九、一〇教室　製本（四月十九日注文のもの）昨日出来持ち来る、これに札を貼るなど、又図書室にて新刊雑誌を見る　五時家に帰る

九月十九日　木　晴

久し振りにて天気よし、七時四〇教室、午後三時家に帰り庭へ出て草を取る

九月二十日　金　曇

七、三〇教室　午後一時人類教室、須田氏依頼の破懐せる人骨を継ぎ合はす方法を示す、アイクシュテット氏発行 Zeitschr. f. Rosenkunde 借用、始めて見る、二時半自室に帰る　入沢達吉氏来室、村松春水氏アイノ頭骨談失敗に帰したることなど、「四十八年前の思ひ出」を贈る　五時家に帰る

九月二十一日　土　雨

自車にて親、協大塚廻り七、三五教室　Zeitschr. f. Rosenkunde を読む、種々面白きことあり　五時前に帰る

九月二十二日　日　雨

此上なき悪天、左官数人来り客間その他上塗りをぬり換へる、これ震災この方のこと、星氏近日米人を迎へるに付そのため急にこれを行ひたり、星氏の意に依り全家自動車にて出かける、上野松坂屋に入る、児等面白店内を歩く、これより浅草やつこに到りて夕食、雨中七時半帰る

九月二十三日　月　雨

大塚学校廻り七、四〇教室、五時帰る

九月二十四日　火　雨　祭日

台風余波とか終日大雨、きみ与謝野法会とかにて荻窪へ出かける、左官経師来り屋内混雑、児等の相手

九月二十五日　水　晴雨

七、四五教室、二時半帰る、庭へ出たるも驟雨降り風あり且つ俄かに熱くなる　晩星客あり、客間は壁塗りにて混雑、下の部屋に於てす。屋内の混雑も今日にて稍片付きたり

九月二十六日　木　晴

七、三〇教室　星両人はジョン・ウリー・ロイド米国八十六才老人横浜着出迎として三児を携て行きたり　昼きみ子室へ寄る、於菟に百円返却、安川へ製本費二拾九円（昨年及本年分）払ふ、二時半帰りて庭へ出る　皆々横浜より帰り来りて協一自動中にて吐したりと　せい子も胸悪し帰りて吐　親やすは無事、家に在りたるりん女も吐したりと　昼食にあたりたるものならんも不明、或は昨日製したる萩の餅ならんかなどいへり、晩八代氏を呼ぶなど

九月二十七日　金　晴

久し振りにて秋晴、七、三〇教室、横尾満州にて買ひ入れたる露西亜語書物若干を示す、二時過帰りて芝上にあり

九月二十八日　土　晴

七、三〇教室、二時過帰る、やす、ひろ両人来り居る、庭へ出る、素、純両人来り晩食

九月二十九日　日　晴曇

午前午後共庭へ出る草取り捗る、金森夫人来、源椽（ママ）入院に付今橋本へ談合、一円とすることに約束したりと、きみはこれを知らせるため荻窪へ行く、星両人は三児を連れて猫地蔵とかへ行きたり

九月三十日　月　晴

久々服を着る、七、二〇教室　輯報第五巻索引校正、きみ弁当持参　三時帰りて庭へ出る、五、六日続けて草を取るなかなか効果なし　晩三二来

十月一日　　火　晴

七、二五教室、輯報索引校正通了　三時帰りて庭へ出る

十月二日　　水　雨

今午前〇時全国々勢調査

大塚廻り七、三五教室　輯報第五巻扉等の初校をヘラルドへ戻す　新雑誌「思想国防」のために座談会に出席せよ云々、断る　Abstracts 1934 西、森両氏のもの修正のためフォン・ベーグマン博士へ書留にて送る　米人ロイド老人星氏案内来訪の筈なりしもそのことなし　星氏迎へに寄り六時共に帰る、足立氏著 Arteriensystem〔＊動脈系〕をロイド老人に贈りたりと

十月三日　　木　雨後晴

昨日小包を送る際義歯上門歯を損したるを今日歯校病院へ遣り修理を頼む、親協と大塚廻り七、三〇教室、輯報外国へ送り先に付去昭和二年以来のもの検査　三時家に帰り庭へ出る、義歯修理出来使にて弁す　星氏ロイド老人を伴ひ箱根へ行く

十月四日　　金　昨夜雨、曇晴

昨日号外エチオピヤ、伊国間愈々開戦を報す　七、三五教室　三時帰りて庭へ　夜に入り星氏箱根より帰る

十月五日　　土　晴

七、三〇教室、二時家に帰りて庭へ出る、児等早く夕食しきみせい芝浦へ軍艦イルミネーションを見に行く

十月六日　　日　晴

全家出かける、聯合艦隊北海にて大演習の後東京湾に入り昨日より市中歓迎、百数十隻の停泊を見学、築地よりモーター船　岸四人も来る其他社員数名、十時半発、泊所に達すれば正午となる、皆弁当を使ふ、児等大歓大小の艦列の間を通る壮快、日光なかなか熱し、四時家に帰り直に庭へ出る

十月七日　　月　晴

昨夜隣家豊島へ賊入りたりと併し被害は少なりと　七、三〇教室、昨今は毎日輯報外国へ発送先を検査　二時帰りて庭へ

十月八日　　火　晴

大塚廻り七、三〇教室　三時帰りて庭へ

十月九日　　水　晴

大塚廻り七、三〇教室　プリセツキイ（モスコウ）へブルヤアト頭骨等の交換品受領の手紙を出す　二時半帰りて庭へ

十月十日　　木　晴

七、三〇教室　メルボルン博物館と交換の約束品アイノ頭骨及同模型を送る旨の手紙を館長ダニエル・ダホニー宛書留にて出す　神戸池田保氏（四十三年卒業）より松茸を送り来りたる礼を出す　賢信来室弁当を使ひ、試験済みて閑ありとて三時過まで話したり　人類学会評議員に四時三〇列席、六時帰宅　星氏夜行にて関西へ行く米人ロイド老人のためなり

十月十一日　　金　曇小雨

七、三〇教室、ドクトル、マンロオ氏依頼の三ッ沢頭骨写真を学生鈴木氏撮る、四時帰宅、晩雨　協一学校々外教授として稲田登戸へ遠足朝大悦にて出かけたるも天気思はしからず併し困る程のことなかりきと

十月十二日　　土　曇晴

七、三〇教室、午後五時学士院例会出席、早くすみ七時半帰宅

十月十三日　　日　曇晴　長岡、上高地旅行

髪を鋏みなどして社自動車にて皆出かける、保子既に来り居る　博子及小供も来り賑か、九時発車、水上湯比曽間にて携へたる弁当を使ふ、トンネルを越し段々天気好くなる、二、四六長岡着、透、まつ子むつ子等迎へ出て居る　長岡赤十字病院長多々良氏東京より同車、意外なりしは開業諸氏中沢三郎氏始め七名ありたり、諸氏に謝し直に車にて安善寺に到る、故人の旧友丸田亀太郎、村井鉄作、駒形治衛其他列席、桜井龍蔵氏も来る、三時半読経を始む、住職外五名特に故人の友赤柴師列す、頂重（ママ）に終り墓に詣でたり、これにて故寿衛造のための法会を終る　これより透、保子同道栄涼寺に牧野忠篤子爵の分骨墓に詣で、栖吉川土手を歩き今朝白を通る、元諏訪堂の古杉を見て昌福寺に到る　赤柴師歓待、談話中戊辰の際奥州まで落ち行き滞在せる陸中国大原の寺の名不明なりしが「流泉寺」といふ寺なりしこと明かになりたり、日暮れてこれより自動車にて透氏住宅に到る、入浴、夕食、待遇甚よし、十六日の月明かなりしが、雷鳴驟雨、九時半頃むつ子住に到り、泊

十月十四日　月　晴

六、二五長岡発車、保、松、むつ、はつ子等及桜井氏駅まで見送る。車中にてむつ子が心配し呉れたる「サンドウヰッチ」を食す。車中乗客少し、閑、十二時に近く篠の井着、乗り替へ、駅夫に聞けば長野にて乗り替へれば連絡最好のよし、おしきことしたり、一時間半待つ、そば屋に入りこの名物を試む、味適せず、携へたる「サンドウヰッチ」を食す、町内を歩きなどす林檎見事なるものあり、一時二二発車、即ち中央線に入る、常に筑摩川の谷を見る、姥捨駅の展望最佳、三時一四松本着、上高まで自動八円、直に発す、島々を経てヘットナア石を見る問題の氷河痕は細き凹線なり、鵬雲崎甚奇観五百尺の断崖、少し行きて出合たる車に故障あり、道狭く、行きちがふこと出来ず、車は全く運転不能なりと、乗客下る、偶然にも草間滋氏夫妻等なり、自分等辛して通る、大に時を費す、紅葉美、日暮れる、六時上高地着、帝国ホテルに入る、夕食、下談話室（火を焚く）暖をとる　十時寝台に上る

十月十五日　　火　晴

六時起、軽き朝食、柿内、岸、すみ子、星三児へホテル絵はがきを出す、九時半出かける、ぶらぶら歩き梓川の左岸に添ふて下り大正池といふに到る、白玉の木とか云ふ小樹珍らし、焼岳より押し出したる土石のためせきて水たまり　樹木の水中にある様奇なり、一時少し前ホテルに帰りグリルにて小昼食、休憩、再出て左岸を上りかつぱ橋に到り、粗なる旅館あり、売店にて木の瓶型楊子入れを買ひスタンプを押す、橋を渡りて右岸を下る、郵便局にてスタンプ、可なり大なる旅館二三軒あり　粗なる橋を渡り宿に帰る時に四時半、昨今賑かなりし松竹か活動三十名去て静かになる、六時過夕食、客二十名許あり、下の暖炉にて温をとる、きみ食事後吐瀉したりとて臥す、入浴、九時床に入る

十月十六日　　水　晴曇雨　帰京

五時醒む、きみ昨夜来、腹痛吐瀉なきも容体思はしからず、天気模様よし惜しきことなるも帰京と決す、手荷物整へ、自動車を命し、八時出発、松本にて家へ電報を出す際に計らずも篠の井にて連絡悪し、新宿行ならば最も都合よし、パス券も差支なしとのこと分明す、十時四三松本発す　諏訪辺にてホテルより携へたるパンを食す、きみ食せず、甲府にて土産に葡萄を買ふ、午後曇る、五時五〇新宿着、せい子三児を連れて迎へに来て居る、都

合よし、家に帰りきみ格別のことなし

十月十七日　木　雨　祭日

朝星氏関西より帰る、せい子三児を連れて迎へに行く、終日悪天、屋内にて暮らす、夕刻良一来る、きみ格別のことなし

十月十八日　金　晴

早朝三児学校運動会とて自動車にて神宮外苑運動場に向け出行く、自分は星両人と共に十時過出かけ、先つ日比谷公園脇の高木写真館に到りロイド老人のために自分撮影す、これより三児の運動会場に到る、自分は会場も運動会も始めてにて甚珍らし、三、四の運動技（ママ）て星氏去る、自分も去りて中目黒に良一方へ行く、すみ子は昨日運動会にて悪天甚不平、自動車をもらひて二時二〇帰宅　庭へ出る、夕刻皆帰りて児等疲れたる様子、無上好天

十月十九日　土　晴

終日家にありて午前午後共庭へ出る、十時半頃田鶴子七児を連れて来り　ゆるゆる談話、三時を食べて去る

十月二十日　日　快晴

午前九時過出て柿内へ、孝子持病、三郎氏京都へ、賢信大学へ行きて不在、忠、信、悌の三女を連れ銀座服部時計店へ行き悌子に腕時計（十二円）を買ひ与へ　ふじやにて菓子を、松屋にて文房具雑品買ひなどす十二時半加賀町へ帰る、一時半家に帰りてパンを食し庭へ出る　秋晴小春甚心地よし

十月二十一日　月　快晴

七、三〇教室、一週間振りにて来る、大久保清氏論文（英文）原稿ヘラルドに渡す　村松春水氏より来書、アイノ頭骨に関する件、名寄高等女学校長矢口親六氏の書封入、同氏処有の頭骨北大解剖借用として持ち行きたりとか、なかなか面倒のことになりたり　旅行不在中品川区大崎より横穴より出たる人骨送り来り居る、その受領挨拶を芳水小学校長木村久七郎氏宛にて出す　島峰氏不図来室三時家に帰りて庭へ出る　星氏帰る、ロイド翁今夕星家族を饗応する由、皆六時帝国ホテルに到る、外に翁の婿夫妻、社員二名、食事終りて翁が所々観光せるフキルムを映す、九時過ぎて家に帰る、三児共眠くなりたり

十月二十二日　火　快晴

大塚廻り七、三五教室　弁当を使ひ直に去て池袋町に柳沢銀蔵氏訪ふ折悪く不在、残念、目白駅より人力車に乗りたるに車夫小西信八氏宅を知るを以てこれを訪ふ、

八十二才の老齢元気、夫人は気管枝カタルとかにて病院へ行きて不在、二時半家に帰る、保子来り居る、寿衛造法会をすませて安堵せりと互に言ひたり　夕刻三二来

十月二十三日　水　快晴

靖国神社秋期祭にて児等学校休、自分も教室行かず、長岡にて出迎へくれたる人七名、安善寺にて焼香しくれたる人四名へ礼状を出す　会社にてタイプライタアにて打ちしもの。十時出て岸へ行く、八千代子及二児を連れて帰り、庭にて昼食す、児等大歓、今日ロイド老人の訪問あるとて忙はしといひてきみ不服、一時過去る、自分は庭にありたり　四時過きてロイド老人ウェルボーン夫妻星氏伴ひて来着、高木にて撮りたる自分写真拡大して二枚贈る、我々の住居を珍らしく感したるべし、老人観光の「フイルム」を映すなど五時過去る

十月二十四日　木　快晴

七、三〇教室、三時帰宅、安田恭吾氏死去の知らせ来り居る、庭へ出る　夕食後安田へ悔に行く、星両人三児を連れてロイド老人一行帰米出帆を横浜に見送る

十月二十五日　金　快晴

七、三〇教室　明治四十四年卒業学士二十五年記念としてみことの銅像置物贈与の礼状を世話人宮川米次、増田虎次、高木逸磨氏宛にて出す、又満州国海拉尓衛戍病院長吉井誠一氏へ喜字祝詞に対し礼状を出す　三時家に帰り庭へ

十月二十六日　土　晴雨

十時上野学士院、輯報編纂委員例会なり、出席者多し、西氏と談合森氏の代りに千葉の鈴木重武氏抄録を頼むこととす、昼食後医学側授賞者に付相談会を開く、珍らしく三宅老始め全会員十名出席、佐々木隆興氏外一名及台北帝大医化学□□□□氏二件を提出と決す、二時散会、時に雨降り出す、足立文氏同車家に伴ふ、暫時談話、長女結婚式来月行ふと　約束ありとて去る

十月二十七日　日　豪雨

終日雨、殊に午前十時—十二時の間最も強し、星氏催にて十二時全家出かける　晩翠軒にて食事、雨中星氏を会社まで送りて三時過家に帰る、道路水濡るところ所々にあり　夕紙報を見れば未曽有の雨量なりと、東海道線其他所々不通となる

十月二十八日　月　快晴

八、〇教室　賢信来室　弁当を使ふ、三時帰りて庭へ

十月二十九日　火　快晴
七、五〇教室、二時帰りて庭へ

十月三十日　水　快晴
七、三〇教室　去七月六日北海道沙流郡平取村字二風谷マンロー氏より再依頼の三ッ沢貝塚頭骨写真三様（ママ）出来、書留にて送る、又右写真を撮りくれたる学生鈴木氏及、雇大浦氏へ礼として煙草（あかつき、一円二〇）を贈る　二時過帰りて庭へ　きみ子新井春未亡人を訪ふ、健康状態甚だ悪しと

十月三十一日　木　快晴
習志野へ遠足とて親協勇み出行く、八、五〇教室　この頃横尾氏ダヤアク頭骨独逸文を見調、二時過帰りて庭へ、四時頃親、協大元気にて帰り来る

十一月一日　金　快晴
熱田神宮遷座式に付学校休、三児学校式に行く、自分は午前午後共庭にあり、大方片付きたり

十一月二日　土　快晴
八、一〇教室　弁当を使ひ庭へ出る

十一月三日　日　快晴
三児学校式より十一時帰り来る、これよりせい子会社の任務断行期成団五週年（ママ）祝賀会に行く、エンタク今日は甚難、巣鴨までバス、これより山の手省線、五反田より高校までエンタク、省線非常なる混雑、大講堂式場バルコンより見る、祝詞等多数あり、星氏講演、何れも遠方にて聴きとれず十二時半終る、これより屋上にて携へたる弁当を使ふ、午後は余興、種々あり　真鍋嘉一郎氏臨席、児等興してなかなか帰ると言はず、夕食の時刻となる晩は活動写真あるのを見ると、急に星氏単なる食を用意すなど　七時二〇皆共に帰る、尚ほ食事す、きみ子は留守居

十一月四日　月　曇小雨
八、〇教室、五時過帰る　故古市公威、小藤文次郎氏記念事業へ各五円つつ出す

十一月五日　火　曇晴雨
八、〇教室、午後二時去て柿内へ、忠子の写真高木にて撮りたるもの出来たれは持ち行きたり　田鶴子観菊会に招され不在、三時半帰る、坂下にせい子等親坊の帰りを待つ、親磁石を買ふなど

十一月六日　水　昨夜雨、曇小雨

八、〇教室　賢信室に寄りて弁当を使ふ　四時過帰る
星氏渡米明日出発、客あり夜遅くなりたる様なり

十一月七日　木　快晴

七、五五教室、ライオン歯磨の野口俊雄とかいふ人より「齲歯統計」の論文処望に付丁度一部余りありてこれを送りたり（昨日）在和歌山市村松春水氏アイノ頭骨に関し手紙を出す、これは名寄高女校長矢口氏処蔵のもの北大解剖との関係面倒になりたるに付ては村松氏より矢口氏に対し特に熱望の旨開陳せられたきを申送りたるなり十一時家に帰りて食事、せい子共にやす子を連れて出かける、きみ子留守、親協は学校、東京駅十二時発す、例の通り見送り賑か、岸壁本船浅間丸に入る、昨年の例の通り、船内数回撮影、三時機関運転始む、紙条無数、尚ほ本船の港外に向ふを望む天気上々、帰りは自動車、花井弁護士同乗、五時家に帰る、星氏無事帰朝を祈る　家に帰れば親、協庭へ灰降りたりとてこれをはきよせなどし居る　浅間山大爆発し市内まで灰を降らしたり

十一月八日　金　快晴

七、四五教室　W・W・グレーブズ（セントルイス）、ワイデンライヒ（北平）両氏へ論文寄贈の礼札を出す、市内大崎横穴処出人骨を一応調ぶ、四体分あり、二時半帰宅、庭へ出る、がくを鋏む、これにて庭の冬支渡了る

十一月九日　土　快晴

きみ同道九時出かける、七里ヶ浜鈴木孝氏訪問、小田急電車を用ふ、江の島岩影にて弁当を使ひ一時鈴木療院に到る、鈴木氏往診不在、暫時にて帰り来る、甚元気、互に歓ぶ、日暮に家に帰る門前にて親協等に会ふ

十一月十日　日　晴

午前独り日比谷の菊花展覧を見る、例の通り見事、午後は児等庭に出てまり投げ自分も出る、夕方せい子三児共に吉祥寺附近を少し歩く

十一月十一日　月　晴雪

先達ての上高地旅行尚ほ少し不足のよう感し、せい子やす子を連れて松島へと思ひたるもせい子諾せず、きみ子を連れて塩原行と決す、その用意、児等学校へ出行く、自分等正十時青森行急行にて上野駅発車、無上の好天、早くサンドウヰチを食し食堂車にて茶を飲む、十二時三〇西那須野、バスにて塩原に向ふ、直線の道を走る、山路にかかりたる頃より雨降るかと思へば直に雪となる、一時半を過ぎて福渡戸着、これは塩原十ヶ湯中の中

心なり、満寿屋といふ旅館に入る　盛に雪降る、寒し、「こたつ」を命す、なすことなく日暮る、入浴、雪三寸積りたり初雪のよし、この月の二十日前にかく雪降るはこの地にても甚珍らしきことなりと

十一月十二日　火　晴、強風

天晴れたるも風強く、きみ子試に外へ出たるも吹き飛ばされそうなりと、且つ雪五寸積もりたりと、寒強し室内こたつにありたり、彼れ是れ考へたる末今日帰宅と決す、一時一五発（バス）、二時二四西那須野発車、この辺昨夜は雨降りたるも雪にはあらざりき、汽車内暖くしてよし、五時四〇頃上野着、六時タキシイ自動車にて帰宅、北小旅行甚失望

十一月十三日　水　快晴

八、〇教室、品川区大崎横穴所出の人骨の一部を洗ふ、四時過ぎ帰宅　腹工合少し悪し

十一月十四日　木　快晴

家にあり、安静

十一月十五日　金　快晴

在家、なるべく静に居る

十一月十六日　土　晴曇雨

在家、午後末広ゆう子児を連れて来、腹工合宜しき様なり、夜に入りて雨

十一月十七日　日　雨

鳩子誕生日に当る且七歳の祝とて精子近親のものを招く、午前雨中せい子やす子を連れて撮影に行く、神宮参拝は止、十一時半頃帰り来る、また招ねかれたるもの順次来る、柿内信、孝、悌、純子等三人、岸四人、久し振りにて大賑、午後雨止む、庭へ出てまり投げに興す、時に鈴木孝氏来訪、この頃訪問せる答礼なるべし、夕刻順々二自動車にて送る、皆々大満足

十一月十八日　月　晴

腹工合先つ宜し、八、一五教室、輯報抄録原稿一見整理に取りかかる、蓑内収氏独乙留学のところ本月四日帰朝、来室　細君は来年四月まで延ばしたりと、ライヒスマルクに付談ありたるも解り悪し其他種々話しあり、長談、六時帰家

十一月十九日　火　雨

八、一〇教室、五時家に帰る、

十一月二十日　水　曇

八、〇教室、Abstracts 稿整理、賢信来室　五時帰り、

食後湯島歯校に到る、学会例会、講師ドクトル・ヘルマン・グロス氏この度来着新任の挨拶あり　夫人にも面会、徳永氏人胎歯発生講演を聞き八時半帰宅　新校舎落成後始めてなり

十一月二十一日　木　快晴

八、〇教室、Abstracts整理、五時過帰る

十一月二十二日　金　晴

九時教室、西氏にAbstractsに付尋ぬるところあり、又1935分からは森氏の代りに千葉の鈴木重武氏に頼みたらば快く承諾したりと　五時前帰宅　晩社員来り去三日社祝賀会の様子及ひ七日星氏渡米出発の活動写真を映す、上出来、児等大歓

十一月二十三日　土　曇　祭日

予て計らひたる故寿衛造法事斎食、故人知友縁故のものを招く　集まりたる人々は田崎留太（谷口喜太郎氏弟）、上松万（同又男氏弟）、石垣貫三、遠藤忠太郎、昌福寺赤柴師、棚野透の諸氏、外に鳥居れん子さん、橋本節斎氏夫妻、保子、博子、田鶴、三二、尚ほ勿論良一等三人、予期したる人々悉く集まる外に想外にも赤柴師出京中にて来り且読経せらる、故人に関する談多く、多感、天雲も風静、寒からす、散するまで雨降らす、先々都合よく了たるは満足

十一月二十四日　日　晴曇

昼食しせい子共に三児を連れて上野科学博物館へ行く、地下室食堂に入りて児等しるこを食す四時半帰宅

十一月二十五日　月　雨

昨夜雨、昨日人類学会五十年記念出版物「日本民族」到達　夜に入りこれを読む。八、〇五教室、持ち行たる出版物中の清野論文を読む　石時代人骨調査の結果石時代人はアイノにあらず日本人にもあらず云々　名寄高等女学校長矢口氏処蔵アイノ頭骨に付在和歌山市村松春水老人より来信、直に今一応切望の旨同校長宛書面発送せられたしと返事を出す　五時前帰宅　学士院会員参考候補者第二回目五名のところ林春、長与又、佐々木隆の三名を記載し送る

十一月二十六日　火　霧晴

八、一〇教室　京都足立氏へSinanthropus〔＊文献〕返却せられたしとはがきを出す　五時帰る

十一月二十七日　水　曇晴

八、二〇教室　賢信来り弁当を使ふ、先達頼み置きたる

Haushofer: Werdegang Japans als grossen ächse〔＊文献〕を買ひて持ち来る　五時過帰る　在久里浜在郷歩兵大佐竹内東一郎なる人より来書、故寿衛造部下なりしと金森鉦弥氏懇意の人、去追善の宴に招ねかざりしは遺憾

十一月二十八日　木　曇

八、〇五教室　五時半去て赤坂幸楽に到る、歯校へ来任ヘルマン・グロス博士（講師）夫妻歓迎会なり、支那料理、二十五六名集る、九時帰る

今朝皇子御降誕

十一月二十九日　金　曇

九時教室　H・フィルヒョウ教授へ手紙を出す　**Das jap. Reich war einst ein Ainoreich** の詞を記したり　五時家に帰る

十一月三十日　土　晴

朝社車来、宮城及大宮御所参賀、十時帰りて更衣、再出て青山大山氏訪問、研究所にて談話、池上、中村、慶應出身者□□□（空き）、酒詰仲男氏の四名あり、一時半帰宅、後在家、金森夫人来

十二月一日　日　曇雨

終日在家、夕刻より雨降る

十二月二日　月　晴曇雨

八、二〇教室　午食人類教室へ行き松村氏に面会、松本彦氏が全く変りたるおとなしき人になりたること、仙台にて相変らず以前の通り教室へ出て居るとか　足立氏より **Sinanthropus**〔＊文献〕返送、ベーグマン氏より **Abstracts** 原稿最後の部分戻る　学士院へ鉄道パス券を返へす　四時去て帰途槇町にて望遠鏡を買ひ協一へ見舞とす、少し風気にて学校休

十二月三日　火　晴

八、〇教室　**Abstracts** 1934 整理、フォン・ベーグマン博士へフラウ・ユンケルまだ帰らぬか何時帰るか問合せ手紙を出す　五時家に帰る

十二月四日　水　晴

八、〇五教室　昨日きみが買置きたる例の五重塔カレンダアをH・フィルヒョウ教授及びビルト・マイエル教授（ブレスラウ）へ贈る、又マイエル氏へ手紙を書く、ホフマンの履歴のこと、好天に付二時家に帰り直に出て荻窪に梛野を訪ふ保子無事、博子其他あり、四時半家に帰る、岸

音羽子来り居る歳末のつもりなるべし

十二月五日　木　曇

八、二五教室、弁当を使ひ居るところへ大沢ユリヤ夫人来室、久し振りのことなり　五時家に帰る　二、三日来協一少し風気

十二月六日　金　晴（昨夜雨）

八、〇五教室、Abstracts 原稿整理なかなか煩はし　末広恭雄氏来室　五時過て家に帰る

十二月七日　土　晴

九、一〇教室、五時帰る　協一熱あり、八代医学士を呼びたりと

十二月八日　日　曇晴

皆外出せず、甚暖かし午後親鳩は庭へ出る、自分独柿内へ行く、三郎氏不在他皆在り

十二月九日　月　曇

八、二〇教室、仙台布施氏来室　永々と話したり、長谷部氏胆石症、遂に二箇排出したりと今尚ほ入院中なるも先つ回復不日退院すべしと　五時半帰る

十二月十日　火　曇晴

八、三〇教室　Abstracts 1934 原稿整理漸く了りヘラルドに渡す（十一月十八日この方）　五時帰る

十二月十一日　水　晴　寒くなる

八、三〇教室、五時帰る

十二月十二日　木　晴

八、二五教室　R・フィック（ベルリン）、ニコル解剖学講師（グラスゴー）、C・B・ダベンポート（ロングアイランド、ニューヨーク州）、E・Z・キエス（クリーブランド、オハイオ州）、W・ブラント博士（ケルン、リンデルタール）五氏へ論文寄贈の礼札を出す　五時帰る　学士院例会は明日のこともあり欠席　夕三二来長与氏この頃一寸不快なりしと

十二月十三日　金　晴

八、二〇教室、五時半島峰氏自動車にて迎へに来室、共に洗足池辺歯科高校教師ドクトル・ヘルマン・グロス（講師）氏住宅に到る、夫人誕生日なりとて招ねかれたるなり　外に篠野静江といふ夫人あり女子大ピアノ教員なりと、独逸に三年居たりと　食事は簡単なるも純独逸料理、後別室にて談話、独日雑談時移る、十時過ぎて去る、篠野嬢を牛込払方町に送り、尚ほ島峰氏坂下まで送りくれたり　家に入れば客あり　久里浜竹内大佐なり、山口県

萩の人故寿衛造中隊の少尉なりきと、八時頃来りたりと、旅順二〇三高地戦闘談、きみ相手す、尚ほ十二時一五前まで居て去りたり厚情の人なり

十二月十四日　土　晴

九時教室、賢信来室弁当を使ふ、四時過帰る　第七十七回誕辰

十二月十五日　日　晴

何処へも行かずただ午後皆と一寸槇町まで

十二月十六日　月　晴

八、二五教室　小使四人へ三円つつ歳末として遣る　五時帰る　故新渡戸稲造氏記念(五円)、三田定則氏還暦(五円)、故学術研究会書記吉田三郎氏育児費（三円）出す

十二月十七日　火　曇雨

八、二五教室　午後大場磐雄氏来室、著書「考古学」一部寄贈せらる　種々興味ある談あり、五時帰る

十二月十八日　水　曇晴雨

八、二五教室、五時帰る　輯報二八五円券受領

十二月十九日　木　晴

八、二五教室　電話を以て学研へベーグマン氏へ抄録修正料支給なりたるやを質したるに既に直接送り済みとのことなり　五時過帰

十二月二十日　金　曇晴

八、四〇教室　午後山越長七氏来室長々と談したり、空気イオン計測器の新工風甚だ得意なり　五時過ぎて帰

協一二週間余休し居たるが精子今日学校へ連れ行く

十二月二十一日　土　晴

親、協今日より学校休、八、三五教室、昨日電話ありたる通り十時頃大山氏フォン・シュタイン・カレンフェルス氏を伴ひ来室、1932 に日本を訪問せし人、現在シンガポール・ラッフルズ博物館勤務のよし、ジャバア、日本関係に付考古学上の談、土器は概してマレイに乏しきこと、形素焼水瓶今もあること、ホンコン発掘は海岸にて種々な時代の遺物混乱せること等、十二時前に公使館へ行くとて去る、弁当使ひ居るところへ賢信来室、長談二時半去る　自分も三時家に帰、児等クリスマス木を飾りたりとてはしやぎ居る

十二月二十二日　日　曇晴

午前全家出かける、上野松坂屋に入る、小食堂に入りて児等食す、混雑、一時半帰る　親一を連れて銀糸を買ふとて槇町へ行きたるもなし　独り出て三二方へ歳末に行

く皆在り二児へ磁石鉄、本などを遣る大悦、帰途驟雨あり

十二月二十三日　月　晴

鳩子のみ幼稚園へ行く、親協授業なし、協一胸部レントゲン撮影のため目黒良一方へ行く　自分親も同行、病院にて撮影、何も悪しき徴なし、素子配慮遂に昼食、一時半帰る、独り出て柿内へ歳末、女児義六名に一円乃至五十銭遣る、四時帰る、夕食後きみ柿内へ、田鶴腰痛女中病気のため困り居るに付急に一人出来たりとて連れ行きたるなり

十二月二十四日　火　晴

午前独り千駄ヶ谷にユンケル未亡人訪問、独逸へ帰国中なりしが去八月日本へ帰りたる後始めてなり、種々独逸談あり現状に付大体不服エリダ嬢は大使館に勤務のよし、十二時教室　五時家に帰る

十二月二十五日　水　晴（曇）

予て計り居たるクリスマス遊び、十一時半純子来、直に上野精養軒に到る　精子監す、入口大混雑、直に食堂に入り食事を済せ、これより余興所に入る、児等始めてのことにて興す、自分後方に喫煙、時にバルコンに出て不忍池を眺む、天気よし心地快、四時前に去る、少し曇る、純子上野駅より省線にて帰り行くを見送り、家に帰る児等大満足

十二月二十六日　木　曇

午前家にあり、午後せい子三児を連れて目黒良一方へ行く自分同行　親戚の子供を集めて歓ばすつもりなるべし桑木夫人来、外松沢家等、岸は親子四人、自分は小供等のさはぐ様を見て居たり、寒さ酷しかりしも雨雪降らす六時半帰りて自分は食事す

十二月二十七日　金　雨、寒

故パウル・シュミット氏葬儀に列席す、十一時平河町O.A.G.に到る、直に式始まる、音楽、祈禱、独逸語弔辞三回許、日本語二三其間音楽、ヒットラア式挙腕の礼、弔歌を以て了る、会葬者三百名許、各々単花を霊前に供ふ　時に十二時一五、見附坂下まで歩き、エンタクにて十二時過ぎ帰宅

十二月二十八日　土　雨、雪を混す

無上の悪天、終日屋内にあり、児はね廻る

十二月二十九日　日　曇晴

午前家にあり、午後麻布に内藤久寛氏訪問きみ同行、こ

れこの夏喜字祝記念として立派なる花瓶を贈られたるもそのままになり居たるもの、その祝意と礼とのつもりなり、三時前帰る、天気よくなる、良一純子を連れて来る夕食直に去る

十二月三十日　月　快晴暖

午前家にあり、きみせい出る、午後全家自動車にて出かける、親坊動物園がよしといふ、これに到れば閉、これよりせい子杉山、頭山両家へ年末挨拶共に廻り神田橋外花井家にてせい降る、これより日比谷公園に入る、人少なし　児等遊戯場にて遊ぶ、四時半家に帰る、晩食後独り銀座へ行く京橋にて自動車を下り伊東屋にて買物し電車にて帰る　時に八時一五児等まだ起き居るおもちや電灯を遣る

十二月三十一日　火　曇

午後せい子槙町へ買物に行く　児等と共に自分も、児等くじを引きなどす　晩食すみたるところへ三二誠敬を連れて来、児等歓び五人にて騒ぐ　暫時して去る　除夜の鐘を聞きつつ眠る

昭和十一年　2596（明治六十九）
1936（大正二十五）78

一月一日　水　晴

七時起く、協一学校新年式に出行く、親一少し風邪の気味にて家にあり　星自動車を借り十時一〇近親年賀廻りに出かける、団子坂上森を以て始む　未亡人病、まり子類氏に挨拶、次に小石川辻町橋本家、夫妻共不在ゆき江嬢に面会、次に三光町岸家、母堂及主人妻女に面会、次広尾皆在家一寸上りて二児の相手、次青山南町平野家、主人不在、鳥居老夫人に挨拶、次に柿内時に十二時、賢の他皆在り昼食中、これより石黒家に寄り老人の容体を聞く、九十二歳になられたるよし、両脚甚工合悪きよし、十二時半家に帰る　橋本一家例により来、恰も去られるところ玄関にて挨拶、親、協気分悪しとて床中にあり、賢信来、順次平野氏、春雄（長談）、三二、其間志村氏、柿内氏玄関にて去る　賢信相変らず長坐、十時少し前去る

一月二日　木　雨曇

親気分悪しと、協はよろし、終日家にありたり、夕刻良一来る、明日箱根強羅へ行くと

一月三日　金　曇晴

午前中鶴律夫氏挨拶に来、親尚ほ少し風邪の気味、午後せい子協、やすを連れて槇町へ、自分も共に行く、蓄音器板、本など買ふ

一月四日　土　晴

午前せい子協、鳩を連れて両国回向院へ行く自分も同行宮本仲氏今朝死去せられたる由　三二より知らせ越したり、午後悔に行く（香奠五円）往復共電車

一月五日　日　晴

午前十時半頃珍らしく和田昇一氏来訪、玄関にて去るといふをきみ強て止め種々の談あり、其後易術を錬習したりと、時に支那へ行くとて支那談多く、共昼食、長坐、二時過ぎて去る　親坊先つ全快、英語先生の方にかるた会ありとて行く、せい子協、鳩を連れて買物に出かける自分終日家にあり

一月六日　月　晴

午前十一時―十二時谷中斎場にて寺田寅彦氏告別式あり

これに行き帰りて昼食、ゆう子年始に来、二時前に湯島
隣祥に宮本仲氏葬式に列す、読経の終る頃に行き焼香し
て直に去る

一月七日　火　晴

きみせい親類の児等を集めてかるた会を催すと、十一時
頃素子純子来尋で柿内より忠、義信、智、禮来、岸は来
らず、集る者多からず、学校休最終日皆面白く遊びて四
時帰り去る

一月八日　水　曇晴

始めて教室行、時に八時四〇、今日より三児登校すべし
年賀調べ
はがき　二七六許
封筒入　三九許
名刺　二〇許

弁当を使ひたる後井上氏室へ新年挨拶網膜水腫を症むと
か、次西氏室へ、於菟室へも一寸寄る　於菟来室、台北
帝大就任のこと近日発表せらるべく、二月七、八日頃出
発赴任すべし云々　B・S・グーハ医学博士より India,
Part Ⅲ, Ethnographical 寄贈の礼札を出す　パリより発
送せられたるものなるも、又々研究旅行のよしに付カル
カッタ博物館へ宛てたり　ベーグマン博士年賀の礼を出
す　五時過ぎて帰る

一月九日　木　晴曇

八、三〇教室、於菟に送別の意味にて全家来宅のことを
はかりたるに来土曜日十一日都合よしと　長崎市河本禎
助氏死去せられ悔状を出す　五時家に帰る　親耳痛とて
床中にあり

一月十日　金　晴

八、四〇教室　K・グレーベ（ブレスラウ）へ年賀札の挨
拶を出す　五時過ぎて帰

一月十一日　土　晴

八、二五教室、二時過家に帰る、於菟来月台湾帝大へ赴
任に付送別として全家を招く、三時頃於菟三児を連れて
来、尋でふき子さん小二児来、素子これに次ぐ、良一は
病院新年会にて遅く来、純子不来、潤氏、三二は家の女
中急病とかにて早く去る、田鶴子の代として賢信来、賑
か、児等皆面白く遊ぶ、食は西洋弁当、八時前去る、甚
だ都合よく終る

一月十二日　日　曇

終日外出せず

一月十三日　月　晴

三児共学園に行く、八時二五教室　学士院昭和十一年度研究費補助の件に付申し来るたる返事を主査三浦謹氏宛出す　きみ子来室小使小菅女に年玉を遣る且つ於菟に一寸用事ありと　賢信来室弁当を使ふ、二時半去る　五時帰る　森静子さん来り居る　晩於菟来、自分は逢はざりき、きみに用事ありと、それは曽て借用せる金のことなり、ただ意外なるは昭和二年九月に自分へ直接に千円貸したる覚へありと且つその利子として五円つつ二回受け取りたりとか、意外千万於菟何を思ひ違へたるか

一月十四日　火　晴

八、三〇教室、五時家に帰、晩きみに家の経済のことに付談す、於菟の千円貸したりといふは種々考へて見たるも有り得ざること、潤貸家のこと静子に闡明し置く　必要あることを懇々話したり

一月十五日　水　晴曇

八、四五教室　昨日H・フィルヒョウより返書来、長文　宮本璋氏昨夕玄関まで弔問挨拶に来られたるが今日も教室へ来たれり　五時前家に帰る　会社新年会にて五十五の客あり

一月十六日　木　晴

ロンドン軍縮会議にて十五日を以て愈日本は脱退したり

八、三五教室　四時半帰

一月十七日　金　晴

八、三〇教室　午後八幡一郎氏来室　日本石器時代文化（別刷）一部贈与せらる、清野、上田両氏が「日本民族」上に発表せられたる論文に付互に談したり　五時前帰る　親坊寒防、熱あり、屋代医学士を呼ぶ

一月十八日　土　晴

八、三五教室、四時帰る、児の相手

一月十九日　日　晴

昼中児等の相手、親未だ少し熱あり、午後五時学士会館に到る長岡社例会なり、幾十年振りか、これ全く山本五十六氏に面会のため透氏週旋、今日同会にてなすことに談合し置きたるためなり、山本氏に両家間の関係を話したるに氏承知のよし、旧知人田中浪江、川島良太郎、山本喬次（博文館員）また渡辺貞三郎（進といふ人の三男とか）いふ人あり、島峰、川上両氏もあり、八時半帰宅、寒酷し

一月二十日　月　晴

八、三五教室、於菟来室、台北帝大教授任命　昨日台北

より電報ありきと　午後松村氏来室、来四月一日、二日東京に於て人類学会及民族学会聯合大会を開くに就ては是非共その会長を要するに付自分にその交渉あり、何とやらその形になりたり　五時帰　やす子大塚女高師小学くじ引き、尚ほ二十二日試験あるよし

一月二十一日　火　晴

八、四〇教室、五時帰　議会解散

一月二十二日　水　晴

連日寒酷し今朝零下六、七　八、四〇教室、五時前帰、やす子大塚学校にてくじに当りたる者の中より選抜試験、せい子大に心配し居る

一月二十三日　木　晴

八、四五教室、児等学校十時始まり、生徒寒冒多きため人類の須田氏来室、人類民族聯合会に付その準備報告あり　五時前帰る、仙台井上嘉都治氏より高田蒔氏を長崎医大教授候補者として推薦手紙

一月二十四日　金　晴　寒酷

八、五〇教室、蒔の件に付早速薬理学教室に林春雄氏を訪ひ委細話したり　考慮且つ高山学長へ書面を出すことを約せられたり　弁当を使ひ直に帰、星氏米国より帰朝に付横浜へ迎へに行く　せい子やす子を連れて二時社自動車にて出かける、親、協学校のため行かず、三時半頃横浜岸壁着、本船龍田丸既に着、繋留すむところ、時刻丁度よきところなり、船内に入る、星氏元気、社員多勢あり、船内なかなか混雑、降りて車にて帰途に就く、宮城前にて遥拝し自分等これよりエンタクにて五時前家に帰る、星氏は会社其他へ廻り六時頃帰り来る、荷物トラツクにて来る、児等これを開きて土産物に児等大歓、大賑、社員客七、八名あり、入浴、九時半床に入る　時に橋本より電話あり　保子午後二時頃脳溢血に罹る、龍雄往診す云々容体未だ明ならす云々

一月二十五日　土　雪

今晩より吹雪寒酷し、九時半きみ、星氏親、協車にて出かける、大塚学校廻り　池袋より自分等両人省線にて荻窪保子を見舞ふ、静眠中、博子より委細の様子を聴く、珍らしき吹雪中無事一時帰宅、今協一帰りてやすの名入学者中にありと、尋で信子電話したりと精大歓、忠子来、これは小堀夫人ゆう子死去せられ明日葬式、衣服相談のためなり、児等おみやげ電車、人形など遊び戯る

一月二十六日　日　晴

午前社車にてきみと小堀家葬式に行く　浅草花川戸の寺なり、午後せい子協、やすを連れて西新井大師へ詣、星氏今朝未明郷里へ行く衆議院議員候補者に立つと、星氏帰朝、せい子誕生日、やす子大塚一部入学の祝とて四時半芝山内水交社に到る良一等三人来、児等はね廻る、食事佳、皆々満足、帰りはすみ子等銀座にて降る、八時帰宅、博子速達はがきを遣す保子異状なき様子、厳新京より二十八日に着京すべし

一月二十七日　月　晴

八、四五教室　賢信来室弁当を使ふ、三郎氏流寒高熱のよし　長崎医大学長高山正雄氏へ蒔氏を医化学教授候補者中に加へられたき旨懇請書を出す　五時帰

一月二十八日　火　晴

午前きみ共に荻窪に保子を見舞ふ、先つ静安、丁度醒めて多少識別あり　家に帰れば一時過ぎたり、家にありたり、鳥居れん子さん来、平野氏後妻を迎へるため同居不可能となる事情のよし、高年に及び孤独、気の毒千万晩橋本より電話、午後往診せりと、厳帰着安心、良一も見舞に来れりと厳は公務上時日甚余裕なきよし

一月二十九日　水　晴

八、四五教室、北海道二風谷N・G・マンロー氏より来書、三月に熊祭挙行（久保寺氏等主催か）せらるる由、就ては自宅を旅宿に供すべし云々の招待あり　八幡氏来室、人類、民族聯合会愈々成立、自分を会長に、白鳥氏を副会長に決定、案内状を出したりと　家より電話、三時帰る厳来り居る、万一の場合の談あり、公務上止むを得ず明後三十一日出発帰任すると

一月三十日　木　晴

八、二〇教室、昨日仙台井上嘉都治氏へ林氏に面会、高山氏へ書面を出したることを申送る　Abstracts 校正五時帰　親坊また寒冒

一月三十一日　金　晴

八、三五教室　医科学生（来三月卒業）鈴木尚氏来室、解剖専門人類学研究に前途を決定すべきかの談、助手の位地も出来得べし云々　五時帰、せい子保子を見舞ふ追々安定の模様、厳今日帰任　星氏未明に郷里へ行き夜遅く帰る、選挙の仕事なり

二月一日　土　晴

八、三〇教室、横尾氏にクラリオメトリッシェ・ベオブー

ブル〔＊頭蓋測定用観察用紙〕調製のこと話したり　四時半帰

二月二日　日　晴

終日家にあり、寒厳し　午後ピヤノ来り児等しきりに遊ぶ　末広恭雄氏来

二月三日　月　晴

八、三〇教室　午後八幡氏来室、今日門前の鉢の木にて人類、民族聯合会の役員諸氏合集の筈にて自分も出席のつもりなりしも格別の要件もなく顔合せといふ位の意味のよしに付失敬することとしたり　五時前帰　せい子近親に婚礼あり親坊を星氏代人として連れて行く、家には四十余人の客あり、混雑

二月四日　火　曇、大風雪

星氏未明に郷里へ向け出発、きみ共に荻窪に保子を見舞ふ、博子橋本病院へ行き、看護婦女中のみ、保子容体落ち付きたり、自分を見て明かる様子、種々のことを言ふも大抵は解し難し、思想聯絡悪し、時に途方もなきことをいふ、自分言はんと思ふことが全く他へそれて使舞(ママ)ふといふてゐる、気の毒々々　自分は教室へ行く時に十二時　保子見舞として三十円贈りたり　横尾来室昨日の人、民会の模様を聴く　四時過ぎて家に帰るべく室を出たれば大雪、且つ風強し、二、三米先き見えず、エンタクなし、電車に乗る際危険、児等皆帰りやす子今日ピヤノ稽古を始む親坊も英語へ行きたりと　珍らしき大風雪、節分とて晩食後児等各室に豆をまく

二月五日　水　晴

市電不通親協自動車にて学校へやす子家にあり、自分教室不行

二月六日　木　晴

八、四五教室、電車全通、路面滑べる　ヘラルド社員来、クラニオロギッシェ・ベオバハツングスブラット・ナハ・マルチン〔＊マルチン式頭蓋観察用紙〕一〇〇〇枚注文　五時帰る先妣正忌日、丁度晩食事に八千代子二児を連れて来る　上がらず玄関にて去る、三二より電話あり、師ビーラント教授より返書ありて原稿印刷に廻したりと　於菟夫婦にて暇乞に来りたりと

二月七日　金　曇

八、四〇教室　横尾氏来室　昨日外務省へ行き在北京フランツ・ワイデンライヒ教授を学会に招聘のことを談したるに有望のよし　五時帰

二月八日　　土　曇雨

八、四〇教室　昨日より「日本民族中の南方要素の問題に就て」書くことを試む　四時半帰る、三二来　ヴィーラント氏の手紙を見たり

二月九日　　日　晴、時々曇

昼食、きみ共に東京駅に到る、於菟台北赴任一時三〇発車を見送る　良一、三二家族全部あり満足、自分等直に帰宅、せい子協、鳩を連れて三越へ行きたるに同処にて純子等に会たりとて三時頃皆来、親坊独り留守居しゐたり、大賑かとなる、星氏土産物など見且つ貰ひたり、夕食し七時半去る

二月十日　　月　晴

八、二五教室、今日より於菟を欠く淋しく感す　午後赤堀英三氏来室、周口店其他支那化石物の談　五時帰

二月十一日　　火　晴

親、協学校式へ行く、九時半頃小林文郎氏来、長岡市内工場七〇箇許の聯盟愈々成立の由、四方山の雑談、昼食、二時去る

二月十二日　　水　晴

学研医学部会員半数改正の件、十時三〇学士院会館に到る　佐藤、森島、永井、三田、井上嘉、平井、北島、久保、自分の九名出席、半数総て留任と決す、甚簡単、辞し去て教室時に十二時、大久保氏輯報原稿ヘラルド渡し五時過帰

二月十三日　　木　晴

出がけに近き碓居龍太氏厳父死去悔名刺を出し、八時四〇教室　岡正雄氏来室、人類、民族聯合会にフランツ・ワイデンライヒ（在北京）招聘の件に付同氏宛書面を作成し、自分会長の名を以てこれに記名す、これより国際文化協会に到り、若し決定すれば直に郵送すと　潤氏一寸来室、本数冊預け行きたり、五時前帰る

二月十四日　　金　晴

八、三〇教室、石時代人歯変形を南方種族に関聯せしむる論文を頻りに編む　五時過ぎて帰る　長岡昌福寺赤柴師出京のところ流寒（ママ）にて急死せらる　十五時（ママ）郷里にて葬式のよし

二月十五日　　土　晴

八、二五教室、午後横尾氏来室種々学談、プロフェッサー・ワイデンライヒ氏招聘のことは文化協会より一千円支出決定に付直に招聘状発送せるよし又自分講演「日本民族

中の南方要素の問題に就て」申込を氏に依頼す　五時過帰　昨日来寒少し緩む

二月十六日　日　晴

皆揃つて三越行き、食堂に入り昼食自分も共にす　雛人形を見など児等歓ぶ、一時半帰る

二月十七日　月　晴

八、三〇教室、五時過帰る

二月十八日　火　晴

きみ共に荻窪に保子を見舞ふ、意識大に回復す、挨拶明瞭なり、十二時半教室、今日めつきり暖く春らしく感す　五時過ぎて帰

二月十九日　水　曇晴

八、三〇教室　午後比企野千代四氏来室常陸助川を辞して広島県立病院内科医長として赴任すと　五時過ぎて帰

二月二十日　木　晴

所謂粛正総選、出がけに富士前小学校に到り安部磯雄に投票す、八時五〇教室　終日Abstracts校正　五時過ぎて帰

二月二十一日　金　晴

八、三〇教室、午後理学士（地質）西脇親雄氏来室、日本橋室町三井銀行建築工事中地下十八尺のところから出人頭蓋持ち来り鑑定を求めらる、石時代などのものにあらず、全く現代日本人のものなり　五時過きて帰、星氏選挙区より帰る、自分等迎へに行かず、寒風強し精子のみ行きたり結果如何

二月二十二日　土　晴

八、二五教室、横尾氏聯合大会に付談あり、ワイデンライヒ氏へ月曜に電報を打つと　五時過帰る、星氏次点のよし甚残念

二月二十三日　日　大雪

又々大雪、終日止まず、皆家にあり、珍らしく星氏も外出せす

二月二十四日　月　晴

積雪三五、五糎ありと去四日より多し、昨夜会社日村氏選挙より帰り曙町へ寄りたるも自動車動かず今朝門前に置きてある　八、二〇分教室、市電運転す　クラニオロギッシエ・ベオバハツングスブラット〔＊頭蓋観察用紙〕一千枚ヘラルド社より受取る、五時過帰

二月二十五日　火　晴

八、二〇教室　朝横尾氏来室、丁度在北平ワイデンライヒ

氏より招聘応諾の返書到達（十九日附）、此方より招聘状を発したるは十四日（飛行郵便利用）なりき、昨日発したる電報は無益となりたり　午後八幡氏案内にて馬場修（歯医）氏来室　千島占守島探検したりと　アイノ下顎一個持ち来る　五時半帰　泊り客数名あり

二月二十六日　水　雪

八、二〇教室、朝在北平ワイデンライヒ氏より返電あり、本部より転送す、直に横尾に渡す　二時半頃家より電話、余り盛んに雪降るに付早く帰る様注意、家に帰る児等皆帰り居る　小使室にて今朝元老大官に対し不穏の件突発の噂を聞く、家に帰りても確なること明ならず、晩星氏帰りて稍精しき談あり、夕刊には一切記事なし　終日雪降り更に一〇糎位積る

二月二十七日　木　曇

紙上に昨早朝元老大官を襲ひ岡田首相、斎藤内府、渡辺教育総監即死、高橋蔵相負傷、鈴木侍従長同、後藤内相臨時総理、昨夜三時頃戒厳令布かる叛兵は麻布第三聯隊とか、其数四〇〇、六〇〇、一〇〇〇など不詳、中尉指揮すとか　八時二五教室　ナウック教授（フライブルグ解剖学研究所）より輯報、解剖部欠号に付補送申し来りたるに付其旨学研へ申送る、長崎医大高山氏へ医化学教授後任は京都内野教授に決定の趣来報に対し挨拶を出す　横尾氏来室、聯合委員会昨日の模様報告あり、序に昨日の騒擾事件談あり　五時過室を去て帰る　高橋蔵相はやはり即死せる模様

二月二十八日　金　雪

又々雪降りつつあり　八時二五教室、午刻須田氏来室、聯合大会の日程出来上りたりとて示す　五時過帰る、終日雪降り二、三糎つもる

二月二十九日　土　曇

朝二児共に出かける、協走せ来り戻る、市電、バス、エンタク、省線悉く休止、又近県も同様、東京市全く孤立、星氏自動車は巣鴨にて止められたりと運転手帰り来、星氏出かける、午後自分独り槙町を一週（ママ）す往来静かなり終日ラヂオ開け置く、時に報知あり、叛兵続々帰順す夕刻までに悉く帰順したるよし、其数四〇〇許数へたり、夜に入り意外にも岡田首相難を遁れたりと

三月一日　日　晴

今朝市内交通禁止は小部分を除き解除さる　午後全家明

治神宮参拝、市内外観平常の通り

三月二日　月　晴（雪）

寒強し、又々昨夜雪降る、今朝止む、八時二五平日の通り教室、記念式は中止　親協迎に来、五時家に帰る、星氏腹工合悪しく珍らしくも静養したりと、市内復旧、ただ後継内閣、内大臣六ヶ敷

三月三日　火　晴

八、三〇教室　Abstracts 1934 校正に終日す、午後川上政雄氏来室、愈々明日出発独逸留学の途に登ると　五時過帰

三月四日　水　晴

八、三五教室　馬場修氏来室、占守島発掘のアイノ頭骨二個寄贈せらる甚だ有り難く感す、五時過ぎて帰、川上氏暇乞に玄関へ寄る　三宅鉱一、磐瀬雄一二氏還暦に各五円出す　川上政雄氏八時三〇夜行にて出発を見送きみ同行

三月五日　木　晴

大塚学校廻り八時四五教室、かがやきとかいふ雑誌の編輯遠藤といふ人来室、日本民族の解剖学的優劣に付質問あり　千葉鈴木重武氏に輯報抄録嘱託の辞令を西氏に渡す　五時過ぎて帰る　晩三二より電話、論文別刷独逸より到着したりと、これ帰朝後最初の仕事、今後は如何

夕刊にて広田（外相）内閣成立するよし

三月六日　金　晴曇

八、三五教室　北京ワイデンライヒへH・W・ミュルレル論文別刷寄贈の礼札を出す　五時過ぎて帰　三二来りて昨日の論文を置きて去りたりと、これ見る

三月七日　土　曇

八、三五教室、横尾氏来、歯列変形談　五時過帰

三月八日　日　雪

又々雪、終日家にあり、三―四糎積る寒し、内閣は軍部のためにまだ出来ず

三月九日　月　晴曇

八、二五教室　午後岡正雄氏来　ワイデンライヒ教授へ招聘応諾に付きて打合せ　書面岡氏執筆のものに記名す　須田氏来室、四月四日ワイデンライヒ氏招待して人類、解剖の有志茶話会を催すことに付打ち合せあり　五時過帰

三月十日　火　晴

広田内閣大命五日目に昨夜任命、八時二五教室　長崎高

木純五郎氏来室　欧米視察のところ一昨日帰朝したりと
午後人類教室へ行き八幡氏に弥生式問題に付質問、そこ
へ小林といふ仏領印度支那研究員とし派遣せられたる人
来り同地に弥生式土器似寄りものあると　五時半帰

三月十一日　水　晴

八、〇教室、横尾、須田氏来室大会に付談あり　五時半
帰

三月十二日　木　晴曇

八、一五教室　二月八日始めたり歯変形と「マレイ」関
係論一応書き終る　学士院不参天気模様悪し　五時半帰

三月十三日　金　雨

八、一五教室　永井学部長の添書を持ち精神病科講師村
松常雄氏来室　脳研究室落成開始式に於て自分祝辞を述
べる様求めらる、応諾の旨答ふ　六時前帰

三月十四日　土　雨曇

八、〇五教室　六時前帰る、急に暖くなる

三月十五日　日　晴

始めて春らし、児等庭に遊ぶ自分も始めて出でたり　午
後は荒川放水路堤にドライブ、三二が贈りたるたこを持
ち行き上げる、西新井大師に詣、千住を廻りて帰る

三月十六日　月　晴

八、二〇教室、三二来室、この度発表せる仕事に付分析
方を引き受けくれたる人　病気危篤入院せるを見舞に来
りたりとて寄る　午後二時より生理教室にて「脳研究室
開始式」に列席自分一場の祝辞を述べたり（一五分）終
て新設の研究室を一見す、自室に帰れば四時に近し　五
時半帰る

三月十七日　火　曇

八、一五教室　ワイデンライヒ氏より来書本月十一日附、
文化振興会より招聘状を受けたり云々又二講演用語のこ
と　五時半帰

三月十八日　水　晴

八、一五教室、三時半室を去て柿内へ行く久し振りなり、
皆無事、五時家に帰る　丁度良一純子来り居る、良一は
今夜行にて佐世保へ出張すると

三月十九日　木　晴

八、二〇教室、十時半家より電話、家に帰る、児等は既
に目黒へ行きたり　自分暫時して昼食して行く、天気良
きも寒し、児等とつくしとりに行き其他は屋内にて遊ぶ
星氏会社帰りに寄る共に六時前家に帰る

三月二十日　　金　晴

九時教室、鈴木尚氏卒業試験済みたりと、愈解剖と決心、助手となると、時に二時頃せい子三児を連れて来室、これより銀座伊東屋へ行き、児等の学校用品を買ひ、松屋に入りて食堂に入る、ゆるゆる見廻りて五時家に帰る

三月二十一日　　土　雨　祭日

悪天、午後は星氏児等を連れて三越へ行きたり、自分は家にありき

三月二十二日　　日　晴

春らしき天気、午前写真師来り児等撮影す、きみ子は与謝野法事、鎌倉へ行きたり、弁当準備、自動車遊走、十二時出かける、村山貯水池へ向ふ　途中くぬぎ林にて弁当を使ふ、池を廻る、展望山に登る、五時過帰る　きみ子十時頃帰る

三月二十三日　　月　雨晴

八、二五教室、朝ワイデンライヒ氏の書面受付、三月十六日附、三十一日朝東京着の見込云々　弁当を使ひ高歯校へ行きて雑誌を見る、藤田氏室に到り氏の案内にて新築を一廻り見たり、三時帰宅

三月二十四日　　火　曇

大塚廻り、親、協終業式、八時四五教室　賢信来室、弁当を使ふ、確実に卒業の旨掲示ありたりと　横尾氏来室、農学部教授の事業なりとて朝鮮ウル山の一部落に於て此夏農業経済の調査をする由、就ては農民体質の検査も必要なり、それに医科学生使用するとか、大体この事業充分解釈出来す　六時前帰、きみは鳥居おれんさん平野と別居、隠宅に招ねかれ行く、又川上氏妻来り姑との居り合悪しきみ困りゐる

三月二十五日　　水　曇少雨

九、〇教室、五時帰

三月二十六日　　木　晴

八、二〇教室　午後岡正雄氏案内にて大会委員慈恵大解剖中村為男氏来室挨拶　五時半帰

三月二十七日　　金　晴

午前児等自転車を遊ぶ、吉祥寺境内まで行く、午後はせい子先導植物園へ行く　おたまじやくしを採るなどゆるゆる遊びて五時家に帰る

三月二十八日　　土　晴

八、〇教室　ワイデンライヒ氏より解剖会に於ける講演草稿来着　中谷治宇二郎氏大分県温泉にて死去せられたる

由、令兄宇吉郎氏（札幌）宛悔状を出す　緒方規雄氏欧州視察此頃帰朝来室、長談、独逸のこと、レギスタアマルク制により留学費は自分始めて留学の頃と大差なし、ハンブルグ伝染病学者パシェールの談、大に訓示し脇目を振らざることをいひたり　時に宮本璋氏愈々出発暇乞に来る　五時半帰

三月二十九日　日　晴

午後星氏先導、赤羽原へドライブ、千住を廻りて帰る、日本民族中南方要素論清書、晩良一等来る、児等はね廻る

三月三十日　月　晴風

八、二五教室、午前三二来室友人病気見舞に来りたりと、宮本氏明日出発見送りは学会に付繁忙のため失礼する旨を記し名刺を托す　午後大学新聞編輯者来室ボートレース開始より五十年に相当するに其歴史を編むと、時に福岡平光氏京城上田氏出京来室、人類学上の談　六時前家に帰、きみ川上妻女の件に付鈴木家を訪ふ、偶然川上母堂来り合せ談中情況最悪、到底望なき模様、帰りて独逸政雄氏へ書き送り又島峰氏へも話したりと

三月三十一日　火　晴

朝七、一〇　ワイデンライヒ教授東京駅着迎へたり、横尾、岡、赤堀、中村、振興会員三名あり、是より自分は教室、時に七、三〇　十二時過ぎて家に帰る　午後四時虎の門東京クラブに到る　国際文化振興会（Society for International Cultural Relations）がW教授招聘のことを負担して行はれたる関係上、同会副会長徳川頼貞侯主催歓迎茶会なり、会するもの六十名許、大橋新太郎、堀口九万一氏など、其他不知名士多数あり、会長挨拶、次に自分歓迎辞（独逸）を述ぶ、六時過家に帰る

四月一日　水　晴

七時半教室、八時人類民族聯合大会場に到る、八時過ぎて自分開会を宣す　尚ほ三、四の講演を聴き十時半教室へ戻る、早く弁当を使ひ、芝慈恵医大第四十四回解剖学会へ出る、森田斎次会頭其他諸氏に面会、一時より文理大、山羽儀兵氏特別講演核学カリョロギー、サイトロジー〔＊細胞学〕に関する植物細胞、講堂寒し、半途にして去り三時前教室に帰り、三時半記念撮影、これよりプロフェッサー・ワイデンライヒ氏特別講演 Sinanthropus Pekinensis as a distinct primitive hominid を聞く　終

て謝辞を述（独逸）余興としてニューギニア活動写真あり、時迫るを以て半にして六時半東京會舘に到る　金杉慈恵学長招待なり、W氏始め主なる解剖家三十名許、十時帰宅　せい子今朝三児を連れて強羅へ行く、川上妻女来、きみ実家へ帰る方然るべしといへりと、気の毒

四月二日　木　曇

七、五〇教室、十時過人、民聯合会出席、早く室に帰りて弁当を使ひ、直に慈恵大に到る、折しも記念撮影とて直にこれに仲間入りす、これよりProf. Weidenreich: Das phylogenetische Wachstum d. Hominidengehirns〔*系統発生論の〕特別講演を聴く、三時を過ぎて終る、急ぎて大学に戻り、人、民会に出る、講演次第に遅れて五時半漸く自分の番となる、約一時間を要し、六時半終る、南方要素に関する講演先つ々々済ませたり、白鳥氏副会長として閉会の辞を述べられ、これにて大会を閉づ、これより諸氏と帝国ホテルに到る、時に細雨、懇親会なり、五十名許、白鳥氏挨拶す、W氏謝詞あり、ドクトル・P・フリドリン・ツィンマーマン氏列席、氏は朝鮮元山在留、シュリッテンフンデ〔*そり犬〕に就きて講演したる人　十時家に帰る

四月三日　金　雨

九時半教室、ワイデンライヒ来室の筈、十一時頃岡、赤堀氏同道来着、石時代頭骨アイノ頭骨など示す又標本室へ案内す、十二時去る、弁当、一時半家に帰る　雨盛に降るも愈強羅行と決し、支渡し出かける、三時一〇発車、車中満員、立つ人多数あり、小田原湯本間特線新設、直通、甚弁利（ママ）、登山車中極めて楽　雨小降りとなる、五時四〇強羅着、星三児駅へ迎へ出てゐる、晩賑か、早く眠に就く

四月四日　土　晴快

五時起く、星氏一番車にて帰京　十時過皆々弁当を持ち出かける、早雲山駅より湖尻まで乗合自動車、途中大涌谷に下りこれを見る、風甚強し富士の眺佳、湖尻より機関艇にて元箱根へ渡る、十二時前、ここにて休憩、弁当を使ふ、強風寒し、バスにて小涌谷駅に近きところにて下り、二の平より小道に入り新田義則墓に詣、寛歩荘に向ふ、例の川にて児等水に遊ぶ、自分は石に座し煙を吸ふ、四時過ぎ荘に帰り入浴、晩早く眠に就く

四月五日　日　晴

六時過起、午前三児共に自分独り公園、又近き川にて児

等水に遊ぶきみ同行、午後は皆附近散歩、箱根土地の新らしき専用自動車道を歩く、公園に入りてゆるゆる遊ぶ、天候温和、五時荘に帰る

四月六日　　月　晴

五時醒む、きみせい帰京の準備に忙はし、十時頃出かける、小田原省線に乗りかへ、三等車込み合はず楽、車中弁当、アイスクリイムなど、退屈せず、新橋駅にて下車、一時半家に帰る、星氏今朝神戸より帰京、会社より帰宅児等は絵の稽古に行きたり、晩三二一寸来

四月七日　　火　曇晴

去一日請求したる乗車券今朝漸く到達、午後皆々三越へ、児等明日より学校始まるに付其用意の残りを補ふ、食堂に入る、これよりせい子岸よりやす子入学祝を受けたる礼に行きたしとて皆岸へ行く　八千代子不在、近き公園に遊びて四時帰る、留守中川上妻女来りたりと、夕刻再び来り愈々郷里へ帰ると

四月八日　　水　曇細雨

児等今日より学校始まる、やす子一部一年生なりとて歓び勇む　八、二五教室、Anthrop. Anz. 到達、横尾氏縫合文掲載あり　松村氏人、民大会挨拶に寄る、官学、私学の関係、大会に於ける西村真次氏講演幻灯に行き違ひのことから自ら中止したる件、午後 Williams, Dictionary of the Chinese Language 持ちて再び来、打牙犵狫ターヤー・ケーランを示さる　須田昭義氏も又大会挨拶に来室　北海道札幌ジョン・バチエラア師夫人九十三才の高齢にて死去せられたること新聞紙上に見たるを以て悔状を出す、又日高国平取村大字二風谷N・G・マンローへ三月熊祭あるに付招ねかれたるも不参せしことの詫旁挨拶手紙を出す　五時半帰る

四月九日　　木　曇

七、四〇教室、賢信背広服を着て来室弁当を使ふ、金沢古畑種基氏東大三田氏後継として転任、挨拶、血液型、指紋談、五時前帰

四月十日　　金　少雨、曇

紙上にて昨日午後岡島敬治氏脳溢血にて急逝のこと知る、今日午後慶大解剖室にて剖検のよし　八、三〇教室中食急ぎ慶應解剖教室に到る、一時少し過ぐ、病理にて剖検既に始まる、草間氏執刀、脳左側大出血あり側室を充たす、終て北島、西野、宮島幹其他諸氏と暫時休憩、三時少し過ぎて家に帰る　川上妻女今日帰郷すと上野駅

より通知ありたりと

四月十一日　土　曇

八、〇教室　宮内悦蔵氏来室台北帝大解剖へ赴任するといひて暇乞のため来室　早く弁当を使ひ、信濃町慶大解剖に到る時に十二時二〇、岡島敬治氏葬式、読経中、終て一般告別式となる、暫時休憩、一時三〇家に帰る、岸へ招かれ皆々三時半同家に到る、庭へ出る、しだれ桜花盛り、児大歓、食支那料理、三光町よりは夫妻、良一等は劇へ行くとか一寸寄りたるのみ　星氏来、我等七名、九時帰宅

四月十二日　日　曇

午後一時頃皆自動車、上野公園辺を遊走、花は先盛り併し寒し　これより日本橋通り高島屋へ行く、四時半家に帰る

四月十三日　月　雨、悪天

八、一〇教室　バチエラア師より悔状の挨拶来、学士院出席のつもりなりしも余り悪天に付止めて五時家に帰る

四月十四日　火　晴

七、三〇教室、自分の弁当をきみ序ありて持ち来り暫時談す　増田二郎氏来訪、氏の脳論文別刷焼失したる趣、自分が曽て貰ひたるものを与へることにしたり　ナウック教授（フライブルク）へ輯報解剖の部欠号送附方取り計ひたる通知、A・ハルリッカ博士（ワシントン）へ論文寄贈の礼礼を出す　三時帰りてこの春始めて庭へ出る

四月十五日　水　曇

七、五〇教室、三時家に帰

四月十六日　木　晴　午後二時頃雷鳴驟雨

荻窪へやす子を見舞ふ、他は皆留守、源椽（ママ）のみあり、これは先つ全快、暫時して去る、きみ子与謝野へ自分は帰宅、時に十一時、午後三時半皆エンタク、大崎工場に到る、故ロイド老人追悼会の式あり、これに列す、仏式読経、焼香、家に帰れば七時

四月十七日　金　晴

八、〇教室　一時自室を去て家に帰る、不斗思ひ立ちて独り出かける、東海道戸塚堤の桜花盛り大船にて下車、近き山上のコンクリイト大観音建造中のものを登りて見る、直に帰京、五時家に帰る、東京駅にて移川氏に逢ふ、これより出発台北に帰ると

四月十八日　土　晴曇

七、二〇教室、一時半家に帰る、天気穏かならず、一寸

庭へ出る、電話にて純子を呼ぶ　来りて児等賑かに遊ぶ、晩食女中に純子を送らしむ、時に団子坂森家より電話、今日昼頃未亡人死去せられたりと、星氏帰りて車あり早速きみ共に悔に行く、まり子、杏奴子、類あり、台湾於菟氏は飛行にて急来のよし、家中甚静、暫時して去る

四月十九日　日　曇晴

星氏先導にて上野池畔躍進博覧会を見る、主として鉄機械、電気機械　星会社規那もあり、三児豆自動車に乗りて興す、皆工業クラブにて星氏昼食を饗す、一時過家に帰る、天気追々良くなる、協少し風の気味、親やす自転車を遊ぶ、きみせい団子坂へ行く

四月二十日　月　晴

八、〇教室　人類学へ行きて松村氏に「日本民族中の南方要素の問題に就て」論文原稿を渡す、二時自室を去る赤門内にて新井春氏未亡人に逢ふ、案外元気、乳癌のため屢々病院へ通ふ今日も其帰途なりと、これよりエンタクにて千駄木へ行く、於菟今朝着、飛航機（ママ）大分県にて不時着陸、それより汽車にて来りたるなり、きみも来り居る、仏前へ「くす球」を供ふ、今より日暮里火葬場へ送ると、自分は失敬して去る、家に帰りて庭へ出る

四月二十一日　火　晴

好天、思ひ立て七里ヶ浜行、きみ同行、先星氏森家へ悔に行くに付車に同乗　千駄木へ寄り、東京駅にて下り、江の島例の岩影にて大船にて買ひたる「サンドウヰチ」を食し、一時頃鈴木療養所に到る、氏散歩に行きたりとて、家中空、なかなか熱し　芝上に憩ひ冷をとる、待つこと一時間余、言ひ置きて去るべく下りかかりたるところへ氏帰り来る、互に無事を喜ぶ、旧臘病室の一部焼失の由、五時家に帰る、児等のために大蛤を遺る、晩きみは千駄木通夜なりとて行きたるも暫して帰り来る　星十数名客あり、ロイド追悼式、南米等の活動写真あり、児等喜ぶ、協一風邪軽き様なり

四月二十二日　水　雨、晴

七、四〇教室、輯報解剖Ⅵ‐1発行表紙原稿をヘラルドへ送る、十一時半家に帰る　森未亡人葬儀、素子田鶴子来、昼食、出かけるきみ子先に行く、時に雨降る、十二時半読経始まる一時半終る、列するもの三十名許、二時より三時まで告別式良一きみは立礼する、自分はせい子共に二時半帰宅、天気良くなる、きみ子は三鷹の寺墓所まで送り七時頃帰来

四月二十三日　木　曇晴
八、一五教室、協一風邪八代医師来診、極軽度の猩紅熱なりと　松村氏厚意を以て支那本（写本）折本型、苗族風俗彩色密画、珍本、持ち来る、これに「打牙犵狫」の歯を打ち抜く絵及び説明あり、五時過帰　協別室にあり看護婦を付す

四月二十四日　金　晴
森未亡人初七日に付朝きみ子三鷹へ行く、自分少し腰痛、星氏と同車、八時半教室、原稿に追加して苗族絵本を松村氏に返す　法医講師宮永学而氏この度解嘱になりたる挨拶に来室　二時エンタクにて帰り安静

四月二十五日　土　雨、暴風
在家腰痛静養　学研総会出席といひ置きたるも昨日電話にて断りたり　午後暴風雨となる、親、鳩無事帰り来る

四月二十六日　日　晴
終日屋内ぶらぶら暮す、協同辺、親やす午前後共出かける

四月二十七日　月　晴　午後曇
腰痛同様、協同辺、晩星両人婚姻披露に招かれ帝国ホテル、十時頃帰りて星氏直に北海へ向け出発

四月二十八日　火　雨曇
昨夜来雨、終日曇りて寒し、協自分同辺

四月二十九日　水　曇　天長節
親、鳩子学校儀式へ行く、終日曇

四月三十日　木　曇
靖国神社例祭にて親、鳩休、協同様、自分腰痛幾分か軽減す　神戸高田蒔氏より神戸又新日報（二十八日のもの）に自分が此度人学、民族大会に於て講演せしもの大略掲載せるものを送りくれたり　江口渙といふ記名あり　又「かがやき」とかいふ雑誌を贈り越したり、その附録に自分が先達て記者に話したこと格別不都合なく簡単に記載あり　午後小林ちか子来、親、協へ「鐘馗」の幅を祝として贈ると、夕刻より親坊少しく風気、在北平ワイデンライヒ氏先般来朝、無事帰任の挨拶状来

五月一日　金　曇
第六九特別（臨時）議会招集、鳩子のみ学校へ行きたり
団子坂二七日に付きみ一寸詣、親坊格別のことなし　夕三二来

五月二日　土　晴曇

親協学校へ行きたり、ただ空しく日を暮す

五月三日　　日　曇晴

午前横尾氏見舞なりとて玄関まで来る一寸出て会ひたり、午後天気良くなる、親、鳩砂場にて遊ぶ、良一等三人これまた見舞に来　協終日ウルチカリア〔＊蕁麻疹〕を発し気嫌(ママ)悪し、星氏晩北海道より帰る

五月四日　　月　晴

協昨日よりは良き様、自分午後暫時庭へ出

五月五日　　火　晴曇

協蕁麻疹大に軽快気嫌(ママ)よし　午後一寸庭へ出る、せい子親、鳩を連れて槇町へ買物に行く、自分共に出たるも中途より戻る

五月六日　　水　晴曇

親、鳩小学遠足、千葉県姉ヶ崎へ潮干狩、勇みて出行く、六時前帰る、あさり沢山採り喜びゐる、風強かりしも天気持ちつづき、夕より雨となる

五月七日　　木　晴、時雨少しありたり

腰痛大に軽快、昼頃田鶴一寸来、午後庭へ出る、星氏強羅へ行く　地方者の会合なりと

五月八日　　金　晴曇

動物学会本一ヶ年会費六円、民族学会昨十年残額七円振替を以て払ふ、一寸庭へ出る風強し

五月九日　　土　晴

閑日、午後一寸庭へ

五月十日　　日　晴

きみ与謝野歌会なりとて朝逗子へ向け出行く、学士院へ乗車券を返へす、十二日例会欠席断りを出す　午前庭へ出る、星氏昼頃強羅より帰る、午後親、鳩新自動車にてドライブ、先つ銀座菊水にて葉巻煙草大小を買ふ星氏払ふ、これより芝離宮園、次に芝浦港に到り海を眺めながら二児菓子を食べる、帰りに鳩子強て三越へトイレに行く、自分は下に待ち居たり、五時家に帰る

五月十一日　　月　晴

午前独り富士前町の藤花を見たり、きれい咲き居たり、途上松村氏に逢ふ　午後庭へ、協先つ(ママ)快復期に入りたる如し

五月十二日　　火　晴、熱し

十七日間教室へ行かず今日試に出たり、親、鳩学校へ自動車、大塚廻り七時二十五分教室、丁度　ベーグマン氏より抄録通覧戻る　ヘラルドへこの第二校正を送る、

十二時半家に帰る、午後やす子を連れて槇町へ、草花三鉢買ひて協に遣る　学士院今月も欠席

五月十三日　水　晴

七、四〇教室、三時半帰、一寸庭へ

五月十四日　木　晴

八、〇教室、横尾氏来室、教室に関する談あり即ち西氏意見にて、斯学を肉眼的及び顕微鏡的の二部に分ち各教授別々に担任する案を出したりとか、原正氏来室久し振りに面会、この三月以来多摩刑務所の方へ日々出勤すると、四人検査追々進捗の由、五時帰宅

五月十五日　金　雨曇

八、〇教室　Abstracts 1934 校了　四時半帰る

五月十六日　土　曇

七、四五教室、五時帰る、親坊学友五人来り庭をはね廻る

五月十七日　日　曇、昨夜雨

協回復期、退屈困る、親鳩を連れて白山坂へ金魚買に行く、午後は親学友三名来り庭にて遊ぶ

五月十八日　月　晴

八、〇教室　三時半帰り庭へ

五月十九日　火　曇、雨悪天

八、〇教室　ハリール氏が娘連れで一寸来室　五時過帰

三二来、万年筆を買ふ（三、五〇円）

五月二十日　水　曇

八、〇教室　三時室を去て久々にて柿内へ、児等皆無事、五時家に帰る　ダニエル・J・マホニー（メルボルン国立博物館館長）より頭骨交換に付昨年十月十日差出書面の返事及アイノ頭骨受領且豪州頭骨発送書到達す

五月二十一日　木　晴

午前荻窪にやす子を見舞ふ別条なし、半身不随軽快甚遅々、むつ子母子長岡より出京、十一時半家に帰るきみ同行したり、午後は庭へ出たり、協漸々回復庭出て遊ぶ

八時過ぎて松村家より電話、主人重態、追て再び電話、危篤云々、平河町麹町病院に在りと、甚突然のことにて驚く、取り敢ず見舞にと出かける丁度星氏帰り来り自動車を利用す、八時半病院に到れば親戚の人々集り居て当人に於ては人工呼吸中、意識なし、脈もなかるべし　九時半頃全く絶望の旨院長柳川氏報告す、原因は昨日胃の工合悪しとて来りレントゲン撮影のため硫酸バリユムを服し其ためなりとか真相不詳、神痛（ママ）に堪へず、須田、八

幡氏来る、今夜中に本宅へ引取ることになりたりと、自分辞し去る、十時過ぎて家に帰る、実に意外のことなり

五月二十二日　金　曇晴

八、〇教室　ワイデンライヒ教授（北京）へ返事手紙、アリエンス・カッペルス教授（アムステルダム）、フラウ・サラジン博士（バーゼル）、ミドラルスキー博士（ワルシャワ）三氏へ論文寄贈礼葉書を出す、横尾氏昼過、今来室松村氏死去を知りたりと　新潟竹山正男氏死去せらる、悔状を出す、三時帰り、松村家へ弔問

五月二十三日　土　雨

八、〇教室　清野氏松村弔のため京都より出京来室、慶應病理川上氏同道、人類教室今後の談など　三時半家に帰る　夕食後松村家へ、通夜なり、柴田常恵、九鬼三郎氏などあり、読経、親戚其他三十名計、自分は十時半家に帰る

五月二十四日　日　曇雨

昨夜雨今朝止、冷、松村家葬式、十一時半近き吉祥寺に到る、十二時半を過ぎて式終る、親戚を除きて会するもの二十余名、誠に質素粛静なる葬式なり　一時より一般告別式、自分は一時前に家に帰る、故人を偲ぶ念深し、死因の闡明ならざる点は遺憾、鳩子熱あり、精子咳嗽を心配し良一に相談するために行く、自分同行松村氏死因に付談、レントゲン撮影のため「バリユム」服用中毒とは考へ難し云々、三時半家に帰る雨陰れに降る

五月二十五日　月　晴

八、〇教室　「日本民族中の南方要素の問題に就て」の論文独訳の筆を起す　学研書記山鹿氏へラルド社秋本氏来室、輯報六巻一号論文組み替への件、二時半帰りて庭へ出る、硫酸アンモニヤを少し芝上に撒く

五月二十六日　火　曇少雨

八、〇教室、四時家に帰る

五月二十七日　水　曇雨

八、〇教室　賢信来室弁当を使ふ　五時家に帰る　臨時議会閉院式

五月二十八日　木　曇少雨

八、〇教室　昨今頻りに南方要素論を独訳す　四時半帰る

五月二十九日　金　雨、曇

七、四〇教室、二時半帰り、久々にて広尾へ行、二児元気、めだか魚など貰ひ帰る

五月三十日　　土　曇

十時上野学士院へ、輯報編纂委員会なり、十三名出席、輯報論文三二頁まで全額を官費支出と決す、昼食し、一時帰宅、庭へ出る

五月三十一日　　日　雨

終日大雨、家にあり、精子親、鳩を連れて八代学士方へ行き協一病気謝儀をなし、三越へ買物に行く、協先々全快

六月一日　　月　快晴

強羅行と極める、学士院授賞式欠席、親、鳩夏服を着て学校へ行、意外に冷、自分は一寸教室へ行きて要品を持ち帰る　皆々支渡に忙はし、精子駅まで送り来るエンタク二台、十一時三〇発車三等を用ふ、六郷一寸手前にて列車急に停車す、事故ありし由乗客皆立つ二分許にして発す小児を轢きたりとか、協おとなし、何も食せず、小田原乗り替へ都合よし、二時一〇頃強羅着、婆駅に出て居る、直に荘に入り昼食、後協学校友立（ママ）へ見舞の礼に贈るもの買に行き、晩入浴早く眠に就く

六月二日　　火　晴

六時起　午前公園、午後近き川に遊ぶ、石器を造るなど

六月三日　　水　曇雨

午前川にて石を磨くなど、午後は雨降り出し散歩出来ず、下の家にて鈽蓄音器を演する、夕食後一寸雨止む駅まで行く、男女学生多数あり、土産物店混雑

六月四日　　木　雨

終日屋内にありて消時に困る、午後一寸止みたる間に川まで行く、時に精子よりロイド電車を送り来り協これを以て遊ぶ

六月五日　　金　晴小曇交々

午前は坂中途まで行き眺よきところにて少時、協走せ廻る　午後は三人出かける、公園を歩き過ぎて、ケイブルカアにて早雲山まで、眺よきところの腰掛にて休む、これより徒歩雑林中を下る、閑静、甚適す、五時荘に帰る協疲れたりと

六月六日　　土　曇晴雷夕立

午前公園、少し雷鳴ありあやしき模様に付帰る、午後大雷雨、止みて後霽れ上りすがすがし、三人出て坂の途中眺めよきところまで行きたり

六月七日　　日　快晴

三人散歩に出かける、宮城野橋に下り急に思ひ立ちて長尾峠行きと決す、暫時バスを待つ、大混雑、満員、仙石ゴルフ場過半降りて大に楽になる、頂上の見晴しにて休む、実に珍らしき晴れ、富士山の眺め絶佳、一点の雲なし、二時間居たり其間トンネルを通るなど、返へりは楽、橋にてバスを降り坂を登る　一時二十五荘に帰る、午後協を連れて公園、精子より電話あり、明日帰京を決す

六月八日　月　曇晴交々

朝協を連れて公園へ、爺迎へに来り早く出発弁利（ママ）と、きみ荷造り　十時四七電車にて発す、登山車、小田原発列車も都合よし、協きみは車中にてサンドウヰチすしなど食す、精子やす子東京駅に迎へ出てゐる星もあり　社車にて家に帰る、時に二時、自分昼食す、協保養終り全く平常に復し喜ばし　親学校より帰り来り久し振り三児合同して賑かなり

六月九日　火　雨

三児元気よく学校へ行くせい子送る、八時二〇教室、女小使小菅今月限り解職となりたる由、これは此度一般に男小使停年六十女五十歳といふことになりたりと、泣て困状を述ぶ気の毒、又山本富蔵も室へ来りて今月限り解職になるに付同じく愚痴をこぼす　横尾来室老年小使整理の件、井上西両氏の間に齟齬あり、当人へ言ひ渡しまづかりし由、メルボルン博物館よりの荷物送り状を渡す長崎の尾立、柏村輯報原稿ざつと見てヘラルドへ渡す終日悪天、五時前帰

六月十日　水　晴

七、五〇教室、歯校教師Ｈ・グロス博士氏五月二十五日夫人安産の由に付祝詞を出す　五時半過大学会食所に到る、故松村瞭氏追悼会、会するもの二十五、六名　食後各自故人惜辞追憶を演説す、大に時を過ぐ九時過帰宅、松村家二人同乗自動車

六月十一日　木　晴

三児学芸会なりとて出行く、七時五〇教室　賢信来り弁当を使ふ　三時半帰り庭へ出る

六月十二日　金　晴

七、四〇教室、五時学士院に到る久し振りにて出席、部長改選、院長幹事改選何れも再選、食卓にはケムブリッヂ大学星学教授アストン氏列す、帰途見晴しにて腰を掛け暫時休む、九時家に帰る

六月十三日　土　晴

七、四〇教室　昼近く米国女医某動物の谷津氏案内にて来室　アイノ頭骨二三を見せたり　三時過帰りて庭へ

星氏夜行にて大阪へ

六月十四日　日　晴

午前庭へ、精子今日水交社にて協一誕生祝を兼ね全快祝をする、柿内は突然の断り、社車にて先つ柿内へ寄り祝菓子を置きて中目黒に純子等を誘ひ皆同乗芝公園水交社に到る、岸四人は既に来り居る総て十三人、庭の芝上を児等馳せ廻る、食後尚ほ緩々休む、軍医少将菅原佐平氏（呉病院長）に逢ふ、二時半頃去て公園内散歩、通り三丁目高島屋に寄り、四時帰る

六月十五日　月　晴

七、三〇教室、須田氏来室、故松村記念案として邦人写真帖出版の件、又教務は氏講師として講義し、八幡氏助手となる予定の由　横尾来室、満州土人頭骨郵船にて着のよし、ダヤアク頭骨論文独逸文にて早く出したし云々三時過帰り庭へ

六月十六日　火　晴

七、三〇教室、風邪の気味、三時過帰り休憩

六月十七日　水　晴

七、三〇教室　南方要素独逸文一応書き終る　二時過家に帰りて休憩、風邪同様　夕刻三二来、自胆汁酸の仕事抄録 Zentralbt に掲げありとて見せたり

六月十八日　木　晴風

在家休養、乗車券漸く来る、天気模様夕刻になりて悪くなる

六月十九日　金　雨

日蝕の日なり、東京は朝より天気模様甚悪し、終日小雨降る　日蝕の時刻午後半頃止み児等雲間かけたる太陽を見たりと東京八分許、北海道北見は皆既、小林博子来

六月二十日　土　小雨、晴

梅雨陰うつ、七時四五教室試みに行く、気分あまり宜しからす　南方要素論人類誌六月号に掲載、これを読む、二時帰宅休養

六月二十一日　日　雨晴曇

全く梅雨天気なり、午後自分診察旁良一を呼ぶ三人来る、皆々自動車ドライブにと出かける、星氏自分等両人家にあり　五時頃皆帰り尚ほ庭にて騒ぐ、夕食し自動車にて帰り去る

六月二十二日　月　晴

尚ほ休養す、咳時に困る体温は平常と見て宜し、急に熱くなる、三十一度以上に昇りたり

六月二十三日　火　晴　暑酷し

休養、全く同様、只時々咳が出るのみ、京都足立文氏より長き手紙而も二通来、今年一月以来耳患のこと

六月二十四日　水　曇、急に冷

休養、夕刻小林ちか子より電話にて今朝母堂死去の由

六月二十五日　木　曇晴

又熱くなる皇太后陛下御誕辰に付学校に式あり休業

六月二十六日　金　晴

きみ今朝松原小林老母殿死去の悔に出かける、今日教会にて午後基督式葬儀執行の通知あり　メルボルン博物館より交換品として送り越したるオオストラリヤ土人頭骨受取りの手続き横尾氏より申し来る

六月二十七日　土　晴、昨夜大に雨降る

午後は暫時庭へ出る　きみ松村家へ不幸見舞に行く

六月二十八日　日　夜来雨

午後良一来り診す、胸部格別のことなしと、星両人三児を連れて遊就館へ行きたり、終日陰鬱なる天気

六月二十九日　月　雨

天気悪し在家、夕刻三二来　きみ宮本家へ日永見舞に行く

六月三十日　火　雨曇

陰静なる天気、在家保養

七月一日　水　晴曇

風邪にて咳嗽あり去六月二十一日より家にありて休養せしが今日試に教室へ出る、七時四〇、「南方要素」別刷一〇〇部受取る、七〇部代金一円二〇銭払ふ　小使四人（山本小菅を含む）へ中元として例の通り三円つつ遣る山本、小菅は六月限り退職、山本へ餞別とし拾円遣る井上、西両教授へ「南方要素」を贈る　女小使小菅来り解職となり困るとて泣て居る餞別拾円遣る　井上氏来室銅像出来に付ては一回当人と比較するを要す云々、論文別刷の礼を一寸言ひたり　三時家に帰り庭へ

七月二日　木　雨

七、四〇教室　横尾氏来室夏休を利用し近日樺太探検旅行すと、種々樺太談、六時帰

七月三日　金　雨

七、四五教室　五時半帰

七月四日　　土　曇晴

午前きみ同行梛野へ、保子同辺、皆在宅、見舞、中元等を贈る　車中にて植松又男氏弟に逢ふ、十一時過帰宅、午後精子同行三児を連れて銀座へ、伊東やに入りて紙、はさみ、論文用大封筒を買ひ、松屋にて三時を食し、これより菊水にて葉巻を買ひ五時過家に帰る

七月五日　　日　晴

全家弁当用意ドライブ、八時半頃出かける、多摩墓地へ寄る　高尾山に到る、ケーブルカー、登りて一茶店にて休、十二時少し過ぐ弁当を使ふ、皆々奥の院まで登る、きみ自分は下にて待つ　附近を歩く、天気よし、冷、甚快、五時帰宅

七月六日　　月　雨、冷一四度

八、〇教室、五時過ぎて家に帰る、於菟去四日台湾より着京、千駄木に止宿　今日帰り共に夕食すと、良一来り居る三二は先約ありとて不来、六時於菟、まくす、類見ゆ、まり子は来ず、パインアプル沢山土産あり、食事、西洋弁当おでん、九時半星氏帰り、自動車にて帰り去る　終日雨、寒し、綿入を着る

七月七日　　火　曇

七、四〇教室　二、二六叛乱事件判決あり、十三名死刑メルボルン博物館とのアイノ頭骨交換品オーストラリヤ土人頭骨二個既に先日着荷のところ漸く今日受領、男女のもの非常に立派なるもの満足の至り　五時家に帰り庭へ　星氏北海道へ向け出発

七月八日　　水　晴曇

八、〇教室、於菟一寸教室へ来、四時帰宅、親一友人数名来りて庭をはね廻る　学士院老小使退職に付三円出す

七月九日　　木　曇雨

七、五〇教室、「南方要素論」タイプライタア終り独逸文修正のためドクトル・ベーグマン氏へ送る　四時半帰る

七月十日　　金　雨曇

七、五〇教室、引用書目のタイプライタア、挿図の写真を浦氏に頼む、於菟来室　シュラギンハウフェンの別刷を貸す、横尾氏愈々明日出発樺太へ旅行すと　五時帰宅三二来

七月十一日　　土　晴

七、一〇教室、於菟来室、明治三十六年旧教室にて自分最終講義写真二枚あるを一枚貰ひ行くと　十二時過帰宅中目黒良一方へ、きみ同行、三児連れ行く、純子今日

試験済みたりと、六時帰る

七月十二日　日　晴

午前三児を連れて槇町へ、雑誌を買て遣る、午後家にあり　島薗順次郎氏夫人葬式伝通院にあるも三二に名刺を托し失敬したり　庭へ出る　二、二六事件将校一三、常人二名銃殺執行

七月十三日　月　雨

朝大降雨、児等雨中学校へ出行きたり、自分八時教室　京都足立文氏へ先達の手紙の返事を漸く出す　あまり悪天学士院例会欠席、四時半帰宅

七月十四日　火　晴

八、〇教室　昨日電話にて打ち合せ今日十一時O. A. G. 到りベーグマン氏に面会　南方要素論独逸文を修正す　十二時半教室へ帰る　四時帰りて庭へ　星氏晩北海道より帰る

七月十五日　水　晴

七、四五教室　タイプライタア嬢に独逸文清書を頼む、午後既に出来たり十二頁　四時前帰りて庭へ

七月十六日　木　晴

愈々真夏となりたり　八時教室　タイピスト嬢に謝礼を少し多すぎるも三円遣りたり　四時家に帰り庭へ

七月十七日　金　晴

七、四五教室、浦氏に依頼せる顎の写真三枚出来、直に包装並に手紙を書き男爵フォン・アイクシュテット氏宛発送す、これにて南方要素問題独逸文別刷送附を待つこととなりたり　四時家に帰り庭へ　戒厳令解除、明日より平常に復す

七月十八日　土　晴

今日より児等授業なし、自分も休、極熱堪へ難し　千駄木母堂百ヶ日法会、午後きみ出行く、自分は失礼す、夕六時上野広小路翠松園に到る親族の外数名集る、星氏ドライブ旁迎へに自動車をよこす、九時過帰宅

七月十九日　日　晴　夕立

熱さのため閉口、消時に苦しむ、午後せい子三児を連れて出かける、故杉山茂丸翁追悼会工業倶楽部にて催さる、自分失敬して庭へ出たり　日暮より大雷雨、甚だ爽快

七月二十日　月　晴

三児学校終業式に出行く、自分八時教室　台北移川氏へ高砂族系統に関する大著述先般寄贈せられたる礼旁学士院授賞式に参列せざりし詫手紙をドクトル・フォン・

ベーグマン氏へ独逸文修正謝儀を贈りたる手紙を又Ａ・ハルリツカ（ワシントン）氏へプエブロス〔＊プエブロ族〕に関する大論文寄贈の礼札を出す　浦講師に顎骨撮影の礼（ハンケチ一ダース）をする　四時家に帰りて庭へ出る、夕食のところへ良一等三人来、児等騒はぐ　今日昼より防空演習、夜に入りて電灯を消す

七月二十一日　火　晴

強羅行の用意略ぼ整ひたるも少し都合悪し、明日とす八、一〇教室、長崎の尾立氏論文原稿昨日到達しこれを一応見てヘラルドを呼びて渡す、京都の養内収氏出京来室此頃は頻りにイムニテート〔＊免疫〕を実験をなしゐると、マホニー国立博物館館長（メルボルン、オーストラリア）へ豪州土人頭骨二個（アイノ頭骨との交換品）到達の手紙を出す、本件はこれにて完く結了　きみ子来室共に赤門前にて鳥打帽子を買ひ十二時過ぎて家に帰る夕刻庭へ出る、三二来

七月二十二日　水　霧晴　強羅行

五時起、児等早く起きる、昨日来皆々出発準備、星氏両人も見送る、八時一〇東京駅発車（準急行）三等車満員、女中二人連れ行く、十時二五強羅着、荘に入る畳、湯殿其他修理、さつぱりとして甚心地よし、児等はね廻る、冷しくて気持よし晩食後附近を歩く

七月二十三日　木　晴

午前児等復習を終へ例の川に遊ぶ、午後親協弓矢を作るとて矢にする細竹を附近にて採る

七月二十四日　金　暴風雨

今朝にて京浜の防空演習終る、昨夜来風雨、今朝に至りて益々甚だし　昨日の九州台風の影響なるべし　午後は少し弱くなり時に雨止む　児等川へ行くといふも自分は見合はす、女中を連れて一寸行き直に雨降り帰り来る、夕刻に到り小やみの間に一寸公園まで行きたり　雨漏りのため二ヶ室に分れて寝る、自分親は奥室

七月二十五日　土　晴

五時起、午前児等川に遊ぶ、午前中に精子来着の筈に付駅へ迎へに行　電車数台待つも着かず自分は荘に帰り昼食中、皆共に帰る児等はしやぐ　午後は児等川へ行く、東京より某患者を自動車にて送り来り、車利用して早雲山まで登る、風強し直に帰る　夕刻星氏来着を駅へ迎へに行く、晩は駅側にて「ゴーラオドリ」あり星氏児等を連れて行く　花火あがる自分は荘にてこれを見る

七月二十六日　　日　晴

早朝星氏広田首相を迎へに自動車にて鵠沼の首相別荘に向つて出行く　午前坂途中見眺（ママ）しまて親、協と行く、午後は首相来に付皆其用意　又度々電話の報知あり、自分はこれを遁けるため独り出かける、ケーブルカーにて早雲山に登り駅に近き金時茶屋に休む、眺望よし　葉巻一本喫して帰りは自動車路を歩く、五時半荘に帰る、首相家族全部外に秘書官、護衛警官等二十名、自動車五台、随分混雑せるよし、今日は始めての熱さなりき

七月二十七日　　月　晴

星氏一番電車にて帰京、皆駅まで行く　午前は屋内にあり熱さ酷し、午後川へ行きたるも少し雨落つ早々帰る

七月二十八日　　火　晴

朝床屋へ行き髪をつむ、児等共に川へ行く　三十日明治天皇祭御断りを電話にて学士院へ申し送る　午後公園、熱さ酷し自分先に帰る

七月二十九日　　水　晴

午前十時頃良一等三人来荘、予め山中ホテルより通知ありて待ち居たるなり、大賑か、皆公園プールに到りて純子始め三児水に入りて遊ぶ、三児は始めてなり、帰りて昼食、午後は屋内にありたり　夕食後皆公園へ行きたり　自分独り荘に残り居たり　今日暑熱は数年来強羅に来るも始めてかと思ふ程酷し

七月三十日　　木　晴

皆五時起く朝から賑し、先つ学校復習を終へてプールに泳ぐ　きみ子朝帰京、三十日諸払等の用事なり、午後もプール、晩早く寝に就く

七月三十一日　　金　晴

五時起、学事を終へ十時頃プールへ行きて児等悦び泳ぐ、午後二時半良一等帰京す皆駅へ見送る、後大に静かになる　夕食後附近を少し歩く　今日は凌きよし

八月一日　　土　晴　冷

五時起　十時半きみ子東京より帰り来る、皆々駅まで迎へに行く、用品種々持ち来る　これを開らきて児等大はしやぎ　午後三児プールに遊ぶ、水中三〇分間と定む児等なかなかあがらず　夕刻星氏自用車にて来荘、晩駅脇に花火を挙げる

八月二日　　日　雨

親坊四時に起く、冷し衣を重ぬ　天気怪しけれども星氏

全家を連れて自動車にて出かける、湯本にて玉簾の滝を見る昔し一度見たることあるを更に記憶なし、雨降り出す、尚ほ早雲寺に到る、折悪しく盛んに降る　きみ、親、自分車を下り堂に向ふ　如何とし難し早々車に戻る、びしよぬれとなる、重衣の下までは透らず、これより小田原、御幸浜といふ海水浴場に到る、午刻に近し弁当を使ひ、星氏運転手三児海に入る、幸に雨止む、時に帰途降るも困難なく城内大久保神社（高き石段を上る）、二宮神社に詣で三時頃荘に帰る　女中二人は社員多数の連れあり大涌谷へ行きたるもやはり雨に遇ひたり　今日の天気不穏、夕方嵐し模様となる

八月三日　月　濃霧　冷

星氏早朝京に帰る、やす子昨夜水瀉したりと　午前一寸駅まで親坊を連れて郵便切手、煙草を買ひに行きたるのみにて屋内にありき、終日霧深くして山を見ず

八月四日　火　濃霧

午前三児公園へ、午後は霧霽れ山々見ゆ、但し曇りて太陽は見えず　三児理髪師へ連れ行き髪を鋏む、夕食後皆共に駅附近を歩く

八月五日　水　晴

午後三児プールへ、丁度水入れ替へにて少なく併しきれいにて児には甚だ適す、水冷たし二〇分にて上る、夕食後皆二の平駅まで散歩

八月六日　木　晴

上天気、午前親、協弓の矢にする箱根竹を採りに近き藪へ行く、午後はプール、三〇分間、夕食後皆二の平駅近へ散歩

八月七日　金　晴雨

午前児等復習を終へ、この地七夕祭とて附近より竹を取り来りこれに色紙を取り付けるなど　午後は雨降り出しプール休止、夕食後駅附近を遊歩す

八月八日　土　曇晴雨

午前全家女中二名も連れて千条滝見物に出かける　二の平を経て小涌谷旅館前を通り滝に到る　途中陽照なかなか熱し、帰りは他は皆歩きたるも自分はきみやす共に小涌谷駅より電車を用ふ、十二時半荘に帰る　午後児等プールへと思ひたるも時雨のため止む、後霽れる、星氏自動車にて来荘の筈に付坂まで迎へに行く五時半頃来着。晩駅脇にて花火あり

八月九日　日　晴曇

きみ等弁当用意、大ドライブ、八時半頃出かける、全家の外に松山訓導を加ふ　二の平を経て小涌谷に出で、本道を芦の湯、元箱を通る、霧ありて眺め叶はず　箱根を過ぎて登り自動車専用道路に入る　十国峠にかかる、眺望充分ならざるも時に陽現はる、冷心地よし、頂上にて車を止め、暫時休む、この辺樹木なし、草原なり、山形丸く、甚穏和、草刈人三人あり、談話、もこの間に三島町を望む、これより下る、時刻早きも草上にて弁当を使ふ、十一時前なり、熱海より海岸路快、小田原を経て二時半荘に帰る　晩は駅に強羅祭り余興ありとか

八月十日　　月　　晴曇

早朝星氏自動車にて発す　せい子も遅れて女中あやを連れて電車にて帰京す　午前親は師と共に公園へ写生に行く、協、やす自分連れ行く　午後はプール、夕食後駅附近に自分三児を連れて散歩、絵葉書ほうづきを買ふ　夜は茶番狂言あり太鼓の音やかまし

八月十一日　　火　　晴

午前髪を鋏む、親は松山氏に連れられ宮城野へ写生に行く　女中ゆき交代に来着、午後はプール。晩は駅に活動写真などありて賑ひたりと

八月十二日　　水　　晴

午前屋内にあり、午後児等プールに遊ぶ、熱さ酷し、四〇分余水中にありき

八月十三日　　木　　晴

午前屋内、午後プール、今日はこの地へ来り始めての熱さなり

八月十四日　　金　　曇晴

午前屋内、午後プール、今日もなかなか熱し、竹にて豆鉄砲を作るなど

八月十五日　　土　　晴

午前隣家豊島家老母堂、未亡人、若夫人外婦人一、男児二人六名来着、婦人二名は日帰りのよし、精子尋で帰来、午後のプールは休みたり、竹細工など、協少し風気か、松山訓導は昨夜再来、夕刻星氏自動車にて来荘、夕食後皆駅附近へ散歩、自分も後より行きたり

八月十六日　　日　　晴、曇、雨、霧

星氏先導全家九時頃自動車にて出かける、順路長尾峠トンネル、あい悪雲かかり眺全く不、これより仙石まで戻り路を湖尻へ、ここにて少時休み児等はね廻る、これより専用道路を大涌谷へ、ここも雲のため眺よからず、こ

れより星氏三児を連れて歩く、きみ、せい、自分車にて下る　中途にて合し早雲山駅より自動車路を下る、十二時荘に帰る　午後一時より例の公園宝探しとて児等悦び行く、雨降り出す、止て後濃霧となる、大文字点火如何、併し時に霽れる、日暮より花火挙がる甚だきれいなり、大字点火六ヶ敷とか、食後駅辺へ散歩帰りて皆々縁先にて待つもなかなか点火せず、断念し寝に付く用意中漸く点火あり、やす子は遂に眠る、親協悦び満足して眠に就く

八月十七日　　月　濃霧

星氏朝東京へ、霧深く山一切見えず、屋内にあり、雨も降る、夕刻止みたる間に下の坂中途まで皆小散歩、明日は社役員会を催し、地方支部長会合とか、人々多数来集、豊島一族上の家に引き移る　星等夜に入りて来着

八月十八日　　火　晴　冷

天気模様追々良くなる、上の屋は朝より社員会　山中湖畔柿内別荘訪問、弁当用意、九時頃自動車にて皆出かける　松山訓導同行、長尾トンネルにて下車暫時休憩、富士は雲にかくれ見えず、走行は昨日の雨にてほこり立たず甚快、下り途中にて下車、徒歩、野花をとるなど、御殿場にてガソリン入れる、須走を経て籠坂峠、路極てよし、湖畔を過ぎ、十二時荘に達す、皆食事中なり、大元気、賢信昨日帰京せると、遺憾、食後モーターボートに遊ぶ、柿内運転す機関少し工合悪くなかなか動かず、氏苦心、漸く進む、甚快、挙がりて児等おやつを食し三時頃帰途に付く、早川峡にて車を下り峡を眺む、このところ処々通るも未だ親し見たることなし、始めてなり　五時荘に帰る、直に入浴、晩早く眠に就く

八月十九日　　水　晴　冷

今日支部長会議なりと、隣室の豊島一族帰り去らる　昼頃会議終る、皆屋内にあり　午後自分独り公園散歩、晩児等星氏につれられ楽焼とかへ遅く帰る

八月二十日　　木　晴　強羅より帰る

五時起く、星氏社員数名五時半自動車にて発す　今日皆引き上げ家に帰ることとし朝よりきみせい支渡に忙し　自分は三児を連れて公園を上り中強羅よりケーブルカーにて上り早雲山別院詣、自分は石段下にて止む、帰りは自分協、鳩ケーブル、親は女中を連れて歩く、荘に帰り、昼食、一時一八発車、三等を用ふ、車中込みあはず、熱くなし甚だ楽、四時過ぎ家に帰る　皆々大元気、丁度

三十日間の避暑、都合よく終りたり　星氏六時過帰宅

八月二十一日　金　晴

八時教室、横尾氏樺太旅行より七月末に帰京せりと、来室旅行談、オロッコ人を計測したりと、アイノ頭骨一個獲たり　佐賀市相良安道氏（知安氏息）死去に付悔状を出す　十二時帰る、庭へ出て草をとる、丁度芝を刈りたる後なるも草多し

八月二十二日　土　雨

八、四五教室　輯報校正、午後台北宮内氏来室長談　四時過家に帰る

八月二十三日　日　曇

午前少し又午後も庭にありたり、午後星一家出かけたり良一独り来、日光湯本まで行きたりと湖にて釣りたりとて鱒を持ち来る夕食して去る

八月二十四日　月　晴

八時過教室、西氏来室、在独逸平光氏より来信、今年の国際解剖学会（伊国ミラノ）に於て次会（一九四〇）を日本に於て開催のことを提議する件申請したるに付意見を質さる、勿論結構のことなるも実行上に付種々考慮を要すべしなど言ひ合ひたり　宮内氏一寸来室、一昨日頼み置きたる先般星氏が台湾より持ち帰りたる土器の鑑定を乞ひたり、土壺は見当らず土偶のみに付てはこれは紅頭嶼のものなりと壺も然らん、土産物として現に多数造り居ると　又其販売店は高雄台北にもありと　四時家に帰り庭へ　三二来　せい子三児を連れて鎌倉へ行く、六時頃帰る

八月二十五日　火　晴

八、五〇教室、酷暑再来、賢信来室、弁当を使ふ　浦、鈴木両助手来室、近日三河渥美半島へ貝塚発掘に行くと以前自分の同地方に於ける発掘品を見せたり　四時過帰

八月二十六日　水　曇

午前家にありて庭へ出る、午後せい子共に三児を連れて中目黒良一方へ行く、良一は大臣巡視とかにて不在但し一寸帰り来りたり、児等例により活動、夕方星氏社より帰りに寄りて六時前帰宅

八月二十七日　木　雨曇　蒸熱

午前庭へ、昼少し前に純子独り来、相変らずはね廻る、午後も庭へ出る、本年は特に草多く茂りたる様なり、夕食後花火を遊ぶ　星氏来帰、其車にて純子帰り去る

八月二十八日　金　曇

八、〇教室　長崎高木純氏出京来室格別要談なし　横尾氏来室、樺太にて撮影せるオロッコ写真を見る、長談四時になる　鈴木氏明日出発三河渥美郡へ貝塚発掘に行くに付斎藤専吉氏へ紹介状を渡す　四時過ぎて家に帰

八月二十九日　土　快晴　気温三四、三

あまり熱さきびし家にありて休む、夕刻庭へ出る、星氏早く帰りて児等を連れて出かけ用を達したり

八月三十日　日　快晴　三四、九

昨日同じ熱さ、千葉県木更津へ遊走、弁当を用意し、七、四五分発す、一寸銀座へ廻り、市川、千葉を経て十一時頃木更津着、海水浴場に降る、干潮にて遠くまで□る、弁当を使ひて児等海に入る　自分きみ小屋にて休む、風強し、帰路姉ヶ崎にて休息、児等再び海に入る　小屋は稲田上にありて頗眺よし、五時四五家に帰る　昨今月朗

八月三十一日　月　快晴、曇、夕立

熱さ同様、七、四五教室　昼家に帰りて食す、午後三時せい子三児共に三越、児等学用品を買ふ。自分は地図一枚（甲府）を買ふ、食堂に入る　五時半家に帰る、満月雲に隠る、七時頃より雨、雷大雨

九月一日　火　曇

七、三五教室、児等学校始まる、共に出かける　午後横尾氏辺要分界図考を持ち来りて見せる、四時帰りて庭へ

九月二日　水　曇晴驟雨

八、二〇教室、四時半帰、晩雷鳴夕立

九月三日　木　曇

午前荻窪椰野へ見舞きみ同行、保子格別変りなし、皆在宅、博子等海水浴より帰り居る　午後庭へ出る、晩大夕立

九月四日　金　曇夕立

七、四〇教室　辺要分界図考をざつと読み終る　四時半帰り庭へ　三二来時に大夕立、止むを待て去る

九月五日　土　晴曇

七、四〇教室　男爵フォン・アイクシュテット（ブレスラウ）氏より原稿受取りの通知到達（八月十日付）四時帰り庭へ　星氏晩関西地方へ出発

九月六日　日　曇晴

終日皆家にあり、午後庭へ

九月七日　月　晴

七、五〇教室　マホニー国立博物館長（メルボルン、オー

ストラリア）へ書留書面を出す　この夏横尾氏が樺太ポロナイ河口にて発掘せるアイノ頭骨を発送したること、前に交換品として送りたるものは先方より遣したる品に対し少しく不充分に感じたるためなり　四時帰り庭へ

九月八日　火　晴

あまり熱さ強し午前家にありて休む、午後林桂氏厳父告別式に参加きみせい同行、式は青山穏田自宅にて行はる、同所にて大山公爵に会ふ　四時前帰る、休みて庭へ

九月九日　水　曇晴

八、〇教室　浦、鈴木両氏伊川津貝塚発掘終り帰京せりとて来室、二十余体得たりと　四時帰りて庭へ、時に星氏帰り来る

九月十日　木　曇晴

七、五〇教室、ストツクホルム人スベンソン氏より学研宛にて久留米医専垣山六二氏論文処望の旨申来る　其事を垣山氏申送る　四時半帰りて庭へ

九月十一日　金　晴

七、三五教室、午後偶々大沢三千三氏来室、昔ストラスブルグ時代の写真を持ち来り質問談など　五時家に帰る晩遠藤忠太郎氏来訪、葉巻十本呉れたり、種々宮家の談、二、二六事件談など

九月十二日　土　晴

八、四〇教室　モンタンドン（パリ）、ワイデンライヒ（北京）両氏へ論文寄贈の礼札を出す　昼帰りて弁当を使ふなかなか熱し、休息少し庭へ、五時星氏先導皆出かける、虎の門晩翠軒に到る、親一誕生祝なり、良一、三二全部来る、児等大悦、七時過き家に帰る　柿内は昨日きみ行きて相談の結果参加せざることとしたり

九月十三日　日　晴

終日外出せず、午後星両人三児を連れて赤羽辺へドライブ、晩は星両人星ヶ岡茶寮に人を招ねきたりと出かける

九月十四日　月　晴

七、四五教室　久留米垣山氏より別刷送り越したるをスベンソン（ストックホルム）氏へ発送す　三時過帰りて庭へ

九月十五日　火　曇晴

八、一五教室　長崎尾立六次郎氏へ浩瀚なる論文の校正を発送す　三時半帰りて庭へ

九月十六日　水　晴　涼

七、四〇教室　大空は秋らしくなりたるも連日熱さ酷し

三時少し過帰りて庭へ出る　急に涼しくなる　暮方少し雨降る

九月十七日　木　曇、雨

漸く涼しくなる、七、四〇教室　四時帰、午後雨

九月十八日　金　晴

八、〇教室　昨今日 Lenz: Auslesewirkung des Kriges の章を読みて感深　二時過帰りて庭へ

九月十九日　土　曇

七、四五教室　二時半帰り庭へ

九月二十日　日　曇

終日外出せず、午後星両人三児を連れてドライブ、自分は庭へ出て草を取る、三時頃田鶴児を連れて来、賢信も後より来、珍らしく柿内八児揃ふ　星児等帰り来り大賑、夕食、七時半去る、三郎氏学会に新潟へ行きたりと

九月二十一日　月　雨　冷

七、四五教室　終日悪天　四時半家に帰れば Zur Frage des südlichen Elementes 校正刷到達し居る　去七月十七日原稿発送、其予想より早きに満足

九月二十二日　火　曇

八、二〇教室、昨日の校正フォン・アイクシュテット氏宛返送す　二三日来少し腹工合悪し、三時学士院に到る、会員候補者なかなか六ヶ敷、第三回目なり　要するに長与、佐々木の間の関係なり、佐藤、荒木、森島、秦、自分五名出席　前回の通りの候補とし多分長与に帰着するであらうと云ふ説に一致したり　四時半帰宅　静養

九月二十三日　水　曇　祭日

在家、午前星氏児等連れてドライブ、昼前帰り来る、十時頃田鶴児等全部連れて来る、三郎氏新潟学会に赴き一週間不在の由、賢信少し遅れて墓参より来る、庭へ出たるなど大賑かなり、四時頃皆大満足にて帰り去る

九月二十四日　木　秋晴

静養、金森夫人来、夕刻三二来

九月二十五日　金　秋晴

静養、良一に薬を頼む、素子午前に早速持ち来る　これを飲む

九月二十六日　土　曇雨

午後より雨降り出す　昨朝以来便通なし

九月二十七日　日　雨

昨夜来大雨、終日止まず、午後より強風を加ふ軽き台風なるべし　便通なし

九月二十八日　　月　曇晴風

午後試みに庭へ出る、通しなし

九月二十九日　火　晴曇

輯報校正たまりゐるべしと思ひて教室へ七時二五　輯報校正　十一時過帰りて午後庭へ出る、親坊去土曜日より風気味にて休む　日暮より雨降り出す

九月三十日　水　曇

七、一五教室　輯報校正、昼帰る、午後は庭、児等はお月見なりとてすすきなどを飾りたり　月は薄雲かかるも見えたり、夜中は稍晴れる

十月一日　木　曇

七、二〇教室　輯報校正、横尾氏来室、国際解剖学六ヶ敷模様、井上不賛成、福岡進藤氏同様、京都部も乗り気なしとか、即ち保留付電報を平光氏宛にて更に打ちたりと、横尾氏留学の件は再来年も不確のよし寧ろロツクフエラア費にて米国へ行かと問題、其判断困難、一時過ぎて帰宅　田鶴子来り居る　庭へ出る寒し暫時にて内に入る

十月二日　金　曇雨

七、二五教室　ミハルスキー（ワルシャワ）へ論文寄贈の礼葉書を出す　十一時過家に帰る時に雨、鳥居れん子さん来訪

十月三日　土　雨

七、三〇教室、昨年来の寄贈外国論文整理す　午刻大雨中家に帰る、児等無事帰り居る、愈々台風となる、但し東京は軽微　房総半島は随分被害強かるべしと　又北海道、青森地方甚大なりしこと後に知る

十月四日　日　秋晴

星氏鎌倉へドライブ、九時出発、午刻由比ヶ浜着、星氏所有地にて休憩、弁当を使ふ、児等汀にてはね廻る、人出なかなか多し、此上なき天気甚快、四時出発、六時帰宅

十月五日　月　晴曇

七、二五教室　横尾氏来室聖路加病院久保副院長訪問ロツクフエラア財団米国留学のことに付質したるところ神経系統の題目にて研究といふことの由　氏決断に躊躇す、永井学部長に面談するとて別る　昼家に帰り庭へ出て草をとる、富田氏来訪、牧野家と離婚の件、速に手続き決行すると　夕刻三二来

十月六日　　火　曇

七、二〇教室、安川へ製本注文す　山越長七氏来室、談話中英国人類学者ミス・チルズリー女史来訪、女史は計測法国際的一致の主唱者なり　横尾氏を紹介す、長談一時半去る　横尾氏昨日永井学部長に面談、外航の件同しく再来年不確、氏ロックフエラアを以て渡米すべしと察せらる　秋元へラルド社長挨拶に来るなど、繁なる日なり　二時過家に帰り庭へ

十月七日　　水　曇

七、二〇教室　須田氏来室　チルズリー女史来訪談　昼帰りて庭へ出る天気甚だ怪し併し夕刻まで草をとりたり

十月八日　　木　曇晴

七、二〇教室　昨日の読売の夕刊に自分寿像出来たりとか肖像と共に出たり　昼帰りて庭へ出る、久し振りの秋快晴甚快、きみ豊島未亡人と共に富田氏書翰を持ちて牧野菊之助方へ行きて離婚手続き済ませること申込む、秀子殿にも面会し其態度気に入らぬなどいへり　晩は星氏久し振りにて社員牛鍋会

十月九日　　金　晴

七、二五教室、昼帰りて庭へ出る

十月十日　　土　曇

午前大山邸へ、室員池上、中村、大給三氏あり、種々考古談、十一時半帰りて午後は庭へ

十月十一日　　日　曇

午前は庭へ、天気甚だあやし、雨少落つ、昼星氏薬商受験者（女子もあり）五〇余名をまねきて牛鍋会、甚賑はし、高木写真師来る　自分草取りのところへ三児を加へて撮影す、午後二時芝三光町北里研究所に到る、星氏同車、故草間滋氏告別式なり、夫人も数日前に死去せられたりとて二人共同の式なり、恰も昨年今頃上高地途上にて行き違ひたるを追想し気の毒に感ず、次に吉祥寺大沢謙二氏未亡人告別式に行きて三時家に帰り、庭へ出る、此頃毎日の草取り捗どり一通り済みたり本年は例年になき繁茂を思ふ

十月十二日　　月　曇小雨

七、二〇教室、輯報校正、十二時家に帰り午後庭へ、天気甚だあやし　五時学士院例会へ時に小雨、立会員聯合国際学士院へ代表として又オランダ、ウトレヒト大学三百年祭へ列席帰朝、又姉崎会員はハアヴアド大学三百年祭に代表一昨日帰朝、何れも状況の談あり　桜井氏自

動車あり勧めにより同乗、姉崎氏も同様、八時半帰宅

十月十三日　火　雨

秋期(ママ)旅行浅間山千ヶ滝へと予定し置きたるも悪天延ばす七、四〇教室　終日大雨止まず　四時帰る

十月十四日　水　快晴

児等学校へ出行き、支渡し出かける星氏自動車にて上野駅まで送りくれたる　軽井沢までとして八時三〇準急にて発す、空に一点の雲なし、爽快、高崎にてきみ寿しを買ふ、横川にて機灌(ママ)車を取り替ふ、漸々登る　紅葉はまだ全くなし、十二時〇五軽井沢着、駅にて旅館の模様を尋ねたるに万平ホテルはまだ営業し居るといふ、これに到る、甚静か、新築にて甚清大に満足、少休憩の後車を命し碓氷峠権現に詣、見晴台にて眺む、片雲もなく、関東平野、赤城榛名、妙義を一方に望み、西南に浅間南に離れ山など極て明、町に戻りて車を下り尚ほ荘地を散歩、四時半宿に帰る、茶を飲む、七時夕食、入浴、九時寝台に上る

十月十五日　木　晴

眠あまり宜しからざりき、七時起床、今朝浅間山小ばくはつありし由なるも気付かざりしは残念、見れば噴煙昨日の通少なし、旧町より旧街道別荘地を散歩、帰りて支払、十時自動車にて出発、沓掛より本道をはなれて山に登る　暫時して千ヶ滝に到る観翠楼前にて車を止め考慮、グリーンホテル位置佳併し閉づ、運転手に談し草津行（十五円）と決す、新別荘地なり、滝そのものは見ずして進み行く、つつじ原この季節見るにたらず、鬼押し出し奇観車を下りて親しく見る、この辺に「浅間ぶどう」といふ高山植物小「ストラウス」あり即ちハイデルベーレ（＊こけもも）なり、味よし、あがつま村を経て十二時半草津着、山本旅館に投ず昼食、出かける、湯ばたけ珍らし、西(さい)の河原といふへ見物、湯の川なり、その涌き出る量の大なるに驚く、紅葉極めて美、二三土産を買ふ、夕食の後七時名物「ゆもみ」を見る、甚珍奇、戻りて寝に就く、入浴せず

十月十六日　金　曇晴

やや眠りたり、今日の日程、渋川に下り更に伊香保に登ることとし、支渡し出て省営バス切符を買ひ、町内を少し歩き、九時四〇発車す満員、三、四人は席なくして立つ、あまり窮屈にて眺めも叶はず、十二時一〇渋川着、直に伊香保行バス発す、道路広く甚良、二〇分にして着、旅

宿は塚越香雲館と決定し、館を電話にて車掌呼びくれたり、直に人来りて案内す、昼食は「サンドウヰチ」注す、草津の宿よりも清らかにして心地よし、出かける、ケーブルカーにて湖週(ママ)遊とす、上りてバスに乗り替へ湖畔に達す、ここにて又小車に乗り替ふ、榛名神社に向ふ我等二人のみ良きドライブなり、湖町を離れて頻りに下る、道路修理中のとこあり　ダイナマイトを以て岩を破る響す、神社意外に壮、矢大臣門にて自分はやめる、尚ほ四丁上るといふ、きみ独り詣て自分はここにて待つ、橋あり、小清流あり鞍かけ岩奇、これより小バス満員、湖を一週(ママ)し、ケーブル駅に戻る、この遊行意適す、夕食佳、入浴、寝に就く　多数浴客来着隣室騒がし、眠を損す

十月十七日　土　曇小雨　祭日

六時起、家へ四時五九帰着の電報を発す雨降り出す、きみ独り土産物買に出る、雨止むを待て十時半出かける、湯元一見の目的、神社前を過ぎて渓に入る、右側に売店連なる、茶によりて黒くなるといふ白色の湯呑あり児等のために買ふ、又雨降り出す　所々に休憩所あり、呑湯あり味淡、「湯元」といふ石碑あり併甚明ならず、尚ほ進む、紅葉まだ全く早し、渓甚佳、帰路爺に尋ね始めて解る即ち所々より涌き出る湯を集めて太き樋を以て町内に送ると、宿に戻りてサンドウヰチを食し、支払出立、一時半バス発す、渋川二時〇九発車、高崎にて乗り替、これは予想せざりしため驚く、車中満員医学士諸氏数名乗り居る、五時上野着、星氏等全家迎へに出て居る　家に帰りて児等手荷物を開くなど大はしやぎ、先これにて秋季旅行を了る、入浴、八時寝に入る

十月十八日　日　曇雨

良く眠りたり、六時起、午前一寸庭へ出たるも雨降り出す、午後小林ちか子来、良一来

十月十九日　月　雨

終日雨止むことなし　親学校休、自分も家にありたり、神戸高田蒔氏より研究「血清絮数反応」に付長文の書翰来、良一来、親坊のために精子が頼みたるなり

十月二十日　火　雨

児等学校休　明日行啓のためなり終日悪天、少し風邪の気味にて静養、親坊も同断

十月二十一日　水　晴

行啓なりとて協、鳩勇み出で行く、親一は精子に連れられ途中にて拝観すとて別に出行く　布施氏仙台より出

京、教室へ尋ねられたるも家にあるを以て曙町まで来、四時半協、やす子帰る

十月二十二日　木　晴

児等学校休、昨日の労のため、昼に近くきみせい児を連れて出かける　三時頃帰る上野松坂屋へ行きたりと、自分は午前も午後も庭へ出る　秋晴快

十月二十三日　金　晴

八、一〇教室、輯報校正たまり居たり、十二時家に帰り、庭へ出る　三二来

十月二十四日　土　晴

七、二五教室、輯報校正、長崎、尾立六次郎氏の一論文校正をまとめて氏へ送る、須田氏来室、来年の人類、民族聯合学会に付副会頭などの相談あり六ヶし、尚ほ考へることとす、横尾氏来、久しくなさざりし頭骨等標本記載をすると、一時半帰宅、気分悪し風邪さつぱりせず

十月二十五日　日　曇雨

十一時頃三二等四人来り児等皆庭を走り廻る、昼食賑か、星氏も丁度あり、一時過去る、午後星氏協、やす等ドライブに出かける、親坊は友立（ママ）のとこへ行くまた連れ来りて庭にて遊ぶ

十月二十六日　月　雨

悪天在家加養、風邪兎角さつぱりせず　午後素子薬を持ち来る

十月二十七日　火　快晴

微熱あり終日静養

十月二十八日　水　快晴

体温平常併し終日屋内にありて静養

十月二十九日　木　晴曇

午前少し庭へ出たり　夕方五時駿河台に三浦謹氏を訪ひ高田蒔氏より依頼の論説を学士院に於て発表の件、氏快諾しくれたり、高田へ晩その事及び Proceeding 原稿送附のこと書き送る

十月三十日　金　雨曇

児等学校内にて運動会の筈なりしも天気悪し　平日の通り授業あり　在家体温平常

十月三十一日　土　曇

児等は小学運動会なりとて出行く　午後早く帰り来る　午後庭へ出て草をとる、これにて終了、今年の繁殖は例年以上に感したり　夕方博子来、保子病状先つ同辺、神状は寧ろ悪き方か

十一月一日　日　曇

午前輯報校正、珍らしくも柳沢銀蔵氏来訪、来四日招待のため態々自身来られたるなり　午後暫時庭へ、高田蒔氏一家来訪、母堂遺骨埋葬のため出京せられたるなり、オグラチオン〔*排卵〕血清反応仕事談

十一月二日　月　晴

一週間振りにて試に教室へ行く時に八時、輯報校正、西氏来室　Abstracts 1935 全部受取る、昼家に帰る　寒くなりたり、きみ子が造りし菊花盛り

十一月三日　火　晴

今朝六時稍強震あり、珍らしく長かりき　午前橋本義雄静岡より出京夫婦小児を連れて来訪、温和なる天気、児等は学校に式あり、自分は庭に出る、午後は全家自動車にて出かける、先つ会社へ行き親切稲荷社に詣で、是より池上本門寺に到る、珍らし、帰途品川神社に詣　五時帰宅

十一月四日　水　曇晴

八時教室、長谷部仙台より出京、久々にて会談、「アイノ」か「アイヌ」かの問題、十一時半となる、家に帰る。柳沢銀蔵氏招ねかる　五時半島峰氏自動車にて迎へに寄る　長尾、桜井二氏あり、目白柳沢家に到る、合客は福島甲子三、島峰正、其外鈴木、中山（医学士）、郵船長等、島峰氏はこの頃帰朝、独逸ナチス談面白し、十一時過歯校諸氏同車帰宅

十一月五日　木　曇

午前日比谷の菊花を見るきみ同行、例により奇れいなり、十時半家に帰る再び出て教室に到る、輯報校正、四時半帰る

十一月六日　金　晴曇

三児は大磯へ遠足とて勇み出行く、好天に付ユンケル未亡人訪問きみ同行十時邸に到る十一時半まで談す、茶菓など、老夫人歓ぶ、この方も満足、これより中目黒に良一方に到る時に正午、純子この頃手術を受け家にあり自分は携へたる弁当を食す、良一は意外にも二時半頃帰り来る、両人上野文展を見に行くと、皆共に出る、白山上にて別れ純子は曙町へ一所に来る、児等は四時過帰る、良一等帰途寄る、混雑の間に夕食し去る

十一月七日　土　曇雨

八時教室、Abstracts 1935 全部ベーグマン氏へ送る、須

田氏来室、学会記事出版に付其代表者として自分捺印のこと、横尾氏も一寸来る、米国留学中の研究問題に付苦心の様子、トッド（ダベンポート）などの話あり　名古屋の浅井猛郎、佐藤亀一両氏に甚無沙汰のところ漸く見舞手紙を書く（前回は昭和九年十二月十二日見舞を出したり）、ヘラルド社員来、長崎の尾立氏論文中の多数の「表」変更の件、大なる手数を要するため八拾円ばかり別に費用を要する云々、直に其趣を高木純氏へ申送る、四時半を過ぎて家に帰る、悪天

十一月八日　日　曇

全家出かける　日暮里に於ける「ベークライト」工場を見学す、元社員某の経営せるもの、小工場なるも其原料を以てシヤボン箱、茶たくなど種々の器物を造るところ甚面白し、一時家に帰りて昼食　夕刻せい子銀座に買物ありとて協、やすを連れて自動車にて出かける自分も行く、伊東屋に入る、封筒など買、久し振りにてイルミネを見る其賑かなるに驚く

十一月九日　月　晴

七、四五教室　輯報校正　本郷郵便局へ行き書肆シュバイツェルバルト（シュツットガルト）宛為替独貨 RM24.40 邦貨34円85銭（1M = 1.42.8571円）を組む　午後三時少し前に帰りて庭へ出る、がくをつみなど冬支渡全く了る、高田蒔氏より来信、井上嘉都治氏斡旋にて三二学位の云々

十一月十日　火　曇

午前荻窪に保子を見舞ふ体は別状なきも神は悪しき方の様感じたり十二時家に帰る　陰うつなる天気、午後は家にあり　長崎高木氏より電報にて尾立論文の表組替へ承諾の旨申来る、早速ヘラルド社へ其旨電話す　富田氏来訪愈々牧野秀子殿と離婚の届書相方調印、証人二人の一人として自分に捺印を求められる、承諾記名調印す

十一月十一日　水　雨

七、五〇教室　横尾氏一寸来室頭骨写真方法に付話す　四時半家に帰る

十一月十二日　木　曇

八、〇教室、学士院例会出席、七時半帰宅

十一月十三日　金　晴

鎌倉行、きみ同行、駅よりエンタク、一寸寺院内にて下車、岸別荘に到る未亡人ありて歓迎せらる、庭園内遊歩、芝生の上甚快、昼に近し、携へたる弁当を使ふ、きみ簡

単なる中食、二時辞し去る、高時墓に詣、自動車を供せらる、駅より電車にて七里浜に降り鈴木療養所を見舞ふ、氏山林散歩中なりと暫時待つ、氏帰り来る、案外元気、互に歓ぶ、三時辞し去る、四時半東京駅帰着五時家に帰る、往復共学校生徒遠足に会ひて非常なる混雑

十一月十四日　土　晴

七、二五教室、昼帰る、一寸庭へ出る、やす子誕生を祝ふとてせい子柿内、岸を招きたるも差支ありて来らず、純子等三人来、客間にて夕食、児等はね廻る、星氏も帰り来る、八時頃去る、良一舞鶴へ転任の由　この間名古屋浅井、佐藤両氏へ見舞状を出したるに二三日前浅井氏より又今日佐藤氏より返事来る、浅井氏のは自筆、比較的軽度にして自個のことは弁することを得ると、佐藤氏のは代筆にて仰臥せるのみと、気の毒に堪へず
Abstracts 1934 修正料 187.50Y 支給のことを学研へ申請

十一月十五日　日　曇晴

親坊少し寒冒の気味、終日臥す、久々にて柿内へ行きたり、賢信等あり、田鶴車を供したり　午刻家に帰る　午後は家にあり

十一月十六日　月　曇

八、一〇教室、鈴木尚氏室、伊川津発掘人頭頭骨一個組み立てたりとて示す、丁度この骨格尺骨に石鏃の打ち入りたるものあり甚珍らしき大切なる標品なり　四時過ぎて家に帰る　親坊学校休む

十一月十七日　火　晴

八、〇教室　三時帰

十一月十八日　水　曇

八、一〇教室　横尾氏ダヤアク骨格論独逸文検討にとりかかる　午後馬場修氏来室この夏二ヶ月に亘り北千島探検竪穴発掘談人骨も出た、下顎枝の幅の広きことを頻りに唱ふ、興あり三時半去る　四時半帰宅

十一月十九日　木　雨

八、〇教室、弁当を忘れせい子雨中持ち来る、長与総長、緒方教授同道来室、明年病理学五十年史編纂のためヂッセ時代のこと知れるだけ話したり　四時家に帰る　終日雨

十一月二十日　金　晴

八、一五教室、ダヤアク論文に苦心、午後三時帰りて庭へ出る、協やすも共に古はがきを焼きなどす　親一未だ臥て居る

十一月二十一日　土　晴

八、〇教室、午後三時帰宅、鳥居れん子殿亡夫管次郎氏三十三回忌法要を営まれ其斎食に両人招かれ四時出かける青山会館に到る、集る者二十名許、平野勇氏外親族の方々なり　川野理学士一族、三島測候所より出京　山下造船所重役千本木氏あり、八時半帰宅

十一月二十二日　日　曇

午後協、鳩子ドライブ、日比谷公園に入る、菊花を見る、文明堂カステラ屋へ行き帰途新議堂、伊藤公銅像を過ぎて三越に入る屋上まで上る、四時半帰る、出かけの際鈴木孝氏より電話ありたるも来車を辞して不在中氏来訪の由、此頃尋ねたる答礼なるべし、済まざることをしたり

十一月二十三日　月　晴　寒し　祭日

親坊はかばかしからす困る、午後独り三二方へ行く皆在り、二児元気、尾立氏大小二論文校正、大修正のもの第二校正、ヘラルドへ送る

十一月二十四日　火　晴

八、一〇教室　横尾論文、四時帰

十一月二十五日　水　晴

皆早出、七、二〇教室　Ges. Phys. Anthr. 1936 Beitrag RM5 邦貨7円14　B・K・シュルツ宛郵便為替を組む、午刻家に帰る　故菊沢季雄氏告別式に行く、星氏同様、これに同乗、やす子学校より帰り連れ行く、協一間に合はず、二時一〇発す、二時四〇浦和高等学校に達す、天気好し兼てよきドライブなりき三時半家に帰る　親坊まだ微熱あり

十一月二十六日　木　曇

八、一〇教室　赤堀英三氏来室　フォルム・マンヂブリス〔＊下顎の形状〕の談　四時過帰

十一月二十七日　金　曇雨

八、二〇教室、五時前帰宅、親坊先々快方、夜に入りて星氏十数名客あり

十一月二十八日　土　晴

昨日来着高田蒔氏手紙並に学士院に於て発すべき論文概要並に参考材料を今朝出がけに三浦謹之助氏邸に到り渡す、氏快諾し呉れたり、八時四五教室、マホニー国立博物館館長（メルボルン）より去九月発送せるアイノ頭骨受取り状到達　高田蒔氏へ早速手紙を出す　賢信来室弁当を使ふ、長々話して居るところへ協一迎へに来り帰りて暫してせい子三児共に東京駅へ行く、星氏台湾へ旅行、

三時発車を見送りて家に帰る、良一家族中目黒官舎より北町桑木家脇へ移転の筈

十一月二十九日　日　晴

大塚高女師校建築落成式とて協一出で行くせい子も行く、親坊殆ど全快なるも遠慮す、やす子発熱、この盛儀に二児欠けたるは遺憾、賢信同式に列席、昼頃寄りて昼食す、ゆるゆる話して四時頃去る

十一月三十日　月　晴

八、三〇教室　H・フィルヒョウ氏へ例年の通り手紙を書く春秋旅行のこと、芝庭孫等の遊び場なることなど、フィック教授（ベルリン）、クログマン准教授（クリーブランド）へ論文寄贈礼葉書を出す　四時家に帰

十二月一日　火　晴

親坊登校すべし二週間余休みたり　八、〇教室　早く弁当を使ひ家に帰り支渡し会社自動車を借りて出かけるきみ子同行、鶴見総持寺に到る、故谷口吉太郎氏葬式なり、二時読経始まる、僧数の多きに驚く七十名許、佐藤恒丸、志賀潔、石黒忠篤の諸氏あり、終りて岸音羽子、三二両人共に岸家の墓に詣、皆同車、広尾に寄りて分る、誠、敬二児門まで出来る、四時過家に帰る

十二月二日　水　晴

八、一〇教室、横尾氏来室、中耳炎稍軽快せりと、渡航は明後年大学の方を待つこととしたりと、四時帰宅　良一舞鶴へ赴任を見送る　九時三〇東京発車、田鶴、賢信、三二両人、会社自動車を借りせい子同行、谷口腆二外二氏会葬挨拶に来

十二月三日　木　曇晴

H・フィルヒョウ氏へ例年の通り贈るべき 1937 暦を買に出る、せい子同行三越へ、ここにはなし、地下鉄にて銀座松屋に到る、三種買ふ、尚ほ精子種々買物す、十二時家に帰る、包装して送り出す、午後在宅　やす子先つ全快

十二月四日　金　晴　芝上霜白し

八、二〇教室　Abstracts 1935 原稿修正の一部ベーグマン氏より戻る　午後三時頃高田蒔氏出京来室、仕事学士院に於て発表のこと　今日三浦氏に篤と話し誠に好都合のよし、種々学談、氏橋本へ行くと共にエンタクにて自分は降りて四時半家に帰る

十二月五日　土　晴

八、一〇教室　大沢ユリヤ未亡人来室、祝氏長男（四才）を連れて、孫十六人ありと　Abstracts 1935 原稿通見修正、甚苦心　十月六日注文せる製本出来、四時半帰

十二月六日　日　晴

久々にて全家出かける、銀座松屋に入る直に食堂に入り昼食　児等思ひ々のものを注文す、種々小雑品を買ひて歓ぶ、伊東屋入り自分手帳など買ふ、二時帰りて自分パンを食す

十二月七日　月　晴

八、三〇教室　四時半帰　夕刻三二来、学位に付蒔氏再度の好意に付談合、このところ尚ほ時機を待つこととす

十二月八日　火　曇晴

八、二〇教室　五時前帰

十二月九日　水　晴

八、一五教室、千葉の小池氏来室、輯報掲載論文の件、久々にて種々の話を聞く Abstracts 原稿整理　五時前帰

十二月十日　木　晴

八、二五教室　五時前帰、博子来りて去るところ保子異状なし　自力にて次の室まで往復出来る由

十二月十一日　金　晴曇

八、二〇教室　五時前帰る　西氏来室、令嬢と中山知雄氏（台北帝大解剖助手）との間に婚約斉ひ来一月四日式を挙るに付列席を請はる

十二月十二日　土　雨曇

八、一〇教室　橋田氏来室格別の意義なし、学部内の同僚談など　今日は脈搏歇代多き様なり、気持悪し四時帰る　学士院例会は断り置きたり

十二月十三日　日　曇雨

フォン・ベーグマン氏に対する Abstracts 1934 修正謝金一八八円券昨日学研より遣したるを書留にて送る、高田蒔氏へ昨日学士院例会に於て三浦氏より報告ありたることを電話にて確かめ申送る　児等皆家にあり

十二月十四日　月　曇晴

八、一五教室、医事新報社とか来室、雑談、五時家に帰る

十二月十五日　火　曇

八、三〇教室、連日 Abstracts 原稿整理、五時近く室を去る　赤門にて清野謙次氏に会ふ、十日程前に欧州視察より帰朝せりと人類学教室復興の件に付立談寒し

十二月十六日　水　晴

八、二〇教室、二時家に帰りて星氏台湾より帰京（福岡より飛行器）を迎ふ、精子協、鳩子自分同行、親坊は学校のため不加、三時半頃東京駅着、星氏は直に会社へ行く、自分等は丸ビルを通り、電車にて帰る

十二月十七日　木　曇

久し振りにて自動車にて三児を学校へ送り八時三〇教室午後横尾氏来室　人類生物学又人種生物学研究所の新設必要、民俗学、考古学博物館など長談、五時家に帰

十二月十八日　金　曇　珍暖

八、一〇教室　小使三名及び山本へ歳末三円つつ遣る五時前帰

十二月十九日　土　雨

珍らしき暖、八、二〇教室、千葉の鈴木重武氏来室、Abstracts に関する形式のことに付委細話したり、又仙台布施氏来室　業績出版は今後ヘラルド社としたりと、小川氏ロックフエラア留学生として渡航のよし　五時帰宅　学研より二四五円券到達

十二月二十日　日　雨

終日雨止まず、寒し、家にありたり、せい子は午後三児を連れて百貨店へ行きたり

十二月二十一日　月　雪

八、一五教室　悪天終日雪止まず　長崎解剖より輯報原稿到達　四時半帰る　きみ子は三軒茶屋より遥か先の金森以久子殿を訪ひたり　忠子談のためなり

十二月二十二日　火　曇晴

大塚学校廻り八、三〇教室　午後人類の須田氏来室、人類、民族聯合会組織、評議等選定の件、同時に Congrès international des sciences anthropologiques et ethnologiques〔＊人類学および民族学国際会議〕の日本委員選定の件尋で共に同教室へ行きて伊国パドワのプロフェッサー・ピエロ・レオナルヂ氏処望の邦人表示的写真故松村氏が撮りたるものの中より原版を借用することとす。又久々にて八幡氏に会ひて弥生式土器に付談を聞く、長崎、鶴山氏原稿をヘラルドに渡す　安川へ製本費一〇、四五円払ふ　四時半帰

十二月二十三日　水　曇

九、〇教室、児等学校授業なし　二時家に帰る、児等共に槙町へ行き「賀正」等の印版を買ひ、自分はこれより牛込すみ子へ、これは北町へ移りてより始めてなり、すみまだ学校より帰らず、これより柿内へ、田鶴、忠子不

在　女児等あり、児八名へ歳暮として七円信子に渡す

五時家に帰る

十二月二十四日　木　曇晴

八、二五教室、大塚学校廻り、学校は今日終業　河井継之助先生死亡の地会津塩沢村に記念碑建設に付三円、上田万年氏七十（喜字）（ママ）祝に六円出す　一時前自動車迎へに来る、帰れば良一舞鶴より出て来り居る、自分は支渡し故森永友健氏告別式に行く、精子三児を連れて銀座松屋へ行くを同車して松屋に到りこれより自分は麻布龍土町森永家に到る、あまり混雑せず息友碩氏と一寸話す、香奠五円供ふ　岡田和一郎氏に会ふ、これより牛込北町良一方へ、純子あり、精子三児も来る、素子帰り来る、大賑かとなる、夕食する、サンドウヰチを急に作る、思はざりきクリスマスをしたりとて歓び、八時頃家に帰る

きみ子は目白西家へ祝品を持ち行きたり

十二月二十五日　金　曇晴　祭日

何の催しなし、自分も児等終日屋内にありき

十二月二十六日　土　曇

九、〇教室、鈴木尚氏頼み置きたる写真八枚焼きくれたり　Abstracts 原稿整理、四時半帰宅

第七十帝国議会開院式

十二月二十七日　日　晴

午前家にあり、大槻菊雄氏教授に任命せられ其挨拶来る　玄関にて祝詞を述べたり、午後星氏先導全家大宮氷川神社までドライブ五時家に帰る、三二誠、敬を連れて来り居る、夕食し二児やつこ凧を貰らひて歓び帰り去る

十二月二十八日　月　晴

八、三〇教室、一時半帰りて更衣　故牧野菊之助氏告別式に青山斎場に到るきみ同行、三時過帰る

十二月二十九日　火　晴

八、一五教室、室内寒し暖房なしガスを焚く、Abstracts 1935 原稿未全く了らす、五時家に帰る　きみ荻窪椰野へ歳暮に行く、保子神身（ママ）不自由のためか気荒くなりて側の者皆困るよし気の毒

十二月三十日　水　晴

九時教室、甚だ静かなり終日　Abstracts 原稿整理、五時半帰宅　丁度中鶴律夫氏歳末に来り居る

十二月三十一日　木　曇

九時教室、Abstracts 1935 原稿整理去五日より始め意外に手数を要し今日中には是非共片付けるつもりなるも終

了に到らずして五時家に帰る、晩精子三児を連れて銀座夜景を見せるとて自動車にて出かける

昭和十二年　2597（明治七〇）
1937（大正二六）　79

一月一日　　　金　曇なるも風なく温和なりき

七時過ぎて起、三児学校新年式に出行く、自分は十時教室へ十一時半頃星全家迎へ寄る、これより二重橋に到り参拝し次に大崎工場に到り親切稲荷に詣で一時頃家に帰る、例年の通り橋本家来賀節斎氏夫妻、龍雄、ゆき江嬢等なり長談二時去る、交はつて志村氏来、これ又長座、次に平野氏遂に五時となる、其間賢信又三二も来、桑木氏玄関にて去る　自分の弁当は児等車中にて食す、昼食は甚異例なりき

一月二日　　　土　曇

七時起、教室へと思ひゐるところへ九時半頃柿内氏来、珍らしく上りて話し込み其中心は忠子のこと、遂に昼食（パン）し一時半去る、これより荻窪へ行くと、又橋本春雄来りこれまた長々話したり、平野勇氏

一月三日　　　日　曇

九、二〇教室、十一時半精子自動車にて迎に来、家に帰りて全家晩翠軒に到る　星氏新年会の意なるべし、児等歓ぶ様面白し　三時家に帰る

一月四日　　　月　晴

八、三〇教室、Abstracts 原稿整理漸く完了　横尾氏新年挨拶に来室、他の教室員は見えず　フォン・ベーグマン博士、フラウ・ユンケル、フリードリッヒ・マルカルトへ年賀の返礼札を出す　又在平京ワイデンライヒ教授へシナントロプス・マンディブレ〔＊北京原人下顎骨〕論文寄贈礼札を出す、三時前帰宅

年賀葉書	二八二
状袋	三四
名刺	約三〇

六時学士会館に到るきみ同行、中山知雄氏と西成甫氏令嬢まり子さんとの結婚披露、招ねかれたるもの五十余名、橋田氏夫妻媒酌、永井潜氏の賀辞あり、井上其外一名、自分祝盃を諸氏と共に挙ぐ、九時半帰宅、入浴

一月五日　　　火　晴

九時教室、午後三時去て柿内へ、皆在家、三郎氏も帰り来る、車を得て四時半家に帰る

一月六日　　水　晴　非常に暖

八、四五教室、西氏挨拶に来室、Abstracts 1935 原稿へラルドへ渡す　昼帰宅、柿内児七人来り食事中、きみせい児等を招ねきて新年会のつもり、午後親、協等の学校供立（ともだち）来る、十四名許、田鶴も来、珍らしき暖気にて皆庭へ出て其上を馳け廻る、三時の小食大賑かなり、四時半頃になりて八千代子二児を連れて漸く来る　尋で三二も来、六時頃までに皆去り静かになる

一月七日　　木　晴（昨夜雨）曇

九時教室　四時半帰る

一月八日　　金　晴

児等学校始まる　八時三〇教室　長崎三原徳美氏論文原稿二篇へラルド渡　脈搏思はしからす弁当を使ひ葉巻を喫して二時頃家に帰り休む

一月九日　　土　曇晴

八、三〇教室　グレーブ教授（ブレスラウ）へ年賀札の返事を出す　二時家に帰れば素子純子舞鶴より帰り来り居る　珍らしき温暖春の様なる天気にて児等庭を走せ廻る　晩食し自動車都合よく帰り去る

一月十日　　日　半曇半晴　昨夜雨雪

終日家にありたり

一月十一日　　月　晴

寒くなりたり　気分宜しからず　家にあり

一月十二日　　火　晴

気分爽かなるも寒強き故屋内にありたり　学士院断る　晩遅く星氏満州へ向け出発

一月十三日　　水　晴

八、三〇教室　三時過ぎて帰る

一月十四日　　木　晴

八、五〇教室　須田昭義氏来室　来四月開く人類、民族聯合会役員選定の件、委員会組織等、副会頭には西成甫氏選に承諾を得たりと、根室の長尾又六氏（故平蔵氏弟）より馬場修氏に托し「先住民族遺物」なる小冊子を寄贈せられたる礼状、在ボルネオ島元島策太郎氏数年来年賀札を贈らるるに対し本年は其礼状を、マイエル教授（ケーニヒスベルグ）へ年賀の挨拶、ウィンゲイト・トッド（クリーブランド）、ワーゲルザイル（ボン）へ論文寄贈の礼札を出す　四時半帰

一月十五日　　金　晴

八、三〇教室　昼食直に人類教室に須田氏を訪ひ、日本

人写真原版（ママ）を返へし、アイノ写真の立派なるもの多数を見る　四時半帰

一月十六日　　土　晴

九、三〇教室　ファン・シュタイン・カレンフェルス（シンガポール）へホモ・ソロエンシスの写真及び最近到達したる Bulletin of the Raffles Museum の礼、琉球遺物其後交換すべきもの出来ざることなど又レオナルヂ教授（パドワ、イタリア）処望の日本人写真（松村氏が撮りたる原板を借りて焼きたるもの）を発送す同時に手紙を書きたり　四時過帰　H・フィルヒョウより旧臘出したる手紙、柱暦等の返事到る、八十六才の筈なるも無事の由

一月十七日　　日　晴

好天、全家出かける、白木屋百貨店に到る、直に食堂に入る、例の通り児大歓、店内を歩き、屋上に出るなど、一時半家に帰る

一月十八日　　月　晴曇

星自動車を借り谷中三崎町堀進二氏方へ行くきみせいもと子同行　自分銅像作成最終の手入れのために自分を必要とする故なり　十二時家に帰る　午後在家　夕刻博子来、別段保子変りなき由

一月十九日　　火　曇雨

午前彫刻家堀氏方へ行く、きみ子同行、教室に到る時に十二時レオナルヂ宛写真は書留にて出すこと得ざりしを以て今日出す　四時過帰

一月二十日　　水　昨夜雪、曇晴

八、五〇教室　札幌児玉作氏来室、アイノ頭骨四百数十得たりと　計測に付明日講演すると　四時過ぎ帰

一月二十一日　　木　曇

八、二五教室、漸く横尾氏ダヤアク論文に再びとりかかる（昨年18／11にかかりたり）　午後横尾氏来室、ダヤアク論に付する写真出来一見す種々話あり　児玉氏来室、函館英国領事館の慶応元年アイノ墓発掘事件に関する記録を探し出し、又森林に於ける発掘場所、再埋葬等に関する談及写真甚興味あり四時去る　四時半帰宅　星氏満州より帰り直に会社へ行きたりとて晩家に帰りたり、葉巻煙草の土産あり、児等には何もなし不服

一月二十二日　　金　曇昨夜雨

休会明け昨日の議会甚喧まし今明日停会

九、一五教室　四時半帰

一月二十三日　　土　晴

大塚廻り八、三〇教室　四時半帰
政変に就ては永野海相調停に立つ、寺内陸相不同意、内閣不統一の理由を以て広田内閣総辞職、園公御下問

一月二十四日　日　晴

午後せい子共に三児を連れて北町純子方へ、児等遊び廻る、星氏迎へに寄る、晩食の談ありしも諸方満員、児等失望、五時半家に帰り夕食

一月二十五日　月　晴薄曇

夜深更（二十五午前一時）宇垣一成大将参内御下命
政変に就きては関係者は徹宵なるべし、陸軍は宇垣内閣に絶対不同意　大臣を推薦せぬとか
九時教室　長崎鶴山一彦氏論文校正を発送す　四時半帰

一月二十六日　火　晴曇

九、〇教室　横尾論文修正に連日苦心　五時前帰宅
晩号外あり陸軍側は愈々大臣候補を出すことを拒絶せりと、宇垣大将拝辞か？　これ昨年の二、二六事件の合法的なるものといふべきか

一月二十七日　水　晴

八、三〇教室　新潟県誌編纂とかのため船橋とかいふ人（この頃曙町の方へ来りたる人）来室、体裁よく無事に去りたり　午後須田氏来室、仙台長谷部氏よりはがき持ち来り同氏Congrès internat. des Sc. Anthrop. et Ethnol.〔＊人類学および民族学国際会議〕委員を辞するのみならず日本の人類、民族聯合会の評議員をも辞退する趣なり　これは西氏を本年の大会に副会長としたことに付き悪感を抱きしによるものなるべし　須田氏尚ほ明日を期して去る　時に末広恭雄氏来室現水産講習所の位置甚だ意に適せず更に医学に転し方針を一新するは如何、魚類研究には非常に興味あり、遅れたりと雖ども三十四歳なれば出来得べし云々　曽てもこの事を言ひたりしも今回も最初よりの方針を替へず飽くまで魚類研究に進むべきことを言ひたり　五時少し前に帰宅

一月二十八日　木　晴曇

八、二〇教室　児等共に自動車、大学を先にしたり　函館西村敬雄氏死去悔状を出す　四時半帰

一月二十九日　金　雨曇

八、四五教室、須田氏来室、一昨日の件に付一応自分長谷部氏へ手紙を出すこととし早速書きたり　五時に近く家に帰
宇垣大将大命拝辞

一月三十日　　土　曇

昨夜十一時　大命　林（銑十郎）大将に組閣大命降る

八、三〇教室　自動車大塚廻り　長崎三原徳美氏論文校正発送　横尾氏来室西氏より解剖学会に新に常任副会長を置くといふ意見を氏述べられたりとて横尾氏困り居る、その訳は横尾氏等若い人々が自分を等閑にするといふ感想があるのではないか云々　四時過帰宅　きみ子荻窪に椰野を見舞ふ　保子格別異状なきも精神はよく明確なりきと

一月三十一日　　日　晴曇

家にありたり、夕刻星氏晩翠軒にて晩食を催す　素子純子を誘ふ同時に桑木夫人もといふことになる、同軒に到れば他は既にあり、児等大歓、七時家に帰る

組閣号外あり又々陸軍に及海軍にも難色あり

二月一日　　月　晴曇交々

大塚廻り八、三〇教室　義歯上門歯損折、歯科病院桜井氏に修理を使を以て頼む　長谷部氏聯合会評議員たることと承諾の返事来る、須田氏へ其旨申送る　四時過き帰る

政、民両党閣員を送らすために難色、陸海は出来た

二月二日　　火　雪雨

昨夜来雪雨、無上の悪天、自分星車に同乗、九時二〇教室　三原氏第二論文校正発送　長谷部氏尚ほ第二翰来、宇野円空氏書翰封入

午前閣員親任式挙させらる林（銑十郎）大将内閣成立

良一舞鶴より呉、横須賀へ公用にて旅行、其折に東京へ今朝着せしよし

二月三日　　水　晴

大塚廻り八時三〇教室、須田氏長谷部氏より承諾の返事に付一寸挨拶に来室　三時家に帰る　良一来りたる由また来ると　義歯直し出来

二月四日　　木　晴

八、三〇教室、四時過帰

二月五日　　金　晴

大塚廻り八、三〇教室　横尾氏論文なかなか苦痛なり四時半帰

二月六日　　土　晴曇

八、二〇教室　三時家に帰る　夕刻良一等両人純子来、尋て三二も来（岸児等は腹工合悪しとて来らず）、おでんなどにて夕食、終りて星氏も帰り来る、児等大はしゃ

ぎ、柿内と三二間の感情の行き違に付ては従来気にかかりたることとなるが来四月三郎氏在職二十五年祝賀として記念像出来其除幕式を行ふ由、其機会を何とか利用することに付話し合ひたり、八時星自動車にて帰り去る

二月七日　日　雨

終日細雨、家にありたり、児等自動車にて暫時出でたり

二月八日　月　雨曇

八、二五教室、宇野円空、須田昭義氏来室、国際学会日本評議の件、何れ本月長谷部氏出京する由に付其節談合することとし別る、一方長谷部氏へ其旨手紙を出す　五時帰

二月九日　火　晴

八、三〇教室　五時前帰

二月十日　水　晴

八、三〇教室　岩崎巌医学士来室、輯報に掲載すべき大なる論文原稿持ち来る　二時半去て近き三丁目仏教会館に到る　故ベルツ教師未亡人花子刀自の告別式なり、門下の内科老教授の方々立礼す、これより家に帰る

二月十一日　木　曇

三児は学校儀式へ行く、午後自動車あるを以て精子三児を連れて高島屋百貨店へ雛人形陳列を見に行く自分同行、食堂に入る

二月十二日　金　雨

八、二〇教室　横尾論文修正に輯報校正　五時過ぎに帰学士院例会断り

二月十三日　土　雨

八、二〇教室　Abstracts 1935 校正を始む、終日大雨五時家に帰

二月十四日　日　霧晴

十一時出かける全家ドライブ、弁当用意中山道大宮まで行きこれより岩槻を経て粕壁の一神社詣、ここに記念木大杉樹あり、十二時半弁当を使ふ寒くなし、これより陸羽国道越ヶ谷に出て草加を通り千住に到る、ここにて鷗外書石碑をさがす三寺に入りたるもなし、牧野家墓に詣、四時半帰宅

二月十五日　月　晴

八、二五教室、五時帰

二月十六日　火　晴

八、二〇教室、午後赤堀氏来室、トルス・マンド〔＊下顎隆起〕の談、琉球に於て近頃徳永氏発見旧石時代鹿角に

加工せるもの（学士院 Proceedings に発表せられたること）に談勿論確たることは言ひざるも興味深き問題なり云々　五時帰

二月十七日　水　晴

八、二五教室　学研書記山鹿氏来室岩崎氏論文印刷費見つもりの件、岩崎氏へ直に手紙を出す　五時帰　星氏台湾へ向け夜行にて出発す　家よりは誰も見送らざりき

二月十八日　木　晴

八、二〇教室　午後千葉小池氏来室岩崎論文の件、又学研より電話あり、岩崎氏来談によれば最終は自弁すべきも自分に軽減の尽力を乞ふ云々　午後東京駅、二、五五歯校教師ヘルマン・グロス氏夫妻出発帰国を見送る、長尾氏に島峰氏容体をきく、熱海に療養中のよし　三時家に帰る

二月十九日　金　晴

島峰氏見舞熱海行、十時着、玉の井別館に到る、元の和田村の高台にあり甚閑静、久しく見ざりしが少し痩せたる様なり　併し元気にて書を楽しむと、喉頭の容体甚怪し外に大動脈の拡張ありと、なるべく談話を避け十一時同所を去る漫歩、近きところに養蜂園といふありこれに入る、庭園清、梅花盛り、蜂箱六十個計あり、主婦歓待、養蜂のことききみ珍らしく感し種々説明を得、携へたるパンを食し蜜三瓶買ひて去る　ぶらぶら海岸に下り又これに添ふ自動車道を歩き駅に到る、きみ児等に種々土産を買ひ、二、二五発車、往復共三等併し込み合はず楽、五時家に帰る

二月二十日　土　晴

八、二五教室、四時半帰宅

二月二十一日　日　晴曇

自分は家にありき、午後せい子三児を連れて徒歩大学まで散歩したり、別に事なし

二月二十二日　月　晴

熱海行以来何となく少しく気分常の如くならざる様感じたりしが今日は在家、午後体温三七、五まで昇る

二月二十三日　火　昨夜小雨、曇

教室より電話、長谷部氏出京、尋で来訪、Congrès internat. des Sc. Anthrop. et Ethnol.〔＊人類学および民族学国際会議〕の本邦委員並に書（ママ）松村氏死去に付この補欠の件、宇野円空氏を委員に岡正雄氏を書記に推薦することに一致す、その他種々学術談、昼食を共にし、長

談三時去る、体温も高し

二月二十四日　水　晴曇

温午後三六、九

二月二十五日　木　雨

体温三七、〇　終日悪天

二月二十六日　金　小雨

谷貞幸氏死去悔状を出す、体温午後三七、二

二月二十七日　土　曇

尚ほさつぱりせず橋本節斎氏の来診を乞ふ、夕刻来る、さしたることなしと、温三七、二、胸罨法を試む

二月二十八日　日

昨夜盛に雨降る今朝止、快晴となる　良一会議のため舞鶴より今朝着、午後三人来、体温三六、八まで昇る　桜井錠二氏ロンドン国際学術研究会議へ本邦代表者として出発、見送りを辞し名刺をやりて謝したり

三月一日　月　晴曇

風邪同辺、体温三六、八但し下熱剤服用　三二来、柿内氏二五年祝賀会に仲間入り件、藤井氏沙汰なしと

三月二日　火　曇

髪を鋏む、温三六、八

三月三日　水　雨

終日悪天、温三六、八　きみおと間の負債整理のこと、おとの手紙により児の病気其他の関係人中死亡、重病者などあり非常に困り居るよし気の毒、又きみ志づ子間貸家のこと此度は全く片付べきことなどきみと談合したり

三月四日　木　曇

温三七、一　非常に暖珍らしきことなり

三月五日　金　晴

久し振り天気、試みの外出、やす子を久しく見さりし（昨年十一月十日以来）を以て荻窪に見舞ふ、やす子三月十日喜字祝のよし脇息を贈る（三円三〇）外に星の座蒲団ありてこれを添ふ、十二時半帰宅　晩三二来、柿内祝賀会に加入のことは藤井其外同門二三の人々と懇談したるも遂に断念と決す、別に八千代子を以て親族的に祝品を贈るは如何、尚ほ良一と相談することとし去る

三月六日　土　晴曇

地久節に付学校に式ありとて児等常の如く出行く、むつ子来、午後精子三児を連れて本郷へ散歩、夕三二来、柿内祝賀の件良一に相談したところ良一は「だめ」だとい

ふ考にて寧ろ触れざる方が宜しからんと、これ尤もなる考なり、その通りにすることとす

三月七日　　日　雨曇

午後雨止む　精子共に児等を連れて良一方へ行　自分は児等の遊ぶ様を見てゐる、良一に三二と昨日話したることを通す、今晩出発舞鶴へ帰るべし、五時半帰宅

三月八日　　月　晴

八、二五教室、丁度二週間休養したり　横尾氏来室、蒙古人研究出版振興会にて一、一〇〇円通したりと　大阪塚口利三郎氏二月二十日死去のはがき解剖学教室の名を以て来り居り今日始めて知りたり直に同教室宛悔状を出す　Abstracts 1935 校正たまり居る　五時帰

三月九日　　火　雪、雨、曇

八、三〇教室、Abstracts 校正、医事新誌局員来室、大正十年にR・フィルヒョウ先生百年祭の折に自分が述べたる人類学方面のことに付き尋ねらる、その速記ありたるも既に棄却したるは遺憾　五時帰　金森いく子さん来り居る、昨日も来、忠子縁談のこと　きみ晩遅く向の入馬野家を訪問、好果を祈る　又々上義歯に割目を生す

三月十日　　水　曇

八、三〇教室、須田氏来室、国際会議に対し本邦委員に関する件は松村氏補欠として委員に宇野円空氏幹事に岡正雄氏を推薦する様長谷部氏と談合の通り決定せる由　五時帰

三月十一日　　木　雨

八、三〇教室、五時大雨中帰る、終日稀なる悪天

三月十二日　　金　曇

八、二〇教室　午前横尾氏共にダヤアク論文修正（第一回）　午後赤堀英三氏来室、ワイデンライヒ氏シナントロプスはホミニド〔＊原人〕なりとの説に付談　五時過帰　学士院例会欠席

三月十三日　　土　雪曇晴

八、二〇教室、横尾氏論文に付少し談合　午後広島病院の比企野千代四氏来室、長談四時近く去る　五時帰　晩星氏台湾より帰る児等大歓、葉巻マドラス四個土産

三月十四日　　日　雨曇

午前田鶴子来、今両人にて先方（山口家）を訪れたりと、午後三時頃全家出かける星氏児等を悦ばせるため、日比谷辺を廻りて柿内へ寄る、金森いく子さん丁度在り頻りに奔走、これより純子へ寄る、二人を誘ふて晩翠軒に到

る、児等大はしやぎ、銀座通りを通りて七時半家へ帰る

三月十五日　月　晴曇

八、二〇教室　Ｈ・フィルヒョウ氏へ手紙を書く三児共に昨年十月撮りたる写真一枚封入、この春は舞鶴の良一方旅行の予定なることなど　五時過帰、柿内にては田鶴子金森家へ行く（遠方）とも子大塚学校にて脳貧血を起し加賀町皆不在、曙町へ電話、きみ学校へ行きとも子を家へ送り行くなど大混雑のよしなりき　三二来、敬二麻疹にかかりたりと

三月十六日　火　晴曇

大塚廻り八、三〇教室　横尾、赤堀氏来室質問、相談五時過帰

三月十七日　水　晴

愈々春候になる、児等今日は最早授業なしとて学校へ出行く、八、三〇教室、福岡進藤氏出京、学会打ち合せのためとか、横尾氏来室論文相談　五時帰、桑木厳翼氏学士院代表として晩九時半出発を見送るつもりなりし余り寒風強きため見合す、精子星氏自分名代とし行く

三月十八日　木　晴曇

八、三五教室　純子学校帰りに寄りたりとて三児共に自動車にて迎へに来る、帰りて昼食、珍らしく在京城橋本豊太郎来訪、実に久しぶりなり七十歳になると、懐旧談尽きず緩る々々談して去る、精子は純子三児を連れて銀座へ行きたり、風寒し

三月十九日　金　晴

八、四〇教室、弁当を使ひ直に家に帰り三児を連れて出かける、児等嫌だといふなど精子同、動物園に入る、象の芸を見て大悦び、不忍池を通りて自動車にて五時帰る

三月二十日　土　曇

髪を鋏み、九時教室、三児送る　緒方知氏来室　病理五十年祭に付旧事を尋らる、ファン・シュタイン・カレンフェルス博士（ラッフルズ博物館、シンガポール）より去一月十六日付手紙の返事来　五時帰

三月二十一日　日　晴　祭日

午後自動車都合出来、せい子共に三児を連れて出かける、戸田橋にて下り堤上に遊ぶ　やす子つくしを採る非常に沢山あり、親、協は西洋凧をあげ又フートボールを遊ぶ、五時過家に帰る　きみ子は与謝野仏事鎌倉へ行きたるも既に帰り居る　これは未亡人極軽度の脳溢血のため簡単にすみたりと

三月二十二日　月　晴

終日外出せず、児等は家庭の稽古に行きたり、自分少し風気、音声少し嗄れる

三月二十三日　火　晴

児等通知簿受取りのため学校へ、自分八時二〇教室　横尾論文　午後せい子三児を連れて迎へに来、みかんを食べなどはね廻る、池の周辺など歩き、帰途肴町にて学用本を買ひなど五時家に帰る

三月二十四日　水　雨

児等学校へ証書授与式へ行く、自分は八時二〇教室　フアン・シュタイン・カレンフェルス（シンガポール）より小包として土器小破片九個及土器破片写真五枚到達す　五時過ぎて帰る　故小松彰殿五十年忌に相当するとて春三、茂治両氏の名を以て贈品あり　此方より供物

三月二十五日　木　雨後止

九時一五教室　Abstracts 校正に苦しむ、事務室まで Minerva〔＊雑誌〕を見に行くなど五時過きて帰

三月二十六日　金　晴

八、二〇教室　児等送る　五時帰

三月二十七日　土　晴

教室行かず　十時半全家出かける、通り三丁目高島屋に入る、与謝野展覧会あり、興味なし、食堂に入りて児等歓ぶ　一時半家に帰る

三月二十八日　日　晴

星氏先導十一時全家ドライブ、行徳行きのつもりなりしも通路悪し　江戸川堤にて弁当、児等堤上馳せまはる、市川、鴻の台を経て松戸に出で言問橋を渡りて三時過家に帰る

三月二十九日　月　晴

八、二〇教室、今日より三日間第二回人類、民族聯合、白鳥氏会頭、西氏副会頭、九時過ぎ出席、十時休憩、室に帰る、午後京都蓑内氏来室、四時近まで談す、研究談、諸学者の批評、四時過家に帰る　於菟台湾より出京来り居る、志づ子さんもあり、従来甚気にかかりてありし潤氏に属する曙町貸家の件この際全く整理したる筈なり又於菟より負債のものも整理の筈なるもこれは金森家へ預け置きたる関係上尚ほ数日後に全く整理となるべし

三月三十日　火　晴

八、一〇教室三児送る　学会に出て五個の講演を聴き十一時室に戻る　午後一時より大会記念撮影、清野氏あ

り、東大人類教室の将来に就ての談、日本民族研究大事、大博物館建設、其他学談、三時自室に戻る　台湾懇丁寮出土石棺人骨標本供覧は標本（抜歯あるもの）を見たるのみ講演（金関氏欠席、宮内氏代演）を聴かざりき　五時家に帰る　旅順より椰野よ志江子三児を連れて帰京昨夜着京来訪、博子共に来る

三月三十一日　水　晴

八、一五教室児等送る　午後大会出席、アイノに関する諸講演を聞く、名取（札幌）氏花矢のこと、児玉氏アイノ頭骨、山崎氏アイノ写真、金田一氏マタギ（秋田辺の辞、又木、猟師のこと）とアイヌ語、馬場修氏アイヌの土鍋に就て、内耳鍋のこと、これは「オコツク」氏式にして縄文式とは全く別なること、皆興味を以て聴きたり、五時半終了、西氏副会頭として閉会の辞を述ぶ

第七十議会開散（ママ）、六日間延長して而も甚最終日なり

四月一日　木　晴

教室不行、岸二児麻疹を疾し居たるも最早下熱のよし、久し振りにて見舞に行く、ひつくりかへる飛行器（ママ）おもちや大歓、十二時帰る　午後は一寸庭へ出たり

四月二日　金　晴

八、四〇教室　午後須田氏来室　International Standardization of Anthropology 日本委員に関し足立氏へ先方より照会あり氏は辞退し代りに清野氏を推薦したるよしに付報告のためなり　五時過ぎて帰

四月三日　土　晴　祭日

星氏強羅行不在にて自動車あり、弁当用意、九時半皆出かける、江の島に向ふ、途中一寸下車、鵠沼海岸砂上にて弁当を使ふ、児等海岸を馳廻るこれより七里ヶ浜を経て鎌倉に到り児等共に皆大仏に到る、次に児等八幡に詣、其間に自分きみは岸別荘に一寸訪ふ、未亡人腸を少し損したりと直に去る、建長寺に詣、帰途に就く、途中大船新宅地にて下車、夥しくつくしあり児等これを取る、二メルザット〔＊満足を知らぬ〕といふべし、もち草もあり、六時前家に帰る

四月四日　日　終日雨

家にありたり　橋本より電話、義雄静岡より出京、おけいさんより伝言あり即ち長岡安善寺の兄墓如何になり居るかとのこと、これは其ままにて別に手を付けざりしことをきみよりおけいさんへ手紙を出こととす

四月五日　　　月　晴

八、一〇教室、神戸坂元宇之助氏出京尋ね来りたるよし名刺あり　永井潜、島薗順次郎、遠山郁三、慶松勝左衛門、青山徹三五教授還暦退職記念会へ各五円つつ出金、事務室へ直接送りたり　家より電話三時家に帰る　素、純今朝舞鶴より帰りたりとて純子来る　柿内氏在職二十五年祝賀会学士会館に於て催されたりと　胸像の除幕式ありたり　星強羅より帰る

四月六日　　　火　晴

せい子自分三児を連れて銀座松屋へ行く、緩々館内を見る、食堂にて児等アイスクリームを食べ、十二時少し過ぎて家に帰り昼食す　午後少し庭へ出る　星氏代議士候補に立ち早朝平へ向け出発す　今夜遅く帰るべし

四月七日　　　水　晴

八、一五教室　午後横尾氏福岡学会より今朝帰りたりとて来室　二時半家に帰り庭へ出る

四月八日　　　木　晴曇

児等学校始まる、いさみ出て行く、八、二〇教室　ファン・シュタイン・カレンフェス博士（シンガポール）へ手紙並にマレイ半島土器片寄贈の礼状を出す、二時家に帰る、庭へと思ひたるも風寒し、久し振りにて柿内へ行く、三郎氏賢信の他皆あり田鶴自動車を供す　四時家に帰る

四月九日　　　金　雨

悪天、七、四五教室　横尾論文修正、五時過帰　星氏夜行にて平へ向け出発、選挙のため

四月十日　　　土　晴

七、五〇教室　飛行機「神風」昨夜〇時四〇ロンドン安着、九四時間余、甚壮快 **Zur Frage d. südl. Elm...** 論文別刷二〇〇部フェルディナンド・エンケ社（シュツットガルト）より到達す、原稿料は別刷代より差引く　二時室を去り家に帰る　素子来り居る、良一出京を待ちて孫共を悦ばせるため食事することを話したり　庭へ出る

四月十一日　　　日　晴

好春和、児等外出せず、屋内外にて遊ぶ、自分は午後全庭にありき

四月十二日　　　月　曇

八、〇教室、教室諸氏に独文別刷を贈りたり、今日大学記念日式日に休業の由　別刷贈り先を調ぶ　四時半室を去て学士院例会出席、四ヶ月休みたり、何事もなく七時半家に帰

四月十三日　　火　曇

七、四五教室、二時帰りて着更へて青山斎場に到る　中浜東一郎氏告別式なり、帰りて庭へ出る　晩三二来、今朝打合せの通り柿内へ行きたりと、田鶴と談合、この頃八千代子祝に行きたること悪しき結果にはあらず、三郎氏は三二は悪しき人間にはあらずと癌研へ位置したることと自分共に悪感を持ち居るならん

四月十四日　　水　曇

七、三〇教室　書肆フェルディナンド・エンケ社（シュッツガルト）へ **Zur Frage des südl. Elementes...** 論文別刷代を払ふ本郷郵便局へ行きて為替を組む、九時に行きたるに込み合はずして好し三十分間にて弁す　札幌助教授岡田正夫氏（朝太郎氏令息）来室、山崎氏と共同担任せるアイノ写真引き延ばし大判三十枚許見たり甚見事横尾氏来室論文附表に付談合、三時半家に帰る風強く庭へ出ること出来す

四月十五日　　木　曇

七、五〇教室、南方要素論文内地贈先調べ了る　三時半帰りて一寸庭へ　槲野透来、安善寺墓地権兄墓に付おけいさんより申出の件、更に別条なし共に夕食　政事、選挙、政党談、六時半去る時に雨降る

四月十六日　　金　曇（昨夜雨）

七、四五教室　別刷外国贈り先調べ　三時半帰り庭へ

四月十七日　　土　曇

七、四五教室　論文外国送り先調べ、五時家に帰る、鈴木孝之助氏来訪、自家筆額面拾枚寄贈せられたり、自分もきみも不在にてせい子面接したりと

四月十八日　　日　晴

好天終日家にあり、午前午後共庭に出てたり児等も供にす　千駄木母堂一週忌（ママ）に付きみ三鷹の寺へ法事に行く四時頃帰りたり

四月十九日　　月　曇

七、五〇教室　アリエンス・カッペルス氏へ論文寄贈の礼葉書を出す　三時帰りて休憩　H・フィルヒョウ氏より草取り写真を送りたる返事来

四月二十日　　火　晴

温和なる天気に付荻窪に保子を見舞ふ、末女児先天性股関節脱臼の由始めて聞く　よ志江子は連れて入院治術のため不在、きみは与謝野夫人の小脳溢血先月罹かられたるを見舞ひて後来る、一時前帰宅　星氏今朝五時平選挙

区より帰り急ぎ三児を連れて明治神宮に参拝せい同行、夕七時早車再び平へ向つて行く

四月二十一日　水　雨曇

七、四〇教室　論文外国送り宛名約百枚書きたり　五時帰

四月二十二日　木　曇雨

八、〇教室、外国送り印刷物郵税小使にて弁せず自身局へ行きて四銭切手百枚買ひたり甚だばかばかし　千葉解剖教室接近地に貝塚あり水道工事中のところ人骨出でたりとて鈴木氏一昨日視察に行きたり、然るに早稲田大学生既に発掘に従事、其関係少し面倒、それに付横尾鈴木両氏と相談、丁度八幡氏来室、要するに一の妥協案として共同発掘、遺物は彼方、人骨は此方といふこと提案することとす　五時前帰宅時に大降雨

四月二十三日　金　曇

昨日きみ金森夫人と会見　忠子縁談、愈々終点にまで達したり、三郎氏の評判山口夫人に於て甚悪し云々如何に結了するか　七、四〇教室、バスを用ふ、今朝市電バス従業員不穏、白山上の停留所など大混雑　ヂュドリッヘ・エレメンテ〔＊南方的要素〕、論文外国送りデヂカツィオン〔＊献呈の辞〕を書き紙袋に入れ発送す総計九四部　四時過エンタクにて帰る　終日あやしき天気なりしも降らざりき

四月二十四日　土　晴曇

市電バス怠業のため在家（昭和九年此方のことなり）論文別刷内地発送調べ、其中に和文のみのもの、独文のみのもの及邦独両文のものとありて甚だうるさし　午後中央郵便局より電話、一昨日差出したる外国送りのものデヂカツィオンを書きたるため書状なり一通四銭にあらず三十二銭なり云々　明後月曜日行きて弁することとす透氏より来書、安善寺墓所のこと、権兄石塔おけいさんにて建てるとかのことに付ての件なり

四月二十五日　日　終日雨

悪天児等屋内にて遊ぶ　別刷包装一四〇通となる外に尚ほ独逸人へのもの一〇通許あり

四月二十六日　月　雨曇晴

市電バス尚ほ怠業、きみ中央郵便局へ行く　自分九時五〇教室むりなりしもバスを用ふ　在内独逸人へ送る別刷包装九通　横尾氏来室千葉貝塚早稲田学生発掘は文部省史蹟の側より禁止したりと時に望月氏来り　Folia誌

は解剖教室が引き受けて継続発行することとなりたりと赤堀氏来室周口店に於て新に三個頭蓋を発したる談　エンタクにて帰る　門前にて児等出かけるところに会ふ自分も共に槇町まで行く草花を買ふ、白山神社に詣でたり　きみ今日中央郵便局へ行き望月とかいふ掛りの者と談の結果郵税は印刷物にて宜しきも包装を改めたりと先づ々二十八円の損失を免れたり　ばかばかし

四月二十七日　火　終日雨　靖国神社臨時大祭

市電バス争議止み今朝より常態に復す、午後せい子三児をつれて三越へ行きたり、自分外出せず　石原喜久太郎氏久し振りにて来訪、論文別刷の礼なりといふ口実、バナナ葉巻七本贈らる、長談

四月二十八日　水　晴

好天、七里ヶ浜行き、十時過療病院に到る　鈴木氏元気この頃贈られたる自書額面十枚の挨拶旁なり　十一時半辞し去る一時半家に帰る、庭へ出る、晩三二来独文別刷を遣る

四月二十九日　木　晴　祭日

朝児等は学校に式ありてこれに行く、午後せい子はやす子をつれて方々訪問に出かける、自分親協庭にあり

四月三十日　金　晴

靖国神社例祭に付小学休、この週は甚休多し、総選挙日、朝富士前小学まで行き投票、第三回日安部磯雄、八時半教室、シュラギンハウフェン（チユリヒ）氏論文寄贈の礼札を出す　十二時過家に帰る丁度良一来、先づ孫共馳走の件　明日水交社と取り極め電話にて注文、又柿内、岸へ其ことを電話す、又旅行のことを種々談合　三時過ぎ共にエンタクにて自分伝通院に故島薗順次郎氏告別式に参加す良一は家に帰る、帰りて皆々富士前の藤花を見に行く　未だ少し早し、晩星氏選挙区より帰る　せい協やす迎へに行きたり

五月一日　土　晴曇

七、四〇教室　一時半去て家に帰る　時に曇庭へ出ず、皆々支渡し四時半出て芝公園水交社に到る、三二既にあり、直に三児芝上に出て馳け廻る、良一等来、八千代子二児を連れて来、最後に柿内忠、孝、悌子三人来総て十六人六時食卓につく、後屋上にて夜景を眺む、八時前家に帰る、柿内三児は岸送りくれたり、三十四五円の出費にて皆々大悦、独論文原稿料に補足しての催しこれに

て予期の如く終結す、満足　星氏福島県平よりの電話にて当選確実との報あり

五月二日　　日　雨

星氏当選確実、朝祝電を発す、悪天、きみ金森夫人出京のよしにて雨中出向く、せい来客あり、昼食は自分と三児のみ、夕刻雨止む　親磁鉄を買ふとて富士前まで行く晩星氏平より帰宅

五月三日　　月　晴（雨）

八、〇教室　横尾論文修正に又々とりかかる　三時半帰り一寸庭へ出る

五月四日　　火　晴

七、五〇教室　伝道師辺泥（ペテ）五郎なる「アイノ」来訪、馬場修、三上次男、鈴木尚氏案内、鵡川村字「チン」教会に居ると、バチエラア師の弟子、「ペンリユク」の女を妻とすと、六十歳、立派なるアイノ型式の人、紀念としてパイプ一本贈らる（サビタ木を以て新ピラカのアイノ「バラコ」なる六十六歳の人製作したるもの）種々北海道の話、五十年前自分が旅行したる話など、十二時前去る　午後長谷部氏来室、大に東京人類へ転任の意あり、神代記の話、五時まで話したり

五月五日　　水　晴

七、五〇教室、午前本部に長与総長を訪ひ長谷部氏意のあることを通す　総長知らざることにて大に賛意を表し早速理学部長と談議すべしと、その足にて人類教室に行き須田氏より雑誌を借りこれに事よせて来り居る長谷部氏に右の趣を知らせ置きたり　午後三時半帰りて一寸庭へ、風強し

五月六日　　木　晴

七、二五教室　一昨日来訪の北海道鵡川字チンアイノ伝道師辺泥五郎氏へ挨拶及ビスケット一鑵送りたる手紙を出す　昨今Abstracts 1935校正　電話により三時頃去て家に帰る　良一来り居る、明後日旅行出発の打ち合せ、すみ子、忠、禮子も来り賑か、夕刻皆去る

五月七日　　金　晴

七、五〇教室、頻りにAbstracts校正、鈴木氏来室、石鏃の人骨に射入せるものの書目二、三を示さる、これまで報告せられたるもの数例あり　千葉小池氏来訪、この頃の貝塚人骨発掘差し止め一件に付談あり　其他神代記の話長くなり五時頃去る　晩三二来

五月八日　　土　曇晴　舞鶴行

児等学校へ、支渡八時過出かける星氏両人同車、燕号臨時列車乗り込む、八、五〇発車、良一来着、桑木夫人小児を連れて素も来る　追々晴れる、十一時半静岡着、きみ等弁当を買ふ、自分は携へたるパンを食す、富士は見えず、午後は晴、食堂車にて良一紅茶を喫む　車中三人談話尽きず退屈せず　京都にて山陰線に乗り替へ、この間十五分あり、嵐山を眺む、綾部にて又乗りかへ、七時頃新舞鶴駅着、病院自動車迎に出て居る、預けたる手荷物も着し居る、都合好く、中舞鶴軍要港官舎に入る　留守居老婆がなせる夕食をとり入浴、十時半快く寝に入る

五月九日　　日　快晴

三人出かける、水交社を通りぬけてバスに乗る　舞鶴駅より汽車にて宮津線由良川を渡る、宮津下車、町内徒歩「いささ」川あり同名の小魚ありて白魚の如きもの今は其期節（ママ）過ぎたるも最近良一それを網にてしやくいたりと、これより汽船にて天橋立に到る、ここに廻旋橋ありその廻転を待ちて通り天橋の西側を走りて元伊勢神社籠（この）宮桟橋着、神社に詣、社殿は近年改築せるもの、立派これに接したるケーブルカーにて傘松まで登る、このところ天橋の眺望最佳、これよりバスにて成相寺に登る、尚ほ寺堂まで石段あり自分は小茶店にてきみ良一の下り来るを待つ、天橋は見えず宮津湾を眺む。下りて海岸の小店に入り弁当を使ふ紅茶を飲む、再び汽船にて廻旋橋に戻り、上りて橋を渡り松林に入る、花咲き盛りて甚珍らし、これより智恩寺、文珠堂、美建築、自分は気分少悪し楼門にて休、これより駅に到り豊岡に向ふ、車中休息、豊岡駅の次玄武洞駅に下る、駅より丸山川を隔て玄武洞を望む、渡しを渡りて洞下に到る、洞まで尚ほ登るを要す、自分は下の小屋に入りて待つ、きみ等岩片の見本を拾ひて下る、駅に戻りて改札口にて胸悪く遂に吐す、石段に休む列車来り車内空、靴を脱して横臥す、舞鶴駅より自動車にて官舎に帰り安臥、腸カタルなり、車中にても要便、帰りても数度あり併し量少なし　ガス多し大腸かと思ふ

五月十日　　月　快晴

良一八時出勤、良く眠りたり、数回便あり、昼中も良眠、安静、絶食、チヤコール、又良一が遺したる薬服用、きみ子独り附近を少し歩きたる様なり、夕刻より気分宜くなりたり、晩は三人談話十時過寝に入る

五月十一日　　火　快晴

軽快、朝便一回、朝オートミールを少し試む、縁側椅子にて景を眺む、腹工合先つ落ち付きたる様なり、夜は三人談十一時となる

五月十二日　水　快晴

今日も好き天気、午前試に官舎群を一週（ママ）したり、北側山の新緑見るべし、横穴冷蔵庫あり、野生藤の花見事、午後腹工合案外思はしからす　気温大に昇る　晩十時寝に就く

五月十三日　木　快晴

五時半起く　良一は司令部冠島視察に早朝出行く　試に午前外出、下の方へ歩く、軍港一望のところはなきかと思ひどもなし　水交社前庭白藤棚下腰掛にて長く休む、きみ子は町へ行く、何も買ふ様なものなしと帰り来る、素子より良一へ書信に信一氏病状絶望云々甚気の毒

五月十四日　金　曇

学士院十二日例会、十三日授賞式欠席十四日賜餐拝辞良一九時に自動車をよこす、青葉山松尾寺参詣、三里余あり、同山の中腹にあり、石段下にて車を下り登る、思ひし程困らす、清き立派なる寺、西国札所なりと、連山の眺望佳、接して売店あり、絵はがきを買ふ、途中に小石炭坑あり、青葉山は若狭と国境に近し、帰途十丁程側道に入り金剛院といふ寺に到る、堂は百段許の上にあり自分登らす、下に三重塔あり、保護建築物、美にあらざるも古色あり、十一時官舎に帰る、三時間費したり、時に良一帰り来り東京北町より電報、信氏容体悪し云々、良一明日共に行くべし、既に自分等の寝台券を買ひたるも、特急つばめ号に変更すべしといひて早々出て行く良一帰りていふにやはりつばめ号満員のため前定の通り夜行となる、十時寝に入る

五月十五日　土　曇晴

静かなる天気、きみ子独午前に舞鶴町城趾にある古今伝授の碑を見に行く　昼良一帰る、午後良一案内にて軍艦あづま見物、これは日露戦後に大に働らきたるもの今は廃艦となり記念品など陳列して公衆に観覧せしむ、帰りてそろそろ支渡し五時一五新舞鶴発車、帰途も良一同道など思もよらざりきといひ合ふ　京都にて二時間あり、きみ子足立家へ葉書並に短冊を出す、丸物百貨店に入り自分は喫煙室にて休息、きみ等土産物を買ふ、九時店を閉づ、駅待合室にあり、十時少し過ぎ乗車、寝台に昇る、稍々眠りたり、静岡辺にて醒む時に五時なり

五月十六日　　日　曇少雨

八時東京駅着、星全家は勿論、素子純子、桑木夫人まで出て居る、家に帰りて児等賑か、雨降り出す、皆家にあり、自分は安静、この旅行費水交社食事補充共に百円とす、親協には土産としてグローブを買ふことを約束す、協少し風邪の気味、晩早く寝に就く

五月十七日　　月　晴

兎角腹工合直らず、協は学校休む、良一午後一時半発車の筈精子送る、きみ子も少し腹工合悪しと、自分食後必す便通あり

五月十八日　　火　曇風

協学校へ行く、自分稍快し、午後川上妻女乳児を連れて来訪、去十三日政雄氏西洋より帰朝際川上家の意思により妻女出迎へざりしと、気の毒千万、博子来保子この頃様子不良のよし　素子一寸来訪信氏先つ落付き居るよし北海道鵡川アイノ辺泥（ペテ）より送りし菓子の礼状昨日来る

五月十九日　　水　晴

快し尚ほ疲労あり、家にありて静養、定期大掃除　きみ勧業銀との関係にて家財を差し押へるとか一昨日は大久保氏を訪問、今日氏来り銀へ話しくれたりとか　大掃除に付取り寄せたるそば、うどんなどあるところへ八千代子誠敬二児を連て来る、これたべて京都にて買ひたる土産をもらひ悦び帰り行く

五月二十日　　木　曇晴風

川上政雄氏帰朝挨拶に来る、雑件に付ても談あり妻女及児との会見に付尚考慮すべしと　素子より電話にて予て念頭に置きし通り愈々呉へ転任の由　習字先生来、純子そのため来る、親坊村山へ見学遠足、三時半帰る時に少し雨降る

五月二十一日　　金　雨

丁度二週間振りにて教室へ行く、輯報校正たまり居る、十二時家に帰る　午後校正、終日強雨且つ風を交ふ　協一朝血色悪し学校休む、ところが発熱、医を呼び診病（ママ）の結果気管枝カタルと診断

五月二十二日　　土　天気不穏、午後晴

輯報編纂委員会に上野学士院館に到る時に十時、この機会に於て岩崎氏論文印刷費の件に付考慮したるも印刷費騰貴格別のことなし　僅かに四分八厘位とか、必要を認めざりき　十二時半家に帰る、岩崎氏へ手紙を出す、協一尚ほ三九度以上の熱あり

五月二十三日　　日　曇

早朝六時前金森夫人来、山口家の件略ぼまとまりたるも三郎氏の処置常機を脱す（ママ）と（ママ）、午後親、協この度の土産としてグローブを遣ることを約束せしを以て出かける、星氏麻布に告別式ありとて行く、これに同乗して式まで行きて後三越に到る、グローブ二個を、又やす子へ人形を買ふ、星氏種々雑物を買ふ、四時家に帰る　協昨日より温少低し、静にしておとなし　終日輯報校正　札幌児玉氏へ生蕃製作テーブル掛に菓子を添へて発送且つ手紙を書く、先般贈られたる葉巻煙草返礼のつもり　きみ柿内へ行き三郎氏もありて談の結果遂に中止と決したりと、これ先方にやはり要求ありと想定したるによると、川上すてさん五時頃来る、これも結局六ヶ敷さてさて面白くなきはなしばかり多きことぞ

五月二十四日　　月　雨（悪天）

七、二五教室、集積せる校正をヘラルド社へ、又Abstracts第二校の一部を発送す又原稿（長崎のもの）を渡す、昼家に帰る　協一容体思はしからず

五月二十五日　　火　晴

七、二〇教室、千葉森田秀一氏渡航告別に自分旅行中に来りたりと横尾より名刺を受取る　昼帰宅、田鶴子来、今金森夫人に会ひて談中止のことを告げたりと　夕刻三二来、協又熱高し看護婦を傭ふ

五月二十六日　　水　曇

鈴木氏に石時代頭骨に損瘍あるといふ問題面白し、骨全部調査すべきことを言ひたり　昼帰宅丁度高田蒔氏来り居る、六月二十一日出帆独逸へ視察告別、共にパン食し話したり　W・アベル（ベルリン、ダーレム）氏へ論文礼葉書を出す

五月二十七日　　木　雨曇（陰鬱）

七、二〇教室、昼帰る、棚野よし江子自分病気を見舞に来、協一体温下る　悪天

五月二十八日　　金　雨曇

七、三〇教室、横尾論文に久し振りにて又とりかかる昼家へ帰る　田鶴子来り居る忠子の件に付種々心配し居る　ゆるゆる話し二時過ぎて帰り去る　自分一寸庭へ出る　協宜し

五月二十九日　　土　雨曇

七、一〇教室、昼帰る　Gutmanns Mediz. Terminologie〔*グットマンの医学用語〕丸善より送り来る（二〇円）

五月三十日　　日　曇晴

終日家に在り、午後天気稍良くなる庭へ出て草を取る、児等は屋内にあり、協追々快方、きみ外出、矢来に大久保家を訪ふ勧銀のこと、来月十五日まで例の差おさえの件待つとか　桑木信一氏愈々危篤とか気の毒に堪へずＨ・フィルヒョウ氏より論文受取り手紙来、これ第一なり（五月十一日に落手したりと）

五月三十一日　　月　曇

七、一五教室、鈴木氏来室、石時代頭骨損瘍は京都のトレパナツィオン〔＊開頭術〕は否にして創(きず)突き瘍と決定す　昼帰り庭へ出る　雨降り出し止めて内に入る　夕刊に林（銑）内閣総辞職を報す、初より甚だ不評判なりき

六月一日　　火　雨寒し綿入二枚着

親、鳩夏服、共に出かける、七、二〇教室　"Südliche Elemente"〔＊南方的要素〕の答礼来り始める　午後天気良くなる庭へ出る

夕刻近衛公に大命降る

六月二日　　水　晴

七、一五教室、昨日より鈴木氏自分室に置く石時代頭骨に付損瘍あるや否やを検す疑はしきもの一二あるも好例未だ見当らず、昼帰る、熱くなる、庭へ出る、夕食後北町より電話、信一氏今日午後遂に死去せられたる由、星自動車を借り取り敢へずきみ子と悔に行く　丁度入棺のところ、桑木氏西洋へ出張中、気の毒に堪へず

閣員過半決定

六月三日　　木　曇

七、二〇教室、鈴木氏自室にある石時代頭骨昨日にて調べ終る、損傷の好例なし　昼帰る　精子桑木家へ悔に行きたり　星は盛り菓子、自家は造花一対供へたり

閣員候補者決定

六月四日　　金　晴　愈夏になる

七、二〇教室、輯報校正忙はし、千葉鈴木重武氏抄録中不明実語ありこれが質問を発す　昼帰る　午後桑木家葬式に近き蓬莱町の寺に到る、きみ同行、読経終に近くありき、二時半帰宅、精子は別に告別式行く　少し庭へ出る

今日午後近衛内閣新任式挙げらる

六月五日　　土　曇

七、一五、校正少し、答礼の寄贈別刷を読む、アントン・

ワルダイエル博士氏へ送りし“Südliche Elemente”届先不明として返送　昼帰りて少し庭へ出る　星氏夜行にて大阪へ出向

六月六日　　日　雨

午前鈴木正夫氏来訪、川上政雄氏解消悲戯の件に付てなり　要するにこの問題は本人同志にて直接又は直接に近き方法をとることとし側よりの干渉は遠慮するを適当とす云々自分等もこれを祈るところとす、長々と金山の談などし十二時去る　良一呉より今朝着京したりと一週間暇を貰ひたりと　昨晩金森いく子さん来り山口家との談は不結果に終りたる最終の辞とす　三郎氏がいふところ不当にあらずと思ふ、先方は意外の様子なりと

六月七日　　月　雨

七、二〇教室、フラウ・コプシュ氏より別刷返礼として贈りこしたる　B.M.A und I.N.A. の受取りを出す　昼帰りて雨の止み間を見てせい子協、鳩を連れて槇町へ買物に行く、協病後始めて外出、自分共に行く

六月八日　　火　雨

七、二〇教室、鈴木氏石時代頭骨、肢骨損瘍談、昼帰る桑木信一氏初七日に相当、学士会館に於て忌晩餐に招ねかれてきみ共にエンタクにて五時半同処に到る、来れる人の数六十名ばかり、誠に陰静の気に打たる、雨盛に降る幸に自動車迎に来る七時半帰る、雨天格別困ることなかりき

六月九日　　水　雨

七、二〇教室　千葉の松井武太郎氏死去せらる　悔状を出す　八幡一郎氏来室、奈良県畝傍に近き唐古部落に弥生式遺跡の未曽有の発見に大学新聞紙上書きたるもの持ち来り　種々面白き談あり　南方関係に付極めて大切なり、昼帰、夕方霽れる

六月十日　　木　晴

七、二〇教室、横尾独文修正、昼帰る、純子来習字師の来る良一も来る、純子は夕食し、後帰り去る

六月十一日　　金　晴

七、二〇教室、昼帰る　協一今日より学校へ行く肺炎のため丁度三週間休みたり、昨年と今年同じ期節（ママ）にとは偶然　午後少時庭へ出たり

六月十二日　　土　曇、梅雨天寒し

七、二〇教室、午刻家に帰る、午後四時過出て学士院例会出席　自動車迎に来り八時前帰宅

六月十三日　　日　曇晴

午前せい子咳のため良一に診を乞ふといふ自分同行北町へ、直ぐ帰る　協一誕生日且つ病気全快を兼ね馳走、昼食晩翠軒、児等歓び十二時前同処に到る、良一純子尋で来る（素子遠慮忌中の意か欠く）一時半家に帰る天気好くなる児等庭にて遊ぶ自分も、良一事務引き続ぎ（ママ）の名義にて出京のところ明日午前出発呉へ帰任すべし

六月十四日　　月　曇

七、二〇教室　久し振りにて弁当を持ち行く　ハリール氏来室例の通り長談　三時半家に帰る

六月十五日　　火　曇

七、二〇教室、横尾独文修正益々六ヶ敷きを感す殆んど絶望に近しといふべし、三時半家に帰る恰も　皇后陛下理研より還啓に当り赤門前大混雑、少し庭へ出る、親坊横須賀へ見学なりと

六月十六日　　水　曇

七、二〇教室、三時半帰る、少し庭へ出る

六月十七日　　木　曇大雨

七、一五教室、長谷部氏出京来室、人類へ転の件は長与総長より手紙あり愈々承諾の返答をしたりと、柴田理学部長の歓迎のよしなるも尚ほ今日面会のつもりなりと、神代記に付種々談す、十二時半去る　氏満悦の様子感謝し居たり、これより自分家に帰る、やす子石神井へ遠足、二時過帰り来、直後に雨降り出す、忠子、又純子も来る大降雨、雷を交ふ、両人一つにエンタクにて送りたり

六月十八日　　金　雨

七、一五教室、大降雨中午刻帰る　星氏夜行にて大阪へ

六月十九日　　土　晴

好き天気となりたれば荻窪に保子を見舞ふ、きみ子は与謝野へ寄りて来る、容体思はしからず、此頃は床中臥すを常とすと、末女児股関節のため第二回の入院中、帰路は駅まで歩きたり、一時帰宅、星氏皆を連れて神宮苑の菖蒲花を見に行きたり　自分は庭へ出る　素子一昨日呉へ行き不在に付純子五時頃来り泊る、晩は児等賑かなり

六月二十日　　日　晴

弁当の用意をなし、自動車の都合出来、純子を連れて皆ドライブ　二子玉川橋の上右岸にて河原に遊ぶ、堤上にて弁当を使ふ、人出夥し又鮎釣人多し、なかなか熱し、右岸を走り丸子橋を渡り洗足池を通りて五反田星商校に寄る、野球あり親坊これに熱中す、テニスもあり児等大

悦、緩々休息、三時半家に帰る、自分庭へ出る　純子早く夕食し帰り去る

六月二十一日　月　晴

七、一五教室、福田邦三氏本学年より名古屋から転任挨拶に来る　昼帰る　夕方少し庭へ出る

六月二十二日　火　晴

七、一五教室、仙台長谷部氏より来信、人類へ転するの件柴田理学部長にも面会承諾、帰仙土曜日に早速布施氏意中を漏らしたるところ案外に諒解しくれたりとて喜び自分に対して感謝す云々　午刻家に帰る　庭へ出る

六月二十三日　水　曇

七、二〇教室、午前仙台布施現氏来室、長谷部氏転任の件快諾、ただ後任に付種々談あり、日独医学会に付出京昨日独大使に医学者二十余名招ねかれたり、今日は返礼として日本料理に会すると　午前午後共横尾氏と独修正に従事、困難々々　五時半帰

六月二十四日　木　晴

七、一五教室　昼帰る、せい子気管カタル宜しからず咳甚しく発熱す　晩協やす自分の室に寝る

六月二十五日　金　晴

愈々熱くなる単衣を着る　きみ子同道池の端小川店にて眼鏡を購ふ、老眼進み、更に強度なるものを要す（五円五十銭サック一円）、出来る時間に松坂屋に入り買物、鏡の仕上げ手間取る、これよりきみは本郷処用あり、自分不忍池畔を歩き弁天を通り電車にて家に帰る、児等は皇大后陛下御誕辰式あり休業

六月二十六日　土　半晴

七、二五教室　昼帰る　庭へ出る、夕食後三児を連れて肴町露店を見る　きみ同行、花火など買ふ

六月二十七日　日　曇（少雨）

終日家にあり、午後は庭へ出る、時に少雨降たり止たりす、晩星氏強羅より帰る、協、鳩自分の部屋に寝る

六月二十八日　月　曇雨

七、一五教室、昼帰る　義雄夫妻二児を連れて来、台湾帝大助教授に任命せられ近日赴任、告別なり　協一少し咳ありとて学校休む

六月二十九日　火　細雨　冷

七、二〇教室　Abstracts 校正、昼帰る

六月三十日　水　雨　冷

七、二五教室、昼帰る、終日雨降つづく

七月一日　　木　雨曇

七、一五教室、輯報第六巻完結するに付其索引作成にとりかかる先づタイプライタアを始む　十一時過去て銀座へ封筒を買に行く、一時家に帰る　一寸庭へ出る　三二来

七月二日　　金　細雨、後晴

七、一五教室、昼帰り Abstracts 校正、庭へ出る、今朝不斗声の少し嗄れたるを気つく

七月三日　　土　曇

七、一五教室、昼帰、庭へ出る　八幡氏来室、ニウギニヤ土俗に関する著書一部寄贈せらる、氏一ヶ月余の見込にてマリアン群島へ研究旅行すと

七月四日　　日　曇、晴

熱くなりたり、午前小林文郎氏来訪、先般腹部に腫物（パピローム（＊乳頭腫）とか）を生し入院手術したり、其後始めて来りたるなり、会社聯合の件先づ々出来上りたり　効果はこれよりなり如何、自分終日家にありき、星氏も在家、児等を連れて一寸出かけたり、精子の咳は同じ様なり

七月五日　　月　晴　熱酷し

七、五〇教室　午前午後共タイプライタア　四時帰宅、川上すて子さん来り居る、事件少しも進捗せず、令弟大阪へ転任のよし、夫人は会津郷里へ帰るとか、気の毒々々、自分は遠慮すべしとの立場にあり如何とも仕方なし、庭へ出る

七月六日　　火　晴

七、一五教室　タイプライタア　昼帰る　珍らしき酷暑三四度　夕方庭へ出る　せい子咳未だなかなか軽快せず夜試に蚊帳をつる

七月七日　　水　曇

七、一五教室、午後二時半頃原正氏息清氏来室、父君正氏今日午前十一時半死去せられたりと、心臓疾患の由、就ては生前の志望にてもあり遺族の願にもあり剖検の件に就ての談なり　横尾氏病理教室へ行きて打ち合せ明日午前十時と取り極めたり　四時家に帰り庭へ

七月八日　　木　晴

七、一五教室、十時頃原令息来室、故正氏剖検病理教室に於て鈴木助教授執刀、心臓肥大拡張極めて著し、脳非常に大なりきと重量 1610g　自分は堀進二氏来訪のため

完了せざるに辞して自室に戻る、令息等は十二時に近く去る、これより直に溝の口火葬場に行くと　午後横尾来室偶々神代史に付き話長くなる　四時過ぎて自室を去る
極一寸庭へ出る

七月九日　　金　曇雷雨

約の如く七時谷中に堀進二氏アトリエーに到る　型に二時間供す、九時自動車迎へに来り家に帰り再ひ出て教室に到る時に九時四五　教室小使三名へ三円つつ中元を遣す　Abstracts 1935 校正　四時半家に帰る　雷鳴少雨

七月十日　　土　晴

昨夜大雷、大雨、今朝霽れる、的（ママ）の如く七時前に谷中堀家に到る、大に冷しく凌ぎよし、頭部の型は先づ終る、尚ほ両手‐頭骨、計測器関係の位置のために写真を撮る、九時半教室　Abstracts 校正　昼帰りて昨夜来腹工合少し悪し、ために食を断つ、自動車あり押して故原正氏葬式に行く目黒区の僻遠のところなり、耶蘇式にて小堂集まるもの五十名許、花環六七個、甚清楚、四時家に帰る、冷気なりしも少し大儀なりき　去七日夜北支事変勃発、駐屯軍演習中支那第二十九軍（日本軍と和協のもの）より突然発砲せしより起る、紙の報ずるところによれば非常に重大なるが如し

七月十一日　　日　曇

終日静養、Abstracts 校正、昼頃宇野新氏夫妻久々にて来訪、中元挨拶なるべし玄関にて立ち話して去る

七月十二日　　月　晴

終日在家、夕刻一寸庭へ出る腹工合宜し　学士院例会断る

七月十三日　　火　晴

七、四〇教室　輯報校正、タイプライタア　四時過ぎて室を去り家に帰りて一寸庭へ出る

七月十四日　　水　曇

七、一〇教室　四時帰りて庭へ

七月十五日　　木　曇晴

七、一五教室、タイプライタアなかなか労、午後甲野勇氏来室　相州松田附近より出たる土偶の空に児骨の入りたるものありとて其骨片を持ち来る、鑑定六ヶ敷も歯冠数個あり初生児に近きものか甚珍らし其他長談四時半去る

七月十六日　　金　晴

七、一〇教室　タイプライタア労大　四時半自室を去る

七月十七日　土　昨夜降雨

七、一五教室　十二時家に帰る、数日来の約束によりやす子を連れて本郷三丁目へ行きセルロイド大型人形を買ひ与ふ、大歓、純子独り来る、夏洋服出来せりとてそれを見せに持ち来る、暫時遊びて帰り去る　自分庭へ

七月十八日　日　晴

終日家にありて抄録校正、これにて1935分組み終る、親協は午食し直に社車にて出かける、深川洲崎に職業野球ありこれを見物、始めてのことにて大歓、五時頃帰り来る　自分一寸庭へ

七月十九日　月　晴

愈々盛夏となる、七時教室　タイプライタア中十一時半頃突然協来室、せい子共に橋本氏診断を受けてその帰りなりと共に帰宅、非常に困憊を感す庭へも出ず

七月二十日　火　晴

今朝ラヂオ、新聞の報ずるところによれば北支事変愈正午十二時を限りとして開始せらるるか

七、一五教室、児等学校終業共に出かける　昼帰る、午後柿内信子悌子来、例年の通り全家山中別荘へ明日出発の由、自分庭へ夕刻三二来

七月二十一日　水　曇晴

桜井錠二氏外遊のところ一昨夜帰朝の由、朝出がけに玄関まで、七、一五教室　北支事変は昨日午後二時頃徐に開戦の模様　Abstracts 1935最後の部ベーグマン氏へ送る　四時自室を去て帰る　少し庭へ

七月二十二日　木　曇

七、一五教室　校正とタイプライタア忙はし　四時室を去て帰る　晩になりて明日強羅行きといふことに決める

七月二十三日　金　晴

強羅へ来りて少し時雨あり　早く起、皆支渡、きみ自分三児を連れて出かける、女二人も、八、一〇準急行三等車を用ふ、あまり混み合はず、横浜にて児等のためにアイスクリイムを買ふ、これより小田原まて止まらす、登山電車も都合よし、一〇、二〇強羅着、爺迎へに出てゐる、下の部屋に入る、児等歓びはね廻る、この地としては熱き方なり　近き川へ一寸行く、児等と共に上の湯に入浴、夕食後駅を一週（ママ）す　第七十一臨時議会召集、星氏当分特に繁忙なるべし　精子咳思いの外宜しからず　早く眠に就く

七月二十四日　土　晴

五時頃皆起、上の屋に移る、児を連れて公園まで散歩

午後三児共プウルに浴す　夕食後下の見晴しまで歩く

七月二十五日　日　晴

副島八十六氏星氏関係より荘へ来り昼食を供し種々の話しをして去る　冷しく且つ時に霧雨あり午後プウル止め公園散歩

第七十一議会開院、夕刻家庭教師上原某氏来着、夕食

七月二十六日　月　霧雨

午前床屋へ行き髪を鋏む、他は屋内にありき、親坊は午前午後共新教師の教を受く

北支事変稍緩和の状況なりしが再び六ヶ敷なる

七月二十七日　火　晴曇晴

昨夜盛に雨降り雨漏などあり今朝は日光あり、家より電話あり精子今朝来荘すと、就ては児等小田原まで迎へに出よと　朝食を終へ児等勇みて出かける、きみ子連れ行く　十時二〇早皆帰り来る、せい子尚ほ咳止まず　午後親教師より修習の後三児プウルへ行く自分迎へに行きたり、荘は賑かなるも星氏は家に独りさびしかるべし、冷しセル衣を着す

七月二十八日　水　晴曇

熱くなる、三児、女中二人家庭師、きみ子案内として早雲山道了へ出かける、きみ独り帰り他は大涌谷へ行きたりと一時半帰り来る、児等疲れたる模様、プウル休止、やす子は脚痛むと、輯報長崎医大の鶴山氏論文校正ヘラルドへ送る

北支事変、平津方面攻撃愈開始、拡大の程度如何

晩上原教師来、長談十時半去る

七月二十九日　木　曇雨　昨夜雨あり

朝やす子を連れて一寸駅前まで行きたるのみ副島八十六氏令嬢を携て来荘、令嬢保養のため二週間ばかり滞処すると、雨のため児等も家にありたり

七月三十日　金　薄曇

きみ子月末支払等のため帰京す皆駅まで行く、副島氏一寸来訪自論別刷数種贈らる、三児二女中上原教師監督の元に千条滝へ行く　上原教師上の屋に移る

七月三十一日　土　晴

午後児等プウル、今晩芦の湖に於て灯籠流しありとて親協大急ぎに夕食し上原教師に連れられて出行く、星氏夕刻来荘時刻違ひのため誰も出迎へに行かざりき、親協十時に近き頃元気に帰り来る、駅まで迎へに行きたり

八月一日　　日　晴

星氏先導皆小田原行き、御幸浜海水浴場にて児等海に遊ぶ　星氏駅より弁当を買ひ来る、なかなか熱し、四時頃荘に帰る、晩食三児は楽焼にとて星氏に連れられ行く

八月二日　　月　晴　強羅始めての暑

早朝星氏帰京、上原教師も帰京、午後児等プウルへ行く少時して帰る、二時半頃きみ帰り来る、夕刻星氏も帰荘

八月三日　　火　晴　熱さ昨日の通り

早朝星氏帰京、鶴山氏論文校正、良一誕生日（六日）を祝するはがき連名にて出す　星氏夕刻帰荘、皆駅まで迎へに行く

八月四日　　水　晴　暑熱昨日の通り

早朝星氏議会出席帰京、十時半頃精子三児を連れて小田原海水浴に行く、四時半頃元気に帰り来る　上原教師帰荘　星氏帰らず

八月五日　　木　晴　暑酷

プウル水換のため休止、児等を連れて公園散歩、又夕食皆附近の川まで歩く

八月六日　　金　晴　大夕立

午前児等郵便局へ自分も共に、小為替五円組（初婆へものなるべし）　鶴山氏論文第二校正終るも著者送るに便ならず　午後児等プウル、自分迎へに行く　夕刻より雷鳴大夕立、その中星氏来荘、夜に入ても止ます

八月七日　　土　曇冷

例の通り星氏早朝帰京、昨日横尾氏より自分寿像に刻む字に付その案を送り来り別に異存なきも只井字中の点なきて差支なくば除く方望ましき旨返事す　上原教師先導児等宮の下へ行く雨降り出したるもぬれずに帰り来る、夕刻児等の迎へに公園へ行きたるも、行き違ひたり帰りて夕食

八月八日　　日　薄曇、冷、昼頃一寸雨

午前　上原氏親協等共に早雲山、自分も道了まで登る、金時茶屋に休む　上原と親は自動車て（ママ）歩き下る、冷心地よし、帰りて昼食、重ね着

昨日議会終了、今日閉院式

夕刻星氏帰、皆駅まで迎へに、上原氏胃痛を起す

八月九日　　月　薄曇　冷、重着

星氏早朝五時出発、皆自動車を見送る、午後冷に付児等プウル休、三児を伴ひ床屋え行く、客多し、児等は待ち

居て髪をつむ、自分は止める　夕刻星氏来荘

八月十日　　火　晴　甚冷

昨夕社の自動車来、今朝快晴、星氏念のため富士山の模様を尋して出かける、星氏荘にありて仕事、皆の外上原教師同行、長尾トンネルにて眺む、甚快、返りにヒムベーレ〔*こけもも〕を採るなど

八月十一日　　水　晴

朝髪を鋏む、自動車あり、星氏のすすめにより十時頃出かける、上原師同行、星氏不行仕事、二の平、芦の湯を経て湖畔に到り、杉並木を歩く、雲ありて富士は見えず、峠を下る、眺望不良、三島にて大社に詣で、甚熱し、沼津にて丁度正午、駅にて弁当を買ひ、千本松原公園にて、粗悪なる海水浴茶屋にて休、客少なし、食事して児等海水に浴す、運転手神野鑑督（ママ）す、三時帰途につく駅にて児等アイスクリイム食す、再ひ箱根町を通り旧東海道の路修理出来、自動車通す試みにこれを通り五時荘に帰る、入浴、児等疲れたり殊に協は夕食せずして眠る

八月十二日　　木　晴

星氏五時三〇発出、午前児等は社員妻女に伴はれ千条の滝へ行きたり　昼前曙町留守居女りんより手紙にて千駄木森火災のこと知らせ来る　尚ほ電話にて問合せたるに自火にてはなし、取り敢ずきみ子昼食し早々帰京す、三児は社員妻女に伴はれ宮城野へ、自分はせい子早雲山に用向ありて行く自分行、見晴にて眺む、風強く寒し、帰りて夕食

八月十三日　　金　晴　暑さ強し

朝親、協上原氏に伴はれ大文字山へ登るとて出行く十一時頃元気にて帰る　此方より見て居たるも明らざりき、午後やす子独りプウルへ行きたり、三児は社員妻女に伴はれて二の平方面へ散歩に行く　自分は近き河原にて石斧研ぎを試む、夕刻星氏来荘　上海にて戦闘開かれたる模様

八月十四日　　土　晴　熱酷

午前中にきみ帰省、森家火災詳細を聞く、母屋借家人火元のよし　昼中にて午後四時頃とか、まり類両人共不在中、両屋共保健附（ママ）しあれば其点はよし　午後三児プウルへ行く其迎へなど

八月十五日　　日　晴　暑酷し

全家七人九時頃自動車にて出かける小田原駅にて弁当其他買ひて熱海道に向ふ真鶴にて降る、小港の断崖下岩上

にて休、弁当、児等は海水に入る、閑静にて宜し但し熱さ強し、これより吉浜海水浴場掛け茶屋に休み氷水を飲む、これより引き返へす往路を経て三時半帰荘、今日が暑熱の極かと思はれる位なり

八月十六日　月　晴

星氏早朝帰京、暑きびし一歩も屋外に出でざりき、夕刻星氏帰荘、例年の通り大文字点火、大花火、午後は児等宝探しにて公園へ行きたり、日暮れて点火、火力強く風は静かなるも圏外に延焼、児等大興、九時過花火終る

八月十七日　火　晴　強羅極度の熱さか

今日も熱さ強し、星氏早朝帰京、午後児等は鈴木妻女等の先導にて堂ヶ島へ行きたり、夕食後駅まで煙草買ひに行きたるのみにて其他外出せず　晩早く就眠

八月十八日　水　晴　暑強

午後は児等プウル、自分鑑（ママ）視、夕刻皆公園自分も行く

八月十九日　木　曇濃霧

午後は児等教師等に伴はれ宮の下小涌谷附近まで散歩したりと、夕食後駅まで星氏来荘を迎へに行く、終日霧のため山見えず幾分か凌ぎよし　きみせい子明日帰京の荷造りをなす

八月二十日　金　晴　帰京

星氏早く出発、自分児等駅まで行く、朝食支度、九時一九発す途中総て都合よし、三等車を用ふ、我等六人の外上原教師も同行、女中二人車中賑か、小田原にて皆のために「アイスクリイム」を買ふ、横浜まで停車せず、十一時曙町寓に着す、これにて本年の避暑を終る　今日庭師来りて芝を鋏む　案外熱さ酷し　星氏昼帰る又出て夕刻帰る

北支事変は不拡大主義なりしも上海事変突発大事になり海軍飛行隊目ざましき活動、最早「日支事変」と称すべき事態となる

八月二十一日　土　快晴

(旧十六日の月珍らしく朗) 七、一〇教室に到る、旅行中堆積せる輯報のこと整理、長崎鶴山氏校正刷全部そろえて送る、同大学の二論文原稿ヘラルドへ渡す　ベーグマン氏より抄録校正後半部戻り居る、あまり熱くならぬ中に思ひ十一時前帰宅　午後は家にありて抄録校正を検す晩松原伝吾氏来訪、大なる西瓜（自作のもの）二個贈らる

八月二十二日　日　快晴

今日も非常なる熱さ　厳こと旅順より旭川に転任途中東京に数日間滞在、今日近親集めて保子喜字祝を催すとて招ねかる、炎熱中十一時半頃喜美子共に出かける、小供を混して二十余名、先は写真を撮る、一時頃食卓につく、支那料理、保子は病室にあり、大悦び大満足の様子、四時半家に帰る　小林ちか子来　森静子も

八月二十三日　月　晴曇

七、一〇教室、抄録1935第二校へラルド送り十二時前家に帰る　在支軍隊官吏一般よりの慰問醵金の中へ五円小為替券学士院へ送る　晩星氏選挙平へ旅行　夕刻より少し雷鳴降雨ありたるも甚不充分

八月二十四日　火　曇晴

七、〇教室、索引タイプライタア昨日より再び取りかかる、昼帰る　この酷しい熱さに八千代子二児を連れて来る、児等庭へ出てはね廻る様を眺む、癌研へ電話にて三二を呼ぶ、集りて夕食す、誠、敬強羅土産秘密箱をもらい大悦七時半頃去る

八月二十五日　水　晴

七、三〇教室、抄録第三校へラルドへ送る、Abstracts 1935は先々片付きたり　一時家に帰る　午後せい子こ の熱さに三児を連れて三越へ行きたり　晩町内貸家居住者中西元一氏出征に付名刺に餞別としてビイル半ダアスを贈りて祝す

八月二十六日　木　快晴

昨夜蒸熱堪へ難かりき、今朝七時中西氏出征を三児共に見送る　七、二〇教室　タイプライタア　午刻帰る　星氏平より帰る、児等上野駅へ迎へに行く、出征見送りにて大混雑なりきと　夕刻賢信来、夕食、九時過去

八月二十七日　金　晴

七、二〇教室、タイプライタア、十二時家に帰る、星氏夜行にて福島へ行く自分は眠りて出発を知らざりき

八月二十八日　土　曇晴

町内多田某氏朝六時出征に付これを見送る、中に高木憲次氏あり或は氏の親戚にてもあるか、七時二〇教室、大学までの途中三名の出征者あり　タイプライタア、昼帰る

八月二十九日　日　晴

終日家にありき

八月三十日　月　晴

七時前に教室　久しき旱魃、雨ほしきものなり　鈴木氏

伊川津に於て発掘せる人骨中門歯加工のもの三体示す　タイプライタア　昼帰る

八月三十一日　火　晴小曇

七時前に教室　タイプライタア　昼帰、素子純子今朝呉より帰る、午後素子来、軍港は戦時気分盛、良一工廠関係等にて非常に繁忙のよし

九月一日　水　晴

七時前教室、児等学校始まる、震災十五年目に当る、斎式あり　輯報校正抄録索引タイプライタア　昼帰、夕刻三二来、親坊図画のためなり

九月二日　木　晴

昨夜雨降り稍湿めりたり、漸く秋らしくなる　六時五〇教室　タイプライタア仕舞に近くなりたり　昼帰　午後は強羅より帰りて始めて庭へ出る

九月三日　金　晴

七時教室　タイプライタア、昼帰、夕刻三二来、共食す

第七十二回臨時議会召集

九月四日　土　晴

七時前教室、Abstracts 1935 タイプライタア終る、七月一日始めたりき　昼帰、四時頃より庭へ出る

九月五日　日　晴

曙町より出征者二三名あり、親、協見送りに行き、自分も行きたるも不明にて空く戻る、原正氏未亡人来訪、氏が重症に陥るまで書きたるものなりと、雑誌に掲載出来るや否や鑑定する様依頼せらる　鳩子昨日来下痢、午後純子来、自分庭へ

九月六日　月　晴

七時前教室　輯報第六巻表紙など作製、昼帰、意外なる蒸熱堪へ難し、親一誕生日なりとてせい子菓子を整へ晩小燭十二本点するなど

九月七日　火　曇小晴

七時前教室　輯報索引整理、鈴木尚氏来、千葉医大裏貝塚の件に付上田三平氏へ紹介す　昼帰

九月八日　水　晴強風

七時前教室　索引整理、昼帰

議会終る　明日閉院式、二十億支那事変費成立

九月九日　木　晴曇雨

六時五〇教室　索引整理、午前十一時近き坂下の歯科医師渡辺直熊氏の出征を見送る　午後一寸庭へ出たるも雨

降り出す、少し雷もあり、打ち続きたる旱魃ところ甚心地よし、大に冷しくなる

九月十日　金　雨

六時五〇教室　索引整、西氏に雑誌不明のものを質すなど、昼帰

九月十一日　土　雨

七時前教室　横尾氏来室蒙古人計測仕事一通り方針立ちたるに付相談したし云々ところへ赤堀英三氏来、この夏蒙古探検談、索引整理昼帰る、児等皆帰り居る、風雨益々強くなる、恰も二百二十日に当り台風となる　四国関西は強かるべき予報、東京は比較軽く済みたり

九月十二日　日　晴

終日在家、星氏午後仙台へ向け出発、児等は赤羽根原(ママ)へバッタ採りに行きたり　自分は庭へ出る、昼中はなかなか熱かりしも夕刻は冷しくなりたり　午後桑木厳翼氏欧州出張のところ帰朝、玄関まで挨拶に来らる

九月十三日　月　曇

六時五〇教室　索引整理、昼帰、庭へ出る　秋晴快、夜十一時半星氏仙台より帰る

支那事変連勝快哉、上海豪華なる市政府占領、南北完全に連絡す、北支に於ては熱河省に敵兵なしと、馬廠占領、戦線益々拡大、広東方面にては屢々空撃

九月十四日　火　秋晴

七時教室　索引整理、小川鼎三氏ロックフエラア奨学資金により米国シカゴへ研学のため明日出発するとて告別来室　昼帰、夕刻庭へ

九月十五日　水　曇小晴雨

七時教室　索引整理、今日より五日間防空演習、時節がら極めて真面目に執行せらるといふ　昼帰、庭へ、晩雨降り出す、市内、屋内暗黒

九月十六日　木　雨

七時教室　索引整理　昼帰、終日降雨、今夜は電灯を消すに及ばす

九月十七日　金　雨曇晴

六時四〇教室、星車同乗、歯校教師グロス教授の後継ドクトル・ゲルハルト・シュタインハルト氏来室藤田氏同道、本年四月来朝、昼帰、庭へ出る　防空演習第三日、夜に入り電灯全消、暮方に一寸坂下まで協を連れて

九月十八日　土　晴曇

六時四五教室　横尾氏よりＪＮＡに付日本解剖者より再

度の意見Fol. anth. Jap. に掲載になりたる出版費に付西氏解剖学会より支出を求めらる、就ては可否に付相談あり、索引整理　昼帰、庭へ、晩消灯、雨降り出す

九月十九日　日　雨

防空演習午前九時終了、悪天家にあり、午後雨の止みたる間を見て庭へ出て草をとる　児等は精子に連れられ附近にて月に供へもの買に行く、望月全く見えず

九月二十日　月　雨曇

七時前教室　索引整理なかなか労を要す　昼帰、庭へ

九月二十一日　火　晴曇

七時前教室、まだまだ索引整理終らず、昼帰、庭

九月二十二日　水　曇

六時四〇教室　昼帰、庭へ、夕刻三二来、癌研の話、稲田益々不人望、佐々木隆人はよし、おぼつちゃん　鷗外日記出版に付中に大島関係ことあり格別差支もなけれど、本堂物を返へすの一行、其外長谷川が千駄木を訪れたることの二ヶ所ばかりを除くこととす

九月二十三日　木　曇　祭日

午後全家出かける、星二三ヶ所に寄りて二子玉川原に遊ぶ、時局のためか人出少なき様なりなどと言ひ合へり帰途豪徳寺といふに寄り井伊掃部の墓に詣、六時前家に帰る

九月二十四日　金　晴

六時四〇教室　昼帰、忠子午前より来り居る、素子来、庭へ出る草は大抵取り尽したり

九月二十五日　土　晴

六時四〇教室　昨日皇軍保定占領彼の堅牢を以て誇りたる城も落つ同時に滄州へも進みたり壮快　昼帰り庭へ

九月二十六日　日　快晴

社車あり、十二時までに必ず帰家のつもりにて青山海軍館へ行く皆始めてなり　時節がら面白く見たり　午後は庭へ

九月二十七日　月　晴曇雨

七時教室　昼帰、庭へ少し出る夕刻雨降り出す

九月二十八日　火　晴

七時教室　索引整頓漸く了りとなる　昼帰、庭へ、天気よし

九月二十九日　水　晴曇

七時前教室　輯報解剖第六巻表紙扉等及インデックス（Abstracts 1934, 1935を含む）原稿をヘラルドへ渡す、

索引は去七月一日に取り掛かりたるものにて意外に労多かりき　長与総長を本部に訪ふ長谷部氏の件如何になりたるかを尋ぬ、人類学科新設来年度に於て不成立のため同科学生募集延期となる、転任の時期も延びる、併し年末か、三月末か兎に角確実のよし、昼帰、岡田徳子夫人来、和一郎氏臥床のよし、田代義徳氏これまた症状悪きよし

九月三十日　木　雨

七時前教室　Abstracts に引用せる雑誌題目のアブリビエーション〔＊略語一覧〕の解をヘラルドへ送るこれにて漸く校正を待つのみとなれり　昼帰　午後故高松豊吉氏告別式に芝増上寺へ行く、悪天混雑、エンタク最都合よかりき

十月一日　金　雨

七時教室　甲野勇氏来室去七月十五日談の土偶を持ち来る、これを見るに稍々大型にて誠に立派、縄紋あり、下部膨大す下面閉、頂に開口あり　故原正氏遺稿と称するものを一見す、囚人頭と題する独逸文、二十頁、ただ緒論材料、方法だけにして未だ全本論に入らず、遺憾ながら如何とも成難し

十月二日　土　雨曇

七時教室、横尾氏来室、長谷部転任のこと、蒙古談、事変談　昼帰、雨止みたれば少し庭へ

十月三日　日　晴

朝三児は鶴見花月園へ案内せられたりとて歓び出行く、せい子は柿内へ、屋内甚だ静、原正氏未亡人来、遺稿は全く不備のもの発表に適せずといひて返却す、又平野勇氏久々にて来訪、時談面白し、要件は此度再婚決定来十六日式を催す就ては其席に列すべし云々、共に昼食す氏は平常昼は食をとらずと、パンを少し取りたるのみ、庭へ出る

十月四日　月　曇晴

七時二〇教室、きみ子教室へ来、共に三越へ行き紀伊地図を買ふ十一時教室へ帰る、久し振りにてパン弁当を食す　小使高橋三平歩兵高田聯隊に召集今夜行にて出発すと、祝として餞別三円贈る　三時過家に帰る　庭へ出る、むつ子来、保子別状なしと

十月五日　火　曇

七時前教室　昼帰、夕方に三二来

十月六日　水（昨夜雨）曇

六時五〇教室、昼帰、庭へ出る、草取り終る

十月七日　木　晴

七時教室　満州国奉天医大工藤喬三氏より申越の書物全く失念し居りしが思ひ出し昨日小包にてLoth: Negerweichteile. H. Virchow: Verkrüppelte Füsse 貸出す　安川へ製本を注文す　昼帰、庭へ、三二来、Bildwörterbuch〔＊図解辞典〕持ち来りて見せる

十月八日　金　曇雨

七時一〇教室　八幡氏来室、人類評議員開催打ち合せの件、この夏サイパン島探検談、昼帰る、午後珍らしくも雨中老友鈴木孝氏来訪、相変らず元気、明日出発帰里田原へ旅行すと　終日盛に雨降る

十月九日　土　晴

七時五教室、横尾氏案内にて新築の解剖（病理、法医）教室を一寸覗きたり、図書は数日前より移転を始めたり井上通夫氏珍らしくも来室寿像出来、十一月六日に除幕すると、堀進二氏よりコンパス返却のもの及び寄贈の台湾蕃族頭骨一個をも持ち来る　昼帰、午後庭へ、夕刻純子来泊る、素子急に昨夜行にて呉へ行きたりと

十月十日　日　薄晴

久し振りにて星氏ドライブ、弁当用意、全家純子、自動車満員、十一時頃出かける、二子玉川橋を渡り堤上にて弁当を使ふ、児等河原に遊ぶ、一時半車上、最近移転せる陸軍士官学校を見るとて座間に向ふ、馬絹を経て走る、丘陵地森林、畑、時に水田あり、新校尚ほ工事中、規模大、敷地の中央に村道の長きトンネルあり、正門へ廻る、道路あちこち廻りて漸く達す、これより帰途、時に三時半、八王子へ出るがよしと、相模川を左に見て村々過ぐ、八王子四時半　六時前に家に帰る、大ドライブなりき、夕食、星車にて純子送り返へす

十月十一日　月　晴

七時教室、昼帰、夕方庭へ、秋晴快

十月十二日　火　曇雨

七時教室、昼帰、雨降り出す、雨中緒方未亡人来訪久々にて遇ひたり、四時半出かけ学士院例会出席、独逸交換教授シュプランゲル氏会食に列す、社車迎へに来る但し九時に星氏静岡より帰着に付これ又迎に行かねばならぬ故最早時間なし依て自分東京駅まで行くこととす、丁度間に合ひたり、素子偶然呉より帰京同車なりしと、家に帰り入浴、床に入る

十月十三日　水　曇雨

七時前教室、昼帰　八千代子玄関まで来りたりと

十月十四日　木　雨晴

七時前教室、再び横尾氏ダヤアク論文に取りかかる、Zeitschr. f. Rassenkunde〔＊雑誌〕の最近の号を人類より借りる、昼帰、せいやす槇町へ買物に行く自分も共に庭へ出る

十月十五日　金　晴雨

曙町より又々二三名出征者あり、其他にも多しと、七時前教室、昼帰、四郎氏借住宅へきみせいやす共に行く明日千葉より母堂共に移転すと直きに近き原町なり、少し庭へ、日暮れて雨降る

十月十六日　土　雨

昨夜来雨強く降る、堺市丹羽元亮氏急病にて死去の通知到来直に弔電を発す　定例の輯報編纂委員会に上野学士院に到る、十時より、各編纂委員の名を以て当該大学、医専の教室主任へ寄稿に就ての要領刷りものを発送することとす、食事せずして十二時過ぎて家に帰、平野勇氏後妻神代(くましろ)宮子どのを迎ふ式を挙ぐ、五時過渋谷道玄坂二葉亭に到る　星氏送りくれたり、媒酌は十時直道(とどき)（陸軍大佐）氏夫妻、席に列する人三十余名、自分平野家親戚として、又隣席の福田法学士（社会局員）神代家親戚として挨拶す、医学士宮村一利氏（大正三卒業）福田氏令弟医学士などあり、川野老人あり、八時過ぎ帰宅、入浴

十月十七日　日　雨

雨尚ほ止まず、伊勢神宮奉拝出発延ばす、今日は全国神社祈願、児等学校にて式あり早く出行く　帰りて星両人三児を連れて靖国神社参拝

十月十八日　月　雨曇

七時教室、横尾論文心労、きみ教室へ寄る今東京駅へ行きて勢紀旅行に付相談したところなかなか困難且つ寒し云々尚ほ考へたる上にて決めることとす、昼帰、天気予報あまり宜しからざるも、寝台券を聞き合せたるところ売れ切れてなし、明日のものを買ふ

十月十九日　火　曇雨

三児学校構内にて運動会なりとて早朝元気に出て行く天気陰鬱、自分は七時三〇教室、教室新しき図書掛りの人某氏来室、新館へ移転終りたりと、ワルダイエル図書目録作成了りたりと　昼帰　川上すて子夫人来り昼食中、令弟錬習艦隊乗り組みのところ横須賀帰着に付面会のた

め出京せりと　きみ子今晩出発の用意をなす、五時頃皆帰る、雨降り出し困りたるも持続して終了したりと、入浴、晩食、小雨止まず、児等就眠　星自動車にて東京駅、十時三〇発鳥羽行寝台に登る

十月二〇日　水　晴

五時頃名古屋着、眠甚宜からす、携へたるパンをきみと共に食し牛乳コオヒイを買ひて飲む、九時〇九山田着、例のバスにて外宮参拝、次に御幸道を通りて神宮橋に下る、神苑緩歩参拝終了、帰りに風宮橋を渡りて風日祈宮に詣、これは蒙古来寇に関係あり。これより電車、山田まで、途中下車して（楠部にて）登山電車に乗り替へ朝熊山始めは田甫中を走る、楠部御料田あり　神饌米を耕す、平岩にてケエブルカアに乗り替へ登る、其終点眺望佳、知多、渥美半島見ゆ　これより又バスにて今剛證寺まで行く、石段あり本堂までは行かざりき、順路下りて楠部より山田駅前にて下る、一食堂に入りてオムレツを食す、二時頃なり、尚ほ時間あり商品陳列館に入る、立派なる建物なり、駅に到り一時間余待つ、四時頃発車相可口にて乗り替へ、山中の景を眺めつつ日暮る、六時五〇頃尾鷲着、自動車にて紀北旅館に入る、家新し心地よし、旧十七日の月極めて朗、十時就眠

十月二十一日　木　晴

鰯網を見るとてきみ子五時頃起きて浜へ行きたるも空しく帰る、朝食後支渡港の模様を見る、漁魚はいわし、其量夥し、混雑、宿に帰り、自動車にて駅に到る、九時四六省営バス発車木の本に向ふ　矢の川峠、檜、杉林間登る勾配強し、花崗岩極て珍し頂上にて五分間休下りて部落あり、これより更に小なる峠を越して十二時過ぎて木の本着　小なる食堂に入りて軽く中食、これより車にて鬼ヶ城見物、花崗岩巨大なるもの風、水により蝕浸せるもの甚壮観、戻りて急きバスに乗り新宮に向ふ超満員辛して席につく、道平坦、海岸松林に添ふて走る、四時半新宮着、油屋別館に入る、静、心地よし、夕食の頃少し雨降る、女中より明日の日程に付種々聞きとる、十時就眠

十月二十二日　金　曇晴

五時半醒む、自動車を命しプロペラ艇出船場（熊野川橋の脇にあり）に到る　八時運転を始む、飛行機のプロペラを舟尾に取り付けたるもの響音強大甚騒し、乗客込み合はす、追々両岸に岩石を生す、宮井にて十津川と合流

すこのところにてこの川を下り来れる客乗り込む満員、下瀞峡、奇岩直立水極めて清、上瀞に入る前に瀞ホテルといふ大なる家あり、これに中食を注文して更に登る上瀞終点にて引き返へす、ホテルに入りて食す自分は今朝宿にて命じたるパンを以て中食とす、二時半新宮に帰着、先に約束せる自動車迎へに来り居る、油屋旅館に寄り手荷物を受け取り車掌と談し合ひ那智滝より勝浦まで八円の約束にて滝に向ふ海岸に添ふて走る、松林あり、景勝甚快、漸々山に入る、道路修繕のため甚た困難して通り、滝に到る、停留所より石段を下りて漸く達す、壮観、滝そのものが神体なりといふを以て礼拝す、石段を再び登ること困る、アイノに似たる奇老人あり八十三才なりと屑物拾ひて生活すと、これより那智神社、観音の石段下まで行く、自分はここに待つきみは登りたるも矢張り堂までは行かず、これより下りて五時勝浦港着、温泉場なり、越の湯といふ旅館に投す、新築、室は水に接し甚快、入浴、泉透明、夕食後縁側の椅子によりて向岸の港を眺む、旧暦十九の月昇りて風景絶佳、十時過ぎて寝に就く良一、家へきみ葉書を出す

十月二十三日　土　快晴

早く起、日の出を見る、女車まで送り来る七、三〇勝浦発車八、三三串本着、これより会社バス、きみ蜜柑、柿を買ふ、道は海岸に添ふ、追々込み合ふ、多くは松並越に海を見、海中奇形の岩沢山あり、七里御浜のバスドライブより良し、二時間余費して周参見（すさみ）着、これより再び汽車、一〇、五〇発、車中にて弁当を買ふ、自分は朝食パンの残を以て済ませたり、東和歌山駅にて降る時に三時頃、ここにて明晩の寝台券を買ふ、自動車にて和歌浦に到る二十五分を要す　岡徳といふ旅館に投す　崖岸に新築せる五階にして甚清、その三階に室を取る和歌浦の眺甚佳、ヴエランダに椅子テエブルあり、これに休息、温度高し汀に下りて岩上に到る、漁船帰り来る、浴場清、日暮れて尚ほ海面を眺む漁火点々十時就眠

十月二十四日　日　快晴

朝急ぎ自動車にて右側に城天守閣を見る和歌山市といふ駅に到る、八、〇六発車、王子にて乗り替へ三十分余待つ、十二時頃奈良着、（途中下車）バスにて大軌食堂にて中食、これより公園漫歩、便通を催す破損空屋に入り便す、大仏まで行きて戻り駅にて一時間余待ちて準急にて五時過京都着、階上にて夕食、近き百貨店に入りて自分は休憩

室にありてきみ買物す、これより自動車にて足立邸に到る、予告せず突然行きたれば驚かれたり、主人両所の外長女及び女児、偶然文二郎氏来り居り面会、一昨年春以来の談尽きざるも辞して駅に到り九、四四発車直に寝台に入る

十月二十五日　月　快晴

八、四五東京着、星夫妻迎へに出くれたり児等皆学校、今回旅行大満足にて終了　児等学校より帰りて土産物を遣す、やす子最も悦ぶ鏡台、親、協毒ガスマスク、其他は菓子、自分午後庭へ出る、晩早く寝に就く

十月二十六日　火　快晴

七時三〇教室、正門前にて自分乗りたるバス自転車に乗りたる人を轢きたり、人事不省、医院へ連れ行きたる様なり、インデックス校正来り居る、横尾氏来室先日貸したる自分写真を返へす、同氏記念にとて引き延ばしたるものを持ち来りこれに記名す、昼帰る、賢信来る科学雑誌を持ちて、これに横尾氏執筆自分のこと及び肖像掲載ありとてこれを見せるためなり　少し庭へ出る

十月二十七日　水　快晴

七時教室　インデックス校正、昨日の通り尚ほ家に持ちて昼帰る、やす子級遠足登戸、上海戦況愈々総攻撃、永らく動かざりし江湾鎮漸く陥落、大場鎮占領、これは大進展、万才、上田万年氏昨日死去せられたること今朝の紙上にて知る駕籠町の邸へ悔に行く　夕刻三二来り晩食

十月二十八日　木　晴

七時教室、横尾氏来室、図書は既に運搬済、昨日より標本運びて始めたる様なるも西氏単独にて裁断、横尾氏は先に移転のことに付き話し置きたるにも拘らず一言もなし甚不服、井上氏も不平とか、西氏の動作甚穏当ならず云々　理学部長柴田桂太氏来訪、長谷部氏転任の件明日教授会に謀ると就ては同人のことに付談あり且つ著述論文を貸したり　昼帰　柿内氏学会に福岡へ旅行中に付全家を呼びて夕食するつもり、良一急に公用にて今日着京のよし　何か特別事にてはなきかと思ひ東京迎へに行く考のところ丁度忠子先に来り居り連れて行く　三時二五着車、素子来る、用向格段のことにはなきよし　夕方田鶴子児（賢信を欠く）を連れて来る直に食事、手製西洋料理、大賑か、七時過去る

十月二十九日　金　晴

七時教室、インデックス初校終りて速達にて出す　家より弁当よこしたれば午後まで居る　三時半家に帰る

十月三十日　土　晴曇少雨

七時一〇教室　日独文化協会の人大島某氏望月周氏紹介を以て来室　来月展覧会を催すに付独逸医学発端に関する書、器借用の件、最初の独逸顕微鏡、解剖器の話をしたり、横尾氏来室其事に付井上氏室に行き古き目録を持ち来るなど、又標本移転に手を掛けると、柴田理学部長一寸来、昨日教室（ママ）会通過したりと、昼帰、良一来り食事中、種々戦談、二時過きみ同行故上田万年氏告別式（神式）に参加

十月三十一日　日　曇

午後　精子三児を連れて良一呉へ帰任するを見送る、それより戦争映画を見て純子方へ行き日暮に帰る　自分は庭へ

十一月一日　月　雨曇

七時一五教室、Abstracts 1936 原稿西氏より受け取りたるままベーグマン氏へ送る　須田、八幡二氏来室　来年の第三回人類民族聯合会は京都に於て開会の筈なりしも浜田総長繁撃（ママ）、清野病理は医学会のため繁忙の理由を以て断はれたるに付自分今一回会長云々、長谷部氏最的任に付氏に頼むこととす、人類学雑誌五〇巻の目録出来上りたるに付其序文云々　これに付ては八木、柴田最的当としたり、横尾氏来室　井上氏より本年度留学生として医学部よりは関氏を推薦すべしと知らせありたりと　支那事変精忠録編纂者駒井喜太郎とかいふ人尋ね来り　署名を乞ふ　毛筆なし甚困る承知せず遂に三種姓名を書きたり　昼帰

十一月二日　火　晴曇

七時半教室　インデックス第二校昨夜来終りてヘラルドへ送る　昨日O・レッヘ（ライプチッヒ）、ブルーノ・K・シュルツ二氏へ論寄贈礼札を出す　昼帰　午後きみ同道荻窪に保子を見舞ふ様子別状なし四時半帰宅　長岡中学校の請により求志洞遺稿一部贈る

十一月三日　水　雨

出金次の通り古在記念館拾円、椎野鋅太郎氏記念事業五円、矢部辰三郎氏還暦記念五円、新潟県人会の日支事変に関する経費中へ寄附三円　又牧野子爵家養子忠永殿襲爵披露に付鰹節五円贈呈　三児明治節式に早朝学校へ

終日悪天、午後少し雨止みたればせい子先導自分も共に
槇町へ行きたり　星氏今朝平へ向け出発

十一月四日　木　曇

七時半教室、昼帰、長崎三原、天野論文校正

十一月五日　金　曇雨

七時一五教室、昨日の続き輯報論校正、長崎へ送る　昼
帰る

十一月六日　土　曇雨

七、一五教室、昼帰、午後雨、夜に入りて昨年十一月調
印せられたる日独防共協定に更に伊国参加発表せらる、
又山西の太原占領の快報到る

十一月七日　日　晴

好天午前既に庭へ出てがくを鋏むところへ小林文郎氏
来、昼に近く去る、星氏先導にてドライブするとのこと
急ぎパンを食し十二時半頃全家出かける　行徳の浜に到
る汀に近きところまで自動車行く、汀に堤あり奇れいな
る芝あり　ここにて児等菓子を食べるなど走せ廻る、三
時半帰途に就く四時帰宅、今日のドライブ行甚珍らし、
留守中平野新夫妻来訪せられたり

十一月八日　月　雨

七時二五教室、昼帰、昨夜来又々雨、寒し

十一月九日　火　雨

児等学校遠足なるも悪天常の通り校へ、自少風邪、咳あ
り、家にあり　書肆シュバイツェルバルト（シュツットガ
ルト）へ **Anthrop. Anz.** 等の価 RM35. 75Pf 郵便為替を組
む49円91銭　終日止ます雨降る
上海愈々完全に包囲せらる

十一月十日　水　晴

漸く天気よくなる　午後牧野家茶の会なるも断りたり
岸八千代子来、柿実沢山くれたり

十一月十一日　木（晴）曇

児等高尾山へ遠足なりとて未明より起き七時に出行きた
り、児等不在、せい子も在らず甚閑静、学士院に於て明
年度授賞者に付医学仲間相談する筈なるも風邪に付断
る、六時頃児等帰り来る

十一月十二日　金　晴

学士院例会欠席　熱はなし咳嗽に困る

十一月十三日　土　晴

学校に児童保護者会ありときみせい出行く、児等早く帰
る終日ぐずぐず暮す

十一月十四日　日　晴
珍らしく温和なる天気、時に庭を歩く、星両人午後児等を連れて船橋へドライブしたりと　草取りに用ふるざる、くまでなど買ひ来る

十一月十五日　月　晴
昨日同様の天気、時に庭を歩く、風邪先つ宜しき様なるも咳未だ全く去らず

十一月十六日　火　晴
今朝紙上にて海軍定期進級十二月一日附にて良一少将に進級の旨記載あり　素子来り昼食しゆるゆる談し去る
八日振りに入浴したり

十一月十七日　水　晴
愈々支那遷都重慶と決したりと一部は漢口、長沙へ。
七日以来にて庭へ出てがく、あぢさいの根を取り除きたり　きみ昨日忠子のことに付頼みに加藤玄智氏邸を訪ふ夫人不在にて主人に面談、近著英訳古語拾遺を贈らる、忠子写真と共礼を述言ひ送りたり

十一月十八日　木　曇
風邪未ださつぱりせず、自分文展へといふことなりしも止めたり　忠子来きみ連れて行きたり　晩食後体温を計りたると三七、二度ありたり　中鶴律夫氏来り種々戦争談ありき

十一月十九日　金　晴
起床前に計りたるに体温三七、七度あり　安静　午後素子来

十一月二十日　土　晴
体温今朝三六、五度　午後三七度
大本営今日宮中に設置せらる　昨十九日蘇州あつけなく陥落我軍一兵も損せず

十一月二十一日　日　晴曇交、寒
今朝庭芝上白し　午後星両人児等を連れて牛込に戦争映画を見たり又純子へ寄りたりと　鳥居おれんさん尋ね来る　良一進級の悦なりと　自分失敬したり

十一月二十二日　月　雨曇晴
体温平常併し未ださつぱりせず

十一月二十三日　火　晴　夜に入り雨
午後庭を歩く、素子純子来、児等も庭へ出て遊ぶ

十一月二十四日　水　晴（昨夜雨）
十五日振りにて試に教室へ行く、自動車あり、三児大塚学校へ送りて八時一五教室、輯報校正などたまり居たり、

第六巻第三号出来これにて完結直に製本を頼む、井上氏来室愈々来月四日に自分銅像除幕式を行ふと、それに付種打合せあり又当日自分に於て謝意の意味をも含み当日晩餐を催したき旨を漏したり、尚ほ横尾氏にもそれ等のことを相談したり　昼帰る　田鶴子来り居たり　加藤玄智氏へ古語拾遺寄贈の答礼として南方要素邦、独文を送る

十一月二十五日　木　晴

昨日井上通氏より聞知せるに鈴木孝氏先月二十六日発病臥床の由早速見舞に出かける十時過七里ヶ浜に達す、病床にて面会案外元気なるも未だ絶対安静、病症は十二指腸潰瘍か、多量の血液を下したるよし、丁度哲夫氏あり種々容体を聞き得たり、時刻となりたれば昼食を受けて早々去る　往復共鎌倉線を用ふ、二時半帰宅　今朝星氏に十二月四日晩餐のことを頼む工業倶楽部と極め招待状のこと一切托す　試に入浴したり

十一月二十六日　金　晴　冬らしくなる

招待状見本満足、招待すべき人々を調べ星氏に托す、総て四十余名　九時教室、井上氏来室当日次第のこと特に京都足立氏出京とかこれは自分に於ては甚気の毒に感する旨を言ひたり、輯報校正　八幡氏来、第三回人、民聯会に付き長谷部氏会長承諾の内意を通したり　昼帰る　三二来肝腫化学仕事第五を持ち来る　四日招待状四十一通星社に頼み発送したり

十一月二十七日　土　晴

在家休養のつもり午前体温三六、八度　午後三七、四度但し気分別状なし　輯報校正、長崎大島氏のもの発送これにて差向き原稿片付く　足立文氏来月四日出京の由井上氏より聞き込みたるに付これは断然中止せられたき旨手紙を出す　銅像彫塑家堀進二氏へ案内状を出す　鳩子誕生祝としてこの日を選び精子純子岸児等招き夕食したり　四郎氏母子も来、柿内不来

十一月二十八日　日　晴

終日ぐずぐず暮す　午後星両人児を連れて出かける、例の来年カレンダア（屏風型）をせい子買ひくれたり

十一月二十九日　月　晴

体温午前三六、八度　午後三七、二度　児等学校記念日に出行く早く帰る　星氏支那視察、児等出発を見送る〔カレンダアフィルヒョウへ発送す〕これは三十日

十一月三十日　火　晴

体温昨日の通り、せい子気つかひて遂に橋本氏を煩はす
午後来診　背部殊に右側に少し毛細管炎の気味ありと併
し極めて軽度云々

十二月一日　　水　晴

三児早く七時出かける　良一今日少将に昇進したるわけ
なり　午後きみ子平野へ礼旁訪問鳥居へも寄る　体温
三六、八度　三七、一度

十二月二日　　木　晴

容体変りなし体温昨日の通り髪を鋏む　夕刻横尾氏明後
日の打合せのためとて立ち寄りくれたり　額田晋氏より
喜びの意味を以て上品葡萄酒を贈らる

十二月三日　　金　晴

朝三六、六度　三七、〇度　夕方三二来明日宴会に付打ち
合、今日午後大上海市中大なる邦軍大行進の壮挙ありき

十二月四日　　土　晴

横浜鬼頭英氏、神戸芦屋三宅速氏より祝電来　素子純子
来　忠子祝（一〇円）を持ちて来、一時横尾迎とし来素、
純の外鳩子自動車二台に分乗、第二号館新教室に到る、
控室にて待つ、一時半三階講堂にて式を行ふ。三浦謹氏
司会の下に井上氏開会の辞ありて純子介添鳩子綱を引き
幕を下す　これより長与総長、石原忍学部長、入沢達吉
（友人総代）、足立文（門弟総代）、長谷部言人等諸氏の
式辞、横尾氏祝辞、祝電（二〇通）の披露あり西氏閉会
の辞、これにて終了、四時過家に帰る　せい子は三児を
連れて夕食のため出て在らず、鳩子は除幕直にかえした
り、社車を借用五時前出かける　純子等同乗、北町へ送
り　工業クラブに到る　三二既に居りて賓席を定む、案
内五時半には多数の客見ゆ　来賓三四名に自分等二人を
加へて三六席を設く　但し大串菊太郎氏急に電話にて断
りあり（伊沢好為、中村為男二氏は返事なかりき）五時
食卓につく、終に近き頃自分立つて挨拶す、入沢氏の音
頭にて挙盃あり　足立、緒方、島峰の卓辞ありなかなか
賑か、尚ほ休憩室にて談笑、八時過散す、来賓三三名、
前列須田昭義、八幡一郎、藤田恒太郎、高木耕三、小池
敬事、敷波重郎、西成甫、足立文太郎、主人、長与又郎、
真鍋嘉一郎、柿内三郎、森田斉次、鈴木重武、谷口虎平、
横尾安夫、河合龍、浦良治、後列岸三二、成川福一郎、
阿部豊、佐藤東、金子丑之助、緒方規雄、島峰徹、入沢
達吉、主婦、井上通夫、長谷部言人、堀進二、望月周三郎、

新井正治、鈴木哲夫、鈴木尚、小河原四郎の諸氏、九時前家に帰る　星氏斡旋宴会誠に都合良く大満足
追記、式場来会者百五六十名もありたるか、中に制服学生十五名見えたり、後に休憩茶菓の際挨拶したり、又珍しき人々に会ひたり　殊三角恂は四十年振りと思ふ

十二月五日　　日　晴

なかなか寒くなりたり、児等家にて遊ぶ、午後真鍋氏玄関にて挨拶又緒方規雄氏も、これは紙券煙草（上品）一箱贈

十二月六日　　月　晴

久々にて用事もたまりゐれば教室へ行く　時に九時、輯報解剖抄録1935修正料222Y（一四八頁に対する）C・フォン・ベーグマン氏へ支給のこと学研へ申請　長崎大島哲郎氏より校正戻りこれをヘラルドへ送る、十一時教室を去る　入口にて大沢ユリヤ夫人に会ふ　例年の通り参詣なり、歯校病院に到る　幸に桜井助教授に義歯改造を依頼す、石膏型をとる、これより本校に到る　島峰氏病院にて仕事中、藤田恒氏室にて氏と少時談、標本を見るなど、去て電車にて家に帰る時に十二時半　須田、八幡二氏教室へ挨拶に来る、西氏来室小川鼎三氏原稿輯報に掲載すべきもの受取る　体温朝三六、七度　午後三七、三度　晩三六、八度あり　きみ大に心配

十二月七日　　火　晴

南京陥落愈々迫る其特報を待つ　忠子の話にて田鶴子来昼食す、終日安静　体温三六、五度　三六、七度　三六、八度　協風邪学校休
南京陥落の報を待ちたるも九時まで来らず　市中それぞれ用意せる模様
去る四日祝電を贈られたる諸氏二十名許に対し会社へ頼み謝状を製し発送す

十二月八日　　水　晴

昼食後歯病院に到り義歯蠟台を桜井氏頻りに細工す、二時半家に帰る、医事公論竹田弥太郎氏来り去四日同社が撮影せる家族の写真を贈らる　きみ教室へ行きて輯報原稿、校正、郵便物を持ち来る、又小使二人へ歳末三円つつ遣る、山本富蔵四日の式見えたれば二円遣る　体温三六、八度　三六、七度　先考正忌日、四日式花環の花を供ふ
蒋介石昨七日南京脱出、南昌へ？　南京陥落の正式の報未だし

十二月九日　　木　晴

大島哲郎氏原稿をヘラルドへ送る又小川鼎三氏原稿を学研へ送る　金森いく子さん来訪、数年前に好意を以て預り呉れたる金円一五〇〇円（全部）を戻しくれたり　尚ほ精算は近日とのこと於菟との関係此処にて一切片付ける筈　体温朝三六、四度　午後三六、六度　協一やはり熱あり咽頭炎なるべし

南京陥落の報は明日か？

十二月十日　　金　晴曇

午前横尾氏来訪四日式記録に入用なりとて祝辞、祝電全部渡す　祝電をくれた人の中に不明なりし森田淳一といふ人大阪高校教授なること明かり謝状を出す　体温三六、八度　三六、七度

南京一部乗り取りたるべし、ラヂオ報す、快報は明日を待つ　九時半号外到る、午後五時光華門占領城壁高く日章旗を樹て続いて城内に突入せりと

十二月十一日　　土　晴

南京陥落、但し大本営発表にはあらず、天気温和小春日和

午前素子来、良一出京の由、十四日水交社にて一族近親会食の件に付打ち合せ、午後せい子星母堂やす子を連れて市中ドライブ。協一尚ほ熱あり機嫌はよし

十二月十二日　　日　晴

陥落は六万の城兵降伏を待つか、協一熱高し源因（ママ）明かならず　午後橋本氏協一診察旁来、協便通不充分のため熱高き由にてひまし油を投す、自分をも診し前回と格別変りなし安静を要すと　体温三六、五度　三六、八度

十二月十三日　　月　晴

明日良一出京の機会に良一昇進自分八十祝混合近親集合に付三四日来きみ素子彼是と心を配る、自分八十祝など全く思はざりき、近親会合が主なる意味なり　金森いく子さん祝品を持参　午後歯校病院へ第三回目出向、蠟型義歯出来、来金曜行きて全く出来上る筈、二時半家に帰る、松原細君来、祝として布袋像焼物を贈らる　星氏今朝支那帰り直に帰りて昼帰宅、協一兎角熱降らず、遂に橋本病院に入院、せい子附き行く、博子来る、明日の会餐のこと、種々混雑　体温三六、六度　三六、五度　学士院例会欠席　横尾氏玄関まで来台北於菟よりの手紙に京都解剖教授某今回の疑獄事件に関係ありとか就ては教授に移動せるやも知れず横尾氏の内意を知りたし云々

十二月十四日　火　晴

昨夕刻大本営より南京攻略せりと発表　親、やす学校旗行列とて出行く　自分第七十九回誕辰今日第八十年に入る、予て良一等昇進祝を兼ね水交社に於て小宴を催す計をなす、午前賢信来三郎氏の賀詠を持ちて、午後椰野より志江子来、四時半出かける、丁度透氏来、エンタク同乗、五時水交社良一昨夜着京、既に在り、来賓追々来着、桑木2、柿内4、岸2、森（2＋2）4、平野2、鳥居、星3、松沢5、椰野（小林）4、松原2、金森、中鶴、橋本2、小林文郎、星四郎、小金井5計40名、食は甚粗末なりしも賑、快、ただ岸敬二発熱のため2人欠又協一入院のため2人欠甚だ遺憾なりき、星氏の計にて記念写真を撮る、九時前家に帰る、恰も祝勝と合致市内賑かなり　宮城前は提灯行列を以て充たす

十二月十五日　水　晴

良一来、午後一時発呉へ帰任すと、宴会費一〇九円余、折半負担とす　協一病症尚ほ不確、併しチフスの疑幾分かあり　せい子九時頃一寸帰宅入浴

十二月十六日　木　晴

昨夜十一時星氏平へ向け出発　高田蒔氏バイエル社用旁外遊のところ昨日帰朝のよし　三重子は一昨夜出京両人共明朝出発帰神のよし電話あり　此度は繁忙のため面会の暇なしと併し昼頃三人して玄関まで来、一寸立ち話したり　夕刻せい子来、協先づ良き方なりと

十二月十七日　金　晴

南京入城式　きみ歳末買物ありとて出かける　独り昼のパンを食し歯校病院へ行第四回目なり、義歯完成、工合宜しき様なり、費用十六円、治療室にてシュタインハルトに会ふ　二時半過家に帰る　仙台布施氏来訪種々談あり、長谷部氏後任者のこと欧米ノイロローゲン〔＊神経科医〕談、現在は卓越せる人なきこと　星氏今早朝郷里より帰りたり

十二月十八日　土　晴　夜に入り雨

橋本節斎氏七十歳祝として坐布団一対出来午後これを持行く　協熱降りたりと、やす子学校より明治神宮参拝し協一入院を見舞ふ　親一学校生徒等と九段下軍人会館にて事変に関する催ありとてこれに行く帰り遅し　きみ心配して坂下へ迎へに行く六時頃帰る　星氏せい子やす子一処に帰る　せい食事して直に病院へ行く

十二月十九日　日　雨

久しく晴天続きのところ雨、星氏親鳩を連れて病院へ行く、二児は午後帰り来る、文郎氏の男来、小学国史を貸しくれたり、昼食して去る　体温早朝三六、六度三六、五度　午後三七、〇度即ち未全く去らす

十二月二十日　月　晴

午後堀進二氏来、自分写真曽てアトリエイにて撮りたるもの二葉及外に贈品あり、玄関にて失礼したり　協一退院、せい子少し感冒、自分体温三六、五度　三六、六度三七、〇度　三六、五度

十二月二十一日　火　晴曇

午後素子純子来、二十五日出発呉へ行くと夕食し去る体温やはり午後は三七、〇度まで昇る

十二月二十二日　水　晴

午前真鍋氏玄関まで、郷産の蜜柑なりとて沢山贈らる岸の敬次（ママ）チフスの疑ありて赤十字病院へ入院せりと全く協一の病症に類す　親鳩今日は授業なし大掃除ありとか自温午後三六、七度

十二月二十三日　木　晴

協回復期、親鳩授業なし家にありて遊ぶ　きみ荻窪梛野へ歳暮に行く病める保子元気のよし　体温三六、七度

十二月二十四日　金　曇雨　寒非常

学研手当四四〇受取　親鳩学校終業なりと出行く第七三議会召集　せい子病症確ならず単なる感冒にてはなきか、岸二児共チフスと定まり入院の由　自分体温朝三六、四度　午後三六、九度

十二月二十五日　土　晴

昨朝杭州占領　ヘラルド社員小川氏原稿に付来尋　体温三六、七度　三六、七度　三六、七度

十二月二十六日　日　晴

議会開院式　星氏これに出かける、午後久し振りにて柿内へ歳暮に行く、全家在り、拾円を八児に分つ、体温三六、六度　三六、六度　三六、九度　精子橋本氏来診、病症やはり確ならず

十二月二十七日　月　晴

四郎氏二、三日来熱発のよし勤先日本橋の病院にて療養、母堂側に看護、午後きみ親、鳩を連れて上野松坂屋へ行きて買物、児等にも好むもの二、三買ひ与へたり、今年の歳暮はこれ位のことなり、小林魁郎氏へ先日内祝として菓子を贈りたる返事来、体温三六、六度　三七、〇度三七、〇度　桜井功造氏義歯の製作礼手紙を書く且つ菓

子を送りたり

十二月二十八日　火　晴

四郎氏愈チフスと決定本所病院入院のよし　記事なし

体温三六、五度　三六、九度

十二月二十九日　水　晴

協順次快、岸二児も軽快尚ほ入院中なるも単なる感冒なりしか　午後きみ同道親、鳩を連れて銀座へ、伊東屋にて来年の日記帳を買ふ、次に松屋に入り二児に玩を二三買ひて四時過家に帰る、二児満足　体温三六、四度

三六、八度

十二月三十日　木　晴

協益々快方、精も宜しき様なり　自分三六、三度

三六、七度

十二月三十一日　金　晴

別に記すべきことなし、静かなる天気、終日屋内にあり

三六、五度　三六、七度　協、精病気看護婦にて年を越す

併し両人共追々快方、四郎氏のみは気の毒、数日来四〇度位の熱あるよし　自温三六、四度　三六、七度　入浴、床に入る、十時半眠る

昭和十三年　2598（明治七一）
1938（大正二七）第八十年

一月一日　　土　雨

常の如く起、茶の間にて児等協一も出来り屠蘇などとさわぐ　親鳩学校式に出行く　星氏強羅へ向へ出発　天気至て悪し、曇なりしも九時頃より少し雪を混じ雨となる寒さ強し、午後雨止み天気幾分か良くなる　平野勇氏年始来きみ応接自分は失敬したり　柿内三郎氏玄関まで来りたりと　三二来、誠、敬入院のことに付委細聞く、敬の診断甚不審のこと、誠は極軽度の感冒なること然るに「チフス」の取り扱せられ迷惑至極云々尋で賢信来、夕食せずして去る　体温三六、四度　三六、七度

一月二日　　日　晴

せい子協茶の間に出て雑煮を食す　潤三郎氏来　松岡精二氏弘前より東大分院に転したりとて玄関まで挨拶　午後鋏髪中鈴木哲夫氏夫妻四児を連れて来、自分も出て挨拶す、孝之助氏腸出血症其後追々快方の由結構　体温三六、六度　三七、〇度

一月三日　　月　晴

記すべきことなし　三六、七度

一月四日　　火　晴

記すべきことなし　三六、一度　三六、七度

一月五日　　水　晴

寒気酷し　午後小林魁郎氏女婿夫婦及婿の父君来訪、又むつ子年始に来、よし江子も、体温三六、一度　三七、〇度

一月六日　　木　晴

事なし　体温三六、四度　三六、八度

一月七日　　金　晴

事なし　体温三六、二度　三六、八度

一月八日　　土　晴

午後赤尾晃氏来訪、旧臘独逸より帰朝、在外中の種々の談、長坐五時過ぎて去る、記念品（金属製煙草箱）を贈らる　体温朝三七、〇度？　午前一〇時三六、五度　親鳩学校始業

一月九日　　日　晴

午後協一試に外出せしくるとてせい子社車を呼び出かけ

る、親は学校友のところへ行く　王子を経て赤羽より西新井大師に到る、寒酷し、帰途は豊島橋を渡り王子を経て北町純子方へ行く、今朝呉より帰りたるなり、自分きみは其前に柿内へ寄りたり三郎氏能へ、忠、信子は茶の湯始めなりとてあらず、賢信其他は皆ありき　純子方にて児等菓子食べ、四時家に帰る、志づ子さん年始に来り居る　体温朝三六、三度　午後四時三六、四度

一月十日　月　晴

十二月六日に一寸教室へ行きたる以来今日始めて行く、横尾挨拶に来室　次に井上氏、例により氏仕事ランベール解剖書に載り居ると其他多数の書に出て居る云々、山本富蔵に此の度の銅像に就ての醵金中より自分に忠勤のかどにより且つ山本困り居るとて幾分の金を遣る云々

次に西氏来室　Abstracts 1936 原稿全部フォン・ベーグマン氏通覧、戻り居る、これを通見し始めたり　午後四時前帰宅、少し弱りたる様感す　三七度

一月十一日　火　晴時々曇

八、四〇教室、Abstracts　原稿通見　四時前家に帰る　体温三六、三度　三六、七度

一月十二日　水　晴

八、四〇教室　原稿見る　四時前帰る、星氏昨日強羅より帰り今晩再び同地へ行きたり相変らず氏の活動感ずべし　学士院例会あまり寒気に付欠席　体温三六、三度　三六、七度

一月十三日　木　晴

八、三五教室　抄録原稿見る　四時前帰宅　三六、三度　三六、七度

一月十四日　金　晴

八、四〇教室、原稿調見、家より電話、三時半帰る、鈴木孝氏より電ありて来訪の予告ありたりと、不審に思ひゐるところへ同氏来、昨年十月腸出血症にて軽からざる容体なりしが今日出京したりと、案外早く回復せるを喜ぶ

一月十五日　土　晴

協一病後始めて学校へ行きたり、障りなき様祈る、八、四五教室、抄録調見一応終る、これより部類分けすべし三時前帰宅　長岡市今泉省三氏より問合わせの権三郎寿衛造生死年月この頃答へ置きたるも権兄生日は不明の趣申送る

一月十六日　日　晴

正午重大なる声明を発表せらる即ち支那国民政府を対手とせず云々
終日屋内にありき、風あり親協凧を張るなど

一月十七日　　月　晴

八、三〇教室、山本富蔵来り挨拶、抄録部類分け　四時帰宅

一月十八日　　火　晴曇

八、四五教室、Abstracts 部類分け、横尾氏に歯校のダヤアク骨格と当教室標本と交換の件藤田恒氏より発言のことに付話したり　三時半過帰宅丁度北湯口家夫妻令嬢を伴ひ来訪中、自分も出て挨拶す、これは此度同家と花井息との間に婚約整ひ挙式自分共立合ふといふことに就てなり

一月十九日　　水　晴

八、二〇教室、横尾氏来室、教室状況に付長談、毎度ながら教室萎靡、挽回の法なし井上停年来年とか　抄録分類一応、例の通り不審数件に困る　三時半帰宅志村氏夫人来訪中にて挨拶

一月二十日　　木　雨

八、四〇教室、西氏に抄録の疑はしきものを質す、各部類をＡＢＣ順に整へることに取りかかる　四時家に帰る親少し風邪の気味

一月二十一日　　金　曇雨

天気模様悪きに付家に在り、親学校休む　星氏晩遅く強羅より帰る

一月二十二日　　土　曇

八、五〇教室、抄録整理、横尾氏種々不審の点を尋ねる、四時半帰宅　H・フィルヒョウ氏よりカレンダア受取りの手紙来、昨暮カレンダアは送りたるも感冒のため遂に手紙は書かざりき近日出すべし

一月二十三日　　日　晴

午後きみせいやす子共に三越へ行く、買物あり、三時半帰宅、星車を用ふ　親、協は留守居、親は風邪

一月二十四日　　月　晴

八、四〇教室　抄録原稿整理、千葉鈴木氏不審三件尋ね遣る　四時半帰宅

一月二十五日　　火　晴

八、三五教室、自動車にて大塚廻り協、鳩を送りて教室へ。昼家に帰る　東京會舘に於て長谷川季夫氏と北湯口公子（きみ）嬢との結婚式、二時頃花井令夫人令嬢を伴ひ迎へに

来、喜美共に同処に到る、今日は良き日なりとて同処に於て尚ほ外に六組あり、三時設けの神室にて式を挙げらる自分共立合ふ、志村氏夫婦も列す、四時前了る、撮影あり、一時間休息、五時より漸次来賓到着　室入口にて自分等も立ちて挨拶、これには少し閉口す、来賓百二十許もありしか、六時食卓に就く、終りに近き時刻に自分先つ簡単に挨拶す尋で志村氏新郎新婦を詳しく披露す、来賓総代として慶大学皮膚泌尿科教授北川正惇氏挨拶あり、終り後尚ほ暫時居る併し面識の人一人もなしといふべし、天利義昌（工学士）といふ人と日本民族特種談、花井、北湯口両夫婦に祝福挨拶し星両人と同車九時前帰宅、天候温和なりしは幸なりき

一月二十六日　水　晴

八、四〇教室　Abstracts 1936 原稿整理漸く了る、四時半帰宅、星氏今朝又々強羅へ行きたり、支那歴史を編纂すると、親坊尚ほ休学

一月二十七日　木　晴

八、三五教室、午後学研山鹿氏京大田中英雄氏論文原稿二篇持ちて教室へ来る　四時二〇帰宅

一月二十八日　金　晴

八、四〇教室　田中氏原稿通検、横尾氏来室、西氏持論教室を肉眼的及び顕微鏡的解剖学の二教室に分割する問題に付長談、西説全く無意味のことなるも横尾氏前途を大に心配し居る、四時過帰

一月二十九日　土　晴

三児共出かける、親坊今日より学校、これにて全家本復、八時三五教室　田中原稿通検、案外困難、四時二〇帰宅田中氏へ不審の点に付手紙出す

一月三十日　日　雨

悪天寒強し、三児は向山の祖母方へ昼食に招ねかれて行く　晩星氏強羅より帰る

一月三十一日　月　晴曇

昨夜雪降る小量なるも庭白くなる、八、三〇教室、三時過帰りて髪を鋏む

二月一日　火　晴

三児は毎月一日には学校に於て宮城遥拝式あるため早出行く　自分は七時四五教室　千葉鈴木氏へこの頃問合せに送り抄録三枚に付催促を兼ねて不審　Otologie〔＊耳科学〕といふ雑誌に付はがきを出す　午後歯校のドクト

ル・シュタインハルト氏来室、アイノ頭骨に付咬合型式を調べたし云々　横尾氏と共に承諾種々打ち合せをなしたり　三時半帰宅　田中英雄氏論文原稿二種へラルドへ渡す

二月二日　水　晴

八、三〇教室、Baur: Menschl. Erblehre の章を読む、四時前帰宅　寒厳し

二月三日　木　晴

アウトにて三児と出かける先つ教室へ八、三〇、児等これより学校、長谷部氏人類学へ転任後始めて来室、今後事業に付種々談あり、人類学会改造、人類、民族聯合会のこと、鳥居氏始め老先輩融和、日本民族問題等雑多、昼頃入沢達吉氏来室、樺太アイノ頭骨一個寄贈、これは去昭和九年十一月頃網走アイノ骨格に付村松春水老人との談不結果に終りたるを氏は常に気に懸け置きて豊原病院長九鬼左馬之助氏より手に入れたるものなりと　氏の親切なることを感謝したり、又横尾氏にこれを示し其経緯を説明したり　四時前帰宅、晩浅井猛郎氏息医学士一太郎氏厳父の意をうけて来訪　児等は節分なりとて豆まきなどとさわぐ

二月四日　金　晴

八、三〇教室　Abstracts 1936 原稿へラルドに渡す、千葉鈴木氏より漸く返来りたり　四時帰宅

二月五日　土　小雨雪交り

八、三〇教室、樺太九鬼左馬之助氏へアイノ頭骨受取り謝状を出す　安川へ製本費（一二円〇五銭）払ふ　藤田恒氏へ又々雑誌「満鮮の歯界」に付問合せはがきを出す　昼家に帰る　晩は星氏夕食馳走、晩翠軒支那料理、外に橋本とし子夫人（節斎氏は少し風邪のよし）素子純子、久し振りにて児等大喜、雨中八時半家に帰る

二月六日　日　曇雨

例の喜田貞吉氏より往復はがきを近況云々、その返事を出す　午後せい、三児と槙町を一週（ママ）す

二月七日　月　曇晴

八、三〇教室　教室図書は昨年中に全部新館に移りワルダイエル文庫も再び整理し新目録も出来、就ては其巻頭に序文を書く筈のところ甚だ延引し今日漸く其考案にかかる

二月八日　火　晴

八、三〇教室　在北京ワイデンライヒ氏より此頃来

書、三月九日東京着の予定のよし、其返事並に寄贈の Dentition of Sinanthropus pekinensis〔＊北京原人の歯生状態〕受取り礼を出す　四時帰宅

二月九日　水　晴

八、二〇教室　W文庫目録考案、四時帰宅　留守中来客多かりき中にユンケル未亡人の来訪ありたりと

二月十日　木　晴

八、三〇教室、横尾氏より輯報解剖学中学会報告を掲ぐることに付相談あり、考へ置くこととす　W文庫目録序文漸く書き終る単文なるもなかなか苦心したり四時帰宅　きみ子今朝強羅へ行く与謝野女史行くに付宿泊等に付留守番に打ち合せのためなるべし

二月十一日　金　晴

児等学校式へ出かける　やす子菓子貰ひて帰り一個を向山の四郎氏母堂へ贈るとて自分共に行く、星氏午後議会祝式より帰り自動車あり、せい子三児と共に出る先靖国神社参拝、盛なる人出なり、これより銀座、ここも人多し、せい、新（ママ）、やすは車を降りて歩く、自協は車中にありき、西洋菓子など買ひて日暮に帰りたり　東京のみならず全国戦勝建国祭とて盛なりしことと思ふ

二月十二日　土　晴

八、二〇教室、昼時分平河町O. A. G.にドクトル・ベーグマン氏を訪ひW文庫目録に附するゲライトボルト〔＊序文〕案文相談十二時半教室へ帰る　四時帰宅　学士院欠席

二月十三日　日　晴　温和

良一呉より今朝出京のよし電話あり軍医会議のためなるべし　午後良一純子を連れて来、緩々話して日暮に去る

二月十四日　月　雨雪交り

やす子風邪の気味にて学校休　自分も天気悪しければ家にありたり　夕刻三二来、敬二風邪のよし退院後兎角具合悪し

二月十五日　火　晴

八、一五教室、午食後新館図書室に到りゲライトボルトを渡す序に図書排列の模様を見る　赤堀英三氏来室、シナントロプス最新のカロッテ〔＊頭蓋〕模型及歯の模型二〇個許持ち帰りたりと又三月中旬頃出発北支へ行くと　四時家に帰

二月十六日　水　晴　午後曇

八、二〇教室、古屋氏著独文アイノ研究〔学術振興会よ

り出版）を読む、自分が明治二十六、七年に発表せるものより材料多きのみ只口腔とダクチュロスコピー（＊指紋法）を増したる位なり　四時帰宅

二月十七日　木　雨風

八、三〇教室、午後京城上田常吉氏来室、戦争談、日、韓、支民族談、非常に長くなり五時半家より電話あり、ために辞す、家に帰れば良一、三二既に来り居る、直に食事、牛鍋とおでん、両人の他児等我々のみ、味ふべき集りなり、八時過ぎて去る、自分入浴せず、床に入る、今日大雨且つ風強し、併し夕刻雨は止みたり

二月十八日　金　晴

八、二〇教室、W文庫目録叙文を佐藤三吉、岡田和一郎二氏へ送る　四時帰宅　星氏今夜強羅へ行　三二来り独逸製パイプ二本くれる

二月十九日　土　晴

八、二五教室　W文庫叙文を入沢達吉、近藤次繁二氏へ送る　又ビルト・マイエル教授（ブレスラウ）、グレーベ教授（ケーニヒスベルク）二氏へ新年はがき挨拶はがきを出す　三時帰宅

二月二十日　日　晴　寒厳し

終日家にあり、せい子新、協を連れて午後銀座へ行きたり　良一今日出発呉へ帰任の筈なりしも昨日発熱（四〇度）明日に延したりと電話

二月二十一日　月　晴

午前良一感冒容体如何にと思ひて見舞ひたり、やはり体温三七、一　昨日の通り兎に角時節柄午後一時三〇発にて帰任すべし、これより柿内へ寄る　田鶴子独りのみ、アウトを頼みて帰る　午後長谷部夫人東京へ移転挨拶に来る、これ始めてなり、葉巻煙草菓子の贈品ありき

二月二十二日　火　晴

八、一五教室、この頃はバウル遺伝書を読む、横尾氏来室、銅像二個出来其の一は如何にするかの話、自分既に始めより辞退し置きたり、井上氏よりは其後何も話なきことを言ひたり　四時帰宅

二月二十三日　水　晴

八、二〇教室、午前京都養内収氏来室、白細胞の食菌に関する研究種々の病源菌に大なる攻果ありと氏の熱心なる説明長くなり正午去る　三時帰宅

二月二十四日　木　晴

八、二〇教室、午後柿内三郎氏久し振りにて来室、銅像

の件に付井上氏より相談あり　第二のもの自分が辞退したため其処分方如何の問題なり、委員にて宜しき様成されて然るべしと云ふことにて別れたり、柿内小金井両家系図のことに付種々話したり　三時半帰宅　呉良一より葉書に二十二日朝着終日常の通り勤務、何事もなしと安心　せい、素子を誘ひ議会傍聴したりと、恰も総動員法案提出、質問に対し其答弁大臣なすべしとて（近衛首相病気）議場紛擾遂に休憩になりたりと

二月二十五日　金　晴

八、一五教室、昨日きみ長谷部家へ答礼に行きたる其挨拶か朝教室へ寄りたる、転任の際俸給は仙台にて増俸のままのよし異例なる優待なりとて氏大満足、三時帰宅、偶やす子連れて槇町まで散歩したり

二月二十六日　土　晴

八、二〇教室、ヘラルド社員来室、抄録小タイプに付少し異なりたるものを用ふることに付相談、あまり目につかざるを以て承諾したり、四時帰宅　珍らしく久子さん来り居る

二月二十七日　日　晴

星氏支那歴史編纂に熱中、終日会社にあり、自動車あるを以て午後皆々と出かけて、放水路西新井橋を渡り向岸の堤上に遊ぶ、親協は凧を上げる、協自分が作りたるものが良く上がるとて喜ぶ、やす子は萌したるつくしをとる、大師までドライブして、先の橋を渡り千住にてすずめやきなど買ひて四時帰宅　不在中三時頃梛野より電話、保子病悪し来れとのこと、急ぎ夕食して幸に自動車あり、きみ共に五時一五出かけ荻窪に向ふ、六時梛野に到る、今日二時少し前突然痙攣を起し全く意識を失ふと、橋本氏早速来診、博、陸奥、松子等あり、よし江子は去十六日旭川へ急行不在、厳愈出征か、三月四日には東京へ寄るとか、これは推測、七時半帰宅、入浴

二月二十八日　月　晴

八、二〇教室、午後山越長七氏来室、種々の談材あり、四時帰宅　きみ橋本へ行きたるに保子意識回復せるとの電話ありたりと　故岡島敬治氏のために拾五円振替にて出す　夕刻博子寄る、保子意識あるも言語は不能なりと

三月一日　火　晴

八、〇教室、Ｈ・フィルヒヨウ氏へ旧臘手紙を出す筈なりしも延引、今日漸く出したりヘラルド社員来、京都論文

附属「表」数枚の体裁に付談合　天気温和春らしくなりたり、三時過帰宅

三月二日　水　晴

午前きみ子同伴椰野を見舞ふ今日よ志江子旭川より帰る筈に付旁出征の模様知り度思ひたり　十一時過よ志江子女児を連れて無事帰着　保子病勢悪しの電報二十七日夕到達　厳はそれを知りて二十八日出征せりと　保子容体別状なし意識明、言語も可解、暫時して去る、徒歩駅に到ると天候全く春なり、新宿に降る、二幸といふに入るきみ買物す自分は休憩室にて待つ、電車にて一時過帰家午後少し曇る　名古屋の佐藤亀一氏遂に死去のよし知らせあり

三月三日　木　曇小雨

八、二〇教室、雨止を見て二時過家に帰る　佐藤氏死去悔状を出す香奠五円を供ふ　夜に入り前田友助氏来、卒業二十五年記念写真帳及菓子器を贈らる玄関にて失敬したり

三月四日　金　曇晴

天気悪しければ家にあり、午後は晴れとなり甚温和、大工来り自分書斎畳を挙げて鼠を防ぐ加工にて大さわぎ、やす子帰り、連れて附近を散歩す、星氏帰りて安部磯雄暴漢のため負傷せるをやす子を見舞にやる、自動車にて学友を誘ひて行くなど

三月五日　土　曇

八、二〇教室、長谷部氏一寸来室　ワイデンライヒ氏より赤堀氏へ電報によれば乗船何国船か不明なるも着発に変更あり九日着十日出帆とか、されば宴会など出来ざるかと　午後三時家に帰る

三月六日　日　晴

児等は地久節式あり学校へ行く　珍らしく温暖、庭へ出る、これ今年始めて児等帰りて馳せ廻る、午後やす子を連れて槙町散歩、大形ゴムまりを買ひ与へたり　午後四時過アウトあり郊外ドライブに遅し、せい子自分三児純子方へ行きたるも不在、これより本郷にてせい子毛糸を買ひ日暮に帰る

三月七日　月　細雨

天気悪きため在家、終日細雨、再び寒くなる、夜に入りて緒方規雄氏より電話　今日千葉教室会に於て星四郎氏学位論文通過したりと、せい子これを向山の母堂へ知らせる

三月八日　火　細雨曇寒し

昨夜星氏帰宅は丁度二時三〇なりき、入浴、食事など、四時一〇分前に眠に就きたりと　今朝八時頃既に起床、昨夜は殊に遅かりしも、この頃はいつも似たるもの、議会に加ふるに支那歴史編纂のためなるべし氏の精力毎度ながら敬服　天気悪し在家

三月九日　水　曇

二、三日前の暖に引き替へ再びさえ返る今朝屋根の小雪白し非常なる寒、家に在り　きみ子本郷へ行く教室へ寄りたるも格別のことなし、後横尾氏より電話にてワイデンライヒ氏着京せず明日なるべしと

三月十日　木　細雨曇

陸軍紀念日にて市内種々催しあり、在家　四郎氏退院後始めて来

三月十一日　金　曇少雨

ワイデンライヒ氏昨夜着京の筈、九時教室へ行く、十時W氏赤堀氏同伴来室、シナントロプスに関するもの、頭蓋顔面模形二個、多数の歯模形、写真数拾枚、甚興味あり、長谷部横尾もあり、殊に二個顔面のモンゴリッシユならざること重要、アイノ頭骨と比較したり、長談一時去る京都田中氏論文附表拾数枚校正来、これを直に同氏へ送る　午後三時半帰宅、休憩、W氏及び婦人を有志者招待す、六時浜町花長といふ天婦良やに到る、会するもの長谷部、井上、西、横尾、赤堀、須田、森田斉次、中村、新井正治（しやうじ）、望月及自分の十一名、八時頃散す、時に雨降る

三月十二日　土　曇

在家、学士院欠席、少し気分悪し体温を計りたるに三七、五度あり

三月十三日　日　曇

静養、午後三七、三度　三七、五度

三月十四日　月　曇

在家静養、親一も少し風気とて休む、永年の隣家豊島家今日移転せらる

独墺合邦、欧羅巴大さはぎ、英仏眼色なし、日本のためには都合よし

体温三七、四度

三月十五日　火　晴

静養、春天なるも尚ほ寒し、午後忠子孝子遊びに来、素子来、十八日に大方呉へ行くべし　田中氏論文校正前半

来、直に京都へ送る　三七、三度

三月十六日　水　晴曇

休養、児等学校授業は今日止舞なりと　体温三六、八度

きみ子広尾岸へ訪問

三月十七日　木　少雨、曇、晴

児等昼帰り休になり、午後はせい子三児を連れて附近を歩き、四郎氏方へ寄りたりと　三宅秀氏九十一歳にて昨日死去せられたるに付悔に行く（香奠五円）二十分にてアウトを以て往復したり　夕刻三二来

三月十八日　金　快晴

三好常三郎死去せらる悔状を出す、薬学の近藤平三郎退職せられ其記念会費として壱円出す、同氏の意志により時節がら極めて質素に四月十一日に記念式を挙行せらると　児等庭に出て遊ぶ　午後せい子三児を連れて大学へ行き自分室にある校正、郵便物を持ち帰る、アイノ椎木繁吉より来書、北支へ出征し自動車運転手として勤務し居ると

三月十九日　土　快晴

全く春となれり、児等家にありて遊ぶ、午後社自動車を借りて故三宅秀氏告別式に到る、竹早町本邸なり三十分にて家に帰る　輯報校正（小川鼎三氏のもの）又Abstracts 1936 校正を始む

三月二十日　日　晴

春日和、午後自動車あり、きみせい、児等共に出かける赤羽荒川原にて遊ぶ、凧上げフウトボールなど、弁当を使ひ、二時一五家に帰る、抄録校正

三月二十一日　月　晴後曇風非常なる暖　祭日

終日抄録校正、午前星氏三児を連れて会社へ行く　在京城橋本豊太郎氏出京来訪、明治天皇御肖像油絵御写真を良一に贈ると、長々と追憶談、氏七〇才なりと

三月二十二日　火　雨

天気悪きも校正たまり居べくと思ひ九時十五教室へ行く、脳研究室三友正之助氏初校を送る　京都の田中英雄氏甲乙論文附属各表及び甲前半校正同氏より戻りたるものをヘラルドへ送る又同氏甲後半及び挿図並に写真プレーツ33枚乙全部田中氏へ書留発送。一時半帰宅疲労を感す　せい子親、鳩を連れて銀座へ買物に行きたりと協は家にあり

三月二十三日　水　雨

三児等終業として出で行く午刻前帰る　皆通知簿を持ち

帰る、新鳩全甲の成績なりとて威ばる、協もよし　終日雨止まず

三月二十四日　木　曇雨

於菟昨夜台湾より出京、来訪、細胞分裂に種々なる影響を有する素力を分析して磁電が其の一なることに気附きて実験中なりと其予報を此度の京都学会に発表すると、昼食し二時半去る　三児は終業式に学校へ、各終業証書を持ち帰る　田鶴子より電話、義信一中へ入学出来たりと但し欠員ありしためとか、当人始め全家大喜。自分等も同断

三月二十五日　金　曇雨晴

在家、校正、きみは荻窪与謝野家へ、雷鳴夕立　午後霽れたり

三月二十六日　土　快晴

特に記すことなし児等遊戯

第七十三議会一日延長せられ夜十時半終了

三月二十七日　日　晴曇

自動車閉院式まであありこれを用ひ九時過出て柿内へ行き忠子同行義信を連れて銀座服部時計店に到り約束の腕時計（一一円五〇）を買ひ与へ、西洋菓子（二円）土産を買ひて曙町へ帰る時に十時少し過　星氏参式に忠、義同乗して帰り行きたり　きみ子は親、協を連れて三鷹森家墓参に行きたり　午後三時頃星氏突然帰りて新協を連れて水道橋元工廠に於ける伊国使節国民大歓迎会へ行き大悦にて帰り来る又伊勢大神宮参拝のため寝台券を買ひたりと、鳩子友だちみどり子さんへ遊びに行きたり

三月二十八日　月　雨

親坊自動車にて解剖教室へ行き校正（田中二論文附属表）を取り来る　これを校了としてヘラルドへ戻す　於菟出京時期に際し祖母堂二十三回忌、父君鷗外氏十三回忌、継母堂三回忌法要営む、晩翠軒に近親を招ねきて其意を表せらる　六時同処に到る、森、荒木、小金井の族二十余名、自動車迎へに来る、十時家に帰る、三児旅行のためなどはしやぎて未だ起き居たり、頻りに雨降る　於菟氏まく、とむを連れて明日出発京都学会へ

三月二十九日　火　曇晴

旅行に付三児はしやぐ、汽車中にて読むとて槙町へ本を買に行く二回　夕食後児等入浴し服を着替へ支渡して時を待つ、全員自動車にて出る　直に乗り場に到り寝台車に入る三児満悦、さよなら、自分等去る、十時四〇家に

帰る直に床に入る、汽車は十時三〇発車、寝台は上下各二、親協如何に分乗せるか眠如何など思ひつつ眠る

三月三十日　水　晴

八時四五教室、輯報正（ママ）、ヘラルドを呼びて田中論文多数図版に付き相談　横尾氏来室　柿内両人義（ママ）信を連れて大神宮参拝、京都医学会出のため今朝出発の筈、昼帰宅、午後久々にて広尾岸へ行く今年始めてなり、二児元気、庭の志だれ桜丁度満開　天気温和星一族大神宮参拝に最適なりしと思ふ如何　八時前親一より電報到達、奈良に着云々局発六時四〇

三月三十一日　木　曇

八、三〇教室、K・ストリーボ（クラカウ）教授より自著論文別刷数十種昨日到達これを通見す　三友氏論文の校正のことに付来室　昼家に帰る　鳩子より奈良行汽車としてはがき到達　午後大雷鳴夕立

四月一日　金　晴

八、四〇教室、横尾氏来室、井上来年三月停年、其後任は横尾といふ意中のよし漏らしたりと又鈴木尚にもとか、併し西は無論別個考なるべし云々自分遂に退職の際布施と考たるも井上強不同意遂に譲歩したるは千万の恨、然るに数年の後に井上は布施最適との吐なりきと言ひたることを横尾に明かしたり長談、昼帰る　午後暫時庭へ出たり　協一より電報、昨夜高野山に泊、今夜は京都泊なりと　田鶴子より葉書来、三十一日附にて二見ヶ浦に泊りたりと

四月二日　土　快晴

無上春日和、八時二〇教室、昼帰る　留守居の児供等を慰るとて柿内児等を呼ぶ　忠、信、悌、智、禮五児来り、昼食し三時過帰り去る　孝は学校見学旅行関西へ今朝出発海路をとると　自分暫時庭へ出る

四月三日　日　曇風　祭日

今日は星一族帰宅の筈昨夕来電、都ホテルに泊りたる由はがき到る　天気は曇りて風強く甚不快、午後四時過ぎて「アウト」来、東京駅に到る　四、四〇桜号着、星両人及三児無事大元気にて帰る、家にて旅行の話、土産物大賑か、三児共疲労の様に見えたり殊に親然り　大見学旅行先々満点終了　素子純子今朝呉より帰りたりとて午後素子尋ね来る

四月四日　月　曇　昨夜小雨風止む

親下痢、協嘔気ありとか、二人共遅くまで眠る、旅に疲れたる様子鳩子独り大元気　終日外出せず

四月五日　火　晴

八、一五教室、輯報校正、児玉作左衛門氏京都学会より帰途教室へ寄る、先般名寄（なよろ）高等女学校長野口親六氏所有のアイノ頭骨一個村松春水氏斡旋にて自分寄贈するとのことなりしが偶々札幌教室の人借用しそれを返へさずとか、本件に付誤解あり児玉氏甚迷惑云々、自分に於ては更に意にかけず宜しく安心ありたき旨述べ置きたり、一時前帰宅　午後在家校正、三児共元気

四月六日　水　快晴

八、一五教室、第三回人類、民族学会、九時過ぎて会場人類教室に到る、長谷部氏会長として開会を宣す、直良氏石時代獣類、早稲田西村氏福島県古墳実年代、大場氏木更津に近き遺跡木器出土などの講演面白し　十一時半終りて台湾帝大三氏の台湾石器（石鉋丁、石斧、磨製石鏃、土器四片）など見て教室に帰り弁当を使ふ、福島県尾花沢町歯科医横山政人氏来室、歯の調査談、午後輯報校正、四時半帰宅　河本重次郎氏死去せられたるに付富士見町邸に悔に行く往復エンタク

四月七日　木　雨

悪天、学会行かず、午後故河本氏告別式に四ッ谷信濃町教会へ行く　往復エンタク、Abstracts 1936 校正

四月八日　金　快晴

学校始まる三児出て行く、連合学会昨日終り今日懇親会を開、会場は飛鳥山龍門社（元渋沢邸）、十一時頃同所に到る、庭園内を一巡す、さすが富豪の邸、甚立派なるに驚く、無上の好天、園遊会型なり、弁当、古野清人氏懇親会係にて大に斡旋す、長谷部会長挨拶、自分も一言述ぶ白鳥氏も辞あり、これより食事、午後二時長谷部氏始有志諸氏と共に「アウト」にて板橋区志村坂上軽金属工場の工事中発見せられたる遺跡見学に行く　時代は土師土器多く出す住居跡なり隣は凸版大工場なり　二十一個とか和島誠一氏懇切に案内せらる　竪穴方形、杭穴、略ぼ北方に竈あり、奈良朝時代か、古墳時代の末期なるべしと　帰途は長谷部、横尾二氏とバス、市電を用ひ五時半帰宅、久し振りの好機会、甚愉快なりき、幾分疲労を感す　懇親会に於て林欽吾氏シコタンアイノ言語等に付き頻りに談話あり　アレユウト語の混入ありと、これは注意を要す、長岡人近藤勘治郎名刺をくれたり長岡附

近の遺跡談あり

四月九日　　　　土　晴風曇

午前荻窪やす子を見舞ふきみ同行、容体は二月発作前位に回復したり　十一時過帰宅　午後は抄録校正

四月十日　　　　日　晴曇

午前読書、午後庭へ、星両人三児を連れて二千六百年奉祝会総裁として　秩父宮殿下奉戴式に参加

四月十一日　　　月　雨風

八時半教室、抄録校正、昼食後横尾来室、井上後任の話、甚だ六ヶ敷、昔話北海道旅行、マンロオの話など三時間半に及ぶ、五時少し前帰宅、此上なき悪天

四月十二日　　　火　晴

七時二十五分教室、星氏共に三児同乗、校正、西氏来室、解剖学会々報を輯報に記載の件、来五月の編纂委員会に提定(ママ)のこととす昼帰宅　校正　四時半自動車都合出来学士院例会出席、特別の件なし、自動車迎へに来り七時半過帰る

四月十三日　　　水　曇

八時教室、終日校正、四時半帰宅

四月十四日　　　木　晴曇

七時四〇教室　校正たまりたるもの片付く　昼帰る、午後風強く且つ曇り庭へ出ず　新万葉集にきみ子歌三十余首掲載あり快　三二来、夕食すこれより近き藤井暢三氏を訪ふと

四月十五日　　　金　晴曇

七時二〇教室、抄録校正引き続き来る、三時過ぎ帰り一寸庭へ出る

夕刊に去る十日長沙空爆により蔣介石死亡など風説ありしが蔣は両脚に宋子文は腹部に重傷と記載あり真か？

四月十六日　　　土　晴

昨夜雨降る、七時教室、校正、第二校の初部をドクトル・ベーグマン氏へ送る　三時過帰宅、一寸庭へ出る　協一助力八ツ手の芽生へ数本をトタン塀の脇に植へる

四月十七日　　　日　晴

自治制五十年祝賀式宮城前にあり、市内人出多かるべし、抄録校正、午前川上政雄氏来訪、妻女の件、愈々破と決したりと、きみ頻りに児のことを陳べたり、悲　星氏先導にて五時頃出かける、協少気持悪しとて家に留る、せい子もために留守居気の毒、小川町三省堂にて親参考を六冊買ふ、これより日本橋通りに到り天ぷらやを求む、

満員の体さい、遂に新橋橋膳といふに入る非常なる混雑、親、やす子満足、匆々にて食し去る六時半帰る

四月十八日　　月　晴曇

七時半教室　抄録校正忙はし　五時帰宅

四月十九日　　火　晴曇

七時過教室、終日抄録校正、午後児等学校より帰る頃雷鳴　五時前帰宅

四月二十日　　水　晴曇昨夜雨

七時二〇教室、Abstracts 1936 初校済みたり又ベーグマン第二の部分を送る　三友氏来室同氏と小川氏の論文も校了に近し　四時家に帰り一寸庭へ出る、協一日曜以来扁桃腺炎にて学校休む

四月二十一日　　木　晴

六時五〇教室　長谷部氏来室、標本を頻りに整理の由、自分始めて調べたる石時代人骨中見当らざるものありとて質問あり、きみ午刻に近く来室　自分は弁当を使ひ共に池の端小川といふに到り眼鏡を新たに求む、昨年やはり同店にて買ひたるもの少し弱す過ぎる様なり、これより徒（ママ）きて広小路まで行電灯笠など買ひて二時帰宅、一時間ばかり庭へ出る　汽車乗車券を学士院に請求す　サラジン（バーゼル）、ファン・シュタイン・カレンフェルス（シンガポール）著述寄贈の礼札又ストリーボ（クラカウ）へ数拾種の論文をまとめて贈附せられたる礼を出す

四月二十二日　　金　曇

終日家にありき

四月二十三日　　土　雨

七時半教室　ドクトル・ベーグマン氏へ抄録第二校正抜部送る又輯報解剖第七巻表紙校正、昼帰る

四月二十四日　　日　曇霧晴

星氏飛行機にて台湾へ出発、四時起、児等も起きて支渡し、五時四五自動車にて出かける　きみ子留守居、霧深かかりしも先方着の頃陽光さす、六時十五分羽田飛行場着、この時刻まだ車の走ること特に速し、時間あるを以て格納庫、数機を見るなど、児等は待合所にてパン朝食、正七時発走、定員八人乗り満員、又々霧深し、暫して機見えずなる、帰途泉岳寺に義士の墓に詣で八時半帰宅、天気追々好くなる　午後やす子連れて槇町まで、非常に熱し、四郎氏方へ送り込みて帰る

四月二十五日　　月　雨

七時一五教室、午後二時学士院に到る、故三宅秀氏欠員

補充候補者を定むる相談会なり、長与、三浦、佐藤、荒木、宮入及自分、出席、佐々木隆、林、平井、三宅速、三田の五氏ときめて散す、三時半帰宅　終日悪天

四月二十六日　火　晴

靖国神社臨時大祭、今回戦死者四五三九柱神霊奉斎　行幸　午前十時一五黙禱、児等学校に式あり　午後一寸庭へ出る

四月二十七日　水　曇

七時一五教室、横尾氏来室到来の論文別刷を貸す　帰宅と思ふところへ突然神戸高田蒔氏来室、仙台住地不得、意外千万気の毒、五時家に帰る　親坊校外教授として多摩御陵へ行きたり　雨降らさりしは幸なりき

四月二十八日　木　晴

七時一五教室、室内横穴人骨等を片付ける、午刻帰る

旅行乗車券到達、星氏今朝台北を飛行機にて発し午後五時半着の電報あり　四時過親坊学校帰り遅きを待ち出かける羽田着間もなく五時一五飛行機着陸星氏無事元気、六時過家に帰る　葉巻煙草沢山土産あり

四月二十九日　金　晴風　天長節

午前車を借りて牛込方面へ先つ石黒老人を見舞ふ、若婦人玄関まで出来り様子を委細聞き取りたり老人少し風邪にて面会せず、九十五歳、常に床中にあり時に床上起ることありと、歩行は室内も叶はずと、これより柿内へ三郎氏教室へ行きたりと賢信あり、田鶴子先日の旅行談、これより歩きて純子方へ、純子は今晩修学旅行として関西へ十日ばかりのよし、素子は呉へ十一時発にて行くと自分等は五月二日晩発の予定なることを告ぐ、車を貰らひて十一時半帰宅　午後やす子を連れて附近を歩く、富士前町藤花を見る　三時頃純子来五時車を貰いて帰り去る

四月三十日　土　晴　靖国神社例祭小学休

終日家にありき、午後庭へ出る、初夏らしくなる、親は独り三鷹の友人へ行く

五月一日　日　晴

午前三児を連れて原町の方の一文店へ行きガラス玉を買ふ　午後はやす子にうながされて白山神社を過ぎ草花を買ふ　星氏社員と共に頻りに書物をする、又三児は自動車にて植物園へ行きたり自分は庭へ出る風強し　社に托して明日夜行の切符、寝台券を買ふ

五月二日　　月　曇晴雨

七時一〇教室、台北帝大和田格氏より自分論文「鼻前窩と鼻下窩」といふものに付問合せあり其返事を出す、ドクトル・ベーグマン氏より抄録校正最初の分（32頁）戻るこれを見て直にヘラルドへ送る、十二時帰宅　紙上にて大山氏支那探検旅行近日出発のよしに付訪問、久し振りにて談長くなり六時過帰宅、エンタク昨日よりガソリン消費税制のため値あげ、往復三円の約束のところ二時間計待たせたれば待ち賃などいふべしと思ひたるに別に苦情言はざりき　入浴　雨盛に降る　児等就眠、時刻早きも十時出かける、十一時雨中発車、直に寝台に入る

五月三日　　火　大雨

眠悪し、車中甚温、六時洗面、席の片付くの待ち遠し、満員、喫煙室は手荷物にて一ぱい、携へたるパンを食し腹工合用心のためチヤコオルを飲、食車に到りオオツミイルを食し紅茶を飲む、須磨明石の辺霧深くして眺め全叶はす、岡山辺にてきみ寿しを買ふ自分はパン、雨なかなか止ます、諸川濁流尾道辺より線路海岸、島々の眺め追々佳くなる、三原にて呉線に入る筈のところ佇（ママ）車せず知らぬ間に新路に入る、この辺風景佳、四時三七呉着、雨止む　良一、素子迎へに出て居る、直に公舎に入る、二人種々もてなす甚満足、夕食入浴、十時過就眠

五月四日　　水　曇

眠あまり宜しからす、六時起、良一は八時前接近せる病院に出勤、天気甚不安なるも岩国行と決し九時過出かける素子案内、徒歩駅に到る、ガソリンカアにて広島、汽車に乗り換へ車中にて弁当を使ふ自分は素子製したるサンドウヰチを食す、十二時半頃岩国着、バスにて町を過ぎ目的の錦帯橋に到る　これを渡り戻りて橋下にて三児へ葉書を書く、名橋、清流の見物匆々にしてバスにて駅に戻り少時して汽車発、宮島にて下車厳島明神参詣、渡船快、干潮にて鳥居の湾を越し、ホテルに近き店に休むきみ等おもちやなど買ふ、岸の松林をながめ、鹿に餌をやるなど帰りは社廊を通りて参拝す、汽車中は楽なりしも広島呉間のガソリンカアは混雑特に帰りは非常なりき、都合よく六時官舎に帰る、宮島にては星児、岸児へはがきを出す、天曇なりしも降らさりしは幸なりき、食後雑談十時半床に入る

五月五日　　木　曇

六時起、朝食を終へ良一出勤、午前中屋内にあり、午後

素子先導自動車にて二河川渓に到る、車を降りて水源地見学のつもりにて登りたるも番人居らず、松林間岩石に座し山渓を眺む、徒歩下る、甚熱し、舎に帰り汗を拭ふ五時半良一帰り、晩食素子心にかけて天婦ら馳走あり、明日鞆行と決し旅館へ電話するなど良一心を配る十時半就眠

五月六日　　金　雨

夜半より雨、五時半起、良一告別出勤、自分等は天気悪き故汽車を以て鞆行きと決す、素子は純子と京都にて落ち合ふ筈にて帰京、同一汽車を用ふることとす　共に八時半駅に到る、列車に誤解ありためにに大さわぎ電話により良一駅に来るなど一時間半も待ちて兎に角十時発車、雨盛に降る、尾道にて乗り替へ、弁当茶を買ふ、自分は用意のパンを食す、福山にて素子に別れ、降りて自動車（二、五〇）にて鞆港着、予定の対山館に入る、主人出来りて昨夜電話ありたるにも係はらず室予想に反し申訳なしとて陳謝す、特に仙酔島にある吸霞亭へ案内すべしと暫時休息、はしけ来り島に渡りて吸霞亭に入る、松林丘上にありて四囲の眺極て佳、且つ閑静、間違にて反つて幸なりき時に三時、雨も稍止みたり、公園内を少し出て見入浴、食事、七時頃臥床に入る

五月七日　　土　晴

五時半醒む、昨夜大に雨降る、今朝天気模様佳し、昨夜命し置きたる通り鯛網見物、宿にて万事用意し八時モオタア舟にて出かける、九時頃「アテギ」といふ小島に達す、尚ほ一時間余の間隙ありと、島に上りて花崗岩上を彼処此処と歩き四方の景を眺む、十時半頃網をとりかかる、二隻にて初め同一に相結合して進み遥か沖に到て浮樽を置き左右に別れ網を下しながら基点に戻り、これより引始む、各舟に漁夫拾人ばかり、ろくろにて巻く、終点に網袋ありてこれに諸魚集入す、立派なる赤き鯛二拾疋余、外に雑魚数拾、要するに小漁なりといふべし、続きて第二網を下す　今回は長さ半分ばかりなり、方法第一に同し、この度も漁額前回に等し但し魚概して小なり、これにて終る時に一時頃なり、他に見物舟一隻ありき、帰途直に弁当、宿にて用意したるもの甚上品、阿武兎（あぶと）観音、三時旅宿帰着、天気上々、風無、陽光熱し　休日に会し、客多数のため自分等別館に移る、粗末なるも静、本館に到り入浴、夕食、公園を遊歩、別館に帰る、其頃天曇る、床に入る　追々客来隣室其他三組ばかり、騒々

しくして眠ることを得ず、甚予想外なりき

五月八日　日　雨後晴

早く床を出て洗面は屋外にてなす、出発の支渡をして本館に到る、昨夜来又々雨、朝食支払、七時頃港にモオタアボオトにて到る、小汽船も来りこれに移る、雨のため船室内に居る、島々の眺など全く叶はず九時頃多度津着立派なる港、バスにて駅に到り、汽車にて高松に到る、時に十時頃、かれこれ考慮の後屋島行と決し、自動車（二円）屋島着、運転手のすすめにより源平館に宿することとす、ケエブルカアにて登る、小雨となりたるも濃霧、風なし、四囲の眺め全く叶はず、終点に宿の者迎へ来り居る（電話により）手荷物を持つ、宿まで八丁ありと但し平坦、セメント道、十一時源平館着、昼食、徒然、建物新しく心地よし、観光断念し居たるところ追々霽れ上り風景現はる陽光差す、二人出かける自分和服、屋島寺に詣、この景勝を味ひ得たるを悦ぶ、宿に戻る　主人面白き人にて種々説明す、壇の浦の端に塩田あり製塩のこと、安山岩の一種サヌカイトのこと等　星氏明日出発渡米の筈に付宿に頼み電話にて電報を発す　近く男木島、女木島、大島に癩患者を収容すと、遥かに小豆島

五月九日　月　晴

五時半起、良く眠りたり、昨日宿の週旋（ママ）により明朝帰京の寝台券を買ふ　上段なり支払（宿料各五円）手荷物は先にケエブルカアまで遣り自分等は八時頃出て昨日の道を徐々に歩きケエブルに到る、屋島寺に入りて宝物を見る、雪の庭は花崗岩にて白し、山を下れば自動車待ち居る、高松駅に到り、昨日頼み置きたる寝台券を受取り、きみの乗車券を買ふなど、これより電車にて栗林公園へ行、これは日本三名園の一なりと大なる松、沢山あり、掃除行きとどき立派、きみ小店にてパン買ひ昼食とす駅に戻り棧橋まで汽車、度々赤帽を要す、連絡船きれい、二等室に入る　舳に展望室ありここにて景を眺む、薄曇りとなる、一時発し二時宇野着、次車に続く、三時頃岡山着、下車、後楽園遊覧往復自動車（二円四〇）、旭川をへだてて天主閣あり、暫時これを眺む、小茶店にて園の絵葉書拾枚買ふ　きみはきびだんごなど買ふ、駅に戻りて四時五五発車、少時の後食堂に入り夕食、きみ給仕と談合　寝台上下段都合出来、好し、須磨、舞子辺の夕景を眺む、大阪を過ぎて床に入る　この春季旅行先々満足

五月十日　　火　晴

良く眠りたり七時一〇東京着、素迎に出てゐる、神野自動車にて帰宅、素子少くして去るせい子学校父兄会なりとて出行く、児等は早く午前に帰りて絵はがきなど見て元気、自分午後少し眠を求む　星氏昨日米国へ向け出帆、児等は学校のため見送りせざりきと、自分等帰宅せしことを星氏へ無線電報を発たるに夕刻返電来　夕食、浴、九時床に入る

五月十一日　　水　晴

七時三〇教室、抄録校正溜り居る、鈴木尚氏来室、右上膊骨痕あるもの発見せりとて見せる、横尾氏も一寸来、十二時帰宅　午後休養

五月十二日　　木　曇

八時教室、三児は潮干狩りとて早朝出行く、自動にて近所の児共に満載、鈴木氏来室昨日に続き有痕骨数箇見せる、時に法科学生小野沢知雄なる人来訪、探検家岡田由若氏蒙古へ旅行するに付頭骨処望ならば斡旋すべしと切に処望の旨述べ置きたり　昼帰宅　児等三時半頃帰り来り貝を沢山採りて満悦、せい子自動車都合す五時前出て学士院例会出席早く済み七時少し過帰る、入浴

五月十三日　　金　晴

七時二〇教室、抄録校正、西氏来室、去十一日輯報編纂委員会（自分欠席）の模様を話す、解剖学会集会の記事を掲載することに決したりと、昼帰る　学士院授賞式出席のつもりなりしも尚ほ旅行疲れを感す休養

五月十四日　　土　晴

七、三〇教室、輯報解剖学の部材料要望の件に付全国当該教授助教授に対し書面を発送することに付西氏と談合、昼帰る、午後親一友五人来り庭芝上にて馳せ廻る

五月十五日　　日　晴

終日外出せず　せい子午後三児を連れて銀座へ行きたり、午後風強し　夕刻少し庭へ出たり

五月十六日　　月　曇風

例年の通り学士院会員に賜餐、自動車都合出来、十二時前　参内、高松宮殿下御臨席、平年よりは殊に飲料に於て簡単なりしは畏多し、二時半帰宅　夕刻一寸庭へ併し風強し直に室に入る

五月十七日　　火　雨

七時二〇教室抄録、午後三時過帰る時に雨　定期大掃除、天気悪く皆々困りたるもどうやら済ませたりと

五月十八日　　水　雨

悪天教室行かず、終日雨止まず、児等は案外平気にて学校往復す　徐州陥落の快報今か々々と待ちつつあり

五月十九日　　木　雨

七時三〇教室、Abstracts 校正、鈴木氏来室、石代人骨に存する痕に付尚数骨を示す、食人説愈々成立すべきを述べたり昼帰る　今午前九時徐州の一角に日章旗を翻へしたりとの号外報す、頻りに陥落最中なるべし

五月二十日　　金　晴

朝刊愈々徐州陥落を報す昨十九日午前十時なりきと、上天気に付梛野見舞きみ同行、この頃快方祝なとといひて近親へ鰹節を配りたれば其挨拶旁々なり　市内祝賀は極めて厳粛　午後庭へ出でたり

五月二十一日　　土　雨夕刻止む

八時三〇教室　Abstracts 校正、鈴木氏来骨創痕に付大に熱心　昼帰　親坊扁桃腺炎にて休校

五月二十二日　　日　曇雨

寒し、親床中にあり午後せい子買物に槙町まで行く自分協、鳩同行、家に帰れば鈴木孝氏来り居る、去一月十四日腸重患回復来訪せられたる後寒冒肺炎となり二月下旬頃重体なりしも幸に回復したりと、これは全く知らざりき、令妹の病気見舞に来り附近を通り寄りたりと案外元気

五月二十三日　　月　雨

七時三〇教室、Am. J. Phys. Anthrop. 新着号を読む、昼帰、親坊休校

五月二十四日　　火　晴

漸く天気好し、親坊登校　七里ヶ浜に鈴木孝氏訪問、藤沢を経て十時四〇頃同家に達す、一時間許談話、辞し去る鎌倉に到り岸別荘訪問、陽熱なかなか熱し　母堂不在東京へといふ女中一人留守居、庭へ廻りて少時休、其前駅前電車終点にて弁当を使ふ、児等へせんべい、また大船にてサンドウヰツチを買ふ、三時半家に帰る

五月二十五日　　水　曇薄晴

七時二〇教室、鈴木氏骨損痕熱心、今日も長談、ベーグマン氏より戻る、これにて Abstracts 1936 末尾までヘラルドへ送る、校了近し　昼帰、少し庭へ出る

五月二十六日　　木　曇晴

七時二五教室、久し振りに校正なし雑誌を読む、十時前真鍋氏より電話あり　岡田和一郎氏重体のよし、よりて

家に帰り取り敢へず見舞に行くきみ同行、石原忍、真鍋、近藤次繁氏あり、又夫人、清三郎氏夫妻、令娘鈴子さん皆あり強て患者に面会せざりき、これより柿内、昨日忠子小林家縁談整ひ、結納すみたりとのことに付其よろこびに行きたるなり、皆不在、田鶴子のみありたり十二時半自動車にて帰る　親兎角宜しからず休校、夕刻庭へ出たり
晩号外近衛内閣の時変改造を報す即ち宇垣外務、池田（成彬）大蔵兼商工、荒木（貞夫）文部、木戸（幸一）厚生専任

五月二十七日　金　晴

七時二五教室、昼帰、やす子学校より帰るを待ち、きみ同行ユンケル未亡人を訪問、然るに未亡人令嬢共に本月五日独逸へ向け出発せられたりと空しく帰る

五月二十八日　土　晴

七時二〇教室　今日愈々 Abstracts 1936 校正完了、鈴木氏骨傷痕に付又々来室、昼帰る、長谷部夫人来訪、よ志江子むつ子来、岡田家より和一郎氏面会のことに付来れと神谷氏迎へに自動車をもつて来、直に出向く、見舞者多し橋本、真鍋氏あり、真鍋氏案内にて病室に入る、和氏意識明確、数語を交したり、少時してこれ最後の告別かと思ひつつ室を去る、橋本夫妻の自動車にて共に去て帰宅、橋本氏等上りて談多し親坊を序に診察するなど

五月二十九日　日　晴

午前は家に在り、今日は星自動車借用、二時青山斎場に故佐々木忠次郎氏告別式に参加、帰宅すれば杉野龍蔵氏夫人児を連れて来訪芝生上にあり　良一今朝呉より公用着京三人にて来る、夕刻去る　島峰氏母堂十三回忌に相当するとて招かれ六時上野池の端雨月荘に到る香料五円供ふ、二十五、六名、内藤夫婦あり久し振りにて会ふ、柳沢銀蔵氏田中浪江氏など其他珍らしき人々に会ひたり九時帰宅、入浴

五月三十日　月　晴風

七時二〇教室、鈴木氏骨痕熱心、昼帰　橋本より電話あり岡田和一郎氏遂に午後六時三〇逝去の由

五月三十一日　火　雨午後はれる

朝盛に雨降る、教室より電話にて故岡田氏剖検十時より執行の由、九時三〇教室、十時より剖検に列す、新館に於て行はる緒方氏執刀、ヒルンゲシュ〔＊脳腫瘍〕1330同所にて児玉作左氏アイノ頭骨の件林春氏説明又増田氏

に親坊鼻出血のことに付話す、十一時三〇自室に帰り尋で帰宅　午後二時頃鳩子帰りて歯科病院へ行くといふ、自分午前立ち通し疲れたるもせい子共に御茶の水歯院へ行く、都合よく榎氏診察し上門歯矯正のことを談し合ひてキヤラメルを買ひ与へ四時帰る想外の熱さなり　休息の後岡田家へ惜に行くきみ同行、さすが岡田氏なり大げさに見へたり、帰りは電車　今日は三回外出したり

六月一日　水　曇晴交

七時五〇教室、昼帰、親坊兎角はかばかしからず　全く夏になりたり

六月二日　木　晴

七時二〇教室、横尾氏来室、西氏の教室機構に関する意見として一教授とすべしとか　但しこれは横氏直接に聴きたるにあらす緒方知氏に漏らしたりと、石原学部長は元より不賛成なりと、又西氏は教室を分ちてグローベ・アナトミー、ファイネ・アナトミーの二教室とすべしといふ意見のよしこれは真面目の説なるが如し…慨歎の至り…　昼帰　良一午前に来り明日出発呉帰任すと、親思はしからすせい子橋本氏を招ねく細診、格別のことなしと鳩子ピヤノ稽古に行かぬといひて泣きさけぶ、自分だまして送りまた迎へに行きたり、一寸庭へ出る　珍らしき熱さ、盛夏の如し、三一度まで昇りたりと

六月三日　金　晴

七時二〇教室、鈴木氏骨疵談、H・フィルヒョウ氏へアントン・ワルダイエル氏に付き問合せたる返事この頃来りその礼状を出す序にOAGのこと自分その名誉会員なることなど書きたり又A・ワルダイエル氏へ昨年贈りたるZur Frage d. südl. Elementes別刷居処不明として返送のところ今日伯林解剖教室宛にて絵はがきと共に出したり又ウィンゲイト・トッド教授（クリーブランド、オハイオ州）氏へ論文多数寄贈に対し礼葉書を出す　久し振りにて末広恭雄氏来室、昼帰　自動車借用一時前出て青山斎場に到るきみ同行、岡田家葬式列す　少時して読経終る焼香の後休憩室にて遺族の人々其他と談話二時半帰夕刻一寸庭へ出る　冷しくして心地よし

六月四日　土　晴

七時二〇教室、昼帰、午後岩崎厳氏来診、橋本氏が遣したりと　親坊鼻腔を診察し別状なしと　少し庭へ出る

六月五日　日　晴

外出せず、午後一時間ばかり庭へ出る

六月六日　　月　晴

七時二〇教室読書、午刻帰、鳩子を連れて槇町まで歩きたり、一時間庭へ出る

六月七日　　火　晴曇

七時三〇教室、鈴木氏骨傷痕写真を示さる、福岡の石原誠氏懇書及別刷寄贈の礼葉書を出す、昼帰　親一稍々快方せい子連れて保養旁熱海へ行きたり　赤座寿恵吉氏死去の報来早速悔状を書く　庭へ出る

六月八日　　水　雨曇

七時二〇教室、増田胤次氏へ親坊鼻腔診察頼み置きたる断り紙を遣る　読書、昼帰、食事を終りたるところへ小林文郎氏来、長談、小学国史借用し置きたるところ之を返す、六時去る、氏の事業思はしからざる様察したり透のこと益々工合悪き様子

六月九日　　木　雨時々止む

七時三〇教室、久しく中止し置きたる横尾氏ダヤアク頭骨独逸文修正にとりかかる　鉄道乗車券学士院へ返す昼帰、一時頃せい子親坊熱海より帰る　夕方三二来、膀胱カタルにて苦悶ところ先々回復したりと、久しく見えざる故如何と思ひ居たるところ、此方は少しも知らざりき

六月十日　　金　曇雨

七時二〇教室　ダヤアク独文、鈴木尚氏来室種々相談、昼帰　庭へ出る、大降雨

六月十一日　　土　曇晴

七時二〇教室、鈴木氏のためにMunro's Prehistoric Japanを持行く、昼帰　親坊試に学校へ行く、庭へ出る

六月十二日　　日　雨

梅雨天気、午後社車を借りせい子小供服を買ふとて三越へ行きたり、児等食堂にてアイスクリイム、第十回日本医学会記録部（京都帝大医学部内）より自分写真借用の旨申越に応し今日発送したり

六月十三日　　月　雨

七時二〇教室　鈴木尚氏骨疵の件、横氏来室井上氏来年三月隠退に付銅像建設の議あり　西氏正式には賛成なるも本心は甚然らずと、一時帰宅　学士院例会出席のつもりなりしもあまり悪天に付やめたり

六月十四日　　火　曇雨

七時二〇教室、西氏論文猿背筋に関する原稿受取る、昼

帰る　自分が1881伯林にて買ひたる蓋付古金時計、きみ時計長鎖、せい指輪不要のもの二三を時局金動員にとて社員某氏に托し日日新聞社へ持ち行

六月十五日　　水　曇雨

七時二〇教室、西氏原稿をヘラルドに渡す　昼帰る　親、協（ママ）機械体操のために社員来り横棒を建る、雨降り出し困るべし

六月十六日　　木　曇

七時二〇教室、養内収氏出京来室、数年来の研究白細胞の食菌作用増進に付今回工場を設け薬品を製造発売するよし　昼帰

六月十七日　　金　雨

七時三〇教室、昼帰、終日大雨、悪天

六月十八日　　土　曇晴

七時二〇教室、鈴尚氏来室、骨疵談、昼帰、川上すて子さん出京　児を連れて来り居る、弁護士方へ行くと、事件なかなか片付きまじ気の毒の至、児は屋内をかけ廻る、自分庭へ出る　数日来珍しき冷気

六月十九日　　日　晴曇　終日降らざりき

終日家にありたり、寒冷、午前午後共庭に出る、午後素子純子来、児等にて馳け廻る、純子夕食す素子は宿病の胃痙を起したる後なりとて食せず

六月二十日　　月　雨

七時二〇教室、鈴尚氏来室、骨損傷の仕事まとまりたりと、愈々発表すべし　昼帰

六月二十一日　　火　曇

七時二五教室、鈴尚氏来室今日愈々骨損傷に関する意見を発表すると　昼帰　庭へ

六月二十二日　　水　曇

七時三〇教室、鈴尚氏来、昨日人類談話会にて講演供覧したりと　昼帰、庭へ

六月二十三日　　木　晴

七時二〇教室、鈴尚氏論文草稿昨日今日通見、一、二、三意見いふて返へす　十一時帰宅、丁度赤門にて社自動車に逢ひて甚好都合、急ぎ昼食し十二時半愛宕下青松寺に到る、故新井春次郎氏未亡人葬式なり、読経の終りたるところ、焼香し去る一時帰宅きみ、せい子同行　庭へ出る

六月二十四日　　金　晴曇雨

七時二〇教室、鈴尚氏来室、昼帰

六月二十五日　　土　雨

七時三〇教室、連日横尾ダヤーク論独逸文苦心、昼帰宅、皇大后陛下　御誕辰、児等学校式へ行き皆帰り居る、一寸庭へ出たるも又々雨、夕刻せい子先導皆出かける、上野広小路風月堂にて夕食す児等大喜、往復共電車、雨降り出す

六月二十六日　日　曇晴

外出せず、午後は庭へ出たりなど、庭師芝を刈る、俄かに熱くなりたり

六月二十七日　月　晴曇

七時二〇教室、昼帰、庭へ出る、夕刻中鶴律夫氏来

六月二十八日　火　雨

児等雨中学校へ自分はあまり悪天に付家にありたり

六月二十九日　水　大雨

非常なる大降雨、市内所々出水多かるべし、協咳ありとて欠席　親、鳩大雨中学校往復、自分は家にありき

六月三十日　木　雨

大雨尚ほ止まず今朝紙上にては関東一帯の水害未曽有、汽車全不通　親、鳩雨中登校、協咳のため静養　昼頃雨止みて追々霽れる　社自動車を借りて四時芝増上寺に到るきみ同行、故岡田和一郎氏法会なり　甚盛、列するものの二百余名もありたるか五時半帰宅

七月一日　金　曇

七時一五教室　横尾氏来室、現教室（元黴菌教室）半分取り破すこと、即ち西半井上氏室を含む部分と決定し居たるところ井上氏より苦情出て他半分即ち自分室を含む部分を取り払ふこと、これに対し自分意中を心配し井上氏より直接話しあるべし云々、尋で井上氏来室、勿論自分於て異議なきこと述べたりところへ西氏も来り問題一致解決、就ては自分早速新館へ移転することとなりたりモリゾン教授（ミュンヘン）著述寄贈礼札を出す　昼帰、少しく庭へ出たり　今日より非常時統制実施せらる、差向きバス制限は毎日大学往復に直にひびく

七月二日　土　雨

昨夕刻より又々強雨、親、鳩、協も試に学校へ自分家にあり　一時減水しかかつたが諸川再び増水

七月三日　日　雨

午前長谷部氏来訪、強雨中その主意は去三十日京都に於て突発せる清野一件のことなり、救助の名案なきもただ本年一月東大人類学教室に来りたる際に本三冊持ち去り

し事実ありと、これに類すること尚ほ他にもあらば精神異常といふことにして罪名負はざる様に祈る位が最善の結末かと言ひ合へり十一時去る
終日雨止まず諸方水害絶大

七月四日　月　雨曇風

七時二〇教室、横尾、浦両氏と明日新館へ引き移る打合せ、別刷五冊製本す、又安川へ製本拾一冊命す、昼帰、一時間余庭へ出る　三二来、彼が友人渡会陸二氏、戦地上海にて死去せらる其葬式明五日郷里豊橋在にて村葬執行のよし三二弔電を頼む

七月五日　火　曇晴雨

七時二〇教室、引越準備にとりかかる、八時頃きみ手助けに来る、新館教室へ移る、本をそれぞれ順序よくしばり又は包む、小使、人夫（四人）運び始む、十時頃自分等本館の室に行く、狭し併し新しく麗し、机数台の置き場所を決める、きみは働人に遣る稲荷すし注文に出かける、昼食は新室にてパンを食す、運搬大半終りたればきみ二時頃帰り去る、横尾、浦、鈴木尚、河合龍氏等助けくれたり、石時代頭骨戸棚二個は隣室に置く、横尾氏引越を始む、自分は大体終り尚ほ室内本、雑物整理を余すのみ、五時半帰宅、疲を感す

七月六日　水　晴曇　蒸熱

朝紙上にて小西信八氏死去のことを知る、早速目白の邸へ悔に行く、喪家の様子甚閑、喪主なるべしと思はれる令娘に弔詞を述、香奠（五円）供ふ、目白駅より往復人力車を用ふ、十時家に帰る、きみせい買物に出て不在、庭へ　夕刻陸軍々医少尉寺沢正一氏明日出征、暇乞に来大人も同道

七月七日　木　曇霧雨　冷

七時三〇教室、雑物、書物の整頓、長谷部氏始めて新館に来訪、清野事件なかなか六ヶ敷由、古屋アイノ単行本甚杜撰などの談、横尾氏来室　西氏論文第一校正を氏に渡す　昼帰、故小西信八氏告別式に小石川伝通院に到るきみ付き添ふ、同処にて川島良太郎、福島甲子三、田中浪江、槇哲（以上立礼）柳沢銀蔵、又久々にて根岸錬次郎の諸氏に会ふ　往復電車、二時半過家に帰、庭へ出る

七月八日　金　曇霧雨晴

七時三〇教室、室内整頓、昼帰、庭へ出たるも雨降り出し直に入る　西氏論文校正ヘラルドへ送る　夜九時半頃になりて千駄木まり子あんぬ子類、これに出入の畳やの

四人来、きみ応接　主としてあんぬ大に気焔を吐きたりと

七月九日　　土　曇晴冷

朝きみ与謝野関係、椰野見舞のこと思ひ立ち冷気にもあり出かける、保子別条なし、子供等病気入院のことなどありし由　肇は尚ほ入院中、よし江子心労の程察すべし十時半帰宅、昼食し教室へ行く、社小自動車（ダットサン）を借り外国より寄贈の別刷論文家にありたる分教室へ運び又教室に置きたる本の一部を家に持ち行　鳩子車に同乗、自は室内片付く、横尾、鈴木氏等と談話、五時過帰宅　せい子三児を連れてこのダットサンにて中元礼に廻り日暮に帰る

七月十日　　日　曇冷

終日家にありて書斎を片付く　教室へ持ち行きたる別刷のあとの棚へ本の置き換へ　雑誌類の整頓、夕刻少し庭へ出る

七月十一日　　月　小晴、曇、冷

七時三〇教室、寄贈別刷全部書棚へ陳列す、これは自分遺物として教室へ寄付し保存の考へなり暫時これを眺む其他室内整頓、昼帰　夕刻一寸庭へ

七月十二日　　火　小晴曇

七時二〇教室、室内整理大半終る、長谷部氏来室秩父橋立観音鍾乳洞（大正四年十一月行きたるとあり）より出たりといふ頭骨一個持ち来る、これに抜歯あり（下顎欠）昼帰　午後五時上野学士院に到る、例会出席、珍らしく簡単食事して七時少し過きて家に帰る、大に熱くなりたり　桑木夫人来訪、きみ不在、せい子応接、素子近頃不例大に心配云々

七月十三日　　水　曇晴熱くなる

七時三〇教室、自室全く片付け了る、新築清麗甚心地よし、昼帰　庭へ出る

七月十四日　　木　半晴曇

七、二〇教室、鈴木氏来室、骨痕論文愈々今月人類誌に出ると　昼帰　過日金総動員に差出した古時計、鎖価百七拾円五〇銭となるよし、日日新聞より通知ありたり

七月十五日　　金　曇晴、晩雷夕立

七、二〇教室、昼帰、夕方庭へ、良一呉より明日午後三時着京すと

七月十六日　　土　曇、冷

咳あり気分宜しからず家にありて静養、田口つる子さん

来、長坐、昼食

七月十七日　　日　曇晴、始めての熱さ
午前きみ同行、北町に素子を見舞ふ、良一昨日着京、桑木両所面会せず　良一公用にて出京のよし、素子容体呉行き差支なき見込多分三人一同呉にて暑中静養といふことになるべし　これより柿内へ行く、三郎氏のみ不在、皆あり十一時半家に帰る、午後児等庭にて遊ぶ自分も夕方出る　志づ子さん来、十時去る

七月十八日　　月　晴曇
愈々熱くなりたり終日家にあり午後は庭へ出る、親坊明光山林間学校へ行くとて喜びゐたるも微熱あり咳もありせい心配して橋本に診察を乞ふ、格別のことにはあらざるも林間は止めたり

七月十九日　　火　晴
午前やす子をせい子同道歯科へ連れ行く　自分義歯修理を桜井功造氏に依托す十一時帰宅　午後庭へ出る　児等学校授業なし

七月二十日　　水　曇
土用入り、気温最高三二度七、良一来、素子思はしからず、兎に角明日夜行呉へ連れ行くと、昼帰り去る、児等校今日終業式親坊家にあり咳止まず　第一学期成績皆よしせい子満足の様子、午後庭へ出る

七月二十一日　　木　晴
外出せず、フラウ・プロフェッサー・グロス、フラウ・プロフェッサー・チルマン（ケルン）其他より茶の会にて集まりたりとてこの頃連名の葉書よこされたる返事を出す　即ちグロス夫人へオリンピック中止となりたること、チルマン夫人へはワルダイエル文庫目録に付せるゲライトボルト〔＊序文〕複製封入、協、鳩子学校へ体操ありとて行く、やす子帰り頭痛、嘔吐、軽き日射病か、夕刻庭へ出る　良一は素子純子を連れ夜にて帰呉の筈、素子回復を祈る

七月二十二日　　金　快晴
終日在家、きみ午前岡田家、柿内へ行く、きみせい強羅行荷物を造り取り越して発送す、夕方庭へ、三二来

七月二十三日　　土　晴
五時半起、早々支渡、七時出かける、女中二人連れ行く、白山上より「バス」を用ふ、厳しく節約を守る、八時一〇準急発車、車中なかなか熱し、横浜にて満員、勿論三等車、アイスクリイム、小田原登山電車非常なる混雑、

湯本にて大にすきて楽になる、十時二〇強羅着、駅前の大ホテル昨年よりの建築略ぼ落成、幾らか客もあり、大に冷しくなる、心地よし、再生の感、午後入浴汗を流す夕刻稍強き驟雨ありき

七月二十四日　日　快晴

五時皆起、午前やす子を連れて公園まで行く、遊客稍多し、夕食後皆と駅附近を歩く、常の別荘路はホテル周囲工事のため通行困難、故に上を廻る、別荘裏口路も塞がる、冷気、爽快

七月二十五日　月　曇雨

五時起、午前三児共に川へ行き遊ぶ、午後俄雨、新（ママ）、協竹を採りに出て雨に遇たり　兜虫六疋取り来る、夕方より雨天となる　夕刊紙にて京大総長浜田耕作氏死去のことを知る

七月二十六日　火　雨曇

五時起、冷、来荘この方重衣を着る、午後川まで行く、駅へ時計を合せに行く　終日天気且（ママ）りやすく悪し　夕刊紙上に九江陥落（二十六日午前八時）の報を見る

七月二十七日　水　雨

昨夜来雨、寒さを感すどてらを着る、屋内にあり、夕食後坂の見晴しまで行く

七月二十八日　木　曇

午前は例の通り児等修学、午後全家出かける、順路宮の下行き、道路全部舗装出来上り甚よし、自分きみは電車にて帰る時に三時、他は歩く、親協は二の平へ廻りたりと　京都故浜田耕作家へ弔電を発す

七月二十九日　金　晴

昼中屋内にありき、午後児等は公園へ行く、協、鳩はプールに入る、今日より始まれりとか　親は咳あり長びき未だ去らず（百日咳？）夕食後線路に添ふて散歩、急に便通を催す遂に藪に入りて便す

七月三十日　土　晴曇

早朝きみ子は帰京、月末家事のためなり　午後は曇りたり、稲荷社を地上げするため社を一時屋内に移す　道路をホテル新築により数尺上げたるため稲荷社が深く陥没したり　夕食後駅辺を歩く

七月三十一日　日　曇時に驟雨

今日も石斧模造など、午後三児を連れて公園まで

八月一日　月　雨

早朝新一（ママ）の家庭教師久田氏来着、せい子三児朝食前に駅まで出迎へたり又十一時頃きみ子も帰羅す　児等学就、賑かになる、雨降りて一歩も外出せず

八月二日　　火　雨

昨日来雨止まず、終日降り続く、古事記を頻りに試む

八月三日　　水　雨

昨夜来の雨非常に強し且つ風を加ふ全く台風なり、雨漏りに皆困る　無上の悪天一寸隣の河流の様を見に出たるも直に内に入る

八月四日　　木　雨

豪雨降りつづく、午食後三児を連れて駅まで郵便を出しに行く、来六日良一誕生日に付皆連書せる絵葉書を出す、児等午後の復習を終り雨止みたれば皆々師も共に公園へ散歩　台風のため昨日来温泉流れ来ず自分は三日間入浴せず

張鼓峰満ソ国境事件大に関心、局部解決こそ望まし

八月五日　　金　雨小晴

昨夜も雨、昨夜来東京府其他屋外灯火管制、強羅にても施行せらる　やす子を連れて床屋へ行き髪をつむ数人待ち三時間を経て午刻帰る　温泉来り入浴　学習後せい子三児を連れて散歩に出たり、夕食前に自分は坂の見晴しまで迎へに出たり

八月六日　　土　曇晴

甚冷、午後段々霽れる、児等学習後皆出かける教師同行、二の平を経て千条滝へ自分辛して滝まで行く、連日の雨天にて水量多し、帰りはきみ共に小涌谷より電車を用ふ、其他は日暮に帰る

八月七日　　日　雨

午前協を連れて駅まで煙草買に、帰れば丁度岸一家来着のところ時に十時頃、大賑かとなる　皆一同先つ公園へ行く、岸はこれよりケエブルカアにて登る　我々は荘に帰る、天気模様悪し時に降る、三時頃八千代子二児と共に帰り来る、大涌谷より湖を渡り箱根廻りなしたりと三二は独り早雲山にて蝶を採りたりとて尋で帰る、天気悪く切角の遊覧叶はず気の毒、児等皆附近にてかぶと虫を拾数疋採りて大悦び、早く夕食し五時半電車にて帰り去る、時に雨盛に降る

八月八日　　月　雨

終日雨止まず一歩も屋外に出ず

八月九日　　火　雨後霽

夜来降り続く、午後は天気模様好くなる、せい子は三児及ひ教師を伴ひ大涌谷へ行く日暮に帰りたり　児等往返共歩きたりと　自分は独見晴しまで散歩、途上石垣貫三氏に逢ふ

八月十日　水　快晴

午後児等学習をすませ久田教師帰京するを皆見送る、熱海より四郎氏来着児等大歓び、賑か、皆々公園へ散歩、久しぶりに熱し、来強以来始めて稍々夏らしく感す、単衣を着る

八月十一日　木　晴曇

朝四郎氏帰去る駅まで送る、帰りて児等復習　午後児等共に公園まで散歩

八月十二日　金　晴

満ソ国境張鼓峰事件協定

夕刻皆々公園まで散歩

八月十三日　土　晴

午前石垣貫三氏来訪、種々旧談味あり、午後四時頃皆々公園を通過ケエブルカアにて早雲山に到り少時眺望、徒歩にて車道を下る、小涌谷への大路通す、途中親坊下駄を割るなど自分きみは少しケエブルを用ふ　帰荘驟雨あり　これに会はざりしは幸なりき

八月十四日　日　晴曇雨

午後雨となり一歩も屋外に出ず

八月十五日　月　雨晴

午後は霽れ上りたり、皆せい同行宮城野橋まで散歩、橋上より上下の川山景を眺む　食後児等花火を遊ぶ

八月十六日　火　晴

午後せい子親、やす女中二人つれて千条滝より宮の下を巡遊す、協は自分と二の平駅まで往復す、くぬぎ林中を歩く、すすきの穂をとる

八月十七日　水　雨晴

昨夜二、三大雷、午後雨止む、追々晴れる、三時頃皆々隣のホテルへ茶に行くを思ひたちたるも丁度活動フイルム撮影中にて叶はす、駅前へ行きて買物、夕食後児等花火を遊ぶ

八月十八日　木　雨

昨夜大雨終日殆んど雨止まず、夕刻門前あたりを少し歩く、村内より出征者あり見送る、これ来羅以来三人目なり

八月十九日　金　晴

昨夜雨今朝晴れる、児等復習をすませ、弁当を持ち皆出かける、早雲山より乗合自動車にて大涌谷にて例のソルファタアラを見て再びバスにて湖尻に到り、モオタア舟にて元箱根に降り弁当を使ふ、これより箱根神社参拝自分石段下にて待つ、戻りて例の杉並木を歩く、天気好く、冷しく何時もながら快、箱根町に到りてこれより帰途につく、他は小涌谷より徒歩　自分きみは電車を用ふ都合悪く遅れて四時頃帰る　児等先に帰りて入浴中、夕食皆々駅まで買物に行く、きみせい明日帰京の用意

八月二十日　土　快晴

五時起、児等復習を終へ、きみせい帰京準備、公園散歩、早く昼食、一時二二発車小田原省線は込み合を避けて此処発のものを用ふ二〇分許待つ、三等車楽、追々熱くなる四時帰宅、社よりダットサン車迎へ出て居たり　自分きみ協これに乗る、他はバス、この序に教室へ持ち行くべき寄贈論文の残部を托し送る又広尾の三二へ遣る雑誌類も車の帰るに頼みて届けたり　今年の避暑四週間も過ぎたり強羅にては例年より冷しく常に重衣を着し居たるも帰りて見ればなかなか熱し、入浴淡水にてさつぱりしたり早く就眠

案外熱し暑中を感す、午後三時半頃庭へ出て不在中茂りたる草をむしる　一面に穂を出す、種子の落ちさる中に思ひ皆々出る、総動員などといひて賑か、晩中鶴律夫氏来、時局談面白し九時半去る

八月二十二日　月　晴

久し振りに教室へ行く時に八時緒方知三郎来、明治初年に於ける病理学授業状況、教室の模様など　昼帰　庭へ出る

八月二十三日　火　晴

十時教室、緒方知氏のために自分学生時代のノオトを探し偶々ベルツ病理総論メモランドム見当たりこれを持ち行き同氏に貸したし、午後横尾氏来室、教室前途のことに付種々心配不平、殊に井上後継者に付て大不安、西氏との関係極て悪し、教室を二個に分離の談等永々と話したり、気の毒にもあるが横尾氏も満点とはいひ難きか四時過ぎてせい子三児を連れて来室、アイスクリイムなどを食べ、屋上に登りてはね廻る、銅像を見て帰る時に六時に近し　長崎西田氏論文原稿をヘラルドへ渡す

八月二十四日　水　薄曇

七、三〇教室、鈴木尚氏この夏も伊川津発掘昨日帰京、骨格七個計得たりと　昼帰　平野勇氏末嬢妙子殿槌田敏郎氏と結婚披露に招かれ社のダットサン車を借りて先つ柿内へ寄り忠子を伴ひ六時水交社に到る、自分達両人上席、左隣に西氏、媒介者として王子会社重役井上氏披露の辞あり次に自分挨拶を述ぶ、次に西氏音頭にて両家幸福を祈り乾盃、忠子を送りて九時帰宅、せい子三児を連れて銀座へ行き夕食したりと

八月二十五日　木　曇（昨夜小雨）

在家、柿内小供を招きたるに十一時頃信、義、禮、智四人来る、賑かに遊びて五時去る、昨日より庭師来り　第二回芝を刈る

八月二十六日　金　雨

八時教室、昼帰、食を終りたるところへ小林文郎氏来、後妻談及次娘配のことに種々の話ありき四時去、桑木厳翼氏玄関まで来、素子容体に付てなり

八月二十七日　土　曇雨

八時前教室、十時頃きみすみ子を連れて来室　すみ子今朝呉より帰京、素子は尚ほ在呉静養の筈、すみ女中をつれて帰る、屋上を見たるなどして十一時家に帰る、児等歓び賑か、午後は雨本ぶりとなる冷し

八月二十八日　日　雨

終日屋内にありき、夕刻霽れる

八月二十九日　月　雨晴

七、四〇教室、昼帰、夕刻庭へ出る、三二来、柿内陸軍の委託仕事　教室秘密室ありと

八月三十日　火　雨

終日断絶的驟雨、時には強盛、教室行かず家にありき

八月三十一日　水　雨

天候昨日の通り不穏、時々大驟雨、午後三時半大学に到る　ベルツ教師先生正忌日満二十五年に当る日独医学協会主催先生の銅像に花環奉呈式に列す大使館員二名臨席、石原学部長、三浦謹、真鍋氏等辞　最後大使館員の挨拶あり式中時に雨、四時半家に帰る

九月一日　木　台風

昨夜十一時頃より本格的台風となる三、四時頃弥々盛、雨漏り、皆々下の八畳及び客間に移る、殆ど不眠、屋敷周囲の檜、塀倒れる、きみ女中を相手に応急の手当をなす、七時頃風稍々静まる、大正五年以来の嵐なり、八時

三児学校へ出で行く　今日より始まる　震災満十五年それぞれ弔式あり　小林文来訪次女片付問題の田中造船学士に直接意中を漏らしたりと　海野秀平氏玄関まで、又隣家山下氏嵐見舞、何れも自分は遇はざりき　三児を連れて被害の模様を見るため附近を少し歩きたり、午後は雨止みたるも風は案外強し

九月二日　金　雨曇

雨盛に降る、児等は学校へ自分は家にありたり

九月三日　土　雨曇

朝豪雨、其中児等学校へ出かける自分少し遅れて教室へ、横尾氏来室　シリンゴオル蒙古人調査独逸文要旨通読を請ふ、早速これ見るに整はざるところ多し四時過帰宅、雨止む、晩天気好し

九月四日　日　快晴

久しぶりにて好天但し風あり、十時純子遊に来　秋らしき天気、午後皆庭へ出る自分は草をとる　純子夕食し日暮に帰り去る

九月五日　月　曇雨

七、一五教室、シリンゴオル蒙古人論修正、奉天医大鈴木、石沢論文原稿到達直にヘラルド渡し　又々台風襲来警報のところ天候あやしくなり雨降り出し風も強きに付速ぎ（ママ）家に帰る時に四時、夕刊報ずるところによれば関西は本格的台風のよし、これにて第三回目の水風害なり、非常時に特に困りたることなり

九月六日　火　曇雨

七、二〇教室、横尾氏来室シリンゴオル独逸文共に修正、なかなか六かし、午後に亘る、兎に角了りて書き直すこととすその上直一回見るべし　小使を呼びて大机を出して小机を室内に入れる、場所らくになりて都合よし四時家に帰る

九月七日　水　曇

七、二〇教室、鈴木尚氏来室　歯列変形に付き一文を草するに付き種々質問あり、午後三時過家に帰り庭へ出る

九月八日　木　曇小雨

七、二五教室、長崎医大西本氏論文輯報掲載のもの校正、四時帰宅少し雨降る

九月九日　金　晴

七、〇教室、西本論文校正同氏へ送る、三時帰宅熱し庭師来り隣家との境垣を台風にて損したるを直し始める、一寸庭へ出る

九月十日　　土　曇

七、〇教室、横尾ダヤアク独文修正に又々とりかかる、緒方知氏来室、徐々に清野一件に付話し出す、妾、児のこと始めて聞きたり弁護の余地なきこと　次に我教室内のこと、西に女医の秘書あること、これが大に勢威ありて助手等甚だ困り居ることこれまた始めてなり、驚く、昼帰、ガラス部屋々根を直す、庭師垣を直す

九月十一日　　日　曇晴

親一誕生祝を繰り延べて今日とす九時半純子来、柿内よりは忠、孝、悌の三人来、賑かに昼食、午後は天気良くなり庭をかけ廻る

九月十二日　　月　曇

七、一五教室、製本出来、少し整理す、四時過帰宅
三二来り居る　今日より五日間防空演習、夜に入り灯火管制、明の外にもれざる様皆々工風す

九月十三日　　火　晴　秋らし

七、一五教室、横尾氏シリンゴオル蒙古人検査独文要再び通見す　奉天鈴木氏論文（英文）初校を著者へ送る、午後緒方知氏来室、清野談、川上人格甚だ疑はし云々
三時半帰宅　庭へ出る

九月十四日　　水　曇晴

七、〇教室、シリンゴオル独文横尾と共に一読、これにて了、昼帰る、冷しくなる、庭へ出る　岡田老若夫人来

九月十五日　　木　秋晴

九時教室、長崎西田氏輯報校正戻る直にヘラルドへ送る、横尾氏ダヤアク独文修正に苦しむ、三時帰宅、再び出て井上哲次郎氏小石川表町邸に訪問、日本民族南方要素に付種々談、天照大神と素戔嗚尊夫婦説を唱へ出して批評を求む、未だかかる説を唱へたるものはなきやうであると、南方素を唱へたるは本邦にては井上氏なることを確めたり（明治十四、五年頃）六時帰宅時に防空警報中にて街上大混雑、夜に入り市内真暗

九月十六日　　金　曇

思ひ立ちて上野公園大独逸ナチス展覧会を一見すきみ同行、大部分は写真、模型なり、時刻の関係かはしらねど入場者少なく寂し、十時半帰宅、庭へ出る、午後も同断、夜に入り防空演習盛なり、十時を以て完了

九月十七日　　土　晴（昨夜半雷雨ありき）

七時教室、欧米学者より寄贈の論文類最後のもの女中に持来らし、これにて全部教室自室に陳列了りたり、千葉

の鈴木重武氏来室、十二時帰宅、食後一時半上野学士院会館に到る輯報編纂委員会なり、出席多し、格別問題なし、四時半帰宅　不在中鈴木孝氏来訪の由、残念

九月十八日　日　晴　眩しくなる

終日家にありき、午後庭へ出る、庭師来り檜の傾きたるを直し固定す　よ志江子来訪、保子変りなき由

九月十九日　月　曇晴

七時一〇教室　井上研究室金子栄氏明二十日応召出征の由来室告別、ランダアク独逸文修正、三時半帰宅、精子のために橋本氏来診、其結果やはり気管炎なりと

九月二十日　火　雨

天気悪しければ教室行かず家にありて古事記を読む

九月二十一日　水　晴

七時一〇教室、横尾来室、午後三時過帰る、白山神社祭礼なるも非常時下町内質素、何事もなし、協、鳩のために参拝

九月二十二日　木　晴

朝出かけるきみ同伴荻窪行き　きみ与謝野へ寄る、保子異状なき様なるも段々精神は働き悪くなる自分もそれを知りて段々馬鹿になるといふてゐる、序に入沢達吉氏不快の由聞き込みたれば見舞たり　一昨日大学医院に入院したりと夫人在宅にて一寸上りて様子を聞きたり、日々熱あり時には三八、五度まで登りたることもあり膀胱カタルか兎に角本症確ならずと午刻帰宅　夕刻庭へ

九月二十三日　金　曇

七、一〇良一素子を伴ひ着京の筈に付迎へに行くきみ同行、良一は公用を以て上京　自分これより教室、奉天の鈴木氏論文校正戻り居る、直にヘラルドへ送る横尾氏シリンゴオル独逸文ベーグマン氏修正成り、これを発表に付談合、学研輯報に出すこととす、長崎よりの小野直治氏来室、頭骨変形に付仕事する由に付それに付種々談話、ヂレニウス論文（スペエン語）を貸す、十一時半帰宅良一来り居る、精子十数日来毎日体温少し登る、橋本氏等の診察を乞ひたるも本症不明なりしところ、今朝右側下脚大に腫張し疼痛甚だし云々、早速良一の意見を求めたり、骨にあらず深部結締組織炎なるべしとのこと

九月二十四日　土　雨　祭日

午後北町に素子病床を見舞ふ女中侍す、おはぎを持ち行く、素子別段旅行の障りなく体温上らずと、これより柿内へ、三郎氏「能」不在、賢信昨日来腹工合を少し損じ

たりとて臥床、暫時談話、雨降り出す自動車を貰ひて帰る時に四時に近し
夕刊処報によれば昨日の英チエンバレン独ヒットラー会談（ゴオデスベルグに於ける）決裂せりと、再び欧州戦争か

九月二十五日　日　晴曇雨

午後きみ先導三児を連れて槇町、大観音まで散歩、夕方庭へ出る　雨降り出す　精子脚痛増進せず三栖氏再び来診

九月二十六日　月　晴

七時五分教室、ダヤアク文頭骨の修正ずみに付一応横尾に渡す、奉天鈴木、石沢輯報文校了、四時前帰宅、良一来り居る素子病症、婦人科専門三原正孝氏に相談すべしと、精子下脚疾切開すべしとて三栖氏同道飯田橋病院へ行きたりと　三栖氏連れられ帰り来る切開せしに少量の膿出でたりと但し腓骨々髄炎を確め得たるよし、長期に渡るおそれ大にあり困りたることなり

九月二十七日　火　曇

七時二〇教室、鈴木尚氏来室、自分写真引き延ばしたるもの保存するに付署名を求む、この機会に予て考へ居たる氏将来人類学専攻を以て立つならば現長谷部教室との関係を常に念頭に置くべきことを漏らしたり　西氏より1937抄録氏担当の分受取る　横尾氏シリンゴオル蒙古人調査独文のもの輯報上に掲載すべく原稿をヘラルドに渡す　二時過去て西片町に長谷部氏見舞ふ、氏八月北京文化会に出席のところ発病、帰りて熱海に静養、この頃帰京、併し病症はつきりせず、リヨウマチス神経痛とか、鎖骨に腫瘍を生したりと、思はしからす三時半帰宅　精子同辺、三栖氏リヨントゲン写真持ち来る、なるほど腓骨々髄に影あり　夕食を終へたるところへ小林文郎氏来、田中婚のこと時を待つ、後妻の話など　九時去る

九月二十八日　水　曇

朝気分悪し、在家静養、午後体温三七、八度、他に更に異状なし、忠子遊に来る、夕刻三二来、蝶類本を親一に貸す

九月二十九日　木　曇

在家加養、体温三七、五度　夕刻八千代子果物を持ちて見舞に来

九月三十日　金　曇

気分宜し　体温午後三六、八度　入浴

ミユンヘンに於ける独、伊、英、仏四ヶ国首相の会議に於て独全勝、遂に戦争とならずして治まる危かりき

十月一日　　土　晴

気分平常の通り、在家、体温三六、九度　夕刻少し庭を歩く

十月二日　　日　晴曇

在家　午後は庭へ出る、信子来昼食し午後去る

十月三日　　月　曇　熱し夏再来

七時一五教室　Abstracts 1937 西氏分ベーグマン氏へ送る、きみ来室　朝刊紙上に予て県内科に入院中の入沢達吉氏重体といふ報あるに付来りたりと、より二人にて病室に見舞ふ、ところが之れは全く誤報のよしにて二三日来体温も昇らず来訪者に面会もする位にて一寸床に臨み室に帰る、輯報校正、元小使山本来室稍老衰したる様なり昼家に帰る　昨日池田三雄氏卒業満二十年祝を催すに付自分も出席する様特に促されたるも断り置き今日尚はがきを出す　中村清二氏、久野正太郎氏へ著書寄贈の礼札を出す　三二来

十月四日　　火　雨急に涼くなる

悪天家にあり、親、やす風邪の気味にて学校休む協独り出行く、終日雨止まず

十月五日　　水　快晴

七時一五教室、校正し千葉鈴木氏へ送る、寄贈論著残部を教室へ女中持ち来る、これにて全部了る　三時半帰宅、留守中桑木夫人来訪の由、素子同辺、病症甚だはつきりせず、海軍病院関係の三原正孝氏の診察を受けたるに婦人病にはあらずとのこと　親、鳩学校休、庭へ出る

十月六日　　木　快晴

外出せず、小林魁郎氏小倉より出京に付待受ける、十時半文郎氏同道来訪、谷中に墓参したりと、魁氏九年ぶりにて出京のよし、案外元気、六十三才なり久闊談、長途汽車、夜行幾分疲労あり旁とめたるも昼頃去る　午後長谷部夫人来訪、この頃見舞ひたる挨拶なるべし、病症尚未だ判然せぬと　庭へ出る心地よし　夜に入り旧十三日頃月明朗

十月七日　　金　晴曇

七時一〇教室、緒方知氏へ Schmltze: Allgemeine Chirurgie Memorandum 写本を渡す　三時半帰宅、親、鳩尚ほ学校休む、きみ子橋本へ連れ行き診察を受けたり

と

十月八日　　土　晴

七時〇五教室、横尾氏来室、西氏行為に付種々談、屍を日医大へ送り与へること、これには費用のこと連関す、学位論文に付て正当ならざること、旧解剖台を日医大へ遣りたること其他嫌悪すべきこと数々、一時間余に亙る、三時半帰宅、忠子来り居る、昨日義信学校（一中）にて右前腕骨折を負ひたるよし、災難、庭へ出る少し寒し、中秋満月児等飾り付けなす

十月九日　　日　晴

外出せず協発熱朝三七、五度　三児共病人、午後庭へ出る、時に三栖氏来り繃帯を換える　精同辺、晩七時半頃熱海より四郎氏来

十月十日　　月　晴

七時一〇教室、神代二神夫婦説を綴り置くべしと思ひて始めたり　午後三時半整形病室に義信の様子如何にと思ひて見舞ふ、田鶴子あり、信子禮子を連れて来る久々にて孫たちと緩々話す、三郎氏も来る、去て外へ出れば真鍋氏ダツトサン車にて通る、車止めてこれに同乗四時半家に帰る

十月十一日　　火　晴

七時一五教室、ランダク・ダヤアク独文修正、三時帰宅、庭へ出る、親学校へ行く協、鳩尚ほ加養

十月十二日　　水　雨

教室行かず、親、鳩学校へ、鳩子先づ全快、協尚ほ加養今晩陸海軍協同南支上陸、壮快（号外紙）学士院例出席となし置きしも行かざりき　午後四時頃小林魁郎氏来、夕食、主として戦談、社会談、十時過ぎとなる、泊る

十月十三日　　木　雨

魁氏あり悪天教室行かず、朝食より昼食まで話し通す、一時頃去る　協学校へ行く、先々三児共復常

十月十四日　　金　曇少雨

三児学校運動会なりとて早く出行く、自分は七時三五教室　ベーグマン氏より葉書来、Abstracts 1937 西氏の分到達又 1936 修正料受領のこと　パンフレットビンデル大二〇、小一〇間宮商店へ注文のところ届く（六円四〇）十二日陸海軍上陸地点はバイヤス湾及び亜鈴湾なり

十月十五日　　土　雨

終日雨止まず、会社ダツトサンあり児等学校疲労休に付やす子を連れて御茶水歯科病院へ行きたるも学会のため

休業、空しく帰る、午後せい子三児を連れて上野松坂屋へ行き、帰途帝大病院に寄り義信を見舞ひたりと　義信骨折位置復正思はしからず尚ほ一週間位入院を要するよし困りたることとなり

十月十六日　　日　雨

親始めて中学校模擬試験を試むとて早朝悪天中出行く協、鳩家にありて遊ぶ、晩は協何と思ひてか自分書斎に来りて寝る

十月十七日　　月　晴

漸く天気になる但し寒し　午後庭へ出るがくを鋏むなど

十月十八日　　火　曇雨寒

七時二五教室、寒し、始めてガスストオブを試む、十時過整形科に義信を見舞ふ　三郎氏啓義氏を同伴来、沼津より出京、忠子祝に安田稔氏筆油絵額を贈るためなりと、

十一時半自室に帰る　四時前帰宅

今日より靖国神社臨時大祭一〇三三四柱奉祭

十月十九日　　水　薄晴

本祭、児等学校に式あり、午後庭へ出てすすき鋏むなど

協又々体温少し昇る

十月二十日　　木　雨

七時二五教室、長谷部氏来室、鎖骨部腫物化膿し数口より膿を排出し軽快のよし、横尾独文頭骨の見了る　昼帰る　午後谷中天眼寺に到るきみ同行、魁郎氏出京に付雄七叔父五十回忌法事執行、根岸錬次郎、牧武二氏来会、四時半帰宅、雨中往バス、復自動車協今日も学校休みたり

十月二十一日　　金　風雨

夜半来風雨強し又々台風来襲、協尚ほ静養、夕刊の報するところ珍らしき晩秋の台風、相当被害あり、夕方になりて風雨止む

十月二十二日　　土　雨

七時四五教室、協尚ほ休養、横尾氏にダヤアク頭骨最後の部分修正を渡す　悪天、三時過帰宅　信子来り居る、義信まだ同辺の由

二十一日午後三時三〇邦軍広東完全に占領、去十二日バイアス湾上陸より十日目なりその神速(ママ)なるに驚く、快哉（朝刊）

十月二十三日　　日　曇

せい子はやす子を連れて柿内へ、親は独にて大学病院義信のところへ見舞に、自分きみ協略ぼ全快に付槇町まで

散歩

十月二十四日　月　快晴

七時〇五教室、昼前きみ子田鶴子を伴ひ来室、義信まだ（ママ）石膏繃帯に至らす　入院長くなり困る　今女中を入沢達吉氏見舞に遣りたるところ昨日手術を行ひたりと由て中食後見舞に行く丁度講師桜沢富士雄氏に遇ひ委細聴きたり即ち右腎截除術を決行したりと、旋行後経過宜し体温も降りたりと、夫人並に二令息に一寸会ひて自室に帰る四時家に帰る　協学校へ行きたり　精子脚骨症漸々宜しき様なり

十月二十五日　火　曇（昨夜可なり雨降）

天気陰鬱気分進まず家にありたり、きみせい買物に出でたり　夕刻三二来、夕食す近き藤井氏を訪問するよし、漢口陥落愈々迫りたるが如し

十月二十六日　水　快晴

七時二〇教室、義信病室に見舞ふ、田鶴子ゐる尋で三郎氏来、昨夜に入りてギプス繃帯を施したりと、今日退院の予定なりと、孝子二三来（ママ）例の喘息を起すなど家の方随分困ると　昼家に帰る、きみ橋本、緒方両家へ祝品を持ち行き其帰るを待ちて共に北町へ行く、素子病態大に軽快、純子腹痛にて昨今両日学校休みたりと明日は登校の筈　四時過帰宅

昨日より今日にかけて武漢三鎮雨中愈々占領、快絶、伏見若宮殿下　御喪儀に付市中は稍々静粛なるも明日より祝賀盛なるべし

十月二十七日　木　快晴

三児村山地方へ遠足いも掘りとて出かける、自分きみ同道荻窪に保子を見舞ふ格別異状なきも対話中精神上追々衰態（ママ）増すかと思はる、帰りがけに門口にてむつ子来に逢ふ、往復共バスを用ふ　十二時前帰宅、午後少しく庭へ出る、せい子高田馬場まで迎へ行き五時頃大元気にて帰り来る

六時三〇愈々武漢三鎮全攻略の旨大本営発表サイレン響きわたる

十月二十八日　金　快晴

七時〇五教室、昼帰、庭へ、快

十月二十九日　土　快晴

武漢三鎮陥落祝賀式、七時三〇教室、九時半式場運動場に到る、かかる式に臨席するは老後始めてなり天気晴朗無風この上なし、終て職員学生の行進を山上にて見る、

十時室に帰る　古事記神話に関する自説一通り書き了昼帰る　児等学校にて旗行列の催しありと　又五反田会社に於てペーリユー経済使節歓迎式ありとて三児ダットサンに乗りて出行く日暮に帰る　夜に入りて雨降る

十月三十日　日　雨

教育勅語煥（ママ）発記念日式に三児学校へ出行く　自分外出せず

十月三十一日　月　曇　昨夜雨

七時三〇教室　三時半帰り庭へ出る　最後すすきなど鋏みて庭全く片付く

十一月一日　火　曇　昨夜雨

七時二〇教室、二時三〇帰宅　夕刻治雄来訪結婚式に参列を請ひ旁挨拶　明後日近衛演習に付出発すると

十一月二日　水　快晴

好天に付思ひ立ちて鈴木孝氏訪問、九時出かけるきみ同行、巣鴨、新宿、小田急電車を用ふ、十一時半片瀬着、江の島、小舟にて弁天岩に到る、同乗の人漁夫に潜らしてさざえを捕らすなど、岩上日陰を探がし弁当を使ふ、岩上にて小舟を呼び止めこれに乗りて帰途につく片瀬にて紅茶を飲む、腰越より電車にて療養院に到る　鈴木氏元気、互に歓ぶ、三時半辞して鎌倉より省線、車中充満、これは少し困りたり、五時半帰宅

十一月三日　木　曇

明治節式に三児学校へ出行く、雨降り出す、昨日に反し悪天　夜に入り北町より電話良一明朝上京すと

十一月四日　金　快晴

七時二〇教室、横尾氏来室例の教室内部の面白からざる情況、西横暴其他種々のこと、但し如何とも救策なし、一時間半も話したり昼帰る　良一今朝着京二時頃来り緩々話し四時頃去る、要務は大阪なるも土曜日曜を利用し東京まで来りたりと　在満州国厳へ手紙を書く分家の件決定したりとの報に返事したるなり

十一月五日　土　快晴

朝五時頃大学医院より電話あり入沢達吉危篤とのこと、起床朝食、電車にて六時半呉内科に到る直に病室に入る、夫人令息其他近藤、呉始め多数の人々あり、入沢氏呼べども応ぜず意識なし数時間に迫りたる如し、今年は河本、岡田二氏を亡ひ又入沢氏逝く愈々寂莫を感す最後別を告げて去る、きみ同行、きみはこれより三鷹に墓参すと自

分も同行することとし赤門を出れば良一も見舞に早速来りたりとて遭ひたり、墓に詣て後隣れる八幡社に詣で村に出て煙草を買ふなど、帰路西郷吉弥氏住宅の前を通るを以て立寄りたり誠に久し振りなり十一時半家に帰る、庭へ一寸出たり、夕刻薄曇りとなりたるも温和

十一月六日　日　快晴

昨夜強震二回あり　信子来、せい子主導皆を連れて上野風月堂に到りて昼食　児等大悦、信子別れて家に帰る、自分きみはこれより駒込旧岩崎邸、公園となりたるを見る案外入園者多し、児等は四時頃帰り来る　明治神宮参拝したりと　井上哲氏より堀岡文吉氏著「このただよへる国」の序として書きたるもの（但し発表は故ありてなさざりきと）の写を送りくれたる礼札を出す

十一月七日　月　晴

七時二五教室、京都解剖田中英雄氏輯報図版原図小包にて送り返す　鈴木尚氏来室、横尾氏の如く教室の不平陳情、別に良策なし、不愉快ながら研究に従事する外なき旨を言ひたり　入沢氏尚ほ在院の由に付昼食後見舞ふ、病室に入る幾分か意識ありやに思ふ　これ全く病中更に脳溢血を発したるものなるべし尚ほ全く危険状態にあり四時帰宅　精子室に来りこれより岸へ病気見舞の礼に行くとて自分を誘ひたるも応ぜざりき

十一月八日　火　雨曇晴

七時三〇教室、昨日北京ワイデンライヒ氏より来書、十月中旬米欧旅行より北京に帰りたりと、周口店頭骨と比較のためアイノ頭骨の写真所望に付横尾氏とそのことを協議す、四時前帰宅、入浴、晩食の際入沢氏剖検の儀これより執行の由電話あり、其前に夕刻三二来り居る時に午後三時過に遂に逝去の報あり、七時半出かける、丁度始まるところ、室内寒し八時半中途にて帰宅、空晴れ満月朗かなり

十一月九日　水　快晴

七時三五教室　横尾独文修正、昼帰る、好天に付金森夫人訪問、きみ同行　渋谷より玉川電車松陰神社前にて下車、幾子さん案外元気、神社に詣で往き帰り共同様、四時前帰宅

我空軍成都を爆撃したり、快

十一月十日　木　晴

七時四〇教室、午後きみ同道荻窪入沢家へ悔に行く神前に拾円供ふ四時帰宅

十一月十一日　金　晴曇

七時四〇教室　昼帰る、午後故入沢達吉氏神葬儀に青山斎場に到る　きみ同行、会社ダットサン都合出来これを用ふ、告別式に移る頃に去る、三時半帰宅、今日は甚だ寒くなりたり

十一月十二日　土　曇

七時四五教室、石原学部長来室来年新潟に於て開かるる学術協会々長の名を冠することに付求めらる、この頃西成甫氏より談ありたる際にとても出席不可能を断言せる如く断りたるもそれにて宜しとのこと、大山公来室、支那殷墟発掘談、一時となる自分学士院に相談会のため氏は講義ありとて切りあげて去る　二時学士院に到る来年度に於ける医学者中より授賞者問題、稲田氏より呉健氏提出、宮入氏六ヶ敷、三浦謹氏同様併し他は賛成といふことになりたり、三時半散す、例会辞し去る四時帰宅、文郎氏来り居る、小林家家督現在幹のところ病死の後は文郎氏継ぐなど書に捺印す

十一月十三日　日　快晴

急に寒くなる、芝上霜白し　終日在家、良一同級学士平野忠七氏来訪、卒業二十五年記念帳を自分の写真を求めらる、教室の方にあるを以て後日を待つこととす

十一月十四日　月　快晴

七時二〇教室、京都島田吉三郎氏出京来室、明年停年制により退職するに就ては尚ほ研究継続すべく其費用のことに付相談あり、モンゴルのシリンゴル盟横尾氏輯報論文校正、四時帰宅

十一月十五日　火　晴

七時二五教室、三時半帰宅、潤三郎氏来、古事記神話解釈稿の清書を頼む、直に書き呉れたり　夕刻よりきみ柿内へ行く忠子荷物愈々明日送り届けるよし

十一月十六日　水　晴曇雨

七時三〇教室、横尾氏来室鈴木尚氏婚約整ひ来年三月式を挙る由に付ては自分に式に臨む様にと求めらる、自分悦んで参るべきも重き役目は六ヶ敷かるべしと言ひたり、井上氏来室引退のこと、後継者のこと、これは難問、具体的のことは言はざりき其他雑談、主とし氏の最近支那旅行談、二時間余にして去る誠に珍らしきことなり、夕刻より雨

十一月十七日　木　晴

七時二五教室、横尾氏来室　ダヤアク頭骨写真出来、鈴

木氏婚約明日横尾氏結納執り行ふと、三時帰宅、吉田増蔵氏へ古事記に関する草稿を送る且つ手紙を出す

十一月十八日　金　快晴

七時二五教室、鈴木氏来室、婚約整ひたること、来月曜日入営のことＯＡＧナッハリヒテン〔＊通信〕によりユンケル未亡人独逸へ帰国中死去せられたることを知る

三時帰宅　ドクトル・フォン・ベーグマン氏へ芦屋三宅速氏寄贈の「からすみ」を送る且手紙を出す

十一月十九日　土　晴

七時二〇教室、ダヤアク骨格論頭骨の部再応通覧了る、二時半帰宅　協、鳩も帰る庭へ出る

十一月二十日　日　晴

午前尚氏大人鈴木万平氏婚約整ひたる挨拶に来る、親は模擬試験に青山へ行、協、鳩庭へ出て遊ぶ自分も出る、柿内家の婚礼と橋本家のもの重複場所も同じく学士会館、先つ小林柿内両家の式、三時よりといふ、この式に列す、終て四時より橋本緒方両家の式に列す　披露の宴は柿内家の方へ出る、特に悦ばしかりしは孫等全数十四人席に列したり誠に意外のことなりき先つ々々芽出度ことなり、九時皆共に帰る、社車好都合、児等大満足　皆々不在中鈴木尚氏婚約の女の母堂並に息堀江鉄男氏これ又挨拶に来

十一月二十一日　月　快晴

吉田増蔵氏返事あり、電話にて打ち合せの上出かけるきみ同道、高田馬場にて乗り替へ下落合駅にて下車、上落合の吉田氏寓に到る、古事記神話に関する説話、古語字源談、長坐、家に帰れば十二時を過ぐ、午後は家にありき

十一月二十二日　火　晴

七時三五教室、ダヤアク独逸文頭骨の部全部通見了り横尾氏と共に其数点に付見るを要す、二時半帰宅、高田三重子来り居る

十一月二十三日　水　晴　祭日

皆々終日家にあり、児等は午後庭へ出て球投げなど、自分も出る

十一月二十四日　木　曇少雨

七時三五教室、横尾氏とダヤアク、クラニーオロギー〔＊頭蓋学〕独逸文読み合せ昼となる、これにて頭骨終り直に肢骨にとりかかる、横尾氏シリンゴル盟独逸文校了とする、アイノ頭骨二個写真横尾氏等に依頼し置きたるとこ

ろ出来直に在北京ワイデンライヒ氏へ手紙と共に発送す
三時過帰宅、野明むつ子来り居る
十一月二十五日　金　晴
七時四五教室、ダヤアク軀肢骨の部修正に取りかかる、昼帰る、小林新夫婦初の訪問、方々礼廻り中途昼食を供す　社のダットサン借用、故秦佐八郎氏神式告別式に青山斎場に行く　三時過家に帰る
十一月二十六日　土　曇
七時三〇教室、横尾氏来室ダヤアク仕事に附する総表に付相談、書記佐藤東氏島田吉三郎氏研究費申請に関する書類持ち来る、服部奉公会に出すもの、長谷部来室、病気追々快方のよしなるも未だ鎖骨部に於ける化膿部漏膿ある由、三時半帰宅
今日第二回防空演習、夜に入灯火管制す
十一月二十七日　日　快晴
庭の霜厚し、氷を結ぶ　午後きみ子の桑木家訪問と共に出かけ牛込見付にて別れ自分は弘田家に到る　故弘田氏十年祭に列す、未亡人、真鍋氏を始め、親族、孫達其他五、六十名あり、二時半なりしも漸く式始まりたるところ、神前に五円供ふ、寒し家に帰れば四時に近し、防空演習焼夷弾などあり
十一月二十八日　月　快晴
八時教室、Tierfelder: Marindinesen を読む、鈴木尚氏来室、入営したりとて上等兵の軍服を着る、来年二月三日帰還の筈なるも非常時下如何　三時帰宅、橋本治雄夫妻新婚旅行より帰り玄関まで挨拶　星氏愈々明朝南米より帰朝の筈
十一月二十九日　火　晴曇
星氏今朝秩父丸にて帰朝の筈に付精子横浜まで出迎ふ自分同行、七時出かける　水道橋より省線、東京駅乗りかへ、車中にて社員に合す、桜木町より桟橋までタキシイ、社員大勢あり、時に八時一五。楼上のレストランに入りて暖をとる、何も喫せず、九時半本船桟橋に横付けとなる、出迎人々の混雑非常、自分等両人は船外に待ち居たるも人々皆船に昇りてすきたれば最後に船上にて星氏に無事帰朝の挨拶を述べ撮影あり、共に下る、児等学校のため来り得ざりしを憾む　星氏は社其他へ直に行く、我等別れて省線にて帰る時に十二時前なりき　三児も帰り居る、学校記念日にて式あり済みて早く帰りたるなり、星氏午後遅く帰宅、児等おみやげなどと言ひてさはぐ

十一月三十日　　水　快晴

七時四五教室、午後大山公長谷部氏共に来室、雑談、三時帰宅、直に銀座へ買物に行くきみ同道、伊東屋にて手帳など買ふ、目的の「カレンダア」未だなし松屋に入りたるも同断空しく帰る

十二月一日　　木　晴

七時二五教室、西氏来室解剖学会記事を輯報掲載に付相談、頁数制限のこと、三時帰宅

独逸コンドル航空機昨夜立川飛行場着、ベルリン東京間四六時一五分五二秒を費す、其早さ想像も及ばぬ

十二月二日　　金　曇

七時五〇教室、横尾氏来室、解剖学会 Proceedings を来年より輯報に掲載の件、その体裁等に付相談、西氏より抄録 1937 後半（鈴木重武、藤田両氏の分）受領、福岡、平光氏より支那人某（潘）の輯報原稿送り越したり　仙台より布施氏出京来訪、弁当を取り共に昼食、二時半去る、四時に近く家に帰る、三二来

十二月三日　　土　快晴

七時三五教室、Abstracts 1937 鈴木、藤田両氏のものベーグマン氏へ修正のため送る、福岡の平光氏より送附の潘氏原稿へラルドへ渡す　緒方知三郎氏来室、曽て氏に供覧したる病理総論メモランドムベルツ先生のもの学生時代用ひたる記念、之れを永く教室に保存したし云々、学生時代には大切なりしも今は紙屑同様のもの歓んで承諾したり　四時に近く家に帰る

十二月四日　　日　曇

午後星氏用自動車に星氏始三児乗り出かける星氏は方々用を達し自分は故田代義徳氏告別式に青山斎場に到りてこれはすませ又同乗、頭山家を見舞中自分車中にて待つ四時家に帰りて又全家揃て晩翠軒に到る　星氏催しにて柿内児五人、小林夫妻、三二及二児等集まる、食後児等大歓大はしやぎ皆々大満足、八時家に帰る

十二月五日　　月　晴

八時教室、横尾来室学会 Proceedings を輯報へ掲載の件甚だ煮へきらず氏西氏と直接談合困難の模様、大沢ユリヤ夫人例年の通り参詣、序に寄られたり、佐藤東氏の心がけにより林春雄氏来室、島田吉三郎氏研究費の件服部奉公会に於て尽力せられんことを頼む　四時に近く帰宅　例年の通りH・フィルヒョウ氏へ「カレンダア」二

種送る　ヘルマン・グロス（ケルン）氏へも送る、シュラギンハウフェン（チユリヒ）へ論文寄贈の礼札を出す　福岡の平光氏輯報原稿受取りを出す　文郎氏来訪、後妻約束出来たるよし　長嬢縁談に付はかばかしからぬよし

十二月六日　火　晴

七時四〇教室　島田吉三郎氏へ林氏面会、依嘱せしことを書き送る　H・フィルヒョウ氏へ手紙を出す、三時半帰宅　今朝出がけに隣家山下家へ悔みの名刺を出す　令嬢死去せられたるなり

十二月七日　水　晴

七時五〇教室、三時過帰宅、フラウ・プロフェッサー・グロス（ケルン）絵葉書、フラウ・プロフェッサー・チルマンへ同様のもの同封して出す

十二月八日　木　晴

丸山町に加藤玄智氏訪ふ九時同邸到る、古事記神話に付種々質問す　天照と須佐夫婦説ありと（吉田氏と一致す）且兄弟云々一時間余にして去る　特に天気良きに付早く昼食し荻窪行ききみ同行、やす子別状なし　これより歩きて小林貞之助氏新宅を訪ふこれ始めてなり忠子独り居る　母堂不在、上りて暫く話して去る　三時半帰宅　星氏夜行にて大阪へ旅行

十二月九日　金　晴

八時教室、一昨日在北京ワイデンライヒより手紙来、アイノ頭骨写真の礼且つ尚ほ一質あり、それを横尾氏に渡す　三時半帰宅　丁度門前にて隣家山下家令嬢葬式出棺のところ、これを見送る

十二月十日　土　晴風甚寒

八時教室、横尾氏にランダアク頭骨の部マルカルト女史修正せるものを尚ほ通覧して渡す、三時半家に帰　協一昨夜来発熱寒冒か

十二月十一日　日　曇非常に寒さを感す

終日家にあり、末広恭雄氏玄関まで来、歳末の挨拶なり午後素子純子来、素子軽症長引きたる後久し振りにて来りたるなり、来二十日両人共呉へ行くつもり　晩食して去る

十二月十二日　月　晴

八時教室　横尾氏と共に論文修正、三時半家に帰る　協一全快、やす子発熱　学士院欠席

十二月十三日　火　晴

八時一五教室　ランダアク独文通覧、島田吉三郎氏服部

報公会に向つて研究費申請書え推薦者として捺印す　三時過帰る

南京陥落一週年となれり思出多し

十二月十四日　水　晴

八時教室、連日独論文修正、福岡の石原誠氏死去せられたるよし紙上に知る、悔状を出す、三時半帰る

十二月十五日　木　晴

八時〇五教室、昼前後共横尾氏独文を共に読み合はせたり、なかなか面倒、三時半家に帰る　丁度横尾夫人来訪のところ、珍らしきことなり

十二月十六日　金　晴

八時一〇教室、四時前家に帰る、宮野新氏夫来訪中なりし会はざりき　故甲野棐氏未亡人告別式に浅草本願寺にきみ名代に遣る

十二月十七日　土　曇小雨

せい子は四郎氏結婚式を名古屋に於て挙げらるるに付それに列席のため朝早く出発す　故ユンケル氏未亡人独逸に帰国中客死せられこの頃遺骨到着、今日千駄谷の住宅に於て告別式を行はる、これに出向きみ同行、十一時焼香を済ませ帰る　やす子昨日発熱今日学校休む

十二月十八日　日　晴

せい子午後三時二五東京駅着に付昼食後きみ共に三児を連れて迎へに出かける、行きはバスを用ふ、丸ビルにて見物、地下道を通りて駅に到り尚ほ時間あり、食堂に入る小林文郎氏に会ふ、乗り場にて星氏も来る　社車にて四時家に帰る

十二月十九日　月　曇

八時前教室、西氏来室、最近の輯報編纂委員会に自分欠席したるより其模様を話しくれたり、取極めたることなどなかりし由、定期刊行のこと、独逸人修正者の適当なる人など　二時半家に帰り信子来り居る、これより共にきみ同道　先づ柿内へ行く、田鶴不在、賢信居る由なるも出て来ず、暫時して去る、北町純子方へ寄る明日夜行にて呉へ行くに付良一へのものなどきみ持ち行く、帰途田鶴に会ふ四時半家に帰る　これにて暮の仕事済む、又よ志江子歳暮に来りその帰るに会ふ　保子癇癪をおこす由　己も側も気の毒の至り

十二月二十日　火　曇

八時教室、ワイデンライヒ氏へ送るアイノ頭骨写真出来横尾氏持ち来る　福岡の潘氏論文挿図の側に付する字に

付校正として平光氏へ送る　三時半帰宅

十二月二十一日　水　雨

八時教室、北京ワイデンライヒ氏へ書面を認むなかなか六ヶし、これを書留にて出す、横尾独文修正、三時過家に帰る　田鶴子歳暮に来り居る　児学校授業今日限りなりと　素子純子今日呉着の筈

十二月二十二日　木　雨

悪天教室行かず、児等は学校大掃除のため出行く　午後雨止む、夕刻晴天となる

十二月二十三日　金　曇雨

八時半教室、長崎より論文二編へラルドへ渡す　長谷部氏来室鎖骨部の疾患昨日大槻氏診察の結果先つ全治とする云々共に歓びたり　小使三名へ三円つつ歳末を遣りたり　三時半家に帰る　夕刻より雨となる

十二月二十四日　土　晴、昨夜大に雨降る

八時教室、長崎の西本氏論文原稿二種へラルドに渡す、Zeitschr. f. Rassenkunde〔＊雑誌〕読む、午後二時半きみ来、同道柿内へ行く田鶴不在、六児在り一円つつ歳末として遣る、三時に菓子を食べるの見て去る　四時家に帰る　学研より280円手当受領、第七十四回議会招集

十二月二十五日　日　晴

親坊は模擬試験に行く、長崎の高木純五郎氏論文を一又は二種とするかの相談に付返事を出す　名古屋の田村春吉氏夫人死去せられたる通知あり悔状を出す

十二月二十六日　月　晴

八時二五教室、長崎小野直治氏秋以来人類教室に於て仕事し居たるところ明日帰崎するよし告別に来室、三時帰宅　やす子せい子教室へ寄りたるも折悪く去りたる後なりき、学士院研究費補助に付（安達島次、勿那将愛二氏のもの）尋ね来り　返事を出す

十二月二十七日　火　晴

せい子三児を連れて熱海の四郎氏訪問、早朝出かける、星全家自分同乗、赤門にて降る　七時五〇教室、ランダアク肢骨論修覧、三時半帰宅　七時頃星氏連れて皆帰る

十二月二十八日　水　晴

八時半教室、横尾氏来室、井上氏より特に「氏の後継者として横尾、小川二名が石原学部長の脳中にあるといふことを」伝へられたりとて大に心配の様子　三時半帰宅

十二月二十九日　木　晴　珍らしく寒厳し

終日書室にあり、賢信昼頃来り食事し三時過去る、大学院に於て研究中の結晶問題の予報を米国雑誌に発表、其別刷を持ち来り呉れたり、自分の孫が（ママ）研究成果を見るとは感深し

十二月三十日　金　土（ママ）

午後せい子保導三児を連れて銀座へ、京橋より新橋まで歩く、伊東屋に入る　洋菓子屋に入り児等食す、往復共電車四時過ぎ家に帰る

十二月三十一日　土　晴

朝川上政雄氏来訪、妻女の件、児は先方の望に随ひ養ひを任かすこととして価金二〇〇〇をやる云々　弁護士に於て取り扱ふべしと、其他歯医の用金問題、湯島校と水道橋派との関係、厚生省との関係なとの談あり十一時去る　午後せい、やす共に槙町散歩、親協は屋根に上りて凧を遊ぶ　橋本豊太郎（在京城）氏宮崎神宮よりはがきをよこしたる返事を出す

昭和十四年　2599（明治七二）
1939（大正二八）第八十一年

一月一日　　日　曇

七時起く、九時先龍雄夫妻来、上らず玄関にて去る　十時三郎氏、尋で橋本夫妻ゆき江嬢来、能謡曲談大に賑か、午刻となる橋本一族去る　三郎氏止まりてパンを食し長談三時去る　丁度入り替はりて三二二児を連れて来、新年例品を食す　潤三郎氏来星氏児等を連れて東京駅へ乗車券寝台券を買に行きたりとて帰りたる、四時過星車を供せられて三二等去る　これにて今日の来賀者終りたり

一月二日　　月　曇晴

九時二〇教室、新潟の工藤得安氏来室、リーゼンサラマンダー〔＊オオサンショウウオ〕のノルメンターフェル〔＊基準表〕十余年研究の結果漸く独逸に於て出版したりとて持ち来り見せたり、出版費及其購入部数に付資金に困るとのこと、補助金に付苦心中なりと、西氏一寸来室年(ママ)新年の挨拶したり　午後鈴木尚氏来室、千葉陸軍病院に転したりと又同所に広島病院の比企野氏居ると　三時過去る　赤門にて丁度比企野氏に会ひたり　ベーグマンより年賀の返事を出す、親小熱、下の関行急(ママ)は中止

一月三日　　火　晴

八時二五教室、ランダーク論文修正、中島小使来り賀新、且つ永年教室小使たりし山本富蔵旧臘三十日死去したるよし報す、彼は自分の忠僕たりと人々言ひしもの気の毒、三時過せい子協、鳩を連れて寄る、自動車にてこれより東京駅に到り五日夜行の寝台券を買ふ、四時家に帰る　親坊格別のことなき様なり、明後日出発のつもりにて寝台券を買ひたるなり

一月四日　　水　曇、小雪、晴

八時五〇教室、中島に托し山本へ香奠十円遣る早速届け呉れたり、又中島に托し井上氏へ新年挨拶名刺を出す　横尾氏来室挨拶、井上氏も同様　三時半帰宅　四郎氏新婚、熱海より出京、星家側へ披露、二十余名招待昼食を供したりと、自分客間に出て来客の人々に挨拶す　親坊床中にあり体温三七度、下の関旅行如何にするか

一月五日　　木　曇

早朝六時前星氏郷里行、協一を連れてなり、協勇みて出

行きたり　自分は床中にありたり、親協下の関行中止、星氏台湾行も止めたりと、教室不行、午後せい、やす共に北町へ行く素子純子今朝呉より帰着、両人共元気、四時帰宅
近衛内閣に替り平沼内閣成立、大臣多数留任、近衛枢府議長且つ閣員に列す更迭意義格別なし
協十時過帰る

一月六日　　金　快晴但し風寒し

教室不行、昼少し前に飛行数百台（二四〇機）都上空を飛ぶ壮観、午後も数十機飛翔したり

一月七日　　土　晴

九時二〇教室、横尾氏より鈴木尚氏挙式は二月十二日軍人会館と決定のよし告げらる三時半帰宅、文郎氏来、後妻を迎へること来十二日と決定、列席を請はる、高級軍人に収賄ありたる例に付其他長談、六時去る

一月八日　　日　晴

朝星氏今日伊豆伊東行を唱へ児等勇み朝食早々にすませて、自動車にて出かける九時一〇準急にて発車々中あまり込み合はす甚快　但し富士は少し見えたるのみ熱海より先月開通したる伊東線に入る、非常なる難工事の宇佐美隧道通過して伊東即ち終点着時に十一時半、海岸に沿ふて直走する大通りを歩き大川橋を渡る、戻りて温泉プールといふに入る、浴客案外多し二階六畳の室に案内す、炉あり温し、持参の弁当を使ふ、星氏親協を連れて入浴、このプール長さ十四､五間あり、湯滝あり、大なること珍らし、きみ、せい、やす町内を見に出る、自分は室内にありて炉の暖をとる　三時一〇発車非常なる混雑、多数は立ちたるまま動くこと出来ず　自分等二人は坐席を得たるも星等五人は立ち居る、あまりの状態に付星五人は熱海にて下車、四郎氏方に寄り次の列車に乗ることとす　車中にて田崎氏に逢ふ故谷口吉太郎氏の弟なり、五時半頃東京駅帰着、突然協一あり如何せしかと驚く、熱海にて特に車台を聯結したりてこれに皆乗りたりと、迎への車にて皆一連に帰宅したり、今日催し始めての伊東行き大に興ありき、帰途は風強く寒かりき　H．フィルヒョウより手紙来り居る十二月十九日付、Archiv f. patholog. Anatomie 二〇〇〇マルクにて売却したること雇人無しにて夫人困却のことなど

一月九日　　月　晴

児等学校始まる　自分八時二〇教室、ベーグマン氏より

抄録戻り居るこれを通見、弁当後人類教室に長谷部氏を訪ふこれは氏就任後始めてなり、午後千葉の森田秀一氏来訪、珍らし、氏欧州視察帰朝後始めてなり、三時過帰宅髪を刈る

一月十日　火　曇

八時教室、来者なし、平静、三時半帰る

一月十一日　水　晴

八時二〇教室、極めて静なり四時前帰る　純子学校帰りに寄る、夕食せずして帰り去る

一月十二日　木　晴

八時二〇教室　グレーベ教授（ブレスラウ）新年葉書返礼、北海道二風谷N・G・マンロー氏より新年札到達これ又直に返事を出す　在北京ワイデンライヒ教授より十二月二十一日差出手紙返書来、これにてアイノ頭骨写真のことは結了　三時半帰宅　文郎氏後妻を迎へ其披露として丸の内ときはや（日本料亭）に到る　きみ同行、タクシイを用ふ、相方の極近親集まる、室内寒し、料理不味、九時帰宅、せい子迎へ車を遣したり

一月十三日　金　晴

八時三〇教室、四時前帰宅、博子、むつ子を招きたりとて来り居る

一月十四日　土　晴

八時三〇教室、連日ダヤアク論文に苦心、三時半帰宅

一月十五日　日　晴

昨夜二時半頃突然下痢す殆んど水瀉、源因全く不明、食物中毒の症状に似たり、朝牛乳だけのみたり、昼中度々上圊（五回ばかり）橋本氏電話す直に来り呉れたり、ひまし油を服す、夜中二回充分なる便通あり　星二人は三児を連れて鵠沼訪問

一月十六日　月　晴

全々床中にあり　くず湯、りんご汁を試みたるも適せず、全く食欲なし　便通一回あり思はしからず　晩三二来

一月十七日　火　晴

午後八代学士来診、橋本氏と話し合ひ葡萄糖注射午前便通極少しありしのみ、併し腹工合まだ思はしからす、昼飯汁を少し試む、晩同様

一月十八日　水　曇雨

別状なし通しなし　昼飯汁を少し取る　梛野よ志江子年始に来る　清野謙次氏昨日愈判決あり寺宝窃盗罪、懲役二年但し三年間刑の執行猶予、実に意外なる事件　八代

氏葡萄糖注射三二見舞に来　夜に入るも粉雪止まず　悪天寒厳し

一月十九日　木　快晴、温和

朝体温三七度　便通極小量、腹工合何となく思はしからず　午後八代氏来診、糖注射、浣腸、三七、三度あり気分決して悪くなし源因（ママ）不審或は腸のためか　午前十時頃見舞旁田鶴子来、自分茶の間こたつにあり書室掃除のため、一時頃帰り去る

一月二十日　金　晴

十一時頃素子見舞に来、せい子百貨店へ買物に行く、葉巻パロマ六箱買ふ　素子寛談三時去　体温三七度便通一回小量

一月二十一日　土　晴

午前二回便通、別に悪きやうにもなし、同午前体温三六、五度　三六、七度　午後三六、七度　午後小林博子来、鈴木尚氏約婚の女母堂と共に来訪きみ応接す　八代氏来訪、第四回葡萄糖注射を施す、三二来

一月二十二日　日　晴

朝体温三六、六度　良一今朝着京の由電話あり、親坊模擬試験へ行く　学士院会員故秦佐太郎氏補欠参考候補者として林、三田、川村、平井毓、三宅速の五氏を推薦す　午後横尾氏来訪、解剖教授後継者の件土曜日教授会に提出せられ委員（石原学部長、井上、西の他緒方知、坂口、東）に於て詮衡することとなれりと、横尾小川の内なるべし。横氏にとりては大問題なり、氏大心配。鈴木尚氏今日内祝言を挙ぐる由　三時頃良一純子をつれて来る共済病院職工増加のためなかなか繁忙のよし、軍病院の方は傷病者少なく反て閑散なりと　夕食せずして去る体温午後やはり三七度に昇りたり夕食後便通ありき

一月二十三日　月　曇

体温朝三六、六度　昼三六、六度　午後三七度　晩便通一回　尿分泌宜し

一月二十四日　火　晴

体温朝三六、六度　午後三六、九度　未だ食欲悪し　便通なし　夕方良一来　境の先きの英学塾へ純子入学願書を出しその返りなりと

一月二十五日　水　晴曇

朝三六、五度　午後三七度便通一回、形をなす　午後教室井上氏より電話、明日教室へ来るや否のやと、否と答ふ。然らば電話へとのこと、之も断る、きみ電す、明日

後継者に付第二回詮衡委員会ある由就ては横尾氏をとる云々　自分は何分にも御尽力を願ふと取つがしめたり

一月二十六日　木　晴

朝三六、六度　午後三七、一度　便通なし、昼食にまぐろさしみを試、異状なし

一月二十七日　金　晴

長谷部氏来、床中にて面会、横尾氏の件に付談、昨日午前に委員会前に面談したりと、医学部のことに付口を出すことは好ましからず長自身の立場より人類教室後任を考慮して横尾を意中に置く就ては横をこの際あまり不利の位置に落し入れるは当を得ざることを石原に話すべし云々自分これ最も宜しかるべしといえり　せい子星郷里親戚に不幸あり其葬式に列するため名代とし出発せり午後八時半帰宅せり　体温三六、六度　午後三七度　便通なし

一月二十八日　土　晴

三六、六度　午後三七度　朝快通あり　一般状態宜し、平常と異ならざるが如し　夕刻素子純子遅れて良一来、共に食事す　三二は先約あり敬二風邪旁来らず、食後児等賑かに遊ぶ　八時過帰り去る　病後始めて入浴、心地よし　今日午後隣家桜井錠二氏死去のよし二十三日発急性肺炎

一月二十九日　日　晴

午刻横尾氏来、委員会模様を知らせる、二人共助教授とし或時機に於て二人共教授とすることに一致したりと、氏前回よりも遥かに晴快、一時去る　体温朝三六、六度午後三七度　親坊模擬試験　夕刻三郎氏桜井家へ悔に来る、序に寄る　夕食を共にし長談五時間　九時去る

一月三十日　月　曇

牧野忠永子爵結婚披露の案内あるも病床中に付断る同時三越に命し拾円券を御祝として贈る　良一後出発帰呉体温朝三六、六度　午後三七度

一月三十一日　火　晴

午前きみせい桜井家へ悔に行、神前に拾円供ふ　夕刻三二来、体温朝三六、八度　午三七度あり異常、少し気にかけたるも午後三時三七度、気分別状なし

二月一日　水　晴

朝快通あり（三日間便通なかりき）　故桜井氏神葬儀病床中に付き名刺を星氏に托す　朝三六、五度　午後三時

三七度　六時半頃消防自動車来着、桜井家別屋に火危かりしも大事に至らず直に鎮まる

二月二日　　木　晴

朝三六、四度　午後三六、九度　便通小量あり　きみ荻窪へ行、今年始めてなり　椰野にて看護婦辞し去るとか保子病状は別に変なきも満三年の床中、神上不心なるべし気の毒千万

二月三日　　金　晴

牧野子爵家より御結婚祝の礼状来、桜井武雄氏不幸挨拶に玄関まで来　体温朝三六、六度　便通なし

二月四日　　土　晴

午後素子見舞来、体温朝三六、五度　三時三七度　便通なし　節分、児等豆を蒔く

二月五日　　日　晴曇

朝三六、四度　三時三六、八度　有形便小量　食事雑物但し量を節す　親、協竹馬を造り遊ぶ　夜に入りて雨、後雪

二月六日　　月　晴

朝起きて見れば庭白し、五、六分積りたり　丁度三週間静養、試に教室へ行く幸に星車を借る、八時二五教室、ヘラルド社より校正沢山来り居る、横尾氏来室　長谷部来訪、愈々来学期より人類学科新設といふことになりたりと但し其予算なし、学内にて支弁すると、井上後継者の談、横尾位置安定と做すべし、清野の談など　午刻広島病院の比企野千代四氏来室、応召千葉陸軍の病院に勤務中なりしが去四日除隊となりたりと　三時きみ子迎に来る、家に帰る、弱感あり、体温三六、六度　三二一来

二月七日　　火　晴

八時三〇教室、誰も来らず頻りに校正（星自動車借用）午後三時きみ迎へに来り家に帰る　体温計らず

二月八日　　水　晴

八時三〇教室　福岡支那人某氏論文校正、往復共バス、独り、四時帰宅　温計らず

二月九日　　木　晴

八時三〇教室、支那研究生潘（ブン）氏論文校正全部福岡平光氏へ送る　午後三時前帰宅体温計る三七、二度あり、床に入る気分悪くなし

二月十日　　金　晴

八時二〇教室、西成甫氏論文原稿ヘラルド社へ渡す　緒方知氏来室井上後継者の件昨日詮考委員会にて決定、即

ち横尾、小川両氏共助教授、出来得る限り速に教授とする、或は二年の後横尾を長谷部後継とする一案あり云々
一時前帰宅　素子来
今晩皇軍海南島上陸、無血、快哉

二月十一日　　土　晴

絶好の天気、市内賑ふべし、種々の行進あり、星両人昼食早々三児を連れて代々木錬兵場に於ける大学、中等学校学生分列式見物に出かける

二月十二日　　日　曇

事なし

二月十三日　　月　晴

八時一五教室　Abstracts 1937 類分け、十二時半帰宅
今日小林貞之助家母堂忠子を始めて招く田鶴子信子陪す又素子来、昼食を饗す三時過散す、忠子工合先つ々々宜しき様なり　学士院例会欠席

二月十四日　　火　曇晴

八時一五教室　抄録分類、四時帰宅

二月十五日　　水　雪

雪盛に降る教室行かず、終日書斎に籠る、二寸程積もる

二月十六日　　木　晴

八時三〇教室、抄録原稿整理、四時帰宅　晩十一時星氏満州国へ向け出発

二月十七日　　金　晴

鳩子昨日学校帰りより寒冒、咽頭痛ありと体温三八、七度とか、今日休養　親坊も少し熱あり休む　八時三〇教室　三時半帰宅

二月十八日　　土　晴

八時三〇教室、四時過帰宅、気温急に昇る、春らしく感す、親、鳩学校休む、併し悪くなし　協一朝元気に出て行く全校構外教授なりと

二月十九日　　日　晴曇

陰暦正月元日に当る　親早朝東京高等入学受験に行くせい子付き添ふ

二月二十日　　月　曇雨

八時三〇教室　抄録原稿整理毎度ながら大労、五時帰宅

二月二十一日　　火　雪雨

八時三〇教室　抄録整頓漸く完結印刷に渡す状態となれり　四時半帰宅　終日悪天、寒し

二月二十二日　　水　晴

八時二〇教室、Abstracts 1937 原稿全部ヘラルド社に渡

す　寄贈論文整理及び製本準備、四時二〇帰宅

二月二十三日　木　晴曇

八時二〇教室寄贈論文別刷整理、昼食「解剖学会々同記事を輯報解剖の部に掲載することと昨年京都に於て決定、今年金沢に於ける記事を始めて収録する筈、然るに学会幹事横尾氏等と解釈を異にする即ち横尾氏等は原稿を学会に於て集収、西氏は輯報編纂委員が主であるといふこと」この事に付西氏室に至りて話す、要するに学会が原稿を集むるといふことが便利なるべしといふことと す、其ことを横尾氏通じたり　鈴木尚氏来室、結婚に付昨日祝を贈りたる挨拶なり　四時二〇帰宅　親坊府立一中入学試験、精子付添、五時帰り来る

二月二十四日　金　晴

輯報校正、寄贈論文整理、昼きみ子来室、故岸氏十三回忌（三月四日）鈴木尚氏結婚式のため差支不参申訳に三光町、広尾町両家へ行き其帰りなり、弁当を使ひ、二時頃共に出て杮内へ行く　三郎氏胆嚢炎にて引籠り居るを見舞ふ又孝子学習院専攻科入学祝を兼ぬ、四時半帰宅

二月二十五日　土　曇

八時二〇教室、校正及び寄贈論文整理、未だ終らず四時前帰宅　直に約束の通りやす子を連れて槇町へひな人形を見に行きてひな菓子人形など少し買ふ

去二十三日第三次蘭州空襲詳報によれば実に敵機撃墜五十六、わが三機も遂に自爆したりと壮烈

二月二十六日　日　晴風

午前鈴木尚氏大人万平氏来訪、挙式に付挨拶　協寒冒か又々熱あり

二月二十七日　月　晴

八時二〇教室、寄贈論文整理漸く終る　横尾氏来室、輯報解剖部に解剖学会記事掲載の件に付西氏の見解に付望月、小池両氏に念のため話したるに西氏穏当ならず云々、自分より尚ほ西氏に談すこととす　四時半帰宅　協体温四〇度ありと

二月二十八日　火　晴

八時二〇教室、校正、整理したる寄贈論文其他二十九冊製本を安川に命す　四時帰宅

三月一日　水　晴曇

朝早く親、鳩学校へ、これ毎月一日は遙拝式あるためなり　八時教室、校正及輯報解剖第七巻第二号完結し其表

紙原稿をヘラルド社へ送る　福岡平光氏へ潘（ブン）氏論文印刷費等に付返事手紙を出す、Zeitschr. f. Rassenk. を読む、四時前帰宅　親坊寒冒の気味

三月二日　木　昨夜小雪、曇晴

親坊学校休、自分八時三〇教室、四時過帰宅

三月三日　金　晴

八、三〇教室、鈴木来室明日の式に付打ち合又横尾氏とも同件に付談合、珍らしく近藤次繁氏来訪、医学部旧事に付種々談あり　四時帰宅

三月四日　土　小雨、曇、晴

天気模様悪きため教室行かず、親坊大塚の高師附属中学入学試験に出かける、昨日は発熱、今日試験如何と心配したり兎に角せい子付き添ひ出かけたり、協学校出席、鳩子加養、鈴木、堀江両家結婚式に媒酌として列席する約束、午後一時前に尚氏自身迎へに来る、九段坂下軍人会館に到る、二時式始まる、四十分許かかりたり、これより五時まで閑ありこの間記念写真など、五時より来賓新郎婦と共に入口に立ちて挨拶、六時頃開宴、自分立て簡単に挨拶、八時半頃終る、家に帰れば九時に近し　児等皆まだ眠に就かず　親坊先つ々々試験受けたりとわりに元気

三月五日　日　晴

春らしく感す、午後三時児等風邪直りたる様なれば槇町まで散歩旁買物へ行く、アルマイド薬鑵（一円五〇）を買ふ、これは自分が数十年来、使用したるアルミ薬鑵と交換しこれを保存する目的なり　せい子日暮れて帰る、親坊入学試験学術に於ては級第

三月六日　月　晴曇

親坊入学試験口答、体操、早朝出行くせい子同行、やす子少し熱あり休校　八時三〇教室、横尾氏来室一昨日結婚式挨拶、又鈴木万平氏来訪これも挨拶、薬鑵を交換す、古アルミ薬鑵を持ちて四時帰宅　在戦地（北支石家荘）椎木へ慰問品を送りたる礼状来

三月七日　火　雨

悪天教室不行、附属中学第二発表、せい子見に行き親入学確定電話す、やす子在家静養　終日雨　親坊四時頃えらいだろうと言ひて帰り来る

三月八日　水　晴

朝星氏満州国より帰る、協、鳩学校、親坊少し熱ありとて休む　八時三〇教室、小冊子を綴るなど、脈搏甚悪し

欠滞、不規則、気分宜しからす五時帰宅

三月九日　木　晴

八時二〇教室、誌を読む、午後西氏に欧文解剖学会記事に付話したり、横尾幹事との間に見解の違ひあり面倒くさし、先づこれにて一応済みたるも愈々輯報掲載までうるさきことあるべし、横尾氏へ其ことを通じ　四時半帰宅

三月十日　金　晴

荻窪行、きみ同行、椰野へ昨夕刊にて発表なりたる厳少将に昇進したる祝賀なり　きみはよさのへ寄りて来る、十円祝として贈る、やす子三ヶ月見ざる間に精神上衰ひたる様感じたり、これより入沢家に寄る先頃五十日祭に行かざりし代りに神殿に拝す　帰途市ヶ谷に降り柿内へ見舞ひ三郎氏先づ快方、賢信も居たり、同処にて携へたるパンを食す、二時帰宅　良一公用にて新潟へ出張、午後八時二〇上野駅着と電話あり

三月十一日　土　雨

八時一五教室、脈搏甚悪し、弁当忘れたり旁帰る、赤門にてバス乗る際自転車衝突転びて手をつきたるも別に怪我なし、不都合にも自転車小僧反対の方向に来りたるなり　午後四時頃良一等三人来、尋で三二来、夕食賑か、星氏郷里へ旅行すために遺憾、二男一女、一嫁、四孫集まる、意外の愉快を覚ふ、只終日悪天、八時半帰り去る頃頻りに雨降る且つ風を交ゆ

三月十二日　日　晴暖

十一時皆共に出かける、上野広小路風月堂にて昼食これより地下鉄にて銀座に到り服部時計店にて親坊に約束の腕時計（一一円五〇）を買与ふ松坂屋に入る、屋上あたたかし、三時半帰宅、鈴木尚氏新夫婦挨拶に来る、丁度門前にて自動車走り去る

三月十三日　月　晴風

早朝星氏福島より帰る　八時二十五教室、井上氏停年引退、今日最終の講義をなすよし　横尾氏の進めにより自分も聴講す、口蓋発成に就て一時間講演、十二時終る帰りがけに旧教室に井上氏を訪ひ、最終講義を傍聴したる挨拶を述　四時半帰宅　きみ与謝野仏事に鎌倉へ行く七時過帰る

三月十四日　火　晴

八時三〇教室、昼頃赤堀英三氏来室、自分の支那人頭骨の仕事を見たしと、其他研究談に時を過したり、四時前

帰宅　きみ子に命じて独逸へ為替を出す書肆シュバイツエルバルト（シュツットガルト）へM42.80及びD. Ges. f. **Rassenkunde**〔＊人種学協会〕会費1937, 1938分M10換算七拾七円六十四銭（1M＝1円470588）

三月十五日　水　晴

八時一五教室、輯報校正長崎西本氏送る、ヘラルド社へ速達を出す　病理教室助手某氏来室　自分が明治九、十年東京大学医学部本科三、四年生としてベルツ教師の病理総論講義を聴き其メモランダム写書せるものを先頃緒方知三郎氏に渡し置きたるところ之れに何か記書することを求めらる　故小使山本富蔵の息子早稲田大学生来室、挨拶、三時過帰宅　夕食後書斎へ行く途中縁側にて極めて軽度なるも眩暈を感す　これ始めてなり愈々老朽、静居

三月十六日　木　晴

在家、メモランダムは精子に托し病理教室へ届けたり

三月十七日　金　晴（昨夜小雪）寒し

今朝庭少し白し、寒し、在家静養、児等学校今日限り　午後星氏全家米国へ行く人を見送りに横浜へ行く、八時半頃児等元気にて帰り来る　鈴木万平夫妻媒酌に付贈品を持ち礼に来る、自分は会はさりき

三月十八日　土　晴

親坊茶話とて出行く、星氏島根県地方へ旅行　午後二時過近き桜井家に到るきみ同行、故錠二氏五十日祭に陪席す、三時帰る、晩水交社に於ける宴に招ねかれたれどこれは断る

三月十九日　日　晴

珍らしき寒気　せい子三児を連れて銀座辺へ散歩

三月二十日　月　晴

親協庭にて竹馬を遊ぶ両人共乗れる様になりたり殊に協上達　純子府立第二女校卒業、証書を持ちて来、呉良一方へ行くべし　三二来

三月二十一日　火　晴　祭日

親、協庭にて竹馬、午後星氏帰京に付せい子三児を連れて迎へに出かける（昨日小林源椽（ママ）東大工科（土木）入学合格したりとて夕刻来り報す）　柿内悌、義（ママ）、智の三児来、暫時して四時前皆帰り去る、静子殿小林ちか子来訪、夕刻皆去りたる後星氏案内全家京橋ひげの天ぷらといふに到り食事す、揚げながら食する仕組なり八時頃帰る

三月二十二日　水　薄晴、薄曇、小雨

八時半教室きみ送る、輯報校正、西氏来室編纂委員会に自分欠席したるに付其模様話しくれたり、重なることは委員の数を増すことこれは材料収得に幾分か効能あらんか。話中に協一忘れたる眼鏡を持ち来る　午後長谷部氏来室、本学年より正科となり志望学生三名なりと談中精子鳩子を連れて迎へに寄る　歯科病院へ行きたる帰りなり　時に少し雨降る　タクシイにて三時半帰宅

三月二十三日　木　晴風

単独にて八時二〇教室、輯報校正、Abstracts 1937 の校正にも今日取りかかりたり、三時半帰宅　きみ子迎へに行きちがひたりし憾

三月二十四日　金　晴

八時二五教室、独、抄録校正、昼末広恭雄氏久々にて来室、午後医事公論記者来室、明日自分書斎を撮影するとかきみ迎へに来り四時帰宅　三児学校終業式卒業式、親坊卒業証書を見る

〔昨日京都島田吉三郎来室、共に事務室に到り佐藤東氏に振興会補助費の模様を聞く、妻女が製作せる織り物を贈らる〕

三月二十五日　土（曇）雨

教室不行、終日降雨悪天、潤氏来昼食、予定の通り午後四時半医事公論社員志摩芳次郎氏外一名来、書斎を撮影し雑談去る

三月二十六日　日　晴

早朝星氏前橋へ旅行、三児を連れて出かける

第七十回議会昨日終了今日閉院式、予算、議案悉く成立、実に未曽有のことなり

故篤次郎氏法事を潤氏執行するに付早く昼食し十二時前に出かける　きみ、せい共に、三鷹駅よりタクシイ、寺に到る丁度一時なり潤氏夫妻既にあり全員五名、他は来者なし、読経を始む、偶然外に二名席につける人あり二時過終る、墓所に詣で自分独り徒歩駅に到る省電往復共満員、四時家に帰る　星及三児等八時過ぎて帰る　自分早く床に入る

三月二十七日　月　晴

午前於菟来訪、一昨日着京のよし、停年まで台湾と決したり云々　昼食せずして去る　午後は春暖始めて庭へ出る、親、協縁先へ土を運ぶなど

三月二十八日　火　雨曇

輯報校正来り居べし、きみ子教室へ行きて持ち来る　こ

れを校正してヘラルド社へ送る　せい子親、協を連れて広尾岸へ行く（やす子は供立のところへ行く）　夕刻三二来

三月二十九日　水　薄曇

在家、十時頃小林貞之助両人来、仙台帝大へ転任、四月赴任暇乞のつもりなるべし、牛鍋昼食、二時頃去る、せい子三児を連れて新宿まで送り行くとて忠子と共に出かける　小林博子一寸来る、元椽工科入学悦を述ぶ　在北支石家荘椎木繁吉より慰問袋受取りの手紙、はがき（三月二十二日付）到達

三月三十日　木　晴

温和なる天気、午前より庭へ出る、児等同し、庭にて昼食す　四時過きみ、せい、自分出かける電車にて虎の門晩翠軒に到る、潤三郎氏還暦祝、故篤次郎仏事、米原厳父君の法事など取り雑ぜたる意味を以て招ねかる、潤氏夫妻既にあり、来り会するもの二十四、五名藤浪剛一氏夫妻始めて面識、星氏は三児と新橋駅にて落ち合ひ洋食を食し迎へに寄る、自分精子は先に去る、九時前家に帰る、きみは遅れて帰る

三月三十一日　金　曇雨

一週間ぶりにて教室へ行く、八時三〇、西氏来輯報編纂委員数名新に申請するに付其人々の相談、又其委員に輯報を寄贈すること　これは全く材料収集するために外ならず。横尾氏来室 Proceedings に付談　午後於菟氏来室など大に時を費す　其他輯報校正。四時半帰宅　留守中在芦屋（神戸）三宅速氏来訪のよし

四月一日　土　晴

全く春となれり　八時教室、輯報校正、ヘラルドを呼びて渡す　北京大学医学院長鮑氏湯氏の二氏を西氏紹介す、十一時半帰宅、午後庭へ、親、協も同断、明朝星全家平より仙台、松島旅行とてはしやぐ　本日発行の医事公論に自分書斎の写真掲載

四月二日　日　曇雨

星全家出発のため五時起、児等匆々支渡出かける　自分送りに同車、上野駅に到り六時一五発車、三児共大はしやぎ、自分直に帰りて洗面、朝食、夕刻雨本降りとなる三児如何してゐるか、終読書

四月三日　月　雨（祭日）午後雨止む

悪天、三児如何してゐるか、松島まで行きたるか、終日

書斎に籠る、非常に寒し

四月四日　火　薄晴、雨

八時一〇教室、校正、寄贈論文を全部自室書棚に集めるために未綴の分を棚に運びたり　於菟氏今晩出車　金沢解剖学会へ赴く、又これより直に帰台すと告別　午後より雨降り出す、寒し、きみ子迎へに来り四時帰宅　せい子仙台駅より電報をよこす七時上野着と、又平より電話あり十時頃着と　そこできみ共に迷ふ、兎に角神野自動を以て迎へに行く、やはりせい子等七時着、三児大元気にて帰り来る、松島其他一通り見物したりと、折りよく松島見物中は天気良かりきと　星氏は独り平より帰る

四月五日　水　雪

朝起れば庭真白し雪五分ばかり積る寒さ厳し　午後早川権平（故牧野菊之助氏縁者）及太田高之助といふ人来訪在伊豆伊東石原久氏に紹介を求めらる諾して名刺をやる終日書室にありて Abstracts 校正、児等も屋内にありき

四月六日　木　小雨

九時教室星車に同乗、輯報校正、在奉天鈴木直吉氏へ論文校正発送、午後人類に長谷部氏訪ひワイデンライヒ氏より来書（三月二十七日附）周口店遺跡を日本兵隊が発掘を始めたとか　これを防止する方法云々の件に付相談、室に帰ればきみ迎へに来り居る　家に帰れば四時

四月七日　金　曇雨

在北京梛野巌へワイデンライヒ氏より依頼の周口店遺跡日本兵隊発掘云々の件に付書面を出す　きみ同道出かける　正午柿内家に到る　忠子帯の祝に招ねかれたるなり、小林母堂、産婆ゑい子其他は家族のみ　三郎氏賢信大学より帰来、食事の後児等賑か、きみ子古本買ふとて先に去る　せい子写真洋食を児等にふるまひ柿内へ寄る益々賑か、甚快、雨降り出し止まず自動車をたのみ四時半家に帰る皆々大満足

四月八日　土　雨、晴風

昨日来雨止まず、学校始まる、親坊始めて中学制服を着て出行く　午後協、鳩、せい子自分吉祥寺花まつり詣、夕方三二来、岡山学会出席昨日帰りたりと

四月九日　日　晴

午後庭へ出、星両人三児を連れて上野科学博物館へ行きたり、暫して自動車迎へに帰り来る、由て自分きみ出行く、館前にて待つ、桜花六、七分開く、人出随分多し、

精養軒庭にて児アイスクリームを食す、是より星氏先導、芝田村町鶏料理にて夕食、小川町三省堂にて親坊字書を買ふなど、七時半家に帰る　留守中純子来りたりと、おしきなり

四月十日　月　晴

七時三〇教室、校正、自室内の本を片付く、一部廊下の戸棚に移す　二時半きみ迎に来、橋本義雄台湾より学会に出席のため出京　尋ね来りたりと　素子、椰野よし江子訪ね来る

四月十一日　火　晴

七時四〇教室　抄録校正、一時頃きみ来室　広尾岸家へ行かぬかと、これより行くこととす、誠に久しぶりなり、庭にて息ふ、しだれ桜は既に過ぎたり、二児元気なるも教師来りたりと内に入る　五時家に帰る　往復共電車バス

四月十二日　水　晴

七時三五教室、抄録校正、一時前帰宅　学士院欠席

四月十三日　木　小雨、風

天気悪しければ家にあり

四月十四日　金　晴

七時一〇教室、校正、一時頃きみ迎へに来り帰る、庭へ出る

四月十五日　土　晴曇

七時一五教室校正、製本二十九日出来、これにて図書の整理完了　十二時過帰宅在家

四月十六日　日　曇

きみ子は与野に於ける与謝野歌会に赴く、午後星氏先導皆出かける、市ヶ谷外（ママ）山原に於ける軍用犬展覧会へ行きたり衛戍病院裏に当る白服傷兵多数あり、これより三越へ久しぶりにて屋上、店内歩く、児等アイスクリームを食す　四時半帰る　きみ子八時頃帰る

四月十七日　月　曇

七時教室、出来せる綴本を整理、二時半帰、透氏昨日長岡より出京来宅、痔出血のため強度の貧血、近き三柄学士に乞ふて輸血を行ひたりと、博子附き添ひ来る、昼食し去る　近藤次繁氏今日教室へ来り医学旧事に付談、故三宅秀氏に付記憶せることを話す

四月十八日　火　晴

温和なる天気、教室行かず、十時頃きみ同道出かける、北町良一留守宅へ、素子に長岡墓参のこと打ち合せ、こ

れより柿内、田鶴子一人居るのみ、自分は持ち行きたる葉巻を喫す、昼パンを食す、二時半帰宅、庭へ少し出る

四月十九日　水　晴

七時一五教室、輯報校正、横尾来室、寿像費剰余金受領せるやの尋ねあり　先頃井上氏最終講義の翌日挨拶に行きたる際に佐藤東氏大辺(ママ)繁忙のため延引せるも近日渡すとのことなり、然も未だ受領せざる旨答へ置きたり、三時きみ子迎へに来、寄贈論文綴りたるもの三十部ばかりに表題札をはる　四時半帰宅　在北京厳より去六日出したるワイデンライヒ氏に関する書面の返事到達（四月十四日附）

四月二十日　木　曇

教室行かず家にありて Abstracts 校正、午後素子来法事のため長岡行は五月十三日（土）と仮りに定む　一時半出かけるきみ同行、学士院会館に到る学研医学部会、八名出席、十四年度より議員二十二増員となる其予選、きみは帝室博物館に入りなどして待四前終り帰る

四月二十一日　金　雨

早朝より降り始め終悪天、七時四〇教室　Proceedings の形式に付種々考慮、二時半きみ迎へに来、帰る

四月二十二日　土　雨

信子来、終日悪天、家にありき

四月二十三日　日　雨

悪天、在家、記事なし

四月二十四日　月　晴

七時四〇教室、輯報解剖第七巻索引成作(ママ)を始む、これより当分タイプライタア四時過単独家に帰る

今日より三日間靖国神社臨時大祭

四月二十五日　火　晴曇

児等学校休、協、鳩式ありとて学校へ行く、Abstracts 1937 校正、教室休、大祭本日、星氏台湾へ向け出発、せい子三児を連れて見送り銀座へ行きたり

四月二十六日　水　曇、雨

七時三五教室、タイプライタア　四時過帰る、雨降り出す

四月二十七日　木　晴、大雷雨

七時二〇教室、タイプライタア、横尾氏来室、授業分担西氏専断、西氏肉眼的解剖、小川氏顕微鏡的解剖及胎生学、横尾氏局処解剖（一学期間一週一時間）、解剖実習横尾浦、顕微鏡実習小川、甚公正ならず　きみ迎へ、雨

雷止む　四時前帰宅　田鶴子より電話にて昨夜賢信召集（来十二日早朝）到達せりと

四月二十八日　金　晴

朝柿内へ様子如何と思ひて行く、きみ同行、折悪大掃除にて混雑、庭にて立ち談し、これより教室、時に九時五〇、タイプライタア、午後横尾氏来室、Proceedings の原稿大体揃ふ云々、長談、五時前帰宅　北京ワイデンライヒ氏より来書、周口店遺跡は従前通り独専発掘出来る云々

四月二十九日　土　晴　天長節

午刻に近くやす子を連れて下駄買に行きたり、其他在家、午後は風強く庭へ出ず

四月三十日　日　晴曇

定期大掃除、七時三〇教室、タイプライタア、午後二時半頃きみ子迎へに来家に帰る、四時頃賢信来、出征に付暇乞、武運長久国旗に両人署名す、五時半去

五月一日　月　曇小雨

八時教室、タイプライタア、午後人類に長谷部氏を訪ひ周口店ワイデンライヒ氏の件都合好く開決（ママ）したることを知らせたり、折り好く喜田貞吉氏来り居り学談、古事記考査のことを話す、四時帰宅　きみ子迎へ行き違ひたり

岡田徳子夫人来訪ありたる由

五月二日　火　曇雨

荻窪に保子を見舞ふ、追々衰ふ様に感す、雨降り出す自動車を貰らひて帰る、午後は Abstracts 校正　晩在北京厳へ手紙を書く

五月三日　水　晴

七時〇五教室、校正及タイプライタア、四時帰宅　赤門にて小野塚氏に出合ひたり

五月四日　木　晴

大潮日、協、鳩学校干潮狩（ママ）とて早く出で行く　せい子両国駅まで送る、自分も尋で出る、きみ同行、七里ヶ浜鈴木訪問、小田急を用ふ、江の島、例の通り小舟にて弁天岩に到り弁当を使ふ時に昼頃、大潮にて半島地続き桟橋下砂上歩く、休憩紅茶を喫、鈴木療養所に到る、氏相変らず元気、但し二月寒冒なかなか重かりきと、帰りがけに少し離れたる花園を見る、藤沢よりの途をとる、五時帰宅、児等皆帰り居る、協、鳩あさり貝を沢山に採りたり

五月五日　　　金　晴

腹工合少し宜しからす在家静養

五月六日　　　土　晴

七時教室　抄録校正タイプライタア、井上通夫、佐藤東両氏来室　自分寿像建設費剰余金二千百五十円也（小切手）寄贈せらる、尚ほ井上氏残りて談話、例に依り始めより終りまで自慢話なり長談十二時半頃まで　これより帰宅、抄録校正　三日四日五日に亙り海航空隊重慶を大爆撃す、快哉

五月七日　　　日　曇

Abstracts 1937 校正、午後せい子三児を連れて銀座へ、自分はきみ同行神明町藤花を見に、花盛りきれい、近き六義公園を一巡す、在北京厳より来書、周口店遺跡の件憲兵隊部にて調査の結果日本兵発掘全々なし云々精細報告あり其写しを寄越す

五月八日　　　月　雨

七時〇五教室、タイプライタア、抄録校正、Proceedings欧文体裁に付西、横尾両氏と自分室に於て相談　胸像費剰余金二一五〇円を折半して東京医学会及び解剖学会に寄附するに付其書面を書く　医学会の方は会頭石原忍氏宛解剖学会の方は只御中としたり　きみ二時頃小切手二枚として持ち来る　直に事務室に到り石原氏不在に付佐藤東氏に托す、暫時して石原氏受領せる旨挨拶来室、解剖のものは横尾氏に手渡しす　きみ共に三時帰宅　時に盛に雨降る

五月九日　　　火　晴

七時一〇教室、タイプライタア、横尾来室、蒙古人研究問題の今後方針を如何するか、やはり満州、北支即ち大陸北部といふことなるべしといひたり、一時頃帰宅、午後少し庭へ出たり

五月十日　　　水　晴

七時一五教室、校正忙はし、午後三時きみ迎へに来、素子来、長岡行きの談

五月十一日　　　木　晴

午前在家、畳職来り家中混雑、午後学士院授賞式、社車借用これに出席、医呉健氏恩賜賞、其他受賞者四名、四時前帰宅　これより又車を借り柿内へ行くきみ同行、明早朝賢信応召出征、三郎氏其他皆在、武運を祈りて六時家に帰る

五月十二日　　　金　雨

七時一五教室、タイプライタア、抄録校正、西氏来室、自分胸像複製のもの解剖実習室に置くが異議なきや云々勿論なしと答ふ　これにて井上氏が捨て置きたるもの処分したることなるべし　三時過きみ迎へに来、四時家に帰る　柿内へ電話にて尋ねたるも三郎氏未だ帰宅せざる由、九時過ぎて帰宅の由電話あり、賢信愈々入隊と決定せりと

五月十三日　　土　雨

きみ早朝柿内へ昨日の様子を聞きに行く　天気悪きため教室行かず　宮中賜餐なるも御断り　午後星氏台湾より帰京、せい子三児を連れて駅まで迎へに、五時頃にぎやかに帰りたり自分には例により葉巻煙草の土産あり

五月十四日　　日　雨

午後故三好学氏告別式に青山斎場へ行く、きみ付き添ふ、タクシーなし往復共電車、式場にて小松春三氏会ふ誠に久し振りなり　協一誕生日、星氏第一ホテルにて晩食を催す皆々大悦、新築きれいさつぱりとして心地よし、帰途神保町にて本屋に出入、八時半家に帰る

五月十五日　　月　晴

七時一五教室、午前後共タイプライタア、長谷部氏来室、この年度文部省三百万円研究費に付人類学に関する仕事に付種々談あり　四時半帰宅

五月十六日　　火　晴

七時三〇教室、抄録校正、抄録インデックスタイプライタア1936分終る、午後三時きみ迎へに来る

五月十七日　　水　晴

七時三五教室、頻りに校正、生理の福田邦三氏来室、用件にはあらず　只寄りたるなり　又長崎高木純五郎氏出京来訪輯報のことなど　五時帰宅

五月十八日　　木　晴

七時二〇教室、校正、午後きみ迎に来、これより同道柿内へ、賢信の様子更にわからず、如何して居るかと気にかかる　五時帰宅　三二来

五月十九日　　金　晴

朝近き松原行一氏訪問、解剖学会記事を今年より輯報に掲載するに付其表題体裁等に付英文を相談し取り極めたり、九時三〇教室、抄録索引の仕事、西氏と松原氏に面会Proceedingsに付極めたることを知らせる　四時帰宅

五月二十日　　土　晴

七時一〇教室、Vol.VIIインデックス作成仕事、西氏

Proceedings 表題等決定的意見を求めたるに異議なしと
十二時半家に帰る　午後庭へ出でたるに俄かに雷雨、内へ入る

五月二十一日　日　晴風

午後親坊は野球見物に行く、やす子は供立（ママ）のところへ精子自分協一を連れて上野公園、精養軒にてアイスクリイム、五時家に帰る

五月二十二日　月　晴

七時教室、索引作成仕事、今日は全国中等学校学生宮城前にて分列式を挙行、御親閲あらせらるるに付大学休業の由　教室甚静、O・シュラギンハウフェン（チユリヒ）氏論文寄贈に対し謝状を出す　二時過きみ迎に来、賢信のことに付軍医学校に神林医少将を訪問したるも不在なりきと其の帰途なり　庭へ出たり

五月二十三日　火　晴曇

七時二〇教室　新潟医大長本島一郎氏来六月初に新潟に於て開催せらるる学術協会大会に出席要請の書面に対し不参の返事を出す　赤尾晃氏来室、長らく病気せられしが先つ々々回復せりと但景気尚ほ甚だ宜しからず、三時半家に帰る

五月二十四日　水　曇雨

家にあり、終日雨降りうつたうし、きみ軍医校に神林氏面会賢信のことに付

五月二十五日　木　雨

家にありき、午前田鶴子来、昨日賢信面会の模様を聞く、緩々昼食素子来、明後日出発長岡墓参に付打ち合せたり

五月二十六日　金　曇雨

七時一〇教室、タイプライタア、横尾氏より金沢に於ける解剖学会大会記録欧文原稿受取る　きみ子本郷まで用達に来り雨降り出し寄る共に家に帰る時に昼
昨二十五日又復重慶爆撃これ第四回目なり

五月二十七日　土　晴　長岡行

児等学校へ出行く、支度、星両人自動車にて送りくれ、純素両人既に来り居る、時刻早きも乗車、九時一〇上野駅発車、幸に天気良し、水上辺の渓流例により景佳、弁当を使ふ、素子が用意せるところのサンドウヰチ甚佳、魔法壜紅茶又よし、車内温度最的（ママ）、山々残雪尚ほ多し八海山殊に然り二時四三長岡着、桜井龍蔵氏はつ子、伊豆子其外小野勉（坂の上町二丁目町会長）堀義春（歯科医）金子徳十郎（市会議員）等出迎へくれたり、美濃屋

旅館主人もあり手荷物は皆々持ちくれたり、近き同旅館に歩きて入る、少時休憩これより自動車を命し安善寺に到る香花はいづ子整へくれたり　四時読経を始む蘭庭院様七十四回忌及び祥雲院二十六回忌（二十三回忌繰り延べ）深き心なり、終て尚ほ墓前にて経あり拝終れば正に五時、先つこれにて今度旅行の目的を果したり　これより徒歩神田町通りきみ子種々商店に入り買物す宿に帰りて入浴、龍蔵氏はつ子、いづ子を招きて夕食、八時去るきみ素純等市景を見るとて出る　自分は止まりて休息

五月二十八日　日　晴

自動車を命し八時出かける、先づ長生橋を見る、立派なり鉄橋なれり　自分も始めてなり徒往復す、これより柳原、千手、四郎丸を経て悠久山に到る　素、純に病翁様記念碑を示す、蒼柴神社を拝す、今日は偶々戊辰戦死者招魂祭を催さるに会ふ、式場の設あり、永井宮司、秋庭幹事挨拶、本祭に十円寄附す、十時式始まると、時刻近きも辞し去る、松林中にて休む、池岸を歩く、感深し、池畔に待ち居たる車にて思出深きおやまを去る、昌福寺にて下車、読経料三円贈る、梛野家墓に詣でて去る、先住職赤柴師息たる新住職不在なりしも帰寺したりとて追来挨拶、これより元田甫を埋めたる地を歩きて元諏訪堂の地たる現中学内に残存杉古木を見て今朝白に到る旧態全消失、栖吉川堤上に立ちて懐旧つきず、時十二時、これより宿に帰りて昼食、桜井、はつ子、いづ子、其男（商業学校生）石器類採集せるを見る、二時四四長岡発、天気よく誠に幸なりき、四時皆食車に到りて茶菓、又夕食も食堂車に於てす、八時二六上野着、車迎に来、素純に分れ帰宅　浴なし直に床に入る

五月二十九日　月　曇

家にあり、昼頃田鶴子来、賢信のこと別に好き話もなし、素子来

五月三十日　火　曇

七時二〇教室、Proceedings 通覧のところ馬場修氏来訪、珍写本北際漂譚　薩摩人漂流記事上中下持ち来る、これに占守島に於て文化九年に尚ほアイノが石鏃を用ひ居たること、竪穴小屋天窓より丸木に切りかきを付けたるものを楷（ママ）として出入りする図あり、ロシヤ銅貨、最新石器方形片刃のものなど見せらる　自分が五十年前に言ひたるアイノが最近まで石器を使用せるといふ説が全く証明せられたりと云々、これより共に人類に長谷部氏訪ふ、

正午刻となる午後島峰、布施氏来室、島峰氏久し振りなり長岡行談、川島良太郎氏死去のこと、柳沢銀蔵氏弱はりたると、布施氏欧州人が日本を低級視すること、支那の抗日心深きこと　横尾氏オロケン・ギリヤーク論摘要独逸文修正、ヘラルド来り校正催促、さてさて今日は事多き日なりき　五時過ぎ家に帰る、留守中も透、博子、よし江子其他来者多かりきと

五月三十一日　水　晴

七時〇五教室、解剖学会 Proceedings 原稿をベーグマンへ送る　通覧修正を乞ふ　タイプライタアア、弁当を使ひ終りたるところへきみ迎へに来、家に帰る、尋で良一来る、今朝着京したるなり

六月一日　木　雨

七時一〇教室、タイプライタア、Abstracts 1937 全部校了　自分が本月三、四、五日新潟に於て開催せらるる第十五回日本学術協会大会の会長といふ名あるため朝日新聞記者来室、健康上のために欠席のことを説明したり、読売新聞記者も来る、豪雨中きみ迎へに来る　四時過家に帰る、三二来　終日大悪天

六月二日　金　晴

七時〇五教室、タイプライタア、昼帰る、此度の法事午餐梛野一族透始五人、素、八千代、信、皆大満足、三時過散す

六月三日　土　晴

七時二〇教室、タイプライタア、三時半帰宅　良一催にて水交社にて晩餐、全家満足、児等大悦、星氏来りたるも食事にはあづからず、九時家に帰る

六月四日　日　曇

終日家にあり、客もなし、事なし、午後少し庭へ出る

六月五日　月　晴

七時一五教室、タイプライタア大に進む　西氏来室、新潟に於ける学術協会大会に出席、今朝帰京、挨拶、四時帰宅

六月六日　火　晴曇

きみ同行荻窪にやす子を見舞ふ、丁度大掃除日にて混雑、一昨日来やす子言語甚だ悪く殊にものいひ解らず此方方より言ふことはわかる様子　されば長岡談も全中止、きみ与謝野へよりて来るを待ちて去る　十二時家に帰　午後家にありたり

六月七日　　　水　晴

七時一五教室、Proceedings原稿一部ベーグマン氏より戻る、これをヘラルド社員宮田を呼びて渡す、タイプライタア、午後三時きみ迎へに、三時半帰宅

六月八日　　　木　雨

七時一〇教室、タイプライタア、四時帰宅

六月九日　　　金　雨

七時二〇教室、タイプライタア、長谷部氏来室、鳥居氏が曾て占守島にて採集せる石鏃類地下室にありたりとて持ち来り示さる、ガラス一片あるも鏃を造りかけたるものはなし、三時きみ迎に来　三二来、戦争裏面談

六月十日　　　土　晴

七時一〇教室、タイプライタア、Abstracts先つ終了
四月二十四日より今日まで費したり、其外第七巻のコンテンツ〔＊欧文目次〕等を作成、四時半帰宅　高畑すてさん児を連れて来り居る、愈々川上との縁を切り、児を引きとり、元の如く学校教職にあり、気の毒千万

六月十一日　　　日　曇少雨

柿内より電話あり田鶴子朝早く兵営に行きたるに賢信特に帰宅を得て帰りたるよし、直に十時出かけるきみ同行、これ応召後始めてなり、案外元気、先つ安心、時刻制限あり早く昼食自分等も共に、一時出かける、自分等も共に出て帰宅、更衣、青山斎場に到る、自動車あり、三上参次氏告別式なり、三時帰宅　星氏早朝関西地方へ向け出発、三児富士山麓まで行くと、大さわぎして行きたりせい子東京駅へ迎へに行き七時頃三児元気にて帰る

六月十二日　　　月　雨曇

七時前協一共に出かける協は横須賀軍艦見学、タイプライタア紙整理　精神科の内村教授来室、同科講義はベルツ教師始めて開講せられ其当時状況に付きての談、四時前帰宅
夕刊紙上に我航空十一日夜第六回重慶爆撃又第二回成都同断

六月十三日　　　火　晴曇

七時一〇教室、索引を作るためタイプライタア紙華（ママ）を検査、ヘラルド社員Proceedings体裁見本刷り持ち来る、これを西氏に見せる、午後三時きみ迎へに来

六月十四日　　　水　晴

七時十五教室、索引成作（ママ）終末に近くなりたり、ヘラルド社富田来りProceedings体裁を決定して見本刷を返へす

四時帰宅

今朝六時天津英仏租界封鎖

六月十五日　木　晴

七時教室、インデックスを作る仕事、件数約二五〇〇の整理、ベーグマン氏 Proceedings 修正第二回（未完）分戻る、三時半きみ迎へに、四時室を去る　星氏関西旅行より帰京

六月十六日　金　晴

七時一〇教室、ベーグマン氏より最後部修正戻る、これをヘラルドへ送る　索引例の通りなかなかうるさし、午刻小林源椽（ママ）来り構内測量中暇ありとて来室、紅茶を飲み一時去る　四時帰宅、久し振りにて庭へ出たらば珍らしく根岸錬次郎氏来訪、来日曜日昼刻老人集まるを以て自分も来会する様にと戊辰の兵乱の談など

六月十七日　土　晴

七時〇教室、只連日索引原稿整理、五時帰宅時に三二来

六月十八日　日　晴

賢信応召後始めて外出許され只今家に来りたる由電話あり直に出かける　きみ同行、折りよくダットサン車あり、親一も星家代表として同乗、仙台より貞氏忠子面会のため一昨日出京、家中賑か、親一直に去る　賢信は入浴、単衣を着、久しぶりにてさつぱりしたりと、先づ元機（ママ）にて歓ばし、自分持ち行たるパンを食す　二時半賢信帰営、自分等ダットサン車にて三時過帰宅、庭へ出る

六月十九日　月　晴　夏となりたり

七時〇教室、西氏来室、一昨日編纂委員会にて Proceedings 別刷、補助委員嘱託等告げ知らせくれたり、このことを横尾氏に告ぐ　インデックス作成例の通労多し、五時半帰宅

六月二十日　火　晴

七時一〇教室　インデックス作成　漸く半に達す、きみ迎へに寄る　四時半家に帰る

六月二十一日　水　晴

根岸錬次氏（ママ）此頃来訪且つ招待されたるも賢信帰宅に付これに面会のため断りたる詫旁答礼ため電話にて都合を聞きたるに午後在宅のよし、午前は家にあり昼食出かける　きみ同行、タキシイを用ふ、赤坂台町の邸に到る、河井蒼龍窟の談など、氏元気、帰路電車まて送り来りたり、四時半帰宅、

今暁皇軍仙頭敵前上陸

六月二十二日　木　曇雨
七時〇教室、インデックス仕事、箇々の札をＡＢＣに列序することうるさし　五時半を過ぎて家に帰る
六月二十三日　金　雨曇
七時五教室、索引整頓、きみ迎へに来、五時帰宅
六月二十四日　土　曇晴
七時一〇教室　Proceedings 始めて校正、四時家に帰り庭へ出る　星氏今朝郷里へ行く
六月二十五日　日　雨
協、鳩は学校に式ありて出行く、協友一人連れ来り遊ぶ、終日悪天、雨止むときなし
六月二十六日　月　雨曇
七時一〇教室、インデックス作成まだ終らず五時半帰宅
六月二十七日　火　曇薄晴
七時一〇教室、インデックス整頓略ぼ了る、四時半帰宅
六月二十八日　水　曇
七時一五教室、インデックス原稿半分綴る　四時半帰宅
六月二十九日　木　曇
七時教室、インデックス漸く出来、ヘラルドに渡すばかりとなる　尚ほ所用せる雑誌名のアブリビエーション（＊略語一覧）を残すのみ　きみ迎へに、四時帰宅
六月三十日　金　曇
七時一〇教室　インデックス原稿ヘラルドへ渡す、きみ迎へに、四時過帰宅　学研総会当日なるも欠席、大拡張、会員大増員会長選挙、部長、副部長改選等ある筈
七月一日　土　曇
七時一五教室、輯報、解剖第七巻索引タイプライタアに打ち、これをヘラルドへ送りたり、これにて本年二月より取りかかりたる抄録より今日まで全く輯報にかかりきりなりき　五時前帰宅
七月二日　日　曇晴
星氏昨日箱根別荘へ、皆家にあり、夕方自分庭へ出る、児等も庭に遊ぶ
七月三日　月　曇
昨日柿内両人世田ヶ谷兵営に賢信を訪れたるその様子を精しく聞くため出かける、先つ良一留守宅を訪ふ素子在宿、二十一日頃に呉へ行く予定の由、次に柿内、田鶴子独りのみ静か、賢信先つ別状なし、前途全く不明、十二時帰宅きみ同行、輯報校正たまりたるを見る、夕方庭へ

出る

七月四日　　火　曇晴

七時〇教室　輯報校正、長崎へ発送、午後は久しぶりにて読書、四時半家に帰る　三二来

七月五日　　水　曇夕方雨

七時〇五教室、読書、きみ迎へ四時帰宅、京都足立氏より自分論文別刷三種清野氏処望の趣申越した、早全く無き旨返事を出す

七月六日　　木　曇雨

七時三五教室、ダヤアク独逸文修正にとりかかる、二月下旬輯報編纂に関する仕事のため中絶し置きたるもの中元として小使三名に拾円、事務小使五名に五円又少年給仕に一円遣りたり四時過帰宅

夕刊紙上に事変二周年間陸空軍が支那及満蒙国境に於て撃墜せる敵機実に八六八機なりと

七月七日　　金　晴

俄かに暑くなりたり　荻窪にやす子を見舞ふきみ同行但し与謝野へ寄る　丁度今日は故直氏正忌日の由、博子陸奥子等来る、十一時半帰宅、橋本とし子来る緩々話し込む、昼食し二時半頃去る、ゆき江子縁談調ひたる由報告あり、橋本氏これにて子女全部のきまり付きたるわけなり結構至極

七月八日　　土　晴

酷暑の熱さなり、七時〇五教室、ダヤアク独文捗取らず、午後は人類教室へ行き南洋土俗品陳列を見る、自室へ戻る横尾氏来室　松本喜三郎なる人（浅草生人形工）に付談あり、北川岸次のことなど話したり　五時帰宅　素子純子来り居る

七月九日　　日　晴曇

熱さ堪へ難し、終日在家、夕刻庭へ出る

七月十日　　月　曇

しのぎよし、七時一〇教室、岡田徳子夫人珍らしく来室、故榊氏のことに付氏日記を持参種々昔のこと談合、この度精神科に於て該教室歴史編纂に必要事項なり午刻去られたり　四時過帰宅

夕刊紙上に汪兆銘愈々和平運動に乗り出したりと大に注目を要す

七月十一日　　火　晴、晩雨

七時教室、ダヤアク独文修正、輯報校正、きみ迎へに、四時過帰

七月十二日　水　半晴

七時三五教室、独文修正及輯報校正、四時半帰宅　喜田貞吉氏死去の通知あり、又服部宇之吉氏死去のこと紙上にて知る

七月十三日　木　晴曇

七時一五教室　故喜田氏息に宛悔状を出す　インデックス校正を始む、親坊学校より教室へ寄る時に十時、構内を歩くといひて出行く、帰り来りて西洋弁当を食べ自分も共に家に帰る時に一時半頃なり　インデックス校正進まず、晩雨降小雷あり

七月十四日　金　半晴半曇

七時一〇教室　インデックス校正、昼弁当後精神科内村教授を訪ひ故榊俶氏に付自分の知れること話したり　四時半帰宅

七月十五日　土　薄晴

七、一〇教室、インデックス校正、五時前帰宅　佐々木政吉氏遂に永眠せられたる由、内輪にて葬義は既に済せられた旨今朝紙上告知あり

今日天津租界問題に付日英会談開始、英の援蒋放棄を前提とす

七月十六日　日　晴

賢信帰宅の由電話あり、きみ同行十一時頃柿内に、賢元気、丁度五週間目なり幹部候補生試験すみたる由、二、三日中に習志野へ演習のよし　二時帰り去る丁度ダットサンあり　田鶴子送り行く、自分等三時半帰宅　熱さ殊に酷し

七月十七日　月　晴

午前在家、午後二時前出かけるきみ同行、築地本願寺に故服部宇之吉氏告別式なり電車を用ふ、帰りはきみ見当らす独り帰る時に三時　酷熱堪へ難し　夕刻三二来

七月十八日　火　晴

朝早く出かけるきみ同行、大森に故佐々木政吉氏悔に行く、駅より往復人力車を用ふ、本祭壇は東京駿河台の本邸にありてこの方は型のみのもの昨日初七日にて納骨せりと九時半帰宅　夕刻槇町まで買物、

七月十九日　水　晴

正午より五日間防空演習、夜消灯

炎熱のため家にありて休養

七月二十日　木　晴

七時一五教室、インデックス少し校正、協、鳩学校終業

式に臨み十時頃早教室に来る、かれこれ遊び居る中十一時に弁当来る、炎熱中十二時二〇家に帰る

七月二十一日　木　薄晴

七時一〇教室、今日は幾分か凌ぎよし、終日インデックス校正、五時少し前帰宅　防空演習絶頂か、五回ばかり警報あり

今日第三回の有田クレーギー会談に於て好転の旨を夕刊報す

素子純子呉へ向け出発の筈

七月二十二日　土　雨

今暁四時警報サイレン響き渡りて醒む、今朝を以て防空演習終了、七時〇五教室　輯報解剖第七巻終部の校正終りに近し　四時半過帰宅　晩せい子やす子共に槇町散歩

七月二十三日　日　曇時々雨、冷

昨夜第四回日英会談有田クレーギー両代表間覚書署名、快哉

インデックス校正、冷甚凌ぎよし

七月二十四日　月　曇小雨冷

休養

七月二十五日　火　晴、又熱くなる

七時教室、午後きみ迎へに来、足敷布団を繕ふ、自分はインデックス校正を了るため先に帰らしむ、六時過まで掛りたり、これにて先つ終了、全六ヶ月費したり

七月二十六日　水　晴

七時〇五教室、雑誌を読む、四時半帰

七月二十七日　木　晴

在家休養、昼前親一、とみうら水泳場より帰る　夕刻星氏皆を連れて上野広小路に到、風月堂にて夕食

七月二十八日　金　晴

七時教室、ランダアク論文校正、四時半帰

七月二十九日　土　晴

休養

七月三十日　日　晴

休養、暑熱酷し

七月三十一日　月　晴小曇

朝柿内へきみ同行、昨日信子婚約成り結納交換済みたりと　自分は九時半教室、きみは家に帰る　四時半過帰る　孝、悌子及義信（ママ）来り居る、夕食し帰り去る　晩充分なる夕立あり

八月一日　火　曇

凌ぎ良し、家にあり、午前午後共庭に出て草を取る、せい子三児を連れて三越へ行き買物、明日強羅へ行く準備なり　自分も行くこととす　星氏居室建て増しするため明後日現ガラス天上の室を取りこはすと

八月二日　水　曇晴雨

四時頃醒む、皆々早く起き出発の用意、早く出かける自動車あり　乗り場に到りて八時一〇発車、非常なる混雑、親、協、すばやく坐席をとる、立つ人多数あり、格別熱くなし、小田原より登山車も同様なり　十時半強羅着、荘に入る、今度荘の番人を取り交へられたり　昨夏新築中なりし強羅ホテル全く工事終り附近取片づく　甚冷、午後雨大に降る、夕刻星氏来着

八月三日　木　晴雨

星氏早朝帰京、凌ぎよし冷し過ぐる位なり、綿入（どてら）を着るなど午後は雨、夕食三児共に駅へ星氏来らず雨盛に降る

八月四日　金　晴雨

朝天気よし、九時頃きみ女中を連れ来着、午後三児共に公園へ、雨降り出す　星氏来羅

八月五日　土　雨

一歩も屋外に出ず、天気悪し、皆よせ書き葉書、良一、賢信（世田谷砲兵）忠子（仙台）へ出す

八月六日　日　半晴半曇

星一家芦の湖へ行くとか、自分きみ女中早雲山へ登る、自分は見はらしにて長時眺む、甚適、十時荘に帰る　五時頃皆帰る、芦の湖にて釣りを試みたりと小魚五疋持ち帰る

八月七日　月　晴

早朝星氏及社員等帰京、上天気午後三時頃きみ共に三児及び女中を連れて出かける宮城野橋に下り徒歩宮の下に到る、帰りは電車、五時荘に戻る、甚快、夕食を終りたるところへ星氏及社員多数来る、明日富士登山を実行すると児等勇みはね廻る

八月八日　火　晴

早朝星五人及社員十八名富士登山に出かける　東海道線より富士駅にて支線に乗り替へ大宮口より登ると三児悦び大元気自分見送りたり　自分等は芦の湖廻りを試む、順路早雲山より大涌谷、ここに到れば合悪（ママ）霧かかりて眺望叶はず、舟は箱根町にて降りこれより杉並木、元箱根

にて休憩弁当を使ふ湖の眺よし時に正午、これより権現に詣、徐々に且つ休みながら石段を登り社殿に拝す、段下に休む、キャンプ学生三名に話しかけたりなど、バス超満員、きみは立ち居る自分は半坐、湯の花沢にて漸く両人共坐席を得たり、小涌谷にて四十五分待ち漸く電車来、四時荘に帰る

八月九日　水　曇、少晴

終日屋内休養　夕刻登山せる社員帰荘、昨日皆七合目まで登り夜中三時に起きて頂上に登りたりと但しせい子やす子は八合目にて待ち居たりと、七合目まては馬に乗りたりと、親一の名を以て電報をよこしたり　北山とかいふところに宿り明日帰ると

八月十日　木　雨

終日山を見ず、雨止ます、屋内にとぢ籠る、皆々帰荘の筈なるも時刻明ならず　夕刻雨中両度駅まで行きたるも空、時に電報あり迎へ行く七時頃元気にて帰り来る、登山談賑か、一合目七合目間皆馬（親坊馬の都合にて独り二―七合間）七合目むろ泊やす子食事の粗悪なるに困りたりと、三時起、皆八合目まで登りせいやすここに停休、やすよはりたる由、他は登る、親九合頂上間にて疲労助力を受く、協は元気に登りたりと

八月十一日　金　晴

星氏早朝帰京　夕刻独り二の平駅まで散歩

八月十二日　土　晴

強羅としては割合に熱し、朝床屋へ行きて髪を鋏む、午後せい子三児等共に公園散歩、駅に到り星氏帰荘を思ひたるも空し、帰りて夕食し又駅へ行く星氏を迎へたり、たまりたる手紙を持ち来り呉れたり、台北於菟より学部長就任の知らせ、椎木より梛野部隊病院入院中のよし大腿骨々折なりと、故喜田貞吉氏悔状の挨拶等

八月十三日　日　晴　夕立

昨夜大に雨降り雨漏りあり今朝霽れる、五時前起く、帰京と決す　自分は輯報校正、原稿等、きみは家事種々あり、一番車にて発す　児等駅まで送り来る、小田原にて弁当を買ふ、きみは家に帰る自分は教室、時に九時半頃なり　Proceedings 校正、小田原サンドウヰチを昼食とす、日曜日でもあり誰も居らず静閑、温度三〇度、四時半帰宅、暗黒、雷鳴もあり　好き夕立、冷しくなる、真水の入浴心地よし、星家族部屋改築のため旧ガラス天上の室を破し除きてコンクリイト地形出来たり

八月十四日　月　晴

八時教室、Proceedings 校正、ヘラルドへ石立論文原稿を渡す　西氏来室尋で長谷部、横尾氏来、日本民族優秀展覧会とかいふ催に付種々談合、なるべく裏奥に遠慮することとす　これにて帰京の用向きもすみたれば昼帰宅、柿内孝、悌両女強羅行と決定の由午後二時半出かける、田鶴子二人送り来る、賢信の様子を聞く、来日曜に愈々所沢航空の方へ転務とのこと先々これよりは幹部候補生としての勤務となり安心の態なり、三時発車、五時半強羅着、星氏帰り荘内大賑かとなる

八月十五日　火　晴甚冷

星氏早朝帰京、曙町一部改築、今日建前の筈　午前柿内二女及三児共に公園散歩　午後せい子五児を連れて大涌谷へ

八月十六日　水　晴、冷

午前千条滝行、自、協一と小涌谷まで電車、これより徒歩、きみ柿内二女親、鳩歩き既に着、帰りは皆歩く、荘に帰れば既に昼を過ぐ、強羅行事の一なる大文字点火、きれいなりき

八月十七日　木　晴

星氏早朝帰京駅まで送る　悌子昨夕より胃痛とかにて食をとらず思はしからず早々返へすこととす　九時頃孝子と出発きみ小田原まで送り行く　柿内へ電話申込みなかなか便せず昼過ぎて漸く通ず　二女滞りなく帰宅せりと又柿内よりも電話あり賢信帰宅せり今夜泊り明日四時頃まで在宅の由　午後親、協共に坂の見晴しまで散歩、親協は藪の中を通りて荘の前に出るなど　夕食後皆と二の平の方へ歩く便通を強く促し失敗　星氏京都へ行きたりと

八月十八日　金　晴

午後三児公園プールまで行く、親坊のみ少し泳ぎ少時して帰る　夕食後荘下の道を少し歩く　晩大に雨降り出す、星氏京都へ行き遅く帰荘

八月十九日　土　雨

昨夜来止まず星氏早朝帰京出社　午後雨少し止みたる間に川へ行く、皆行きたり　帰れば柿内（信子）より葉書来、賢信久し振りに泊り午後帰り去りたりと　又昨日午後四時一〇忠子安産男子分娩の由　自分曽祖父となりたり、これ全く期待せざりしことなり

八月二十日　日　雨

ただ終日完く降り籠められたり　夕食後駅附近を独り少し歩きたり

八月二十一日　月　雨曇

帰京、星氏早朝出かける、朝食を終へきみせい荷物整理にとりかかる　八時三〇発車、幸に雨稍止む、小田原にて汽車満員坐席不足、自分は二等車へ転す、尚ほ立つ人十人ばかりあり、東京駅より皆バス白山にて降る、十一時過無事帰宅、天候不定時に驟雨あり　模様換へ改築のため書斎に大影響、屋根をふき今日壁を塗る

夕刊所報日英会談愈々決裂か、怪

八月二十二日　火　曇小晴

午前柿内へ忠子出産祝に行くきみ同行、母子共健全、小林元と名命産婆来児の浴を見、賢信去る二十日幹部候補生として所沢航空学校へ入校したりと　昼前に帰宅　蒸熱酷し　午後は家にあり

八月二十三日　水　晴

七時二〇教室、Proceedings 其他校正、四時半過帰宅

昨朝紙上に独、ソ聯と不可侵条約調印の報ありあまり突然に驚く、成り行如何

八月二十四日　木　曇薄晴

午前久し振りにて庭へ出て草をとる、今日は小林児七夜とて我両人招ねかる、社車あり十二時柿内に到る、皆既にあり、直に食事、産婦、児異状なし、三時家に帰る、外出には熱さきびしかりしも夕刻冷しくなり秋を催す様感したり、

独、ソ聯条約重大、国変あるか

八月二十五日　金　晴

八時教室、読書、Proceedings 校正、五時前帰宅、信子来り居る

八月二十六日　土　晴

在家休養、午後四時半頃より庭へ出る

八月二十七日　日　晴

たまりたる雑誌類を整理す、午後庭へ出る

八月二十八日　月　晴　昨夜降雨あり

七時一五教室、Proceedings 校正、四時半帰宅

平沼内閣総辞職、理由独ソ聯不可侵条約と称す

八月二十九日　火　晴

七時三〇教室、札幌関場不二彦氏死去、悔状を出す、自室掃除のため昼帰宅、夕方庭へ出て草をとる、此頃毎晩月明かなり殊に今夜の満月よし

八月三十日　　水　曇晴
七時一五教室読書、五時前帰宅
阿部信行内閣成　親任式行はせらる
八月三十一日　木　晴
休養在家　夕方庭へ

九月一日　金　晴曇
休養、正午一分間黙禱、大震災、非常時、禁酒禁煙、一汁一菜等
夕刊紙上に独ポーランド関係愈々破裂せりと
九月二日　土　曇
七時一五教室、Proceedings 組了、校正、全部揃へてベーグマン氏へ送る　横尾氏来室蒙古人とアルピネ・ラッセ〔＊アルプス人〕と関係に付談あり　四時半帰宅
紙上欧州破裂状況に付賑ふ、独ポーランド内へ進撃、英仏対独逸宣戦するとか
よし江子より速達はがき夜十時到達、保子病状思はしからざる由
九月三日　日　晴
きみ同行荻窪に保子を見舞ふ、博子来り居る容体半眠半醒食全叶はず、自分等を見て感動するが如し「長生きしました」の語あり　この状態漸々了に向て進むものかと思ふ、帰りに柿内へ寄る賢信来り居る元気、所沢学校に入りてより始めての帰宅なり、今後は日曜毎に大方外出出来べし　忠子母子極めて良、三時帰宅、星両人三児を連れて出かける
九月四日　月　曇冷
昨夜英仏対独宣戦布告　午前午後共草取り　三二来
欧州戦にて紙上賑し、他国々、小国は総て中立、ただ伊不偏とか、ソ聯？
九月五日　火　曇
七時一五教室、午後三時半帰、むつ子来、保子容体良き方にて食も幾分か採ると　三二来
九月六日　水　晴
七時三〇教室、長崎よりの輯報原稿ヘラルドに渡す、在神戸高田蒔氏著「医学論文辞典」寄贈の礼状を出す　三時半帰宅
欧州戦争に付日本は不介入といふ語を用ふ、中立といはず、昨日発表せらる
九月七日　木　晴

休、増築の部略ぼ出来、午後素子純子来、昨日呉より帰りたりと　夕方庭へ出る

九月八日　　金　晴

八時出、小石川竹早町に悔に行く故三宅秀氏夫人死去せられたるなり、鉱一氏夫妻に逢ふ、往復電、きみ護る、九時帰宅、午前後共庭にありき

九月九日　　土　晴　時々驟雨

七時一五教室、久し振りにランダアク論文修正、横尾氏来室長談　四時半帰宅

九月十日　　日　晴曇風

在家、時に驟雨あり、午後鈴木孝氏来訪、八十六歳翁なかなか元気　皆々庭へ出る、自分は草を取る　夜に入り充分なる夕立ありたり

九月十一日　　月　晴熱さ強し

七時一〇教室、輯報校正、これを長崎の著者へ送る　又 Proceedings 校正ベーグマン氏より戻る、これを通覧して速達を以てヘラルドへ送る　西氏より Abstracts 1938 原稿全部受取る、五時前帰宅　三二来仕事に付別刷持ち来る、従来のもの中幾分の自信あるものなりと

九月十二日　　火　晴

教室行かず、午後四時学士会館に到る、電車、橋本ゆき江子と野並浩蔵氏（慶應医学士）と結婚式、式直に始まる、自分等両人も列す、終て撮影、この間なかなか熱し、屋上にて冷む、来会者元一高校長加納氏あり、尚ほ西野忠次郎、中尾保太郎、田所喜久馬、福田工学士など珍らしき人に会ひたり、九時星両人と同車帰宅入浴

九月十三日　　水　晴

七時一五教室、Abstracts 1938 原稿修正のためドクトル・ベーグマン氏へ送る　村田正太氏来室、昨夜田所氏と話したること伝はりて早速挨拶に来りたるものなるべし、四時帰宅、せい子やす子迎へに来りたるも行違ふ

九月十四日　　木　晴

七時一〇教室、小池重氏より故佐々木政吉氏に付き尋ね越し返事を思ひ出したるままのこと独逸留学中のことなど書きて送る　シュラギンハウフェン（チユリヒ）氏論文寄贈の礼札を出す、午後横尾氏来室、医学部旧事、下谷藤堂屋敷時代のことなど話し四時となる　家に帰れば三重子むつ子来り居る

九月十五日　　金　晴

七時一〇教室、ダヤアク肢骨の部修正　四時半帰宅

九月十六日　　土　晴
七時教室、ランダアク修正、輯報編纂委員会欠席、西氏来室、輯報表紙改正の件其他　四時半帰宅
満蒙国境ノモンハン事件休戦成立
九月十七日　　日　曇晴
外出せず、八千代子来暫時話して去る　夕刻庭へ出たるも雨少し降り出し屋内に入る
九月十八日　　月　雨冷
七時二〇教室、充分なる降雨あり、雨の止みたる間に帰宅、二時半、夕刻一寸庭へ出る、留守中野並新夫婦挨拶に来
九月十九日　　火　雨
七時三〇教室、ランダアク修正、輯報校正直に長崎に送る、緒方知氏来室、解剖のことに付種々談話、西のエコなること、女医の件母校にても問題となりゐる由、助教授講座担任者を教授会出席せしむるの件近日東、坂口、石原学部長等と会見の筈…五時前帰宅、三二来
九月二十日　　水　雨
学士院貴族院議員選挙、悪天中九時過家を出、きみ付添、出かける　投票を行ひ直に帰（田中舘、長岡半）岡田未亡人来訪、故仮氏談其他族中の談
九月二十一日　　木　雨晴
七時四〇教室、輯報校正又 Proceedings 表紙及び輯報表紙に付西氏話す　四時半帰宅
九月二十二日　　金　雨
八時教室 Proceedings 校正を終へヘラルドへ送る、横尾氏来室、解剖教室に関する古き書類、記録を持ち来りこれに付話す、四時帰
九月二十三日　　土　雨
七時二五雨中教室、ランダアク修正、四時帰宅、夕方霽れたり
九月二十四日　　日　晴　祭日
十二時柿内へ行くきみ同行、賢信来り居る、相変らず元気、喜ばし、自分等も食す、三郎氏能へ、賢信も出行く、小林児無事段々生長、浴を使ふを見る、二時半帰宅、庭へ出る、せい子三児を連れて動物園へ行きたり星氏県会議員選挙のため此頃度々平へ出向き今日も不在、夜に入夕立降雨
九月二十五日　　月　晴
七時〇教室、ランダアク修正、二時帰宅、庭へ出る

九月二十六日　火　晴

七時二〇教室ランダアク修正、Proceedings 校了、三時半帰宅、庭へ出る、晩文郎氏来訪、小倉八幡へ旅行、魁郎氏其他の話

九月二十七日　水　晴

無上の好天、思ひ立ちて三鷹墓参、八時出かける、きみ同、次第の通り詣て寺僧に請ふて栗の枝を持ち帰途路傍のすすきを採り十一時半帰宅　中秋の観月などと言ひ児等飾り付けをなす、庭へ出る　新築せる親一勉強室と自室との間ガラス障子甚だ不適、先日唐紙を注文し置きたるところ今日出来、はめ込む

九月二十八日　木　曇

教室行かず、朝書斎の大正元年以来の机の位置を置き替へたり　十一時きみ共に近き吉祥寺に到る　加藤玄智氏夫人告別式なり、せい子は既に先に行く、読経未だ終らす墓地を歩き橋本家墓所詣、十二時前帰宅　素子来

九月二十九日　金　雨、曇

休養　少し風邪の気味

九月三十日　土　晴

休養

十月一日　日　晴

休養

十月二日　月　晴

七時三〇教室、長崎へ校正を原稿と共に送る、Abstracts 1938 修正ウエーグマン氏部分的に戻る依てこれが通覧を始む「東京医学校」焼印ある門鑑、明治七、八年頃のものなるべし、これを横尾氏に渡す、教室内に保存の意味　三時半帰宅、一寸庭へ出る

十月三日　火　晴曇

休養、気分宜しからず　午後体温三八度、これ近年覚えぬことなり　きみは与謝野女史源氏祝とかにて上野精養軒に到る

十月四日　水　晴

休養、三七、八度

十月五日　木　曇雨

三七、二度　リスリン浣腸をなしたるも無効

十月六日　金　曇晴

浣腸により便通あり、田鶴子忠子児を連れて来、近日仙台へ帰るよし　昼食し緩々して去る　あや子も来　体温

三七度　三二来

十月七日　土　晴曇

静養、体温三六、九度　自然便通あり　夕刻八千代子敬次(ママ)を連れて見舞、西洋梨子持参

十月八日　日　曇

星高校生徒五十名許昼食、体温三六、九度

十月九日　月　雨曇

静養徒然、三六、八度　三二来

十月十日　火　曇

静養、三七、〇度　昨日髪を刈り今日入浴、気分思はしからず体温計れば三七、〇度

十月十一日　水　曇

眠悪し、未明に体温三七、七度あり、務めて静に居る、午後幾らか下り三七、三度となる

十月十二日　木　雨

きみ本郷までついであり教室へ寄りて輯報関係その他のものを持ち来　体温朝三六、五度　十時三七、二度午後同じ

十月十三日　金　晴

親犬吠崎灯台見学早朝出行く　体温朝三七、二度　午前三七、〇度　午後三七、二度　透来荻窪保子容体格別のこともなきも、言ふことは解し難いと但し人の言ふことは分かる様子なりと　ヘラルド社使のものに長崎医大の天野－佐藤及大塚の二論文原稿を渡す

十月十四日　土　晴

朝三六、四度　午後三七度　容体少しも変なし微熱去らず　親の迎へにせい子等両国駅へ行く　素子来

十月十五日　日　晴曇

朝三六、四度　午後三七、一度

十月十六日　月　雨

朝三六、七度　午後三七、〇度　きみ橋本へ行きて相談の結果下剤を飲む、便通ありたるも其効とも思はれず、柿内孝、悌二娘学校秋休なりとて来、素子来

十月十七日　火　雨　祭日

昨今共悪天、靖国神社臨時大祭始まる、遺族の人々出京困ることと思ふ　体温朝三六、四度　午後三六、五度これは始めてにして気分もよし、真の下降なるを望む　小林貞氏この頃出京今日忠子、児を連れて帰仙せられたるべし

十月十八日　水　晴

三六、五度　三六、九度　梛野よし江子見舞といふて来、保子容体は神、語わかる由、食不進、追々衰弱か

十月十九日　木　曇

協、鳩運動会とて出行く、親は野外演習とか、三六、六度　三七、二度　純子秋休になりたりとて午後来、又鈴木尚氏夫人見舞なりとて来、但し自分は会はざりき

十月二十日　金　晴（小春日和）

靖国神社臨時大祭、午前十時一五御親拝、国民一分間黙禱　良一午後四時着出京の由電話ありたり　航空機日本号世界一周を果し無事帰着

十月二十一日　土　薄晴薄曇

三六、四度　午後三六、八度気分良し、小此木忠七郎氏死去せられたる由紙上にて知る、午前せい子悔に行きたり又大山柏氏三男死去のよし、自分引籠り中にて弔問叶はざるに付長谷部氏に電話を以て伝意のことを托す　良一午後四時過来、一応診察したるも肺部に格別異状を認めずと星氏小此木家へ悔に行きて後児等を連れて食事に行きたり　十時頃帰る

十月二十二日　日　曇

小此木忠七郎氏告別式に付せい子に名刺を托す　大山家不幸明日告別式なるも病中に付長谷部氏に伝言を頼みたるも尚ほ名刺を郵便を以て送りたり　体温朝三六、六度三六、九度

十月二十三日　月　曇小晴

親学校、協、鳩休、靖国神社例祭、午後一寸庭へ出て俵を焼き藁灰を造る　体温三六、六度　三七、二度晩も三七、二度　賢信今日も靖国社に付外出、大学へ行きたりとて其帰りに自分風邪様子を見に寄りたり、航空兵軍曹服を着し元気、時に七時直に去る

十月二十四日　火　曇

親坊は擬戦、協、鳩は農園行、三六、五度　三六、七度今日防空演習始まる　午前に良一来、午後一時の車にて呉へ帰任す、十一月転任すべきも任地全不明なりと

十月二十五日　水　雨　寒くなる

体温三六、五度　三六、八度昨今雨平温、気分宜し

十月二十六日　木　雨

終日悪天防空本格に入る三六、五度　三六、八度　警報四回あり　久し振りに入浴を試む、浴後異状なしさつぱりとして心地よし

十月二十七日　金　晴

体温三六、五度　三七度　気候温和、午後一時間余庭へ出て歩く、警報数回、家に接して焼夷弾の演習ありき

十月二十八日　土　晴

一ヶ月振りに試に教室へ行く時に八時、輯報校正、防空演習のためにもあらざるべきもバス都合甚悪し　十二時過家に帰る　体温三七度

十月二十九日　日　曇小晴温

児等星氏在家、気悪し体温朝三七度　午後三七、七度

晩三七、五度　昨日教室へ行きたる障りか　防空訓錬

十月三十日　月　曇小晴、温

午前にて一週間の防空訓錬終了、数度多数の飛行機隊飛行、妙技を演す　体温朝三六、五度　後三七、四度　夕刻三七、二度　三二来、頼み置きたる木村著和独辞書（拾円）持ち来る

十月三十一日　火　晴

協、鳩大磯へ遠足とて早朝出行く三六、四度　三七、二度

三六、九度　ヘラルド社富田氏を呼びてProceedings表題体裁に付談す

十一月一日　水　薄晴薄曇

親坊習志野擬戦なりとて早朝出行く、きみ荻窪へ、椰野へ寄りたり　保子案外宜き様子　ヘラルド社より電話、学研の意見の通りに表題異議なしと答へたり　体温三六、四度　三七、一度

十一月二日　木　曇

三六、四度　三七、一度　朝呉良一より来書、愈々退職たるべきことを報す、誠に十余年此方の出来ごとなり　昼博子、むつ子見舞なりとて来

十一月三日　金　曇晴

素子来、悲、昼食、星氏午後東京駅発車、台湾支那へ旅行、せい子協、鳩を連れて別に見送りす　親は朝より神外苑野球見に行きたり　体温三六、七度　三七、三度　柿内夫妻は京都へ向け出発、これは信子嫁入調度のため

十一月四日　土　曇

三六、五度　三七、二度　三二来良一の此度のことを漏す

十一月五日　日　快晴、異例の暖

三六、六度　三七、一度　岸音羽子玄関まで見舞、星四郎氏来、自分尿を検すると

十一月六日　月　曇雨

鳥居老未亡人来訪、良一のこと知りてにはあらざり

き、八千代子再び見舞に来　きみ子立川に賢信肋膜炎入院を見舞ふ、状況平常の如きも微熱あると　自分体温三六、四度　三六、九度

十一月七日　火　曇晴

三六、六度　三七度　星四郎氏尿検査、別状なしと　柿内両人は昨晩京都より帰宅の筈、今日三郎氏賢信を見舞ふ筈

十一月八日　水　晴、温

三六、五度　三七、二度　協、鳩は農園行き〔きみは自動車の便あり旁青山に平野、鳥居家を訪ふ、良一のこと報告〕田鶴子来、昨日たづ子も病院へ行きたりと賢信様子異変なしと、鳥居れん子老人一昨日来訪のところ自分風邪引籠り居ることを知　今日改て見舞に来、きみ子は今田家訪問に出かけるところ、せい子は方々へ貰ひたる柿を配る、自動車予定の如く来らずなど大混雑　せい子は鳩子を連れて歯科院へ行く今日もまだ矯正術を施さず長谷部夫人見舞いとし来訪

十一月九日　木　晴曇

三六、四度　三六、九度　入浴後三七度　親坊風邪学校休

十一月十日　金　雨、後止

三六、五度　三七、〇度　親学校出かける　午後素子来、明後々日十三日出発呉へ片付けのため　三二来、社会状況に付殊に学界の談

十一月十一日　土　晴

十時教室、ベーグマン氏へ抄録 1937 Proceedings Anat. Gesellsch. 1939 修正謝金のためなりきみ往復共付添、十二時過自動車にて帰宅　小使中島二十年勤続祝のため二十円出す　平野勇氏来訪、高杉局長、面会、良一の件に付事情を知らせくれたり　自分は面会せざりき　体温三六、五度

十一月十二日　日　晴

三六、五度　午後三六、八度　格別障りなき様なり

十一月十三日　月　晴

三七、二度　これは昨日外出の障りか？　抄録 1938 原稿通見　入沢未亡人玄関まで来　三六、五度

十一月十三日　月　晴

三六、五度　三七度　終日抄録通見、きみ松村瞭氏未亡人訪問、入沢未亡人要請の宅地の件に付てなり　中鶴律夫氏来、氏が勤務せる会社解散したりと又処有貸家火炎にかかりたりと気の毒

十一月十四日　火　曇

三六、五度　三七度　抄録原稿整理　入浴

十一月十五日　水　雨、寒

急に寒くなる　三六、五度　三七、一度　久保猪之吉氏死去今日増上寺に於て告別式、自分病中に付悔状を出し置く　ヘラルド社員を呼びて平光氏及び大塚氏（長崎）輯報原稿を渡す、山鹿書記とProceedings表紙のことに付電話す、森島氏が其体裁に付異論ある由、来十二月委員会の節これに協議することとす

十一月十六日　木　晴

三六、四度　三七、一度　三七、二度　抄録査定　気分少しく宜しからさる様感す

十一月十七日　金　曇

昨日午後宿舎と選定されたる兵士二名来着、今朝面会、伍長長沢利晴横浜の人、一等兵三上国之東京向島の人、共に近衛なり何れも応召なり三十年位の人　三六、六度三七度

十一月十八日　土　曇

三六、五度　三七度　三七、一度　良一素子朝帰着、三二両人純子迎へに行きたりと、呉の家財片付、在勤地の人々より送別甚鄭重なりきと、、午後曙町へ来りての談、元機（ママ）、併し一感なき能はず　抄録部類別けに終日す

十一月十九日　日　曇

三六、六度　三七度　三七度　静養　高田おはるさん来訪、自分にも一寸面会したきよし、挨拶す

十一月二十日　月　曇

三六、八度　三七、一度　三七度　十六日来宿泊せる伍長長沢一等兵三上両氏十一時前帰り早く昼食し部隊編成更へ多分出征（南方）すべく今日去ると　餞別（五円つつ）を贈り別を告ぐ　晩八時頃兵士二名来泊

十一月二十一日　火　晴

三六、五度　三七度　兵士二名に挨拶、三村喜一郎（三十七歳一等兵）越後人、林正（輜重兵、千葉県香取郡人）始めの宿泊者長沢利晴伍長玄関へ暇乞に来る、二十五日（或二十六日）出発すべしと　良一来、久し振りに橋本へ見舞に行きたりと、又三二も来、八千代子今日立川へ賢信見舞に行きたり　晩入浴、別状なし

十一月二十二日　水　雨　悪天

三六、六度　三七度　晩三七度　社用車を借り午後二時大学教室へ行く、井上通夫氏還暦退職記念会に出席、講堂式場暖房なし寒し二時半始まり四時半終る　西氏欠席開会辞は横尾代理す　家に帰りて温まる、別に障りなき

様なり

十一月二十三日　木　晴　祭日

三六、六度　三七度　晩三七、一度　中鶴氏見舞といふて来　晩より雨となる

十一月二十四日　金　雨

三六、八度　三六、八度　入浴　抄録 1938 整理、終りに近し

十一月二十五日　土　雨曇

三六、五度　三七、一度　三村、林二兵習志野演習なりとて早朝出発、二十八日に帰るとか　昨日南寧完全に占領せりと　赤尾晃氏見舞旁来自分は失敬したり　抄録仕事のためか午後気分悪し併し強てなし終り体温を計れば三七、九度なり

十一月二十六日　日　晴

三六、五度　三七、一度　気分宜し、抄録原稿綴り

十一月二十七日　月　晴、初霜、寒くなる

三六、五度　三七、二度　抄録原稿 1938 へラルド渡　又冬来　榊順次郎氏去十六日逝去、きみ悔に行（香奠五円供）、帰りに良一方へ寄りたるに良一軍医校へ行きたりとて不在、素子夫人間の交際行き届かざりきと誤認し泣きたりと　天野-佐藤論文校正長崎へ送る

十一月二十八日　火　晴

三六、五度　三七、一度　午後横尾氏来、床中にて面談、来土曜日出発蒙彊へ研究旅行、主として土人計測、相変らず教室状況談、長談、三時過去る　ところへ良一来、長与氏に偶然絵展覧会にて逢ひたりとか　宿泊兵三村、林両氏習志野演習より帰宿

十一月二十九日　水　晴

三六、五度　三七、一度　午後小林文郎氏来二女康子さん婚約整ひ来十二月十三日挙式の由其他時事談、長沢伍長、三上一等兵出征に付協、鳩両人せい子つれて暇乞に行きたり　夕刻三村、林二兵急に入営す、これにて宿舎の件了る　星氏荷物台湾より到達、葉巻煙草沢山送りくれたり

十一月三十日　木　晴

三六、四度　三七度　午前七里ヶ浜鈴木孝氏見舞といふて来、氏元気　昨晩榊順氏二七日忌に出京したりと、感謝

十二月一日　金　晴

三六、四度　三七度　夕刻三二来

十二月二日　土　晴

三六、五度　三六、九度　午後二時前教室に到る西氏にProceedingsタイトルページに付相談、自分本月編纂委員欠席の場合は宜しくたのむとしたり　小使中島茂作還暦祝を教室にて催す又同高橋三平一昨年十月応召出征のところ最近目出度凱旋、同時に祝賀す、自分式を始まるときに辞し去る　きみ同行三時過帰宅

十二月三日　日　晴

三六、四度　三六、九度　小林ちか子見舞に来、鶏及卵を贈らる、養子咽頭結核とか気の毒に思ふ

十二月四日　月　曇晴

三六、五度　三六、七度　きみ子金森家訪問、其要件は曽て依託し置きる（ママ）金子を整理返還を請ふこと其口実は自分死に仕渡とす、夫人は不在なりしもれつ子さんに面会したりと　せい子柿内へ寄りたり忠子仙台より出京、賢信病状別段なし、信子結婚式迫り田鶴子忙しきよし

十二月五日　火　晴

三六、四度　三七度

十二月六日　水　曇、晩雨

三六、五度　天野、佐藤論文校了　午後きみせい草々支渡二時頃出かける、社用車、東京會館、三時より式、相（ママ）方共十三名ほどづつ列席す四時終る、控室にて休、信子元気、忠子児太りて愛らし、五時より来客、媒酌人楠本長三郎氏夫妻挨拶、桜井省三氏等と大に談話、開宴、席は端テーブル甚だ意に適す、但し室暖房なし寒し　八時半帰る時に小雨児等皆起き居たり

十二月七日　木　曇

暁方に至り突然大に吐す、苦悶、其後殆んど覚えす、体温三九、二度ありきと、落ち付き安静、良一来、別に手あて要せす、静安、全く絶食

十二月八日　金　晴

ただ安静、絶対滋養をとらず、良一来、八代学士を頼みぶどう糖注射を試む、昼は坂田昌一新夫婦諸方礼廻りの途中午食す、病床にて挨拶、夕方は気分よくなる

十二月九日　土　晴

今午前九時発坂田新夫婦京都へ、せい子見送る、昼始めておも湯一合ばかり食む、よく納まりたり、気分大に宜し体温朝三六、四度　午後三六、六度

昭和十五年予算概算　五九億余万円　臨時軍費追加約四

四億六千万円　合計一〇三億六千万円　議会協賛するならんと思ふ
良一来、容体に付種々談、純子誕生日を祝ふとてせい子三児を連れて出かける

十二月十日　日　晴、晩雨

朝三六、九度あり午後三七、二度　忠子今日仙台へ帰るべし　先日宿泊せる一等兵三村喜一郎氏来訪昼食、休憩し去る　H・フィルヒョウ（ベルリン）、ヘルマン・グロス（ケルン）二氏1940カレンダー屏風形を発送す　せい子副島八十六家の娘結婚式参加より九時星氏台湾支那旅行より帰京　迎へに行く九時半帰宅、甚元気、上海より土産葉巻二箱外に小紙箱二個、親はなほ起き居たるも協、鳩は既に眠る

十二月十一日　月　晴

朝三七度　十時三七、三度　午後三七、五度　気分宜しからす　午後田鶴子見舞に来、緩々談し三時半去る

十二月十二日　火　晴

三七、二度　十時頃三七、五度　良一来診何も発見するところなし　午後三七、六度強　夕刻便通あり　午後素子見舞、学士院例会欠席

十二月十三日　水　曇

三七、三度　午後三七、五度　三七、五度　微熱の源因全不明　きみ、橋本節斎氏病症甚だ気つかはし見舞に行きたり　小林文郎氏二女康子結婚式なるも病中のため両人共列せず

十二月十四日　木　晴

三七、一度　十時三七、四度　午後三七、六度　午後良一来診、異状なし体温表を製す　中村友之助氏及新婦小林康子挨拶に来、自分は会はざりき

十二月十五日　金　晴

三七、一度　後三七、四度　晩三七、二度　志村繁隆氏より氏担任講座新設の件大蔵省通過せし由電話にて知らせあり　午後良一癌研へ行き己の職のこと依頼したりとて其還へりに寄る（橋本へも一寸寄りたりと）又三二も夕刻寄る

十二月十六日　土　雨曇

三七、一度　三七、一度　三七、一度　木下正中氏夫人死去に付悔名刺を出す　八千代子誠、敬を連れて見舞旁歳暮に来、ゆるゆる話して去る

十二月十七日　日　晴

三六、九度　三七、三度　星四郎氏来自分病症に付種々談あり、良一素純等来、橋本春雄、野並雪江子玄関まで見舞に来自分は会はさりき　木下正中氏夫人告別式（キリスト教式）せい子やす子を連て行く牛込見附付近の教会とか、帰りて星氏買物にせい子等を連れて出行く

十二月十八日　月　晴

三七度　三七、一度　Proceedings 表紙体裁に付一昨日委員会の模様西氏尋ねたるに書面として教室小使持来、森島氏体裁に決したりと且つ特別号とせざしこと。金森いく子夫人来訪、先達て頼み置きたる依托金精算の件に付てなり、但し誤解せられて此方にて金子入用と思ひ若干を持参せられたりと。於菟台湾より公用にて出京、即ち各高等学校に於て台湾帝大医学部の状況に関する講演、氏台湾行き決行満足の様子、東大解剖の不況を思ひ憾なしと

十二月十九日　火　晴

三六、八度　三七、三度　午前きみ荻窪へ行、歳暮をやす子へ贈る、異状なしと　午後良一来、リヨントゲン写真軍医校技師に頼むこと便利云々

十二月二十日　水　晴

三六、六度　三六、九度　午前に真鍋嘉一郎氏に電話を以て佐藤三吉氏の病状を尋ぬ　肺炎なりしも最早心配なしと附属医院入院の由、又三浦謹氏肋膜炎て様子はこれまた快方国際病院中にありと　午後真鍋氏見舞として来訪、病状精しく述ぶ尋で胸部を精査せらる、右背下部に小泡音ありと、感謝、夕刻三二来　植村尚清夫人、宇野敏夫夫人年末挨拶　柿内両人京都行不在に付きみ立川陸軍病院に賢信見舞に行　五時頃良一海軍医校技師を伴ひ来、自分胸部リヨントゲン写真を撮る

十二月二十一日　木　晴

三六、七度　三六、九度　親坊風邪在宿、協、鳩授業昨日限り今日は大掃除とかにて午前中学校へ、愈々冬休となる

十二月二十二日　金　曇晴

三六、六度　三六、九度　午後椰野よし江子歳末旁来、やす子正気の由　三児共学校行かず家中賑か　良一来、リヨントゲン写真を検するに何も異状なきよし

十二月二十三日　土　曇晴

三六、六度　三七、一度　鶴田禎次郎氏死去、悔名刺を出す　新年儀式不参届書宮内省宛書留にて出す　学研手

当四百八拾円受領　三児工業倶楽部へせい子連れ行く種々余興あるよし

十二月二十四日　日　晴

三六、五度　三七、一度　午後素、純子歳末に来、中鶴律夫氏年末挨拶、適当なる地位を得たりと　三二来

十二月二十五日　月　晴

三六、七度　三七度　末広恭雄氏年末挨拶、自分会はず

十二月二十六日　火　曇

昨夜初雪極小量、午後晴　三六、六度　三七度　第七十五議会開会式、雲野秋平氏歳末旁見舞として玄関まで来、カアネエシヨン花一束贈らる、義信独り歳末として来　三二来、フランクフルテルツアイトング検温器持ち来

十二月二十七日　水　晴

三六、六度　三七度　晩森静子歳末挨拶

十二月二十八日　木　晴

三六、六度　三七度　大阪佐々木肛門病院万次郎氏出京の序に玄関まで挨拶

十二月二十九日　金　晴

三六、五度　三六、七度　島峰氏より来信、先月二十七日に喉頭手術を施行成績宜しき由、吉例により伊勢神宮にて年を迎へると　賢信今日除隊退院帰宅せし由電話あり去五月十一日応召以来八ヶ月兵に従事、何卒肋膜炎全治を祈る　今日昼より茶の間に出て食事す

十二月三十日　土　晴

三六、五度　三六、七度　午前孝子悌子使出旁来昼食、後自分気分宜し全く常態に復したるに付両人共にきみ同行柿内に到、タクシイ車を用ふ　久し振りにて賢信に会ふ元気且つ営養よし併しリヨントゲン写真にて尚ほ「しかつてん」あり　車をもらい三時過帰宅　良一純子を連れて来り居る自分のリヨントゲン写真持ち来る異状あるや確かならず先づ々々全快と仮定したり

十二月三十一日　日　晴

三六、四度　三六、九度　星氏朝より妻子を連れて遊走に出かける、きみの談に会社事業宜しき模様なり　星氏親協を連れて明治神宮参拝恰も零時なりきと、参拝者充満非常なる混雑なりきと

昭和十五年　2600（明治七三）
1940（大正二九）第八十二年

一月一日　　月　晴

五時醒む七時半離床、午前中先つ柿内三郎氏玄関まで、親、協学校式へ、梛野肇、野明春雄これまた玄関にて去る　良一純子連れて来昼食す、やす子昨夜来少し熱あり咽頭炎なるべし、星氏午後二時頃親協を連れて箱根強羅別荘へ、せい子はやす子回復次第後より行くべし　夕刻三二来

一月二日　　火　曇

午前中静閑、机に向て読書、午後潤三郎氏来、尋で龍雄妻女、義雄妻女、高田嬢、年始面会、ゆるゆる談す、次に春雄夫妻来これは書斎にて談話、節斎氏容体兎角面白からず食欲相変らず絶無、移血葡萄糖注射にて生命をたもつ如し甚心痛　鳩子元気熱はなき様なり

一月三日　　水　晴

せい子鳩子を携て強羅へ行く　自動車の帰るを待ちてきみ同行　出かける先つ橋本へ、高田夫妻昨夜再び出京、節斎氏容体特に悪しといふにあらざるも食欲更になし、一寸病床に見舞ひたり顔面少し浮腫あるためか容貌悪くなし併し自分はこれが告別かの様感じたり　これより柿内へ、三郎氏教室へ行きて不在其他皆在り、賢信変りなし、この間運転手神野を牛込見附内真鍋家へ奈良漬大樽を持たせやる、これより良一方へ寄る皆在家、同所にて桑木御両所に会ふ、これにて差向き義理をすませ家に帰る時に十二時前、珍らしく温和なる好天にて幸なりき

一月四日　　木　晴

志村繁澄氏玄関まで来りたり自分は会はざりき、終日書室に籠る閑静

一月五日　　金　晴

午後きみ良一方へ、皆家にありたりと、純子の配のこと、昨日志村より聞き込みたる鉄冶金の人をはなしたり　鈴木哲夫氏夫妻児五人携て玄関まで年始挨拶

一月六日　　土　晴

きみ午前志村へ、先方本人は勿論、両親、良、但父君言語に少し障りありとか　十二時前に帰る、星氏強羅より帰京、午後二時頃児等大元気にて帰り来る急に賑かにな

る

一月七日　　日　曇

星氏の催しにて昼虎の門晩翠軒に到り食事良一等二人も招ねかる、良一等これよりせい子鳩子を誘ひ山王ホテル氷滑りへ案内す他は自動車にて銀座へ廻り星氏伊東屋に買ふものありとてこれに寄る　自分は車に待ち居り往来の人々を眺む　三時半家に帰る時に少し雨降る

一月八日　　月　晴風

親早朝学校へ出かける十時頃帰り来る　夕方良一みかん持参、純子写真を撮に行きたりと

一月九日　　火　晴、寒風

午前朝日新聞学芸部記者遠山孝氏来訪、医学部の古き時代の談を聞きたしと　小林魁郎氏長文手紙、彼の地親戚のこと　午後教室へきみ同行、往電、返タキシイ、久しぶりなり、室内十四度、Proceedings 表紙体裁西氏と相談、輯報解剖 Vol.Ⅷ No.1と合綴することとす、其間きみ買物に行く、三時帰宅

一月十日　　水　晴、寒風

終日 Proceedings 体裁に付苦心

一月十一日　　木　晴

Proceedings 校正刷教室に置きたるもの入用、きみ子使に行く　午後横尾氏来訪、昨日蒙彊旅行より帰京、探検談を聞きたかりしも丁度体温を計りたりしに三七、二度ありて床中にありたれば失敬したり　ヘラルド社富田氏来り　Proceedings の表紙決定及び輯報解剖第八巻第一号〆切りて其表紙原稿を渡す　素子来、純子今日より学校始まる　協、鳩子も同断。早く床に入る

一月十二日　　金　晴

体温三六、五度　三七、二度　きみ子与謝野、椰野へ年始、終日大塚氏（長崎）論文校正、直に高木純五郎氏宛発送　椰野よし江子年始来

一月十三日　　土　晴

体温三六、四度　三七、三度　午後二時少し過朝日新聞記者来、医学校昔のことを二三話す、明治六年ミユレル（ママ）教師誕生日祝賀に付点灯行列を催したること、明治十年開校式のこと隅田川に於ける端艇競漕のことなど四時少前に去る

一月十四日　　日　曇

体三六、五度　三七度　静休、夕刻深見斐夫氏尋ねくれたり玄関にて失敬したり

一月十五日　　月　晴

体温三六、七度（三六、八度）三六、九度　又々少し風邪気味、静休

昨日阿部内閣辞職、米内海軍大将に　大命下る

一月十六日　　火　曇晴

体温朝三六、八度　午後三六、七度

米内内閣昨夜中揃ふことを得たり　今日午前中に親任式行はせらる

せい子橋本へ見舞に行きたり、衰弱益々増進、愈々重態云々　三二来。茶の間にて夕食の際医学部長石原忍氏の名を以て戸籍謄本三通を出す様、紀元二六〇〇年に際し行賞あらせらるへき趣にて云々

一月十七日　　水　晴

体温朝三七度　三七、三度　東京朝日紙に「東大医科の前身」といふ題にて此頃遠山孝氏に話したることを第一回として掲載、又々風邪の気味、床中にありきみ中鶴家を訪ふ、小林ひろ子に近きところ、これにも寄りたりと、ひろ子年始来

一月十八日　　木　晴

体温三六、六度　三六、八度　三七度　医科の前身第二回出る

一月十九日　　金

体温三六、五度　三七度　医科の前身第三回にて終る

戸籍謄本三通区役所より送付直に医学部事務宛発送す

日本之歯界編輯主任岡田平八郎といふ人来訪、医学部歯科発達に付聞きたしと風邪床中にあるを以て他日を期して謝絶したり　良一来、聴診器所持せさるを以て診せず

一月二十日　　土　晴

体温朝三七、一度　後三七、六度　三七、八度　朝橋本三重子より電話、節斎氏容体険悪と、きみ直に出向、帰り来りてさまで迫りたる様にも感せすと　横尾氏より電話、単に見舞なるべし

一月二十一日　　日　晴

体温三七、一度　三七度　三八、一度　三八、三度　義雄より電話、節斎氏今九時五五臨終の由、時に十時二〇なりき、氏七十三才になりたるはかり、一段の淋を感す

取り敢へずせい子悔に行く　午後せい子三児を連れて銀座へ行きたり、椰野よし江子厳父君急逝せられたり由（ママ）

今朝令妹と共に伊予へ向け出発されたりと、相悪凶事重複

一月二十二日　月　晴

体温三七、一度　三七、四度　三七、三度　きみ橋本家へ朝行く、午後出棺、日暮里火葬に付する由、それをせい子と替るつもり、きみは午前に帰る、良一来、これより橋本、せい子も行く、仏前供物、香奠か花環か種々話し合の末此方一族は花といふことに決す　午後不斗大橋新太郎氏来訪尤も午前に電話ありたるも判明せざりしなり、自分は床中にあるを以て面会せずきみ応接す、この頃朝日紙上に自分医科昔話しを見て往時を思ひ起し何となくなつかしくなりて来りたりと、博文館五十年史に添へて菓子沢山贈与せらる、素子来、良一せい子は読経に列し出棺を見送りて四時頃帰る、良一一応自分を診察す、別段異状なし、柿内三郎氏見舞として来りくれたり

一月二十三日　火　晴

体温三六、六度　三七、一度　三七、三度　午前きみ橋本へ行きたり　夕刻三二来　夕食後せい子協、鳩を連れて橋本家へ、通夜のつもり併し九時頃帰り来る

一月二十四日　水　晴

三六、五度　三七、二度　三七、三度　長崎大塚氏論文校正高木純氏より到る直にヘラルド送り　吉祥寺に於て橋本家葬儀、一時より読経、きみは読経すみ直に二時過帰る、これより一般告別式に移る、後納骨、良一素子、田鶴、三二帰りに寄る、温たかきものとの意にてうどん供す、博子むつ子も寄る　橋本家不幸事これにて一応片付く

一月二十五日　木　晴

三六、五度　三六、八度　三七、二度　きみは与謝野へ行き一時頃帰る、誠に閑静

一月二十六日　金　晴曇

三六、五度　三七度　夕刻三二見舞に来、自分風邪今回も先つ常態に復したり

一月二十七日　土　晴

三六、五度　三七度　三七、二度　故節斎氏初七日法事とて十一時より読経の由、素子、田鶴子、八千代子立ち寄りきみ子共に出行くせい子風邪にて行かず　親坊風邪学校休み書斎にて共臥す、きみ四時頃帰る、読経後上野精養軒にて会食ありしと、三二も行きたりと　せい子誕生日なりとて皆打ち揃ふて食事す児等喜ぶ

一月二十八日　日　晴曇

三六、五度　三六、九度　三七、一度　東京朝日社よりこ

の頃の医学昔日談の謝礼として二十円贈ると通知あり

一月二十九日　月　晴

三六、五度　三七度　三七度　大山柏氏病気見舞として来訪永々雑談、素子一寸来　自家の電話器を北町良一方へ移す

一月三十日　火　晴

三六、五度　三六、九度　三七、二度　午後日本之歯界岡田平八郎氏（歯高校図書掛り）来訪、大学に於ける歯科発科発（ママ）の談話をなしたり

一月三十一日　水　晴

三六、五度　三七、一度　長崎大塚氏論文第二校図版に尚ほ疑はしき点あるを以て念のため高木氏へ送る　賢徳院小林叔母様十三回忌志として魁郎氏より来書並に小花生到達　大学呉健氏より電話、良一のため広東病院如何云々、直に良一方へ電話す夕刻来る、実は昨日昭和医専医化学担任略ぼ取りきめたりと兎に角早く長与又郎氏に相談することとす

二月一日　木　曇晴

三六、五度　三六、九度　奉公日とて朝早く協、鳩学校へ行く　向ふの前田司郎氏昨夜死去せられたる由午後に至りて確に知る取り敢へずきみ子悔に行く　梛野よし江子、厳父不幸のため帰郷のところ今朝帰京、早速午後尋ねくれたり　森ふき子さん子息まくす大学入学の件に付出京し当分滞在由、来訪

第七十五議会休会延期のところ今日始まる

二月二日　金　曇、夜に入りて雪

三六、四度　三七、一度　きみ子午前歌集出版のことに付与謝野へ行く、三二来、良一殆ど昭和と決たる様子、但まだ長与氏には会はずと　入浴を試む

二月三日　土　雪（一寸ばかり）曇

三六、五度　降雪今朝止む、小倉の小林魁郎氏へ叔母様十三回忌に香料三円送る　向家故前田司郎氏葬式に近き吉祥寺まできみせい行く　横尾氏見舞に来、蒙古人研究旅行談緩々夕食を共にす　親坊独り議会傍聴に学校より直ぐに行きたるも昨日の騒動の結果本会議開会八時間も遅れ遂に空しく五時頃家に帰りたり

二月四日　日　晴

三六、五度　三六、九度　H・フィルヒョウ氏より例の暦受取りはがき到達、消印一月五日、午後星両人三児を連

れて上野二千六百年展覧会見に行きたりと、帰り来れば良一等三人来大賑か、良一昭和医専と決したりと呉健氏には早速挨拶に行きたりと　節分とて児等豆をまく。森静子さん来　岸厳氏令嬢を連れて来訪、自分失敬して遇はざりき

二月五日　　月　晴

三六、八度　三七度　なし

二月六日　　火　曇、晩雨

三六、五度　三六、八度　午後岡田徳子未亡人来訪、久々にて面談、入浴

二月七日　　水　雪、曇

三六、五度　三七度　夜来雪一寸計つもる　三二来、当分非常に忙し所長頼まれたる仕事ありと

二月八日　　木　晴

三六、五度　三七度　事なし

二月九日　　金　晴

三六、五度　三七度　小林ちかさん来、一家親類の世話従来全く負担、敬服の至り

二月十日　　土　晴

三六、五度　午後博子むつ子来、保子まづ別状なし但し言語は漸々不明瞭になる由、他人の言ふことはよく解る由、自分数日来体温平常に復したりと見做す　せい子夕方より三児を連れて工業クラブへ行き食事余興を見十時過帰る　入浴

二月十一日　　日　晴

児等学校式あり、自動車あり、午後三時頃きみ、親坊共に遊走、宮城辺の人出夥し、広場無論自動車通止、人を以て充たす、これより銀座、大通り、万世橋、上野公園を通りて四時帰宅、二六〇〇年紀元節なるも格別装飾などなく只人出多殊に団体の列多し総て質素誠に非常時らし

二月十二日　　月　曇

事なし　読書

二月十三日　　火（曇）雨

朝西成甫氏来、自分明治十九年三月六日教授に任官の日を以て教室紀念日とする、就ては其日に出席希望云々出勤がけなればとて玄関にてきみに言ひ置き去る　素子夕方一寸来　机に向て書見中晩八時半頃眩暈を感す試みに立ちたるに甚だ不安、匆々床に入る　ドクトル・グロス教授（ケルン）より年賀の絵札到達、ジーグフリード線

に於ける同市も郵便差支なし

二月十四日　水　曇晴

好天となる春候萌し暖、午食の後時余縁側の椅子により て葉巻を喫す　田鶴子来、三郎氏この頃仙台へも京都へ も行きたりと、忠子信子共元気の由

二月十五日　木　晴

事なし

二月十六日　金　晴

横尾ダヤーク論文修正に久し振りにて取りかかる、この 度は片付けたきものなり

二月十七日　土　半曇半晴

潤三郎氏来、国史眼今も尚ほ認められて居ると、きみ子 橋本へ四七日忌まゐりに行く、大学新聞学生三名来訪、 解剖学会のことに付聞きたしと　親坊議会傍聴に行く 良一来、柿内に昭和校へ行くことを通し充分諒解を得た りと

二月十八日　日　晴風

午後鈴木孝之助氏尋ねくれたり氏なかなか元気、この風 に七里ヶ浜より出京したりと、自動車都合よし急に思ひ たち教室へ行くきみ、やす子同行、大学新聞関係の学生 処望の東大に於ける解剖のことに関する書類を持ち帰る

二月十九日　月　晴曇

新坊（ママ）の学校休業、新生徒入校のため、終日読書、大学新 聞の人来、解剖初期に関する自分の文其他を貸す

二月二十日　火　雨曇

京都坂田両人出京、氏学研に要向ありて昨晩着京柿内に 泊る、今日昼食に招く田鶴子始皆同時に来、儀信学校休 業にて共に来、食後坂田氏去る、他は残りて雑談　自分 傍にありて葉巻を喫す　梛野よし江子一寸来、橋本家へ 行くべしと

二月二十一日　水　晴曇

ダヤアク修正

二月二十二日　木　晴

ダヤーク論文

二月二十三日　金　晴

ダヤーク論文修正、午後素子来、純子写真出来持来、立 派なり

二月二十四日　土　晴

故吉永虎雄氏長男鋭治氏来訪、昨年秋以来在京、泉橋病 院にて耳鼻科専攻中なりと

二月二十五日　　日　曇雨
やす子雛段をかざるとて児等これにあづかる
二月二十六日　　月　晴
午後横尾氏来、モンゴーレン〔＊蒙古人〕研究論文人類学雑誌掲載のもの独文摘要を修正す
二月二十七日　　火　晴
ダヤアク論修正、午後平野勇氏来訪、旧臘脱腸手術を受けたりと併し功果良、長坐、時事其他
二月二十八日　　水　曇
約束により横尾氏午後一時頃来、ダヤアク論オステオロギー〔＊骨学〕部共に修正四時去る
二月二十九日　　木　晴
ダヤーク修正

三月一日　　金　雪
朝庭白し終日降雪止ます、午後横尾氏論文独逸共に修正
三月二日　　土　曇晴
元社員大久保三郎氏息戎歯高校入学志願に付長尾優氏へ手紙を書く　ダヤーク修正
三月三日　　日　晴
せい子は鳩子を連れて銀座へ買物、星氏は親、協をつれて上野松坂屋へ散歩　夕刻三二来、癌研員戦死者の追悼会列席の帰りなりと、癌腫アミノ酸特種なるものに就ての談
三月四日　　月　曇薄晴
愈春が来た様である、ダヤアク独文修正なかなか労多し、午後横尾氏来る約束のところ漸く二時半来る五時去る
三月五日　　火　晴曇
午後自動車借用、橋本家へ不幸見舞とし行く、祭壇ある内に行き度思ひ居たるところ今日果す、きみ同行、自分はこれより故正木直彦氏告別式に護国寺に到る、三時帰宅、きみ子も尋で帰る、久し振りにて外出、寺の石段を登ること少し大儀に感じたり、帰りて暫く休息
三月六日　　水　薄晴暖
地久節、親学校休、家にあり、協、鳩休なるも式ありて出行く　午後横尾氏来独文修正、四時過ぎて去る、鳩子供立来り庭を跳ね廻る　五時半出て大学教室に到る、タクシイ車を用ふきみ同行、丁度玄関にて撮影のところ、今日は解剖学教室紀念日、これは西氏の発意、この日を選びたるは自分明治十八年独逸より帰朝、十九年三月六

日教授に任ぜられたる日に付特にこの日を以てそれとし其第一回を催されたり　会議室にて一時間に亙り自分御用掛を命せられ、講師とし明治十八年九月十一日初て開講したることを述べ寧ろこの日が適当ならんかなど其他其の時代有様を述べたり、これより皆山上会食所に到り食事、三十五六人集りたり　自分は八時辞し去る　構内にて迎への自動車会ふ、きみ子親、協あり、春暖にて幸なりき、井上通は見えざりき

三月七日　木　雨

朝西成甫氏玄関まで輯報原稿藤田恒、小野直治二氏のもの持来、これを通見す　夕刻良一来

三月八日　金　曇

午前ヘラルド社員富田氏を呼び藤田恒氏及ひ小野直治氏論文原稿を渡す且つ近頃仕事甚だ進行せざることを言ひて大に勉強すべきを要望す　午後横尾来独逸文修正、五時去る

三月九日　土　雨

横尾氏独文修正、終日雨止まず、故橋本氏四十九日忌日、精子吉祥寺読経に列す、良一も行きたりとて帰りに寄りたり、柿内二児智子、禮子大塚学校学芸会より連れ来る、智子此度高女へ進むに付例に依り腕時計を遣る（十八円）

三月十日　日　晴風

陸軍記念日、市中大模擬戦其他戦時的催しあり　春暖甚心地よし　協一午後土を縁先へ運ぶ自分も出て其土をならす

三月十一日　月　曇

午後横尾氏来、これにて先つ一通り修正了る、尚概説は最後に譲る　長年を費す、今度にて氏六回来宅したり、これにて楽にしたる様感す

三月十二日　火　昨夜雨、曇晴風

読書

三月十三日　水　晴

好天に付出かけるきみ同行、往きは電車を用ふ、柿内へ、賢別状なきも未だ室に籠り居る、縁側にて携たるパンを食したり、古事記の談など、帰りは自動車を貰ふ二時前家に戻る

三月十四日　木　曇晴昨夜雨

福岡平光氏論文校正、直に書留を以て送る　素子来

三月十五日　金　晴

石巻毛利総七郎遠藤源七両氏より貝塚出土品図録を寄贈

其礼状、長尾優氏大久保戎入学合格したるに付礼状を出す

三月十六日　土　晴曇

百五億五千万（内二億五千万追加）予算成立

フラウ・ステファニー・マルチン・オッペンハイム教授（ユトレヒト・マリエバーン101、オランダ）より"Knöcherne Unterlage des Auges" 寄贈の受取礼を出す　午後大久保戎氏母堂同道挨拶に来、玄関にて面会　純子試験すみ遊に来、夕食、晩良一迎に来

三月十七日　日　晴

午前午後共少し庭へ出、芝上を細熊出を以て掃く　橋本龍雄夫婦忌明け挨拶に玄関まで来

三月十八日　月　晴曇

午後吉祥寺に橋本墓に詣、又賀古鶴所氏の墓にも花を供ふ

三月十九日　火　薄曇

輯報校正、読書

三月二十日　水　曇

長崎大塚格氏論文校正、直に送る　児等学校休になる

午後せい子三児を連れて出かける星高校運動場へ行くと森ふきさん来、まくす武蔵高校卒業、京大医科入学試験を受けたりと二三日中に成否明かると　児のことに付種々心配し居る、ふきさん去て後まくす玄関まで来　明日工業倶楽部にて孫供集め食事のつもりに付　ふき子さん母子三人も招きたるところ純子学校に用あり差支、ふき子さん電報にて断るなど夜十時となる

三月二十一日　木　晴　祭日

今朝紙上にて福島甲子三氏死去せらるを知る、早速神明町邸に悔に行くきみ同行、良一来、工業倶楽部にて孫供のために夕食、四時過皆出かける、電車、天気温和、集まるもの良一等三、岸四、柿内二（忠子、儀）、星氏も来、総て十六人児等大悦、忠子加賀町へ星車を以て自分きみだけにて送り七時頃帰宅、親等は活動を見たりとか九時頃帰る

三月二十二日　金　晴風寒

読書、椰野よし江子来、夕方三二来、児等屋内にて遊ぶ協は親と共に「ラヂオ」具を買ひに行き、熱心にこれを組み立てる

三月二十三日　土　晴風

柿内より七人行くとの電話あり、十一時頃田鶴子忠、孝、

儀、悌、智、禮尚ほ小児元合せて総勢八人、大賑かなり、午後二時頃自は故福島甲子三氏告別式に神明町の邸に到る　きみ同行三時帰る、元発育極めて良、おもちやぴつぴなど頻りに興す　五時坂下よりタキシイ車にて帰り去る、八千代子来

三月二十四日　日　晴

読書、親坊衆議院へ行く、協、鳩学校授証書式あり、三児共成績よし星氏精子満足なるべし協本学年皆出席、其証もらひ大悦　午後三児を連れて精子銀座へ行く、小川鼎三氏論文校正来りこれを直に著者へ送る

三月二十五日　月　晴

午後荻窪椰野を見舞ふきみ同行、やす子昨年九月見たるときと格別変りなし、涙を流してよろこぶ気の毒、肇此度弘前高校入学のため師石原氏同行にて受験せるも不合格の由気の毒、又むつ子の男静岡高校これまたため、さてさて皆気の毒、困る、殊にむつ子気の毒、五時帰宅

児等終日家にて遊ぶ

三月二十六日　火　曇

せい子三児を連れて鎌倉へ出かける　森ふき子さんより電話にてまくす京大入学だめの由、これを連れて台湾へ帰るとこれ又気の毒千万　せい子等七時頃帰る殊に協は疲れたる様子

第七十五議会終了

三月二十七日　水　晴

柿内へきみ同行、元児面白し、珍らしくおとなしき児なり、携へたるパンを食す二時半帰宅、縁先へ水をまく

三月二十八日　木　晴強風

読書、長崎池田・天辰氏原稿通見　児等家にありき

三月二十九日　金　晴

春天、午前庭へ出る、児等鳩子まで下の縁先へ土を運ぶ、午後横尾氏ダヤアク独文タイプライタア打ち直して持ち来る　せい子三児を連れて銀座へ

三月三十日　土　晴曇

午後三児庭へ出、花壇を造るとて泥だらけになる、四時半出かける、きみ、せい自分三児、工業クラブへ行く、往電区々、暫時休憩室あり直に食堂に入る、同倶楽部員家族優待日なりと、映画あり、自分きみは中途にて去る九時帰宅尋で児も帰る

三月三十一日　日　曇晴

読書、夕刻一寸庭へ出て縁先へ水を撒く

四月一日　　月　曇

読書、夕刻三二来

四月二日　　火　曇

星氏新潟に所用ある由にて今夜行にて赴くに付きせい子三児は昼急行九、一〇発にて早く出かける児等大はしやぎ　横尾ランダアク・ダヤアク論独タイプ打ち直したるもの再検

四月三日　　水　曇雨、夜に入り暴風雨

星氏昨夜十時頃新潟へ向出発せるに付たのみて今日午前自動車を借用、きみ同行九時頃出かける先つ番町に大橋新太郎氏訪問、在宅先達訪問を受けたる答礼且つきみ歌集出版に付時局のため用紙に困却のところ氏の好意により出来たる礼、懐旧談、次に近き榊家を訪未亡人在宅、昨年順次郎氏死去の節は自分病気引籠り中にて総て失礼し置きたるを謝し仏前に拝す、これより青山穏田に大山家を訪ふこれ又在宅、病中見舞ふ受けたるを謝す、史前的の談長くなりて正午後報ひびく、辞し去て家に帰る時に十二時半、予ての思をはたし安心す　午食未だ終らざるに椰野透氏来、事変談、時事談面白し殊に氏明治三十九年狭西省に於ける石油探検、貢石試掘談、四時半去る、ところへ良一来、愈々一日より昭和医専へ通勤すと、自分に於ては一種の感に堪へず　夜に入り暴風雨となる

四月四日　　木　晴

早朝星一家元気にて帰宅、新潟は雨天にて見物出来ざりし由、協、鳩は学校始業に出行　午前悌、禮子新潟土産受取りに来　橋本義雄台湾より出京夫婦にて訪、午後庭へ出る

四月五日　　金　曇雨

柿内一族来、先つ悌、禮子尋で小林両人元児、坂田両人田鶴子総勢八人先月二十三日の如く賑か、粗末なる昼食、親は家にありたるも鳩子昨夜より少し発熱、協は学校行、遺憾、三時半皆去る、其頃生憎雨降り出す

四月六日　　土　晴、曇驟雨

朝起きて鳩子昨夜入院のことを始めて知る、八代学士来診の結果猖紅熱の疑ありとて直に宇都野病院に入りたりと、女中は昨夜用事ありとて出て帰らず、近所の婆を手助けに通ひ来るもの一人にてきみ独り困り居る　さてさて予期されさることの起るものかな　せい子昼帰り来、

看護婦来りたりと　午後又雑物を持ちて病院へ行く　驟雨あり協学校帰りに丁度これに会ふ

四月七日　日　晴曇

去四日は故叔父雄七郎様五〇回忌にて昨日小倉の魁郎氏より遺墨の刷物一葉送り来る　せい子終日宇都野病院へ、やす子別状なしと、親学校明日より始まる協と終日家にて遊ぶ

四月八日　月　晴風暖

横尾独論文通検　午後吉祥寺詣、花祭賑ふ　親坊学校始まる

四月九日　火　晴

午前皆出て自分独家にありて独文通見、肢骨の部終る　午後横尾氏それを共に相談す

四月十日　水　晴

田鶴来、賢信昨日始めて試に出て附近を歩きたる由、せい子毎日病院通ひ　八千代子玄関まで来り角砂糖沢山贈りもの、午後あまりに好き天気、きみ同行飛鳥へ、園内一周、人出少、狂人ほとんどなし時局のためなり　晩足立文氏より明晩出京宿泊たのむとの手紙到る

四月十一日　木　晴

一昨九日寝耳に水の独、デンマルク、ノルウェエ一日にして占領、昨夕刊報す　全世界を驚かす、欧州戦争愈活気を帯ぶ

暖かし午前午後共庭へ出て掃除　七時頃足立氏来着、奥の間にて談、同室を氏へ充つ、氏食事をして来りたれば入浴して寝に付く

四月十二日　金　晴

学士院第一部企ての東亜民族調査研究の委員に足立、自分指名され今日其会合あるに付其為め氏出京せるなり、其れに付種々下相談、長谷部氏必要とするを以て電話にて呼ぶ、直に来、三人にて相談、あまり責任を負はず深入りせざる程度にて委員会に臨むことゝす、十一時過両氏去る　自分行かず　輯報 Abstracts 1938 分校正を始む　足立氏は長谷部の招きに応し九時過帰りたり自分は失敬して部屋にありき

四月十三日　土　少雨曇

足立氏より昨日の東亜民族委員会の模様を聞く、出席者少なく併し人類学関係のことは一通り話し委嘱者のことも話したこと足立氏在室静休、自分抄録校正　星氏の好意により晩翠軒に足立氏のために晩食、自動車を都合し

てくれ三人出かける五時に着、招きたる人々大山公始め長谷部、望月、横尾、鈴木尚順次来着総て八人、五時半食卓につく、談材皆興味同ふす、只大山氏のスパイ談は特種なりき、星氏別に同軒に来り居り共に九時帰宅人々皆満足の様子足立氏は心から感謝し居たり

四月十四日　日　雨

星氏早朝平へ向け出発、自動車帰るを待ち足立氏出発、自分見送る協一共に駅にて義雄妻女同列車にて台湾へ帰るに会ふ、橋本とし子さん始め全家見送りに来り居る、九時発車 Abstracts 1938 校正

四月十五日　月　晴

抄録校正、星氏平より帰る、午後小林博子来、遠藤忠太郎氏尋ね来りて孝子の夫沢田（中佐）氏戦地にて負傷、帰還、遠藤を訪ひて自分のことを話に出したりと

四月十六日　火　晴

午前柿内へ、甚静、賢信別状なし、田鶴元気、午刻帰宅、夕刻三二来

四月十七日　水　晴

午前星氏同車、始めて宇都野病院に鳩子を見舞ふ、最早平温元気、暫時居て去る自分はバス、きみは歩き帰る午後は庭へ出たり

四月十八日　木　晴

好天に付思立ちて鎌倉行ききみ同行、八時半出かける、鎌倉にて岸未亡人を訪ふ、元気、暫時にして辞し八幡社池畔の休所にて携えたる弁当を使ひ、やす子へみやげ滑稽貝細工、親協飛行機など買ひて駅前までバス、これより電車にて七里ヶ浜鈴木療所に到る、折悪しく外出遺憾哲夫に会ひて早々去る帰路も鎌倉、三時過帰宅　三二来早速鎌倉の話をしたり

四月十九日　金　雨曇

十八日二十日は学研医学部々会、十九日学研総会皆断りたり　終日抄録校正、午後ヘラルド社富田氏来、長崎の小野氏支那婦人纏足論文に付する図不足せるものあり談合の結果著者に問合すこととす

四月二十日　土　晴

午前一寸教室へきみ同行、雑用特に抄録の件、西氏に一寸面会、昼食前に帰宅、ベーグマン氏へ第一回分抄録校正刷を送る　晩せい子親協等頭山、杉山劇を見に帝劇へ見に行き十時頃帰りたりと

四月二十一日　日　雨

星氏午後台湾へ向け出発、親協東京駅まで見送る　読書

四月二十二日　月　晴

午前宇都野病院に鳰子を見舞ふ　往バス、返独り歩　賢信病後始て来、昨年五月応召早や直に一ヶ年になる、牛鍋の昼食雑談、自分が曽て昭和二年御進講の話など、五時帰り去る

四月二十三日　火　曇寒

鳥居れん子さん喜字祝とて来二十八日招ねかれたれど辞退のため祝品坐布団を持ち行く　終日輯報仕事、京都の植松氏論文二篇西氏より転送但し学研日附は四月九日とあり

四月二十四日　水　晴、寒

午前鳰子を病院に見舞ふ往復共歩く　午後横尾来故田口氏のことに付尋ぬるところあり、又学士院企図東亜民族研究の件に付足立氏話し合ひたることを言ひたり

四月二十五日　木（曇）晴

靖国神社臨時大祭　御親拝、学校休、協式ありて出かける　午前親家にありて庭の松の枯れ枝をつむ今年は奇しく沢山の枯れ葉を生したり　自分も出てこれを助く、午後も出て掃除をする　良一来、予て頼み置きたる種痘をなす親、協、きみ、自分

四月二十六日　金　晴

午前予て思ひ居たる染井墓地行、きみ同行、先つ小松家、原家の墓に詣て次榊、緒方、岡田家墓に花を供ふ、十時帰宅、素子来近頃健康勝れざるよしなるも格別のことはなき様なり、午後鳰子を病院に見舞ふ　輯報校正　夕方三二来

四月二十七日　土　曇驟雨

午前きみ同行谷中墓地行き、電車、団子坂下に下る、驟雨、きみ傘を買ふ　小林虎、雄両伯叔父様墓に詣で花香を供ふ、墓地内を歩き、日暮里駅より省線にて十一時前家に帰る途中時に雨に逢ひたり　午後輯報校正

四月二十八日　日　雨、昨夜来大降り

鳥居れん子さん喜字内祝とて上野精養軒午餐に招ねかれたるも自分は辞退きみのみ行く　親、協病院より昼食に行くといひて出行く　独り家にてパンを食す甚静　終日Abstracts 1938 校正

四月二十九日　月　晴　祭日

午前病院に鳰子見舞、故節斎氏百ヶ日仏事、午後三時近き吉祥寺に到る良一（素子談）其他立寄り一所に行く、

読経を了り墓所に詣で一先づ家に帰り、六時虎の門外満鉄ビル六階アジアといふ洋食所に到る、良一自分等共に行く、三十余名集まる八時半過家に帰る、久しく晩に市中の有様を見ざりしが日比谷辺電灯少なくして暗きを覚えたり

四月三十日　火　晴

親学校へ、協は靖国神社例祭にて休　午前鳩子見舞　午後は庭へ出る　勝手にて働き居たる婆及横浜星家より借りたる女二人共今日それぞれ去る　これにて全く女中なしとなる

五月一日　水　晴

午前鳩子見舞、午後家にあり読、夕刻三二来

五月二日　木　晴

午前鳩子見舞、午後抄録校正、学研より謝金（輯報、解剖Ⅷ－No.1に対する）百四拾円送附

五月三日　金　晴

鳩子退院すべし終りの見舞として病院へ行く帰りに鶉の卵を買ひて十一時帰宅　鳥居れん子さん此頃の喜字祝の挨拶に来　二時半頃せい子鳩子を連れて帰宅先月五日夜入院より四週間

五月四日　土　晴、後雨

時々鳩子の相手　抄録校正　午後一寸庭へ出たるも雨降り出す

五月五日　日　雨

ハンス・フィルヒョウ氏四月七日第八十八年に於て死去せられたる旨通報到達（郵便消印四月十日）これにて自分伯林時代友人知人悉皆去る

五月六日　月　快晴

協一潮干狩とて富田浦へ早朝出かける　午前後共庭へ出る

五月七日　火　晴

定期大掃除、午前鳩子髪を刈りに行くと共に槇町へ墨パンを買ひに行く　午前後共に庭へ出、会社より二人来り屋内大さわぎ　夕方電話にてよさの女史脳溢血の報あり

五月八日　水　曇

終日抄録校正、初校とW氏より戻りたるものと立てこみたり　南支長沢利晴軍曹より葉書来、先づ無事と見えたり

五月九日　木　晴

校正、抄録最終部をW氏へ送る又同氏より戻りたるのをヘラルドへ送る共に速達を以て　午後少し庭へ出る、横尾氏来、六月下旬北支、蒙古へ出かけるつもりの由、民族の名称に付蒙古民族中の小団の相談あり　行き違ひを生したる久留勝氏輯報論文原稿及初校刷西氏より受取る

五月十日　　金　晴

終日久留氏論文校正　夕刊紙上に今暁独遂に蘭に侵入を報す亦ベルギーにも同断、深関心す

五月十一日　　土　晴

医学部主席書記佐藤東氏急逝せられたる由通知あり　ヘラルドへ久留氏論文第一校を送る　夕刻一寸庭へ

五月十二日　　日　晴

終日 Abstracts 校正、午後鈴木孝氏訪ね来る　先日七里ヶ浜に訪ねたるとき折悪く小魚を採りに行きたりとかにて会はざりしが今日相見て互に無事をよろこびたり

五月十三日　　月　雨

学士院例会日、東亜民族研究委員会を開かるに付自分其委員たることを辞退するために面を出すべく午後二時開会席上にて其意を陳べたり三時過帰宅きみ同行、雨止む

五月十四日　　火　晴風

午前教室へ、故H・フィルヒョウ氏墓前に花環を供ふべく為替を出すためきみ子に郵便局へ遣る　即ち RM20 を邦貨＝換算34円63.204となるあまり高きに付組まず戻る即ち RM1 ＝ 1円70銭余となる　十二時過ぎ帰宅午後庭へ出る　故佐藤東氏のために金拾円書記阿部豊氏依托す　夕方突然電話をかけて山田三良氏来訪、昨日自分が東亜民族研究委員を辞退したるが、同委員会の性質に付詳細述べられ強てとどまることを勧告せらる但し必ずしも委員会に出席するを要せず云々、考へ置くこととしたり

五月十五日　　水　晴

鳩子病後、今日より学校へ行く　抄録校正、奉天照井氏論文昨日西氏より受取りこれを通見　ヘラルドに使人をよこすべく命じ置きたるも来らず

五月十六日　　木　晴

午前柿内へ賢信愈々健康回復、旅行すべきかなど話したり、携えたる弁当を食し、良一方へ寄る素子近頃不例の由なりしも先宜しき方なりと、二時過帰宅、夕刻三二来学士院へ乗車券を申請す

五月十七日　　金　雨

故ハンス・フィルヒョウ氏悔状を書く、如何なるわけか数枚書き損したり供花のことは尚ほ再考の後とす　兎に角悔状だけ夫人宛にて出す　長崎の高木純氏へ小野氏論文図版費を学研支出は六ヶ敷きことを葉書にて申送る

五月十八日　土　晴風

学士院書記金坂周次氏中央気象台へ栄転に付二円出金す

鳥居れん子さん来、自分一寸挨拶す、午後少し庭へ

五月十九日　日　晴

Abstracts 1938校正　午後一寸庭へ　其他事なし

五月二十日　月　晴

午前荻窪に保子を見舞ふ別状なし十一時半帰宅　毎冬自分が用ふる桐火鉢（原信哉氏が贈れるもの）永年のことにてあまり垢つきてきたなくなりたるに付試にこれを洗ひたるところ誠に清くさつぱりとなる　夕刻一寸庭へ

五月二十一日　火　晴

事なし　ベーグマン氏より抄録終部まで戻る

五月二十二日　水　晴

星氏台湾、支那旅行より帰京、子供は皆学校故自分品川駅へ迎へに行くきみ同行、九時一六着、社員多数迎に来、星氏はこれより直に社へ、自分等は泉岳寺へよりて自家の墓地を見分す　但判然せず、鳥居家の墓に詣、十一時半帰宅往復共市電を用ふ　ベーグマン氏抄録全部（1938）受取り葉書を出す序に欧州戦争独逸大優勢なるを祝す良一来、ところへ星氏も帰宅、三児も帰る俄に家中賑かになる

五月二十三日　木　晴

事なし　横尾ダヤアク独文漸く終末に近し

五月二十四日　金　曇

今朝紙を見るに英仏軍益々頽勢、仏都を後にし英都を撃つ態勢を示す　精子学校同人（十五名）強羅へ招き早朝出行く　横尾ランダアク独論文先つ々々一応片付けたるつもりなり　夕刻一寸庭へ

五月二十五日　土　雨

終日癌研の久留勝氏論文校正

五月二十六日　日　晴

校正を久留氏へ送る又抄録後部の校正へラルドへ送る先つこれにてAbstracts 1938大体了る　午後星氏親、協を連れて野菜の苗を買ひ来り花壇に植へるなど大騒ぎ自分も庭へ出る　夕刻全家自動車にて虎の門晩翠軒に到る星氏催し協一誕生日、鳩子全快祝といふ名義、外に良

一等三人及社関係の人二人、児等大悦、八時半家に帰る

五月二十七日　月　晴

星氏出勤を利用し赤門まで同車、九時教室、直に横尾氏室に到りランダアクダヤアク論終部に付談合、これを渡す、久し振りにて携へたる弁当を食す種々たまりたる寄贈物を整理す　エリク・フグ博士（ザンクト・ガレン、スイス）へ論文（稍大なるもの）寄贈の礼を出す　三時半きみ迎へに来る　三二来フランクフルター・ツァイトゥング（＊新聞）沢山持参

五月二十八日　火　曇薄晴

Abstracts 1938 全部校了　午後少し気分悪き様感す、体温三七、二度床に臥す

五月二十九日　水　晴

ベルギイ、独に降服、開戦以来十九日目なりと、英、仏愈々危し

五月三十日　木　曇

昨日午後体温三七、五度あり寒冒か　良一来り、一通り検診したるも何も見出さず

五月三十一日　金　曇晴風

輯報第八巻第二号の表紙内容等を作る　読書、体温三七度

六月一日　土　曇

藤田恒太郎氏論文校正、きみ子泡沫集出来、見本来

六月二日　日　雨晴

藤田氏論文著者へ送る又輯報Ⅷ‐2表紙原稿へラルドへ送る　午後雨止み漸々霽れる、星氏三児を連れて三越へ行くと　協一学校に用事ありとて行き帰り遅れ皆々心配、親迎へに行く、行きちがひに協帰るなど一寸さわぎたり　庭へ出る

六月三日　月　晴

田鶴子、孝子の装ひたる立派なる写真を見せに来る、賢信明日出発伊豆土肥温泉へ単独にて保養の由、学士院の乗車券紛失といふこと且つ三ヶ月間次期のもの出さず云々といふこと始めて電話にて尋ねたるによりわかりたり、又へラルドへ輯報Ⅷ‐2発行のこと電話す　書斎に於けるたまりたる雑誌整理す　夜に入り気分悪し体温三七、六度

六月四日　火　曇晴

気分思はしからす

六月五日　水　晴曇風
気分悪、午後温三七、五度　時に横尾氏来、論文に附する大なる表のことなり
六月六日　木　曇
朝良一より電話、素子腸の工合既に永く悪かりしが愈々今日入院と決心したりと昭和医専附属病院、自分体温三七度　福岡の庄司義治氏此度石原忍氏後継者とし着任内祝品（ふくさ）贈付に付直に挨拶を出す
六月七日　金　曇
体温三七、二度　良一より電話あり昨日素子入院済み云々　賢信より伊豆土肥より葉書よこす　市水道水源涸渇のため大節水、水道蛇口水出ず、台所大困窮
六月八日　土　曇薄晴
体温三七度　午後三時前星全家児等をつれて強羅へと出かける　家中至て静　水道甚不足大山柏公来訪、先月岩手県気仙郡へ貝塚発（ママ）旅行の談、人骨出現、望月氏を呼びよせたりと
六月九日　日　晴曇
午前きみ良一方へ行き素子容体に付種々と話したりと、前途甚案じられる　午後一寸庭へ八千代子来早々屋内へ入る　七時頃せい子三児強羅より帰る、水欠亡（ママ）中漸く浴をわかす自分も入浴
六月十日　月　晴
三七、八度　XI／10まで如何、此頃やはり体温二、三分昇る、午前教室へきみ同行、寄贈論文整理のため安川製本師へ十余冊渡す　藤田恒氏論文初校著者より戻居り直に速達にてヘラルドへ　午後横尾来、歯校のランダアク頭骨写真を許容する様申し入れたるに島峰校長不承諾云々、意外、何か誤りたる行き違ひあるべし、教室所蔵のものにて間に合せ置くこととす
六月十一日　火　晴
三七、二度　イタリヤ愈々参戦　終日出来得る限り静かにし居たるも別に効なし　京都足立氏来信、同時に木原氏ドゥクッス・トラキクス〔＊胸管〕独文をよこし通覧せよと
六月十二日　水　晴
三七度　朝早くきみ与謝野へ見舞に行く、良一より電話、素子入院後容体悪し　昨日体温三九度（純子学校休みて毎日看病に行くよし）家の留守番に困る云々　きみ子午後昭和病院へ見舞ふ　素子案外元気の由桑木夫人ありき

と　良一純子には会はざりきといふ

六月十三日　木　晴

三七、一度　ヘラルドより久留氏第三校正藤田氏第二校正来る、即日著者へ送る　せい子病院に素子を見舞ふ、元気なるも病本質悪性咽頭意外に進捗、一家の惨事　京都信子等昨夜出京

六月十四日　金　晴

賢信昨夜伊豆より帰京せし由且坂田夫妻も出京に付柿内へきみ同行　坂田両人大阪の楠本長三郎氏出京中罹病入院を見舞に行きたりとて帰り来る、自分携へたるパンを食す、坂田氏及ひ賢信は理研へと出行く　自分は休憩二時半帰宅、庭へ出る

夕刊紙上独軍愈々パリ入城せりと

六月十五日　土　晴曇

朝良一電話素子容体悪、昨日体温三九度　午前庭へ出る、ところへ日本医事新報社員村上秀氏来訪故緒方正規氏に付き懐旧談をなす、時に西成甫氏来今日輯報編纂委員会あり、表紙の体裁に付二、三のこと話す但重要のことにはあらす　十一時頃柿内一族即ち坂田両人田鶴子、賢信、禮子来、昼食す、二時頃去る　坂田氏等は明日京都へ帰るべし、午後又庭へ出る

六月十六日　日　晴曇

星両人三児を携て鹿島、香取参拝とて早朝出かける　小松春三氏夫人死去せられたる通知到達直に西巣鴨町の邸に悔に行く、春三氏、息裕氏甚他の人々に面会、実に久し振りなり、香奠拾円供ふ、往復共電車きみ同行、十二時帰宅　午後庭へ出る芝を刈りたり　七時過皆々大元気にて帰り来る

六月十七日　月　雨

稀なる旱魃のところ終日雨降り心地よし　読書、きみ雨中素子を病院に見舞ふ

六月十八日　火　晴

昨日仏、独に降服、ＯＡＧ会長クルト・マイスネル及Ｃ・フォン・ベーグマン両氏へ早速祝詞を送る　九時過教室（きみ同行）足立氏ドゥクッス・トラキクス（＊胸管）論序説草稿を長谷部氏送る、寄贈物等を整理、十二時前帰宅　歯科医Ｐ・Ｏ・ペデルゼン博士（コペンハーゲン）より此頃手紙並に論文数種寄贈に対し謝礼並に自分論文 **Zur Frage des südl. Elements** を送る　一寸庭へ出たるところへ三二来

六月十九日　水　曇時々晴

午前田鶴子来、午後昭和病院に素子を見舞ふ精子同行、時に桑氏も来、素子容体観診するところによれば甚面白からず、良一も生化学の教室に居りて来る、病室まだ新らしくもあり甚だ良、乗り継ぎ電車片道一時間十五分位要す四時半家に帰る

六月二十日　木　晴曇

昨日来親坊腸カタル、晩に八代学士来診、今日学校休む読書、夕刻小夕立あり　夜に入り大夕立となる　十時頃出火あり、神田橋辺の大蔵省其他諸官衙焼く、皆バラック建なれば盛に燃ゆる天真紅、焔めらめらと昇る、半時間これを眺めたり原因は落雷なりと

六月二十一日　金　晴

親坊押して学校へ行きたり　読書　午後近き吉祥寺に行く小松春三氏夫人初七日法事に列す、三時漸く読経始まる、きみ同行したるも出版屋来早く帰る、自分は四時帰宅　星氏夜行にて台湾へ向け出発

六月二十二日　土　晴

昨二十一日独仏間コンピエーニュの林に於て休戦条約午前きみ歌集出来、これを持ちて岡田家を訪ふ自分同行、これ同家不幸後始めてなり本邸と裏合せの家へ移らる、徳子未亡人元気、和子夫人もあり故人の霊前に拝す、これより自分は「バス」にて柿内へ、田鶴賢信あり、遅れてきみ来る、電車は反側の線路を走る、これは若松町陸軍々医学校病舎出火のため電車不通、引き返し運転なり一時前帰宅　午後庭へ、精子協、鳩を連れて九段下軍人会館の活動へ行く、これは純子学校関係の催しなり

六月二十三日　日　晴

午前庭へ出て草をとる、午後も同様、きみ午後素子見舞

六月二十四日　月　晴

親坊先づ腸カタル全快、

独仏休戦協定

六月二十五日　火　晴

椰野よし江さん昼来　夕方庭へ

六月二十六日　水　晴曇雨

午後せい子病院へ、午前には八千代子も、素わりあひ元気の由、夕刻三二一寸来　読書

六月二十七日　木　雨（終日充分降る）

読書　きみ、せい雨中買物に出かける　小林ちか子来

六月二十八日　金　曇

午前森島庫太氏来訪、学研会員異動に付告知あり又規則大改正の件即ち定年制を設くること、部の編更（ママ）等は無期延期など話しあり　午後昭和病院に素子見舞、四時半帰宅

六月二十九日　土　雨曇小晴

輯報Vol.Ⅷ No.2表紙初校校了として直に返へす　石器時代人骨人類学教室所蔵のもの目録作成　横尾氏今日出発蒙古探検旅行玄関まで来告別　鳩子を連れて槇町までゴムまり買に行く　庭へ出る

六月三十日　日　曇

人類学教室所蔵人骨目録作成終る　これは同教室長谷部主任の手元に置くつもり　午後青山斎場に故呉健氏告別式に行く、氏心臓インフハルクトにて急逝せらる気の毒千万、三時半帰宅、良一同じく式に行きて来れりと、素子最悪の場合に関する種々のことに付話す　一寸庭へ出る

七月一日　月　霧、晴

Congrès internat. des Sciences Anthrop. et Ethnol.: Comité de Standaridisation de la Technique Anthropologique (C.S.T.A.) Copenhagen, July 1938 Miss Tildesley を読む　夕刻一寸庭へ

七月二日　火　晴

九時教室、弁当携帯、西氏に輯報のこと、又自分学研会員を辞する意を漏す、寄贈論文整頓、昨日西氏より使を以て横尾氏ダヤアク論文原稿を届け来る、あまり大部に付二編に分かつこととす、事務小使五名へ五円、解剖小使三名へ九円中元として遣る　きみ二時半迎へに来、三時帰宅　庭へ出る　夕刻末広恭雄氏両人来訪

七月三日　水　晴

午前田鶴子来、花芝の苗を持ち来る　ランダアク論文原稿精査

七月四日　木　晴

ランダアク検読、せい子病院へ素子見舞、格別変りなきも衰弱増進する様に思ふ云々　夕刻庭へ出る　親坊今日試験すみたりとて呑気　梅雨上り酷暑となりたる様なり、三二、五度

七月五日　金　晴

ランダアク論検読、小林ひろ子来、夕方庭へ、三二来

七月六日　土　晴

午前きみ橋本家を訪問、初盆に付四子女及自個共同にて仏前へ香料各五円を供ふ自家は別に菓子を添へたり　午後はきみ鳥居れん子さんを訪ひ泉岳寺葬儀出費のことを参考のため尋ねたり、庭へ出る

七月七日　日　晴

盧溝橋事変突発三周年記念日に付これに関する諸事を以て紙上賑し　午前せい子三児等と品川駅に星氏台湾より帰京を迎へる、氏元気、十一時帰宅、鈴木尚氏（横尾氏と共に蒙古探検旅行中）夫人小児を連れて来訪中、又宇野敏夫氏細君同道挨拶に来、玄関にて去る午後熱さ厳し、睡眠　夕食中良一一寸来、病院より帰途、素子容体甚宜しからす、このところ数日か、困りたることになれり

七月八日　月　曇

午前病院見舞、良一教室の方に居るべしと思ひて尋ね丁度講義の間に遇ひて一寸話し見舞（百円）を渡す　これより地下室を通りて病室に入る、桑木夫人、松沢夫人、純子在り、素子容体十日前に見たるときに比して大に増悪の様見受けたり十二時半帰宅　夕刻庭へ出る甚だ蒸し熱かりしが急激に冷気となる

七月九日　火　昨夜雨、曇、雨、冷

甚だ冷、九時前出て駕籠町に佐藤三吉氏を訪ふきみ同行、久しく面会せざりしが昨年十一月以来肺炎にて半年入院にありしが先つ此頃は回復とのこと　これより柿内へ、田鶴、賢在り、悌子昨日来持病の腹痛にて床中にあり、弁当を使ふ、田鶴子は牛込区戦死の葬式なりとてこれに赴く自分等は二時過帰宅　庭へ出たるに間もなく大雨となる、冷しく甚だ心地よし　夕刻三二来、昨日、今日共に病院に見舞たるに容体甚だ悪く驚きたり　最早二三日か云々又夜に入り良一より電話、今家に帰りたりと病状愈々重体なるが如し併し病人は帰家せよと強て言ふにまかせ帰りたりと、且つ家に帰り見れば女中書を残して不在、かかる件外のことまで生し只困るのみ

七月十日　水　曇、小晴

午前庭へ、屋北側の草を取る、午後同じ、庭師来り芝を刈る　夕方三二より電話、病院に寄りたるに素子、良一すみ子と談話し居たる位にて格別異状なしと、又八千代子玄関まで一寸来

七月十一日　木　晴曇

社車に同乗きみ子共に、但しきみは病院へ自分は赤門にて下り教室へ、長谷部氏来室、この頃作成したる人類

教室より借用の石器時代人骨カアド式目録を渡す、学士院東亜民族研究事業のこと、足立文氏ドゥクッス・トラキクス〔＊胸管〕文（独逸）通読の件其他、西氏にAbstracts 1938 原稿及第一校正刷を渡す　きみ迎へに寄る、素子容体甚悪し、昨夜二時半良一方へ危篤の電話ありたるも交通機皆無如何ともなし難し今朝五時頃出て漸く病院に行きたりと　今夜は病院に宿泊すと、十二時過家に帰る　夕刻庭、三二来素子愈重体のこと話す　夜十時半良一より電話、容体激変尚ほ呼吸脈あり十二時までは堪へさるべし云々　純子は直来り間に合ひたりと　自分等は明朝行くこととす

七月十二日　金　雨曇晴

良一より電話なきを以て素子尚ほ容体持続のことと思ふ、星きみ自分同乗八時前病院に到る容体持ち直し昨夜十二時頃より意識明か、危険迫りたりとも思はれず、桑木御両人は終車にて家に帰られたりと又三二も同様、良一純子は泊りたり、桑木御両処早朝来院、松沢繁子さん、柿内田鶴子も在り、星氏は去る、自分等は別室貴賓室にて控へ居たるも十時頃去る　田鶴精に別れ自分等二人家に帰る　昼少し前に三二来、これより病院へ行くと　午後庭へ出る

七月十三日　土　曇晴

午前八時教室、十時頃製本十六冊安川持ち来、これに印を捺すなど、又綴間違あり、午後二時半きみ迎へに来、三時過家に帰る、今方良一より電話、素子愈々危篤、せい子午前に見舞たるとき静かに眠り居たりと自分等特に急がずともと思ひ且つあまり蒸し熱し、五時前きみ共出かける、五時五〇分病院に達す、三二玄関に待ち受け五時三五遂に事切れたり云々　純子良一愁歎思ひやらる、桑木御両所は一寸の齟齬にて遅れて来着のとき純子おばあさまにとびつき二人にて泣く様を見て自分も共にしたり、追々近親見ゆ、星氏及社の人々見え良一と相談、十時頃病室にて早くも入棺、香を焼きて礼拝す　星氏車に同乗十一時帰宅、入浴、十二時半就眠

七月十四日　日　晴風

親学校労働奉使より帰るを待ち早く昼食し社車にて出かける桐ヶ谷火葬場へ直ぐ行く　遺骸は昭和病院より直に来る筈、暫時して来る、社員数拾名整列し到着を待つ、十二時三〇棺を火室に入れるを見届けて休憩所にて待つ一時三〇焼了、遺骨を上げる、正一時間、その速きに驚く、

良一、純子、親一、三同車、二時過曙町着、きみせい家にありて屋内整頓、社員数名来り　仏壇全く整ふ、人々出入多、壇の体裁案外立派、寄贈の生、造花見事、夜になりて僧来初めて読経、ただ良、純の心中如何の思往来す　十二時就眠

七月十五日　月　晴風

例日の通五時半起、午前中は静、午後はぽつぽつ来弔者あり、蒸熱堪へ難し　夕刻悔みの方々多くなり家中大混雑、夕食は弁当、八時頃僧来、二回読経、十時終り散す、静になる、稍冷しくなる、入浴、再生の思をなす　社員十数名、よく働きくれ万事都合よし、良一純子泊る　リスベート・フィルヒョウより悔状の挨拶到達六月十五日付けなり　十二時過就眠

七月十六日　火　晴

葬儀に付朝より社の人々種々準備、祭壇生花等寺へ運ぶ、早く昼食、更衣、追々近親其他来り集まる、十二時過僧二人来、読経二時頃発す、臨時自動車四台及社車に分乗、遺骨は良一、位牌は自分、純子、これは甚だ簡単、二時半泉岳寺着、時間あるを以て休憩　縁者会葬者なかなか多し其他もあり、三時半式了、四時より告別式に移る、祭壇は其儘にて焼香台を置くのみ、自分も堂内にて立礼す中途にて一寸休む、五時終了、墓地を見る、六時家に帰る、良一純子は北町へ帰る、入浴、食、十三日頃の月明かなり、社員其他は尚ほ仕事あるも自分九時半就眠

七月十七日　水　晴風

三時醒む、四時に皆々起く、親一信州蓼科山へ学校催旅行出かける　十時良一純子来良一は葬儀に関し種々働きくれた社員の方に慰労のため初七日水交社へ招待の案内状を書くなど　夕刻一寸庭へ、熱さ酷し三三、六度　良一純夕食せずして北町へ帰る

七月十八日　木　晴風

長崎小野直治氏論文（支那婦人纏足）校正　午後四時頃良一来、昭和病院へ行き入院中の件を処理、泉岳寺最寄石屋へ寄りて墓石のことに付談を試みたりと　夕食せずして午前に来りたる純子と帰り去る　三二一寸来、毎日心に懸るものと思ふ　晩橋本とし子さん来　満月澄

七月十九日　金　晴（酷暑）

朝中鶴律夫氏来、氏へ通知漏れのため全く他の事にて来り大に驚く　小野氏論文校正を終へ書留にて著者へ送る　玉芳院初七日法事、よし江、ひろ子参、昼食し去る　二

時半皆出かける（社車）、泉岳寺、良一、純先着、親戚相方集まる　三時半読経終る、休憩、自分等タキシイ車を求て水交社に到る、種々荷物あり、祭壇を設く、六時より招きたる人々追々来、医専の人上条校長始め十数名、社員二十数名、他は親族、総て七十名ばかり無事終わりて九時半家に帰る

七月二十日　土　晴

長崎石井氏論文校正、十時頃純子来、協、鳩十一時頃学校より帰る　夕刻庭へ出る、純子学校友来、四人にてかるたを遊ぶなど、良一来両人夕食、入浴し去る

七月二十一日　日　晴

九時出て音羽護国寺に到るきみ同行、柿内家法事、十一時半帰宅往復電車、如水館にて昼食の斎あるもこれは辞した、熱さ酷し　午後三時頃小林貞之助氏両人児を連れて来、元の這ひ廻る様面白し珍らしく健全なる児なり、四時半去る、純子来遅れて良一も来、庭へ出る、夕食、入浴し去らんとするところへ中鶴律夫氏更めて悔に来、両人去る、中鶴氏と事局談十時去る

七月二十二日　月　曇晴

協一早朝妙高山麓林間学校へと出発せい子上野駅へ送り行く　純子来、むつ子来　京都木原卓三郎氏より速達便到る、足立文氏二十日夜半喀血、稍重体なりしも今朝（二十一日）来落ち付居ると、直に両氏へ電報を発す　第二次近衛内閣成立　庭へ出る　純子夕方帰り去る　長谷部氏夜行を以て足立氏見舞に京都へ

七月二十三日　火　晴

石黒忠篤氏へ祝名刺を発す　十時頃やす子学校より帰る、純子来、木原氏葉書来、足立氏出血も止まり、食欲も少しつき、経過順調云々　庭へ出る、夜に入り長谷部氏より電話、只今帰京せりと

七月二十四日　水　晴

気温三六、四度此夏最高？　長谷部氏来訪、足立氏病状精しく聞く　午後純子来、良一生化学教室へ行きたりとて夕方来、三二も来、自分は庭へ

七月二十五日　木　晴

午後純子一寸来、庭へ

七月二十六日　金　晴曇　昨晩より冷

玉芳院二七日に付早く皆出かける星氏泉岳寺まで送りくれたり　自分冷気にて凌ぎよきを以て共に行く、暫時して良一純子来、霊堂に安置せる遺骨に礼拝す、寺僧の対

遇よし、皆と墓地を見る、きみ子鳩子に義士墓所を見せる、自分等両人は電車、バスにて直に帰る、他は銀座にて買物する、午後庭へ出る、三二来、晩八千代子も、二七日礼拝のつもりなるべし　一雄氏に依頼して紀元二千六百年記念木盃下賜せられたるを受取る、氏学士院まで足労　親坊十時頃蓼科山より帰る星氏上野駅まで迎へ

七月二十七日　土　曇、夕立

九時教室きみ同行、寄贈論文製本出来これに著者題目を貼る　午後江上波夫氏来室南支那古代民族殊に獠に抜歯の風俗ありたりといふ記録ありたること、日本民族の南方に関系（ママ）あること、九州よりは寧ろ紀伊大和が古きことなど談あり、きみ迎へに来り三時半去り出れば俄雨に遇ふ　丁度タクシイを得て帰宅、時に良一純子来、夕食を共にし入浴、去る

七月二十八日　日　曇　冷二十二度

純子来らず、午後庭へ出る、甚冷、珍し

七月二十九日　月　曇晴

九時教室、寄贈論文を書架に著者名ａｂｃに従て整列す、四時過ぎきみ迎へに来、家に帰れば良一、純子来り居る、良一香奠返しに付意を用ひ居る　夕食し去る、今日きみ荻窪与謝野家訪問せるに病況宜しからす、精神朦朧の気味なるよし

七月三十日　火　曇晴

輯報校正、研究会議へ　フォン・ベーグマン氏へ抄録1938百拾四頁修正料　百七壱（ママ）円支給申請

七月三十一日　水　曇晴

八時半教室、書架整理、一時頃親坊、今朝忘れたる弁当を持ち来る　尚ほ時間余りあり、二時半出て上野広小路へ、電車中にてせい、やす、純子に落ち合ふ、広小路風月堂にて皆にアイスクリームなど食し、上野駅に到る、協一妙高山より帰るを出迎へたり、待合室にて一時間程待つ　三時三三着車、省線にて四時過帰宅、協甚元気、純子夕食せずして帰り去る

八月一日　木　曇晴

星全家強羅行き、二時過出行く、其頃純子来、庭へ出る尋で良一も来、四人にて夕食す小金井全家なりなどいへり

八月二日　金　曇晴

玉芳院三七日に当る、七時半出かける、泉岳寺に到るも尚ほ時間あるを以て義士の墓詣、桑木厳翼氏の外に三二両人来、九時読経を始む　十一時帰宅、往復共電車、きみは銀行用ありて本郷に降る　夕刻庭へ出る、一雄氏来共に夕食

八月三日　　土　雨

朝出がけに丁度雨降り出す、九時教室、きみ同行、書架及室内整頓全く終了、四時きみ、純子来、純は赤門より直に北町へ帰る

八月四日　　日　豪雨

終日雨天屋内にあり書を読む

八月五日　　月　曇後晴

午前少し庭へ出る、午後純子来、夕食せずして去る、自分庭へと思ひたるに突然嘔吐す、苦感なし、原因全不明、時に四時頃なり、夕食は取らず

八月六日　　火　晴、また熱くなる

昨日嘔吐の影響別段なし、朝平常の通りパンを食す、昼前に純子来、殆んど同時に強羅より皆帰る俄に賑かになる、昼食なかなかさわがし　純子裁縫先生来りたりとて帰り去るたる（ママ）後良一来

八月七日　　水　晴

純子午前に来、良一午後四時頃来、夕食し去る、午後少し庭へ　晩児等明朝出発用意などさわぐ

八月八日　　木　曇

朝児等早く起きて支渡、七時半出かける、一雄氏同行星氏別に遅れて出発、京都ステーションホテルにて落ち合ふと、大騒ぎ　冷し庭へ出て草取り、きみ子は良一方へ行く衣服の世話などのため　独り昼食、三時頃きみ帰る、午後も庭へ出る、夕食の際京都ステーションホテル安着の電報到る

八月九日　　金　曇　珍らしく冷

午前庭へ、純子来、今日は四七日なり、午後も庭へ、可なり多く草をとる　晩雨となる

八月十日　　土　雨曇

昨夜来充分雨降る、午後止む　午後純子来尋で良一も、夕食し去る、親一等寄せ葉書京都より到る、信子に逢ひたりと

八月十一日　　日　曇雨

午前庭へ、午後細雨、読書、純子来らす、午後五時一五、電報（高千穂町より）今夜ここに泊ると　此方よ

り返電を出す

八月十二日　　月　曇薄晴、段々暑くなる

昨夜雨盛に降る、今朝児等の手紙、高松別府間船すみれ丸にて書きたるもの到達、児等名々のもの面白し（十日附）今夜は別府泊といふ　今朝新聞にて厳転勤のところ昨日二年半ぶりにて荻窪自宅へ帰りたりといふ　保子存命中に先づ々々宜しかりき、午後厳早速訪ね来る、二年半ぶりなり相変らず巨軀元気、これより橋本家へ行くとて去る　純子午後来、食事せずして去る　午前午後共庭へ出たり

八月十三日　　火　雨曇

午後は雨止む、純子来、遅れて良一も、早今日は始めて命日となる、きみ花を買ひて立て、斎を供ふ、純子は桑木夫人等に伴はれて泉岳寺に詣たり　午後は庭へ、一家四人晩食、純子等入浴八時半帰り去る

八月十四日　　水　曇

高千穂町十一日に着といは（ママ）がき朝到達、電報届きしよし

午前午後共庭、純子等不来、晩十二日頃月よし

八月十五日　　木　晴

午前きみ同行荻窪棚野へ、厳無事凱旋を祝ふためと保子見舞　厳は不在、保子よく解りて悦びたりと先づ々々厳帰りて安心したり十時半帰宅、午後純子来、庭へ出る

八月十六日　　金　晴　本格的残暑

今日は五七日忌日、七時半出かけるきみ同行、八時半泉岳寺に到る、まだ誰も来らず、追て良一純子、岸両人、桑木両所、松沢夫人、これより読経、和尚外四僧、終て休憩、厳翼氏一本色丹島誌を貸与せらる、石工来、良一図案を示し墓石を注文す、墓地に到り尚ほ石工と談合、良一は医専へ行くと、自分等純子を連れて帰る　時に昼に近し　午後庭へ、雑草の穂おびただし、之を刈る、良一も来、全家四人にて夕食　八時半去る　不在中横尾氏来訪、小児を失ひ、予定より早く蒙古より帰京せりと女中に言ひ置きたり

八月十七日　　土　晴

朝良一より電話、相談あり来てくれ云々　きみ九時過出行く十二時過帰りて女中直に暇をとり帰国すると、早速留守居に困る問題、きみ柿内へ寄りてこの突然の場合女中二人の中一人に留守番をたのむかなど山中別荘へ電話を打つなど、午後きみ横尾家へ悔に行く、氏も在宅、長男大塚附属小学五年生のよし気の毒千万　夕刻庭へ

去八日頃より独は英大攻撃を始む、先つ空爆を以てす

八月十八日　日　曇晴

きみは朝荻窪平野（与謝野）へ行く、色丹島誌を読む

午後良一、純子来、夕食せずして去る、庭へ出る、晩入浴後縁側にてきみと星、良関係のこと、良この地面に付執着心あること、純身上近き将来のこと素子在世中甚勝手気ままなりしことなど談したり　満月澄み渡る、前途感深

八月十九日　月　晴　熱し

午後三時頃純子来、星一家西南旅行より帰るに付自分きみ純迎へに行く、五時二〇着車皆元気、純子はこれより北町へ帰る、他は皆社車に乗り込み帰宅　大賑か

八月二十日　火　晴

熱さ厳し、午後純子来、夕食せず去る　昼少し前横尾氏来訪　庭へ出る

八月二十一日　水　晴

前夜半雷雨あり、午後純子来、夕食し去る、庭へ　夜に入りて精子明日我等両人協、鳩を連れて強羅行きのことを告ぐ

八月二十二日　木　曇晴

前夜も小雷雨、朝きみせい出発用意、親は残る協鳩を連れて出かけるせい駅まで見送る、バスを用ふ、車室三等、稍こむ、併し四人向き合ひて坐席を占む、八、五〇発車、自分汽車旅行丁度一年振りなり　登山電車満員、立つもの多数あり、十二時半強羅着、直に携へたる弁当を食す、自分単独散歩、荘の附近模様更る、道路コンクリイト、これは二の平、公園で、歩くに甚適す、二の平まで行く例の初声の滝は池となる、夕刻家庭教師として頼みたる久田氏来着、早速二児学修、夕食後駅辺遊歩、甚冷

八月二十三日　金　晴

古事記を読、夕刻二の平まで歩く、下へ八十名計の人々来る、星氏差支へ代理として日村副社長来挨拶

八月二十四日　土　晴曇

下の人々多数帰り去る、午前髪を刈る　午後独り二の平へ、星氏来荘に付夕方二児と駅へ迎へに、四時過来着、夕食は例の鶏肉甚佳、食後二児と駅辺散歩

八月二十五日　日　晴曇屢々俄雨

午前鳩子と公園、大小路舗装出きて歩きよし、帰りに駅に寄りたるもせい子等未だし、昼食中せい子、親、女中と三人着、これにて全家揃ふ、大賑かとなる　時に時雨

あるも其間を見て夕方二の平まで

八月二十六日　月　雨　台風

雨ます、益々強く、風を交ふ午後に到り愈台風となる、屋内雨漏り数ヶ所一歩も屋外に出ること叶はず、六時過星氏嵐中来着、湯の流出悪し入浴出来ず、停電真闇、皆早く寝に就く、風雨止まず

八月二十七日　火　晴

五時前醒む、気分爽快、近き川へ歩く三児遂（ママ）て来る、川の橋落つ流れ急なり星氏在羅、午前にきみ子女中に早雲山を見せるといふ、自分も共に行く　自分は全部ケーブルカーを用ふ、見晴らしにて待つ、他は寺まで行く自分は下に居る　午後は久田教師三児を連れて大涌谷へ行きたり、自分は独二の平まで散歩　晩食後床屋まで児等を案内し行く

八月二十八日　水　曇、少晴冷　帰宅

五時醒む、早く朝食すませ、八時強羅発車、きみ、女中共に、十時少し過帰宅、きみは白山上にてバスを降り明後法事のこと其他買物す　午刻良一来、招く人々其他に付相談、きみ子が注文し置きたる玉芳院塗り位牌出来す新体制準備会に初会議開かる

八月二十九日　木　曇

きみ子彼の遺物分けのことに付北町へ朝出で行く、午後一時半帰る　午後庭へ出る　五時頃せい子三児を連れて強羅より帰る、先つこれにてこの夏休の行事はすみたるわけなり、星氏尚ほ強羅に残りたりと

八月三十日　金　曇小時雨

玉芳院四十九日忌日に当り早く七時半きみ、せい、やす自分出かける、親は家にあり　協は学校農園へ、泉岳寺に到れば未だ誰も見えず、少時して、田鶴、岸四人、良一、純、桑両処、外三人、松沢夫人、椰野、小林、野明夫人など、読経僧五人は例の通り、帰途それぞれ別々に自分は田鶴、三二及誠、敬電車を用ふ　十一時過帰宅、他も続て来、弁当を取り、極て簡単なる昼食供す、金森いく子夫人の来応は特に思ひたり　桑木家三人、岸四人、橋本家四人、椰野族三人、田鶴、雨降り出したるも直に止む四時過皆散す、先つ々滞りなくすみたり　博子の談に小林幹氏死去のよし、お好さん八月九日頃博子を尋ね死去の日は七月二十四日とか、六十六才のよし、幹氏一生実にあはれなりき

八月三十一日　土　雨

長崎の池田－天辰論文校正、午後雨止む、夕刻庭へ出て枯笹を刈るなど　純子来暫時して去る、賢信来、夕食し去る

九月一日　　日　晴

池田－天辰論文校正を書留にて出す、大震災十八年目に当る　又今日より十日間防空演習　午後庭へ出たり　良一来、塗り位牌及附属品を北町へ移す、これにて客間床の間全く常に復したり

九月二日　　月　曇晴

久し振りにて教室へ行く、星氏出勤に同乗す時に七時半、机引き出しのもの特に日記を整理す、西氏へ小野直治原稿二種を渡す、これは輯報第九巻となる筈、又横尾ダヤーク原稿附属表に付談合、氏よりヘラルドへ渡すことと す　きみ午後三時半迎に来、良一今後の世帯のこと、特に地所に付自分目の子勘定、良一親子同住等に付懇々と話したり、意外にも素子生前に曙町へ同居すべきことを切に唱へたりと聞く、これは良一等西洋より帰りたると き自分其用意にて星家族を別居せしめて待ち居たるに良一等は己の都合上世帯を別にしたる次第をきみに話したり、五時過家に帰る、自分日記数十冊持ち帰る

九月三日　　火　曇

午前北町へ良一を訪ふきみ同行、これ久し振りなり純子も居たり、純子は理髪に行く　良一に曙町宅地のことを話す、昨日教室にてきみと話し合ひたることを精しく言ひたり、これより柿内へ寄る　三郎氏昨夜出発山形県、新潟県へ旅行の由、農事試験所視察とかなり長岡に一泊すると、賢信在宅　十二時半帰宅

九月四日　　水　晴　熱酷し

昨夜半今暁二回水瀉したり原因全く不明、終日ただうとうとして居たり全く食を絶つ

九月五日　　木　晴　熱さ酷し

腹工合宜し朝平常の食を少量にとる、昼はおぢやを食す、何事もなし　午後良一、純子も来、墓碑の談、既に石工着手設計全く定まり、百ヶ日までに出来の筈、女中新参のため旁夕食せずして去る、腹工合宜しき様なり便通なし

九月六日　　金　曇

古き書類を片付く、輯報校正直にヘラルド送り、便通なし　防空演習今日より本格的、晩は灯火厳く管制、きみ

腹工合損す臥床

九月七日　　土　雨、終日降る

昨夜来雨涼くなる　午前良一を呼びてきみ病症に付相談す、自分便通なし

九月八日　　日　曇小晴

朝便通あり、先つ全快と見なす　午前輯報校正、直にヘラルド送り午後庭へ出る、純子来、防空警戒中帰り去るきみ子尚ほぐづぐづして居る

九月九日　　月　曇雨

今晩自分又々下痢す、昨夕牛鍋の食に障りたるか、併し格別のことはなき様なり　協、鳩農園へ行く、雨に困りたり、きみ容体宜しき様子

九月十日　　火　雨曇

書見

九月十一日　　水　濃霧曇

読書

九月十二日　　木　晴、風、大雨

終日読書、ゆう子来　コペンハアゲンペデルゼン博士よりSüdl.Elemente im jap. Volke を送りたる（六月十八日発送）受領葉書到達、七月二十二日付

九月十三日　　金　秋晴

腹工合未だ全く常の通りと言ひ難し、読書、輯報（植松論文）校正

九月十四日　　土　秋晴

植松論文校正、十時頃田鶴子来、きみは与謝野見舞、せい子学校へ行きて不在、談話中せい子帰り十一時半頃田鶴去る　午後校正終り庭へ出る、一男氏草取りを助ける

九月十五日　　日　晴

植松論文校正著者へ発送す　学術研究会議会員辞職願を田中舘会長宛差出す　又植松第四論文校正　徳島市若林虎吾氏死去せられたる報に対し三二に托し弔電を発す夕方庭へ出る

九月十六日　　月　曇

昨日の校正を植松氏へ送る、午後庭へ出る時に小雨降り度々内に入る　児等満月供へ物したるも全く曇り

九月十七日　　火　曇

星車に同乗教室へ、時に八時前、西氏に長崎上田氏原稿を渡す　横尾氏ダヤアク論頁数内記（ママ）を超過するといふこと学研より電話あり、西氏と談合、自室片付もの、Gusinde: Feuerländer 論浩澣なるものの一部を見る　き

み午後三時過迎へに来る

九月十八日　水　風雨

北白川宮殿下御喪儀、生憎甚悪天、嵐模様　夕方止みて静かになる　書見　協一の級は並列し雨に濡れて午前に帰りたり　晩十七日の月朗

九月十九日　木　雨

古事記考察、終日悪天

九月二十日　金　曇晴

良一来り墓石標字「小金井家墓」と良一筆のもの持参、異存なきに付これに決定す、霽れ上りたるにより庭へ出る午後同断　学士院に乗車券申請を出す

九月二十一日　土　晴

午前庭へ、午後もやはり庭へ　白山社祭り協、鳩連れて参詣、槇町を歩きて帰る、祭は時節がら甚だ閑静、せい子横浜へ社関係の人帰朝を迎へに行く、星氏北海道へ夜行にて出発、三二来、散歩帰りに門外にて立談

九月二十二日　日　晴

好時候、きみ、協、鳩八時半出かけ泉岳寺詣、良一純子も来る、遺骨を拝して墓地の様子を見る、礎工に着手す、彼岸詣の人々賑ふ、我等四人は電車にて日比谷公園に入る誠に久し振りなり十一時半帰宅　午後は庭へ出る、横尾氏来、ダヤアク論文輯報掲載に付頁数超過の件、昨日編纂委員会の模様尚ほ慥かむることとす

九月二十三日　月　晴　祭日

良一純子来共に昼食、良一去る純子夕方去る、親は学校射的に、協は自転車にて荒川へ行きたり、秋天、午前午後庭へ出る、芝上甚快適

九月二十四日　火　曇

午前フランクフルター・ツァイトゥング〔＊新聞〕を読む午後は庭

九月二十五日　水　曇

横尾氏玄関まで来、論文印刷の件諸書引用せるところを小字とせば宜しからんと西氏言へりと　午後庭へ　夕方晴れる

九月二十六日　木　晴

好秋晴、きみ共に三鷹禅林寺へ森家墓へ詣、帰り省線電車中にて珍らしく柄木夏子夫人に遭ふ、昼前帰宅　午後庭へ

九月二十七日　金　曇

椰野よ志江子来、午後庭へ

九月二十八日　土　晴

日独伊三国同盟昨夕成る、ベルリンで調印を完了同時に詔書を煥発せらる

午後庭へ　星氏夜遅く北海道旅行より帰宅

九月二十九日　日　曇（昨夜雨）

親坊早朝神宮参拝、運動会にて出行く　午後庭へ

九月三十日　月　雨曇

明日奈良京都行予定の用意きみする、自分は午後庭へ

十月一日　火　曇晴　奈良京都行

常の通り朝食し、児等学校へ行く、八時過出かける、きみせい子バス、自分は星ダットサン車に同乗、星両人駅まで送りくれたり　九時つばめ号にて出発自分等両人向に坐せる人満州にて鉄事業を営むとか好人物らしき人、車中始終殊にきみ談話す、追々晴となる甚快感、停車駅、横浜の外、沼津、静岡、名古屋、大垣、昼食自分食堂車、きみは携へたパン、四時二六京都着、奈良行五時〇七発、六時一四奈良着、自動車あり直に奈良ホテルに入る、例の通り室、食堂よし、入浴

十月二日　水　曇薄晴

橿原神宮参拝、大軌電車を用ふ、駅まで歩く電車五十分ばかりを要す、直に参拝、神宮全部修築、御苑の設計規模大なり、これにて此旅の題名を果たす、徐歩大に時を費す昼に近し　そば屋に入りてきみうどんを食す、二椀にて十六銭なり、可笑、御陵は思ひ止り帰途につく、きみは秋篠寺を見るべく下車す自分は奈良まで帰りて大軌食堂にてコーヒーを飲む、五重塔の下にて待ち合せ四時頃ホテルに帰る、休息、京都信子へ葉書を出す、やす子、純子へも、廊下の椅子によりて若草山の暮景を眺む、灯火管制

十月三日　木　雨

屋にありて只公園の景を眺む、きみは昼前に雨中出かけたり、自分単独にて軽く昼食す、岸へ葉書を出す、雨止みたれば共に散歩、猿沢池辺まで行き一時間ばかりして帰る　京都信子より電話あり、明日行くと答へたり

十月四日　金　快晴

宿よりの公園の眺望極めて佳、九時半頃出かける、一寸バスを用ひて先つ大仏へ　これより手向山八幡を経て若草山に到る、極めて遅歩、尚ほ早きも食店に入りきみはすしを取る自分は携たるパンを食す、山麓の茶店にて寛

に休みて山を見る春日神社に到りて帰途につく、杉林中緩歩快、二時頃旅宿に帰る、昨日雨なりしも今日は稀なる好天、奈良の興味を満喫す、宿料五十八円余、三時四四奈良出発京都着、都ホテルに入る、防空灯火管制にて闇し、直に出て坂田家を訪ふ、信子歓迎す、晩食の用意をなし待居たりと、食事を終り宿に帰る、市中真闇、坂田氏ホテルまで送りくれたり

十月五日　　土　晴

九時頃信子来、先つ見舞品として四条辺市場にて果実を買ひ、是より信子に別れて両人は銀閣寺終点にて電車を降り足立家に向ふ、道を間違ひて大に迷ふ、十一時頃漸く達す、氏病後回復先つ佳、屋内は自由に歩くと併し未だ外出はせずと、元気にて談話、学術的仕事継続すと、頻りに引き止らるるも孫信子待つを口実として辞し去る、自動車を供せらる、十二時半坂田氏宅に到る、昼食、後三人南禅寺境内散歩四時頃ホテルに帰休息　六時頃招きたる木原氏、坂田夫妻来、共に夕食、木原氏に足立氏万一の場合遺稿を成るべく役立たせることを考慮せられたきことを話す九時頃散す　灯火管制解除

十月六日　　日　晴

朝平安神宮参拝これより坂田家へ寄り両人と共に出かける先つ三条まで市電、この駅の混雑名状すべからず、漸く大津電車に乗る、浜大津にて乗りかへ、近江神宮御造営の状を見る、先年この地を見たるときと勿論想像つかす本殿は稍々形をなすも其他は工程の程も明らず工事中の参道を歩く、陽光熱し十一時半頃琵琶湖ホテルに達し休息、午食、寛に湖景を眺む、快これよりバスにて浜大津に戻り電車にて京都へ帰る時に二時半頃、自分直にホテルへ帰り休息、きみ等は買物すべしとて㊅へ行く、バルコンにて望景中六時坂田氏迎へに来る、同家にて夕食、八時ホテルへ帰る

十月七日　　月　晴

きみ手荷物整理、受付にて勘定、九拾円計、これより出かける、市電にて先つ坂田家へ寄り、手荷物をホテルより持ち運ぶことを頼み我等両人にて四条大宮に到り嵐山電車にて渡月橋に到り、自動車叶はす、廻り道を新京阪電を一寸用ゐ松尾神社参拝、これより西芳寺詣、田甫中の道路蔭なく日射熱し、俗に苔寺といひて広き庭園の苔珍しきれい、これを見るが目的なりき、休息、帰途につく、二時渡月橋に戻る小店にてきみはうどんを食す自分はホ

テルより携へたるパン、これより嵐山の景を眺む、小舟にて橋まで下る、五時頃坂田家に戻る、信子が心配りの夕食、自動車を傭ひくれ、坂田氏駅まで、寝台両人共上段なりしも漸く下段一個出来たり、坂田氏に感謝し十時二五発車直に寝台に登る

十月八日　火　晴

五時醒む、沼津着前なり富士望む、八時四五着、ガソリンは自家用車には配給なき筈なるもダットサン迎に遣しくれたり、此旅行極めて満足　三児共在らす、小学運動会、親は学芸会なりと　一昨日鈴木孝之助氏来訪せられたる由

恰もこの日は東大へ　行幸あらせらるる日なり

十月九日　水　晴

小林文郎氏より昨夜長女文子さんの夫死去の手紙到達今日悔と共香奠五円贈る　輯報論文植松氏（京都）のもの戻るこれを通見、照井氏（奉天）のもの（英文）を見て著者へ送る　午後少し庭へ　夕刻良一来墓石略ぼ八分通り出来たりと　午前田鶴子智子を連れて来り昼食し去る

十月十日　木　晴

久し振りに教室へ行く時に八時半、柿内氏教室に訪ふ、自分学生時代に教師Langgard's Physiologische Chemie: Memorandumを生化学教室の紙屑にもと言ひて贈る且つ京都の話、自室に帰りて横尾氏と論文附図版の談合中良一来、諸学者より寄贈論文整理し棚に排列したるところを見せ世界学者と交際斯の如きを語り聊か誇とすることを言ひたり　正午となるを以て弁当といひたるも生理教室へ行きて雑誌を見ると。ところへヘラルド社富田氏来、京大紀要のため輯報掲載京大論文に頁数を五百部に付特別に直す件を打ち合せたり、四時きみ迎へに来りたり、夕刻三二来

十月十一日　金　晴

横浜港外に於て紀元二六〇〇年特別大観艦式興行せらる抄録1938索引製作タイプライタアを始む　午後は庭へ出る

十月十二日　土　晴

タイプライタア、午後少し庭へ、夕刻三二来、タイプライタア使用上不明の点二、三を質す、

大政翼賛会発会式

十月十三日　日　晴曇

午前タイプライタア、午後庭へ出る

十月十四日　月　雨

タイプライタア、良一来、石塔は大体出来のよし

十月十五日　火　雨

丸山忍氏より来信、来二十日頃までに上京すると、氏は耳鼻専門京都にて開業の由、この頃羽根蒲団の見事なるもの贈与せらる、謝状を出す　午後一寸庭へ出たるも降り出す　終日タイプライタア

十月十六日　水　晴曇

思ひ立ちて七里ヶ浜に鈴木孝氏訪問、往藤沢、復鎌倉廻り、靖国神社臨時大祭のため人出多し、四時半帰宅、鈴木氏元気、病院敷地のことに付議起り病室背の小松林抜除は大に風致を害す、気の毒

十月十七日　木　雨曇

タイプライタア、午後庭へ

十月十八日　金　薄晴

タイプライタア、午前丸山忍氏来訪、三十余年以来、氏尚ほ学生中なりき、六十七歳なりと、回古旧談、郷里に於て法事を営みたりと又汽車に乗ること容易ならず十一時半上野発にて郷里を経て中央線にて京都へ帰ると、一時間ばかり居て去る　誠に呆気なく感す　靖国神社臨時大祭

十月十九日　土　晴

タイプライタア、午後橋本とし子、高田三重子母子来訪、純子来　庭へ出る　午後五時純子を連れ皆出かける工業クラブにて星氏の招待　夕食、映画（この度大観艦式、内海干潟、今次の独仏戦、一九一八年戦争）十時に近く家に帰る

十月二十日　日　曇

タイプライタア、午前森島庫太氏来訪、自分学研辞職認められたること懐旧談、故素子百ヶ日法事、午後二時皆出かける、バス電車共混雑、三時泉岳寺に達す、来会者意外に多し、桑木の外、主なる方々岡田老若両夫人、入沢夫人、上田夫人、友永御夫婦、松沢御夫婦其他故人同窓の方々四時過読経了、これより墓所に到る、石塔出来、納骨、尚ほ一僧の読経あり先つこれにて不幸事一片付、恰も靖国神社臨時大祭中にて地方より上京者あり義士墓参り夥し、帰途バス、電車困る、五時過学士会館に到る良一が招き饗応せる人二十六、七名、終りて岡田、入沢未亡人等思出談、八時半帰

十月二十一日　月　曇

二千六百年紀念大観兵式、タイプライタア先つ一応打ち終りたり　これよりこれを整理すべし、午後少し庭へ

夕刻三二来

十月二十二日　火　薄晴、曇

午前柿内訪問、きみは桑木家へ、両処共在宅なりし由純子将来の談旁に　午後庭へ、萩を刈る

十月二十三日　水　曇

索引カアド整理、協、鳩靖国神社例祭に付学校休、学友三人来り庭にて賑かに遊ぶ、柄木夏子未亡人榊梅子未亡人来訪、折悪しくきみ上田家訪問不在、珍らしき来客、自分応接す

十月二十四日　木　雨

索引カアド検訂

十月二十五日　金　晴

教室行き、九時出て坂下にバスを待つこと実に二五分、遂に来ず、家に帰りて星氏車に同乗して行く、西氏輯報のこと、横尾氏教室に関する旧事　殊に人事談、其他雑用、せい子迎に寄る三時半帰宅

十月二十六日　土　晴

抄録カアド整理、あまり好き天気に付午後泉岳寺詣、きみ同行、墓所掃除、地内を遊歩四時過帰宅

十月二十七日　日　秋晴好天

索引カアド補修タイプライタア、良一伊豆旅行より昨日帰りたりとて来昼食、遅れて純子来、午後親は写真展覧会、協は一雄氏と共に金町まで自転車走行、せい子はやす、良一、純等共に出行く、自分庭へ「がく」を刈る

墓建設費七百三拾余円なりと、其内へ三百円を渡したり

十月二十八日　月　曇晴

輯報第八巻表紙内容等作成タイプライタア、午後庭へ出て掃く　良一方女中帰り来ず困るよし　せい子行く

十月二十九日　火　晴曇

輯報第八巻先つ表紙等了る尚ほ雑誌アブリビエーション〔＊略語一覧〕を残すのみ　午後庭へ出る　上田未亡人来訪、この頃きみ訪問に対し純子のことに付て旁

十月三十日　水　雨終日細雨

教育勅語渙発五十年式典あり　索引調成　和辻春次氏より丸山氏のこと其他に付来信

十月三十一日　木　晴

索引仕事

十一月一日　　金　晴　温和

午前庭へ、古俵を焼きて藁炭をとる、午後も庭へ、索引略ほ了る

十一月二日　　土　晴

九時半教室　京都より森氏輯報原稿横尾氏より受取る且書面中に何時頃までに出来るか、輯報は定期刊行か否かなどあり其返事を認む、且つ原稿を西氏に渡す　鉄道乗車証を学士院へ返す、鈴木尚氏又々保美発掘に出かけると、其他雑用、きみ迎に来、四時過帰宅　良一来、純子は学校より遅く来り夕食し去る

十一月三日　　日　晴

明治神宮鎮坐二十年祭　温和なる明治節、早昼を食し三児共神宮外苑体育大会へ行鈴木一雄引率　午後少し庭へ

十一月四日　　月　晴

輯報抄録雑誌題目アブリビエーション製作、午後庭を掃く、四時頃純子来、遅れて良一も来、夕食を共にす

十一月五日　　火　晴

好天に付思ひ立ちて久しぶりにて広尾岸家を訪ふ、八千代子独り居る、庭を歩く　八千代子あまり持てなし過ぎて迷惑、後を逐ひかけ重き果物箱を持ちて電車まで来るなど、往復とも電車、十二時半帰宅　アブリビエーションタイプライタア

十一月六日　　水　晴曇雨

九時半教室、寄贈論文を其棚に正しく整列す、横尾氏に教室建物の沿革に付談、きみ迎へに来三時半帰宅

十一月七日　　木　雨

尚ほ輯報インデックス整成、文郎氏女婿井上四郎氏遺骨満州より到着　藤沢の寺にて告別式を行ふ由通知ありたるも断る　又故吉永虎雄氏長男鋭明氏死去の知らせあり、きみ悔状を出す　純子来り晩食す　良一は宴会の由、帰りは水道橋にて待合せるといひて純子去る

十一月八日　　金　曇

於菟二千六百年式典のため台湾より出京、昼来訪、潤氏処有曙町貸家の地所の件に付きみと懇談　静子さんも加はる、十二時出発の由非常に忙しき様子なり四時去る　インデックス調成未だ了らず

十一月九日　　土　曇　寒し

午前日比谷公園菊花展覧を見るきみ同行三年振りにて見る相変らす奇れい十二時帰宅　輯報第八巻表紙索引作成

漸く完了

十一月十日　日　晴

紀元二千六百年式典愈々この日宮城外苑式場、市内は今日より四五日間賑ふべし、事変のため人心沈静のところ人気奮励を期す　三児共学校に於て式あり出行く昼皆帰る、午後一寸庭へ出て数ヶ所のもぐらが盛りあげたる土を始末す　児等と槇町へ御輿を見に行く　良一純子来り夕食す

十一月十一日　月　晴

聖紀の奉祝会宮城外苑に於て、今日も臨御　反期（ママ）児等学校休　夕食未だ終らざるに坂下通りを花電車通るとて児等走せ行く自分も行きて見るに五台

十一月十二日　火　雨午後止

午前十時過岡山敷波氏式典のため出京、来訪、久々にて旧新談甚だ歓ばし十二前去る、急ぎ昼食し一時学士院に到る、来年度授賞の件に付相談会なり、之れに自分は蒔氏に付諸氏の意見を探る目的にて出席したるなり　三浦、殊に稲田氏感薄弱なる模様に付き深く立ち入ることを差控へて辞し去る二時半家に帰る、往きみ、返は単独、人類学会評議員会あるも速達便にて断る　五反田にては二千六百年奉祝並に社創立三十周年記念会開催大規模の式会あり　児等放校後行く筈　児等余興を見て十一時頃帰る

十一月十三日　水　晴曇雨

玉芳院命日に付泉岳寺墓参せい子同行、往バス返電車、今日も奉祝（東京市催）学校生徒の旗行列数多ありき、北町よりは三人今墓参ありしと、十一時過帰宅、田鶴子来り居る昼食直に去る、自分不在中に会津の高畑捨子さん出京来訪ありしと　夕方純子来晩食、良一宴会のため、夜に入りて大降雨、良一遅く迎へに来り十時頃雨中帰り去りたりと自分少し気分悪く早く臥す

十一月十四日　木　曇

終日書室にあり

十一月十五日　金　晴

好天、思ひ立ちて荻窪に保子を見舞ふ、変りなし、帰りは駅まで徐行す十二時前家に帰る

十一月十六日　土　晴

横尾論文校正始めて来　昼食午後一寸きみを連れて出かける、向島百花園の現態を見るため、浅草雷門まで市電、これより昔ながらの一銭蒸気にて白髭橋にて降り廻り道

して漸く園に達す　園内は稍旧態を存す休憩茶を喫す茶佳し茶菓子を土産として持ち去る、土手に上りバスにて駒形橋を経て再雷門に到り市電にて帰る時に五時に近し

十一月十七日　日　曇

終日家にあり、ダヤアク論文校正、夕刻良一純子来る、鳩子誕生日なりとて五もく寿しを製す大悦にて星氏も帰り賑かに夕食す

十一月十八日　月　曇

十時前教室に到る、雑用、寄贈論文順序仕事、午後一時過きみ迎に来、これより築地本願寺に到る　きみは前の小公園にて待つ、富士川游氏追悼会なり、暫時席に居て失礼して去る　三時半帰宅　京都足立文氏全快とて内祝品到来

十一月十九日　火　晴

上野博物館内正倉院御物拝観のため九時同所に到るきみ同行、併しあまり夥しき人殊に学校生徒多く、とても入ることむづかし空しく去る　鶯谷より省線に乗る、車を間違へて大宮行きに乗り中里駅まで行きて戻るなど、巣鴨駅に降り思ひつきて染井墓地へ行く先つ小松家原家、次に浜尾先生墓に詣で十一時半帰宅　ランダアク論文校正

十一月二十日　水　曇

ダヤアク論校正　学士院へ鉄道乗車証を返へす（この頃間違つて奈良京都のもの送り越したるもの）　義歯数ヶ所の小破損修理のため歯科病院へ遣る

十一月二十一日　木　曇晴

社車に同乗九時半教室横尾氏と校正に付種々打合せ、氏渥美半島保美発掘のところ昨日帰京せりと、寄贈論文棚整理、昼食後偶々長谷部氏室、氏夏支那南京まで行きたりと支那談中きみ迎へに来、帰途きみは駒込郵便局へ行く　シュツットガルト書肆シュバイツェルバルト払36マルク80ペンニヒ為替組の件、局にて事変のため先方へ到達請合はずといふことにて空しく帰る　長谷部氏上野博物館内正倉院御物拝観券二枚自身持ちて来りくれたり明日共に行くべし　曙町の人出征戦死せられ其遺骨投着（ママ）、告別式ありて夕刻三児を連れて行く　三二来

十一月二十二日　金　曇

長谷部氏と昨日打ち合せの通り七時前出かけるきみ同行、上野公園前より地下鉄にて園の中に降る（初めて乗る）、博物館の側門より入る　長谷部氏既にあり、直に

御物拝観、人々なかなか多きも雄々順に順序を追ふ、氏時に説明しくれたり九時となる頃略ぼ見了る又一般入館者入りて混雑す、本玄関より出づ、長谷部氏に絵葉書を買ふことを頼む半時余待つも氏見えず　其間自分は館後の庭一寸見る、十時半家に帰る、絵葉書は氏よりわざわざ届けくれたり

十一月二十三日　土　曇　祭日

書室にあり　午刻横尾氏玄関まで来、マルクアルト再見、二三疑点を直す　午後協は自転車、やす子は電車、二人限りにて純子方へ行きたり、親は付近マラソン走をなしたりと

十一月二十四日　日　雨

書室

十一月二十五日　月　晴

書斎にあり、午後きみ中央郵便局へ行き尚ほ相談の結果まあよかろうと云ふことに付為替 36RM80Pf 邦貨 63 円 17 銭（RMM1 = Y1.71.6738）書肆シュバイツェルバルト（シュツットガルト）組む　社トラック好便ありて三二より借りたるタイプライタアを返し又沢山溜りたる学研医学輯報を広尾へ送りたり

十一月二十六日　火　曇

九時半教室きみ同行、ランダアク論校正横尾氏と談、寄贈論文書棚順序配列全了、三時半過ききみ迎へ来る

十一月二十七日　水　晴

朝古俵を焼て灰をつくる、十時出かけるきみ共に柿内を見舞ふ　三郎氏四五日来引き籠り静養中なりと、血尿を漏したりと腎臓に結石あるか？　十二時過帰宅　ダヤアク校正速達便を以て横尾氏へ今朝送る

十一月二十八日　木　曇

急に寒くなる、書室

十一月二十九日　金　曇時々薄晴

書室　協、鳩学校紀念日に付早く帰る

十一月三十日　土　曇小雨

陰うつなる天気、終日書室にありき　良一、純子来夕食日支（南京）条約正式調印

十二月一日　日　晴

ランダアク校正、頭骨部最後、横尾氏午後来、玄関にてこれを渡す

十二月二日　月　晴

故玉汝三十三年忌日繰り上げといひてきみ子橋本家へ挨拶に行く　十時横尾よりの電話を待ちて出かける、教室、同氏と校正に付共合、全く整列したる寄贈論文見る、きみ三時迎へに来る、吉祥寺前にて下車、同寺橋本家墓へ詣で寺に上る家族多数に遇ふ今読経終りたるところ、四時帰宅

十二月三日　火　晴

皇后陛下学校へ行啓、協、鳩いさんで出行く　フラウ・フィルヒョウ、フラウ・チルマン（ケルン・リンデンタール）、グロス教授（ケルン）、マイエル教授（ケーニヒスベルク、プロイセン州）それぞれバイナハツカルテ（＊クリスマスカード）を送りたり　ヘラルド社員富田氏来、輯報解剖第八巻表紙索引等を渡す　これを以て自分この仕事辞退する旨を言ひて別れて告げたり

十二月四日　水　曇

協、鳩学校休、寒ければ屋内にありき自分は書室

十二月五日　木　晴

故西園寺国葬日　終日書斎にあり、ランダアク論校正晩方三二来

十二月六日　金　雨曇

午後銀座伊東屋にてフィルヒョウ未亡人に贈るべく日本趣味カレンダアを買ふ自分は家に帰る　きみはこれより泉岳寺へ行きたり　日暮に横尾氏来、校正に付面談の上これを渡す

十二月七日　土　曇雨

フラウ・フィルヒョウへ屏風形カレンダーを送る　Emil Naberfeld: Grundriss der Japanischen Geschichte をOAGへ注文す　早く昼食を終へて伯林オリンピック映画（東京劇場）を見に行くべくきみ共に坂下にて雨中電車を待つも何れも満員、乗ることあたはず遂に断念して家に帰る　夕方良一純子来、純子誕生日なりきみ等常よりも意を用ひて夕食す、皆賑かに食事したり

十二月八日　日　晴

先考六十二回正忌日に相当するを以てきみ極めて簡単なる斎を供ふ　ランダアク論校正、午後横尾氏を呼びて談合

十二月九日　月　晴

書室にあり

十二月十日　火　晴

ドクトル・フォン・ベーグマン氏へ自分此度輯報解剖学編

輯の仕事其第八巻を了りて辞任することを申し送る

十二月十一日　水　晴曇

Naberfeld: Grundriss der Japanischen Geschichte この頃注文し置きるところ到達、直に郵便為替を以て支払ふ（四円六拾五銭）これを読む

十二月十二日　木　晴曇

良一昨日来引き籠り居に付様子如何にと思ひて出かける星氏車に同乗して先つ柿内へ寄る、賢信兎角はきはきせぬ様なり　丁度京都より坂田昌一氏出京面会、これより良一方へ行く、永々女中なく只独り居る風邪の気味なるべし、さてさて困りたることとなり、ところへ桑木夫人見えたり　十二時過家に帰る　きみ本郷中山時計店へ行き家中の黄金品悉く提出したりこれにて金気家中に影もなくなりたり　ダヤアク校正

十二月十三日　金　晴　芝上の霜始て真白

玉芳院命日に付泉岳寺墓参せい子同行、帰途せい子は歯医行途中にて別れ十二時半帰宅　故緒方正規氏未亡人死去の通知あり早速夕刻東片町邸へ悔に行くきみ同行、三二来

十二月十四日　土　晴

朝横尾氏来、ランダアク論供合　きみ長谷部家訪問夫人に頼む　良一純子来り晩食、良一風邪先つ宜き様なり

十二月十五日　日　晴

午前緒方未亡人告別式に近き槙町一音寺に到る、星両人、良一も行きたり　良一方漸く女中来りたりと五十日間ばかり殆んど極度に困りたるが実際如何　午後珍らしく宮坂光次氏来訪、金田一氏アイヌの研究第二版を贈らる出版業に従事し居るとか、自分の神話に関する説を述べ、南方と関係に付種々話しあり　午後学術研究会議会員願に依て免すの辞令内閣より到達

十二月十六日　月　晴

終日書室にありき

十二月十七日　火　曇　みぞれ

午後二時頃岡田未亡人、日本医事新報記者田中宏明氏を伴ひ来訪、故和一郎氏伝記編纂に付ての要件なり、和氏日清の役宇野と共に戦地へ出張、耳鼻咽喉科専門として独乙留学の件など話したり、天候寒くみぞれ降り悪天中四時頃去らる

十二月十八日　水　晴

ランダアク論文最終部校正、横尾氏を呼ぶ夕方来り談合

の上渡す

十二月十九日　木　晴

午前十時教室、星氏車に同乗、横尾氏にランダアク論附表を渡す、外に更にナジオン〔＊鼻根点〕を屍に付確定することに付其概要を独文に綴りたるもの（台湾台北に於ける解剖学会講演）修正、歳末として小使三名及給仕に三円つつ又事務小使五名五円（拾七円）遣る、きみ迎へに三時半帰宅

十二月二十日　金　晴

又々横尾氏より依頼のナゼンヘーヘ・アム・レーベンデン〔＊生者の鼻高〕修正、夕方横尾氏来これを渡す

十二月二十一日　土　晴

朝九時前に出てきみ共に銀座へ、伊東屋に入りて日記帳を買ひこれより松屋百貨店に入る、一通り歩き廻る、飾り付け全くなし売品さびしき様に感す、種々代用品殊にベークライト製食器目につきたり　きみはこれより鳥居家仏事に泉岳寺え行き自分電車にて家に帰る時に十時半

十二月二十二日　日　晴

家にありき　午後せい子三児を連れて銀座へ散歩に行き六時過帰る

十二月二十三日　月　曇雨

寒し書室に籠る

十二月二十四日　火　雨

翼賛議会第七十六招集、協、鳩学終業式　全甲なりといひて大歓　きみは野並ゆき江さん初産悦として橋本家まで行きたり　午後純子学校休になりたりとて来る、夕食せず良一待ちゐるとて去る　横尾氏ダヤアク論文末尾の部校了として渡したり

十二月二十五日　水　曇少晴　祭日

午後せい子三児を連れて出る、協写真器を買ひたりとて大歓にて帰る

十二月二十六日　木　晴

午前柿内へ歳末に行く、両人共不在、賢及四女児在り、歳末として児六人え拾円遣る、学研より昨日手当百九拾七円四十銭受る　輯報表紙等校正

十二月二十七日　金　晴

九時半教室へ、きみはこれより荻窪方面へ歳末に行く、輯報表紙内容等に付談合、これを校了としてヘラルドへ送る、正午自身階下の事務小使室に至り例の通り薬鑵を持ち来り湯を沸かして弁当を使ひたり　午後親一迎へに

来り三時家に帰る　髪をつむ　ヘラルド社より索引全部校正をよこしたり　学士院より東亜諸民族研究委員手当として百円送り越したり

十二月二十八日　土　晴

輯報第八巻インデックス校正　ドクトル・Th・E・デ・ヨンヘ‐コーヘン（アムステルダム）論文寄贈並に新年絵葉書礼札及挨拶を出す　フォン・ベーグマン氏へ年賀札を出す　鳩子雑誌を買ふとて共に槇町まで行きたり　松飾もなく甚だ淋し

十二月二十九日　日　晴

インデックス校正　良一純子来り昼食す、純子児等と遊ぶ

十二月三十日　月　薄曇

インデックス校正　初校ヘラルドへ送る

十二月三十一日　火　晴

温和なる天気、午前親坊を相手に庭にて空俵を燃し藁灰をつくる　夕刻良一、純子来り共に食事す、八時頃帰り去る、協、鳩とにぎやかに騒ぐ、つまらなき歳を送りたり

昭和十六年　2601（明治74）
1941（大正30）　第83年

一月一日　　水　晴（温和）

昨夜半せい子親協共に明治神宮参拝　一時過不斗醒めたるところへ帰り来る　午前柿内氏来、永々と書室にて交話、昼に近く食事せずして去る　志村秀隆氏玄関にて去る　協鳩は昨日純子と約束の通り学校より帰りて二人して行く

一月二日　　木　晴曇

フォン・ベーグマン氏より年賀を兼ねて自分が輯報編纂を止めたることに付き懇篤なる手紙来る　井上通氏へ年賀の返へし名刺を送る　純子午前に来、協鳩と羽根をつくなど、午後良一来両人共晩食せずして去る　潤氏来

一月三日　　金　晴

星氏催しにて晩翠軒にて昼食、午前十一時半出かける　電車を用ふ集まるもの柿内五人、小林二人は丁度昨日出京　児を連れて、良一純子、岸四人総て二十人皆大歓、自分等両人は別れて徒歩日比谷公園を通りて電車にて帰る時三時、星氏等は買物するとか、珍らしく温和なる天気

一月四日　　土　晴

午後小林ちか子来、四時頃厳来、帰京の際挨拶以来始めてなり忙しき様子　星氏帰宅皆厳に挨拶、これより星一家強羅へ行くとて支渡大さわぎ、五時前出行く　あとは自分二人淋しく夕食、入浴、鈴木一雄氏来り泊る明朝強羅へ行くと

一月五日　　日　晴寒し

良一純子昨日日光へ氷すべりに行きたりと女中留守居の筈なるも電話通ぜず　多分家を空けたるなるべし、晩この事に付桑木夫人より電話あるなど、きみ日光金谷ホテル良一へ電報を打つ　星氏晩強羅より帰る

一月六日　　月　晴

在日光良一等より今夕帰るとの電報あり此方よりも打つ　丁度行きちがひたり、家の女中をやる、先きのも帰る、これも行きちがひたり、夕刻夕食を持たせて又女中を遣る、良、純帰宅せりと、なかなかうるさきこと多し　午後中鶴律夫氏年始に来　三二依頼の武蔵高等学校長山本

良吉といふ人に紹介状を書く　誠一の来学年入学のためなり

一月七日　火　雨

朝ちらちら雪降る寒し、腰痛に困る、こたつにあり　午後八千代子来、夕食の際親坊独り帰宅　明日学校始まるためなり　星氏は夕方強羅へ行きたるよし

一月八日　水　雪

昨夜雪、朝起きて見れば庭真白になりてゐる　親は学校へ行く　昼食の際せい子等も強羅より帰る賑かになる

インデックス校正第二をヘラルドへ送る

一月九日　木　晴

午前忠子児を連れて来、児発育宜し、屋内歩き廻る、天気温和、智子鳩子と庭へ出て遊ぶ、元芝上にて転倒するなど、昼食し三時過去る　腰痛悪くはなきも去らず

一月十日　金　曇

輯報第八巻表紙、扉、コンテンツ、インデックス等全部校了、これにて輯報編纂仕事愈終結　午後協坊を上野学士院まで使にやる、紀元二六〇〇年記念章受取りのため

一月十一日　土　晴　暖

紀元二千六百年奉祝会発行書列聖珠藻及ひ聖徳余光送り来る、これを見る　晩方三二来、依頼の山本良吉氏宛紹介状を渡す

一月十二日　日　晴

三児は一雄氏の案内にて舟橋(ママ)戦車学校見学に行きたり　昼食時に良一純子来、泉岳寺墓参の帰りなりと茶の間にて談話四時帰り去る

一月十三日　月　晴

書室に籠る

一月十四日　火　晴

寒増す　終日書室にあり　信子京都より出京の由　忠子まだ滞在なりと

一月十五日　水　晴

協、鳩学校始まり朝出行く　グロス教授（ケルン）より賀札来、旧臘XII 18日の日付なり

一月十六日　木　晴

聖徳余光を読む、三二晩来、今日両人にて目白に武蔵高校に校長山本良吉氏に面会したりと

一月十七日　金　晴

腰痛軽快、信子此頃出産のため出京、忠子まだ滞在の由に付出向、賢信無事悌子旧臘来例の胃腸のため臥床、天

気温和、元児と庭のブランコに乗る、携へたる弁当を食し三時前帰宅

一月十八日　土　晴

グロス教授（ケルン）より立派なるクンスト・カレンダー1941到達　終日聖徳余光を読む

一月十九日　日　晴

天候甚温和　聖徳余光興味を以て読む

一月二十日　月　晴　晩雨突風

甚温和、夕方兵士三村真一郎氏越後北蒲原の人、昨年十一月家に宿泊せることあり、此度除隊となり郷里へ帰るとて暇乞に来る　夕食し去る

一月二十一日　火　晴

翼賛議会再開、今回は勿論やかましきことなかるべし

故橋本節斎氏一週忌（ママ）に当る、きみは吉祥寺読経に十時頃出行く　せいは議会傍聴に早く出行く、きみ子は田鶴子を連れて昼前に帰り来る、三人にて昼食ゆるゆる談し二時頃去る

一月二十二日　水　晴

椰野よし江子女児を連れて来、大塚女師入学くじ引きに行きたりと、幸にくじは当りたりと、昼食し去る　故杉本東造氏告別式なるも不参、悔状を出す　晩末広恭雄氏来、書室にて会談、四五日前に水産試験所々長より転任の口達ありしと即ち五月頃能登七尾の出張所へ赴任云々就ては氏到底これを受諾すること出来ず其所にては研究など思もよらず、自分は処決せねばならぬ、癌研に入ること出来間敷や云々　尚ほ西氏に頼み佐々木隆興氏に面談、次に長与氏といふ順なるべきを言ひて両氏へ紹介は出来る旨を告げたり

一月二十三日　木　晴曇　昨夜雨

終日室にあり

一月二十四日　金　曇

ヘラルド社より輯報解剖第八巻第三号の綴方順序に付念のため持ち来る、検して直にかへす　晩大に雨降る、せい子外出し未だ帰らす　困るべし

一月二十五日　土　曇

故有坂銀蔵氏午後青山斎場にて告別式なるも星氏も知己なるよしにてせい子香奠を供へるため住宅へ悔に行くと邸は三軒茶屋町なり、自分名刺をこれに托し告別式の方止めたり、せい子帰りて話に星氏縁者の有坂は別人なるよし、とんだ間違なり、午後きみ同行柿内へ行く、きみ

は桑木家へ寄る、賢信不在、四時家に帰る

一月二十六日　日　晴　寒

協一早朝（模擬試験を試むとて）中野へ出行く　午後せい子親、鳩を連れて銀座へ行く　良一純子来、晩食、賑か、星氏昨日強羅へ行きて不在

一月二十七日　月　晴

読書　事なし

一月二十八日　火　晴

ことなし、椰野女児とく子女師附属小学へ入学発表　よ志江子満足なるべし

一月二十九日　水　曇

金森いく子夫人この頃脳溢血左半身不随の由、きみ午前に世田ヶ谷邸へ見舞に行く

一月三十日　木　晴

よ志江子来児とく子入学出来、その挨拶、夕方三二来、末広氏長与所長に面会したる由、併し長氏は断りたる様子

一月三十一日　金　晴

良一方又々昨日より女中なし、この方より毎日夕食のものを運ぶ

二月一日　土　晴

潤氏「日本書紀神代巻」買ひて持ち来り呉れたり　ヘルマン・グロス教授（ウィーン）へクンスト・カレンダー礼絵葉書を出す

二月二日　日　晴

ことなし　良一等来ず、女中会社の世話にて今日行きたるが如何

二月三日　月　晴

午食後柿内へ、きみは一寸良一方へ寄る女中昨日来り留守居し居たりと、三時過帰宅　晩節分に付児等豆を撒くなど　福岡武谷広氏死去せらる直に悔状を出す

二月四日　火　晴

夕方良一来、純子「両人の配」のこと、純子は家に待つて居筈、良一食事せずして去る

二月五日　水　小雪曇晴

フランクフルター・ツァイトゥング〔＊新聞〕昨年十月のものを読む　昼食を終へたるところへ横尾氏来、ダヤアク論文独逸版別刷出来たりとて持ち来る、永年のことこれにて完結、緩々話し殊に学内のこと、三時半去る

二月六日　　木　晴

妣二十七回忌日、きみ思ひ出し花をささぐ　きみ純子配のことに付池袋に三栖氏訪ふ　書紀神代を読む

二月七日　　金　晴、温

きみ、せい二人共外出、独昼食、午後昨年十一月宿舎せる向島の人三上国之氏帰還せりとて訪ね来る、南寧の戦闘談　仙台山川章太郎氏死去せられたるに付医学部宛にて悔状を出す、学部葬のよしなり

二月八日　　土　晴　寒

柴田常恵氏細君死去せられたる由に付悔状を出す　紀と記と其首部のところを比較するも甚だ複雑

二月九日　　日　晴

柿内三郎氏両親の二十三回忌追善能を四ッ谷喜多能楽堂に於催さる、早く昼食出かける　せい子も鳩子を連れて行く、三郎氏「卒都婆小町」を舞ふ、次に狂言宗論終りに「葵上」は其始めを見る　五時過ぎ寒くなる故去る、天気好幸なりき　リスベート・フィルヒョウ夫人より年賀の返事来、三二へ二回手紙出したるも戻りたり云々

二月十日　　月　昨夜雪、午後晴

雪七、八糎つもる　児等学校より帰りて庭の雪をかき廻す

二月十一日　　火　晴

好き祭日　三児は午後一男氏誘導出かける　星氏珍らしく外出せず

二月十二日　　水　晴

泉岳寺墓参、帰途銀座にて下車三越、松坂屋に入る、人々少なし、商品甚さびし　十二時半帰宅

二月十三日　　木　曇薄晴

この冬第一の寒さか

二月十四日　　金　薄晴

夕方良一来、配のこと、野村のもの既に見たりと、純の方の談など

二月十五日　　土　晴

事なし

二月十六日　　日　晴暖

午後せい子親、鳩を連れて出かける　夕食の際柿内より電話、信子安産午後一時女児を分娩せりと

二月十七日　　月　曇雨

きみ志村へ行きて（一色）の意をさぐる様申込む　夕刻三栖氏玄関まで来、内部の探、別に新らしきはなきも難

事はなからん…

二月十八日　火　晴曇

きみ志村へ行く細君に面談、其日の内に先方へ行き呉れたりと電話　何れ明日行きて細く話す云々

二月十九日　水　雨

悪天中午前に志村細君来、先方にて認め呉れたる親族明細なるものあり、立派なるもの　在小倉小林魁郎氏写真並に細々なる手紙　事勢（ママ）に関するもの到達

二月二十日　木　曇

柿内へ行く信子産祝、母子共元気極めて順調、昌市（ママ）氏あり、坂田大人今日出京せりとて来、命名「伊都（いつ）」とせらる、十二時半帰宅　鈴木孝氏来訪この寒中無事なりきと、七月は八十八寿を迎へると大に元気、氏が我々時代人中最年長者なり　夕刻良一来、今日は大学にありて帰途なりと　野村の方略ぼ決定する模様、今朝島峰氏より電話あり内藤久寛氏より尋ねありたるとか、純子の方は此方一族書今朝志村家へ速達にて送りたりと　我々両人柿内へ行きて不在中人事興信の人？　来り良一のことに付尋ねたりと

二月二十一日　金　晴

きみ三光町岸家訪問、一色の話、黄金井とかいふ人の下にありて音羽子其細君と親しと　晩三重子より電話あり高田家親戚に不幸ありて出京　明日神戸へ帰る、面会の暇なきを以て電話にて挨拶すると

二月二十二日　土　曇（昨夜雨）晴

事なし

二月二十三日　日　晴風

再び寒厳し　午後精子鳩子を連れて良一柿内へ行く、親協は一男と鉄道博物館へ行く　この頃は書紀神代巻を読む

二月二十四日　月　晴

事なし

二月二十五日　火　晴

午後八千代子来、誠一に教室の自分の室を見せておきたしと　中学入学の際口頭試験のためなり、今日は緩々談して去る

二月二十六日　水　晴

久し振りに今年始めて教室へ行く、きみは与謝野病夫人のために催されたる高島屋百貨店に於ける絵画展覧会へ直に行きたり、其帰りに教室へ寄る弁当を使ふ、午後一

時半頃八千代子誠、敬二児を連れて来室、昨日打ち合せ置きたる解剖教室見学なり、丁度三二も来、先つ標本室案内、次に屋上、自室にて談話、来六日教室記念会を催すとのことに付寄贈として五円浦氏へ渡す　西氏挨拶に来、横尾氏論文ダヤアク寄贈先に付相談あり、三時半帰宅

二月二十七日　木　晴　暖

事なし

二月二十八日　金　雨

昨日遠山郁三氏より自分宛手紙は何か行き違のことなる由にて到達の上は封のまま返戻する様電話のところ今朝それを自分過まつて封を切りて初めて気付き謝罪して返へしたり　午後類氏珍らしくも来訪、此度婚約整ひたるよし　きみ共にこの吉事を祝したり

三月一日　土　曇寒

非常時議会今日議事終了、明日より自然休会となる　泰仏領印間仲裁会議（東京）好果の模様を号外紙報す真なる歟

三月二日　日　細雨寒

午後やす子供立（ママ）へ、親協はせい子と買物靴等を買に出る、義（ママ）信使に来る

三月三日　月　曇

O. A. G. ナッハリヒテン〔＊通信〕など読む

三月四日　火　晴曇

きみ共に荻窪へ、きみは与謝野へ自分は直に梛野へ、やす子相変らずの容体、併し昨日来言語甚だ不明瞭、帰りは駅まで歩く、十二時半帰宅、今年始めてやす子を見舞たり、いつもながら気の毒に堪へず

三月五日　水　晴

ウェンクシュテルンの Japanische Geschichte を読む

三月六日　木　晴曇　地久節

親は休、協鳩は学校に式ありとて出行く　鈴木はつ子と某氏結婚の媒介を星氏承諾したりと　其報を以て精子小林博子へ行きたり

三月七日　金　細雨

ウェンクシュテルンを読む

三月八日　土　晴薄曇

協高師附属中学考査に出行精子同行、午前に帰る、親は休、終日自分の書室に居る　午後きみ帯同柿内へ行く

信子母児共順調、五時前帰宅

三月九日　日　晴風

協今日も精同道附属中考査、昼帰る

三月十日　月　晴

事なし

三月十一日　火　細雨後曇風

協鳩久米川行きなるも迷ふ　附属中学入学発表せい子見に行く、協確定先一安堵　今朝鳥居れん子さんよりはがき、平野勇氏海軍病院に入院重体とか、その外家族に病人あり甚心配の由、きみ早速見舞に行く　良一夕刻寄る、平野氏を見舞たりと、案外重体の由、意識不明、胃癌なるべしと、良一配、純子の事　両ながら甘く運ばす、如何？

晩号外にて泰仏印調停今日署名を了す　斯く長引きたるは全く仏側の遅々たりしため

協一のためにせい子赤飯を炊く、星氏も帰る一男氏来夕食賑かなりき

三月十二日　水　昨夜半大雨風、雨曇

学士院年金下半期一四一円（九円所得税控除）受領　神話解釈に再びとりかかる

三月十三日　木　曇

泉岳寺墓参きみ同行、帰途銀座にて服部時計店にて誠一へ祝として遣る腕時計を買ふ（一二円五〇）煙草店に寄りたるも葉巻は一切なしと　昼帰宅、岸へ電話誠一志望の武蔵高校入学叶はざりきと意外　泉岳寺にて仙台の忠子の児に遣る太鼓など買ふ　夕刻三二来、誠一不合格に困りたる様子　尚ほ麻布中学の方試むべしと、気の毒に堪へず　北京ワイデンライヒより論文数種（中にブラック最後のものあり）寄贈

三月十四日　金　雨

終日悪天、岸と電話、きみ麻布中学のことに付花井家へ行きたるも良き方法もなし　午後純子試験済みたりとて来、夕食せず去る

三月十五日　土　晴

きみは午前岸へ三二八千代両人と相談、麻布中学叶はざるとき如何するかの難問題、久田教師大に尽力すべしと、今夜岸家にては三光町に集まりて相談するとか

三月十六日　日　晴曇

三二より電話、行動を中止する様と、稍方針付き（ママ）たるか、きみ与謝野寛氏七回忌とかにて鎌倉へ行く案外早く帰り

たり　午後やす子と槇町へ卦洋紙を買に行く

三月十七日　月　曇

昼三二来、誠一学校方針取り極め麻布中学といふことにしたりと　きみ千駄木類を訪れ結婚祝として三〇円（星は二〇円）贈りたり　午後きみ共に柿内へ、パンを受取り旁

三月十八日　火　雨

親試験最終日なりとて出行く、協鳩休み　終日悪天

三月十九日　水　晴

志村家より電話、一色家より来四月三日会見すべしと又晩にこれを良一へ電話す、親学校協鳩休、協友人二三来り庭にて遊ぶ

三月二十日　木　晴　好き春の天気

午前きみ供泉岳寺彼岸墓参、恰も今日は義士自刃二百三十九年忌日法要ある由、自分等も参詣す昼帰る、午後鳩子友立（ママ）来て芝上に遊ぶ、自分は熊手の修理

三月二十一日　金　晴暖　祭日

始めて庭へ出て芝を掃く、純子来直にきみ志村家訪問、純子引き合せに連れ行く、両処共在宅、純子は先きに帰る　きみ居残りて種々話したりと、昼良一も来る　星氏もあり皆共に昼食　星氏案内にて夕方出かける、協一附属中学入学祝とのこと　交詢社にて夕食、全家七人の外良一純子他は皆銀座を歩くと自分きみは先に自動車にて帰る

三月二十二日　土　曇

協鳩学校終業式に出かける　成績表をもちて昼帰り来る二人共全部甲なり　小林ひろ子娘はつ子夫死亡数年寡婦なりし此度三児を連れて再縁すると其媒酌人に星両人立つことを頼まれ工業倶楽部に其式を挙ぐる由

三月二十三日　日　細雨

広尾岸へ行く、往は星氏社へ行く自動車に同乗、昨晩電話にて誠一麻布中学へ入学の報あり　其喜びのためなり誠に腕時計を祝として遣る　三二等はこれより方々心配しくれたるところへ挨拶に行くと、電車にて帰る時に十時五〇　せい子三児不在銀座辺へ行きたり　夕刻梛野透来訪　食物其他需要品配給談、針金工場を明電社に合併したりと

三月二十四日　月　雨曇

朝良一より電話　平野勇氏今朝遂に死去せられたりと悼む　学校式へ三児共出かける　親成績よし協、鳩皆よし、

親賞状を得、協皆出席、星両人満足なるべし

　三月二十五日　火　晴

きみ供に平野家へ悔に行く、神保町乗り替へにて別々になり自分先きに同家に到る、屋内至て静なり丁度火葬場へ送りの時なり、鳥居れん子老婦ありて辞をかはす、十一時半家に帰る　夕刻石原鶴齢老人来きみ挨拶す、氏は椰野肇弘崎（ママ）高校授（ママ）験に同行　今朝帰京のよし、不合格、全く徒労失望云々　野明も大方同様なるべし両者共気の毒

　三月二十六日　水　晴曇

議会閉院式

午後純子来、良一共に夕食すとて去る　横尾氏玄関まで来る教室の自分の室を井上氏室に移るの件自分に於て異議なき旨答へたり　夕刻志村細君来、只今一色母堂来りて断りといふこと取り相（ママ）へず知らせると、其理由は桑木夫人にあると、これ程までに夫人に困るとは思はざりき

繁隆氏は朝鮮出張不在の由

　三月二十七日　木　雨曇晴強風

故平野勇氏葬式、一時出かけるきみ同行、泉岳寺に到る二時過ぎたり読経中なり三時終る、嗣子泰治氏悔を述、鳥居れん子老未亡人あり川野長成氏種々斡旋、一寸墓所へ寄りて帰る時に四時半過ぎたり　良一は立礼に列す

留守中にせい子三児を連れて箱根強羅へ行きたり　純子来りたるも帰り去りたりと　夕刻良一寺より直に曙町へ寄る　昨日志村夫人来訪のこと話す、昨日良一純子野村家の人其他と料亭あじやにて食事したる由本件未だ要領を得ず　晩星氏は強羅へ行かず家に帰る

　三月二十八日　金　晴　強風

久し振りに教室へ行く、九時半、きみ供、古書類を棄却整理など、午後横尾氏来室愈々自室移転せね（ママ）ならぬこととなる　三時きみ迎へに来る　夕食の時刻に八千代子来る内玄関にてきみと話し去る　例により内祝として切手（15Y）置きて行きたり

　三月二十九日　土　曇　寒厳し雨

歯科学生大久保戎氏玄関まで来、寒酷しきため玄関にて失敬したり先づ勉学の由　今日は類三宅嬢結婚式、式列席のためきみ共に午後二時出かける雨降り出す　帝国ホテルに到る直に式始まる双方十四五人つつ、終て後撮影これより休憩二時間ばかりこの間葉巻煙草を喫す、五時より招待人々来る大控室に移る、太田正雄、斎藤茂吉、

原素行其他八時頃帰宅、悪天、星氏自動車を提供しくれたるは幸なりき　星氏は晩強羅へ行きたり

三月三十日　日　曇寒

終日読書

三月三十一日　月　晴　好天

朝突然きみ発議　純子を誘ふて鎌倉へ行かんと　純子へ電話すれば大悦びと即ち急ぎ支渡して出かけ東京駅にて八時半に落ち合ふ、発車迫る辛ふじて間に合ふ、乗車すれば満員併し漸く三人とも坐す北鎌倉にて下車、名ある尼寺に到る　境内広く且つ閑静甚意に適す再び省線にて鎌倉に下るこれより自分の遅歩を以て海浜ホテルに到る時に十二時に十五分前なり、休憩、十二時半食堂開く、定食二円五〇但し甚簡素一切肉なしカキフライ、ゆで玉子料理、蔬菜、肉なしデイだなどと笑ひたり、これより電車を少し用ひて駅に到る、車内満員押し合ひ立つ、自分だけは中途より坐す　きみ純立ち通し、バスにて四時帰宅、夕食して純子去る、星氏晩帰宅せり

四月一日　火　晴風寒

東京伊東間乗車申請（四月六日―三十日）　純子昼過、良一夕刻来り晩食す　星氏薬学専門校創立に忙しき様子今日も強羅へ行かす帰宅

四月二日　水　晴

相変らず古事記考査、星氏強羅行かす夜遅帰宅、薬学専校創立問題に付忙しき様子

四月三日　木　晴　愈々春気但し強風

悄然古事記考査　小林貞之助氏学会講演を終へ其帰りなりとて寄る、児元の話面白し夕食を共にし八時半去る

四月四日　金　曇

九時半頃協独り帰り学校へ行きて校服受取る筈のところ未だ出来ずと、昼前に皆帰り来る　賑かになる　椰野肇旅順工科大学入学（日本医科大学と言ふは誤なりき）明後日出発するとて玄関まで暇乞に来る

四月五日　土　雨

柿内より電話、昨日午前十時仙台小林家にて忠子男児分娩せりと、貞之助氏今夜行にて帰仙のつもりなりしも昨夜々行にて早々帰仙せりと　午後精子協、鳩を連れて雨中買物に出かける、後より親も出て純子方へ皆行きたり

四月六日　月　雨　終日悪天

終日天気悪し、乗車券到達

午後良一来、貸家あるとか場所は四ッ谷、家賃150円なりと暫時して去る
今暁独軍ユゴスラビヤ進入

四月七日　月　晴　寒し
午刻純子来、夕食せずして去る

四月八日　火　晴
学校始業児等出かける、昼までに皆帰る　午後協鳩を連れて吉祥寺に橋本家墓へ詣る　協今日国民服式校服出来これを着て得意　花祭とて寺内賑ふ

四月九日　水　曇雨寒
昼近く純子来、午後四時頃去る

四月十日　木　雨曇
古事記書紀考査

四月十一日　金　晴
午前柿内へ行くきみ共に、信子明日京都へ帰ると　児大きくなりたり、坂田氏にも面会、午刻帰宅　午後は庭へ出る

四月十二日　土　曇薄晴
泉岳寺墓参十一時帰宅　午後純子来、夕食せずして去、昨日より英学塾授業始まりたりと

四月十三日　日（晴）曇雨
まだ神話の解終らず

四月十四日　月　曇
神学のことは打ち切りとす

四月十五日　火　晴
Verletzungen an Knochen der Steinzeit〔＊石器時代の骨の損傷〕を考慮す　暖き天気午後庭へ出る　長谷部夫人来訪　関東州旅行土産葉巻一二本（八バナ）を貰ふ

四月十六日　水　曇
午後庭へ出て笹を刈る　予て経（ママ）画の星薬学校創立の件今日認可になりたりと

四月十七日　木　晴
好天定期大掃除、自分午前午後庭へ出る

四月十八日　金　曇雨晴
午後一昨年十一月家に宿泊せる出征軍人長沢利晴軍曹只今除隊になりたりとて訪ねくれたり　無事凱旋を祝す、戦地談、南支仏印勤務、瀋陽に於ける大戦闘など

四月十九日　土　晴曇
荻窪に保子を見舞ふ格別変もなけれど精神は遅々衰へる様なり生年月日を尋ねたるも忘れたりと　きみは与謝野

へ寄りて来る、野明むつ子息治雄こと北海大予科へ入学出来たりといふ悦びに其住宅へ行く〆切りてあり空しく去る、梛野にてはよし江子不在児を学校へ送りのため、十二時帰宅、ひろ子来り居る、其中にむつ子治雄を連れて来る　入学祝十円贈りたり

四月二十日　日　薄曇薄晴

午後純子夕方良一来夕食賑か　八時去る

四月二十一日　月　晴曇風

八時半出て教室へ行く　二時せい子星氏郷里へ旅行を送りたりとて教室へ寄る、家に帰る

四月二十二日　火　曇

終日うつたうしき天気

四月二十三日　水　曇

夕刻三二来　フランクフルター・ツァイトゥング〔＊新聞〕持参の中に航空便にて送れるものあり

四月二十四日　木　晴

好天に付七里ヶ浜行き、十一時半鈴木療病所に達す、細君もあり昼食中、自分等も携へたるパンを食、鈴木氏元気、哲夫氏あり、一時頃辞去し鎌倉に到る、きみの希望によりバスにて材木座に到り光明寺に詣、昔し来たりしことありしも忘れたるに案外大なる寺なり　境内広し閑静暫時樹下に休息　またバスにて鎌倉駅に至り帰途につく、丸ビルにてパロマ煙草五箱其他買物し電車にて四時半帰宅、靖国神社臨時祭にて電車混雑

四月二十五日　金　晴

桜井龍蔵氏二男東京工業大学生なるがこれまで透保証人たりしも長岡へ越し移る故自分交はりて保証人となる

靖国神社臨時大祭　御親拝あらせらる　児等学校休　午後せい子児を連れて出かけたり　自分庭へ出る

四月二十六日　土　晴

桑木第二孫脳膜炎にて去二十四日死亡の悔に行く両所及びあさ子さんの愁傷察するにあまりあり　香奠五円供ふこれより柿内へ寄る田鶴子昨日帰宅仙台にては忠子母子共先格別のことなき由　忠子二児となりなかなか大役なるべし　午刻帰宅精子は午後悔に行きたり　夕刊にて石黒忠悳子今朝逝去せられたるを知る　享年97なりと

四月二十七日　日　晴

朝両人石黒家へ悔に行く忠篤氏穂積氏に面談、九時帰宅、良一純子来昼食す　午後は児等庭にて遊ぶ　自分も出る

四月二十八日　月　曇

午後一時より築地本願寺に於て故石黒忠悳先生葬儀に列す、きみ共に、二時より告別式に移る　せい子はこれに来、星氏腹痛のため行かず、帰りは三人自動車にて二時半帰宅　自分昨晩より少し鼻風をひきたり　せい子三児を連れて工業クラブの例の食事、活動写真え行きたり

四月二十九日　火　曇雨

児等学校式に行く　風邪の気味のところ尚ほさつぱりせす

四月三十日　水　晴

午前やす子を連れて富士前町の藤の花を見に行く　きれいなるも少し早し

五月一日　木　晴

終日書室にあり、風邪まださつぱりせず

五月二日　金　曇

気分悪し床に入る　体温三七、二度、三八、二度、三七、七度

五月三日　土　曇風

床中にあり　三七、〇度、三七、七度　夕刻良一来診

五月四日　日　風雨、嵐

昨夜来強風雨、例年の大学五月祭、星氏午前に親協を連れて主として薬学を見たりと　午後純子来夕食せずして去る　体温三七、一度

五月五日　月　薄曇強風

体温三七、六度まで上る　気分悪し

五月六日　火　曇

親昨夜来少し熱あり　八代学士来診、寒冒なるべしと自分も序に受診　ラッセルなしと、温三七、六度

五月七日　水　薄晴薄曇

親坊休み静養、昼食を終へたるところへ久し振りに文郎氏来、長々話したり、故小林幹戸籍の誤、文郎氏が相続のこと、末女婚姻のこと　夕刻三二来

五月八日　木　晴

学士院へ授賞式欠席、賜餐拝辞其他、汽車乗用券返戻等を出す　親一学校へ行きたり別に障りなき様なり　鼻の方はよきも未だ咳嗽ありて痰出る、微熱（三七度）あり

五月九日　金　曇薄晴強風

フラウ・チルマン（旧姓ワルダイエル）ケルン・リンデンタールより葉書来、昨年十二月出したるバイナハツカルテ〔＊クリスマスカード〕の挨拶なるべし　親協戸田橋附近

に於て学校端艇競漕会開催、これに行きたり　梛野よし江子自分風邪見舞の意味にて来る又岸八千代子同断

五月十日　　土　雨（昨夜来）

良一来尋で田鶴子禮子を連れて来昼食せずして去る、良一は理研へ行き再び寄りて昼食す緩々話して去る、彼の野村の件は本人病気とかにて全く白紙とする云々　午後大山公爵来訪、近日渥美郡保美発掘に柴田氏と共出かけると、維新薩藩戦史編纂を引き受けたりと、近衛家古文書整理など多忙なる由

五月十一日　　日　曇

曙町内に貸家あるといふことにて良一へきみ電話す、昼先つ純子来、午後良一来、貸家をきみ良一等見に行きたり今月末に空くとか、如何、五時両人去る　良一手に入りたりとてロンドレス葉巻煙草持参　自分体温三七度以下の様なり気分宜し試に庭を歩きたり

五月十二日　　月　曇

鳩子学校催潮干狩とて早朝出行く　体温三七、一度　終日床中にありき

五月十三日　　火　雨終日止まず

学士院授賞式、明日賜餐何れも不参　親一習志野に於て演習早朝出行く　西成甫氏より使を以て333円届け来るこれは輯報第八巻第三号編纂料なり

五月十四日　　水　晴

昼食を終へたるところへ横尾氏来、或社より自分の伝記を書くことを頼まれたりと、特に話すこともなかりしも自分独逸其他の学会の通信会員に推選せられてあること其ディプロムを探がすなど又伯父小林虎のことなど言ひたり　久し振りに賢信来る今理研より大学へ行く途中なりと但し晩に学会ありこれに講演する由　晩食してこれに赴きたり　体温三七、四度

五月十五日　　木　晴

午後小林文郎氏三女貞子さん此度藤田尚寛（北海道鉱山に従事する人）に嫁すに付姉文子さん同道来訪玄関にて挨拶、親坊演習より帰宅　体温三六、八度

五月十六日　　金　曇

終日室内にありき　体温三七、一度

五月十七日　　土　雨

天気悪し終日雨止まず　体温三六、八度

五月十八日　　日　曇少し雨

午後純子来、良一も来る、星薬専校創立祝工業倶楽部に

催さる良一はこれに行く、せい子三児を連れて買物に出かける　体温三六、九度

五月十九日　月　晴

気分宜しからす　体温三七、二度まて昇る

五月二十日　火　晴（晩小雨）

せい子友人催しにて茨城県袋田温泉へ行き終日不在　体温三七、二度

五月二十一日　水　晴曇

自分容体この頃全く同辺、体温三七、二度　星薬学専門学校創立祝賀として二百円寄付す

五月二十二日　木　曇

フラウ・イルゼ・チルマン（ケルン‐リンデルタール）へ葉書を出す、これは先日到達葉書の返事なり　親協学校催し長距離競走村山貯水池周囲に赴く、親は優秀証（ママ）を得る　体温三七度

五月二十三日　金　雨曇

午後田鶴子来　賢信配の談、曙町にある貸家空きたりとて早速きみ行きて見る案外よき家なりと　良一へ電話す明朝行き見ると、鳩子熱ありとて少し早く学校より帰る、三七度あり　自分体温三七度

五月二十四日　土　曇　夕方雨

午前良一来近き貸家を見て先つこれに取り極めたる様子故石黒忠悳子法事のため来三十一日帝国ホテルへ案内を受けたるも微恙のため断りを出す　夕刻純子来良一昭和校催し伊豆伊東へ一泊旅行に付泊りに来たのである　晩茶の間にて賑か　星氏強羅へ行く　体温三六、九度

五月二十五日　日　雨

純子朝きみ児等と貸家を見て北町へ帰る　貸家大に純子の気に入りたりと　終日うつたうしき天気、独逸絵入新聞を見る　一ヶ月計を経て試に入浴したり

五月二十六日　月　曇雨

別に入浴の障りなき模様、独逸絵入新聞など読む　この度の恙も一月ばかりにして癒へたるか

五月二十七日　火　雨曇

陰うつなる天気、盛衰記を読む　午後末広ゆう子二児を連れて来りたり

五月二十八日　水　雨曇

午後桑木夫人来、先日二男不幸挨拶

五月二十九日　木　晴

午前越後小千谷慈眼寺船岡芳快といふ人尋ね来る戊辰戦

時の談　午後きみ供石黒家へ訪問故子爵仏前に拝す　忠篤夫人に面会、これより良一方に寄る不在　きみは桑木家へ挨拶、三時半帰宅、久し振りに一寸庭へ出る、入浴、先々今度の微恙全快の様なり

五月三十日　金　晴　全く夏らしくなる

天気穏か午前も午後も庭へ出る大分草を取りたり

五月三十一日　土　晴

日光乗車証を学士院へ請求す　午前午後共庭へ出る　星四郎氏来、葉巻煙草数本の贈あり　晩は星両人児を連れて工業倶楽部へ行く　自分は疲れて早く就眠

六月一日　日　曇小雨

良一今日牛込北町より曙町16番地へ移転す　トラック及び手伝四五人は会社にて都合し呉れたり、午前より女中二人きみも近き宅へ行く　純子は午前より来り居る、午後自分も一寸行きて見る　周囲余地なきも建物は決して雑普請にあらず、なかなかしつかりしたもの、荷物はトラック三回（外に差向不用の物は社の倉庫へ預けると）自分は家に帰り夕食入浴、良一純子来り夕食入浴、自分、親、協三人にて留守居に行く女中等食のためなり、良、純帰り来る　替はりて自分三人家に帰る　時に九時、先これにて荷物運搬済む、後は屋内整理のみ

六月二日　月　晴

純子朝寄りて弁当を持ち学校へ行く　自分久しぶりに風邪後教室へ行く　横尾氏来室　アイクシュテット、レッヒェ各世界人種総図を見る、後鈴木尚来室挨拶　シュラギンハウフェン（チユリヒ）及びフォン・ヨンヘ（アムステルダム）より論文寄贈、各礼葉書を書く、ワイデンライヒ（北京）より来信、周口店発掘は一九三七（日支事変）より此方叶はず　近日出発米国に在住すと　三時半帰宅　純子学校帰りに寄る

六月三日　火　昨夜雨、曇、晴

午後庭へ出る、五時頃純子学校帰りに寄　菓子をたべて行く

六月四日　水　晴

九時教室に到る星氏車に同乗、雑誌など整理、横尾氏面談、石器時代人骨目録を作る、三時きみ迎へに来、帰宅

六月五日　木　曇雨

昨四日独逸侯帝ヴィルヘルムⅡ世死

鉄道乗車証到達　学校帰りに純子寄る

六月六日　　　　金　強雨強風

無上の悪天、朝児等学校行困る、帰る頃は嵐稍静かになり夕方霽れる、読書

六月七日　　　　土　晴

午後予て打合せ置きたる山本有三氏来訪、小林虎伯父様のことに付きての談、自分知れることを話したり、戊辰戦争の談もありき、三時去る　これより庭へ出、昨日嵐の後の掃除をなす　夕食鳩子を連れ純子方へと出れば途中にて先方両人に会ふ共に家に連れ帰り賑か、星氏強羅行

六月八日　　　　日　晴

午前友枝高彦氏来訪、故ベルツ教師の人類学上効績（ママ）に付質問あり殊にモンゴレンフレック〔＊蒙古斑〕午刻鳩子共に中食のものを持ちて純子方へ、午後野本清一氏来訪、珍し、野村家、良一後妻のこと。当人病気のところ全快の由、白紙云々のこと氏は全く知らずと、尚ほ野村方をただして其模様を知らせると　少し庭へ出る　夕食後野本氏来談のことを良一に知らせるためきみ自分三児純子方へ　星四郎氏細君児を連れて来

六月九日　　　　月　晴

きみ供教室へ九時、横尾氏種々用を弁す　長谷部氏来室土佐高知遺跡より狼の下顎骨其他態々携て、指示説明せらる極めて珍らしき遺跡に付同地へ出向くと、来十五日足立氏喜字祝に付京都へ寄ると　鈴木尚氏人橈骨の一片を持ち来りこれを示さる、輪状の庇甚だ明かこれ亦珍らしこれは下総余山所出のもの　きみ迎へに来り四時過帰宅、橋本とし子夫人龍雄妻女来、玉芳院一週（ママ）忌供物を贈らる　純子も来

六月十日　　　　火　曇

田鶴子来、賢信配順調に談進むと、昼食して去る　午後野本氏再来る白紙云々件疑問、氏は調整を望み居らるる模様なり、夕食後きみ良一方へ行く

六月十一日　　　　水　雨

種々のものを読む

六月十二日　　　　木　雨（梅雨天）

午前入沢未亡人来訪、明日一周忌仏事を営むに付其挨拶なり、緩談、佐々木信綱氏これは玄関まで短冊を供へらる、石原鶴翁これは昼食を供す、午後は博子むつ子来、長談　純子学校帰りに寄る

六月十三日　　　　金　全く梅雨天気

朝比奈泰彦氏還暦祝に五円贈る　玉芳一周忌法事（一ヶ月繰り上げ）、午後良一純子来、一時頃出かける泉岳寺にては電話悪しきため用意し居らぬとか、併しどうやら間に合ひ三時過読経を始む、僧七名、墓所詣をすませ、これより芝公園水交社に到る時に五時、雨少降る　六時卓につく、三十五名計、自分、親、協、鳩と共に一卓に坐す、後休憩室にて皆こころよく談す　九時過帰宅時に雨降る、先づ総て都合よく、上出来

六月十四日　　土　曇　冷

午前柿内へ行く、二三日前に坂田氏書用（ママ）出京と共に赤児を連れて出京せり、十一時帰宅　午後少し庭へ出る、鳥居老未亡人来訪　昨日法事のためなり、せい子やす子を連れて純子学校催し活動写真へ行く　純子と共に帰る

六月十五日　　日　細雨

午後四時頃良一等来夕食、児等賑かに遊びたり

六月十六日　　月　晴

九時教室、安川へ製本二十余冊渡す　石代人骨目録カードを書く　午後きみ迎へに来、四時半帰宅　純子寄るおやつをたべる　晩又良一純子来、近きは弁利（ママ）、往復頻繁

六月十七日　　火　曇晴

九時半教室、石代目録作成、四時前帰宅　純来、晩食後やす子供に良一方へ行き小カバンを借りたり

六月十八日　　水　薄晴、曇、後霧　日光行

朝出かける、精子送る、電車にて巣鴨、省線上野駅、準急日光行列車に乗り込む、八、二〇発車　二等車あまりこまず、日光着、手荷物は最少限度、各手提小カバンを携てバスに乗る、これは大混雑併し坐す、東照宮前にて乗り替へ、坐席なし両人共立つ、精錬所降る人あり　自分は車掌席に坐す、きみは立つ、馬返しにて又乗りかへ、これより二人共坐す、これより急に登る30回の曲りあり、中禅寺に達す、直にレーキサイドホテルに入る時に十二時十分、昼食後霧深くなり眺め全く絶つ、泊り客は自分等のみ、極静、寒しストーブを焚く、ホテルの人々と談、夕食後純子及児等へはがきを出す、入浴、九時就眠

六月十九日　　木　曇霧小雨

五時醒む、六時頃出て立木観音へ詣でホテルに帰りて朝食、八時頃出てバスにて湯元行き、混合はず坐席楽、湯元湯泉を見るこの処に休む絵葉書状買ふ、バスにて帰途につく　菖蒲渡に降り龍頭滝を見て鱒養魚場を一周す、再ひバスにて中禅寺に帰る時に十二時少し過ぐ、昼食、

再び出て華厳滝を見る　例の如し、水量少くして特に弱し、観覧場は大に改造す、隣れる白雲滝より水量少なき様に思はる　雨少し降り出す宿に帰る、ストーブによる

六月二十日　　金　雨霧曇

四時醒む、昨夜来可なり強き雨、朝食後ただ談話室にあり、昨日来若夫婦客あり暖炉はこれに占領さる、寒し（一三度）、帰京と決す　きみ下駄を買に雨中出る、午後は雨止む　支払63円ばかり、二時半バス乗車、坐す、馬がへし乗り替へ、強満員自分は坐すもきみはこれより立つ、日光駅にて一時間ばかり待、四、二〇発、車内閑、六、四二上野着、良一迎へに来、星ダットサンにて帰宅、この旅天気甚だ悪し、梅雨期節（ママ）なれば已むなし　直に食事入浴、眠を迷む（ママ）

六月二十一日　　土　曇

此度の旅行費約85円　午後少し庭へ出る、良一来り庭にて「ゴルフ」打ち運動をなす、夕食後近家に到り児等トランプなど　せい子も来る

六月二十二日　　日　曇

午前より精子に客あり、旧知人にて大阪の藤岡といふ人、昼晩二食の長坐、故小此木忠七郎跡方のことなど話したりと、其処へ午後鈴木尚氏夫人及小児を連れて来訪、その帰り去ところへ望月周三郎氏来訪、京都足立氏喜字祝に臨みたりと、氏より依托されたりとて葉巻煙草一箱（10本入）態々持ち来る、四時去る　これより三児純子方へ行き居るに付自分も行く　夕食頃帰宅

号外の報するところによれば独ソ聯に宣戦せりと、事甚だ重大

六月二十三日　　月　曇

千葉の森田秀一氏故新井春氏のことに付問合せに付手紙を出す、午後一寸庭へ出たるも雨降り出す匆々内に入る

六月二十四日　　火　曇雨

読、純子学校帰りに寄る

六月二十五日　　水　晴

久し振りの晴天、八時半教室、石代人骨目録カードを書く、四時帰宅、純子、良一も一寸来

六月二十六日　　木　雨曇風

読書、純子例の通り来り夕食す

六月二十七日　　金　雨

室内に読書、純子不来

六月二十八日　　土　雨　終日止まず

予告の通り千葉の森田秀一氏来訪、千葉医大の解剖授業の状態歴史的の次第など質問あり自分記憶のまま話したり　せい子三児を連れて工業倶楽部へ行く　純子も行きたり

六月二十九日　日　曇小晴

午後少し庭へ出る、やす子迎へ旁純子方へ行きたり、良一微量定量法第四版を出版、其校正中なりと

六月三十日　月　曇小晴　暑くなる

八時半出て教室、石時代人骨カード式目録出来尚ほ念のため供合、四時帰宅、横尾氏シリンゴール発掘の一具人骨に就て談あり

七月一日　火　薄晴　暑し三二度といふ

午後少し庭へ、純子来良一も見えたり

七月二日　水　薄晴

仙台小林貞之助氏来、兵事点呼のため出京したりと　これより帰仙のよし　自分十一時より青山斎場に於て小野塚喜平次氏夫人告別式に赴くきみ供、小林氏共に出て電車春日町にて別れたり、告別式に於て久しぶりにて平井政道、佐藤恒丸氏に会ひたり、十二時帰宅、千葉の森田秀一氏へ返事を出す、野川二郎、米川虎吉二氏の写真あらば借用したしとの来信に付てなり、賢信来、次に星四郎氏来、純子も来、少し庭へ出る冷風心地よし

七月三日　木　曇小晴

午後少し庭へ、純子来

七月四日　金　晴

午前荻窪に保子を見舞ふ、格別変りた様子なし但し精神的には追々衰へる様なり、十一時帰宅、厳しき熱さとなれり、午後休憩、良一純来、幕末血涙史見当りし旨を山本有三氏へ通知し置きたるところ今日借用使をやる報ありたるも来らず、晩に使者来

七月五日　土　晴曇

親協試験済みたりとて帰りて昼食、午後庭へ出る、夕食後雷鳴夕立あり　三児純子方へ遊びに行く

七月六日　日　晴

夕刻庭へ出る、良一純子来り共に夕食す

七月七日　月　晴曇　蒸熱堪へ難し

八時半教室、石時代人骨札目録完成これを横尾氏渡す、小使三名へ中元として三円つつ鮮人給使へも三円遣すきみ迎へに来五時前帰宅、純子来り居る、

聖戦四周年記念日、市内厳粛なる種々の催しあり

七月八日　火　晴

きみ三鷹へ墓参、午後小倉の小林魁郎氏細君出京来訪、二十三年振りなりと、自分は全く思ひ違へて推移し、後にて遺憾を感す、十二日寺にて諸霊の法事をすると、文郎氏長女文子さん同行、小林博子来、又元椽氏は暑休中見学旅行として台湾へ行くと於菟、義雄に名刺を遣る、夕方庭へ出る純子来

七月九日　水　曇　熱さ厳し

P・O・ペデルゼン（コペンハーゲン）氏論文寄贈の礼葉書を出す、午後庭へ出る良一純来、今日は九日会（鷗外、上田敏、与謝野寛記念会）にきみ出席

七月十日　木　曇小晴

午前午後共庭へ、草取りにつとむ　夕方良一来、純子は来らず

七月十一日　金　大雨

昨夜来降雨夕方になりて止む、市区低地浸水、親、協学校授業今日限り尚ほ余事のため二三日学校へ行くべし

七月十二日　土　大雨冷

尚ほ昨夜大降雨、終日止みなし、きみ午後雨中泉岳寺墓参且つ寺へ盆志を贈る、純子来、

七月十三日　日　雨曇冷

雨尚ほ止まず昨夜中は特に強風を加へたり　午後になりて漸く止む、津和野の人木島氏来訪、下の関より東京へ転勤となり就ては息中学生東京の中学へ転校のこと相談、きみ応接す、また類夫妻来訪、中元挨拶か、良一純子来泉岳寺墓参の帰りなりと、午後庭へ出る、四時半良一方へ、今日は玉芳院初盆、桑木夫人及久雄氏、松沢夫人二嬢を招き晩食、九時宅に帰る　鈴木尚氏愈召集明日入営の由、不在なりしため良一方へ寄り告別

七月十四日　月　曇晴　冷

読書、午後庭へ、冷しくして甚適す、椰野よし江子中元来、良一純子来、義歯罅裂を生じ、其修理を精子托し歯院桜井氏に頼む

七月十五日　火　細雨、涼

小松晃氏細君死去の報あり、早く昼食し悔に出かける、目黒区本郷町住宅に到る省線渋谷駅にて東横電車に乗りかへ青山師範前にて下る、案外遠し霧雨降たり止んだりしたり四時前家に帰る　涼しかりしため困らず、野明むつ子中元挨拶に来る、良一方へ初盆に詣てかへるときみ

送り行く、自分は少し庭へ出る　留守中橋本とし子未亡人来れりと

七月十六日　　水　雨曇

又々昨夜来大雨、今朝弱くなる　精子歯校へ行く自分義歯修理出来、午刻横尾氏来、蒙古人骨記載独逸文通見修正の依頼ありたるも謝絶したり　午後珍らしく土田好さん来、郷里へ生母十七年法事に行きたりと、ゆべしの土産あり、幹遺骨尚ほ養育院にありと、文郎氏話の長岡墓所整理のことらち明かず、これより文郎氏方へ行くと夕食して去る

七月十七日　　木　雨

昨夜近衛内閣総辞職　今日午後重臣会議、葉山より還幸、大命近衛公に再降下

三二夕方久し振りにて来、時局談、長与重病とか夜に入り椰野より電話にて故鳥居管次郎氏未亡人れん子さん（七十八歳）十六日死去せられたりと

七月十八日　　金　曇

早く昼食をすませ青山南町鳥居れん子様の告別式に行くきみ同行、三時前帰宅　親協この学期成績簿渡る美点多数先づ々々結構

七月十九日　　土　曇小雨

昨夜近衛第三次内閣成立　親任　今回の変動は全く松岡日ソ聯との中立協定に関すると思はる

午前中田鶴子来、昼前後少し庭へ出たり　純子来　夕方大正九年卒業者矢追秀武（伝研）、大出俊夫（開業蒲田病院長）、斎藤潔（公衆衛生院）の三氏来訪、昨年卒業満二十年祝賀会を催し其記念として花瓶一個贈与せらる玄関にて挨拶、失敬したり

七月二十日　　日　雨　昨夜来降りつづく

終日読書、星氏強羅より帰宅を精子児等東京駅へ迎へに行き純子を合せて遊びに行きたりとて二時半頃星氏独り帰宅

七月二十一日　　月　雨

連日の豪雨何時までつづくか　純子来り昼食し児等と遊ぶ、三児今日より学校午前中にて早く帰る、一寸庭へ出たるも霧雨降り直に屋に入る

七月二十二日　　火　豪雨、台風模様

児等午前早く学校より帰る　昨日ベーグマン氏暑中挨拶手紙到来、異例の冷気なりしなど極懇篤なるもの、其返事を出す　学士院へ乗車券を返す　この暴風雨中純子来

児等遊ぶ、精子昼中歯校へ行く義歯今日出来する筈なりと併し三時頃空しく帰る、又夜に入り電話ありて又出で行く、気の毒千万、十時頃漸く帰りたる様なり

七月二十三日　水　曇晴　熱くなる強風

久し振りにて太陽を見る汽車不通水害多し　午後は庭へ出て草をとる　山本有三といふ人の母堂死去に付悔の名刺を送る

七月二十四日　木　快晴

八時教室、ナッハリヒテン〔＊通信〕ＯＡＧを読む、横尾氏来室、鈴木尚愈々出発の由、満州とか、但し全く秘密　四時半帰宅、良一純子あり、住居互に近き故往来頻繁なり

七月二十五日　金　曇晴

読書、午後庭へ出る、良一純子来、児等芝を刈るなどさわぐ

七月二十六日　土　曇雨

午前きみせい素子の衣服正理（ママ）に別家へ行く、協は良一連れられ「ザリカニ」とかを取りに出行く　雨降り出し困るかと思ふ、夕刻両人帰り来る　獲物三十余疋、長三寸位全く一種の「エビ」なり、これは或人「スウエデン」より持ち来り、それか繁殖したるものなりと　自分は始めて見たり珍らし

七月二十七日　日　晴　暑さ厳し

午後庭へ出る芝を刈る、星氏も出る　児等も純子も　森志づ子さん来る

七月二十八日　月　曇　俄雨

きみ買物、親、協学校何れも雨に濡れたり　京都坂田貞市氏へ論文別刷数種受取り、芦屋市三宅速氏へ暑中見舞其挨拶の葉書を出す　今日も午後芝刈り星氏も早く帰りこれに加ははる大半に及ぶ、但し大に粗、鼠がかじりたる様だと笑ひたり

七月二十九日　火　曇小雨　涼

朝鳩、純、きみ出かける　やす子学校今日より休、涼気心地よし自分も共に、バスを用ふ、自分等両人は銀座一丁目にて下り、伊東屋、松屋、松坂屋等百貨店に入る、紙切り（木製）、葉巻煙草ダイトルなど買ふ、純、鳩に会ふ、自分等は電車にて帰る、きみは尚ほ上野松坂屋にて買物ありとて別れる、十一時帰宅、きみも帰る、午後は児等トランプ、自分は庭へ出て芝刈り時に小雨降る　学士院へ乗車券申請を出す

七月三十日　　　　水　雨　涼　終日止まず

二十九日愈我陸海軍南方仏印に増派せり

近き槇町の一音寺に於て故緒方正規氏二十三回忌仏事あり、きみ供に午後四時同寺に到る　親族の方々始め四十名計参集、五時過帰宅　良一見ゆ、純来る児等例のトランプ

七月三十一日　　木　雨

昨日来雨止むことなし殊に昨夜は盛に降りたり　親協学校今日限りにて休となる、午後せい子三児を連れて浅草に四郎氏宅を訪問、雨止む庭へ出て芝を刈る　紀元二六〇〇年祝典記念章之証受領、学士院より廻送

八月一日　　　　金　曇　涼

午前午後芝刈り涼しくして甚適す、全部了る、夕刻純、良一も来

八月二日　　　　土　曇　昨夜雨

朝より強羅行荷造りさわぎ、九時半親、協、鳩三人にて出で行く、児等おとなになりたり　精子は午後強羅へ行きたり、六時頃親坊より電話安着、今おかあさん着きたりと　庭へ出て掃除

八月三日　　　　日　曇、午後大夕立

甚静、午後庭へ出たり、夕刻良一純来、共に食事、石原鶴齢翁来、夕食

八月四日　　　　月　曇

庭へ、夜遅く星氏強羅より帰る

八月五日　　　　火　曇小晴

午後庭へ、涼風心地良し　良、純来山中湖へ行かんかなどいへり、晩十四日の月明

八月六日　　　　水　晴

星氏今日は強羅へ行くべし　良一第五十一回誕生に付水交社にて昼食を馳走するとて十二時前にきみ子純子三人にて同所に到る　良一は医専より来る四人にて食事、星一族あらず狭き一室誠に珍らしきことなり　二時半帰宅純子銀座に買物とて別れる　少し庭へ出る、良純来り晩食入浴など　今日は始めての暑さ、満月澄み、縁にて眺め十時になるも涼を感ぜず

八月七日　　　　木　晴

五時醒む、良純来時に六時半、共に朝食、七時発す、女中二人を留守居とす、水道橋より省線七時半新宿着、中央線に乗り替へ、既に満員、一外人の席を占領す、これ

は自分が高令なるにより黙許しくれたるよし、坐すもの立つもの押し合ひて身動きならず、少時きみ替はりて坐す、十時大月着、富士吉田行電車に乗り替へこれ又同じく満員、四人共立つ、中途或人の好意により坐す、十一時吉田着、偶然小原直氏に会す、幸に良一自動車を獲てこれにて十一時半山中湖ホテル着、良一小別荘式屋と極めこれに休息、氷紅茶を飲む甚佳　定食、良等湖上をボートに遊ぶ自分等も乗る、珍らしき大型刳り舟ありこれは七年前に湖中深さ一間位岸に近きところより掘り挙げたるものなりと、夕食後も湖岸に到る、満月朗か、荘縁の椅子によりても月を眺む、涼

八月八日　　金　曇

五時起床、きみ共に外出、湖畔、朝食、四人共に出る、隣れる小原直氏別荘に玄関まで挨拶これより前日約束のモーターボートにて対岸平野村に渡る二十分を要す、柿内荘に到れば田鶴子外四女あり三郎氏は昨日帰京の由、賢信は今日来荘の筈、十一時半小舟迎へに来る、賢信迎へ旁といひて皆共に乗りて旭日ヶ丘に着けば賢信は既に着きて荘に向ひたりとて田鶴等は徒歩にて帰ると、自分等ホテルに帰りて昼食、自分は腹工合少し悪しポタージ、オートミールとす、午後は又ボートに遊ぶ、自分は夕食オートミール、パン、自室にて

八月九日　　土　曇小晴

良一純子は借り入れたる別荘地見分に出で行く　自分等は湖岸を東に歩く、熱し、十一時頃宿に帰れば賢信来り居る、行き合はざりしは残念なりきなど言へり、良一等も帰る、昼食共にす　自分きみはサンドウヰチ、二時半自分等自動車にて発す（御殿場まで十三円）時に霧深くなりて籠坂峠の眺全く叶はず、四時頃御殿場発車、国府津乗り替へ六時半頃東京着、水道橋まで省線、七時頃帰宅、少し雨降り出したるも困ることなし、共夕食、入浴、純子等去る、早く就眠

八月十日　　日　曇　大夕立

よく眠りたり、熱し、純子へ行く、予定の女中来らず、甚不都合、良純共に本邸に帰りて昼食、夕食も共にす熱殊に夕刻に到りて堪へ難し、大夕立ありて後は涼しくなりて心地よし、強羅へ手紙を出す自分も純子も書く

八月十一日　　月　細雨、涼（二一度）

千葉の森田秀一氏へ近藤次繁氏が複写しくれたる米川虎吉氏写真を送る　夕方純、良来、夕食、星氏も帰り来る

茶間にて談話

八月十二日　　火　小雨（昨夜雨）曇、涼

十時教室、製本出来、蔵書印を捺しこれを整理す、涼しくして仕事に適す、四時純子迎へに来り家に帰る、きみすみ泉岳寺へ墓参したりと

八月十三日　　水　雨（昨夜雨）時に止む

終日屋内にあり　良純来夕食、星今早朝福島へ旅行、夜十二時帰宅のよし自分寝中知らず

八月十四日　　木　昨夜雨、曇、午後雨

午前中一寸庭へ出たり、純子迎へにとて行きてつれ来り昼食、午後は時雨頻りなり、夕刻良純来、共に夕食、星氏は強羅へ行きたり　森田秀一氏より来信、此度特に室蘭へ旅行、米川氏に面談したりと

八月十五日　　金　雨、小晴

午後雨止みたれば夕刻庭へ出る、良純来、星氏も帰り来る

八月十六日　　土　晴風

幾日ぶりの晴天か、仙台忠子児の写真数枚送り来る、また強羅協、鳩より手紙　午前午後共庭へ出る　夕方良、純来共に夕食九時去る　星氏は強羅へ行きたり　長与又郎氏死去せらる、昨日授爵

八月十七日　　日　晴　熱さ酷

長与家へ悔に行く、きみ供飯倉片町電車降る　きみは鈴木孝氏本邸へ寄る自分は市兵衛町邸に到る、令息太郎氏未亡人其他に面会、甚工合よし　大阪佐多愛彦、田中舘、南大曹氏等あり　去て飯倉片町にてきみと落合、鈴木哲夫出て来る、孝之助氏腸カタルの由七里ヶ浜にて静養の由、丁度タクシイ自動車来、これて帰宅、時に十一時井上通泰氏死去せらる、明日告別式なるも長与家と重複旁悔状を泰忠（息子）宛にて出す　夕刻一寸庭え出る、良純夕食、縁側にて涼む入浴

八月十八日　　月　晴

近藤次繁氏よりボート共写米川氏在中写真複写送附ありたるに付謝状を出す　むつ子来、小千谷の人後妻にすすめたきものありと　早く昼食しきみ共に出かける築地本願寺に到る　故長与又郎氏葬式に列す自分等少し遅れたり往復共電車、二時半帰宅、夕方庭へ、良純来、星氏強羅より帰京

八月十九日　　火　晴　強羅行

かれこれと話の末強羅行とす　甲野、すみ断りらしき由

（亀山よりのせいへ手紙によれば）　バスにてきみ共に九時前東京駅に到る、混雑非常、始めて乗り場にて乗者の一列励行を実験す、四〇分許列中に立つ、幸に坐席を得たり九時十三分発車、小田原乗りかへこれ又満員、次の車を待つこととす　これは大に楽、登るに随て涼しくなる、十二時半強羅着、良一純子は別に午後来着、大賑かとなる　夕食後駅の辺を歩く田中屋にて種々なおもちやを買ふ

八月二十日　水　晴

五時起て独り二の平の方へ散歩、朝食後湖廻り企図し全員出かける、小涌谷にてバスに乗ること出来ず、良一は四児を連れて歩きて登ると　自分きみせいはこれより歩きて自動車道を登る二の平道に入る、この角に盛に温泉涌き出る所あり、これは近年試掘して掘り当てたるもの、二の平畑中に頻りに掘鑿中のものあるもこれは如何、十一時荘に帰る、児等湖廻り如何と思ひたるに日暮に皆々大元気にて帰り来る、帰途箱根町小涌谷間バスに乗りたるも他は悉く歩行きたりと、鳩子よく歩たりなどいへり　尋で星氏来荘

八月二十一日　木　曇晴　帰京

星氏早朝帰京、午前皆公園散歩、午後純鳩プールにて泳ぐ親協見物に行く、自分きみ良一帰京と決し良一は一車先きに出る自分等四時頃強羅発車、小田原乗り替へは良一先着坐席を占む、水道橋まで省線、七時半前に家に着、今年の夏旅はこれにて終る　鈴木尚氏より来信、満州国哈爾濱着任の報

八月二十二日　金　曇

朝附属中学より親協召集令来、星きみ大急きにて強羅へ至急電話電報を発す、とても間に合はざるかと心配のところ一時二十分前に親協帰着、食事、一時前に出で行く、一時三〇分なる召集時に充分間に合ひたるは甚悦ばし星氏より電話に、親協今日再び強羅へ行くやと、種々談争の末協は行くといひ親不断、星氏は二児行かずとも自身は行くと、親もそれなら行くとて二人匆々出かける五時発汽車にて品川にて親父と落合ふと　一寸庭へ出たるも霧雨降り出す　数日来隣山下家にて庭に大土工を始めたり、防空壕？　良一方へ漸く女中来、石原鶴齡氏斡旋

八月二十三日　土　曇

高橋信美氏学長退官記念会へ五円出す　夕刻に到り親一

学校より又々召集命令来る、明日午前七時三〇小石川橋参集、強羅へ至急電報電話、電話の方早く通し参加せずと、時に良、純来る、純今日帰京せりと　午前午後共少し庭へ出る、鈴木一男氏来、夕食

八月二十四日　日　晴（昨夜雨）

事なし　夕方庭へ出る　むつ子来（後妻のこと）　晩星郷里の親戚の人訪ね来り泊る

八月二十五日　月　晴

十一時半頃強羅よりせい子三児をつれて帰宅、暑中休の行事済みたり、午後純子来、賑かになりたり

八月二十六日　火　晴

滞家元椽、肇、治雄三人揃つて玄関まで挨拶に来る　近日旅順、札幌へ各帰校すべし　午後庭へ出る、良純来

八月二十七日　水　霧雨曇

午後鳩子つれて純子迎へに行く、漸くこの頃女中来れり（石原鶴齢氏斡旋）三時帰りて菓子を食べるなど

八月二十八日　木　晴　涼し

午前庭へ、午後も同断、全く秋冷の候なり　甚心地よし

八月二十九日　金　晴曇　涼

午前純子を呼び鳩子二人供に銀座へ葉巻煙草買に行く、先つ明治屋に入る　ロンドレス半箱及びパロマ五箱買ふ、次に松屋なし、次に三越幸に有り一箱、純は良一のために一箱買ふ　十二時前帰宅、今日は成功などいへり昼食後協鳩は純子方に行きて夕方帰る、午後庭へ出る

八月三十日　土　晴曇涼

歯病院へせい子行き自分義歯上第二門歯落ちたる修理出来これを序に持ち帰る　午後庭へ出る、晩八時半星氏親協を連れて伊豆大島へ航するとて出かける　二人大に勇み出行く

八月三十一日　日　雨　涼

午後純子来、三時を食べて去る　終日雨止まず親協等困るならんと思ふ、八時半元気にて帰る

九月一日　月　曇　涼

大震災十八年記念日興亜報公日、

午前柿内訪、山中より帰りて後始めてなり、田鶴子二三の児在り、賢信は理研へ行きたりとて昼休に一寸曙町へ寄りたり、庭へ出る、純子来　鳩子今日より学校始まる

九月二日　火　晴

七里ヶ浜に鈴木孝氏訪問、きみ共朝早く出かける、バス、

省線共に都合良く、鎌倉より電車、鈴木氏先達下痢を催したるよしなるも既に回復、元気、衷心から氏の米寿を祝する旨を述ぶ、辞去し再び鎌倉路をとて、八幡境内の茶店にて弁当を使ふ、甚閑静、全く秋候、三時前に帰宅、鳩子学校帰りに純子を伴ひ来る、直に元女中りん女児を連れて来る、庭の芝上に遊ぶ、自分も庭へ

九月三日　水　晴

午後庭へ出る、良純来、星氏葉巻煙草ダイトン十三箱呉れたり　八千代子来、玄関にて話し去る

九月四日　木　晴

足立氏 Das Venensystem der Japaner. 2. Zif 1940 三部研究社より届け来る、非常時中にもかかはらず体裁総て立派、昨年重患回復ここに大著の続き出、敬服、賀すべし、直に謝状を出す　親協早く昼食し純子さそひに来り出て行く　良一先導の筈、ザリカニを採るとか、日暮に帰る62疋ありと

九月五日　金　曇度々俄雨

教室八時、神話研究、四時帰宅、往復共雨止みて困らざりき　親協今日より学校始まる

九月六日　土　晴　熱し

夕方庭へ出る、今日は親誕生日を祝ふとて星氏帝国ホテルにて晩餐、良、純を加へて九人、食堂、人甚稀れなり、殊に外国人殆どなし、英人が去りたるため　八時帰宅、せい子は児等を連れて銀座辺を歩く

九月七日　日　晴

少し風邪の気味に煙を絶つ、午後純子来、又四郎氏妻児を連れて来、芝上に遊ぶ、良一も来、純子も明日より学校始まる夕食共にし去る

九月八日　月　曇

乗車券を学士院へ返す　ことなし、内容にもありき

九月九日　火　曇、少晴

八千代来、又々種々の食物を運びくれたり、頻りに心がけて買ひ入れるものと見えたり　柿内より電話、賢信に関する結納の式済みたりと　良一来、純来ず

九月十日　水　雨

終日雨止まず　事なし

九月十一日　木　雨

学士院年金141円券受領（150円のところ分類所得税9円を差引き）終日雨止まず陰うつなる天気、学校帰りに純子寄りて三時を食べて去る

九月十二日　　金　雨曇
風邪宜しからす、純子学校帰りに寄る
九月十三日　　土　曇小晴
午前きみ泉岳寺墓参、田鶴子来せい子と長く談し昼近くに去る尋できみ子帰る　夕方庭へ出る　良一純来
九月十四日　　日　晴曇雨
星氏一昨晩大阪へ行きたるに今朝帰宅　良一純来ず
九月十五日　　月　雨曇
午前雨止間に庭へ出る、純来
九月十六日　　火　曇雨
午後庭へ、椰野よし江子来訪
九月十七日　　水　雨
終日降り続く悪天
九月十八日　　木　雨
昨日に引きつづき今日も降り止まず、気鬱す
九月十九日　　金　雨曇
午後は雨止みたり　終日書室にありたり
九月二十日　　土　晴曇交
午前泉岳寺墓参きみ供、十二時帰宅　午後桐丸火鉢一対あまり垢付きよごれたるに付洗ふ、夕方鳩子を連れて白山神社参詣、例祭なるも至て静閑、ただ小供のおもちゃ少しあるのみ
九月二十一日　　日　晴曇
秋冷心地よし午前午後共庭へ出たり　午後は日蝕を見るとて皆庭へ出てさわぐ　彼岸に付寿司を製し良一純子も来皆共に食事、午後は曇りたるが観測者は如何なりしか南方にては皆既なり
九月二十二日　　月　晴曇
星氏車に同乗して大学に到、物療内科に真鍋嘉一郎氏入院せるを見舞ふ、氏本年三月頃より腸に異状を生し、S字状部に癌腫発症と断定の由且つ此頃遂に手術を施し人工肛門を造りたるなど甚だ気の毒千万、一寸面会したり主治医日野より容体に付精しく聴取せり、本人は回復するものと深く信じ居ること益々気の毒に感す、これより教室に到る、古事記考査、昼頃ヘラルド社富田氏来室、潤筆を請ふ、但し謝絶す、横尾氏来談中きみ迎へに来、四時帰宅
九月二十三日　　火　晴　祭日
午前午後共芝上にあり甚爽快、星氏全員上野へ徒歩往復す昼過ぎて帰り来る

九月二十四日　水　曇雨

午前一寸庭へ出たるも雨降り出し内に入る　きみ蒲生老母堂を訪ひて純配のことを話す　法学士経済学士某、きみ良一方へ行きて相談の末断ることとす（一色、甲野及びこれ皆祥ならず）

九月二十五日　木　雨

昨日来風邪の気味、床中あり、午後体温三八度あり

九月二十六日　金　曇

岡田家の使来り故人の遺稿に何か序文を書けとかいふこと併しこれは断りたり　三光町岸夫人来訪、良一配に付てなり　夕方良一来

九月二十七日　土　晴

純子来、試験なりとて三時食べて帰る、せい子三児を連れて例により工業クラブへ行く

今まで手を付けさりし湖南長沙占領

九月二十八日　日　曇

親協学校運動会なりと

九月二十九日　月　雨（小晴）曇

午後少し庭へ出たり、体温三七、二度　親協学校休

九月三十日　火　雨

可なり強き雨終日止まず、書室にありて読む　良一夕方一寸来、又々女中を欠くの談、後妻の話

十月一日　水　雨

学士院へ汽車乗車券（仙台—京都—奈良）申請を出す

夕刻良一来、自分風邪先づ宜しきか

十月二日　木　雨曇　小台風

昨夜来強風雨を交ふ、午後は風は強きも漸々霽れる、一寸庭へ出る、純子へ松茸を持ち行く

戦況二週間来活動、湖南は一応片付き更に今日より河南を壊滅にかかる「中原の鹿を射止めたものは天下に覇をとなへる」現実に示すべし

十月三日　金　晴

秋晴好天きみ共に向島百花園行、もはや七草は遅きもすすきは奇麗、隅田公園堤上を歩き長命寺又は三囲稲荷内にあると思ひし　警視庁雇独逸警察官の記念碑を探したるも不明、電車にて十二時半帰宅　午後庭へ出る、純子来

十月四日　土　曇　小晴小雨

午前庭へ出る午後暫時出たるも小雨降り出す

十月五日　　日　晴

気温昇る午前庭へ出る草取り一通り了る、親協飛行模型を造り庭にて遊ぶ　良一来純子は家にて試験勉強の由汽車乗車券到達　中秋望月、親協粉をひき団子製す　星氏平へ昨日行き夜遅く帰宅

十月六日　　月　晴

好き時候、教室へ行く、神話研究、四時帰宅　留守中土田好子、田鶴子来訪の由

十月七日　　火　雨晴

午後は霽れる少し庭へ出る、夕食のものを持ちて純子方へ行く良一帰り来る

十月八日　　水　晴曇

午後庭へ出る、純子来、三時を食べて去る　岐阜武山巌氏より松茸を送り来る

十月九日　　木　晴

九時教室神話研究、独逸其他の解剖家の写真数拾枚横尾氏に渡す、これは家に置くよりは寧ろ教室に保存する方然るべしと思ひてなり、きみ迎へに来り四時半帰宅、留守中小林文郎来り長岡の小林家墓所を整理したりと　幹氏遺骨を納め且つ谷中の虎、雄両君の墓も長岡興国寺へ一所にまとめると

十月十日　　金　晴　好秋天

この週間独ソ戦線大活動ソ軍は軍事的には決定的に終末を告げたと言はれる　午後庭へ出る

十月十一日　　土　晴

愈々明日出発仙台行のつもり　きみ恩給受取旅行に付用意　午後庭へ出る　夕刻純子試験済みたりとて寄る、晩良、純来る、久しぶりにて茶の間賑し

十月十二日　　日　晴

星氏朝早く親協を連れて習志野へ行く薬校生徒演習とか、自分等は九時前星車にて出かける鳩子上野駅まで見送る十時発車、坐席あり、楽空席なし但し立つ人もなし宇都宮を出て後携へたる弁当を食す後食堂車て茶を飲む四時二七仙台着小林夫婦二児を連れて迎へくれたり、小林氏に明日のことなど相談し且つ頼みて電車にて発す時に五時一〇　今日より全国防空演習、車内外共暗し五時五〇頃松島着、迎へあり、パークホテルに入る小なるも甚清し室満足　夕食不味、入浴

十月十三日　　月　曇

眠不良朝食、庭前海岸を歩く、仙台行、十時前仙台電車

駅着、小林氏来りくれこれより布施家と電話、教室へ行きたりと、自動車にて大学医科教室に布施に面会、東京歯校雇独逸教師ヨーゼフ・エルヒレル夫婦来訪中、これより電車にて小林家に到る、元、亨二児良く生長、昼はうどんを食す、四時皆出かけるブラザー・ケン到る共に夕食、偶然杉村七太郎氏に会ふ、招ねきし山崎正文、山田平弥、森富の諸氏総て九名夕食、二児甚おとなし、六時散す、灯制のため往来真闇、電車にて駅に到る杉村、山崎、山田氏も送りくれたり、八時松島に帰る、入浴

十月十四日　火　曇晴

朝食を済ませ雄島に向て出かける、後より貞之助元児を連れて追かけ来る時に九時　案外早しなどいへり母堂忠子はホテルに待ち居ると貞之助氏児を残して忠子等を迎へに戻る但し来るを欲せずと、雄島を少し歩きてホテルに帰る　ヴエランダにて遊ぶ、十一時頃布施現之助氏来訪（昨日約束）、早く正午前に食卓に付く、後もヴエランダにて談話、茶を饗し、皆三時の電車にて帰仙すると自分等散歩旁に駅まで行く、皆に分れてこれより波止場の方へ歩き以前無かりし長き福浦橋を渡りて福浦島を歩く風景甚佳、観音堂にて引きかへす、きみは橋手前にて待ち居る腹痛下痢したりと、これより帰途、自分は尚ほ五大堂に登りて五時前ホテルに帰る、きみ尚ほ数回水瀉、且嘔吐、明日帰京のつもりなるも如何と心配す　きみ夕食取らず、自分は極軽きものを食す　入浴せずして寝台に上る

十月十五日　水　晴

昨夜きみ数回下痢す、便器を用ふ、自分これを始末す、眠よろしからず、四時より眠らず、きみ今日静養を勧むるも聴かず是非今日帰京すと　きみ昨夕以来全く食を取らず、自分軽く食し仕払をなし出立す、仙台にて小林氏出て居る、布施氏杉村氏見送とて来る、駅にて偶然佐藤幸三氏に会ふ、十時三〇発車、車中幸にも混み合ず四人席を二人にて占む、きみ横臥す、三回ばかり便あり、福島にて弁当を買ひたるも少しばかり食す甚粗悪、宇都宮にて茶を買きみ少し飲む　五時一五上野着　良一迎へに来る、これは幸なりき、自動車にて六時前に帰宅、良一一応診察す、どうやら家に帰りて先つ安心　入浴せず

十月十六日　木　晴

きみ容体宜しからず　仙台旅行費125Y　朝良一、純寄るこれより上野美術文展へ行くと　午後一寸庭へ出る　田

鶴子来、仙台の模様を話す　八代氏を請ふて来診、葡萄糖注射を施す

十月十七日　　金　晴（好小春日和）

朝良一方へ行き、容体昨夜も宜しからず入院のこと相談、共に帰りてきみに話す、明日まで模様を見た上にて決したし云々、良一純女中なし庖厨に困る、此方にて食事、午後八代氏再び葡萄糖注射、種々相談の結果、小石川病院と決し、晩になりて電話、龍雄承諾、自動車よこす、九時二〇頃良一送り行く、十時済ませて帰り来る　純子を連れて去る、自分は例により一寸庭へ出る、さてさて意外千万仙台小林貞之助氏へ帰着のはがきを出す

十月十八日　　土　雨（昨日に反し悪天）

午前星氏車に同乗小石川病院に見舞ふ、変りたること別になし、鳩子学校式帰りに寄る　十一時半帰宅、龍雄大に心配しくれる

靖国神社臨時大祭、行幸御親拝

午後鳩子また病院へ独り使にゆく、良一純子も晩食は皆共にす

近衛内閣に代りて東条内閣成立す

十月十九日　　日　晴

午前小石川病院、親、純、鳩も、きみ昨夜大に苦悶、六時間眠りたりと、田鶴来り居る、案外元気、児等と談話、便通九時間ばかりなき由、十二時帰宅、午後は庭へ出る、良一四児を連れて映画へ行き親協は尚ほ靖国神社参拝、夕刻皆帰る、星客四名、夕食十三人、大混雑、精子小女中大働き

十月二十日　　月　曇

朝星氏車に同乗、病院、幾分か好きか、思ふやうにはかばかしからす、良一来、十一時精子共に帰宅、午後小女中を連れて再び病院、眼鏡を置きわすれたるためなり、三児各学校帰りに寄りたり、良、純共に夕食

十月二十一日　　火　晴（寒くなる）

書室に火鉢を置く　朝星車に同乗、病院、きみ追々快きもはかばかしからす、良一来、桑木夫人見舞に来るとのことに付良一電話にて謝絶したるも既に外出せられたる後の由、多分来られるべし　田鶴来り共に帰宅、鳩子熱あり八代学士来診、きみと類似の模様、精驚き心配す、尚ほ夕刻再び来診、何卒軽症なるを祈る　少し庭へ出、萩などを鋏む

十月二十二日　　水　晴曇

朝星氏車同乗、病院、丁度龍雄診療中、追々良き方に向ふ但し遅々、田鶴子来院、共に帰宅田鶴子匆々去る正午刻より本格防空演習、鳩子先づ宜しき方この容体ならば先つ安心、午後庭を掃く、小林文郎氏末女を連れて来訪、長岡興国寺墓所愈整理、来29日土田好子長岡へ行き故幹氏遺骨を納め法事をする由

十月二十三日　木　晴

朝星車同乗病院、格別変りたることなきも今朝おまじり及びじやがいも一個食べたりと、良一も来星氏都合により同乗、坂下にて降り十時前帰宅　鳩子も心配する程のことなき様なり　昨日仙台解剖山崎山田両氏より椎(ママ)朱紙巻煙草入小箱寄贈、その受取葉書を出す　午後は庭掃除、晩は例の通り良一純子来、晩は庭掃除に疲れて早く眠る

十月二十四日　金　晴　好天

昨夜来度々防空サイレン鳴る、自分は更に関せず、病院行かず　午後庭の芝上甚快、冬の用意全く成る、夕食賑か　文郎氏より来信、長岡興国寺法養二十八日に挙行と改めたる由

十月二十五日　土　晴　好天

昨夜警報宵、三時、明方とあり少女中大役なり　自分少し気分宜しからず、午後庭へ出ず、親坊供に病院、先づ々々廻(ママ)復期となりたり、夕食例の通り鳩子も元気

十月二十六日　日　小雨曇晴

少し風邪の気味、病院行かず、午後良一純病院、自分床中に在り　三七、六度

十月二十七日　月　晴

鳩子学校へ行く、協腹工合悪しとて在家静養、併し今日丁度授業なし欠席にならぬ由、自分体温午後三七、六度土田好子さん今夜行にて長岡へ行き小林家墓所整理し且故幹氏遺骨を埋葬する筈、小林魁郎氏より合墓地のことに付長文の手紙来、美代の世話にて女中来

十月二十八日　火　晴　寒くなる

きみ今日退院と決し良一病院へ行く、田鶴子も行きて一切始末し星自動車を借りて昼頃帰宅星氏も共に、これより家にて安静のつもり　仙台布施氏来信返事を出す

十月二十九日　水　晴

きみ昨夜別状なし　自分風邪宜し体温三六、八度　良一純夕食、入浴直に床に入る、きみ回復順調

十月三十日　木　晴

小林ちか子来、先達て頼みおきたる根付（臥牛、木材）

持参、面白し　午後田鶴子見舞に来、自分風邪先宜し
体温三七度　ピスワール〔＊小便所〕掃除などしたり
　十月三十一日　金　曇晴
きみ益々快方、茶の間へ出る、良一純来夕食　入浴直床に入る

　十一月一日　土　晴曇
午後少し庭を掃きたるも小雨降り出し止めたり　良一純子夕食、賑か
　十一月二日　日　曇晴
橋本とし子未亡人及び龍雄きみ病気見舞として来訪、これは少し恐縮の形ち、午後は好天となる、良一晩食、純は同級生遠足とかにて早朝弁当を持ち出かける七時頃帰り来る
　十一月三日　月　晴（上々の天気）
親五時に起きて明治神宮参拝したり　協は良一と共に外苑競技へ行く、鳩子は供立母女（ママ）に連れられてこれも外苑へ、自分庭を掃く
　十一月四日　火　曇
朝京都坂田昌一氏来訪、自分は久し振りにて教室へ行くところ、氏も星氏車同乗、自分は赤門にて降る　在広島比企野氏出京教室にて面会、神宮競技会に学校生徒を引きつれて来りたりと　弁当を食し真鍋氏を物療に見舞ふ日野氏患者診察中なりしも案内しくれ病者に面会したり案外元気にて二三言を交はす　横尾氏来室　明年東京に於ける解剖学会に仙台布施氏に特別講演を頼むこと可否の件、これは大に考慮すべといひたり　精子迎へに来り三時半帰宅　岡山敷波氏より来信、柿を贈り越す　不在中小林ちか子来、陶製面根付け持来
　十一月五日　水　晴
午前精子供日比谷公園菊花展覧を見る　午後は庭を掃く、良純夕食
　十一月六日　木　晴
午後庭を掃く、事なし
　十一月七日　金　晴
昼過横尾来訪、解剖学会特別講演のこと、布施氏断念、他に選定然るべきことといひたり、台湾金関か、これは森の関係に困る、長崎高木純五郎氏かなどいへり　良純晩食、皆揃ひ賑か
　十一月八日　土　曇

夕刻井上通夫氏より故大沢岳氏未亡人ユリヤ殿昨日死去せられたりと葉書にてしらせくれたり

十一月九日　日　曇　寒し

布佐大沢家へ柿内より根本を使に遣るよしに付これに香奠五円供へることを托す　又大沢玄氏宛にて悔状を出す、晩食済み良、純等全数茶の間に居るところへ八千代子来、例の通り内玄関にて去りたると、きみ病気見舞のつもりなるべし、三二久しく来らず、長与死去後自分不在の時一回来りたるのみ

十一月十日　月　曇　寒

終日書室内にありき、晩食例の通り　桑木夫人松沢夫人玄関まで見舞訪問、昨日根本布佐大沢家へ柿内使として悔みに行きたるに意外にも極めて寂莫たる有様なりきと

十一月十一日　火　曇（午後小晴）

事なし

十一月十二日　水　快晴

午前きみ同道泉岳寺墓参　午後星四郎氏来、千葉高橋信美学長退官、緒方規雄教授退官事情談（前者は旧医専時代同窓会医大時代となりてのものと合同の件、後者は研究生問題）

十一月十三日　木　曇　晩雨

親寒冒、学校休、午後田鶴子来　晩食例の通り賑か、但し星氏在らす

十一月十四日　金　雨　午後霽れる

親坊押して学校へ行く　岡山金津晴亮氏より敷波教授退職記念会を来二十三日催すに付式辞を求められたるも当日祝電を送ることにしたき旨の返事を出す　学士院へ汽車乗車券を返す　晩良、純例の通り

十一月十五日　土　晴

戦時臨時議会招集

七五三祝とて鳩子白山神社詣　自分共に行く　右側脚甚だ工合悪し漸く家に帰りたり

十一月十六日　日　晴（温和）

思ひ立ちて三軒茶屋に松原に小林を訪ふ、きみ同行、幸二人共在宅、家中骨董品を以て満つ、優待、二人して電車まで送りくれたり、一時帰宅、良一ゴルフて遊ぶ、純子も来精子三児を連れて散歩に出かける　晩は全数揃つて食事

十一月十七日　月　晴

午前きみ髪を鋏みつつ三二の談、三長与亡後一回来りた

るも自分不在、其後全く来ず、何か異常の心境にあるべしと思ひ居たるに良一も先達広尾へ行きたるも留守、二、三日前に行きて会談、癌研、佐隆所長に不満、殆んど極度、但し癌研には留ると、困！　小林ちか子来、福禄寿立像（牙材）一個持ち来る、又先年秋に贈られたる寿老人（陶）を返戻す、故横手千代之助氏告別式に芝青松寺へ行く、きみ供、二時半帰宅　良、純不来

十一月十八日　火　晴　暖

午後少時庭へ出て掃除

十一月十九日　水　曇雨

午前きみ共に柿内へ行く田鶴子独り居るのみ　賢信結婚祝として五十円（星五十合て百）を贈る　天気怪し昼前に家に帰る、晩良純来食

十一月二十日　木　曇晴雨

来二十三日きみ全会祝（ママ）の名のもとに孫供を集めて食事することとしそれぞれ電話す、場所は星氏の世話にて丸の内中央亭とす、晩良、純例の通り

十一月二十一日　金　雨

岸は招きに全く断り、三二の意中甚だ心痛、

七十七臨時議会閉院式　むつ子来昼食

十一月二十二日　土　雨、寒、悪天、午後霽れる

鳩子熱あり学校休　きみ午後与謝野会に出行く、晩良純例の通り、きみ九時頃帰り来る　賢信理研に隙ありとて夕方寄る、曽て集め置きたる市電乗り替切符を持ち去る

十一月二十三日　日　晴（祭日）

岡山にて敷波重治郎氏退職記念会開催に付式電を送るべく使をやりたるに局にてこの内容にてはとりひて受けつけず、星氏何とかして会社より打つべしと、即ち托す

きみ病気全快祝の名のもとに孫供を集め会食する　星氏斡旋丸の内会館にて午餐、集まるもの橋本家とし子未亡人龍雄妻女、柿内田鶴子及び児五人、松原伝吾氏夫妻、潤氏夫妻、星及び我家九人総て二十一人、皆々満足、自分等は往復共星車を用ふ、二時半帰宅賢信及び龍雄差支へたるは甚遺憾、岸四人の来らざりしは困りたることなり、三二は大阪へ行きたりと谷口氏が呼びたるよし、会館の払は丁度65円　純子方今日女中来りたりとて晩は自家にてそれぞれ整頓の要あるよし

十一月二十四日　月　雨

鳩子学校休、悪天事なし

十一月二十五日　火　雨

鳩子学校へ行く　夜九時半八千代来、既に門戸を閉じありこれを開ける、玄関にて立ち話し四十分間自分も出る三二大阪行きは谷口氏が呼びたるにはあらざりしと、自分はよく聞きとれず、種々食品を持ち来る十時十分去る

十一月二十六日　水　雨曇晴

晩八千代子九時過また来牛肉手に入りたりとて持ち来る、始め電話の違ひにて三二と思ひたるに然らざりき、女中なく非常に困るところ気毒千万

十一月二十七日　木　晴曇

純子学校帰りに寄りさんじを食べて去る　星氏郷里選挙区へ夕食して出発

十一月二十八日　金　豪雨強風

昨夜来大雨、児等風雨中学校へ行く　精子友人を招き置きたりとて午前出行く場所は料亭つかさのよし　主客共困りたることと思ふ　午後横尾氏来、来週出発遼東半島へ研究旅行すべしと、教室虚義の人工首に付種々談あり各務某の製品なるか？　晩九時頃星氏帰る

十一月二十九日　土　曇寒し

事なし

十一月三十日　日　曇小晴

夕刻良一純来　星氏福島へ旅行

十二月一日　月　曇晴

天気好くなりたれば久しぶりにて荻窪にやす子を見舞ふ容体格別変りたることなし　自分等をよく識別す　よし江子不在例の忠女中居て厳今日本式命令発表北支へ転勤の由、一ヶ年三ヶ月ばかり東京勤務なりき、バス都合甚悪し帰途駅まで徐歩す、夕食の際厳玄関まで来、四日に出発、暇乞

十二月二日　火　晴

午前きみ供銀座へ、伊東屋にて日記帳一冊其他、又松屋に入りきみ二三買物す　午後西荻窪の故松村瞭氏未亡人来訪　夜に入りて竹内松次郎突然来訪、氏の同期者卒業三十年になるを以て其謝恩会を来九日に催すに付出席する様との懇請なきも例によりて謝絶す

十二月三日　水　曇

寒強終日室内に籠る

十二月四日　木　曇晴

京城橋本豊太郎氏妻女死去せられたるに付悔状並に香奠三円出す　小堀鍊之助氏肺癌とかにて永々病気の処死去

せられた由昨日柿内より電話あり、きみ悔状並に香奠五円送る

十二月五日　金　晴

事なし　星氏夜行にて京都へ行く

十二月六日　土　曇晴

山本有三氏より幕末血涙史返却同時に氏を根岸錬次郎氏へ紹介の名刺をやる　純子学校帰りに一寸寄る

十二月七日　日　晴

純子誕生日なりとて良一午餐会を水交社にて催す精子及三児外に桑折（ママ）嬢二人総数十人、時節がらの食事致し方なし、稀なる好天にて温和、芝上歩く甚快、二時半頃帰宅岡山の敷波氏より先達て送りたる電報の礼手紙来、ワイデンライヒより論文 The Brain and its Role etc 寄贈 American Mus. of Natur. History, New York〔＊アメリカ自然史博物館（ニューヨーク）〕発送のもの

十二月八日　月　晴　好天温和

大学行、きみ供九時半家を出る、小使及給仕等四名へ歳暮として各三円遣る又事務室小使五名へ五円やる、室へ火鉢を持ち来りたるも直に消へる　ガス暖炉を点す室内あまり寒くなし、緒方知氏廊下にて会ふ　午後三時きみ迎へに来、先考正忌日只霊前に灯香を供へたるのみ今朝未明に日米開戦、到頭来るべき期が来れり、午前十一時四〇　大詔渙発　米英に対し宣戦布告せらる、即夜より全市灯管

十二月九日　火　曇雨

杉野龍蔵氏死去せらる今日浅草本願寺に於て告別式、精子の式に赴くに名刺を托す

紙上に見る開戦当初の効果莫大なるに驚くハワイ、ウエク島占領、香港、ヒリピン、シンガポール、泰国上陸、友好的進駐等　快哉！

岡山の敷波重氏来訪、肖像画のために出京したりと取り急ぐとて玄関にて去る

十二月十日　水　雨曇

事なし　日米戦益々有利

十二月十一日　木　晴

今朝英主艦プリンス・オブ・ウエールス（旗艦）及びレパルス撃沈のことを知る、英領マレイ半島沖に於て昨日午後。昨日午後四時五分大本営発表、児等は昨夜十時ラヂオにて知りたりと　同郷山本五十六氏の得意思ふべし、老ひてこの快期に接す如何なる幸か、夕食赤飯を炊

きたり　在京城橋本豊氏より悔状の返事来但し息の書翰にして氏は中風なりと　午前きみ同道柿内へ、田鶴、孝在、類夫婦賢信祝として来訪、十二時半帰宅

十二月十二日　金　晴

早く昼食をすませ　きみ同道泉岳寺墓参　三時半帰宅

十二月十三日　土　曇晴

マレー沖海戦のため山本長官に　勅語を賜ふ　戦報引きつづき快

精子中村某家より葉巻煙草七本貰ひて帰る

十二月十四日　日　曇晴

星氏自分書室廊下の上に日光浴場を設るとか　朝より工人多勢来りやかまし、又一段と自室の暗くなるに困る

十二月十五日　月　雪（初）寒

再び臨時議会召集　終日悪天

十二月十六日　火　晴

明治神宮参拝、往星自動車九時出かける神域清爽甚心地よし、返省線、十一時帰宅　工人十人ばかり来り自室前の工事やかまし　桜井龍蔵氏息慎三（東工大学生）兵役検査に甲種合格の由通知あり

第七十八議会開院式

十二月十七日　水　晴

小林貞之助氏応召出征、今日面会の由、柿内三郎氏両人及ひ忠子二児を連れて千葉県柏へ告別の筈、親協試験済みたりとて昼帰り嫌気（ママ）、屋上の日光浴場出来、ここにてそれを試む　純子一寸来

十二月十八日　木　晴

賢信結婚、午後一時半きみ共に出かける、電車、二時少し過ぎ諸冉二神前に式始まる　列するも双方各十名ばかり、終て直に撮影、これより閑時あり、媒酌人堀七蔵氏夫婦、新婦両親畑氏等々挨拶、近親の人々追々来、忠子の児元、透（ママ）、伊都好く生長す殊に元大に興あり、五時より来賓逐次到着、六時食卓につく、二百名ばかり、八時半帰宅　星氏純子等同乗自動車、こたつに温たまりて十時過床に入る　賢信前途の幸を祈りつつ眠る

十二月十九日　金　晴

昨日午後大本営発表、布哇方面海戦詳報米太平洋艦隊並びに布哇方面敵航空兵力を全滅せしめたること　又夕刊に香港上陸のことあり

十二月二十日　土　曇小晴

昼近くに坂田昌一氏信子児を連れて来、昼食す、伊都子

おとなし、面白し、三時半賢信夏葉子挨拶に来る、始めての来訪を済ませたるわけなり、信子等共自動車あるを以て加賀町へ帰り去る　晩良一純子来

十二月二十一日　日　曇

静なる日曜、終日書室にあり　吉田増蔵氏死去せらる明日自宅にて告別式のよしなるも遠方にもあり行かざることとし悔状を書く

十二月二十二日　月　雨曇

親腹痛学校寒稽古休む、協早朝行きて八時頃帰る、鳩子休

十二月二十三日　火　晴

沢崎元氏死去せらる今日自宅青山南町に告別式執行、これに列す、三時過帰宅　鳩子まだ腹工合宜しからず床中に静養

十二月二十四日　水　晴

通常議会招集、星氏出勤の序に共に真鍋嘉一郎氏を見舞ふ（物療内科）、昨夕田川重三郎氏が特に重体のよし知らせくれたるによる、病床に面会したり丁度醒めたるところにて種々話す自分が見舞ひたることとよくわかる、頻りに脳に腫物あるかのことを言ふ、気の毒に堪へず永久の別れを告げて室を去る、関覚二郎氏ありて精しく容体を説明す、教室に到る時に十時、ガスを燃く、きみ迎へに来三時帰宅、不在中に松原ちか子根付四個持ち来る

十二月二十五日　木　晴

午前良一純子一寸寄る　午後柿内へきみ共に行く、皆在宅、三郎氏風邪の気味とて在宅　忠子二児元、亨誠におとなし　四時に近く帰宅　晩食後児等純子方へ行く純子歳暮として三児にそれぞれおもちゃを贈る、きみへは短冊自分へは上等葉巻一本、きみ迎へに来り八時半帰る児等まだ遊びゐる、精子迎に行く暫時して皆帰り来る、九時四五協一只今ラヂオ臨時ニウスとて

香港陥落

を報じたりと知らせる、快哉

十二月二十六日　金　雨曇

開院式行幸

十二月二十七日　土　晴曇

昨夜来少し風邪の気味　大学卒業式（非常時繰り上げのため）小林現椽（ママ）工学士になれり博子喜び察せらる　晩良一純子来、自分体温三七、三度

十二月二十八日　日　曇

体温午前三六、八度、午後三七、二度　鳩子純子に連れられて純子学校付近へじやがいも買ひに行きたり　夕食に赤飯を炊きて香港占領を祝ひたる、糯なく困りゐたるところ幸良一方にありてこれを用ひたり

十二月二十九日　月　晴

三児各別々に出かけ陸海軍各弐拾円つつ献金することに星氏指定す計六拾円、親協は自転車、鳩子は電車、一時頃別々に帰り来る　体温午後三七、二度

十二月三十日　火　晴

精子児等午前より出かけ銀座買物昼食等、純子も行きたる由、精子等は浅草四郎氏方歳末訪問夕刻帰り来る、髪を鋏む　真鍋嘉一郎氏遂に死去せらる

十二月三十一日　水　晴

三児各々食品買物、親協は三時間列に加はりて待ちたりと　満州出征鈴木尚氏病気後送大阪陸軍病院入院に付見舞状を出す又在朝鮮晋州府池定好氏論文寄贈又京都小川芳樹氏へ故琢治氏遺著寄贈の礼札を出す　晩良一純子来、今日泉岳寺墓参せりと

昭和十七年　2602（明治75）
1942（大正31）　第84年

一月一日　木　晴（好天）

七時起、児等は学校式へ、小林源椽、野明治雄玄関へ挨拶に来、純子来尋で良一これは宮城参賀の帰りなり　午後星全族強羅行、児等大騒ぎして出行三二来、これは癌研喪以来のこと、此方も何の異様もきかず只年始に来りたるつもりにて遇ひたり　戦争談をして去る、次に橋本全家とし子さん、龍雄、四児、春雄嫁女玄関にて挨拶、終りに賢信新夫婦、これは自分書室に通し緩々話して去る時に日暮となる　この二三日は特に厳しき灯管なれば急ぎて加賀町へ帰る本邸にて皆打ち揃ふて晩食のよし、夕食はただ二人にて甚淋し

一月二日　金　晴（好天）

潤氏来、午後在仙台森富来、雑煮を食べて去る、夕刻良一純子来年始廻りの帰りなりと　ベーグマン氏より書面を以て通知ありたる　Prof. Dr. Bohner: Shotoku Taishi〔＊聖徳太子〕を一部新年贈品とし名誉会員たる自分へ送るとのことなりしか今日到達す、大冊、ボーネル氏が多年を費して研鑽したるもの、珍重すべきものと思ふ

一月三日　土　晴（好天）

良一純子日光へ行くとの電話、在小倉小林魁郎氏歳末日付の手紙来、精細、先つ無事なる由　夕刻鈴木一雄氏来、事局談など、夕食、丁度夕食中突然鈴木尚氏来、氏満州国へ出征中病気にて大阪病院に入院中に付歳末に見舞手紙を出したるところ余り突然にて驚く、併し元気にて病人らしくなし、悦ばし　井上通夫氏より年賀の答礼を出す

一月四日　日　晴

朝刊に大本営発表（三日午後三時四五）二日午後マニラ完全占領

午後故真鍋嘉一郎氏告別式に青山斎場に行く　星氏強羅より帰り共に行く　総て一時間費したり甚簡単、高畑捨子さん児を連れて来訪、令兄応召に付暇乞旁出京したりと

一月五日　月　晴

午後三時過精子三児大元気にて強羅より帰り来、汽車大

混雑皆々立ち通したりと　小林ちか子来根付三箇持ち来る　児等おぢいさんにお土産として宮の下富士屋にて買ひたる竹製みみづく紙切り呉れたり

一月六日　　火　晴（好天）

来八日観兵式予行なりとて親、協早朝落合錬兵場へ向け出行く、午前十時半頃飛行機飛び来る先づ海軍五〇〇台、次に陸軍同五〇〇台、壮観、夕刻柿内三郎氏年始、書室にて長談、戦争談、社会風潮談

一月七日　　水　曇

純子昨日帰りたりとて来

一月八日　　木　晴

学校始まる三児早朝出行く　午後賢信来り結婚届書に捺印を乞ふ即ちこれをなす、岡田徳子未亡人来訪故和一郎氏遺書「黎明期の日本医学」印刷出来せりとて贈与せらる

一月九日　　金　晴

午後きみ荻窪に与謝野未亡人を見舞ふ　危篤状態続くと

一月十日　　土　晴

午前十一時過ぎて田鶴子忠子二児を連れて来二児相変らずおとなし、昼食はすしを製す、食後縁側にておもちや出しよく遊ぶ　おやつに餅みかん悦びたべる、其間鈴木孝之助氏夫人同道来訪、八十九歳なるも甚元気、元、亨二児機嫌よく四時去る　純子も来り一処に遊ぶ

一月十一日　　日　薄曇

夕刻志づ子さん来、夕食、星両人三児を連れて午後出かける、十一時半横尾氏尋ね来る、今朝満州より帰りたりと

一月十二日　　月　曇

昼小林博子来、長谷部夫人、植村尚清夫人玄関まで訪れられたり自分は会はざりき　きみ例に依つて知らせず

一月十三日　　火　雪晴曇

昨夜雪二寸ばかり積る　寒し

一月十四日　　水　晴

事なし寒酷し

一月十五日　　木　晴

去十二日ハワイ西方洋上にて米航空母艦三三〇〇〇トン我潜水艦撃沈すと大本営昨日発表、連日各戦線に於て益々有利なるも殊にこの母艦撃沈欣快、本年始めて柿内を訪問、田鶴、忠と二児のみ在宅二児面白し十二時半過帰宅

一月十六日　　金　晴

坂田昌一氏令祖母九十五才の高令にて死去せられたるよし　柿内より承知したるに付悔状を出す

一月十七日　　土　晴

謡曲高砂を読むなど

一月十八日　　日　晴

柿内氏賢信結婚祝の意味にて喜多舞台に於て能高砂を舞ふに付招かる九時きみ共に出かける　電車市ヶ谷にて田鶴、忠、元を連れて乗り込む　四ッ谷塩町にて下る十時始まる観覧者二十名計り　舞台上の人数も二十名ばかり、ただ寒さには困りたり、十一時半終る、これより昼食の馳走ある筈なるも自分は辞し去る忠子元も同時去る、十二時半家に帰り雑煮を食し温たまる、三時半頃大山公長谷部両氏来訪戦勝談尽きず、学談は全く側にのけたる形なり、四時半去る、時々訪れ呉れる厚意可謝

一月十九日　　月　晴

田鶴子今日忠子母子を送りて仙台へ行く筈　晩星氏知人婚姻媒酌人とし帝国ホテル式あるよし三児も招ねかれたるよしにて出行く

一月二十日　　火　晴

親寒冒学校休　この一両日寒殊に厳し　午後横尾氏来訪、自分伝記草案なりたりとてこれを示す、書肆にて出版するとか

一月二十一日　　水　晴

故橋本節斎氏三回忌に相当吉祥寺に於て仏事あり、自分は三時出て読経の終る頃に行き皆々と共に墓所に参り四時帰宅、純子学校帰りに寄る、次に良一も来る　親坊学校休

議会休会のところ今日より始まる東条首相の演説極めて痛快

一月二十二日　　木　小曇晴

午後一時出て牛込東五軒町の邸に横山又次郎氏告別式に参行、二時帰宅、住宅式共に質素、親一尚ほ休校、晩良一来診

一月二十三日　　金　曇晴

親休校

一月二十四日　　土　晴

親休鳩子も今日休校　上義歯鏬裂修理出来　精子三回使に行く　小林元椽愈々明後日入隊（座間の学校）するといひて玄関まで挨拶に来る

一月二十五日　　日　晴
事なし

一月二十六日　月　晴
風邪の気味、午前体温三七、二度　午後三八、二度　終日ぐずぐずし居たり　在北京梛野厳より来信、周口店のことなどあり

一月二十七日　火　晴
小林文郎氏昨夜狭心症にて死去のよし今朝電報あり　夕刻純子来　体温午後三八、二度　良一朝学校出勤前に寄りて診察したり

一月二十八日　水　晴
故小林文郎氏のために香奠拾円郵便為替にて送る　体温朝三八度　午後三八、一度

一月二十九日　木　晴
故文郎氏葬式午前中に麻布笄町自宅於て行はるる筈、自分風邪に付昨日断りおきたり　又故金杉英五郎告別式は午後愛宕下青松寺に於て執行、星氏参向に付名刺を托す
体温三七、四度、良一夕刻来

一月三十日　金　晴
今日は特に気分悪しき様に感す、食欲なし体温やはり三八度はかり　午後八代氏を煩はし来診、別に悪き徴候はなきよし

一月三十一日　土　晴
午後夏葉子来田舎より得たりとて糯を少し持ち来る　体温朝三八、一度

二月一日　日　雪
終日雪20cm程積もる　朝体温三八度

二月二日　月　曇
体温三八度　神経痛に苦しむ

二月三日　火　曇
体温朝三六、九度　昼三六、九度　神経痛同断

二月四日　水　曇
良一来、薬用は止めるなど但し神経痛は幾分か軽き方

二月五日　木　晴
神経痛大に軽快

二月六日　金　薄晴
痛軽し

二月七日　土　晴
体温三八度　三六、九度　三七、三度　神経痛軽快但し薬

用す　純子来

二月八日　　日　晴

丁度満二週間となれり　尚ほ二三日にて本復か、余寒尚ほ強し　体温三七、三度　三七度　夕刻四郎氏来り　ヴヰタミン何とかの注射をなしたり

二月九日　　月　晴　寒

朝二週間振りにて煙草を試したるもうまくなし、止めたり、体温三七、三度　三七度　学士院へ擬賞、会員投票等少し複雑なるを念を入れて出す

昨夜半愈々「ジヨホール」水道を渡りてシンガ島敵前無血上陸せり

二月十日　　火　薄晴

関口蕃樹氏死去今日世田ヶ谷区にて告別式あるも病中に付弔詞を送る　賢信午後実験都合上隙ありとて来る

二月十一日　　水　雪曇晴

昨夜来雪朝庭真白になる　シンガ島尚ほ未た降服せず今はただ其時期を待つのみ　星四郎氏来訪星一家皆不在、自分風邪に付種々談あり、純子来　晩九時少し前親協とび出し今朝八時皇軍一部新嘉坡市内進入せりと只今大本営発表

二月十二日　　木　晴

四郎氏今日も来、自分風邪に付種々意にかけくれらる

新嘉坡今日は市街戦なるべし

二月十三日　　金　晴

新嘉坡今日も市街戦、昼田鶴見舞に来

二月十四日　　土　晴

昨日同様市街戦、逃避船舶の撃沈、純子来

二月十五日　　日　雪

昨夜来盛に雪降る、昼頃止む20糎程積もる珍らしき大雪なり、三児共庭に出て板を工夫しすべるなど、晩九時少し過頃星氏へ或筋より電話あり

午後七時五五遂ににシンガポール無条件降伏せりと、快絶、大本営よりは十時十分発表せらる

自分にはこの報を以て生存中の望は尽きたりとも云へる程愉快に感ず

二月十六日　　月　薄曇薄晴

紙上シンガポール陥落のことを以て充たす　市内今日は格別の催しなき様なり　晩食には賢信夏葉子より送らる糯を以て赤飯をたきて戦捷を祝したり　体温朝三七、三度　昼三七度　晩三七、四度

二月十七日　火　晴
午後横尾氏来、自分の伝記原稿を戻す　体温三七、二度
昼三七度　晩三七、三度
二月十八日　水　薄晴薄曇
シンガポールを昭南島（港）と改称せらる　今日は全国に於て大東亜戦争第一次祝捷催せらる三児共それぞれ出行きたり　午後鈴木尚氏来訪、去五日東京第一病院に転じたりと
二月十九日　木　曇
余寒殊の外厳し　体温三七度　三七、三度　三七、一度
二月二十日　金　晴
故荒木寅三郎氏補欠参考候補者として平井毓太郎、今裕、熊谷岱蔵、布施現之助の四氏を学士院へ申し送る　久し振りにて髪を鋏む　庭先に見える黒松の大木枯死し今日これを切り除きたり　体温三七度　三六、九度　三七、一度
二月二十一日　土　晴
皇軍愈々「オーストラリヤ」まで追撃ポート・ダーウィンを大空爆したり
自分風邪殆んど四週間になるが先づ々々大に軽快の様感す
二月二十二日　日　晴曇
夕刻良一純子来、晩四週間振りにて入浴したり、誠にさつぱりとしたり
二月二十三日　月　曇晴
午後は晴、大に暖なる
二月二十四日　火　雪
昨夜来雨、直に雪となる　三六、四度、三七度、三七、二度
二月二十五日　水　晴
昨日は終日雪降る、又々大雪　五、六糎つもる　茶の間にて昼食を終る頃に眩暈を起す直様横になりて静に休む暫時して復す、室に戻りて床中に臥す
夕刊にて昨日皇軍潜水艦米本土西岸「セントバーバラ」辺を砲撃す　六千海里の大（ママ）平洋を経てカリフオルニヤまで出撃す快哉
二月二十六日　木　雪曇
今朝又々雪降暫時して止む
二月二十七日　金　雨
悪天、体温三七度、三六、九度、三七、二度　午後良一来、

腰痛を症し学校休みたりと　支那青島医校に勅任教授の位置ありとか

二月二十八日　　土　晴

大に春暖を感す、朝良一来腰痛大に軽快　これより海省へ行き青島の件に付様子を質すと　体温三七、一度、三六、九度

三月一日　　日　薄曇

午後良一純子来、良一昨日海省に到り局長其他面会、青島医校の件は此方の注文悉認容せらる、多分良一行くつもりならん　気分少し異常を感す夕食前に体温を計りたるに三七、八度あり

三月二日　　月　細雨悪天

スラバヤ沖バタビヤ沖海戦大捷敵聯合艦隊先つ全滅

温三七、二度、三七、二度、三七、四度

ジヤバ島西、中、東三方面上陸

三月三日　　火　雨曇

体温三七度、三七、一度、三七、一度

三月四日　　水　晴

体温三六、九度、三七、四度、三七、六度　午後横尾氏来、自分伝記に付先日注意したるを訂正し持ち来る、其他自分一家に関する雑談、「戊辰の昔し語り」を貸す

三月五日　　木　曇雨

体温三六、九度、三七度　午前に警報あり、一時間余にして止む　精子会社と電話す、やはり飛行機30台計金華山沖に来りたりとか、但し甚曖昧、誤伝か

三月六日　　金　雨晴

体温朝三七、四度、昼三九度　きみ大に驚く、終日床中横臥す、昼食とらざりき　良一を呼びて診察せしむ、熱の源因（ママ）不明、昨日夕刊来ず警報のもと不明なりしが伊豆の沖に飛行き見えたりとか但しこれは我ものなりと、尤も米の飛行機来襲は警改（ママ）を要す

三月七日　　土　曇雨　気温昨日来大に昇

体温三七、一度、三七、四度、三七、二度　良一出がけに寄りて診察す何も異状なし　四郎氏星氏大腸カタルの見舞に来り自分の室に寄り種々相談

三月八日　　日　晴（奉戴日）

星氏姉に相当する人小山田社重役の母堂胃癌にて死去せられ今日葬式、午後星全家これに行く　橋本とし子未亡人来りたるも自分はあはざりき

三月九日　　月　曇

ラングン占領のことラヂオにて知る　小林ちか子来、根付四個持ち来る（但し他の中）一個かへす、両人の履き物及び金拾円贈る、根付今日まで十三個、体温三六、九度、三六、九度、三七、二度

三月十日　　火　雨曇

蘭印昨日無条件降伏、陸軍記念日

体温三六、七度、三七、二度、三六、七度　晩松原伝吾氏来訪、自分が従来集め置きたる根付を見せる、氏近日田舎へ旅行するに付地方にはまだ良きものあるか注意すべし云々十時去る

三月十一日　　水　晴

体温朝？　昼食後三七度　梛野よし江子来遅れて精子と昼食中故寿衛造遺児沢田孝子訪ね来る、二十数年ぶりにて会ふ、早や四十年になると四児ありと（三男一女）種々思ひで談しあり、過去は捨てて今後は時々訪ね来る様言ひたり、案外長坐きみ困る

三月十二日　　木　晴　全く春らし

午前試に庭へ出て歩く　戦捷第二回全国民祝賀、児等常の通り学校へ、親協は昼帰り来る　体温三六、八度、三六、九度、三六、九度、入浴　夕食に赤飯を炊きて祝ひたり

三月十三日　　金　曇少晴

故小林文郎氏七七日法事は風邪に付断り香奠五円供へたりし　挨拶小林淑子の名を以て到来、午後文士山本有三氏来訪、小林虎伯父のことに付種々質問あり、其重要なることは虎伯父が深き勤王家なりきといふは如何云々、格別参考になる様なことをいひ得さりきは遺憾なり菓子の贈品などあり

三月十四日　　土　晴曇強風雨

自分冬期風邪先つ全快、朝湯殿にて洗面等平常に復したり　体温三六、七度、三六、八度、三七、九度、入浴　小林博子来好子の談とかによれば文郎の死は全く闇、親協今日より学年試験

三月十五日　　日　雨（悪天）

体温三六、七度、三六、八度　親協試験中に勉強

三月十六日　　月　雨

柿内より電話にて田鶴子仙台へ迎へに行きて土曜日に忠子二児連れ帰りたりと

三月十七日　　火　晴薄曇

久し振りに古事記神話研究に昨日来かかりたり此度は終結したく思ふ

三月十八日　水　曇

親協試済みたりとて元気、岸両児共武蔵高等へ入学したりと、両人共一年生なる筈

三月十九日　木　晴

きみは泉岳寺へ行きたり　午後近き吉祥寺へ橋本家墓へ参る　一月二十二日以来始めて門外に出たり　帰りて一時間ばかり庭へ出て芝上を掃きたり

三月二十日　金　晴

午前きみ共に柿内へ行く、田鶴不在、忠子仙台より出京貞之助氏出征中は東京住居の由、二児相変らず元気面白し、十二時過帰宅　午後は庭掃除

三月二十一日　土　晴　祭日

午前午後共庭掃除　星全家午後出かける、皆不在中四郎氏来、星全家浅草へ行きたりとて鰻のみやげ持ちて夕食頃帰り来る

三月二十二日　日　晴風

田中浪江氏夫人死去通知到来　直に悔状を出す　児等皆家にありて片付けものなどす、風強く庭へ出ること叶はず

三月二十三日　月　晴

午前庭掃除、午後在台湾橋本義雄学会に出京せりとて尋ね来る、戦時台湾談、在小倉小林魁郎氏より来信、これはきみ子が此頃やりたる手紙の返事なり　去一月七日突然右半身不随となりたる由併し軽症、長き手紙を書は自身書きたるもの、文郎氏死去に付上京すべきも叶はず残念云々

三月二十四日　火　曇強風　晩雨

故平野勇氏一週（ママ）忌に相当泉岳寺に於て仏事案内を受けたるも失礼したり　三児共学校へ行く卒業式等通知簿を持ち帰る皆上出来　横尾氏感冒の由且つ女児出生に付見舞に行きみ行たり　晩純子試験済たりとて寄る

三月二十五日　水　晴

好天午前午後庭掃除、疲れたり　午後純子来りたるも鳩子不在

三月二十六日　木　半晴強風

第十一回日本医学会々費金三円郵便振り替へ貯金にて払込む　昼頃台湾より於菟出京来訪、丁度良一も来、最近近広東香港へ南支人調査のため旅行、両占領地及び時局

談、二時半頃去る　親協二人にて強羅へ行きたり

三月二十七日　金　晴強風

解剖学会開会日なるを以て自分出席のつもりなりしも気分進まず止めたり　庭へも出ず終日室内にありき　古事記神話研究は先つ〆切りたり

三月二十八日　土　晴

於菟出京を機会に良一午餐を供にするとて水交社へ行く自分等の外精子純子鳩を加へ総て七人気天少し寒きも好し　庭の芝上を歩く於菟今日講演するとて去る　鳩子これより箱根強羅へ行くに付精純子は東京駅まで送ると鈴木一雄氏送り行くよし星氏は別遅れて行くと、自分等良一日比谷公園に入るなど桜花七分位開く、三時家に帰る　四時頃賢信夫婦来る雑談に時移る五時半去る、夕食三人にてさびし

三月二十九日　日　曇少雨

十一時柿内より田鶴子忠子及び元、透（ママ）の二児とも、あや子、義（ママ）信来、昼食は五もくめし、孝、悌は昼過ぎて来、賢信も理研昼休みとて来、柿内孫共よく集まりたり只信子を欠くのみ少き児等は庭へ出て芝上すべる、純子も来誠に大賑か、三時半去る時に雨降り始めたり　神戸の高田蒔氏学会のため出京したりとて尋ね呉れたり

三月三十日　月　晴曇

田鶴子物を取りに寄る、午後良一来、又鈴木尚氏伊豆に療養中学会に出席したりとて尋ねくれたり

三月三十一日　火　曇　昨夜少雨

十時半頃三児強羅より帰宅、三人のみにて、良一午後来ゴルフ錬習

四月一日　水　晴曇

親協学校始まる　橋本とし子さん来、昼食、原家女の談ありき

四月二日　木　曇晴

歯校生徒大久保氏進級したりとて玄関まで挨拶に来、午後天気良くなる、思ひ立ちて出かけるきみ供、近き六義公園に入る、桜花満開、入園者少く静かにて甚だ適三時半帰宅、庭へ出て芝を植へつけたるに水をやる

四月三日　金　晴

午前午後共一寸庭へ出、精子三児を連れて午後三時頃出かける純子来、入れ換りて良一来　小林ちか子根付一個象牙材、持ち来

四月四日　　　土　晴

午後横尾氏来、教室自室同氏室一半を明けてこれに移るの問題久しき以前より西氏要望ところ愈々決行のこととなれり、西氏は自分には一回も其ことを言ひたることなし、横尾氏指図して室内のもの現在の位置に置くこと、本年は解剖学会五十年に相当するに付其記念に出版物を編む由学会にて決議せりと就ては自分にそれに一言述ぶべしと

四月五日　　　日　半晴強風

午前賢信新宅二番町に始めて訪問二人共在宅、新屋誠にさつぱりとして宜し十一時帰宅　午後於菟日本医大の金子氏を伴ひ来訪、ファルベンフェヒャー〔＊標準色票〕に付談あり氏が工風して改良したるもの、於菟来八日出発台湾帰任すと時に丁度良一も来、夕方純子方へ行く今年始めてか、親鳩も行く

四月六日　　　月　雨曇

寒し終日室内にあり

四月七日　　　火　晴（昨夜小雪）曇

雪のため今日も寒し

朝刊：去五日海軍コロンボ猛撃（六日午四時大本営発表）印度洋の中央まで皇軍進出、実に隔世の感に堪へず

故白鳥庫吉氏神式告別式に参加、きみ共青山斎場、一時半出て三時帰宅、赤坂見付等の桜花大半ちりたり

四月八日　　　水　晴

鳩子今日より女学に入り始業勇みて出行く、午後きみ、やす子伴、吉祥寺花祭に詣　帰りて少し庭へ出る　西氏より来書、教室自分の室を移したりとのこと

四月九日　　　木　晴曇

荻窪に保子病床を見舞ひたり旧臘十二月一日以来始めてなり、自分の感では容体目立つて悪き様に思ふ、厳中将に昇級せる悦を言ふても解せざる様なり、十二時帰宅、在北京厳より来書昇級の報なり

四月十日　　　金　曇強風、雨

午前賢信理研へ行きがけなりとて寄る　在北京厳へ昇進歓び手紙を出す

四月十一日　　　土　晴

事なし寒し、星氏早朝出発、衆院議員候補者として選挙区へ

四月十二日　　　日　晴曇強風

事なし終日室内にありき

四月十三日　　月　　曇晴
久しぶりにて泉岳寺墓参

四月十四日　　火　　晴
午前小林忠子方訪問、仙台より貞之助氏出征不在中移住、牛込矢来に借家したり　元、亨の二児元気

四月十五日　　水　　曇晴寒
むつ子来、純子学校帰りに寄る

四月十六日　　木　　曇雨
午前故小林文郎氏末女淑（よし）子さん挨拶に来る　きみ折悪く不在、白面、文郎氏死去のことに付別に異状を言はず、気の毒に感ず　午後庭へ出たるも雨降り出し直に屋内に入る

四月十七日　　金　　曇　　強風
事なし

四月十八日　　土　　晴　　好天
昼食中サイレン警報響く自分初め演習かと思ひたるに米飛行機来襲の由、協親学校より帰り来り爆弾投下が見えたりと　椰野よし江さん来り居り帰るに困る女子たち学校に居るを迎へに行くかなど心配す、四時解除となる自分は少し庭へ出たり、寒し
夕刊に廿九機を撃墜云々とあり
森家故志げ子さん七回忌法事は其ため中止せりと類氏より電話、夜二時頃空警報、四時頃開除（ママ）

四月十九日　　日　　晴
昼食を終りたる午後一時頃又警報　午前庭へ出る午後も同断

四月二十日　　月　　曇雨
昨日空襲の模様紙上に一切なし　神話研究の清書終る
星氏一昨夜帰宅今朝又選挙区へ出発

四月二十一日　　火　　雨曇風
在札幌今裕氏学士院会員になりたる挨拶翰に付祝詞書状を出す　午後京都の坂田昌一氏出京来訪

四月二十二日　　水　　晴
明日より臨時大祭に付今日午前靖国神社参拝に予想の通りあまり雑沓せず　午後少し庭へ出る　親風邪学校休む

四月二十三日　　木　　晴
親学校へ出る、午後庭へ出る

四月二十四日　　金　　晴
故原正氏の次息海軍々医少佐誠氏南洋に於て戦死せられたること紙上に見る　きみ母堂宛悔状を出すべし

四月二十五日　土　晴
靖国神社臨時大祭中日　行幸御親拝　学校休親協は選挙区平へ向け朝出かける鳩子学校式ありてその帰るを待ち精子連れて十一時頃出行く　午後良一来ゴルフ錬習、自分庭へ出る晩淋し

四月二十六日　日　晴
きみ早朝世田ヶ谷故原正氏方へ次息戦死の悔に出行く又最寄りの金森いく子さんの病気を見舞ふ十一時半帰宅す原家にては皆在宅なりしと娘達も居たりと、金森家にてはいく子さん元気の由、彼の永年の預りくれた金の精算に付先方より言ひ出し100円ばかり残りゐる云々　午後故石黒忠悳氏一週（ママ）年に付牛込揚場町邸に参拝きみ同行　八時前に平より皆元気にて帰宅せり

四月二十七日　月　晴強風
定期大掃除、会社より人来り助く

四月二十八日　火　晴曇強風雨
暖し綿一枚となる、きみ久し振りにて志村秀隆氏訪問、氏四月より正式に教授となりたる由

四月二十九日　水　曇　天長節
三児は学校に式ありて出行く、親協は午前に帰りたり、午後親良一方へ行く自分も共に、蓄音機を聞く良一のみ在宅純子は学校に演習ありと、きみも来る

四月三十日　木　晴
衆院議員総選挙には老病の故を以て棄権したり　七里ヶ浜に鈴木孝氏訪問、今朝きみ電話にて念のため尋ねたるも不充分にて氏在京なりしも急に七里ヶ浜に戻りたりと多分自分等と同じ列車なりしならん、今帰着したるところなりと、時に十一時半なり　弁当を使ひ二時頃去て鎌倉廻り帰京、列車満員きみは横浜まで立つ、四時半家に帰る　星氏丁度平より帰京したるところにて是より投票しに行くと、良一来り居る

五月一日　金　晴曇
星氏選挙結果等のため早朝平へ出発　午後庭へ出る

五月二日　土　晴
野明むつ子来息治雄長岡社より学資補助を受くることになり自分保証人として捺印す　夕刻星氏帰京せい子三児を連れて上野駅へ迎へに行く、当選確定皆々悦ぶ　良一例のゴルフに来、自分庭へ出る

五月三日　日　曇雨

星氏議員当選を昼こはめしを炊きて祝ひたり　鳩子独りにてこれを持ちて四郎氏方へ使に行きたり

五月四日　月　雨曇

事なし

五月五日　火　晴

午後庭へ、夕食事中末広恭雄氏玄関まで来

五月六日　水　曇

午前八時児等皆学校へ出かけたるとき警報あり時に恰も天晴れ庭へ出て我飛行機の縦横にとぶを望みたり　但し別状なく四十五分の後開除（ママ）となる　小林元椽此度陸軍兵技中尉任官満州新京へ赴任に付暇乞に玄関まで来る　田鶴子昼頃来りゆつくり話して去る　食事を終りたるところへ横尾氏来、自分伝記のため写真を乞ふ云々　今朝の警報は我機なりしよし夕刊にて知る

五月七日　木　雨

終日天気悪し

五月八日　金　雨　（奉戴日）

七日大本営発表ヒリピン、コレヒドール完全攻略勅語を賜ふ

午後賢信来、種々学談、はずみつきて長くゐたり　夜に入り親一ラヂオ処報大本営発表珊瑚海々戦、米空母艦二隻戦艦一隻及び英戦艦一巡艦一隻大破、快哉！

五月九日　土　雨曇霽れる

海戦に付紙上にて尚ほ精しく知る　午前田鶴子来、きみ橋本とし子さんを訪ふ、原女のこと如何のため、但し風邪のため延引

五月十日　日　晴

朝早く七時半きみ共に出かけ広尾の岸を訪ふ、敬二武蔵高等学へ入学せるに付腕時計を遣る筈なりしも段々遅れ漸く果たしたり　三二は蝶を採りに行きたりとて不在、丁度定期大掃除にて混雑、防空壕を新設せるを見て帰る時に十時　午後純子来、自分庭へ少し出る

五月十一日　月　晴

旧臘八日以来にて大学行、先頃自室移転したる模様如何と思ひしところ誠に元との通りにて甚満足、横尾氏心配大に多とすべし、緒方知三郎氏に廊下にて遇ふ、きみ迎へに来り三時過帰宅　留守中に小林ちか子来り根付一箇持来る（牙材、爺おかめの面を刻る図）　医学部事務室へ行き成川氏に神話研究論を謄写版若くはタイプライターにすることを托す　夕刻三二来、昨年八月長与死後始

めてなるべし

　五月十二日　　火　晴曇

午前九時半頃田鶴子忠子二児を連れて来、元庭へ出て芝上に遊ぶ自分も出る、午後はきみ自分皆出かけ履物を買ひ換へ元のはね廻るを見て三時半天気怪しくなり帰り去る

　五月十三日　　水　曇薄晴

珊瑚海々戦に付海軍航空部隊に勅語を賜はる

午後庭へ出て花芝を植へかへる　晩九時ラヂオ放送ニウスの後故虎伯父に付山本有三氏の放送「隠れたる先覚者小林虎三郎」といふ講演を聞く三十分余

　五月十四日　　木　曇晴

山本有三氏へラヂオ講演挨拶名刺を出す　Naberfeld: Grundiss d. Jap. Geschichte, Berichtigungen〔＊文献〕請求を出す　午前きみ泉岳寺へ墓参　学士院昨日授賞式今日賜餐の筈なるも何れも不参　小倉の小林魁郎氏昨晩の放送のことに付手紙を出す

　五月十五日　　金　晴

夕方庭へ出る

　五月十六日　　土　晴

純子一寸来、学校供達（ママ）と芝居へ行くと、良一も行く由、小林ちか子来、小猫を持ち来る、庭へ出る

　五月十七日　　日　曇少雨

三児共学校同窓会に行く　星両人は婚式とかに列席すと、家中甚閑

　五月十八日　　月　晴曇

親協戸田橋に於て学校催競漕会ありとて出行く　森志げ子さん七回忌、前月十八日なるも空襲のため止め、今日住宅にて読経あり午後三時千駄木類方へ行く、夕食ある由なるも辞し去　五時半帰宅

　五月十九日　　火　雨寒

悪天雨止ます　事なし

　五月二十日　　水　雨寒し

在北京梛野厳公用にて昨上京せる由午後四時頃雨中尋ね来る相変らず強健職務に励むと　旧石時代遺跡に付談あり此度愈々日本回収し此方の自由なり幸に汽車中岡山にて乗り込み其話出来兎に角長谷氏一回同地実見すべし云々

　五月二十一日　　木　晴

柳沢銀蔵氏十九日死去の由通知あり　早く昼食しきみ供

池袋の邸に到り告別前の読経に列す二時半帰宅

五月二十二日　金　晴

朝末広恭雄氏来、星氏に要談ある趣なり　又愈々能登(のと)七尾へ赴任する由　自分きみ同道出かける故文郎氏明日納骨式に参加出来ざるに付且つ不幸以来未だ弔問せざりし故麻布笄町に訪問せり　電車乗り替所を各別々にとりたるため自分は日比谷廻りにて行く、先方にて殆んど同時に合たり、姉妹三人在り主として井上文子さんと談す明日納骨は都合により延期したりと、小林家相続のこと、幹納骨未済のこと、徳郎病気不良、海岸の病院に居るとか総て不審、甚だ不安に感す、十一時半帰宅　午後少しく庭へ出る

五月二十三日　土　晴

朝きみは与謝野未亡人容体悪き由に付見舞に出行く、星氏は強羅行　故素子三年忌法事繰り上げ執行、午後三時泉岳寺に到る、三時半読経始む、墓所に詣で自分等星車にて水交社に到る、皆々庭へ出て芝上を歩く、六時食卓につく総員二十名、終て控室にて談話、小供等面白く紙飛行機を造りて遊ぶ、桑木氏に自分の神話研究の話をなす、昨日紙上に元早大教授津田といふ人の記紀等の神話研究に対し起訟(ママ)のところその判決ことなど話題となる、八時過散す、自分等皆星車を用ふ、先つ々々都合上々

五月二十四日　日　晴

午後庭へ

五月二十五日　月　晴曇

総選挙後第八十臨時議会召集

午前十時頃新潟県中央新聞社主筆西方稲吉といふ人来訪、長岡出身人物等に付坐談会を催したきに付出席を求めらる、これは夜分外出など困難に付断る、戊辰戦役談大に興を添へて自分家族奥州まで落ち行たる模様を話し十二時半まで居たり　庭師三人来りて檜に丸太を結び付く

五月二十六日　火　曇晴

庭師三人檜を鋏む、経師屋来襖を修理

五月二十七日　水　雨曇晴　海軍記念日

与謝野未亡人危篤といふ知らせあり早朝出行、良一出がけに寄り参考婦の写真を置き去る　夕方庭へ出る

第八十議会開院式

五月二十八日　木　晴

賢信来小さき唐なす、野菜など持ちて、昼食し去る

五月二十九日　　金　晴　無上の好天

閉院式、不斗思ひたちて鎌倉行、きみ浄光明寺といふ寺に古跡を探る用あり扇ヶ谷辺この寺あり　八幡宮より案外近し、自分横穴式墓所の前にて喫煙休息　きみ山を登りて冷泉為相卿を探る、これより八幡に戻り池畔の茶屋にて弁当を使ふ、これより岸別荘に未亡人を訪ふ　好感を以て迎へらる　列車往復共あまり困らず五時前帰宅

五月三十日　　土　晴

昨日午後与謝野晶子未亡人死去せられ今朝きみ荻窪邸へ悔に行く　夕方少し庭へ出

五月三十一日　　日　曇

星氏今朝平へ行く　午後きみ与謝野へ行く、自分庭へ出る　良一著書微量定量法第四版漸く出版せりとて持来る

六月一日　　月　曇

与謝野女史葬儀きみ早朝出行く　午後五時頃帰る、自分は庭にありき

六月二日　　火　晴

午前桜井龍蔵氏名古屋より出京次息工大生共に来訪玄関にて立話して去れり　平野泰治氏夫人辰子さん長岡にて死去せられたる由通知あり　夕方庭へ出る、良一今夜行にて出発　青島医校へ赴任す　東京昭和医専かけ持ちの筈、八月末には帰京すべし、純子も来り皆共夕食したり

六月三日　　水　晴

平野泰治氏夫人納骨式に参列　朝八時半両人出かけ泉岳寺に到る　尚ほ時刻早きを以て家の墓所に詣で石に腰をかけて休息十時寺に入る　折よく泰治氏帰京中の由にて会葬す、読経終り辞し去る　一時過帰宅

六月四日　　木　雨

与謝野初七日とてきみ早朝多摩墓地へ出かける

六月五日　　金　曇小晴

故長与又郎氏記念のために十円出金す　在大宮の佐竹は つ出京したりとて尋ね来る　少し庭へ出る

六月六日　　土　晴

昨夕刻大本営発表V．31．マダガスカルにて特殊潜航艇を以て英戦艦及び巡艦を撃沈又豪州シドニーに於て同V．31．敵軍艦一隻撃沈

午後新潟県中央新聞社の西方稲吉氏の外に星野慎吉氏来訪、戊辰其他の談、落行きたる往路の古き帳及地図並に自分写真を貸したり　純子試験すみたりとて寄る　夕食

後鳩子を連れて純子へ行くやす子泊ると

　六月七日　日　曇雨

鳩子昨夜純子方に泊り帰り風邪の気味熱あり　親協精子も学校保護者会なりとて出行く　午後純子寄る明日より学校寄宿舎に入ると

　六月八日　月　曇晴

大東亜戦争満半歳となれり

学士院へ院長、幹事部長投票其他の書面を出す　親協学校休、鳩子風邪休養　信子児を連れて京都より出京田鶴子これを連れて来、児この頃漸く歩き始めたりと、玩具を以てよく遊ぶ、昼食し二時過去る　自分少し庭へ出る

　六月九日　火　曇雨

虎伯父興学私議を読む

　六月十日　水　晴

午前柿内へ、信子児昌一氏昨夜着京、忠子等迎へにやり、元、亨二児を連れて来、賑となる　自分は児等と庭のブランコに乗り相手をなす　佐藤岩蔵氏死去、今日告別式のよし（荻窪の自宅に於て）田鶴子に名刺と香奠五円を托す　十二時前帰宅　午後不図林春雄氏来訪、大学初年の薬物学教師は誰か、其他旧談、氏は大に元気、晩ダッチハーバー海戦ラヂオを聞く

　六月十一日　木　晴

アレ（ママ）ユーシヤン列島及ひミッドウェー猛攻撃、敵航空母艦二隻撃沈大勝、快、但我空母一、巡艦一を失ひたるは憾とす

大学教室へ、九時出かける、事務室に寄る、頼み置きたる神話研究のタイプライタア十五部出来、成川氏より受取る謝礼として五円贈る　緒方知三郎氏に会ふ、西氏珍らしく挨拶に来る　横尾氏と雑談、氏の蒙古人論文（独逸）をこれまで度々断りたるも兎角通読することとし之を預かる　三時きみ迎に来る

　六月十二日　金　晴

大変暑くなりたり、庭へ少し出たり

　六月十三日　土　晴

荒木虎太郎氏死去せらる其告別式に住宅渋谷区神山町に行く　きみ同行午後一時過出て三時半帰る

　六月十四日　日　雨

今日文郎氏遺骨及谷中墓地にあるふく子遺骨を天眼寺に納骨する旨俶（ママ）子より通知ありたるも時刻も知らせざれば行かず、然して夕刻に到り大賀氏より電話にて徳郎茅ヶ

崎に於て死去せる由知らせあり、病症等不明、納骨と徳郎死の時の関係も不明、文郎家のことに付きては疑惑の点少なからす、きみ相変らす突慳貪、思考、精子三児共不在、純子来寄宿舎の模様の談など、夕食し舎へ帰り行く

六月十五日　月　曇強風

市会議員選挙なるも棄権　庭へ出る

六月十六日　火　晴

午前小林文家へ徳郎氏死去の悔に行く香奠五円供ふ、文子（井上氏）と懇談、次康子（中村氏）、次徳郎、次貞子（藤田氏）、次淑子末女が独り残りたるのみ、小林家は本家は幹の死亡にて絶、魁、文、三各分家したりと、三の家は絶、魁文共嗣子なし、又本家を如何するか先魁郎の意中を質す必要あり、十一時半帰宅

六月十七日　水　晴曇

小笠原、小林両家の近代家系を調ぶ

六月十八日　木　曇雨

故徳郎葬式天眼寺に於て行はるるも不参　在小倉魁郎氏へ文郎家のことと小林本分家のことなどに付手紙を出す

末広ゆう子来、此度恭雄氏能登七尾転勤、近日家族まとめて赴任の由　庭へ出たるも少し雨降り出し内に入る

六月十九日　金　曇

大橋新太郎氏使人に小品を持たせて安否を質す意なる由

小笠原家、小林家、小金井家近代の家系を試み造る

六月二十日　土　曇

世田ヶ谷に金森いく子さんを見舞ふ床上にて談話、小笠原家のことなど質して家系の幾分を補ふ、きみ同行、往省線、返は市内電車を用ふ　十二時前に帰宅　夕刻庭へ

六月二十一日　日　晴

朝早めに出かけて番町に賢信方を問ふきみ同行、古事記神話研究を贈る、帰途一口坂にて電車を下り大橋新太郎氏方へ寄る暫時にして去る　十二時前帰宅、午後純子来、亦夏葉子来る賢信理研に用ありとて共に出てたりと

六月二十二日　月　曇雨

午前金森烈子さん来、曽て金森家に預け置きたる金子内一百残るゐる（ママ）とてこれを持ち来り受け取る　これにて全く清算といふことになりたり　永々の好意に対し謝礼として弐拾円贈りたるも受けとらずして去る

六月二十三日　火　曇

朝刊紙に我潜水艦去二十日カナダ、ヴアンクーヴア島を

奇襲砲撃したりと
午後大賀一郎氏文子の案内にて来訪、小林文郎氏後のこと総て小林家のことに付談あり

六月二十四日　水　昨夜大雨、曇
午後横尾氏来、玄関にて話す、預かりたる蒙古人に関する独逸文の論文通読して返す　神話研究を贈る　暫時庭へ出る

六月二十五日　木　曇雨
朝在青島良一よりはがき届く、ただ着任後寺沢ホテル支配人に会ひたることをいふのみ　十四日附なれば十日目に到達したるわけなり　又小林貞之助氏南方へ出征のところ仏印へ後送になりたりと柿内へはがき来れりと

六月二十六日　金　雨
終日悪天　事なし

六月二十七日　土　晴
柿内孝子来、又小林博子女を伴ひて来、皆昼食す賑か、小倉の魁郎氏より返事到る、小林家のことに付きては暫く考慮したし云々、其趣大賀一郎氏へ申し送る　午後は庭へ出て芝を刈りたり　純子来り夕食す、土曜日には家に帰りて泊り月曜には寄宿へ帰ることに大体きめゐる筈、山本有三氏「隠れたる先覚者小林虎三郎」と題する文雑誌「改造」七月号に掲げられこれを送りくれたり

六月二十八日　日　晴雷雨
山本有三氏へ「改造」の礼札、小川量平氏死去せらる（神奈川県吉浜町）悔み名刺を出す　純子昼食及夕食

六月二十九日　月　曇小雨
午前一寸庭へ出でたるも雨降り出したり

六月三十日　火　曇
午前午後共少し庭へ出て芝を刈る

七月一日　水　晴
荻窪に保子を見舞ひ中元を贈（きみは与謝野忌日とかにてこれに寄る）容体格別変りたることなき様なるも精神は段々不明瞭となる　自分が見舞に行きたることは解りて感謝しゐるも自分の年令など質したり　十一時半帰宅
大賀一郎氏より返書到る

七月二日　木　曇
谷中に小林虎及び雄両をじさんの墓に参詣す亦同時に石黒忠悳長谷川泰両先生の墓にも詣でたり　十一時半帰宅
独ソ聯戦況ゼバストポール軍港陥落

七月三日　　金　曇

午前に雑誌「日本女性」記者錦光雄といふ人来訪、子女教育に関する考を聴きたし云々、自分には畑違ひことにてただ雑談して去る　午前午後共庭へ出て芝を刈る

七月四日　　土　曇

午前芝を刈る、雷鳴雨も少し降る　午後土田好子来先日出したるはがきによりてなり、去五月長岡へ行きて幹氏遺骨納骨済ませ墓地整理も出来上り法会を営みたりと、故増井岩三郎氏長男岩雄といふ人大に斡旋しくれたりと、小林家後事に付て種々談あり　夕食し長坐九時過ぎて灯火管制中帰り去る

七月五日　　日　曇晴

午後芝刈、純子来り夕食す

七月六日　　月　曇晴

朝大学へ行くべく用意したるも少しく気進まず止む　きみはすぐに三鷹へ墓参　終日室内にありき大に暑くなる（二一九度）

七月七日　　火　晴

支那事変五周年　午前大学教室行、時に八時半、星自動車に同乗、小使三名及給仕に各三円づつ中元として遣る又事務小使五名へ五円菓子料としてやる　神話研究を西氏及緒方知氏へ贈る、また人類の長谷部及八幡氏へも贈る　緒方氏挨拶に来室、長谷部来室久しぶりにて種々談あり、周口店遺跡は八月下旬に出向くと、種々な民族研究所の話あり、きみ迎へに来十一時半帰宅、俄かに暑くなりたり

七月八日　　水　晴

中央新聞（長岡）主筆西方稲吉氏来、此度同新聞発行を新潟へ移すといふ問題起り大にこれに反対運動中の由就ては自分にも署名捺印を請はる之を諾す　午後芝を刈る、蘭庭院様命日に当る、七十七年の昔となる　香灯花を供へたり

七月九日　　木　晴

午後四時頃より芝刈り、未だ了らず

七月十日　　金　晴

小林ちか子来、根付二個持来る、双木魚及おかめ面何れも木材、先達の象牙材二個と合せて四個に対する礼として拾円贈る、これにて最初より拾六個二拾円となる　午後芝を刈る、田鶴子来、北海道旅行より帰りたりと、三郎氏札幌に用向ありしと　良一宅女中此方へ来り仕事し

て三時頃帰りたれば空巣ねらひ入りたりとて電話すきみ直に出行く、刑事掛も来り女警察へ連れ行き取り調べの結果外より入りたるものにあらずといふと　庭師三人来り中途に止めたるを継続す

七月十一日　　土　晴

午後芝を刈る　純子例の通り寄宿より家に帰りて昨日の盗人のこと調べたるに小切手完全にありと　きみ同道にて駒込警察へ行きて誤認を謝したりと刑事は併し前に言ひたることを主張すると　我等は尚ほこれを全く信することあたはず　純子夕食す

七月十二日　　日　晴

朝庭へ出て少し残りたる芝を刈り全部了りたり、純子亡母生忌日（明日）のために今日桑木家を招き昼食を供するとて予て計らひたるにより自分きみ行き桑木夫人等三人（厳翼氏不来）松沢夫人及二児、食事上出来、自分等は二時半帰宅、庭師今日にて先つ完了、精子は三児を連れて昼食に出でたり、星氏は昨日強羅行

七月十三日　　月　薄曇

午前後共庭掃除、涼しくして甚だ快適　小林博子中元挨拶、昼食

七月十四日　　火　曇

純子朝学校行きがけに寄る　午前庭掃除

七月十五日　　水　曇

午後庭の草取り

七月十六日　　木　雨　冷（二一度）

珍らしく冷気　あはせ衣どてらを着る　終日書斎にありき

七月十七日　　金　曇晴

朝早く出て柿内へ、忠子は既に二児を連れて来り居る、元相変らす元気面白し代用ゴムまりなどを遣る、忠子へ留守見舞とし拾円やる、十二時帰宅、午後庭へ出る、賢信理研より帰りに寄る　鮑を贈るに付これを受けとるためなり、今早朝協一は学校夏期水泳場富浦へ出発す

七月十八日　　土　晴

事なし、庭へ

七月十九日　　日　晴

純子学校休になり寄宿舎を引き払ひて家に帰りたり昼は共に食事す　新潟県中央新聞に自分の談話特に戊辰のことを連載すると、十八日刊行のものより

七月二十日　　月　晴

彫塑家長沼守敬氏84才にて死去せられたるよし　紙上に見る、昔ヴエニスのことなど思ひ出したり　民族学会々費拾円（昭和16年分）払ふ　学士院へ汽車乗車を申請す近き入間野家不幸（令嬢死去）告別式きみせい行く

七月二十一日　火　晴

事なし

七月二十二日　水　曇

鉄道乗車券到達

七月二十三日　木　曇晴

午前庭掃除、併し追々照りて暑くなりたり　純子軽井沢に学校友人の許に行き二三日泊りて今日帰りたりとの電話あり

七月二十四日　金　曇

蒸熱堪へ難し併し午前午後共庭へ出でたり　純子今日は学校にて労働奉仕なりとて夕刻帰りに一寸寄りたり

七月二十五日　土　晴

「私の半生を語る」と云ふ題にて中央新聞（長岡）に掲載のところ昨二十四日第六回を以て終了、貸したる写真、地図、落ち行きたる経路旧帳など昨日返還、純子鳩子買物に行き帰りて昼食　午前後共庭へ出る、晩は縁先に坐し　十三日頃の朗月をながめながら涼をとる

七月二十六日　日　晴

夜暑、庭へ不出　純子来　協一水泳より帰る

七月二十七日　月　晴　極暑　庭不出

純子来昼食　親一軽井沢の友人某の別荘へ行く

七月二十八日　火　晴　酷暑

純子松沢家へ行きたりとて不来　終日室内にありき

七月二十九日　水　晴　酷暑

神奈川県吉浜町小川量平氏死去悔状を贈りたる挨拶　小川季男氏及未亡人の名を以て到来　午前にせい子協鳩を連れて強羅へ行く　夕方純子来夕食

七月三十日　木　晴曇　晩雨

星強羅へ、純子来夕食、只三人にてさびし　晩九時頃八千代子来、ハムなど贈与、相変らず内玄関にて談す時に雨降り出す、十時頃親一帰宅三泊したるわけなり

七月三十一日　金　晴

星氏早く帰りて昼食し親一を連れて強羅へ行く　純子来夕食只三人にて

八月一日　土　晴

田鶴子この酷暑中元坊（はめちゃん）を連れて智子禮子伴ない一時半頃来る　少しく日蔭の出来るをまちて芝上にて遊ぶ四時過ぎて去る　純子不来今日松沢一家を昼食に招きたるためなり

八月二日　　日　晴

昨日は潤氏来り　長岡の新聞に掲載せる「私の半生を語る」切り抜きを整理し呉れたり　日中八千代子来例の通り内玄関、純子不来

八月三日　　月　曇

午後星氏一寸帰宅、三時頃発強羅へ帰ると午後純子来、夕食中留守居女より電話只今電報、門司発信、明日神戸着す、大夕立八千代子又々玄関まで来、雷鳴中帰り去る、電灯消え真暗となる、電話にて尋ねたるに八千代子無事に帰宅したりと

八月四日　　火　晴　小夕立

松原ちか子来昼食、星氏帰り昼食しこれより強羅へ行くと　ちか子贈るところの唐もろこしを持ち行く　純子来り夕食時に小夕立あり　良一九時東京駅着に付八時頃きみ純迎へに出かける　良一無事帰宅せりと　きみ九時半過帰り来る

八月五日　　水　曇　涼

八時頃良一方へきみ同行、良一至極元気、青島及び航海船談、十時過皆此方へ来り共に昼食、三時頃良、純去る星氏晩強羅より帰る　今日は凌ぎよし

八月六日　　木　曇　涼

星氏朝出勤、今日は強羅行なりと　午前良一純来、良一誕生日なるを以て水交社にて共に晩食するといふ、良はこれより昭和医専へ行く　純子は留りて昼食、在芦屋三宅速氏暑中見舞手紙を呉れたる返事を書く、四時半過きみ、純と共に出かける　五時半過水交社に到る良一は既に来る居る　芝上を眺めなど食事し涼く甚心地よし　八時過家に帰る　此頃は兎角眩暈の気味ありて不安なりしも別状なかりき　行水して直に床に入る　青島興亜新報七月二十八日夕刊紙上に良一血液の凝固を防ぐ「ヘパリン」に付掲載あり

八月七日　　金　曇　涼

良一純不来、星氏強羅より帰る

八月八日　　土　曇

星氏強羅へ行くべし　故小林徳郎氏四十九日忌明けとてふくさ到来、又大橋新太郎氏より品物贈らる　山本有三

氏より Japan Advertiser〔＊英字新聞〕に虎伯父のこと英訳せるもの掲載、これを寄贈せらる其礼札を出す、純子午後来暫時して去る

八月九日　　日　曇

純子不来、屋内にありき

八月十日　　月　雨曇

田鶴子三女児を連れて山中湖の荘へ行くと

七日以来ソロモン群島方面海戦大功果昨日午後大本営発表

松原ちか子西瓜を持ちて来昼食、星氏午後三時頃寄りてこれより強羅へ行くと　早速その西瓜を持ち行く　広田弘毅家族一同明日強羅へ行くとか　良一純子来り夕食

八月十一日　　火　晴

協一星氏と共に帰りたりと　午後になりて帰宅せり、良一午後一寸来る純子友人山中の湖畔別荘へ行たりと、自分は終日屋内にありき

八月十二日　　水　曇晴交

午後二時過協一東京駅にて星氏と出合強羅へ行くとて出かける　其頃より盛んに飛行機とび廻る空中警報なりと、良一は昭医専の病院に泊るとか

八月十三日　　木　曇晴

朝より気球挙り飛行機頻りに翔ぶ　空戒なるべし　午後横尾氏来訪今夜出発蒙古人研究満州国へ出張すると、蒙古民族研究論文を置きて去る　夕刻良一来夕食、星氏帰宅

八月十四日　　金　晴　暑し

空戒沈静、星氏強羅へ行　午後良一純来庭の芝上にて息ふ、夕食

八月十五日　　土　晴

屋内にあり、午後純子来、暫時して去る良一某所にて落ち合ふ約束なりと　終日屋内にありき

八月十六日　　日　晴　酷暑

午後気温三五度（九五度）暑中第一の熱さか？　良一来ゴルフを遊ぶ、鈴木一雄氏郷里より帰りたりとて来、夕食

八月十七日　　月　晴雨曇

午前純子一寸来、今日も炎熱堪へ難し、午後二時半過強羅より皆帰り来る時雷鳴降雨併しあまり困らず　帰りて後も雷雨、充分に湿り凌ぎよくなりたり夕刻に到りて雨止む

八月十八日　火（曇）雨

純子来昼食、少時して去る

八月十九日　水　曇

冷し（二二度）給を着る、純子来昼食明日より学校へ行くと、午後五時前せい子三児を連れて出かける　野口の芝居を見ると　十時頃帰来

八月二十日　木　晴

純子不来、学校へ行きたるならん、涼、屋内にありき

八月二十一日　金　晴

親協今日より学校始まるとて出行きたり、昼食前に帰る、久し振りに（四時間ばかり）庭へ出て草をとる併し雑草よく見えず眼鏡を試みたるもうるさし、著しく老朽を感す

八月二十二日　土　晴

親、協学校七時始まるとて早朝出る、昼には帰りたり、良一純不来

八月二十三日　日　晴

午後星四郎氏児を連れて来、児芝上にて悦び遊ぶ　在千葉市石川憲夫氏母堂逝去の報に接し悔状を出す

八月二十四日　月　晴

少し腹工合悪し終日臥す　早朝より終日飛行機の音轟ひびく、その意義全不明、純子一寸来

八月二十五日　火　晴

腹工合先づ良き様なり　飛行機の音今日も盛なりこれは訓錬のためかと思ふ

八月二十六日　水　晴

鳩子学校始まる　これにて皆学校平常通り　飛行機轟音可なり響く　学校帰りに純子玉蜀黍を持ちて来　近代日本の科学者発行所送り来る　其中に自分の伝記あり横尾氏が編みたるもの

八月二十七日　木　晴

石川憲夫氏悔状の挨拶あり

八月二十八日　金　雨風

朝より時雨頻りに降る風を加へ嵐模様　午前十時頃大賀一郎氏来訪、文子再縁のこと、純子縁談のこと、尚ほ例の蓮花の談、一時前まで話して去る、午後雨止む

八月二十九日　土　晴

親協は学校強歩行なりとて早朝出行く　むつ子来昼食星氏強羅へ

八月三十日　日　雨

午前きみ共に良一方へ、純子は船橋の友人の方へ行くとて出かける　家事等に付き談、少し雨降り出す、午後は珍らしき大雨、大に涼しくなる　佐藤昌二といふ人より自分昔の網膜に関する論文に付問合あり　Arch. f. mikroskop. Anat.〔＊雑誌〕に掲載のことを返事す　学士院へ乗車券を返す此度は一回も用ひざりき

八月三十一日　月　雨曇

事なし

九月一日　火　晴

大震災満十九年となる　意外なる暑さ三四度無風、堪へ難し

九月二日　水　晴風

事なし

九月三日　木　半晴

柿内行、九時十分前きみ共に星氏車に同乗水道橋にて降りこれより電車、北町停留所にて忠子二児を連れたるに会ふ　即ち電話にて知らせ置きたるなり　丁度よく会合したり　これより共に柿内え行く　二児元気はね廻る様面白し十二時前に帰宅す、自分先月六日この方振りにて電車に乗る先づ々々無事、家に帰れば梛野よし江子来る、保子変りなき由

九月四日　金　曇　涼

午前桑木夫人来訪、緩談、十二時過ぎて去る

九月五日　土　雨曇　涼

午後与謝野未亡人百ヶ日法事なりとて出かける

九月六日　日　曇

親一第十六回誕生なりとて午後四時半星自動車迎へに来る純子来、きみ共に三人自動車にて晩翠軒に到る　精子は三児を連れて電車にて来着、良一、星四郎氏児を連れて来、星氏を合せて総て十一人時節がら料亭も財料（ママ）に困ることなるべし料理甚粗、八時半帰宅

九月七日　月　半晴

午後賢信理研に於て実験中のあひ間なりとて五時まで居たり、我々に手近の学者の研究仕事の談、長半氏の論文学士院メモアールを遺る

九月八日　火　晴　奉戴日

殊の外暑し　保存し置きたる古き切り抜き類などを調ぶ主として自分関するもの

九月九日　水　晴

親一この頃より頭骨計測器入用の由申し居りしに付午前きみ供に大学へ行きて持ち来る　廊下にて西氏に会ひたり　十一時帰宅　なかなか暑し

九月十日　木　小晴曇

事なし残暑殊の外酷し

九月十一日　金　晴

長谷部氏夫来、氏北京出張のところ昨夜帰京の由　マニラ葉巻十本贈らる又厳より依托されたりとて、コーヒー一鑵届けらる、きみ不在

九月十二日　土　快晴

午前十時半頃忠子二児を連れて来、直に陽光赫々たるもとに芝上馳せ廻る、午後も同断　自分も芝上にてこれながむ　智子学校帰りに寄る五時頃帰り去る庭の芝上子供の遊ひ場なりしが曽孫のものとなるなど思ふ　星氏強羅行にて不在

九月十三日　日　薄晴

蒸熱きびし、午後長谷部北京より帰京来訪周口店及び其遺物談、緩々話して去る　親頭骨及計測器写真引き延し立派なるものを持ち来る

九月十四日　月　曇晴

残暑酷し、松原ちか子来但し根付なし

九月十五日　火　曇　涼雨

満州建国満十年式典　日比谷公会堂に於ても催しありなかなか強く雨降りたり　根付類の総数を数へたり94個あり

九月十六日　水　晴

涼、愈々秋になりたる様感す、夕刊紙上に去九日オレゴン州に日本始めて空襲を行ひ火炎を起したりと

九月十七日　木　曇

午後久し振りに庭を少し掃除したり　夕方純子卒業試験済みたりとて寄る

九月十八日　金　曇小雨

九月十九日　土　雨

午後純子学校帰途なりとて寄る

九月二十日　日　晴

時に大雨　新聞切り抜き整理

再び暑くなる、昼頃大賀一郎氏夫人来訪、良一後妻のこと、宮内省女官とか、良一ゴルフに一寸来

九月二十一日　月　曇雨風

九時前出かける良一純子と吉祥寺前停留にて落ち合ひ泉

岳寺に彼岸詣で、一家四人一緒にてよかりきなど云へり、良一は医専に行くきみ、すみと三人十二時前に帰宅、後大時雨、途中に遇はざりきは幸なりき、蒸熱殊の外厳し且つ強風、今日の墓参楽にはなかりき

九月二十二日　火　雨

午前きみ長谷部家訪問、先達氏北京よりの土産に葉巻十本の返礼として「メロン」を持ち行く、氏は福井へ旅行とか、夫人も不在、赤尾氏細君（西荻窪）児を連れて来訪玄関にて面会、邸内に栽培せるものなりとて疏菜類数種贈らる、時雨頻りなり　午後桜井慎三氏（龍蔵氏二男）東工大卒業、十月一日新発田へ入営の由暇乞に玄関まで来、祝及餞別として五円贈る

九月二十三日　水　昨夜雨、曇

東京日々朝刊に蘇峰氏近世日本国民史永々連載のところ北越戦争の部、長岡城恢復に付記述、其ところに萩原要人、花輪求馬など見えたり、如何感深きことか、三浦謹之助氏へ高田氏ゼルムレアクチオン〔＊血清反応〕は授賞問題に付如何、自分は畑違にて判断に苦しむ云々の書面を遣る　陰暦十四日の月極めて朗

九月二十四日　木　曇晴　祭日

親、協運動会なりとて早朝出行く　午後車あるを利用してきみ、やす共に柿内へ行く　三郎氏満州、北支視察として二ヶ月の予を以て明日出発に付見舞ひたり　晩望月甚明

九月二十五日　金　秋晴

昼前後少し庭掃除、午後横尾氏来訪、十八日に満州より帰りたりと、今日大学卒業式ありたり、学年短縮のため、又来十月一日より新入学生授業を始むべし

九月二十六日　土　曇晴

帝国海軍力の一部は大西洋に進出　日本潜水艦一隻大西洋に枢軸海軍と協同作戦　昨日午後四時三十分大本営発表

先頃より思ひゐたる弘田家訪問今日決行、きみは牛込見付に電車を下り真鍋家に寄りてきみ弘田家の様子を尋ね其夫人の案内にて弘田家に到る　老未亡人案外元機（ママ）にて面会、明年八十才になると、種々昔談、長坐せずして去、これを以て同家に長年の交誼の暇乞なりとす十一時過帰宅　午後少し庭へ出たり

九月二十七日　日　曇

昼後純子来、二十五日卒業式桑木厳翼氏良一参列したり

と証書持参、四年のところ三年半にて卒業したわけなり、祝として拾円遣る

九月二十八日　月　秋晴

弘田敏の名を以て一昨日訪問したる挨拶来、午後少し庭へ出て掃除をなす

九月二十九日　火　晴

好天、きみ供谷中に虎、雄両伯叔父の墓に詣　十一時帰宅　夕方良一来桑木良一純配のことに誠意なきことなど話したり　純子卒業祝として祖父母様より彫刻覆鏡一双贈られたりと

九月三十日　水　小雨曇

案外暑し、純子来、きみ午後長谷部へ行く　純子のことに就てなり

十月一日　木　曇

良一昨日昭和医専にて講義中腹痛下痢したりと　今朝きみ様子を見に行く、午前後共少し庭掃除

十月二日　金　小雨曇

午前良一の症状如何と思ひて行きたり明後日近親会食には出らるべしとのこと十二時過帰宅　午後少し庭へ出る

十月三日　土　秋晴

午前きみ供染井墓詣、小松、原、榊、緒方、岡田、浜尾の諸家、十二時前帰宅、午後少し庭へ出る、良一は学校へ行きたりと

十月四日　日　曇

午前良一行きて様子を見る、昨日学校へ行きたるくらいなりて今日は大丈夫会食に出ると、星氏自動を貸しくれ自分良一きみ、鳩同乗芝水交社に到る時に五時頃庭園を少し歩く、会集せるもの加賀町5、賢信2、小林4、岸4、星4、良一2、自分等2、総て23人（支払一四六、〇二円）星氏は他に宴会あり欠けたるは残念、先づ予定の通り果たし皆々歓び散じたり、八時過帰宅

十月五日　月　秋晴

午後賢信理研に暇ありとて昨日の挨拶旁来

十月六日　火　曇晴

親一学校催し富士裾野演習に軽機関銃を携て朝七時に出行きたり　午後庭へ出て草を取る

十月七日　水　秋晴風

防空訓錬朝より明朝までなりと、午後土田お好さん来、越後の梨子を持ち来る　夕方灯火管制前に去る、松原夫

妻より宮城県鳴子温泉差出し小包郵便にて根付二個送りくれたり

十月八日　木　好秋晴

午前に純子方へ行く良一腹工合宜しき様なり　両人共出かけるところ自分も去る　午後少し庭へ出る

十月九日　金　曇

きみ午前岡田徳子さん訪問　在北京厳より来書、厳へきみより小林貞之助氏亡（ママ）腸炎云々に付問合せ置きたる返事なり、貞氏（在ビルマ）第二回手術にて亡腸炎、手術結果良好、元隊に復し勤務中の由先安心

十月十日　土　雨

午後純子来、自分のポリフォトを見せたり

十月十一日　日　晴

今日より時の称へ方二十四制とす　午前庭へ出る　純子英学塾卒業祝、良一催晩翠軒晩食　良、純来、早六時半四人出かける、桑木二人松沢夫人総て七人、二十時半帰宅、入浴　星氏今朝満州国へ出発

十月十二日　月　曇　寒くなりたり

事なし

十月十三日　火（昨夜雨）晴

午後少し庭へ出る

十月十四日　水　秋晴

午前きみ共三鷹禅林寺墓参十三時帰宅　今日より靖国神社臨時大祭　安田生命保険より利益分配金として65円36銭寄越す由

十月十五日　木　晴

午後少し庭へ

十月十六日　金

両陛下靖国神社御親拝

庭草取具「ひつかき」を協一と共に買ふ、午前後共庭へ出る

十月十七日　土　曇雨　祭日

靖国神社参拝者のために惜しむべき天気

十月十八日　日　雨曇

夕方良一純子来、今日軽井沢より帰りたりと　児等今日まで休、親は文展へ行く

十月十九日　月　晴

午前泉岳寺墓詣、十二時前帰宅、午後は庭へ出る、類夫婦児を連れて玄関まで来、児二ヶ月半になると女児愛らし

十月二十日　火　秋晴

午後一時前に田鶴子忠子二児元、亨を連れて来、二児芝上にて遊ぶ面白し、三時過帰去る　自分庭に出て草を取る

十月二十一日　水　晴

午後高田はる子（金森いく子の女）さんの女故関場不二彦氏息の室を供に来訪、先頃いく子さんを訪れ小笠原家譜のことに付き尋ねたるとこそれを調べて知らせくれらる

十月二十二日　木　秋晴

親協両人共遠足とて出行く　協は箱根へ一泊なりと　午前後共庭へ

十月二十三日　金　晴

七里ヶ浜に鈴木孝氏訪問、きみ供出かける往復共鎌倉経由、行合橋に下り海岸草上にて弁当を食し一時頃療養院に達す　鈴木氏風邪の由なるも最早軽快、旧談、氏来年は九十才となる、丁度夫人もあり、何時もながら車中超満員、五時前帰宅

十月二十四日　土　曇終日暗し、後雨

鳩子風邪学校休、純子来

十月二十五日　日　晴（昨夜大雨）

午前番町に岡田徳子さん訪問、故榊俶氏位牌に生花を供へることを依托す、序に故和一郎氏位牌に花を供へ黙礼す　十二時前帰宅　午後横山重氏来訪、人類学研究を重版する云々書類へ捺印す、種々出版界の談あり

十月二十六日　月　秋晴

博子来昼食、午後純子来、今月出発良一と共に青島へ行くと

十月二十七日　火　秋晴

午前久し振りにて教室へ行く、人類学研究発刊後の論文を共重版に付け加へるため其取り集めのためなり、横尾氏面談、先達氏不在中親一写真のために計測器を借用したるを返す　きみは本郷にて買物をなし室に寄り共に午刻帰宅す、午後庭へ出る時に八千代子来る又々牛肉など持参

十月二十八日　水　秋晴

夜十時前南大平（ママ）洋海戦発表せらるをラヂオにて知る

午前九時過教室、長谷部氏周口店遺物沢山己室へ持ち来り示説せらる　西氏横尾氏側にあり、長谷部の好意感謝すべし、石器、加工せる鹿角、穴を穿貫せる牙等、きみ

迎へに来、四時前帰宅、良一来

十月二十九日　木　晴

純子来、昼食、来月四日青島へ向け神戸出発すると、午後庭へ出る

十月三十日　金　晴

学制頒布七十年記念式典、午前九時過教室、人類学研究所載後の論文全部揃へたり　十三時帰宅、庭へ出て萩を剪む

十月三十一日　土　晴

論文整頓、午後庭のぜんまいを剪む、岡田未亡人来訪この頃訪問せし返礼なるべし

十一月一日　日　雨

親坊勤労奉仕なりとて朝より出かける　大岡山書店横山重氏来る約束なりしも空し

十一月二日　月　晴

昨日大東亜省開設、早朝星氏満州より帰着、親坊のみ東京駅に出迎　坊はこれより昨日の通り凸版工場へ行く

午前横山重氏来、論文別刷等全部揃へて渡す緩々話し十三時に近く去、庭へ出がくを剪む、これにて庭の冬支度出来たり　きみは歌小会ありとて出かける、鈴木一雄息（戦車隊）凱旋来夕食、戦地の話（ジヤヴワの話）あり

十一月三日　火　小春日和　祭日

午前横尾氏来訪　大学奉賀式の帰りなりと、著書「東亜の民族」を贈らる、これは新聞雑誌に掲載せるものを集めたるものなりと、且つ自分の伝を収む　解剖学会五十年記念に載する序文に付又々談あり　午刻良一、純子来、今日出発青島へ向ふよし供に昼食す、自分きみ夕食をすませ良一宅へ行く、来年一月末にまた会ふつもりなどといひたり、東京駅十九時四十分発夜行、明日午前に神戸出帆、バスまで自分見送りたり

十一月四日　水　晴曇

きみ供に九時出かける日比谷まで星車同乗、公園に入る菊花陳列を見る、今年特に花淋し人も少なし十一時帰宅

十一月五日　木　晴

協、足の裏に化膿し学校休

十一月六日　金　曇晴

協、今朝三九、三度熱ありと精早速四郎氏の来診を乞ひたり　大岡山書店より人類学後編の著作権所有者として

届書に捺印書類を送り越す直捺印横山重氏送り返す

十一月七日　土　晴　寒くなる

終日書室にあり、協学校休、快方

十一月八日　日　晴

事なし

十一月九日　月　晴

協一全快学校へ行く

十一月十日　火　晴

午前柿内へ行、忠子二児を連れて来、貞之助氏より今朝はがき来、ビルマより、二児の元気に遊ぶ様を見て午刻前に帰宅、松原ちか来、昼食中根付二個（鹿角筒及木魚）持来るこれにて九十八個となる

十一月十一日　水　晴

午後縁側にて葉巻を吸ひ庭師の庭掃除するを見る、庭中の稍大なる松二本枯れたるを切り除く

十一月十二日　木　晴

朝純子より来信、八日付け門司発送、朝鮮海にて汽関に故障を生じ門司へ戻りたる由　午前西山政猪（財団法人民族学協会理事長）来訪、同会の顧問たらんことを要請せらる、全く老朽、約（ママ）に立たぬことをいひたるも、それにて宜しといふて去る、昼食後泉岳寺墓参　四時帰宅

十一月十三日　金　晴

室内にありき、賢信実験の間に一寸間隙ありとて来るコスミック・レイ〔＊宇宙線〕のことなど

十一月十四日　土　雨

今日は近親女達を招ねく小林博子、椰野よ志江子、野明むつ子、松原ちか子、橋本未亡人は不来、又今朝忠子児を連れて来ると電話あり　招ねきたるにはあらざるも差支なきを答ふ　十時頃より追々に来る　時雨あり生憎天気悪し、元独庭へ出たるも芝湿りて滑り悪し　少時して内に入る昼食に泰国餅米ありて赤飯を焚く　松原ちか根付二個持ち来る二個共宜し殊に竹内のもの良、これにて丁度百個を数ふ　皆の帰る頃は雨止みてありき　時に海野秀平氏久し振りに来訪相変らず元気なる雑談　九時頃親一只今ラヂオにて又々ソロモン島にて海戦大本営発表を報じたりと　第三次ソロモン海戦

十一月十五日　日　晴

橋本とし子未亡人来、昼食し去る　根付百個に達したるを験しなど

本州九州間関門トンネル開通式

十一月十六日　月　晴曇

朝賢信理研へ行きがけとて寄る「セレリイ」持参

十一月十七日　火　雨

極悪天、きみは散文集出版のことに付平野万里氏に用ありとて出かける　精子も学校保護者会とて出かける、午後長岡の衆議院議員川上法励と共に西方稲吉二氏来訪、長岡の新聞と新潟新聞との合同の件に付長岡の新聞存続に尽力のところ長岡（及高田）に於て夕刊を発行するといふことに決定、其挨拶なりと

十一月十八日　水　晴

午前桑木夫人来、純子のこと大阪貿易商男京大出身の談、きみ応接す、松原ちか来、午後本年中寄贈書別刷並に雑誌書室にて整理す

十一月十九日　木　晴

第三次ソロモン島海戦、十二日より十四日わたる、我方にも損害あり、併し大勝、快、

早く昼食しきみ共に荻窪に保子を見舞ふ歳末として五円（従来は三円）遣る前回よりは一層精神老ひたる様感す、自分が眼前に来れるを見て感知したるか甚疑はし気の毒に堪へず十六時過帰宅　在北京厳より数名の人と共に写したる真影を送り来る

十一月二十日　金　晴

事なし

十一月二十一日　土　曇晴

田鶴子昼食、児等学校より早く帰る、午後協、親相手に根付全部を並べ検す、確に丁度百あり　愈々女中去りて無人となる、きみせい困る　良一より来信、青島港外まで着きたりと

十一月二十二日　日　晴

朝柿内より電話、名古屋にて信子安産、女子、午前賢信、夏葉子共に来、武鑑に柿内惣兵衛、小金井儀兵衛の名前のあることなど談す、昼食し早く去る　これより能加賀町も皆行くと　鈴木孝之助氏夫人共に来訪、八十九才の老翁珍らし氏来年九十才を迎へて又会ふといひて別る

十一月二十三日　月　雨曇　祭日

午前より午後にせい子三児を連れて写真を写すとかいひて出かける

十一月二十四日　火　曇晴

松原ちか来昼食、根付最近六個に対する代として三十円遣る、松原根付二十三個にて丁度百となり先に十円つつ

二回贈り今日の三十円にて五十円となる　類玄関まで来、伊豆伊東辺へ写生に行きたりと

十一月二十五日　水　晴

昨日より女中全なし　きみせいにて廚を処理す　根付の手入れなど

十一月二十六日　木　晴

事なし、きみ与謝野関係の催しにやす子を連れて帝国劇場へ行く　十時に近く帰る

十一月二十七日　金　雨晴

十五時過柿内来、満州国及び北支へ官命を以て出張のところ去二十一日帰京、就労繁忙、旅行は多くは飛行器（ママ）を用ひたりと往は羽田新京間六時間余、返り上海福岡間四時間、米貨葉巻煙草一箱（25本）贈与せらる

十一月二十八日　土　晴

事なし終日自室にありき

十一月二十九日　日　晴

第三次ソロモン海戦果に付更に大本営発表

午前九時きみ供に出賢信方へ行く、女中ありて両人大に都合宜しかるべし、坂田次女「千鶴」と命名されたりと、これよりバスにて加賀町に到る、三郎氏昨夜嘔吐したるとて臥床。大したことはなかるべし、十二時過帰宅

十一月三十日　月　晴

純子より青島着後始めて通信あり、和歌数首送り越す

十二月一日　火　晴

事なし

十二月二日　水　晴

午後大岡山書店横山氏、主としてきみ出版物に関すること、自分研究続篇に就て用紙の特配を得て一千部刷ると

十二月三日　木　晴曇

午後原正氏未亡人志げのさん来、緩々談し去る

十二月四日　金　曇

昨日午後五、一五大本営発表、十一月三十日夜間ガダルカナル島ルンガ沖海戦、ルンガ沖海戦と呼称す

十二月五日　土　晴

長谷部氏還暦祝賀記念事業会へ30円、学士院主事本田弘人氏転勤のために3円出す

十二月六日　日　晴

在京城橋本豊太郎氏十一月二十九日逝去せられたる通知到る　午後横尾来解剖学会五十年記念に自分一言を述ぶ

る筈なるも氏に其意を話して綴文は氏に托したり

十二月七日　月　晴

事なし　豊太郎氏遺族へ香奠三円送る

十二月八日　火　晴

第一周年の大詔奉戴日を迎ふ
先考正忌日に付香花を供ふ　午後大山公来訪、純子のことが主なるべし、雑談貝塚発掘談、芝田、大場、後藤守一、梅原、清野、宮坂等話頭に登る、五時過去る、神話研究を贈　今晩十九時より隣組集自宅に催さる十八九名の男女集る

十二月九日　水　晴

今朝霰降る　純子が送りたる青島菓子到達

十二月十日　木　晴（寒酷しくなる）

事なし

十二月十一日　金　晴

事なし

十二月十二日　土　晴

青島良一より着後初て来信、十二月三日附、長岡梛野透氏仲介にて自分の何か書きたるものを長岡に保存するとか申し越により古き学生時代筆記類三種即ち動物学筆記（明治八年）、鶏胎生学図版十二枚（明治八年）、医学的物理学（Medizinische Physik）2冊（明治十年）、記念として長岡市に永く存するとか、きみこれを包装して送る　親、協今日より学期試験、昼帰る

十二月十三日　日　晴

青島純子へ手紙を書く、やす子も書く、菜葉六貫目配給あり　きみ等朝より寒きに菜漬とて大さわぎ

十二月十四日　月　晴

早く昼食し十二時きみ供に泉岳寺墓参、丁度義士打ち入りの日なりとて境内人満つ、風寒し帰途銀座にて葉巻煙草を買ふため下車したるも百貨店休業日にてだめ、四時前帰宅、柿内孝子「カステラ」を持参、自分第八十四年を完了、明日より、第八十五年に入る

十二月十五日　火　晴

親、協昼帰る、試験中なりとて大勉強

十二月十六日　水　晴

親協試験済みたりとて元機（ママ）にて昼帰る、午後は二人にて真珠湾特別攻撃のものなる映画を見に行きたり

十二月十七日　木　晴

事なし

十二月十八日　金　小雨曇　晩雨

親協今日より寒稽古とて朝六時頃出かける

十二月十九日　土　晴

横尾氏より解剖学会満五十年記の緒言草案を送り越す

十二月二十日　日　晴風

親協平日の通り寒稽古に出行く

十二月二十一日　月　晴

久しぶりにて教室行、十時頃きみ供出かける　先づ小使室に寄り、中島に歳末を渡す、小使三名及び給仕、合て四名として拾弐円、きみは長谷部氏に一寸談あるとて人類へ行く、自分は横尾氏にて談中、きみ来る、予て聞き居たる Eickstedt, Rassen-Kunde に自分及ひ足立文氏肖像掲載せられたるを見る、横尾氏へ自分論文 Untersuchungen über d. Bau der Iris des Menschen の原稿（これは 1884-5）ワルダイエル先生に差出し先生が訂正して印刷に廻したるものを贈りたり、これより帰途、きみは万世橋に買物ありとて別れ、十二時過帰宅

十二月二十二日　火　晴

陛下宮城に於汪主席と御会見

梛野透よりきみへ返信、自分学生筆記を送りたる礼を懇々と述べてゐる

十二月二十三日　水　晴

事なし

十二月二十四日　木　雨曇

第八十一議会召集

十二月二十五日　金　曇晴　祭日

香港攻略一周年

十二月二十六日　土　晴

第八十一回通常議会開院式

午前十時きみ供出かける柿内家歳末訪問、雑談殊に忠子の家を特別とす、三郎氏大学出勤不在、昼頃家に帰る

午後新潟日報長岡支社星野慎吉氏来訪、幕末頃の長岡藩士の日常状態に付種々の話　大体非常に質素粗食、芋と大根のべた煮と湯漬、雑炊（ざうすい）が常食など、三時頃去る

十二月二十七日　日　晴

午前きみ供銀座へ買物に行く、伊東屋にて日記帳など買ひ葉巻煙草をと思ひて松屋三越に入りたるもなし　菊水にてロンドレス（八円五十）及パロマを買ふ　人出なかなか多し暮の銀座を見て昼頃家に帰る

十二月二十八日　月　晴

事なし　室内に籠る

十二月二十九日　火　晴

事なし

十二月三十日　水　曇晴

事なし

十二月三十一日　木　晴

きみ早朝荻窪与謝野家に歳末挨拶　諸寺の梵鐘の応召のため除夜の鐘音も響かざるべし、入浴後直に床に入る時に八時　児、孫女に此年中には到頭幸なかりき

〔編集協力者紹介〕

藤村美織　ドイツ語翻訳、通訳。日本ＤＤＲ（東ドイツ）文化協会に勤務の後、日独交流の分野で活動。訳書に、『パパ・ヴァイト～ナチスに立ち向かった盲目の人』（汐文社 2015）など。

北村孝一　ことわざ研究者、エッセイスト。学習院大学非常勤講師。論考に「俚言集覧の成立と増補過程」（『俚言集覧　自筆稿本版』第十一巻、クレス出版、一九九三）、『ことわざの謎－－歴史に埋もれたルーツ』（光文社新書、二〇〇三）など。

小金井良精日記　昭和篇

平成 27 年 12 月 25 日　発行

著　者　　小金井　良　精

発行者　　椛　沢　英　二

発行所　　株式会社　クレス出版

東京都中央区日本橋小伝馬町 14-5

☎ 03-3808-1821　FAX03-3808-1822

印刷所　　有限会社　P24

製本所　　有限会社　高橋製本所

落丁・乱丁本はお取り替えいたします。

ISBN978-4-87733-916-6（セット）C3323 ￥30000E